Direito Processual Civil

Direito Processual Civil

2019 • 3ª Edição • Volume I

Francisco Manuel Lucas Ferreira de Almeida
Juiz Conselheiro Jubilado do Supremo Tribunal de Justiça

ALMEDINA

DIREITO PROCESSUAL CIVIL
VOL. I
1ª Edição, fevereiro, 2010
AUTOR
Francisco Manuel Lucas Ferreira de Almeida

EDITOR
EDIÇÕES ALMEDINA, S.A.
Rua Fernandes Tomás, n.ºs 76-80
3000-167 Coimbra
Tel.: 239 851 904 · Fax: 239 851 901
www.almedina.net · editora@almedina.net

Design de colecção: FBA.
Capa: Edições Almedina

PRÉ-IMPRESSÃO
EDIÇÕES ALMEDINA, SA
IMPRESSÃO E ACABAMENTO
PAPELMUNDE

Setembro, 2019
DEPÓSITO LEGAL
461527/19

ALMEDINA | GRUPOALMEDINA

BIBLIOTECA NACIONAL DE PORTUGAL – CATALOGAÇÃO NA PUBLICAÇÃO

ALMEIDA, Francisco Manuel Lucas Ferreira de

Direito processual civil. – 3ª ed. – 2 v. - (Manuais profissionais)
1º v.: p. - ISBN 978-972-40-7998-1

CDU 347

À memória de meus Pais

À Maria Teresa, minha mulher

Ao Francisco António, à Isabel e

Aos meus netos, Afonso Maria e João Bernardo

PREFÁCIO DA 3ª EDIÇÃO

Constitui o presente volume, não uma mera revisão da 2ª edição, antes uma sua atualização e ampliação, determinadas, para além de recentes aquisições de natureza doutrinal e jurisprudencial, com incidência nos diversos institutos processuais, pela superveniência de profusa legislação de índole processual e circum-processual, designadamente a Lei nº 27/2019, de 28 de março (*competência para a execução por indemnizações*), o Dec.-Lei nº 97/2019, de 26 de julho (*tramitação eletrónica dos processos judiciais*) e as Leis nºs 91/2019, de 4 de setembro (*resolução de conflitos de jurisdição e Tribunal dos Conflitos*) e 117/2019, de 13 de setembro (esta última contendo *alterações avulsas em matéria de processo executivo, de recurso de revisão e de recodificação do processo especial de inventário, bem como no regime de procedimentos para cumprimento de obrigações pecuniárias emergentes de contratos*).

Mantém-se, todavia, a estrutura sistemática das duas anteriores edições, com desdobramento em oito capítulos: enquadramento legal, caraterização, fontes e evolução histórica, aplicação da lei processual, princípios fundamentais do processo civil, tipologia das ações e das formas de processo, procedimentos cautelares, pressupostos processuais, atos processuais e vicissitudes da instância, neste último capítulo incluídos os principais incidentes da instância.

Versando essencialmente o texto o *processo civil declarativo*, este com análise mais desenvolvida no vol. II, no qual, para além da marcha do processo comum de declaração, se tratam detalhadamente as matérias do direito probatório, dos recursos e do caso julgado, não deixa de proceder-se também à caraterização do *processo executivo*, com abordagem analítica dos diversos títulos executivos.

Consolida o presente volume, desenvolvendo, os Apontamentos das Lições aos alunos da Faculdade de Direito da Universidade Lusófona de Lisboa.

É de elementar justiça manifestar, nesta sede, o nosso agradecimento ao Snr. Juiz-Conselheiro Dr. Urbano Dias pela sua mui prestimosa colaboração, em avisadas sugestões pontuais, na pesquisa de doutrina e jurisprudência atualizadas e nas revisões finais do texto.

Coimbra, setembro de 2019

SIGLAS E ABREVIATURAS

ADSTA	Acórdãos Doutrinais do Supremo Tribunal Administrativo
AC	Autoridade da Concorrência
ADR	Meios alternativos de resolução de litígios
AJ	Atualidade Jurídica
AP-DR	Apêndice ao Diário da República
AC UNIF JUR	Acórdão Uniformizador de Jurisprudência
BFD	Boletim da Faculdade de Direito
BMJ	Boletim do Ministério da Justiça
BOA	Boletim da Ordem dos Advogados
CDFUE	Carta dos Direitos Fundamentais da União Europeia
CC	Código Civil
CCOM	Código Comercial
CCP	Código dos Contratos Públicos
CDADC	Código dos Direitos de Autor e dos Direitos Conexos
CDP	Cadernos de Direito Privado
CE	Comunidade Europeia
CEHD	Convenção Europeia dos Direitos do Homem
CIRE	Código da Insolvência e da Recuperação de Empresas
CJ	Coletânea de Jurisprudência (acórdãos das Relações)
CJSTJ	Coletânea de Jurisprudência (acórdãos do STJ)
CNOT	Código do Notariado
CP	Código Penal
CPA	Código do Procedimento Administrativo
CPC	Código de Processo Civil
CPC 39	Código de Processo Civil de 1939
CPC 61	Código de Processo Civil de 1961
CPC 67	Código de Processo Civil de 1967
CPC 95	Código de Processo Civil de 1995

CPC 2013	Código de Processo Civil de 2013
CPI	Código da Propriedade Industrial
CPP	Código de Processo Penal
CPR	Civil Procedure Rules (Inglaterra)
CPT	Código de Processo do Trabalho
CPTT	Código de Procedimento e de Processo Tributário
CPTA	Código de Processo nos Tribunais Administrativos
CRC	Código do Registo Civil
CRCOM	Código do Registo Comercial
CRP	Constituição da República Portuguesa (CRPRED)
CRPRED	Código do Registo Predial
CSC	Código das Sociedades Comerciais
DR	Diário da República
DHDH	Declaração Universal dos Direitos do Homem
EFJ	Estatuto dos Funcionários de Justiça
EM	Estatuto do Mediador
EMJ	Estatuto dos Magistrados Judiciais
EMP	Estatuto do Ministério Público
EOA	Estatuto da Ordem dos Advogados
ER'S	Entidades Reguladoras
ETAF	Estatuto dos Tribunais Administrativos e Fiscais
ETIJ	Estatuto do Tribunal Internacional de Justiça
ESAE	Estatuto dos Solicitadores e dos Agentes de Execução
FGA	Fundo de Garantia Automóvel
FGADM	Fundo de Garantia de Alimentos Devidos a Menores
LADT	Lei de Acesso ao Direito e aos Tribunais
LAR	Lei do Arrendamento Rural
LAV	Lei da Arbitragem Voluntária
LCCG	Lei das Cláusulas Contratuais Gerais
LDC	Lei de Defesa do Consumidor
LEC	Ley de Enjuiciamiento Civil (Espanha)
LF	Lei Fundamental (CRP)
LM	Lei da Mediação
LOSJ	Lei de Organização do Sistema Judiciário
LTC	Lei do Tribunal Constitucional
LTCONF	Lei do Tribunal dos Conflitos
LULL	Lei Uniforme sobre Cheques
LUCH	Lei Uniforme sobre Letras e Livranças

NCPC	Nouveau Code de Procédure Civile (França)
NRAU	Novo Regime do Arrendamento Urbano
OA	Ordem dos Advogados
OSAE	Ordem dos Solicitadores e Agentes de Execução
OTM	Organização Tutelar de Menores
PIDAC	Pacto Internacional para os Direitos Civis e Políticos
PETEX	Procedimento Extrajudicial Pré-Executivo
RC	Tribunal da Relação de Coimbra
RCP	Regulamento das Custas Processuais
RCTFP	Regime do Contrato de Trabalho em Funções Públicas
RDES	Revista de Direito e Estudos Sociais
RJDEAD	Regime Jurídico dos Documentos Eletrónicos e da Assinatura Digital
RE	Tribunal da Relação de Évora
RG	Tribunal da Relação de Guimarães
RL	Tribunal da Relação de Lisboa
RLJ	Revista de Legislação e de Jurisprudência
RLOSJ	Regulamento da Lei Orgânica do Sistema Judiciário
ROA	Revista da Ordem dos Advogados
ROFTJ	Regime de Organização e Funcionamento dos Tribunais Judiciais
RP	Tribunal da Relação do Porto
RPCOP	Regime dos Procedimentos destinados a exigir o Cumprimento de Obrigações Pecuniárias Emergentes de Contratos
STA	Supremo Tribunal Administrativo
STA-PLENO	Supremo Tribunal Administrativo – Tribunal Pleno
STJ	Supremo Tribunal de Justiça
TC	Tribunal Constitucional
TCONF	Tribunal dos Conflitos
TEDH	Tribunal Europeu dos Direitos do Homem
TGUE	Tribunal Geral da União Europeia
TIJ	Tribunal Internacional de Justiça
TJ	Tribunal de Justiça da União Europeia
TJUE	Tribunal de Justiça da União Europeia
TFUE	Tratado Sobre o Funcionamento da União Europeia
TUE	Tratado da União Europeia
UC	Unidade de conta processual
UE	União Europeia
ZPO	Zivilprocessordnung (Código de Processo Civil Alemão)
ZPR	Zivilprocessrecht (Direito Processual Civil – Alemanha)

Capítulo I

Enquadramento legal. Caraterização. Fontes e evolução histórica

SUMÁRIO: **1.** O acesso aos tribunais. Direito à tutela jurisdicional efetiva. Enquadramento jurídico-constitucional. O prazo razoável. **2.** Direito ao processo. Natureza jurídica do direito de ação. **3.** Conceito, natureza, autonomia e relevância do direito processual civil **4.** Fontes e evolução histórica. **4.1.** Das raízes romanas. **4.2.** Evolução do direito processual civil português. **5.** Legislação complementar, circum-processual e circum-judiciária

1. O acesso aos tribunais. Direito à tutela jurisdicional efetiva. Enquadramento jurídico-constitucional. O «prazo razoável»

O nº 1 do art. 20º da Constituição da República Portuguesa (CRP) assegura a todos «o *acesso ao direito e aos tribunais* para defesa dos seus direitos e interesses legítimos, *não podendo a justiça ser denegada por insuficiência de meios económicos*». Por isso, no nº 2 do mesmo preceito, reforça a possibilidade de exercitação desse direito – de resto integrado no elenco dos «*direitos fundamentais*» – com a concretização do *direito ao apoio judiciário*.

Consagra, assim, a Lei Fundamental (LF) um «*direito geral à proteção jurídica e judicial*»; direito que encontra ainda tradução consequente no art. 205º da mesma LF, ao estabelecer, nos seus nºs 2 e 3, a obrigatoriedade (*vinculatividade*) e a *primariedade* das decisões dos tribunais relativamente a quaisquer entidades públicas e privadas, bem como ao impor e garantir a respetiva execução.

As normas constitucionais e infra-constitucionais relativas aos direitos fundamentais (nestes incluído o *direito ao processo*) devem ser interpretadas e integradas de harmonia com a Declaração Universal dos Direitos do Homem – DUDH[1] (art. 16º, nº 2, da CRP). Assim, através da integração com o art. 10º dessa Declaração, pode, desde logo, extrair-se do art. 20º da CRP o *princípio da equidade*, nas suas vertentes da *contraditoriedade* e da *igualdade de armas*, bem como ainda o «*princípio do prazo razoável*», este expressamente contemplado no art. 6º da Convenção Europeia dos Direitos do Homem (CHDH)[2]. Princípios a que devem ser associados os *da publicidade do processo* (art. 206º) e *da legalidade* e *da fundamentação* da *decisão* (arts. 203º e 205º, nº 1), todos essas normas ainda da CRP. Também a DUDH e a CEDH – cujas normas foram absorvidas pelo direito interno "*ex- vi*" do nº 2 do art. 8º da CRP – postulam a necessidade de que os *tribunais sejam independentes e imparciais*. O mesmo estabelece o art. 14-1, §1º, do Pacto Internacional Sobre os Direito Civis e Políticos (PIDCP)[3], acrescentando ainda o art. 6º-1 da CEDH, a tal postulado, a exigência de que o *tribunal* (*independente e imparcial*) seja *criado por lei*[4]. Outrossim, a CDFUE (Carta dos Direitos Fundamentais da União Europeia), no respetivo art. 47º, consagra «o *direito à ação e julgamento por um tribunal competente e imparcial* pré-estabelecido por lei (*princípio do juiz natural* ou do *juiz legal*), impondo que, no julgamento da causa, se proceda de forma equitativa e dentro de um prazo razoável».

Princípios esses igualmente reiterados e acolhidos no art. 22º da LOSJ, no qual se reproduz a estatuição do art. 203º da CRP, e em cujo reforço o nº 1 do art. 4º do mesmo diploma orgânico dispõe que «os juízes julgam apenas segundo a Constituição e a lei». Do que emerge o chamado *princípio do juiz legal* ou *do juiz natural*, que se traduz essencialmente, quer na predeterminação do tribunal competente para o julgamento, quer na proibição da criação de tribunais *ad hoc* ou da atribuição (artificiosa) da competência a um tribunal diferente (ou a um juiz diferente) daquele que *ab initio* era o legalmente competente para o julgamento (*v. g.*, por distorção das regras da distribuição) – art. 32º, nº 9, da CRP. E que vigora, não apenas para o juiz

[1] Publicada no DR de 9 de março de 1978.

[2] Aprovada pela Lei nº 45/78, de 11 de setembro.

[3] Aprovado pela Lei nº 29/78, de 11 de setembro.

[4] Para além do *direito de ação*, materializado através do processo, compreendem-se, no direito de acesso aos tribunais, nomeadamente: «a)- *o direito a prazos razoáveis de acção ou de recurso*; b)- *o direito a uma decisão judicial sem dilações indevidas*; c)- *o direito a um processo justo*, baseado nos *princípios da prioridade e da sumariedade*, no caso daqueles direitos cujo exercício pode ser aniquilado pela falta de medidas de defesa expeditas; d)- *o direito a um processo de execução*» (art. 205º, nº 3, da CRP)» – cfr. Gomes Canotilho e Vital Moreira, *Constituição da República Portuguesa Anotada*, 3ª ed. Rev., Coimbra Editora, 1993, pp. 163 e 164.

da sentença em primeira instância (juiz singular), mas para todos os juízes a quem caiba participar na decisão, ainda que atuando em coletivo (*princípio dos juízes legais*)[5].

É o conjunto destas garantias constitucionais que enforma o chamado *direito à jurisdição*. Direito este que requer que a todos os cidadãos, com vista a uma (tanto quanto possível) plena realização de todos os seus direitos individuais e sociais, seja assegurado o *direito a um processo justo e equitativo – princípio da equidade*, em íntima associação com o *princípio da igualdade das partes*, imanente ao nosso *Estado de direito* (cfr. o art. 2º da CRP)[6].

O Código de Processo Civil atualmente em vigor (doravante CPC)[7] reitera, no seu art. 2º, o *princípio da tutela jurisdicional efetiva*, ao estatuir que «a proteção jurídica através dos tribunais implica o *direito de obter, em prazo razoável, uma decisão judicial* que aprecie, com força de caso julgado, a pretensão regularmente deduzida em juízo, bem como a possibilidade de a fazer executar» (nº 1)[8]. Direito de acesso aos tribunais que engloba tanto o *direito de ação* como o *direito de defesa* e que encontra ainda tradução consequente no art. 205º da CRP, ao estabelecer, nos seus nºs 2 e 3, a obrigatoriedade (*vinculatividade*) e a *primariedade* das decisões dos tribunais relativamente a quaisquer entidades públicas e privadas, bem como ao impor e garantir a respetiva execução. No nº 4 do mesmo art. 20º, institucionaliza-se *expressis verbis* o *direito* de todos a que uma causa em que intervenham seja objeto de *decisão em prazo razoável* e mediante um *processo equitativo* (*a fair trial*).

Com o *direito a um processo de execução*, pretende-se evitar que as decisões judiciais e a garantia dos direitos e interesses particulares se reduzam a meras declarações proclamatórias de caráter simbólico (sem, pois, qualquer consistência prático-jurídica ou prático-económica)[9].

[5] Cfr. Gomes Canotilho e Vital Moreira, *Constituição da República Portuguesa Anotada*, 3ª ed. cit., p. 207.

[6] Cfr. Lebre de Freitas, *Introdução ao Processo Civil, – Conceito e Princípios Gerais à Luz do Novo Código*, 3ª ed., Coimbra Editora, 2013, pp. 118 a 122 e 145 e ss..

[7] Consideram-se como pertencentes ao Código de Processo Civil (CPC) as normas citadas no texto sem designação do respetivo diploma.

[8] Acerca do conceito de prazo razoável, cfr. Gomes Canotilho, *Direito Constitucional e Teoria da Constituição*, 7ª ed., p. 449.

[9] Cfr. Gomes Canotilho e Vital Moreira, *Constituição da República Portuguesa Anotada*, 3ª ed. cit., pp. 163-164.

A concretização prática do *direito de acesso à justiça e aos tribunais*, como *direito efetivo à jurisdição*, reclama pronúncias jurisdicionais temporalmente balizadas (céleres ou expeditas). Por *prazo razoável ou atendível*, em processo civil, deve entender-se o que medeia entre a data da propositura da ação e o termo final do processo, não olvidando que o excesso de prazo pode resultar de inércia impulsionadora imputável às próprias partes[10]. A sua violação só casuisticamente poderá relevar, depois de devidamente sopesados a complexidade da causa, os interesses conflituantes em jogo e o concurso dilatório dos diversos *atores judiciários*[11]. Noutra perspetiva, o direito de acesso aos tribunais compreende também uma *proibição ínsita de prazos de caducidade demasiado exíguos* que prejudiquem a defesa dos direitos.

2. Direito ao processo. Natureza jurídica do direito de ação

O *direito de ação* consagrado no art. 20º da CRP, e incluído no âmbito do *direito de acesso aos tribunais*, materializa-se ou concretiza-se através do *processo*. Qualquer cidadão, utilizando os meios facultados pela lei processual civil, pode propor em juízo *ações* para fazer valer os seus direitos ou interesses tutelados pelo direito material. Traduz-se, no fundo, num *direito subjetivo* (ou mesmo de um interesse difuso[12]) de levar determinada pretensão ao conhecimento do órgão jurisdicional, solicitando a abertura de um "*processo*", com o consequente dever de pronúncia desse órgão mediante decisão fundamentada (art. 205º, nº 1, da CRP) – *direito ao processo*[13]. Direito no qual se integra o *direito de vista do processo*, nesta incluída a consulta informática ou mesmo

[10] Sobre o *direito à obtenção de uma decisão em prazo razoável*, *vide* Joaquim Loureiro, *Convenção Europeia dos Direitos do Homem*: *Queixas contra o Estado Português*, *in Scientia Ivrídica*, nºs 259/261, jan/jul. de 1996, pp. 73 e ss..

[11] Uma lei processual pouco adequada à eficiência da justiça ou o mau estado da organização judiciária não afastam a violação da CEDH – cfr. Velu-Ergec, *La Convention Européenne des Droits de L'Homme*, Bruxelles, Bruylant, 1990, pp. 55 e 447.

[12] A ação popular foi regulada pela Lei nº 83/95, de 31 de agosto, tendo a sua versão mais recente (a 3ª) sido aprovada pelo Dec.-Lei nº 214-G/2015, de 2 de outubro.

[13] Porém, para Anselmo de Castro, *Direito Processual Civil Declaratório* (DPCD), vol. I, Coimbra, Almedina, ed. de 1981, pp. 95-96, o «*direito de acção* reconduz-se a uma situação subjectiva, cujo conteúdo se cifra no poder de pôr (colocar e reunir) as condições necessárias para que o órgão jurisdicional se ponha em movimento, em obediência às regras internas que disciplinam a sua acção», mas que «não deve confundir-se com um direito subjectivo» (*sic*).

física e domiciliária dos autos (pelos interessados e respetivos mandatários), salvas restrições especiais (extravio, segredo de justiça, etc.)[14-15].

Concretiza esse direito, na lei ordinária, o nº 2 do art. 2º do CPC, ao postular o *princípio da correspondência* entre qualquer direito e a «*ação* adequada a fazê-lo valer em juízo, a prevenir ou reparar a violação dele e a realizá-lo coercivamente, bem como os procedimentos necessários para acautelar o efeito útil da decisão». O que exclui o sistema da *justiça privada* assente no *princípio da autodefesa e da ação direta*, repudiado pelas atuais exigências civilizacionais. Desde logo, porque a parte lesada, mesmo que munida dos meios coercitivos adequados, dificilmente poderia ser *bom juiz em causa própria*, designadamente para definir os limites da sua atuação ou para estabelecer os termos da *reparação devida*[16]. Depois, porque constituiria fator de agravação das querelas inter-subjetivas, em natural comprometimento das almejadas paz social e reposição da ordem jurídica violada.

Daí que, no art. 1º do CPC, se haja instituído expressamente a *proibição da autodefesa*, ou da autotutela (*Selbshilfe* no direito alemão), o mesmo que é dizer o recurso à força (às vias de facto) para realizar e assegurar o próprio direito «salvo nos casos e dentro dos limites» definidos no nº 1, "*in fine*", e no nº 3 do art. 336º do CC[17].

São eles os casos do recurso à *ação direta geral*, observados que sejam determinados pressupostos (art. 336º) e à *ação direta em especial* – arts. 1277º (possuidor perturbado ou esbulhado na sua posse), 1314º (defesa da propriedade), 1315º (defesa de qualquer direito real), *a legítima defesa* (art. 337º) e *a atuação em estado de necessidade* (art. 339º), todos este preceitos do CC[18]. Neste elenco, se podem incluir também, e a título de exemplo, a invocação da *exceptio non adimpleti contractus* (art. 428º, nº 1, do CC) ou do *direito de retenção* (art. 754º e ss. do CC), *o embargo extrajudical de obra nova*

[14] Cfr. Gomes Canotilho e Vital Moreira, *Constituição da República Portuguesa Anotada*, 3ª ed. cit., pp. 163 e ss..

[15] A *confiança do processo* para exame encontra-se regulada nos arts. 165º a 169º e a passagem de certidões nos arts. 170º e 171º.

[16] Cfr. Antunes Varela/J. M. Bezerra/Sampaio e Nora, *Manual de Processo Civil*, 2ª ed. Reimp., Coimbra Editora, 2004, pp. 2 e 3.

[17] Cfr. quanto à proibição da autotutela, Antunes Varela, *Das Obrigações em Geral*, vol. I., 9ª ed., Coimbra, Almedina, 1996, pp. 573-575.

[18] «Constituindo um expediente de emergência, a *acção directa* subentende a ulterior necessidade de o agente regularizar a situação prática do direito» – cfr. M. J. Almeida Costa, *Direito das Obrigações*, 12ª ed., Coimbra, Almedina, 2009, p. 570.

(art. 397º, nº 2, do CPC), a cessão de bens aos credores (art. 831º do CC), *a declaração de compensação* (art. 847º do CC) e o *arranque e corte de raízes de árvores e arbustos,* bem como de *troncos ou ramos, pelo proprietário do prédio vizinho* (art. 1366º do CC).

Na mesma senda, mas reportando-se especificamente às *áreas do direito público,* consagra a CRP (art. 21º) o *direito de resistir* «a qualquer ordem que ofenda os seus direitos, liberdades e garantias e de repelir pela força qualquer agressão, quando não seja possível recorrer à autoridade pública» – *direito de resistência*[19].

Proibindo aos particulares o recurso à (própria) força, o Estado assegura, através de órgãos seus (soberanos e independentes) para tal adequados e vocacionados (*os tribunais*), a todo o titular do direito violado, as providências necessárias à sua reintegração efetiva. O que é próprio de um *sistema de justiça pública,* ou seja, *da função jurisdicional* que constitui *monopólio do Estado* (ainda que com possibilidade de *delegação* em específicos *órgãos parajudiciários*). Delegação esta traduzida ainda nas diversas vias *alternativas* ou *complementares* (*extrajudiciais*) da resolução de litígios[20] ou mesmo em entidades essencialmente *administrativas* ou hierarquicamente *dependentes*[21].

O *direito de ação* (de exercitação processual) é, por isso, *um direito subjetivo público* – como tal *irrenunciável*[22] – totalmente independente da existência ou verosimilhança da situação jurídica para a qual se solicita a tutela judiciária concreta. Ainda que a pretensão se perfile como inconsistente ou infundada, a sua simples dedução em juízo fará desencadear a *abertura de um*

[19] Nos arts. 878º a 880º do CPC encontra-se regulado o *processo especial de tutela da personalidade.* O CPTA prevê também um meio processual próprio para assegurar o exercício, em tempo útil, de um direito, liberdade ou garantia: o *processo de intimação* regulado nos arts. 109º e ss..

[20] Como, por ex., os tribunais arbitrais e os julgados de paz.

[21] Como as *conservatórias do registo civil,* para as pretensões alimentares deduzidas por filhos maiores ou emancipados e para os divórcios por mútuo consentimento, e como o *Ministério Público,* para os processos relativos à autorização ou confirmação de certos atos (arts. 2º a 5º e 12º do Dec.-Lei nº 272/2001, de 13 de outubro, cujas últimas alterações foram introduzidas pelo Dec.-Lei nº 122/2013, de 26 de agosto).

[22] Do que resulta a nulidade do *pactum de non petendo* (com afloramento no art. 2310º do CC), convenção pela qual o titular do direito se obriga a não agir em juízo, «seja pura e simplesmente, seja a termo ou condicionadamente» – cfr. CASTRO MENDES, *Direito Processual Civil* (DPC), Lisboa, ed. da AAFDL, 1980, vol. I, p. 130.

processo, com o consequente *direito à emissão de uma decisão judicial de mérito* (positivo ou negativo)[23].

Na lapidar síntese conclusiva de ANTUNES VARELA[24], «o *direito de acção* é, na sua essência, um *poder jurídico*, de carácter *publicístico*, conferido a uma pessoa (autor) no sentido de exigir do Estado determinada providência (de conteúdo essencialmente variável) contra uma outra pessoa (réu) através de um conjunto de actos (processo), exercitação essa a que corresponde um duplo momento: a)- *num primeiro momento*, cabe ao tribunal apreciar e decidir sobre a aparente viabilidade formal da providência; b)- *num segundo momento*, trata-se de averiguar, ouvida a parte demandada ou requerida, da possibilidade de conhecer do mérito da pretensão e de a adoptar «quando, em face do direito objectivo aplicável, se mostre que ela reúne as condições necessárias à sua procedência» (sic).

«*Direito de acção*, no sentido de *mero poder jurídico* de desencadear a intervenção do tribunal (da administração da justiça ou da máquina judiciária) para a dirimência de um dado litígio (*direito abstrato à jurisdição*)[25], que não um *direito concreto à tutela jurídica* estadual. Poder, pois, juridicamente tutelado, *não um simples poder de facto* – não se confundindo assim o *direito* (*processual*) de acção com a *liberdade constitucional* de acesso aos tribunais – de reclamar/solicitar do Estado, através desses seus órgãos soberanos, a adoção da providência requerida e a direção dessa providência contra outra pessoa (o réu). Daí a «natureza *triangular* atribuída à *relação processual*»[26] (ainda *sic*).

3. Conceito, natureza, autonomia e relevância do direito processual civil

§1º Noção. Aceções

Como *disciplina jurídica*, o processo civil tem por objeto o estudo científico das normas reguladoras, quer da propositura da ação, quer da atividade a desenvolver pelo tribunal (magistrados e funcionários), pelas partes (e seus mandatários ou representantes) e pelos demais intervenientes (peritos, testemunhas, técnicos e agentes de execução), nas diversas fases em que se desenvolve um dado feito introduzido em juízo, até à emissão da decisão

[23] Cfr. MANUEL DE ANDRADE, *Noções Elementares de Processo Civil*, Coimbra Editora, 1963, pp. 3-4.

[24] Cfr. RLJ, ano 126º, nº 3831 (1-10-93), pp. 169-170.

[25] Cfr., neste sentido, A. MONTALVÃO MACHADO/PAULO PIMENTA, *O Novo Processo Civil*, Coimbra, Almedina, 8ª ed., 2006, pp. 13-14.

[26] Cfr. ANTUNES VARELA, *in* RLJ, loc. cit..

final apreciadora do respetivo mérito. Normas essas referentes «aos tipos ou modos e condições do direito de acção», bem como «aos termos a observar em juízo na sua propositura ou desenvolvimento»[27].

O vocábulo *processo* «compõe-se, na sua raiz etimológica, do prefixo *pro* e do verbo *cedere* (*procedere*), o que significa caminhar para a frente ou para o lugar de, avançar para um dado objectivo final»[28], envolvendo todo um encadeamento de atos ou vicissitudes conducentes a esse *desideratum;* ou seja, e em sentido vulgar, para significar «uma sequência de actos humanos ou factos naturais dirigida ou pré-ordenada a um determinado e concreto resultado»[29]. Em acentuação do conjunto de *regras sequenciais* ou *atos-trâmite* a observar pelas partes com vista à emissão de uma *pronúncia final por parte do órgão legalmente competente*, fala-se, a este respeito, em *procedimento*[30]. Em *sentido jurídico*, o *processo* constitui pois, e também, um verdadeiro *procedimento* traduzido numa cadeia lógico-sequencial de atos (jurídicos) articulados entre si, com vista ao decretamento, no seu *terminus*, de uma dada e concreta *providência jurisdicional*[31].

Nesta dicotomia *direito privado substantivo, versus direito público adjetivo*, o *direito* (*privado*) *civil* pode definir-se como o conjunto de normas reguladoras das relações entre os sujeitos de direito entre si ou com o Estado e outros entes públicos – conquanto que estas entidades públicas hajam intervindo em tais relações em pleno pé de igualdade com os particulares –, despidos, pois, da sua *auctoritas* ou *jus imperii*. Tais relações traduzem-se, praticamente, na atribuição de um *direito subjetivo* (poder jurídico de exigir de outrem certo comportamento) a um dos sujeitos e na imposição ao outro de um correlativo *dever jurídico*.

Manuel de Andrade[32] dá de *ação civil* a seguinte noção: «a pretensão de um qualquer dos meios de tutela jurisdicional formulada em juízo para uma dada relação material de direito (*pretensão cuja atendibilidade o tribunal a seu tempo verificará*)». Ao requerente da providência dá-se geralmente a

[27] Cfr. Manuel de Andrade, *Noções Elementares* cit., pp. 5 e 6.

[28] Cfr. Manuel de Andrade, *Noções Elementares* cit., p. 6.

[29] Cfr. Antunes Varela/J. M. Bezerra/Sampaio e Nora, *Manual* cit., p. 10.

[30] Neste sentido, as definições legais de *procedimento administrativo* e de *processo administrativo* contempladas no art. 1º, nºs 1 e 2, respetivamente, do CPA 2015 (Código do Procedimento Administrativo aprovado pelo Dec.-Lei nº 4/2015, de 7 de janeiro).

[31] Cfr. Manuel de Andrade, *Noções Elementares* cit., p. 6.

[32] Cfr. *Noções Elementares* cit., pp. 4 e 5.

designação de *autor*, *demandante* ou *exequente* e ao requerido (a pessoa contra quem a tutela jurisdicional é solicitada), respetivamente a de *réu*, *demandado* ou *executado*). Deduzida[33] a pretensão em juízo (*propositura da ação*) segue-se uma fase destinada à averiguação (*instrução*) da existência/ocorrência da situação de facto invocada pelo autor, bem como à indagação dos preceitos normativos suscetíveis de materialmente a enquadrar; e, se necessário, uma fase de adoção das medidas necessárias à efetivação prática da decisão que vier a ser emitida (*execução do julgado*). Sempre, é claro, com a audiência e intervenção da contraparte (*princípio do contraditório*).

Ora, «quer a propositura da acção, quer a atividade a empreender pelo tribunal e pelos agentes processuais, – *partes* ou *litigantes* e *auxiliares processuais* e *demais intervenientes processuais* – no decurso daquela investigação ou da subsequente efectivação da providência concedida, obedecem a certas normas impostas e definidas com maior ou menor detalhe pela lei» (que não a soluções ou procedimentos de ordem avulsa ou casuística deixados ao livre alvedrio dos operadores ou interventores ocasionais no processo) – «sendo o conjunto dessas normas que forma *o direito processual civil*»[34]. É, assim, o processo civil que fixa «os requisitos a que deve obedecer a instauração da acção «(*pressupostos processuais*), bem como o formalismo a observar no seu desenvolvimento em juízo» (actos processuais e suas formas e ordem sequencial) «e a oportunidade da respectiva prática (*rito ou ritualismo processual* ou *processo em sentido estrito*)»[35].

O termo *processo* é ainda utilizado noutras aceções, no âmbito da linguagem corrente jurídica e judiciária ou da *praxis forensis*[36]. Umas vezes identifica-se materialmente o processo com os próprios *autos* (*pasta, caderno* ou *dossier*) da ação em curso, constituídos pelas peças escritas nele entranhadas, pelas decisões nele proferidas e pelo relato/transcrição dos atos e diligências no seu seio praticados (aceção cada vez mais em crise, face à utilização dos meios eletrónicos, hoje já dominante, e que torna a tramitação praticamente *virtual*). Num sentido mais circunscrito, emprega-se o termo *processo* para significar *causa, feito, litígio, pleito, demanda* ou *lide* ou para qualificar a situação/pendência de uma dada pretensão de tutela jurisdicional intro-

[33] A esse ato de dedução ou apresentação em juízo de uma dada pretensão através de requerimento próprio chama-se também *proposição* ou *propositura*, *instauração* ou *intentação*.

[34] Cfr. Manuel de Andrade, *Noções Elementares* cit., pp. 4 e 5.

[35] Ou seja: o «formalismo processual, a liturgia ou o rito do processo» – cfr. Antunes Varela/J. M. Bezerra/Sampaio e Nora, *Manual* cit., p. 11.

[36] Cfr. Manuel de Andrade, *Noções Elementares* cit., pp. 14 e 15.

duzida em juízo por determinado sujeito de direitos, com oposição real (ou potencial) pela sua contraparte. O *processo* – tal como incidentalmente foi definido pelo Supremo Tribunal de Justiça – traduz-se numa «organização normativa de actos, cuja essência é a constituição do caminho global tendente à resolução de diferendos e ao respeito pelos valores e interesses legítimos»[37].

Em *sentido técnico-jurídico, o direito processual civil* é, portanto, o *conjunto de normas de direito público reguladoras dos diversos tipos, formas e requisitos da ação civil – bem como das formalidades que devem ser observadas em juízo na sua propositura e desenvolvimento –, tendentes à justa composição de um litígio de interesses privados, pelo acolhimento ou rejeição da pretensão de um dos litigantes, através da intervenção de um órgão próprio, imparcial e soberano que é o tribunal*[38-39].

§2º O direito processual civil como direito público adjetivo

Carateriza-se o direito processual por ser um *ramo de direito público próprio e autónomo*, em contraposição ao direito que define e estabelece os interesses juridicamente relevantes – o *direito material*. Neste conspecto, soi apelidar-se o direito processual de *direito adjetivo, formal* ou *instrumental* e o direito civil ou comercial de *direito substantivo* ou *material*. Não obstante a sua *natureza subsidiária* em relação aos restantes ramos do direito processual, o processo civil abrange, em princípio, apenas as ações fundadas no *direito civil* e no *direito comercial*, ou seja, as chamadas *ações cíveis*[40].

O *direito público* regula as relações em que um dos sujeitos, pelo menos, exerce uma função dominante e em que, por conseguinte, se estabelece, entre os respetivos sujeitos, uma relação de *supremacia* ou *superintendência* (*jus imperii*). O *direito privado* regula (em princípio) relações jurídicas em que as partes intervêm em pé de igualdade substancial. À relação jurídica processual civil subjaz, todavia, – entre as partes e o magistrado julgador – um *nexo de verdadeira subordinação ou dependência*, neste nexo residindo a força vinculativa especial de que gozam as decisões judiciais. O juiz exerce, em tal relação, uma típica função de soberania – a *função jurisdicional*.

[37] Cfr. o Assento nº 12/94, *in* DR, 1ª Série, nº 167, de 21 de julho de 1994, retificado pelo DR nº 186, de 16 de fevereiro de 1994.

[38] Cfr. Castro Mendes, *Direito Processual Civil*, vol. I, ed. da AAFDL,1969, vol. I, cit., p. 28.

[39] Cfr. Antunes Varela/J. M. Bezerra/Sampaio e Nora, *Manual* cit., pp. 6 e 7.

[40] Não olvidando outros tipos de ações fundadas em outros e distintos ramos de direito substantivo (penais, administrativas, laborais e fiscais) cuja regulação se encontra cometida aos respetivos ramos de direito processual.

Na ação (disciplinada pelo processo) encontram-se, *prima facie*, em equação os *interesses* (*particulares*) das partes, enquanto que *no direito processual* sobreleva *o interesse coletivo da paz social*, o interesse público primordial da (*justa*) *composição dos conflitos de interesses jurídico-privados*, mediante a aplicação das normas jurídicas adequadas. Daí que ao juiz caiba, não apenas *decidir*, mas também, e ainda, *convencer* as partes, especialmente a parte vencida, do bom fundamento da decisão[41]. A *natureza publicística* (do processo) não obsta à existência de normas processuais avulsas de caráter dispositivo, como tal derrogáveis pela vontade das partes, «mas a grande massa das normas de ordem pública constitui *direito absoluto, imperativo ou coactivo* (*jus cogens*)»[42]. A natureza (civil ou processual, substantiva ou adjetiva) da norma determina-se, porém, em função do seu objeto e não do lugar sistemático em que ela se insira (há normas de natureza processual ou com incidência processual no seio do CC – cfr., *v. g.*, os arts. 1410º, 1677º-B, nº 3, 1776º, 1792º, nº 2, 1793º, nº 2, 2078º e 2091º).

O *direito processual civil* destina-se, pois, a disciplinar o exercício de uma função soberana do Estado (a *função jurisdicional*)[43], em cujo desempenho ele – o ente público – intervém claramente revestido do seu poder de supremacia[44-45-46]. Como *direito adjetivo ou instrumental*, regula apenas os meios, expedientes ou remédios jurídicos necessários para, a partir do direito privado, se poder dar realização efetiva ao direito violado. Mas a avaliação da consistência ou do bom fundamento do direito invocado pelo autor ou requerente tem de ser aferida pelas normas, critérios e princípios (gerais e abstratos) emergentes do direito material, os quais «fornecem a *substância normativa da decisão*»[47].

[41] Cfr. Antunes Varela/J. M. Bezerra/Sampaio e Nora, *Manual* cit., pp. 9 e 10.

[42] Cfr. Manuel de Andrade, *Noções Elementares* cit., p. 14.

[43] *Os tribunais são os órgãos de soberania com competência para administrar a justiça em nome do povo* (art. 202º da CRP) e *as suas decisões «são obrigatórias para todas as entidades públicas e privadas e prevalecem sobre as de quaisquer outras autoridades»* (art. 205º, nº 2, da CRP).

[44] Cfr. Manuel de Andrade, *Noções Elementares* cit., p. 13.

[45] Acerca deste *item*, *vide* Antunes Varela/J. M. Bezerra/Sampaio e Nora, *Manual* cit., pp. 7 a 10.

[46] Precisamente por não bulirem *diretamente* com as querelas intersubjetivas é que *as normas de direito processual civil* são geralmente de *aplicação imediata* aos atos a praticar após a sua entrada em vigor, mesmo nas ações pendentes (*princípio da aplicação imediata da lei nova*).

[47] Cfr. Antunes Varela/J. M. Bezerra/Sampaio e Nora, *Manual* cit., p. 8.

A título de exemplo: a exercitação do direito ao divórcio ou à separação (arts. 1781º e ss. do CC) faz-se através da *ação de divórcio ou de separação sem o consentimento do outro cônjuge* (arts. 1407º e 1408º do CPC); a subsistência dos direitos do proprietário (art. 1305º do CC) ou do proprietário confinante com direito de preferência (art. 1380º do CC) pode ser assegurada através da *ação de revindicação* (art. 1311º do CC) ou da *ação de preferência* (arts. 1407º e ss. do mesmo CC); o direito à cessação do contrato de arrendamento opera-se através da *ação de despejo* a que se reporta o art. 14º do NRAU (ou do *procedimento especial de despejo* regulado nos arts. 15º a 15º-S do mesmo NRAU); a efetivação de *responsabilidade civil extracontratual* instaurada pelo pretenso lesado, mediante a análise dos pressupostos da obrigação de indemnizar (facto, ilicitude, culpa, dano, nexo de causalidade entre o facto e o dano) terá que fazer-se ao abrigo das normas dos arts. 483º e ss. do CC, que não das *normas de caráter adjetivo.*

Representa, assim, o direito processual civil um *instrumento* ao serviço das soluções decorrentes do direito substantivo, sem esquecer a repercussão negativa que a inobservância de certas regras processuais pode surtir na concreta relação material objeto do litígio. E, constitui, noutro plano, um poderoso meio de *preservação da legalidade em geral* que à função jurisdicional cumpre primordialmente assegurar para defesa do *direito objetivo e da paz social*[48].

§3º Relevância, autonomia e natureza subsidiária do direito processual civil

É geralmente reconhecido que só a partir de meados do século XIX (ano de 1868), data da publicação da clássica obra do processualista alemão Oskar Von Bülow intitulada «*Die Lehre von den Prozesseinrenden und die Prozessvoraussetzungen*», o direito processual civil, como ciência jurídica, alcançou a sua emancipação[49]. E isto face à "autonomização" (feita por esse autor) do conceito de *relação jurídica processual* (a estabelecida entre as partes e o Estado) – *processo* ou *judicium* – relativamente ao de *relação substantiva ou material* subjacente (*res in judicium deducta*). Passaram assim, desde então, a versar-se, de modo sistemático-metodológico e com pela autonomia, os

[48] O *princípio do Estado de direito*, com o correlativo *princípio da legalidade*, encontra-se genericamente consagrado no art. 2º da CRP.

[49] Cfr. Castro Mendes, *Direito Processual Civil*, ed. de 1969, vol. I cit., pp. 5 e ss. e Antunes Varela/J. M. Bezerra/Sampaio e Nora, *Manual* cit., pp. 14 e 15.

temas do chamado *ritus processualis* (até então apenas reservados aos práticos do direito).

As especificidades do direito processual relativamente ao direito civil deram origem a uma distinta disciplina científica, assim se superando uma antiga ideia de subalternidade ou menoridade da matéria, sem dignidade bastante para merecer um tratamento especializado[50]. Ademais, nela se degladiam e nos respetivos *institutos* se refletem, muitas vezes, as conceções jurídicas e sociais dominantes e as opções de política legislativa em cada momento prevalecentes, não raras vezes ditadas ou influenciadas (na atualidade) por soluções de direito comparado ou supra-nacional merecedoras de adequado tratamento e aprofundamento teórico-filosófico. Daí o tratar-se de um direito crucial para a realização prática (eficácia) do direito material, mormente na falta de acatamento espontâneo (pelos particulares) dos preceitos jurídico-substantivos, o que, contende diretamente com a *coercibilidade* ou *coatividade* dos diversos tipos de comandos legais[51]. E daí, também, a importância teórico-dogmática do estudo das normas e princípios do direito processual civil.

O direito processual civil – pese embora o seu caráter *instrumental* – pode, através da sua aplicação concreta, surtir uma influência decisiva no desfecho (positivo ou negativo) da pretensão deduzida pelo autor em juízo. Um mau uso dos meios processuais, ou uma má ou leviana condução/gestão do processo, *vis a vis* os factos apurados e o direito material aplicável, pode comprometer irremediavelmente o êxito do pedido ou requerido.

Exemplos paradigmáticos serão os do não cumprimento de ónus legais, *maxime* os relativos aos prazos para a prática dos atos, com o consequente *princípio da preclusão*, ou da formulação insuficiente ou deficitária do pedido, face à regra da impossibilidade de a sentença final considerar *ex-officio* a parte em falta (*ne eat*

[50] A verdadeira *carta de alforria* do direito processual civil como disciplina autónoma foi, entre nós, o Alvará Régio de 16 de janeiro de 1805, ao instituir a cadeira de "*Forma Judicial*", que passou a ser obrigatória para os bacharéis, tanto da Faculdade de Cânones como da Faculdade de Leis. A Lição inaugural foi proferida em outubro de 1807 pelo lente de Cânones José Inácio da Rocha Peniz, subordinada ao significativo título" *Da influência do foro sobre a felicidade pública*". Efemérides que marcaram o relevo académico da disciplina, de resto, nunca mais abandonado, quer em Portugal, quer no Brasil – cfr. Rui de Figueiredo Marcos, *in* Prefácio da obra "*Lições de História do Processo Civil Lusitano*" da co-autoria de José Rogério Cruz Tucci e Luiz Carlos de Azevedo, co-edição das Editoras Revista dos Tribunais e Coimbra Editora, 2009.

[51] Cfr. Antunes Varela/J. M. Bezerra/Sampaio e Nora, *Manual* cit., p. 15.

iudex ultra petitum), ainda que a factualidade apurada possa apontar no sentido do reconhecimento do respetivo direito, e, ainda, a não apreciação do objeto do recurso por falta de alegação ou por falta total de conclusões (art. 641º, nº. 2, al. b)) ou por formulação (não suprida) de conclusões deficientes, obscuras ou complexas (art. 639º, nº 3, *in fine*).

Importância prática que respeita, também, aos *profissionais forenses* (magistrados, advogados e funcionários judiciais) a quem caiba a gestão da atividade processual). Uma deficiente ou inconsiderada conduta processual pode também repercutir-se na chamada *responsabilidade tributária* (pelas custas ou multas processuais). Assim, se praticados *atos e* deduzidos *incidentes inúteis ou supérfluos*, o encargo de custas recai, não sobre a parte vencida, mas sobre aquela que (escusadamente) os requereu (art. 534º, nº 1), o que se traduz na imposição de uma verdadeira *sanção económica* pelo uso inadequado do processo, mesmo que o seu fautor haja saído vencedor do pleito. Em responsabilidade sancionatória (multa) pode também incorrer, *v. g.*, a parte que, sem que se verifique justo impedimento, se apresente a praticar um ato fora do prazo, se pretender obviar à extinção do respetivo direito (art. 139º, nºs 4, 5 e 6).

De referir, neste âmbito, que a generalidade dos códigos processuais remete para o Código de Processo Civil, a título *subsidiário ou supletivo*, para preenchimento das respetivas lacunas, assim reconhecendo o respetivo corpo normativo como verdadeiro padrão matricial e referencial de regulação processual[52]. Conf., *v. g*, o Código de Processo Penal (art. 4º), o Código de Processo do Trabalho (art. 1º, nº 2, alíneas a), b) e e)), o Código da Insolvência e da Recuperação de Empresas (art. 16º) e a OTM (arts. 70º e 161º). O mesmo sucede com os *diplomas processuais das jurisdições jurídico-públicas*, como a Lei do Tribunal Constitucional (nos seus arts. 48º, 69º, 79º-B, nº 1 e 84º, nº 8), o Código de Processo nos Tribunais Administrativos (arts. 1º e 140º, nº 3) e o Código de Procedimento e Processo Tributário (art. 2º, al. e)) e, ainda, com *diplomas registrais* como o Código de Registo Predial (art. 117º-P) e o Código do Registo Civil (art. 231º).

[52] Em Espanha, é a própria *Ley de Enjuiciamiento Civil* (LEC) em vigor (aprovada pela Lei1/2000, de 7 de janeiro) que, no seu art. 4º, consagra, *expressis verbis*, o caráter supletivo geral das respetivas normas.

4. Fontes e evolução histórica

4.1. Das raízes romanas

A história do *processo civil romano* (no qual, à semelhança do direito substantivo, radicam, em última análise, as principais instituições do processo civil português)[53] é caraterizada por uma progressiva *publicização do direito privado*. O processo das *legis actiones* representou a primeira manifestação da subordinação da justiça à direção e controlo da autoridade estatal. Distinguiam-se, entre elas, as *actiones in rem* (proteção dos direitos sobre coisas) e as *actiones in personam* (proteção dos direitos de crédito): as primeiras, tutelavam direitos (*iura*) sobre coisas (direitos reais), por ex., a *reivindicatio* que permitia ao proprietário recuperar a posse da *res* de que fora privado; nas segundas, afirmava-se um *oportere* (*dever*), assumido pelo demandado (por contrato ou delito), de *dare, facere* ou *prestare*, devendo a demanda ser exclusivamente dirigida contra o obrigado[54].

O sistema processual das *legis actiones* dividia-se em duas fases distintas: a fase *in iure*, presidida pelo magistrado romano competente, a quem incumbia emitir a opinião (*sententia*) sobre o litígio depois da prova (ou da falta dela) dos factos alegados pelas partes; e a fase *apud iudicem*, presidida por um juiz privado romano (*iudex privatus*) escolhido ou nomeado na fase *in jure*. A *actio*, *formalmente* o primeiro ato do processo (*impulso inicial*) constituía um meio de proteção de um *direito subjetivo preexistente* reconhecido pelo *ius civile* ou uma *situação de facto* que o magistrado considerava merecedora de tutela jurídica. Na fase *in iure*, a instauração da *actio* exigia a condução do demandado à presença do magistrado. Segundo a Lei das XII Tábuas, o autor dirigia-se ao demandado, onde quer que o encontrasse, ordenando-lhe, com palavras solenes, que o acompanhasse (*in ius uocatio*). Se o demandado desrespeitasse ou recusasse essa citação, o demandante, perante testemunhas, "deitava-lhe as mãos" e conduzia-o à presença do magistrado; o demandado só podia eximir-se

[53] A propósito da atual *europeização dos diversos ramos de direito* (constitucionais e infra-constitucionais), «na senda de um novo *jus commune europaeum*», ancorado no «velho tronco do direito romano», e no sentido de este se ter tornado o «modelo reconhecido do operar jurídico-conceitual, e desse modo, um *common law lógico-espiritual* europeu», cfr. Francisco Lucas Pires, *in Introdução ao Direito Constitucional Europeu*, Coimbra, Almedina, 1997, p. 19, citando, a esse respeito, Häberle, *Europäische Rechtskultur, in* Revue Européenne de Droit Public, 1994, vol. 6, nº 2, pp. 289 e ss. e Schmit, *La Condizione della Scienza Giuridica Europeia* – trad. Italiana – Roma, 1996, p. 47.

[54] Cfr., acerca da matéria do processo das *legis actiones*, do *processo agere per formulas*, do *processo extra-ordinem* e dos *processos especiais* e respetivos pressupostos e fases processuais, A. Santos Justo, *Direito Privado Romano* – I – Parte Geral (Introdução. Relação Jurídica. Defesa dos Direitos), 3ª ed., BFD, *Stvdia Jvridica*, nº 50, 3ª ed., pp. 233-442 e, especialmente, pp. 20, 50, 236-238, 265, 271-273 e 429, que seguimos muito de perto a propósito desta epígrafe.

a essa *manus iniectio* se uma pessoa (*vindex*), de categoria social e económica semelhante à sua, se dispusesse a garantir essa comparência, salvas algumas (previstas) situações de dificuldade. Tratava-se de um *judicium legitimum,* integrado na *ordo iudiciorum privatorum*, inicialmente de utilização exclusiva pelos *cives romani.* Só eram permitidas as *actiones* expressamente reconhecidas na Lei das XII Tábuas (*«nulla actio sine lege»*), devendo o ritualismo (formal e oral) ser escrupulosamente observado, sob pena de perda da demanda (*causam cadere*). Era único depositário das fórmulas sacramentais o *Colégio dos Pontífices*, que as mantinha secretas, provavelmente como via (política) de obrigar a *plebe* a recorrer à proteção de um *patricius* como *patronus.* Sendo escasso o número de *iurisconsulti,* concorriam frequentemente na mesma pessoa as qualidades de representante judicial e de *patronus*, sendo usual as partes designarem um *advocatus* como *procurator.*

A figura do *praetor* havia sido introduzida no ano 367 a.C. pelas *Leges Liciniae Sextiae* (que vieram instituir uma nova magistratura), ao qual foi atribuída a função de *in urbe ius dicere.* Surgiu então a necessidade de distinguir o *imperium* e a *iurisdictio.* O *imperium* era o *poder supremo atribuído* aos *magistrados* considerados substitutos do *rex* no governo da *civitas.* Já a *iurisdictio* (*ius dicere*) significava todo o leque de atuações (civis) do magistrado na fase *in iure* do processo e, mais tarde, a faculdade de emitir éditos (*ius edicendi*). Na *fase pós-clássica* (230 a 530 d.C), a *iurisdictio, nas* suas diversas modalidades, foi-se separando do *imperium,* tornando-se suscetível de delegação expressa (ou tácita de caráter consuetudinário) em magistrados não detentores de *imperium.*

Nascidas ao lado das *actiones civiles, as actiones praetoriae* vieram impulsionar, de modo decisivo, o *jus romanum.* Em casos especiais, o magistrado, no uso do seu *imperium,* passou a resolver o *litígio* diretamente, sem a mediação de um juiz privado (*cognitio extraordinaria ou cognitio extra ordinem*). Com a fase da *cognitio extra ordinem* e fundidas numa só as fases *in iure* e *apud iudicem* da *ordo iudicioru privatorum,* desapareceram os juízes privados, passando os magistrados a integrar uma organização hierárquica cuja cúpula suprema era ocupada pelo imperador romano. O sistema da *cognitio extra ordinem* veio a ser paulatinamente substituído pelo processo das fórmulas (*agere per formulas*). A rigidez do processo das *legis actiones* (caraterizado pela oralidade) cedeu assim (na época clássica) o passo ao processo das fórmulas, o qual, durante largo tempo, coexistiu com o processo anterior e que veio a obter reconhecimento pela *Lex Aebutia de formulis* (do ano 130 a.C.) e pela *Lex Julia iudiciorum priuatorum* (da mesma época). As solenidades *orais* da *litis contestatio* foram substituídas por um *documento escrito* (*formula*), que consubstanciava uma ordem dada pelo pretor ao juiz (particular) para condenar ou absolver em função da prova (ou da falta dela) dos factos alegados pelo demandante.

Até à *Lex Aebutia* só havia ações baseadas no *jus civile* (*actiones civiles*). Depois dessa lei, o pretor passou a poder – sempre que a justiça ou a equidade o exigissem – «neutralizar a *actio civilis*», recusando a concessão da *actio* (*denegatio actionis*) ao autor (*actor*) ou «inutilizando a sua eficácia» pela concessão ao demandado (*defensor'*) de uma *exceptio*», bem como a criar *actiones* próprias adequadas às específicas situações. Em suma: a «integrar e a corrigir diretamente o *jus civile* pela via processual»[55].

Com o reconhecimento do Cristianismo como religião oficial do império por Constantino (século IV d.C.), assistiu-se a algum incremento na resolução dos litígios por *autoridades eclesiásticas* (*episcopais*). Tratava-se, todavia, de uma *jurisdictio* facultativa, a cuja recusa não correspondia um procedimento de contumácia. O processo utilizado, mais abreviado que o ordinário, não exigia o *libelus conventionis* e decorria sob a *forma oral*. As sentenças, embora exequíveis e inapeláveis, não passavam de *resoluções* destinadas a pôr termo às controvérsias (sobretudo às de maior afinidade com a ética, a fé e a moral religiosas) e a instituir a *pax* entre os litigantes com base na *lex christiana*.

Ao tempo das invasões germânicas (séc. V d.C) e com o declínio do império, vigorava na Península, tal como nas restantes províncias do império, um sistema de *direito romano vulgar*, um misto de práticas consuetudinárias e da degenerescência do direito romano clássico. Este continuou a persistir autonomamente dentro dos novos Estados (fruto do *princípio da personalidade do direito* adoptado pelos povos germanos), a par do direito dos invasores, ainda que com interpenetração entre os dois sistemas. Em 622 d.C (sec. VII), com a instalação do primeiro reino visigótico na Península, seguiu-se um período de acalmia institucional propiciadora de uma intensa atividade legislativa, que culminou com a promulgação do *Código Visigótico* ("*Lex Visigotorum*", "*Liber Judicum*" ou *Liber Judicorum*") pelo rei Recesvindo (649-672 d.C). A partir de 711-713 d.C, os invasores árabes passaram a dominar a Península, situação que se prolongou até à reconquista cristã; apesar disso, a população cristã (*moçárabe*) manteve o seu culto e o seu direito (o direito da monarquia visigótica), aplicado por *juízes próprios*, tendo mesmo o Código Visigótico sido traduzido para língua árabe. Esta autonomia jurídica era, de resto, respeitada mediante o pagamento de um oneroso *imposto de capitação*. O Código Visigótico manteve-se ainda como fonte de direito em Portugal durante todo o século XII, mesmo depois da fundação da nacionalidade.

A partir da promulgação da Lei das XII Tábuas (450 a.C.), o *"ius romanum"* «deixou, de ser um *ius consuetudinarium*, baseado exclusivamente no

[55] Cfr. SEBASTIÃO CRUZ, *Direito Romano (Jus Romanum)*, pp. 333-335.

costume, para passar a ser um *ius legitimum*, baseado essencialmente na *lex ou nas leges*»[56].

À Lei das XII Tábuas seguiu-se um longo interregno codificador, porquanto só no século V d.C. veio a ser publicado o *Código Teodosiano* e, no século VI d.C (época justinianeia de 530 a 565 d.C), o *Corpus Juris Civilis*. O *jus romanum* subsistiu na Europa, ainda depois da queda do Império Romano do Ocidente em 476 d.C[57]. O *direito justinianeu* perdurou mesmo desde o século VI até ao século XI (sobretudo no oriente), assistindo-se ao seu renascimento no ocidente a partir do século XI, altura em que o *Corpus Juris Civilis* reassumiu o seu estatuto de «paradigma institucional, formativo e evolutivo, de todos os modernos direitos europeus»[58] – *período da receção do direito romano*[59].

4.2. Evolução do direito processual civil português

A evolução do *direito processual civil português* comporta seis grandes *ciclos* ou *períodos*[60], a saber: – da fundação da nacionalidade até ao advento do regime liberal (período anterior ao Código de 1876); – entre o Código de 1876 e o Código de 39; – entre o Código de 39 e os Códigos de 61/67; – entre os Códigos de 61/67 e o Código de 95/96; – entre o Código de 95/96 e o Código de 2013; – a partir do Código de 2013.

§1º Período anterior ao Código de 1876

Nos primórdios da nacionalidade, tal como nos restantes reinos cristãos da península, vigorava o *Código Visigótico de Recesvindo*. As normas hoje de qualificar como *processuais* constavam do Segundo dos Doze livros desse código, entre as quais as relativas à subordinação funcional do juiz (à Coroa),

[56] Cfr., quanto a este ponto, e quanto à definição das épocas e datações históricas, Sebastião Cruz, *Direito Romano (Jus Romanum)* cit. – I, 4ª ed., especialmente pp. 52 a 54, 182 e 200.

[57] O Império Romano do Oriente só veio a cair em 1453 com a tomada de Constantinopla pelos turcos, que marca o fim da idade média.

[58] Cfr, acerca desta matéria, M. J. Almeida Costa, *Apontamentos de História do Direito*, Coimbra, 1980, pp. 156-158, 177-179 e 181-182 e *História do Direito Português*, 3ª ed., Coimbra, Almedina, 2008, pp. 173-180.

[59] Cfr. Sebastião Cruz, *Direito Romano* cit., p. 94.

[60] Cfr., quanto a esta temática, Antunes Varela/J. M. Bezerra/Sampaio e Nora, *Manual* cit., pp. 27 a 41 e A. Montalvão Machado/Paulo Pimenta, *O Novo Processo Civil*, 8ª ed. cit., pp. 17-26.

à natureza pública da justiça e à publicidade, pessoalidade e oralidade da audiência, à contraditoridade da produção da prova e à competência jurisdicional conjunta, civil e criminal, tudo eivado das singularidades próprias do direito medieval.

Caraterísticas que se mantiveram, quer nos Livros Terceiros das Ordenações Afonsinas, Manuelinas e Filipinas – então a compilação oficial do Reino –, quer na legislação extravagante sistematizada na obra "Primeiras Linhas Sobre o Processo Civil", da autoria de JOAQUIM PEREIRA E SOUSA (1810-1814), depois completada pelos quatro volumes do correspondente "Apêndice".

Nas Ordenações Filipinas (Livro 3º), a vigorar desde 29 de janeiro de 1603, depois confirmadas por D. João IV – as quais mantiveram os traços gerais da estrutura do processo civil provindos da precedente legislação –, já se contemplavam quatro espécies de procedimentos[61]: «a)- *ordinário*, preponderantemente escrito, constando de petição "*per scripto*", contestação, eventual reconvenção, juramento de calúnia, artigos contrários de réplica e tréplica, produção da provas e "assim os outros actos necessários para a boa ordem do juízo" (3.20.pr.), "em tal maneira, que, quando o feito finalmente for concluso, o juiz seja bastantemente informado da verdade, para que justamente possa dar sentença de absolvição ou condenação, conforme o pedido"; b)- *sumário:* nas causas de valor inferior a 1.000 réis, caraterizando-se por ser um misto de processo oral e escrito (3.20.pr. e 3.30.1 a 3); c)- *sumaríssimo* ou *verbal:* os atos eram orais e caraterizados pela informalidade, nas causas sobre bens móveis, cujo valor não ultrapassasse 400 réis (1.65.7); e, ainda, "nas *acções de força nova*" (3.48); d)- *especial:* derivado do procedimento da ação decendiária, com incidência mais ampla nas Ordenações Filipinas.

Em 3.25 é traçada a distinção entre a "*acção de execução da sentença*"e a "*acção que nasce da sentença*"(origem da ação executiva e da sentença): "*Em que maneira se procederá contra os demandados por escrituras públicas, ou alvarás, que têm força de escritura pública, ou reconhecidas pela parte*".

O *regimento das audiências* determinava que os juízes deveriam tratar as partes com *urbanidade*, «não dizendo palavras de escândalo, nem remoque aos procuradores, nem aos escrivães, nem a outros oficiais da audiência, nem a parte alguma, que perante eles vier requerer sua justiça» (3.19.14). Impunha-se também às partes a proibição de empregarem palavras «desonestas ou difamatórias» em seus artigos e

[61] Cfr., acerca deste tema, J. ROGÉRIO CRUZ E TUCCI e LUIZ CARLOS DE AZEVEDO, *Lições de História do Processo Civil Lusitano*, Revista dos Tribunais/Coimbra Editora, 2009, pp. 122-124.

arrazoados». Desobedecida a regra, atribuía-se ao juiz o poder de impor sanção ao procurador ou à parte, "que os tais artigos fez ou os ofereceu em juízo" (3.20.34).

Quanto ao *ajuizamento da demanda,* recomendava-se aos litigantes que se aconselhassem com seu advogado, para os orientar "a *não mover acção temerária*"(3.20.2). Aforada (ajuizada) a demanda, o juiz determinava a *citação do réu.* Na audiência então designada, cabia ao magistrado aproximar as partes (para a mesma convocadas) numa *tentativa de conciliação,* «porque o vencimento da causa é sempre duvidoso» (3.20.1). *Não se viabilizando a conciliação,* o juiz poderia formular perguntas às partes, «assim para a ordem do processo, como para a decisão da causa». Dependendo de quanto apurado em tal ato processual, «*a sentença poderia ser desde logo proferida*» (3.20.4). «O autor oferecia o seu *libelo* (escrito) na própria audiência, que deveria ser lido para conhecimento do juiz e do réu» (3.20.5). Nas causas de *procedimento sumário* e *sumaríssimo,* o *libelo era deduzido oralmente.* Autorizava-se a *adição ao libelo,* concedendo-se novo prazo ("o mais breve possível") para o réu responder ao aditamento. E isso, "tantas vezes quantas o autor fizesse nova adição" (3.20.7 e 8). Não funcionava, de resto, o *princípio da eventualidade* para as alegações das partes (nem para o autor nem para o réu), o que se repercutia negativamente nas delongas das demandas. Segundo o regimento das audiências, *todos os actos processuais realizados em audiência eram reduzidos a termo* pelos escrivães ou tabeliães (3.19.12).

Impunha-se severa *sanção pecuniária* ao autor que demandasse mais do que lhe era devido (*pluris petitio*). Vencia somente no montante que tivesse provado ser-lhe devido; no entanto, se litigasse maliciosamente, era condenado no *triplo das custas.* Pagaria apenas as custas devidas se provasse que ignorava estar a deduzir um pedido excessivo (3.34.pr.).

As transformações sociais do liberalismo vieram reacentuar o *caráter público do processo* e *a obediência da atuação dos juízes à lei* e, principalmente, aos princípios da "lei fundamental". Tudo em tradução dos noveis ideais da Revolução Francesa que ressoavam por toda a Europa, tendo por base o princípio da separação dos poderes do Estado (legislativo, executivo, judicial). De salientar, *durante o período liberal,* e de entre a abundante produção legislativa, a *Reforma Judiciária* de 1832, de MOUZINHO DA SILVEIRA[62], a *Nova Reforma Judiciária,* de 1836/1837, de PASSOS MANUEL e a *Novíssima*

[62] Cfr. CAETANO GONÇALVES, *Supremo Tribunal de Justiça, Memória Histórico-Crítica no Primeiro Centenário da sua Fundação* (1832-1932), Edição *Fac-simile* de 1998. Acerca da *Casa da Suplicação,* do significado dos assentos pela mesma tirados a partir da década de sessenta do século XVIII e do seu funcionando como «Supremo Tribunal das Justiças» – cfr. RUI DE FIGUEIREDO MARCOS, «*O Jusracionalismo Setecentista em Portugal*», *in* "Separata de Direito

Reforma Judiciária, de 1841, de COSTA CABRAL. Vigorava, nessa altura, o Código Comercial de FERREIRA BORGES de 1833, que abrangia, não só o direito comercial substantivo, como também todo o processo comercial e a organização judiciária comercial[63-64].

Data da época liberal (pela Constituição de 1822) a criação do Supremo Tribunal de Justiça, sendo essa instituição depois objeto dos Decretos de 16 e 19 de maio de 1832 (MOUZINHO DA SILVEIRA) e tendo a sua instalação sido realizada em 23 de setembro de 1833, sob a presidência do Conselheiro Silva Carvalho, em pleno reinado de D. MARIA II.

Com a entrada em vigor da Carta de Lei de 1 de julho de 1867, que aprovou o Código Civil (de SEABRA), tornou-se instante a elaboração de um novo Código de Processo Civil que adjetivasse as profundas mutações introduzidas no direito substantivo. Tarefa de que foi igualmente incumbido o Visconde ALEXANDRE DE SEABRA e que culminou com a promulgação da Carta de Lei de 8 de novembro de 1876, com entrada em vigor em 17 de maio de 1877.

Este *primeiro Código de Processo Civil Português*, que revogou toda a legislação processual anterior, possuía, como marcas mais significativas: a *conceção dualística ou privatística do processo*, toda ela impregnada do clássico *princípio dispositivo*; a consagração de *uma única forma de processo independentemente do valor da ação*; o *exagerado relevo dado à solenidade dos atos e às formalidades* do processo ordinário; a *redução a escrito de toda a produção de prova*, com prejuízo para a celeridade, eficácia e simplicidade processuais.

§2º Período compreendido entre os Códigos de 1876 e de 1939

As lacunas e insuficiências do Código de 1876 foram sendo sucessivamente colmatadas através de legislação avulsa. Daí os sucessivos diplomas tendentes à sua expurgação de atos inúteis e a uma cada vez maior *prevalência do fundo sobre a forma*, bem como à flexibilização dos esquemas processuais em função do grau de complexidade das querelas substantivas.

Assim, e por ex., pelo Decreto nº 3, de 29 de maio de 1907, institui-se uma forma de processo mais simples e expedita para as ações de reduzido valor. Os Decretos nºs 12.353, de 22 de setembro de 1926 e 21.287, de 26 de

Natural, Justiça e Política" – II Colóquio Internacional do Instituto Jurídico Disciplinar da Faculdade de Direito da Universidade do Porto, vol. I, Coimbra Editora, 2005.

63 Cfr. MANUEL DE ANDRADE, *Noções Elementares* cit., pp. 18-19.

64 Cfr. A. MONTALVÃO MACHADO/PAULO PIMENTA, *O Novo Processo Civil* cit., p. 18.

maio de 1932, *vieram reconhecer aos juízes uma intervenção mais proativa na indagação da verdade material*, dando-se início a uma paulatina *superação da tradicional rigidez do princípio dispositivo*, com a sua progressiva mitigação com o princípio inquisitório e com os correlativos poderes do juiz na averiguação da matéria de facto e na justa decisão do pleito.

Na sequência da publicação do Código Civil de 1867, foi publicado em 1888, com entrada em vigor em 1 de julho de 1895, o *Código Comercial* de VEIGA BEIRÃO, o qual continuou também a englobar a matéria de *processo comercial*. Não sem que – e atenta a conveniência da separação entre o direito material e o direito processual – hajam surgido sucessivamente dois Códigos de Processo Comercial, um em 1895 e outro em 1896. A matéria referente ao processo falimentar veio, todavia, a ser consolidada num primeiro Código de Falências, aprovado por Decreto de 26 de julho de 1899, o qual autorizava o governo a publicar um novo Código de Processo Comercial que abrangesse também essa matéria, daqui nascendo o terceiro Código de Processo Comercial, aprovado por Decreto de 14 de dezembro de 1905, que veio concentrar toda a matéria processual comercial num único diploma. A matéria especial das falências veio ulteriormente a dar lugar ao novo Código de Falências, aprovado pelo Decreto nº 25 981, de 26 de outubro de 1935.

Segundo ALBERTO DOS REIS, «na Novíssima Reforma Judiciária (1841), publicada por Costa Cabral, o Supremo Tribunal de Justiça tinha jurisdição em todo o Reino, sendo-lhe confiado o julgamento das revistas, através de um *sistema de cassação* (art. 20º, nº 1). Este *sistema de cassação* atribuído ao Supremo Tribunal de Justiça manteve-se no CPC/1876 e só em 1926, através das reformas do próprio ALBERTO DOS REIS, é que o sistema foi alterado, com a nova redação dada ao art. 1161º introduzida pelo Dec.-Lei nº 21.287, de 26 de maio de 1932, integrando no CPC/1876 a inovação do Decreto nº 12.353, de 22 de setembro. Só então o Supremo Tribunal de Justiça abandonou as funções cassatórias e passou a funcionar como um tribunal de "*terceira via*"»[65].

Entrada em vigor a Constituição da República de 1933, com as suas relevantes alterações superestruturais, reclamava-se a aprovação de (mais) um novo Código de Processo Civil. Assim, em 12 de dezembro de 1933, foi o Prof. ALBERTO DOS REIS encarregado de proceder à elaboração do respetivo projeto. Este, depois de revisto por uma comissão *ad hoc* (de que faziam parte, não só o Prof. ALBERTO DOS REIS, como o próprio Ministro da Justiça, Prof. MANUEL RODRIGUES), converteu-se no Código de Processo

[65] Cfr. Cons. URBANO DIAS, *in blog* do IPPC, de 28-11-2018.

Civil de 1939, aprovado pelo Dec.-Lei nº 29.637, de 28 de maio de 1939, com entrada em vigor em 1 de outubro desse ano, o qual veio a constituir a verdadeira matriz das versões de 61/66 e 95/96, bem como da atual versão de 2013.

Constituem traços mais marcantes desse diploma: – a *prevalência da verdade material sobre a verdade formal*, através da simplificação do *ritus* e do *iter* processuais; – a *criação da fase do saneamento e condensação* com vista à expurgação de todos vícios formais obstativos da decisão de mérito e a concentração em três peças fundamentais (despacho saneador, especificação e questionário) da matéria de facto relevante para a boa decisão da causa; – a *acentuação do princípio inquisitório*; – a instituição do regime *da oralidade* na produção da prova, com os consequentes ganhos em termos de celeridade e eficácia do aparelho judiciário; – a *abolição da distinção entre o processo civil e o processo comercial*, passando o Código de Processo Civil a abranger toda a matéria de processo comercial, nesta incluída a referente às falências[66].

§3º O Código de 61

A execução prática do CPC de 39 foi sendo acompanhada na *Revista de Legislação e Jurisprudência* (RLJ) e, de novo sob a égide do próprio Prof. ALBERTO DOS REIS, levou-se a efeito *um inquérito* público, com o fito de recolher opiniões, sugestões e críticas acerca do diploma. Do que resultou o reconhecimento da necessidade da sua revisão, cuja tarefa não chegou, contudo, a concretizar-se, face ao decesso do insigne processualista ocorrido no ano de 1955.

Nessa sequência, foi nomeada, pelo então Ministro da Justiça, Prof. ANTUNES VARELA, uma comissão de reforma do Código de 1939, da qual fizeram parte, entre outros, os juízes-conselheiros EURICO LOPES CARDOSO, JOSÉ OSÓRIO, EDUARDO COIMBRA e DIAS FREIRE e ainda o Prof. ADELINO DA PALMA CARLOS, com a estreita colaboração do próprio Prof. ANTUNES VARELA. Veio, assim, a ser dado à estampa o Código de Processo Civil de 1961 (CPC 61), aprovado pelo Dec.-Lei nº 44.129, de 28 de dezembro de 1961, entrado em vigor em 24 de abril de 1962, o qual veio introduzir no direito processual constituído importantes modificações, não só no *aspeto formal* (aperfeiçoamento da técnica legislativa e formulação conceitual da generalidade dos preceitos), como também no *aspeto substancial*.

[66] Cfr. ANTUNES VARELA/J. M. BEZERRA/SAMPAIO E NORA, *Manual* cit., pp. 32-33.

Quanto a este último, e continuando a seguir muito de perto a resenha do ANTUNES VARELA/J. M. BEZERRA/SAMPAIO E NORA[67], simplificou-se o *regime dos incidentes* anteriores à contestação; – *eliminou-se a tentativa obrigatória de conciliação prévia*; – *consagrou-se a atendibilidade dos factos jurídicos supervenientes*, a exercitar através da figura dos articulados supervenientes (atual art. 611º); – *reconfigurou-se o regime da audiência preparatória*; – *clarificou-se a fase do saneamento e condensação do processo*, *fundiram-se num só ato* (ou despacho), embora conservando a sua autonomia, *o despacho saneador*, a *especificação* e o *questionário*, em ordem à coerência substancial da elaboração dessas três peças (cfr. art. 511º); – *simplificou-se a matéria dos recursos*; – *instituiu-se um sistema misto de reclamação de créditos na ação executiva*[68]; – *substituíram-se os antigos "processos preventivos e conservatórios" pelos "procedimentos cautelares"*, com vista a prevenir utilizações abusivas e/ou a sua excessiva perduração; – quanto ao sistema probatório, e além do mais, *alargou-se o objeto da inspeção judicial*; – *adotou-se a possibilidade de gravação dos depoimentos, quer das partes, quer das testemunhas*.

Na fase do *julgamento em 1ª instância*, *manteve-se a colegialidade na apreciação da matéria de facto* (a fim de pôr termo às críticas relativas à apreciação livre e sem controlo das provas por um único juiz), *estendendo-se a intervenção do coletivo às ações sumárias acima de certo valor* e *operou-se a cisão entre discussão da matéria de facto e discussão do aspeto jurídico da causa*; *introduziu-se ainda a obrigatoriedade da fundamentação (pelos juízes) das respostas positivas aos quesitos*, em ordem a um acompanhamento mais atento, aturado e auto-controlado da produção da prova, passando, também, a admitir-se o *voto de vencido* nas próprias decisões do coletivo[69].

No âmbito dos *recursos*, *eliminou-se o chamado recurso de queixa* (antiga *carta testemunhável*), *reconfiguraram-se os recursos extraordinários de revisão e de oposição de terceiro* e *precisaram-se os regimes e campos de aplicação dos recursos de revista e agravo*. Quanto ao *processo de execução*, *circunscreveu-se o concurso de credores* àqueles que, dispondo de título executivo, fossem simultaneamente titulares de garantia real sobre os bens que constituíssem objeto da penhora.

[67] Cfr. *Manual* cit., pp. 34-36.

[68] Cfr. A. MONTALVÃO MACHADO/PAULO PIMENTA, *O Novo Processo Civil* cit., p. 22.

[69] Insurgiam-se frequentemente os práticos do direito contra os resultados da produção da prova, acusando os juízes de, aquando o julgamento da matéria de facto, não raras vezes «adequarem» as respostas (dadas aos quesitos) à decisão, já pré-concebida, da questão de direito objeto do litígio – cfr. ANTUNES VARELA/J. M. BEZERRA/SAMPAIO E NORA, *Manual* cit., p. 35.

No capítulo dos *processos especiais, deu-se nova regulação ao processo de falência*, conferindo-se efetiva primazia aos meios preventivos da liquidação do património, como a concordata e o acordo de credores. Relativamente ao *processo de inventário* – objeto de amplas modificações nos seus aspetos formais –, atribuiu-se à conferência de interessados um ativo papel na composição e distribuição dos quinhões hereditários.

Finalmente, no campo dos *processos de jurisdição voluntária*, procedeu-se a uma maior uniformização dos respetivos prazos e atividade instrutória.

§4º O Código de 67. A Reforma Intercalar de 85

O CPC 61 veio a ser objeto de diversas alterações e reformas. A primeira, operada pelo Dec.-Lei nº 47.690, de 11 de maio de 1967, que lhe alterou cerca de 500 artigos, com vista a compatibilizá-lo com o novo Código Civil, entretanto entrado em vigor em 1 de junho de 1967. Mercê dessas alterações, passou o Código a designar-se por *Código de Processo Civil de 1967* (CPC 67).

A necessidade de adequar o processo às novas conceções políticas e jurídico-normativas decorrentes do movimento de 25 de abril de 1974 e da entrada em vigor da novel Constituição da República Portuguesa de 1976 (25 de abril de 1976) esteve na génese da chamada "*Reforma Intercalar" de 1985*". "Intercalar", pois que se aguardava que uma comissão presidida pelo Prof. Antunes Varela apresentasse um projeto de criação de um novo código, se bem que tendo procedido à alteração de mais de 50 das suas disposições. Traduziu-se a Reforma num conjunto de medidas de emergência, em ordem a normalizar o fluxo processual que se vinha experimentando, em profundo congestionamento, sobretudo nos tribunais cíveis de Lisboa e Porto, as quais mereceram consagração no Dec.-Lei nº 242/85, de 9 de julho, entrado em vigor em 1 de outubro desse ano[70].

Paralelamente, foram publicados, de forma avulsa, diversos outros diplomas autónomos com afinidades estreitas com as áreas do processo, designadamente em matéria de ações de *divórcio* e *de separação de pessoas e bens*, de *arbitragem voluntária*, de *direito probatório*, de *direitos de família*, de *competência internacional* dos tribunais portugueses, de *arrendamento*, de *falência/insolvência e recuperação de empresas, de inventário* e de *registo da prova*. Entre os diplomas de caráter orgânico e estatutário publicados nesse período, há a salientar as *Leis Orgânicas dos Tribunais Judiciais* e de Organização

[70] Cfr. Antunes Varela/J. M. Bezerra/Sampaio e Nora, *Manual* cit., pp. 38 a 41.

das *Secretarias Judiciais, o Estatuto da Ordem dos Advogados, o Estatuto dos Magistrados Judiciais e a Lei Orgânica* (hoje *Estatuto*) *do Ministério Público*.

§5º O Código de 1995/96

Por Despacho ministerial de 27 de janeiro de 1992, foi nomeado um outro grupo de trabalho (constituído pelo Prof. LEBRE DE FREITAS, dois magistrados designados pelo Centro de Estudos Judiciários, dois advogados indicados pela respetiva Ordem e uma jurista do Ministério da Justiça) com a incumbência de apresentar as designadas "Linhas Orientadoras da Nova Legislação Processual Civil", cujo texto veio a ser publicitado em finais daquele ano.

Tarefa que veio a ter consagração no Dec.-Lei nº 329-A/95, de 12 de dezembro, cuja entrada em vigor, inicialmente prevista para 1 de março de 1996, veio a ser sucessivamente diferida para 15 de setembro desse ano (cfr. o art. 1º da Lei nº 6/96, de 29 de fevereiro) e 1 de janeiro de 1997. Não obstante ter mantido a estrutura básica do Código de 61 (com as profundas alterações introduzidas pela Reforma de 1967), ficou o diploma a ser correntemente designado por *Código de Processo Civil de 1995* (CPC 95), como se de um novo código se tratasse, face à monta e profusão das modificações operadas no texto anterior[71].

Entre essas alterações, merecem especial referência as seguintes: – o significativo *reforço dos poderes de intervenção do tribunal* em sede factual, com vista à almejada *prossecução da verdade material*; – *a consagração expressa do princípio da cooperação* entre as partes, seus mandatários e o próprio tribunal, em ordem a uma justa composição dos conflitos de interesses; – a extensa *reformulação das matérias dos incidentes da instância e dos procedimentos cautelares* com vista às suas simplificação e agilização[72]; – a reformulação de toda a *fase do saneamento* (despacho pré-saneador e audiência preliminar) e da *tramitação dos recursos*; – o *controlo jurisdicional do julgamento da matéria de facto*, com absorção das alterações entretanto introduzidas pelo Dec.-Lei nº 39/95, de 15 de fevereiro, sobre o *registo e gravação da prova*; – uma *melhor concretização normativa dos princípios estruturais do processo declaratório* (princípios do dispositivo,

[71] Cfr., neste sentido, LEBRE DE FREITAS/JOÃO REDINHA/RUI PINTO, *Prefácio ao Código de Processo Civil Anotado*, Coimbra, 1999.

[72] A matéria dos *incidentes da instância* encontra-se regulada nos arts. 292º e 361º e a dos *procedimentos cautelares* entre os arts. 362º a 409º, todos do CPC.

do inquisitório, do contraditório, da igualdade das partes e da economia e celeridade processuais).

Tendo sofrido, anteriormente à reforma de 1995/1996, 31 alterações, foi o Código de 61 (na sua versão de 95) entretanto objeto de várias outras significativas modificações, designadamente nas seguintes matérias: *ação executiva, recursos, representação de menores, títulos executivos, resolução dos conflitos de jurisdição e de competência,* prática de *atos processuais, fixação do valor da causa e dos valores das alçadas.*

Pelo art. 2º do Dec.-Lei nº 34/2008, de 28 de fevereiro, adequou-se o Código ao novo *Regulamento das Custas Processuais* por esse diploma aprovado; – pelo art. 15º do Dec.-Lei nº 116/2008, de 4 de julho, adequou-se a redação dos arts. 46º, 50º, 51º, 810º, 838º, 879º, 886º e 900º às novas regras e procedimentos registrais; – pelo art. 4º da Lei nº 61/2008, de 31 de outubro, alterou-se a epígrafe do capítulo XVII do título IV do livro III (consequência da alteração do *regime jurídico do divórcio*); – pelos arts. 1º e 2º do Dec.-Lei nº 226/2008, de 20 de novembro, levou-se a efeito a 56ª alteração, consistente, não só na modificação, como também no aditamento de um significativo número de artigos; – pela Lei nº 29/2009, de 29 de junho (hoje substituída pela Lei nº 26/2013, de 5 de março) instituiu-se um novo *Regime Jurídico do Processo de Inventário,* com a consequente revogação de parte substancial das normas a esse respeito atinentes do CPC, tendo-se ainda aditado novos preceitos relativos à *mediação pré-judicial* (cfr. os arts. 78º, 79º e 86º dessa Lei).

§6º Reformas avulsas entre o Código de 1995/96 e o Código de 2013

Em breve, a prática veio evidenciar as carências e insuficiências da Reforma de 95/96, em termos de *agilização processual,* atento o incremento da chamada *litigiosidade de massa.* No período temporal que mediou entre as entradas em vigor dos Códigos de 1995 e 2013, avultam as seguintes medidas avulsas:

- *regime do processo civil simplificado* (de *natureza facultativa* e circunscrito à exercitação dos direitos disponíveis) instituído pelo Dec.-Lei nº 211/91, de 14 de junho, com a possibilidade (*faculdade*) de as partes delimitarem, logo à partida, o objeto do litígio, com vista à ultrapassagem das fases dos articulados e do saneamento e condensação, com os consequentes ganhos «em termos de celeridade, desburocratização e economia processual» (com inspiração na figura processual da *requête conjointe* do direito francês;

Regime «destinado a *co-existir* (sem diminuição de garantias) *com o regime jurídico-processual vigente* e inspirando-se em idênticos princípios agora compatibilizados com as «exigências de uma cultura jurídica moderna. Sendo *aplicável* neste tipo de processo, *a título subsidiário*, o *regime do CPC* (art. 6º). Talvez por falta de "tradição" ou por um certo atavismo quanto à (falta de) cooperação entre os mandatários, o certo é que o enraizamento desta "via alternativa" não passou, na prática, de uma simples quimera.

– *ação declarativa especial para cumprimento de obrigações pecuniárias emergentes de contratos e injunção*:

Impondo-se obviar «ao *aumento explosivo da litigiosidade* que vinha enxameando e ocupando os tribunais e os magistrados» com «*ações de baixa densidade*» relativas ao consumo de bens e serviços», o Dec.-Lei nº 269/98, de 1 de setembro, não limitando embora o direito de ação, veio introduzir algumas medidas de «*desjudicialização consensual*» desse tipo de litígios, instituindo a «ação declarativa especial para cumprimento de obrigações pecuniárias e injunção», também com tramitação especial própria no seio dos tribunais judiciais. Pelo respetivo art. 1º, foi aprovado o «*Regime dos Procedimentos destinados a exigir o Cumprimento de Obrigações Pecuniárias Emergentes de Contratos*» (RPCOP), publicado em Anexo e fazendo parte integrante desse diploma. Paralelamente, propôs-se o mesmo dinamizar e incentivar o recurso à figura da *injunção* criada pelo Dec.-Lei nº 409/93, de 10 de dezembro, «no intuito de permitir ao credor de obrigação pecuniária a obtenção de um título executivo de forma célere e simplificada»;

– *regime processual civil de natureza experimental* criado pelo Dec.-Lei nº 108/2006, de 8 de junho, com aplicação «às ações declarativas entradas, a partir de 16 de outubro de 2006, em tribunais a determinar por Portaria do Ministro da Justiça». Regime esse relativo a (todas) as «*ações declarativas cíveis a que não corresponda processo especial*» e às «*ações especiais para o cumprimento de obrigações pecuniárias emergentes de contratos*» – *sic* (art. 1º) e que, inicialmente posto em prática em reduzido número de comarcas e juízos, foi sendo sucessivamente alargado, por Portarias governamentais específicas, a um número crescente de tribunais.

Visou o mesmo «assegurar um *tratamento específico*, no âmbito dos meios jurisdicionais, aos *litigantes de massa*, permitindo, designadamente, a *prática de decisões judiciais que abranjam vários processos*» (cfr. preâmbulo respetivo). Para o efeito, acolheu-se a nova figura da *agregação de ações* com vista a adequar a tramitação às especificidades da causa, em alternativa à apensação sempre que desaconselhável uma tramitacão conjunta (art. 6º). Institui-se, no seu art. 2º, o chamado *«dever de gestão processual»*. O juiz dirige o processo (*juiz-gestor do processo*) cumprindo-lhe especificamente: – «a) *adotar a tramitação processual adequada às especificidades da causa e o conteúdo e a forma dos atos processuais ao fim que visam atingir*; – b) *garantir que não são praticados atos inúteis, recusando o que for impertinente ou meramente dilatório;* – c) *adotar os mecanismos de agilização processual previstos na lei»*. Paralelamente, e na mesma sede, consagrou-se a chamada *tramitação eletrónica dos atos das partes, magistrados e secretaria* (hoje regulada pela Portaria nº 280/2013, de 26 de agosto), assim se permitindo a desmaterialização do processo judicial (cfr. o art. 3º da mesma Portaria). Também a *citação edital* passou a efetuar-se através de *anúncio em página informática de acesso público* e, em certos casos, de afixação de um único edital (cfr. art. 5º respetivo);

– a *Reforma da Ação Executiva de 2003* (Decretos-Lei nºs 38/2003, de 8 de março e 199/2003, de 10 de setembro), com entrada em vigor em 15 de setembro de 2003, veio adotar diversas medidas para *desbloquear o funcionamento da ação executiva*, instituindo a figura do *solicitador de execução*;

Por influência das experiências de alguns Estados europeus no sentido da *desjudicialização da ação executiva*, gizou-se uma reforma que visava *pôr termo ao monopólio dos tribunais na respetiva tramitação*, através do acolhimento da figura do *huissier de justice* do direito francês (*Gerichtsvollzieher* no direito alemão ou *bailiff* no direito anglo-americano). Daí a instituição do chamado "*solicitador de execução*" como um profissional liberal (*órgão não jurisdicional*) que deveria ser chamado à *prática de atos materiais* (alguns mesmo verdadeiros *atos de autoridade*) *no âmbito da ação executiva*, tais como citações, penhoras e vendas de bens executados;

– *a Reforma dos Recursos de 2007*, introduzida pelo Dec-Lei nº 303/2007, de 24 de agosto, veio adotar, no âmbito dos recursos ordinários, o *regime monista* com *um só tipo de recurso* em cada instância, assim se abolindo, a título definitivo, o ancestral *recurso de agravo* (com utilização em impugnações de exclusiva natureza processual), passando o *recurso de apelação* a assumir *caráter misto* (questões processuais e questões substantivas), assim absorvendo o antigo recurso de agravo. Desse modo, nos processos instaurados a partir de 1 de janeiro de 2008, foram suprimidos os recursos de agravo, *passando os recursos ordinários a ser apenas a apelação e a revista*. Foi ainda restaurado o velho *recurso para o tribunal pleno*, agora rotulado de *recurso extraordinário para uniformi-*

zação de jurisprudência, e fundidos os dois antigos recursos extraordinários de revisão e de oposição de terceiro num único recurso de revisão.

Uma das finalidades da Reforma foi a de imprimir *maior celeridade aos recursos*, outra, a de *simplificar a regulamentação* e, outra ainda, a de *racionalizar o acesso ao Supremo Tribunal de Justiça*, instituindo o chamado *regime de dupla conforme* que, por regra, passou a vedar o recurso de revista quando a decisão de primeira instância fosse confirmada pela Relação, ainda que por diferente fundamento, sem voto de vencido (art. 721º, nº 3, atual art. 671º, nº 3)[73]. Admitiu-se, porém, a utilização da via do *recurso apelidado de revista excecional* em ordem a permitir, ainda que de forma muito circunscrita, ultrapassar o espartilho da *dupla conforme*.

O Dec.-Lei nº 226/2008, de 20 de novembro, entrado em vigor em 31 de março de 2009 (Reforma da Ação Executiva de 2008), veio alterar a repartição de competências entre o *juiz de execução* e as *secretarias judiciais*, por um lado, e os *agentes de execução*, por outro (em ordem a adregar a simplificação e eliminação de formalidades desnecessárias e a promover a eficácia do processo executivo), bem como criar mecanismos de caráter preventivo para evitar ações judiciais desnecessárias. Inovação prática mais sensível foi a consagração do *amolecimento do princípio da reserva do juiz*, através da apreciável *transferência de competências próprias do juiz para o agente de execução* e do relaxamento do *poder geral de controlo* da execução pelo juiz; em paralelo, acentuou-se a vertente do *mandato atribuído ao agente de execução pelo exequente*, ao passar a dispor-se que *o exequente poderia destituir livremente o agente de execução*, com retirada do poder de destituição ao juiz.

Exemplos de *competências decisórias deferidas ao agente de execução*, em termos de resolução de verdadeiro de conflitos de interesses ou litígios: – *isenção de penhora até 6 meses* dos rendimentos do executado ou redução para metade da parte penhorável; – *concessão de autorização para proceder ao fracionamento do prédio penhorado*, a requerimento do executado e depois de ouvido os interessados; – *decisão sobre a modalidade de venda* executiva, ouvidos o exequente, o executado e os credores com garantia sobre os bens a vender; – *autorização para venda antecipada dos bens*, sendo ouvidas ambas as partes; – *aprovação das contas na obrigação de custeio de realização da obra* na execução para prestação de facto positivo, ainda que contestadas pelo executado.

[73] O nº 3 do art. 671º do atual CPC/2013, só considera a existência de *dupla conforme* quando a confirmação for operada «*sem voto de vencido e sem fundamentação essencialmente diferente*».

Para o juiz ficou apenas reservado o *poder decisório das reclamações de atos do agente de execução*, com evidenciação da desconfiança do legislador quanto ao juiz de execução, encarado como uma entidade estiolante da eficácia da execução. Atribuiu ainda a Reforma de 2008 *crescentes competências de qualificação jurídica aos agentes de execução*. Previu-se, finalmente, a atribuição de *competências executivas a tribunais arbitrais voluntários institucionalizados* (arts. 11º a 18º do Dec.- Lei nº 226/2008).

§7º O Código de 2013

Por despacho ministerial de 15 de dezembro de 2009, foi constituída "uma *comissão de processo civil* (constituída por magistrados judiciais, professores de Direito e advogados) com a missão de *conferir uma maior estabilidade, transparência e segurança à vida judiciária*, sempre em "*benefício do cidadão e das empresas*". A Portaria nº 1460-B/2009, de 31 de dezembro, apontou à Comissão o objetivo "da construção de *um novo paradigma* de processo civil, baseado na *desmaterialização* e no *registo integral da imagem e de voz*, na *oralidade*, na *simplicidade* e na *celeridade*" (*sic*), cujos trabalhos ficaram suspensos de facto no final de 2010. A Comissão retomou os seus trabalhos a partir de setembro de 2011, tendo o projeto de articulado sido apresentado em sessão pública realizada no Ministério da Justiça em 15 de dezembro de 2011[74].

Conforme a Exposição de Motivos subjacente à Proposta de Lei nº 521/ /2012, de 22 de novembro de 2012, que deu origem ao Projeto de Lei nº Lei 113/XII, uma e outra na génese da Lei nº 41/2013, de 26 de junho, de aprovação do "Novo Código de Processo Civil" de 2013, com entrada em vigor em 1 de setembro de 2013[75], a Reforma de 2013 veio consagrar concretos *deveres processuais* e *poderes de gestão*, bem como a *responsabilização de todos os agentes no processo*, tudo em ordem a viabilizar e conferir conteúdo útil aos *princípios da verdade material*, da *cooperação funcional* e do *primado da substância sobre a forma*, com vista a uma *maior eficácia*, colocando o *acento tónico na análise e resolução das questões essenciais ligadas ao mérito da causa*.

De abrir aqui um pequeno parêntesis para esclarecer que o código dado à estampa só eufemisticamente pode ser considerado um "*novo código*" ou "*um código*

[74] Cfr. Armindo Ribeiro Mendes, As *Sucessivas Reformas do Processo Civil Português*, *in* Revista Julgar, nº 16/2012.

[75] As últimas alterações o Código de Processo Civil de 2013, foram introduzidas pela Lei nº 49/2018, de 14 de agosto.

> *novo*", tantos são os institutos e as normas reproduzidos, quer no seu conteúdo, quer mesmo nas suas expressões epigráficas ou verbais, do Código na versão original de 1939, elaborado sob a batuta do insigne ALBERTO DOS REIS, os quais subsistiram, com maior ou menor fidelidade, nas subsequentes Reformas de 61/66 e 95/96. Por comodidade sistemática, porém, e atentas as inovações introduzidas e a operada renumeração dos artigos, apelidá-lo-emos, doravante (no texto), de CPC/2013 ou de CPC na *versão de 2013*.

Introduziu a Reforma, designadamente, medidas de *simplificação processual* e de *reforço dos expedientes de defesa contra os expedientes dilatórios*, tendo em mira a atuação do *princípio da celeridade processual* (cfr., *v. g.*, o nº 1 do art. 6º).

Institui-se «um novo figurino da *audiência prévia* (antiga audiência preliminar) com *acentuação do princípio da oralidade* e da *concentração dos debates*, pressupondo a intervenção ativa de todos os intervenientes na lide, com vista a obter uma delimitação do cerne essencial do litígio, em conjugação com a *regra da inadiabilidade* e da *programação* (*v. g.*, de agendamento prévio das sessões e dos respetivos atos) da *audiência final* (art. 590º).

Adotou-se um novo modelo de *preparação da audiência final* com repercussão nas fases processuais situadas a montante, influenciando, desde logo, o modo de elaboração dos articulados, devendo as partes concentrar-se na alegação da factualidade essencial e com relevo substantivo, assim se desincentivando a sua inútil prolixidade (art. 5º, nº 1), salva a possibilidade de, ao longo da tramitação, vir a ser adquirido novo acervo factual relevante para a justa composição do litígio (arts. 5º, nº 2, alíneas a) e b), 411º, 413º. A injustificável prolixidade das peças processuais produzidas, nas ações ou nos procedimentos cautelares, que se revele inadequada à real complexidade da matéria do pleito, ou a manifestamente excessiva indicação de meios de prova, passaram mesmo a ser passíveis da aplicação *da taxa de justiça* correspondente à dos *processos de especial complexidade* (art. 530º, nº 7).

Previu-se, outrossim, a possibilidade de aplicação à parte de uma *taxa sancionatória excecional*, a penalizar comportamentos abusivos – ação, oposição, requerimento, recurso, reclamação ou incidente manifestamente improcedentes – exclusivamente imputáveis à falta de prudência ou diligência da parte dos seus utilizadores (art. 531º), sem prejuízo da sua relevância em termos do instituto da *litigância de má-fé* (art. 542º). Neste último instituto passaram a incluir-se os comportamentos gravemente violadores dos *deveres de boa-fé processual e de cooperação* (arts. 7º e 542º, nº 2, al. c)), prevendo-se no

RCP um valor para a multa correspondente suficientemente gravoso e desmotivador, muito superior ao previsto para a taxa sancionatória agravada (art. 10º respetivo).

No domínio dos *recursos*, introduziu a Reforma (na senda da Reforma de 2007) normas limitativas do direito à *impugnação das decisões meramente interlocutórias* (arts. 644º, nº 4 e 660º), reduzindo-se também a possibilidade de suscitar incidentes pós-decisórios – aclarações ou pretensas nulidades da decisão final –, assim se prevenindo o prolongamento artificioso do curso normal da lide.

Relativamente aos *despachos interlocutórios* em que se apreciem *nulidades secundárias*, restringiu-se drasticamente o direito ao recurso. Foi, designadamente, eliminado o antigo *incidente de aclaração* ou *esclarecimento*, passando as pretensas ou ficcionadas *obscuridades* ou *ambiguidades* (da decisão reclamada) a relevar apenas *em sede de nulidade da sentença* quando o texto decisório for efetivamente *ininteligível* (art. 615º, nº 1, al. c)). Para além disso, sempre que couber (e for interposto) recurso ordinário da decisão, todas as nulidades de que a decisão eventualmente enferme hão-de ser obrigatoriamente suscitadas na alegação de recurso, devendo o juiz «*a quo*» sobre as mesmas emitir pronúncia, suprindo-as, se for o caso, no *despacho de apreciação limitar*, a proferir antes de ordenar subida dos autos ao tribunal «*ad quem*» (arts. 617º e 641º). Apenas nos casos em que não seja admissível ou não haja sido interposto recurso é que se permite a *reclamação autónoma perante o próprio juiz que proferiu a decisão reclamada* (art. 615º, nº 4). Na mesma linha, reforçou-se o regime de *defesa contra as demoras abusivas* após o julgamento do recurso, regime este aplicável, com as necessárias adaptações, aos *incidentes anómalos e dilatórios*, suscitados perante quaisquer decisões irrecorríveis proferidas em 1ª instância (art. 670º).

Estabeleceu-se que, à semelhança do previsto para a resolução dos *conflitos de competência*, o meio impugnatório adequado para sindicar a decisão que aprecie a *competência relativa do tribunal* é, não a via do recurso, mas a da *reclamação para o presidente do tribunal superior* (art. 110º, nº 2).

Passou a prever-se a *citação edital* determinada pela *incerteza do lugar* por afixação de *edital* seguida da *publicação de anúncio em página informática de acesso público*, em substituição dos tradicionais anúncios na imprensa escrita (arts. 236º e 240º).

Manteve-se e reforçou-se o *poder de direção do processo* pelo juiz em termos de manutenção e ampliação do *princípio da adequação formal* (art. 547º).

Passou, designadamente, a permitir-se o *suprimento oficioso do erro na qualificação pela parte do meio processual* utilizado e evitar deficiências ou irregularidades puramente adjetivas impeditivas da decisão do litígio (art. 193º, nº 3).

Paralelamente, tornou-se mais atuante e operante o *princípio da oficialidade* (*ex-ante* confundido com o *princípio do inquisitório*), consagrando-se *ex-professo* o *princípio (dever) da gestão processual*, conferindo ao juiz um poder autónomo de direção ativa do processo, quer na sua *vertente formal* (de sanação oficiosa da falta de pressupostos processuais suscetíveis de sanação, e de regularização da instância) e de previsão dos mecanismos de *simplificação* e de *agilização processual* (sempre com respeito pelos *princípios fundamentais da igualdade das partes e do contraditório*), quer na sua *vertente material*, com adoção dos mecanismos e expedientes que garantam a justa composição do litígio em prazo razoável. Nesta última vertente, os poderes de *cognição oficiosa dos factos complementares e instrumentais* (art. 5º, nº 2, alíneas a) e b)), como também na ordenação ou mesmo realização de todas a diligências indagatórias/instrutórias necessárias ao apuramento da verdade e da justa composição do litígio (*princípio do inquisitório* em sento estrito – art. 411º).

No tocante à disciplina dos *procedimentos cautelares* e dos *procedimentos autónomos urgentes*, institui-se um novo procedimento intitulado de "*tutela da personalidade*", com vista ao decretamento das providências concretamente adequadas a evitar a consumação de qualquer ameaça ilícita à *personalidade física ou moral de ser humano* ou a atenuar, ou a fazer cessar, os efeitos de ofensa já cometida (art. 878º).

Especificamente quanto à disciplina dos *procedimentos cautelares*, consagrou-se o regime de *inversão do contencioso*, em ordem a permitir que a decisão cautelar se possa consolidar como definitiva, instituto esse com aplicação aos procedimentos de caráter antecipatório previstos no CPC, bem como às providências congéneres previstas em legislação avulsa, umas e outras cuja natureza permita realizar a composição definitiva do litígio (arts. 369º, nº 1, e 376º, nº 4). Ainda no âmbito da *tutela cautelar*, passou a facultar-se ao credor a possibilidade de obter o decretamento de *arresto*, sem necessidade de demonstração do justo receio de perda da garantia patrimonial do bem que haja sido transmitido mediante negócio jurídico, quando estiver em dívida, no todo ou em parte, o preço da respetiva aquisição (art. 396º, nº 3).

Relativamente aos *incidentes*, são de registar três relevantes inovações: – *eliminou-se a possibilidade de intervenção coligatória ativa*, ou seja, a possibilidade de titulares de direitos paralelos ou meramente conexos com o do autor deduzirem supervenientemente as suas pretensões autónomas relativamente ao pedido do autor; – no incidente de *intervenção acessória provocada* passou a conferir-se ao juiz o poder discricionário de, mediante decisão irrecorrível, pôr liminarmente termo ao incidente, quando entenda que o mesmo se reveste de finalidades dilatórias (art. 322º, nº 2); – no incidente de *oposição provocada,* nos casos em que o réu aceite sem reserva o débito que lhe é exigido e apenas invoque dúvida fundada sobre a identidade da pessoa do credor, veio estabelecer-se que o mesmo deve proceder de imediato à consignação em depósito da quantia ou coisa devidas, só assim se exonerando do processo, prosseguindo então o litígio entre os dois possíveis credores (art. 338º).

Foram reforçados os poderes do juiz para *rejeitar intervenções injustificadas ou dilatórias* e providenciar pela *apensação de causas* conexas (art. 267º).

Procedeu-se à reformulação do *regime da competência internacional dos tribunais portugueses,* articulando-a com o disposto nos competentes Regulamentos de direito europeu (arts. 62º e 63º).

Reforçou-se também o *princípio da concentração do processo* ou do *recurso* num mesmo juiz com a *eliminação da intervenção do tribunal coletivo em 1ª instância* (art. 599º) e, *no que respeita aos tribunais superiores,* com adoção da *regra da manutenção do relator* (sem, pois, nova distribuição) na hipótese de ser reformulada a decisão recorrida e de, na sequência de tal reformulação, vir a ser interposto e apreciado um novo recurso (art. 218º). Também em *reforço dos princípios da identidade, unidade e concentração do julgador,* veio estabelecer-se que, nos casos de transferência ou promoção, o juiz perante quem decorreu a audiência será o mesmo que elaborará a sentença e que o «o juiz transferido ou promovido no decurso da audiência final não se limitará a completar a audiência em curso, devendo também proferir a sentença» (art. 605º, nº 4).

Passou a adotar-se, para o processo declarativo comum, a *forma única* (art. 548º), com eliminação das ancestrais formas de *processo sumário* e *sumaríssimo,* este último já *ex-ante* quase absorvido pela *ação especial para cumprimento de obrigações pecuniárias emergentes de contratos* (Dec.-Lei nº 269/98, de 1 de setembro).

No que respeita à *tramitação da ação declarativa, solidificou-se a concentração processual,* em termos de a lide, cumprida a fase dos articulados, se desenvolver em torno de duas audiências: a *audiência prévia* e a *audiência final* (arts.

590º e 604º). Houve um *manifesto investimento na audiência prévia* (em substituição da audiência preliminar, instituída em 1995/1996), entendida como meio essencial para fazer operar os princípios da cooperação, do contraditório e da oralidade, sem prejuízo da sua dispensa pelo juiz em certas situações tipificadas na lei.

Na *fase da gestão inicial do processo e da audiência prévia*, do que prioritariamente se passou a tratar foi da *identificação do objeto do litígio* e de *enunciar os temas da prova*, a ser objeto de despacho autónomo (arts. 591º, nº 1, al. f) e 596º). Relativamente aos *temas da prova* a enunciar, aponta a Reforma para que estes se reconduzam e se circunscrevam às *questões essenciais* a dirimir (proposições genéricas e complexivas) com o arredamento da profusa e atomística descrição da panóplia dos pontos de facto; isto em ordem a que "a instrução decorra sem barreiras artificiais, com isso se assegurando a livre investigação e consideração de toda a matéria pertinente para a decisão da causa" (*sic*).

No âmbito do *direito probatório*, o *limite ao número de testemunhas* passou a ser de 10 para cada parte, acrescido de mais 10 em caso de reconvenção, prevendo-se, todavia, em harmonia com o princípio do inquisitório, a *possibilidade de o juiz admitir um número superior*, «quando a natureza e a extensão dos temas da prova o justifiquem» (art. 511º). Instituíram-se, por seu turno, *dois novos meios de prova livre*: – a *prova por declarações de parte*, com admissão da possibilidade de as partes requererem a prestação de declarações em audiência (na parte em que não representem confissão) quando, face à natureza pessoal dos factos a averiguar, tal diligência se justifique (art. 466º); – a *prova por verificações não judiciais qualificadas*, de adotar quando o juiz entenda não se justificar a realização da prova por inspeção judicial com perceção direta dos factos pelo tribunal, com incumbência a técnico ou pessoa qualificada de proceder aos atos de inspeção de coisas ou locais ou de reconstituição de factos e de apresentar o seu relatório (art. 494º).

Na parte relativa à fase da *audiência final*, consagrou-se o *princípio da inadiabilidade da audiência final*, com restrição drástica das causas do seu adiamento (art. 603º). Em consonância com este *princípio* e visando disciplinar a produção de prova documental, foi estabelecido que os documentos podem ser apresentados até 20 dias antes da data em que se realização da audiência, assim se assegurando o oportuno contraditório e obviando a intuitos exclusivamente dilatórios (art. 423º). Reforçaram-se, em paralelo, os *princípios* da *concentração* e da *continuidade da audiência*, ao passar a prever-se que a *suspensão da instância por acordo das partes* – permitida por períodos que, na sua totalidade, não excedam três meses – ficará condicionada à circunstância de dela não resultar o adiamento da audiência final já agendada, não prejudicando ainda os atos de instrução e as demais diligências preparatórios da audiência (art. 272º).

Quanto à *disciplina da audiência final*, consagrou-se a regra de que a mesma é *sempre gravada* (pelo menos, em sistema sonoro), devendo apenas ser assinalados na ata o início e o termo de cada depoimento, informação, esclarecimento, requerimento e respetiva resposta, despacho, decisão e alegações orais; solução, que tendo a vantagem de permitir que a audiência decorra de modo contínuo, não exclui a possibilidade de o juiz determinar que a secretaria proceda, finda a audiência, à transcrição de requerimentos, respostas, despachos e decisões (art. 155º).

Aboliu-se a *decisão autónoma* do juiz sobre a *matéria de facto*, decisão essa que foi agora *relegada para a sentença final em sede de fundamentação de facto* (art. 607º, nºs 3, 4 e 5). Foi igualmente suprimida a cisão *entre alegações sobre a matéria de facto* e *alegações sobre o aspeto jurídico da causa*, devendo as mesmas assumir a *forma oral* e ser produzidas logo que finda a produção de prova e nas quais os advogados exporão as conclusões, de facto e de direito, que hajam extraído da prova produzida (art. 604º, nº 3, al. e)). Na mesma linha de concentração processual, passou a prever-se que, *encerrada a audiência final, o processo seja concluso ao juiz para prolação de sentença, no prazo de 30 dias* (art. 607º, nº 1).

No *domínio dos recursos, reforçaram-se os poderes da Relação em sede de reapreciação da matéria de facto impugnada*. Para além da manutenção dos poderes cassatórios de anulação da decisão recorrida, foram substancialmente incrementados os poderes e deveres que lhe são conferidos quando procede à reapreciação da matéria de facto, com vista a permitir-lhe alcançar a *verdade material* (art. 662º). Reajustou-se, por outro lado, o conceito/verificação de «*dupla conforme*» em termos de impedir o recurso de revista, já que, em contraste com regime instituído em 2007, passou a exigir-se que o acórdão da Relação confirmativo da decisão proferida na 1ª instância, haja sido prolatado *sem voto de vencido* e *sem fundamentação essencialmente diferente* (art. 671º, nº 3).

Como *fator incentivador da celeridade*, passou a impor-se que no processo se assinale expressamente a inobservância de um prazo para a prática de ato *pelo juiz* ou *pela secretaria*, (em procedimento *declarativo*, *executivo* ou *incidental*) logo que decorram, respetivamente, três meses ou dez dias sobre o termo do prazo fixado para a prática desse ato, consignando-se a concreta razão da sua inobservância (art. 156º, nºs 3 e 4 e 162º, nºs 4 e 5, respetivamente).

Relativamente à *ação executiva*, foi *reduzido o elenco dos títulos executivos*, pela consideração de que a formação de significativa parte dos anteriores não era antecedida de qualquer controlo sobre o crédito invocado, nem do necessário contraditório, com a inerente repercussão no aumento exponencial de execuções que vinha ocorrendo (art. 703º a 711º). Face à comprovada eficiência do *procedimento injuntivo*, entendeu-se que os invocados *créditos suportados em meros documentos particulares* deveriam passar pelo *crivo* da *injunção*. Optou-se, assim, por *retirar exequibilidade aos documentos particulares*, qualquer que seja a obrigação que titulem, com ressalva dos *títulos de crédito*, dotados de segurança e fiabilidade no comércio jurídico em termos de justificar a possibilidade de o respetivo credor poder aceder logo à via executiva, consagrando-se ainda a exequibilidade desses títulos como *meros quirógrafos* (documento lavrado e assinado por uma ou ambas as partes interessadas) da obrigação principal, desde que alegados no requerimento executivo os factos constitutivos da relação subjacente (art. 703º, nº 1, al. c)).

Consagrou-se possibilidade de os cidadãos recorrerem ao sistema público de justiça, requerendo que o *oficial de justiça* desempenhe as funções de *agente de execução*, em dois casos: – em *execuções para a cobrança de créditos de valor não superior ao dobro da alçada do tribunal de 1ª instância*, desde que não resultem de uma atividade comercial ou industrial; – em *execuções destinadas à cobrança de créditos laborais* de valor não superior à alçada da Relação (art. 722º, nº 1, alíneas e) e f)).

Cuidou-se, com maior clareza, da *repartição de competências entre o juiz, a secretaria e o agente de execução*, estabelecendo-se que a este cabe efetuar todas as diligências do processo executivo que não estejam atribuídas à secretaria ou sejam da competência do juiz (art. 719º, nº 1).

No que toca à tramitação do *processo executivo comum para pagamento de quantia certa*, retomou-se a distinção (abandonada em 2003) entre *forma ordinária* e *forma sumária* (art. 550º). A *forma sumária* – caraterizada por penhora imediata, com dispensa da intervenção liminar do juiz e da citação prévia do executado, sendo o requerimento executivo remetido, sem autuação e por via eletrónica, para o agente de execução –, empregar-se-á quando o título executivo for uma *decisão arbitral ou judicial* (quando esta não deva ser executada no próprio processo), um *requerimento de injunção ao qual tenha sido aposta fórmula executória, um título extrajudicial de obrigação pecuniária vencida, garantida por hipoteca ou penhor* ou um *título extrajudicial de obrigação pecuniária vencida cujo valor não exceda o dobro da alçada do tribunal de 1ª instância.*

Na *forma ordinária*, passou a assegurar-se a intervenção liminar do juiz e a citação do executado em momento anterior à penhora.

No que tange à *execução de sentença*, instituiu-se a *regra de que a execução de decisão judicial condenatória corre nos próprios autos*, iniciando-se mediante *simples requerimento*, independentemente da pluralidade de fins da execução, com especificação dos requisitos especificados no art. 724º (arts. 85º, nº 1).

No âmbito da *oposição à execução*, foi repristinada a terminologia tradicional do processo civil português (*embargos de executado, embargante* e *embargado*), a qual, havia sido abandonada pela revisão da ação executiva de 2003 (art. 728º). O recebimento dos embargos só suspenderá a execução mediante a prestação de caução (al. a) ou qualquer das restantes situações ptevistas nas alíneas b) e c) do art. 733º. Contudo, Quando o bem penhorado for a casa de habitação efetiva do executado, o juiz pode determinar que a venda aguarde a decisão a proferir em 1ª instância sobre os embargos, quando a mesma se perfilar como suscetível de causar prejuízo grave ou dificilmente reparável (art. 733º, nº 5).

Não se baseando a execução em *sentença* ou *em requerimento de injunção ao qual tenha sido aposta fórmula executória*, para além dos *fundamentos de oposição especificados no art. 729º* (na parte aplicável), podem ser alegados nos embargos *quaisquer outros que possam ser invocados como defesa no processo de declaração* (art. 731º).

Consagrou-se expressamente a *impenhorabilidade* de «*dois terços da parte líquida dos vencimentos, salários, prestações periódicas pagas a título de aposentação ou de qualquer outra regalia social, seguro, indemnização por acidente, renda vitalícia ou prestações de qualquer natureza que assegurem a subsistência do executado*» (*v. g.*, rendas e rendimentos de propriedade inteletual) – art. 738º, nº 1). E mais: que tal impenhorabilidade «tem como *limite o montante equivalente a três salários mínimos nacionais* à data de cada apreensão e, como limite mínimo, quando o executado não tenha outro rendimento, o montante equivalente a um salário mínimo nacional» (art. 738º, nº 3).

Assegurou-se a *comunicabilidade da dívida exequenda ao cônjuge do executado* nos *títulos extrajudiciais* apenas subscritos por um dos cônjuges, criando-se, na própria execução, um *incidente declarativo*, a fim de estender a eficácia do título ao cônjuge do executado, com a suspensão da venda dos bens próprios do executado e dos bens comuns até à decisão do incidente (arts. 741º e 742º).

Na *penhora de depósitos bancários* foi abolida a necessidade de despacho judicial, prevendo-se que a penhora seja efetuada por comunicação eletrónica dirigida pelo agente de execução às instituições legalmente autorizadas a receber depósitos nas quais o executado disponha de conta aberta (arts. 417º, nº 1 e 780º).

Na *penhora de veículos automóveis*, no sentido de evitar a ocultação e o uso do veículo a penhorar, passou a prever-se que a penhora seja precedida de *imobilização do veículo*, sendo estabelecida a regra da *apreensão do documento identificador do veículo* e da *remoção* deste para local apropriado após a efetivação da penhora e da imobilização do veículo (art. 768º, nºs 2 e 3).

No intuito de *prevenir as delongas excessivas das execuções*, se *decorridos três meses sobre o momento do início das diligências para penhora*, passou a ter lugar a *extinção da execução* para a hipótese de não serem encontrados bens penhoráveis, *sem prejuízo da renovação da instância*, desde que o exequente venha a indicar bens à penhora (art. 750º, nº 1).

Quanto às *diligências necessárias para a realização do pagamento*, as mesmas passaram a dever ser efetuadas, obrigatoriamente, no *prazo de três meses a contar da penhora*, independentemente do prosseguimento do apenso da verificação e graduação de créditos (art. 796º, nº 1). Nos casos de *penhora de rendimentos periódicos*, não tendo havido oposição, ou depois de esta ter sido julgada improcedente, o agente de execução, após o desconto das quantias devidas a título de despesas da execução, deverá entregar diretamente ao exequente as quantias já depositadas e adjudicar as quantias vincendas, notificando a entidade pagadora para o efeito (art. 779º, nºs 3, 4 e 5).

No *regime da venda por proposta em carta fechada*, foi contemplada a possibilidade de o exequente adquirir o bem, abrindo-se logo *licitação entre o exequente e o proponente* do maior preço (art. 820º, nº 5).

Face à proliferação de *situações de sobreendividamento*, passou a ser admitida a celebração de um *plano global de pagamentos* entre exequente, executado e credores reclamantes, envolvendo, designadamente, simples moratórias ou perdões ou substituição, total ou parcial, de garantias, com a consequente suspensão da execução (art. 810º).

No âmbito da *execução para entrega de coisa certa* e *para prestação de facto*, o processo comum continua a seguir forma única. No entanto, na execução para entrega de coisa certa, se o título executivo for uma decisão judicial, só depois de feita a entrega terá lugar a notificação do executado para deduzir oposição, seguindo-se, com as necessárias adaptações, os termos da execução pecuniária na forma sumária (arts. 555º, nºs 2 e 3, 626º, nº 3 e 859º). Quando o exequente pretenda a prestação de um facto conjuntamente com o pagamento de quantia certa ou com a entrega de coisa certa, a interpelação do executado tem lugar em conjunto com a sua notificação para deduzir oposição ao pagamento ou à entrega (arts. 626º, nºs 2 e 4, 709º, nº 1, al. b) e 868º, nº 1).

5. Legislação complementar, circum-processual e circum-judiciária

Entre os diversos diplomas anteriores e posteriores ao Código de 2013 *atualmente em vigor* e que contendem, em maior ou menor grau, com os regimes processuais e judiciários instituídos, há a salientar os seguintes:

§1º Diplomas de natureza adjetiva

O corpo normativo matricial/referencial do processo civil português é o Código de Processo Civil aprovado pela Lei nº 41/2013, de 26 de junho, cujas últimas alterações foram introduzidas pela Lei nº 117/2019, de 13 de setembro. Entre os diplomas e compilações de natureza processual e circum-processual, são de destacar os seguintes: – a Lei nº 83/95, de 31 de agosto, cuja última alteração foi operada pelo Dec.-Lei nº 214-G/2015, de 2 de outubro, instituiu um novo regime da *ação popular*; – o Dec.-Lei nº 269/98, de 1 de setembro (com a última alteração introduzida pelo Dec.-Lei nº 303/2007, de 24 de agosto) instituiu o *regime dos procedimentos para cumprimento de obrigações pecuniárias emergentes de contratos* (RPCOPC), bem como das *obrigações emergentes de transações comerciais* e *injunção*; – o Dec.-Lei nº 78/87, de 17 de fevereiro, aprovou o *Código de Processo Penal* (CPP), cuja 31ª e última alteração foi introduzida pela Lei nº 40-A/2016, de 22 de dezembro; – o Dec.-Lei nº 433/99, de 26 de outubro, aprovou o *Código de Procedimento e de Processo Tributário* (CPPTRIB), cuja 16ª alteração foi operada pela Lei nº 55-A/2010, de 31 de dezembro; – o Dec.-Lei nº 295/2009, de 13 de outubro, aprovou o novo *Código de Processo do Trabalho* (CPT), cuja 9ª e última alteração foi introduzida pela Lei nº 107/2019, de 9 de setembro; – o Dec.-Lei nº 272/2001, de 13 de outubro, veio *transferir a competência decisória em determinados processos de jurisdição voluntária dos tribunais judiciais para o Ministério Público e para as conservatórias do registo civil*, cuja 3ª e última alteração foi introduzida pelo Dec.-Lei nº 122/2013, de 26 de agosto; – a Lei nº 34/94, de 29 de julho, depois complementada pelo Dec.-Lei nº 71/2005, de 17 de março, e pela Portaria nº 1085-A/2004, de 31 de agosto, aprovou o regime do *Acesso ao Direito e aos Tribunais* (LADT), lei essa depois alterada pela Lei nº 47/2007, de 28 de agosto e completada pela Portaria nº 10/2008, de 3 de janeiro; – a Lei nº 67/2007, de 31 de dezembro, cuja mais recente alteração foi operada pela Lei nº 31/2008, de 17 de julho, veio aprovar o novo regime da *responsabilidade civil extracontratual do Estado e demais entes públicos* por danos decorrentes da função administrativa, com as inerentes implicações em sede de *competência em razão da matéria*; – o Dec.-Lei nº 34/2008, de 26 de fevereiro, entrado em vigor em 1 de setembro de 2008, veio aprovar o novo *Regulamento das Custas Processuais* (RCP), cuja 13ª e última alteração foi introduzida pela Lei nº 27/2019, de 28 de março, e cujo âmbito de aplicação se estende *«aos processos que correm nos tribunais judiciais e nos tribunais administrativos e fiscais»*; – a Portaria nº 280/2013, de 26 de agosto, depois alterada pelas Portarias nºs 170/2017, de 25 de maio e 267/2018, de 20 de setembro, veio regular a *tramitação eletrónica dos processos judiciais* (prática dos atos processuais das partes e da secretaria, *v. g.*, a *entrega de peças processuais e notificações*) e dos *atos dos magistrados*; – a Portaria nº 209/2017, de 13 de julho, veio regulamentar o *pedido*, *emissão* e *consulta* de *certidões eletrónicas*, no âmbito dos processos dos *tribunais judiciais*, dos *tribunais administrativos* e dos *processos da competência do Ministério Público;* – a Portaria nº 267/2018, de 20 de setembro de 2018, veio proceder à alteração dos *regimes de tramitação eletrónica dos prccessoes nos tribunais judiciais e nos tribunais administrativos e fiscais* (CITIUS/SITAF); – o *Código de Processo nos Tribunais Administrativos* (CPTA), aprovado pela Lei nº 15/2002, de 22 de fevereiro, na redação da Lei nº 4-A/2003, de 19 de fevereiro, entrou em vigor em 1 de janeiro de 2004, com as últimas alterações introduzidas pelo pelo Decreto--Lei nº 214-G/2015, de 2 de outubro; – a Lei nº 32/2014, de 30 de maio, veio instituir o *procedimento judicial pré-executivo;* – o novo *Código do Procedimento Administrativo* (CPA), entrado em vigor em 7 de maio de 2016, foi aprovado pelo Dec.-Lei nº 4/2015, de 7 de janeiro; – a *Lei Orgânica Sobre Organização, Funcionamento e Processo do Tribunal Constitucional* (LTC) aprovada pela Lei nº 28/82, de 15 de novembro (LTC), cuja 7ª e última alteração foi introduzida pela Lei nº 11/2015, de 28 de agosto; – o *Código da Insolvência e de Recuperação de Empresas* (CIRE) aprovado pelo Dec.-Lei nº 53/2004, de 18 de março, e cuja 13ª e última alteração foi operada pela Lei nº 8/2018, de 2 de março; – o *Regime Geral do Processo Tutelar Cível,* aprovado pela Lei nº 141/2015, de 8 de setembro, cujas últimas alterações foram introduzidas pela Lei nº 24/2017, de 24 de maio; – o Dc.-Lei nº 97/2019, de 26 de julho, veio alterar o *regime de tramitação eletrónica dos processos judiciais,* introduzindo, também, modificações em matéria de *simplificação* e *agilização processual*; – a Lei nº 91/2019, de 4 de setembro, estabelecendo o regime da *resolução dos conflitos de jurisdição* entre os *tribunais judiciais* e os *tribunais administrativos e fiscais,* e regulando a composição, a competência, o funcionamento e o *processo perante o Tribunal dos Conflitos.*

§2º Diplomas de natureza substantiva

Por contenderem intimamente com institutos e regulamentação processual civil, há que mencionar os grandes *corpos normativos codificados de direito material* em vigor, a saber: – o *Código Civil* de 1966 aprovado pelo Dec.-Lei nº 47.344, de 25 de novembro de 1966 e entrado em vigor em 1 de janeiro de 1967 (CC), cuja última alteração foi introduzida pelo Lei nº 13/2019, de 12 de fevereiro; – o *Código Comercial* de 1888, aprovado pela Carta de Lei de 28 de junho de 1888 (CCOM), cujas últimas alterações foram introduzidas pela Lei nº 8/2009, de 7 de janeiro; *– o Regime Jurídico das Cláusulas Contratuais Gerais* (LCCG) instituído pelo Dec.-Lei nº 446/85, de 25 de outubro, cujas últimas alterações foram introduzidas pelo Dec.-Lei nº 323/2001, de 17 de dezembro; – *O Novo Regime do Arrendamento Urbano* (NRAU), aprovado pela Lei nº 6/2006, de 27 de fevereiro, sucessivamente alterado pelas Leis nºs 31/2012, de 14 de agosto, 79/2014, de 19 de dezembro, 42/2017, de 14 de junho, 43/2017, de 14 de junho e 13/2019, de 12 de fevereiro; – o *Código Penal,* aprovado pelo Dec.-

-Lei nº 400/82, de 23 de setembro (CP), cuja última alteração foi introduzida pela Lei nº 8/2017, de 3 de março; – a *Organização Tutelar de Menores* aprovada pelo Dec.-Lei nº 314/78, de 27 de outubro (OTM), cujas últimas alterações foram introduzidas pela Lei nº 141/2015, de 8 de setembro; – a *Lei de Proteção de Crianças e Jovens em Perigo*, aprovada pela Lei nº 147/99, de 1 de setembro, cujas últimas alterações foram introduzidas pela Lei nº 26/2018, de 5 de julho; – o *Código das Sociedades Comerciais* aprovado pelo Dec.-Lei nº 262/86, de 2 de setembro (CSC), cujas últimas alterações foram introduzidas pelo Dec.-Lei nº 26/2015, de 6 de fevereiro; – a *Lei de Defesa do Consumidor* aprovada pela Lei nº 24/96, de 31 de julho (LDC), cuja última alteração foi introduzida pela Lei nº 47/2014, de 28 de julho; – o Dec.-Lei nº 67/2003, de 8 de abril (posteriormente alterado pelo Dec.-Lei nº 84/2008, de 21 de maio), veio regular a *Venda de Bens de Consumo*; – o Dec.-Lei nº 291/2007, de 21 de agosto, instituiu o *Seguro de Responsabilidade Civil Automóvel e o Fundo de Garantia Automóvel*, tendo as suas últimas alterações sido introduzidas pelo Dec.-Lei nº 138/2012, de 5 de julho; – o *Código dos Contratos Públicos* (CCP) aprovado pela Lei nº 18/2008, de 29 de janeiro, alterado e republicado pelo Dec.-Lei nº 111-B/2017, de 31 de agosto (retificado pelas declarações de retificação nº 36-A/2017, de 30 de outubro e nº 42/2017, de 30 de novembro); – o Regime Jurídico do *Contrato de Seguro* aprovado pelo Dec.-Lei nº 72/2008, de 16 de Abril; – o *Código Cooperativo* aprovado pela Lei nº 119/2015, de 31 de agosto; – o *Regime do Arrendamento Rural* aprovado pela Lei nº 81/2014 (LAR), cuja 1ª e única alteração foi introduzida pela Lei nº 32/2016, de 24 de agosto; – o *Código das Expropriações* aprovado pela Lei nº 168/99, de 18 de Setembro (CEXP), cuja 4ª e última alteração foi introduzida pela Lei nº 56/2008, de 4 de setembro; – o *Código do Trabalho* aprovado pela Lei nº 7/2009, de 12 de Fevereiro (CT), cuja 18ª e última alteração foi introduzida pela Lei nº 93/2019, de 4 de setembro; – a Lei 6/2001, de 11 de maio, veio adotar *medidas de proteção das pessoas que vivam em economia comum*; – a Lei nº 7/2001, de 11 de maio, republicada em anexo à Lei nº 23/2010, de 30 de agosto, veio adotar *medidas de proteção das uniões de facto*, cuja 2ª alteração foi introduzida pela Lei nº 2/2016, de 29 de fevereiro; – a Lei nº 75/98, de 19 de novembro (depois alterada pelo Dec.-Lei nº 164/99, de 13 de maio e pelo art. 183º da Lei nº 66-B/2012, de 31 de dezembro) instituiu o *Fundo de Garantia de Alimentos devidos a Menores* (FGADM) – o Regime Jurídico do *Contrato de Locação Financeira* foi aprovado pelo Dec.-Lei nº 149/95, de 24 de junho, cujas últimas alterações introduzidas pelo Dec-Lei nº 30/2008, de 25 de Fevereiro; – *o Regime Jurídico dos Documentos Eletrónicos e da assinatura Digital*, aprovado pelo Dec.-Lei nº 290-D/99, de 2 de agosto, republicado em anexo, com as respetivas alterações, ao Dec.-Lei nº 88/2009, de 9 de Abril; – o Dec.-Lei nº 7/2004, de 7 de janeiro, com as últimas alterações introduzidas pela Lei nº 46/2012, de 29 de agosto, veio proceder à regulação do *comércio eletrónico no mercado interno e do tratamento de dados pessoais*; – a *Lei do Contrato de Trabalho em Funções Públicas*, aprovado pela Lei nº 35/2014, de 20 de junho, com as últimas alterações introduzidas pelo Dec.-Lei nº 6/2019, de 14 de janeiro; – a Lei nº 23/2018, de 5 de junho, veio estabelecer as *regras relativas aos pedidos de indemnização por infração ao direito da concorrência*; – o *Código dos Direitos de Autor e dos Direitos Conexos* foi aprovado pelo Dec.-Lei nº 63/85, cuja 15ª e última alteração foi introduzida pelo Dec.-Lei nº 100/2017, de 23 de Agosto.

§3º Diplomas de natureza registral

Os principais *diplomas relativos aos registos* são os seguintes: – o *Registo de Propriedade Automóvel* aprovado pelo Dec.-Lei nº 54/75, de 12 de fevereiro e cuja 9ª e última alteração foi operada pelo Dec.-Lei nº 20/2008, de 31 de janeiro; – o *Código de Registo Predial* aprovado pelo Dec.-Lei nº 224/94, de 6 de junho (CRPRED), profundamente alterado pelo Dec.-Lei nº 116/2008, de 4 de julho, e cuja última alteração foi operada pelo Dec.-Lei nº 201/2015, de 17 de setembro; – o *Código do Registo Civil* aprovado pelo Dec.-Lei nº 131/95, de 6 de junho (CRC), cujas últimas alterações foram introduzidas pela Lei nº 5/2107, de 2 de março; – o *Código do Notariado* aprovado pelo Dec.-Lei nº 207/95, de 14 de agosto (CNOT) e cujas últimas alterações foram introduzidas pelo Dec.-Lei nº 125/2013, de 30 de agosto; – a Portaria nº 290/2000, de 25 de maio, veio regular o *registo de valores mobiliários* junto do emitente; – o *Código da Propriedade Industrial* aprovado pelo Dec.-Lei nº 110/2018, de 10 de dezembro (CPI); – o *Código do Registo Comercial* aprovado pelo Dec.-Lei nº 403/86, de 3 de dezembro (CRCOM), cujas últimas alterações foram introduzidas pelo Dec.-Lei nº 201/2015, de 17 de setembro; – o Regulamento do Registo Comercial aprovado pela Portaria nº 657-A/2006, de 29 de junho, cujas últimas alterações foram introduzidas pela Portaria nº 80/2019, de 18 de março.

§4º Diplomas orgânicos e estatutários

Entre os diplomas de organização judiciária, parajudiciária e estatutária, assumem particular relevo as seguintes: – a *Lei de Organização do Sistema Judiciário* aprovada pela Lei nº 62/2013, de 26 de agosto (LOSJ) – *com a 1ª alteração introduzida pela Lei* nº 40-A/2016, de 22 de dezembro –, e respetivo Regulamento aprovado pelo Dec.-Lei nº 49/2014, de 27 de março (RLOSJ), ambos os diplomas entrados em vigor em 1 de setembro de 2104, com a subsequente nova Regulamentação introduzida pela Lei nº 86/2016, de 27 de dezembro (que veio "*estabelecer o regime aplicável à organização e funcionamento dos tribunais judiciais de 1ª instância decorrente das alterações introduzidas pela Lei nº 40-A/2016*"), sendo a mais recente versão da LOSJ a 7ª resultante das alterações introduzidas pela Lei nº 27/2019, de 28 de março; – o Dec.-Lei nº 49/2014, foi, por seu turno, significativamente alterado pelo Dec.-Lei nº 38/2019, de 18 de março (alteração do mapa judiciário), tendo sido integralmente republicado em anexo a este diploma; – o *Estatuto dos Magistrados Judiciais* (EMJ) aprovado pela Lei nº 21/85, de 30 de julho e cuja 16ª alteração foi operada através da Lei nº 67/2019, de 27 de agosto; – o *Estatuto do Ministério Público* aprovado pela Lei nº 68/2019, de 27 de agosto; – o *Estatuto dos Tribunais Administrativos e Fiscais* aprovado pela Lei nº 13/2002, de 19 de fevereiro (ETAF) e cujas últimas alterações foram introduzidas pela Lei nº 114/2019, de 12 de setembro; – o *Estatuto dos Assessores Judiciais* aprovado pela Lei nº 2/98, de 8 de janeiro; – o *Estatuto da Câmara dos Solicitadores e dos Agentes de Execução* aprovado pela Lei nº 154/2015, de 14 de setembro; – o *Estatuto dos Funcionários da Justiça* aprovado pelo Decreto-Lei nº 343/99, de 26 de agosto (EFJ), e cuja 6ª e última alteração foi introduzida pelo Decreto-Lei nº 73/2016, de 8 de novembro; – o *Estatuto da Ordem dos Advogados* aprovado pela Lei nº 145/2015, de 9 de setembro (EOA); – a Lei nº 2/2008, de 14 de janeiro (LOCEJ), veio regular «*ex-novo*» o *ingresso nas magistraturas judicial e do Ministério Público,* cuja última alteração foi introduzida pela Lei nº 45/2013, de 3 de julho.

§5º Legislação internacional e europeia

Entre a legislação internacional e europeia, há que ter presentes os seguintes diplomas: – o *Tratado da União Europeia* (Tratado de Lisboa – TUE), assinado em Lisboa em 13 de dezembro de 2007 e entrado em vigor em 1 de dezembro de 2009, que inclui o *Tratado Sobre o Funcionamento da União Europeia* (TFUE) e, em anexo, o protocolo B relativo ao *Estatuto do Tribunal de Justiça da União Europeia* (ETJU); – a *Carta dos Direitos Fundamentais da União Europeia de 2007* – CDFUE (JO 2007/C 303/01, de 14 de dezembro de 2007), do Parlamento Europeu, do Conselho e da Comissão, aplicável *ex-vi* do nº 1 do art. 6º do Tratado da União Europeia; – a *Convenção de Nova York,* de 10 de junho de 1958, *Sobre Reconhecimento e Execução de Sentenças Arbitrais Estrangeiras*; – a *Convenção Europeia dos Direitos do Homem* (CEDH), assinada em 1950, e respeitante a direitos civis e políticos; – a *Convenção de Viena,* de 18 de abril de 1961, sobre *imunidades de jurisdição;* – as *Convenções de Bruxelas* (1968) e de *Lugano* (1988), relativas à *execução de decisões em matéria cível e comercial*; – a *Convenção de Haia* de 5 de outubro de 1961, relativa à *supressão da exigência de legalização dos atos públicos estrangeiros*; – o *Regulamento (CE) nº 1206/2001,* do Conselho, de 28 de maio de 2001, relativo à cooperação entre os tribunais dos Estados-Membros no domínio da *obtenção de provas em matéria civil e comercial*; – o *Regulamento (CE), nº 1/2003,* do Conselho, de 16 de dezembro de 2002, relativo ao *controlo judicial da concorrên-*

cia; – o *Regulamento* (*CE*) *nº 2201/2003*, do Conselho, de 27 de novembro, relativo *à competência, ao reconhecimento e à execução de decisões em matéria matrimonial e em matéria de responsabilidade parental*, alterado pelo Regulamento (CE) nº 2116/2004, de 2 de dezembro de 2004 e depois pelo Regulamento do Conselho Europeu aprovado em 24 de junho de 2019, que veio reformular o Regulamento 2201/2003 (Bruxelas II--bis), e adotar regras mais eficazes para resolução de questões transfronteiriças em tais domínios; – a *Convenção da Haia* de de 19 de outubro de 1996, aprovada pelo Dec. nº 52/2008, de 13 de novembro, relativa à *competência*, à *lei aplicável*, ao *reconhecimento*, à *execução* e à *cooperação em matéria de responsabilidade parental e medidas de proteção das crianças*; – o *Regulamento (CE) nº 805/2004*, do Parlamento Europeu e do Conselho, de 21 de abril de 2004, que *cria o título executivo europeu para créditos não contestados*; – o *Regulamento* (CE) nº 1896/2006, do Parlamento Europeu e do Conselho da União Europeia, de 12 de dezembro de 2006, entrado em vigor em 12 de dezembro de 2008, que cria o chamado «*procedimento europeu de injunção de pagamento*», destinado a «facilitar as cobranças de dívidas não controvertidas e a evitar, fundamentalmente, a falência de pequenas e médias empresas»; – o *Regulamento* (*CE*) *nº 861/2007*, do Parlamento e do Conselho, de 11 de julho, com aplicação a partir de 1 de janeiro de 2009, que veio estabelecer «um *processo europeu para ações de pequeno montante*» *em litígios transfronteiriços*, como alternativa aos processos existentes nos termos da lei nos Estados-Membros; – o *Regulamento* (CE) nº 1393/2007, do Parlamento Europeu e do Conselho, de 13 de novembro de 2007, relativo à *citação e à notificação dos atos judiciais e extrajudiciais em matérias civil e comercial* nos Estados-Membros; – o *Regulamento* (CE) nº 864/2007 do Parlamento Europeu e do Conselho de 11 de Julho de 2007, relativo às *obrigações extracontratuais* (Roma II); – o *Regulamento* (CE) nº 593/2008, do Parlamento Europeu e do Conselho de 17 de junho de 2008, relativo às *obrigações contratuais* (Roma I)*; – o Regulamento* (UE) nº 1215/2012, de 12 de dezembro de 2012, relativo à *competência judiciária ao reconhecimento e à execução de decisões em matéria civil e comercial*; – o *Regulamento* UE nº 910/2014, de 23 de julho de 2014, do Parlamento Europeu e do Conselho, de 23 de julho de 2014, relativo à *identificação eletrónica* (documentos eletrónicos) e aos *serviços de confiança* para as transações no mercado interno (EIDAS – *Eletronic Identification Authentication and Signature*); – o *Regulamento* (UE) nº 2015/848, do Parlamento Europeu e do Conselho, de 20 de maio de 2015, relativo aos *processos de insolvência*; – o *Regulamento* UE nº 2016/679, do Parlamento Europeu e do Conselho, de 27 de abril de 2016, *Sobre Proteção de Dados*, entrado em vigor em 25 de maio de 2018, *in* JO da EU, L 119, 59º ano, de 4 de maio de 2016.

§6º Diplomas relativos a meios alternativos de resolução de litígios

Entre os diplomas relativos aos chamados *meios alternativos de resolução de litígios* (ADR) são de destacar os seguintes – a Lei nº 78/2001, de 13 de julho, que re-instituiu os *julgados de paz*, cuja 1ª alteração foi introduzida pela Lei nº 54/2013, de 31 de julho (LJP); – a Lei nº 63/2011, de 11 de dezembro, que regulamentou *ex-novo* a *arbitragem voluntária* instituída pela Lei nº 31/86, de 29 de agosto (LAV); – a Lei 29/2013, de 19 de abril, que aprovou o novo regime jurídico da *Mediação Civil e Comercial* (LMCC); – a Lei nº 14/2019, de 12 de fevereiro, que veio alterar o funcionamento e enquadramento das entidades de resolução extrajudicial de litígios de consumo, procedendo à segunda alteração à Lei nº 144/2015, de 8 de setembro.

Capítulo II

Aplicação da Lei Processual

SUMÁRIO: **6.** Interpretação das leis processuais. **7.** Integração de lacunas das leis processuais. **8.** Sucessão de leis processuais no tempo. **8.1.** Princípios gerais. Não retroatividade da lei. **8.2.** Aplicações específicas dos princípios sobre aplicação temporal. **8.2.1.** Leis sobre competência dos tribunais. **8.2.2.** Leis sobre o ritualismo ou formalismo processual. **8.2.3.** Leis sobre provas. **8.2.4.** Leis sobre recursos. **8.2.5.** Leis sobre prazos. **8.2.6.** Leis sobre alçadas

6. Interpretação das leis processuais

Tal como no âmbito do direito privado, pode o intérprete ver-se confrontado com a necessidade de interpretar as normas processuais. Não estabelece, contudo, a nossa lei processual civil quaisquer critérios especiais para a interpretação do direito adjetivo. O caráter específico deste direito não reclama, em princípio, a adoção de regras ou métodos interpretativos diversos dos aplicáveis aos restantes ramos de direito. Essas regras são, por isso, as plasmadas nos arts. 9º e ss. do CC.

Na clássica *teoria da interpretação*, logo se perfilavam duas teses divergentes: a subjetivista e a objetivista. Para a *conceção subjetivista*, o intérprete deveria cingir-se ao pensamento e vontade do legislador real, efetivo e histórico, dos detentores do poder legislativo no momento da publicação da lei (o chamado *espírito da lei* ou *mens legislatoris*). Já para a *conceção objetivista*, a interpretação deveria antes procurar o conteúdo de pensamento e vontade objetivados na própria *letra da lei* (*mens legis*) sem curar do sentido realmente querido pelos seus autores[76].

[76] Cfr. Manuel de Andrade, *Noções Elementares* cit., p. 27. Cfr. ainda, do mesmo autor, *Lições*, 1948-1949, p. 36, Boletim da Faculdade de Direito de Coimbra, XXII, p. 288 e RLJ, 80º,

Comentando aquele art. 9º, advertem PIRES DE LIMA e ANTUNES VARELA[77] para o facto de o preceito fornecer uma simbiose ou um compromisso evidentes entre a *conceção subjetivista* (nº 1) – em princípio prevalecente – e a *objetivista* (nº 2), ao rejeitar a possibilidade de qualquer hipotético pensamento legislativo que não encontre (no texto legal) um mínimo de tradução literal. E, mandando embora atender às circunstâncias (históricas) em que a lei *foi* elaborada (*tese subjetivista*), não deixa o preceito de conferir relevância às condições específicas do tempo em que a norma é aplicada, assim assumindo uma postura nitidamente *atualista*.

Isto sem olvidar os princípios gerais específicos do processo civil, presentes em múltiplas das suas disposições e que não podem ser postergados na tarefa interpretativa[78]. Assim, a estatuição-previsão de qualquer norma dissonante do respetivo âmago e lhes constitua exceção não deve ser ampliada. Por ex., as normas que dispensam a *audiência prévia do requerido* (art. 366º, nº 1) ou relegam o exercício do contraditório para depois de adotada a providência (art. 372º, nº 1, al. b)) no domínio dos procedimentos cautelares. Também para uma correta interpretação/aplicação concreta dos pressupostos legais da condenação por *litigância de má-fé* e, bem assim, dos *conceitos indeterminados* vertidos no art. 542º, nº 2, alíneas a), b), c) e d), há que atentar no sentido e alcance daqueles supra-citados princípios. De resto, impondo ao tribunal o dever de obediência à lei (nº 2 do art. 8º do CC), este preceito, no seu nº 3, não deixa de apelar ao julgador-intérprete para que, ao decidir, se socorra dos casos merecedores de tratamento análogo, «a fim de obter uma interpretação e aplicação uniformes do direito», princípio que, à semelhança dos demais princípios gerais e porque preordenado à preservação dos valores da *certeza e da segurança do direito*, deverá ser igualmente extensivo ao processo civil[79].

p. 292 e, em colaboração com FRANCESCO FERRARA, *Ensaio Sobre a Teoria da Interpretação das Leis*, 1ª tradução, Imprenta, Coimbra, A. Amado, 1963.

[77] Cfr. *Código Civil Anotado*, vol. I, 4ª ed., p. 58.

[78] Sobre estes princípios, cfr. *infra*, capítulo III.

[79] Acerca das especificidade dos *sistemas jurídicos jurisprudenciais* (*continental* e *anglo-saxónico*) sobre *interpretação* e *aplicação da lei*, cfr. F. PINTO BRONZE, *O sentido metodonomológico do precedent*, em conferência proferida no âmbito do 2º Congresso Lusófono de Direito Processual Civil – Coimbra, 21 e 22 de março de 2017 – texto ainda inédito – para quem «o *tópico-casuístico* (sistema do *direito romano*), o *hermenêutico-dialéctico* (sistema do *direito medieval*) e o *pragmático-jurisdicional* (sistema do *direito inglês*) – concederam uma importância capital ao problema concretamente judicando», face à relevância que atribuíram, respectivamente, aos *exempla*, às *quaestiones disputatae* e aos *precedents*». Texto citado esse «basicamente tributário»

A doutrina costuma distinguir, neste domínio, entre *remissões estáticas ou materiais* – remissão para certa norma em atenção ao seu conteúdo – e *dinâmicas ou formais* – remissão para certa norma em atenção apenas a ser aquela que, em certo momento, regula na ordem jurídica determinada questão. Mas a orientação corrente vai no sentido de dar prevalência às *remissões dinâmicas ou formais*, a menos que existam especiais razões, *maxime* uma norma expressa, a apontar em sentido contrário[80]. Também devem ser qualificadas como *remissões dinâmicas ou formais* as normas dos diversos códigos processuais que remetem (genericamente) para as normas do CPC como direito subsidiário.

É também legítimo o apelo aos chamados *elemento sistemático* (complexo normativo em que se integra a norma interpretanda), *elemento histórico* (fontes da lei e trabalhos preparatórios) e *elemento racional ou teleológico* (razão de ser da norma ou *ratio legis*). Há, contudo, que conferir menor relevância à *interpretação atualista* e maior saliência ao *elemento sistemático*, atenta a especificidade dos princípios gerais do processo civil, de que resulta «deverem as normas *desviantes* ser interpretadas restritivamente»[81].

Se, porém, a norma comportar duas dimensões interpretativas possíveis, sendo uma incompatível e outra compatível com determinado preceito constitucional, deve o intérprete/aplicador escolher esta última, ou seja, fazer uma «*interpretação conforme à Constituição*»[82]. De considerar ainda o *princípio da interpretação conforme ao direito europeu* (cfr. o art. 19º, nºs 1 e 3, al. b), do Tratado da União Europeia), numa reafirmação do *primado* desse direito sobre o direito nacional regulador da mesma situação material ou *processual*; postula ele que os tribunais nacionais interpretem o seu direito interno em conformidade com a letra e com a finalidade (espírito) das normas do direito europeu, anteriores ou posteriores, com ou sem efeito direto[83].

da obra do mesmo autor "*Continentalização" do direito inglês ou "insularização" do direito continental? (Proposta para uma reflexão macro-comparativa do problema)*", Coimbra, 1982 e do artigo de Sebastian A. E. Martens, "*Die Werte des Stare Decisis*", *in JZ*, 7/2011, 348 ss..

[80] Cfr. Parecer da PGR, DR, IIª Série, de 9-6-94, p. 5731.

[81] Cfr. Anselmo de Castro, *Direito Processual Civil Declaratório*, vol. I, ed. de 1981, p. 44.

[82] Cfr. Gomes Canotilho, *Direito Constitucional*, 5ª ed., 1992, pp. 235 e ss..

[83] No sentido da possibilidade do *controlo da conformidade das próprias normas da União Europeia pelos tribunais portugueses*, designadamente pelo TC – mormente depois do aditamento do nº 4 do art. 8º da CRP pela 6ª revisão –, desde que contendendo as mesmas com os princípios informadores/estruturantes do «núcleo essencial», «núcleo duro» ou «núcleo infungível» da CRP, ainda que com prévia submissão da questão das respetivas «interpretação» ou «validade» à apreciação do TJUE, através do mecanismo do reenvio prejudicial –, cfr. J.

7. Integração de lacunas das leis processuais

Ao aplicador da lei – de qualquer ramo do direito incluindo o direito processual civil – deparam-se, por vezes, situações carecidas de tutela jurídica que a mesma não contempla, seja porque, aquando da feitura e publicação da lei, tais situações não tenham sido realmente previstas (*caso omisso*), seja porque, embora previsíveis, o legislador, ao regulá-las, incorreu em verdadeiros lapsos de regulamentação (*lacuna da lei*).

Mas «*os magistrados judiciais* (juízes) *não podem abster-se de julgar* com fundamento na falta, obscuridade ou ambiguidade da lei, ou em dúvida insanável sobre o caso em litígio, desde que este deva ser juridicamente regulado (arts. 3º, nº nº 1, do CC e 3º, nº 3, do EMJ). Deverá ser, por isso, o julgador (o juiz titular do processo) a *suprir a regulamentação do caso omisso ou a preencher as respetivas lacunas*. Atividade em cujo exercício, à míngua de critérios legais próprios do direito processual, terá de socorrer-se dos critérios aplicáveis ao direito civil comum plasmados no art. 10º do CC. Este preceito impõe, como primeiro critério, o recurso à norma aplicável aos casos análogos (*analogia*) – nº 1 –, sendo que «há *analogia* sempre que no caso omisso procedam as razões justificativas da regulamentação do caso previsto na lei» (nº 2). «Na falta de caso análogo, a situação deverá ser resolvida de harmonia com a norma *que o próprio intérprete criaria se houvesse de legislar dentro do espírito do sistema*» (nº 3), ou seja, através dos princípios por que se rege o direito constituído. É, assim, de aferir a analogia das situações «em função das *razões justificativas* da solução fixada na lei e não por obediência à mera *semelhança formal* das situações»[84].

Segundo o art. 11º do CC, «as *normas excecionais* não comportam aplicação analógica, mas admitem interpretação extensiva», conceitos que importa, por isso, distinguir: – a *analogia* pressupõe a existência de uma *lacuna da lei*; determinada situação não está compreendida nem na letra da lei nem no seu espírito; – na *interpretação extensiva*, existindo embora um texto legal (não ocorrendo assim omissão), mostra-se necessário «estender» a respetiva previsão, por se reconhecer que a expressão verbal não corresponde ao verdadeiro pensamento do legislador, o qual, ao formular a norma, terá ficado aquém do que efetivamente pretendia dizer (*minus dixit quam voluit*)[85].

M. Cardoso da Costa, *in Ab Uno ad Omnes* – 75 anos da Coimbra Editora, Coimbra, 1998 pp. 1366-1377 e *in A Jurisdição Constitucional em Portugal*, Coimbra, Almedina, 3ª Ed. Rev. e Act., p. 32, nota 34 e p. 36, nota 37.

[84] Cfr. Pires de Lima e Antunes Varela, *Código Civil Anotado*, vol. I, 4ª ed., pp. 59-60.

[85] Cfr. Pires de Lima e Antunes Varela, *Código Civil Anotado*, vol. I, 4ª ed. cit., p. 60.

8. Sucessão de leis processuais no tempo

8.1. Princípios gerais. Não retroatividade da lei

Deve o processo ser regulado pela *lei vigente ao tempo do facto ou relação material* subjacente à causa ou *pela lei em vigor ao tempo da instauração da ação*? A *cada ato processual* deverá ou não aplicar-se a lei em vigor ao tempo da sua prática? Querelas que podem suscitar-se quando, tendo-se o processo iniciado na vigência de uma dada lei, não conheceu ainda o seu epílogo aquando da entrada em vigor de uma nova lei pontualmente conflituante com a disciplina da anterior. A natureza do processo, como sequência ou encadeamento de atos protraídos no tempo, torna-o particularmente atreito a conflitos deste tipo. Há, por isso, que indagar sobre qual das leis em confronto deve eleger-se como aplicável em casos congéneres e quais os critérios de aferição dessa aplicabilidade.

As mais das vezes, o problema é solucionado, quer por meio de *disposições transitórias gerais*, válidas para todas as novas leis ou para as novas leis de certo tipo ou categoria, quer somente para determinada lei processual (*disposições transitórias especiais*). Há ainda que atentar nas *normas transitórias setoriais* ou *parcelares* acerca do âmbito temporal dos diplomas relativos a certas matérias (por exemplo, as atinentes ao formalismo processual).

Como exemplos típicos de *disposição transitória geral* podem apontar-se o art. 2º do Dec.-Lei nº 47690, de 11 de maio de 1967, que aprovou o CPC (versão 67), o qual excluiu a sua aplicabilidade às ações que devessem ser julgadas pela legislação civil anterior ao Código Civil de 1966, e também as dos nºs 1 e 2 art. 142º do CPC/2013 sobre a *lei reguladora da forma e dos atos processuais*, respetivamente a vigente à data em que foram praticados (nº 1) e a vigente à data em que a ação foi proposta (nº 2). Constituem, por seu turno, *disposições transitórias especiais e sectoriais* as normas dos arts. 5º (ações declarativas), 6º (ações executivas) e 7º (recursos e procedimentos cautelares) da Lei nº 41/2013, de 26 de junho, que aprovou o CPC (versão 2013), bem como a norma do art. 11º da Lei nº 117/2019, de 13 de setembro (*reintrodução do inventário, como processo especial, no seio do Código de Processo Civil*), nos termos da qual as respetivas disposições são de aplicação apenas aos processos iniciados a partir da data da sua entrada em vigor, bem como aos processos que, nessa data, estiverem pendentes nos cartórios notariais mas forem remetidos ao tribunal nos termos do disposto nos arts. 11º a 13º dessa Lei, continuando, porém, o *regime jurídico do processo de inventário*, aprovado em anexo à Lei nº 23/2013, de 5 de março, a aplicar-se aos processos que, na data da entrada em vigor dessa lei, estiverem *pendentes nos cartórios notariais* e aí prossigam a respetiva tramitação.

De igual modo, o art. 26º do RCP aprovado pelo Dec.-Lei nº 34/2008, de 26 de fevereiro (RCP), fixou, como data da sua entrada em vigor, a de 1 de setembro de 2008 (depois sucessivamente diferida para 5 de janeiro de 2009 e para 26 de abril de 2009, respetivamente pelo art. 1º do Dec.-Lei nº 101/2008, de 28 de agosto, e pela Lei Orçamental nº 64-A/2008, de 31 de dezembro), enquanto que, quanto à aplicação no tempo, o seu art. 27º veio determinar que as alterações às leis do processo por esse diploma introduzidas, bem como o novo Regulamento, se aplicariam genericamente apenas aos processos iniciados a partir daquela mesma data, todavia com as exceções constantes dos nºs 2 a 6 do mesmo preceito.

Na falta de solução expressa no *texto* da nova lei, poderá o aplicador encontrar solução no seu *espírito* com apelo à *ratio legis ou à occasio legis.*

Antes do recurso à *analogia* ou aos *princípios gerais do direito transitório*, importará sempre, pois, averiguar previamente se a lei nova, através das suas próprias disposições, oferece solução específica para o efeito. Mas, no seu silêncio, o *princípio geral a aplicar neste domínio é sempre o da aplicação imediata das leis de processo*. De modo irrestrito, aos pleitos instaurados após a sua entrada em vigor e, nas próprias ações já pendentes, a todos os termos processuais subsequentes; como exemplo, poderá citar-se o nº 1 do art. 5º da citada Lei nº 41/2013, de 26 de junho, ao estatuir, no nº 1 do seu art. 5º, que «sem prejuízo do disposto nos seus nºs 2 a 6», o CPC em anexo a essa Lei, «é imediatamente aplicável às ações declarativas pendentes».

Brande-se, a este propósito, com *a natureza publicística e instrumental do processo*[86]. O direito processual é um *ramo do direito público*, ao qual subjaz e no qual predomina o interesse público fundamental da administração da justiça (*justiça pública*), na sua vertente da justa e célere composição dos conflitos entre particulares; como assim, é de entender que à adoção de tais novas normas correspondeu uma melhor e mais perfeita (na ótica do legislador) adequação das novas opções ao escopo em causa. E daí a norma genérica do nº 1 do já citado art. 136º reguladora da forma dos atos processuais – «a lei em vigor no momento em que são praticados» (*princípio tempus regit actum*).

«Quando se publica uma lei nova – escrevia ALBERTO DOS REIS – «isso significa que o Estado considera a lei anterior imperfeita e defeituosa para a administração da justiça ou para o regular funcionamento do poder judicial. Tanto basta para que

[86] Cfr. MANUEL DE ANDRADE, *Noções Elementares* cit., p. 43.

a lei nova deva aplicar-se imediatamente» (*sic*)[87]. Por outro lado, o direito processual civil é um ramo de *direito adjetivo* que não um setor do *direito material ou substantivo*, não decidindo, por isso, *a se*, sobre a existência ou inexistência do direito que o autor se arroga; limita-se a regular o modo e as regras através dos quais os sujeitos de direito podem/devem fazer valer em juízo os poderes que lhes assistem face ao direito substantivo. Deste modo, se se torna inaceitável, face à consciência jurídica dominante, retirar a qualquer titular um direito (substantivo) que lhe era conferido pela lei vigente à data em que o respetivo facto aquisitivo se verificou, já não repugna que seja de aplicação imediata uma nova lei (adjetiva) que apenas altera o modo de o fazer valer, ou seja, o *modus faciendi* da sua atuação em juízo. Manuel de Andrade aludia, muito elucidativamente, à «*máxima segundo a qual as leis contêm implícito um doravante, um daqui para o futuro,* que, quando aplicada às leis do processo, significa naturalmente que os diversos actos processuais devem ter como lei reguladora a lei vigente ao tempo da sua prática»[88].

O princípio da aplicação imediata da nova lei processual não se encontra expressamente formulado no CPC[89], mas nem por isso deixa de encontrar-se implícito nas suas *disposições transitórias gerais*[90]. Deverá, assim, seguir-se, com as necessárias adaptações, a doutrina genericamente estabelecida no art. 12º do CC. Preceito que contém ínsito o seguinte *princípio geral: a lei só dispõe para o futuro*; ainda que lhe seja atribuída eficácia retroativa, presume-se que ficam ressalvados os efeitos já produzidos pelos factos que a lei se destina a regular (nº 1)[91].

Continua, por isso, a vigorar o *princípio tradicional e geral* da *não retroatividade das leis*, no sentido de que elas só se aplicam para futuro. E, mesmo que se apliquem para o passado – *eficácia retroativa* –, presume-se que há a inten-

[87] *In Processo Ordinário e Sumário*, 2ª ed., Coimbra, 1928, nº II, p. 32.

[88] Cfr. *Noções Elementares* cit., p. 42.

[89] Em Espanha, o art. 2º da *Ley de Enjuiciamiento Civil* (LEC), sob a epígrafe "*Aplication em el tiempo de las normas procesales civiles*", *estatui que «salvo que outra cosa se establezca em disposiciones legales de Derecho transitório, los asuntos que correspondam a los tribunales civiles se sustanciarán siempre por éstos com arreglo a las normas procesales vigentes, que nunca serán retroactivas»*.

[90] Cfr. Pires de Lima e Antunes Varela, *Código Civil Anotado*, vol I, 4ª ed. cit., pp. 61 a 63.

[91] Sobre a *aplicação da lei nova aos procedimentos cautelares* deduzidos após o seu início de vigência, bem como à revisão e modificação das já decretadas medidas (não obstante o processo principal seguir a tramitação da lei antiga), cfr. Amâncio Ferreira, *Curso de Processo de Execução*, 13ª ed., Almedina, 2010, pp. 467-468, baseado, para tanto, na disposição transitória 7ª da Lei de Enjuiciamiento Civil espanhola.

ção de respeitar os efeitos jurídicos já produzidos. O que significa, na área do direito processual, que a nova lei é de aplicar às *ações futuras* e, outrossim, aos *atos que se vierem futuramente a praticar nas ações pendentes*. A validade e regularidade dos atos processuais anteriores continuarão a aferir-se pela lei antiga, à sombra da qual foram praticados, já que a lei nova se não aplica aos chamados *factos pretéritos* para não atingir efeitos já produzidos por estes. «O respeito da validade e eficácia dos atos anteriores pode inclusivamente obrigar à aplicação da lei antiga mesmo a actos posteriores à entrada em vigor da nova lei, se tal for necessário para que os actos anteriormente realizados não percam a sua utilidade»[92]. Princípio que vale também para as chamadas *leis de direito probatório material* (que versam sobre o ónus da prova, a admissibilidade e força probatória dos diversos meios de prova e da distribuição do ónus probatório)[93].

Nos termos do nº 1 do art. 13º do CC, «a *lei interpretativa* integra-se na lei interpretada», pelo que, relativamente às *leis interpretativas,* não releva o *princípio da não retroatividade*. A qualificação de uma norma como *interpretativa* exige, porém, uma dupla condição: por um lado, que a solução do direito anterior se perfile como controvertida ou pelo menos incerta entre a doutrina e/ou a jurisprudência; por outro, que a solução adotada pela nova lei se situe dentro dos limites da controvérsia e seja tal que o julgador ou o intérprete a ela poderiam chegar seguindo os cânones normalmente balizadores da atividade interpretativa ou integrativa da lei. Caso contrário, a solução consagrada pela nova lei deve ser qualificada como *inovadora*.

«Se o legislador, como frequentemente sucede, qualifica expressamente como *interpretativas*[94] leis que não se integram neste condicionalismo, isso significa que lhes quer atribuir o âmbito de aplicação próprio das leis interpretativas». «A declaração, feita pelo legislador, de que certa lei tem caráter interpretativo, equivale, então, a uma *cláusula de retroatividade*»[95].

[92] Cfr. Manuel de Andrade, *Noções Elementares* cit., p. 44.

[93] Cfr. Vaz Serra, *As Provas – Direito Probatório Material*, Lisboa, 1962, p. 7.

[94] Exemplo de *lei interpretativa* é a Lei nº 43/2019, de 21 de junho, que expressamente se propõe proceder à *interpretação auttêntica* do nº 7 do art. 1041º do CC (art. 1º), ao estatuir, no seu art. 2º, que «para efeitos de interpretação do nº 7 do art. 1041º do Código Civil, aditado pelo art. 2º da Lei nº 13/2019, de 12 de fevereiro, considera-se que os contratos abrangidos pelo nº 7 do art. 141º são os contratos sujeitos a regimes de renda de cariz social, designadamente o regime de arrendamento apoiado, de renda apoiada ou de renda social».

[95] Cfr. Baptista Machado, *Sobre a aplicação no tempo do novo Código Civil*, Coimbra, Almedina, 1968, p. 286.

No que tange ao eventual *aligeiramento* (pela nova lei) *das formalidades* havidas impostas pela lei antiga, à *dispensa* (pela nova lei) de algum pressuposto ou trâmite a que a lei antiga condicionava a validade de certos atos, à *eliminação* (pela nova lei) de impedimentos cuja verificação era considerada pelo lei antiga fundamento de nulidade do ato ou à *admissão* (pela nova lei) de certos atos que eram inadmissíveis (e portanto nulos pela lei anterior), há que aplicar o *princípio tempus regit actum* plasmado no nº 1, 1ª parte, do art. 12º do CC, ou seja: os atos praticados sob a égide da lei antiga e por esta considerados como eivados de algum vício invalidante, não ficam convalidados pela entrada em vigor da nova lei mais permissiva, devendo a sua validade ser aferida pela lei vigente ao tempo da respetiva prática[96].

O *princípio da não retroatividade da lei* encontra-se expressamente consagrado na CRP unicamente para a *matéria penal* (nºs 1 e 4 do art. 29º), para as *leis restritivas de direitos, liberdades e garantias* (nº 3 do art. 18º) e para o *pagamento de impostos* (art. 103º, nº 3), sendo que a própria CRP prescreve que a declaração de inconstitucionalidade ou de ilegalidade com força obrigatória geral, por infração de norma constitucional ou legal posterior, só produz efeitos desde a entrada em vigor desta última (art. 282º, nº 2). Todavia, e de harmonia com a jurisprudência uniforme do TC, embora esse princípio não tenha assento expresso na Constituição (salvos aqueles citados casos), uma lei retroativa pode ser inconstitucional, não por ser retroativa, mas por contrariar normas ou princípios constitucionais, como, por ex., o *princípio da proteção da confiança*, «ínsito no princípio do Estado de direito democrático, especificamente acolhido no art. 2º da CRP», o que sucederá quando a aplicação retroativa de um preceito legal se revelar «ostensivamente irrazoável», «quando a norma retroativa violar, de forma intolerável a segurança jurídica e a confiança que os cidadãos e a comunidade hão-de depositar na ordem jurídica que os rege»[97]. Daí que o conceito de *retroatividade* adotado pelo art. 12º do CC, se deva considerar como «constitucionalmente conforme e adequado», pois que expressão «de uma linguagem jurídica comum, tendencialmente válida em todos os sectores do ordenamento jurídico»[98].

[96] Cfr., quanto a este ponto, Baptista Machado, *Introdução ao Direito e ao Discurso Legitimador*, 23ª Reimpressão, Coimbra, Almedina, 2016, pp. 245-249.

[97] Cfr., *v. g.*, os acórdãos do TC nºs 70/92 e 95/92 de 24-2-1992 e 17-3-1992, BMJ, nºs 414, p. 130 e 415, p. 190, respetivamente/Cons. A. Ribeiro Mendes.

[98] No sentido de que o art. 12º do CC, embora não estando inserido na Constituição, «funciona como uma autêntica bitola profunda da ordem jurídica», cfr. A. Menezes Cordeiro,

8.2. Aplicações específicas

8.2.1. Leis sobre a competência dos tribunais

As *leis sobre a competência dos órgãos judiciários* fixam a medida da jurisdição dos diversos tribunais, definindo os critérios de repartição do poder de julgar entre os diversos órgãos jurisdicionais de uma determinada ordem[99]. Ao sucederem-se no tempo, essas leis podem introduzir *alterações orgânicas* ou simplesmente *funcionais* na competência dos tribunais: – as *leis orgânicas* criam ou suprimem tribunais; – as *leis funcionais* limitam-se a operar uma redistribuição das diversas causas pelos tribunais existentes, modificando assim a medida da sua jurisdição[100]. De harmonia com o *princípio da aplicação imediata da lei processual*, as alterações introduzidas pela lei nova em matéria de competência deveriam ter aplicação, não só a todas as ações futuras, como às próprias ações pendentes. Outra é, contudo, a solução legal.

Contém, com efeito, a LOSJ, no seu art. 38º, uma disposição transitória geral relativa à lei reguladora da competência. Assim, nos termos do nº 1 desse preceito, a *competência (do tribunal) fixa-se no momento em que a ação se propõe, sendo irrelevantes as modificações de facto que ocorram posteriormente, a não ser nos casos especialmente previstos na lei*; e, face ao seu nº 2, sendo igualmente irrelevantes as *modificações de direito (posteriores)*, é de aplicar imediatamente a nova lei se for *suprimido o órgão a que a causa estava afeta* ou *lhe for atribuída competência de que inicialmente carecia para o conhecimento da causa*.

A regra é, pois, a da *aplicação imediata* da nova lei apenas quanto às *ações futuras*; relativamente às *ações pendentes*, a regra já será a da aplicação da *lei vigente à data da propositura da ação*: se o tribunal for competente no momento da propositura da ação, competente se manterá até ao julgamento final – princípio da *perpetuatio jurisditionis*[101].

Reporta-se a *1ª exceção* a essa regra à *supressão pela nova lei do órgão (judiciário) a que a causa estava afeta*: extinto o tribunal a que a causa se encontrava adstrita, não se prolongará artificialmente a sua "existência" e o seu funcionamento para levar até final a ação nele em curso; e as ações pendentes, mesmo se já exaurido o prazo dentro do qual a incompetência do tribunal poderia ser normalmente arguida ou suscitada «*ex officio*», *devem ser*

«*Problemas de Aplicação da Lei no Tempo* – Disposições Transitórias», *in* A *Feitura das Leis*, II, 1986, pp. 374 e ss..

[99] Cfr. Antunes Varela/J. M. Bezerra/Sampaio e Nora, *Manual* cit., p. 50.

[100] Cfr. Manuel de Andrade, *Noções Elementares* cit., pp. 44-45.

[101] Cfr. Manuel de Andrade, *Noções Elementares* cit., p. 46.

oficiosamente remetidas para o órgão jurisdicional que passe a ser competente segundo a nova lei (art. 61º do CPC). Traduz-se a *2ª exceção* em a nova lei *atribuir ao tribunal por onde pende a ação a competência de que ele não dispunha* no momento da respetiva instauração. Nesta hipótese, a nova lei tem *aplicação imediata,* não só às ações futuras, mas também às ações pendentes; seria, com efeito, incompreensível retirar o processo do tribunal onde pendesse – agora competente para julgar a ação se esta ali houvesse sido instaurada –, a fim de o remeter para o tribunal deixado de ser competente[102].

8.2.2. Leis sobre o ritualismo ou formalismo processual

As normas reguladoras dos *atos* a praticar na proposição e desenvolvimento da ação, neles incluídos os respetivos *termos* e *formalidades,* bem como das diversas formas de processo, são das mais típicas e relevantes do direito processual civil. Os diversos atos processuais (*termos* e *formalidades*) encadeiam-se logicamente num complexo mais vasto, não raro servindo de preparação de atos subsequentes e, em última análise, da própria sentença a proferir (*atos instrumentais, preparatórios ou instrutórios*).

Também, neste domínio, é de acolher, em termos genéricos, o *princípio da aplicação imediata da lei nova,* abrangendo, quanto aos *atos processuais,* não só os atos a praticar em *ações futuras,* como ainda os atos a praticar nas *ações pendentes* à data da sua entrada em vigor. Na verdade, se o legislador, numa melhor ponderação do interesse público que lhe incumbe prosseguir, acabou por entender necessário alterar as condições de validade ou da eficácia de certo ato, bem como o *ritus,* os pressupostos processuais ou os meios de tutela judiciária, «passa a haver urgência na aplicação do novo regime, abarcando inclusivamente os processos pendentes»[103]. Isto a menos que essa aplicação imediata possa acarretar a *invalidação* de atos praticados à sombra da lei antiga ou se revelem contrários ao espírito da nova lei.

Princípios esses, de resto, *expressis verbis* consagrados no já citado art. 136º, subordinado à epígrafe "Lei reguladora da forma dos atos e do processo", preceito que, distinguindo entre a forma (ou esquema geral) do processo e a forma de cada um dos atos *uti singuli,* estatui que: «*a forma dos diversos atos processuais é regulada pela lei que vigore no momento em que são praticados*» (nº 1); e que «*a forma de processo aplicável* determina-se pela lei vigente

[102] Cfr. Antunes Varela/J. M. Bezerra/Sampaio e Nora, *Manual* cit., pp. 51-52.
[103] Cfr. Anselmo de Castro, *Direito Processual Civil Declaratório,* vol. I cit., pp. 59-60.

à data em que a ação é proposta» (nº 2). Confirma, assim, esse nº 1 o princípio doutrinário traduzido na fórmula latina *tempus regit actum*, com rejeição da aplicabilidade da lei em vigor à data da proposição da ação ou à data da apreciação da validade do concreto ato.

O que vale por dizer: – *quanto aos atos praticados na vigência da lei pretérita*, é esta que continua a regular a sua validade, *mesmo que a ação destinada a impugná-los seja proposta já no domínio da nova lei*; esta deve contudo respeitar os atos anteriores à sua vigência, cuja regularidade e eficácia continuam a ser aferidas pela lei antiga; – *quanto ao futuro*, a nova lei deve aplicar-se a todos os atos processuais posteriores à sua entrada em vigor. Manuel de Andrade[104] refere, a este propósito, o seguinte exemplo: «se uma nova lei viesse restabelecer o sistema da discussão escrita abolindo o atual sistema da oralidade, a discussão da causa deveria continuar a ser oral relativamente aos processos em que estivesse já iniciada a respectiva audiência» (*sic*).

No que tange aos chamados *atos duradouros* em geral, *cuja realização ou consumação* se pode prolongar no tempo, tais como o da *inquirição das testemunhas ou a audiência final*, a nova lei reguladora desses atos *não deve aplicar-se às ações pendentes*, porquanto da sua aplicação pode resultar a inutilização de atos anteriormente praticados. Pode mesmo (por vezes) tornar-se necessário que «o processo continue a seguir durante uma parte do seu curso os trâmites da mesma lei antiga ou praticar outros atos para que a utilidade dos já praticados não deixe de subsistir no trânsito da lei antiga para a lei nova»[105]. Mas «já *deve aplicar-se imediatamente a lei que, dentro da forma de processo que está a ser observada, suprima um ato ou altere os pressupostos da sua prática*, como, por exemplo, a lei que suprima um dos articulados ou altere os requisitos da sua admissibilidade»[106].

8.2.3. Leis sobre provas

Provas são os meios a utilizar para o apuramento da realidade dos factos (alegados pelas partes ou oficiosamente adquiridos) que, face ao direito aplicável, interessam ao exame e decisão do mérito da causa (cfr. a noção do art. 341º do CC).

[104] Cfr. *Noções Elementares* cit., p. 47.

[105] Cfr. Manuel de Andrade, *Noções Elementares* cit., p. 44 e Anselmo de Castro, *Direito Processual Civil Declaratório* vol. I cit., p. 57.

[106] Cfr. Antunes Varela/J. M. Bezerra/Sampaio e Nora, *Manual* cit., p. 55.

As normas relativas a tal atividade podem constituir *direito probatório material* ou *direito probatório formal*. O *direito probatório material* trata e regula: o ónus da prova e suas regras distributivas, a admissibilidade e força probatória dos diversos meios de prova (*v. g.*, documental, pericial, por confissão, por inspeção ou por presunção). O *direito probatório formal* regula o *modo de produção das provas em juízo*, determinando quais os atos a praticar para a utilização dos diversos meios de prova[107].

Ora, *a regra* é a de que *deve aplicar-se imediatamente o novo direito probatório formal* porquanto se trata de puro formalismo processual. A nova lei valerá, assim, não só para as *ações futuras*, mas também para as *ações pendentes*, quanto a todas as diligências probatórias que importe realizar após a sua entrada em vigor. Idêntica doutrina é de observar para o *direito probatório material*, enquanto regula a *admissibilidade das provas de quaisquer factos em geral*, já que se não descortina qualquer razão para arredar a sua aplicação imediata, mesmo às ações pendentes.

É, contudo, de seguir o *princípio tempus regit actum* quanto ao novo *direito probatório material* relativo à admissibilidade das provas de determinados factos (ou negócios) jurídicos especiais, tais como de um contrato-promessa de compra e venda de imóveis (art. 410º, nºs 2 e 3), de um arrendamento urbano (art. 1069º), de um contrato de compra e venda ou de doação de um imóvel (arts. 875º e 947º) ou de um contrato de mútuo superior a certo montante (art. 1143º), todos estes preceitos do CC. Orientação contrária poderia contender com a situação jurídico-material das partes, não sendo, em todo o caso, justo sujeitar qualquer delas às (maiores) exigências de uma nova lei, que não a vigente à data da consumação do ato jurídico negocial[108].

Se se tratar da prova de *factos naturais* (como o nascimento, um acidente, um óbito, um casamento etc.), já o princípio *tempus regit actum* não é de acolher, por não existirem nesses casos expetativas relevantes na aplicação da lei então vigente que sobrelevem as vantagens resultantes da aplicação imediata da lei nova. No caso especial *dos meios de prova das relações sexuais* em ação de investigação da paternidade (*v. g.* testemunhais ou periciais), deverão ser atendidos os admitidos pela *lei vigente ao tempo da propositura da ação*, que não os admitidos, por ex., pela lei em vigor ao tempo da conceção.

[107] Cfr. Manuel de Andrade, *Noções Elementares* cit., p. 47-48 e Vaz Serra, *Provas – Direito Probatório Material* cit., p. 7.

[108] Cfr. Antunes Varela/J. M Bezerra/Sampaio e Nora, *Manual* cit., p. 62.

No que se refere à chamada *prova por presunções* – ilações que a lei ou o julgador deduzem de um facto conhecido para firmar um facto desconhecido (art. 349º do CC) –, mais propriamente quanto às *presunções legais*, ou seja, àquelas hipóteses em que, a partir de um facto-base dado como assente, a lei conclui pela existência ou a não existência de um direito ou relação jurídica, há que sufragar a opinião doutrinal corrente da inclusão de tais presunções no âmbito do *direito material*. Valerá pois, igualmente, nesta sede, o princípio «*tempus regit actum*»[109].

8.2.4. Leis sobre recursos

Regulam estas leis a *admissibilidade e a tramitação dos recursos*, isto é, dos meios processuais destinados a impugnar as decisões judiciais, provocando uma nova apreciação (reexame) das decisões e um novo julgamento por parte de um tribunal de hierarquia superior. Entre essas normas, importa distinguir, para o efeito da sua aplicação no tempo, *as que fixam as condições de admissibilidade do recurso e as que se limitam a regular as formalidades da preparação, instrução e julgamento do recurso.*

Quanto à *tramitação do recurso* – porque se trata de mero formalismo processual (por exemplo, o regime das alegações, dos vistos e das alegações e notificações) –, deve *aplicar-se imediatamente* (*sempre com ressalva de qualquer disposição setorial em contrário*) *a lei nova a todas as decisões* que venham a ser proferidas nas causas pendentes (*ainda não julgadas*). E não só aos *recursos a interpor futuramente* em ações pendentes, como aos próprios *recursos já pendentes*[110].

Relativamente às normas que fixam as condições de admissibilidade do recurso (por ex., de alteração da alçada dos tribunais), porque a sua aplicação pode contender de forma decisiva com a relação substantiva controvertida em juízo, costuma a doutrina distinguir três tipos de situações:

a) *se a nova lei passar a admitir um recurso de decisões que anteriormente o não admitiam*, não deve, em princípio, aplicar-se às decisões já proferidas à data da sua entrada em vigor; de contrário, frustrar-se-iam as expetativas fundadas sobre o *caso julgado*, uma vez que a nova lei operaria uma destruição retroativa da força e autoridade que a decisão adquirira à sombra da lei antiga[111]; cfr., neste sentido, ANSELMO DE

[109] Cfr. ANSELMO DE CASTRO, *Direito Processual Civil Declaratório*, vol. I, cit., p. 72.

[110] Cfr. ANTUNES VARELA/J. M. BEZERRA/SAMPAIO E NORA, *Manual* cit., pp. 55 e ss..

[111] Cfr. ALBERTO DOS REIS, *Sobre a Aplicação das Leis de Processo Quanto ao Tempo*, RLJ, ano 86º, pp. 84 e ss..

Castro, ao observar que a aplicação da lei nova iria, nesse caso, atingir um processo já encerrado, sendo certo que o caso julgado constitui um limite à aplicação de qualquer nova norma[112];

b) *se a nova lei passar a negar o recurso* que a lei anterior admitia, há, por seu turno, que distinguir: – *se o recurso já estiver interposto* (ou mesmo admitido), a nova lei não se aplica às decisões anteriores pois que, de contrário, ofenderia gravemente as legítimas expetativas do recorrente fundadas na lei vigente à data da interposição do recurso; – *se o recurso não estiver ainda interposto*, propendemos também, na peugada da posição doutrinal corrente, pela inaplicabilidade da nova lei, porquanto «de outro modo, a decisão passaria a ter um valor que lhe não competia pela lei em vigor ao tempo em que foi pronunciada»[113-114]; na dúvida, pois, a solução mais correta é a da *não aplicabilidade da nova lei às decisões suscetíveis de recurso, de harmonia com o direito em vigor à data da respetiva prolação*; na solução contrária, para além de a nova lei vir conferir retroativamente força de caso julgado a decisões que a não possuíam aquando da sua emissão, seria indefensável que se deixasse ao fator (meramente aleatório) da maior ou menor prestreza na interposição do recurso que decisões do mesmo teor e sentido, proferidas na mesma data, umas transitassem e outras não transitassem em julgado[115], em clara violação do *princípio da igualdade*;

c) relativamente às decisões que venham a ser proferidas (no futuro) *em ações pendentes, a nova lei é imediatamente aplicável, quer passe a admitir* recurso anteriormente não admissível, *quer negue* o recurso em relação a decisões anteriormente recorríveis; as expetativas criadas pelas partes ao abrigo da legislação anterior perderam já atualidade no momento da decisão, não justificando, por isso, qualquer dilação na aplicação da nova lei.

[112] Cfr. *Direito Processual Civil Declaratório*, vol. I cit., p. 61.

[113] Cfr. Manuel de Andrade, *Noções Elementares* cit., p. 49.

[114] Cfr. Alberto dos Reis: «A posição do juiz que dita uma sentença sujeita a recurso não é a mesma da do juiz que dita uma sentença da qual não é lícito recorrer. Seria, por isso, estranho e perigoso que se suprimisse bruscamente a garantia do recurso, ou melhor, se eliminasse abruptamente o novo exame da causa com o qual o próprio juiz contava no acto da elaboração e emissão da sentença» (*sic*), *in* RLJ, ano 86º, p. 87.

[115] Cfr. Antunes Varela/J. M. Bezerra/Sampaio e Nora, *Manual* cit., p. 57.

8.2.5. Leis sobre prazos

A lei fixa os *lapsos temporais* a partir dos quais o ato deve ser praticado, lapsos esses compreendidos entre um termo inicial (*terminus a quo*) e um termo final (*terminus ad quem*) havendo, desde logo, que distinguir, entre *prazo legal*, se estabelecido por lei, e *prazo judicial* se fixado pelo juiz no decurso do processo.

Prazo, em termos de processo civil, é, pois, o período de tempo a que a lei sujeita a prática de um determinado ato em juízo ou a exercitação de um qualquer direito potestativo de natureza processual de forma a surtirem plena validade[116].

Contempla a lei duas modalidades legais de prazo: *prazo dilatório* e prazo *perentório* (art. 139º, nº 1). Assim: – *o prazo dilatório* difere para certo momento a possibilidade de realização de um ato ou o início da contagem de um outro prazo (nº 2); – o decurso do *prazo perentório* extingue o direito de praticar o ato (nº 3), salvos os casos de prática (acompanhada do pagamento imediato de uma multa) nos três dias úteis seguintes ao termo do prazo (art. 139º, nº 5) e de justo impedimento (art. 140º).

O art. 149º fixa a *regra geral sobre o prazo* para a *prática dos atos pelas partes*, ou seja, estabelece o *prazo geral supletivo*, ao estatuir que «na falta de disposição especial, é de 10 dias o prazo para as partes requererem qualquer ato ou diligência, arguirem nulidades, deduzirem incidentes ou exercerem qualquer outro direito processual» (nº 1); «é também, de 10 dias o prazo para a parte *responder* ao que for deduzido pela parte contrária», sendo que «o prazo para qualquer resposta, conta-se sempre da notificação do ato a que se responde» (nº 2).

A fixação de *prazos perentórios* assume especial relevância no que respeita aos atos das partes, face à *eficácia preclusiva* do respetivo decurso, funcionando, assim, como poderoso *fator de compulsão* (estímulo) *à prática do ato*. Exemplos típicos de *prazos perentórios* são os de 30 dias fixados pelo nº 1 do art. 569º, pelo art. 585º e pelo nº 1 do art. 638º, para a apresentação da *contestação* do réu, da *réplica do autor* e do *requerimento/alegação de recurso*, respetivamente.

Já a fixação dos *prazos dilatórios* é ditada no *interesse da contraparte*, pelo que, se esta não excecionar a respetiva intempestividade (determinada pela prática prematura do ato), a nulidade daí adveniente não possa ser objeto

[116] Cfr. Anselmo de Castro, *Direito Processual Civil Declaratório*, vol. III cit., pp. 48 e 49.

de conhecimento oficioso nem invocável pela parte que lhe deu causa[117]. Exemplos de *prazos dilatórios legais* são os estabelecidos pelos nºs 1, 2, 3 e 4 do art. 245º.

Hemos ainda que distinguir entre *prazos substantivos* (previstos em normas de direito material, como os prazos de prescrição de direitos) e *prazos processuais* (relativos à dinâmica da instância), estes típicos *prazos de caducidade*[118].

A par dos *prazos dilatórios* e *perentórios,* fixa a lei por vezes, prazos curtos, que a doutrina apelida de meramente *ordenadores, reguladores, administrativos, disciplinadores ou simplesmente disciplinares,* destinados unicamente a regular e balizar cronologicamente a instância em harmonia com a lei. O seu incumprimento não surtirá, em princípio, qualquer eficácia preclusiva, apenas podendo acarretar consequências do *foro disciplinar-estatutário* para os respetivos infratores (cfr., *v. g.*, o prazo geral de 10 dias contemplado no art. 156º, nºs 1 e 2, para a prática de atos dos magistrados e o prazo de 30 dias fixado no nº 1 do art. 607º para a prolação da sentença).

Também, neste campo, se *leis posteriores* vierem alterar os prazos estabelecidos em *leis anteriores* devem distinguir-se as possíveis situações, tendo sempre como princípios diretores os contemplados no art. 297º do CC sobre alteração de *prazos substantivos,* cuja doutrina é extensiva, na parte aplicável, aos *prazos fixados pelos tribunais ou por qualquer autoridade* (cfr. nº 3 respetivo), ou seja, a *todos os prazos judiciais e administrativos*[119]. Assim:

a) *deve aplicar-se imediatamente* (isto é, aos prazos relativos a atos a praticar futuramente no seio de ações pendentes, bem como aos próprios prazos já em curso) *a nova lei que alonga um prazo perentório,* computando-se, porém, no novo prazo o período temporal já decorrido na vigência da lei antiga (nº 2 do art. 297º do CC)[120]; *deve também*

[117] Cfr. Anselmo de Castro, *Direito Processual Civil Declaratório,* vol. III cit., pp. 51-52.

[118] Acerca da temática dos prazos, suas espécies e regras de contagem, designadamente dos prazos para a propositura de ações, justo impedimento e exceções às regras da preclusão, cfr. o nosso *Direito Processual Civil,* vol. II, 2ª Edição, Coimbra, Almedina, 2019, pp. 44-64.

[119] Cfr. Pires de Lima e Antunes Varela, *Código Civil Anotado,* I, 4ª ed. cit., p. 271. Cfr. ainda, a este respeito, J. Baptista Machado, *Sobre a Aplicação no Tempo do Novo Código Civil,* Coimbra, Almedina, 1968, pp. 232-244.

[120] O acórdão do TC nº 680/2006, *in* DR, Série II, de 29-1-2007, não julgou inconstitucional a norma do art. 5º, nºs 1 e 3, da Lei nº 15/2003, de 22 de fevereiro, interpretada no sentido de que o prazo para a interposição de um recurso num processo pendente à data da entrada em

aplicar-se imediatamente, por força desse nº 2, *a nova lei que alongue um prazo dilatório*;

b) deve *aplicar-se imediatamente a nova lei que encurte um prazo perentório* (mesmo *aos prazos em curso*), mas contando-se apenas o tempo decorrido na vigência da lei nova, salvo se daí resultar, no caso concreto, um alargamento do prazo;

c) *deve aplicar-se*, também *imediatamente*, mesmo aos prazos em curso, *a lei nova que venha abreviar ou encurtar um prazo dilatório*; mas se, face à nova lei, o prazo dilatório já estiver consumado (exaurido), ao contrário do que acontecia sob a égide da lei anterior, a *dilação deve considerar-se finda na data da entrada em vigor da nova lei*: seria frustrar as legítimas expetativas das partes e contrário ao espírito do preceito do nº 1 do art. 297º do CC «levar mais longe a aplicação imediata da nova lei, considerando a dilação finda antes de ela entrar em vigor»[121].

Assim, por exemplo, e configurando uma hipótese de *encurtamento, pela nova lei, de prazos perentórios e de prazos dilatórios*: – se a *lei nova*, entrada em vigor no dia 5 de determinado mês de maio, vier reduzir um desses prazos de 30 para 15 dias, o prazo já em curso desde por ex. o dia 30 do anterior mês de abril (e que normalmente expiraria em 30 de maio seguinte) é já atingido pela nova lei; contudo, no (novo) prazo de 15 dias fixado pela nova lei só se computa o período de tempo decorrido na vigência dela, pelo que o prazo para a prática do ato se deve considerar findo no dia 20 e não no dia 30 (e não também no dia 15); – já não será assim, de harmonia com a doutrina vertida no nº 1 do art. 297º do CC, se, segundo a *lei antiga*, «faltar menos tempo para o prazo se completar»; deste modo, no mesmo exemplo anterior (de redução pela nova lei para 15 dias de um prazo legal anterior de 30), os prazos em curso há mais de 15 dias continuarão sujeitos à contagem da lei antiga; a não ser assim, e se se contasse um novo prazo (de 15 dias), mas só a partir da vigência da lei nova, o prazo acabaria por ser concretamente alongado, ao arrepio da intenção do legislador; deste modo, se, por hipótese, o prazo (inicialmente de 30 dias) se houvesse iniciado em 18 de abril, em 5 de maio subsequente (data da entrada em vigor da nova lei introdutória do prazo mais curto de 15 dias) já haviam transcorrido 17 dias (prazo superior ao fixado pela nova lei). Assim, o prazo em curso, a dever ser

vigor dessa Lei era o prazo previsto na LPTA (então em vigor) e não o prazo, mais alargado, contemplado no CPTA (lei nova).

[121] Cfr. Antunes Varela/J. M. Bezerra/Sampaio e Nora, *Manual* cit., p. 64.

contado de harmonia com a *lei antiga*, esgotar-se-á em 18 de maio, e não em 20 de maio, restando, por isso, à parte o prazo adicional de 13 dias para a prática do ato.

Se, todavia, *a um prazo perentório se seguir a um prazo dilatório*, os dois prazos se deverão contar como se *de um só* se trate e de modo continuado (art. 142º).

8.2.6. Leis sobre alçadas

Entende-se por "alçada" de um tribunal *o limite* (*máximo*) *do valor da causa, dentro do qual e até ao qual o tribunal julga sem admissibilidade de recurso ordinário.*

Em matéria cível, a *alçada dos tribunais da Relação* é de €30.000 e a *dos tribunais de 1ª instância* a de €5.000.

Embora o processo comum de declaração siga *forma única* (art. 548º), esse valor máximo influencia, não só a *forma do processo comum de declaração* aplicável à ação – forma "*normal*" ou "*simplificada*" (esta última a prevista no art. 597º) –, como também a *admissibilidade/possibilidade de recurso* das decisões judiciais, atentos os parâmetros e pressupostos contidos no art. 629º. O valor da ação determina também a distribuição de competência entre os juízos centrais e os juízos locais (arts. 117º a 130º da LOSJ).

Assim, se a nova lei que altere ou modifique os valores das alçadas dos tribunais – a última foi o art. 5º do Dec.-Lei nº 303/2007, de 24 de agosto, que veio dar nova redação ao nº 1 do art. 24º da LOFTJ/99 (cfr. hoje o nº 1 do art. 44º da LOSJ/2013), vier *ampliar* esses valores-limite, pode tornar irrecorrível um maior número de causas, mas se, ao invés, diminuir ou reduzir o valor da alçada, alarga a possibilidade de recurso das respetivas decisões[122].

Hemos também, neste âmbito, que socorrer-nos dos cânones interpretativos acolhidos no nº 1 do art. 12º do CC. Assim:

a) no que respeita à *forma do processo*, o princípio de *economia processual* recomenda que um processo iniciado sob determinada forma deva seguir essa forma até final, atenta a íntima conexão e interligação dos diversos atos enformadores de cada esquema ou fórmula processual, assim se respeitando os atos já praticados no seu seio; o critério do grau de adiantamento de cada ação ou o dos eventuais inconvenientes da aplicação concreta de cada uma das leis em confronto, para além de aleatórios, poderiam ser colidentes com os valores da

[122] «Em *matéria criminal* não há alçada, sem prejuízo das disposições processuais relativas à admissibilidade do recurso» – art. 44º, nº 2, da LOSJ.

certeza e segurança jurídicas que neste domínio importa preservar; de resto, e porque se trata de uma questão de alteração de forma de processo, *a forma a observar deve ser a correspondente à lei vigente à data da propositura da ação* (art. 136º, nº 2);

b) quanto à *admissibilidade do recurso*, o nº 3 do art. 44º da LOSJ veio estatuir (*norma transitória particular*) que «*a admissibilidade dos recursos por efeito das alçadas é regulada pela lei em vigor ao tempo em que foi instaurada a ação*».

Solução essa – a do nº 3 do art. 44º da LOSJ – que deveria seguir-se, mesmo no silêncio da lei, na medida em que a exclusão de um grau de recurso admissível no domínio da lei antiga, frustrando, de modo excessivo e desproporcionado, legítimas expectativas da parte, seria violador do *princípio da confiança* subjacente ao *princípio da legalidade*, este, por seu turno, ínsito no *princípio do Estado de direito democrático* vertido no art. 2º da CRP[123].

[123] Cfr. M. Teixeira de Sousa, *Estudos Sobre o Novo Processo Civil*, Ed. Lex, Lisboa, 1997, p. 388.

Capítulo III
Princípios fundamentais de processo civil

Secção I
Princípios relativos ao impulsionamento e dinâmica da instância

9. Princípio dispositivo. Princípio do pedido

O tribunal só pode, em princípio, resolver o conflito de interesses subjacente à ação se a respetiva resolução lhe for solicitada (pedida) por uma das partes e se a contraparte for devidamente chamada a deduzir oposição – *princípio da necessidade do pedido e da contradição* (cfr. o nº 1 do art. 3º). O primeiro segmento desse preceito consagra o *princípio do pedido*. O processo (qualquer processo de jurisdição voluntária ou contenciosa) só se inicia sob o impulso ou iniciativa da parte (autor, requerente, exequente), através de um *pedido* (*disponibilidade do início do processo*).

Esta íntima associação do *pedido* com o *princípio dispositivo* encontra consagração no nº 1 do art. 5º, que faz impender sobre as partes o ónus de «alegar os *factos essenciais* que integram a causa de pedir (a cargo do autor) e aqueles em que se baseiam as exceções» (a cargo do réu).

Aquando da exercitação do *impulso processual inicial* (através da petição ou requerimento inicial), deve o autor alegar *os factos integradores do direito* que pretende ver reconhecido em juízo – *ónus da alegação, afirmação ou dedução*. O art. 5º veda ao juiz, *como regra*, conhecer de *factos essenciais* que não hajam sido alegados pelas partes como integradores da causa de pedir ou das (eventualmente) alegadas exceções, numa manifesta concessão à *prevalência do princípio do dispositivo*. O que tudo significa que o material fáctico a utilizar pelo juiz se circunscreve (em princípio) aos *factos essenciais* (*principais*) carreados para o processo pelas partes, sendo pois as afirmações de facto e as provas aduzidas pelo autor ou pelo réu-reconvinte aquelas que vão constituir a base factual da decisão.

A iniciativa do desencadeamento do processo pertence, em exclusivo, à parte, a esta cabendo também, a definição ou balizamento dos contornos do pedido; não ao juiz ex-*officio*, já que os tribunais não atuam sem um impulso externo e o juiz tem, por força da lei, de ser um *terceiro imparcial e supra-partes*. As partes são livres de decidir o *se*, o *an* e o *quando* da exercitação desse impulso inicial. Ao juiz apenas é consentido indagar, de modo autónomo e oficioso, a verdade dos factos essenciais (*judex judicare debet secundum allegata et probata partium, non secundum conscientiam suam; quod non est in actis* (*partium*) *non est in mundo*)[124].

Os concretos contornos do litígio, ou seja, o seu *objeto*, ou *thema decidendum* são os definidos pelo autor na petição inicial através da enunciação, nesse articulado, da *causa de pedir* (facto jurídico donde dimana o pedido) e do *pedido* (pretensão de tutela jurisdicional para uma dada situação dela

[124] Cfr. Manuel de Andrade, *Noções Elementares* cit., p. 348.

carecida – art. 552º, alíneas d) e e)), bem como pelo réu na contestação (arts. 569º e 571º)[125].

Com a propositura da ação, *o autor formula o pedido* e *conforma o objeto do processo*, o qual só pode ser alterado ou ampliado nos termos dos arts. 264º (*alteração do pedido e da causa de pedir por acordo*) e 265º (*alteração do pedido e da causa de pedir na falta de acordo*). A entrada em juízo desse articulado inicial constitui precisamente o *facto gerador da instância* e o *início da relação jurídica triangular* formada pelas partes e pelo juiz (tribunal) a quem a petição é dirigida, em equidistância relativamente a cada uma delas.

O *princípio dispositivo* possui diversas manifestações nas vicissitudes que podem ocorrer no desenvolvimento da instância, designadamente em matéria de disponibilidade da dinâmica do processo. Assim, e especificamente, pode o autor: – acordar (conjuntamente com o réu) na *suspensão da instância* por período não superior a 6 meses (art. 272º, nºs 1 a 4); – *desistir da instância* (arts. 277º, al. d), 285º, nº 2 e 286º, nº 1); – *pôr termo ao processo na sequência de um negócio bilateral autocompositivo*, assim fazendo *extinguir a instância* e, no campo dos direitos disponíveis, através de *desistência do pedido* ou da *confissão do pedido* (declaração unilateral) ou de *transação*[126] sobre o objeto do pedido (declaração bilateral) – citada al. d) do art. 277º.

Quanto à vertente (*disponibilidade do termo do processo*), em que se traduz o *princípio dispositivo*[127], se bem que ao autor assista, em princípio, a *liberdade de desistência* (*do pedido ou da instância*) e de *confissão* e *transação* sobre o *objeto da causa* (art. 283º, nºs 1 e 2), tal direito já não valerá inteiramente se estiverem em causa *direitos indisponíveis* (por ex. nas chamadas *ações de estado*, com exceção das ações de divórcio ou de separação de pessoas e bens, em que a desistência é livre – art. 289º, nºs 1 e 2); mesmo a *desistência da instância* em geral dependerá de *aceitação do réu*, desde que requerida depois do oferecimento da contestação (art. 286º, nº 1).

[125] No AC UNIF do STJ nº 9/2015, de 24 de junho, decidiu-se que «se o autor não formula na petição inicial, nem em ulterior ampliação, *pedido de juros de mora*, o tribunal não pode condenar o réu no pagamento desses juros», aresto este que deve, contudo, ser interpretado como reportado apenas aos *juros vencidos antes do trânsito em julgado da decisão*». Cfr., a este respeito, o nosso *Direito Processual Civil*, vol. II, 2ª edição, 2019, cit., p. 405-408.

[126] Cfr., quanto ao *princípio dispositivo*, Manuel de Andrade, *Noções Elementares* cit., pp. 347-351.

[127] Cfr. Lebre de Freitas, *Introdução* cit., pp. 155 e ss..

O juiz não pode decidir, nem *ultra-petitum* (condenar em quantidade superior à do pedido) nem *extra-petitum* (condenar em objeto diverso do pedido); é-lhe vedado decidir coisa diferente em termos de *quantidade* ou *qualidade* do que lhe foi solicitado pelo autor ou pelo réu-reconvinte, sob pena de *nulidade* da decisão (cfr. a al. e) do art. 615º e o nº 1 do art. 609º). Só em contados casos a lei permite ao juiz ultrapassar os limites de cognição e decisão balizados pelo autor disponente ou impulsionador do processo, situações excecionais essas catalogáveis como *distorções ou compressões ao princípio dispositivo* (cfr., *v. g.*, as situações previstas nos arts. 376º, nº 3 – não adstrição do tribunal ao decretamento da providência cautelar concretamente requerida) e 931º, nº 7 (iniciativa própria do juiz de fixação de um regime provisório quanto a alimentos, regulação do exercício das responsabilidades parentais e utilização da casa de morada de família na pendência da ação de divórcio).

Em suma: o *princípio dispositivo* traduz-se praticamente em quatro vertentes essenciais: «no *impulso processual*, na *delimitação dos contornos fácticos do litígio*, nos *poderes cognitivos do juiz* e nos *limites da sentença*»[128].

Mas a antiga orientação (*privatística* ou *dualística*) que concebia o processo como uma pura querela intersubjetiva – em que a atitude do juiz era de pura inércia ou passividade, quer quanto à adequação da providência solicitada, quer quanto à tramitação processual, quer quanto à indagação factual (*poder de disposição sobre a factualidade*) ou à atividade probatória – tem vindo paulativamente a perder a sua rigidez ancestral. Pode mesmo afirmar-se que a conceção de um processo na completa disponibilidade das partes, perante cuja atuação o tribunal se deveria limitar a aplicar o direito, consubstanciada no brocardo latino *da mihi facta, dabo tibi ius* (dá-me os factos que eu dou-te o direito), se encontra hoje já superada[129], face aos amplos poderes de atuação oficiosa hodiernamente confiados ao juiz da causa no que tange aos chamados *factos complementares* e/ou *concretizadores* – art. 5º, nº 2, al. b), em conjugação com os arts. 590º, nº 2, al. b) e 3 e 591º, nº 1, al. c).

Vem, com efeito, sendo entendido que a sentença não deve limitar-se a procurar e a declarar uma verdade meramente *formal* (intraprocessual), mas

[128] Cfr., quanto a este tema, PAULO PIMENTA, *Processo Civil Declarativo*, Almedina, 2014, pp. 11-12.

[129] Cfr. M. TEIXEIRA DE SOUSA, *Estudos* cit., p. 69.

antes a *verdade material* (extraprocessual)[130], em progressivo relaxamento do princípio *nemo judex sine actore; ne judex procedat ex-officio*[131-132-128-133-134].

Sendo certo que ao autor cabe *enunciar o pedido* e a *causa de pedir*, assim *moldando o objeto do processo*, não é menos verdade que ao juiz assistem, hoje, com vista a uma justa e eficiente composição do litígio, amplos poderes/ /deveres de *gestão material do processo*, com sede própria de exercitação *no âmbito da audiência prévia*, fomentando no seu seio a discussão das posições das partes com vista à *delimitação dos termos do litígio, para além do convite ao suprimento das insuficiências ou imprecisões na exposição da matéria de facto* (art. 591º, nº 1, al. c)).

E, na sequência dessa intervenção proativa do juiz, poderá mesmo o autor ser convencido ou instado (em caso de manifesto lapso ou omissão) a *retificar* ou a *modificar o pedido* inicialmente formulado[135]. O que, em última análise, poderá evitar a propositura de uma segunda ação em postergação

[130] Cfr. Manuel de Andrade, *Noções Elementares* cit., pp. 347-348.

[131] Cfr. Castro Mendes, *Direito Processual Civil*, vol. I, ed. de 1969 cit., p. 83.

[132] O *princípio do dispositivo* impede que o tribunal decida *extra* ou *ultra petitum* mas não obsta a que profira decisão que se inscreva no âmbito da pretensão formulada, desde que respeitada a causa pedir. Afigura-se-nos, face a tal restrição, exorbitar da previsão dos arts. 264º e 265º o conteúdo decisório do acórdão do STJ de 11-2-2015, Proc. 607/06.2TBCNT.C1.S1 – 2ª Sec., *in* www.dgsi.pt/Cons. Abrantes Geraldes, no sentido de que «tendo os autores pedido o reconhecimento do *direito de propriedade* de um muro que delimita os quintais dos dois prédios urbanos confinantes, não constitui excesso de pronúncia, nem fere o *princípio do dispositivo* a decisão judicial que, com fundamento na presunção legal de comunhão do nº 2 do art. 1371º, do CC, reconhece que o muro é *compropriedade de ambas as partes*». Isto sem embargo de haver sido conferido ao réu o pleno exercício do *princípio do contraditório*, designadamente a possibilidade de ilidir a presunção de compropriedade desse muro divisório.

[133] Confrontando a redação do atual art. 5º com a do antigo art. 264º, «enfraqueceu-se o princípio da autorresponsabilidade das partes na conformação da matéria de facto em nome de uma maior "publicização do processo civil» – cfr. Maria José Capelo, *Os factos notórios e a prova dos danos não patrimoniais, in* RLJ, ano 143º, março-abril de 2014, nº 3985, p. 294.

[134] No Assento nº 4/95, de 28-3-95, *in* DR, 1ª Série-A, de 17-5-95, pp. 2939 e ss. e in BMJ nº 445/95, p. 67/Cons. Miguel Montenegro, o STJ decidiu, porém, que «quando o tribunal conhecer oficiosamente da nulidade de negócio jurídico, invocado no pressuposto da sua validade, e se na acção tiverem sido fixados os necessários factos materiais, deve a parte ser condenada na restituição do recebido com fundamento no nº 1 do art. 289 do CC».

[135] Numa análise evolutiva (retrospetiva e prospetiva), propugnando uma conceção (*de jure constituendo*) mais "flexível" e "moldável" (dinâmica) *do princípio dispositivo*, no sentido de uma mais ampla admissibilidade da *modificação do pedido e/ou da causa de pedir*, «sempre com o máximo respeito pelo *contraditório*, atentas (também) as razões de ordem pública subjacentes à *justiça da sentença*» (interesse público da justa composição do litígio), *vis a vis* a busca

do princípio da economia processual. Daí a controvérsia que vem sendo esgrimida na doutrina acerca da rigidez concetual do princípio do pedido, tendo vindo paulatinamente a ser perfilhando um conceito mais elástico desse princípio em prol da *efetividade* (ou da *máxima eficácia*) do processo, condensado na fórmula da *flexibilização do princípio do pedido*[136].

10. Princípio da oficialidade

Como que em contraponto à rigidez tradicional do princípio do dispositivo, a Reforma de 2013 veio consagrar/consolidar um novo paradigma com acentuação e reforço dos poderes/deveres do juiz, ao conferir-lhe o papel de real *"gestor do processo"*.

A *oficialidade* ou *oficiosidade* (atuação processual por iniciativa do juiz) não se limita agora ao antigo *princípio do inquisitório* (doutrinariamente também conhecido como *princípio inquisitório* ou da *oficialidade*). No conceito amplo de *oficialidade* que se perfilha compreeendem-se, não só os poderes gerais de *gestão processual* relativos à *forma* (*sanação da falta de pressupostos processuais, recusa e expurgação de expedientes impertinentes e dilatórios, adequação formal, simplificação* e *agilização processual*), como ainda os poderes de *gestão processual* relativos ao *mérito* (apuramento da *verdade material*) e, outrossim, os *poderes inquisitórios e instrutórios/probatórios* instrumentais do apuramento da realidade material/fáctica, uns e outros pré-odenados à *justa composição do litígio em prazo razoável* (arts. 6º e 411º).

10.1. Princípio/dever de gestão processual

O *dever de gestão processual*, ora *expressis verbis* consagrado no art. 6º do CPC (seus nºs 1 e 2), possui como único destinatário o juiz, impondo-lhe uma *diligente e proativa direção do processo*, eliminando todas as peias burocráticas

da *verdade material* – cfr. Miguel Mesquita, *A morte do princípio dispositivo?*, *in* RLJ, ano 147", nº 4007, novembro-dezembro de 2017, pp. 86-119.

[136] Cfr., neste sentido, Miguel Mesquita, *Princípio de Gestão Processual: O Santo Graal do Novo Processo Civil?*, *in* RLJ, ano 145º, nº 3995, novembro-dezembro de 2013, pp. 78 e ss.. Ramos de Faria/Ana Luísa Loureiro, *in Primeiras Notas ao Novo Código de Processo Civil*, vol. I, 2ª ed., Coimbra, Almedina, 2014, p. 257, sustentam mesmo, que «para além dos limites resultantes dos arts. 264º e 265º, é possível a alteração do pedido, ponto sendo que esteja garantido o respeito pelos princípios do contraditório e da igualdade substancial das partes (arts. 3º e 4º), quando a alteração objetiva da instância permite conciliar melhor os princípios da celeridade, da adequação formal e da economia processuais (esta na vertente de economia de processos), "desde que o processo não sofra uma alteração suscetível de dificultar a administração da justiça"».

obstativas do desenvolvimento normal da lide, em ordem à consecução do seu objetivo final e primordial consubstanciado na fórmula legal "*justa composição do litígio em prazo razoável*".

É a própria lei que faz reconduzir funcionalmente o *princípio/dever* a esse *desideratum* último, ao impor (ao julgador) que os (seus) poderes de regulação, direção e ordenamento processual sejam (também) exercitados em pré-ordenação a esse escopo primacial do processo. Embora instrumentalmente subordinado, como, de resto, todo o processo, à finalidade de obtenção da decisão de mérito, essa gestão não deve nem pode reconduzir-se hoje – como acima dito – a uma gestão meramente *formal*[137].

Consubstancia, assim, este *princípio/dever* um claro afloramento da regra da prevalência do "*fundo*" sobre a "*forma*" e daí o seu caráter *instrumental*.

E comporta o mesmo, como seus corolários lógicos, por um lado, «a *recusa* do que for impertinente ou dilatório e a *adoção* de "*mecanismos de simplificação e agilização processual* (art. 6º, nº 1) e, por outro, a *providência oficiosa pelo suprimento da falta de pressupostos processuais* suscetíveis de sanação e a *determinação da realização dos atos necessários à regularização da instância*», quer por *imposição direta*, quer a *convite* à parte a quem cumpra a prática do ato sanatório (art. 6º, nº 2).

A expressão "*cumpre ao juiz*" «dirigir ativamente o processo e providenciar pelo seu andamento célere», «promovendo oficiosamente as diligências necessárias ao normal prosseguimento da ação» (art. 6º, nº 1) ou «*o juiz providencia* oficiosamente pelo suprimento da falta de pressupostos processuais suscetíveis de sanação (art. 6º, nº 2), logo inculca assumir a panóplia dos amplos poderes conferidos ao juiz em ambos esses incisos normativos um *caráter essencialmente vinculado*, não obstante a sua exercitação envolver juízos técnicos eivados de critérios de oportunidade e conveniência a ponderar de forma casuística e com naturais laivos de *discricionariedade*. Vinculação essa (do juiz) a uma boa e eficiente direção e gestão do processo traduzida na evolução do (antigo) *poder de direção* que se entendia assistir ao juiz, para o novel *dever de gestão*[138-139].

[137] Cfr., acerca desta temática, Miguel Mesquita, *Princípio de Gestão Processual* cit., pp. 66 a 108.

[138] Cfr. Paulo Pimenta, *Processo Civil Declarativo*, Almedina, 2014, pp. 27-28.

[139] Entende Lebre de Freitas que o *não exercício do poder-dever de gestão processual*, quando este se imponha, constitui *nulidade*, enquanto omissão dum ato processual vinculado, nos termos do nº 1 do art. 195º.

As decisões relativas à *adequação formal* e à *simplificação* e *agilização processuais* têm a sua sede própria *na audiência prévia* (se a ela houver lugar – art. 591º, nº 1, al. e)). Se a esta não houver lugar, por dispensa ou por a sua realização ser inadmissível, podem tais decisões ser proferidas no *despacho avulso* a que se reporta o nº 2 do art. 593º. Um dos fins desse ato é, precisamente, determinar, após debate, a simplificação ou a agilização processual (art. 591º, nº 1, al. e)). Também o nº 3 do art. 593º postula que, mesmo nos casos de dispensa da audiência prévia, haverá sempre lugar à prolação do despacho a determinar a *adequação formal*, a *simplificação* ou a *agilização processual* nos termos previstos no nº 1 do art. 6º e no art. 547º (cfr. o art. 593º, nº 2, al. b)).

Sem embargo da sua *natureza essencialmente vinculada*, institui o nº 2 do art. 630º – em obediência aos princípios da *celeridade* e da *estabilidade da instância* – a *irrecorribilidade* das decisões de *simplificação* ou de *agilização processual* proferidas ao abrigo do disposto no nº 1 do art. 6º (bem como das *decisões proferidas sobre as nulidades secundárias previstas no nº 1 do art. 195º* e das *decisões de adequação formal* proferidas nos termos do art. 547º), salvo se contenderem com os princípios da igualdade ou do contraditório, com a aquisição processual de factos ou com a admissibilidade de meios probatórios.

Fica, contudo, salvaguardada, *no caso de a audiência prévia haver sido dispensada*, a possibilidade de *reclamação das partes*, as quais sempre poderão, para o efeito, *suscitar a sua realização*, no seio da qual poderão esgrimir as suas razões ou motivos de discórdia (art. 593º, nº 3).

No nº 1 do art. 6º compreende-se, pois, na prática, e em forma de lei, o velho princípio (oriundo já do CPC 39) da *direção formal do processo pelo juiz*. *Direção formal* esta intimamente associada ao *princípio da cooperação* (do juiz para com as partes e destas para com ele), ora vertido no novel art. 7º do CPC, princípio este também ele funcionalmente dirigido a "obter, com brevidade e eficácia, a *justa composição do litígio*" (art. 7º, nº 1)[140].

No que particularmente tange ao *ritus* e liturgia processuais, o art. 547º, subordinado à epígrafe de princípio da adequação formal, veio impor ao juiz o "dever" de "adotar a tramitação processual às especificidades da causa e adaptar o conteúdo e forma dos atos processuais ao fim que visam atingir, assegurando um processo equitativo". Deve, assim, o juiz, oficiosamente, quando a forma legal não for a que melhor se adeqúe às especificidades do caso concreto, adaptar a tramitação abstratamente prevista na lei, pela

[140] Cfr. Lebre de Freitas, *Introdução* cit., pp. 225-231.

prática de atos que melhor se ajustem ao fim do processo. No fundo, trata-se de um sub-princípio do poder-dever de agilização do processo, ínsito no mais lato e abrangente princípio da gestão processual consagrado no nº 1, *in fine*, do art. 6º. Os contornos da adequação, agilização ou simplificação dependerão sempre do circunstancialismo concreto, o qual poderá recomendar, não só uma simplificação ou mesmo a postergação de fases ou atos-trâmite, como também a prática ou a produção de atos não previstos na forma processual típica. A adequação formal terá, assim, lugar, não só quando a tramitação legal seja absolutamente inadequada ao caso concreto, como quando, embora adequada, exista outra que melhor se lhe adeqúe[141]. O princípio recomenda que a intervenção do juiz na adoção de mecanismos de simplificação, adequação e agilização processual deve ser antecedida da audiência das partes.

Exemplos: – se a forma de processo indicada pelo autor na petição inicial não se adequar à especificidade da controvérsia litigiosa, *cumpre ao juiz mandar seguir a forma adequada*, ainda que com aproveitamento possível dos atos já praticados (art. 193º, nº 1); – incumbirá também ao juiz, se tal o considerar conveniente, praticar ou *ordenar a prática conjunta de atos processuais* (audiências, atos isolados de produção de prova, decisões) respeitantes a uma gama de processsos que, muito embora, suscetíveis de apensação nos termos do art. 267º, julgue mais conveniente que corram autonomamente; – a *resposta às exceções*, cuja sede normal será (oralmente) na audiência prévia ou, se não houver lugar a esta, na audiência final (art. 3º, nº 4), poderá, em situações de particular complexidade jurídica, ser admitida por escrito antes da realização dessas audiências.

10.2. Princípio do inquisitório

O *princípio do inquisitório* constitui o contraposto ou o contrapolo do *princípio do dispositivo*[142], nele residindo as principais limitações ao *princípio dispositivo*.

O princípio, ora contemplado sob essa epígrafe, no art. 411º, inserido no Título V – capítulo I, do CPC (*instrução do processo*), encontra-se direcionado para a *realização das diligências probatórias tendentes à recolha do material fáctico*

[141] Paulo Ramos de Faria, *Regime Processual* cit., pp. 40-43, fala de "*um princípio da eficiência processual*", que leva a escolher a solução mais eficiente, isto é, aquela que, de entre as mais eficazes para a consecução do efeito pretendido (*eficácia*), permita "um menor dispêndio de meios ou de tempo (*eficiência*)".

[142] Cfr. Manuel de Andrade, *Noções Elementares* cit., p. 349.

relevante para a justa composição do litígio. Na verdade, «as *provas* têm por função a demonstração da realidade dos factos» (art. 341º do CC) e a «*instrução* tem por objeto os temas da prova (previamente) enunciados ou, quando não tenha de haver lugar a esta enunciação, os factos necessitados de prova» (art. 410º do CPC).

Traduz esse art. 411º a exuberante consagração do *princípio da prevalência da verdade material sobre a verdade formal* (esta a que resultaria do modo ou forma como se desenrolou o processo)[143]. A sentença de mérito tenderá, assim, a deixar definida a relação material, não com a configuração formal que as partes lhe hajam emprestado no decurso do pleito, mas tal como anteriormente (na realidade) existia, assim lhe conferindo força e autoridade de caso julgado[144].

A expressão terminológica "*incumbe ao juiz* realizar ou ordenar, *mesmo oficiosamente*, todas as diligências necessárias ao apuramento da verdade e à justa composição do litígio, quanto aos factos de que lhe é lícito conhecer" logo sugere igualmente – à semelhança do *poder-dever de gestão processual* plasmado no art. 6º – o *caráter vinculado* desse *poder-dever de atuação oficiosa.* Poder-dever esse que possui o seu complemento no *dever de cooperação* para a descoberta da verdade que impende sobre as partes *ex-vi* do art. 417º[145].

Atuação, pois, do juiz, igualmente a título *oficial* ou *oficioso* e daí a sua inserção no *princípio da oficialidade* na sua *vertente material.*

10.2.1. Poderes inquisitórios do juiz

A necessidade de ser garantida (pelo juiz) *a justa composição do litígio em prazo razoável* encontra-se explicitamente consagrada no nº 1 do art. 6º. Preveem-se, no preceito, poderes/deveres de recolha (*indagação*), *atendibilidade* e mesmo da *prova* dos factos concretizadores e instrumentais, mesmo que não alegados – em homenagem ao *princípio da indagação e da descoberta da verdade* (*realidade material*).

Os nºs 2 e 3 do art. 5º contemplam relevantes *limitações à regra* da circunscrição da pronúncia jurisdicional aos factos alegados. Assim, poderá o juiz fundar a sua decisão em factos: 1º *instrumentais* que resultem da instru-

[143] Cfr. Castro Mendes, *Direito Processual Civil*, vol. I, cit., p. 88.

[144] Cfr. Manuel de Andrade, *Noções Elementares* cit., p. 350.

[145] Acerca deste poder-dever, cfr. Paula Costa e Silva, *Acto e Processo*, Coimbra Editora, 2003, pp. 404-405, com referência aos arts. 266º-A, nº 2 e 508º, nº 2, do CPC/61 (atuais 7º, nº 2 e 405º).

ção da causa (nº 2, al. a)); 2º que sejam *complementares* e/ou *concretizadores de* outros que as partes hajam alegado e resultem da instrução da causa, desde que sobre eles tenham tido possibilidade de se pronunciar (nº 2, al. c))[146]; 3º *notórios* (nº 2, al. c), 1º segmento e 412º, nº 1)[147]; 4º *de que o tribunal tenha tomado conhecimento por virtude do exercício das suas funções* (nº 2, al. c), *in fine* e 412º, nº 2); 5º que sirvam *para qualificar de anormal o uso do processo* (art. 612º).

Sobre os *factos essenciais* não dispõe o juiz de *poderes de interferência* no que tange ao *se* e ao *an* daqueles que às partes incumbe alegar; com efeito, não compete ao juiz convidar as partes a aperfeiçoar os articulados no que respeita a um eventual *deficit* alegatório de factos essenciais; mas já pode/deve instar as partes a suprir as insuficiências ou imprecisões na alegação dos complementares e/ou concretizadores (art. 590º, nº 2, al. b) e 591º, nº 1, al. c)). O que não preclude a possibilidade de o juiz, uma vez controvertidos os *factos essenciais*, exercer os seus poderes inquisitórios com vista ao apuramento das respetivas realidade ou verosimilhança, sejam eles integradores da causa de pedir, sejam eles *integradores das exceções perentórias* vertidas no articulado de defesa (art. 411º).

O juiz exerce, pois, os seus poderes inquisitórios em relação a todo e qualquer facto relevante para a decisão de mérito, seja ele alegado pelo autor, seja ele alegado pelo réu, independentemente da sua catalogação como essencial ou complementar e/ou concretizador.

Os *factos essenciais* (art. 5º, nº 1) – integradores daquele núcleo ou cerne cujo ónus alegatório é exclusivo das partes – devem ser (*normalmente*) *alegados nos articulados* (cfr. os arts. 552º, nº 1, al. d), 573º, nº 1, 584º e 585º). Se o autor omite na petição a alegação de factos essenciais, a petição será *inepta*, o que gerará a nulidade de todo o processo, não mais podendo, por isso, ser retificada (art. 186º). Do mesmo modo, se *o réu* não alegar na contestação os *factos essenciais integradores das exceções perentórias* (art. 5º, nº 1), fica preclu-

[146] Os arts. 5º e 607º permitem ao juiz, ao proferir a sentença, levar em atenção todos os factos que considere como provados, podendo ainda indicar e basear-se noutros que devam ser tidos como assentes, quer por haver a seu respeito prova plena, quer por a tal conduzir o regime do art. 574º, podendo tal aditamento ser feito pela Relação em sede de recurso – cfr. o acórdão do STJ de 29-2-2000 – 1ª Sec., Sumários, nº 38, p. 29/Cons. Ribeiro Coelho.

[147] Não se insere no âmbito da *oficiosidade* (com a correlativa dispensa da respetiva alegação por banda do lesado) a «invocação da categoria de *factos notórios*» para a atendibilidade dos danos não patrimoniais em sede de responsabilidaade civil extracontratual – cfr., neste sentido, Maria José Capelo, *in Os factos notórios e a prova dos danos não patrimonais*, RLJ, ano 143º, nº 3985, março-abril de 2014, p. 302.

dida a possibilidade da sua alegação ulterior, salva sempre a possibilidade de dedução de *articulados supervenientes* se verificado o condicionalismo do art. 588º.

Os factos *complementares* e/ou *concretizadores* podem ser *processualmente adquiridos e aproveitados no decurso da instrução* se verificado o condicionalismo da al. b) do nº 2 do art. 5º, sem embargo de, quer o autor, quer o réu, os deverem alegar nos respetivos articulados.

No nº 4 do art. 3º admite-se, todavia (na falta de articulado previsto na lei), a possibilidade de os factos necessários ao exercício do contraditório serem *invocados na audiência prévia ou no início da final* (se deduzidos no último articulado admissível). O mesmo sucede com os *factos complementares/ /concretizadores e instrumentais,* cuja dedução, podendo embora ser estimulada em sede de *despacho pré-saneador* ou de *audiência prévia,* e conhecidos oficiosamente em sede de audiência final, será, em princípio, concomitante com a dos factos essenciais, tendo como seu momento próprio os articulados/requerimentos respetivos.

Hipóteses em que terá que ser facultada à contraparte o *exercício do contraditório, impugnando* esses factos *complementares/concretizadores e instrumentais* e a invocação de eventuais *exceções probatórias* contra as provas apresentadas pela outra parte (cfr., *v. g.*, quanto à prova documental, os arts. 444º, nºs 1 e 2 e 446º, nºs 1 e 2, do CPC e 372º, 374º, 375º, nº 2, 378º e 379º do CC).

De atentar, nesta sede, na *classificação tripartida* – geralmente utilizada – dos factos atendíveis em *essenciais (principais), instrumentais e complementares ou concretizadores*: – *essenciais,* os que servem de base à individualização da situação jurídica invocada na ação ou na exceção, constituindo ou integrando os elementos típicos do direito material que se pretende fazer atuar em juízo; daí que soi falar-se, a este propósito, em "*monopólio*" das partes na alegação dos factos essenciais da causa; – *complementares* ou *concretizadores,* os que se destinam a conferir aos factos essenciais, de harmonia com a lei, a eficácia jurídica necessária para a eventual procedência da ação, ainda que não integrando «o núcleo essencial da situação jurídica alegada pela parte»[148]; – *instrumentais* aqueles que, sem fazerem *diretamente* a prova dos factos essenciais, servem *reflexamente* a essa prova como *indícios* geradores da convicção sobre a sua realidade ou ocorrência[149]; pode o juiz considerar oficiosamente (ainda

[148] Cfr. M. Teixeira de Sousa, *Estudos Sobre o Novo Processo Civil,* Ed. Lex, 1997, p. 71 e J. Rodrigues Bastos, *Notas ao Código de Processo Civil,* vol. II, 3ª ed. cit., 2000, pp. 11 a 13.

[149] Cfr. M. Teixeira de Sousa, *Estudos* cit., p. 77.

que nenhuma das partes tal requeira) *os investigados e apurados nas fases da instrução e da audiência final* por sua própria iniciativa (art. 411º).

Para melhor entendimento, alguns exemplos de escola[150]:

– numa *ação de divórcio sem o consentimento do outro cônjuge fundada em alteração das faculdades mentais do outro cônjuge quando dure há mais de uma ano* (art. 1781º, al. d), do CC), o *facto principal* (essencial) a considerar (e a demonstrar pelo cônjuge autor) é o daquela alteração e a da sua persistência por mais de um ano; os factos *complementares* a alegar (e a provar) serão os integradores dos conceitos jurídicos da *gravidade* dessa alteração e no *comprometimento* dela resultante para a possibilidade de continuação da vida em comum; serão *factos instrumentais* aqueles factos indiciários (*«factis vel actis»*), que possam levar o tribunal a concluir (com razoável dose de segurança) pelo preenchimento daqueles factos essenciais (principais e complementares)[151]; – numa *ação de responsabilidade civil emergente de um acidente de viação* provocado por um motorista (empregado) de uma empresa comercial (cfr. o art. 503º do CC), pode fazer-se a seguinte destrinça: *factos essenciais* são aqueles que integram os pressupostos dessa responsabilidade (a direção efetiva do veículo, a sua utilização no próprio interesse e os danos advenientes dos riscos próprios do veículo), bem como da correlativa obrigação de indemnizar; *facto complementar* será a condução do veículo (pelo motorista) no exercício das suas funções de comissário; *factos instrumentais* serão os que *indiciam*, por exemplo, a qualidade de propriedade do veículo, a existência do vínculo funcional entre comitente e comissário e a condução do veículo no exercício das funções de comissário por banda do condutor; – em *ação de despejo destinada a obter a denúncia do arrendamento por necessidade da casa para habitação própria* (cfr. arts. 1101º e 1102º do CC), são *factos essenciais* a qualidade de proprietário, comproprietário ou usufrutuário do prédio arrendado há mais de cinco anos (ou, independentemente desse prazo, se o prédio tiver adquirido por sucessão) e a necessidade do arrendado para habitação própria do autor (por ex., por haver mudado de local de trabalho); será um *facto complementar* a carência da habitação dentro da considerada área geográfica há, pelo menos, um ano, e são *factos instrumentais* os que permitam deduzir aquela necessidade e o decurso desse prazo; – numa *ação de reivindicação baseada em usucapião* (cfr. arts. 1287º e 1311º do CC), o tempo necessário à geração do título aquisitivo constitui um *facto essencial,* a boa (ou a má-fé fé) do possuidor (cfr., *v. g.*, o art. 1294º, alíneas a) e b) do CC) ou o registo (ou falta dele) do título de aquisição (arts. 1295º e 1296º do CC) constituirão *factos complementares*, sendo *factos instrumentais* aqueles através dos quais se possa concluir pela duração da posse e pela boa ou má-fé do alegado possuidor.

[150] Cfr. M. Teixeira de Sousa, *Estudos* cit., p. 71.
[151] Cfr. J. Rodrigues Bastos, *Notas ao Código de Processo Civil*, vol. II, 3ª ed. cit., pp. 12 e 13.

Por força do nº 2 do art. 5º, a sentença pode atender a factos não alegados que, sendo, por natureza, *essenciais*, não são, todavia, os *nucleares* (principais) mas antes *complemento* ou *concretização dos alegados*, desde que emirjam da instrução da causa e sobre eles as partes tenham tido ensejo de pronúncia, ainda que nenhuma delas haja manifestado vontade de deles se aproveitar. Só deve, pois, considerar-se arredada a intervenção oficiosa do tribunal, neste âmbito, quanto aos *factos essenciais nucleares/principais* (os que constituem a causa de pedir ou que fundam as exceções deduzidas), relativamente aos quais se manterá incólume o *princípio do dispositivo*. «Já quanto aos demais – *factos instrumentais* (os substantivamente indiferentes), factos *essenciais complementares* (os que têm papel completador dos nucleares) ou *concretizadores* (com função de pormenorizar ou decompor os nucleares) dos factos alegados –, podendo, mesmo sem alegação, ser atendidos na sentença, ocorre *restrição ao princípio do dispositivo*, em ordem a adregar soluções de *justiça material*. É de presumir que as partes tiveram a possibilidade de emitir pronúncia sobre os factos novos resultantes da instrução da causam se os mesmos houverem emergido de prova testemunhal cuja produção foi sujeita ao imediato *contraditório*, com ambas as partes a questionar a(s) testemunha(s) sobre essa factualidade» (*sic*)[152].

10.2.2. Poderes instrutórios do juiz

Os *poderes de instrução* respeitam tanto aos *factos essenciais* como aos *factos complementares/concretizadores ou instrumentais*.

A *iniciativa instrutória do juiz* vem sendo, contudo, pouco exercitada na *praxis forensis*, já que a generalidade das provas é requerida pelas partes no momento processual "normal", que é o da apresentação dos articulados. A reversão da situação reclamaria toda uma «cultura» processual proativa dos diversos interventores judiciários, aliada a uma razoável «contingentação» das tarefas a cargo do julgador, realidades ainda muito longe de ser conseguidas, atenta, sobretudo, a massificação processual corrente[153].

O *ónus da iniciativa de prova* (*instrutória*) por banda das partes continua, por isso, a ser prevalecente. Ainda que nem sempre as regras distributivas do *ónus da prova* andem de braço dado com as do *ónus da alegação*, o que sucede em certos *casos especiais* (art. 343º) e nas hipóteses legais de *inversão do ónus da prova* (arts. 344º e 345, nº 1), todos esses preceitos do CC.

[152] Cfr., neste sentido, o acórdão da RC de 7-1-2017, Proc. 3161/12.2TBLRA-A.C1, *in* www.dgsi.pt/Des. Vítor Amaral.

[153] Cfr., quanto a este ponto, Lebre de Freitas, *Introdução* cit., pp. 154 a 158 e nota 60.

Tendo sempre em mira o princípio diretor da *indagação* (descoberta) *da verdade material*, pode (deve) o juiz ordenar *ex-officio* as *diligências de instrução* legalmente permitidas, tais como: – *utilizar dados confidenciais* (art. 418º, nº 1); – *requisitar documentos* (art. 436º, nº 1); – *determinar o depoimento de parte* (art. 452º, nº 1); – *ordenar a realização de prova pericial* (arts. 477º e 487º, nº 2); – *realizar a inspeção judicial* (art. 490º, nº 1); – *inquirir testemunhas no local da questão* (art. 501º); – *ordenar a notificação e inquirir pessoa não oferecida como testemunha* (art. 526º, nº 1); – *ouvir as pessoas que entender e ordenar as diligências para o seu esclarecimento*, mesmo após as alegações orais[154]; – *ordenar verificações judiciais não qualificadas* (art. 494º); – *ouvir o técnico designado em qualquer momento*, antes das alegações orais (art. 604º, nº 7).

Os poderes conferidos ao juiz nos citados arts. 501º, 494º e 604º, nº 7, configuram também típicos atos ou poderes de *gestão processual*.

11. Princípio do contraditório

O «*direito a ser ouvido*» perante um qualquer órgão jurisdicional com competência decisória em matéria de existência ou subsistência de direitos é inerente (originário) à própria condição humana, sendo, como tal, informador de todos os ordenamentos processuais sujeitos às regras do *Estado de Direito*[155].

O *princípio da contradição ou do contraditório* (ou da *audiência contraditória*), contraponto do princípio do pedido, encontra-se expressamente consagrado no nº 1 do art. 3º, subordinado à epígrafe "*necessidade do pedido e da contradição*»: «o tribunal não pode resolver o conflito de interesses que a ação pressupõe sem que a sua resolução lhe seja pedida por uma das partes e *a outra seja devidamente chamada para deduzir oposição*». Princípio este que, tendo como reverso a «*proibição da indefesa*», se encontra estreitamente correlacionado, decorrendo logicamente, do *princípio da igualdade das partes* plasmado no art. 4º.

Princípio geral estruturante do processo civil, reconhece-se-lhe também uma matriz constitucional, enquanto integrador e enformador do princípio do Estado de Direito democrático e do acesso à justiça e aos tribunais, como tal incluído no cerne da previsão dos arts. 2º e 20º da CRP: reconhecimento (àquele contra quem é dirigida uma pretensão) do direito de se defender antes de o tribunal a poder apreciar – *audiatur et altera pars*. A afirmação da *estrutura dialética e polémica do processo* resulta precisamente da ponderação pelo tribunal dos elementos trazidos ao

[154] Cfr. M. Teixeira de Sousa, *Estudos* cit., p. 75 e Lebre de Freitas, *Introdução* cit., pp. 153-156.

[155] Cfr. Othmar Jauernig, *Direito Processual Civil*, Coimbra, Almedina, 2002, p. 167.

debate por cada uma das partes, em tal se traduzindo «a matriz do princípio e a sua funcionalidade»[156-157].

O princípio só em casos excecionais pode ser (legalmente) postergado ou comprimido (cfr. o nº 2 do citado art. 3º)[158], devendo ser observado e feito cumprir, não só em cada *questão* concretamente suscitada, como também em qualquer das *diversas fases do processo,* não devendo (e não podendo), por isso, o juiz decidir qualquer questão (de direito ou de facto), ainda que de conhecimento oficioso, sem que as partes hajam tido ensejo de sobre elas se pronunciar (cfr. nº 3 do art. 3º)[159]. Na eventualidade de serem deduzidas *exceções no último articulado permitido,* pode a parte contrária, sob pena de afronta ao *princípio do contraditório,* às mesmas responder *na audiência prévia* (art. 591º) ou, não havendo lugar a ela, *no início da audiência final* (cfr. o nº 4 do art. 3º)[160].

Nas hipóteses em que o juiz pode socorrer-se de *factos principais* (*fundamentais* ou *essenciais*) no processo (arts. 410º, 411º, 412º e 542º), o princípio garante às partes a pronúncia acerca da real ocorrência desses factos e sobre os respetivos pressupostos (art. 3º, nº 4). Assim, a alegação de *factos supervenientes* (art. 589º, nº 2) pode, observado o condicionalismo legal, ser oralmente feita em audiência final (arts. 588º, nº 3, alíneas a) e c) e 589º, nº 2). Também, em resultado da instrução e discussão da causa, podem ser tomados em conta *novos factos,* assim como ser supridas insuficiências ou imprecisões na exposição da matéria de facto, tudo em *correção, com-*

[156] Cfr. Manuel de Andrade, *Noções Elementares* cit., pp. 352-353.

[157] Cfr., *v. g.*, entre outros, os acórdãos do TC nºs 303/2003, Proc 1124/98, DR, IIª Série, nº 29, de 4-2-2004, pp. 2039 e ss. e 538/2005 – Proc. 164/2004, de 14-10-2005, DR, IIª Série, nº 3, de 4-1-2006, p. 93/Cons. Pamplona de Oliveira.

[158] É, por ex., o caso dos procedimentos cautelares de *restituição provisória de posse* (art. 378º) e de *arresto* (art. 393º, nº 1), nas quais a audiência prévia do requerido poderia comprometer o êxito da diligência. Mas, mesmo nestes casos, faculta-se ao requerido a possibilidade de, "*a posteriori*", repor o *statu quo ante* através do *recurso* ou do *incidente de oposição* (art. 372º).

[159] Cfr., acerca deste ponto, Cons. Urbano Dias, *in blog* do IPPC de 14-4-2015, Paulo Ramos de Faria, *in* Julgar, nº 33, pp. 57-88, setembro/dezembro de 2017 e Lebre de Freitas/ /Isabel Alexandre, *Código de Processo Civil Anotado*, vol. II, 3ª edição, Almedina, p. 610.

[160] Como exemplo de uma contra-exceção ou exceção a uma exceção, poder-se-á referir a hipótese de, numa ação de dívida, haver sido invocada pelo réu a respetiva *prescrição* e o autor contra-excecionar a *interrupção do prazo prescricional* pelo reconhecimento (pelo réu) do direito prescribendo (art. 325º, nº 1, do CC) e, numa ação de revindicação, o réu invocar a *usucapião* e o autor contra-excecionar com a existência de uma *mera tolerância* na prática dos atos àquela conducentes (art. 1253º, al. b), do CC).

plemento ou *concretização* da alegação feita nos articulados (arts. 5º, nº 2, al. b) e 591º nº 1, al. c)), casos em que à parte contrária assistirá o direito de resposta[161]. O juiz apenas deve, todavia, dar a conhecer às partes *os factos complementares e /ou concretizadores*, que não também os factos *meramente instrumentais*, já que, se se tratasse de um conhecimento sistemático e irrestrito, correr-se-ia o risco de antecipação do juízo probatório final ou mesmo da respetiva fundamentação[162].

Também as *provas* não serão admitidas nem produzidas sem audiência contraditória da parte à qual sejam opostas (art. 415º, nº 1). Princípio que abrange, não só os atos de preparação e produção das *provas constituendas*, como ainda a impugnação, tanto da admissão como da força probatória, das provas *pré-constituídas* (nº 2)[163].

Relativamente às *questões de direito*, o princípio conclama que, antes de ser proferida a *sentença ou qualquer outra decisão judicial interlocutória ou incidental*, seja facultada às partes a discussão efetiva de *todos os fundamentos de direito* em que a mesma se baseie. Gozando, embora, o tribunal da *plena liberdade de dizer e aplicar o direito* (art. 5º, nº 3), o direito de audiência visa prevenir as chamadas «*decisões-surpresa*», intrinsecamente atentatórias do *dever de lealdade* que deve presidir à atividade dos agentes, intervenientes ou «operadores judiciários» (*princípio da cooperação e dever de boa-fé processual* plasmados nos arts. 7º e 8º, respetivamente). Cumpre, pois, ao *juiz*, perante a perspetiva de nessas *questões novas* vir a ser baseada a decisão, convidar as partes a sobre elas tomarem posição, *salvo em caso de manifesta desnecessidade* (art. 3º, nº 3).

Será, por exemplo, o caso da *qualificação jurídica* do contrato/causa de pedir (alegadamente uma *compra e venda*), se o autor, embora não lhe atribuindo esse *nomen juris* (mas, por hipótese, o de um *contrato de fornecimento*), o descreveu facticamente como tal, sem qualquer oposição por parte do réu. Não será, também necessária audiência prévia se o relator (no tribunal superior) se propuser decidir liminarmente do objeto do recurso ao abrigo do art. 656º, pois que as partes já tiverem antes ensejo de se pronunciar sobre o "*thema decidendum*"; assiste, porém, à parte que se considere prejudicada o direito de *reclamar para a conferência* (art. 652º, nº 3).

161 Cfr. Lebre de Freitas, *Introdução* cit., p. 110.

162 Na hipótese de *indeferimento da petição inicial*, o *princípio do contraditório* não impõe a audição prévia do autor – cfr., neste sentido, o acórdão da RC de 27-2-2018, *in* www.dgsi.pt/Des. Jorge Arcanjo.

163 Cfr. Lebre de Freitas, *Introdução* cit., pp. 124 e ss..

A *violação do princípio do contraditório integra nulidade* processual sujeita, como tal, ao regime geral das nulidades contemplado no nº 1 do art. 195º; e isto porque a sua inobservância é suscetível de influir «no *exame ou na decisão da causa*»[164].

12. Princípio da igualdade das partes

O *princípio da igualdade e não discriminação* encontra-se consagrado, com caráter geral, no nº 1 do art. 13º da CRP: «todos os cidadãos têm a mesma dignidade social e são iguais perante a lei». O preceito «vincula», desde logo, a jurisdição «em três dimensões fundamentais: – *igualdade no acesso dos cidadãos à jurisdição,* isto é, ao direito a uma efetiva *igualdade de oportunidades de recurso aos* tribunais, não podendo a proteção ser denegada por insuficiência de meios económicos (art. 20º, nº 1); – *igualdade dos cidadãos perante os tribunais,* ou seja, *igualdade na aplicação do direito* através dos tribunais (vinculação jurídico-material do juiz ao princípio da igualdade), mediante a aplicação de igual direito a casos congéneres e a utilização de critérios idênticos na aplicação de sanções e na fixação dos montantes indemnizatórios[165-166]; – *igualdade na posição de sujeito processual* («*igualdade de armas no processo*»)[167], com proibição da discriminação das partes no processo.

O Tribunal Constitucional já se pronunciou, reiteradamente, sobre as exigências do *princípio do contraditório* e do *direito a um processo equitativo,* expressamente afirmado no nº 4 do art. 20º da CRP, após a revisão constitucional de 1997. No acórdão nº 330/2001, por ex. (DR, IIª Série, de 12-10-2001), por reporte à doutrina firmada no acórdão do mesmo Tribunal nº 259/2000 (DR IIª Série, de 7-11-2000), consi-

[164] Exemplo: são considerados *nulos,* por força do disposto no nº 3 do art. 270º do CPC, «os atos praticados no processo posteriormente à data em que ocorreu o falecimento ou extinção (da parte) que, nos termos do nº 1 (desse preceito), devia determinar a suspensão da instância, em relação aos quais fosse admissível o exercício do contraditório pela parte que faleceu ou se extinguiu».

[165] O que não existe é um *direito à unidade de jurisprudência ou à sua inalterabilidade,* sem embargo de uma certa autovinculação dos tribunais às suas próprias decisões para casos análogos, já que, «nas decisões que proferir, o julgador terá em atenção todos os casos que mereçam tratamento análogo, a fim de obter uma interpretação e aplicação uniformes do direito» (art. 8º, nº 3, do CC).

[166] Cfr. Gomes Canotilho e Vital Moreira, *Constituição da República Portuguesa Anotada,* 4ª ed. cit., p. 346.

[167] O que implica, por ex., o *direito de assistência de defensor* em todos os atos do processo criminal – art. 32º, nº 3, da CRP.

derou-se mesmo assumirem «*os princípios da igualdade das partes e do contraditório dignidade constitucional*, por derivarem, em última instância, do *princípio do Estado de direito*».

O processo, num Estado de direito (processo civil incluído) tem, assim, de ser equitativo e leal[168], devendo, não só a resolução judicial dos litígios ser sempre feita com observância de um *due process of law*, «como ainda que as partes sejam colocadas em *perfeita paridade de condições*, por forma a desfrutarem de *idênticas possibilidades de obterem justiça*, pois que, criando-se uma situação de indefesa, a sentença só por acaso pode ser justa»[169]. Uma igualdade não simplesmente *jurídica* mas também uma *igualdade real, substancial ou prática* (*de facto*), desde logo «quanto ao princípio do contraditório e às normas relativas à distribuição do *ónus probandi*».

Daí a consagração legal de medidas como as de uma *menor onerosidade das custas nos processos de menor valor económico*, da *instituição de órgãos jurisdicionais mais acessíveis para certas espécies* processuais, da *facultação ao juiz de amplos poderes* para corrigir ou suprir a atividade das partes e a concessão do chamado *apoio judiciário* gratuito aos litigantes economicamente mais débeis. Tudo em ordem a adregar o chamado «*nivelamento social do processo*»[170].

O *destinatário legal* do art. 4º é o *tribunal da causa*, ao qual cumpre promover a igualdade, através do esclarecimento ou auxílio (*vertente positiva*) e obviar a situações de desigualdade, como, por hipótese, «fixar para cada uma das partes prazos diferentes para o exercício da mesma faculdade ou o cumprimento do mesmo ónus» (*vertente negativa*)[171]. O tribunal deve «assegurar, ao longo de todo o processo, um estatuto de *igualdade substancial às partes*, «*designadamente no exercício de faculdades, no uso de meios de defesa e na aplicação de cominações ou sanções processuais*». Igualdade, pois, em direitos, deveres, poderes e ónus, com colocação das partes «em perfeita paridade de condições e gozando de idênticas possibilidades de obter a justiça que lhes seja devida»[172].

168 Cfr., *v. g.*, o acórdão do TC nº 358/98 (DR IIª Série, de 17-7-98), reafirmando a doutrina do acórdão nº 249/97 (DR, IIª Série, de 17-5-97).

169 Cfr. o acórdão do TC nº 538/2005 – Proc nº 164/2005, de 14-10-2005, *in* DR, IIª Série, nº 3, de 4-1-2006, pp. 93 e ss..

170 Na expressão de Manuel de Andrade, *Noções Elementares* cit., pp. 353-354.

171 Cfr. M. Teixeira de Sousa, *Estudos* cit., pp. 43-45.

172 Cfr. o acórdão do STJ de 18-5-2004, Proc. 1417/04 – 6ª Sec., *in* "Sumários de Acórdãos", nº 81, p. 32/Cons. Azevedo Ramos.

Considerações estas válidas também para as *decisões de mera forma*, como, por ex., a da previsão do nº 8 do art. 139º (possibilidade de redução *ou dispensa da multa pela prática de um ato fora do prazo* nos casos de manifesta carência económica da parte ou quando o respetivo montante se revele manifestamente desproporcionado). Nada impede, ademais, que, na aplicação/graduação das sanções de caráter pecuniário ou processual/tributário (fixação dos encargos processuais), o juiz defina os respetivos montantes em função das capacidades económicas dos litigantes[173]. Não viola, assim, o princípio do art. 4º um despacho judicial que, atendendo à situação económica relativa das partes, arbitre quantitativos díspares de multa para um comportamento processual identicamente censurável (art. 27º, nº 3, do RCP), sendo que também a taxa de justiça variável é fixada pelo juiz em função da complexidade do processo ou da natureza manifestamente dilatória da questão incidental (arts. 6º, nºs 1 e 5 e art. 7º, nº 5, do RCP). Não infringe, também, o princípio a circunstância de o juiz poder (não dever deixar de) ouvir oficiosamente uma dada testemunha não oferecida (art. 526º, nº 1) independentemente de o resultado probatório poder vir a beneficiar a parte mais forte ou mais possidente[174]. Isto porque os poderes de natureza instrutória e inquisitória concedidos ao tribunal pelos arts. 5º, nº 2, 6º, nºs 1 e 2 e 411º se destinam, não tanto à obtenção da igualdade entre as partes, como a conseguir uma decisão consentânea com a *verdade material*.

O princípio da *igualdade substancial inter-partes* não contende com o *dever de imparcialidade* do tribunal. Assim, quanto às decisões sobre o mérito da causa, deve (o juiz) obedecer aos critérios e juízos de valor expressa ou implicitamente contemplados na lei, tais como a *equidade* – arts. 4º do CC e 4º, nº 2, do EMJ (*v. g.* nas hipóteses dos arts. 494º e 566º, nº 3, do CC) –, bem como aos demais critérios formais de decisão, tal como a *discricionariedade* nos processos de *jurisdição voluntária* (art. 987º).

13. Princípio da autorresponsabilidade das partes

A *disponibilidade subjetiva* (iniciativa do impulsionamento dos meios a acionar e definição dos fins a prosseguir), assim como a *disponibilidade objetiva*

[173] O «significado das custas e demais encargos judiciais depende da *condição económica das pessoas*; na medida em que o acesso aos tribunais e aos atos judiciais não possa ser gratuito, terão os encargos de levar em conta a *incapacidade económica dos economicamente carenciados*» – cfr. Gomes Canotilho e Vital Moreira, *Constituição da República Portuguesa Anotada*, 4ª ed., p. 411.

[174] «O dever de procurar a verdade sobrepõe-se ao dever assistencial do juiz perante qualquer das partes» – cfr. M. Teixeira de Sousa, *Estudos* cit., p. 44.

do processo (domínio das partes sobre os factos a alegar e sobre os meios de prova a produzir), ínsitas no princípio dispositivo, são em si geradoras de *uma responsabilidade* dos sujeitos processuais para consigo mesmos, que a doutrina apelida de *«autorresponsabilidade das partes»* ou *princípio da autorresponsabilidade das partes.* Competindo às partes o acionamento dos correspondentes meios de ataque e de defesa, serão também elas a *suportar as consequências negativas das suas eventuais omissões ou inércias,* ou seja, uma decisão de sentido desfavorável às suas pretensões ou posições.

Por ex., numa *ação de reivindicação* (art. 1311º do CC), cumpre ao *autor,* para lograr êxito na sua pretensão, alegar e demonstrar os factos integradores do seu direito de propriedade (que não da mera posse), enquanto que o *réu,* para obstar à procedência do pedido, terá de alegar e provar os factos legitimadores da detenção da coisa reivindicada (*v. g.* a existência de um arrendamento à mesma respeitante ou a aquisição do bem por usucapião).

A *eventual negligência ou inépcia* alegatória/probatória das partes redundará, assim, e inevitavelmente, em seu prejuízo, uma vez que não poderão as mesmas contar (sempre) com uma aturada exercitação, pelo juiz, dos seus poderes/deveres de suprimento e indagação oficiosa. Recai, pois, sobre elas a tarefa de contribuir, de modo diligente e eficiente, para a formação da convicção do julgador, esta naturalmente alicerçada na valoração final de todas as provas trazidas à instrução, discussão e julgamento do pleito.

O ónus de alegar (nos respetivos articulados) os factos que integram a causa de pedir e aqueles em que se baseiam as exceções (cfr. os arts. 552º, nº 1, al. d), 573º, nº 1, e 584º), *ex-vi* do nº 1 do art. 5º, não se confina à indicação da causa de pedir ou do fundamento da exceção, isto é, aos *factos essenciais*; recai sobre todos os factos necessários à procedência da ação ou da exceção, ou seja, sobre os *factos principais.* O inciso em apreço cinge-se, pois, a uma simples "fração" desse ónus; há, que associar o *princípio dispositivo* – considerado o processo na sua vertente dialética e assente *no princípio da controvérsia* – à *responsabilidade* (ónus) das partes na *recolha do material fáctico relevante* e à *necessidade da sua correspondente prova*[175]. A *autorresponsabilidade* traduz-se, assim, praticamente, em a parte ter de arcar com as consequências adversas de uma sua conduta processual/probatória inconsiderada, omissiva ou inconclusiva, em suma ineficaz, para obter a formação

[175] Cfr. Lebre de Freitas, *Introdução* cit., pp. 181 e ss..

de uma convicção judicial de sentido favorável. Tal como escreve LEBRE DE FREITAS, «*a autorresponsabilidade da parte exprime-se na consequência negativa* (*desvantagem ou perda de vantagem*) *decorrente da omissão do ato*»[176].

Assim, face à estauição do nº 2 do art. 197º, «*não pode arguir a nulidade a parte que lhe deu causa*», devendo a mesma suportar as consequências da sua negligente atuação processual. Mas, por vezes, é a própria lei que deixa ao livre alvedrio do julgador a apreciação das condutas omissivas das partes para efeitos probatórios; e, se uma tal apreciação for de sentido negativo, aí se manifestará uma deficiente compreensão e observância do *princípio da autorresponsabilidade das partes.*

A título de exemplo: – se notificada uma das partes para depor ou prestar informações ou esclarecimentos, a mesma não comparecer ou se recusar a depor, informar ou esclarecer sem que seja alegado e provado justo impedimento (arts. 357º, nº 2, do CC e 417º, nº 2); – se notificada a parte contrária para apresentar um documento em seu poder, não o faz, não invocando qualquer causa justificativa para a sua conduta omissiva (art. 430º, nºs 1 e 2)[177]. Tudo sem prejuízo (contudo) da *inversão do ónus da prova* prevista no nº 2 do art. 344º do CC; inversão essa que significa passar a impender sobre o recusante o encargo de provar o contrário do que ao requerente da apresentação do documento incumbia, de harmonia com as regras distributivas do ónus da prova.

Diversas *outras vicissitudes imputáveis às partes* podem surgir no desenvolvimento da instância, para além das que resultam da *inobservância dos prazos perentórios ou preclusivos.* Assim, a omissão continuada do ónus de impulsionamento da atividade processual subsequente, pode surtir efeitos cominatórios, tais como a *deserção da instância ou do recurso* (arts. 281º, nºs 1 e 2) ou o *levantamento da penhora* (art. 763º, nº 1)[178].

14. Princípios da preclusão e da eventualidade

Estreitamente associado ao *princípio da autorresponsabilidade das partes*, o *princípio da preclusão* prende-se diretamente com a *oportunidade* ou a *eventualidade* da exercitação de direitos ou a satisfação de ónus e deveres processuais, seja

[176] Cfr. *Introdução* cit., p. 181 e ss.

[177] Para CASTRO MENDES, *Teoria Geral do Direito Civil*, vol. II, ed. de 1979, p. 161, em casos deste tipo estamos perante um *ónus imperfeito*, na medida em que «o resultado probatório desfavorável depende de outros elementos (concorrência desse elemento probatório com outros como o da formação da convicção judicial por valoração final de todas as provas)».

[178] Casos estes em que, «não operando uma preclusão nem uma cominação automática, dificilmente se poderá continuar a falar de ónus em sentido próprio» – cfr. LEBRE DE FREITAS, *Introdução* cit., p. 161.

com o *modus* da propositura da ação, seja com os *atos* a praticar no desenvolvimento da lide.

As diversas fases processuais, atentas as suas finalidades específicas, integram ciclos dotados de uma relativa estanquicidade. Daí que fiquem *precludidos* certos atos (*v. g.*, as afirmações de factos ou a adução dos meios de prova) se não forem produzidos dentro do prazo para o efeito cominado ou na sua fase ou oportunidade próprias. A isto se chama, na expressão de MANUEL DE ANDRADE, «*preclusão das deduções das partes*, em contraposição com o princípio da *liberdade das deduções*»[179]. O que não obsta às chamadas *deduções supervenientes*, desde que para elas não haja contribuído, de modo ardiloso, a parte que delas pretenda retirar benefício. Subjaz ao princípio uma certa ideia de aceleração processual, a qual pode, porém, ser prejudicada por uma excessiva concentração alegatória, propiciadora, ela própria, de indesejável morosidade. Daí que, como observa OTHMAR JAUERNIG, «o puro princípio da preclusão só raramente é seguido nas leis processuais»[180].

No que concerne ao *princípio da eventualidade*, ainda que intimamente associado ao *princípio de preclusão*, traduz-se o mesmo em *os fundamentos da ação ou da defesa deverem ser enunciados todos de uma só vez e em certo momento* (normalmente na petição inicial e na contestação – arts. 552º, nº 1, al. d) e 571º, respetivamente). Assim, e prevenindo a hipótese de soçobrarem os factos desde logo afirmados, deverá a parte deduzir uns, «a título principal e outros, *in eventu*, isto é, a título subsidiário» para a hipótese de não serem atendidos os formulados a título principal[181].

Erupções do princípio: arts. 260º (*inalterabilidade da instância quanto aos sujeitos, ao pedido e à causa de pedir, com a citação do réu*), 573º, nº 1 (*toda a defesa deve ser deduzida na contestação*, excetuados os incidentes que a lei mande deduzir em separado) e 423º, nº 1, (*junção dos documentos com o respetivo articulado*). Com as ressalvas, por ex., dos arts. 265º (*possibilidade de alteração subsequente do pedido e da causa de pedir*), 573º, nº 2 (*possibilidade de dedução de exceções, incidentes e meios de defesa supervenientes*) e 446º, nº 2 (*dedução superveniente dos incidentes de impugnação de genuinidade de documentos* – art. 444º – ou da *ilisão da autenticidade ou da força probatória de documento* – art. 446º)[182].

[179] Cfr. *Noções Elementares* cit., pp. 354-356.

[180] Cfr. *Direito Processual Civil*, Coimbra, Almedina, 2002, p. 161.

[181] Acerca deste tema, cfr. M. TEIXEIRA DE SOUSA, "*Preclusão e caso julgado*", *in blog* do IPPC de 3-5-2016.

[182] Cfr. MANUEL DE ANDRADE, *Noções Elementares* cit., p. 356.

Hipótese paradigmática do funcionamento da preclusão é aquela da *oportunidade da dedução da defesa* por banda do réu, que o nº 1 do art. 573º remete para a contestação (por impugnação e por exceção) – art. 571º, nºs 1 e 2. Impende, assim, sobre o réu o encargo de contestar, desdobrado este no *ónus de contradizer* os factos articulados na petição e no *ónus de deduzir todas as exceções perentórias* (*e também as dilatórias que não sejam de conhecimento oficioso*) contra a pretensão do autor. Se não satisfeitos estes ónus, ficam *precludidos ou prejudicados* os direitos de contestar, de impugnar ou de excecionar[183]. Funciona, assim, quanto à contestação, uma *regra de concentração/preclusão*, porquanto toda a defesa deve ser deduzida (concentrada) na contestação (art. 573º, nº 1) e apresentada dentro de um prazo prefixado na lei (cfr. art. 569º, nº 1): inobservado esse ónus, ficarão precludidas, quer a invocação dos factos que deveriam ter sido alegados nesse momento, quer a impugnação ulterior dos factos invocados pelo autor; se operadas em momento posterior (fora da sua fase e sede próprias), o tribunal não poderá tomá-las em consideração, sob pena de a decisão da causa incorrer em *excesso de pronúncia*, vício este gerador da respetiva nulidade (art. 615º, nº 1, al. d) – 2º segmento)[184]. Manifestações deste princípio são também as preclusões inerentes ao não cumprimento do *ónus da prática de certos atos processuais* dentro dos prazos cominados por lei, *prazos* esses por essa razão justamente rotulados de *perentórios, preclusivos ou resolutivos*[185] (cfr. o nº 3 do art. 139º), salvos os casos de *justo impedimento* (cfr. o nº 4 do mesmo preceito com referência ao disposto no art. 140º, nº 1, do mesmo diploma) e a *possibilidade de, mediante pagamento*

[183] Othmar Jauernig, *in Direito Processual Civil* cit., p. 161, dá a este respeito o seguinte exemplo: o pretenso locatário, uma vez demandado para abrir mão do locado deve, na sua defesa, para evitar a preclusão, alegar que não chegou a entrar na posse do prédio ou que já o restituiu em certa data, que o mesmo lhe foi cedido gratuitamente pelo autor ou que o direito à entrega já prescreveu ou caducou.

[184] Constituindo a caducidade do direito de rescisão do contrato de trabalho uma exceção perentória não de conhecimento oficioso, torna-se extemporânea a arguição da questão da caducidade do direito de rescisão apenas no requerimento de interposição de recurso da sentença de 1ª instância e nas alegações da apelação; isto em homenagem ao princípio da concentração da defesa (art. 573º do CPC)» – cfr. o acórdão do STJ de 25-5-2005, Proc. 2929/03 – 4ª Sec., *in* "Sumários de Acórdãos", nº 91, p. 184/Cons. Paiva Gonçalves.

[185] Não surtem eficácia preclusiva os *prazos administrativos*, ou seja, os prazos meramente *ordenadores, disciplinadores* ou simplesmente *disciplinares*, os quais se destinam unicamente a regular a instância em harmonia com a lei – conf., *v. g.*, os prazos contemplados nos arts. 156º, nº 1 (prazo geral de 10 dias para a prática de atos dos magistrados) e no art. 162º, nº 1 (prazo geral de 5 dias para os atos de expediente da secretaria).

de multa, a parte praticar o ato nos três dias subsequentes ao termo do prazo (art. 139º, nºs 5, 6 e 7 e art. 141º, nºs 1 e 2)[186].

Da inobservância pelo réu (na sua contestação) do *ónus de especificar separadamente as exceções* (art. 573º) poderá resultar a violação do *princípio-dever de boa-fé processual* e, em consequência, levar à condenação do contestante/excipiente como *litigante de má-fé* se verificados os pressupostos do art. 542º.

Também *no campo dos recursos* – para além da *formação de caso julgado* se não impugnada a decisão dentro do prazo geral de 30 dias do nº 1 do art. 638º (eventualmente de 15 dias nos processos urgentes e nas hipóteses dos nº 2 do art. 664º e no art. 677º) –, se podem detetar situações de preclusão como as do art. 639º, nºs 1 e 2 (*falta de apresentação da alegação e não acatamento do despacho de aperfeiçoamento* das conclusões) e 640º, nº 1, alíneas a) e b)) – *não especificação dos pontos de facto* considerados como incorretamente julgados, *bem como dos meios probatórios* constantes do registo ou gravação que impunham decisão diversa. Omissões essas conducentes à *rejeição* (*indeferimento* do *recurso* nos termos do art. 638º).

15. Princípio da economia processual

O princípio baseia-se numa *equação atividade-resultado,* em termos de aplicação racional dos meios processuais (*economia de meios*). O que se exige é que cada processo, por um lado, resolva o maior número possível de litígios (*economia de processos*) e, por outro, comporte apenas os atos e formalidades indispensáveis ou úteis (*economia de atos e formalidades*)[187]. Economia que deve também repercutir-se no «*máximo aproveitamento dos atos já praticados*».

15.1. Economia de processos

Quanto à *economia de processos* e *prevenção de duplicação de ações,* constituem afloramentos legais as disposições que permitem o *litisconsórcio inicial* (arts. 32º e 33º), a *coligação de autores e de réus* (art. 36º, a *ampliação do pedido e da causa de pedir* (arts. 264º e 265º) a *reconvenção* (art. 266º), os *incidentes de intervenção de terceiros* (art. 311º e ss.), o *pedido subsidiário* (art. 554º), a *cumulação de pedidos* (art. 555º) e o *pedido de prestações vincendas* (art. 557º).

[186] Com a revisão do CPC de 1995/1996, passou a admitir-se a *prorrogabilidade do prazo para contestar,* nos termos do art. 569º, nºs 4, 5 e 6, bem como o *acordo das partes no sentido dessa prorrogação.*

[187] Cfr. Manuel de Andrade, *Noções Elementares* cit., pp. 359-360.

São *normas de caráter facultativo/permissivo*, ficando ao critério *dos interessados* deduzir ou não (cumulativamente), no mesmo processo, *v. g.*, pedidos *cumulativos, subsidiários* ou *alternativos* ou (da banda do réu) *pedido reconvencional*, bem como requerer a intervenção nele de outros titulares da relação jurídica material (*litisconsórcio voluntário*), a *alteração do pedido e da causa de pedir* (arts. 264º e 265º) e a realização de uma *tentativa de conciliação* (art. 594º).

São já de *caráter vinculado, v. g.*, as normas que impõem ao juiz: – a *remoção de obstáculos processuais e formais e o suprimento (da falta) de pressupostos processuais* (arts. 6º, nºs 1 e 2 e 547º), designadamente a *integração do litisconsórcio necessário* (art. 261º); – a *realização de uma tentativa de conciliação* (art. 594º); – a *elaboração de despacho pré-saneador* (art. 590º); – a *dispensa da audiência prévia* (art. 593º); – *a adoção da tramitação processual adequada às especificidades da causa e adaptação do conteúdo e da forma dos atos processuais* ao fim que visam atingir (*princípio da adequação formal* – art. 547º).

Também, se propostas separadamente, perante o mesmo juiz, ações que podiam ter sido reunidas no mesmo processo, deve o juiz (mediante *prévio requerimento de qualquer das partes* com interesse atendível na junção) determinar a *apensação* de todas elas, mesmo que pendam em tribunais diferentes, salvo se o estado do processo ou outra razão especial torne inconveniente a apensação (art. 267º, nºs 1 a 5); *apensação* essa também aplicável aos processos em *fase de recurso* (cfr. art. 268º, nºs 1 e 2).

O *princípio da adequação formal* consagrado no art. 547º é mesmo de *aplicação direta* à coligação inicial (art. 37º, nºs 2 e 3) e *indireta* à cumulação inicial simples de pedidos (art. 555º, nº 1), à dedução de pedido subsidiário (art. 554º, nº 2), à ampliação do pedido mediante a dedução de pedido diverso e à reconvenção (art. 266º, nº 3)[188].

A *cumulação inicial de pedidos* (bem como a dedução de *pedido subsidiário*) e a *ampliação subsequente do objeto do processo com novos pedidos* podem ter lugar (não obstante a incompatibilidade processual consistente na determinação legal de formas de processo que, todavia, não sejam absolutamente incompatíveis[189]) quando nelas haja interesse relevante ou a apreciação conjunta seja indispensável para a justa composição do litígio. O juiz autoriza-las-á então e determinará que se siga a tramitação de um dos processos em causa ou outra resultante da adaptação dessas formas

[188] Cfr, quanto a este tema, LEBRE DE FREITAS, *Introdução ao Processo Civil* cit., pp. 228-231.

[189] Só a incompatibilidade absoluta impede o uso do poder concedido ao juiz.

processuais às especificidades da causa, ou seja, a forma mais adequada. E de realçar que o terceiro chamado à *intervenção principal* (no caso de litisconsórcio) fica *constituído como parte* pelo *ato da citação*, já que a sua situação jurídica é sempre apreciada na sentença; conforme estatui o art. 320º, "a *sentença* que vier a ser proferida *sobre o mérito da causa* aprecia a relação jurídica de que seja titular o chamado a intervir, constituindo, quanto a ele, *caso julgado*".

15.2. Economia de atos e formalidades

A *forma* representa a *exteriorização do ato*. A atual redação dos arts. 130º e 547º representa uma postergação (ou pelo menos, um claro amolecimento), pelo legislador, do antigo *princípio da legalidade das formas processuais* atinente à *forma dos atos a praticar no processo* e nele materializados em *articulados, atas, autos* ou *termos.*

O art. 130º consagra o *"princípio da limitação dos atos"*, com a correlativa *ilicitude da prática de atos inúteis,* enquanto no nº 1 do art. 131º impõe a *"regra da simplicidade"* da forma dos atos processuais, assim proibindo as formalidades desnecessárias ou supérfluas[190]. A prática de *atos inúteis,* que apenas surtam efeito de complicação ou paralisia do processo, torna os *magistrados e funcionários* incursos em *censura disciplinar,* enquanto as *partes* poderão ser responsabilizadas por *litigância de má-fé* (art. 542º, nº 2, al. d)).

Esta segunda vertente do *princípio da economia processual* (*economia de atos e formalidades*) implica a *adequação da tramitação processual* às especificidades da causa (arts. 37º, nºs 2 e 3 e 547º), a *proibição da prática de atos processuais inúteis* (art. 130º) e a *redução da forma dos atos úteis à sua expressão mais simples* atentos os fins que visam atingir (art. 131º, nºs 1 a 4). *Adequação, limitação* e *simplificação essas* a serem operadas sempre que lei especial não determine as formalidades a praticar. Com efeito, não só os atos a praticar *podem* obedecer a *modelos aprovados pela entidade competente,* como podem os *modelos relativos aos atos da secretaria ser considerados obrigatórios,* salvo disposição especial (art. 131º, nº 2).

A aplicação dos *princípios da limitação dos atos,* da *forma dos atos* e da *adequação formal,* com os inerentes propósitos de *simplificação* e *agilização processual* para que apontam, encontra-se funcionalmente dependente do escopo (meramente processual ou jurídico-substantivo) do concreto processo ou incidente que se depare para instrução ou decisão.

[190] Cfr. Alberto dos Reis, *Comentário ao Código de Processo Civil,* Coimbra Editora, 1945, vol. II, nº 9, pp. 32 a 36.

O parâmetro aferidor da utilidade funcional dos atos a praticar (pelo juiz, pela secretaria ou pelas partes), bem como das formas (tramitação) a seguir encontra-se expressamente plasmado na parte final do nº 1 do art. 131º, bem como no 2º segmento do art. 547º, sem olvidar o escopo legal ínsito nos poderes de adequação da asseguração de um *processo equitativo*. Para usar a terminologia legal, a tramitação processual casuisticamente adotada, deve ser "*adequada às especificidades da causa*", devendo o conteúdo e a forma dos atos processuais ser "*adaptados*" ao"*fim que visam atingir*"[191]. O que, em qualquer caso, deixa ao juiz uma ampla margem de discricionariedade na emissão do seu juízo valorativo, salva sempre a audiência prévia das partes. Comporta, assim, o princípio algumas limitações relacionadas com a *economia formal* e com a *idoneidade técnica* (arts. 131º, nº 3 e 547º)[192-193].

O escopo legal é o de evitar que a parte possa ver a causa perdida por mor de irregularidades de índole meramente processual, isto é, que a forma prevaleça sobre o fundo ou o mérito – *princípio da instrumentalidade da forma*.

A Portaria do Ministro da Justiça nº 280/2013, de 26 de agosto (depois alterada pelas Portarias nºs 170/2017, de 25 de maio e 267/2018, de 20 de setembro), emitida ao abrigo do disposto no art. 132º, veio (na sequência da primitiva Portaria nº 114/2008, de 6 de fevereiro) aperfeiçoar a regulamentação da *tramitação eletrónica dos processos judiciais*, com identificação do sistema informático respetivo e alteração do regime de apresentação de peças processuais, bem como introduzir um novo regime de citação edital com a definição do sítio da *Internet* onde são publicados os anúncios e, finalmente, proceder à regulamentação do regime de comunicações eletrónicas entre os tribunais e os agentes de execução[194].

[191] Outro aspeto é ainda assinalado como manifestação do *princípio da adequação formal*: ao juiz cabe também adaptar o conteúdo e a forma dos atos processuais ao fim que visam atingir (art. 547º do CPC). Neste âmbito, os princípios da *adequação formal*, da *economia processual* e da *gestão processual* como que entre si se interpenetram.

[192] Cfr. Manuel de Andrade, *Noções Elementares* cit., pp. 358-359.

[193] O STJ já entendeu que se, por ex., a parte interpuser (erradamente) recurso do despacho do desembargador-relator que não admitiu a junção de um dado documento, sendo o meio processual "adequado" para sindicar esse despacho o da "*reclamação para a conferência*" (art. 652º, nº 3), deve ser aproveitado (convolado) o requerimento da parte para valer como "*reclamação*", em homenagem aos *princípios da adequação formal* e da *economia processual* – cfr. o AC UNIF nº 8/2010, *in* DR, Série I, de 22 de fevereiro de 2010.

[194] O Dec.-Lei nº 97/2019, de 26 de julho (8ª alteração ao Código de Processo Civil de 2013) veio alterar o regime de *tramitação eletrónica de processos judiciais*, introduzindo também modificações e inovações em matéria de *simplificação e agilização processual*.

Algumas erupções do princípio: – limitação dos efeitos do aumento de valor da ação em caso de reconvenção ou de intervenção principal aos atos e termos posteriores à reconvenção ou intervenção e apenas se o pedido principal e o pedido reconvencional forem distintos (cfr. o nº 2 do art. 299º); – poder/dever atribuído ao juiz da causa, pelo art. 547º, de adequar da tramitação processual prevista na lei às especificidades da causa e de determinar, ouvidas as partes, a prática dos atos que melhor se ajustem ao fim do processo, com as adaptações necessárias, de preferência ao decretamento da anulação do processado, quiçá por erro na forma de processo (*princípio da adequação formal*); – anulação circunscrita, em caso de erro na forma de processo, aos atos que não possam ser aproveitados, só não devendo ser aproveitados os atos já praticados se do facto resultar uma diminuição de garantias do réu (art. 193º, nºs 1 e 2).

A eventual infração ao princípio só gerará, contudo, *nulidade processual*, *ex-vi* do nº 1 do art. 195º, "se a prática ou omissão do ato forem expressamente sancionadas por lei com tal cominação ou se a irregularidade cometida for suscetível de influir no exame ou na decisão da causa".

16. Princípio da celeridade processual

O art. 20º da CRP consagra o *direito constitucional do acesso ao Direito e a uma tutela jurisdicional efetiva*. No nº 4 desse preceito institucionaliza-se o *direito* de todos (os cidadãos) a que uma causa em que intervenham seja objeto de *decisão em prazo razoável* e mediante um *processo equitativo*. Também o nº 1 do art. 2º do CPC – corolário lógico daquele direito fundamental – institui a *garantia de acesso aos tribunais*, sendo que a proteção jurídica através dos tribunais, ínsita no mesmo preceito, «implica o direito a obter, em *prazo razoável*, uma decisão judicial que aprecie, com força de caso julgado, a pretensão regularmente deduzida em juízo, bem como a possibilidade de a fazer executar» (*sic*)[195-196].

[195] «Ao demandante de uma proteção jurídica deve ser reconhecida a possibilidade de, em tempo útil, obter uma sentença executória com força de caso julgado – a justiça tardia equivale a uma denegação de justiça» – cfr. Gomes Canotilho, *Direito Constitucional e Teoria da Constituição*, 7ª ed., Almedina, p. 499.

[196] Ciente de que a justiça tardia não é justiça, o Infante D. Pedro escrevia ao Rei D. Duarte, seu irmão, acerca da Justiça, que «aquelles que tarde vencem ficam vencidos» – cfr. J. P. Oliveira Martins, *Os Filhos de D. João I*, ed. de 1891.

O *princípio da celeridade processual* traduz, assim, uma *diretriz programática* que precipuamente se impõe aos diversos atores ou intervenientes processuais, porquanto dimanada do *direito à obtenção de uma decisão em prazo razoável* como epílogo de qualquer processo justo e equitativo. É de observar, neste âmbito, o princípio segundo o qual «a inevitável demora do processo, ou a necessidade de recorrer a ele, não deve ocasionar dano à parte que tem razão» (não deve beneficiar o sucumbente)[197].

Se não devidamente assegurada pelo Estado a sua função de administrar celeremente a justiça e, se postergado assim o direito conferido pelo art. 2º, nº 1, de obter, num prazo razoável (a chamada *délai raisonnable*), a decisão da causa, poderá a parte prejudicada reclamar indemnização pelos prejuízos sofridos (cfr. o art. 12º da Lei nº 67/2007, de 31 de dezembro). Trata-se de uma *responsabilidade objetiva do Estado* (*no qual se integra a função jurisdicional*), independente, pois, de qualquer atuação dolosa ou simplesmente negligente do juiz da causa ou dos funcionários judiciais intervenientes. Com vista a esse objetivo ressarcitório, pode ser utilizada a via do *acesso pessoal e direto* ao Tribunal Europeu dos Direitos do Homem – TEDH (arts. 44º e 48º, nº 1, da CEDH) por banda dos particulares lesados para que o TEHD arbitre, se for caso disso, ao lesado a reparação que julgue adequada (art. 50º da CEDH).

16.1. Causas da morosidade do processo

São quase legendárias as faladas *morosidade* e *lentidão* do processo civil português. Mas, como bem observa M. Teixeira de Sousa[198], louvado em Henke, o mal não é apenas português, porquanto o combate geral contra a morosidade processual é já *milenar*[199]. As delongas (excessivas) nos feitos submetidos a julgamento – para além da imagem de desprestígio e da sensação de ineficácia do sistema que proporcionam – representam sempre um fator de injustiça, mormente para a parte a quem assista razão. *Para a parte vencedora*, as próprias utilidade económica e consistência prático-jurídica da decisão final poderão resultar seriamente comprometidas pelo arrastamento indefinido do processo. Mas também *para a parte vencida*, uma

[197] Cfr. Manuel de Andrade, *Noções Elementares* cit., pp. 361 e ss..

[198] Cfr. *Estudos* cit., 49.

[199] Já na fase *apud iudicem* das *leges actiones*, e segundo a *Lex Iulia Iudiciaria*, a *sententia* deveria ser dada de forma a que o processo não excedesse o prazo máximo de dezoito meses.

dilatada pendência «pode importar um sacrifício acrescido pela prolongação do estado de incerteza consequente do litígio»[200].

Impõe-se que o processo seja organizado em ordem a adregar rapidamente o seu natural desfecho ou conclusão, pois que, «podendo uma *justiça tardia* ser melhor do que a denegação dela, nunca será, todavia, a *justiça devida*»[201]. E daí que os anseios coletivos a uma justiça mais rápida[202] e mais pronta, e portanto mais justa, se encontrem na base do princípio estruturante da *celeridade processual*. Preocupações que terão de conciliar-se com a necesssidade de uma serena e ponderada reflexão (por banda das partes e seus mandatários e, sobretudo, do julgador), em ordem à obtenção de decisões acertadas e em harmonia com a lei e com os juízos de valor legais.

16.2. Normas aceleratórias e expedientes atenuativos da morosidade processual

Como forma de abreviar a solução dos litígios e a regulação dos interesses em conflito, adotou o legislador medidas cautelares de *caráter antecipatório* ou com dispensa de tutela definitiva como, por ex., *os procedimentos cautelares* de *restituição provisória da posse* (art. 377º), os *alimentos provisórios* (art. 384º, nº 1), o *arbitramento de reparação provisória* (art. 388º, nº 1) e a *entrega judicial e cancelamento do registo* (Dec.-Lei nº 149/95, de 24 de junho, cuja última alteração foi introduzida pelo Dec.-Lei nº 30/2008, de 25 de fevereiro).

E também *regras de preclusão* ou *consequências preclusivas* (obstativas da prática extemporânea do ato omitido), reforço dos poderes proativos e de controlo do juiz sobre o processo, bem como a «concentração do processo» (produção da prova constituenda), se possível numa única audiência; e, outrossim, expedientes processuais de outra estirpe, como a atribuição de força executiva a certos documentos particulares (art. 703º[203]) e de efeito devolutivo ao recurso, com a consequente exequibilidade provisória da decisão recorrida (art. 704º).

[200] Cfr. Manuel de Andrade, *Noções Elementares* cit., pp. 360-361.

[201] Cfr. M. Teixeira de Sousa, *Estudos* cit., p. 49.

[202] Segundo Alberto dos Reis, «convém que a justiça seja pronta; mas, mais do que isso, convém que seja justa. O problema fundamental da política processual consiste exactamente em saber encontrar o equilíbrio razoável entre as duas exigências: a celeridade e a justiça» (*sic*) – cfr. *Código de Processo Civil Anotado*, vol. I, 3ª ed., Coimbra Editora, 1948, p. 624.

[203] Cfr. M. Teixeira de Sousa, *Estudos* cit., p. 50.

A reforma de 2013 veio consagrar, no art. 603º, o *princípio da inadiabilidade da audiência final,* em ordem a eliminar ou a limitar drasticamente um dos mais relevantes fatores impeditivos da celeridade processual. E não reforçando embora as medidas de caráter preclusivo, veio «flexibilizar», por ex., o momento da alegação ou dedução dos factos relevantes, em ordem a adaptar o cumprimento desse ónus às vicissitudes e contingências do processo (cfr., nesta senda, o disposto no art. 5º, nos seus nºs 2 e 3, quanto à consideração pelo tribunal dos *factos instrumentais, complementares e/ou concretizadores* surgidos no decurso da instrução e discussão da causa). E, ao fazer apelo ao *critério da imputabilidade* da parte ou dos seus representantes ou mandatários na nova definição do *justo impedimento* (art. 140º, nº 1), veio a lei arvorar a *diligência devida* como critério de aferição do efeito preclusivo. Reforçou também o legislador os *poderes* (oficiosos) *de condução do processo atribuídos ao juiz,* preordenados a uma maior aceleração processual (art. 547º, nºs 1, 2 e 3)[204].

De referir, outrossim, para além da *regra da continuidade dos prazos processuais* (art. 138º, nº 1), as disposições aceleratórias traduzidas na *fixação de prazos curtos para o exercício de direitos e cumprimento de deveres processuais.* Assim: – o art. 149º fixa em 10 dias o prazo para as partes requererem qualquer ato ou diligência, arguírem nulidades, deduzirem incidentes e exercerem qualquer outro direito processual, fixando também em 10 dias o prazo para a parte responder ao que for deduzido pela parte contrária; – o nº 1 do art. 156º fixa também em 10 dias, na falta de disposição especial, o prazo para os *despachos judiciais* e para as *promoções* do Ministério Público, acrescentando, porém, o nº 3 do mesmo preceito que os despachos e promoções de *mero expediente* dos juízes e do Ministério Público, respetivamente, bem como os considerados de *caráter urgente,* devem ser proferidos no prazo máximo de 2 dias; – o nº 1 do art. 162º estabelece o prazo geral de 5 dias para os atos da secretaria, salvo os casos de urgência (nº 1), obrigando ainda a submissão a despacho, no próprio dia, dos requerimentos avulsos e a juntada de documentos e peças processuais (nº 2); – o art. 165º, no seu nº 3, fixa em 5 dias o prazo para a confiança do processo, o qual pode mesmo ser reduzido se causar embaraço ao andamento da causa; – o art. 585º fixa em 30 dias o prazo para apresentação da réplica; – o nº 1 do art. 569º fixa em 30 dias o prazo para a sentença; – o nº 1 do art. 638º estabelece em 30 dias o prazo geral para a interposição de recursos (salvo em processos urgentes e outros excecionados por lei); – o art. 657º, no seu nº 1, fixa em 5 dias o prazo dos vistos dos juízes-

[204] Não tem aplicação em processo civil o *instituto da aceleração processual* regulado nos arts. 108º a 110º do CPP.

-adjuntos e em 30 dias o prazo para o relator elaborar o projeto de acórdão em sede de apelação e revista (art. 679º).

Como poderoso instrumento de aceleração processual, ou pelo menos, de combate à inércia e dilação, consagra a lei que se «*decorridos três meses sobre o termo do prazo fixado para a prática de ato próprio do juiz sem que o mesmo haja sido praticado*, deve o juiz fazer consignar no processo a concreta razão da inobservância do prazo» (art. 156º, nº 4).

Proferida a sentença, há que *reconstituir a situação atual hipotética da parte vencedora*. Deve, pois, restituir-se a parte vitoriosa à situação em que estaria (atualmente) caso lhe não tivesse sido necessário utilizar meios judiciais para obter o reconhecimento do seu direito[205]. Concorrem no princípio: por um lado, *o interesse do comércio jurídico* na subsistência da integridade dos direitos e dos patrimónios, porventura tornada mais aleatória pelos custos suportados pela sua eventual defesa; por outro, *o prestígio da administração da justiça e a força das decisões dos tribunais* poderiam sair seriamente comprometidos se não adotados mecanismos destinados a penalizar os fautores das verificadas delongas. Através da colocação de travões dissuasórios às manobras de cariz dilatório tendentes ao diferimento da eficácia da decisão, isto é, às condutas castradoras de uma tutela jurisdicional efetiva, encorajam-se a litigância de boa-fé e desincentivam-se práticas anómalas e censuráveis de conduta processual.

De referir, neste âmbito, a chamada *defesa contra demoras abusivas* (art. 670º); assim, se se lhe tornar evidente que, com um determinado requerimento, a parte nada mais pretende que obstar ao cumprimento do julgado ou à baixa do processo ou à sua remessa para o tribunal competente, o relator levará o requerimento à conferência, podendo esta ordenar, sem prejuízo do disposto no art. 542º (responsabilidade por litigância de má-fé), que o respetivo incidente se processe em separado (nº 1); e, bem assim, se se lhe afigurar que a parte procura *obstar ao trânsito em julgado da decisão*, através da suscitação de incidentes a ela posteriores manifestamente infundados, caso este último em que os autos prosseguirão os seus termos normais no tribunal recorrido, anulando-se o processado, se a decisão vier a ser modificada (nº 2).

[205] Cfr. MANUEL DE ANDRADE, *Noções Elementares* cit., pp. 361-364.

Secção II
Princípios relativos à apreciação da prova

17. Princípio da livre apreciação das provas

Reporta-se este princípio à apreciação da *matéria de facto* (art. 607º, nº 5). No sistema de *prova legal*, o juiz encontra-se vinculado a regras legais que estabelecem de modo estrito o valor probatório de cada um dos meios de prova; no sistema de *prova livre*, o tribunal goza de inteira liberdade na apreciação das provas.

Vigora, entre nós, um sistema *híbrido* ou *misto*. Consagra, com efeito, o citado preceito o princípio da «*liberdade de julgamento*» («o juiz aprecia livremente as provas segundo a sua prudente convicção» acerca de cada facto»). Apenas com a exceção de a lei exigir para a existência ou prova do facto qualquer formalidade especial, a qual não poderá ser dispensada» (cfr. o art. 607º, nº 5, 2º segmento)[206].

Assiste, pois, ao julgador o poder de livremente decidir – depois de ponderada apreciação e avaliação – os diversos pontos da matéria de facto (reportados às questões constantes do elenco dos temas da prova) segundo a sua prudente e íntima convicção. Convicção esta alicerçada em regras técnicas ou em máximas da experiência, bem como em conhecimentos pessoais de ordem lógico-dedutiva sobre as realidades da vida e da convivência social. Elementos esses conducentes à *prova direta* do facto controvertido ou à *ilação* (dedução lógica) da realidade ou verosimilhança desse facto, através da prova de um facto indiciário (instrumental), nesta segunda hipótese se fundando a prova numa *presunção natural ou judicial* (arts. 351º do CC e 607º, nº 4)[207]. Poder que se exerce, não apenas no que respeita à *admissibilidade* dos meios de prova propostos ou requeridos pelas partes, como também no que se refere à *determinação do seu valor probatório*[208]. E tudo por reporte ao material probatório carreado pelas partes ou recolhido oficiosamente

[206] Acerca do *princípio da livre apreciação da prova em processo civil*, *vide* L. F. Pires de Sousa, *Prova Testemunhal*, Reimp., Almedina, 2017, pp. 382-383. Cfr. ainda, Maria Clara Calheiros, *Para uma Teoria da Prova*, Coleção Estudos, Cejur, Coimbra Editora, 2015.

[207] Cfr. M. Teixeira de Sousa, *Estudos* cit., p. 347.

[208] Cfr. Vaz Serra, *Provas – Direito Probatório Material*, Lisboa, 1962, pp. 15 e 30.

para o processo, quiçá mesmo face à conduta processual por elas concretamente adotada.

Em sede *de julgamento da factualidade controvertida*, não está vedado ao julgador o recurso a *presunções judiciais* (arts. 349º a 351º do CC), impondo-se-lhe, designadamente, o recurso às *regras da experiência*, sendo que, o uso destas últimas consubstancia também um *critério de julgamento*, aplicável na resolução de questões de facto, pelo que, em sede de formação da sua convicção, há-de o convencimento do órgão jurisdicional operar-se à luz de *critérios de* racionalidade, utilizando-se aquelas *máximas da experiência*[209].

> *Está sujeita à livre apreciação do tribunal a generalidade das provas produzidas na fase da instrução e na audiência final* (art. 607º, nºs 3 a 5), *v. g.*, a força probatória das *respostas dos peritos*, do resultado da prova por *inspeção judicial* e dos *depoimentos das partes ou das testemunhas* (arts. 389º, 391º e 396º, respetivamente, do CC) e da *prova por declarações das partes* (art. 466º do CPC). Outras situações de *prova livre* são, *v. g.*, as dos arts. 358º, nºs 3 e 4 (*confissão judicial não escrita e extrajudicial não constante de documento*), 361º (*reconhecimento dos factos desfavoráveis*), 366º (*falta de requisitos legais de documento*), 371º, nº 1 – 2ª parte (*juízos pessoais do oficial público documentador*), nº 2 (*erros não ressalvados de documento autêntico*) e 376º, nº 3 (*erros não ressalvados de documento particular*), todos do CC[210].

Não se trata, contudo, de um poder arbitrário ou puramente discricionário, porquanto a liberdade conferida ao juiz é, no fundo, uma *liberdade subordinada ou condicionada a um dever* – o dever de perseguir e prosseguir *a*

[209] Cfr., acerca do *princípio da livre apreciação da prova* e da atuação do juiz sem sede factual, *v. g.*, o acórdão da RL de 8-2-2018, Proc. 50696/16.4YPRT.L1-6, *in* www.dgsi.pt/Des. António dos Santos. Observa, a este respeito M. Teixeira de Sousa, em comentário a este acórdão, *in blog* do IPPC, 2018 Jur. 4, louvado, *inter alia*, no sentido decisório do acórdão do STJ de 6-7-2011, *in* Proc.3612/07.6TBLRA.C2.S1, o seguinte: «têm surgido na doutrina portuguesa algumas opiniões que defendem que o *standard da prova* é a preponderância da probabilidade do facto. Trata-se de um legal *transplant* (neste caso, importado dos regimes de *common law*) que não é compatível com o regime português sobre a prova. Há vários argumentos que sustentam esta posição, mas o mais convincente deles é a *incompatibilidade* desse *standard de prova* com a *contraprova*, que, como decorre do estabelecido no art. 346º CC, consiste em tornar duvidoso um facto provado pela outra parte». Assim «se a contraprova baixar a probabilidade da prova para 0.50 ou ainda para menos, isso não é tornar o facto duvidoso, mas antes tornar o facto *não provado*» (*sic*).

[210] Cfr. Lebre de Freitas, *Introdução* cit., pp. 193 e ss..

verdade material que não uma *verdade meramente formal*[211]. E porque não puramente subjetivo, mas reconduzível a *critérios objetivos*, deve o juízo de apreciação externar a respetiva motivação ou fundamentação: não só por razões de *transparência, autocontrolo* e *serenidade reflexiva*, mas também para efeitos de eventual *impugnabilidade*, deve o juiz (ou o tribunal) indicar *ex-professo* as razões da sua convicção, ou seja, proceder à *análise crítica da prova e à especificação dos fundamentos que foram decisivos para a formação da sua convicção* (art. 607º, nº 4).

O *princípio cede*, porém, sempre perante situações de *prova legal* (ou *tarifada*), de que constituem exemplo os casos da *prova por confissão, por documentos autênticos, por certos documentos particulares* e *por presunções legais* (arts. 350º, nº 1, 385º, 371º e 376º, todos do CC). É, por isso, de arredar a *prova livre* (nº 5 do art. 607º) sempre que a lei atribua um específico valor legal a um certo e determinado meio de prova (cfr., *v. g.*, os arts. 358º, nºs 1 e 2, 371º, nº 1, 376º e 377º, todos do CC), assim como quando exigir, para a existência ou prova do facto jurídico, uma qualquer formalidade especial (art. 607º, nº 5, 2º segmento, cit.). Assim acontece com as formalidades *ad substantiam* ou *ad probationem* relativas a determinadas declarações negociais (cfr., *v. g.*, os arts. 875º e 947º, nº 1 – forma de escritura pública ou de documento particular autenticado para a compra e venda e doação de imóveis respetivamente – ambos do CC) e com a *inadmissibilidade da prova testemunhal* para substituir a exigência de um documento (arts. 364º, nº 1 e 393º, nº 1) ou para prova de quaisquer convenções contrárias ou adicionais ao respetivo conteúdo (art. 394º, nº 1), todos esses preceitos do CC[212].

Não se torna, porém, exigível que a convicção do julgador sobre a validade dos factos alegados pela partes assente num *juízo de certeza absoluta*, bastando que se baseie num *juízo de razoável probabilidade ou verosimilhança*, quiçá legitimado com recurso às *presunções judiciais* (arts. 349º e 351º do CC)[213] – a certeza há-de ser sempre epistomológica e nunca ontológica. Tudo sendo sabido que, em *caso de dúvida insanável*, há que fazer funcionar as *regras distributivas do ónus da prova e da respetiva satisfação/insatisfação pela parte sobre a qual esse encargo legalmente impendia* (arts. 342º a 348º do CC e 414º do CPC).

[211] Cfr. Manuel de Andrade, *Noções Elementares* cit., pp. 356-357.

[212] Cfr. M. Teixeira de Sousa, *Estudos* cit., pp. 347-348.

[213] Cfr. Lebre de Freitas, *Introdução* cit., pp. 174-175.

18. Princípio da aquisição processual

Por força deste princípio, consagrado no art. 413º, o tribunal deve atender, na sua ponderação, a *todos os factos relevantes*, bem como a todo o material probatório (isto é, a todas as provas), *tenham ou não resultado da iniciativa ou atividade da parte que deveria produzi-las em obediência às regras de distribuição do ónus da prova*. Assim, esses materiais (*afirmações* e *provas*), aduzidos embora por uma das partes no cumprimento de seu *ónus subjetivo*, ficam «*adquiridos para o processo*», sendo por isso atendíveis, mesmo quando (emanados de ou trazidos ou carreados por uma das partes) sejam favoráveis à parte contrária[214].

Para MANUEL DE ANDRADE, na esteira de ROSENBERG, o princípio «traduz-se na chamada *comunidade de provas*»[215]. Todo esse material carreado para ou acolhido no processo como que «fica a pertencer à «*comunidade de sujeitos processuais*»[216].

Assim, por exemplo, se arrolada uma testemunha por uma das partes, a mesma, no seu depoimento, tiver alegado um facto favorável à parte contrária àquela pela qual foi oferecida, facto esse que veio a ser dado como provado, o tribunal não pode deixar de atender a tal depoimento e de o dar como relevante para a decisão da matéria de facto[217]. Resulta deste princípio não poder a parte retirar do processo uma prova já apresentada ou renunciar às suas provas uma vez produzidas (porventura por temer a prova de um facto desfavorável) – embora delas possa desistir antes dessa produção[218-219]. A título de exemplo: – os *documentos* juntos só podem ser desentranhados (retirados) dos autos e restituídos à parte que os ofereceu após o trânsito em julgado da decisão (art. 442º, nºs 3 e 4); – é inadmissível a *desistência da prova pericial* por banda da parte requerente sem a anuência contraparte (art. 474º); – não podem as partes *retirar as confissões* expressas

[214] *Princípio da aquisição processual*: «os materiais (afirmações ou provas) aduzidos por uma das partes ficam adquiridos para o processo, são atendíveis mesmo que sejam favoráveis à parte contrária» (*ungunstige Parteivorbringen*) – Cfr. MANUEL DE ANDRADE, *Noções Elementares* cit., p. 357.

[215] Cfr. *Noções Elementares* cit., p. 357.

[216] Cfr. CASTRO MENDES, *Conceito de Prova em Processo Civil*, p. 167 e ANTUNES VARELA, RLJ, ano 116º, pp. 317 e ss..

[217] Cfr. M. TEIXEIRA DE SOUSA, *Estudos* cit., p. 346.

[218] Cfr. MANUEL DE ANDRADE, *Noções Elementares* cit., pp. 357-358.

[219] Cfr. ALBERTO DOS REIS, *Código de Processo Civil Anotado*, vol. III cit., pp. 272 e ss..

de factos feitas nos articulados nem as declarações desfavoráveis ser retiradas após aceitação especificada da parte contrária (art. 465º, nº 2)[220].

O *princípio da aquisição processual* não é, porém, um princípio absoluto. Ressalva a lei (art. 413º, 2ª parte) as *situações em que a lei declare ou considere irrelevantes a alegação e prova de um facto quando não sejam feitas por uma certa parte interessada*. Por exemplo, a *confissão* só pode ser feita pela parte para a qual o facto (que venha a ser reconhecido) for desfavorável (art. 352º do CC) e a *prova da maternidade* na competente ação de investigação só pode ser efetuada pelo filho investigante (art. 1816º, nº 1, do CC). Não é, também, de seguir o princípio se a sua observância for colidente, por ex., com os *princípios da eventualidade ou da preclusão*: se for trazido aos autos um facto que, a ser atendido, importe a alteração do pedido e/ou da causa de pedir, numa fase em que tal modificação já não seja legalmente admissível, aquele facto não poderá ser tomado em consideração.

19. Princípio da imediação

O *princípio da imediação* decorre logicamente dos princípios da prossecução da verdade material e da livre apreciação das provas, uma vez que ambos reclamam um *contacto direto* (*imediação*) do tribunal com os diversos intervenientes no processo e com a respetiva atividade alegatória/probatória, com vista a proporcionar ao julgador uma melhor apreciação, ou seja, um juízo mais correto acerca da veracidade ou falsidade de uma dada afirmação ou alegação fácticas[221]. Traduz-se essencialmente no *contacto pessoal entre o juiz e as pessoas ou coisas que servem de fontes de prova*, devendo os meios de prova, em princípio, *ser apresentados diretamente perante o julgador* e devendo este, por sua vez, ter um *contacto presencial e direto com eles*[222-223].

Concretização prática do princípio é o nº 3 do art. 604º, ao determinar quais os diversos atos de prova que devem ser realizados ou ser presentes perante o juiz da audiência final, ao qual compete apreciar a prova e pronunciar-se, na sequência da respetiva produção, sobre quais os factos provados e não provados (art. 607º, nº 4).

[220] Cfr. Anselmo de Castro, *Direito Processual Civil Declaratório*, vol. III, Coimbra, Almedina, 1982, p. 174.

[221] Cfr. Anselmo de Castro, *Direito Processual Civil Declaratório*, vol. II, Coimbra, Almedina, 1982, p. 175.

[222] Cfr. Manuel de Andrade, *Noções Elementares* cit., p. 358.

[223] Cfr. M. Teixeira de Sousa, *Estudos* cit., p. 334.

O princípio assume especial acuidade em *1ª instância*, sendo que é nela que é produzida a generalidade das provas pré-constituídas e constituendas; mas pode ser igualmente operante na *2ª instância* (*em sede de recurso de apelação*), nos casos em que o tribunal da Relação entenda usar dos poderes que (em sede factual) lhe são conferidos pelas alínas a) e b) do nº 2 do art. 662º; isto, sendo certo que, nessas situações, «se deve observar, com as necessárias adaptações, o preceituado quanto à instrução, discussão e julgamento na 1ª instância» (art. 662º, nº 3, al. a)).

Desta regra apenas se excetuam os seguintes casos[224]: – dever a *produção da prova ter lugar em tribunal diferente do da causa* por via de expedição de carta precatória (*deprecada*) ou rogatória (art. 172º, nº 1); – *produção de prova antecipada* (*por depoimento*) *perante juiz diverso do da causa* (arts. 419º e 420º); – *a natureza do meio probatório implicar que a produção tenha lugar antes ou fora da audiência* (é o caso da existência de prerrogativas de inquirição *ratione personnae* dos arts. 503º e 504º); – a *prova pericial* (arts. 478º a 484º); – a *prova por verificações não judiciais qualificadas* (art.494º). As *testemunhas* a que se reporta o nº 2 do art. 503º, podendo *depor primeiro por escrito*, podem também ser chamadas pela parte proponente à audiência, caso seja necessário algum esclarecimento adicional (art. 505º, nº 4).

Postula ainda o princípio que se dê *prevalência à prova mais direta e mais recente*, por se encontrar mais disponível ou mais acessível e ser, por isso, mais fidedigna, sobre a prova mais remota ou a produzir com recurso a ilações/deduções de caráter indiciário. Assim por ex., não é de excluir o chamado depoimento *de outiva* (*testemunha de ouvir dizer*), mas ao depoimento do próprio autor do relato é de conferir maior valor probatório que ao do respetivo interlocutor[225].

Possuem *natureza instrumental* relativamente ao *princípio da imediação* os *princípios da concentração* e da *continuidade da audiência*, da *oralidade*, da *identidade do juiz* e da *publicidade da audiência e do processo*, pois que tendendo a dar-lhe efetivação. Anselmo de Castro rotula mesmo os três primeiros de «corolários» desse princípio[226].

224 Cfr. Lebre de Freitas, *Introdução* cit., pp. 194-195.

225 Cfr. Lebre de Freitas, *Introdução* cit., pp. 193-194.

226 Cfr. *Direito Processual Civil Declaratório*, vol. III, cit., p. 175.

19.1. Princípios da concentração e da continuidade da audiência

A par do *princípio da inadiabilidade da audiência final* consagrado no art. 603º, institui a lei processual, no nº 3 do art. 606º, o *princípio da concentração* (relização da audiência final, se possível em um só dia), o que significa e inculca que os atos sequenciais de instrução, discussão e julgamento se realizem (sempre que possível) *seguidamente e com o menor intervalo temporal possível entre eles.*

O exame da causa deve concentrar-se (em princípio), «num *período único* (debate) a desenrolar-se *numa única audiência* ou em *audiências próximas*»[227-228]. Isto porque, sem *concentração*, dificilmente se daria cumprimento aos princípios da *identidade do juiz* e da *imediação* (arts. 604º e 605º).

O *princípio da continuidade* da audiência significa que todos os atos de produção de prova constituenda deverão ter lugar (preferencialmente e de modo concentrado) *numa mesma sessão* de *audiência* e que esta deve ser *contínua* (arts. 606º, nº 2). Nem que, para tanto, tenham que sacrificar-se as férias judiciais e as diligências de outras secções diferentes daquela por onde correr o processo, sendo que só em casos muito contados a audiência pode ser diferida ou adiada (art. 606º, nº 3). Uma vez iniciada, a audiência deve prosseguir sem interrupção; *não sendo possível concluí-la num só dia, deve prosseguir nos dias úteis imediatos sucessivos, ainda que com prejuízo de serviço já marcado* (art. 606º, nºs 2 e 3); o juiz marcará então a sua continuação para o *dia útil imediato, ainda que compreendido em férias judiciais* (art. 606º, nº 2, 2ª parte).

As irregulares interrupções da audiência e as marcações da sua continuação para além do dia imediato àquele em que não for possível a sua conclusão, são suscetíveis de – em casos limite que ultrapassem a mera irregularidade – integrar *nulidade processual* se tiverem influído no exame e decisão da causa, nesta eventualidade com a consequente anulação do processado posterior (art. 195º, nº 1)[229]. De realçar que uma das *finalidades da audiência prévia* é precisamente «*a programação, após a audição dos mandatários, dos atos a realizar na audiência final, estabelecer o número de sessões e a sua provável duração e designar as respetivas datas*» (art. 591º, nº 1, al. g)).

[227] Cfr. Anselmo de Castro, *Direito Processual Civil Declaratório*, vol. III cit., p. 176, citando Chiovenda.

[228] Já segundo a Lei das XII Tábuas (I, 7 e I, 9) o processo devia começar antes do meio dia e decorrer numa *única sessão* que não podia ir além do pôr do sol.

[229] Cfr., neste sentido, o acórdão do STJ de 23-11-2000, Proc. 3014/00 – 7ª Sec., *in* "Sumários de Acórdãos", Edição Anual, p. 347/Cons. Dionísio Correia.

São de considerar, nesta sede, as mesmas exceções já enunciadas a propósito do princípio da imediação.

19.2. Princípio da oralidade

O princípio *da oralidade* significa que *os atos de instrução, discussão e julgamento da matéria de facto se devem fazer seguida e oralmente (de viva voz).*

A produção dos *meios de prova pessoal* deve efetuar-se *oralmente* «perante o julgador da matéria de facto, *sem prejuízo da sua gravação* (obrigatória) em registo adequado (art. 155º, nº 1). Assim, se se tratar de prova a realizar através de audição ou inquirição de pessoas – isto é, de prova por confissão (depoimento de parte), de prova testemunhal ou, eventualmente, de prova pericial (alíneas a), c) e d), respetivamente, do nº 3 do art. 604º) –, será essa prova produzida e realizada *oralmente*, pelo que «a imediação implica a oralidade nessa realização»[230].

A forma escrita impõe-se em relação a todos aqueles atos processuais cujo conteúdo tenha de permanecer inalterado ou apenas consinta as alterações permitidas por lei e sujeitos a estrito controlo posterior, v.g., a petição inicial (art. 552º), a contestação (art. 569º), a réplica (art. 584º e 585º) – articulados normais, eventuais e extraordinários –, a produção antecipada de prova (art. 420º) e as alegações dos advogados em processo à revelia (art. 567º, nº 2).

Já a *instrução e discussão da matéria de facto em audiência final* se encontra estruturada de harmonia com o *princípio da oralidade*. Assim, terão lugar nessa audiência os *debates* sobre a matéria de facto, nos quais cada advogado pode replicar uma vez (art. 604º, nº 3, al. e) e nºs 5 e 6); assim como os *depoimentos das testemunhas* (art. 604º, nº 3, alíneas a) e d)), salva a impossibilidade ou grave dificuldade de comparência (art. 518º). Também os *depoimentos de parte*, quando devam ser prestados na audiência final, são *orais*, apenas sendo *reduzidos a escrito* nos segmentos de natureza confessória (art. 463º, nºs 1, 2 e 3), assim como, e de igual modo, as *declarações de parte* que constituam confissão (art. 466º, nº 3, *in fine*).

A favor da *oralidade* concorre o chamado *método direto* (do "contacto" ou "observação direta e imediata") do julgador com as provas, inerente e imanente à plena atuação prática do princípio da livre convicção do juiz, sobretudo na valoração das provas pessoais (depoimentos e declarações das partes, depoimentos das testemunhas e declarações para *esclarecimento*

[230] Cfr. M. Teixeira de Sousa, *Estudos* cit., p. 334.

dos peritos), os quais devem ser prestados *diretamente* (e portanto *oralmente*) perante o próprio juiz que julga a causa. Daí que também se designe, por vezes, o princípio ou sistema da oralidade, encarado *sob este ângulo, por princípio ou sistema da imediação* (*ou oralidade-imediação*)»[231].

De realçar que, por força do disposto no art. 155º, a *audiência final*, quer das *ações*, quer dos *incidentes* e *procedimentos cautelares*, é *sempre gravada* mediante *sistema sonoro*, sem prejuízo de outros meios audiovisuais ou de outros processos técnicos semelhantes de que o tribunal possa dispor (art. 155º, nºs 1 e 2). Também a *audiência prévia* é sempre gravada.

19.3. Princípio da identidade do juiz ou da plenitude da assistência do juiz

O *princípio da identidade do juiz* encontra-se intimamente associado ao princípio da livre apreciação da prova e é apelidado também de «*princípio da plena participação do juiz*» ou da «*plenitude da assistência dos juízes*». *O juiz que preside à produção da prova e a aprecia deve, em princípio, ser o mesmo que profere a decisão final,* pois que só ele esteve em contacto direto com as fontes geradoras dos *facta concludentia* (art. 605º).

O preceito contempla e regula as hipóteses de *falecimento ou impossibilitação* (física ou mental) do juiz durante a audiência final (art. 605º, nº 1), bem como os casos de *eventual transferência, promoção, aposentação/jubilação ou falecimento* (nº 3). Assim: – no caso de *falecimento ou incapacitação definitiva*, repetir-se-ão os atos já praticados; – no caso *de impossibilidade temporária*, interromper-se-á a audiência pelo tempo indispensável, a não ser que as circunstâncias aconselhem a repetição dos atos já praticados, o que será decidido *sem recurso*, mas em despacho fundamentado, pelo juiz substituto; – nas hipóteses de *transferência, promoção ou aposentação* do juiz na pendência da audiência, o juiz objeto dessas medidas funcionais deverá, mesmo assim, concluir o julgamento, exceto em caso de aposentação por incapacidade física, moral ou profissional para o exercício do cargo ou se também for julgada preferível a repetição dos atos já praticados (nº 3). Nos casos de *transferência* ou *promoção*, o juiz transferido ou promovido elabora também a sentença (nº 4).

A infração a estas regras é também potencialmente geradora de *nulidade processual* nos termos e para os efeitos do nº 1 do art. 195º e dos arts. 199º e 200º, nº 3.

[231] Cfr. A. Pessoa Vaz, *Direito Processual Civil*, 2ª ed., Coimbra, Almedina, 2002, p. 151.

19.4. Princípio da publicidade da audiência e do processo

«As *audiências* dos tribunais são *públicas*, salvo quando o próprio tribunal decidir o contrário, em despacho fundamentado, para salvaguarda da *dignidade das pessoas e da moral pública* ou para *garantir o seu normal funcionamento*» (art. 206º da CRP). Assim, a *audiência final* deve – consideradas as supra-aludidas exceções – ser *pública (princípio da publicidade da audiência)*[232]. Princípio este a que subjaz a ideia de assegurar a transparência da administração da justiça em geral e do julgamento em particular, bem como o auto e o hetero-controlo dos julgadores (arts. 606º, nº 1, do CPC e 206º da CRP)[233].

À míngua de critérios legais detalhadamente pré-definidos acerca da inclusão/exclusão da publicidade da audiência, deve o intérprete socorrer-se dos genericamente enunciados, quer no art. 206º da CRP, quer no citado nº 1 do art. 606º, do CPC. Fundamentos no seu cerne correspondentes aos previstos no art. 14º, nº 1, do PIDCP e no art. 6º, nº 1, da CEDH: «interesse dos *bons costumes, da ordem pública ou da segurança nacional de uma sociedade democrática, seja quando a proteção da vida privada das partes o exija, seja ainda quando o tribunal o considerar absolutamente necessário para a boa administração da justiça*». Será, todavia, sempre ao próprio tribunal que assistirá (no uso de prudente arbítrio) a última palavra, tendo a *decisão de excluir a publicidade da audiência*, por expressa determinação da lei, de ser sempre *devidamente fundamentada* (citados arts. 206º da CRP e 606º, nº 1, do CPC).

De assinalar, contudo, que as *ações sobre o estado das pessoas* (divórcio, investigação e impugnação de paternidade ou maternidade) ou em que estejam em causa *direitos fundamentais de personalidade* (direito ao bom nome, à imagem sócio-pública, à honorabilidade moral/pessoal e à intimidade da vida privada e familiar) aconselharão normalmente o julgamento *à porta fechada*.

[232] Sobre essa publicidade, cfr. também o art. 10º da DHDH, o art. 14º, nº 1, do PIDCP e o art. 6º, nº 1, da CEDH.

[233] Curiosamente, no direito processual romano, tanto as fases *in iure* e *apud judicem* da *ordo judiciorum privatorum*, como a *cognitio extra ordinem*, decorriam publicamente. Só a partir do século V d.C. a publicidade do processo começou a ser restringida, passando o mesmo a decorrer, de preferência, numa sala (*secretarium* ou *secretum*), na qual o povo estava separado do magistrado por grades (*cancelli*) e uma cortina (*velum*) que só excecionalmente era levantada. Dentro do *secretarium* apenas poderiam encontrar-se o magistrado, as partes, os funcionários que integravam o gabinete (*officium*) do magistrado e, excecionalmente, pessoas de relevo político e social a quem tal honra fosse concedida (*honorati*) – cfr. Santos Justo, *Direito Privado Romano* I cit., pp. 277-278.

Já não, assim, e em princípio, se apenas em causa direitos de natureza patrimonial, o que fica ao alvedrio do juiz decidir casuisticamente.

A publicidade reporta-se, quer à «*abertura ao público*» (com franqueamento de parte do espaço em que se realize), quer ao «*relato público*» («acesso dos meios de comunicação e difusão à sala do julgamento com possibilidade de colheita de elementos de reportagem»)[234]. Por ela se possibilita um "hetero-controlo" (popular) relativamente ao poder judicial, ao mesmo tempo que se reforça a confiança na administração da justiça, já que, através da *oralidade* e da transparência que esta proporciona, se institui um eficaz meio de prevenção do arbítrio e de defesa da verdade e da justiça das decisões judiciais[235].

Há sempre que pôr em equação os direitos (pessoais) à *imagem e à reserva da vida privada* dos intervenientes *na audiência* (art. 26º, nº 1, da CRP), *por um lado, e o direito* à informação dos cidadãos (art. 37º, nº 1, da CRP), por outro. A própria CEDH, no nº 1 do seu art. 6º, prevê que o *acesso à sala de audiências* possa (em certas circunstâncias) ser vedado à imprensa ou ao público, o que legitima a sugestão de que a regra da publicidade da audiência não exige necessariamente a presença irrestrita dos meios de comunicação social de massa, podendo assim ser casuisticamente restringidas (por decisão fundamentada) a forma e a amplitude dessa divulgação.

Quanto à *publicidade do processo*[236], estatui o nº 1 do art. 163º que «*o processo civil é público*, salvas as restrições previstas na lei». E, no nº 2, que «*a publicidade do processo implica o direito de exame e consulta do processo por via eletrónica*, nos termos definidos na portaria prevista no nº 2 do art. 132º, e, na secretaria, bem como o de *obtenção de cópias ou certidões de quaisquer peças nele incorporadas*, pelas partes, por qualquer pessoa capaz de exercer o mandato judicial ou por quem nisso revele *interesse atendível*».

Também este direito de acesso aos autos é limitado nos casos em que a divulgação do seu conteúdo possa ser lesiva da *dignidade das pessoas*, da intimidade da vida privada ou familiar ou da moral pública ou pôr em causa a eficácia da decisão a proferir (art. 164º, nº 1). No nº 2 desse mesmo

[234] Cfr. Gomes Canotilho e Vital Moreira, *Constituição da República Portuguesa Anotada*, 3ª ed. cit., p. 801, autores para quem «*a garantia da audiência* é dos elementos do *princípio da publicidade da justiça* que está pressuposta no *princípio da publicidade da audiência*» – cfr. ob. e loc. cits..

[235] Cfr. M. Teixeira de Sousa, *Estudos* cit., pp. 53-54.

[236] *Vide*, quanto a esta matéria, M. Teixeira de Sousa, *Estudos* cit., pp. 50 a 53.

preceito, enumeram-se – a título meramente exemplificativo (o que logo sugere o advérbio "designadamente") – como hipóteses integradas no primeiro segmento desse nº 1, as (*ações de estado*) nos "processos de anulação de casamento, divórcio, separação de pessoas e bens e os respeitantes ao estabelecimento ou impugnação da paternidade – (*al. a*)); e, como exemplos abrangidos pela sua segunda parte, os *procedimentos cautelares* em que o requerido não deve ser ouvido antes do decretamento da providência (cfr. os arts. 366º, nº 1, 378º e 393º, nº 1) – (*al. b*)).

Poderão os mandatários judiciais (constituídos pelas partes) obter «*informações sobre* o estado dos processos em que intervenham através de acesso aos ficheiros informáticos existentes nas secretarias, nos termos previstos no respetivo diploma regulamentar» (nº 2 do art. 163º). A *consulta de processos por parte de advogados e solicitadores* é efetuada por *via eletrónica* nos termos do art. 27º, nºs 1, 2 e 3, da Portaria nº 280/2013, de 26 de agosto (com as alterações das Portarias nºs 170/2017 e 267/2018, de 20 de setembro).

Os mandatários judiciais, os magistrados do Ministério Público e os que exerçam o patrocínio por nomeação oficiosa podem solicitar, por escrito ou verbalmente, que os suportes físicos de processos pendentes, que contenham atos e documentos que não tenham representação eletrónica, lhes sejam *confiados para exame* fora da secretaria do tribunal» – a chamada *confiança do processo* (art. 165º, nº 1) – direito esse cujo exercício e respetivas condições e limitações os nºs 2 a 4 do mesmo preceito regulamentam (sendo que todos estes atores judiciários têm acesso ao processo por via informática).

Os *processos de execução* só podem, contudo, ser facultados aos executados após a citação, ou, nos casos previstos no art. 626º, após a notificação, sendo também vedado o acesso à informação relativa aos bens indicados pelo exequente para penhora e atos instrutórios da mesma (art. 164º, nº 2, al. c)).

Valem para o *dever de passar certidões* dos termos e atos processuais pela secretaria (art. 170º, nº 1) as mesmas limitações à publicidade do processo contempladas no art. 164º (art. 170º, nº 2)[237].

«O *acesso à informação* do processo também *pode ser limitado*, em respeito pelo *regime legal de proteção e tratamento de dados pessoais* quando, estando em causa dados pessoais constantes do processo, os mesmos não sejam pertinentes para a justa composição do litígio» (art. 164º, nº 3).

[237] O pedido, a emissão e a consulta de *certidões judiciais eletrónicas* são regulados pela Portaria nº 209/2017, de 13 de julho.

Secção III
Princípios relativos à conduta processual das partes e demais intervenientes processuais

20. Princípio da cooperação. Dever de boa-fé processual. Dever de recíproca correção

20.1. Princípio da cooperação. Conteúdo. Alcance

O *princípio da cooperação* consubstancia-se, *per summa capita*, no dever que impende sobre os diversos intervenientes processuais (magistrados, mandatários, partes ou terceiros para tanto judicialmente convocados ou instados) de prestarem a sua *cooperação ativa* no sentido da obtenção, com celeridade e eficácia, da justa composição do litígio (art. 7º, nº 1). Trata-se, no fundo, de uma *diretriz* ou, se se quiser, de uma *«regra programática»*[238], orientadora da conduta processual dos diversos agentes ou atores judiciários.

A respeito deste princípio e da cooperação intersubjetiva, fala a doutrina alemã de uma *comunidade de trabalho* (*Arbeitsgemeinschaft*) entre as partes e o tribunal para a realização da função processual[239].

Desdobra-se o princípio da cooperação numa *vertente material* (arts. 7º, nºs 2 e 3) e numa *vertente formal* (arts. 7º, nº 4, 9º e 151º, nº 3).

Na *vertente material*, os nºs 2 e 3 do art. 7º são, depois, completados pelo nº 1 do art. 417º, visando este último inciso primacialmente o *depoimento de parte* (art. 421º)[240]. Sobre as partes (e seus mandatários) impende particularmente o dever de *colaboração para a descoberta da verdade material*, respondendo ao que lhes for perguntado, submetendo-se às *inspeções necessárias* (*inspeção judicial* – art. 390º do CC e 574º, nº 1, do CPC – e a *exame pericial* – arts. 388º do CC e 467º e 480º do CPC), facultando o que for requisitado e praticando os atos que forem determinados, tais como a submissão a exames grafológicos (reconhecimento de letra e assinatura – art. 482º) e a exames físicos (diretos, de sanidade ou serológicos) que forem solicitados.

[238] Cfr. J. Rodrigues Bastos, *Notas*, vol. II, cit., p.17.

[239] Cfr. M. Teixeira De Sousa, *Estudos* cit., pp. 62 e ss. e nota 20, citando Wassermann, *in Der soziale Zivilprozess*, pp. 97 e ss..

[240] Cfr. Lebre de Freitas, *Introdução* cit., p. 188.

E, ainda, o dever de *facultação de documentos, monumentos, coisas móveis ou imóveis (objetos) que constituam meios de prova* (arts. 416º, 429º e 430º).

O nº 2 do art. 7º confere, de resto, ao juiz, o poder de, em qualquer altura do processo, ouvir as partes (ou os seus representantes e mandatários) «convidando-as a *prestar esclarecimentos* sobre a matéria de facto e de direito que se afigurem pertinentes» (*dever de informação ou dever de prestação de esclarecimentos*). Dever esse aliás, de *caráter recíproco* entre o tribunal e as partes), ao qual o nº 3 associa o *dever de comparência pessoal*, ambos esses deveres de *caráter obrigatório* para as partes e para as pessoas referidas no nº 2.

O momento azado para a solicitação e prestação de esclarecimentos às partes é o da *audiência final* (art. 604º). Também na *audiência prévia* (art. 591º, nº 1, al. c)), salva, contudo, a possibilidade de a prestação de esclarecimentos ter lugar fora dessa audiência.

Poderes do juiz e deveres das partes. Neste conspecto, observa LEBRE DE FREITAS[241], que é de conferir particular ênfase ao *dever de verdade*, com relevância especial no âmbito probatório, como, por ex., na verificação da falsidade de um documento. Em todo o caso, com a advertência de que, sendo embora controvertidos «os limites do dever judicial», não pode (não deve) o juiz assumir o papel de *consultor jurídico* duma das partes (não lhe é lícito, por exemplo, aconselhar ou sugerir a dedução da exceção de *prescrição*, a qual, *ex-vi* do art. 303º do CC, para ser eficaz, terá de ser invocada por via judicial ou extrajudicial por aquele a quem aproveita[242]); já «*a caducidade é apreciada oficiosamente pelo tribunal* (podendo também ser alegada em qualquer fase do processo) *se for estabelecida em matéria excluída da disponibilidade das partes*» (art. 333º, nº 1, do CC).

O *dever de cooperação* tem, porém, como limites fundamentadores de *recusa legítima*: – *por um lado*, o *limite absoluto* do respeito pelos *direitos fundamentais*, tais como direito à integridade pessoal[243], o direito à reserva da

[241] Cfr. *Introdução* cit., p. 189, na qual se obtempera que «o *Fragerecht* (*direito de perguntar*) do juiz corresponde precisamente a um *Frage und Aufklarungspflicht* (*dever de perguntar e de esclarecer*), sendo, por isso, admissível o recurso de revisão» quando não haja sido exercido, devendo sê-lo, sendo este o sentido dado pela doutrina e jurisprudência alemãs ao § 139-1 da *Zivilprozessordnung*, fonte inspiradora do legislador português de 1995-1996.

[242] Cfr. *Introdução* cit., p. 189, nota 6, citando ROSENBERG-SCHWAB-GOTTWALD, *Zivilprozessrecht*, § 81,II, 1.

[243] No acórdão do STJ de 11-1-2001, Proc. 3385/00 – 7ª Sec./Cons. NEVES RIBEIRO, considerando-se que, para além de «ilegítima», *a recusa* do pretenso pai em apresentar-se a exame hematológico por violação do dever de cooperação (por alegados medo de agulhas, visão de

vida privada e familiar e o direito à inviolabilidade do domicílio, da correspondência e das telecomunicações (arts. 25º, nº 1, 26º, nº 1 e 34º, nº 1, da CRP): – *por outro*, o respeito pelo *direito ou dever de sigilo* (sigilo profissional e religioso, sigilo dos funcionários públicos e segredo de Estado), salva a possibilidade de escusa em caso de colisão de deveres. Esse dever de sigilo (profissional, dos funcionários públicos ou o segredo de Estado) está, todavia, sujeito, quanto às suas *extensão* e eventuais *dispensa* ou *quebra*, ao regime dos arts. 128º, 129º e 130º do CPP, aplicáveis *ex-vi* do nº 4 do art. 417º do CPC[244-245].

Fala-se também, a este propósito, dos *deveres de prevenção*, de *consulta*[246] do tribunal para com as partes (deveres de *caráter assistencial*), sem, pois, qualquer correspetividade em termos de deveres dos assistidos. O *dever de prevenção* prende-se com os poderes/deveres (do juiz) de instar as partes à clarificação dos respetivos articulados e ao suprimento do *deficit* de exposição fáctica relevante, bem como de as alertar para a necessidade de adequação do pedido formulado à concreta situação material controvertida. A título de exemplo: o convite ao *aperfeiçoamento dos articulados*, em ordem a uma *melhor descrição das circunstâncias que rodearam a ocorrência de um facto essencial* ou de um *facto complementar e/ou concretizador* (arts. 590º, nº 1, al. b)

sangue e fobia dos hospitais) configura uma situação conducente à *inversão do ónus da prova* nos termos do nº 2 do art. 417º. Foi, ainda, nesse aresto, entendido que a prática de ato médico para recolha (forçada) de sangue é incompatível com a dignidade da pessoa humana e com os direitos de natureza pessoal que a Constituição acautela, designadamente com o art. 26º, nºs 1 e 2 (direito à integridade física e direito ao corpo), pelo que não será admissível a ordem judicial de condução do pretenso pai sob custódia ao Instituto de Medicina Legal para a realização desse exame.

[244] Cfr. Lebre de Freitas, *Introdução* cit., p. 188.

[245] Destinando-se o *dever de sigilo* a proteger direitos pessoais (bom nome, reputação e reserva da vida privada) e o *dever de cooperação para a descoberta da verdade* a satisfazer o *interesse público da administração da justiça*, deve este ser considerado prevalecente. Assim, «a prestação de informações por parte de entidades bancárias sobre o aprovisionamento, saldo e movimentos de contas, embora versando sobre aspetos da *vida privada*, não respeita a atos abrangidos pela dimensão da "*vida intima*", isto é, atos cobertos pela tutela do direito *à reserva sobre a intimidade da vida privada* (consagrada nos art. 26º, nºs 1 e 2, da CRP e 80º do CC), não constituindo assim (tais informações) meios de prova de obtenção e produção ilícitas». Daí que, mesmo «inexistindo autorização do cliente bancário no sentido da divulgação de informações solicitadas, possa o tribunal dispensar a confidencialidade de tais elementos, no âmbito do estritamente indispensável à realização dos fins probatórios e com rigorosa observância do princípio da proibição do excesso» – cfr., neste sentido, o acórdão do STJ de 17-12-2009, CJSTJ, Tomo III/2009, p. 174/Cons. Helder Roque.

[246] Cfr. M. Teixeira de Sousa, *Estudos* cit., pp. 66-67.

e nºs 2 e 3, e 591, nº 1, al. c)); – a *delimitação conjunta dos termos do litígio*; – a sugestão de *especificação, quantificação ou concretização de um pedido* indeterminado; – o *convite ao completamento, esclarecimento* ou *concretização das conclusões da alegação de recurso* (art. 639º, nº 3). O *dever de consulta* correlaciona-se intimamente com o princípio do contraditório postulado no nº 3 do art. 3º.

No que respeita à *vertente formal*, o nº 4 do art. 7º formula implicitamente um *dever de auxílio*, ao impor ao juiz que providencie pelo *suprimento de obstáculos* surgidos às partes na obtenção de informações ou documentos necessários ao exercício de direitos ou deveres processuais, isto é, o encargo de colaborar com a parte na remoção desses eventuais escolhos junto das entidades públicas ou privadas (por ex., o dever de notificar o co-réu ou um terceiro familiar do falecido para que preste as informações necessárias à observância do ónus de requerer a *habilitação*, a fim de que a causa possa prosseguir – arts. 270º e 351º, nº 1). Sobre um idêntico dever de auxílio relativo a dados confidenciais, cfr., ainda, o preceituado no art. 418º, nº 1. Outros tantos afloramentos do princípio da cooperação, na sua vertente formal, são os da *marcação e adiamento das diligências processuais por acordo* (art. 155º, nºs 2, 3 e 5) e a comunicação pelo juiz de *atraso no início da diligência* (arts. 9º e 151º, nº 3). A *recusa da colaboração devida* torna *o recusante ilegítimo* incurso em condenação em *multa*, sem prejuízo dos meios de coerção legal. Se o recusante for *parte*, a inobservância do dever de cooperação poderá, quando *grave*, dar lugar a condenação em multa e à obrigação de indemnizar a parte contrária como *litigante de má-fé* (art. 542º, nº 2, al. c))[247]. A *conduta processual* não colaborante é, de resto, apreciada «livremente pelo tribunal para efeitos probatórios, sem prejuízo da *inversão do ónus da prova*» cominado no nº 2 do art. 344º do CC (cfr. o nº 2 do art. 417º)[248]. Esta inversão (por preterição de

[247] O *princípio da cooperação* impõe, por ex., ao credor-exequente-requerente de penhora de depósitos bancários (ao abrigo do disposto no nºs 1 e 2 do art. 780º) que justifique o seu requerimento, com discriminação e identificação, tanto quanto possível, dos saldos das contas bancárias do executado, não se limitando a referir genericamente «os saldos de eventuais contas bancárias», sob pena de *indeferimento do requerimento executivo* – cfr. o acórdão do STJ de 14-10-2004, Proc. 2677/04 - 7ª Sec., "Sumários de Acórdãos", nº 84, p. 31/Cons. Oliveira Barros e o acórdão do STJ de 3-6-2004, Proc. 1569/04 - 2ª Sec., *in ibidem*, nº 82, p. 13/Cons. Loureiro da Fonseca. *Vide*, atualmente, a al. d) do nº 1 do art. 723º e os nºs 3, 4 e 5 do mesmo art. 780º.

[248] «A *inexistência de justificação para a falta de junção de documentos* requeridos para demonstração de factos invocados pela contraparte pode justificar a *inversão do ónus da prova* se

ónus processuais relativos à prova) ocorrerá se a parte instada, por ato culposo seu, tornar impossível a prova à contraparte.

20.2. Os deveres da boa-fé processual e de recíproca correção

O princípio da cooperação implica para as partes e demais intervenientes um *dever de litigância de boa-fé*, ou seja um *honeste procedere*, traduzido numa atuação processual pautada pela lisura e lealdade. *As partes devem agir de boa-fé* e *observar os deveres de cooperação* plasmados no art. 7º (art. 8º). Relativamente aos advogados, regem especificamente, nesta sede, os arts. 88º, 90º, 95º, 108º, 110º e 112º do EOA.

Manifestação evidente do princípio da cooperação é a imposição recíproca aos diversos sujeitos processuais e intervenientes principais ou acidentais no processo do dever de agirem entre si com *correção* e *urbanidade*, ou seja, com *respeito* e *cortesia*. Todos os intervenientes no processo devem agir em conformidade com um *dever de recíproca correção*, pautando-se as relações entre advogados e magistrados por um *especial dever de urbanidade* (arts. 9º, nº 1, e 151º).

Para prevenir os chamados «*abusos de litigância*», impõe-se o comedimento ou contenção das partes nos termos a usar em peças escritas ou em alegações orais, designadamente não utilizando *expressões desnecessárias ou ofensivas da honra ou do bom nome da contraparte ou do respeito devido às instituições* (art. 9º, nº 2, do CPC). Também se ocorrerem situações impeditivas do início pontual de qualquer diligência, deve o juiz dá-las a conhecer aos advogados e a secretaria às partes e demais intervenientes dentro dos 30 minutos subsequentes à hora designada para o respectivo início. E, se faltar essa comunicação, tal implicará «a dispensa automática dos intervenientes processuais comprovadamente presentes, constando obrigatoriamente da ata tal ocorrência» (art. 151º, nº 4, do CPC).

20.3. Princípio de utilização de linguagem simples e clara

Com o declarado propósito «de aumentar a *transparência* e *proximidade* do sistema judicial» (*sic*), o Dec.-Lei nº 97/2019, de 26 de julho, veio, pelo seu art. 3º, aditar ao CPC o art. 9º-A, instituindo nele «o *princípio de utilização de linguagem simples e clara*, ao estatuir que «*o tribunal* deve, em todos os seus

aquela ficar impossibilitada de provar esses factos ou, pelo menos, em grande dificuldade para o lograr». Cfr., neste sentido, o acórdão do STJ de 7-3-2019, Proc. 5744/15.0T8VNG.P1.S1, *in* www.dgsi.pt/Cons. Acácio Neves.

atos, e em particular nas *citações* e *outras comunicações dirigidas diretamente às partes e a outras pessoas singulares ou coletivas,* utilizar *preferencialmente linguagem simples e clara.*

O princípio refere-se ao *tribunal* como entidade impessoal (constituído por magistrados, partes e seus mandatários) e, também (de modo especial) aos *funcionários* autores ou executores dos atos processuais (de cumprimento oficioso ou judicialmente pré-determinado). Do que parece tratar-se é que, quer os *atos internos,* quer os *atos de comunicação externa* (de ordem avulsa ou estereotipada) praticados pelos diversos intervenientes processuais, se perfilem de fácil apreensão e compreensão (quanto ao seus conteúdo, sentido e objeto) pelos respetivos destinatários, devendo o *critério (objetivo) de aferição* ser o *do homem médio* (medianamente culto, avisado e sensato), que é o suposto ser querido pela ordem jurídica.

No que respeita aos *atos dos magistrados* (*sentenças* ou *despachos*), sem que possa pôr-se em causa a independência do juiz (constitucionalmente garantida), a *ratio* do princípio é obviar (ou, pelo menos, travar) a tentações de erudição que os torne opacos, herméticos e de difícil inteligibilidade, bem como à externação de pretensiosos alardeamentos de sapiência, sejam eles de ordem sócio-cultural ou de pretensa pedagogia ético-moral, geradores de suspeita de proselitismo ou preconceito ideológico.

Sem que seja de propugnar o amorfismo ou a indiferença relativamente às conceções sócio-culturais ou sócio-económicas dominantes, na fundamentação das decisões judiciais deve adotar-se uma *linguagem concisa e clarividente* (*escorreita, seca* ou *enxuta,* como soi dizer-se na *praxis*), e que se cinja à correta aplicação da lei às concretas situações *sub-judice,* sem espraiamento em considerações de caráter excrescente, supérfluo ou espúrio que, pela perplexidade que podem gerar na *communis opinio,* possam redundar em desprestígio para a administração da justiça. A inobservância do princípio, mormente na prática de *atos de caráter jurisdicional,* pode mesmo ofuscar a bondade e a correção do julgado decisório, para além de tornar o ato passível de arguição do respetivo vício estrutural, nos termos da al. c), 2º segmento, do nº 1 do art. 615º (*nulidade* por *ambiguidade* ou *obscuridade* se o vício tornar o ato ou decisão *ininteligível* ou *incompreensível*) e, mesmo, em casos-limite, o seu autor alvo de eventuais consequências do foro estatutário/disciplinar.

No que se refere aos *atos das partes* ou *seus mandatários,* estes estão sujeitos ao (*recíproco*) *dever de simplicidade e de clareza e seus para com o tribunal,* podendo, contudo, ser objeto de *esclarecimento superveniente* (espontâneo ou judicialmente estimulado), de que constituem exemplos típicos o *convite ao aperfeiçoamento* dos articulados (arts. 590º, nº 4 e 591º, nº 1, al. c), *in fine*) e das conclusões das alegações de recurso (art. 641º, nº 2, al. b), sob pena de rejeição liminar). E caso não sejam acatados os eventuais *despachos-convite*, poderão os atos em causa tornar-se *inábeis* ou *inaptos* à prossecução do seu fim legal, e, como tal, suscetíveis de indeferimento ou rejeição liminar ou de inutilização subsequente, ou ser total ou parcialmente desconsiderados (eventualmente como *não escritos*).

Já no que tange aos *atos da secretaria*, a redação/elaboração dos *atos de comunicação externa* a seu cargo, mormente os relativos a *citações* e *notificações*, pode a mesma ser alvo de censura inspetivo/estatutária; e, nos casos-limite em que a preterição do princípio diretor legal possa prejudicar o exercício dos direitos processuais dos respetivos destinatários, quiçá o *exercício do direito ao contraditório* ou o *desencadeamento dos meios legais de reação*, poderá integrar *nulidade processual secundária*, a ser arguida pelos interessados dentro do prazo legal e cuja arguição, se *deferida*, pode dar lugar à respetiva *repetição* ou *renovação* e se *indeferida*, a *recurso* da decisão de indeferimento (arts. 195º e 630º, nº 2º)[249].

20.4. Uso anormal do processo

20.4.1. Simulação do processo. Fraude processual

O art. 612º proíbe o chamado *"uso anormal do processo"*, o qual ocorrerá quando a conduta das partes ou qualquer circunstância da causa produzam a *convicção segura* de que o autor e o réu se serviram do processo para praticar um *ato simulado* ou para a consecução de um *fim ilegal* (proibido por lei)[250], caso em que *"a decisão deve obstar ao objetivo anormal prosseguido pelas partes"*.

[249] Para além das manifestas vacuidade e indeterminação do substantivo *"linguagem"* e dos advérbios *"simples"* e *clara"*, constantes do texto legal, torna-se discutível se uma *norma* de *boa prática processual* (de mero senso comum), aparentemente ditada pelo clamor social suscitado por considerandos ínsitos em algumas decisões judiciais, pode ser arvorada em *"princípio" processual"*; de resto, a utilização do advérbio *preferencialmente* parece (incoerentemente) legitimar, ao arrepio da sua *ratio essendi*, o uso opcional de linguagem prolixa, confusa ou mesmo arrevesada na prática dos atos processuais. O princípio, de aferição casuística/objetiva, não pode, contudo sacrificar (se tratar da prolação de um despacho ou sentença) o *dever de fundamentar* imposto pelos pelos arts. 205º, nº 1, da CRP e 154º do CPC e a respetiva densificação, nem estiolar a criatividade e a fluidez lógico-discursiva do concreto julgador.

[250] Cfr. Alberto dos Reis, *Código de Processo Civil Anotado*, vol. V, Coimbra Editora, 1981, p. 101.

Isto porque o que a lei pretende é que o processo seja «normalmente» aproveitado e conduza à solução dum litígio segundo o direito constituído.

Já a alegação de factos que se sabe não terem ocorrido e a omissão consciente de factos essenciais para a solução do litígio constituem *má fé processual* (art. 542º, nº 2), a qual, mesmo que bilateral e pré-acordada, não basta para caraterizar aquele uso anormal. A *má-fé processual*, se não contiver subjacente um *acordo para a realização dum fim anormal*, não constitui *simulação ou fraude processual*.

Exemplo típico do *uso anormal do processo* é o da *simulação processual*: – *absoluta*, se destinada a criar uma simples aparência, por ex. para defraudar os credores de uma das partes[251]; – *relativa*, se empreendida para encobrir um negócio realmente querido pelas partes e cuja coonestação por sentença realmente desejam. Por ex.: uma doação para prejudicar os herdeiros legitimários do doador ou uma venda em detrimento dos credores, serão quase sempre fraudulentas.

A *simulação processual* pressupõe um acordo (*pactum simulationis*), mediante o qual as partes criam a aparência dum litígio inexistente para obter *uma sentença cujos efeitos apenas querem relativamente a terceiros*, mas não entre si. Como esta cisão não é lícita, simulam o litígio para *engano de terceiros*, levando estes a pensar que o autor, ganhando a ação (ou o réu, quando o autor a perca) quis este resultado para si[252]. Haverá *fraude processual* quando as partes, de comum acordo, criam a aparência dum litígio para obter *uma sentença cujos efeitos pretendem para si*, mas que lesa um direito de terceiro ou viola uma lei imperativa predisposta ao interesse geral; é, assim, manifesto o paralelismo entre a *fraude à lei* (art. 294º do CC) e a *fraude processual*: em ambas as situações se procura contornar a aplicação duma norma imperativa por um meio (negocial ou judicial) que, em si mesmo considerado, não é ferido de ilicitude[253-254].

[251] Antunes Varela/J. M. Bezerra/Sampaio e Nora, *Manual* cit., p. 696, citam, como exemplo, o de uma pessoa (A) que conluiada com outra (B), esta devedora de um terceiro (C), instaura contra ela (B) uma ação de reivindicação do único imóvel de valor existente no património do demandado, para que, perdendo este a ação, se prejudique a garantia patrimonial do credor (C).

[252] Cfr. Lebre de Freitas, *Introdução* cit., p. 50, nota 61, que cita a propósito dois exemplos paradigmáticos de *simulação processual*.

[253] Cfr. Marcello Della Valle, Frode (*processo fraudolento*), *Enciclopedia del diritto*, XXII, p. 90), *apud* Lebre de Freitas, *Introdução* cit. p. 51, nota 64.

[254] Cfr. Lebre de Freitas, *Introdução* cit., pp. 50-53.

A *simulação do litígio*, comum a ambas as figuras, pressupõe um *prévio acordo* ou *conluio* para uma alegação não contraditada e assim: – ou o autor alega factos que não se verificaram e o réu não os impugna para, se se tratar de um direito disponível, tais factos serem dados assentes (arts. 567º, nº 1 e 574º, nº 2)[255]; – ou o autor alega factos que não se verificaram e o réu os contesta (impugnando-os), mas deixando-se depois propositadamente cair em sucumbência, permitindo que o autor faça a prova dos factos por si alegados. Em ambos os casos se depara um *uso anómalo* ou *patológico* do processo, impondo-se ao juiz que proferir a sentença, se se aperceber da anomalia, o dever de obstar a que as partes realizem o seu propósito doloso (art. 612º).

CARNELUTTI[256] distingue a figura do processo simulado da figura do processo fraudulento: – *no processo simulado*, a partes conluiam-se para obter determinado *resultado real diverso do resultado aparente* do processo; – no *processo fraudulento*, há *coincidência entre o objetivo real e o objetivo aparente*, mas as partes usam de fraude à lei para conseguirem esse *desideratum*.

E exemplifica com duas situações concretas citadas por ALBERTO DOS REIS[257]:

Exemplo típico de processo simulado:

– A deve a *B* certa soma; quer subtrair-se ao pagamento e para isso faz com C a seguinte concertação: C proporá contra ele ação de reivindicação do único prédio que A possui; A não contestará ou apresentará uma contestação ilusória e fictícia; autor e réu conduzirão o processo em ordem a que o juiz tenha de julgar a ação procedente. *Objetivo aparente da ação*: reivindicar um prédio que pertence a C e que *A* detém indevidamente na sua de posse. *Objetivo real*: prejudicar o exercício do direito de crédito por parte de B. Com efeito, quando este promover a execução para obter o pagamento da dívida não encontrará bens alguns no património do devedor porque o único prédio que este possuía passou, em consequência da sentença proferida na ação de reivindicação, para o domínio de C. Neste caso, adverte CARNELUTTI, A e C não pretendem, de verdade, aproveitar os efeitos da sentença obtida no processo simulado: A continuará, de facto, a ser dono do prédio. A sentença serve unicamente para frustrar a ação executiva de B.

Exemplo típico de processo fraudulento:

– marido e mulher, querendo anular o seu casamento, combinam entre si um deles propor contra o outro ação de anulação com base em qualquer das causas invalidantes previstas no art. 1631º do CC; o réu apresenta contestação proposita-

[255] Cfr. LEBRE DE FREITAS, *Introdução* cit., p. 52, nota 65.

[256] Cfr. *Sistema del diritto processuale civile*, 2ª ed., vol. 1º, p. 404-409, *apud* ALBERTO DOS REIS, *Comentário ao Código de Processo Civil*, vol. 2º cit., pp. 14-16.

[257] Cfr. *Código de Processo Civil Anotado*, vol. V cit., p. 101.

damente inconsistente; o juiz julga a ação procedente. Aqui o *fim real coincide com o fim aparente*: ambos os cônjuges pretendem realmente a anulação, isto é, converter em realidade o efeito declarado pela sentença; a fraude consistiu em o autor invocar como fundamento da ação um facto que *não existia* e em o réu não impugnar *seriamente* esse facto.

Outro exemplo de uso anormal do processo: a mãe do menor, tendo fundadas razões (e provas) para fazer triunfar ação de investigação de paternidade (arts. 1869º e 1870º, ambos do CC), conluia-se com o pretenso pai ou com os herdeiros deste a troco de determinada quantia e propõe ação de investigação de paternidade débil e fragilmente substanciada, em ordem a provocar sentença desfavorável; apesar da contestação do réu, o juiz formula a convicção segura de que o processo apenas foi desencadeado para a obtenção de uma sentença que, contra a realidade da situação, decrete a improcedência da ação, ou seja, declare não ser o investigante filho do investigado[258].

Essencial ao conceito de simulação ou fraude processual é o objetivo (acordado pelas partes) de alcançar, por uma via ínvia, uma finalidade divergente da função (normal) do processo civil. Se tal ocorrer, *o processo deve oficiosamente ser dado ou declarado sem efeito, isto é, anulado, abstendo-se o juiz de conhecer do fundo da causa e declarando extinta a instância* (art. 612º)[259-260]. *A inutilização da* ação é, com efeito, na generalidade dos casos, o *meio mais eficaz de impedir* o seu uso anómalo[261]. E se, quando não detetado o desvio funcional, vier a ser proferida decisão de mérito prejudicial a interesses de terceiros, poderão estes impugná-la, sem que a isso obste o trânsito em julgado, mediante *recurso extraordinário de revisão* (art. 696º, al. g))[262-263].

[258] Cfr. Alberto dos Reis, *Código de Processo Civil Anotado*, vol. V cit., p. 102.

[259] Para Antunes Varela/J. M. Bezerra/Sampaio e Nora, *Manual* cit., p. 697, na esteira de Alberto dos Reis, *in Código de Processo Civil Anotado*, vol. V cit., p. 104 e ss., «a inutilização da acção é, com efeito, na generalidade dos casos, o meio mais eficaz de impedir o uso anómalo da acção».

[260] Cfr., no mesmo sentido, Alberto dos Reis, *Código de Processo Civil Anotado*, vol. V cit., p. 103 e Manuel de Andrade, *Noções Elementares* cit., p. 280.

[261] Segundo Alberto dos Reis, «a decisão que obstará ao triunfo da manobra será a que *anule todo o processo*, porque, se o juiz julga improcedente a acção, fará o jogo fraudulento das partes» (*sic*).

[262] Cfr., neste sentido, Antunes Varela/J.M.Bezerra/Sampaio e Nora, *Manual* cit., pp. 696-697, Anselmo de Castro, *Direito Processual Civil Declaratório*, vol. III cit., p. 37 e Lebre de Freitas, *Introdução* cit., pp. 50-53.

[263] *O recurso extraordinário de revisão* poderá ter lugar (no caso de simulação processual) no prazo de 60 dias sobre a data em que o recorrente teve conhecimento da sentença, mas

Embora a decisão (repressiva ou saneadora) prevista no art. 612º seja a *sentença final* proferida pelo juiz de *1ª instância*, nada obsta a que a providência seja decretada pelo tribunal superior que, em via de recurso, se venha a aperceber do fim reprovável prosseguido pelas partes. *Na Relação*, uma vez que o nº 2 do art. 663º manda expressamente aplicar ao acórdão que julgue a apelação o disposto nos arts. 607º a 615º; *no Supremo Tribunal de Justiça*, porque, por um lado, ao recurso de revista é aplicável a previsão do art. 663º (*"ex-vi"* do art. 679º), por outro, porque a determinação das espécies abrangidas no art. 612º consubstancia uma verdadeira *questão de direito* e não uma simples questão de facto.

Para a *prova da simulação*, o juiz atenderá à conduta das partes, não só na audiência final, mas em todo o decorrer do processo (*v. g.* nos articulados) e a quaisquer outras circunstâncias da causa, «pelo menos até onde os elementos de convicção se possam evidenciar pelos próprios autos»[264]. Em qualquer instância ou no Supremo, a providência há-de, todavia, basear-se em *factos consistentes ou concludentes*, que não em *meras suspeitas* do julgador[265].

A simulação, para além de fundamento do *recurso de revisão* (art. 696º, al. g)), pode também constituir fundamento da *declaração de nulidade ou anulação da confissão, da desistência e da transação*, sendo, todavia, aplicável à confissão o disposto no nº 2 do art. 359º do CC[266] (art. 291º, nº 1, do CPC). Por essa via, a simulação pode operar a *revisão da sentença homologatória* (art. 696º, al. d)). Mas não pode, fora da hipótese contemplada nessa alínea d), justificar a revisão da sentença transitada, por via das partes, já que a simulação processual está sujeita a um regime diferente do que vigora no domínio do direito civil, no âmbito do qual a simulação pode ser arguida pelos próprios simuladores (art. 242º, nº 1, do CC)[267].

Revestindo-se a simulação processual prevista no art. 612º de um caso de *má-fé bilateral*, sempre que a mesma ocorrer, devem ambas as partes ser condenadas em multa nos termos do art. 542º (*litigância de má-fé*)[268].

dentro do prazo de 5 anos subsequente ao trânsito em julgado da decisão (arts. 696º, al. g) e 697º, nº 2, al. c)).

264 Cfr. Manuel de Andrade, *Noções Elementares* cit., p. 280.

265 Cfr. Antunes Varela/J.M.Bezerra/Sampaio e Nora, *Manual* cit., p. 698.

266 O erro, se essencial, não tem de preencher os requisitos para a anulação dos negócios jurídicos.

267 Cfr. Anselmo de Castro, *Direito Processual Civil Declaratório* vol. III, Coimbra, Almedina, 1982, p. 43.

268 Cfr. J. Rodrigues Bastos, *Notas*, vol. II cit., p. 223.

20.4.2. Litigância de má-fé

§1º Caraterização do instituto

Consagra o art. 20º da CRP o direito a uma *tutela jurisdicional efetiva* a todos os titulares dos direitos (garantia de acesso aos tribunais – art. 2º do CPC) – independentemente da razão que, em cada caso concreto, lhes assista. Não há que confundir, porém, o *direito abstrato à jurisdição*, inerente à personalidade humana, e, por isso, apenas sujeito a limitações impostas pela ordem jurídica, com o *modus* de exercitação dos meios processuais disponíveis, o qual pressupõe uma atuação (honesta séria e leal) dos litigantes pautada pelo *princípio da boa-fé* (um *honeste procedere*) alicerçado na convicção do bom fundamento das (respetivas) posições jurídico-substantivas ou jurídico-processuais.

O processo civil é caraterizado, nas sociedades hodiernas, não só pela atribuição de direitos aos cidadãos, mas também pela imposição da observância de determinados deveres por parte destes (a *duty-oriented procedure in a rights-oriented society*.

Dentro deste espírito, o Supremo Tribunal de Justiça entendeu já, por diversas vezes, que a proibição do *abuso do direito*, cominada no art. 334º do CC, consubstancia um princípio geral de direito, «aplicável por isso, e também, no domínio do processo civil[269] e cujas consequências são determinadas caso a caso, em ordem a que, em obediência ao princípio da proporcionalidade, seja garantida a boa marcha do processo»[270].

Castro Mendes[271], sob a epígrafe "Abuso do direito de acção", considera que, por aquele preceito, o *abuso do direito* é mais que fonte de responsabilidade civil e que, a verificar-se, «obsta à licitude do acto abusivo e daí, em princípio, à sua validade». Apesar da diferença de conteúdo entre o *instituto da má-fé* e o do *abuso do direito*, ambos são *de ordem pública*, tornando-se evidente a sua similitude, dado a

[269] Constitui *abuso de direitos processuais* o comportamento da parte que, sem qualquer interesse, e depois de ter confirmado a qualidade de sucessor de determinada pessoa, vem recorrer da decisão que a considerou habilitada para a causa – cfr. o acórdão do STJ de 13-1-2005, Proc. 882/04 – 2ª Sec., "Sumários de Acórdãos", nº 87, p. 26/ Cons. Moitinho de Almeida.

[270] Cfr., entre vários outros, os acórdãos do STJ de 19-4-2001, Proc 846/01 – 2ª Sec./ Cons. Moitinho de Almeida, de 18-4-02, Proc 827/2002 – 2ª Sec./ Cons. Ferreira de Almeida e de 3-6-2004, Proc. 882/2004 – 2ª Sec./ Cons. Moitinho de Almeida, ambos *in* www.dgsi.pt.

[271] Cfr. *Processo Civil*, vol. II, ed. da AAFDL, 1987, p. 166.

ambos subjazer a postergação de valores axiológico-jurídicos subjacentes ao direito (substantivo ou processual) invocado[272]. À adoção, no âmbito do processo civil, do instituto do abuso do direito, tornando ilegítimo o exercício de um direito processual, quando o titular exceda manifestamente os limites impostos pela boa-fé, tem-se apelidado de *"processualização da noção de abuso do direito"*[273]. Aquele autor, chegou mesmo a afirmar *expressis verbis* – numa altura em que a má-fé era apenas circunscrita à lide dolosa – que «o *abuso dos direitos processuais* (incluindo do direito de acção) é o que se chama *litigância de má-fé*» (*sic*)[274]. É, pois, de aplicar o instituto do abuso do direito ao exercício (prática) de quaisquer atos ou à assunção (tomada) de quaisquer posições no seio de um processo em curso, traduzindo-se, as mais das vezes, no «exercício indevido do direito de ação», sendo que tal exercício (litigância), porque eivado de má-fé, consubstancia uma das espécies da *culpa in agendo*, que o sistema da responsabilidade civil faz radicar na chamada *culpa in petendo*[275].

Mas não é legítimo afirmar que o *abuso do direito* (*processual*) será pura e simplesmente absorvido pela *litigância de má-fé*. Sem embargo da afinidade entre os dois institutos, ao nível das consequências jurídico-processuais e jurídico-substantivas, a *litigância de má-fé* prevalece como *instituto especial* relativamente ao *instituto geral* do *abuso do direito*. Desde logo porque – *em termos processuais* – *a litigância de má-fé é apreciada imediatamente*, a requerimento da parte ou *ex-officio* no seio da própria ação, enquanto que nada impede que o *abuso do direito* possa ser irrestritamente *apreciado numa ação autónoma*, quer por via de uma *ação ad hoc*, quer por via de *exceção perentória* (esta, aliás, também suscetível de conhecimento oficioso); "e – em *termos materiais* – porque o *abuso do direito* não se encontra sujeito às restrições da litigância de má-fé, já que, por um lado, para que possa dar-se como ocorrido, releva qualquer *violação do princípio da boa-fé* (seja ela, *dolosa*, *negligente* ou, até, puramente *objetiva*), e, por outro, porque considera *todos os danos ou prejuízos* (não só os *atuais*, como também os *eventuais* ou *futuros* são ressarcíveis) e, finalmente, porque «mesmo que não

[272] No sentido de que o *abuso do direito* se traduz no exercício *desviado* do cerne «axiológico-normativo que objetiva e materialmente o fundamenta e que o deve orientar no seu concreto exercício, sob pena de mesmo não cumprir a "*intenção normativa*" que lhe subjaz, cfr. Castanheira Neves, *Questão de Facto, Questão de Direito ou O Problema Metodológico da Juridicidade*: ensaio de uma reposição crítica, Almedina, 1967, pp. 523-524 e F. A. Cunha de Sá, *Abuso do Direito*, 2ª Reimp., Almedina, 2005, pp. 404 e ss..

[273] Cfr., a este respeito, Gianluca Falco, *La buona fede el, abuso del diritto. Principi, fattispecie e casistica*, Giuffré, 2010, p. 504.

[274] Cfr. *O Direito de Acção Judicial*: *Estudo de Processo Civil*, *in* Revista da Faculdade de Direito da Universidade de Lisboa, Suplemento, 1957, p. 215.

[275] Cfr., acerca da *culpa in agendo*, Menezes Cordeiro, *Litigância de Má-fé, Abuso do Direito de Ação e Culpa in Agendo*, Almedina, 2016, pp. 191-197.

origine responsabilidade civil, faz sempre nascer a obrigação de cessar o abuso". «Se a *litigância de má-fé* requer a presença de *dolo* ou *culpa grave*, o *abuso do direito* dispensa, para a sua configuração, a ponderação da intenção com que atua o agente, bastando-lhe que objetivamente o exercício de uma situação subjetiva se desvie do interesse para o qual a lei o concedeu, quer tenha atuado com dolo, com mera negligência, ou mesmo objetivamente (isto é sem culpa)»[276].

A violação drástica do *princípio da cooperação* e do *dever de boa-fé processual* diz-se "*litigância de má-fé*", a qual pode desdobrar-se em *má-fé subjetiva* (conhecimento ou não ignorância da parte da conduta processual anómala) ou *má-fé objetiva* (se infratora dos padrões de comportamento normalmente exigíveis)[277].

Assim, nos termos do nº 2 do art. 542º, diz-se *litigante de má-fé* quem, com *dolo* ou *negligência grave:* «a)- tiver *deduzido pretensão ou oposição cuja falta de fundamento não devia ignorar*; b)- tiver *alterado a verdade dos factos ou omitido factos relevantes para a decisão da causa*; c)- tiver *praticado omissão grave do dever de cooperação*; d)- tiver *feito do processo ou dos meios processuais um uso manifestamente reprovável, com o fim de conseguir um objetivo ilegal, impedir a descoberta da verdade, entorpecer a ação da justiça ou protelar, sem fundamento sério, o trânsito em julgado da decisão*».

A *má-fé processual* pode ser *substancial* ou *instrumental: substancial*, se a conduta das partes se subsumir na previsão da al. a) ou da al. b); *instrumental*, se a sua atuação se reconduzir a uma qualquer das situações configuradas nas alíneas c) e d), todas do citado nº 2 do art. 542º e ainda, nos termos do nº 1 do art. 670º, se a parte «com determinado requerimento obstar ao cumprimento do julgado ou à baixa do processo ou à sua remessa para o tribunal competente»[278]. Na esteira de MANUEL DE

[276] Cfr., acerca deste tema, MENEZES CORDEIRO, ob. cit. supra, pp. 146-147 e PEDRO DE ALBUQUERQUE, *Responsabilidade Processual por Litigância de Má-fé, Abuso do Direito e Responsabilidade Civil em virtude de Actos Praticados no Processo*, Almedina, 2006, pp. 15 e ss. e 92 e ss..

[277] Cfr. M. TEIXEIRA DE SOUSA, *Estudos* cit., pp. 62-63.

[278] Cfr. M. TEIXEIRA DE SOUSA, *Estudos* cit., p. 63. Para este autor, ignorada do ordenamento processual continua a ser a *Verwirkung* ou *supressio* (na tradução de MENEZES CORDEIRO, *in* "*Da Boa-fé no Direito Civil*", vol. II, Coimbra, 1985, p. 797, isto é, «o comportamento da parte que induz a contraparte a confiar que aquela não recorrerá ao processo ou nele não fará uso de uma certa faculdade». O STJ, no seu acórdão de 9-5-2002, Proc. 2414/01 – 2ª Sec./ Cons. MOITINHO DE ALMEIDA, reconduziu a uma situação de *abuso de direitos processuais*, na modalidade de *venire contra factum proprium* (art. 334º do CC) e de *violação do dever de cooperação* (atual art. 7º, nº 1), uma hipótese em que só mais de dois anos volvidos sobre a

Andrade, a má-fé representa genericamente uma modalidade de *dolo processual* que consiste «na utilização maliciosa e abusiva do processo». Torna-se necessário "que a parte tenha procedido com *intenção maliciosa* (*má fé em sentido psicológico*) ou então com *leviandade ou imprudência graves* (*má-fé em sentido ético*)[279], sendo que, para este efeito, *culpa lata dolo aequiparatur*.

Vem-se entendendo, na doutrina e na jurisprudência, que o conceito de *litigância de má-fé*, é, por sua natureza, um *conceito essencialmente relativo e de integração casuística*, variando consoante o meio e o objeto processuais e a conduta concreta das partes no desenrolar do processo, atentas as particularidades próprias da causa de que, em concreto, se cure[280-281].

Pressupondo sempre a condenação por litigância de má fé, em qualquer das suas vertentes – *material/substancial* e *formal/instrumental* – a existência de *dolo* ou de *negligência grave* (art. 542º, nº 2), importa densificar estes dois conceitos[282].

O *dolo substancial* (dizendo respeito à *relação jurídica material ou de direito substantivo*) revela-se por uma atuação intencional (maliciosa) contra o direito ou a realidade factual: a parte sabe que lhe não assiste razão jurídica ou que os factos por si alegados enfermam de total falsidade ou sem qualquer respaldo na realidade material, e mesmo assim, deduz pretensão ou oposição intencionalmente infundada ou alegando factos ostensivamente desvirtuadores da verdade material e da justiça; ou seja, atua com a *consciência de não ter razão*, em ordem a obter decisão de mérito favorável.

data da última diligência em que o patrono do requerente interveio é que a parte se decidiu a arguir determinadas nulidades processuais. A *supressio* (*verwinrkung*)e a *surrectio* (*erwirkung*) constituem sub-tipos do *venire contra factum proprium*, já que ambas as figuras traduzem um comportamento contraditório do titular do direito que se decide a exercê-lo após uma prolongada abstenção – cfr., neste sentido, Pedro Pais de Vasconcelos, *Teria Geral do Direito Civil*, 5ª ed., Almedina, p. 274.

279 Acerca do sentido e alcance destes conceitos, cfr. Manuel de Andrade, *Noções Elementares de Processo Civil*, Coimbra Editora, 1963, pp. 331 e ss..

280 O CPC estabelece, para certas situações a presunção de litigância de má-fé; o que sucede, por ex., na hipótese prevista pelo art. 107º (*tentativa ilícita de desaforamento*).

281 De ter presente que, por vezes, «são muito ténues os limites entre a dialética jurídica e a pura chicana, esta tanto mais difícil de apreender quanto mais sofisticada e densa é a argumentação utilizada, pelo que, em caso de dúvida, se deve impor a tolerância, em ordem a não cercear as possibilidades de afirmação dos direitos» cfr. o acórdão do STJ de 28-6-2001 – 7ª Sec., CJSTJ, ano IX, Tomo II, pp. 140 a 143/ Cons. Quirino Soares.

282 Cfr., quanto a este tema, Paula Costa e Silva, *A Litigância de Má Fé*, Coimbra Editora, 2008, pp. 385 e ss..

O *dolo instrumental*, porque reportado à *relação jurídica processual*, traduz-se na prática intencional ou no requerimento sabidamente abusivo, isolado ou reiterado, e sempre manifestamente injustificado ou impertinente, de atos e diligências de índole meramente dilatória ou retardatória, ou no uso de expedientes de caráter espúrio, com o intuito de perturbar o normal desenvolvimento da lide, em violação dos princípios da *boa-fé*, da *celeridade* e da *economia* processuais.

Negligência grave é, por seu turno, sinónimo de *negligência grosseira* (*faute lourde*, no direito francês, ou *Leichtfertigkeit*, no direito alemão) ou *indesculpável* (*culpa lata*), pressupondo uma atuação com um grau de temeridade que ultrapassa o simples descuido, eivada de evidente irreflexão ou ligeireza, em que um homem medianamente avisado e prudente (o homem médio que é suposto ser o querido pela ordem jurídica) nela não incorreria (por exemplo: o litigante não tem a certeza de que a posição ou tese por si sustentadas ou os factos por si alegados possuam consistência factual, jurídica ou jurídico-económica, ou admite (mesmo intimamente) que sejam inconsistentes, mas, mesmo assim, não se abstém de alegar ou requerer, buscando vir a tirar proveito de alegação ou requerimento levianos ou inconsiderados). Isto é, age com «falta das precauções exigidas pelas regras da prudência ou previsão, a deverem ser observadas nos usos correntes da vida». «A *negligência grave* deve ser entendida como «*imprudência grosseira*, sem aquele mínimo de diligência que lhe teria permitido facilmente dar-se conta da desrazão do seu comportamento que é manifesta aos olhos de qualquer um»[283-284].[285]

À proibição da litigância de má-fé não se encontram ínsitas violações de posições ou teses de direito substantivo, mas sim posições, *atuações ou deveres processuais*, com vista a prosseguir e acautelar o interesse público do respeito pelo prestígio na administração da justiça que aos tribunais cumpre como órgãos soberanos, assegurando que as decisões proferidas em cada

[283] Cfr. o acórdão do STJ de 6-12-2001, Proc. 01A3692, *in* www.dgsi.pt/ Cons. Afonso de Melo e o acórdão da RL 20-12-2016, Proc. 1220/14.6TVLSB.Ll-7, *in* www.dgsi.pt / Des. L. F. Pires de Sousa.

[284] Acerca do conceito de negligência grave e seus desdobramentos, cfr. Paula Costa e Silva, *in A Litigância de Má Fé*, Coimbra Editora, 2008, pp. 392-395.

[285] Cfr. Menezes Cordeiro, *Litigância de Má-fé, Abuso do Direito de Ação e Culpa in Agendo*, Almedina, 2016, p. 26, citada no acórdão do STJ de 22-2-2017, Proc. 1519/15.4T8LSP.L1.SI, *in* www.dgsi.pt /Cons. Ribeiro Cardoso.

meio processual disponível não foram inquinadas por comportamentos eticamente improbos, desleais ou desonestos.

Questão que tem sido suscitada é a de saber se será obstativo do conhecimento/ /coonestação de uma dada litigância *como ilícita* e/ou *abusiva*, a circunstância de a lide haver terminado antes do julgamento do mérito, designadamente por *confissão do pedido, transação, desistência do pedido ou da instância* ou *por impossibilidade superveniente da lide*[286]. Para J. RODRIGUES BASTOS, «parece nada obstar a que se conheça da *má-fé instrumental*, especialmente quando haja sido formulado pedido de indemnização pela parte contrária» (*sic*); e, no que tange à *desistência* ou *confissão do pedido*, sustenta que a formulação de um pedido de condenação como litigante de má fé não poderá deixar de ser decidida, ainda que para isso o processo prossiga, quer se trate de má fé substancial ou instrumental; porém, se a extinção se tiver devido a *impossibilidade superveniente da lide*, considera «que não se pode apreciar a existência de *má-fé substancial*, mas apenas da *má-fé instrumental*» (*sic*)[287].

Na esteira de ALBERTO DOS REIS, não se enquadrando a questão da litigância de má-fé no *objeto do processo*, «a *confissão* ou a *desistência do pedido*, impedindo a apreciação deste, não atingem necessariamente a pretensão de condenação por malícia ou temeridade, a qual sempre excederá o *objeto do processo*»[288-289]. No que particularmente respeita à *transação*, o Supremo Tribunal de Justiça entendeu já que, constituindo ela um negócio jurídico celebrado pelas partes no exercício da autonomia privada e da liberdade contratual, a mesma não afeta as consequências que devam ser extraídas de uma atuação processual pregressa, quando a mesma se vier a revelar eivada de litigância de má-fé[290].

Em suma: é a violação ou omissão grave dos deveres de *cooperação* e *de boa-fé* processual vertidos nos arts. 7º e 8º, tradutores do *dever geral de probidade*[291], enquanto *condutas ilícitas* praticadas de forma dolosa (*lide dolosa*)

286 No sentido de que a inutilidade superveniente da lide não prejudica a apreciação da litigância de má-fé, cfr. o acórdão da RG de 10-5-2018, Proc. 27/15.8T8TMC.GI, *in* www.dgsi.pt /Des. ALCIDES RODRIGUES.

287 Cfr. *Notas ao Código de Processo Civil*, vol. II, 3ª ed., p. 222.

288 *In Comentário ao Código de Processo Civil*, vol. III, pp. 481 e ss..

289 Cfr. ABRANTES GERALDES, *Temas Judiciários*, I volume, Almedina, 1998, p. 334.

290 Cfr. o acórdão do STJ 12-1-2017, Proc. 59970/12.8YIPRTE1.S1, *in* www.dgsi.pt /Cons. ABRANTES GERALDES

291 O *dever de verdade processual* que, no direito romano, assumia a configuração de *juramento de calúnia*, veio a ser expressamente consagrado em outros ordenamentos jurídico-processuais como o alemão (§138 ZPO) e austríaco (§ 178 ZPO), sob a epígrafe *Wahrheits Pflicht.*

ou *gravemente negligente* (*lide temerária*)», que configura a *litigância de má-fé*[292]. Esta não pode, contudo, confundir-se com uma lide, ousada, aguerrida ou incisiva com dedução de oposição cujo decaimento haja sobrevindo por mera fragilidade da prova feita em juízo ou de a parte não ter logrado convencer da realidade ou das teses por si trazidas a escrutínio judidicial, *vis a vis* a lei aplicável e a diversidade interpretativa que a mesma comporte[293]. Daí que deva o tribunal atuar com moderação e prudência na sua apreciação, só devendo condenar a parte se se deparar uma situação que, com razoável dose de certeza ou verosimilhança, configure atuação dolosa ou gravemente negligente da parte[294].

Compete, assim, ao julgador, em seu *prudente arbítrio*, destrinçar, em cada hipótese concreta, entre uma atuação processual convicta, denodada ou combativa (*lícita*) na defesa de direitos e uma atuação propositadamente torpedeadora da obtenção, em prazo razoável, de uma decisão definitiva materialmente justa (*ilícita*), sendo sabido que, «não raras vezes, é difícil distinguir, por ser muito ténue, a linha divisória entre defesa dos direitos e mera chicana processual». Não olvidar que «a verdade judicial é uma verdade relativa, não só porque resultante de um juízo em si mesmo passível de erro, mas também porque assente em provas, como a testemunhal, cuja falibilidade constitui um conhecido dado psicossociológico» (*sic*)[295].

A seguir-se, neste âmbito, uma postura fundamentalista do julgador, raros seriam os casos em que as partes processuais que, no uso legítimo dos meios instrumentais disponibilizados pela lei adjetiva para o exercício do direito de ação ou de defesa (*v.g.* para o cumprimento dos ónus de contestação, impugnação ou oposição), escapariam às cominações inerentes ao instituto da má-fé; impõe-se, por isso, neste domínio, a adoção de um

O CPC italiano, por seu turno, consagra, no respetivo art. 88º, o *dever de lealdade e probidade* (*dovere di lealtà e di probità*).

292 Cfr., neste sentido, o acórdão do STJ de 3-7-2005, Proc. 916/05 – 4ª Sec., *in* "Sumários de Acórdãos", nº 93, p. 149-150/Cons. Sousa Grandão.

293 Cfr., neste sentido, o acórdão da RL de 26-2-2015, Proc. 82511/13.5YIPRT.L1-6, *in* www.dgsi.pt /Des. Tomé Ramião.

294 Como se escreveu no acórdão da RP de 6-10-05, Proc. 0534447/Des. Oliveira Vasconcelos, citado no acórdão da RL de 17-6-2014, Proc. 313/93/11.3Y.PRT.L1.7 /Desª Cristina Coelho, ambos *in* www. dgsi.pt.

295 Cfr., neste sentido, o supra-citado acórdão do STJ de 28-6-2001 – 7ª Sec., *in* CJSTJ, ano IX, Tomo II, pp. 140-143 /Cons. Quirino Soares.

critério balizador baseado na *jurisprudência das cautelas* de que, em caso de dúvida, se deve optar pela tolerância, em ordem a não cercear drasticamente as possibilidades de afirmação dos direitos[296].

Exemplos doutrinais e jurisprudenciais relativos à *densificação do conceito de litigância de má-fé*:[297]:

– *existência de litigância má-fé*: – a pertinaz negação da paternidade por banda do réu apontado progenitor contra toda a evidência probatória, designadamente de natureza técnico-científica; – a negação intencional de factos pessoais que vieram a ser dados como provados; – a alegação pelo autor, em ação de reivindicação, de terem os réus ocupado o seu prédio por mero favor quando bem sabia que o ocupavam ao abrigo de um contrato de arrendamento; – o demandado em ação de indemnização fornecer da ocorrência do acidente uma versão que, como bem sabia, e se provou, ser inteiramente falsa; – a do autor que conscientemente pedir a condenação do réu a pagar-lhe uma quantia superior à que lhe é devida; – o embargante afirmar falsamente não ser sua a assinatura aposta na livrança dada à execução, ao arrepio das conclusões do exame grafológico adrede realizado[298]; – a parte «usar de argumentação ilógica e contrária à facticidade assente, fazendo uma leitura do contrato discutido sem o mínimo apoio na expresão formal deste»[299]; – a parte usar os mecanismos processuais com o único objetivo de retardar o trânsito em julgado da decisão, *v. g.*, a deduzindo pretensão recursória cuja falta de fundamento não ignorava ou não devia ignorar;

– *inexistência de litigância de má-fé*: – não se haver provado a versão fáctica alegada por uma das partes e ter-se antes provado a versão inversa, apresentada pela parte contrária[300-301]; – «a defesa intransigente e reiterada pelo recorrente de uma construção jurídica julgada manifestamente errada não revela, por si só, que o seu autor dela use como simples expediente para protelar a decisão denegadora da razoabili-

[296] A má-fé deve fluir com nitidez da conduta processual da parte – cfr., neste sentido, o acórdão da RG de 24-5-2018, Proc. 221/17.7T8VNC.G1, *in* www.dgsi.pt./ Desª Maria da Purificação Carvalho.

[297] Cfr. J. Rodrigues Bastos, *Notas*, vol. II cit., p. 456 e notas 179 a 185.

[298] Cfr. o acórdão do STJ de 3-7-2005, Proc. 916/05 – 4ª Sec., *in* "Sumários de Acórdãos, nº 93, pp. 149-150/ Cons. Sousa Grandão.

[299] Cfr. o acórdão do STJ de 13-3-2008, Proc. 3843/07-2ª Sec., *in* www.dgsi.pt. /Cons. Santos Bernardino.

[300] Cfr. o acórdão da RL de 17-12-2014, Proc. 972/10.7TTALM.L1.4, *in* www.dgsi.pt/ Desª Paula Sá Fernandes.

[301] Cfr. o acórdão da RC de 9-1-2017, Proc.102/11.8TBALD.C2, *in* www.dgsi.pt./ Des. Luís Cravo.

dade sua posição»[302]; – «a sustentação de posições jurídicas porventura desconformes com a correta interpretação da lei não implica, por si só, a qualificação de lide dolosa ou temerária, porquanto não há um claro limite no que concerne à interpretação da lei e à sua aplicação aos factos, entre o que é real e o que é absolutamente inverosímil ou desrazoável, *inter alia* porque, pela própria natureza das coisas, a certeza jurídica é meramente tendencial»[303]; – «a defesa convicta de uma perspetiva jurídica dos factos, diversa daquela que a decisão judicial acolhe, não implica, por si só, litigância censurável para efeitos da aplicação dos nºs 1 e 2 do art. 542º»; – «não integra a previsão do artº 542º a atividade recursiva que, por si só, não revele rebeldia, teimosia ou deturpação processual de não acatamento de decisões judiciais»[304]; – "a invocação de instituto jurídico desadequado, desajustado ou inoperante é já sancionado ao nível da decisão do mérito da causa; já o instituto da litigância de má fé funciona a outro nível, sancionando os comportamentos violadores do interesse público de respeito pelo processo, pelo tribunal e pela justiça; apenas quando esse desrespeito pela justiça flua com nitidez do comportamento processual da parte"[305]; o fornecimento de uma contra-versão global da fatualidade alegada pela contraparte (*negatio per positionem*).

§2º Sancionamento. Multa e indemnização à parte contrária

Se inobservado o princípio da boa-fé, as concretas atuações da parte passam a assumir caráter *ilícito*, ilicitude a que corresponde uma sanção *civil* (responsabilidade pelo dano) e *penal* (*multa*)[306]. Tendo presente que tal sancionamento é cominado para *condutas ilícitas tidas no seio do processo* e não para (eventuais) comportamentos ilícitos anteriores à sua instauração[307]. Tendo litigado de má-fé, a parte (ou ambas as partes se tratar de *má-fé bilateral* como é o caso da simulação processual) será condenada em *multa* e

[302] Cfr. o acórdão do STJ de 19-4-2005, Proc. 05B3425, *in* www.dgsi.pt / Cons. Araújo de Barros.

[303] Cfr. o acórdão do STJ de 4-12-2003, Proc. 03B3909, *in* www.dgsi.pt / Cons. Salvador Da Costa.

[304] Cfr. o acórdão do STJ de 27-2-2014, Proc. 1986/06, *in* www.dgsi.pt/ Cons. João Trindade.

[305] Cfr. o acórdão da RG de 24-5-2018, Proc. 221/17.7T8VNC.G1, *in* www.dgsi.pt /Desª Maria da Purificação Carvalho.

[306] Cfr., acerca deste tema, Alberto dos Reis, *Código de Processo Civil Anotado*, vol. II, pp. 260-264.

[307] Cfr., neste sentido, o acórdão do STJ, de 17-5-2011, Proc. 3813/07.9TVLSB.L1.S1., *in* www.dgsi.pt./Cons. Gregório de Jesus.

numa *indemnização à parte contrária*; condenação que pode ser imposta tanto na *lide dolosa* como na *lide temerária*[308-309-310-311].

O montante da multa a que se reporta o nº 1 do art. 543º deve ser graduado em função dos reflexos da violação da lei na regular tramitação do processo e na correta decisão da causa, da situação económica do agente e da repercussão da condenação no património deste entre 2 e 100 UC (art. 27º, nºs 3 e 4, do RCP)[312]. A *condenação em indemnização à parte contrária* (a acrescer à multa) só terá lugar «se esta a pedir» – art. 542º, nº 1 – (*princípio do pedido*) e será, desde logo, fixada na sentença se o processo já contiver então elementos suficientes para a sua fixação.

Diversamente do que decorre das regras gerais aplicáveis à formulação do pedido e da respetiva causa de pedir (da causa-base), a lei não fixa com tanta rigidez a formulação da pretensão de condenação da contraparte com litigante de má-fé. Se a mesma pode ser solicitada logo *na contestação* (obviamente que não na petição inicial) ou, eventualmente, em qualquer dos articulados posteriores, nada obsta também a que os factos alegados e o correspondente pedido de pagamento de multa e/ou indemnização surjam *em requerimento avulso* apresentado em momento posterior, na fase da *instrução*, na *audiência prévia*, na *audiência final*, ou mesmo em sede de *recurso*. O momento processual adequado a inserir a *pronúncia judicial quanto à questão da litigância de má fé*, oficiosamente apreciada ou sob solicitação de uma das partes, será a *sentença final* ou *qualquer outra decisão que ponha termo ao processo*, como sucede com o despacho saneador-sentença. É a solução que indiretamente se extrai do disposto no art. 542º, nº 2, além de que não se justifica a inserção de uma autónoma decisão em momento ulterior diverso, atenta a necessidade de se fazer uma

308 Cfr. o acórdão do STJ de 20-3-2014, Proc. 1063/2011, *in* www.dgsi.pt /Cons. Salazar Casanova.

309 Não assim se deduzido pedido infundado de declaração de insolvência ou a indevida apresentação por banda do devedor, os quais só geram responsabilidade civil pelos prejuízos causados ao devedor ou aos credores em caso de dolo (art. 22º do CIRE).

310 «O que inquina o facto da parte, o que lhe imprime mancha ou vício, o que transforma o *facto lícito* em *facto ilícito*, é justamente o *dolo* ou a *culpa* com que ela se conduziu em juízo» – cfr. Alberto dos Reis, *in Código de Processo Civil Anotado*, vol. II, p. 261.

311 *Dolo* na má-fé, no direito romano e no direito português antigo, falava-se, a este respeito do "verdadeiro dolo", em *lide caluniosa* – Manuel de Andrade, *Noções Elementares* cit., p. 334, nota 2.

312 Conforme observa Alberto dos Reis, *in Código de Processo Civil Anotado*, vol. II, p. 268, «o juiz não deve proceder caprichosa e atrabiliariamente: há-de usar do seu prudente arbítrio na fixação do montante da multa» (*sic*).

apreciação global das concretas condutas, para efeitos da sua integração nos elementos objetivos e subjetivos das normas sancionadoras (*graduação da multa*), bem como da quantificação dos prejuízos que devem ser indemnizados (arbitramento *da indemnização*)[313].

«O juiz opta pela indemnização que julgue mais adequada à conduta do litigante de má-fé, *fixando-a sempre em quantia certa*» (art. 543º, nº 2). A indemnização *não deve*, pois, *ser relegada para ulterior liquidação. Se não houver elementos bastantes para se fixar logo na sentença o respetivo montante*, «serão ouvidas as partes e fixa-se, depois, com *prudente arbítrio*, o que parecer razoável, podendo reduzir-se aos justos limites as verbas de despesas e de honorários apresentados pela parte» (art. 543º, nº 3), isto é, tal fixação só será operada após a tramitação desse *incidente pós-decisório* (desencadeado *ex-officio* ou por iniciativa de qualquer das partes). E ao qual são aplicáveis, com as devidas adaptações, as regras dos arts. 292º a 295º relativas aos incidentes atípicos da instância, e que, porque verdadeiro *incidente processual*, determina a responsabilização da parte vencida quanto às respetivas custas nos termos do nº 4 do art. 7º do RCP – Tabela II).

Findo esse expediente processual, passará o juiz a determinar o quantitativo exato da indemnização devida ao lesado em *despacho complementar* da decisão final[314].

> Esclarece, a este respeito, ALBERTO DOS REIS[315] que «não pode o juiz relegar a *apreciação* da má-fé e a *condenação* em multa e indemnização para depois da sentença; «o que pode e deve deixar para depois da sentença é a *fixação do quantitativo da indemnização* que arbitrará, ouvidas as partes e pedidas as informações ou esclarecimentos ou ordenadas as diligências indispensáveis "usando de prudente arbítrio"». Evidentemente que, deixado o quantitativo da indemnização para depois da sentença, detém o juiz larga margem de manobra na sua fixação, não estando vin-

313 A *condenação em multa* por litigância de má fé não depende de pedido da parte contrária, podendo ter lugar oficiosamente. Já a *indemnização* a favor da parte contrária terá de ser solicitada por esta. A indemnização possui natureza *sancionatória* e *compulsória*, podendo coexistir com a indemnização por responsabilidade civil. Ainda que a parte não tenha feito a prova das despesas que suportou, o tribunal pode fixar-lhe uma *indemnização com base na equidade* – cfr. o acórdão da RP de 26-3-2019, Proc 611/12.1TYVNG.P1, *in* www.dgsi.pt/Desª LUCINDA CABRAL.

314 Cfr., neste sentido, J. RODRIGUES BASTOS, *Notas ao Código de Processo Civil*, vol. II, 3ª ed., pp. 224-225.

315 *Código de Processo Civil Anotado*, vol. II, p. 281.

culado aos valores suportados pela parte, ainda que compreendidos no cômputo indemnizatório previamente determinado, até porque a lei lhe faculta o recurso ao "prudente arbítrio e à razoabilidade" (*sic*).

A *indemnização* – a ser sempre previamente requerida em qualquer estado da causa, em primeira instância ou na fase do recurso[316] –, quer seja fixada na própria *decisão final*, quer no aludido *despacho complementar* proferido após o decurso do incidente pós-decisório do nº 3 do art. 543º, pode consistir: – no *reembolso das despesas* a que a má-fé do litigante tenha obrigado a parte contrária, incluindo os *honorários dos mandatários ou técnicos* (*indemnização simples*) – *no reembolso dessas despesas e na satisfação dos restantes prejuízos sofridos pela parte contrária como consequência direta ou indireta da má-fé, sejam eles de caráter patrimonial* (*danos materiais*), *sejam eles de caráter não patrimonial – indemnização agravada* (art. 543º, nº 1, alíneas a) e b)). A opção pelo mero *reembolso das despesas e honorários* (art. 543º, nº 1, al.) a) e a indemnização pelos demais prejuízos sofridos pela parte contrária (al. b)), dependem do *grau ou intensidade da culpa ou do dolo* evidenciados nos autos (gravidade relativa da atuação processual malévola), sendo que esse *reembolso* não tem forçosamente que se reportar a todas as despesas feitas com a causa, mas tão-somente àquelas que a litigância de má-fé produziu.

O *direito à indemnização* encontra o seu fundamento nos princípios e requisitos gerais da *responsabilidade civil extracontratual* e na correlativa *obrigação de indemnizar* (arts. 483º e ss. do CC). A conduta do litigante é *ilícita*, se *culposa*, por se tratar de *responsabilidade subjetiva*. Não obstante a alínea b) do nº 1 do art. 543º prever a ressarcibilidade dos danos em termos amplos, abrangendo os prejuízos (danos emergentes e lucros cessantes) produzidos como consequência *direta* ou *indireta* da má-fé, não deve olvidar-se que só são indemnizáveis no seio da causa os *danos presentes* (*atuais*) já *certos*, que não também os danos *eventuais* e/ou *futuros* (o pedido não tem de ser líquido, mas a condenação não pode ser de *caráter genérico* ou *ilíquido*, terá de sê-lo em quantia certa, que não dependente de liquidação ulterior)[317-318].

[316] Cfr. J. Rodrigues Bastos, *Notas ao Código de Processo Civil*, vol. II, 3ª ed., p. 223.

[317] A atuação processual anómala apenas pode determinar a constituição da obrigação de indemnizar se verificados, quer os pressupostos do art. 542º, quer os que encontramos em subsistemas de responsabilidade processual – cfr. Paula Costa e Silva, *Litigância de má-fé*, pp. 455 e 512.

[318] A indemnização por má-fé deverá abranger os *danos intrínsecos* e *extrínsecos* – cfr. Manuel de Andrade, *Noções Elementares* cit. p. 336.

Em relação aos *danos não verificados à data em que ocorreu o facto ilícito* (designadamente se se tratar de um *facto de caráter continuado ou duradouro*), o prazo de três anos para prescrição do direito de indemnização cominado no art. 498º do CC só começa a contar a partir do momento em que o lesado tomou conhecimento da produção efetiva desses novos danos. Isto porque as obrigações futuras só prescrevem no prazo de três anos contados do momento em que cada uma delas seja exigível (ou conhecida) pelo lesado[319]. Conforme ANTUNES VARELA, «nada impede que, mesmo depois de decorrido o prazo de três anos e enquanto a prescrição ordinária (de 20 anos – art. 309º do CC) se não tiver consumado, o lesado requeira a indemnização correspondente a qualquer *novo dano* de que só tenha tido conhecimento dentro dos três anos anteriores»[320].

E no que particularmente respeita ao *reembolso* dos honorários?

O montante dos honorários dos advogados (em geral), emergentes de um específico contrato de mandato (tal como definido pelo art. 1157º do CC, que se presume de caráter oneroso), se não objeto de *ajuste prévio* entre as partes, será determinado "pelas *tarifas profissionais*, na falta destas, pelos usos, e, na falta de umas e outros, por *equidade*" (art. 1158º, nºs 1 e 2, do CC).

Os *honorários são pagos diretamente ao mandatário*, salvo se a parte mostrar que o seu patrono já se encontra embolsado por qualquer outra via (art. 543º, nº 4). A fixação dos honorários não deve, porém, ser operada sem *prévia audição das partes*. Se omitida essa audiência prévia, podem as partes ser confrontadas com uma decisão-surpresa, *qual tale* geradora de uma *nulidade processual secundária*, a ser arguida, nos termos gerais, perante o tribunal *a quo*, e cuja decisão é passível de recurso nos termos gerais.

O Supremo Tribunal de Justiça vinha considerando preponderantes «o tempo gasto e a dificuldade do assunto»[321]. O nº 3 do art. 105º do EOA (Estatuto da Ordem dos Advogados), por seu turno, tendo em atenção os elevados custos fixos de um escritório de advogado e, bem assim, os riscos próprios dessa profissão liberal, inclui entre *os fatores atendíveis*, «a importância do serviço prestado, a dificuldade e urgência do assunto, o grau de criatividade intelectual da sua prestação, o resultado

319 Cfr., neste sentido, o acórdão do STJ de 18-4-2002, Proc. 02B950, *in* www.dgsi.pt / Cons. ARAÚJO DE BARROS.

320 *In Das Obrigações em Geral*, vol. I, 9ª ed., Coimbra, Almedina, 1996, p. 651.

321 Cfr., neste sentido, o acórdão do STJ de 7-7-2009, CJSTJ, ano VII, Tomo II, p. 19 / Cons. HELDER ROQUE.

obtido, as responsabilidades assumidas e os demais usos profissionais» (*sic*). O art. 124º, nº 1, alínea m), do EOSAE (Estatuto da Ordem dos Solicitadores e Agentes de Execução) impõe ao respetivo profissional "o dever de «cumprir as regras de fixação de honorários, questionando os órgãos competentes da Ordem quanto à aplicação dos mesmos, sempre que tenha dúvidas sobre a sua aplicação". Os *agentes de execução* estão obrigados a aplicar as tarifas para apuramento dos seus honorários (art. 173º) e os *solicitadores* deverão aplicar os critérios a ter em conta para calcular a sua remuneração (art. 149º).

Na apreciação do teor do laudo solicitado à OA (Ordem dos Advogados) ou à OSAE (Ordem dos Solicitadores e Agentes de Execução) há que atender, não só à especial *qualificação da entidade ou do técnico* emitentes, como também ao *princípio da livre apreciação da prova.*

A quantia despendida a título de honorários de advogados pela parte com direito a indemnização pode sempre ser reduzida (*princípio da justa medida ou da proibição do excesso*) ao abrigo do *prudente arbítrio do juiz* (art. 543º, nº 3), sendo que os honorários de advogado devem ser fixados com moderação, em função, sobretudo, do tempo dispendido e da complexidade da causa. Questão diferente é se a indemnização tem de corresponder, de forma necessária, ao montante dos honorários que foram apresentados pelo mandatário ao seu constituinte. E coisas distintas são o *âmbito da indemnização* e o seu *montante*; aquele, tem de ser a sentença a definir-lhe os contornos; este, será decidido ou não pela sentença, consoante os elementos disponíveis. Não existindo tais elementos, ou se eles forem insuficientes, impõe-se a respetiva recolha, que até poderá decorrer oficiosamente, para ser tomada, então, uma posição concretamente quantificada. Por conseguinte, apesar de a sentença ter correlacionado a indemnização com os honorários respeitantes a todo o processo, não é obrigatório que o seu montante seja igual ao efetivamente despendido àquele título, como, aliás, resulta do nº 3 do art. 543º.

§3º Indemnização em ação autónoma

Mas, se a indemnização não houver sido solicitada nos autos em que ocorreu a conduta censurável, poderá sê-lo em ação posteriormente intentada para esse fim? Deverá a dedução desse pedido ser *obrigatória e necessariamente* feita *no seio do próprio processo* que coonestou a litigância de má-fé, sob pena de *preclusão*, ou poderá sê-lo (sempre), ao *livre alvedrio do requerente-lesado, em ação própria e autónoma*, a processar de modo concomitante ou subsequente?

Vinha sendo entendimento corrente o de que a condenação em indemnização por litigância de má-fé, quando não solicitada nos autos em que se verificou a conduta nela incursa, já não o poderia ser em *ação autónoma* posteriormente intentada com esse fim específico[322]. Subjazia a esta posição o entendimento de que impendia sobre a parte lesada (*litigator probus*) *o ónus* de deduzir (tempestiva e diligentemente) o pedido indemnizatório no seio da própria ação, em decorrência do *princípio da autorresponsabilidade das partes*, sob pena de *preclusão do direito* de reclamar o ressarcimento[323]. E, na verdade, quer a letra, quer o espírito da lei, apontam para o entendimento da *conveniência de concentração dos juízos decisórios num único processo*, designadamente: a relação de *acessoriedade* e *complementaridade* (relativamente ao objeto da *causa-base*), que pressupõem uma necessária dependência do objeto da *causa acessória* relativamente à *causa principal*; uma razão de *economia processual*, evitando a multiplicação de controvérsias litigiosas entre as partes, mormente se apenas com vista à dirimência de questões meramente patrimoniais emergentes do próprio processo[324-325].

[322] Cfr., neste sentido, *v. g.*, os acórdãos do STJ de 22-11-63, *in* BMJ nº 131, p. 374 e de 21-1--1964, *in* BMJ nº 133, p. 389/ Cons. AFONSO DE MELO.

[323] No sentido de que «o pedido indemnizatório baseado na litigância de má-fé tem necessariamente de ser deduzido no processo pendente, sob pena de preclusão», à semelhança do direito italiano, cfr. MIGUEL MESQUITA, *in Reconvenção e Excepção,* Almedina, 2009, p. 119.

[324] Em Espanha, a LEC, sob a epígrafe "*De la buena fe procesal*", depois de, no nº 1 do seu art. 247º, impor a todos os intervenientes, em todo o tipo de processos, o dever de ajustarem as suas atuações pelas *regras da boa-fé*, determina aos tribunais que "*rechassem fundadamente* as petições e incidentes formulados com *manifesto abuso do direito ou eivadas de fraude à lei ou do processo*" (nº 2). Se os tribunais coonestarem a violação das regras da boa-fé por alguma das partes, poderá impor-lhes, «de forma motivada e respeitando o princípio da proporcionalidade, uma *multa* que poderá variar entre 180 a 9.000 €, sem que algum caso possa ultrapassar a terceira parte do valor da causa». Na fixação do montante da multa «o tribunal deverá ter em conta as *circunstâncias do feito de que se trate,* assim como os *prejuízos* que o procedimento possa ter causado à outra parte» – *sic* (nº 3). A LEC sanciona, pois, indistintamente o *abuso do direito*, a *fraude à lei* e *a má-fé processuais*, assim como prevê uma decisão unitária concentrada (a proferir no seio da própria causa-base), quer para o arbitramento do montante da multa, quer da indemnização pelos prejuízos resultantes da má-fé».

[325] No NCPC francês, o *direito de ação* (como *direito subjetivo autónomo*), pode ser sancionado pelo *exercício abusivo* através de *multas civis* (cujo produto reverte para o Tesouro Público) ou por *condenações em perdas e danos causadas à parte contrária* (art. 32º, nº 1). A *Cour de Cassation* pode também aplicar essas multas em decisões de provimento de *recursos de cassação* de caráter abusivo. Dispõe ainda o tribunal de outro meio indireto de sancionar as *ações abusivas*, ao

Surge como evidente que a lei processual quis adotar um procedimento tanto quanto possível *expedito, seguro* e *eficaz,* não só de *arbitramento,* como também de *liquidação,* da indemnização a favor do *litigator probus,* ao conferir ao juiz (da causa-base) *plena jurisdição* em tal domínio; e isto porque é esse juiz que possui conhecimento direto e imediato (*quorum notitiam et scientiam habet propriis sensibus, visus, et auditus*) dos elementos indiciários (críticos) da má-fé por banda do *litigator improbus*[326]. E isto sem que tal represente postergação da garantia da tutela jurisdicional efetiva. Apenas se exige ao lesado pela má-fé da contraparte a necessária diligência para requerer, com oportunidade, tal arbitramento. É para tal *desideratum* que apontam os nºs 1 e 2 do art. 543º, ao incluir no *conteúdo da indemnização* "*o reembolso das despesas*" suportadas pela parte contrária, "incluindo os *honorários dos mandatários ou técnicos*" (al. a)), "*a satisfação dos restantes prejuízos sofridos pela parte contrária como consequência direta ou indireta da má-fé*" (al. b)) e ao conferir ao juiz (da causa) a *opção* "pela *indemnização que julgue mais adequada* à conduta do litigante de má-fé"e a obrigação de a fixar "*sempre em quantia certa*". E também o apelo feito pelo nº 3 ao "*prudente arbítrio*", ao que "*parecer razoável*" e " *à redução aos justos limites as verbas de despesas e de honorários apresentadas pela parte*". De realçar ainda a utilização do advérbio *logo* (se não houver elementos para se *fixar logo na sentença a importância da indemnização*), a sugerir a opção preferencial pelo imediato arbitramento da indemnização em quantia certa. A indemnização deve ser arbitrada, por princípio, *no seio do próprio processo pendente* que *não em processo alternativo ou sucessivo autónomo.*

Porém, mais recentemente, a jurisprudência, em observância do *princípio pro actione* (*direito de ação* previsto no art. 2º) e em obediência ao *direito a uma tutela jurisdicional efetiva*, veio a considerar admissível, em casos excecionais, a reclamação, em *ação autónoma*, da indemnização por danos causados por conduta integradora de litigância de má fé (praticada em ação anterior já finda), entendendo, assim, ser lícito ao lesado formular o pedido indemnizatório em *ação independente*, ou seja, lançando mão dos *meios comuns*[327-328].

permitir ao juiz condenar a parte vencida a pagar à parte vencedora encargos não compreendidos entre as despesas processuais (art. 700º).

[326] Afloramento dessa "*ratio*" de um melhor apetrechamento do juiz da causa-base para decidir em casos congéneres é o contido no art. 73º, do CPC, ao conferir competência ao *tribunal da causa* "para a ação de honorários de mandatários ou técnicos e para a cobrança das quantias adiantadas ao cliente".

[327] Cfr., neste sentido, os acórdãos da RP de 24/10/2002, Proc. 0231203, *in* www.dgsi.pt/ Des. Alves Velho e da RG de 30-5-2018, Proc. 19/17.2T8CBC.G1, *in* www.dgsi.p./Des. Jorge Teixeira. O acórdão da RL de 16-2-2003, Proc. 8263/2003-7, *in* www.dgsi.pt. / Des. Arnaldo Silva, depois de considerar que a indemnização «tem de ser apreciada no próprio

Em abono desta tese, obtempera-se que a lei processual prevê a faculdade (*direito potestativo*) de a parte formular incidentalmente a pretensão indemnizatória na ação em que ocorreu a atuação ilícita da contraparte, mas *não impõe expressamente esse dever, nem comina quaisquer consequências de natureza preclusiva para o seu não exercício*. Terá o legislador apenas pretendido facultar ao lesado pela atuação de má-fé um meio simples e célere de exercer o seu direito, regulamentando a respetiva tramitação em função da natureza incidental e acessória que ali assume, sem querer bulir com a possibilidade de o credor da indemnização, a quem não haja sido possível utilizar a faculdade de exercitação desse meio expedito, lançar mão de *ação autónoma*, sujeita às regras do processo comum, para efetivação da responsabilidade civil. De resto, bem pode acontecer que, aquando do encerramento do processo, a parte lesada pela má-fé ainda não conheça a extensão integral dos prejuízos direta ou indiretamente dela derivados, obstaculizando, em tal caso, ao ressarcimento total dos danos a regra do 2º segmento do nº 1 do art. 542º.

Poderá, com efeito feito, admitir-se, nos casos em que os *danos decorrentes da atuação processual lesiva* (*v. g.*, danos reputacionais de ordem pessoal, com reflexos no bom nome, imagem e honorabilidade públicas, e/ou sócio-económica, como a redução de crédito bancário ou perda de clientela, e outros com eficácia protraída no tempo), sendo *imprevisíveis* à data da decisão final do concreto meio processual utilizado ou do encerramento deste após a tramitação do incidente pós-decisório específico, como tal, insuscetíveis de liquidação equitativa, se venham a manifestar apenas em momento posterior a esse encerramento, sem que seja possível ao *probus litigator* deduzir tempestivamente o pedido indemnizatório no seio do processo anterior.

processo onde a parte foi vencida como litigante de má-fé e não em acção autónoma própria» e «isto porque o juiz tem a faculdade de calcular com exatidão os prejuízos sofridos pela parte contrária como consequência direta da má-fé», acaba por concluir que «só pode haver recurso a ação própria em casos manifestamente excepcionais em que, a não se recorrer a esta acção, ocorresse uma denegação de justiça (artº 8º do CC)» (*sic*).

[328] «A previsão da al. c) do nº 1 do art. 373º do CPC concede ao requerido a possibilidade de ser ressarcido pelos danos causados por providência cautelar que tenha sido julgada injustificada ou que venha a caducar; porém, o exercício desse direito – que tem como requisitos o trânsito em julgado e a verificação da culpa ou da falta de diligência normal do requerente do procedimento – depende da propositura da correspondente ação em que se invoquem os pertinentes factos, não sendo viável a sua apreciação na própria ação de que a providência depende» cfr., neste sentido STJ de 7-3-2019, Proc. 5744/15.0T8VNG.P1.S1, *in* www.dgsi.pt/Cons. Acácio Neves.

Casos estes últimos – nos quais, se revele impossível solicitar o ressarcimento dos danos no seio do próprio processo, desse modo inviabilizando a almejada concentração do juízo de mérito e do juízo sobre a responsabilidade processual – que legitimam o recurso excecional a uma ação autónoma posterior e ao consequente temperamento do princípio do *simultaneus processus.* A não ter sido deduzido pedido indemnizatório, com a consequente decretação da condenação da parte a título de má fé pelos factos que fundamentam o pedido na ação em apreço, estar-se-ia perante formas de *preclusão* e *extinção do direito substantivo por caducidade* não previstas na lei, consagrando o afastamento da possibilidade legal do seu exercício, o que, na falta de expressa manifestação de vontade expressa do legislador em tal sentido, não é de aceitar[329].

O recurso a *ação indemnizatória autónoma* só deve, contudo, ser admitida em certos *casos-limite,* relativamente aos danos (*eventuais ou residuais*) que sempre teriam de ficar por ressarcir sem o recurso a uma ação própria (específica) ulterior, sob pena de denegação de justiça (art. 8º do CC); e daí que seja de exigir ao lesado pela *mala fides* que, na ação autónoma que eventualmente vier a instaurar, demonstre esse pressuposto, isto é, comece por demonstrar o seu *interesse processual* no desencadeamento desse "*pedido complementar*", sob pena de *absolvição do réu da instância;* só se se tornar plausível a conclusão de que o lesado teve efetiva oportunidade para formular o seu (cabal) pedido indemnizatório na própria ação-base se poderá concluir pela *preclusão do direito.* A ação própria em separado é, de resto, indubitavelmente necessária nos casos em que se torna impossível a dedução (anterior) do pedido de indemnização (*v. g,* pelos credores apenas convocados após a declaração de insolvência decretada a pedido do devedor atuante de má-fé – art. 29º do CIRE – e não propositura da ação principal subsequente ao decretamento de providência cautelar – art. 373º, nº 1, al. a)).

Destarte, se o pedido indemnizatório deduzido na ação autónoma for relativo aos mesmos danos já reconhecidos na causa-base, verificar-se-á *caso julgado;* se o pedido indemnizatório por novos e diversos danos for deduzido na pendência da causa-base, ocorrerá *litispendência,* sendo que qualquer dessas *exceções dilatórias* gerará a absolvição do réu da instância na

[329] Cfr., neste sentido, o acórdão da RP, de 19-5-94, Proc. 9410226, CJ, ano XIX, Tomo III, p. 211, Des. Carlos Matias.

causa que haja sido autonomamente instaurada (arts. 278º, nº 1, al. e), 577º, al. i), e 580º)[330].

§4º Contraditório

Devem interpretar-se os comandos dos nºs 1 e 2 do art. 542º em termos de a parte só poder ser condenada como litigante de má-fé depois de previamente ouvida sobre o projeto/motivação da decisão sancionatória a proferir, a fim de se poder defender da imputação[331]; isto face aos princípios (e direitos) de acesso ao direito e a uma tutela jurisdicional efetiva (art. 20º) e do Estado de Direito Democrático (art. 2º), ambos da CRP[332]. E também, face à necessidade de observância do *princípio do contraditório* contemplado nos arts. 3º e 4º do CPC, a fim de evitar as chamadas "*decisões surpresa*"[333]. Implicando o conteúdo genérico do direito fundamental de acesso aos tribunais a *proibição da indefesa*, inquestionável se torna que a condenação como litigante de má fé, mesmo *ex officio*, nos termos dos nºs 1 e 2 do art. 542º, pressupõe a prévia audição do interessado, em ordem a que possa alegar o que tiver por conveniente, acerca de uma anunciada e previsível condenação, sob pena de inconstitucionalidade, por ofensa daquele princípio.

[330] Para Barbosa Moreira, deverá o intérprete guiar-se pelo «critério mais favorável à parte lesada», «não lhe vedando a possibilidade de reclamar a indemnização em ação autónoma, sempre que tal pretensão não haja sido apreciada pelo magistrado na própria ação em que ocorreu a transgressão ao *dever de boa-fé processual.* Estando a pronúncia quanto à indemnização por má-fé dependente de pedido formulado nesse sentido pela parte lesada, na sua ausência estará o magistrado impedido de apreciar a questão ressarcitória, não se produzindo sobre a mesma caso julgado impeditivo da sua apreciação em ação separada e autónoma» (*sic*) – cfr. *A Responsabilidade das Partes por Dano Processual no Direito Brasileiro, in Temas de Direito Processual*, Ed. Saraiva, 1977, pp. 16-35.

[331] A comunicação da intenção de sancionar a parte deve permitir-lhe uma completa defesa, o que só acontecerá se lhe forem dados a conhecer (previamente) factos concretos de comportamentos individualizados e integradores de uma ou mais das previsões legais fixadas nas alíneas a) a d) do nº 2 do art. 542º – cfr. o acórdão do STJ de 17-12-2002, Proc. 3992/02 – 6ª Sec. "Sumários de Acórdãos – Edição Anual", p. 378/Cons. Silva Paixão. Deste modo, «a condenação oficiosa como litigante de má-fé está condicionada à prévia audição da respetiva parte (ou do seu representante), para assim ter oportunidade de se defender» – cfr. o acórdão do STJ de 28-2-2002 – 1ª Sec, CJSTJ, Ano X, Tomo I, pp. 111 a 114/ Cons. Garcia Marques.

[332] Cfr. o acórdão do TC nº 263/02 – Proc 542/01 de 3-7-02, *in* DR, IIª série, nº 262 de 13-11-02, p. 17790.

[333] A responsabilidade por litigância só pode ser decretada mediante a observação prévia das regras do contraditório, de harmonia com o exarado no acórdão do TC nº 103/93, *in* DR, IIª série, de 17-6-95 – cfr. o acórdão do STJ de 4-6-2002, Proc.1621/2002 – 6ª Sec., *in* "Sumários de Acórdãos – Ed. Anual", p. 201/Cons. Azevedo Ramos.

Torna-se, porém, necessário interpretar tal jurisprudência *cum grano salis*. Se o alegado (e visado) *improbus litigator* tiver tido já ensejo de se defender da imputação de litigância de má-fé, seja no articulado subsequente e/ou legalmente admissível, seja, no prazo legal supletivo de 10 dias cominado no art. 149º, o contraditório deve ter-se por observado, tornando-se assim despicienda (por manifesta desnecessidade e excesso de garantismo) qualquer notificação expressa autónoma para tal fim (art. 3º, nº 3). Tal notificação avulsa (expressa) só se tornará exigível se o projeto de condenação contiver novos ou adicionais motivos, quiçá processualmente adquiridos ou oficiosamente reconhecidos pelo juiz da causa, que exorbitem do já *ex-ante* processado, sobre os quais o imputado não haja tido ainda oportunidade de defesa e, bem assim, para efeitos de pronúncia sobre «a importância da indemnização», cujo pedido ressarcitório haja sido objeto do incidente pós-decisório deduzido ao abrigo do nº 3 do art. 543º. Só assim se pode conciliar o princípio da *proibição da indefesa* com os princípios da *celeridade processual*, da *autorresponsabilidade das partes* e da *limitação dos atos* (este último *ex-vi* dos arts. 3º, nº 3 e 130º)[334].

Exemplo:

Se o exequente houver pedido, na sua contestação à oposição mediante embargos à execução (artº 728º), a condenação do executado/opoente como litigante de má-fé, e tendo o opoente sido notificado desse pedido, torna-se desnecessária, à luz do disposto no nº 3 do art. 3º, a realização de nova notificação para efeitos de se pronunciar sobre tal pedido, bem como a concessão de prazo para responder e oferecer as provas que tiver por convenientes. E a tal não obsta a circunstância de tal pedido haver sido formulado no último articulado admissível, pois nada a impediria o opoente de responder a tal matéria no prazo geral supletivo de 10 dias do art. 149º através de requerimento autónomo[335].

A este respeito, é de rejeitar uma certa *praxis*, que se vai instalando, de sacrificar o dever sancionatório por litigância de má-fé (a exercitar após o necessário contraditório) à tentação de acelerar o encerramento estatístico do processo.

[334] Cfr., neste pendor, ABRANTES GERALDES, *in Temas Judiciários*, I volume, Almedina, 1998, pp. 332-333.

[335] Cfr., neste sentido, *v. g.*, o acórdão da RG de 2-7-2013, Proc. 39/12.3TBMNC-A.G1, *in* www.dgsi.t/Desª ROSA TCHING.

§5º A má-fé nos procedimentos cautelares

Relativamente à atuação de má-fé em sede de *procedimentos cautelares*, «se a providência for considerada *injustificada* ou vier a *caducar* por *facto imputável ao requerente*, responde este pelos *danos culposamente causados ao requerido*, quando não tenha agido com a *prudência normal*» (art. 374º, nº 1).

São de aplicar, nesta sede, os pressupostos gerais da *responsabilidade civil* plasmada nos arts. 483º e ss. e 798º e ss. do CC, bem os pressupostos específicos da *responsabilidade processual* cujos contornos se devem pautar e aferir pelas regras do instituto da litigância da má-fé (art. 542º). No domínio deste último, a responsabilidade civil do requerente da providência cautelar assume um cariz "*periférico*", sendo que, sem embargo da atuação processual com má-fé se encontrar reportado ao *direito de ação*, «existe uma série de deveres de conduta que lhe são inerentes e a cuja violação o sistema de responsabilidade civil não pode deixar de reagir»[336].

Ao invés do art. 542º, o qual exige «para que o requerente seja responsabilizado que tenha atuado com *dolo* ou *negligência grave*, no âmbito cautelar o requerente pode ser responsabilizado por uma atuação com *culpa leve*, no fundo, um «regime de *responsabilidade objetiva* que prescinde da culpa do requerente», em termos em tudo idênticos à presunção legal de culpa do art. 799º do CC para a responsabilidade contratual[337].

Para a coonestação da litigância de má-fé basta que o requerente não tenha agido com a *prudência normal* (aquela que é exigível ao homem médio, isto é, a um bom pai de família, ou seja, a uma pessoa normalmente cuidadosa e prudente)[338]; só então se poderá considerar ocorrido um *abuso do direito de ação* ou *abuso* (do uso) *de meios processuais* (art. 374º, nº 1)[339-340-341].

[336] Cfr. Rita Lince de Faria, *A Tutela Cautelar Antecipatória no Processo Civil Português – Um Difícil Equilíbrio entre a Urgência e a Irreversibiidade*", Universidade Católica Editora, Lisboa, 2016, pp. 367-368.

[337] Cfr., neste sentido, Rita Lince de Faria, ob. cit., p. 487.

[338] Cfr., neste sentido, o acórdão da RP de 20-10-2009, Proc. 43/09.9TJPRT.P1, *in* www.dgsi.pt. /Des. Rodrigues Pires.

[339] Cfr. o acórdão do STJ de 6-6-2000 – 6ª Sec., *in* CJSTJ, Tomo II, pp. 100 a 102/Cons. Tomé de Carvalho.

[340] O CPC prevê, no âmbito dos procedimentos cautelares, a responsabilidade do requerente pelos danos que culposamente causar ao requerido, quando não tenha agido com a *prudência normal* (art. 374º), «acolhendo, no domínio processual, o *abuso do direito de ação* e a *culpa in agendo*, ao impor uma atuação conforme ao agir de boa-fé, quando faz apelo à *prudência normal*, e sanciona a violação culposa desse agir com a obrigação de ressarcir os danos

Prudência normal essa que «não contempla as situações de interpretação duvidosa, errada ou discutível, mormente se exigidos conhecimentos específicos ou especializados»[342].

A obrigação de indemnizar fundada no disposto no citado nº 1 do art. 374º pressupõe que a providência chegue a ser decretada pelo tribunal e que, posteriormente, venha a ser julgada injustificada em virtude de procedência de oposição ou de recurso, nos termos do art. 372º, nºs 1, alíneas a) e b), e 2). O *momento temporal a atender* (relevante) para a aferição de uma atuação com prudência infra-normal é, em princípio, o do requerimento do procedimento cautelar[343], "sem que possam irrelevar certos momentos em que a decretada providência subsistir, tudo em ordem a bem determinar se o requerente ocultou intencionalmente factos ou os deturpou conscientemente, ou se agiu imprudentemente ou com erro grosseiro ou, até, sem a atenção, cuidado e diligências exigíveis a um do bom pai de família"[344]. Não constitui, todavia, fundamento de responsabilidade o desencadeamento o procedimento sem o necessário respaldo, ou com errada ou controversa interpretação factual ou jurídica mas que, não obstante, conduza ao decretamento da providência (embora com posterior revogação da decisão)[345].

Outrossim, o requerente do *decretamento de uma providência cautelar* ou da *emissão de uma ordem preliminar* no foro arbitral é responsável «por quaisquer *custos ou prejuízos* causados à outra parte» por tal providência ou ordem, caso o tribunal arbitral venha mais tarde a decidir que, nas circunstâncias anteriormente existentes, as mesmas não deveriam ter sido decretadas ou ordenadas. O tribunal arbitral pode, neste último caso, *condenar* a parte requerente no pagamento da correspondente indemnização *em qualquer estado do processo* (art. 26º da LAV).

causados» – cfr. o acórdão do STJ de 4-11-2008, Proc. 08A3127 *in* www.dgsi.pt/ Cons. Fonseca Ramos.

341 O nº 1 do art. 126º do CPTA, sob a epígrafe "*Utilização abusiva da providência cautelar*", exige que o requerente tenha agido com *dolo* ou *negligência grosseira*.

342 Cfr., neste sentido, o acórdão da RG de 2-7-2013, Proc. 7003/11.8TBBRG.GI, *in* www.dgsi.pt/ Des. Espinheira Baltar.

343 Cfr., neste sentido, o acórdão do STJ de 26-9-2002, Proc. 2385/2002, *in* www.dgsi.pt..

344 Assim, por exemplo, «se uma vez decretada a providência de arresto, o respetivo requerente se opôs, sem fundamento, à sua substituição por caução requerida pelo arrestado, torna-se responsável pelos danos causados pela subsistência do arresto» – cfr. neste sentido, o acórdão da RG de 2-7-2013, Proc. 7003/11.8TBBRG, *in* www.dgsi.pt. /Des. Espinheira Baltar.

345 Cfr. o acórdão do STJ de 18-10-2001, Proc. 02B1938, *in* www.dgsi.pt/ Cons. Sousa Inês.

Também o requerente dos *alimentos provisórios* só responde pelos danos causados com a improcedência ou a caducidade da providência se *tiver atuado de má-fé,* devendo a indemnização ser fixada equitativamente e sem prejuízo do disposto no art. 2007º, nº 2, do CC (art. 387º).

§6º A má-fé no processo executivo e incidentes conexos

De atentar em que «são *subsidiariamente* aplicáveis ao *processo de execução,* com as necessárias adaptações, as disposições reguladoras do *processo de declaração* que se mostrem compatíveis com a natureza da *ação executiva*» (art. 551º, nº 1). Daí que (porque manifestamente compatíveis) sejam de aplicar *supletivamente* aos casos omissos relativos à *execução* ou a qualquer dos seus *incidentes declarativos típicos conexos* as normas do instituto da má-fé vertidas nos arts. 542º a 545º, sendo que estes últimos devem seguir, a partir de certa altura, por força da lei, os *trâmites do processo declarativo comum.*

Assim: o *incidente de oposição à execução mediante embargos* (arts. 728º e ss.); o *incidente de oposição à penhora* (arts. 784º, 785º e 856º), o qual deve seguir os termos dos arts. 293º a 295º (incidentes da instância) e ainda, com as necessárias adaptações, o disposto nos nºs 1 e 3 do art. 732º relativos ao *incidente de oposição à execução* (art. 785º, nº 2); o *incidente de oposição à execução* (arts. 728º a 734º e 856º); o *incidente* de *verificação e graduação de créditos* (concurso de credores), caso a verificação de algum dos créditos impugnados esteja dependente de produção de prova (arts. 788º a 791º); os *embargos de terceiro,* nos quais, uma vez recebidos, as partes primitivas são (após o recebimento) notificadas para contestar, seguindo-se os *termos do processo declarativo comum* (art. 348º, nº 1)[346].

No que respeita à *ação executiva,* o conceito de *atuação sem prudência normal* é também utilizado pela lei processual nos arts. 727º, nº 4 e 858º (*responsabilidade do exequente em caso de procedência da oposição à execução sumária para pagamento de quantia certa*) e 866º (*responsabilidade do exequente em caso de procedência de oposição à execução para entrega de coisa certa fundada em título extrajudicial*)[347].

[346] O julgamento destes incidentes é da responsabilidade do *juiz da execução.* Cfr. quanto à repartição de atribuições entre o juiz de execução e o agente de execução, Marco Carvalho Gonçalves, *Lições de Processo Executivo,* 2ª, ed. Revista e Aumentada, Almedina, 2018, pp. 42-45.

[347] Procedimento ilícito e culposo, para este efeito, será o do «exequente instaurar a execução apesar de conhecer, ou não poder desconhecer, a insuscetibilidade de exercício da pretensão exequenda» – cfr., o acórdão da RL de 20-12-2016, Proc. 1220/14.6TVLSBl1-7, *in* www.dgsi.pt / Des. L. F. Pires de Sousa.

A *ratio* dos arts. 727º, nº 4 e 858º é a de associar (compensar) o benefício do exequente-credor, traduzido na efetivação da penhora sem a prévia citação do executado-devedor (art. 855º, nº 3) com um especial dever de cuidado e prudência por banda do exequente-credor na iniciativa do desencadeamento da execução[348]. Já quanto à previsão do art. 866º, não obstante o executado ser citado previamente para entrega da coisa ou para se opor à execução mediante embargos (art. 859º), o que se intenta é preservar ou reverter situações de posse ou propriedade, designadamente de imóveis arrendados para habitação, nas quais se recomenda ao exequente, face à particular relevância social dos interesses em jogo, um redobrado cuidado na consistência e seriedade dos fundamentos invocados para a desocupação. No fundo, a *falta de prudência normal* ocorre sempre que o exequente desencadeia uma ação executiva, conhecendo, ou não podendo desconhecer, a insuscetibilidade ou falta de fundamento da exercitação da pretensão exequenda[349].

Os arts. 858º e 866º, mais do que normas de caráter estritamente *processual*, possuem natureza *substantiva*, já que conferem direitos ao executado e deveres ao exequente, a este sob pena de incorrer (para além de eventual *responsabilidade criminal*) em *multa* e *responsabilidade civil* pelos danos culposamente causados ao executado. Responsabilidade essa cuja efetivação depende, pois, da verificação, quer dos *requisitos processuais específicos*, quer dos *pressupostos gerais da responsabilidade civil extracontratual* por comportamento processual ilícito e culposo[350]; sendo que o montante da multa a aplicar (*pelo juiz da execução*) corresponderá a 10% do valor da execução ou da parte dela que haja sido objeto da execução, mas não inferior a 10 UC's, nem superior ao dobro do máximo da taxa de justiça.

O *facto* (*ato*) *voluntário* traduz-se na formulação da pretensão através da instauração da execução, a *ilicitude* no uso abusivo ou indevido desse meio e a *culpa* num juízo de censurabilidade por não ter agido com a *prudência normal*, bastando a *mera negligência*[351]. Os *danos indemnizáveis*, podendo ser de natureza *patrimonial* e *não patrimonial*, resultam da instauração indevida da execução, *v. g.*, da simples constituição

[348] Cfr. Rui Pinto, *in Manual da Execução e do Despejo*, Coimbra Editora, 2013, p. 472.

[349] Cfr. Catarina Pires Cordeiro, "*A Responsabilidade do Exequente na Nova Ação Executiva: Sentido, Fundamento e Limites*", *in* Cadernos de Direito Privado, nº 10, p. 23.

[350] Cfr., neste sentido, os acórdãos da RP de 21-6-2012 / Proc. 1616/11/ Des. Pinto de Almeida e da RL de 8-11-2012, Proc. 7643/07/ Des. Ondina Carmo Alves, todos *in* www.dgsi.pt., e Virgínio Ribeiro e Sérgio Rebelo, *in A Ação Executiva, Anotada e Comentada*, 2016, p. 566.

[351] «Age com culpa o exequente que instaura execução contra pessoa que não é devedora da quantia exequenda e que se limitou a subscrever a livrança que constitui o título executivo,

do putativo devedor ou obrigado como executado (através da citação), sendo que os atos de citação e/ou da penhora, com os inerentes dispêndios, designadamente com a utilização dos meios defensionais de reação ou oposição e com os prejuízos da privação do uso ou da disponibilidade dos bens penhorados, representarão normalmente aqueles com maior potencialidade lesiva.

É ainda passível de *litigância de má-fé* o *executado* que, apesar de para tal previamente advertido, *não indicar*, no prazo de oposição à penhora, «os direitos, ónus ou encargos não registáveis que recaiam sobre os bens penhorados, bem como os respetivos titulares ou beneficiários» (art. 753º, nº 3). Já no que concerne à *responsabilidade do executado por litigância de má-fé* na dedução da *oposição à execução por embargos* (arts. 728º a 734º), terá ela de ser aferida nos termos gerais dos arts. 542º e ss., tal como acima dito.

Também, nesta sede, o *terminus a quo* para a contagem do prazo de prescrição de três anos (a que se reporta o art. 498º do CC) para efetivação do direito de indemnização pelos danos culposamente causados ao exequente pelo executado-embargante se deve reportar ao momento da dedução da oposição à execução. Se não houver sido deduzida oposição à execução, o prazo conta-se a partir da data em que o lesado tenha conhecimento do direito que lhe compete, embora com desconhecimento da extensão integral dos danos.

Mas a ação a instaurar pelo executado-opoente ou pelo exequente-embargado deve ser intentada *por apenso* à execução *ou autonomamente*? O art. 858º não determina expressamente que o direito do executado à reparação dos danos deva ser exercido na própria oposição à execução ou em ação autónoma. Mas, possuindo a oposição natureza de incidente de ação declarativa, permitindo, *qua tale*, a dedução do correspondente pedido e o exercício do contraditório por banda do exequente, bem como a instrução necessária à decisão sobre a pretensão indemnizatória, nos termos previstos naquela norma, nada impede (antes se recomenda) a apreciação, por princípio, da pretensão indemnizatória no seio do próprio da oposição por embargos[352].

em representação da sociedade co-executada» – cfr. o acórdão da RP de 21-6-2012, Proc. 1616/2011, Proc. 5TBMTS-A. P1, *in* www.dgsi.pt / Des. PINTO DE ALMEIDA.

[352] Cfr., neste sentido, o acórdão da RP de 2-2-2007, Proc. 0536252, *in* www.dgsi.pt /Des. JOSÉ FERRAZ e RUI PINTO, *in Manual da Execução e do Despejo*, Coimbra Editora, 2013, p. 475.

Também *o executado ou a pessoa que ocultar alguma coisa com o fim de a subtrair à penhora* fica sujeito às sanções correspondentes à litigância de má-fé, sem prejuízo da responsabilidade criminal em que possa incorrer (art. 767º, nº 2).

Exemplos:

– "o exequente, sabendo que o executado já lhe havia pago a quantia constante da letra exequenda, correspondente ao preço de veículo que lhe vendera, mesmo assim não se inibe de instaurar a execução e de, em contestação de embargos, reiterar o não pagamento de tal preço"[353]; – «a parte alega que um dado pagamento se destinou a solver uma dívida reclamada em juízo quando bem sabia que tal pagamento se destinara a solver uma outra sua dívida respeitante a um período temporal anterior»[354]; – o embargante invoca (em sede de embargos de executado) a sua falta de citação para a ação quando foi ele próprio executado-embargante que se colocou voluntariamente na situação de não ser citado pessoalmente para a ação declarativa (o que traduz um verdadeiro *abuso de meios processuais*, na modalidade de "*venire contra factum proprium*", "na tentativa de obtenção de um prémio à relapsidão e à falta de colaboração com a justiça, bem como uma real preocupação de «benefício do infrator»"[355].

§7º A má-fé em outros incidentes, atos avulsos e processos especiais

Prevêem certas normas avulsas algumas situações específicas de responsabilidade dos diversos intervenientes processuais através de remissão para o instituto da litigância de má-fé. Assim, e por exemplo, deduzido o *incidente de suspeição*, será o mesmo decidido pelo presidente da Relação[356]; sendo

[353] Cfr. o acórdão do STJ de 23-3-2004, Proc. 4B4183-7, *in* www.dgsi.pt /Cons. Araújo de Barros.

[354] Cfr. o acórdão do STJ de 30-9-2004, Proc. 04B2175, *in* www.dgsi.pt. /Cons. Ferreira de Almeida.

[355] Cfr. o acórdão do STJ de 16-10-2001, Proc. 827/02-2ª Sec., *in* www.dgsi.pt /Cons. Ferreira de Almeida.

[356] O presidente do tribunal competente para decidir a oposição de suspeição, se julgar esta improcedente, *deve apreciar se o recusante agiu com má fé* – art. 130º, nº 1 (atual art. 123º). O apuramento da má fé nesse incidente deve ser operado de harmonia com os critérios e pressupostos referenciais plasmados no nº 2 do art. 456º (atual 542º), bastando-se com a existência de *negligência grave*». «É de considerar com *negligência grave* tal dedução se os recusantes se basearam em simples conjecturas e alusões impregnadas de manifesta vacuidade, generalidade e imprecisão, sem a mínima preocupação da devida e indispensável substanciação fáctico/objectiva. É dever legal estrito dos oponentes – se profissionais do foro – indagarem, com o mínimo de suficiência e consistência, a veracidade dos "factos alegados"

julgado improcedente, *deve o mesmo apreciar se o recusante procedeu de má-fé* (art. 123º, nº 3). Apreciação que necessariamente deve ser aferida em função dos pressupostos e do itinerário decisório regulados nos arts. 542º a 545º, nos termos supra-explanados.

Segundo MENEZES CORDEIRO, «As remissões para a *litigância de má-fé* não excluem o apelo à *responsabilidade civil*, em tudo o que não seja assegurado pelo primeiro dos referidos institutos. É o caso da *suspeição*: no competente requerimento, podem ser produzidas afirmações gravíssimas, que atentem profundamente contra a honorabilidade e o bom nome de magistrados e de terceiros. Tais afirmações, para mais sendo falsas, são proferidas em autos públicos. Tem de haver solução, solução essa que só muito imperfeitamente poderia ser prosseguida pela (simples) *condenação em litigância de má-fé*. As pessoas envolvidas lançarão, querendo, mão da responsabilidade civil, de modo a serem integralmente ressarcidas por danos morais e por danos patrimoniais. A circunspecta e rígida condenação por litigância de má-fé é totalmente insuficiente para assegurar a prossecução dos fins do ordenamento. Basta ver que podem estar em causa lesados que nem sejam partes no processo» (*sic*)[357].

Também a citação de pessoa singular contém a advertência, dirigida ao terceiro que a receba, de que a não entrega ao citando, logo que possível, o faz incorrer em responsabilidade, em termos equiparados aos da litigância de má-fé (art. 228º, nº 1).

No que particularmente se refere à dedução de *pedido infundado de declaração de insolvência*, ou a indevida apresentação por parte do devedor, o art. 22º do CIRE estatui que as mesmas geram responsabilidade civil pelos prejuízos causados ao devedor ou aos credores, mas apenas em caso de *dolo*. E à sindicância dos pressupostos de apuramento da má-fé em tal situação

como motivo de suspeição. Trata-se de um campo em que os operadores e utentes judiciários devem usar da maior circunspecção e parcimónia, pois que se encontra em causa o princípio do juiz natural que só em circunstâncias muito contadas deve ser subvertido. A pedra de toque da garantia de imparcialidade dos juízes, para efeitos de recusa de intervenção em pleito pendente, terá de ancorar-se sempre na existência de um «receio legítimo», aferida esta por um critério de «justificação objectiva», isto é, traduzida em factos. Não afasta a *dedução de má-fé* a circunstância de os juízes recusados haverem acabado por pedir «*de motu proprio*» (aliás no uso de uma prática corrente) *escusa* de intervenção na causa com base nas alvitradas suspeitas» (*sic*) – cfr. o acórdão do STJ de 28-2-2002, Proc. 02B211, *in* www.dgsi.pt / Cons. FERREIRA DE ALMEIDA.

[357] *In Concretizações da culpa in agendo, in Litigância de Má-Fé, Abuso do Direito de Ação e Culpa in Agendo*, 3ª ed., Almedina, 2017, p. 197.

não podem deixar de aplicar-se, a título subsidiário, os princípios e normas do CPC supra-analisados, *ex-vi* da própria remissão dinâmica (genérica) contida no art. 16º do CIRE[358]. Relativamente aos restantes incidentes declaratórios (contenciosos) regulados no CIRE, são também de aplicar os princípios e pressupostos gerais de aferição da litigância de má-fé (atuação processual com *dolo* ou *negligência grave*) plasmados nos arts. 542º a 545º. É o caso, designadamente, da *oposição de embargos à sentença declaratória da insolvência* (arts. 40º e ss.), da *reclamação/verificação de créditos* (arts. 128º e 129º) e da *impugnação da lista de credores reconhecidos* (arts. 130º e ss.).

Nos termos da al. n) do nº 2 do art. 10º do RPCOPC (regime anexo ao Dec.-Lei nº 269/98, de 1 de setembro, na redação do art. 6º da Lei nº 117/2019, de 13 de setembro, configura *litigância de má-fé* a não indicação (no requerimento inicial) de que se trata (se for esse o caso) da existência de um *contrato celebrado como o consumidor que comporta cláusulas contratuais gerais.*

Aos *demais processos especiais*, sendo-lhes aplicáveis as disposições que lhes são próprias e as disposições gerais e comuns e, sendo de observar, «em tudo o que não estiver prevenido numas e noutras, o que se acha estabelecido para o processo comum» (art. 549º, nº 1), ser-lhe-ão, de igual modo, aplicáveis as normas relativas ao instituto da má-fé nos termos sobreditos.

§8º A má-fé no enxerto cível em processo penal

No âmbito do *processo penal*, foi já sustentada em tribunais superiores a não admissibilidade da *condenação das partes como litigantes de má-fé*; por um lado, pela cominação legal de mecanismos procedimentais/sancionatórios específicos para condutas processuais anómalas[359]; por outro, porque, para além das especificidades legais próprias do processo penal, o *titular da causa (ação) penal* é sempre e só *o Ministério Público* (arts. 3º, nº 1, al. c), do EMP e 48º do CPP). Não podemos concordar com tal tese.

Certo que o processo penal, na *vertente do apuramento da responsabilidade criminal*, mormente dos pressupostos da punição (ilicitude e culpa do

[358] Cfr., neste sentido, o acórdão da RC de 15-5-2012, Proc. 817/11.0T2.AVR.C1, *in* www.dgsi.pt /Des. Carvalho Martins.

[359] Cfr., neste sentido, *v. g.*, o acórdão do STJ de 26-6-2002, CJSTJ, Ano X, Tomo II, 2002, p. 227/Cons. Borges de Pinho. Isto porque, não sendo o processo penal um processo de partes, o seu uso indevido, mormente pelo queixoso, não é passível de determinar a sua condenação a título de litigância de má-fé, «tanto mais que há normas no CPP que especificamente sancionam o mau uso dos respetivos meios» – cfr. o acórdão da RE de 7-2-2006, CJ, Tomo I/2006, p. 262/ Des. Alberto Mira.

agente), não é um puro processo de partes e que os assistentes intervêm nele numa relação de *colaboração, acessoriedade ou subalternidade relativamente ao Ministério Público*. Mas, havendo sido, no processo penal, deduzido pelo lesado «*pedido de indemnização civil*» *contra o agente-lesante* (autor da infração) e/ou contra os «*responsáveis meramente civis* (*v. g.*, companhias de seguros)» – por força do *princípio da adesão* (art. 71º) –, dando lugar ao chamado *enxerto cível* deduzido ao abrigo do disposto nos arts. 72º a 77º do CPP, hipótese em que «*a intervenção processual do lesado se restringe à sustentação e prova do pedido de indemnização cível*» (art.74º, nº 2), já assumirão tais intervenientes a posição de verdadeiras «*partes civis*» (às quais o CPP dedica, de resto, subordinado a tal epígrafe, todo o título V do Livro I). E, como *partes civis*, encontram-se adstritas ao *princípio da igualdade das partes* plasmado no art. 4º do CPC, sendo que, por mor deste princípio, «o tribunal deve assegurar, ao longo de todo o processo, um estatuto de *igualdade substancial das partes*, designadamente no exercício das faculdades, no uso de meios de defesa e *na aplicação de cominações ou sanções processuais*» (*sic*). Daí que, porque – nesse segmento – em causa um *litígio de natureza puramente civil* (apuramento da natureza e montante dos danos e do nexo de causalidade entre o facto ilícito e os danos), possa haver lugar ao funcionamento do instituto da má-fé regulado nos arts. 542º a 545º do CPC. De resto – tratando-se de um *caso omisso* (*lacuna de previsão/regulamentação*), devem "observar-se as *normas do processo civil*", porquanto perfeitamente "harmonizáveis com o processo penal" (art. 4º do CPP).

Nos casos de *enxerto cível*, «coincidem no mesmo processo, em sentido material, duas ações, uma penal e outra cível, *autónomas entre si*. O processo penal inicia-se com um ato do Ministério Público, em regra, a abertura do inquérito. Já o *processo* ou a *ação* cível tem início com a dedução do pedido de indemnização civil. O *equivalente à petição inicial* do processo civil não está na notícia do crime, na *participação* ou na *queixa*, figuras alheias à ação civil, mas sim no *requerimento em que é deduzido o pedido de indemnização*»[360].

[360] Cfr. o acórdão do STJ de 15-12-2011, Proc. 53/04.2IDAVR.P1.S1, *in* www.dgsi.pt / Cons. Manuel Braz, citado no acórdão do STJ de 20-6-2012 / Cons. Pires da Graça. Em sentido idêntico, cfr. o acórdão do STJ de 28-11-2012, Proc. 10/06.4TAVLG.P1.S1, *in* www.dgsi.pt / Cons. Santos Cabral.

§9º Imputação da responsabilidade por atuação de má-fé

A responsabilidade pela *atuação de má-fé má-fé na causa* é de imputar às respetivas *partes processuais* (*pessoas físicas* ou *pessoas jurídicas*).

Mas, se a parte na causa for um incapaz (*menor* ou um *maior acompanhado*), a responsabilidade pelo pagamento das custas, da multa e/ou da indemnização resultantes de uma qualquer atividade processual anómala, recai sobre o *representante processual* que, em nome dele, haja intervindo nessa mesma causa (art. 544º). Com efeito, os *incapazes* só podem estar em juízo através dos seus representantes (legais ou voluntários) – pais, tutores, administradores de bens ou curadores – arts. 16º e 17º do CPC.

Já as *pessoas coletivas*, e também as *sociedades*, respondem civilmente pelos atos ou omissões (*ilícitos*) dos seus representantes, agentes ou mandatários nos mesmos termos em que os comitentes respondem pelos atos ou omissões dos seus comissários (arts. 165º e 998º do CC, respetivamente). Recai, pois, sobre as *pessoas jurídicas* (independentemente de culpa sua) a responsabilidade pelas custas, pela multa e pela indemnização devidas pela intervenção com má-fé dos respetivos representantes (art. 500º, nº 1, do CC).

> Num evidente propósito de assegurar uma efetiva igualdade entre as partes processuais, tanto no que se refere ao exercício das faculdades e ao uso dos meios de defesa como no plano da aplicação de cominações ou de sanções processuais, o CPTA contempla *expressis verbis*, no seu art. 6º, a possibilidade de o Estado e as demais entidades públicas serem condenados como litigantes de má-fé[361].

Também «quando se reconheça que o *mandatário* da parte teve *responsabilidade pessoal e direta* nos atos pelos quais se revelou a má-fé (nos termos do artº 542º), dar-se-á conhecimento do facto à respetiva associação pública profissional (*Ordem dos Advogados* ou *Ordem dos Solicitadores e Agentes de Execução*), para que esta possa aplicar sanções e condenar o mandatário na quota-parte das custas, multa e indemnização que lhe parecer justa» (art. 545º). O reconhecimento ou o pré-juízo que o juiz faça em relação à conduta de um qualquer profissional do foro não vincula, contudo, o órgão disciplinar competente da respetiva Ordem; será este que averigua, aprecia e decide da eventual aplicação de sanções. O tribunal deve, pois, limitar-se

[361] Cfr., a este respeito, o acórdão do STA de 31-1-2008, Proc. nº 1442/1ª Sec., *in* ADSTA, nº 558, p. 1194/ Cons. PIMENTA DO VALE.

a participar ou denunciar os factos à Ordem profissional respetiva (Ordem dos Advogados ou Ordem dos Solicitadores e Agentes de Execução), não podendo sobrepor-se a estas na condenação em multa e custas por litigância de má-fé[362] (cfr. o art. 545º).

§10º Recurso

«Independentemente do valor da causa ou da sucumbência, *é sempre admitido recurso*, em um grau, da *decisão que condene por litigância de má-fé*» (art. 542º, nº 3).

Recurso que sempre seria admissível quanto à *vertente puramente sancionatória* (condenação em multa) da litigância de má-fé, *ex-vi* do nº 6 do art. 27º do RCP), o qual estatui que «Da condenação em multa, penalidade ou taxa sancionatória excecional fora dos casos legalmente admissíveis *cabe sempre recurso*, o qual, quando deduzido autonomamente, é apresentado nos 15 dias após a notificação do despacho que condenou a parte em multa, penalidade ou taxa»[363].

Se, pois, a condenação provier de um tribunal de 1ª instância, o recurso é sempre admissível para a Relação, ainda que o valor da condenação seja inferior ao da respetiva alçada; e se for decretada em primeira mão pelo tribunal da Relação, haverá recurso (de apelação) para o Supremo Tribunal de Justiça. De igual modo, se, na *decisão do incidente de suspeição*, o Presidente do Tribunal da Relação (agindo como um juiz de 1ª instância) condenar o recusante que haja procedido de má-fé, o recurso deste segmento decisório caberá recurso (de apelação) para o Supremo Tribunal de Justiça (artºs 123º, nº 4, 215º, espécie 4ª) e 542º, nº 3)[364].

O Supremo Tribunal de Justiça, se bem que funcionando, em regra, como tribunal de revista (art. 46º da LOSJ), não fica inibido do seu poder/ /dever de conhecer, em primeira e única instância (e sem possibilidade de

[362] Cfr. o acórdão da RP de 31-3-2004, CJ, Ano XXIX, Tomo II, pp. 178 a 181/ Des. PINTO DE ALMEIDA.

[363] LEBRE DE FREITAS/ISABEL ALEXANDRE, *in Código de Processo Civil Anotado*, vol. 2º, 3ª edição, Artigos 362º a 626º, pp. 461 e 462, advertem para o facto de o STJ, ter chegado a defender que «sendo o valor da condenação superior à alçada da Relação, era ainda admissível o recurso em 2º grau, para o STJ, "visto que o nº 3 do (então art. 442º) visou alargar a recorribilidade da decisão que condene por litigância de má-fé e não restringi-la", mas, que no regime dos recursos oriundo do Dec.Lei nº 303/2007, que o atual Código mantém, esta recorribilidade deixou de existir (cfr. arts. 671º e 644º, nº 2, alínea e)).

[364] *Vide*, acerca deste ponto, o nº 70.2.2. *infra*.

recurso) de todas as questões de conhecimento oficioso, tais como a da *litigância de má-fé* e a do *abuso do direito*[365].

Questão que pode pôr-se é a de saber se, relativamente ao *segmento condenatório do litigante de má-fé* em *indemnização* à contraparte, haverá também sempre recurso ordinário em um grau independentemente do valor da alçada e da sucumbência; ou se, pelo contrário, deve o recurso a interpor estar sujeito aos requisitos gerais de admissibilidade impostos pelo nº 1 do art. 629º. É a 1ª a solução mais correta; isto porque *ubi lex non distinguit nec nos distinguere debemus.*

No que concerne à *litigância de má-fé no enxerto cível em processo penal* a eventual decisão condenatória é também sempre passível de *recurso ordinário (penal)* em um grau nos termos do 2º segmento do nº 3 do art. 542º do CPC, aplicável *ex-vi* dos arts. 4º, 399º e 403º, nºs 1 e 2, al. b), do CPP).

[365] Cfr. o acórdão do STJ de Cfr. Sec., 3-10-2002, Proc. 674/02 – 2ª *in* "Sumários" – Ed. Anual, p. 307/ Cons. Ferreira Girão.

Capítulo IV
Tipologia das ações e das formas de processo

SUMÁRIO: **21.** Espécies de ações quanto ao fim. **21.1.** Ações de simples apreciação. **21.2.** Ações de condenação. **21.3.** Ações constitutivas. **22.** Formas de processo. Processo comum. Processos especiais. **22.1.** Processos especiais e procedimentos declarativos previstos no Código de Processo Civil. **22.2.** Processos especiais de jurisdição voluntária. **22.3.** Ação declarativa especial para cumprimento de obrigações pecuniárias emergentes de contratos. Injunção **22.4.** Processos especiais previstos em legislação avulsa. **23.** Meios alternativos de resolução de litígios. **23.1.** Arbitragem. **23.1.1.** Arbitragem voluntária. **23.1.2.** Arbitragem necessária e institucionalizada. **23.1.2.1.** Arbitragem necessária. **23.1.2.2.** Arbitragem institucionalizada. **23.2.** Julgados de paz. **23.2.1.** Caraterização. Competência material. **23.2.2.** Mediação de conflitos em matéria não incluída na competência material dos julgados de paz. **23.3.** Mediação civil e comercial. **24.** O processo executivo. Função e autonomia. Espécies. Forma. **25.** Títulos executivos. Noção. Exequibilidade. Espécies. **25.1.** Noção e exequibilidade. **25.2.** Espécies. **25.2.1.** Sentenças e demais decisões condenatórias de tribunais estaduais e dos julgados de paz. **25.2.2.** Decisões e despachos arbitrais. **25.2.3.** Sentenças proferidas por tribunais ou árbitros no estrangeiro. Decisões proferidas em processo europeu para ações de pequeno montante. **25.2.4.** Títulos exarados em país estrangeiro. O título executivo europeu. **25.2.5.** Documentos exarados ou autenticados por notário ou outras entidades competentes que importem constituição ou reconhecimento de qualquer obrigação. **25.2.6.** Títulos de crédito. **25.2.7.** Documentos a que seja legalmente atribuída força executiva. **26.** Procedimento extrajudicial pré-executivo

Secção I
Processos e procedimentos declarativos

21. Espécies de ações quanto ao fim

Em ordem à consecução e prossecução de uma *tutela jurisdicional efetiva* almejadas pelo art. 20º da CRP e pelo art. 26º, nº 1, da LOSJ, prevê a lei processual diversos *tipos de ações* adequadas à resolução eficaz dos conflitos de interesses em função da diversidade das providências judiciárias permitidas pelo sistema de justiça pública. Tendo presente o *princípio da correspondência* (ou *da adequação*) entre o direito e a ação contemplado no nº 2 do art. 2º: «*a todo o direito, exceto quando a lei determine o contrário, corresponde a ação adequada a fazê-lo valer em juízo, a prevenir ou reparar a violação dele e a realizá-lo coercivamente, bem como os procedimentos necessários para acautelar o efeito útil da ação*».

O art. 10º consagra uma classificação das diversas espécies de ações[366] consoante o seu *fim*. Assim, as ações *são declarativas* ou *executivas* (nº 1). As *ações declarativas* podem ser de *simples apreciação*, de *condenação* e *constitutivas* (nº 2).

As *ações declarativas* têm por fim: a)- as de *simples apreciação*, obter unicamente a declaração da existência ou inexistência de um direito ou de um facto (art. 10º, nº 3, al. a)); b)- as de *condenação*, exigir a prestação de uma coisa ou de um facto, pressupondo ou prevendo a violação de um direito (art. 10º, nº 3, al. b)); c)- as *constitutivas*, autorizar uma mudança na ordem jurídica existente (art. 10º, nº 3, al. c)).

Dizem-se «*ações executivas*» aquelas em que o credor requer as providências adequadas à realização coativa de uma obrigação que lhe é devida (art. 10º, nº 4). O fim da execução, para o efeito do processo aplicável, pode consistir no *pagamento de quantia certa*, na *entrega de coisa certa* ou na *prestação de um facto*, quer positivo, quer negativo (art. 10º, nº 6).

A uma mesma relação jurídica substantiva pode, contudo, corresponder, consoante o efeito processual pretendido, e atenta a possibilidade de dedução de pedidos cumulativos, um qualquer daqueles três tipos de ações declarativas.

[366] O termo *ação* tem, no art. 10º, o sentido de *pedido*: Nesse artigo «contém-se primariamente uma classificação de pedidos» – cfr. CASTRO MENDES, *Direito Processual Civil*, vol. I, ed. de 1969 cit., p. 270.

Assim, uma *relação obrigacional* relativa a um contrato-promessa pode dar origem a uma *ação constitutiva* de execução específica (art. 830º do CC), a uma *ação de simples apreciação positiva ou negativa* da validade do negócio (art. 4º, nº 1, al. a)) ou a uma *ação de condenação* por incumprimento (art. 798º do CC).

Também uma *relação familiar matrimonial* pode dar origem a uma *ação constitutiva* de divórcio (arts. 1778º a 1786º do CC), a uma *ação de simples apreciação da validade do casamento* (art. 10º, nº 3, al. a) ou a uma *ação de condenação* (autónoma) a intentar pelo cônjuge lesado para reparação dos danos causados ao outro, nos termos gerais da responsabilidade civil (art. 1792º, nº 1, do CC)[367]; ou mesmo, tratando-se de pedido de divórcio baseado no fundamento da al. b) do art. 1781º (alteração grave das faculdades mentais do outro cônjuge por tempo superior a um ano), a um pedido de indemnização por danos não patrimoniais causados ao outro cônjuge pela dissolução do casamento, pedido este a enxertar na própria ação de divórcio (art. 1792º do CC)[368].

Nas *situações em que se aprecie a validade e subsistência do contrato de arrendamento, v. g.*, sob a invocação da sua nulidade por falta de forma legal ou da sua caducidade pelo decurso do prazo ou por transmissão por morte do arrendatário não aceite pelo senhorio, respetivamente – e em que não exista título executivo bastante (nos termos do art. 15º e ss. da Lei do NRAU ou do art. 703º, nº 1, al. d)), – a ação a intentar para obter a restituição do imóvel arrendado «terá de ser uma ação declarativa (*mista*, de *simples apreciação* e de *condenação*), designadamente uma *ação de reivindicação* (já que, em regra, o senhorio é o proprietário do imóvel)»[369].

21.1. Ações de simples apreciação

As ações de simples apreciação (*declaratory judgements* no direito anglo-saxónico) são aquelas em que o autor, reagindo contra uma *situação de incerteza objetiva*, visa «obter unicamente a declaração da existência (*apreciação positiva*) ou de inexistência (*apreciação negativa*) de um direito ou de um facto» (art. 10º, nºs 2 e 3, al. a))[370].

367 *Ação de condenação*, que terá como fim a reparação dos danos causados por factos anteriores ao divórcio ou pelos factos (ilícitos) que lhe serviram de fundamento (art. 483º do CC).

368 Cfr. Antunes Varela/J. M. Bezerra/Sampaio e Nora, *Manual* cit., p. 17, nota 1.

369 Cfr., neste sentido, Laurinda Gemas/Albertina Pedroso/J. Caldeira Jorge, *Arrendamento Urbano, Novo Regime Anotado e Legislação Complementar*, 3ª ed., *Quid Iuris*, pp. 48-49.

370 Não bastando, pois, «a simples dúvida subjectiva do demandante ou o seu interesse puramente académico em ver definido o caso pelos tribunais» – cfr. Manuel de Andrade, *Noções Elementares* cit., p. 80.

Perante uma situação tornada duvidosa ou posta em crise (resultante de um facto ou ocorrência externa) que o impede de beneficiar do pleno efeito útil normalmente proporcionado pela relação jurídica material, ou lhe cause um dano patrimonial ou moral apreciável, o autor (sujeito de direitos) pretende munir-se de uma simples declaração/reconhecimento (dotada da vinculatividade própria das decisões judiciais) da existência ou inexistência de um direito (próprio ou de outrem, respetivamente) ou de um facto jurídico. No primeiro dizem-se de *simples apreciação (ou mera declaração) positiva*; no segundo, de *simples apreciação (ou de mera declaração) negativa*.

Como exemplos clássicos podem citar-se os seguintes[371]:

– no campo dos *direitos das coisas (direitos reais)*: – um proprietário vem reclamar do tribunal a declaração da inexistência de uma servidão de trânsito que o proprietário vizinho (sem chegar a fazer passagem sobre o seu prédio) se arroga em público contra ele (ação negatória de servidão, a qual será de condenação se a pretendida servidão chegou a ser exercitada); – um proprietário pretende a declaração judicial da existência de um seu direito, impugnado por um terceiro (não possuidor desse prédio, ou por qualquer forma perturbador ou ameaçador da posse do requerente); – sabendo que o dono de certo prédio rústico se propõe vendê-lo, o proprietário vizinho faz correr nas imediações a informação de que é titular de um crédito hipotecário sobre o mesmo, podendo o dono do imóvel, em tal situação, entrar em juízo com uma ação (de simples apreciação ou mera declaração negativa) para que se declare a inexistência desse ónus[372]; – o autor pretende ser declarado o verdadeiro proprietário de determinada coisa contra alguém que vem questionando nas redondezas uma tal qualidade jurídica ou que seja declarado que o réu não é proprietário de certa coisa que ele, autor, possui[373];

– no âmbito dos *direitos de crédito (direito das obrigações)*: – o portador de um título de crédito, arguido de falsidade por algum dos seus vários subscritores, vem a juízo requerer a declaração da autenticidade do mesmo; – o autor pretende que seja declarado não haver celebrado com o réu um determinado contrato de empreitada, que o réu afirma ter tido lugar; – o autor pretende simplesmente que seja declarado que determinado contrato, que celebrou, é nulo ou, pelo contrário, válido; – ou ainda que certo documento, que o réu afirma ter sido por ele (autor) assinado, na

[371] Cfr. Manuel de Andrade, *Noções Elementares* cit., p. 8.

[372] Cfr. Antunes Varela/J. M. Bezerra/Sampaio e Nora, *Manual* cit., pp. 20-21.

[373] Cfr. Lebre de Freitas, *Introdução ao Processo Civil – Conceito e Princípios Gerais à Luz do Novo Código*, 3ª ed., Coimbra Editora, 2013, p. 30.

realidade o não foi, ou que a sua assinatura foi aposta em outro texto seguidamente falsificado;

– no campo dos *direitos de família*: – alguém, a quem outrem atribui certa relação (natural) de paternidade ou maternidade, pretende a declaração da inexistência dessa relação; – alguém que seja acusado falsamente por outrem de não cumprir as (suas) obrigações inerentes à sua responsabilidade parental pretende seja declarada a falsidade dessa declaração;

– no âmbito da *propriedade intelectual*, o autor de uma obra literária ou artística, cuja autoria seja publicamente posta em dúvida por certa casa editora ou por uma dada galeria de arte, vem a juízo solicitar se declare dever ser-lhe reconhecida tal autoria[374].

A mera declaração sobre a existência (ou inexistência) ou a subsistência (ou insubsistência) de um ato jurídico, bem como da genuinidade ou da falsidade de um documento, com abstração dos respetivos efeitos, equivale à apreciação da existência (ou inexistência) de um facto produtor de efeitos de direito (*facto juridicamente relevante*), que não de um facto juridicamente indiferente, como, por ex., um facto natural ou qualquer outro desprovido de potencialidade lesiva[375].

21.2. Ações de condenação

As *ações de condenação* têm por fim exigir a prestação de uma coisa ou de um facto (art. 10º, nºs 2 e 3, al. b)). E isto quer a prestação assuma ou não *natureza obrigacional* (contratual) – podendo então ter por objeto um *dare*, um *prestare* ou um *facere* (facto positivo ou negativo) –, já que também as prestações de *natureza real* podem constituir seu objeto. São estas também as ações adequadas ao apuramento da *responsabilidade civil extracontratual, delitual* ou *aquiliana*, cuja causa de pedir é um facto ilícito imputável ao lesante. Nelas, o demandante (autor) arroga-se um direito que diz ter sido ofendido ou lesado pelo demandado (réu), pretendendo que tal se declare e se ordene simultaneamente ao ofensor a realização de determinada prestação

[374] Cfr. ANTUNES VARELA/J. M. BEZERRA/SAMPAIO E NORA, *Manual* cit., p. 21.

[375] De realçar, quanto ao *ónus da prova* que, nas ações de simples apreciação ou declaração negativa, «compete ao réu a prova dos factos constitutivos do direito que se arroga» (art. 343º, nº 1, do CC) – Cfr., sobre este ponto, ANSELMO DE CASTRO, *Direito Processual Civil Declaratório*, vol. I cit., pp. 122 a 125 e CASTRO MENDES, *Direito Processual Civil*, ed. de 1969 cit., pp. 111-112.

como reintegração do direito violado ou como um sancionamento legal de tipo diverso.

Exemplos: – o autor (lesado), vítima de um acidente de viação causado, em violação das regras do direito estradal, por um dado condutor, pede ao tribunal que condene a seguradora do responsável (e/ou também a pessoa deste) no ressarcimento dos danos patrimoniais e não patrimoniais para si advenientes desse evento danoso; – o autor afirma-se proprietário ou possuidor e pretende que quem da coisa própria ou possuída se apossou abusivamente seja condenado a restituir-lha (ação de reivindicação ou ação de restituição de posse), podendo cumulativamente exigir ao esbulhador a correspondente indemnização por dano; – o credor reclama em juízo o seu crédito (ação de dívida) ou imputa a outrem o não cumprimento da obrigação, solicitando ao tribunal que condene o devedor a reconhecer a existência do seu direito de crédito e a violação do correspondente dever e lhe ordene a realização da prestação devida e a reparação dos danos causados pelo não cumprimento ou a satisfação da cláusula penal pré-negociada (arts. 798º e 811º do CC).

Pressuposto lógico da condenação é a violação de um direito (art. 483º, nº 1, do CC); não se torna, contudo, necessário que tal violação seja "*atual*", isto é, consumada à data da introdução do pleito em juízo ou mesmo à data da sentença (art. 817º do CC); excecionalmente pode requerer-se a condenação do réu prevenindo-se apenas a violação do direito (do autor) no futuro ou dando lugar a uma intimação ao réu para que se abstenha dessa violação – conf. os arts. 557º, nº 2 e 610º (condenação *in futurum*).

Às ações de condenação pode corresponder a forma de *processo comum de declaração* ou uma forma de *processo especial, v. g.* de *jurisdição voluntária*.

21.3. Ações constitutivas

As *ações constitutivas* têm por fim *autorizar uma mudança na ordem jurídica existente* (art. 10º, nºs 2 e 3, al. c)). Através delas, o autor pretende obter, com a colaboração e a intervenção da autoridade judicial, *um novo efeito jurídico material* que altere ou modifique a esfera jurídica do demandado independentemente da vontade deste, e que tanto pode consistir na *constituição* de uma nova relação jurídica como na *modificação ou extinção* de uma relação jurídica preexistente.

É o tipo de ações especialmente ajustado à exercitação dos chamados *direitos potestativos*, quando, para a produção do efeito jurídico visado, *importa recorrer a uma decisão judicial* (não bastando um simples ato unilateral do respetivo titular)[376]. Torna-se, pois, necessário, para que possa falar-se de uma ação constitutiva, «que se esteja perante um *direito potestativo de exercício judicial*»[377]; não o exercício de um *direito potestativo de exercício extrajudicial*, como, por exemplo, a resolução ou denúncia de um contrato ou a escolha da prestação na obrigação alternativa[378].

Para LEBRE DE FREITAS[379] os *direitos potestativos de exercício extrajudicial* «não podem ser exercidos por meio de ação, embora a petição inicial de uma ação possa conter a declaração de vontade que consubstancia o seu exercício. Assim, por exemplo, pode pedir-se ao tribunal que declare ter sido resolvido um contrato, ainda que a declaração de resolução só tenha sido feita na petição. Mas não se lhe poderá pedir que efetúe, ele próprio, pela sentença a emitir, essa resolução. Está-se então perante uma *acção de mera apreciação*, não perante uma *acção constitutiva*» (*sic*). Como observam ANTUNES VARELA/J. M. BEZERRA/SAMPAIO E NORA, «em certas situações, o efeito jurídico a produzir "*ex-novo*" através da exercitação da acção constitutiva pode corresponder a um poder (de natureza *vinculada* ou *discricionária*) do juiz, como, *v. g.*, na constituição do vínculo da adopção (arts. 1973º e ss. do CC e 162º e ss. da OTM), na redução equitativa da cláusula penal (art. 812º do CC) ou na fixação judicial de um prazo (art. 1026º do CPC);» e, «nas acções de investigação de maternidade (art. 1814º do CC) ou de paternidade (art. 1869º do CC), o interesse predominante a alcançar é o do reconhecimento judicial (*ope iudicis*) do vínculo da filiação» (o *status* de filho), não radicado propriamente em qualquer direito potestativo do filho (as investigações/averiguações da maternidade ou da paternidade podem mesmo ser oficiosas – cfr. os arts. 1808º a 1813º e 1864º a 1868º do CC). Tudo sem embargo de «o vínculo judicialmente constituído pela sentença (a filiação) *retroagir* os seus efeitos à data do nascimento (art. 1797º, nº 2, do CC)»[380]. No caso particular da *ação* (impugnação) *pauliana*, o autor (titular do direito potestativo) não é, sequer, sujeito da relação jurídica material que pretende destruir no todo ou em parte (arts. 610º e 616º, nº 4, do CC).

Enquanto as *ações declarativas* (de simples apreciação ou de condenação) reconhecem ou apreciam uma situação jurídica preexistente, as *ações*

[376] Sobre a noção de *direito potestativo* como *direito subjetivo*, que pode ser de natureza *constitutiva*, *modificativa*, *transmissiva* (ou *reversiva*) e *extintiva*, *vide* OLIVEIRA ASCENSÃO, *Direito Civil, Teoria Geral*, vol. III, Coimbra Editora, 2002, pp. 97-98.

[377] Cfr. CASTRO MENDES, *Teoria Geral do Direito Civil*, Lisboa, vol II, ed. de 1979, pp. 124-126.

[378] Cfr. LEBRE DE FREITAS, *Introdução* cit., p. 31 e nota 14.

[379] Cfr. *Introdução* cit., p. 25 e nota 14.

[380] Cfr. *Manual* cit., p. 19, nota 1.

constitutivas criam uma *situação jurídica nova*. Daí que os efeitos da sentença proferida *na ação declarativa* se produzam normalmente *ex-tunc*, produzindo-se, em princípio e apenas, *ex-nunc* os da sentença proferida *na ação constitutiva*[381].

Assim, por exemplo, o *reconhecimento judicial da propriedade* em ação declarativa de reivindicação (art. 1311º do CC) opera retroativamente (*ex-tunc*), restituindo o proprietário turbado no seu direito ao estado anterior à turbação. Já uma *sentença de divórcio* (com exceção dos relativos às relações patrimoniais entre os cônjuges que se retrotraem à data da propositura da ação) apenas surte efeitos para o futuro (*ex-nunc*), porquanto só a partir do respetivo trânsito em julgado os cônjuges passam a estar constituídos no *estado* de divorciados[382] (cfr. o nº 1 do art. 1789º do CC), o mesmo sucedendo com as ações (constitutivas) de *investigação de paternidade* (art. 1869º do CC), uma vez que a sentença favorável ao autor (investigante) constitui este no estado (*status*) de filho de certo indivíduo.

Neste tipo de ações, *o autor não requer a condenação do réu*, na medida em que o efeito jurídico pretendido obter (em princípio com eficácia *ex-nunc*)[383] não depende da vontade do demandado. Por exemplo: comprovado o preenchimento dos pressupostos do divórcio litigioso (sem, pois, o consentimento do outro cônjuge), o respetivo decretamento depende, tão-somente, do *dictat* jurisdicional. *Ação constitutiva* significa precisamente que «o efeito jurídico pretendido pelo autor, embora radicando as mais das vezes na vontade deste, nasce (*constitui-se*) diretamente da decisão judicial»[384]. Isto sem prejuízo de o tribunal só conceder a providência requerida depois de verificar, mediante investigação apropriada – e com audiência da parte contrária – a presença dos requisitos legalmente necessários para o reconhecimento do direito invocado.

Outros exemplos: – a ação destinada a obter a *anulação do casamento* ou a obter o *divórcio ou a separação dos cônjuges* (arts. 1631º e ss. do CC); – a ação destinada a *cons-*

[381] Cfr. Alberto dos Reis, *Comentário ao Código de Processo Civil*, vol. 1º, Coimbra Editora, 1960., p. 21.

[382] Todavia, «se a separação de facto entre os cônjuges estiver provada no processo, qualquer deles pode requerer que os efeitos do divórcio retroajam à data (que a sentença final fixará) em que a separação tenha começado» – cfr. o nº 2 do art. 1789º do CC.

[383] Atente-se, contudo, na eficácia *ex-tunc* da declaração de nulidade ou da anulação de um negócio jurídico "*ex-vi*" do art. 289º, nº 1, do CC.

[384] Cfr. Antunes Varela/J. M. Bezerra/Sampaio e Nora, *Manual* cit., p. 18.

tituir uma servidão de passagem em benefício de um prédio encravado, não acordando as partes nos termos em que haveriam de constituí-la voluntariamente (art. 1550º do CC); – a ação visando a *constituição*, a *mudança* ou a *cessação de uma servidão* (arts. 1547º e ss., 1568º, 1569º e 1570º do CC)[385]; – a ação para a *fixação de uma pensão de alimentos* (arts. 2003º e ss. do CC); – a ação de *execução específica de contrato-promessa* (art. 830º do CC); – a ação para o *exercício do direito de preferência* (art. 1380º do CC); – a *ação de despejo* (art. 14º do NRAU)[386-387]; – a ação de *investigação de maternidade* (art. 1814º do CC); – a ação de *impugnação de perfilhação* (art. 1859º do CC); – a *impugnação pauliana* (art. 610º e ss. do CC); – a ação de *divisão de coisa comum* (art. 925º do CPC); – a ação de *anulação de deliberação social* (art. 59º do CSC), etc..

Devem, finalmente, ser qualificadas como constitutivas as ações de *declaração de nulidade* de um dado ato ou contrato, por exemplo por simulação, por impossibilidade física ou legal ou indeterminabilidade de objeto ou por contrário à

[385] Cfr., todavia, quanto aos pressupostos da *constituição da servidão predial por destinação do pai de família*, os acórdãos do STJ de 13-11-2003, Proc. SJ00311130030297-7ª Sec./Cons. Araújo de Barros, 20-1-2005, Proc.3748/2004 – 2ª Sec./Cons. Noronha Nascimento e de 20-5-2010, Proc. 057TB VCT.G1.S1, 2ª Sec./Cons. Oliveira Rocha.

[386] 1º- para a *denúncia do contrato de arrendamento* de duração indeterminada (cfr. art. 26º da Lei nº 6/2006), pelos fundamentos previstos nos arts. 1101º, alíneas a) e b) e 1103º, do CC (*denúncia para habitação própria e para demolição ou realização de obra de remodelação ou restauro profundos que obriguem à desocupação do locado*); 2º- para a *resolução do contrato de arrendamento*, quando esta se funde: a)- *no incumprimento* do contrato pelo arrendatário nos termos dos arts. 1083º, nº 2 e 1084º, nº 2, do CC; b)- *na oposição* do arrendatário à realização dos atos necessários à avaliação fiscal ou à determinação do coeficiente de conservação do prédio (art. 36º, nº 3, da Lei nº 6/2006). *Dispondo já o senhorio de título executivo*, designadamente dos formados ao abrigo do disposto no art. 15º dessa Lei, a via judicial a seguir para obter o despejo é a da *execução para entrega de coisa imóvel arrendada* (arts. 862º a 866º, do CPC).

[387] Em caso de *falta de pagamento de renda*, o senhorio (locador) pode resolver o contrato de arrendamento mediante comunicação à contraparte (locatário-arrendatário-inquilino), através de *notificação judicial avulsa*, onde fundamentadamente se invoque a obrigação incumprida (art. 1084º, nº 1, por reporte ao nº 3 do art. 1083º, ambos do CC). Através de tal comunicação, opera-se a *resolução extrajudicial do contrato de arrendamento*, findando este no momento em que a declaração se torna eficaz, ou seja, no momento em que chegue ao conhecimento do destinatário (*declaração unilateral recetícia* – art. 224º do CC). O arrendatário notificado fica obrigado a proceder à desocupação/restituição do locado (cfr. os arts. 1043º, 1081º e 1087º, todos do CC). Não se torna, pois, necessária a utilização da *ação* (declarativa) *de despejo* para que operar uma tal resolução. Cfr., porém, sobre esta temática, e acerca da das diversas situações de *obrigatoriedade/facultatitividade* do recurso à ação de despejo, Laurinda Gemas/Albertina Pedroso/J. Caldeira Jorge, *Arrendamento Urbano*, 3ª ed. cit., pp. 47-74, em anotação aos arts. 14º e 15º do NRAU e 366-381 e ao art. 1083º do CC (ainda a mesma obra), pp. 48-50.

ordem pública ou aos bons costumes (arts. 240º, nº 2 e 280º, nºs 1 e 2 do CC)[388-389] e as de *mera anulação*, por ex. de um dado ato ou negócio jurídico por erro, dolo, coação, simulação, etc. (arts. 247º, 254º, nº 1 e 256º do CC).

22. Formas de processo. Processo comum. Processos especiais

Forma do processo é uma série ordenada de atos a praticar, bem como de formalidades a cumprir, tanto na proposição como no desenvolvimento da ação.

A tramitação a observar nas diversas ações não obedece a um esquema (protótipo ou arquétipo) único. São diversos os *modelos-tipo* (*formas*) regulados na lei para a dedução em juízo das pretensões dos sujeitos de direito – *princípio da tipicidade legal das formas de processo*. A forma depende de plúrimos factores, tais como o «da *espécie de providência requerida* (processo declaratório, processo executivo, ação de investigação, ação de reivindicação, ação de preferência ou processo de insolvência), o do *valor dos interesses em jogo* e o da *natureza da relação material que serve de base à pretensão* e uma qualquer das formas da execução quanto ao fim[390].

Mas, a mesma forma processual, *v. g.* o *processo comum de declaração*, pode adotar-se em distintas espécies de providências judiciais (ações de condenação, ações constitutivas ou ações de simples declaração/apreciação positiva ou negativa), ser aplicável a ações de valor muito discrepante e veicular relações materiais de diversa natureza, tais como direitos de crédito, direitos reais e direitos de família ou sucessórios

Distingue a lei entre *processo comum* e *processos especiais* (arts. 548º e 549º). Assim, «*o processo comum de declaração segue forma única*» (art. 548º). «*Os processos especiais regulam-se pelas disposições que lhe são próprias* e pelas disposições gerais e comuns; «*em tudo o que não estiver prevenido numas e noutras, observa-se o que se acha estabelecido para o processo comum*» (art. 549º, nº 1). As formas de *processo especial* só se aplicam aos casos expressamente desig-

[388] Para Castro Mendes, *Direito Processual Civil*, ed. de 1969, vol. I cit., p. 113, *as ações de declaração de nulidade* (absoluta) deverão ser qualificadas, não como *constitutivas*, mas sim como *de simples apreciação*.

[389] A *nulidade* de um dado negócio jurídico é invocável a todo o tempo e pode ser declarada oficiosamente pelo tribunal (art. 286º do CC), enquanto a *anulabilidade* (mera anulação) só pode ser arguida pelos interessados e apenas através de uma ação intentada dentro do ano subsequente à cessação do vício que lhe serve de fundamento, não bastando a simples declaração dirigida à parte contrária (art. 287º do CC).

[390] Cfr. Antunes Varela/J. M. Bezerra/Sampaio e Nora, *Manual* cit., pp. 67 a 69.

nados na lei, enquanto que o *processo comum* é aplicável a todos os casos a que não corresponda processo especial; a *regra* é, pois, a do *processo comum*; o *processo especial* constitui a *exceção*. *Forma única* do *processo comum de declaração* (art. 548º), sem embargo de a tramitação a observar nos diversos tipos de ações não obedecer a um esquema paradigmático único. Quer a ação declarativa, quer a ação executiva, podem, pois, nos casos designados na lei, normalmente em função do escopo da pretensão concretamente formulada, dar lugar a *formas de processo especial, sendo que é em face do tipo de pretensão de tutela jurisdicional concretamente deduzida pelo autor que deve apreciar-se e aferir-se da propriedade da espécie processual utilizada.*

Mesmo seguindo a *forma de processo comum*, nas *ações de valor não superior a metade da alçada da Relação* (não superior a € 15.000), após a fase dos articulados o juiz deve "*consoante a necessidade e adequação do processo*", seguir a tramitação abreviada a que se reportam as alíneas a) a g) do art. 597º. Assiste, contudo, ao juiz o poder-dever geral de («*ex-officio*»), e ouvidas as partes, fazer as adaptações que as especificidades da causa aconselharem, quando a definição legal abstrata dos atos de sequência a elas se não adequem – *princípio da adequação formal* (art. 547º).

Eliminadas que foram pela Reforma de 2013 as formas de processo *sumário* e *sumaríssimo* (este último já então praticamente absorvido pela *ação declarativa especial para cumprimento de obrigações pecuniárias emergentes de contratos* instituída pelo Dec.-Lei nº 269/98, de 1 de setembro), não deixou o legislador de consagrar, para as ações de menor valor, um *regime mais simplificado* (cfr. o art. 597º). No próprio *processo comum* podem ter lugar algumas *atuações de natureza executiva* (cfr. arts. 433º, 437º e 481º, nº 2).

22.1. Processos especiais e procedimentos declarativos previstos no Código de Processo Civil

Prevê o CPC diversos *processos especiais* nos arts. 878º e ss., a saber: – *tutela da personalidade* (arts. 878. º a 880º); – *justificação da ausência* (arts. 881º a 890º); – do *acompanhamento de maiores* (arts. 891º a 904º); – *prestação de caução* (arts. 906º a 915º); – *consignação em depósito* (arts. 916º a 924º); – *divisão de coisa comum* (arts. 925º a 930º); – *divórcio e separação sem consentimento do outro cônjuge* (arts. 931º e 932º); – *execução especial por alimentos* (arts. 933º a 937º); – *liquidação da herança vaga em benefício do Estado* (arts. 938º a 940º); – *prestação de contas* (arts. 941º a 952º); – *regulação e repartição de avarias marítimas* (arts. 953º a 958º; – *reforma de autos* (arts. 959º a 966º); – *ação de indemnização contra magistrados* (arts. 967º a 977º); – *revisão de sentenças estrangeiras* (arts. 978º a 985º).

No Livro V, título XVI (arts. 1082º a 1135º), regula-se o *processo de inventário.*

No Livro VI regula-se o julgamento e a tramitação do processo em *tribunal arbitral necessário* (arts. 1136º a 1139º);

Os *procedimentos cautelares* (arts. 362º e ss.) assumem frequentemente *natureza mista,* iniciando-se com uma fase declarativa, a que se segue uma fase executiva (enxertada nos próprios autos do procedimento), o que sucede com os procedimentos *conservatórios* e com alguns procedimentos *antecipatórios* como a restituição provisória de posse (arts. 377º e 378º), o arresto (arts. 391º e ss.) e o embargo de obra nova (arts. 397º, 398º, 401º e 402º)[391].

No *processo executivo,* os embargos tanto podem ser deduzidos em *processo ordinário* (art. 732º) como no *processo sumário* (art. 856º). Os embargos são autuados por apenso, podendo ser liminarmente indeferidos se verificado algum dos fundamentos das alíneas a), b) e c) do art. 732º. Se forem recebidos, é o exequente notificado para contestar, dentro do prazo de 20 dias, seguindo-se, sem mais articulados, os termos do *processo comum declarativo* (art. 732º, nº 2). Podem também ter lugar, em sede executiva, o *incidente de oposição à penhora* (a ser deduzido no prazo de 10 dias a contar da notificação do ato de penhora) – arts. 784º a 785º –, o qual deve seguir os termos dos arts. 293º a 295º (incidentes da instância) e ainda, com as necessárias adaptações, o disposto nos nºs 1 e 3 do art. 732º (*oposição à execução*) – cfr. o nº 2 do art. 785º. E, outrossim, no incidente (apenso) de *verificação e graduação de créditos* (concurso de credores) em sede executiva, caso a verificação de algum dos créditos impugnados esteja dependente de produção de prova, seguir-se-ão «os termos do *processo comum declarativo* posteriores aos articulados» (art. 791º, nº 1). Também nos *embargos de terceiro,* recebidos os embargos, as partes primitivas são (após o recebimento) notificadas para contestar, seguindo-se os termos do *processo comum* (art. 348º, nº 1).

22.2. Processos especiais de jurisdição voluntária

No elenco legal dos *processos especiais* previstos no CPC incluem-se também os chamados processos de *jurisdição voluntária.* São de jurisdição voluntária os processos regulados no livro V, título XV, capítulos I a XVI do CPC (arts. 986º a 1081º), entre os quais os relativos a: – *providências relativas aos filhos*

[391] Sobre as *formas processuais executivas* e as *formas mistas,* cfr. Lebre de Freitas, "*A Ação Executiva à Luz do Código Revisto*", 2ª ed., nºs 9.2.1 e 24.

e cônjuges (arts. 989º a 993º); – *separação ou divórcio por mútuo consentimento* (arts. 994º a 999º); – *suprimento* (arts. 1000º a 1005º); – *autorização ou confirmação de certos atos* (arts. 1014º a 1016º).

Distinguem-se os *processos especiais* de *jurisdição voluntária ou graciosa* dos *processos-regra* de *jurisdição contenciosa ou litigiosa.* Nos processos de *jurisdição contenciosa* encontra-se suscitado *um conflito de interesses* entre as partes (credor e devedor, proprietário e possuidor, locador e locatário, etc.), submetido ao escrutínio do tribunal em função de critérios e princípios próprios do direito substantivo. Neles, o tribunal é chamado a exercer a função (jurisdicional) própria dos *órgãos judiciários,* ditando a *solução concreta* que emerge do direito material aplicável (*jus dicendum*)[392]. Nos processos de *jurisdição voluntária,* há um *interesse fundamental juridicamente tutelado* (acerca de cuja proteção podem formar-se posições ou perspetivas entre si dissonantes)[393] e que ao juiz cumpre regular nos termos *mais convenientes* (como, *v. g.*, no de *suprimento do consentimento, de fixação judicial de um prazo,* de *concessão de autorização e de regulação do poder paternal,* etc.)[394].

A jurisdição voluntária pressupõe que um ou mais interesses particulares se encontrem em *situações anómalas* que, sem constituírem um litígio (propriamente dito), justificam a respetiva regulação por via jurisdicional. Não subjaz, em princípio, a tais situações um real "*conflito de interesses*" a compor através da exercitação do *direito de ação.* Assim, por exemplo, nas providências relativas aos filhos, na falta de acordo entre os respetivos progenitores, cumpre ao juiz decidir de harmonia com os interesses do menor e só dos dele (arts. 2º e 180º, nº 1, da OTM). A distinção (entre *jurisdição voluntária* e *jurisdição contenciosa*) resulta, pois, não propriamente da existência ou não de uma *controvérsia,* mas da existência ou não de um *litígio* em sentido técnico[395]. Alguma similaridade pode detetar-se com os *procedimentos suscitados pelos interessados junto das entidades registrais e notariais*, com vista a «certificar, determinar ou esclarecer, por via documental», uma dada «regulamentação de interesses, produto da autonomia da vontade»[396]. Mas o certo é que o notário ou o conservador

[392] Cfr. ANTUNES VARELA/J. M. BEZERRA/SAMPAIO E NORA, *Manual* cit., p. 70.

[393] Cfr. CASTRO MENDES, *Direito Processual Civil*, vol. I, ed. de 1969 cit., p. 29.

[394] Neste tipo de processos especiais, «a função exercida pelo juiz não é tanto de *intérprete* e *aplicante da lei,* como de verdadeiro *gestor de "negócios"* «que a lei coloca sob a fiscalização do Estado através do poder judicial» – cfr. ANTUNES VARELA/J. M. BEZERRA/SAMPAIO E NORA, *Manual* cit., pp. 69-70.

[395] Cfr. CASTRO MENDES, *Direito Processual Civil*, vol. I cit., p. 31.

[396] Cfr. o citado Dec.-Lei nº 272/2001, de 13 de outubro, com as últimas alterações introduzidas pelo Dec.-Lei nº 122/2013, de 26 de setembro, o qual *veio transferir competências para as*

«se ocupam de *situações normais de regulamentação de interesses* (celebração, perante o notário, pelos respetivos contraentes, da escritura pública de compra e venda de um dado imóvel ou efetivação, perante o conservador do registo predial, da inscrição registral desse ato translativo), ao passo que o tribunal se ocupa de *situações anormais ou anómalas*»[397].

Constituem *princípios fundamentais* aplicáveis aos processos de jurisdição voluntária os seguintes: a)- *princípio inquisitório* no domínio da instrução do processo (art. 986º, contraposto ao dispositivo no campo da alegação – art. 5º); b) – *predomínio dos critérios da equidade sobre os critérios de legalidade estrita* (art. 987º), diversamente do disposto no art. 607º, nº 2, "*in fine*"; c)- *livre modificabilidade das decisões (resoluções)* ou providências de jurisdição voluntária (art. 988º, nº 1), em contraste com a inalterabilidade das decisões de jurisdição contenciosa (art. 613º)[398]; d)- *inadmissibilidade de recurso para o Supremo Tribunal de Justiça* das *resoluções* proferidas segundo critérios de conveniência ou oportunidade, que não sejam, pois, de mera legalidade (art. 988º, nº 2, em confronto com o disposto no art. 629º).

Exemplos típicos de processos expressamente qualificados como processos de jurisdição voluntária são os chamados *processos tutelares cíveis* regulados nos arts. 146º e ss. do Título III da OTM (cfr. o art. 150º deste diploma).

22.3. A Ação declarativa especial para cumprimento de obrigações pecuniárias emergentes de contratos. Injunção

Entre as ações com processo especial, é de destacar, pelo seu uso corrente, a *ação declarativa especial para cumprimento de obrigações pecuniárias emergentes de contratos e injunção*. Esta ação – que, na prática, veio substituir a antiga forma de *ação* ou *processo sumaríssimo* – possui o seu regime processual regulado pelo Dec.-Lei nº 269/98, de 1 de setembro[399]. Sempre que a obrigação de

conservatórias do registo civil em matérias respeitantes a um conjunto de processos de jurisdição voluntária relativos a relações familiares.

[397] Cfr. Castro Mendes, *Direito Processual Civil*, vol I cit., p. 35.

[398] Essas *resoluções* (que não verdadeiras *sentenças*) não assumem, pela sua própria natureza, a força de caso julgado e podem, por isso, ser alteradas pelo juiz que as proferiu, logo que circunstâncias supervenientes ou antecedentes, mas até então ignoradas pelo julgador, justifiquem a modificação – cfr. Antunes Varela/J. M. Bezerra/Sampaio e Nora, *Manual* cit., p. 72.

[399] Acerca da caraterização e tramitação desta ação especial, cfr. o nosso *Direito Processual Civil*, vol. II cit., pp. 22 a 26.

prestação em dinheiro (*obrigação pecuniária*)[400] emirja diretamente – tendo por causa de pedir um *qualquer tipo contratual* –, a ação deve seguir (obrigatoriamente) essa forma da *ação declarativa especial*.

Destinada a prover à chamada "*litigiosidade de massa*", a *ação declarativa especial para cumprimento de obrigações pecuniárias e injunção* possui *tramitação especial autónoma no seio dos tribunais judiciais*. Integra mesmo uma *espécie própria de distribuição*, a par das ações no âmbito do procedimento especial de despejo (cfr. o art. 212º – espécie 2ª).

Pelo respetivo art. 1º, foi aprovado o «*Regime dos Procedimentos destinados a exigir o Cumprimento de Obrigações Pecuniárias Emergentes de Contratos*» (RPCOP), publicado em Anexo e fazendo parte integrante desse diploma. Paralelamente, propôs-se o mesmo dinamizar e incentivar o recurso à figura da *injunção* criada pelo (já revogado) Dec.-Lei nº 409/93, de 10 de dezembro «no intuito de permitir ao credor de obrigação pecuniária a *obtenção de um título executivo de forma célere e simplificada*».

Emprega-se este *processo especial* quando o credor pretenda obter a condenação do devedor no cumprimento de *obrigação pecuniária* de *origem contratual* cujo montante *não exceda* €15.000[401]. O seu âmbito de utilização é, pois, determinado, quer pelo *valor do crédito*, quer pela *natureza pecuniária da obrigação*, quer pela *fonte contratual da dívida*, podendo usar-se sempre que não houver título que permita, desde logo, o recurso à ação executiva[402].

A *injunção* foi instituída pelo Dec.-Lei nº 404/93, de 10 de dezembro, diploma depois revogado pelo Dec.-Lei nº 269/98, de 1 de setembro, que aprovou o RPCOP. Dec.-Lei este atualmente (quer no diploma preambular, quer no respectivo "Anexo") com a redação que lhe foi dada pelo Dec.-Lei nº 107/2005, de 1 de julho, pelo art. 6º do Dec.-Lei nº 303/2007, de 24 de agosto e pelo art. 10º do Dec.-Lei nº 226/2008, de 20 de novembro. Nos termos do art. 7º do Anexo a esse Dec.-

[400] Cfr., sobre o conceito de *obrigação pecuniária* como aquela que, «tendo por objecto uma prestação em dinheiro, visa proporcionar ao credor o valor que as respectivas espécies possuam como tais», Antunes Varela, *Das Obrigações em Geral*, vol. I, 9ª ed., Coimbra, Almedina, 1996, p. 874.

[401] Valor fixado pelo Dec.-Lei nº 303/2007, de 24 de agosto.

[402] «O recurso ao *procedimento de injunção* previsto e regulado nos artigos 7º e ss. do diploma Anexo ao Dec.-Lei nº 269/98, de 1 de setembro, na redação atual, por força e nos termos do preceituado no art. 10º do Dec.-Lei nº 62/2013, de 10 de maio, é compatível com os meios processuais do contencioso administrativo» – cfr., neste sentido, o acórdão do STJ de 13-10-2016, Proc. 30249/14.2YIPRT.G1.S1, *in* www.dgsi.pt/Cons.Tomé Gomes.

-Lei nº 269/98 (atual redação), considera-se *injunção*[403]: a)- a providência que tem por fim conferir força executiva a requerimento destinado a exigir *o cumprimento de obrigações pecuniárias emergentes de contratos de valor não superior a metade da alçada da Relação* (art. 7º do Anexo com referência ao art. 1º do diploma preambular) ou seja, de valor não superior a €15.000 (art. 44º, nº 1, da LOSJ/2013 – Lei nº 62/2013, de 26 de agosto); b)- e, *independentemente do valor da dívida,* vise conferir força executiva a requerimento destinado a exigir o *cumprimento de obrigações pecuniárias emergentes de transações comerciais* abrangidas pelo nº 1 do art. 7º do Dec.-Lei nº 32/2003, de 17 de fevereiro (art. 7º do RPCOP, este na redação do Dec.-Lei nº 107/2005, de 1 de julho)[404]. Trata-se o *procedimento de injunção* de um *procedimento especial* cujo escopo é a obtenção de uma *ordem ou mandado judicial de cumprimento* de determinada prestação por parte do devedor após apreciação sumária da pretensão do credor. Não sendo a imposição satisfeita no prazo fixado, ou se, no seu decurso, não for deduzida qualquer oposição por parte do intimado, a *ordem judicial* (de pagamento) é declarada *executiva*, podendo, consequentemente, servir de suporte ao processo executivo»[405-406].

[403] No Brasil, o *mandado de injunção* tem outro significado e alcance: pode utilizar-se nos casos em que, determinando a Constituição Federal que se legisle sobre certa matéria, o poder legislativo ou executivo permaneçam inertes relativamente à elaboração ou votação das respetivas leis. Essa ação só pode, contudo, ser proposta por quem se veja diretamente impedido do pleno exercício dos (seus) direitos, liberdades e garantias constitucionais e de outras garantias relativas à nacionalidade, à soberania e à cidadania (Constituição Federal, art. 5º, LXXI).

[404] Decorrendo o procedimento de injunção perante uma entidade administrativa – o secretário judicial –, não se lhe aplica o disposto no art. 17º, nº 1, da Lei nº 34/2004, de 29 de julho, cujas últimas alterações foram introduzidas pela Lei nº 34/2007, de 28 de agosto – LADT (apoio judiciário nos tribunais e nos julgados de paz). Não gozam, por tal razão, o requerente e o requerido, do benefício do apoio judiciário na modalidade de dispensa de pagamento de taxa de justiça. Porém, o TC, pelo acórdão nº 242/2018, de 8-5-2018, Processo nº 598/2017, *in* DR 109/2018, de 7 de junho, veio declarar a inconstitucionalidade, com força obrigatória geral, da norma do nº 3 do art. 7º da Lei nº 34/2004, de 29 de julho, na redação dada pela Lei nº 47/2007, de 28 de agosto, na parte em que recusa proteção jurídica a pessoas coletivas com fins lucrativos, sem consideração pela concreta situação económica das mesmas, por violação do art. 20º, nº 1, da CRP».

[405] O acórdão do TC nº 99/2019, de 14-3-2019, *in* DR, nº 52/2019, Série I, de 14-3-2019, pp. 1593-1601, veio declarar a inconstitucionalidade, com força obrigatória geral, da norma constante dos nºs 3 e 5 do art. 12º do regime constante do anexo ao Dec-Lei nº 269/98, de 1 de setembro (na redação resultante do art. 8º do Dec.-Lei nº 32/2003, de 17 de fevereiro), no âmbito de um procedimento de injunção destinado a exigir o cumprimento de obrigações pecuniárias de valor não superior a € 15 000 – na parte em que não se refere ao domínio das transações comerciais, nos termos definidos no art. 3º, alínea a), do referido Dec.-Lei nº 32/2003 –, quando interpretados no sentido de que, em caso de frustração da notificação do requerido (para pagar a quantia pedida ou deduzir oposição à pretensão do requerente,

Torna-se, por isso, necessária a prática de um *ato processual (judicial)* que lhe atribua essa *chancela de eficácia*. Por tal razão, a chamada *injunção* instituída entre nós representa uma figura jurídica não coincidente com a que, sob a mesma designação, vigora nos direitos italiano, francês e espanhol[407]. E isto porque, no nosso direito, *a fórmula executória* pode também ser aposta por um *oficial de justiça*, na circunstância o *secretário judicial* (cfr. art. 14º, nº 1, do Anexo ao Dec.-Lei nº 269/98, de 1 de setembro).

Surte *efeito cominatório a falta de dedução da oposição*. Conforme o novel art. 14º-A do RPCOP, aditado pela Lei nº 117/2019 de 13 de setembro, «*se o requerido*, pessoalmente notificado por alguma das formas previstas nos nºs 2 a 5 do art. 225º do CPC e devidamente advertido do efeito cominatório estabelecido nesse artigo, *não deduir oposição*, ficam *precludidos* os meios de defesa que nela poderiam ter sido invocados» (nº 1). *Efeito preclusivo* esse que, todavia, *não abrange*: – *a alegação* do uso indevido do procedimento de injunção ou da ocorrência de outras exceções dilatórias de conhecimento oficioso; – *a alegação* dos fundamentos de embargos de executado enumerados no art. 729º do CPC, que sejam compatíveis com o procedimento de injunção; – *a invocação* da existência de cláusulas contratuais gerais ilegais ou abusivas; – *qualquer exceção perentória* que teria sido possível invocar na oposição e de que o tribunal possa conhecer oficiosamente» (nº 2).

nos termos do nº 1 do mesmo artigo 12º), através de carta registada com aviso de receção enviada para a morada indicada pelo requerente da injunção no respetivo requerimento, por devolução da mesma, o subsequente envio de carta, por via postal simples, para todas as diferentes moradas conhecidas, apuradas nas bases de dados previstas no nº 3 do art. 12º, em conformidade com o previsto no nº 5 do mesmo preceito, faz presumir a notificação do requerido, ainda que o mesmo aí não resida, contando-se a partir desse depósito o prazo para deduzir oposição». Acerca da declaração de inconstitucionalidade da norma do art. 857º, nº 1, do CPC, *vide* M. Teixeira de Sousa, *in blog* do IPPC, de 4-1-2016 – "Impõe-se uma ressalva para a injunção europeia?".

406 O acórdão do TC nº 108/2019, de 19-2-2019, Proc. 68/2019, *in* DR, Série II, de 5-4-2019, «não julga inconstitucionais as normas constantes dos nºs 3 e 4 do art. 12º do regime constante do anexo ao Decreto-Lei nº 269/98, de 1 de setembro (na redação introduzida pelo Decreto-Lei nº 32/2003, de 17 de fevereiro), quando interpretadas no sentido de que, em caso de frustração da notificação do requerido (para, em 15 dias, pagar quantia não superior a €15.000,00 ou deduzir oposição), através de carta registada com aviso de receção enviada para a morada indicada pelo requerente da injunção, por não reclamação da mesma, o subsequente envio de carta, por via postal simples, para essa morada, em conformidade com o previsto no nº 4 do art. 12º, *faz presumir a notificação do requerido, nos casos em que a morada para onde se remeteram ambas as cartas de notificação coincide com o local obtido junto das bases de dados de todos os serviços enumerados no nº 3 do art. 12*».

407 Cfr. Amâncio Ferreira, *Curso de Processo de Execução*, 13ª ed., Coimbra, Almedina, pp. 57 a 68.

O Dec.-Lei nº 62/2013, de 10 de maio, veio, por seu turno, instituir *"um regime especial relativo aos atrasos de pagamento em transações comerciais"*. Este regime confere, pois, ao credor o direito a recorrer à *injunção independentemente do valor da dívida* (art. 10º, nº 1). Tratando-se, porém, de transação comercial (abrangida por esse diploma) de *valor superior à alçada da Relação*, a dedução de oposição ou a frustração da notificação no procedimento de injunção determinam a *remessa dos autos para o tribunal competente, aplicando-se a forma de processo comum* (art. 10º, nº 2). Mas, se tais *obrigações pecuniárias* (provenientes de transações comerciais) forem de *valor não superior à alçada da Relação* (€30.000), as respetivas ações *seguem os termos da ação declarativa especial para cumprimento de obrigações comerciais emergentes dos contratos* (art. 10º, nº 4). São excluídos do âmbito de aplicação desse diploma; – os *contratos celebrados com consumidores*; – os *juros relativos a outros pagamentos que não os efetuados para remunerar transações comerciais*; – os *pagamentos de indemnizações por responsabilidade civil*, incluindo os efetuados por companhias de seguros (art. 2º, nº 2, alíneas a), b) e c)), não prejudicando, porém, a aplicação do Dec.-Lei nº 118/2010, de 25 de outubro e das regras relativas à assunção de compromissos e aos pagamentos em atraso das entidades públicas nos termos da Lei nº 8/2012, de 21 de fevereiro e suas subsequentes alterações (art. 2º, nº 3, alíneas a) e b)).

O *requerimento de injunção* (de modelo aprovado por Portaria do Ministro da Justiça) deve conter as *indicações elencadas no art. 10º* do RPCOP, com a redação que lhe foi dada pelo art. 6º da Lei nº 117/2019 de 13 de setembro, sendo que, por força do art. 13º, nº 1, al. b) do mesmo Regulamento (com a redação dada pelo mesmo art. 6º), a notificação ao requerido, deve conter, *inter alia*, não só a *indicação do prazo para a oposição e a respetiva forma de contagem*, bem como a *cominação expressa da preclusão* resultante da falta de tempestiva dedução de oposição, nos termos do art. 14º-A.

Em notório *incentivo à utilização dos meios informáticos*, prevê agora o nº 1 do art. 19º do RPCOP (na redação dada pelo art. 10º do Dec.-Lei nº 34/2008, de 26 de fevereiro) que «a entrega do requerimento de injunção por advogado ou solicitador» seja «efetuada apenas por *via eletrónica*», ficando o requerente que (sendo por qualquer deles representado) não cumprir tal determinação, sujeito ao pagamento imediato de uma multa no valor de ½ de uma UC, salvo alegação e prova de justo impedimento» (cfr. o nº 2). Na *falta de junção do documento comprovativo* do pagamento da *taxa de justiça*, é logo *desentranhada a respetiva peça processual* (art. 20º). Quanto à *matéria de custas* relativas aos *procedimentos de injunção* rege o Regulamento das Custas Processuais (RCP)[408] – cfr. o art. 2º da Lei nº 7/2012, de 13 de fevereiro. Neste tipo de procedimentos não há lugar ao benefício do *apoio judiciário*. Porém, a

[408] O *Regulamento das Custas Processuais* (RCP) foi aprovado pelo Dec.-Lei nº 34/2008, de 26 de fevereiro, tendo a sua 13ª alteração sido introduzida pela Lei nº 27/2019, de 28 de março.

sustentar-se a tese contrária, só poderia encarar-se a sua concessão na vertente de *nomeação de patrono*.

22.4. Processos especiais previstos em legislação avulsa

Entre o *elenco dos processos especiais não regulados no CPC*, podem ainda incluir-se outros com conceção e tramitação reguladas por leis avulsas ou extravagantes, a par de diplomas que estabelecem *regimes* simultaneamente de natureza substantiva e adjetiva[409].

Assim:

– o *processo especial de insolvência e de recuperação de empresas* (cfr. o Código da Insolvência e da Recuperação de Empresas – CIRE – aprovado pelo Dec.-Lei nº 53/2004, de 18 de março, a cujas últimas alterações se procedeu através do Dec-Lei nº 79/2017, de 30 de junho e das Leis nºs 114/2017, de 29 de dezembro e 8/2018, de 2 de março; – o processo de *expropriação litigiosa* (arts. 38º a 66º do Código de Expropriações – CEXP 99 – aprovado pela Lei nº 168/99, de 18 de setembro e cuja 6ª e última alteração foi introduzida pela Lei nº 56/2008, de 4 de setembro); – o processo de *despejo de prédio rústico* sempre que a lei imponha o recurso à via judicial para promover a cessão do contrato, cuja ação segue a *forma do processo comum de declaração* (cfr. o nº 1 do art. 32º da Lei do Arrendamento Rural (LAR) aprovada pelo Dec.-Lei nº 294/2009, de 13 de outubro)[410].

O *processo de inventário* é (por força do art. 3º da Lei nº 117/2019 de 13 de setembro) regulado no Livro V (Dos processos especiais), título XVI (arts. 1082º a 1135º) do CPC, tendo por função, entre outras, as seguintes: – *fazer cessar a comunhão hereditária e proceder à partilha de*

[409] Cfr. Lebre de Freitas, *A Ação Declarativa Comum à Luz do Código de Processo Civil de 2013*, 3ª ed., Coimbra Editora, 2013, pp. 17-18.

[410] Estabelece essa lei, com entrada em vigor em 1 de janeiro de 2020, «um princípio de *competência concorrente*, permitindo ao utente do serviço de justiça, em regra, a opção pelo recurso ao *tribunal* (do *lugar da abertura da sucessão* ou da *última residência habitual em território nacional*) ou ao *cartório notarial*, conforme o juízo que faça, no caso concreto, sobre a qualidade, a eficiência e celeridade daquele serviço prestado pelo juiz ou pelo notário, tornando, assim, *facultativa* a intervenção do notário no inventário, «permitindo-se ainda aos interessados a escolha do cartório notarial em que pretendem instaurar o inventário, contanto que exista uma conexão relevante entre o notário escolhido e a partilha». Por tal Proposta, «o processo de inventário judicial é recodificado no Código de Processo Civil, com o mínimo de perturbação para a sua sistemática» (*sic*) – cfr. a Proposta de Lei nº 202/XIII (maio de 2019).

bens; – *relacionar os bens que constituem objeto de sucessão* e servir de base à eventual liquidação da herança, sempre que não haja que realizar a partilha da herança; – partilhar bens em consequência da *justificação da ausência*» (art. 1082º); é tal processo (*obrigatoriamente*) da *competência exclusiva dos tribunais judiciais*: – nos casos previstos nas alíneas b) e c) do nº 2 do art. 2102º do CC; – sempre que constitua *dependência de outro processo judicial*; – quando o inventário seja *requerido pelo Ministério Público*».

«Nos demais casos, o *processo de inventário* pode ser requerido, *à escolha do interessado que o instaura* ou mediante *acordo entre todos os interessados, nos tribunais judiciais ou nos cartórios notariais*». Se instaurado no cartório notarial «*sem a concordância de todos os interessados*», «*é remetido para o tribunal judicial se tal for requerido*, até ao fim do prazo de oposição, por interessado ou interessados diretos que representem, isolada ou conjuntamente, mais de metade da herança» (art. 1083º).

Tratando-se de inventário *em consequência de separação, divórcio, declaração de nulidade ou anulação de casamento*, «*é competente o cartório notarial sediado no município do lugar da casa de morada de família*, ou, na falta desta, o *cartório notarial competente* nos termos da al. a) do nº 5 do art. 3º» (cfr. o nº 6 desse art. 3º). «*Compete ao tribunal da comarca do cartório notarial por onde o processo foi apresentado* praticar os atos que, nos termos dessa Lei nº 23/2013, de 5 de março, sejam da competência do juiz» (cfr. o nº 7 ainda do mesmo art. 3º)[411].

– a *ação de despejo de prédio urbano arrendado*, destinada a *fazer cessar a situação jurídica do arrendamento*, sempre que a lei imponha o *recurso à via judicial* para promover essa cessação (art. 14º, nº 1, do NRAU/2006, aprovado pela Lei nº 6/2006, de 27 de fevereiro, e sucessivamente alterada pelas Leis nºs 31/2012, de 14 de agosto, 79/2014, de 19 de dezembro, 42/2017, de 14 de Junho, 43/2017, de 14 de junho e 12/2019 e 13/2019, ambas de 12 de fevereiro); não também para a discussão relativa à *validade* de um contrato de arrendamento urbano, nem para solicitar a *restituição do prédio* de outros possuidores após a

[411] O *regime jurídico do processo de inventário* aprovado em anexo à Lei nº 23/2013, de 5 de março, foi revogado, com eficácia diferida para 1 de janeiro de 2020 pelo art. 10º da Lei nº 117/2019, de 13 de setmbro, continuando, porém, a aplicar-se (*ex-vi* do nº 2 do art. 11º da mesma Lei), aos processos pendentes nos cartórios notariais e que aí tivessem prosseguido a respetiva tramitação.

extinção do arrendamento, cabendo, neste caso, a *ação de reivindicação* (arts. 1311º e ss. do CC).

Atualmente, a lei impõe o *recurso à via judicial* para cessação do contrato de arrendamento apenas nos casos de *resolução pelo senhorio baseada nas hipóteses de incumprimento do contrato pelo arrendatário* referidas no nº 2 do art. 1083º, aplicável *ex-vi* do art. 1084º, ambos do CC.

A ação de despejo segue *a forma de processo declarativo comum* (art. 14º, *in fine*, do NRAU), o que permite a *cumulação do pedido de despejo com qualquer outro que não siga a forma de processo especial* (arts. 36º, 37º e 55º, nº 1). A *ação de despejo* é dispensada quando a lei admite a cessação do vínculo pelo senhorio mediante comunicação à contraparte (art. 9º do NRAU); em todas as situações de *resolução do contrato de arrendamento*, deve o senhorio recorrer ao *procedimento especial de despejo* a que se reportam os arts. 15º e ss. do NRAU, que não a qualquer outro procedimento, como, por ex., o *procedimento especial de injunção*[412].

As regras de funcionamento do *Balcão Nacional de Arrendamento* (BNA) e o *procedimento especial de despejo* a que se reportam os arts. 15º a 15º-O e, especificamente, o nº 5 desse art. 15º da Lei nº 6/2006, de 27 de fevereiro, na redação que lhe foi conferida pela Lei nº 31/1012, de 14 de agosto (com a "Declaração de Retificação" nº 59-A/2012, de 12 de outubro), seguem a tramitação estabelecida pelos arts. 5º a 8º do Dec.-Lei nº 1/2013, de 7 de janeiro, aplicando-se à correspondente "*oposição*" e à "*prestação de caução*" o disposto no art. 9º do mesmo diploma.

A Lei nº 12/2019, de 12 de fevereiro, veio, no seu art. 3º, proceder à 5ª alteração ao NRAU /2006, aditando-lhe o novo art. 13º-A, no qual passou a «*proibir* (e *punir*) o *assédio no arrendamento urbano*, ou no *subarrendamento*», preceito em que densifica o conceito de assédio. Para concretização prática dessa proibição, instituiu, no novel art. 13º-B, o meio processual de «*intimação para tomar providências*», cuja tramitação regula nos nºs 1 a 5 respetivos, a ser utilizado pelo arrendatário contra o senhorio, em ordem a que este adote alguma ou algumas das providências discriminadas nas sua diversas alíneas (nº 1). No no respetivo nº 5, prevê que, «em caso de falta de resposta» do senhorio à intimação, ou caso a situação se mantenha injustificadamente por corrigir, *sem prejuízo da responsabilidade civil ou criminal que possa resultar dos mesmos*

[412] Cfr., por todos, sobre este tema, Luís Menezes Leitão, *Arrendamento Urbano*, 6ª ed., Coimbra, Almedina, 2013, pp. 215-219.

factos e da possibilidade de recurso aos demais meios judiciais ou extrajudiciais ao seu dispor, o arrendatário pode: a) requerer uma *injunção* contra o senhorio, destinada a corrigir a situação exposta na intimação; b)- exigir ao senhorio o pagamento de *sanção pecuniária* no valor de 20 (euros) por cada dia a partir do final do prazo previsto no número anterior, até que o senhorio lhe demonstre o cumprimento da intimação nos termos do art. 9º ou, em caso de incumprimento, até que seja decretada a injunção prevista na alínea a); sanção pecuniária essa «que é elevada em 50% quando o arrendatário tenha idade igual ou superior a 65 anos ou grau comprovado de deficiência igual ou superior a 60%» (nº 6).

Por seu turno, a Lei nº 13/2019, igualmente de 12 de fevereiro, no seu art. 5º, veio aditar ao NRAU/2006, os arts. 15º-T e 15º-U, instituindo, no art. 15º-T, a chamada "*injunção em matéria de arrendamento*" (IMA). Esta, conforme o nº 1, «um meio processual que se destina a efetivar os direitos do arrendatário que discrimina nas respetivas alíneas. No nº 3, estatui que «com o decretamento das injunções previstas nas alíneas c) a e) do nº 1, a sanção pecuniária prevista no nº 5 do artigo 13º-B, passa a ser, por cada dia de incumprimento a partir dessa data, no valor de €50, podendo ser deduzida pelo arrendatário no pagamento das rendas mensais vincendas a partir dessa data, até que o cumprimento da injunção seja demonstrado pelo senhorio ao arrendatário nos termos do art. 9º. «À sanção pecuniária prevista no número 4 do art. 15º aplica-se o disposto no nº 6 do art. 13º-B da Lei nº 12/2019, de 12 de fevereiro» (art. 15º-T, nº 4).

«O *processo de injunção em matéria de arrendamento* é objeto de diploma próprio (art. 15º-T, nº 5), sendo que pelo art. 15º-U do mesmo diploma: «é criado, junto da Direção-Geral da Administração da Justiça, o *Serviço de Injunção em Matéria de Arrendamento* (SIMA), destinado a assegurar a tramitação da injunção em matéria de arrendamento prevista no artigo anterior» (nº 1), o qual «tem competência em todo o território nacional.» (nº 2).

De notar que o *procedimento de injunção* a que aludem os supra-citados preceitos do NRAU não é confundível com a *injunção instituída para o cumprimento de obrigações pecuniárias emergentes de contratos* pelo Dec.-Lei nº 269/98, de 1 de setembro, desde logo porque este último diploma respeita exclusivamente a *obrigações pecuniárias*, enquanto que o procedimento de designação homóloga instituído pelas Leis 12/2019 e 13/2019, ambos de 12 de fevereiro, respeita genericamente a *obrigações de prestação de facto fungível e infungível em matéria de arrendamento*; tão pouco é assimilável a qualquer *procedimento cautelar*, face à ausência de nexo de instrumentalidade, acessoriedade ou dependência de um qualquer outro meio processual principal.

Secção II
Meios alternativos de resolução de litígios

23. Meios alternativos de resolução de litígios

A CRP estatui, no nº 4 do art. 202º, que a lei ordinária «poderá institucionalizar instrumentos e formas de composição não jurisdicional de litígios».

A par dos meios clássicos previstos no CPC, preveem certos diplomas avulsos *meios alternativos de resolução de litígios (alternative means of dispute resolution, vulgo ADR)*, hodiernamente muito em voga nas legislações ocidentais em geral e nórdicas e anglo-saxónicas em particular. Trata-se de meios pretendidamente mais expeditos, mais céleres e economicamente menos onerosos.

Preocupações de celeridade e economia processuais, face ao congestionamento dos tribunais clássicos, ao aumento das despesas das demandas e às delongas próprias da justiça comum, têm levado os legisladores, nas últimas duas décadas, a ensaiar vias de *desjudicialização* (*consensual*) de certos litígios, mormente dos chamados *litígios de massa* no âmbito do direito do consumo de bens e serviços. Do que resultou uma crescente introdução de *vias de conciliação preventivas e reguladoras,* isto é, *meios de resolução dos conflitos ou litígios* em alternativa às formas de justiça tradicional ou clássica[413-414]. No fundo, um presságio do fim do monopólio da justiça estadual[415].

A expressão ("ADR") utiliza-se para significar qualquer meio de resolução de litígios fora dos tribunais, *em alternativa*, pois, à *litigância normal* própria das vias judiciais comuns. Traduz-se, essa via, numa forma mais *coloquial,* em contraponto a uma forma mais *belicosa* ou *conflitual* da abordagem de uma dada disputa (litígio). A crescente utilização da ("ADR"), em termos de direito comparado, explica-se, a par da perceção de que a mesma propicia uma maior economia nos meios e custos da liti-

[413] A "ADR" tem vindo, em certos países, a ser crescentemente conduzida *online* ou através do uso de meios tecnológico-eletrónicos. Este ramo de ADR é conhecido por *Online Dispute Resolution* ou "ODR", cujos serviços podem ser providenciados pelas próprias entidades governamentais como parte integrante do processo litigioso.

[414] Ver referência a estas formas de resolução alternativa de conflitos em M. Teixeira de Sousa, *Estudos Sobre o Novo Processo Civil,* Lisboa, 1997, Ed. Lex, pp. 61-62 e nota 29.

[415] Fala-se, também, a este respeito, em *desregulação* dos processos jurisdicionais, em *privatização da justiça* e *em resolução extrajudicial dos conflitos.*

gância, pela preferência por uma maior confidencialidade e pelo desejo (das partes) de um maior "controlo" sobre o processo de escolha ou indigitação dos decisores ou mediadores da respetiva querela litigiosa.

Daí diversos países terem começado a adotar «programas de "ADR", de caráter facultativo uns, obrigatório outros. Neles se incluem, de forma típica, três sub-espécies: a *negociação*, a *mediação* e a *arbitragem*. Na epígrafe inclui-se, por vezes, um quarto tipo – a *conciliação* – esta, porém, atualmente encarada como forma de *mediação*[416]. A *arbitragem* é também de uso frequente, face à inserção premonitória pelas partes, nos contratos em que intervêm, de cláusulas de resolução, por essa via, de qualquer futuro litígio atinente ao respetivo incumprimento (*cláusulas compromissórias*). E também no âmbito laboral, da construção/urbanismo e da regulação de seguros, ainda que não muito usual no domínio dos litígios comerciais, apesar do seu recente incremento no contexto dos contratos de consumo, *v. g.*, dos contratos de cartão de crédito (*credit cards*), submetidos, contudo, ao escrutínio dos tribunais, designadamente quanto às chamadas ações *inibitórias* (*v. g.*, por adoção de cláusulas negociais abusivas ou feridas de vícios invalidantes). Certas legislações adotam mesmo medidas de incentivo à resolução por ADR de alguns feitos, geralmente por mediação antes do julgamento[417].

Como aspetos típicos dessas modalidades de ADR, há que salientar que: – na *negociação*, a participação é voluntária e diretamente operada *inter-partes*, não havendo um terceiro (parte ou entidade) que facilite ou imponha a resolução do processo; – na *mediação* há um terceiro (mediador) que simplesmente *facilita*, ou *sugere* mesmo, uma solução em certo sentido, assumindo-se, na segunda variante, como *mediador-proponente*, sem que, todavia, possa prescrever uma qualquer resolução às partes; – na *arbitragem*, há um terceiro (ou mais do que um em número ímpar) que, na veste de *juiz privado*, *impõe* a solução do conflito.

[416] A *conciliação* constitui, entre nós, uma forma de autocomposição intrajudicial de litígios, seja por iniciativa das partes, seja por iniciativa do juiz do processo (arts. 290º, 591º, al. a), 594º e 604º, nº 2, do CPC).

[417] No Reino Unido, o próprio *Civil Procedure Rules* contém, inseridos no seu seio, os princípios e regras diretoras dessa via, com expressas referências à "ADR" e com previsão de medidas concretas pré-ativas e de encorajamento das partes à sua consideração e utilização (antes, pois, da instauração dos pleitos judiciais), medidas essas a que se reporta a *41 st Update*, de março de 2006.

Estes meios alternativos podem ser de *natureza voluntária* ou *facultativa* ou de natureza *obrigatória* ou *necessária, ambas as espécies adotadas na legislação pátria vigente.*

Exemplos, entre nós, desses *procedimentos alternativos* ou *formas de justiça alternativa*, de *natureza voluntária*, são os *processos de arbitragem voluntária* (Lei nº 63/2011, de 14 de dezembro – LAV), os *processos nos julgados de paz* (Lei nº 78/2001, de 13 de julho, com as alterações introduzidas pela Lei nº 54/2013, de 31 de julho – LJP)[418] e os *processos nos serviços de mediação de conflitos não incluídos na competência material dos julgados de paz* (art. 16º da Lei nº 78/2001 e Portaria nº 1112/2005, de 28 de outubro), todos eles a serem processados fora dos órgãos jurisdicionais estaduais.

Vejamos algumas das especificidades mais relevantes desses diversos e recentes meios processuais (*não estatais*)[419].

23.1. Arbitragem

A arbitragem constitui, na sua essência, um meio de *resolução alternativa* de litígios no qual a decisão é, com base na vontade das partes em litígio, *confiada a terceiros.* A possibilidade de existência de *tribunais arbitrais* possui guarida constitucional no art. 209º, nº 2, da CRP. Nela, o litígio é decidido por um ou vários terceiros (*árbitros*), surtindo a decisão final *força vinculativa de caso julgado* para as partes contratantes em termos em tudo idênticos aos de uma sentença proferida em processo comum.

Quanto à natureza jurídica da arbitragem, é dominante, entre nós, a chamada "*conceção mista*", já que o desencadeamento e o epílogo do meio alternativo, sendo de caráter *adjudicatório* (decisão confiada voluntaria e contratualmente a terceiros com o consequente afastamento da jurisdição dos tribunais comuns), assume, por seu turno, o cariz de *atividade jurisdicional*, sendo que a decisão final, uma vez definitiva, surte *eficácia executiva*

[418] Pondo termo a uma controvérsia que vinha subsistindo, o Supremo Tribunal de Justiça (STJ) através do AC UNIF JURISP, nº 11/2007, datado de 24-5-2007, *in* DR, nº 142, Série I, de 25-7-2007/Cons. Salvador da Costa, veio firmar o entendimento de que, «no atual quadro jurídico, a *competência material dos julgados de paz* para apreciar e decidir as ações enumeradas no artigo 9º, nº 1, da Lei nº 78/2001, de 13 de julho, nomeadamente as constantes da sua alínea h), é *alternativa* relativamente aos tribunais judiciais com competência territorial concorrente».

[419] Na fase da *cognitio extra ordinem* continuava a poder recorrer-se à arbitragem puramente privada para a resolução dos litígios – Cfr. A. Santos Justo, *Direito Privado Romano* I cit., p. 428.

como se se tratasse de uma sentença proferida por um tribunal clássico estadual. Simbiose, pois, entre um *elemento* privado na sua génese (direito potestativo de constituição do tribunal arbitral através da convenção de arbitragem), a montante, e um *elemento público* (prolação de uma da decisão final dotada de eficácia vinculativa e executiva na sequência de um processo justo e equitativo), a jusante[420].

23.1.1. Arbitragem voluntária

A *arbitragem voluntária* encontra-se regulada pela *Lei da Arbitragem Voluntária* (Lei nº 63/2011, de 14 de dezembro – LAV/2011), com entrada em vigor em 14 de março de 2012.

Desde que, por lei especial, não esteja submetido exclusivamente a tribunal judicial ou a arbitragem necessária, qualquer *litígio respeitante a interesses de natureza patrimonial* pode (mediante *convenção de arbitragem*) ser cometido pelas partes à decisão de (um mais) árbitros por elas designados ou a árbitros adstritos a tribunais arbitrais institucionalizados (art. 1º, nº 1, da LAV). E, outrossim, *litígios que não envolvam interesses de natureza patrimonial*, desde que as partes possam celebrar transação sobre o direito controvertido (nº 2). Litígios, pois, relativos a *direitos disponíveis*. Também *o Estado e outras pessoas coletivas de direito público* podem celebrar convenções de arbitragem se para tanto forem autorizados por lei (especial) ou se as mesmas tiverem por objeto *litígios respeitantes a relações de direito privado* (nº 5)[421].

Na arbitragem voluntária, as partes submetem *voluntariamente* a resolução do conflito a um (ou vários árbitros) organizados em *tribunal arbitral*, meio esse caraterizado pela *celeridade* e também por uma *menor onerosidade*. A LAV/2011 disciplina, não só os respetivos "*procedimentos cautelares*" e sua execução, como também a emissão e execução das chamadas "*ordens preliminares conexas*" (arts. 20º a 29º) e, bem assim, a *impugnação* e a *execução* (e respetiva oposição) da sentença arbitral (arts. 46º a 48º)[422]. Tudo sem embargo da competência conferida por essa lei aos *tribunais estaduais*, designa-

[420] Cfr., neste sentido, Mariana França Gouveia, *Curso de Resolução Alternativa de Litígios*, Coimbra, Almedina, 2014, pp. 119-120.

[421] Quanto aos *tribunais arbitrais e centros de arbitragem* em sede de *jurisdição administrativa*, cfr. os arts. 180º a 187º do CPTA e, especificamente quanto à *arbitragem tributária*, a funcionar junto do CAAD (Centro de Arbitragem Administrativa), o Dec.-Lei nº 10/2011, de 20 de janeiro.

[422] Cfr., sobre a arbitragem voluntária, o nosso *Direito Processual Civil*, vol. II cit., pp. 33-34.

damente em sede de "*providências cautelares*" (art. 29º) e de recolha e "*obtenção da prova*" (art. 38º)[423].

A *convenção de arbitragem* – negócio jurídico que o art. 2º exige seja *reduzido a escrito* sob pena de nulidade (art. 3º) – pode ter por objeto um *litígio atual*, ainda que se encontre afeto a tribunal judicial (*compromisso arbitral*)[424] – art. 1º, nº 3 – ou litígios eventuais emergentes de uma determinada relação jurídica contratual ou extracontratual (*cláusula compromissória*) – art. 1º, nº 2.

Os árbitros julgam segundo o direito constituído, a menos que as partes, na convenção de arbitragem ou em documento subscrito até à aceitação do primeiro árbitro, os autorizem a julgar segundo a *equidade* (*ex aequo et bono*) – art. 39º, nº 1.

Para além dos efeitos da *modificação, revogação* e *caducidade do compromisso* e da *ineficácia da cláusula compromissória* (art. 4º, nºs 1, 2 e 3, da LAV), «os árbitros que injustificadamente obstarem a que a decisão seja proferida dentro do prazo fixado *respondem pelos danos causados*» (art. 43º, nº 4, da LAV). A ultrapassagem do prazo (convencionado ou subsidiário legal) ou o não cumprimento do múnus funcional, por ex. de pronúncia sobre algum dos pedidos formulados, são, pois, se injustificados (culposos), violadores de *obrigações* assumidas perante os litigantes, como tal geradores de *responsabilidade contratual*. O que faz impender sobre o árbitro (relapso) o *ónus* de provar que a inobservância do prazo não foi devida a culpa sua (art. 799º, nº 1, do CC)[425]. Quanto à *atividade decisória* propriamente dita e à *responsabilidade pelo conteúdo das respetivas decisões* (*atividade* legitimada, não só pela convenção, como, e sobretudo, pela própria lei – arts. 209º, nº 2, da CRP e 1º da LAV), conduz a mesma à responsabilização (*apesar de juízes privados*) pelos *atos danosos decorrentes das decisões por eles proferidas «manifestamente inconstitucionais ou ilegais ou assentes em erro de facto ou grosseiro, perpetradas com dolo ou culpa grave»*, já que respondem civilmente perante as partes nos mesmos termos em que podem responder os magistrados judiciais (art. 9º, nºs 4 e 5, da LAV)[426]. Deve, por isso, «aplicar-se ao árbitro exatamente o mesmo regime a que

[423] Cfr. o *regime especial de custas* instituído pela Portaria nº 1456/2001, de 28 de dezembro, alterada pela Portaria nº 209/2005, de 24 de fevereiro.

[424] Podem, assim, as partes, em qualquer estado da causa, «acordar em que a decisão de toda ou parte dela seja cometida a um ou mais árbitros da sua escolha» (art. 280º, nº 1), caso em que a instância do processo judicial pendente será declarada extinta *ex-vi* da al. b) do art. 277º.

[425] Cfr. M. Henrique Mesquita, *Arbitragem: competência do tribunal arbitral e responsabilidade civil do árbitro, in Ab Uno ad Omnes*, 75 anos de Coimbra Editora, 1998, pp. 1389-1392.

[426] Diversamente, a já aludida responsabilidade do Estado e dos juízes pela não decisão de um litígio em prazo razoável reveste natureza extracontratual e, por conseguinte, a prova da *culpa* (*do lesante*) incumbe ao lesado (art. 487º, nº 1, do CC).

se encontram sujeitos os juízes estaduais», já que o árbitro exerce, tal como os juízes ordinários, uma função de *natureza jurisdicional*»[427]. Daí que, por força desse *princípio da equiparação*, «a responsabilização dos árbitros deve seguir – a título subsidiário – o disposto nos arts. 13º e 14º da Lei nº 67/2007, de 31 de novembro»[428].

A *sentença final* que haja conhecido do mérito ou que haja posto termo ao processo por razões de forma «só é suscetível de *recurso* para o tribunal estadual competente no caso de as partes haverem expressamente previsto tal possibilidade na convenção de arbitragem» e «desde que a causa não haja sido decidida segundo a equidade ou mediante composição amigável» (art. 39º, nº 4, da LAV). Se não for esse o caso, «a impugnação da sentença arbitral perante o tribunal estadual só pode revestir a forma de *pedido de anulação*», (art. 46º, nº 1)[429].

Radicando a «fonte da sua legitimação» na autonomia privada (num *contrato de prestação de serviço*), não dispõem os árbitros (*juízes privados*) da *competência coerciva ou executiva* dos *juízes estaduais*, «estando-lhes, por isso, vedada a prática de atos que envolvam ou pressuponham o exercício da soberania», ou seja, de *atos de natureza autoritária/impositiva* ou *coercitiva* (quiçá com necessidade de intervenção da força pública). Daí que a *execução das decisões dos árbitros* seja cometida por lei aos tribunais estaduais (art. 47º da LAV e 705º, nº 2, do CPC)[430]. A decisão arbitral tem o mesmo *caráter obrigatório* e goza da *mesma força executiva que a sentença do tribunal judicial de 1ª instância* (art. 42º, nº 7). *A execução de sentença arbitral proferida em Portugal correrá no tribunal de 1ª instância nos termos da lei do processo civil* (art. 59º, nº 9, da LAV), sendo que o decurso do prazo de 60 dias para intentar a ação de anulação (art. 46º, nº 6) não obsta a que a que se invoquem os seus fundamentos em sede de oposição à execução da decisão arbitral (art. 48º, nºs 1 e 2, da LAV e 730º do CPC).

[427] Cfr., neste sentido, M. Henrique Mesquita, *Arbitragem: competência do tribunal arbitral e responsabilidade civil do árbitro, in Ab Uno ad Omnes* cit., p. 1391.

[428] Cfr., neste sentido, Menezes Cordeiro, *Tratado da Arbitragem, Comentário à Lei nº 63/2011, de 14 de dezembro*, pp. 138-139, Almedina, 2015, contra-capa.

[429] A ação de *anulação da decisão arbitral tem efeitos meramente cassatórios* (que não substitutivos), não tendo o tribunal judicial poderes para se pronunciar sobre o objeto (substantivo) do litígio dirimido no processo arbitral – cfr., neste sentido, o acórdão do STJ de 5-7-2007, CJSTJ, Tomo II/2007, p. 148/Cons. Azevedo Ramos.

[430] Cfr., M. Henrique Mesquita, *Arbitragem: A Competência do tribunal arbitral, in* ob. cit. p. 1382.

De mencionar ainda a *arbitragem internacional*, a qual poderá ter lugar se estiverem em jogo interesses do comércio internacional, podendo as partes *escolher o direito* a aplicar pelos árbitros se os não tiverem autorizado a julgar segundo a *equidade* (art. 49º, 50º e 52º, nºs 1 e 2, da LAV), aplicando-se, *na falta dessa escolha*, o direito mais apropriado ao litígio (nº 2). A decisão do tribunal não é, contudo, recorrível, salvo acordo das partes quanto à possibilidade de recurso e regulados os respetivos termos (art. 53º), todos esses preceitos da citada Lei[431].

23.1.2. Arbitragem necessária e institucionalizada

23.1.2.1. Arbitragem necessária

A par da *arbitragem voluntária*, institui a lei a *arbitragem necessária*. Nesta última, é a própria lei que impõe (a *título exclusivo*) a submissão à via arbitral da dirimência ou composição de um dado conflito ou de uma certa gama de conflitos de interesses (*arbitragens obrigatórias*). O que não significa que a vontade das partes não releve em determinados momentos do *iter processualis*, *v. g.*, na indicação dos árbitros (art. 1083º do CPC). Se o julgamento arbitral for imposto por lei especial, deve atender-se primacialmente ao que nesta se determinar (art. 1082º do CPC). A LAV *será porém sempre aplicável a título subsidiário* (art. 1085º).

Exemplos de *arbitragem necessária*: – o Dec.-Lei nº 218/99, de 15 de setembro, para a *cobrança de dívidas hospitalares, por cuidados de saúde prestados no âmbito de contratos de seguro automóvel ou acidentes de trabalho, instituiu a precedência de uma arbitragem necessária prévia*; – a Portaria nº 1046/2009, de 15 de setembro, para a resolução dos litígios relativos à matéria da *propriedade industrial, nomes de domínio, firmas e denominações* com vinculação à jurisdição do *Arbitrare* (centro de arbitragem específico adstrito ao Instituto dos Registos e Notariado e ao Instituto Nacional da Propriedade Industrial); – a Lei nº 62/2011, de 12 de dezembro (ainda no âmbito do exercício dos direitos de propriedade industrial) para composição (por ação arbitral necessária) dos litígios quando em causa *medicamentos de referência e medicamentos genéricos*; – a Lei nº 74/2013, de 6 de setembro, para resolução dos *conflitos de âmbito desportivo* através da criação do *Tribunal Arbitral do Desporto* (arts. 4º e 5º).

[431] Estima-se que mais de 80% dos atuais contratos internacionais comportem convenções de arbitragem – cfr. MENEZES CORDEIRO, *Tratado de Arbitragem*, Coimbra, Almedina, 2015.

23.1.2.2. Arbitragem institucionalizada

«A arbitragem pode ser *institucionalizada* ou *ad hoc*. A arbitragem *institucionalizada* funciona *no seio de uma instituição arbitral* (centro ou câmara), a título permanente, submetida a um *regulamento próprio*». «Na arbitragem *ad hoc*, o tribunal é constituído especifica e unicamente para um determinado litígio, sendo sujeita a um regulamento próprio previamente aprovado pelas partes»[432], quiçá com previsão da aplicação do Regulamento de um centro de arbitragem a título supletivo.

Nesta modalidade, a vida do tribunal inicia-se com a execução da convenção de arbitragem e extingue-se com a prolação da decisão arbitral. Decisão esta que só é passível de controlo pelo sistema de justiça pública (*tribunais judiciais*) após o seu proferimento, em sede de recurso cassatório.

A *arbitragem institucionalizada* foi, em Portugal, regulamentada pelo Decreto-Lei nº 425/86, de 27 de setembro, o qual veio postular a necessidade de reconhecimento pelo Ministério da Justiça dos respetivos centros de arbitragem. Na mesma senda, a LAV, veio impor, no nº 1 do seu art. 62º, a necessidade de autorização governamental para o funcionamento da arbitragem nestes centros (desse ato autorizativo se excluindo logicamente os centros internacionais de arbitragem também institucionalizada que assim poderão administrar arbitragens em Portugal).

Na *arbitragem institucionalizada* podem adotar-se dois modelos distintos:

a) *um*, o mais antigo e mais comummente usado na arbitragem comercial, «é o do centro funcionar apenas como *órgão administrativo*, constituindo-se tribunais arbitrais (com nomeação dos respetivos árbitros) para cada litígio *uti singuli*, ou seja, um tribunal *ad hoc* para cada processo; o centro de arbitragem limita-se, por regra, a providenciar a logística do processo (instalações, secretariado, decisões preliminares da constituição do tribunal arbitral, *v. g.* do colégio arbitral), sem qualquer interferência no âmbito decisório intraprocesssual, sendo que o tribunal arbitral pode sempre, *a posteriori*, alterar essas decisões de caráter preliminar, as quais assumem, pois, sempre natureza provisória (é este o sistema da *Câmara de Comércio Internacional* e do *London Court of International Arbitration*, que inspirou os

[432] Cfr., quanto a esta temática, MARIANA FRANÇA GOUVEIA, *Curso de Resolução Alternativa de Litígios*, 3ª ed. cit., Coimbra, Almedina, 2014, pp. 123-125.

centros de arbitragem da Câmara de Comércio de Indústria Portuguesa e da Associação Comercial do Porto)[433];

b) no *outro*, o mais utilizado nos *centros de arbitragem de consumo nacionais*, o centro funciona com *um único árbitro* a quem cumpre julgar todos os processos nele entrados, funcionando o Centro, à semelhança de qualquer outro tribunal instituído, com o seu julgador proprietário e os seus órgãos próprios de apoio administrativo e secretarial. Modalidade esta mais recomendável para conflitos de diminutos valor e densidade decisória.

Exemplos de *arbitragem institucionalizada nacional e internacional*:

– no quadro das *relações jurídico-públicas*, de mencionar a vinculação à jurisdição do Centro de Arbitragem Administrativa (CAAD) dos *diversos serviços centrais, pessoas coletivas públicas e entidades que funcionam no âmbito do Ministério da Justiça* elencados na Portaria nº 1120/2009, de 30 de setembro;

– no caso particular das *dívidas hospitalares*, o Dec.-Lei nº 218/99, de 15 de setembro, veio instituir o recurso à *arbitragem* para resolução dos conflitos surgidos com as entidades seguradoras e consagrar, como regra geral, a *ação declarativa* com algumas especialidades; nessa sequência, o Ministério da Justiça, o Ministério da Saúde e a Associação Portuguesa de Seguros assinaram, em 10 de maio de 2006, um "Protocolo" que cria o *Centro de Informação, Mediação e Arbitragem de Dívidas Hospitalares* – CIMADH, com entrada em funcionamento em junho de 2006; o CIMADH é, assim, um centro de arbitragem de caráter institucionalizado com competência para dirimir litígios emergentes da *cobrança de dívidas hospitalares, por cuidados de saúde prestados no âmbito de contratos de seguro automóvel ou acidentes de trabalho;* se a seguradora não proceder ao pagamento das despesas de um sinistrado assistido num hospital em consequência de um *acidente de viação* ou *acidente de trabalho,* o hospital pode utilizar o CIMADH para resolver o conflito com a seguradora; ademais, qualquer ação sobre dívidas hospitalares relativa a *qualquer tipo de contrato de seguro,* que oponha entidades do Serviço Nacional de Saúde (SNS) a seguradoras, mesmo que já pendente em tribunal, pode ser imediatamente encaminhada para o CIMADH[434]; para a realização deste tipo de arbitragem toma-se necessário o seguinte itinerário: – apresentação pela unidade de saúde da sua *reclamação* junto do CIMADH; – *contacto* da entidade seguradora a fazer pelo CIMADH, a fim de indagar se aceita

[433] Cfr. Mariana França Gouveia, *Curso* cit., p. 125.

[434] A adesão das seguradoras ao CIMADH pode ser *plena,* abrangendo todos os litígios apresentados no CIMADH, ou *individual,* se efetuada caso a caso.

submeter o litígio à jurisdição do centro, caso não o tenha já efetuado anteriormente; – *citação da seguradora* (uma vez aceite a intervenção) para, querendo, contestar a acção; – *realização das diligências de prova* que se revelem necessárias; – *emissão da sentença* pelo tribunal arbitral, a qual se reveste da mesma *força executiva* que uma sentença do tribunal de 1ª instância (cfr. o citado nº 7 do art. 41º da LAV).

De referir ainda os Centros de Arbitragem do *Setor Automóvel* e os Centros de Arbitragem de *Conflitos de Consumo*, todos institucionalizados ao abrigo do Dec.-Lei nº 425/86, de 27 de dezembro, bem como o Centro de Informação, Mediação e Arbitragem do *Comércio Eletrónico* (CIMACE) que visa resolver conflitos que oponham consumidores e empresas fornecedoras de serviços de comércio eletrónico e que resultou de um "protocolo" celebrado entre o Gabinete para a Resolução Alternativa de Litígios (GRAL), a Associação Portuguesa para a Defesa do Consumidor (DECO), a Associação de Comércio Eletrónico e Publicidade Interativa (ACEPI) e a Associação Portuguesa de Empresas de Distribuição (APED).

A Lei nº 144/2015, de 8 de setembro, depois alterada pela Lei nº 14/2019, de 12 de fevereiro, veio transpor para o direito interno a Diretiva 2013/11/UE, do Parlamento Europeu e do Conselho, de 21 de maio de 2013, sobre a *resolução alternativa de litígios de consumo*, estabelece o enquadramento jurídico dos mecanismos de *resolução extrajudicial de litígios de consumo*, revogando os Decs.-Leis nºs 146/99, de 4 de maio e 60/2011, de 6 de maio. No respetivo art. 1º, define-se como *objeto* do diploma o de estabelecer os *princípios e as regras* a que deve obedecer o *funcionamento das entidades de resolução alternativa de litígios de consumo* e o *enquadramento jurídico das entidades de resolução extrajudicial de litígios de consumo em Portugal que funcionam em rede*. E, no seu artº 2º, o seu *âmbito* como aplicável aos procedimentos de resolução extrajudicial de litígios nacionais e transfronteiriços promovidos por uma entidade de resolução alternativa de litígios (RAL), quando os mesmos sejam *iniciados por um consumidor contra um fornecedor de bens ou prestador de serviços e respeitem a obrigações contratuais resulantes de contratos de compra e venda ou de prestação de serviços* celebrados entre fornecedor de bens ou prestador de serviços estabelecidos e consumidores residentes em Portugal e na União Europeia. No art. 3º, define-se *rede de arbitragem de consumo*, como a que integra os centros *de arbitragem de conflitos de consumo* autorizados para prosseguir as atividades de *informação, mediação, conciliação* e *arbitragem destes litígios*. A Direção-Geral do Consumidor monitoriza o funcionamento da rede de arbitragem de consumo ao abrigo das atribuições que lhe estão cometidas (art. 4º, nº 3), cabendo à Direção-Geral do Consumidor e à Direção-Geral de Justiça a coordenação e a supervisão do funcionamento da rede de arbitragem de consumo, de acordo com as competências definidas no nº 5 do artº 4º.

De mencionar a existência (em funcionamento) de diversos centros de arbitragem institucionalizada a funcionar em Portugal na área do *direito do consumo*, a maioria de *âmbito territorial* (Lisboa, Algarve, Coimbra, entre outros locais) e um de *âmbito nacional* (o CNIACC – Centro Nacional de Informação e Arbitragem de Conflitos de Consumo, que funciona junto da Faculdade de Direito da Universidade Nova de Lisboa), bem como dois centros de competência especializada (ambos no setor automóvel).

Para além destes, há ainda outros mais ligados à *arbitragem comercial*, sendo de salientar, pela sua relevância em termos institucionais, o *Centro de Arbitragem Comercial da Câmara de Comércio e Indústria Portuguesa* cujo mais recente Regulamento entrou em vigor em março de 2014 e o *Instituto de Arbitragem Comercial da Associação Comercial do Porto*, cujo Regulamento mais recente entrou em vigor em 1 de junho de 2015, novos Regulamentos esses que visaram, além do mais, a adaptação à nova LAV.

A *nível internacional*, merecem especial menção, por se tratar de centros de referência na arbitragem comercial internacional, a *Câmara de Comércio Internacional* (CCI) sediada em Paris, o *London Court of International Arbitration* (LCIA) sediado em Londres e o *American Arbitration Association* (AAA) sediado em Nova Iorque, os quais administram arbitragens em qualquer localização geográfica mundial.

O *local da realização arbitragem* pode não ser coincidente com o *da sede da instituição* que o administra.

23.2. Julgados de paz

23.2.1. Caraterização. Competência material

Os *julgados de paz* possuem respaldo constitucional no nº 2 do art. 209º, da CRP. Sendo constitucionalmente, *tribunais* (arts. 209º, nº 2, da CRP), encontram-se, contudo, organizados como *meios extrajudiciais de resolução de litígios*. São *tribunais estaduais não judiciais*, podendo ser classificados como tribunais *infrajudiciais*[435].

A Lei nº 54/2013, de 31 de julho (entrada em vigor com exceções no dia 1 de setembro de 2013 – art. 8º, nº 1), veio introduzir a 1ª alteração à Lei nº 78/2001, de 13 de julho (Lei de Organização, Competência e Funcionamento dos Julgados de paz – LJP), lei esta que republicou em anexo, tendo vindo a esclarecer, no seu art. 151º, que «*os julgados de paz constituem uma forma alternativa de resolução de litígios.* A tramitação procedimental nela prevista é ditada pelos princípios da *simplicidade, adequação, informalidade, oralidade* e absoluta *economia processual*» (art. 2º, nº 1)[436].

[435] Cfr., neste sentido, Miguel Mesquita, "*A Metamorfose do Futuro Tribunal de Comarca*", Coimbra, Almedina, 2014, pp. 27-28.

[436] Cfr., quanto à competência e ao procedimento e tramitação dos processos nos julgados de paz, o nosso *Direito Processual Civil*, vol. II, 2ª edição, Coimbra, Almedina, 2019, pp. 38-42.

Os *juízes de paz* são nomeados pelo Conselho dos Julgados e Paz, que sobre eles exerce poder disciplinar, sendo providos pelo período de 5 anos (art. 25º, nºs 1 e 2, da LJP). Aos *juízes de paz* (cujos requisitos de admissão, recrutamento, provimento, nomeação e exercício de funções e incompatibilidades se encontram previstos nos arts. 23º, 24º, 25º e 26º da LJP) é aplicável o regime de *impedimentos* e *sujeições* estabelecidos na lei de processo civil para os juízes, sendo as *suspeições* e os *pedidos de escusa* dos mesmos apreciados e decididos pelo Conselho dos Julgados de Paz (art. 21º nºs 1 e 2, da LJP). O *Conselho dos Julgados de Paz* é um órgão que funciona junto da Assembleia da República, com mandato de legislatura, e tem por competência, nos termos do art. 25º e 65º da Lei nº 78/2001, de 13 de julho, com a redação dada pela Lei nº 54/2013, de 31 de julho, «nomear, colocar, transferir, exonerar, apreciar o mérito profissional, exercer a ação disciplinar e, em geral, praticar todos os atos de idêntica natureza respeitantes a juízes de paz».

«Aplica-se, subsidiariamente aos juízes de paz quanto a deveres, incompatibilidades e direitos, o *regime dos trabalhadores que exercem funções públicas*» (art. 29º da LJP).

A *competência* dos julgados de paz é circunscrita a *ações declarativas* (art. 6º, nº 1), já que, para a *execução* das suas decisões, se aplica o disposto no CPC e legislação conexa sobre execuções das decisões dos tribunais de 1ª instância (nº 2). Em *razão do valor*, os julgados de paz têm competência para questões cujo *valor não exceda* €15.000 (art. 8º) – valor da respetiva alçada –, sendo a sua *competência em razão da matéria* circunscrita às ações a que se reportam os nºs 1 a 3 do respetivo art. 9º.

Assim, ações: – destinadas a efetivar o *cumprimento de obrigações* (com exceção das que tenham por objeto *prestação pecuniária* e digam respeito a um contrato de adesão, deixando assim de privilegiar-se a qualidade do demandante em detrimento do conteúdo contratual admitido)[437]; – de *entrega de coisas móveis*; – resultantes de *direitos e deveres dos condóminos*, sempre que a respetiva assembleia não tenha delibe-

[437] «O conceito de «*cumprimento de obrigação pecuniária*» constante da alínea a), do nº 1, do art. 9º da Lei nº 54/2013, de 31 de julho (LJP) reporta-se apenas às *obrigações que são originariamente pecuniárias*. Os julgados de paz têm competência para conhecer de ação em que o lesado demanda a seguradora com base num contrato de seguro de acidentes pessoais com vista a obter uma indemnização por danos que alega ter sofrido e estarem cobertos pela apólice, por se tratar, neste caso (originariamente) de uma dívida de valor» – cfr., neste sentido, o acórdão da RP de 13-2-2017, Proc. 2360/16.2T8VFR.P1, *in* www.dgsi.pt/Des. Alberto Ruço.

rado sobre a obrigatoriedade de compromisso arbitral para a resolução de litígios entre condóminos ou entre condóminos e o respetivo administrador; – de resolução de *litígios entre proprietários de prédios* relativos a passagem forçada momentânea, escoamento natural de águas, obras defensivas das águas, comunhão de valas, regueiras e valados, sebes vivas, abertura de janelas, varandas e obras semelhantes, estilicídio, plantação de árvores e arbustos, paredes e muros divisórios; – de *reivindicação, possessórias, usucapião* e *acessão*; – respeitantes ao direito de *uso e administração da compropriedade*, do *usufruto*, de *uso e habitação* e ao *direito real de habitação periódica*; – referentes à *responsabilidade civil contratual e extracontratual*; – respeitantes ao *incumprimento contratual* (exceto contrato de trabalho e arrendamento rural); – atinentes à *garantia geral das obrigações* (art. 9º, nº 1, alíneas a) a j)).

São *também competentes* (art. 9º, nº 2, alíneas a) a h)) para apreciar os *pedidos de indemnização cível quando não haja sido apresentada participação criminal ou após a desistência da mesma* emergentes de: – ofensas corporais simples; – ofensas à integridade física por negligência; – difamação; – injúrias; – furto simples; – dano simples; – alteração de marcos; – burla para obtenção de alimentos, bebidas ou serviços. *A apreciação de um pedido de indemnização cível, nos termos do número desse nº 2, preclude a possibilidade de instaurar o respetivo procedimento criminal* (nº 3).

Os juízes de paz detém igualmente *competência* para apreciar e decidir «os *incidentes processuais suscitados pelas partes que não sejam expressamente excluídos* pela Lei»[438]. Excluem-se da sua esfera de competência questões de *direito de família, direito sucessório* e *direito do trabalho*. A *incompetência* dos julgados de paz é por estes conhecida e declarada oficiosamente[439] ou a pedido de qualquer das partes e determina a *remessa* do processo para o julgado de paz ou para o tribunal judicial competente (art. 7º da LJP).

Podem ser *partes pessoas singulares* com capacidade judiciária (ou *pessoas coletivas*), as quais, se bem que obrigatória a sua comparência pessoal, podem fazer-se assistir por advogado, advogado estagiário ou solicitador (arts. 37º e 38º da LJP); é, contudo, obrigatória a sua constituição e assistência: – *nas situações do nº 2 do art. 38º*; – *na fase de recurso* se a ela houver lugar (nº 3 da mesma norma).

[438] «*Os serviços de mediação* (que funcionam junto dos julgados de paz) são competentes para *mediar quaisquer litígios* que possam ser objeto de mediação *ainda que excluídos da competência do julgado de paz*» (nº 3 do citado art. 26º).

[439] Princípio *Kompetenz-kompetenz*.

«O juiz de paz não está sujeito a critérios de legalidade estrita». Os juízes de paz *julgam de acordo com a lei ou a equidade*, devendo previamente procurar conciliar as partes (art. 26º, nº 2); o *julgamento segundo juízos de equidade* depende do *acordo das partes* em tal sentido, mas *desde que o valor da ação não exceda metade do valor da alçada do julgado de paz* (€7.500).

Se acordada entre as partes a *passagem à fase de mediação*, «é celebrado um *protocolo de mediação* e é marcada data para a primeira sessão num dos dias imediatamente seguintes ao da sessão de pré-mediação, sem prejuízo de poder ser logo realizada caso o mediador designado esteja disponível» (art. 51º, nº 1). «Ao *processo de mediação* é aplicável o disposto na *Lei da Mediação*, aprovada pela Lei nº 29/2013, de 19 de abril, com as especificidades previstas na Lei nº 54/2013, de 31 de julho» (art. 53º, nº 1).

Relativamente aos *procedimentos cautelares no âmbito dos julgados de paz*, o art. 41º-A permite a LJP, «nos limites do disposto no art. 9º (competência material dos julgados de paz), que "sempre que alguém mostre fundado receio de que outrem cause lesão grave ou dificilmente reparável ao seu direito, pode requerer junto do julgado de paz competente a *providência conservatória ou antecipatória concretamente adequada a assegurar a efetividade do direito ameaçado*"» (*sic*).

Quanto ao procedimento, e atentas as preocupações de celeridade e simplicidade, são apenas admitidos *dois articulados* – *requerimento inicial* e *contestação* (podendo esta ser apresentada por escrito ou verbalmente) –, *não sendo, em princípio, admissível reconvenção* (arts. 41º, 47º e 48º)[440]. O CPC continua a ser «*subsidiariamente aplicável*, em tudo o que não seja incompatível com a Lei nº 54/2013 e no respeito pelos princípios gerais do processo nos julgados de paz, com *exceção das normas respeitantes ao compromisso arbitral, à reconvenção, à réplica* e aos *articulados supervenientes*» (art. 63º da LJP).

As *decisões proferidas pelos julgados de paz têm o mesmo valor de uma sentença proferida por um tribunal de 1ª instância* (art. 61º, nº 2, da LJP). «As decisões proferidas nos processos cujo valor exceda metade do valor da alçada do tribunal de 1ª instância (+ de €2.500) podem ser impugnadas por meio *de recurso a interpor para o juízo competente do tribunal de comarca* em que esteja

440 Só é admissível *reconvenção* quando o demandado «se propõe obter a compensação ou tornar efetivo o direito a benfeitorias ou despesas relativas à coisa cuja entrega lhe é pedida» (cfr. o nº 1 do art. 48º da Lei nº 78/2001, de 13 de julho – LJP). O nº 2 tem a redação dada pela Lei nº 54/2013, de 31 de julho.

sediado o julgado de paz», recurso esse que «tem *efeito meramente devolutivo*». (art. art. 62º, nº 2, da LJP).

É aplicável «aos processos que corram os seus termos *nos julgados de paz* e *ao pagamento da retribuição do mediador*» o *regime jurídico do apoio judiciário*» instituído pela Lei de Acesso ao Direito e aos Tribunais (LADT) aprovada pela Lei nº 34/2004, de 29 de julho, com as alterações introduzidas pela Lei nº 47/2007, de 28 de agosto (art. 40º da LJP), sendo ainda aplicável, em matéria de *apoio judiciário*, o art. 9º da Portaria nº 10/2008, de 13 de janeiro, *ex-vi* do "Anexo" ao mesmo diploma. Quanto a *custas nos julgados de paz*, é o seu regime fixado pelos nºs 1, 2 e 3 do art. 5º da LJP, na redação da Lei nº 54/2013, de 31 de julho.

23.2.2. Mediação de conflitos em matéria não incluída na competência dos julgados de paz

«Em cada julgado de paz existe um *serviço de mediação* que disponibiliza a qualquer interessado a mediação como *forma de resolução alternativa de litígios*» (art. 16º, nº 1, da LJP). Serviço esse que «tem por objetivo «estimular a resolução, com caráter preliminar, de litígios por acordo das partes», sendo «*competente para mediar quaisquer litígios que possam ser objeto de mediação, ainda que excluídos da competência material dos julgados de paz*» (art. 16º, nºs 2 e 3, da LJP). Meio, pois, *alternativo de resolução de litígios* através do qual se procura alcançar um acordo com o auxílio de um profissional (*terceiro imparcial*) sendo que, na prestação dos serviços de mediação, o mediador de conflitos se encontra sujeito às regras técnicas aplicáveis à mediação inscritas naquela Lei.

Os *mediadores* que colaboram com os julgados de paz são profissionais independentes, habilitados a prestar serviços, contratados em *regime de prestação de serviços* por períodos de 2 anos (art. 30º, nº 1, da LJP) e cujos requisitos para o exercício das funções de mediação, bem como de seleção e recrutamento, são os contemplados nos arts. 31º, 32º e 34º da mesma Lei. «Em cada julgado de paz há uma *lista* (*de mediadores*) anualmente atualizada por despacho do Ministro da Justiça e publicada no Diário da República» (art. 33º da LJP).

Cabe às partes *escolherem um mediador* de entre os integrantes da lista a que se reporta o nº 2, do art. 33º (art. 51º, nº 3, da LJP), sendo que a mediação tem lugar na *sede no julgado de paz* (art. 51º da LJP). No desempenho da sua função, o *mediador* deve atuar de acordo com o disposto no *Estatuto de Mediador de Conflitos* previsto na Lei da Mediação (LM) aprovada pela Lei nº 29/2013, de 19 de abril (art. 30º, nº 2, da LJP). Aos mediadores é aplicável o regime de *impedimentos* e *escusa* estabelecidos na LM (art. 21º, nº 3, da LJP), sendo que se encontram impedidos de exercer a advocacia no julgado de paz onde prestam serviço (art. 30º, nº 3, da LJP).

No que concerne à *pré-mediação*, uma vez «recebido o pedido e iniciado o processo no julgado de paz, é realizada uma *sessão de pré-mediação*, desde que qualquer uma ou ambas as partes não tenham previamente afastado esta possibilidade», ato esse que pode ocorrer de imediato se as partes estiverem presentes e se houver concordância destas e disponibilidade de mediador (art. 49º, nºs 1 e 2, da LJP). A *pré-mediação* tem como objetivo explicar às partes em que consiste a mediação e verificar a predisposição destas para um possível acordo em fase de mediação; se afirmada *positivamente* a vontade das partes, é celebrado um *protocolo de mediação* e, de imediato, marcada a primeira sessão de mediação; se a verificação for *negativa*, o mediador dá desse facto conhecimento ao juiz de paz, o qual designa data para a *audiência de julgamento* (art. 50º, nºs 2 e 3, da LJP).

Se as partes chegarem a acordo, é este reduzido a *escrito* e *assinado* por todos os intervenientes para imediata *homologação pelo juiz de paz*, decisão essa que tem valor de sentença (art. 56º, nº 1, da LJP). Se as partes não chegarem a acordo ou apenas o atingirem parcialmente, o mediador comunica tal facto ao juiz de paz; uma vez recebida a comunicação, é marcado dia para a *audiência de julgamento*, do qual são as partes notificadas, a qual se realizará no prazo máximo de 10 dias contados da data da respetiva notificação (art. 56º, nº 4, da LJP).

O *procedimento de conciliação* e *mediação* pode, contudo, assumir caráter *público*, devendo então seguir *um iter* procedimental com detalhe predeterminado e a ser operado por *orgãos administrativos* (cfr., *v. g.*, em matéria juslaboral, designadamente no âmbito da *resolução de conflitos coletivos de trabalho*, os arts. 523º a 528º do CT).

Assim, por ex., e sob o patrocínio do Ministério da Justiça foi instituído (por "Protocolo" de 5 de maio de 2006) um *Sistema de Mediação Laboral* destinado a promover a solução não judicial dos conflitos de trabalho, o qual foi subscrito pelas principais organizações patronais e sindicais[441]. Sistema que abrange *todos os litígios laborais* (exceto os respeitantes a acidentes de trabalho ou a direitos indisponíveis). Exemplos típicos de conflitos ou litígios suscetíveis de resolução por esta via (sem necessidade de intervenção de um tribunal clássico) são os relativos ao montante

[441] Cfr. www.portugal.gov.pt/.

devido ao trabalhador por *despedimento*, à *transferência* de um trabalhador para outro local de trabalho e à *marcação de datas para o gozo de férias.* Acordo que não é imposto pelo mediador, o qual se limita a facilitar a sua obtenção através da aproximação das partes no litígio[442]. Pretende-se uma maior celeridade, uma menor onerosidade (relativamente a uma ação judicial de valor equivalente) e uma maior eficácia na resolução deste tipo de litígios, para além de um procedimento mais prático, mais flexível e mais célere (é de *3 meses o limite temporal para a obtenção do acordo*, prazo este passível de *prorrogação por acordo* entre as partes). Qualquer das partes pode, porém, a qualquer momento, pôr-lhe fim, sendo livres de fixar o conteúdo e os termos do acordo assim obtido: *se alcançado o acordo*, é este reduzido a escrito e assinado; *se não obtido o acordo*, qualquer delas pode utilizar a via judicial.

De realçar ainda a chamada *mediação familiar*, a ser exercida (a título gratuito) por *gabinetes de mediação familiar* (públicos ou privados) com o seu âmbito de atuação hoje circunscrito aos *conflitos emergentes da regulação, alteração e incumprimento do regime do exercício do poder paternal*[443] (atualmente das responsabilidades parentais). Com efeito, a Lei nº 133/99, de 28 de agosto, veio introduzir na OTM o art. 147º-D relativo à mediação, nos termos do qual pode o *juiz* «em qualquer estado da causa e sempre que o entenda conveniente – designadamente em processo de *regulação do exercício do poder paternal* (atualmente das responsabilidades parentais), oficiosamente, com o consentimento dos interessados ou a requerimento destes (suspendendo, para o efeito, a instância) –, determinar a intervenção de *serviços públicos ou privados de mediação*» (nº 1), devendo *homologar* «o acordo obtido por via de mediação se este satisfizer o interesse do menor» (nº 2)[444].

A Lei nº 21/2007, de 12 de junho de 2007, veio, por seu turno, instituir e regular a *mediação em processo penal.* E a Lei nº 18/2008, de 21 de abril, veio

[442] Os *mediadores*, após os respetivos recrutamento e seleção, ficam a constar de uma lista elaborada pela Direção-Geral da Administração Extrajudicial (DGAE) do Ministério da Justiça. A *mediação* pode realizar-se em lugares públicos ou privados onde existam espaços disponíveis (espaços municipais, julgados de paz, centros de arbitragem, etc.).

[443] Está previsto que os *gabinetes de mediação familiar* possam passar, no futuro, a mediar conflitos nas seguintes matérias: a)- divórcio e separação de pessoas e bens; b)- conversão da separação de pessoas e bens em divórcio; c)- reconciliação de cônjuges separados; d)- separação de bens; e)- atribuição e alteração de alimentos provisórios ou definitivos; f)- partilha de bens; g)- autorização para o uso do apelido do ex-cônjuge.

[444] Em 16 de maio de 1997 e 21 de maio de 2006, e sob o patrocínio do Ministério da Justiça, foram assinados os "Protocolos" de instalação dos *Centros de Mediação Familiar de Lisboa e Coimbra*, respetivamente, cujo sistema veio a ser instituído pelo Despacho nº 18778/2007, publicado no DR, 2ª Série, de 22 de agosto.

autorizar o governo «a criar um *regime de arbitragem institucionalizada no âmbito da ação executiva*, designadamente prevendo a criação de *centros de arbitragem voluntária* com competência para a resolução de litígios resultantes do processo de execução, para a realização de diligências de execução e para o apoio à resolução de situações de *multi* ou *sobreeendividamento*» (art. 9º); autorização essa que veio a ter concretização nos arts. 11º a 18º do Dec.-Lei nº 226/2008, de 20de novembro.

23.3. Mediação civil e comercial

No âmbito dos procedimentos (*meios*) *alternativos de resolução de litígios* relativos ao *direito civil e comercial*, há a realçar a Lei nº 29/2013, de 19 de abril (LM). Diploma esse também aplicável aos chamados "*sistemas públicos de mediação*", *v. g.*, à "*mediação dos conflitos coletivos de trabalho*" (art. 46º). Meio este cuja adoção se enquadra na previsão do nº 4 do art. 202º da CRP, nos termos do qual «a lei poderá institucionalizar instrumentos e formas de composição não jurisdicional de conflitos»[445].

Define a LM, no seu art. 2º, a mediação como «*forma de resolução alternativa* de litígios *realizada por entidades públicas ou privadas*, através da qual duas ou mais partes em litígio procuram voluntariamente alcançar um *acordo* com assistência de um mediador de conflitos». *Mediador* esse que «é um *terceiro imparcial e independente*» (cfr. o mesmo preceito).

Entre os princípios fundamentais da mediação salienta-se o *princípio da voluntariedade*, já que «só às partes cabe a responsabilidade pelas decisões tomadas no decurso da mediação» (art. 4º), sendo imposta ao mediador a abstenção de impor qualquer acordo aos mediados (art. 26º, al. b), da LM.

O cerne da mediação reside no «pleno domínio do processo pelas partes» (*empowerment*)[446]; a sua função circunscreve-se ao "auxílio das partes a restabelecer a comunicação" e, num segundo momento, "a encontrar uma solução". "A mediação é, entre nós, simplesmente "*assistencial* ou *facilitadora*", que não "*interventora*"[447]. Ao instituto da mediação subjaz, pois, como escopo relevante, a pacificação social, o restabelecimento de contactos pessoais entre pessoas em dissídio ou a sanação dos problemas que estiveram na génese do litígio, em ordem a possibilitar a composição consensual duradoura dos interesses em presença sem a preocupação de encontrar

[445] Acerca da caraterização e tramitação deste meio alternativo, cfr. o nosso *Direito Processual Civil*, vol. II, 2ª edição cit., 2019, pp. 42-44.

[446] Cfr. Mariana França Gouveia, *Curso* cit., p. 48.

[447] Cfr., quanto a este tema, Mariana França Gouveia, *Curso* cit., pp. 48-49.

um vencedor e um vencido. O método que a LM pressupõe assenta fundamentalmente na conciliação dos interesses em conflito, que não na fria apreciação ou definição dos direitos que *in abstracto* assistiriam aos mediados. Daí que à decisão homologatória do acordo obtido presidam apenas princípios gerais de direito e, entre eles, o da boa-fé e da ordem pública (art. 14º, nº 3, da LM)"[448].

Podem ser objeto de *mediação em matéria civil e comercial*: – os litígios que, enquadrando-se nessas matérias, respeitem a *interesses de natureza patrimonial*; – os litígios em matéria civil e comercial que não envolvam interesses de natureza patrimonial, *desde que as partes possam celebrar transação sobre o direito controvertido* – *sic* (art. 11º, nºs 1 e 2). Por força do nº 2, alíneas a), b) e c), do art. 10º, o diploma não é aplicável aos litígios passíveis de serem objeto de: – *mediação familiar*; – de *mediação laboral*; – de *mediação penal*.

As *partes podem prever, no âmbito de um contrato*, que os litígios eventualmente emergentes dessa relação jurídica contratual sejam submetidos a mediação (art. 12º, nº 1) – *convenção de mediação*. *Se já pendente a ação em tribunal*, deve o juiz, a requerimento do réu deduzido até ao momento em que este apresentar o seu primeiro articulado sobre o fundo da causa, *suspender a instância* e *remeter o processo para mediação* (art. 12º, nº 4).

Nessa Lei é também regulada a chamada *mediação pré-judicial* e a *suspensão dos respetivos prazos* (art. 13º). Tendo presente que o "*acordo de mediação*" celebrado em processo remetido para mediação é *homologado* nos termos do art. 14º e sendo que a *suspensão da instância* decorrente desse art. 13º é regulada nos termos do atual art. 273º do CPC. Quanto à *mediação pré-judicial*, as partes podem, previamente à apresentação de qualquer litígio em tribunal, *recorrer à mediação para a resolução desses litígios* (art. 13º, nº 1). O recurso à mediação *suspende os prazos de caducidade e prescrição* a partir da data em que for assinado o *protocolo de mediação* ou, no caso de mediação realizada nos sistemas públicos de mediação, da data em que todas as partes hajam concordado com a realização da mediação (art. 13º, nº 2). Quanto ao *procedimento de mediação*, compreende ele um primeiro contacto para *agendamento da sessão de pré-mediação*, com *caráter informativo*, na qual o *mediador de conflitos* explicita o funcionamento da mediação e as regras do procedimento (art. 15º, nº 1)[449].

[448] Cfr., neste sentido, MARIANA FRANÇA GOUVEIA, *Curso* cit., pp. 51-52.

[449] No âmbito das *ações para exercitação do direito a indemnização por infração ao direito da concorrência*, prevê o art. 11º da Lei nº 23/2018, de 5 de junho, que «duas ou mais partes» pos-

O *acordo das partes* para prosseguir o procedimento de mediação manifesta-se na assinatura de um *protocolo de mediação*» (art. 15º, nº 2), o qual deve ser «*assinado pelas partes e pelo mediador*» e dele devem constar as especificações das diversas alíneas do nº 3 do art. 15º. Assume «*força executiva, sem necessidade de homologação judicial,* o *acordo de mediação* que respeitar os requisitos plasmados no art. 9º, bem como o *acordo de mediação obtido por via de mediação realizada noutro Estado-Membro da União Europeia* que respeite o disposto nas alíneas a) e d) do nº 1, se o ordenamento jurídico desse Estado também lhe atribuir força executiva» (art. 9º, nº 2).

Nos casos em que a lei não determina a sua obrigatoriedade, as partes têm a faculdade de requerer a *homologação judicial* do acordo obtido em *mediação pré-judicial* (art. 14º, nºs 1 e 3), requerimento esse a ser conjuntamente apresentado pelas partes em qualquer tribunal competente em razão da matéria, *preferencialmente por via eletrónica,* nos termos definidos pela competente Portaria governamental (nº 2). Pedido que possui *natureza urgente,* sendo decidido sem necessidade de prévia distribuição» (art. 14º, nº 4).

Tendo havido *recusa de homologação,* «o acordo não produz efeitos e é devolvido às partes, podendo estas, no prazo de 10 dias, submeter um *novo acordo* a *homologação*» (art. 14º, nº 5).

Secção III
Processo executivo

24. Processo executivo. Função. Autonomia. Espécies. Forma

Destinam-se as *ações executivas,* conforme prevê o art. 10, nºs 1 e 3, à *realização coerciva de um direito já pré-reconhecido* ao requerente (art. 10º, nº 4). Ações que possuem, em paridade com as ações declarativas, enquadramento constitucional no art. 20º, nº 1, da LF (*direito de acesso aos tribunais e a uma tutela jurisdicional efetiva*). Direito que inclui no seu cerne «o *direito a um*

sam participar «num *procedimento de resolução extrajudicial de litígios* relativamente ao pedido apresentado num ação de indemnização», caso em que «se *suspende a instância* em relação a essas partes, por um período não superior a um ano, sem prejuízo da *extinção da instância por compromisso arbitral,* nos termos da alínea b) do art. 277º do CPC». Procedimento esse a cuja tramitação devem aplicar-se as normas da Lei nº 29/2013, de 19 de abril.

processo de execução»[450], isto é, a que, através do órgão jurisdicional próprio, se torne efetiva a cominação (sanção) ínsita em sentença judicial ou em título para tal (legalmente) habilitante, em ordem a que a decisão não passe da pura inocuidade[451].

A distinção entre *processo declaratório* e *processo executivo* reside na diferença entre o simples dizer ou declarar (*dictum*) e o fazer ou executar (*factum*).

Quanto aos *direitos de crédito*, confere a lei civil ao credor a *ação de cumprimento e execução* (art. 817º do CC) para a eventualidade de a obrigação não ser voluntariamente cumprida pelo seu devedor; para o *cumprimento*, instaura o credor uma *ação declarativa* regulada nos arts. 552º e ss., enquanto que, para a *realização coerciva da prestação*, desencadeia um *processo de execução* regulado pelos arts. 703º e ss., todos esses preceitos do CPC.

Pelo *processo declaratório*, obtém-se a declaração da vontade concreta da lei relativa ao caso controvertido, através da emissão de uma pronúncia jurisdicional a concluir um *processo de cognição* (ou cognitório) da relação material subjacente. Através do *processo executivo*, o autor (exequente) «requer ao tribunal a *imposição coativa ao devedor da respetiva prestação ou de um seu equivalente económico-patrimonial*, isto é, a atuação prática daquela vontade – realização material coativa ou *manu judicis*, com adoção das providências judiciais compulsórias adequadas à reintegração ou reparação do direito lesado ou violado» (art. 10º, nº 4)[452]. Isto se o réu, uma vez condenado, persistir em desacatar o decreto judicial (condenatório).

É de acolher, nesta sede, a chamada *doutrina processualista ou publicista*, que funda a execução num *direito próprio autónomo face ao direito material – o direito de ação executiva* –, o qual assume a natureza de um *direito subjetivo público* cujo objeto é a concessão de uma tutela jurisdicional de natureza executiva[453]. Autonomia (entre o

[450] O *direito de requerer execução* prescreve no prazo de 20 anos (art. 309º do CC) pois que, nos termos do nº 1 do art. 311º do CC, a sentença transforma a prescrição de curto prazo, mesmo que presuntiva, numa prescrição normal. O *prazo prescricional* a ter em conta é, tão-somente, o que decorre após o trânsito em julgado da sentença, já que o decorrido anteriormente à citação é de considerar como inutilizado com a prática deste ato judicial (art. 323º, nº 1, do CC) e o novo prazo de prescrição não corre na pendência do processo judicial (art. 327º, nº 1, do CC). De ter em atenção, todavia, nesta sede, as *prescrições de prazo curto como específicas dos títulos de crédito*.

[451] Cfr. Amâncio Ferreira, *Curso de Processo de Execução*, 13ª ed., cit., pp. 19-21.

[452] Cfr. Manuel de Andrade, *Noções Elementares* cit., p. 56.

[453] Cfr. Amâncio Ferreira, *Curso* cit., pp. 23-24.

dizer ou *declarar* e o *fazer ou executar*) que abrange, não só o *processo comum*, mas também os *processos especiais* e os próprios *procedimentos cautelares*. Nos *procedimentos cautelares de natureza especificada*, como a restituição provisória de posse (arts. 377º e ss.), o arresto (arts. 391º e ss.) ou o embargo de obra nova (arts. 397º e ss.) e, bem assim, nos *processos especiais*, como, por ex., o de divisão de coisa comum (arts. 925º e ss.), podem descortinar-se uma *fase de natureza declaratória* e uma outra *fase de natureza executiva*[454].

O critério legal da distinção contém subjacente a situação típica da prévia emissão de uma *sentença de condenação* (ainda que também aplicável às ações de simples apreciação ou constitutivas). Na hipótese mais «normal» (*v. g.*, a da ações destinadas à cobrança de dívidas), o processo *executivo* é antecedido de um processo *declaratório ou cognitivo* destinado à condenação do réu no cumprimento da respetiva obrigação; trata-se, contudo, de *dois processos* entre si distintos e sucessivos, ainda que eventualmente podendo correr em *simultâneo*[455-456]. Mas nem sempre o processo executivo, relativamente ao título executivo-sentença, é precedido de um processo declarativo. Desde logo, as situações de decaimento do pedido do autor em *ação condenatória julgada definitivamente improcedente* (*absolvição do réu do pedido*) ou *em que o réu* (*por motivos de mera forma*) *haja sido absolvido da instância*, as quais tornarão descabido o desencadeamento do processo executivo, a não ser quanto às questões residuais do pagamento das custas ou de qualquer indemnização não espontaneamente satisfeita.

Nas *ações ações constitutivas*, a sentença que julgue a ação *procedente* bastará (normalmente) para alcançar o efeito jurídico útil visado pelo demandante, esgotando-se normalmente tal efeito com a decisão proferida pelo juiz (por ex., a ação de divórcio, de anulação de um contrato celebrado por erro ou de anulação de um casamento celebrado sob coação); e, nas *ações de simples apreciação positiva*, o efeito útil da decisão traduz-se, por regra, na eliminação de um estado de incerteza objetiva que paira sobre um determinado direito. Assim, na sequência de tais decisões, e se as mesmas não contiverem qualquer segmento ou *dictat* condenatório (*explícito* ou *implícito*) do réu a uma prestação de *dare*, *facere* ou *non facere*, torna-se despropositada qualquer ação executiva subsequente. A título de exemplo, se em qualquer

[454] Cfr. Antunes Varela/J. M. Bezerra/Sampaio e Nora, *Manual* cit., pp. 73 a 76.

[455] Cfr. Manuel de Andrade, *Noções Elementares* cit., p. 57.

[456] É o que sucede quando se instaura execução sobre uma sentença (de condenação) ainda pendente de recurso (com *efeito meramente devolutivo*) – art. 704º, nºs 1 a 3.

dessas ações alguma das partes for condenada em *custas, em multa ou indemnização por litigância de má-fé*»[457] ou se da respetiva decisão decorrer uma *condenação implícita no cumprimento de determinada obrigação*»[458], já haverá lugar, em caso de não acatamento voluntário, ao desencadeamento das adequadas providências coercitivas em sede executiva.

De igual modo, *se o réu ou demandado acatar voluntariamente a decisão desfavorável proferida pelo juiz e satisfizer espontaneamente a pretensão do autor*, a eventual instauração da execução revelar-se-á igualmente impertinente porque inútil.

Hipótese típica em que o processo executivo não tem que ter na sua génese um *processo declaratório* ocorre sempre que o autor se encontrar munido de um documento suscetível de servir, de pronto, de base à execução (*título executivo*). Isto é, de um *documento* (*escrito*) que, mercê da sua força probatória especial, certifique a existência do direito do portador ou titular (cfr. os arts. 550º e 703º). Em tais situações, se o credor vier a usar (sem necessidade) da ação declarativa, assim violando o princípio da economia processual, deve arcar com as custas do processo; isto se se verificarem os pressupostos da al. c) do nº 2 do art. 535º.

Situações há, contudo, em que o autor tem necessidade de usar do *processo de declaração* não obstante se encontrar munido com um *título dotado de força executiva.* É, por ex., o caso *de existir responsabilidade conjunta de ambos os cônjuges por uma dívida do casal*, se o título executivo vincular apenas um deles; nessa eventualidade, pode-deve instaurar *ação declarativa contra o cônjuge não vinculado ao título no qual alegue o proveito comum* para também ele ser declarado responsável. Assim, por exemplo, a obtenção de uma *sentença condenatória* contra o cônjuge não subscritor de um título de crédito (letra ou livrança), reforça a posição do credor-tomador, que assim fica munido de um título dotado de maior força garantística, ao mesmo tempo que fragiliza a posição do devedor-aceitante em termos de eventual oposição à execução (arts. 729º e 731º). De realçar ainda que a execução não segue a *forma sumária*, mas *ordinária*, «quando, havendo título executivo diverso do de sentença apenas contra um dos cônjuges, o exequente alegue (deduzindo o respetivo incidente) a *comunicabilidade da dívida* no requerimento executivo» (art. 550º, nº 3, al. c), por reporte ao

457 Cfr., neste sentido, o acórdão do STJ de 27-5-99, BMJ, nº 487, p. 263/Cons. Herculano Namora.

458 Cfr., neste sentido, o acórdão do STJ – 7ª Sec. de 8-1-2015, Proc. 117-B/1999.P1.S1, *in* www.dgsi.pt/Cons. Abrantes Geraldes.

art. 741º); isto sendo certo que, nos termos do nº 7 do art. 726º, pode o exequente alegar, no requerimento executivo, a comunicabilidade da dívida, conquanto que o título não seja uma sentença.

Segundo o critério do nº 6 do art. 10º, há que distinguir entre *execução para pagamento de quantia certa* (arts. 725º e ss.), *execução para entrega de coisa certa* (arts. 859º e ss.) e *execução para prestação de facto positivo ou negativo* (arts. 868º e ss.).

Se o titular de um direito de crédito não logrou o pagamento voluntário da dívida, requer, contra o devedor condenado, *execução para pagamento de quantia certa.* Se, apesar da vitória do dono da coisa em ação de reivindicação, o seu detentor continuar a recusar-se a abrir mão dela, poderá aquele solicitar que a mesma lhe seja entregue pelo tribunal depois de judicialmente apreendida (*execução para entrega de coisa certa*)[459]. Já a *execução para prestação de facto,* seja este um *facto positivo fungível* (art. 828º do CC) ou consista ele numa demolição de obra feita em violação de uma obrigação de omissão (art. 829º do CC), se traduzirá na prestação do facto por terceiro, sem prejuízo de o credor poder optar por uma indemnização independentemente dessa prestação (art. 868º, nº 1), não havendo alternativa a esta quando o facto a prestar for de caráter *infungível* (art. 767º, nº 2, do CC).

A reparação do direito ofendido pode, assim, traduzir-se: – na reintegração de um direito real de posse ou propriedade mediante a *entrega da coisa ao respetivo titular;* – na *realização específica de uma prestação* obrigacional de natureza não pecuniária; – e, mais amiúde, na *realização coativa de uma obrigação de caráter pecuniário* não cumprida – *obrigação pecuniária primária.* Mas também no ressarcimento indemnizatório na sequência da violação de deveres genéricos de conduta (não obrigacionais), como os que mandam respeitar os *direitos de personalidade* de outrem (vida, intimidade, integridade física e personalidade moral) ou os chamados *direitos sociais, económicos e culturais* (o direito ao trabalho ou o direito à propriedade privada) – *obrigação pecuniária secundária*[460]. Assim, por ex., a *execução para entrega de coisa determinada* ou para *entrega de coisa certa* (arts. 827º do CC e 859º e ss. do CPC)[461] pode ter na sua base um *direito real* (do exequente) ou um *direito de crédito,* já que, uma vez consta-

[459] Cfr. Antunes Varela/J. M. Bezerra/Sampaio e Nora, *Manual* cit., p. 22.

[460] Cfr. Lebre de Freitas, *Introdução* cit., pp. 32-33.

[461] Ou de uma *universalidade de coisas,* como, por ex., um estabelecimento comercial – cfr. Lebre de Freitas, *A Acção Executiva à Luz do Código Revisto,* 2ª ed., cit., p. 303 e Amâncio Ferreira, *Curso* cit., p. 425, nota 900.

tada a impossibilidade material da entrega da coisa devida, pode passar-se a executar uma *obrigação de indemnizar* (art. 867º) como *sucedâneo* da obrigação de prestação da coisa originária (*conversão da execução*)[462].

No *desencadeamento da ação executiva*, os respetivos *impulsos inicial e subsequente* não assumem qualquer oficiosidade, antes incumbindo à parte vencedora (no processo declarativo) a exercitação do *princípio dispositivo*, pois que de meros interesses particulares se trata[463-464].

O processo comum para *pagamento de quantia certa* é *ordinário* ou *sumário* art. 550º, nº 1). Emprega-se o *processo sumário* nas execuções baseadas (art. 550º, nº 2): a)- em *decisão arbitral* ou nos casos em que esta não deva ser executada no próprio processo; b)- em *requerimento de injunção ao qual tenha sido aposta fórmula executória*; c)- em *título extrajudicial de obrigação pecuniária vencida garantida por hipoteca ou penhor*; d)- em *título extrajudicial de obrigação pecuniária vencida cujo valor não exceda o dobro da alçada do tribunal de 1ª instância* (€ 10.000). *Não é aplicável a forma sumária* (art. 550º, nº 3): a)- nos casos previstos nos arts. 714º (*escolha da prestação na obrigação alternativa*) e 715º (*obrigação condicional ou dependente de prestação*); b)- *quando a obrigação exequenda careça de ser liquidada na fase executiva e a liquidação não dependa de simples cálculo aritmético*; c)- quando, *havendo título executivo diverso de sentença apenas contra um dos cônjuges, o exequente alegue a comunicabilidade da dívida no requerimento executivo*; d)- nas *execuções movidas apenas contra o devedor subsidiário que não haja renunciado ao benefício da excussão prévia.*

São *subsidiariamente aplicáveis ao processo de execução*, com as necessárias adaptações, as normas relativas ao *processo de declaração* que se mostrem compatíveis com a natureza da ação executiva (art. 551º, nº 1).

Já o *processo comum* para *entrega de coisa certa* e para *prestação de facto* segue forma única (art. 550º, nº 4). À execução para *entrega de coisa certa* e para *prestação de facto* são (*subsidiariamente*) aplicáveis, na parte em que o puderem ser, as *disposições relativas à execução para pagamento de quantia certa* (art. 551º, nº 2). À *execução sumária* aplicam-se subsidiariamente as disposições

[462] Cfr. Lebre de Freitas, *Introdução* cit., p. 33, nota 15.

[463] Cfr. Antunes Varela/J. M. Bezerra/Sampaio e Nora, *Manual* cit., pp. 76 e 77.

[464] *Compete*, todavia, ao *Ministério Público* promover a *execução por custas e multas judiciais impostas em qualquer processo* (art. 57º do CPC), com procedimento regulado pelos arts. 35º e 36º do RCP.

do *processo ordinário* (art. 551º, nº 3) e às *execuções especiais* aplicam-se subsidiariamente as disposições do *processo ordinário* (art. 551º, nº 4).

O *processo de execução corre em tribunal* quando seja requerida ou decorra da lei *ato de competência da secretaria judicial ou do juiz* e até à respetiva prática (art. 551º, nº 5).

Como *processos executivos especiais* prevê a lei a *execução por custas e multas* (arts. 35º e 36º do RCP), a *execução por alimentos* (arts. 2003º e ss. do CC e 933º a 936º do CPC) e a *execução para venda de navio abandonado* (Dec.-Lei nº 202/98, de 10 de julho). De referir ainda, pelas particularidades de que se revestem, o processo de *execução para entrega da casa de habitação principal* do executado, ao qual é aplicável o disposto nos nºs 3 a 6 do art. 863º, «*ex-vi*» do nº 6 do art. 861º, e o processo de *execução para entrega de coisa imóvel arrendada para habitação* (e respetivo *diferimento*), ao qual são aplicáveis as disposições relativas à execução para entrega de coisa certa (arts. 863º a 866º, *ex-vi* do art. 862º).

25. Títulos executivos

25.1. Noção. Exequibilidade. Requisitos

Qualquer execução tem de ter «por base um *título*, pelo qual se determinam o fim e os limites da ação executiva» (art. 10º, nº 5). «*Títulos executivos* são, assim, documentos que titulam atos *constitutivos ou certificativos de obrigações*, a que a lei reconhece eficácia para servirem de base ao desencadeamento de uma ação executiva». O título é, pois, condição necessária do processo executivo (*nulla executio sine titulo*)»[465].

Provada a constituição ou a existência da obrigação (dívida) e do direito subjetivo correspondente, a lei presume a inexistência de causas impeditivas, modificativas ou extintivas da mesma. O título demonstra, pois, até prova em contrário (*presunção juris tantum*), o incumprimento da obrigação, visto ser ao devedor que incumbe alegar e provar as correspondentes causas excipientes (art. 342º, nº 2, do CC). O título é *constitutivo* da relação obrigacional quando a fonte desta reside no ato documentado, como, *v. g.*, a escritura de compra e venda de um imóvel, na qual o vendedor se obriga a entregar o prédio e o comprador a pagar determinado preço. É *certificativo* da obrigação quando, procedendo a constituição da dívida de um outro ato, apenas confirma a sua existência, como, *v. g.*, a sentença de condenação, ao dar por subsistente a dívida que o réu afirmava ter-se extinguido (por pagamento, dação em cumprimento, compensação, perdão, etc.).

[465] Cfr. Manuel de Andrade, *Noções Elementares* cit., pp. 58-59.

Mas será o título executivo *o próprio documento* ou antes *o ato jurídico* por ele documentado (enquanto tal)? Entendemos – na esteira da melhor doutrina e face ao direito processual constituído – que *o título executivo reside no próprio documento ao qual a lei confere força especial (força executiva), que não no ato por ele documentado.* O título só surge quando o documento for gerado, quer certifique um ato judicial, quer certifique um negócio celebrado *inter-partes*[466].

Para o prosseguimento da execução torna-se indispensável que a obrigação se tenha tornado *certa, líquida* e *exigível* se o não for em face da sentença (isto é, do *título*). É o que, de modo apodíctico, prescreve o art. 713º. Para efeitos executivos, diz-se genericamente que a obrigação é *certa* quando o seu objeto (a prestação) já estiver determinado, é *líquida* se o seu quantitativo já se encontrar apurado e é *exigível* se a prestação já se encontrar vencida. Pode realmente acontecer que a sentença condene o réu em prestação *alternativa* (art. 553º, nºs 1 e 2), em prestação de coisa *genérica* (art. 556º)[467] ou em prestação *ilíquida* (arts. 609º, nº 2), todos do CPC, e 564º, nº 2[468], e 565º[469], ambos do CC) ou mesmo até em prestação *dependente ainda da verificação de certa condição* ou *da realização de uma contraprestação* (art. 715º do CPC).

Face ao disposto no nº 6 do art. 704º, caso tenha havido *condenação genérica* nos termos do nº 2 do art. 609º, e não dependendo a liquidação da obrigação de simples cálculo aritmético, a sentença só constitui título executivo após *liquidação* no processo declarativo, sem prejuízo da imediata exequibilidade da parte que seja líquida e do disposto no nº 7 do art. 716º (esta última quando a iliquidez da obrigação resulte de esta ter por objeto uma universalidade e o autor não possa concretizar os elementos que a compõem).

25.2. Espécies

As diversas *espécies de títulos executivos* constam da *enumeração taxativa* do nº 1 do art. 703º[470] (*princípio da tipicidade*), neles se considerando abrangidos os

[466] Cfr. Amâncio Ferreira, *Curso* cit., p. 68-69.

[467] Quando o *objeto mediato da ação* seja uma universalidade de facto ou de direito (al. a) ou quando não seja ainda possível determinar, de modo definitivo, as consequências do facto ilícito ou o lesado pretenda usar da faculdade que lhe confere o art. 569º do CC (al. b)).

[468] Cálculo da *indemnização dos danos futuros previsíveis*, com relegação da fixação da indemnização correspondente para decisão ulterior.

[469] Condenação imediata em *indemnização provisória* dentro dos limites provados, com relegação da fixação da indemnização definitiva "para liquidação posterior".

[470] Cfr., quanto a esta matéria, Amâncio Ferreira, *Curso* cit, pp. 28-50.

juros de mora, à taxa legal, das obrigações deles constantes (nº 2)[471]. Taxativa que não meramente exemplificativa, conforme logo resulta do advérbio *apenas* que inicia a redação do preceito[472].

À execução só podem, assim, servir de base (art. 703º, nº 1, alíneas a) a d)): a)- as *sentenças condenatórias;* b)- os *documentos exarados ou autenticados por notário* ou *por outras entidades ou profissionais com competência para tal*[473] que importem constituição ou reconhecimento de qualquer obrigação[474]; c)- os *títulos de crédito, ainda que meros quirógrafos,* desde que, neste caso, os factos constitutivos da relação subjacente constem do próprio documento ou sejam alegados no requerimento executivo; d)- os *documentos a que, por disposição especial, seja atribuída força executiva.*

Para além das *sentenças e despachos condenatórios* proferidos pelos tribunais judiciais (estatais) nacionais e das *decisões arbitrais, dos julgados de paz e das sentenças proferidas por tribunais no estrangeiro – que* constituem os *títulos executivos judiciais* –, prevêem os arts. 703º 705º a 708º a exequibilidade de *documentos a que, por disposição especial, seja atribuída força executiva* e os *títulos exarados em país estrangeiro.*

[471] A taxa legal de juros de mora para as *obrigações civis* foi fixada em 4% pela Portaria nº 291/2003, de 8 de abril (editada ao abrigo do disposto no nº 1 do art. 559º do CC), com início em 1 de maio de 2003, enquanto que, para os *créditos de natureza comercial,* a taxa de juro será calculada em função das regras estabelecidas no Dec.-Lei nº 32/2003, de 17 de fevereiro. Nos termos do Aviso nº 2553/2019 (semestre), de 2 de janeiro de 2019, «a taxa supletiva de juros moratórios relativamente a créditos de que sejam titulares empresas comerciais, singulares ou coletivas, nos termos do § 3º do art. 102º do CCOM, em vigor no 1º semestre de 2019, é de 7%; sendo de 8ª a taxa supletiva de juros moratórios a liquidar termos do § 5º do art. 102º do mesmo CCOM e do Dec.-Lei nº 62/2013, de 10 de maio, em vigor no 1º semestre de 2019. A taxa aplicável por *dívidas ao Estado e a outras entidades públicas* cifra-se atualmente em 4,966 ao mês (cfr. Aviso da Direção-Geral do Tesouro nº 139/2017, de 4 de janeiro, *in* DR, nº 3/2017ª Série II, da mesma data).

[472] O TC, por acórdão de 23-9-2015, Proc. 408/2015, declarou a *inconstitucionalidade, com força obrigatória* geral, «da norma que aplica o art. 703º do CPC aprovado em anexo à Lei nº 41/2013, de 26 de junho, a documentos particulares emitidos em data anterior à da sua entrada em vigor, então exequíveis por força do art. 46º, nº 1, al c), do CPC 61, por violação do *princípio da proteção da confiança*» (art. 2º da CRP).

[473] Cfr., quanto à competência (neste domínio) de outras entidades, para além das notariais e registrais, os Decs.-Leis nºs 76-A/2006, de 29 de outubro e 250/2012, de 23 de novembro.

[474] Qualquer outro título avulso não incluído na catalogação poderá ser utilizado como *documento instrutor* de um processo de declaração mas não como fonte geradora de uma ação executiva, como é o caso dos documentos particulares simples (não autenticados) constitutivos de obrigações.

No nº 2 do art. 703º estatui-se que se consideram «abrangidos pelo título executivo os *juros de mora*, à taxa legal, da obrigação dele constante». Estes *juros moratórios* acrescerão ao montante exequendo ainda que não peticionados na correspondente ação declarativa; mas, por força do *princípio do pedido*, se na ação declarativa não chegaram a ser peticionados quaisquer juros (vencidos ou vincendos), o exequente só poderá vir a receber os que se vencerem após a data da prolação da sentença condenatória[475]. E, se o mesmo autor (agora exequente) não chegou a efetuar no requerimento executivo (ao abrigo do disposto na al. h) do nº 1 do art. 724º), a liquidação dos juros já vencidos entre a data da sentença e a data da instauração da execução, só poderá vir a receber os que se vencerem após a data da instauração da execução (art. 716º, nº 2). Em sede da execução já instaurada que compreenda juros que continuem a vencer-se «a sua *liquidação* é feita, a final, pelo *agente de execução*, em face do título executivo e dos documentos que o exequente ofereça em conformidade com ele ou, sendo caso disso, em função das taxas legais de juros de mora aplicáveis» (art. 716º, nº 2). Porém, nos termos do nº 4 do art. 829º-A do CC (obrigações de *prestação de facto infungível*), «quando for *estipulado* (*convencionado*) ou *judicialmente determinado* qualquer *pagamento em dinheiro corrente*, são automaticamente devidos juros (*compulsórios*) à taxa de 5% ao ano, desde a data em que a sentença de condenação transitar em julgado, *os quais acrescerão aos juros de mora* (se estes forem também devidos) *ou à indemnização a que houver lugar*».

25.2.1. Sentenças e demais decisões condenatórias de tribunais estaduais e dos julgados de paz

Diz-se *condenatória* toda a *sentença* ou qualquer decisão (dos tribunais, quer *comuns*, quer *arbitrais*, mesmo que na terminologia legal lhe corresponda outra designação, como *despacho* ou *acórdão*)[476] que, reconhecendo ou

[475] Decidiu-se no AC UNIF JURISP nº 9/2015, de 24 de junho, in DR nº 121 SÉRIE I de 24-6-2015/Cons. Pinto de Almeida, que «se o autor não formula na petição inicial, nem em ulterior ampliação, pedido de juros de mora, o tribunal não pode condenar o réu no pagamento desses juros». Mas o aresto não pode ter querido fazer tábua rasa do disposto no nº 3 do art. 703º, nos termos do qual se «consideram abrangidos pelo título executivo os juros de mora, à taxa legal, da obrigação dele constante». Assim sendo, há que interpretar a proposição conclusiva do acórdão, em ordem a *restringir a aplicação da doutrina nele contida (apenas) aos juros que se vencerem antes do trânsito em julgado da sentença condenatória*, isto é aos juros contados a partir da citação e até à data da formação do caso julgado; só estes estarão, pois, sujeitos ao princípio do pedido – cfr., neste sentido, M. Teixeira de Sousa, Cadernos de Direito Privado nº 52, pp. 35 e ss. e ainda Costa Ribeiro/S. Rebelo, *in A Ação Executiva Comentada e Anotada*, 2ª ed., 2016, p. 140.

[476] Cfr. Manuel de Andrade, *Noções Elementares* cit., p. 62.

prevenindo o inadimplemento de um dever jurídico cuja existência certifica ou declara (condenação *in futuro*), determina o seu cumprimento[477]. Na mesma epígrafe das *sentenças condenatórias* inclui igualmente a lei as chamadas *sentenças homologatórias* de transação, de desistência e de confissão do pedido (art. 290º, nº 4) ou de partilha (art. 66º da Lei nº 23/2013)[478].

A sentença (ou decisão condenatória) só constitui, porém, título executivo depois do respetivo *trânsito em julgado*, ou seja, desde que insuscetível de recurso ordinário ou de reclamação (cfr. art. 628º), salvo se o recurso contra ela interposto tiver (como é a regra do art. 647º) *efeito meramente devolutivo* e *não for prestada caução* nos termos da lei (art. 704º, nº 3). Porém, *se a sentença se encontrar pendente de reclamação* (arguição de alguma nulidade – art. 615º), mas se vier a verificar que o expediente da reclamação não passou de uma *manobra meramente dilatória* tendente a protelar artificiosamente o trânsito da decisão, poderá o tribunal superior declarar o trânsito em julgado da respetiva decisão, tornando-a passível de *imediata execução* (art. 670º).

São também dotadas de exequibilidade – para além das *sentenças proferidas nas ações de condenação* a que se refere a alínea b) do nº 3 do art. 10º – «as *sentenças exaradas nas ações de simples apreciação ou nas ações constitutivas* previstas nas alíneas a) e c) dos mesmos número e artigo, mas apenas na parte em que contenham um *segmento condenatório* explícito ou implícito.

A *execução fundada em sentença condenatória* pode ser promovida, não só contra o devedor, como também contra as pessoas em relação às quais a sentença surta força de caso julgado (art. 55º). Em princípio, a sentença constitui apenas caso julgado *inter-partes* (ou seja, entre as pessoas singulares ou coletivas que hajam intervindo no processo declarativo como *partes processuais*). Existem, todavia, duas situações em que o caso julgado produz eficácia em relação a terceiros, ou seja, *extra-partes* (mesmo que estas não constem da sentença declarativa como devedores): – uma, a do *adquirente do direito litigioso*, a menos que, estando *a ação sujeita a registo*, o adquirente *registe a transmissão antes do registo da ação* (art. 263º, nº 3); – outra, se tiver sido deduzido oportunamente o *incidente de intervenção principal provocada* (arts. 316º e 320º), caso este último em que a sentença tem de apreciar a consistência da relação

[477] Cfr. ANTUNES VARELA/J. M. BEZERRA/SAMPAIO E NORA, *Manual* cit., p. 80.

[478] As *certidões extraídas dos inventários cuja partilha foi homologada por sentença* valerão como *títulos executivos* desde que contenham as especificações constantes dos diversas alíneas a) a d) e dos nºs 2 e 3 do art. 52º.

jurídica de que seja titular o chamado, constituindo sempre a mesma contra ele *caso julgado* ainda que esse terceiro não haja intervindo no processo.

Condenatória, *qua tale* podendo servir de título executivo, é, por ex., a *decisão final arbitradora da indemnização ao expropriado* se a mesma não houver sido paga da forma espontânea ou provocada pela forma prevista no nº 4 do art. 71º do CEXP 99, tendo em atenção que sobre o montante definitivo da indemnização ou sobre os montantes dos depósitos incidem juros moratórios à taxa legal[479]. Também as *decisões finais proferidas pelos julgados de paz* possuem o valor de sentença proferida por tribunal estadual de 1ª instância (art. 61º da LJP), surtindo, por tal, desde que transitadas em julgado, título executivo dotado da mesma força e exequibilidade. Dessa mesma força são ainda dotadas as *decisões dos juízes de paz* homologatórias de acordos entretanto celebrados pelas partes (arts. 56º, nº 1 e 61º da LJP).

Igualmente as *sentenças penais*, na parte em que condenem no *pagamento de indemnização civil*, são títulos executivos, já que sobre elas se constitui caso julgado nos termos gerais das sentenças civis (art. 84º do CPP). Também no nº 1 do art. 377º do CPP se prevê a condenação em indemnização civil sempre que o pedido respetivo se venha a revelar fundado, mesmo que a sentença quanto à responsabilidade criminal seja absolutória.

No *foro laboral*, e conforme o art. 88º do CPT, podem servir de base à execução todos os *títulos* a que o CPC ou lei especial atribuam força executiva (al. a), bem como os *autos de conciliação* (al. b)). Estes, quando obtidos em audiência, não necessitam de *homogação judicial* para surtirem efeito de caso julgado e daí o poderem ser qualificados como «*decisões judiciais*» (arts. 51º, 52º, 53º)[480].

A execução de sentença contra a qual haja sido interposto *recurso com efeito meramente devolutivo* pode, contudo, ser suspensa a pedido do executado quando a execução da decisão lhe cause *prejuízo considerável* e se ofereça para prestar *caução* (art. 647º, nº 4), incidente esse a ser processado *por apenso* e com caráter de *urgência* (arts. 649º, 650, nºs 1 e 2 e 915º, nºs 1 e 2)[481]. A atribuição desse efeito ficará então condicionada à efetiva *prestação de caução* no prazo fixado pelo tribunal, sendo que tal efeito se extinguirá se

[479] Cfr. o acórdão do STJ de 27-1-2005, Proc. 4461/04 – 2ª Sec./Cons. Ferreira de Almeida.

[480] Cfr. Amâncio Ferreira, *Curso*, cit., pp. 24-25.

[481] Nas situações previstas no nº 5 do art. 704º, no nº 4 do art. 647º e no nº 1 do art. 733º, o incidente assume *caráter urgente* (cfr. o nº 2 do art. 915º).

o recurso estiver parado por mais de 30 dias por negligência do apelante (art. 648º, nº 1). A atribuição de *efeito suspensivo* obsta a que a sentença se execute enquanto não for julgado o recurso.

Por força do *princípio da equiparação à sentença* (art. 152º, nº 1), são também títulos executivos os *despachos* que *arbitrem indemnizações* a testemunhas (art. 525º), que *imponham multas* às partes e às testemunhas (arts. 417º, nº 2 e 423º, nº 2) ou a terceiros que *não apresentem documentos* (art. 433º)[482] e os que *fixem honorários* a peritos, tradutores e intérpretes (art. 17º, nºs 2 e 5, do RCP). E, outrossim, «o*s despachos que conferem força executiva à petição não contestada* nos procedimentos para cumprimento de obrigações pecuniárias emergentes de contratos de valor não superior a €15.000» (art. 2º do RPCOP, aprovado pelo Dec.-Lei nº 269/98, de 1 de setembro).

25.2.2. Despachos e decisões arbitrais

«São *equiparados às sentenças*, sob o ponto de vista da força executiva, os despachos e quaisquer outras decisões ou atos da autoridade judicial que condenem no cumprimento de uma obrigação» (art. 705º, nº 1).

«As *decisões proferidas pelo tribunal arbitral* são exequíveis nos mesmos termos em que o são as decisões dos tribunais comuns» – *princípio da equiparação às decisões dos tribunais comuns* (art. 705º, nº 2). No mesmo sentido, estatui o nº 7 do art. 42º da LAV que «a *sentença arbitral* de que não caiba recurso e que já não seja suscetível de alteração nos termos do art. 45º (da mesma Lei) tem o mesmo *caráter obrigatório* entre as partes que a sentença de um tribunal estadual transitada em julgado e a mesma força executiva que a sentença de um tribunal estadual».

Execução que, todavia (e por força dos arts. 705º, nºs 1 e 2, do CPC e do nº 1 do art. 47º da LAV), *corre nos tribunais judiciais,* o que se explica por o tribunal arbitral não gozar da *auctoritas* própria da justiça pública em matéria de coercibilidade (cfr. ainda, quanto à execução de sentença de condenação genérica proferida em tribunal arbitral e ao efeito a atribuir à execução arbitral em geral, os nºs 2 e 3 do art. 47º da LAV atrás citado).

Quanto às *custas*, *multas* e *outras quantias liquidadas* em processos judiciais, na impossibilidade de obter a sua cobrança voluntária ou forçada pelos meios constantes dos arts. 32º a 34º do RCP, «é entregue *certidão da*

[482] Sobre os montantes/limites destas multas, *vide* o art. 27º do Regulamento das Custas Processuais (RCP) com a redação da Lei nº 7/2012, de 13 de fevereiro, diploma cuja última alteração foi introduzida pela Lei nº 27/2019, de 28 de março.

liquidação da conta de custas ao *Ministério Público* para efeitos executivos quando se conclua pela existência de bens penhoráveis», *constituindo essa certidão, «juntamente com a sentença transitada em julgado, título executivo* quanto à totalidade das custas aí discriminadas» (art. 35º, nºs 1 e 2, do RCP). Já «quando se trate de *custas relativas a atos avulsos* que não se venham (previsivelmente) a integrar em qualquer processo, é emitida pela secretaria *certidão de liquidação autónoma*, com *força executiva própria*, a qual serve de suporte à execução a instaurar pelo *Ministério Público*» (nº 3, do mesmo preceito). Isto sendo certo que «compete ao *Ministério Público* promover a *execução por custas e multas judiciais* impostas em qualquer processo» (art. 57º do CPC)[483-484].

25.2.3. Sentenças proferidas por tribunais ou por árbitros no estrangeiro. Decisões proferidas em processo europeu para ações de pequeno montante

A *força executiva* de uma *decisão emanada de uma jurisdição estrangeira*, tanto no sistema interno como no sistema europeu, *não é automática*[485]. Por razões de soberania, seja qual for a nacionalidade das partes, as decisões proferidas por *tribunais estrangeiros* ou por *árbitros* em *país estrangeiro* só se tornam exequíveis (só surtem eficácia em Portugal) depois de *revistas* e *confirmadas* pelo tribunal português competente (arts. 706º, nº 1 e 978º, nº 1), salvo o estabelecido em lei especial, em tratados e convenções internacionais e em regulamentos de direito europeu. Não se torna, porém, «necessária a revisão quando a decisão invocada em processo pendente nos tribunais portugueses como *simples meio de prova* sujeito à apreciação de quem haja de julgar a causa» (art. 978º, nº 2)[486].

Trata-se, contudo, de uma *revisão por via de regra puramente formal* (ou de *delibação*)[487], que não de *fundo* ou de *mérito*, a qual compete, em exclusivo, aos tribu-

[483] Na redação que lhe foi dada pelo art. 2º do Dec.-Lei nº 34/2008, de 26 de fevereiro.

[484] As *custas* e *multas não penais* e *outras sanções pecuniárias fixadas em processo judicial* são cobrados através do *processo de execução fiscal*, correndo, pois, nos *tribunais tributários*, *ex-vi* da nova redação dada ao art. 148º do CPPTRIB, com o aditamento ao nº 1 deste preceito de uma nova al. c) pelo art. 3º da Lei nº 27/2019, de 28 de março.

[485] Cfr., quanto a esta matéria, Maria José Capelo, *A Sentença entre a Autoridade e a Prova*", Coimbra, Almedina, 2015, p. 287.

[486] Cfr., acerca da apreciação crítica do valor da decisão estrangeira como meio de prova, Maria José Capelo, "*A Sentença entre a Autoridade e a Prova*", cit., pp. 131 e ss..

[487] Cfr. Ferrer Correia, *Direito Internacional Privado* I, Coimbra, Almedina, 2000, pp. 464 e ss..

nais de Relação (arts. 980º do CPC e 73º, al. e), da LOSJ)). Mesmo quando excecionalmente a confirmação da sentença pressuponha uma revisão de mérito (caso da *sentença estrangeira proferida contra cidadão* português – art. 980º, al. f)), *não há revisão da matéria de facto,* não procedendo o tribunal português a uma nova apreciação da prova já produzida perante a justiça estrangeira. A revisão cinge-se sempre a *meras questões de direito*[488].

De ter presente, neste conspecto, o Regulamento (UE) nº 1215/2012 do Parlamento Europeu e do Conselho, de 12 de dezembro de 2012, relativo à *competência judiciária,* ao *reconhecimento e à execução em matéria cível e comercial*[489], *designadamente* o nº 1 do respetivo art. 36º, no termos do qual «*as decisões proferidas num Estado-Membro são reconhecidas nos outros Estados-Membros sem quaisquer formalidades*» e o art. 39º nos termos do qual «*uma decisão proferida num Estado-Membro que aí tenha força executória pode ser executada noutro Estado-Membro sem que seja necessária qualquer declaração de executoriedade*». Assim, «as decisões proferidas pelos tribunais dos Estados-Membros devem ser tratadas como se se tratasse de decisões proferidas no Estado-Membro requerido» (cfr., quanto à justificação para essa dispensa, o considerando nº 26).

E ainda, no que tange às *decisões proferidas por tribunais estaduais estrangeiros,* as *Convenções Relativas à Competência Judiciária e à Execução de Decisões em Matéria Civil e Comercial,* celebradas em *Bruxelas* em 27 de setembro de 1968 entre os Estados da então Comunidade Europeia e, em *Lugano,* em 16 de setembro de 1988, esta última entre os Estados da (então) Comunidade Europeia e da Associação Europeia de Comércio Livre e ratificadas pelos Decretos nºs 52/91 e 51/91, de 30 de outubro, publicadas no DR, I Série, de 10 de julho de 1992.

Para efeitos das Convenções (seu art. 25º) e do Regulamento (seu art. 32º), considera-se *decisão qualquer decisão proferida por um tribunal dum Estado contratante ou dum Estado-Membro independentemente da designação que lhe for dada* (acórdão, sentença, despacho judicial ou mandado de execução), bem

[488] A alínea e) do art. 980º impõe a observância dos princípios do contraditório e da igualdade das partes, sendo que também a *ordem pública processual* – que não só a *material* – pode constituir obstáculo ao reconhecimento das sentenças estrangeiras – acórdão do STJ de 8-5-03, Proc. 1123/03 – 2ª Sec./Cons. Ferreira de Almeida. Sobre a distinção entre *ordem pública internacional e ordem pública interna,* cfr. o art. 22º do CC.

[489] Publicado no JO, L. 351 (44º Ano), de 20 de dezembro de 2012, p. 1, e entrado em vigor em 10 de janeiro de 2015.

como a fixação pelo secretário do tribunal do montante das *custas do processo*. O *reconhecimento dessas decisões* opera *ipso iure*, só havendo que obter um reconhecimento formal quando uma das partes questione a respetiva eficácia (arts. 26º das Convenções e 33º do Regulamento)[490].

Já para a *exequibilidade da decisão* se torna sempre necessária a solicitação do *exequatur*, isto é, a aposição da chamada *formule exécutoire*[491]. Para efeitos do art. 32º das Convenções, em Portugal o tribunal *competente para decidir do exequatur* é *o tribunal judicial da respetiva comarca* (que o é também para o reconhecimento, quando invocado a título principal), cabendo *recurso para o tribunal de Relação* (art. 40º) e, *do acórdão desta, para o STJ, restrito à matéria de direito* (art. 41º).

No que concerne à competência, ao reconhecimento e à execução de *decisões em matéria matrimonial e em matéria de responsabilidade parental,* vigora, a partir de 1 de agosto de 2004 (com aplicação efetiva a todos os Estados-Membros da União Europeia, com exceção da Dinamarca, a partir de 1 de março de 2005, salvo quanto aos arts. 67º a 70º, desde logo aplicáveis), o Regulamento (CE) nº 2201/2003, do Conselho, de 27 de novembro de 2003. Conforme este Regulamento, as decisões proferidas num Estado-Membro são *reconhecidas* nos outros Estados *sem quaisquer formalidades,* sem prejuízo de qualquer parte interessada poder pedir o reconhecimento ou o não reconhecimento da decisão (art. 21º, nºs 1 e 3); também as decisões proferidas num Estado-Membro sobre o *exercício do poder paternal* (responsabilidade parental) relativamente a um filho comum e que nesse Estado tenham força executiva, e hajam sido notificadas, são executadas noutro Estado-Membro depois de nele terem sido declaradas executórias a pedido de qualquer parte interessada (art. 28º)[492].

Pelo Regulamento (CE) nº 861/2007, do Parlamento Europeu e do Conselho, de 11 de julho (diretamente aplicável a todos os Estados-Membros com exceção da Dinamarca), foi criado o *«processo europeu para ações de pequeno montante», em que o valor do pedido não exceda €2.000.* As decisões proferidas por um Estado-Membro em tal tipo de ações são reconhecidas e

[490] O citado Regulamento assenta no *princípio da confiança mútua* entre as jurisdições dos Estados-Membros, a justificar a livre circulação das decisões judiciais (Cfr. Neves Ribeiro, *"Processo Civil da União Europeia"*, 2002, p. 104).

[491] Cfr. Amâncio Ferreira, *Curso*, cit., pp. 35 a 39.

[492] Com regime diverso para o Reino Unido, onde as decisões são executadas depois de registadas para execução a pedido de qualquer parte interessada.

executadas nos restantes Estados-Membros *sem necessidade de declaração de executoriedade e sem possibilidade de contestação do seu reconhecimento* (art. 20º, nº 1, do Regulamento); de resto, não podem tais decisões ser reapreciadas quanto ao mérito no Estado-Membro da execução (art. 22º, nº 2, do Regulamento) e, ainda que pendentes de recurso, são imediatamente exequíveis independentemente da prestação de caução (art. 15º, nº 1, respetivo).

Quanto às *decisões proferidas por árbitros em país estrangeiro*, Portugal é parte da *Convenção sobre o Reconhecimento e Execução de Sentenças Arbitrais Estrangeiras* celebrada em Nova Iorque em 10 de junho de 1958. Nos termos do art. III desta Convenção, cada um dos Estados Contratantes reconhecerá a *autoridade de uma sentença arbitral* e concederá execução à mesma, segundo as regras processuais vigentes no território em que a sentença for invocada. O *tribunal competente* para *rever e confirmar as sentenças arbitrais estrangeiras* é o *tribunal judicial de 1ª instância* (arts. 55º, e 59º, nº 4, da LAV). Mas, a autoridade competente do país em que o reconhecimento e a execução forem pedidos deve recusá-los, designadamente, quando estes sejam *contrários à ordem pública* do país ou quando o objeto do litígio, face à lei do nacional, não possa ser resolvido por via arbitral (art. V, II)[493]. Isto para além da possibilidade da recusa do reconhecimento e da execução da sentença arbitral em face da impugnação (da parte requerida) baseada nos fundamentos contidos no art. V, I.

25.2.4. Títulos exarados em país estrangeiro[494]. O título executivo europeu

No que respeita aos *títulos exarados em país estrangeiro*, não carecem os mesmos de *revisão* para serem exequíveis (cfr. o nº 2 do art. 706º). Mas o reconhecimento da sua validade terá de revestir-se dos requisitos formais exigidos pela lei do lugar da respetiva emissão (arts. 365º do CC e 440º do CPC)[495], devendo essa exequibilidade ser aferida pela *lex fori*, ou seja, em conformidade com o estabelecido nos arts. 703º e ss..

Portugal subscreveu também a *Convenção de Haia*, de 5 de outubro de 1961, relativa à supressão da exigência da *legalização dos atos públicos estrangeiros* (aprovada para ratificação pelo Dec.-Lei nº 48 450, de 24 de junho

[493] Cfr., entre nós, o art. 56º, nº 1, al. b)-i e b)-ii da LAV.

[494] Sobre esta matéria, *vide* Amâncio Ferreira, *Curso* cit., pp. 35 a 41 e 48-57.

[495] Cfr. J. Rodrigues Bastos, *Notas ao Código de Processo Civil*, vol. I, 3ª ed., Lisboa, 1999, cit., p. 106.

de 1968, e com início de vigência em 4 de fevereiro de 1969)[496]. Nos termos dessa Convenção, basta uma simples *apostilha*, a emitir pela autoridade competente do Estado donde o documento é originário, para o reconhecimento de documentos lavrados num dos Estados outorgantes e que devam ser apreciados em outro Estado outorgante, sendo competentes (em Portugal) para emitir a apostilha a Procuradoria-Geral da República e as Procuradorias-Gerais Distritais.

Por mor do estatuído nos arts. 50º das Convenções de Bruxelas e de Lugano e do nº 1 do art. 58º do Regulamento (UE) nº 1215/2012 do Parlamento Europeu e do Conselho, de 12 de dezembro de 2012, os *atos autênticos* exarados num Estado contratante ou num Estado-Membro (não os documentos particulares), e que aí tenham força executiva, são declarados *executórios* noutro Estado contratante ou Estado-Membro (mesmo que aqui não sejam exequíveis) a requerimento do interessado, em situação paralela à que ocorre com a declaração de executoriedade das sentenças.

Nos termos do nº 1 desse art. 58º, «os *instrumentos autênticos* que sejam executórios no Estado-Membro de origem são executórios nos outros Estados-Membros. A execução de um instrumento autêntico *só pode ser recusada se for manifestamente contrária à ordem pública do Estado-Membro requerido*».

Idêntico regime vale (face ao disposto no art. 51º das referidas Convenções) para as *transações celebradas perante o juiz* que surtam força executiva no Estado de origem independentemente de qualquer sentença homologatória[497]. Igualmente de considerar como *atos autênticos* são os *acordos em matéria de obrigações alimentares celebrados perante autoridades administrativas ou por elas autenticados* (cfr. o nº 2 do citado art. 57º do Regulamento).

Pelo Regulamento (CE) nº 805/2004, do Parlamento Europeu e do Conselho, de 21 de abril de 2004, entrado em vigor em 21 de janeiro de 2005, diretamente aplicável em todos os Estados-Membros (com exceção da Dinamarca), em conformidade com o (então) TCE, foi criado o *título executivo europeu* para *créditos não contestados*. Poderá, assim, um instrumento autêntico relativo a um *crédito pecuniário* expressamente reconhecido pelo devedor, depois de certificado como *título executivo europeu* no Estado-Membro de origem, ser executado nos outros Estados-Membros sem necessi-

[496] Cfr. Aviso publicado no Diário do Governo, I Série, de 2-4-69.

[497] Cfr. M. Teixeira de Sousa e Dário Moura Vicente, *Comentário à Convenção de Bruxelas*, Lisboa, 1994, pp. 53 e 175.

dade de *exequatur* e *sem possibilidade de ser contestada a sua força executiva, apesar de se manter a possibilidade de requerimento do reconhecimento e da declaração de executoriedade de um instrumento autêntico*, nos termos do Regulamento (CE) nº 44/2001 (hoje o art. 58º, nº 1, do Regulamento 1215/2012). Nos termos do seu art. 2º, o Regulamento aplica-se independentemente da natureza da jurisdição (*créditos de natureza civil ou comercial*); *não* em matérias fiscais, aduaneiras e administrativas, da segurança social e da arbitragem, *nem* em matérias relativas a responsabilidade do Estado por atos e omissões no exercício do poder público, ao estado e à capacidade das pessoas singulares, aos direitos decorrentes de regimes matrimoniais, de testamentos e de sucessões e às falências e as concordatas em matéria de sociedades, aos acordos de credores ou outros procedimentos análogos[498].

O *título executivo europeu* pressupõe a sua formação *contra um consumidor, sempre que o crédito não tenha sido contestado* (art. 6º, nº 1, alíneas a) e d)). Considera-se como *não contestado* o crédito (exequendo) nas seguintes três hipóteses: a)- quando o devedor não tenha apresentado *contestação* ou outra *oposição* admitida pela lei do Estado-Membro de origem; b)- quando, tendo contestado ou deduzido oposição, o devedor *não haja comparecido em audiência* e esta omissão implique "*admissão*" do crédito segundo a lei do Estado-Membro de origem: c)- quando o devedor haja *reconhecido a dívida* em documento autêntico ou em transação (ou confissão) judicial (art. 3º).

Perante a definição de «*crédito*» plasmada no nº 2 do seu art. 4º e reportada a pagamentos «de um *montante específico de dinheiro*», é de considerar que o Regulamento se circunscreve ao âmbito das *prestações pecuniárias*, que não aos demais títulos que incorporem créditos. E o montante destas tem de ser *exigível*, ou por já o ser originariamente ou por no título se indicar o *dies a quo* dessa exigibilidade; também esse montante tem de ser *líquido* ou *liquidável por simples cálculo aritmético*, na sequência da contagem de juros de mora. E, face ao nº 1 do art. 3º, poderão ser certificados como *títulos executivos europeus*, no que respeita a créditos não contestados, as *decisões*, as *transações judiciais* e os *instrumentos autênticos*.

Exige-se, contudo, para a *constituição do título*, que a sentença, a transação ou o documento autêntico) sejam objeto de *certificação* no Estado-Membro de origem, de

[498] Da exclusão da arbitragem resulta, como salienta Paula Costa e Silva, "*O Título Executivo Europeu*" 2005, p. 11, "que não possam ser certificadas como títulos executivos europeus decisões proferidas sobre créditos não contestados por tribunais arbitrais".

harmonia com determinado formulário-tipo (art. 9º); certificação essa para a qual se torna necessária, não só a *competência do tribunal* aferida pelas regras do Regulamento (UE) nº 1215/2012 (art. 6º, nº 1, al. b)), como também a observância de determinados *requisitos de forma e de conteúdo do ato de citação ou notificação* do devedor (entre estes últimos a adequada informação do devedor sobre o crédito e sobre as diligências processuais necessárias à sua contestação – arts. 16º e 17º).

25.2.5. Documentos exarados ou autenticados por notário ou por outras entidades competentes que importem constituição ou reconhecimento de qualquer obrigação

Na alínea b) do nº 1 do art. 703º consagra-se a exequibilidade dos documentos *exarados* (lavrados) ou *autenticados* por notário ou outras entidades com competência registral ou recognitiva. Deixaram, assim, de constituir títulos executivos os *simples documentos particulares* (por ex. de confissão de dívida), lavrados e emitidos com exclusiva intervenção das partes e sem qualquer intervenção de oficial ou profissional com competência certificante[499].

O *documento particular* só pode, pois, ser havido como *autenticado* se o seu teor houver sido confirmado pelas partes perante *entidade com competência certificante*, isto é, com *competência para autenticação de documentos particulares* (notário, conservador, oficial do registo, advogado, solicitador ou câmara de comércio, nos termos prescritos no Dec.-Lei nº 76-A/2006, de 29 de outubro, com a 7ª e mais recente atualização operada pelo Dec.-Lei nº 250/2012, de 23 de novembro); certificação essa a ser efetuada de harmonia com as leis notariais (art. 35º, nº 1 do CNOT), devendo constar de um *termo de autenticação, não bastando o mero reconhecimento das assinaturas* dos respetivos subscritores.

A *autenticação* só pode ser considerada (atendida) se o ato for, *de imediato, registado no respetivo sistema informático* ou, no caso da indisponibilidade deste, *no prazo máximo de 48 h* (arts. 1º e 4º da Portaria nº 657-B/2006, de 29

[499] Segundo Rui Pinto, *in Manual da Execução e do Despejo*, Coimbra Editora, 2013, p. 184, "a exclusão dos simples documentos particulares do anterior elenco legal deveu-se à excessiva proliferação desses documentos privados como títulos executivos após a Reforma de 95/96. De harmonia com a Exposição de Motivos apresentada na Proposta de Lei nº 113/XII, a desqualificação dos documentos particulares como títulos executivos teve dois objetivos em vista: diminuir o número de ações executivas; criar medidas para agilizar o processo executivo, libertando o mesmo de identificadas causas de protelamento e complexidade (*v. g.*, oposições à execução)".

de junho[500]); à míngua desse registo, deve entender-se que o documento apresentado à execução não reúne os requisitos legais para que possa operar como título executivo.

Os documentos escritos podem ser *autênticos* ou *particulares* (art. 363º, nº 1, do CC). *Autênticos* são os documentos exarados, com as formalidades legais, pelas autoridades públicas, nos limites da sua competência ou, dentro do círculo de atividade que lhes é atribuído, pelo *notário ou outro oficial público dotado de fé pública*; todos os outros são *particulares* (nº 2). Os *documentos particulares* são havidos por *autenticados* quando confirmados pelas partes perante o notário, nos termos prescritos nas leis notariais (nº 3). Nessa esteira, e em consonância com o disposto no art. 363º do CC, também o art. 35º do CNOT/95 (Código de Notariado) reitera que os documentos lavrados por notário, ou em que ele intervenha, podem ser *autênticos* ou *autenticados*: *autênticos,* quando exarados pelo notário nos respetivos livros, ou em instrumentos avulsos (*v. g.*, as escrituras públicas e os testamentos públicos), bem como os certificados, certidões e outros documentos análogos por eles expendidos (nº 2); *autenticados,* os documentos particulares confirmados pelas partes perante notário, *v. g.*, os testamentos cerrados[501] (nº 3).

Os requisitos de *exequibilidade* dos diversos títulos particulares discriminados na alínea c) do nº 1 do art. 703º variam consoante a *espécie* do título e a *natureza* ou o *valor* da prestação devida. Como requisito comum surge, desde logo, a indispensabilidade da *assinatura do devedor*. Para além de conterem a *assinatura do devedor*[502], devem ainda importar a constituição ou o *reconhecimento de qualquer obrigação* (de *dare, prestare ou facere*).

Deste modo, também os documentos particulares que incorporem obrigações respeitantes a *entrega de coisa* (*móvel ou imóvel*) ou de *prestação de facto* assumem a natureza de títulos executivos para efeitos da alínea c) do nº 1 do art. 703º). É o caso, *v. g.*, das obrigações de *restituição da coisa* por parte do comodatário e do depositário quando não voluntariamente cumpridas

[500] A Portaria nº 1535/2008, de 30 de dezembro, com as últimas alterações introduzidas pela Portaria nº 283/2013, de 30 de agosto, veio regulamentar o *depósito eletrónico de documentos particulares autenticados* e o *pedido on line de atos de registo predial*.

[501] Os *requisitos formais dos instrumentos notariais* são indicados no Código do Notariado (arts. 46º a 69º).

[502] Depois da Reforma do Processo Civil de 95/96, a lei deixou de exigir o *reconhecimento notarial* em todos os escritos particulares como requisito de exequibilidade e não apenas, como até então, nos títulos de crédito (extratos de fatura, letras, livranças e cheques).

(arts. 1135º, alínea h) e 1187º, alínea c), respetivamente, do CC)[503]. Extensão esta que deve, contudo, confinar-se aos *casos em que as obrigações podem ser validamente constituídas por mero documento particular*[504].

Nos *escritos particulares com assinatura a rogo*, «o documento só goza de força executiva *se a assinatura estiver reconhecida por notário ou por outras entidades ou profissionais com competência para tal*» (art. 708º). Reconhecimento esse a ser feito com obediência aos requisitos indicados nos arts. 153º, 154º e 155º do CNOT, pois só assim fica assegurada a veracidade do rogo. A assinatura *a rogo* é a assinatura efetuada por terceiro (*rogado*) a pedido da pessoa que assume a autoria do documento, ou seja, da declaração documentada – neste caso o devedor (*rogante*) – o qual, por não saber ou não poder assinar, solicita àquele para que, em seu nome, o subscreva. A assinatura feita a rogo «só pode ser reconhecida como tal por via de *reconhecimento presencial* e desde que o rogante não saiba ou não possa assinar» (art. 154º do CNOT).

Desde que exarados pelo *notário* (documento autêntico) ou lavrados pelos particulares e autenticados pelo notário, os *documentos* (*extrajudiciais*) podem servir de base à execução (títulos executivos) *seja qual for a natureza da prestação obrigacional deles constante*, desde que formalizem e corporizem um ato de constituição de uma obrigação ou o reconhecimento da sua existência (*documento recognitivo*)[505]. Assim, por ex., uma escritura pública simultaneamente de compra e venda e de mútuo com hipoteca será título executivo, não na parte relativa à transmissão do bem onerado com hipoteca, mas apenas no segmento em que o comprador confessa a dívida do preço e o empréstimo contraído para o respetivo pagamento.

Em princípio, para que os *documentos autênticos extra-oficiais* surtam eficácia executiva e possam, por isso, servir de base à execução, torna-se necessário que titulem a constituição de uma qualquer *obrigação certa* e *exigível* (art. 713º). Prevê, contudo, o art. 707º a exequibilidade dos *documentos exarados por notário ou por outras entidades ou profissionais com competência para tal, em que se convencionem prestações futuras* ou se preveja a *constituição de obrigações futuras*. Em qualquer dessas situações (de títulos executivos complexos, porque integrados por vários documentos[506]), a prova da realização da pres-

[503] Cfr. Amâncio Ferreira, *Curso* cit., p. 43, nota 58.

[504] Cfr. Lopes do Rego, *Comentários ao Código de Processo Civil*, vol. I, 2ª ed., p. 83.

[505] Cfr. Amâncio Ferreira, *Curso* cit., p. 37.

[506] Cfr. Amâncio Ferreira, citando Andrés *de la* Oliva Santos e Outros, *Derecho Procesal Civil, Ejecución Forzosa, Procesos Especiales*, 2ª ed., pp. 36 e ss..

tação (futura) ou a prova da contração da obrigação (futura) só pode fazer-se ou através do documento para esse específico efeito previsto no próprio documento notarial ou por documento revestido de força executiva própria e autónoma dos previstos no art. 703º. Assim, para que uma escritura pública de promessa de contrato ou de contrato definitivo (*v.g.*, de um contrato de mútuo) possa servir de base à execução, torna-se mister demonstrar a realização da prestação prevista, seja por documento com força executiva, seja por documento passado em conformidade com as respetivas cláusulas[507-508].

No que respeita à *convenção de prestações futuras*, as que estão em causa são as que, segundo convenção das partes, *devam ser feitas pelo credor*, não *as que devam ser feitas pelo devedor*[509], não sendo, pois, aplicável a norma se no documento não for prevista a realização de qualquer prestação por banda do credor[510]. Mas, para que o documento notarial titulador do contrato (por ex., de abertura de crédito bancário ou de fornecimento de bens ou serviços) possa constituir título executivo, torna-se necessário provar que alguma *prestação* (ou algum *pagamento*) haja sido efetuada em *conclusão do negócio*, ou seja, em execução do *programa do contrato*. Neste tipo de situações, as prestações pecuniárias (na abertura de crédito) ou os bens a fornecer (no contrato de fornecimento) só serão levantados ou recebidos posteriormente à celebração da escritura ou à subscrição do documento; o facto gerador da *obrigação* do devedor reside no ato (ou atos) de levantamento das prestações em dinheiro ou de recebimento (parcelar) dos bens a consumir, pelo que carecem tais atos de *prova adicional* ou *complementar*[511].

No caso da *constituição de obrigações futuras* (pagamento de quantia certa ou entrega de coisa certa), torna-se necessário demonstrar que a obrigação exequenda foi (veio a ser) gerada em resultado da previsão anterior *das partes* por mor de uma *relação jurídica entre si pré-constituída*. É, *v. g*, a hipótese da *obrigação futura* garantida

[507] Cfr. Antunes Varela/J. M. Bezerra/Sampaio e Nora, Nora, *Manual* cit., p. 85.

[508] Assim, a escritura pública de constituição de um mútuo com hipoteca apenas pode constituir título executivo, nos termos do segundo segmento do art. 707º, desde que acompanhada dos documentos comprovativos das prestações que, em cumprimento do contrato, o mutuante entregou ao mutuário – cfr. o acórdão da RE de 3-11-2005, CJ, Tomo V/2005, p. 253/Des. Torres Vouga.

[509] Cfr. o acórdão do STJ de 31-5-2001- 7ª Sec./Cons. Oliveira Barros.

[510] Constitui título executivo uma *escritura de cessão de quota* na qual se convencione o pagamento do preço em prestações, sendo este pagamento a obrigação exequenda – cfr. o acórdão do STJ de 11-2-99, 2ª Sec, *in* CJSTJ, Ano VII, Tomo I, p. 105/Cons. Ferreira de Almeida.

[511] Cfr. J. Rodrigues Bastos, *Notas ao Código de Processo Civil*, vol. I, cit., pp. 106-107.

por hipoteca nos termos do nº 2 do art. 686º do CC, cujo cumprimento só pode ser exigido ao proprietário do bem hipotecado, ou a qualquer outro terceiro, mediante a comprovação de que os mesmos assumiram contratualmente essa obrigação[512]. Constitui, deste modo, título dotado de força executiva, por ex., uma escritura de mútuo com hipoteca na qual os mutuários reconhecem que a hipoteca garante o pagamento de obrigações por eles contraídas ou a contrair[513].

Reitera-se que o TC, por acórdão de 23 de setembro de 2015, *in* DR nº 201/2015, Série I de 2015 de outubro de 2014, veio declarar a *inconstitucionalidade, com força obrigatória geral*, da «norma que aplica o art. 703º do CPC, aprovado em anexo à Lei nº 41/2013, de 26 de junho, a *documentos particulares emitidos em data anterior à sua entrada em vigor*, então exequíveis por força do art. 46º, nº 1, al. c), do CPC 61, constante dos arts. 703º do CPC e 6º, nº 3, da Lei nº 41/2013, de 26 de junho, por *violação do princípio da proteção da confiança*» (art. 2º da CRP)[514].

25.2.6. Títulos de crédito

São considerados *títulos executivos* «*os títulos de crédito, ainda que meros quirógrafos*, desde que, neste caso, os factos constitutivos da relação subjacente constem do próprio documento ou sejam alegados no requerimento executivo» (art. 703º, nº 1, al. c))[515].

As *letras, livranças* e *cheques* constituem títulos de crédito substancialmente caraterizados pela *autonomia* (relativamente à obrigação exequenda) e pela abstração, sendo, em regra, transmissíveis *à ordem,* mediante *simples endosso*[516]. As *letras* são ordens dadas por uma pessoa (*sacador*) a uma

[512] Cfr. Amâncio Ferreira, *Curso* cit., p. 42.

[513] Cfr. o acórdão do STJ de 7-10-2004, Proc. nº 2664/04 – 2ª Sec./Cons. Ferreira de Almeida.

[514] Em sentido oposto ao da orientação deste aresto, cfr. M. Teixeira de Sousa, *in blog* do IPPC, em http:/blogippc.blogspot.pt, de 25-3-2014, em anotação ao acórdão da RE de 27-2-2014, sob a epígrafe "*Aplicação no tempo do NCPC: títulos executivos forever*?", com o apoio de Lebre de Freitas, *in* loc cit., *blog* de 26-3-2014, e ainda, M. Teixeira de Sousa, *in* Cadernos de Direito Privado, nº 48º, outubro/dezembro de 2014, pp. 3 e ss., em anotação ao acórdão do TC de 3-12-2014, Proc. 847/2014, sob a epígrafe "títulos executivos perpétuos"? Neste preciso sentido, cfr. ainda Rui Pinto, *in A Ação Executiva*, ed. AAFDL, 2018, p. 209.

[515] *Quirógrafo* é um *documento autógrafo* (lavrado e assinado por uma ou ambas as partes interessadas).

[516] Transmissíveis por simples endosso são também os *extratos de fatura* (*duplicata* no direito brasileiro) desde que elaborados de harmonia com o disposto no art. 3º do Decreto

outra (*sacado*) para que pague uma quantia determinada a certa pessoa ou à ordem dela, dentro de certo prazo. A *livrança* (*promissória* no direito brasileiro) é, por seu turno, a promessa, aposta no título, por uma pessoa (*subscritor*) de pagar quantia determinada a uma outra ou à ordem desta dentro de certo prazo. Ambos esses títulos cambiários possuem o seu regime jurídico definido na chamada *Lei Uniforme Relativa às Letras e Livranças* (LULL)[517]. O *cheque* consiste, por seu turno, numa ordem dada por uma pessoa (*sacador*) a um banco (*sacado*) para que pague determinada quantia (à ordem ou a pessoa nele designada, o *tomador*) por conta da provisão bancária à disposição do sacador. O regime jurídico da emissão, circulação e pagamento do *cheque* consta da *Lei Uniforme Relativa ao Cheque* (LUCH)[518].

A *fotocópia autenticada de um título de crédito* não pode servir de base à execução, por só o *próprio original* implicar o reconhecimento da obrigação incorporada[519-520]. Assim, em caso de *extravio do original* da livrança oferecida como título executivo, não pode essa falta ser suprida pela junção aos autos da respetiva fotocópia. Tendo embora *prescrito* o *direito de ação da letra ou da livrança* nos termos dos arts. 70º e 77º

nº 19490, de 21 de março de 1931, os quais, documentando contratos de compra e venda mercantil a prazo celebrados entre comerciantes (sempre que o preço não seja representado por letras), se mantêm como títulos executivos por força da al. c) do nº 1 do art. 703º. Consumada a venda, o comprador fica para si com o original da fatura, ficando o vendedor com o extrato (duplicado), o qual, depois de conferido e aceite pelo devedor, nos termos do art. 1º e seu §1º, constituirá titulo executivo. Nos termos do art. 46º, nº 1, al. c), do CPC de 1961 (última versão), a *exequibilidade de documentos particulares constitutivos de obrigações pecuniárias* dependia, além do mais, da *assinatura do devedor*. Tratando-se, porém, de *faturas* respeitantes à execução de um contrato de empreitada, é insuficiente para a verificação da exequibilidade a apresentação dessas faturas e do segmento de um *e-mail* emitido pelos serviços da devedora considerando as *faturas conferidas* – cfr., neste sentido, o acórdão do STJ de 3-10-2013, Proc.1747/10.9YYPRT-A.P1.S1, *in* www.dgsi.pt/Cons. Abrantes Geraldes.

517 Publicada em anexo à primeira das três Convenções assinadas em Genebra no dia 7 de junho de 1930 e aprovadas, confirmadas e ratificadas pelo Estado Português no ano de 1934 (cfr. o Dec.-Lei nº 26556, de 30 de abril de 1936).

518 Publicada em anexo a uma das Convenções assinadas em Genebra a 19 de março de 1931 e aprovadas, confirmadas e ratificadas por Portugal no ano de 1934.

519 Cfr. Ferrer Correia, *Lições de Direito Comercial*, vol. III (*Letra de Câmbio*), 1975, pp. 150 e 152.

520 É, todavia, de permitir que a *fotocópia autenticada* de uma *letra* ou *livrança* sirva de base à execução, por o original se encontrar junto a outro processo judicial, desde que se assegure, através de menção no próprio título, que o original não será desentranhado daquele processo a não ser para substituir a referida fotocópia, isto para prevenir o risco da sua entrada em circulação – cfr. o acórdão do STJ de 30-9-99, BMJ, nº 489, p. 288/Cons. Sousa Dinis.

da LULL[521], a extinção da obrigação cambiária por *prescrição* não afeta a subsistência da obrigação causal ou fundamental. Assim, os *títulos de crédito prescritos* poderão servir de base à execução desde que a relação subjacente conste do próprio documento ou seja alegada no requerimento executivo (art. 703º, nº 1, al. c)), isto é, que a letra ou a livrança mencionem a causa da relação jurídica subjacente e que tal causa de pedir seja invocada no requerimento executivo[522].

O título de crédito emitido de harmonia com os cânones legais confere ao seu titular uma *presunção da existência/exigibilidade da dívida.* «Compete, assim, ao executado/embargante, que invocar a *exceção do preenchimento abusivo da letra de câmbio* emitida em branco ou outros meios de defesa relativos à relação extracartular, o ónus da alegação e prova da factualidade constitutiva da exceção/meios de defesa (art. 342º, nº 2, do CC), designadamente demonstrar a *inexistência* ou *inexigibilidade da dívida exequenda,* não se impondo ao exequente, portador legítimo do título de crédito, assinado/subscrito pelo demandado, a prova – como teria de fazer em ação declarativa *se destituído de título executivo – da realidade/exigibilidade da dívida*»[523].

Os *cheques* só valem como títulos cambiários se forem apresentados a pagamento no prazo de oito dias a contar da sua emissão e a falta de provisão da conta sobre a qual foram emitidos também tiver sido verificada dentro desse no prazo, ou seja, se forem cumpridos os requisitos estabelecidos no art. 29º da LUC. A não ser assim, não pode falar-se em *relação cambiária,* nem em *ação cambiária executiva* no sentido consagrado na LUC. Se o fosse, deveria ter sido proposta no prazo de seis meses a contar do termo do prazo de apresentação a pagamento (art. 52º da LUC). Não o tendo sido, os cheques tituladores de um *mútuo* assumem a natureza de simples *quirógrafos* das correspondentes obrigações, só sendo de considerar títulos executivos (enquanto *documentos particulares* comprovativos da a obrigação exequenda) se obedecerem aos requisitos estabelecidos no art. 46º, nº 1, alínea c), do CPC/61-67 e 703º, nº 1, al c) do CPC 2013), isto é, se o exequente alegar com precisão, em sede de *requerimento executivo,* os factos constitutivos da relação contratual subjacente (à sua emissão) no domínio das relações imediatas (entre credor e devedor originários).

[521] *Contra o aceitante,* o prazo de prescrição é o de três anos a contar do vencimento. Tratando-se do portador *contra o sacador e os endossantes* é de um ano a contar do protesto (ou do vencimento quando exista uma cláusula "sem protesto") e de seis meses dos endossantes contra os restantes endossantes e contra o sacador (cfr. o art. 70º, alíneas a), b) e c), da LULL).

[522] Cfr. o acórdão do STJ de 30-10-2003, Proc. 3056/03 – 2ª Sec./Cons. Ferreira de Almeida, no qual se versava o caso de uma letra que fazia menção literal expressa a «*transacção comercial/reforma de outras letras*».

[523] Cfr., neste sentido, o acórdão da RC de 7-1-2017, Proc. 3161/12.2TBLRA-A.C1, *in* www.dgsi.pt/Des. Vitor Amaral.

Sendo o executado único herdeiro habilitado do primitivo devedor (ainda que essa exclusividade hereditária haja sido adquirida por mor da aquisição onerosa ulterior a outro parente sucessível), é de concluir pela subsistência do *título executivo*, devendo, pois, a, execução ser unicamente dirigida contra o devedor adquirente/transmissário. Se, por exemplo, a obrigação exequenda derivar de um *contrato de mútuo*, e a quantia mutuada for inferior a € 25.000, o cheque subscrito pelo devedor originário (como documento particular que é) constitui título bastante para formalizar o contrato, não sendo este nulo por falta de forma. Caberá, naturalmente, ao executado, em sede de oposição à execução, o ónus de impugnar os factos alegados no requerimento executivo como integradores da relação material controvertida, ou seja, da obrigação exequenda[524].

25.2.7. Documentos a que seja legalmente atribuída força executiva

Alude, a este propósito, Lebre de Freitas[525] ao que qualifica como *títulos judiciais impróprios* e como *títulos administrativos ou de formação administrativa*: – os *primeiros*, porque formados *no decurso de um processo mas não resultantes de uma decisão judicial*, como a *fórmula executória* aposta no processo de injunção; – *os segundos*, porque emitidos por organismos, repartições do Estado e outras pessoas coletivas públicas, tendo por conteúdo créditos e receitas próprias (por ex., as receitas tributárias, os créditos da segurança social e o certificado das contas de emolumentos registrais).

Exemplos de títulos abrangidos pela al. d) do nº 1 do art. 703º[526]: –, o *saldo reconhecido* como favorável ao autor e não honrado pelo réu no processo para prestação de contas (art. 944º, nº 4); – o *contrato de aquisição do direito real de habitação periódica* ou a *certidão do registo predial* que o comprove em conjunto com a *ata da assembleia convocada para alteração da prestação periódica* quanto às prestações ou indemnizações devidas pelo titular daquele direito e respetivos juros moratórios (art. 23º, nº 2, do Dec.-Lei nº 275/93, de 5 de agosto, na redação do art. 1º do Dec.-Lei nº nº 180/99, de 22 de maio); – as *certidões extraídas dos títulos de cobrança* relativos a tributos e a outras receitas do Estado (arts. 88º, nº 4, e 162º, alínea a), do CPPTRIB)[527]; – as

[524] Cfr., neste sentido, o acórdão do STJ de 7-5-2018, Proc. 1634/07.8TBVNG-A.P1.S1, *in* www.dgsi.pt/Cons. Sousa Lameira, e demais doutrina e jurisprudência nesse aresto citadas.
[525] Cfr., *Curso* cit., pp. 54 a 56.
[526] Cfr. Amâncio Ferreira, *Curso* cit., pp. 47-48.
[527] As *certidões de dívidas às instituições e serviços públicos integrados no Serviço Nacional de Saúde* por serviços ou tratamentos prestados, preenchidos determinados requisitos, deixaram de constituir títulos executivos coma revogação do Dec.-Lei nº 194/92, de 8 de setembro.

decisões definitivas das autoridades administrativas que apliquem coimas (arts. 88º, nº 1, e 890, nº 1, do Dec.-Lei nº 433/82, de 27 de outubro); – as *certidões de dívida* emitidas, nos termos legais, pelas instituições de solidariedade e de segurança social (art. 7º, nº 1, do Dec.-Lei nº 42/2012, de 9 de fevereiro); – os *certificados das contas de emolumentos e demais encargos* devidos por atos registrais ou notariais uma vez confirmados pelo dirigente máximo do serviço (art. 133º do Regulamento dos Registos Notariado, aprovado pelo Dec.-Reg. nº 55/80 de 8 de outubro); – a *conta assinada pelo notário no que respeita aos montantes de honorários* constantes da tabela e aos *encargos legais* (art. 19º – Estatuto do Notariado – Dec.-Lei nº 26/2004); – as *contas de custas ou as liquidações em processos judiciais* ou respetivas certidões (arts. 35º do RCP e 87º do CPC); – o *requerimento em processo de injunção* no qual, na falta de oposição ao pedido, haja sido aposta a fórmula "este documento tem força executiva" (*fórmula executória*) por parte do secretário judicial do tribunal (art. 1º do Dec.Lei nº 269/98, de 1 de setembro, e Dec.-Lei nº 32/2003, de 17 de fevereiro) – cfr. o 14º, nºs 1 e 5, do RPCOP – Anexo ao Dec.-Lei nº 269/98; – *a ata da reunião da assembleia de condóminos* que tiver deliberado o montante das contribuições devidas ao condomínio ou quaisquer despesas necessárias à conservação e fruição das partes comuns e ao pagamento de serviços de interesse comum que não devam ser suportadas pelo condomínio (nº 1 do art. 6º do Dec.-Lei nº 268/94, de 25 de outubro); – a *declaração de reconhecimento do devedor, a notificação efetuada e a falta de declaração ou o título de aquisição do crédito em caso de incumprimento da obrigação de pagamento* (depósito ou entrega da prestação devida) – art. 777º, nº 3; – a *decisão condenatória em multas fixadas pela Ordem dos Técnicos Oficiais de Contas* na falta de pagamento voluntário (Dec.-Lei nº 310/2009 de 26 de outubro); – as *importâncias devidas à Ordem dos Solicitadores pelos seus associados* (art. 73º do Dec.-Lei nº 88/2003, de 26 de abril); – a *nota discriminativa das quantias devidas a agente de execução* (nº 5 do art. 721º).

De referir ainda as *certidões extraídas dos inventários* pela secretaria judicial (*antigos formais de partilhas*), as quais valerão como títulos executivos desde que contendo a menção de que a *partilha* foi declarada por *decisão do conservador ou notário* homologada judicialmente ou por *sentença* transitada em julgado (al. c) do nº 1 do art. 703º).

No domínio do *arrendamento urbano*, a Lei nº 79/2014, de 19 de dezembro, manteve, no art. 14º-A do NRAU (art. 14º-A, nº 1, da Lei nº 6/2006, 27 de fevereiro,

O regime de cobrança dessas dívidas encontra-se agora regulado pelo Dec.-Lei nº 218/99, de 15 de junho, o qual veio institucionalizar o recurso *à arbitragem* para resolução dos conflitos surgidos com as entidades seguradoras e consagrar, como regra geral, a *ação declarativa*, com algumas especialidades.

aditado pela Lei nº 31/2012, de 14 de agosto) o *título executivo para cobrança de rendas, encargos ou despesas,* que é um título complexo já que constituído pelo *contrato de arrendamento,* acompanhado do *comprovativo da comunicação ao arrendatário do montante em dívida*; o *contrato de arrendamento,* quando *acompanhado da comunicação ao senhorio do valor em dívida,* prevista no nº 3 do art. 22º-C do do regime jurídico das obras em prédios arrendados, aprovado pelo Dec.-Lei nº 157/2006, de 8 de agosto, é *título executivo* para a *execução para pagamento de quantia certa correspondente à compensação pela execução de obras pelo arrendatário em substituição do senhorio* (art. 14º-A, nº 2, do NRAU, aditado pelo art. 4º da Lei nº 13/2019, de 12 de fevereiro). A execução deverá ser instaurada para cobrança do valor que tiver sido previamente comunicado ao arrendatário pelas vias previstas nos arts. 9º e 10º do NRAU (existindo fiadores, estes também poderão ser demandados desde que tenham sido, nos mesmos termos, previmente notificados pelo senhorio do montante em dívida). Pressupondo esta via executiva a existência de *contrato escrito,* óbvia se torna a sua inviabilidade se não existir *contrato de arrendamento escrito,* já que o respetivo documento titulador é, para este efeito, insubstituível por qualquer outro. No caso de o senhorio, no âmbito do *procedimento especial de despejo* previsto nos arts. 15º a 15º-A do NRAU, ter cumulado os *pedidos de desocupação do locado com o do pagamento de rendas, encargos e despesas em atraso,* o título executivo será constituído pela *sentença* (art. 15º-J, nº 5, 2º segmento) ou pelo *título para desocupação* do locado emitido pelo BNA (arts. 15º-E e 15º-J, nº 5, 1º segmento)[528].

No que toca às *atas das assembleias de condóminos* – falta de pagamento das quotizações (*contribuições*) de condomínio (de prédio em propriedade horizontal) –, para efeitos do nº 1 do art. 6º do Dec.-Lei nº 268/94, de 25 de outubro, discute-se se para a exequibilidade do *título-ata* basta que a *ata* contenha a deliberação sobre a aprovação (inicial) da imputação individual a cada condómino (incluindo, pois, ao condómino que veio a incorrer em relapsidão) do montante contributivo relativo a um dado período temporal (quiçá de harmonia com as regras da permilagem) ou se se torna necessária a *ata* da reunião em que foi deliberada a aprovação do concreto débito reportado a uma dado período temporal com discriminação dos montantes global e parcial em dívida. Entendemos que, ainda que a lei não exija *expressis verbis* esta última discriminação quantitativa e temporal, é de toda a conveniência a menção no requerimento executivo, quer da *ata da deliberação fixadora inicial,* quer do *prazo de pagamento,* quer da *fixação da quota parte*

528 Cfr. Laurinda Gemas/Albertina/Pedroso/João Caldeira Jorge, *Arrendamento Urbano,* 3ª ed. cit., *Quid Juris,* 2009, pp. 66-74.

de cada condómino[529], quer do lapso temporal concreto a que se reporta o débito exequendo, quiçá mesmo *fazendo acompanhar esse requerimento da ata de aprovação desse concreto débito*[530].

26. Procedimento extrajudicial pré-executivo

Instituiu a Lei nº 32/2014, de 30 de maio, o chamado *procedimento extrajudicial pré-executivo* (PEPEX). No respetivo art. 2º, define-se este meio como um *procedimento de natureza facultativa* «que se destina, entre outras finalidades expressamente previstas nessa lei, à *identificação de bens penhoráveis através da disponibilização de informação* e *consulta às bases de dados de acesso direto eletrónico previstas no CPC* para os *processos de execução cuja disponibilização ou consulta não dependa de prévio despacho judicial*».

Para tal, tem o requerente de dar observância aos requisitos contemplados no respetivo art. 3º, sendo o *requerimento apresentado em plataforma informática e distribuído a um agente de execução por forma automática* e *via eletrónica* (arts. 5º a 7º)[531].

Notificado do relatório adrede elaborado, dispõe o requerente do prazo de 30 dias para requerer a *convolação do procedimento pré-judicial em processo de execução* (art. 11º, nº 1), *podendo o requerido deduzir oposição* com base nos fundamentos previstos no CPC para a oposição à execução de harmonia com o título executivo em causa (arts. 16º a 18º).

O procedimento em apreço possui a natureza mista de *ato-meio preparatório* ou *preliminar* e de *procedimento cautelar atípico* prévio à ação executiva, uma vez que, no fundo, se destinada a *acautelar o efeito útil de uma futura*

529 Cfr., neste sentido, os acórdãos da RP de 12-4-2017, Proc. 26113/15.6T8PRT-A.P1 /Des. M. Baldaia de Morais e da RL de 26-1-2017, Proc. 1410-141YYLSB-A.L1-8/Des. Ilídio Sacarrão Martins, ambos *in* www.dgsi.pt.

530 As *atas das assembleias de condóminos* assumem força executiva se fixarem os montantes das contribuições e quota-parte devidas por cada condómino, bem como os respetivos prazos de pagamento. Será, assim, título executivo a ata em que se determina o montante anual a pagar por cada condómino (na medida em que se fixa a correspondente contribuição), não sendo, contudo, exigível que contenha (mas podendo resultar do documento com ou sem remissão para anexos) a dívida ou dívidas existentes, apuradas e conhecidas – cfr. o acórdão da RP de 24-5-2007, CJ, Tomo III/2007, p. 176/Des. Gonçalo Silvano. Parece apontar para a exigência da mera referência ao valor contributivo individual na ata fixadora J. T. Ramos Pereira, *in* "*Prontuário de Formulários e Trâmites* – vol. IV – *Processo Executivo*, Tomo I, 5ª ed., *Quid Juris*, 2011, p. 777.

531 Essa plataforma é atualmente regulada pela Portaria nº 349/2015, de 13 de outubro.

execução, podendo mesmo torná-la *dispensável* se vier a ser celebrado *acordo de pagamento* (art. 17º)[532]; aplicando-se-lhe, com as necessárias adaptações, as *regras aplicáveis aos agentes de execução na tramitação dos processos de execução* (art. 33º, nº 1) e, subsidiariamente, o CPC em tudo o que não esteja previsto na citada Lei (art. 31º).

> «Todas as *consultas a realizar pelo agente de execução* com vista à *efetivação da penhora*, bem como quaisquer *comunicações entre este e os serviços judiciais ou outros profissionais do foro* e *entidades públicas*, nomeadamente para ordenar a *realização das penhoras*, a sua *modificação* ou *levantamento*, são, em regra, realizadas por *meios eletrónicos*» (art. 712º, nº 3).

Dos *atos praticados pelo agente de execução* no âmbito do procedimento cabe *reclamação*, a apresentar por qualquer interessado, no prazo de 30 dias, para o tribunal judicial competente (art. 27º).

Em caso de *incumprimento pelo agente de execução* do prazo de realização das diligências previstas na Lei (para além da *responsabilidade disciplinar* a ser exercida pelo órgão disciplinar dos agentes de execução), pode ser aplicada, *a título cautelar*, a *medida de suspensão de distribuição de novos procedimentos até* que se mostrem realizadas as diligências em falta (art. 7º, nº 2). O órgão disciplinar pode ainda, determinar, igualmente a *título cautelar*, ou como *sanção acessória*, a *exclusão temporária do agente de execução* da respetiva lista, quando não respeite as regras previstas na citada Lei ou cumpra defeituosamente as suas funções (art. 26º, nº 2)[533].

[532] Rui Pinto/Helena Tomaz, qualificam o PEPEX como um «procedimento administrativo, com uma função eventualmente preparatória de uma execução» (sic) – cfr. *Procedimento Extrajudicial Pré-Executivo Anotado*, Coimbra Editora, 2015, p. 5.

[533] Os *agentes de execução* encontram-se sujeitos ao Estatuto da Ordem dos Solicitadores e dos Agentes de Execução aprovado pela Lei nº 154/2015, de 14 de setembro.

Capítulo V
Procedimentos cautelares

SUMÁRIO: **27.** A tutela cautelar. Razão de ser. Natureza. Âmbito. Providências conservatórias e antecipatórias. **28.** Procedimento cautelar comum. Requisitos. Processamento. **28.1.** Requisitos. **28.2.** Tramitação. **28.2.1.** Requerimento inicial. Tribunal competente. **28.2.2.** Despacho liminar. **28.2.3.** Exercício do contraditório. **28.3.** Decisão. **28.3.1.** Prova sumária. **28.3.2.** Ponderação relativa dos interesses em jogo. **28.3.3.** Caução condicional. Caução substitutiva. **28.4.** Caducidade. Modificabilidade. Revogação. **29.** Meios de compulsão ao acatamento das providências cautelares. A execução cautelar. **29.1.** Sanção pecuniária compulsória. Tutela penal. **29.2.** A execução cautelar em geral. **30.** Impugnação das decisões cautelares. **31.** Procedimentos cautelares especificados previstos no Código de Processo Civil. Caraterização. Execução das respetivas providências. **31.1.** Restituição provisória de posse. **31.2.** Suspensão de deliberações sociais. **31.3.** Alimentos provisórios. **31.4.** Arbitramento de reparação provisória. **31.5.** Arresto. **31.6.** Embargo de obra nova. **31.7.** Arrolamento. **31.8.** Tutela da personalidade. **32.** Procedimentos cautelares previstos em legislação avulsa. Caraterização. Execução das respetivas providências. **32.1.** Apreensão de veículo automóvel. **32.2.** Entrega de coisa objeto de locação financeira e cancelamento do registo. **32.3.** Nomeação de administrador judicial provisório e outras medidas cautelares em processo de insolvência. **32.4.** Proibição provisória de cláusulas contratuais gerais. **32.5.** Providências cautelares em sede de direitos de autor e dos direitos conexos. **32.6.** Providências cautelares relativas a ilícitos previstos no Código de Propriedade Industrial. **32.7.** Medidas cautelares para preservação de meios de prova de infração ao direito da concorrência. **33.** Procedimentos cautelares do foro laboral. **33.1.** Procedimentos cautelares laborais não especificados. **33.1.1.** Enunciação exemplificativa. Processamento. **33.1.2.** Execução. **33.2.** Procedimentos cautelares especificados. **33.2.1.** Enunciação. Processamento. **33.2.2.** Suspensão de despedimento. **33.2.3.** Procedimento cautelar para proteção de segurança, higiene e saúde no trabalho. **33.2.4.** Suspensão de eficácia das deliberações e de outros atos de órgãos das instituições de previdência, associações sindicais, associações de empregadores e comissões de trabalhadores. **33.2.5.** Fixação de pensão ou indemnização provisória no processo especial para efetivação de direitos resultantes de acidentes de trabalho e doenças profissionais. **34.** Procedimentos cautelares e ordens preliminares no foro

Secção I

A tutela cautelar. Natureza. Razão de ser. Âmbito

27. A tutela cautelar. Natureza. Razão de ser. Âmbito. Providências conservatórias e antecipatórias

A par das espécies de ações enunciadas no art. 10º, prevê a lei processual, no nº 2, *in fine*, do seu art. 2º, sob a epígrafe "garantia de acesso ao direito", os procedimentos – de que o titular do direito pode lançar mão – necessários a *acautelar o efeito útil da ação*. Procedimentos que encontram guarida constitucional no nº 5 do art. 20º da CRP, depois da 4ª revisão (1997), ao instituir os chamados «*processos céleres e prioritários*» para «proteção, em tempo útil, dos direitos, liberdades e garantias».

Através desses *meios procedimentais, de caráter expedito*, e na respetiva sequência, pretende-se que os tribunais possam decretar determinadas *providências judiciárias* (*cautelares*) destinadas à regulação provisória de uma determinada situação de facto até que conheça o seu desfecho uma dada *ação declarativa ou executiva* já instaurada ou a instaurar.

Isto em ordem a precaver o requerente contra a ocorrência dos *danos presumivelmente advenientes da natural demora do processo da ação principal* e, assim, evitar que a sentença a proferir, ainda que de sentido favorável (ao requerente), perca total ou parcialmente as suas eficácia e operância. Trata-se, pois, de prevenir a inutilidade da sentença, quer por *infrutuosidade* (perda definitiva do benefício almejado no processo principal), quer por *retardamento* da respetiva execução, tendo sempre presentes dois vetores em permanente tensão: o *interesse da ponderação versus* o *interesse da celeridade*.

O demandado (ou o executado) poderiam, com efeito, alterar *medio tempore* a situação de facto e assim tornar já inócua, quiçá mesmo praticamente inútil, a decisão definitiva da causa, ainda que dando acolhimento aos interesses do titular do direito. É nessa prevenção, ou seja, na verificação do *periculum in mora*, que reside o verdadeiro *interesse em agir* por banda do requerente.

O principal escopo da tutela cautelar, a sua *ratio essendi*, traduz-se, pois, na neutralização dos prejuízos previsivelmente a suportar pelo interessado (a quem aparentemente assiste razão). O processo cautelar visa assegurar uma forma de *tutela aparente ou interina*, de caráter *supletivo*, como um de entre outros de uma série de mecanismos de ordem substantiva e/ou processual que visam prevenir a eclosão dos efeitos negativos dessas naturais dilações.

Desses *meios provisórios de tutela judiciária* regulados nos arts. 362º e ss. – por mor do seu nexo umbilical ao destino ou sorte dos meios processuais principais – se diz possuírem, relativamente a estes, e em regra, um caráter de *instrumentalidade hipotética*, visto a providência ser decretada na pressuposição (ou previsão) de a decisão a proferir na ação principal vir a ser de sentido favorável ao autor. Dada essa sua *natureza instrumental* relativamente ao processo ou ação principal, não se propõem eles (os procedimentos cautelares) realizar direta e principalmente o direito material, mas apenas conseguir que o processo principal atinja plenamente o seu objetivo[534].

As providências a decretar, de natureza *conservatória* ou *antecipatória* conforme a própria nomenclatura legal (art. 362º, nº 1), assumem natureza *provisória e urgente*. Com as *providências conservatórias*, o interessado (titular do direito) pretende manter ou conservar um direito em perigo ou em crise, visando, tão-somente, assegurar o efeito útil da ação principal; através das *providências antecipatórias*, pretende-se que o tribunal antecipe a própria realização do direito que presumivelmente virá a ser reconhecido nessa ação.

Para além de todo um espetro de providências que podem ser solicitadas no âmbito da *defesa dos direitos fundamentais e dos direitos económico-sociais contra comportamentos lesivos da saúde, do sossego, do bem-estar ou qualidade de vida* – garantida pelos arts. 24º a 26º e 58º a 72º da CRP e pelo art. 70º do CC[535] –, abrange este domínio dos procedimentos cautelares toda a sorte de

[534] Cfr., acerca desta temática, Rita Lince de Faria, *in A Tutela Antecipada no Processo Civil Português – Um equilíbrio entre a urgência e a irreversibilidade*, Universidade Católica de Lisboa, 2016.

[535] As quais, segundo Abrantes Geraldes, *Temas da Reforma do Processo Civil* III vol. 5. *Procedimento Cautela Comum*, Coimbra, Almedina, pp. 96-97, «constituem, por assim dizer, «o campo de eleição do procedimento cautelar comum inibitório».

«intimações» (*v. g.*, para comportamentos ativos ou omissivos) que podem ser operadas no domínio dos direitos civil e comercial[536].

Secção II
Procedimento cautelar comum

28. Procedimento cautelar comum. Requisitos. Processamento

Vêm os procedimentos cautelares (enquanto *meios de tutela provisória cível* de *direitos subjetivos privados*) regulados no capítulo I do Título IV do Livro II do CPC (arts. 362º a 409º). Isto sem embargo de a própria lei substantiva e diversas outras normas legais de caráter avulso contemplarem a tutela específica de certos direitos.

Assim, a título de exemplo e respetivamente: – o art. 1279º (reconhecimento da medida de *restituição provisória* como meio de defesa da posse); – o nº 5 do art. 1435º (*suspensão de deliberações das assembleias de condóminos*); – os arts. 1821º, 1884º, nº 2 e 2007º (*fixação de alimentos provisórios*), todas essas disposições do CC; – o art. 31º do Dec.-Lei nº 446/85, de 25 de outubro, alterado pelo Dec.-Lei nº 323/2001, de 17 de dezembro, relativo às *cláusulas contratuais gerais* (também aplicável às cláusulas gerais atentatórias dos direitos dos consumidores pelo nº 4 do art. 11º da Lei nº 24/96, de 31 de julho – Lei de Defesa do Consumidor)[537]; – o art. 21º do Dec.-Lei

[536] A produção ou emissão de ruído, seus efeitos lesivos para o homem e a sociedade e a tutela dos direitos e interesses envolvidos pode ser encarada por três ópticas distintas: – a do *direito do ambiente*, enquanto causa de poluição (arts. 21 e 22 da LBA); – a do *direito de propriedade*, no domínio das relações de vizinhança, (art. 1346, do CC); – a *dos direitos de personalidade*, enquanto possível ofensa à personalidade física ou moral de alguém (arts. 25 da CRP e 70º do CC). O *direito ao repouso*, à *tranquilidade* e ao *sono* são aspetos do direito à integridade pessoal, que faz parte do elenco dos direitos fundamentais. A *ilicitude* de um comportamento ruidoso, «que prejudique o repouso, a tranquilidade e o sono de terceiros, reside no facto de, injustificadamente e para além dos limites do socialmente tolerável, lesar tais baluartes de integridade pessoal, o que nesta perspetiva, dispensa a aferição do nível do ruído por padrões legais estabelecidos». Cfr., neste sentido, o acórdão do STJ de 31-5-2001, Proc. 01B4140, *in* www.dgsi.pt/Cons. Quirino Soares.

[537] Cfr., quanto ao elenco mais abrangente deste tipo de normas e de medidas de natureza provisória em matéria de direito civil, Abrantes Geraldes, *Temas de Reforma do Processo Civil*, III volume cit., pp. 44 a 47.

nº 149/95, de 24 de junho, na redação do Dec.-Lei nº 30/2008, de 25 de fevereiro (procedimento cautelar no âmbito do *contrato de locação financeira*, vulgo *leasing*).

Ao *procedimento cautelar comum* (de aplicação subsidiária, à míngua de qualquer procedimento cautelar nominado, *ex-vi* do nº 3 do art. 362º) reportam-se especificamente os arts. 362º a 376º. Face ao seu *caráter provisório, precário e acessório*, é o procedimento cautelar – salvo se houver sido decretada a inversão do contencioso – sempre «*dependência da causa* que tenha por fundamento o direito acautelado e pode ser instaurado ou *como preliminar* ou *como incidente* de uma *ação declarativa* ou *executiva*» já proposta ou requerida (art. 364º, nº 1). Na primeira hipótese, assumirá a natureza de *ato preparatório*, na segunda a forma de *incidente*, a ser processado por *apenso*[538].

Chama-se-lhe *procedimento* e não *ação*, por, em regra, *carecer de autonomia* e depender de uma ação já pendente ou que deve ser seguidamente proposta pelo requerente. Se requerido *antes da propositura da ação* (*ato preparatório*) será *apensado aos autos logo que a ação seja instaurada*; mas, se a ação (principal) vier a correr noutro tribunal, para aí será remetido o apenso, ficando o *juiz da ação* (*principal*) com exclusiva competência para os termos subsequentes à remessa (art. 364º, nº 2); e, se concluído o procedimento *encontrando-se a ação principal em recurso*, devem os autos ser remetidos ao tribunal superior para efeitos de apensação, podendo esta, contudo, ser efetuada aquando da baixa dos autos à 1ª instância (art. 364º, nº 3). Nessa eventualidade, o procedimento (cautelar) constitui mero *preliminar* da ação e caducará se esta não for proposta dentro dos 30 dias subsequentes à notificação da concessão da providência (art. 373º, nº 1, al. a)).

Os *procedimentos cautelares* são juridicamente qualificáveis como "*meios processuais acessórios*", enquanto as *ações* – de que instrumentalmente dependem – como "*meios processuais principais*". Face ao seu *caráter urgente*[539], possuem uma *estrutura agilizada e simplificada*, precedendo os respetivos atos qualquer outro serviço judicial não urgente e, se instaurados no tribunal competente, devem ser decididos, em 1ª instância, no prazo máximo de *dois meses* ou, se o requerido não tiver sido citado, de *15 dias* (art. 363º, nºs 1 e 2).

Meios de utilização exclusiva pela ordem jurisdicional comum em correlação com as ações declarativas a instaurar ou já instauradas, quer nos *tribunais estaduais*, quer nos *não estaduais* e também com as ações *executivas*

[538] Cfr. Alberto dos Reis, RLJ, ano 81º, pp. 301 e ss..

[539] Os respetivos prazos correm mesmo durante as férias judiciais (art. 138, nº 1).

a instaurar nos tribunais judiciais[540-541]. E, de entre estes, nos *tribunais judiciais de comarca* sempre que relativos a procedimentos não atribuídos por lei a outro tribunal (*princípio da delimitação negativa da competência* – art. 80º, nº 1, da LOSJ).

Sob a epígrafe "*Decisões provisórias e cautelares*", o art. 157º da Organização Tutelar de Menores (OTM) atribui ao juiz (de *família e menores*) o poder de, «em qualquer estado da causa e sempre que o entenda necessário, decidir, *a título provisório*, relativamente a matérias que devam ser apreciadas a final, bem como ordenar as diligências necessárias que se tornem indispensáveis para assegurar a execução efetiva da decisão» (nº 1). E ainda o poder de «*provisoriamente alterar* as decisões já tomadas a título definitivo» (nº 2). Insere-se neste acervo de competências cautelares, por ex., a adoção de *medidas* (*provisórias*) de fixação de uma *prestação de alimentos a menor*, a decisão sobre a *guarda do menor*, o *exercício da responsabilidade parental* ou a simples *definição do regime parental de visitas*. Medidas essas a serem decretadas com precedência de uma *summaria cognitio* (nº 3) e com a respetiva execução a ser assegurada mediante o recurso a medidas coercitivas adequadas em termos em tudo idênticos aos de uma execução cautelar comum.

Também a *fixação judicial da regulação provisória da utilização da casa de morada de família* prevista no nº 7 do art. 931º é caraterizável como um *procedimento especialíssimo ou incidente do processo de divórcio* e distinto do *processo de jurisdição voluntária de atribuição da casa de morada de família* previsto no art. 990º, configurando o primeiro uma antecipação dos efeitos da composição definitiva do litígio que se alcançará no último. Implicando o divórcio a cessação das relações patrimoniais entre os cônjuges (arts. 1688º e 1788º do CC) e inserindo-se o imóvel que constituiu a casa de morada de família no acervo patrimonial comum a partilhar, é de considerar também que a mencionada regulação é ainda instrumental relativamente aos efeitos de uma eventual adjudicação no âmbito do inventário em consequência de divórcio (art. 79º da Lei nº 23/2013, de 5 de março). A tutela provisória assim assegurada pela via cautelar é, em regra, de alcance meramente temporário (pendência da ação de divórcio) pelo que as decisões no seu seio proferidas não são, em geral, suscetíveis de constituir caso julgado, uma vez que tal regulação é suscetível de modificação ou mesmo de revogação na sequência da dedução da oposição (nº 3 do art. 373º do

[540] Mesmo na dependência das ações populares reguladas pela Lei nº 83/95, de 31 de agosto, instauradas por infração ao disposto no nº 3 do art. 52º da CRP.

[541] Também para prevenir a prática de infrações criminal ou contraordenacionalmente relevantes, desde que as subjacentes condutas comportem outro tipo de ilicitude que contenda com direitos subjetivos de raiz jurídico-privada – cfr., neste sentido, Abrantes Geraldes, *Temas*, vol. III, 2ª ed. cit., pp. 103 e ss..

CPC). Uma vez decretado o divórcio, a regulação provisória perde a sua eficácia, mormente se não for entretanto instaurado o sobredito *processo de jurisdição voluntária*, sede própria para dirimir a questão em termos definitivos[542-543].

28.1. Requisitos

Alguém que mostre *fundado receio* de que outrem cause lesão ao seu direito «pode requerer a providência, *conservatória* ou *antecipatória* concretamente adequada a assegurar a efetividade do direito ameaçado» (art. 362º, nº 1); interesse que pode radicar num *direito pré-existente* ou em *direito «emergente* de decisão a proferir em ação constitutiva já proposta ou a propor» (nº 2).

São necessários para o requerimento do procedimento cautelar comum, bem como para o decretamento da providência judiciária no mesmo impetrada – os dois primeiros de qualificar como *positivos* e, os últimos, como *negativos* –, os seguintes requisitos:

a)- a *probabilidade séria da existência de um direito do requerente* (que seja objeto da ação, proposta ou a propor) que tenha por fundamento o direito tutelado; o requerente deve alegar e provar que é titular de um direito ou interesse juridicamente relevante relativamente ao requerido, embora não seja necessário um juízo de certeza mas apenas de simples verosimilhança ou aparência do *direito* (*subjetivo*) invocado – *fumus boni juris* ou, pelo menos, de *non malus juris*; b)- o *justo* (*fundado*) *receio* de que outrem, antes de proferida decisão final de mérito em ação já intentada (ou a propor futuramente), cause *lesão grave e dificilmente reparável* a tal direito (*periculum in mora*); c)- que a *providência* requerida seja a *adequada* (por não existir na lei outra providência das especificadas nos arts. 357º a 394º) a remover o concreto *periculum in mora*, bem como a assegurar a efetividade do direito ameaçado; d)- que o prejuízo para o requerido resultante do deferimento da providência não exceda *consideravelmente* o dano que através dela o requerente pretende evitar (*princípio da proporcionalidade*) – *ponderação relativa dos interesses em jogo*, a ser efetuada de modo casuístico (art. 368º, nº 2).

542 Cfr., neste sentido, *v. g.*, os acórdãos do STJ de 23-11-2017, Proc. 1448/15.1T8VNG.P2.S2, /Cons. António Joaquim Piçarra e da RL de 15-6-2015, Proc. 5161/12.3TBSTS.P1/Des. Carlos Querido, ambos *in* www.dgsi.pt.

543 «Para conhecer do processo (incidente) de jurisdição voluntária para atribuição ou alteração da casa de morada de família é competente o tribunal de família e menores, que não o tribunal cível – cfr., neste sentido, o acórdão da RL de 12-6-2017, Proc. 7225/17.8T8ALM. L1-2, *in* www. dgsi.pt/Desª Ondina Carmo Alves.

Precisamente porque visam prevenir a *lesão irreparável* (ou *dificilmente reparável*) do eventual direito cuja titularidade e necessidade de tutela (urgente) o agente se arroga é que os procedimentos cautelares não têm, em princípio, cabimento contra *lesões já consumadas de direitos*, visto inocorrer, nesse caso, o *fundado receio* que a lei pressupõe[544]. E, se já «*ab initio*» não existia qualquer perigo atual e urgente a remover, o pedido jamais poderá proceder por falta do requisito essencial do «*periculum in mora*» (impossibilidade originária, determinante do respetivo indeferimento)[545].

28.2. Tramitação

28.2.1. Requerimento inicial. Tribunal competente

O procedimento correrá sempre num *tribunal de 1ª instância*. No seu *requerimento*, o requerente exporá as *razões de facto e de direito*, oferecerá *prova sumária* do direito ameaçado e justificará o receio de lesão, concluindo por solicitar a adoção da providência judiciária que concretamente considere adequada à tutela do direito que se arroga (art. 365º, nº 1).

Nos casos em que, nos termos das convenções internacionais, seja parte o Estado Português e o *procedimento cautelar seja dependente de uma causa já intentada, ou em vias de o ser, num tribunal estrangeiro*, o requerente deverá fazer *prova* – nos autos do procedimento cautelar – da pendência da causa principal, através de certidão emitida pelo respetivo tribunal (art. 364º, nº 5)[546]. Norma esta que foi instituída com o objetivo de efetivar um dos mecanismos constantes de convenções internacionais, com especial destaque para a Convenção de Bruxelas Sobre Competência Judiciária[547]. O mesmo se diga quanto às situações em que seja de aplicar a Convenção de Lugano, a que Portugal igualmente aderiu, e que contém uma disposição homóloga também com o nº 24.

Por *razões de economia processual*, manda a lei aplicar à *cumulação de providências cautelares* a que caibam formas de processo diversas o preceituado

[544] Salvo na hipótese de receio de ocorrência de futuras lesões do mesmo direito pretendido proteger.

[545] Cfr. o acórdão do STJ de 17-1-02, Proc nº 3881/02 – 2ª Sec./Cons. Ferreira de Almeida.

[546] Sobre as *medidas cautelares* a requerer em Espanha por quem seja parte em processos jurisdicionais ou arbitrais instauradas no estrangeiro, *v. g.* em Portugal, cfr. o art. 722º, 2ª parte, da *Ley de Enjuiciamiento Civil*.

[547] O art. 24º desta Convenção permite o recurso a procedimentos cautelares previstos na lei portuguesa e decretados pelos tribunais nacionais ainda que, para conhecer da questão de fundo, seja competente um tribunal de outro Estado contratante (*v. g.*, quando os bens do devedor se encontram num país e a ação deva ser instaurada noutro, caso em que pode naquele ser requerido o arresto de bens suficientes para garantir o cumprimento da obrigação).

nos nºs 2 e 3 do art. 37º para a coligação de partes, exigindo, pois, que a tais pedidos não correspondam tramitações processuais manifestamente incompatíveis (cfr. o nº 3 do art. 376º).

Sendo *subsidiariamente aplicável aos procedimentos cautelares, "ex-vi"* do nº 3 do art. 365º, o disposto nos arts. 293º a 295º relativos aos *incidentes da instância*, deve o requerente, *com o requerimento inicial, oferecer o rol de testemunhas, juntar documentos e requerer os outros meios de prova*, não podendo, porém, arrolar mais de 5 testemunhas (arts. 293º, nº 1 e 294º, nº 1), mas podendo o tribunal, *sponte sua*, ultrapassar esse limite e ouvir pessoas não arroladas, nos termos do disposto no art. 526º.

28.2.2. Despacho liminar

Uma vez que a citação (ou notificação) não é feita oficiosamente pela secretaria, segue-se necessariamente o *despacho liminar* (*prévio despacho judicial*), conforme impõe a al. b) do nº 4 do art. 226º; despacho que pode ser de sentido *positivo* (caso em que será ordenada a citação ou notificação do requerido) ou de sentido *negativo*, podendo/devendo o juiz *indeferir liminarmente* o requerimento inicial «quando o pedido seja manifestamente improcedente ou ocorram, de forma evidente, exceções dilatórias insanáveis de que o juiz deva conhecer oficiosamente» (art. 590º, nº 1).

Haverá lugar a *despacho liminar de indeferimento imediato* (*despacho liminar negativo*) quando seja *manifesta* a verificação de *exceções dilatórias insupríveis* (*insuscetíveis de sanação*) ou quando seja manifesta a *inviabilidade da pretensão* (art. 590º, nº 1)[548]. Pode, porém, o juiz optar por proferir (antes) *despacho de aperfeiçoamento*, em caso de falta de requisitos (formais) externos do requerimento, de determinados documentos ou mesmo de pressupostos processuais suscetíveis de sanação, podendo ainda mandar suprir eventuais deficiências da matéria de facto (arts. 6º, nºs 1 e 2 e 590º, nºs 2, 3 e 4)[549-550].

[548] É, por exemplo, de indeferir liminarmente – face ao seu caráter genérico e abstrato – o requerimento de providência cautelar comum consistente em os requeridos «serem condenados a absterem-se de praticar quaisquer atos que lesem o direito condicional de arrendamento do requerente» (*sic*) – cfr., neste sentido, o acórdão da RL DE 15-2-2018, Proc. 2204/17.8T8PDL-2, *in* www.dgsi.pt/Des. PEDRO MARTINS.

[549] Neste sentido, cfr. ABRANTES GERALDES, *Temas*, vol. III cit., pp. 155 a 158.

[550] O procedimento cautelar comum comporta um *despacho liminar*, no qual deve ser ponderado se é ou não conveniente a audição prévia dos requeridos (art. 366º, nº 1, do CPC). Deverá, porém, o tribunal, em alternativa, consoante a apreciação que fizer da deficiência do requerimento inicial (*v. g.* errada qualificação), ou *indeferir liminarmente* o procedimento nos

Não prevendo expressamente a lei, em matéria de procedimentos cautelares, uma *fase de saneamento*, há que aplicar *supletivamente*, nesta sede, ainda que com as necessárias adaptações, *as normas próprias do processo declarativo comum* (para a ação principal), *v. g.*, as do art. 590º (*despacho pré-saneador*) e 595º (*despacho saneador*), este último sempre a enxertar na decisão final. A tal não obsta a circunstância de os procedimentos cautelares se perfilarem como *processos expeditos* dominados pelo *princípio da celeridade*, no seio dos quais o juiz se pauta por critérios menos exigentes do que os que vigoram nos processos definitivos.

Sendo de aplicar aos procedimentos cautelares a norma do nº 2 do art. 6º (relativa ao *dever de gestão processual*), deverá (poder-dever) "o juiz providenciar, mesmo oficiosamente, pelo suprimento da *falta de pressupostos processuais* passíveis de sanação, determinando a realização dos atos necessários à regularização da instância ou, quando a sanação dependa de ato que deva ser praticado pelas partes, convidando esta a praticá-lo".

Exemplos de *exceções dilatórias supríveis* (isto é, não determinantes do indeferimento imediato): incapacidade judiciária, irregular representação de uma das partes, falta, insuficiência ou irregularidade de patrocínio judiciário, preterição de litisconsórcio necessário ativo ou passivo. Nestas hipóteses, deve o juiz desencadear os mecanismos de sanação (*v. g.*, os arts. 27º, 28º, 41º e 48º) ou, quanto à preterição de litisconsórcio necessário, convidar o requerente a suprir a ilegitimidade através do incidente de intervenção principal provocada (art. 6º, nº 2).

A falta de legitimidade singular, a falta de personalidade judiciária, a incompetência absoluta, a não sujeição à jurisdição portuguesa e a falta de interesse processual (estas de caráter insanável), a preterição de litisconsórcio necessário, a ineptidão do requerimento inicial e a falta de patrocínio judiciário (estas de caráter sanável) são, *a se*, exceções dilatórias, como tal geradoras da *absolvição da instância*, tanto da instância cautelar como da instância da ação definitiva (principal) – cfr. os arts. 278º e 577º.

Se *alguma exceção dilatória* houver sido *suscitada pelo requerido na sua oposição*, porque se trata de um processo de natureza incidental, não é, em princípio, de admitir um articulado de resposta (cfr. o art. 293º, aplicável *ex-vi* do nº 3 do art. 365º).

termos do disposto no art. 590º, nº 1, do CPC (caso em que podem os requerentes beneficiar da faculdade que lhes é conferida pelo art. 560º do CPC) ou *convidar os requerentes a apresentarem novo requerimento*, no qual colmatem as deficiências do primeiro, nos termos do disposto nos arts. 5º, nº 1, 6º, nº 1 e 7º, nº 2, do CPC – cfr. o acórdão da RL de 19-4-2016, Proc. 267/15. OT8PTS.L1-7, *in* www.dgsi.pt/Des. Orlando Nascimento.

Nesta hipótese, o princípio do *contraditório* (obrigatório por força do nº 3 do art. 3º) deverá ser relegado para o início da diligência de produção de prova (audiência final), nos termos do nº 4 desse art. 3º; poderá, porém (ao abrigo do poder-dever de *adequação formal* consagrado no art. 547º), ser determinada a observância (imediata) do *contraditório* em *requerimento avulso* se se deparar uma profusa suscitação de *exceções dilatórias* ou se a decisão de alguma delas se revelar de manifesta complexidade. Nesta última eventualidade, só deve passar-se à produção de prova quando inexistam elementos bastantes para uma decisão imediata ou se se reconhecer que a respetiva pronúncia depende da prova a produzir.

Já o *conhecimento das exceções perentórias*, porque importando *decisão de mérito*, possui a sua sede própria na ação principal. Contudo, se for deduzida a *caducidade do direito de ação* (*exceção perentória* de caráter extintivo umbilicalmente ligada ao mérito), porque repercutível na viabilidade/inviabilidade do procedimento cautelar, poderá o requerente responder no *início da audiência de produção de prova* (*audiência final*) ou *em requerimento avulso* cuja dedução autónoma houver sido facultada pelo juiz. Nesta concreta hipótese, deverá o juiz abster-se do conhecimento da *exceção* na decisão final do procedimento se considerar verificar-se "*questão de complexa indagação*" intimamente ligada ao cerne da *ação principal*, ou que o mesmo se não compadece com a *celeridade* do processo cautelar, casos em que deverá relegá-lo para o processo definitivo (*ação principal*), ou seja, não deve dar-se como provada a exceção de caducidade.

28.2.3. Exercício do contraditório

A *regra geral* é a de que «o tribunal deve ouvir (*previamente*) o requerido antes de decretar (deferir) a concessão de uma qualquer providência cautelar (art. 366º, nº 1). De resto, em observância do *princípio* (estruturante) do *contraditório* genericamente consagrado no art. 3º do CPC. Este último preceito estabelece, de modo assaz enfático, no seu nº 2, que «só nos *casos excecionais* previstos na lei se podem tomar providências contra determinada pessoa sem que esta seja previamente ouvida».

A exercitação *prévia* ou *aposteriorística* do contraditório dependerá sempre, pois, e em última análise, do *prudente arbítrio do juiz*, ao avaliar e ponderar todo o circunstancialismo fáctico alegado pelo requerente e tendo sempre em mira a eficácia prática da decisão, a qual não raramente redundará em medida meramente pirrónica se for dada a conhecer (previamente) ao requerido o *desideratum final* com a mesma almejado.

Destacado reflexo da *finalidade* particular destes procedimentos é a *possibilidade de postergação* (*diferimento*) *do princípio do contraditório.* Devendo embora, e *por norma,* o tribunal ouvir previamente o requerido, permite a lei que essa audiência não tenha lugar *quando possa pôr em risco sério o fim ou a eficácia da* providência (art. 366º, nº 1). Ao decidir se deve ou não optar pela audiência prévia do requerido, terá o juiz de ter presente a "*ratio legis*", só devendo decretar a providência "à revelia" do requerido quando o *efeito surpresa* for fundamental para assegurar a eficácia e a utilidade da mesma[551].

E casos há em que é a própria lei a determinar (*obrigatoriamente*) a *postergação da audiência prévia,* o que sucede, designadamente, nos procedimentos de *apreensão de veículos automóveis* (art. 16º do Dec.-Lei nº 54/75 de 24 de fevereiro, cuja vigência foi expressamente ressalvada pelo art. 3º do Dec.-Lei nº 277/95, de 25 de outubro), de *restituição provisória de posse* (art. 378º) e de *arresto* (art. 393º nº 1). Nessas hipóteses (*de dispensa vinculada*), haverá, afinal, um único e último «articulado» – o requerimento inicial.

Não havendo lugar a *citação edital* (cfr. nº 4 do art. 366º), deve o juiz, *caso a citação pessoal não seja possível,* dispensar também a audiência do requerido. A citação será, todavia, substituída por *notificação* quando o requerido já tenha sido citado para a causa principal (art. 366º, nº 2, *in fine*).

A *revelia* do requerido que haja sido regularmente citado surte o mesmo *efeito confessório* cominado no nº 1 do art. 567º (*confissão ficta ou presumida*), após a verificação operada pelo juiz ao abrigo do art. 566º, sempre salvos, evidentemente, os (raros) casos de *revelia inoperante* previstos no art. 568º (art. 366º, nº 5).

Se ouvido antes de ser proferida a decisão, poderá o requerido *contestar* no prazo de 10 dias, oferecendo logo o rol de testemunhas e requerendo os outros meios de prova (art. 293º, nº 2). A esse prazo poderá acrescer uma dilação não superior a 10 dias (arts. 366º, nº 3 e 245º).

Sendo o contraditório exercitado subsequentemente ao decretamento da providência – o que sucederá «quando o requerido não tiver sido ouvido com anterioridade relativamente a esse decretamento –, é lícito ao requerido, na sequência da notificação prevista no nº 6 do art. 366º, e *em alternativa*: a)- *recorrer*, nos termos gerais, do despacho que a decretou, quando, face aos elementos apurados, ela não devia ter sido deferida; b)- *deduzir oposição* «quando pretenda alegar factos ou produzir meios não tidos em conta pelo tribunal e que possam afastar os fundamentos da providência ou determinem a sua redução, aplicando-se, com as necessárias adaptações, o disposto nos arts. 367º e 368º» (cfr. o nº 1 do art. 372º).

[551] Cfr. Abrantes Geraldes, *Temas,* vol. III cit., pp. 160-161.

28.3. Decisão

28.3.1. Prova sumária

São sempre *gravados* os depoimentos prestados perante o juiz, *ex-vi* da regra geral constante do nº 1 do art. 155º, bem como gravados ou registados os depoimentos *prestados antecipadamente ou por carta* (art. 294º, nº 2)[552].

À semelhança de qualquer processo declarativo, finda a produção da prova, o juiz declarará quais os *factos* que julga *provados* e quais os *não provados*, analisando criticamente as provas e especificando os fundamentos que hajam sido decisivos para a formação da sua convicção (art. 607º, nºs 3 a 5). Não se torna necessária uma prova cabal ou exaustiva, mas uma *prova* meramente *perfunctória* ou de *mera aparência*, ou seja, uma simples justificação ou juízo de probabilidade (*summaria cognitio*)[553].

Em vez da *prova do direito*, o juiz deverá bastar-se com uma "*probabilidade séria*" da sua existência (*aparência do direito*); e, em vez da demonstração do *perigo de dano* invocado, bastará que o requerente mostre ser *fundado* (*compreensível* ou *justificado*) o *receio da sua lesão* (art. 368º, nº 1). Pode, com efeito, não haver o *periculum in mora* que justifique a concessão da providência cautelar e existir, todavia, o direito invocado pelo autor, bem como a violação contra a qual este pretende reagir.

No que pode considerar-se uma distorsão (compressão) do princípio dispositivo, o *tribunal não se encontra vinculado* (*adstrito*) *a decretar a medida*

[552] A *gravação dos depoimentos* (art. 155º, nº 1) destina-se, não só a permitir uma mais eficaz oposição por banda do requerido, como ainda a possibilitar a sindicância da matéria de facto na eventualidade de recurso.

[553] A autonomia da *garantia automática* ou à *primeira solicitação* (*on first demand*) face ao contrato base, não é absoluta, já que, em caso de *fraude manifesta* ou *abuso evidente* por parte do beneficiário, o garante pode, e deve mesmo, recusar-se a pagar a garantia, porquanto, acima da regra acordada pelas partes, estão os *princípios da boa fé e da proibição do abuso do direito.* Assim, pretendendo o devedor lançar mão de medidas cautelares destinadas a impedir o beneficiário de receber imediatamente a garantia, o êxito final dessas medidas, (como excecional meio de defesa que são), dependerá de prova inequívoca da (alegada) atuação com *fraude manifesta* ou *abuso evidente* por banda do beneficiário (credor). Destarte, «sempre que a providência cautelar seja requerida como tal fundamento, deve ser exigida *prova pronta* e *líquida*, sendo, pois, insuficiente a consideração do simples *fumus bonus iuris*, sob pena de violação da essência da garantia autónoma. A prova é *pronta* (*preconstituída*) quando não se mostra necessária a produção de provas suplementares; é *líquida* (*inequívoca*) quando permite a perceção imediata e segura da existência de fraude ou do abuso, tornando-os óbvios». Cfr., neste sentido, o acórdão da RL de 9-8-2015, Proc. 74/14.7T8LSB.L1-7, *in* www.dgsi.pt/ Des. Roque Nogueira.

cautelar concretamente requerida, podendo antes decretar a providência que julgue mais adequada à tutela do direito ameaçado – *exceção ao princípio do dispositivo* contemplado nos arts. 5º, nº 2 e 608º, nº 2 (art. 376º, nº 3)[554] –, ponto sendo que a alegação fáctica do requerente se encontre, para tal, devidamente substanciada, já que *o tribunal só pode servir-se dos factos articulados pelas partes*, sem prejuízo da consideração dos factos instrumentais, complementares, concretizadores, notórios e do conhecimento funcional do juiz que resultem da instrução e discussão da causa (art. 5º, nº 2, alíneas a), b) e c)), sendo que «o juiz não está sujeito às alegações das partes no tocante à indagação, interpretação e aplicação das regras de direito», nos precisos termos do art. 5º (*princípio jus novit curia*).

De realçar, neste contexto, que «nem o juízo emitido sobre a matéria de facto nem a decisão final do procedimento cautelar têm qualquer influência no julgamento da ação principal» (art. 364º, nº 4).

28.3.2. Ponderação relativa dos interesses em jogo

Ainda que observados os requisitos contemplados no nº 1 do art. 362º – de verificação cumulativa necessária –, permite o nº 2 do art. 368º a *recusa da providência* se o prejuízo desse decretamento para o requerido suplantar manifestamente (*consideravelmente*) o dano que, através dela, o requerente pretenda evitar ou prevenir (princípio da *justa ponderação ou de ponderação relativa dos interesses em jogo*)[555]. Trata-se de um poder/dever, pela lei conferido ao juiz, de indeferir a concessão da providência se se lhe deparar essa situação de *considerável* desequilíbrio dos interesses em equação; poder-dever, em princípio, não aplicável aos *procedimentos nominados*, com exceção do arresto e do embargo de obra nova (cfr. o nº 1 do art. 376º).

Exemplos: – a imediata execução da deliberação social impugnada causa, por hipótese, um prejuízo de 10 ao requerente da respetiva suspensão, mas esta envolve para a sociedade requerida um dano que se computa em 40 (art. 381º, nº 2); – o dano que o embargante da obra nova pretende evitar é de 5, sendo de 25 o prejuízo

[554] Em Espanha, o nº 2 do art. 721º da LEC preceitua que «as *medidas cautelares* previstas neste título (título VI) não poderão, em caso algum, ser oficiosamente decretadas pelo tribunal, sem prejuízo do disposto para os processos especiais». E que «não poderá o tribunal decretar medidas mais gravosas que as solicitadas».

[555] O advérbio *consideravelmente* foi omitido na disposição homóloga do nº 2 do art. 120º do CPTA, assim tornando mais equilibrada a aplicação do critério da proporcionalidade numa ponderação mais igualitária dos interesses do requerente e do requerido.

provavelmente causado pelo embargo ao dono da obra a embargar. Situações estas obstativas do decretamento da providência (art. 368º, nº 2).

De ter, todavia, presente que nem sempre é fácil comparar o risco de produção de *prejuízos de natureza patrimonial* com o risco de produção de *danos de natureza não patrimonial (interesses imateriais)*, como, por exemplo, na tutela dos direitos de personalidade (arts. 70º do CC e 878º do CPC), pelo que, também nesta sede, há que fazer apelo ao *prudente arbítrio do julgador* na aplicação concreta do *princípio da proporcionalidade em sentido estrito (proibição do excesso)*[556].

Critério que há que sopesar, de modo particular, no âmbito do *direito da ação popular*, a todos conferido pelo nº 3 do art. 52º da CRP, pessoalmente ou através de associações, para prevenção ou cessação das infrações contra a saúde pública e contra a *preservação do ambiente e da qualidade de vida*. Tal ação, regulamentada pela Lei nº 83/95, de 31 de agosto (com a última alteração introduzida pelo Dec.-Lei nº 303/2007, de 24 de agosto), atribui, no seu art. 2º, titularidade procedimental a quaisquer cidadãos no gozo dos seus direitos, mas não contempla quaisquer procedimentos cautelares especiais, pelo que há que utilizar o *procedimento cautelar comum* regulado nos arts. 362º a 376º do CPC, *ex-vi* do nº 2 do art. 2º do mesmo diploma – *princípio da adequação entre o direito e a ação destinada a fazê-lo reconhecer em juízo*.

[556] O decretamento da providência cautelar de *suspensão de eficácia* de ato (deliberação) emitido pelo Conselho Superior da Magistratura, exige (da Secção do Contencioso do Supremo Tribunal de Justiça) a ponderação dos interesses públicos e privados concretamente em equação, não devendo haver lugar a deferimento se os danos resultantes da suspensão da eficácia da deliberação suspendenda se mostrarem superiores àqueles que podem resultar da sua recusa, ou sempre que possam ser evitados ou atenuados pela adoção de outras providências e *seja provável que a pretensão formulada ou a formular no processo principal venha a ser julgada procedente (ponderação relativa dos interesses em jogo)*. A apreciação dos requisitos exigidos pelos nºs 1 e 2 do artº 120º do CPTA para o deferimento obedece a um *juízo de mera verosimilhança* que, todavia, se não confunde nem prejudica o juízo que venha a ser adotado no âmbito do processo principal. Não existindo *danos patrimoniais*, nem *danos não patrimoniais* suscetíveis de serem considerados como *prejuízos de difícil reparação para os interesses que o requerente visa assegurar no processo principal* e não sendo configurável uma situação de *facto consumado* (irreversível), falta a verificação de um dos requisitos (*periculum in mora*) de que depende a procedência da providência, o que prejudica a apreciação dos demais requisitos e determina o *indeferimento da providência cautelar requerida* – cfr., neste sentido, *v. g.*, o acórdão do STJ de 25-10-2018, Proc.80/18.2 YFLSB, *in* www.dgsi.pt/Cons. Manuel Augusto de Matos.

No domínio da *preservação de direitos sociais* deste tipo (*direitos transindividuais, de caráter difuso*), naturalmente credores da simpatia geral, o recurso a medidas cautelares e preventivas deve ser devidamente ponderado e sopesado, que não banalizado ao sabor de preocupações de natureza «fundamentalista», sob pena de o seu uso indiscriminado poder revelar-se estiolante da atividade económica e da gestão ambiental ou urbanística e até lesiva de outros «direitos e deveres económicos e sociais» constitucionalmente consagrados. Só em casos-limite de grave e intolerável degradação dos direitos invocados, devidamente evidenciados – sem prescindir do sentimento dominante na comunidade social –, será de admitir a exercitação de providências de caráter preventivo e repressivo com custos sociais de caráter exorbitante.

Caso paradigmático foi o julgado pelo Supremo Tribunal de Justiça, em 14 de abril de 1999[557]. Tratava-se da transferência de um terminal rodoviário, cuja concretização havia aparentemente obedecido a uma necessidade de distribuição, minimização e repartição dos custos sociais emergentes do acesso rodoviário à grande urbe citadina, dando assim prevalência ao interesse geral ou coletivo em detrimento de interesses particulares (de ordem bairrista) de um grupo de moradores em área adjacente. Entendeu o Supremo que haveria que demonstrar, com a necessária consistência, que a implantação transitória desse terminal, ainda que em zona central da cidade de Lisboa, seria geradora de um «risco anormal de vizinhança» merecedor do decretamento de uma providência de encerramento, já que era, de resto, vaga e aleatória a fixação do perímetro a arvorar como «área atingida e/ou a proteger», por referência ao epicentro da presuntiva fonte poluidora. E que, por tal razão, haveriam que indiciar-se, com suficiência, não só os requisitos da gravidade da lesão e da dificuldade da respetiva reparação (art. 381º, nº 1, do CPC), como também que o prejuízo decorrente do decretamento da providência (custos económicos e sociais de exploração inerentes a 12 empresas de camionagem e à subsistência dos vínculos laborais dos seus servidores, sem olvidar os interesses dos inúmeros cidadãos em demanda diária da capital) não excedia consideravelmente o dano que com ela se pretendia evitar ou prevenir (atual nº 2 do art. 368º do CPC). Daí, por não haver considerado tal prova como feita, ter o Supremo concluído que o deferimento da providência de encerramento, em tais circunstâncias, importando a drástica decisão de abstenção de utilização dessa estação rodoviária, seria abertamente violador do princípio constitucional estruturante da proporcionalidade, nas suas vertentes «*princípio da adequação*» – salvaguarda de outros direitos ou bens constitucionalmente protegidos – e «*princípio da proporcionalidade* em sentido estrito» – consideração dos meios restritos na justa medida relativamente aos fins a obter.

[557] Cfr. BMJ nº 486, p. 252/Cons. Ferreira de Almeida.

28.3.3. Caução condicional. Caução substitutiva

Sempre que o julgue conveniente, face às circunstâncias do caso, pode o juiz, *mesmo sem audiência da parte contrária*, tornar a *concessão da providência* (*em procedimento cautelar comum*) dependente da *prestação de caução adequada* pelo requerente – *caução condicional* (art. 374º, nº 2). Trata-se, esta de uma *faculdade discricionária do juiz*, que, todavia, por força do nº 2 do art. 376º e no que tange aos *procedimentos nominados, só opera relativamente aos procedimentos cautelares de arresto e de embargo de obra nova*[558-559]; faculdade, todavia, que surge naturalmente concebida para quando em causa, objeto da tutela cautelar, *direitos de natureza patrimonial*[560].

O juiz pode impor a prestação por sua própria iniciativa ou mediante solicitação expressa do requerido, como logo inculca a expressão verbal *pode* (art. 374º, nº 1), o que apela ao seu *prudente arbítrio*, balizado, todavia, pelos princípios *da adequação, da justiça e da proporcionalidade*, mas que anda de braço dado com a responsabilização do requerente, prevenindo o risco de ineficácia do direito do requerido a obter adequada indemnização pelos danos (previsivelmente) a si causados pela conduta leviana ou imprudente (injustificada) do requerente ao formular o pedido (art. 374º, nº 1); o juiz formulará, pois, um juízo de prognose prévia (de caráter positivo) acerca da verificação dos pressupostos do decretamento da providência.

A *caução condicional* funciona, assim, como uma espécie de *contraprovidência*, ou, se se quiser, de *contracautela* já que a sua (futura) execução permitirá garantir cautelarmente o direito ressarcitório do requerido, assim prevenindo ou minimizando eventuais efeitos, quiçá irreversíveis, da tutela provisória. A prestação da caução exercerá, pois, função em tudo idêntica à de uma providência cautelar decretada a favor do requerido. Daí que se situação económica do requerente não oferecer qualquer risco sério de

[558] Cfr. J. Rodrigues Bastos, *Notas ao Código de Processo Civil*, vol. II, 3ª ed., 2000, p. 177.

[559] No sentido de que nada obsta a que em procedimento cautelar comum, instaurado por condómino contra o administrador do condomínio, se ordene que o requerido proceda à execução de obras de reparação no interior da fração do requerente, necessárias a evitar o desabamento do teto da sala principal e que o deferimento possa ser condicionado à prévia prestação (pelo requerente) de caução pelo valor estimado das obras a executar, cfr. o acórdão da RP de 3-2-2005, CJ Tomo I/2005, p. 183/Des. José Ferraz.

[560] Cfr., quanto a este tema, Rita Lynce de Faria, *A Tutela Cautelar Antecipatória no Processo Civil Português* – Um difícil equilíbrio entre a Urgência e a Irreversibilidade, Universidade Católica Editora, Lisboa, 2016, pp. 357-366.

suportar a indemização a pagar, no futuro, tal tornará injustificada a exigência da caução.

Mutatis mutandis, pode também a *providência decretada ser substituída por caução adequada a pedido do requerido* sempre que a caução oferecida, ouvido o requerente, se mostre suficiente para prevenir a lesão ou repará-la inteiramente – *caução substitutiva* (art. 368º, nº 3). Diversamente do que acontece com a *caução condicional*, o arbitramento de caução substitutiva só pode ser efetuado a *pedido do requerido* (não, pois, *ex-offcio*) e após *prévia audiência do requerente*. A *ratio essendi* da *caução substitutiva* reside na vantagem que para o requerido pode resultar no afastamento de um prejuízo, para si de caráter potencialmente gravoso ou irreversível, da imediata execução da providência.

Dá, a este respeito, Rita Lynce de Faria[561] o seguinte exemplo: se a decretada providência se traduzir na *antecipação da cessação da atividade profissional do requerido*, com os inerentes e quiçá gravosos danos para si advenientes, pode ser para ele vantajoso «mesmo com os custos que essa alternativa implica, a prestação de caução substitutiva, ainda que de montante elevado» (*sic*). Numa ponderação relativa dos potenciais danos, os resultantes da prestação da caução «serão certamente menores e mais facilmente removíveis em caso de caducidade da providência cautelar» (igualmente *sic*).

Não pode, contudo, a caução substitutiva deixar de exercer (relativamente ao requerente da providência) função equivalente à da decretada providência cautelar. Isto é, não deve o pedido ser acolhido se não houver garantia de que desse acolhimento não advenha prejuízo relevante para o requerente da providência, sendo que este goza a seu favor do preenchimento dos requisitos do *fumus boni juris* e do *periculum in mora* já coonestados pela decretação da providência. Uma vez que a caução se traduz numa prestação de natureza pecuniária, a substituição da providência só deve ser autorizada quando a lesão visada prevenir ou acautelar «possa ser integralmente reparada através de indemnização em dinheiro», o que torna este expediente processual especialmente vocacionado para as providências de caráter conservatório como, por ex., o arresto, subjacente à qual, estando apenas em causa a reparação (patrimonial/económica de um direito), a prestação de caução substitutiva pode, a um tempo, revelar-se

[561] *In* ob cit., p. 331.

benéfica para o requerido e garantir ao requerente a mesma utilidade que proporcionaria o arresto[562].

28.4. Caducidade. Modificabilidade. Revogação

Da *natureza apendicular* ou *instrumental* do processo cautelar decorre necessariamente que a subsistência e a eficácia da providência cautelar devem *caducar* ou *inoperar* se a tutela provisória ou transitória *não se tornar já possível* ou se vier a revelar-se, em momento ulterior, *totalmente inócua*; caducidade que ocorrerá se a ação (principal) for definitivamente julgada improcedente ou extinta a execução por decisão transitada em julgado (art. 373º, nº 1, al. c)).

Podendo o procedimento ser *preliminar* (*ato preparatório*) de ação principal ainda não instaurada, tal propositura pode vir também a revelar-se *inútil*, se por ex., através da decretada providência, o requerente obtiver, desde logo, plena satisfação do objetivo final pretendido. É, *v. g.*, o caso das intimações para a não realização ou para o não prosseguimento de eventos culturais ou recreativos ofensivos do direito ao ambiente e à qualidade de vida nas datas para os mesmos pré-fixadas; isto sempre salva a eventual responsabilidade adveniente – para o requerente – pelos "*danos culposamente causados ao requerido quando não tenha agido com a prudência normal*" (cfr. o nº 1 do art. 374º).

O procedimento cautelar *extingue-se* e, se decretada a providência, *caduca,* nos termos do art. 373º: a)- *se o requerente não propuser a ação da qual a providência depende dentro de 30 dias*, contados da data em que lhe tiver sido notificado o trânsito em julgado da decisão que a tenha ordenado; mas, se o requerido *não tiver sido ouvido antes* do decretamento da providência, o *prazo para a propositura da ação* de que aquela depende já será o de 10 dias contados da notificação ao requerente de que foi efetuada ao requerido a notificação prevista no nº 6 do art. 366º[563]; b)- *se, proposta a ação, o processo estiver parado mais de 30 dias* por negligência do requerente em promover o

[562] Cfr., neste sentido, Rita Lynce de Faria, *in* ob. cit., pp. 329-335.

[563] Se decretada a providência (*v. g.* a de arresto) sem audiência prévia, o prazo de 10 dias para a propositura da ação conta-se a partir da data da *notificação expressa* desse decretamento ao requerido, de harmonia com as regras da citação, tornando-se, por isso, irrelevante, para efeitos de caducidade, esse conhecimento por qualquer outra via (de caráter meramente aleatório, presuntivo ou cicunstancial) – cfr. o acórdão do STJ de 3-6-2004 – 2ª Sec., CJSTJ, Tomo II/2004, p. 83/Cons. Ferreira de Almeida.

seu andamento[564]; c)- *se a ação vier a ser julgada improcedente* por decisão transitada em julgado; d)- *se o réu for absolvido* da instância e o requerente não propuser nova ação em tempo de aproveitar os efeitos da proposição da anterior; e)- *se o direito que o requerente pretende acautelar se tiver extinguido.*

A providência só *caduca* (no caso, por ex., de, na ação principal, o réu vir a ser absolvido da instância) se o requerente não propuser nova ação em termos de aproveitar os efeitos da proposição da anterior (art. 373º, nº 1, al. c). Não é, contudo, admissível, na pendência da mesma causa, a *repetição* de providência que haja sido julgada injustificada ou que tenha caducado (art. 362º, nº 4). Quando a providência decretada tenha sido *substituída por caução*, fica esta sem efeito nos mesmos termos em que o ficaria a providência substituída, ordenando-se o levantamento daquela (nº 2 do art. 373º). A *extinção do procedimento* e o *levantamento da providência* são determinados pelo juiz, com *prévia audiência do requerente*, logo que demonstrada nos autos a ocorrência do facto extintivo (art. 377º, nº 3)[565].

Caraterística própria das medidas cautelares é a sua *variabilidade* ou *alterabilidade* ou mesmo a sua *cessação de eficácia* (levantamento ou revogação), a solicitação do requerente ou do requerido, por alteração ulterior das circunstâncias, de harmonia com o consabido princípio *rebus sic stantibus.*

Como medida tendente a combater *diretamente* o requerimento *precipitado* ou *leviano* da providência, prevê a lei que o requerente seja obrigado a *indemnizar os danos causados ao requerido* se, uma vez decretada, vier a ser considerada *injustificada* ou *caducar por facto que lhe for imputável*, quer tenha agido *com dolo ou negligência grave – litigância de má-fé* (cfr. art. 542º, nº 2) –, quer tenha agido com *mera negligência*, ou seja, *sem a prudência normal* (art. 374º, nº 1).

[564] Se a ação principal tiver ficado suspensa aguardando a habilitação de sucessores dos intervenientes falecidos (ónus não cumprido pelos autores) deve ser levantada a providência cautelar dependente na sequência de requerimento do réu, ainda que a este último fosse possível promover tal habilitação – cfr. o acórdão da RG de 26-1-2005, CJ, Tomo I/2005, p. 287/Desª Teresa Albuquerque.

[565] Face ao nº 3 do art. 373º, fica hoje claro que *a declaração de extinção/levantamento da providência é operada oficiosamente.* A obrigação de ouvir previamente o requerente não se destina, neste caso, a assegurar o princípio do contraditório, mas a dar ao interessado a oportunidade de se pronunciar acerca da extinção e seus efeitos – cfr. J. Rodrigues Bastos, *Notas ao Código de Processo Civil*, vol. II cit., p. 176.

28.5. Inversão do contencioso

Na base do instituto encontra-se a ideia de que as providências cautelares (a decretar) poderem *substituir a própria tutela definitiva*, ou seja, consumirem (dispensarem) a necessidade da propositura de uma ação principal destinada a confirmar a tutela provisória obtida através de um desses meios processuais. Consagra o nº 1 do art. 369º, a este respeito, o *princípio da instância*, o que significa que tal *dispensa do ónus de propositura da ação principal* por banda do requerente (normalmente dentro do prazo de 30 dias a contar da notificação do trânsito em julgado da decisão decretadora – al. a) do 1 do art. 373º) só poderá ter lugar por iniciativa *do próprio requerente* (que não, pois, por iniciativa do juiz).

O juiz só poderá, contudo, acolher favoravelmente esse requerimento se preenchidos dois requisitos: – «se a matéria adquirida no procedimento lhe permitir formular *convicção segura* acerca da existência do direito acautelado»; – «se a natureza da providência decretada for *adequada* a realizar a composição definitiva do litígio»; requerimento que terá que ser apresentado «*até ao encerramento da audiência final*» a que se reporta o art. 367º (art. 369º, nº 2). Pressupostos esses *ex-vi legis* de caráter essencialmente *vinculado*, que não determinados por critérios de mera *oportunidade ou conveniência* e cuja verificação *dispensa* o requerente da providência do *ónus da propositura da ação principal* destinada a confirmar ou consolidar (transformar em definitiva) a operada tutela cautelar.

O regime de *inversão do contencioso* é apenas aplicável às providências de caráter *antecipatório* (inominadas ou nominadas) que não também às de caráter *conservatório*, já que as primeiras são as únicas que, «pela sua própria natureza», podem proporcionar «a realização definitiva do litígio»[566]. É, assim, tal regime de aplicar «com as necessárias adaptações», por exemplo, aos seguintes *procedimentos cautelares nominados: restituição provisória de posse*[567], *suspensão de deliberações sociais, alimentos*

[566] A *inversão do contencioso* só é admissível se a tutela cautelar puder substituir a definitiva e, tendo em conta o elenco previsto no no nº 4 do art. 376º, apenas se a providência cautelar requerida – de caráter nominado ou inominado – não tiver um sentido manifestamente conservatório. A inversão não é, deste modo, aplicável às restantes providências especificadas previstas no CPC, nomeadamente, ao arresto e ao arrolamento – cfr., neste sentido, *v. g.*, o acórdão RP de 19-5-2014, Proc.2727/13.8TBPVZ.P1, *in* www.dgsi.pt/Des. M. Domingos Fernandes.

[567] Apesar de decretada a inversão do contencioso neste tipo de providência (restituição provisória da posse por esbulho violento – arts. 1279º do CC e 377º, nº 1, do CPC), tal só obstará a que o requerente instaure ação principal para o reconhecimento e restituição da

provisórios e *embargo de obra nova* (art. 376º, nº 4)[568]. E, outrossim, ao procedimento cautelar de *entrega de coisa e cancelamento do registo* previsto no art. 21º do Dec.-Lei nº 149/95, de 24 de julho (contratos de locação financeira – *leasing*).

A (eventual) *propositura da ação principal* na pendência de um procedimento cautelar no qual haja sido requerida a *inversão do contencioso* gera a *exceção dilatória de litispendência* a decretar nos autos daquela ação (cf. art. 580º e 581º do CPC)[569].

Diz-se *inversão* porque (através da imposição desse ónus ao requerido) se subverte a "*normalidade*" de caber ao *requerente* vitorioso a necessidade (dever) de acionar o requerido para obter a consolidação do conseguido deferimento. Através do instituto da *inversão do contencioso*, faz a lei impender sobre o requerido vencido o encargo de instaurar *ação impugnatória*, em ordem a evitar a consolidação *definitiva* na ordem jurídica da decretada *tutela provisória*. Consolidação essa que fica, pois, desde logo, operada em consequência da eventual inércia do requerido em agir dentro do prazo legal.

Tratando-se de procedimento sem contraditório prévio (*ex-vi legis* ou por iniciativa do juiz nos termos do nº 1 do art. 366º), assiste ao requerido a faculdade de se *opor* à inversão do contencioso, *oposição* essa que será deduzida *ex-post*, conjuntamente com a *impugnação* da decretada providência (art. 369º, nº 2).

posse, mas já não que instaure ação de revindicação da propriedade da coisa (art. 1311º do CC) de que foi reconhecido possuidor.

[568] Não assim também, e por ex., quanto à providência cautelar de *arresto* (art. 391º e ss.) porquanto a garantia patrimonial obtida pelo credor através dessa providência conservatória não dirime o litígio subsistente entre ele e o seu (alegado) devedor acerca da existência ou, quiçá, da exigibilidade do crédito. E não também a providência antecipatória de *arbitramento de reparação provisória* (art. 388º e ss.), pois que não pode ficar desde logo definida e quantificada a reparação definitiva.

[569] "A *formulação do pedido de inversão do contencioso* obsta, simultaneamente, quer à propositura de uma ação principal *pelo requerente do procedimento* (sempre que na ação não se possa obter algo de diferente do que resulta da conversão da tutela provisória em tutela definitiva), quer à propositura, pelo *requerido no procedimento cautelar*, de uma ação destinada à apreciação da mesma questão jurídica. A *exceção dilatória de litispendência* não ocorre entre o simples *procedimento cautelar* e uma *ação principal na qual é impetrada a tutela definitiva*, mas já se mostra ocorrida entre o *pedido de inversão do contencioso* e (a pendência de) uma ação na qual se impetra, a título principal, a mesma tutela definitiva" – cfr., neste sentido, o acórdão da RL 13-10--2016, Proc. 2015/13.0TVLSB-D.L1-2, *in* www.dgsi.pt/Des. Ezagüy Martins, com comentário favorável de M. Teixeira de Sousa, *in* http:/blogippc.blogspot.pt (IPPC), de 13-2-2017.

Uma vez invertido o contencioso, a *contagem do prazo de caducidade* a que eventualmente esteja sujeita a exercitação do direito acautelado interrompe-se, com eficácia retroagida à data da apresentação do requerimento, reiniciando-se, contudo, a respetiva contagem a partir da data do trânsito em julgado da decisão que negue o pedido (art. 369º, nº 3).

Perante um pedido de inversão do contencioso, o juiz só pode pronunciar-se *após* a produção da prova e, só se esta se revestir de manifesta solidez, *decretar a providência requerida* e, concomitantemente, *a inversão do contencioso.* A inversão do contencioso não pode, pois, ser decretada *antes* de produzida a prova, já que consequência da *prova segura* que o requerente se propôs fazer e que mereceu acolhimento do juiz[570].

O requerente do procedimento cautelar terá, porém, de optar entre uma (eventual) *procedência parcial do pedido de inversão do contencioso* com reconhecimento parcial do direito acautelado (dependente de uma convicção do julgador assente em prova segura ou dotada de um alto grau de verosimilhança) acerca da existência do direito arrogado e uma *procedência total do pedido de decretamento da providência cautelar*, sendo que, para o decretamento desta última, bastará uma *prova sumária* e a formação de uma convicção perfunctoriamente alicerçada acerca da plausibilidade da existência do direito acautelado (art. 368º, nº 1). O que tudo significa que «*só se torna possível inverter o contencioso quanto à totalidade ou a parte do pedido do requerente da providência cautelar*, mas não conjugar uma inversão do contencioso parcelar com o decretamento (quanto à parte restante») de uma tutela cautelar e provisória»[571].

A *formulação do pedido de inversão do contencioso* veda a propositura de uma ação principal pelo requerente do procedimento, sempre que na ação não se possa obter algo de diferente do que resulta da conversão da tutela provisória em tutela definitiva; a ação principal pode, porém, ser proposta se o *pedido* (de inversão) não for o decretado ou se houver sido indeferida a *providência.*

A formulação do pedido de inversão do contencioso obsta, também, a que o requerido no procedimento cautelar possa propor uma ação destinada à apreciação da mesma questão jurídica. A regra é a de que entre o procedimento *cautelar* e o processo (*principal*) no qual é requerida a tutela definitiva não se pode constituir a *exceção dilatória de litispendência*; porém, uma vez deduzido o pedido de inversão do con-

570 Tendo sido de deferida a inversão do contencioso, e não tendo o requerido logrado produzir prova factual suficiente, bem como motivação de direito plausível para uma mais ampla ponderação da sua motivação em ação declarativa a intentar a título principal, a tutela cautelar tornar-se-á definitiva – cfr., neste semtido, o acórdão da RL de 8-10-2015, Proc. 8069-14.4T8LSB.L1-8, *in* www.dgsi.pt /Des. Rui Ponte Gomes.

571 Cfr., acerca deste tema, M. Teixeira de Sousa, *in blog* do IPPC de 4-4-2016.

tencioso, já não se torna possível a pendência simultânea de um procedimento cautelar no qual o requerente solicita, através do expediente da inversão do contencioso, a transformação da tutela cautelar em tutela definitiva e uma ação destinada a obter esta mesma tutela a título definitivo. Daí que, em sede de procedimento cautelar, se o requerido pretender deduzir oposição à providência e à (pelo *requerente*) requerida inversão do contencioso, deva o mesmo (*requerido*) concentrar neste articulado todos os fundamentos de oposição que julgue convenientes. Assim, à suficiência dos elementos disponíveis no procedimento para a inversão do contencioso, é estranha a circunstância de a requerida no procedimento, ter intentado ação contra o ali requerente, em que alega diverso circunstancialismo fáctico[572].

Há que conjugar o requerimento/decretamento da *inversão do contencioso* com a *competência internacional dos tribunais portugueses*. De harmonia com o disposto no art. 2º, al. a), § 2º, 1ª parte, do Regulamento (UE) nº 1215/2012, o *reconhecimento, nos Estados-Membros*, das *providências cautelares* que hajam sido *decretadas por um tribunal de um qualquer desses Estados* depende da circunstância de o tribunal decretador ser (também) *competente* (segundo o mesmo Regulamento) *para apreciar do mérito da causa principal*; se a decisão houver sido proferida por um *tribunal que não seja competente* (segundo o mesmo Regulamento) para apreciar o mérito, a eficácia da providência fica confinada aos limites territoriais do Estado em que a providência haja sido decretada. Como assim, se o procedimento cautelar contiver qualquer *elemento de conexão* (*subjetiva* ou *objetiva*) com uma ordem jurídica estrangeira, há que averiguar da *competência internacional dos tribunais portugueses* para decretar essa providência e, assim, das duas uma: – *se o requerido tiver o seu domicílio* (*ou sede*) *num Estado-Membro* há que aplicar o Regulamento (UE) nº 1215/2012 (cfr. os respetivos arts. 6º, nº 1, e 35º); – *se o requerido não tiver domicílio* (ou sede) *num Estado-Membro da União Europeia*, essa competência é aferida por uma convenção internacional de que Portugal seja parte (*v. g.* a Convenção de Bruxelas ou Lugano), ou, na maior parte dos casos, pelo direito interno português. Nesta última hipótese, a competência internacional dos tribunais portugueses para o *decretamento da providência cautelar e a inversão do contencioso* é aferida nos termos do *princípio da coincidência* (art. 62º, al. a), do CPC), havendo, pois, que conjugar esse princípio com o disposto no art. 78º do CPC. Deste modo, não é de admitir a solicitação da *inversão do contencioso* num tribunal português que não seja competente segundo algum dos critérios estabelecidos no Regulamento nº 1215/2012; e daí também que se, nos termos desse Regulamento, *a providência cautelar* puder ser decretada em Portugal por ser uma

[572] Cfr., neste sentido, o acórdão da RL de 13-10-2016, Proc. 2015/13.0TVLSB-D.L1.-2, *in* www.dgsi.pt /Des. Ezagüy Martins.

providência prevista na legislação portuguesa, a *inversão do contencioso* só possa ser requerida num tribunal português que seja competente[573].

Deve também distinguir-se entre *inversão do contencioso voluntária* – que não tem de ser nem pedida, nem proferida em conjunto com o decretamento da providência cautelar – e *inversão do contencioso necessária*, esta quando a providência cautelar só possa ser pedida e decretada em conjunto com essa inversão. Com efeito, sem embargo da regra da suficiência de uma *prova meramente perfunctória* ou de *mera justificação* exigida em *sede cautelar* pelo nº 1 do art. 368º, tal regra deve ceder naquelas situações especiais em que *o direito material* imponha «para a prova de todos fundamentos da providência cautelar uma *prova stricto sensu*», uma prova inequívoca, casos esses em que a *inversão do contencioso* se torna *necessária*[574]. A *inversão do contencioso necessária* produz todos os efeitos desta, nomeadamente o de impor ao requerido o *ónus de propositura de uma ação de impugnação*, sob pena de consolidação da providência decretada pelo tribunal. Em tais situações, não tem o requerente de propor posteriormente nenhuma ação sobre o mesmo objeto, já que a tal obsta a *exceção de caso julgado* (arts. 580º e 581º CPC), mas pode o requerido evitar a consolidação da providência decretada através de uma *ação de impugnação* (art. 371º, nº 1, CPC)[575]. A ação de impugnação a propor pelo requerido só pode ser uma *ação de simples apreciaçao negativa*, já que o seu objeto só pode traduzir-se na declaração de inexistência do direito acautelado, declaração essa a estribar na (alegação da)

573 Cfr., acerca deste tema, M. Teixeira de Sousa, *in blog* do IPPC, de 24-8-2016.

574 Exemplo dessa *necessidade* é o da autonomia da garantia automática à 1ª solicitação (*on first demand*) uma vez que, «em caso de fraude manifesta ou abuso evidente por parte do beneficiário, o garante pode e deve mesmo recusar-se a pagar a garantia, porquanto, acima da regra acordada pelas partes, estão os princípios da boa fé e da proibição do abuso do direito». Hipótese esta em que «a *fraude manifesta* e o *abuso evidente* implicam a *prova pronta* e *líquida*, sendo que a prova é *pronta* (*preconstituída*) quando não se mostra necessário requerer a produção de provas suplementares e é *líquida* (*inequívoca*) quando permite a percepção imediata e segura da fraude ou do abuso» – cfr., neste sentido, o acórdão da RL de 8-9-2015, Proc. 74/14.7T8LSB.L1-7, *in* www.dgsi.pt/Des. Roque Nogueira, com anotação favorável e complementar de M. Teixeira de Sousa, *in blog* do IPPC, de 19-1-2018 – Jurisprudência (773). Acrescenta este autor, a este respeito, que «algo de semelhante se pode dizer se, num procedimento cautelar, for necessário determinar o *termo da curadoria* pela *certeza da morte do ausente* (arts. 98º, al. e) e 112º, al. c) do CC) ou a não *verificação de uma condição pela certeza de que a mesma não se pode verificar* (arts. 275º, nº 1 e 2273º, nº 1, do CC). Nenhuma destas *certezas* pode ser substituída num procedimento cautelar por uma *probabilidade séria*» (*sic*).

575 Cfr. M. Teixeira de Sousa, *in blog* do IPPC de 22-9-2015.

inexistência ou inconsistência dos factos que induziram o juiz a decretar a inversão do contencioso[576].

Independentemente do *recurso*, como poderá, pois, o requerido reagir contra a *decisão que haja decretado a providência cautelar e invertido o contencioso*? Uma vez *transitada em julgado a decisão que haja decretado a providência* e *invertido o contencioso* (e sem prejuízo das regras distributivas do *ónus da prova* que assim se mantêm incólumes sem qualquer "inversão")[577], «é o requerido notificado com a advertência de que, querendo (pode – "deve"), intentar a ação destinada a *impugnar a existência do direito acautelado* nos 30 dias subsequentes à notificação, sob pena de a providência decretada se consolidar como *composição definitiva do litígio* (art. 371º, nº 1)[578]. *Efeito cominatório* esse que se produz igualmente caso o processo se mantenha «parado por mais de 30 dias por negligência do autor ou se o réu for absolvido da instância e o autor não propuser nova ação em tempo de aproveitar dos efeitos da anterior» (art. 371º, nº 2). Caso o requerido obtenha ganho de causa nessa ação de impugnação (por si proposta) por decisão transitada, tal «determina a *caducidade* da providência decretada» (art. 371º, nº 3).

29. Meios de compulsão ao acatamento das providências cautelares. A execução cautelar

29.1. Sanção pecuniária compulsória. Tutela penal

Como meio de reforço da eficácia das providências cautelares, é sempre admissível a aplicação, nos termos da lei civil, de uma *sanção pecuniária compulsória* que se mostre adequada a assegurar a efetividade da providência decretada (art. 365º, nº 2). A possibilidade de fixação dessa sanção (algo semelhante à chamada *adstreinte* do direito francês) encontra-se prevista no

[576] Para PAULA COSTA E SILVA, *Cautela e Certeza: breve apontamento acerca do proposto regime de inversão do contencioso na tutela cautelar*, p. 145, *in* Revista do Ministério Público – Debate sobre a Reforma do Processo Civil 2012 – Contributos, Caderno II, «a ação a intentar pelo requerido configura uma verdadeira *ação de revisão do caso julgado* formado sobre a questão da existência do direito acautelado».

[577] Se o requerido instaurar *ação de simples apreciação negativa* com o fito de evitar a consolidação na ordem jurídica da providência cautelar relativamente à qual se verificou a inversão do contencioso, o *ónus da prova* impende sobre o autor.

[578] A ação de impugnação pode destinar-se, não só a pôr em crise os fundamentos em que se baseou a inversão do contencioso, mas também uma qualquer ação de que possa resultar um efeito incompatível com a decretada providência (art. 371º, nº 1).

art. 829º-A do CC, como «instrumento impulsionador do cumprimento de obrigações de *prestação de facto infungível positivo ou negativo* (para a qual se não exijam especiais qualidades científicas ou artísticas) ou como penalização para o *cumprimento de obrigações pecuniárias fixadas em sentença transitada em julgado*»[579].

Traduz-se essa sanção na condenação do relapso no *pagamento de uma quantia pecuniária por cada dia de atraso no cumprimento ou por cada infração*, conforme for mais conveniente às circunstâncias do caso (nº 1)[580]. Visa tal *sanção* uma dupla finalidade de moralidade e eficácia: por um lado, *reforçar a soberania dos tribunais*, o respeito pelas suas decisões e o *prestígio da administração da justiça*; por outro, *favorecer o cumprimento das referidas obrigações*» (cfr. o preâmbulo do Dec.-Lei nº 262/83, de 16 de julho).

Prevê também a lei processual a chamada *tutela penal do procedimento cautelar* (*garantia penal da providência*), nos termos da qual incorre na pena do *crime de desobediência qualificada* «todo aquele que infrinja a providência cautelar decretada, sem prejuízo das medidas adequadas à sua execução coerciva» (art. 375º)[581-582].

579 Acerca do *regime jurídico da sanção pecuniária compulsória* em termos de direito comparado, cfr. António Pinto Monteiro, *in Cláusula Penal e Indemnização*, Colecção Teses, Almedina, 1990, pp. 109-126, Calvão da Silva, *in Cumprimento e Sanção Pecuniária Compulsória*, 2ª ed., Coimbra, 1997, pp. 353 e ss. e M. J. Almeida Costa, *Direito das Obrigações*, 12ª ed. cit., pp. 1063 e ss..

580 No sentido da possibilidade de *aplicação de uma sanção pecuniária compulsória em sede de ação executiva* tendo por título executivo uma sentença homologatória de transação proferida em procedimento cautelar comum, *vide* o acórdão do STJ de 19-4-01, Proc 745/2001 – 7ª Sec./Cons. Dionísio Correia e Calvão da Silva, *in Estudos de Direito Civil e Processo Civil* – Pareceres, Coimbra, Almedina, 1999, pp. 253 a 276 e *in* RLJ, ano 134º, nº 3923, pp. 40 e ss.. Contudo, pelos arts. 868º, nº 1, 874º, nº 1 e 876º, nº 1, al. c) (execução para prestação de facto), a sanção pecuniária compulsória passou também a poder ser fixada *no processo executivo* a solicitação do credor (exequente). Daí que, por analogia, possa também ser fixada aquando da *execução* da medida cautelar.

581 Ao *crime de desobediência qualificada* cabe a aplicação de uma pena de prisão até 2 anos ou multa até 240 dias (cfr. o nº 2 do art. 384º do CP).

582 A *execução das providências decretadas em sede de procedimento cautelar comum* não pode ser indeferida com fundamento na existência de garantia penal da medida cautelar. A *garantia penal da providência* (art. 375º do CPC) não afasta a possibilidade de recurso a meios executivos por forma a dar efetividade à decisão. A natureza provisória da decisão proferida não é critério para afastar a sua exequibilidade. Provisoriedade e exequibilidade não se excluem

Ao decretar uma providência concreta, o juiz emitiu legitimamente, no exercício do seu *múnus* soberano, uma estatuição autoritária (uma ordem, intimação ou determinação) tendo como destinatário o requerido, a qual contém ínsita a obrigação por parte do notificado de adotar um determinado comportamento ativo ou omissivo em acatamento desse ato imperativo (impositivo). Por tal razão, e com vista a assegurar a viabilidade prática da providência, deve a *notificação ser feita sob a cominação* correspondente àquele tipo legal do *crime*.

29.2. A execução cautelar em geral

Consagra o nº 2 do art. 205º da CRP os princípios da *obrigatoriedade* (*vinculatividade*) das decisões dos tribunais como órgãos de soberania e da sua prevalência sobre as das demais autoridades públicas e privadas[583]. Devendo qualquer "*dictat*" jurisdicional ser integral e espontaneamente acatado, quer pelos respetivos destinatários, quer por todas as demais entidades jurídico-públicas e jurídico-privadas e, para a eventualidade de o não ser, na previsão do seu afrontamento ativo, surge como legitimada (salvaguardados os princípios da proporcionalidade, da adequação e da proibição do excesso) a adoção das necessárias *medidas coercitivas*, as quais podem mesmo incluir o *recurso à força pública*.

Para a consecução do *desideratum* executivo, poderá o tribunal requisitar a *intervenção das autoridades policiais ou administrativas* (direito à coadjuvação das outras autoridades – art. 202º, nº 3, da CRP), prevendo e regulando a lei, quer os termos da execução das decisões judiciais, quer as sanções a aplicar aos responsáveis pela sua inexecução" (art. 205º, nº 4, da CRP). Também em sede de procedimentos cautelares, prevê a lei que possa ter lugar a "*execução coerciva*" através de "*medidas adequadas*", ainda que sem pré-concretizar qualquer dessas medidas (cfr. o art. 375º)[584].

Na prossecução desse dever de fazer respeitar as decisões dos tribunais (neste caso as providências cautelares) – em cuja execução a recusa de colaboração só em casos-limite de absoluta impossibilidade pode ser tolerada –, pode mesmo o tri-

reciprocamente – cfr. o acórdão da RP de 9-6-2015, Proc. 963/13.6TBSJM.1.P1, *in* www.dgsi.pt/Desª Márcia Portela.

583 Cfr. Gomes Canotilho e Vital Moreira, *Constituição da República Portuguesa Anotada*, 3ª ed. cit., p. 799.

584 No acórdão do STJ de 12-10-2000, CJSTJ, Tomo III/2000, p. 70/Cons. Quirino Soares, considerou-se mesmo que, «num procedimento cautelar, não podem ser decretadas medidas cujo conteúdo material não seja juridicamente aferível nem coercível».

bunal, *sponte sua* ou mediante solicitação dos respetivos requerentes, estabelecer ou sugerir ao obrigado ou às entidades administrativas, inspetivas ou policiais, um dado *"programa"*, *"itinerário"* ou *"plano-guia"*, sem embargo de a sua concretização prática no terreno ser deixada às regras de técnica operacional próprias das entidades solicitadas ou requisitadas[585]. A atuação das medidas cautelares deve, assim, e em geral, pautar-se pelos *parâmetros pré-determinados pelo juiz emissor da medida*, que *não pelas regras reguladoras da execução comum*, as quais sempre deverão, todavia, operar *a título supletivo*. Isto tendo presente que às providências respeitantes a obrigações de *facere* ou *non facere* – as mais correntes entre providências cautelares não especificadas – corresponde quase sempre uma execução prática de natureza casuística[586].

No âmbito das (decretadas) *providências não especificadas*, algumas há insuscetíveis de execução específica, pois que fora de causa se encontra o recurso a meios coativos de ordem físico-corporal em caso de incumprimento (voluntário) total ou parcial das prestações por banda do requerido. É o caso das ordens ou injunções (intimações) para determinadas condutas individuais, relativamente às quais se encontra arredada a sua imposição pela força, porquanto potencialmente contendentes ou colidentes com direitos fundamentais de tutela da personalidade (física ou moral) dos respetivos destinatários (*nemo potest praecise cogi ad factum*). Trata-se das chamadas *prestações de facto infungíveis*, para cuja falta de acatamento deve o juiz, a pedido do requerente da providência, sujeitar o requerido (premonitoriamente para a hipótese de contumácia) a uma determinada *sanção compulsória* (arts. 365º, nº 2, do CPC e 829º-A, do CC)[587-588-586].

[585] As *medidas cautelares decretadas pelos tribunais administrativos* podem ser objeto de execução forçada pelas formas previstas nesse diploma para o processo executivo (cfr. o nº 1 do art. 127º do CPTA). Os nºs 3 e 4 do art. 167º preveem, para execução das respetivas sentenças, o recurso por esses tribunais à *colaboração das autoridades e agentes da autoridade administrativa* obrigada, bem como, se necessário, de *entidades administrativas terceiras*, cominando ainda a todas as entidades públicas a obrigação de prestar a colaboração que, para este efeito, lhes for requerida, sob pena de *crime de desobediência*.

[586] Sobre as medidas executivas específicas (obrigações de *non facere*) relativas à *proibição de touradas com touros da morte*, à *suspensão de obras no metropolitano* numa das ruas de Lisboa por violação de direitos fundamentais, à *inauguração e início de exploração de estabelecimento comercial em desrespeito do prazo contratual de não abertura* (na mesma cidade e dentro de certo prazo) de estabelecimento do mesmo ramo e, finalmente, à *obrigação de retirada de cães de uma dada fração autónoma* – cfr. Amâncio Ferreira, *Curso* cit., pp. 486-487.

[587] Cfr. Amâncio Ferreira, *Curso* cit., p. 486.

[588] No acórdão da RC de 12-6-2001, CJ, ano XXVI, tomo III, p. 25, Des. Serra Baptista, entendeu-se que *a sanção pecuniária compulsória tem que ser cominada na própria decisão que decrete a providência* e nunca em momento posterior. Segundo Lebre de Freitas e outros (*Código*

Em caso de incumprimento da (decretada) providência cautelar, será o infrator notificado para pagar, em prazo a fixar, o montante sancionatório arbitrado, devendo, na hipótese de esse pagamento não ser efetuado, promover-se, a solicitação do próprio requerente e *nos próprios autos do procedimento, execução para pagamento de quantia certa*, com efetivação da *penhora sem citação prévia do requerido* (arts. 703º, nº 1, al. a) e 727º); tal execução é, de resto, suscetível de renovação, a pedido do requerente, se subsistirem em dívida algumas das quantias (sancionatórias) liquidadas após a respetiva extinção (art. 850º, nº 1).

É, ademais, possível, em caso de não acatamento voluntário de certas providências cautelares não especificadas, utilizar, em simultâneo, a aplicação de uma *sanção pecuniária compulsória e o recurso à força* com vista à sua cabal satisfação.

Será, por exemplo, a hipótese de, em *defesa do direito à intimidade da vida privada e/ou familiar do requerente* (art. 26º, nº 1, da CRP), houver que assegurar a proibição de publicação de uma dada obra literária; se, ao arrepio dessa proibição, a publicação se consumar, poderá ser aplicada ao autor da obra uma *sanção pecuniária compulsória* e determinada a *apreensão coativa imediata*, com retirada do mercado, dos exemplares da obra já editada, a ser levada a efeito mediante a colaboração das autoridades policiais[590-591].

O procedimento só se considera findo depois de a decisão judicial se mostrar cumprida; daí não poder o requerido obstar à sua atuação, o que

de Processo Civil Anotado, vol. 2º cit., p. 22), é aplicável aos procedimentos cautelares a norma do nº 4 do art. 265º, que permite a dedução superveniente do pedido de fixação de sanção pecuniária compulsória até ao encerramento da discussão.

589 Também no *contencioso administrativo*, quando a medida cautelar decretada exija da Administração a adoção de providências infungíveis, de conteúdo positivo ou negativo, o tribunal pode condenar, de imediato, o titular do órgão ao pagamento da sanção pecuniária compulsória que se mostre adequada (cfr. o nº 2 do art. 127º do CPTA).

590 Cfr. Amâncio Ferreira, *Curso* cit., pp. 492-493.

591 Poderá ser utilizado *procedimento cautelar comum* para proibir um jornal semanário de divulgar revelações suscetíveis de ofensa do bom nome e reputação das pessoas envolvidas em diálogos, feitas por gravação e só produzidas pelo requerente em face da confiança depositada na promessa de sigilo feita pelo jornalista entrevistador, se tais gravações houverem sido fraudulentamente subtraídas do local da respetiva guarda, podendo, para execução da decretada providência (apreensão da edição em ordem à sua destruição controlada), ser solicitada a colaboração da PSP, GNR, PJ e ASAE – cfr., neste sentido, o acórdão da RL de 20-1-2005, CJ, Tomo I/2005, p. 97/Des. Sousa Grandão.

significa não haver, nesta sede, lugar a quaisquer medidas de coerção. Acresce que nelas, o requerido, por, em princípio, só ser ouvido após a realização da providência, só é notificado da decisão após o respetivo decretamento (arts. 366º, nº 6 e 372º, nº 1). No caso específico da *suspensão de deliberações sociais,* o procedimento cautelar só se considera findo depois de a decisão que lhe puser termo ter sido cumprida, já que, a partir da citação e enquanto não for julgado em 1ª instância o pedido de suspensão, não é lícito à associação ou sociedade executar a deliberação impugnada (art. 381º, nº 3).

E também o caso da *entrega dos bens móveis ou imóveis* (que constituem objecto da ação) a um terceiro como depositário, medida essa que pode ser requerida na dependência de ações como a de *resolução do contrato de renda perpétua* (art. 1235º do CC) ou de *restituição de posse* (art. 1278º do CC), na sequência de esbulho não violento (art. 395º). Decretada a providência, e em seu cumprimento, será lavrado *termo de entrega* de bens a um *depositário,* o qual «os *administrará* com a diligência e zelo de um bom pai de família e com a obrigação de prestar contas» (art. 760º, nº 1). Apreensão judicial essa algo similar à verificada nos casos de *arresto, arrolamento* e *apreensão de veículo automóvel.*

30. Impugnação das decisões cautelares

Se o requerido houver deduzido oposição, «o juiz decide da manutenção ou revogação da providência anteriormente decretada, cabendo *recurso* desta decisão e, se for o caso, da manutenção ou revogação da inversão do contencioso; qualquer dessas decisões «constitui *complemento e parte integrante da inicialmente proferida*» (art. 372º, nº 3).

Se a providência for decretada – decisão favorável ao requerente – sem que o requerido haja sido previamente ouvido, é-lhe lícito, em alternativa, deduzir oposição ou interpor recurso para o tribunal da Relação se o valor do procedimento o permitir (arts. 366º a 368º).

Independentemente do valor da causa e da sucumbência, é sempre admissível recurso (de apelação) para a Relação das *decisões de indeferimento liminar do requerimento inicial do procedimento cautelar* (art. 629º, nº 3, al. c)). Cabe ainda *recurso de apelação das decisões (finais),* proferidas em 1ª instância, *que ponham termo ao procedimento cautelar* (art. 644º, nº 1), tendo presente o princípio geral plasmado no nº 1 do art. 631º de que «os recursos só podem ser interpostos por quem, sendo parte principal na causa, tenha ficado *vencido*». É reduzido a *15 dias (processo urgente) o prazo para a interposição do recurso* de apelação (contendo as respetivas alegações – arts. 363º, nº 1 e 638º, nº 1), sendo que tal prazo *se não suspende no decurso das férias judiciais* (art. 138º, nº 1)[592]. Possui *efeito meramente devolutivo* a apelação do requerido em caso de decisão (*positiva*) de *deferimento* ou *decretamento da providência*, possuindo *efeito suspensivo* a apelação do requerente da decisão (*negativa*) que indefira liminarmente ou que não ordene a solicitada providência cautelar (art. 647º, nºs 1 e 3, al. d)).

A decisão que *defira* a *inversão do contencioso* só é recorrível em conjunto com a decisão sobre a providência requerida, não havendo recurso da decisão que, *uti singuli*, *indefira* a inversão, sendo que, de qualquer decisão proferida no seio dos procedimentos cautelares (inclusive da decisão que admita a inversão do contencioso) só cabe recurso (em um grau) para a Relação (art. 370, nºs 1 e 2).Quando o *requerido* não tiver sido ouvido antes do decretamento da providência, a *alternativa* de *recorrer* ou *deduzir oposição* nos termos das alíneas a) e b) do nº 1 do art. 372º também se lhe coloca para impugnar a decisão que haja *invertido o contencioso* (art. 372º, nº 2). Se houver deduzido *oposição* e o juiz se decidir «pela manutenção, redução ou revogação da providência» (*ex-ante* decretada), cabe *recurso* dessa decisão e (se for o caso) daquela que mantiver ou revogar a *inversão do contencioso*, já que qualquer dessas decisões se considera parte integrante da inicialmente proferida» (art. 372º, nº 3).

Das decisões proferidas nos procedimentos cautelares (incluindo a que determina a inversão do contencioso) *não cabe recurso para o Supremo Tribunal de Justiça* (art. 370º, nº 2), salvo o caso de *contradição de acórdãos* das Relações (arts. 629º, nº 2, al. d)). De notar, ainda, que, nos termos da al. b) do nº 3 do art. 629º, «*cabe recurso para a Relação das decisões respeitantes ao valor da causa nos procedimentos cautelares*, com fundamento de que o seu valor excede a alçada do tribunal de que se recorre». Das decisões cautelares só haverá, pois, em princípio, e normalmente, um único grau de recurso – *recurso de apelação* a interpor para a Relação, quer a decisão haja sido de conteúdo meramente formal, quer tenha incidido sobre o mérito do procedimento.

Discutível é se dessas decisões haverá também *recurso para o Tribunal Constitucional*: muito embora o *caráter expedito e simplificado do procedimento* e a *provisoriedade do julgamento efetuado em sede cautelar* sugiram um caráter também *provisório* da apreciação da constitucionalidade das normas em que simultaneamente se fundamentam, entendemos serem tais decisões compatíveis com um julgamento definitivo de constitucionalidade, desde logo, face ao *princípio da tutela jurisdicional efetiva* que os

[592] O AC UNIF nº 9/2009, in DR de 19-5-2009, fixou a seguinte jurisprudência:«*os procedimentos cautelares revestem sempre caráter urgente, mesmo na fase de recurso*».

sistemas constitucional e legal têm por missão salvaguardar (arts. 20º da CRP e 26º e 30ºda LOSJ)[593].

Secção III
Procedimentos cautelares especificados previstos no Código de Processo Civil

31. Procedimentos cautelares especificados previstos no CPC. Caraterização. Execução das respetivas providências

Com ressalva da exceção do nº 2 do art. 368º (ponderação dos interesses em jogo em termos de prejuízo/benefício), as regras gerais do *procedimento cautelar comum* (arts. 262º a 375º) são de aplicação supletiva aos *procedimentos cautelares especificados*; não, porém, quando se pretenda acautelar o risco de lesão especialmente prevenido por algumas das providências subjacentes aos *procedimentos nominados* (cfr. o nº 1 do art. 376º).

A maior parte dos procedimentos cautelares *especificados, tipificados ou nominados* encontra-se regulada no Capítulo II do Título IV do Livro II do CPC (arts. 377º a 409º) e são eles os procedimentos para: – *restituição provisória de posse* (arts. 377º a 379º); – *suspensão de deliberações sociais* (arts. 380º a 383º); – *alimentos provisórios* (arts. 384º a 387º); – *arbitramento de reparação provisória* (arts. 389º a 390º); – *arresto* (arts. 391º a 396º); – *embargo de obra nova* (arts. 397º a 399º e 400º a 402º); – *arrolamento* (arts. 403º a 409º).

Face à classificação dual supra-aludida, assumem caráter *conservatório* – já que visam apenas acautelar o efeito útil da ação principal, assegurando a subsistência do *statu quo ante* – o *arresto*, o *arrolamento*, o *embargo de obra nova* e a *apreensão de veículo automóvel*. Revestem-se, por seu turno, de caráter *antecipatório* – por anteciparem a realização de um direito ou o decretamento de uma outra providência judicial, um e outra com previsíveis ou presumíveis reconhecimento e adoção na ação principal – a *restituição provisória de posse*, os *alimentos provisórios*, o *arbitramento de reparação provisória*, a *entrega*

[593] Cfr. os acórdãos do TC de 18-8-92/Cons. Ribeiro Mendes e de 31-7-85, Proc. 85/35/Cons. Cardoso da Costa e, em sentido contrário, o acórdão do TC (2ª Sec.), de 2-12-2009, *in* DR, 2ª Série, nº 11, de 18-1-2010, pp. 2373 e ss./Cons. Benjamim Rodrigues.

judicial e cancelamento do registo e a *nomeação de administrador judicial provisório e outros procedimentos avulsos previstos em processo de insolvência*; assume caráter misto (umas vezes conservatório outras antecipatório) a providência de suspensão de deliberações sociais.

31.1. Restituição provisória de posse

A *restituição provisória de posse* constitui um meio de defesa posto à disposição do *possuidor* da coisa nos casos em que o mesmo dela haja sido privado de *forma violenta* (arts. 377º, 379º do CPC e 1279º do CC)[594].

Provada pelo esbulhado (*spoliatus*) a existência de uma posse digna de tutela jurídica e a respetiva privação por *esbulho violento*[595], o tribunal ordenará ao esbulhador (*spoliator*) a respetiva restituição, *sem prévia audiência do esbulhador* (arts. 378º do CPC e 1279º do CC).

A violência pode ser tanto contra pessoas como contra coisas; mas se exercida sobre coisas, tem de revestir-se de potencialidade intimidatória sobre o esbulhado, em termos de neutralizar a sua capacidade de resistência ao ato de esbulho (coação moral)[596-597]. Quando o esbulho *se não haja revestido de violência* e quando tiver ocorrido uma *mera turbação da posse* (lesão

[594] Para ALBERTO DOS REIS, *Código de Processo Civil Anotado*, vol. I cit., p. 670, a *restituição provisória de posse*, ainda que uma providência preventiva e cautelar, não é rigorosamente uma providência cautelar, já que lhe não subjaz o requisito do «*periculum in mora*». O seu deferimento tem em atenção, não «um perigo de dano iminente», mas uma «compensação pela violência de que o possuidor foi vítima» (isto é, em função de uma lesão já consumada).

[595] A violência tanto pode ser exercida sobre pessoas como sobre coisas (sobre estas, mormente se constituindo elas próprias um obstáculo a remover para a consumação do esbulho) – cfr., neste sentido, AMÂNCIO FERREIRA, *Curso*, cit., p. 480, nota 972, citando ainda, a propósito, o acórdão do STJ de 7-7-99, BMJ nº 489, p. 338/Cons. DIONÍSIO CORREIA e LEBRE DE FREITAS e OUTROS, *Código de Processo Civil Anotado*, vol. 2º, pp. 72 e ss.. Cfr., ainda, entre outros, os acórdãos do STJ de 30-5-2000, Proc. nº 294/2000 – 1ª Sec., de 11-1-2001, Proc. nº 2675/2000 – 2ª Sec. e de 22-3-2001, Proc. nº 557/2001 – 2ª Sec.

[596] Cfr., neste sentido, os acórdãos da RC de 24-1-2017, Proc. 1350/16.0T8GRD.C1, *in* www.dgsi.pt /Des. PIRES ROBALO e da RP, de 9-5-2019, Proc. 612/19.9T8PRD.P1, *in* www.dgsi.pt/Des. FILIPE CAROÇO.

[597] Deve ser *liminarmente indeferido*, por *manifesta improcedência* (inadequação), *o procedimento cautelar de restituição provisória de posse* requerido para *atribuição da casa de morada de família*, na sequência de decisão ainda não transitada que haja decretado o divórcio por mútuo consentimento – cfr., neste sentido, o acórdão da RL de 12-6-2017, Proc. 7225/17. 8T8ALM.L1.2, *in* www.dgsi.pt/Desª ONDINA CARMO ALVES.

ou perigo de lesão) – fora, pois, dos requisitos do art. 377º –, deve ser utilizado o *procedimento cautelar comum* (cfr. o art. 379º)[598].

Na sequência da prolação da decisão decretadora, será, a *pedido do requerente* ou por *iniciativa do funcionário judicial*, executada a providência (arts. 158º, 172º, nº 2 e 184º), sendo, para o efeito, emitido um *mandado para restituição provisória de posse*. Mediante prévia comunicação/notificação do oficial de justiça, deverá o requerente "*colocar à disposição do tribunal todos os meios necessários* à realização da diligência"; dever de colaboração esse que poderá traduzir-se, consoante as especificidades da concreta situação, tanto na eventual recolha e transporte do próprio oficial de justiça (do tribunal para o local onde se efetuará a diligência e vice-versa), como na presença de perito no arrombamento de portas e afins ou na facultação da mão-de-obra destinada à remoção de bens e dos meios de transporte para o local do respetivo depósito.

O despacho judicial de decretamento é cumprido, se necessário (em caso de oposição pela força à satisfação do determinado) com o *auxílio das autoridades policiais*, pois que a execução da ordem de restituição pode, em caso de resistência, legitimar uma imposição coerciva ao requerido (o *uso da força*), já que terá de consubstanciar-se numa entrega material e efetiva[599]. Auxílio esse que, não raras vezes, e tratando-se de imóveis urbanos ou rústicos, inclui a necessidade de, na presença e/ou com intervenção dessas autoridades, se diligenciar pelo arrombamento de portas, pela substituição de fechaduras (com os meios fornecidos pelo requerente), bem como pela remoção de vedações e outras diligências congéneres, com entrega de novas chaves e dos documentos da coisa restituída.

598 O *procedimento cautelar comum* é o procedimento adequado para defesa do *direito de acesso a prédios rústicos*, por parte do titular do direito de propriedade, através da passagem por uma escadaria cujo acesso foi vedado com a colocação de uma porta, quer essa escadaria seja um caminho/vereda/carreiro público ou parte de prédio pertencente a outrem, não sendo apropriados os procedimentos nominados previstos nos arts. 377º a 379º, do CPC (*restituição provisória de posse*) e 397º a 402º, do CPC (*embargo de obra nova*), por não estar em causa, nem a posse dos requerentes e o seu esbulho violento, nem a ofensa do direito de propriedade dos requerentes por obra em execução. Esse direito de acesso emerge do direito de propriedade de um imóvel e não de um qualquer direito subjetivo que possa subsistir e ser invocado independentemente da existência de um direito real sobre um concreto imóvel – cfr. o acórdão da RL de 19-4-2016, Proc. 267/15. OT8PTS.L1-7, *in* www.dgsi.pt/Des. Orlando Nascimento.

599 Cfr., neste sentido, Joel Timóteo R. Pereira, *Prontuário*, vol. II, 2ª ed., p. 565.

Do respetivo "*auto de diligência de restituição provisória da posse*" devem ser feitas constar, não só a *execução do ato de restituição* provisória da posse do bem (devidamente identificado) ao requerente, como ainda a *investidura do requerente na posse* da coisa esbulhada (art. 159º, nº 1). Para a eventualidade de o requerido (esbulhador) – embora não havendo sido ouvido antes do decretamento da providência – se encontrar presente, far-se-á ainda menção no auto de que o mesmo foi notificado para, querendo, e no prazo de 10 dias, deduzir oposição, podendo, para tanto, constituir advogado (ou eventualmente recorrer do respetivo despacho) – arts. 366º, nº 6 e 372º, nº 1. O *auto será assinado*, quer pelo funcionário executor, quer pelo requerente, quer pelo requerido (se estiver presente) e pelos respetivos mandatários.

A providência pode ser *substituída por caução*, caso o tribunal venha concluir que, face às especificidades do caso, a caução é idónea a prevenir, evitar e reparar o dano (art. 368º, nº 3)[600], e *subsistirá* em *vigor* até à decisão que ponha termos aos autos principais.

Se no decurso da sua vigência vier a ocorrer *nova violação*, desta feita *por banda de terceiro*, deverá contra este ser requerida outra diferente providência. Caso essa nova violação seja perpetrada *pelo próprio requerido* inicial, poderá este ser criminalmente responsabilizado como autor material de um *crime de desobediência qualificada* previsto e punido nos termos dos nºs 1 e 2 do art. 348º do CP, aplicável por força do art. 375º do CPC.

Nem o *procedimento*, nem a decretada *providência* de restituição provisória de posse se encontram sujeitos a *registo predial*, pois que não são, *a se*, afetadores da livre disposição dos bens a que se reportam (cfr. os arts. 2º e 3º, nº 1, alínea d), do CRPRED).

31.2. Suspensão de deliberações sociais

§1º Natureza jurídica

O *procedimento cautelar especificado de suspensão de deliberações sociais* encontra-se regulado nos arts. 380º e 381º. Assim, sempre que, no âmbito do *direito civil* ou *comercial*, «alguma *associação* ou *sociedade*, seja qual for a sua espécie, tomar deliberações contrárias à lei, aos estatutos ou ao contrato», «qualquer sócio pode requerer, no prazo de 10 dias, que a execução dessas deli-

[600] Cfr., nesse sentido, entre outros, o acórdão da RG, de 12-6-07, Proc. 1446/07- 2ª Sec., CJ, Tomo 111/2007, p. 287/Des. Rosa Tching e Joel Timóteo R. Pereira, *Prontuário*, vol. II, cit., pp. 565 e 566.

berações seja suspensa», «justificando a qualidade de sócio e mostrando que essa execução pode causar dano apreciável» (art. 380º, nº 1).

Trata-se tecnicamente de um procedimento de *caráter conservatório* (conservação do *statu quo ante* à emissão da deliberação alegadamente ilegal e lesiva dos interesses do requerente)[601]. Assume, todavia, marcados laivos de *caráter antecipatório*, já que, no fundo, se surtir êxito, *antecipa os efeitos de uma eventual decisão anulatória a ser tomada no seio do processo principal.* No fundo, quer o procedimento, quer a providência a decretar a final, possuem uma natureza *híbrida* ou *mista* (*conservatória/antecipatória*). Isto porque, por um lado, o decretamento da providência visa a conservação da situação de facto subjacente ao litígio e, por outro, os efeitos da medida cautelar correspondem (ainda que a título interino ou provisório) aos da futura sentença declarativa a proferir no seio da ação principal, no pressuposto da procedência desta. Ao *desideratum final* de *manutenção do statu quo* (anterior ao da putativa lesão) – com a consequente paralisia da eficácia jurídica da deliberação a suspender – corresponde *a forte possibilidade da antecipação do juízo* a emitir, a título definitivo, na ação principal com a qual a providência possui um nexo de *instrumentalidade hipotética*[602].

O nº 4 do art. 376º (a propósito do instituto da *inversão do contencioso* e da sua admissibilidade) – de aplicabilidade típica nesta sede – parece reconhecer indiretamente cariz *antecipatório* ao procedimento (e à providência), ao incluí-lo no elenco dos procedimentos em que é possível a admissibilidade dessa inversão[603]. Como escrevia Vasco L. Xavier[604], «Decretada a medida

[601] Marco Carvalho Gonçalves, *in Providências Cautelares*, 2ª ed., Almedina, 2016, p. 95, qualifica a providência cautelar de suspensão de deliberações sociais como de *natureza conservatória*. Já Lebre de Freitas e Outros, *in Código de Processo Civil Anotado*, vol. II, p. 92, consideram-na *simultaneamente de natureza conservatória e antecipatória*, uma vez que, "embora a sentença que julgue a ação procedente tenha conteúdo diferente do da mera suspensão da execução da deliberação, o seu efeito mais amplo abrange a não produção dos seus efeitos, a qual é antecipada, a título provisório, pela decisão suspensa".

[602] Cfr., a este respeito, Rita Lynce de Faria, *in* "O *Conteúdo da Providência da Suspensão de Deliberações Sociais*, pp. 53 e *in Deliberações Sociais*", pp. 246-247.

[603] No sentido de que o procedimento e a providência se enquadram num «*tertium genus* de medidas» «que não parecem reconduzir-se diretamente à classificação bi-partida tradicional, cfr. Rita Lynce de Faria, *A Tutela Cautelar Antecipatória no Processo Civil Português, Um difícil equilíbrio entre a urgência e a irreversibilidade*, Lisboa, Universidade Católica Editora, 2016, pp. 83-87.

[604] *Vide O conteúdo da Providência de Suspensão de Deliberações Sociais, in* RDES, 1975, XXII, pp. 195 e ss..

cautelar, os efeitos jurídicos da deliberação ficarão num estado de quiescência até à sentença proferida na acção anulatória: esta sentença virá operar ou a eliminação ou a revivescência de tais efeitos, consoante a acção for ou não julgada procedente» (*sic*)[605].

§2º Objeto

O procedimento é utilizável, não só no quadro dos diversos tipos de *sociedades* (deliberações ilegais, anti-estatutárias ou infratoras do pacto social – arts. 56º e 58º do CSC)[606], como também (a título subsidiário) no âmbito das *cooperativas* (arts. 9º e 39º, nº 8, do Código Cooperativo – CCOOP – aprovado pela Lei nº 119/2015, de 31 de agosto). E, outrossim, relativamente às deliberações de outras entidades *sem personalidade jurídica* de estrutura associativa, como as *associações não personalizadas* e das *comissões especiais* (arts. 195º, nº 1 e 199º do CC). No que toca às *associações*[607], os fundamentos da declaração de nulidade ou de mera anulabilidade, constituindo outras tantas causas de suspensão da eficácia das respetivas deliberações, emergem dos arts. 174º, nº 2, 176º e 177º do CC[608-609].

605 Rita Lobo Xavier, *in Suspensão de Deliberações Sociais e Inversão do Contencioso, in* Estudos em Homenagem ao Prof. Jorge Leite, Coimbra Editora, pp. 795-810, entende que "quando o que o requerente pretenda seja evitar a produção de efeitos de uma deliberação anulável, que se esgota na prática de um ato numa determinada data", é que se poderá dizer que os efeitos da providência cautelar se antecipam".

606 No sentido de que as *deliberações tomadas pelo conselho de administração e pelo conselho fiscal das sociedades anónimas* são deliberações sociais, como tal podendo as respetivas nulidade ou anulabilidade ser diretamente impugnadas nos tribunais, cfr. o acórdão da RL de 20-11-2003, CJ, Tomo V/2003, p. 198 / Des. Oliveira Vasconcelos.

607 Cabe aos tribunais civis a competência para a apreciação e julgamento de um procedimento cautelar de suspensão de uma deliberação da *Liga Profissional de Futebol* – cfr. o acórdão do STJ de 7-11-2002, CJSTJ, Tomo III/2002, p. 125 / Cons. Abílio Vasconcelos.

608 Não assim quanto às *deliberações de órgãos de partidos políticos* (cuja competência cabe exclusivamente ao TC, nos termos dos art. 31º da Lei nº 2/2003, de 22 de agosto – Lei dos Partidos Políticos – e 9º, al. e), da Lei nº 28/82, de 15 de novembro – LTC). E também, *quanto às das federações e associações desportivas, no âmbito estritamente desportivo, que não no sancionatório* (poderes públicos delegados), pois que, neste específico âmbito, já serão os tribunais administrativos os competentes.

609 Os procedimentos cautelares relativos a *ato eleitoral e atos subsequentes dos orgãos de associações humanitárias de bombeiros* são da *competência dos tribunais comuns* – cfr. o acórdão da RP de 7-7-2016, Proc 30982/15.1T8PRT.P1, *in* www.dgsi.pt /Desª Isabel São Pedro Soeiro.

Do âmbito subjetivo apenas se excluem as deliberações das *pessoas coletivas de direito público* sujeitas a um regime específico de impugnação (art. 4º, nº 1, al. o), do ETAF), bem como as *deliberações tomadas em assembleias gerais ou órgãos equivalentes das instituições de previdência ou de associações sindicais*, cujo contencioso se encontra submetido à *jurisdição laboral* (arts. 164º e 169º do CPT) e cujo procedimento cautelar de suspensão o respetivo art. 168º regula.

No que particularmente respeita à *suspensão de deliberações* das *assembleias de condóminos*, decorre o respetivo procedimento do *direito potestativo da respetiva impugnação anulatória* consagrado nos nºs 1 e 5 do art. 1433º do CC (prevenção de danos ao condómino ou ao condomínio urbano), apenas podendo, contudo, ser *requerida pelos condóminos que não hajam aprovado expressa ou tacitamente* as deliberações suspendendas ou anulandas. Porém, *no âmbito da propriedade horizontal*, o condomínio goza, *a se*, de *personalidade judiciária*, pelo que, nas ações em que estejam em causa deliberações dessas assembleias, devem (a ação ou o procedimento) ser dirigidos contra o condomínio como entidade dotada de personalidade judiciária (art. 12º, al. e)); o condomínio será, pois, demandado como *pessoa judiciária*, representado, porém (em princípio), pelo respetivo administrador; deverá, assim, ser citada para contestar a pessoa a quem compita a *representação judiciária* dos condóminos na ação de anulação ou no procedimento cautelar de suspensão dessas deliberações (o administrador ou a pessoa que a assembleia para o efeito designar) – cfr. os arts. 383º, nº 2, do CPC e 1433º, nº 6, do CC[610]; não devem, pois, ser demandados todos os condóminos (individualmente considerados) que as hajam aprovado, se tenham abstido ou não tenham estado presentes ou representados[611].

[610] Quanto ao *iter* procedimental da impugnação das deliberações das assembleias de condóminos, *vide* os nºs 1 a 4 do art. 1433º do CC.

[611] Cfr., neste sentido, *v. g.*, o acórdão do STJ de 29-5-2007, CJSTJ, Tomo II/2007, pp. 97 e ss. / Cons. Urbano Dias, e da RL de 25-6-2009, Proc. 4838/07 / Des. Ilídio Sacarrão Martins, com anotação favorável de Miguel Mesquita, *in* Cadernos de Direito Privado, nº 35, julho/setembro de 2011. No mesmo comentário, o autor concorda com Lebre De Freitas quando este, em anotação ao art. 6º do CPC/61, escreveu que este normativo «concede personalidade judiciária ao condomínio relativamente às acções em que, por ele, pode intervir o administrador nos termos dos arts. 1433º, nº 6 do CC (como réu) e 1437º do CC (como réu), o que já resultava pelo menos desta última disposição» – cfr. Lebre de Freitas/João Redinha/Rui Pinto, *in Código de Processo Civil Anotado*, vol. 1º, 2ª edição, Coimbra Editora, p. 21 (anotação ao art. 6º). Acerca deste ponto, *vide* ainda Sandra Passinhas, *in A Assembleia de Condóminos e o Administrador na Propriedade Horizontal*, julho de 2000, Almedina, pp. 239 e ss. e Jorge Alberto Aragão Seia, *in Propriedade Horizontal, Condóminos e Condomínios*, pp. 175 a 183, e doutrina e jurisprudência nessas obras citada.

Objeto de suspensão podem também ser as deliberações das *instituições privadas de solidariedade social*[612-613], as tomadas no seio das *Misericórdias*[614] (desde que atuando como entidades equiparadas a associações de assistência ou de beneficiência, mas já não quando incidentes sobre matérias abrangidas pela Concordata com a Santa Sé, como tal submetidas ao Código de Direito Canónico[615]) e ainda as deliberações das *associações de facto* (*ex-vi* do disposto nos arts. 195º do CC e 12º, al. b), do CPC) e das *sociedades comerciais irregulares* (arts. 36º, nº 2 e 37º do CSC e 380º, nº 1, do CPC)).

O *procedimento cautelar especificado* pode, por seu turno, ser utilizado, não só quando as deliberações hajam sido tomadas em *assembleia regularmente convocada*, como também quando essas deliberações ocorram em *assembleia universal* e quer sejam *deliberações unânimes por escrito*, quer *deliberações tomadas por voto escrito*. Quanto às *deliberações unânimes por escrito*, prescreve o nº 2, 2ª parte, do art. 380º que, quando a lei dispense reunião de assembleia, «a *cópia da ata será substituída por documento comprovativo da deliberação*». O que só pode significar que o procedimento pode ser utilizado *mesmo quando não haja reunião de assembleia*, ponto sendo que as *deliberações por escrito* sejam *deliberações unânimes*. *Votação unânime* essa que não pode deixar de repercutir-se em sede de *legitimidade ativa* (quer para propositura da ação principal, quer para o requerimento do procedimento cautelar). Com efeito, a *invalidade* (*anulabilidade*) «pode ser arguida pelo *órgão de fiscalização* ou por *qualquer sócio que não tenha votado no sentido que fez vencimento nem posteriormente tenha aprovado a deliberação, expressa ou tacitamente*».

A utilização do procedimento suspensivo supõe, porém, e por princípio, que as *deliberações não hajam sido ainda executadas*[616-617]. Quanto às *já executadas antes da apresentação do procedimento*, a ortodoxia processual leva a indeferir o decretamento da providência por falta de interesse (atual) em agir (ausência

[612] Cfr. o acórdão da RP de 16-3-98, CJ, Tomo II, p. 203 / Des. Simões Freire.

[613] O acórdão da RP de 28-9-00, CJ, Tomo IV, p. 195 / Des. Viriato Bernardo, inclui mesmo, na previsão da providência, as *Fundações de Solidariedade Social*.

[614] Cfr. o acórdão da RG, de 4-2-2004, CJ, Tomo I, p. 284 / Des. António Ribeiro.

[615] Cfr. os acórdãos do STJ de 27-1-2005/ Cons. Custódio Montes e de 17-2-05/ Cons. Ferreira de Almeida, CJSTJ, Tomo I, pp. 49 e 77, respetivamente.

[616] Cfr., a este respeito, Vasco L. Xavier, *Suspensão de Deliberações Sociais Ditas Já Executadas*, *in* RLJ, 1990-1991, ano 123º, pp. 375 e ss..

[617] No sentido de que uma deliberação pode ser cautelarmente suspensa enquanto se não esgotarem todos os seus potenciais efeitos danosos (diretos ou laterais ou meramente reflexos) – cfr. o acórdão da RL de 27-3-2007 / CJ, Tomo II/2007, p. 96. Desª Maria José Mouro.

de *periculum in mora*). Quanto às *executadas entre a data do requerimento e a da citação* da requerida, haverá que *extinguir a instância por inutilidade superveniente* (art. 277º al. e)). E, relativamente às *executadas entre as datas da citação e da decisão*, vedando (tornando *ilegítimo*) o nº 3 do art. 381º «à associação ou sociedade executar a deliberação impugnada», a eventual execução desta no período suspensivo determina ou a *ineficácia da providência* ou a *responsabilidade civil dos agentes executores*, com a consequente *inutilidade superveniente* da impetrada providência, consoante se considere que os *efeitos antecipatórios resultam da própria citação* ou *diretamente do ato decretador*, respetivamente[618].

A formulação do juízo sobre a consumação da execução da deliberação encontra-se intimamente associada ao requisito do *periculum in mora*, ou seja, à previsível perduração de efeitos lesivos relevantes (apreciáveis) para o requerente da providência. A doutrina e a jurisprudência vêm, de resto, maioritariamente privilegiando a *eficácia prospetiva* da medida, estendendo a respetiva utilidade à prevenção de atuações dos órgãos sociais executores, através da paralisia dos efeitos jurídicos que a decisão suspendenda tenda a produzir no futuro[619]. É, pois, de admitir – ainda em homenagem ao *princípio da tutela jurisdicional efetiva* –, como passíveis de constituir objeto do procedimento, as deliberações cuja execução se revista de *caráter duradouro*, isto é, que produzam efeitos protraídos no tempo, mas cuja produção se haja já iniciado aquando do requerimento da providência, assim prosseguindo o procedimento o seu escopo híbrido *conservatório* e *antecipatório*[620-621].

[618] Cfr. Abrantes Geraldes, *Temas*, vol. IV, 3ª edição cit. – 6. *Procedimentos Cautelares Especificados*, Coimbra, Almedina, 2006, pp.79-80.

[619] Cfr., neste sentido, Abrantes Geraldes, *Temas*, vol. IV, 3ª ed. cit., p. 81 e demais doutrina e jurisprudência do STJ e das Relações aí citadas, *v. g.*, acerca da destituição de gerentes ou administradores, proclamação de uma lista vencedora para os corpos sociais ou amortização de quota ainda não concretizada.

[620] No supra-citado acórdão da RL de 27-3-2007, sufragou-se mesmo a tese de que «a suspensão pode ocorrer enquanto se não esgotarem todos os seus efeitos danosos», pelo que «a possibilidade de suspensão tem de se verificar enquanto for viável prevenir a lesão de um direito, e, nessa medida, que o requerente ou a sociedade continuem a sofrer prejuízos» (*sic*).

[621] No sentido de que o *princípio de que só podem ser suspensas as deliberações não executadas* não deve confinar-se ao impedimento da prática (pelos órgãos sociais) de uma sociedade de «um qualquer *ato de execução instantânea* da deliberação» suspendenda, antes estender-se à paralisia dos *efeitos jurídicos* «não raras vezes, *duradouros*, *persistentes* e prolongados», que essas deliberações sejam suscetíveis de produzir no futuro, cfr. o acórdão da RC de 2-4-2019 Proc. 510/18.7T8CBR.C1, *in* www.dgsi.pt/Des. Barateiro Martins.

Como exemplos paradigmáticos de *deliberações de eficácia duradoura* ou *diferida* no tempo, podem dar-se os das deliberações de *alteração dos estatutos* (aplicação sucessiva de novas cláusulas), da *amortização de quota* (pagamento parcialmente ainda em dívida) ou da *eleição para membros dos órgãos sociais* (na vigência do respetivo mandato), relativamente aos quais se reveste de "*sentido útil*" suspender a deliberação. Isto com base na chamada *corrente substancialista*, em contraste com a *solução estática* da *corrente formalista*, segundo a qual a execução de tais deliberações se deveria dar por consumada na data da celebração das escrituras (de alteração dos estatutos ou de amortização de quota) ou com o momento do início de funções dos órgãos sociais, respetivamente[622]. No fundo, o que o art. 129º do CPTA postula, sob a epígrafe "*suspensão de eficácia do ato já executado*": «*a execução de um ato não obsta à suspensão da sua eficácia quando desta possa advir*, para o requerente ou para os interesses que este defenda ou venha a defender, no processo principal, *utilidade relevante no que toca aos efeitos que o ato ainda produza ou possa produzir*»[623].

Questão que pode suscitar-se é a de saber se o procedimento apenas pode ser utilizado para suspender as *deliberações dos sócios* ou também para se obter a *suspensão de deliberações de outros órgãos sociais*, tais como o *conselho de administração das sociedades anónimas* (arts. 411º, 412º e 433º, nº 1, do CSC), a *comissão executiva* e a *comissão de auditoria do conselho de administração das sociedades anónimas* (arts. 407, nºs 3 e 423º-B e ss. do CSC), o *conselho geral e de supervisão de sociedades anónimas* (art. 445º. nº 2, do CSC), a *gerência das sociedades por quotas* (art. 261º, nº 1, do CSC), o *conselho fiscal das sociedades comerciais* (arts. 423º, nº 2 e 262º, nº 1, do CSC) ou a *assembleia de obrigacionistas* (art. 356º do CSC)[624].

622 Cfr., acerca deste tema, Rui Pinto Duarte, *O Procedimento Cautelar de Suspensão de Deliberações Sociais* (e não só sociais) *no Novo Código de Processo Civil, in Direito das Sociedades em Revista*, setembro de 2013, ano 5, vol. 10, pp. 28-30.

623 A propósito da querela sobre se uma *deliberação* se pode considerar como *totalmente executada* ou antes de *execução continuada* e, como tal, suscetível de suspensão, e das teses *formalista* e *substancialista* acerca desses conceitos, cfr. João Maria Pimentel y David Sequeira Dinis, em *Ainda sobre o procedimento cautelar de suspensão de deliberações sociais. O conceito de deliberação não executada para efeitos do art. 396º* (atual art. 380º) *do Código de Processo Civil, in* Actualidad Jurídica Uría Menéndez» / nº 26-2010, pp. 21 e ss.. Criticando as qualificações "*formalista*" e "*substancialista*", cfr. Menezes Cordeiro, *Direito das Sociedades*, Vol. I, Parte Geral, Coimbra, Almedina, 2011 p. 835.

624 Cfr., quanto a este tema, Rui Pinto Duarte, *O Procedimento Cautelar de Suspensão de Deliberações Sociais* cit., p. 32.

Na esteira de Pinto Furtado[625-626], e ao arrepio da doutrina tradicional anterior à entrada em vigor do atual CSC, é de admitir que o *procedimento cautelar nominado sub-specie* – face à sua manifesta afinidade com a colegialidade dos órgãos deliberativos e à similitude dos correlativos processos de decisão e execução – possa ser o expediente mais adequado para se obter a *suspensão da execução das deliberações de quaisquer órgãos com competência para deliberar*[627], *v. g.*, das *deliberações, decisões* ou *atos* de outros órgãos de administração, tais como o *conselho fiscal*, a *direção*, a *administração*, a *gerência* ou *outro*[628-629]. Isto sem embargo de se reconhecer que normas do CPC foram primacialmente concebidas para *deliberações dos sócios tomadas em assembleia* e de se ter presente que ao procedimento nominado serão *subsidiariamente aplicáveis as normas do procedimento cautelar comum* e do capítulo respetivo, *ex-vi* do nº 1 do art. 376º, sendo certo, contudo, que a maioria das regras e dos atos-trâmite do procedimento especificado são as que melhor se coadunam e adaptam ao subjacente *desideratum*[630].

[625] *In Deliberações dos Sócios*, Coimbra, Almedina, 1993, p. 465.

[626] Taveira da Fonseca, embora contra a aplicação "extensiva", defendia, todavia, uma solução eclética, com admissão de algumas exceções à regra supletiva da utilização do procedimento cautelar comum relativamente a matérias da competência deliberativa específica do órgão emissor – *vide, Deliberações Sociais – Suspensão e Anulação, in Textos, Sociedades Comerciais*, Centro de Estudos Judiciários/Conselho Distrital do Porto da Ordem dos Advogados, 1994/1995, pp. 21 e ss..

[627] Cfr. *Deliberações dos Sócios, in Comentário ao Código das Sociedade Comerciais*, Almedina, 1993, pp. 465-466.

[628] No sentido de que as *deliberações tomadas pelo conselho de administração e pelo conselho fiscal das sociedades anónimas* são *deliberações sociais*, como tal podendo as respetivas nulidade ou anulabilidade ser diretamente impugnadas nos tribunais – cfr. o acórdão da RL de 20-11-2003, CJ, Tomo V/2003, p. 198 / Des. Oliveira Vasconcelos. No sentido da *impugnabilidade judicial direta* das *deliberações dos conselhos de administração das sociedades anónimas*, com base no *princípio da tutela jurisdicional efetiva*, cfr. o acórdão do STJ de 21-2-2006, *in* CJSTJ, ano XIV, Tomo I, pp. 71 e ss. / Cons. Pinto Monteiro.

[629] Cfr., também, neste sentido, Rui Pinto Duarte, *O procedimento cautelar de suspensão de deliberações sociais (e não só sociais)* e o *Novo Código de Processo Civil, in Direito das Sociedades em Revista*, Ano 5, vol. 10, semestral, setembro de 2013.

[630] O *processo especial de suspensão e destituição de titulares de órgãos sociais* (gerentes) previsto no art. 1055º do CPC comporta dois procedimentos autónomos e independentes entre si: – um procedimento de *natureza cautelar*, decretado a título provisório e *antecipatório*, que tem por objeto a pretensão de *suspensão* de funções do gerente; – um procedimento ou *ação*, sujeita às regras dos processos de *jurisdição voluntária*, que tem por objeto a pretensão principal de destituição do cargo de gerente. Entre ambos os procedimentos existe a relação que inter-

Competirá, todavia, ao juiz, no *despacho liminar* (que terá obrigatoriamente que proferir – art. 226º, nº 4, al. b)), e face à especificidade do concreto objeto do procedimento que se lhe depare, manter, corrigir ou mandar observar a forma procedimental mais adequada (*comum* ou *nominada*) aos fins a atingir, no uso do poder-dever geral de *adequação formal* que lhe é imposto pelo art. 547º. Ademais, «o *erro na qualificação do meio processual utilizado* pela parte (ou seja, o erro na forma de processo) é *corrigido oficiosamente pelo juiz*, determinando que se sigam os termos processuais adequados» (art. 193º, nº 3), o que, neste âmbito, significa poder o juiz mandar seguir a tramitação do *procedimento cautelar comum*, em vez do (pela parte) qualificado como *procedimento cautelar nominado* e vice-versa[631].

Tudo sendo certo que «o tribunal não se encontra adstrito à providência concretamente requerida» (art. 376º, nº 3).

§3º Vícios invalidantes atendíveis

Que *deliberações* podem ser suspensas na sua execução (eficácia)? As (aparentemente) *meramente anuláveis*, as *nulas*, as *simplesmente ineficazes ou mesmo as inexistentes*?[632].

No *âmbito do direito comercial*, consagra o CSC um *regime de tipicidade* (*enumeração taxativa*) das causas de *invalidade das deliberações sociais*. Assim, constituem *causas de*

cede, nos termos gerais, entre uma decisão cautelar e a posterior decisão da ação principal, com a particularidade de o procedimento cautelar correr termos e ser decidido, autonomamente, no próprio (e único) processo principal. Decretada, sem a prévia audição do requerido, a imediata suspensão das suas funções de gerente, ao requerido assiste o direito de reverter essa decisão cautelar por meio de recurso, em particular se o mesmo não foi citado para os efeitos previstos no art. 372º, nº 1, al. b), do CPC, aplicável, em termos subsidiários, ao procedimento cautelar de suspensão de gerente. No âmbito dos procedimentos de natureza cautelar, o legislador sempre que pretendeu afastar a regra do contraditório prévio do requerido, nos termos do art. 366º, nº 1 do CPC, fê-lo de forma expressa e inequívoca. A especialidade do *procedimento cautelar de suspensão de gerente* ou o seu caráter de procedimento urgente não constituem, de per si, razões bastantes para o afastamento do princípio estruturante do processo civil (e com expressão constitucional ao nível do princípio do Estado de Direito) do contraditório prévio ao decretamento da providência – cfr. o acórdão da RP, de 20-10-2017, Proc. 2894/16.9T8STS-A.P1, *in* www.dgsi.pt / Des. Jorge Seabra.

[631] Cfr., neste sentido, Lopes do Rego, *Comentário ao Código de Processo Civil*, Almedina, 1999, p. 288.

[632] O nº 1 do art. 383º fala apenas em *deliberações anuláveis* mas também as *deliberações nulas* devem considerar-se abrangidas pela previsão do preceito – cfr., neste sentido, o acórdão da RL de 18-5-2002, CJ, Tomo II/2002, p. 109 / Des. António Valente.

nulidade das deliberações dos sócios das sociedades comerciais as contempladas nas alíneas a) a d) do nº 1 do art. 56º do CSC[633]; nas hipóteses das alíneas a) e b), a *nulidade* não poderá ser invocada se os sócios ausentes e não representados ou não participantes na deliberação por escrito tiverem posteriormente dado por escrito o seu *assentimento* à deliberação (art. 56º, nº 2); nas mesmas hipóteses, a *deliberação nula* pode ser *renovada* por outra deliberação e a esta pode ser atribuída eficácia retroativa, ressalvados os direitos de terceiros (art. 62º, nº 1). O respetivo *órgão de fiscalização* (ou *qualquer gerente* se a sociedade não possuir órgão de fiscalização) «deve dar a conhecer aos sócios, em assembleia-geral, a *nulidade* de qualquer deliberação anterior, a fim de eles a *renovarem*, sendo possível, ou de promoverem, querendo, a respetiva *declaração judicial de nulidade*» (art. 57º, nº 1). Se os sócios *não renovarem* a deliberação ou a sociedade não for citada para a ação de nulidade dentro do prazo de 2 meses, deve o órgão de fiscalização (ou qualquer gerente) «promover, sem demora, a *declaração judicial de nulidade* da mesma deliberação» (art. 57º, nºs 1 a 4, do CSC). Como a *ação de declaração de nulidade* tem necessariamente de ser *proposta contra a sociedade* (*legitimidade passiva*), deve o *órgão fiscalizador* ou o *gerente* que instaurar a ação (para tanto detentores da *legitimidade ativa*) propor logo ao tribunal a nomeação de um sócio para representar a sociedade – *representação judiciária* (arts. 57º, nº 3 e 60º, nº 1)[634].

São, por seu turno, meramente *anuláveis* as deliberações previstas nas alíneas a) a c) do nº 1, do art. 58º do CSC; também o vício da *anulabilidade* cessa quando os sócios *renovem* a deliberação anulável mediante *outra deliberação*, desde que esta não enferme do vício da precedente. O *prazo para a propositura da ação de anulação* é de 30 dias, tendo como *dies a quo* algum dos contemplados nas alíneas a), b) e c) do nº 2 do art. 59º do CSC. Quanto à *legitimidade ativa* para a ação de anulação, assiste ela também ao *órgão fiscalizador* ou ainda a *qualquer sócio que não tenha votado no sentido que fez vencimento* nem posteriormente tenha *aprovado* a deliberação expressa ou tacitamente (*ratificação-sanação*). Quanto à *legitimidade passiva* – titularidade do *interesse direto em contradizer* – a *ação de anulação* deve igualmente ser proposta contra a sociedade (art. 60º, nº 1).

A propositura da *ação de anulação* não depende da apresentação (conjuntamente com a petição inicial) da respetiva *ata*, mas se o sócio invocar a impossibilidade de

[633] No sentido de que sofrem de *nulidade* todas as deliberações tomadas após o encerramento da assembleia, cfr. o acórdão da RC de 13-7-2016, Proc. 2411/15.8T8LRA.CI, *in* www.dgsi. / Des. Arlindo Oliveira.

[634] No sentido da aplicação do procedimento às deliberações nulas e ineficazes, cfr., Taveira da Fonseca, *in Deliberações Sociais*: suspensão e anulação, Textos, Separata, 1994, p. 93.

a obter, o juiz mandará notificar as pessoas que, nos termos do CSC, devem assinar a *ata* para a apresentarem no tribunal, no prazo que o juiz fixar, até 60 dias, *suspendendo a instância* até essa apresentação (art. 59º, nº 4); embora a lei exija a *assinatura da ata* por todos os sócios, *bastará que ela seja assinada por todos os sócios votantes no sentido que fez vencimento* (art. 59º, nº 5); *tendo o voto sido secreto*, considera-se que não votaram no sentido que fez vencimento apenas aqueles sócios que, na própria assembleia, ou perante o notário, nos 5 dias seguintes à assembleia, tenham feito consignar que votaram contra a deliberação tomada» (art. 59º, nº 6). De salientar, «*ex-vi* dos nºs 2 e 3 do art. 60º do CSC, – por um lado, que, tendo sido propostas várias ações de invalidade da mesma deliberação (nula ou anulável), *devem*, todas elas, ser (*obrigatoriamente*) *apensadas* com observância (nessa *apensação*) do disposto no nº 2 do art. 267º do CPC, e – por outro – que «*a sociedade suportará todas as custas judiciais e encargos conexos* das ações (quer de declaração de nulidade, quer de anulação) que sejam propostas pelo *órgão de fiscalização*, ou, na sua falta, *por qualquer gerente*, ainda que sejam julgadas improcedentes».

A lei civil (e comercial) não fornece expressamente a noção de *deliberações inexistentes*, nem fixa o respetivo regime jurídico. Estabelecendo um paralelo com o *direito administrativo*, a falta dos elementos essenciais à legalidade de um ato, pode conduzir, consoante os casos, à *nulidade*, à *anulabilidade* e à *declaração de ineficácia* ou de *inexistência jurídica* desse ato. Pode assim, também conceber-se, no domínio da *impugnação das deliberações sociais*, o conceito de *deliberações inexistentes* naqueles casos em que a (impropriamente chamada) "*deliberação*" (tomada ou adotada) apenas *na aparência* constitui uma *deliberação*, o que justifica a apresentação de um pedido de *declaração judicial da inexistência dessa suposta ou hipotética deliberação*, que se anteveja de potencialidade danosa.

A *inexistência jurídica* verifica-se *quando falte um elemento essencial da noção de uma deliberação* destinada (em abstrato) a produzir efeitos jurídicos externos. Distingue-se da *nulidade*, porquanto esta última constitui a sanção aplicável a um *ato que possui existência jurídica* – correspondendo a um certo tipo legal, mas que se não conforma com certos requisitos da sua validade. Podem, em abstrato, configurar-se como *juridicamente inexistentes*, designadamente, as deliberações: a)- *desprovidas de conteúdo ou sentido deliberativo*; b)- *tomadas por um membro de um órgão colegial, mas que sejam imputadas a órgão coletivo pelo qual não foram efetivamente adotadas*; c)- *traduzidas em atos materiais de execução de uma pretensa deliberação que não chegou a ser emitida*; e)- *imputadas a uma certa entidade ou órgão, vindo depois a apurar-se ter sido emitida por outra entidade ou órgão diverso*[635]. Em qualquer destas situações, se deparam atuações que não podem sequer caraterizar-se por verdadeiras deliberações às quais os sócios devam obediência ou acatamento, mas meras *aparências de deliberação*, que justificam o pedido de declaração da sua *inexistência jurídica*.[636]

Veja-se, a título de exemplo, o de numa sociedade por quotas composta por 5 sócios, dos quais 3 irmãos são possuidores da maioria do capital social, que se reúnem em privado, quiçá a horas noturnas, e decidem (abusivamente) entre si (auto-constituindo-se e arrogando-se dos poderes da assembleia geral) destituir o sócio-gerente minoritário (deliberação tomada *apenas por 3 membros do órgão colegial, mas imputada a este órgão pelo qual não foi efetivamente proferida*).

No acórdão do STJ de 4-12-96[637], na senda de Raul Ventura –, uma deliberação seria *inexistente* se lhe faltasse, em absoluto, algum dos seus elementos essenciais específicos. Segundo este aresto, «*a deliberação inexistente* é o ato a que *falte o mínimo dos requisitos essenciais para que possa ter a eficácia jurídica própria de uma deliberação* ou que *não seja adequado, nem sequer na sua aparência material, a vincular a sociedade*. Mas que, perante esse quadro, *pressupondo o procedimento cautelar nominado de suspensão de deliberações sociais* (apenas) *a existência de uma efetiva deliberação*, o meio de *reação cautelar* contra uma *deliberação inexistente*, seria ainda assim possível recorrer a uma *providência cautelar não especificada*, ou seja, o *procedimento cautelar comum*.

Se bem que *ab initio* concebida como instrumental da ação de mera anulação, é hoje aceite (também) a possibilidade de precedência ou concomitância do *procedimento nominado* com uma ação de declaração de *nulidade* ou de *ineficácia* ou mesmo de *inexistência* de qualquer deliberação social. Quanto a esta última (declaração de inexistência), afigura-se-nos, ser de seguir – também neste domínio – e face ao seu manifesto paralelismo, a lei e a doutrina administrativas face à similitude dos interesses em jogo. Daí que entendamos ser de admitir aos interessados requererem a suspensão de eficácia, *não só das deliberações eivadas de nulidade* (*nulidade absoluta*) *ou de mera anulabilidade* (*nulidade relativa*) como ainda a suspensão de *deliberações*

[635] Cfr., no âmbito do contencioso a administrativo, M. Aroso de Almeida e C. A. Fernandes Cadilha, *in Código de Processo nos Tribunais Administrativos*, 3ª edição revista, Coimbra, Almedina, 2010, p. 326 e 4ª edição, p. 315.

[636] No contencioso administrativo, prevê-se mesmo a possibilidade de, por via de ação, obter a *declaração de inexistência de um ato administrativo* (art. 2º, nº 2, al. a) do CPTA.

[637] *In* Proc. 697, 1ª Sec., *in* www.dgsi.pt / Cons. Martins da Costa.

juridicamente ineficazes ou inexistentes (cfr., a este respeito, o nº 4 do art. 50º CPTA). A opção pela forma concreta (*comum* ou *especificada*) a observar pelo procedimento ficará sempre, todavia, e em última análise, ao critério do juiz do processo.

Para a *ação de declaração de inexistência* pode mesmo ser utilizada uma *ação de simples apreciação.* Na verdade, embora *as deliberações nulas ou juridicamente inexistentes não produzam, em princípio, quaisquer efeitos jurídicos,* pode verificar-se uma *aparência de efeitos jurídicos* sempre que a sociedade insista em prosseguir com a respetiva execução, com a consequente concretização desses efeitos no plano da realidade fáctica. Nesta eventualidade, a *impugnação contenciosa* (ação principal), tendo em vista a *declaração judicial de inexistência jurídica,* terá por objeto uma *aparência de deliberação,* à qual são imputáveis os *efeitos jurídicos considerados lesivos, por parte do respetivo interessado. Não cumpre ao tribunal, em sede cautelar,* esclarecer, em definitivo, se existe ou não uma verdadeira situação de *inexistência jurídica, nulidade* ou *mera anulabilidade.* Enquanto o tribunal não julgar o fundo da causa (por via de ação intentada pelo próprio requerente ou através de ação resultante da inversão do contencioso proposta pelo próprio requerido ao abrigo do disposto no nº 4 do art. 376º) e se pronunciar definitivamente pela invalidade ou inexistência jurídica da deliberação, não é líquido que a situação corresponda aos termos em que o interessado configura o vício.

§4º Prazo. Tribunal competente

O prazo de 10 dias para o desencadeamento do procedimento tipificado previsto no nº 1 do art. 380º possui natureza substantiva, como tal qualificável como *prazo de caducidade* porquanto gerador, se deixado exaurir, da extinção do respetivo direito. Tal caducidade, relativa a um direito disponível, não pode ser conhecida oficiosamente, tendo – como *exceção perentória* que é – de ser suscitada pelo requerido (art. 342º, nº 2, do CC).

Prazo esse *apenas aplicável ao procedimento cautelar especificado,* (que *não também ao procedimento cautelar comum*) e cujo *dies a quo* de contagem se conta da *data da assembleia* ou da *data em que o requerente teve conhecimento da deliberação,* nesta 2ª hipótese no caso de para ela não haver sido regularmente convocado (art. 380º, nº 3). Assim, se se tratar de uma *deliberação tomada em assembleia,* tudo depende de o requerente haver ou não sido para ela regularmente convocado: *se regularmente convocado,* o prazo conta-se *a partir da data da assembleia em que foram tomadas as deliberações,* tenha ou não tenha estado presente na assembleia; *se não regularmente convocado*, o prazo conta-se da *data em que teve conhecimento da deliberação; se esteve presente na assembleia* e *aí tomou conhecimento da deliberação*, óbvio se torna que *o prazo se conta da data da assembleia.*

Se houver sido *requerida a suspensão de uma deliberação meramente anulável*, o prazo de 30 dias previsto no art. 59º, nº 2, do CSC para o requerente propor a (correspondente) *ação de anulação* (*ação principal*) não se conta da data em que é proferida a sentença no procedimento cautelar, mas sim da *data do encerramento da assembleia geral, do 3º dia subsequente à data do envio da ata da deliberação por voto escrito* ou da *data em que o sócio teve conhecimento da deliberação*, se esta incidir sobre o assunto que não constava da convocatória (alíneas a), b) e c) do nº 2 citado), uma vez que a apresentação do requerimento do procedimento cautelar não interrompe nem suspende o prazo para interpor a *ação de anulação.* Não constituindo a providência uma mera antecipação provisória da sentença de anulação (e não havendo o requerido intentado a ação no prazo de 30 dias), *os prazos de caducidade do procedimento e da ação de anulação são distintos e independentes*, correndo paralelamente; deste modo, se proposta a *ação anulatória* mais de 30 dias decorridos sobre as supra-referidas datas, *caduca o direito de ação*; se a providência cautelar tiver sido decretada e a ação for proposta após o decurso do prazo de 30 dias sobre a notificação da decisão cautelar, *caduca a decretada a providência.* Correndo em simultâneo o prazo de 10 dias para o requerimento da providência e o prazo de 30 dias para a propositura da ação de anulação, se esta não chegar a ser proposta, o procedimento que (eventualmente haja sido requerido) não poderá subsistir, devendo, por isso, ser declarado extinto por *impossibilidade superveniente* ao abrigo do disposto no art. 277º al. e).

Se houver sido requerida a *inversão do contencioso* (em sede cautelar), e porque o direito acautelado (de obter a anulação numa ação principal) se encontra sujeito ao supra-aludido prazo perentório de caducidade de 30 dias, o decurso deste fica interrompido com a apresentação do pedido de inversão, «reiniciando-se a respetiva contagem a partir do trânsito em julgado da decisão que negue o pedido» (art. 369º, nº 3). Se tiver sido decretada a inversão (*decisão positiva*), o prazo para a propositura da ação principal só se inicia com a *notificação da decisão judicial* que haja suspendido a deliberação ou com o *registo* (quando obrigatório) da decisão judicial (art. 382º, nº 1, alíneas a) e b)). Porém, como a decisão de inversão do contencioso pode ser contemporânea ou posterior à decisão final do procedimento e porque essa decisão pode ser denegatória da suspensão (*decisão negativa*), será de bom aviso e de elementar prudência que o requerente da providência, para obviar à eventual caducidade do direito de ação, proponha a ação (principal) de anulação no prazo de 30 dias a contar dos *terminus a quo* previstos no nº 2 do art. 59º do CSC[638].

Relativamente ao *pressuposto processual da competência do tribunal*, há que atentar em que a organização judiciária em vigor obedece a dois vetores fundamentais: o *princípio da especialização* e o *princípio da residualidade*. Lá onde a lei não previr (no seio dos tribunais de comarca), um tribunal (juízo) de competência especializada, qualquer causa será da competência de um tribunal de 1ª instância de *competência genérica* (arts. 40º e 80º, nºs 1 e 2, da LOSJ). Deste modo, os atuais *juízos de comércio*, como *tribunais de competência especializada* em que se desdobram os tribunais de comarca (art. 81º, nº 3, al. i), da LOSJ), apenas deverão deter, em princípio, competência em razão da matéria para preparar e julgar ações de anulação de *deliberações sociais de sociedades e associações com fins lucrativos*, bem como para apreciar e julgar os *procedimentos cautelares conexos* (art. 128º, nº 1, al. d) e nº 2 da LOSJ); na ausência desses *fins lucrativos*, é, para tal, competente o *tribunal-regra*, ou seja, o tribunal de comarca através dos seus *juízos cíveis centrais* ou *locais de competência genérica*, consoante o valor do procedimento (arts. 79º, 80º, nº 1, al. b), e 117º da LOSJ).

A criação dos *juízos de comércio* (antigas *Secções de Comércio*) «visou concentrar nestes tribunais as matérias relacionadas com *questões relativas ao comércio*, compreendendo estas os atos relativos à circulação de bens (comércio em sentido económico) e os relativos à indústria e aos serviços, com fins lucrativos, que constituem a especialidade que os justificam, à imagem do que ocorria com os antigos tribunais de comércio»[639]. São, pois, competentes para apreciação do pedido de suspensão de deliberações sociais relativos a *sociedades* ou *associações com fim lucrativo*, os *juízos de comércio* dos tribunais de comarca – cfr. os artºs 81º, nº 3, al. i) e al. d) do nº 1 do art. 128º da LOSJ/2013)[640].

638 Cfr., neste sentido, Rui Pinto Duarte, *O procedimento cautelar de suspensão de deliberações sociais (e não só sociais) e o novo Código de Processo Civil, in Direito das Sociedades em Revista*, setembro de 2103, ano 5º, Vol. 10., pp. 35-36.

639 Cfr., neste sentido, *v. g.*, o acórdão da RP de 7-3-2016, Proc. 3231/14.2TBVFR.P1, *in* www.dgsi.pt / Desª Ana Paula Amorim.

640 Os *juízos de comércio* são incompetentes em razão da matéria para preparar e julgar *ações de anulação de deliberações sociais de associações sem fins lucrativos*, sendo competente *o tribunal comum* – cfr., neste sentido, os acórdãos do STJ de 7-6-2011, Proc. 612/08.4TVPRT.P1, *in* www.dgsi. pt /Cons. Azevedo Ramos e da RP de 7-3-2016, Proc. 3231/14.2TBVFR.P1, *in* www.dgsi.pt / Desª Ana Paula Amorim, este já acima citado.

Será já da *competência dos tribunais comuns de jurisdição ordinária* a apreciação dos demais pedidos congéneres relativos a *associações sem fins lucrativos*[641] e, outrossim, dos pedidos relativos a direitos não qualificáveis como *direitos sociais* ou *corporativos,* já que – para efeitos de atribuição da competência dos *juízos de comércio* (al. c), *ações relativas a direitos sociais* (al. d))[642] e a *ações de suspensão* e de anulação de *deliberações sociais* (nº 1 do art. 128º da LOSJ) – *direitos sociais* ou *corporativos* são apenas os que integram a esfera jurídica do sócio da sociedade enquanto tal, por mor do contrato de sociedade, porque inerentes ao respetivo *status* e dirigidos à proteção dos seus interesses intrinsecamente sociais[643]. Já quanto aos *processos de insolvência*, a competência material é atribuída aos *juízos de comércio*, mesmo que a massa insolvente pertença a uma associação sem fins lucrativos[644].

Para efeitos da aferição do *pressuposto processual da competência material do tribunal,* e conforme já dito supra, serão competentes os *tribunais* do *contencioso administrativo* para o conhecimento dos *pedidos de suspensão* de eficácia das deliberações tomadas por *pessoas coletivas de direito público* (art. 4º, nº 1, al. o), do ETAF), sendo os *tribunais de trabalho* (*contencioso laboral*) os competentes para a apreciação dos pedidos de suspensão relativos às *deliberações tomadas em assembleias gerais ou órgãos equivalentes das instituições de previdência ou de associações sindicais* (arts. 164º e 169º do CPT).

Será igualmente da competência dos *tribunais judiciais* o conhecimento e decisão de procedimento cautelar conexo com a *impugnação da validade das deliberações de um conselho jurisdicional de uma juventude partidária,* se esta não se encontrar registada como partido político junto do Tribunal Constitucional[645].

[641] É da competência dos *tribunais comuns* a apreciação e decisão dos procedimentos cautelares relativos a *ato eleitoral* e *atos subsequentes* dos *órgãos de associações humanitárias de bombeiros* – cfr. o acórdão da RP de 7-7-2016, Proc. 30982/15.1T8PRT.P1, *in* www.dgsi.pt / Desª Isabel São Pedro Soeiro.

[642] O sentido e alcance do conceito de "*exercício de direitos sociais*" encontra-se estritamente ligado aos direitos que resultam para os sócios do contrato de sociedade celebrado – cfr., neste sentido, o acórdão da RL de 12-4-2018, Proc. 21978/15.4T8LSB.L1-6, *in* www.dgsi.pt / Desª Maria De Jesus Correia.

[643] Cfr., neste sentido, os acórdãos da RP de 18-4-2016, Proc. 84362/15.3YIPRT.P1, *in* www. dgsi. pt / Des. Carlos Querido e de 11-4-2017, Proc. 2506/17.3T8VFR.P1, *in* www.dgsi. pt / Des. Estelita de Mendonça.

[644] Cfr., neste sentido, o acórdão da RP de 21-2-2018, Proc. 6925/17. 7T8VNG.P1, *in* www. dgsi.pt / Des. Mário Fernandes.

[645] Cfr., neste sentido, o acórdão da RL de 12-4-2018, Proc. 19131/17.1T8LSB.L1-6, *in* www. dgsi.pt /Desª Ana Paula Carvalho.

No que tange aos procedimentos cautelares relativos a *deliberações das federações desportivas, ligas profissionais* e outras *entidades desportivas,* no âmbito do exercício dos correspondentes «poderes de regulamentação, organização, direção e disciplina, bem como das deliberações tomadas por órgãos disciplinares das federações desportivas ou pela *Autoridade Antidopagem de Portugal* e a *atos dos respetivos órgãos,* são os mesmos da competência do *Tribunal Arbitral do Desporto*», em sede de *arbitragem necessária*; todos os demais procedimentos cautelares que exorbitem daqueles estritos domínios, serão da competência dos tribunais judiciais[646].

§5º Legitimidade. Despacho liminar

Em matéria de legitimidade, a *regra* é da *correspondência* ou *coincidência* entre *a legitimidade para a acão principal e a legitimidade para o procedimento.* Tem legitimidade para requerer o *procedimento cautelar de suspensão de deliberações sociais* de *associações* ou *sociedades* somente *quem tiver a qualidade de sócio*[647] (art. 380º, nº 1). E tanto qualquer "*sócio de capital*" como "*sócio de indústria*", quer possua ou não direito a voto. Direito que se não encontra dependente do valor relativo da participação social do sócio em causa. Requisito indispensável é que a suspensão seja requerida por quem seja *efetivo sócio aquando da tomada da deliberação,* qualidade que deverá ainda subsistir *aquando do requerimento da suspensão da deliberação,* sendo que esta só deve ser decretada se o sócio *requerente da providência* puder também *intentar a ação principal.*

O nº 1 do art. 380º confere a legitimidade de princípio a «*qualquer sócio*»[648].

No domínio das *sociedades comerciais,* se bem que qualquer interessado tenha, em princípio, legitimidade para intentar *ações de invalidação das deliberação dos sócios,*

[646] Cfr., neste sentido, o acórdão da RL de 15-3-2018, Proc. 23267/17.0T8LSB.L1-6, *in* www.dgsi.pt /Desª Cristina Neves.

[647] Cfr. o acórdão do STJ de 4-5-2000 – Proc. 00B337/2ª Sec. – JSTJ00040783 / Cons. Ferreira de Almeida.

[648] Sendo a autora a cabeça-de-casal da herança aberta por morte de seu marido, acionista de uma sociedade anónima ré, e cabendo-lhe, nessa qualidade, a *administração da herança,* nos termos dos arts. 2079º e 2087º, nº 1, do CC, assume ela, por expressa designação legal, a representação da herança. Daí que «disponha de *legitimidade processual* para instaurar *de per se* e desacompanhada dos restantes herdeiros, ação de anulação de deliberação social, a qual constitui, não um *ato de disposição* – que, nos termos especificados no nº 6 do art. 223º, impeça a aplicação da regra do art. 303º, nº 1, ambos do CSC –, mas sim de um *ato de simples administração*» – cfr., neste sentido, o acórdão do STJ de 6-10-2009, CJSTJ, Tomo III/2009, p. 80 / Cons. Nuno Cameira.

podendo, *por isso, pedir a suspensão qualquer sócio que nisso tenha interesse*: (como decorre do nº 1 do art. 57º CSC), há exceções a esta regra, já que, por um lado, nem todos os *sócios* podem requerer a suspensão e, por outro, porque há *não sócios* a quem a legitimidade assiste. Também as *ações para pedir a declaração da ineficácia* podem ser propostas por *qualquer sócio*, já que, em princípio, se a deliberação for ineficaz nos termos do art. 55º do CSC, é ineficaz quanto aos restantes sócios.

Relativamente aos *sócios*, encontram-se *inibidos ex-lege*: os que *hajam votado a deliberação* (art. 59º, nº 1, da CSC); os que, tratando-se de sociedade aberta, *detenham participação representativa inferior a 0,5% do capital social* (art. 24º do CVM); os que, estando em causa deliberações meramente anuláveis ou ineficazes somente em relação a alguns dos sócios, *não possuam legitimidade para pedir a anulação ou a declaração de ineficácia em ação principal*. No que diz respeito às *ações para anulação de deliberação social*, o sócio só pode pedir a anulação *se não tiver votado no sentido que fez vencimento*. Assim, *se votou no sentido do vencimento* da deliberação arguida de algum vício não gerador de nulidade, já não poderá requerer a suspensão da deliberação em causa.

Quanto *aos que podem requerer a suspensão, apesar de não possuírem a qualidade de sócio* podem referir-se: o *cônjuge do sócio*, nas hipóteses do nº 3 do art. 8º do CSC; o *órgão de fiscalização das sociedades comerciais* (art. 59º, nº 1, do CSC); os *administradores*, no que tange às deliberações do respetivo conselho (arts. 411º, nº 2 e 412º, nº 1, do CSC); os *administradores executivos*, no tocante às deliberações do respetivo conselho e às deliberações do conselho geral e de supervisão (arts. 433º, nº 1 e 455º, nº 2, al. c), do CSC); os *membros do conselho geral e de supervisão* no tocante às deliberações de tal conselho e às do conselho de administração executivo (arts. 445º, nº 2, al. c) e 433º, nº 1 do CSC); os *obrigacionistas*, no tocante às deliberações da respetiva assembleia (art. 356º do CSC).

Quem não possua a qualidade de sócio e detenha (por mor de tal *status*) legitimidade para intentar a ação para declaração de nulidade ou de ineficácia só poderá recorrer ao *procedimento cautelar comum* para evitar o *periculum in mora*.

§6º Requisitos. Requerimento inicial. A ata. Citação. Revelia

Sendo sempre *subsidiariamente aplicáveis* ao procedimento, por força do nº 3 do art. 365º, *as normas relativas aos incidentes da instância* dos arts. 292º a 295º, são, todavia, *três* os *requisitos* de que depende o deferimento da suspensão: a)- *justificação da qualidade de sócio* por parte do requerente[649]; b)- *deliberação*

[649] O art. 178º, nº 1, do CC, confere o *direito de arguição da anulabilidade da deliberação* ao sócio que expressou o seu sentido de voto contrário a essa deliberação, ou seja, só o sócio que

contrária à lei, aos estatutos ou ao contrato social; c)- poder resultar da execução imediata da deliberação *dano apreciável* (art. 380º, nº 1).

Deve o requerente, no requerimento inicial, alegar os fundamentos pelos quais solicita o decretamento da suspensão, substanciando fáctica e juridicamente os requisitos do *fumus boni juris*, do *periculum in mora* e *da ponderação relativa dos interesses em jogo* exigidos pelo nº 1 do art. 380º (arts. 177º do CC, 380º e 381º do CPC e 56º a 60º do CSC)[650]. Assim, deve o *requerimento inicial* ser instruído com quaisquer *documentos* que comprovem a tomada ou a adoção da deliberação e demonstrem o seu conteúdo. Quando não existam quaisquer documentos de suporte (*deliberações inexistentes*) ou se evidenciem simples efeitos de facto que revelem uma aparência de deliberação (*deliberações meramente aparentes*), deverá o interessado indicar, também nesse articulado inicial, os meios *de prova indiciários* que possuir cerca da prova dessa ocorrência ou aparência.

Para além da prova documental disponível, deve também logo, com o requerimento incial, oferecer *testemunhas* até ao limite de cinco e *requerer outros meios de prova* (art. 293º, nº 1), bem como juntar *cópia da ata da reunião* em que a deliberação foi tomada (formalidade *ad probationem*), a qual lhe deve ser fornecida pelo órgão deliberativo *no prazo de 24 horas*, podendo, contudo, ser substituída por *documento comprovativo* quando a lei dispense a realização da assembleia (art. 380º, nº 2)[651].

A direção (leia-se o órgão de administração) deve fornecer a cópia no prazo de 24 horas. *Fornecida* (que *não elaborada*) nesse prazo de 24 horas, o qual se conta do momento em que sócio requerer à sociedade a respetiva cópia. De atentar em que o nº 6 do art. 247º do CSC só prevê a existência de uma *ata lavrada pelo gerente* quanto

votou favoravelmente fica impedido de exercer tal direito – cfr., neste sentido, o acórdão da RL de 11-10-2012., Proc. 255/12.8TVLSB-A.L1-6, *in* www.dgsi.pt / Des. Tomé Ramião.

[650] Enfermam de *nulidade* todas as deliberações tomadas após a declaração de encerramento da assembleia, por a mesma já não ter poder deliberativo. Nos termos do nº 1, *in fine*, do art. 380º do CPC, um dos requisitos exigidos para que se decrete a suspensão de deliberações sociais é o de que a execução das deliberações cause *dano apreciável*. Existem *danos apreciáveis* para a sociedade requerida e para o recorrente, na qualidade de seu sócio, decorrentes da aprovação e execução das deliberações em causa por a demora da sua apreciação e decisão na competente ação de anulação, frustrar a eficácia prática a atingir com a declaração de anulação/suspensão das deliberações *sub judice*. – cfr o acórdão da RC de 13-7-2016, Proc. 2411/15.8T8LRA.C1, *in* wwww.dgsi.pt / Des. Arlindo Oliveira.

[651] Acerca das atas, cfr. Branca Martins Da Cruz, *Assembleias Gerais nas Sociedades nas Sociedades, por Quotas*, Almedina, 1998, pp. 64 e ss..

às *deliberações por voto escrito*. Se a lei dispensar a reunião da assembleia, diz o nº 2 do 380º do CPC que a *cópia da ata* será substituída por *documento comprovativo da deliberação*, o que significa que quando a lei dispense reunião de assembleia, a *lavragem* da *ata* seja substituída por *documento comprovativo da tomada da deliberação*. Qual o valor da *ata*? *A ata* não é condição de *validade* da deliberação, nem tão-pouco condição de *existência* da sua existência[652]. É, tal como entende Vasco L. Xavier, uma *mera condição de eficácia da deliberação*, já que «*a deliberação sem ata tem simplesmente a sua eficácia suspensa*».

Se o sócio não apresentar a cópia da *ata* ou *documento comprovativo* da deliberação, estatui o nº 1 do art. 381º que terá de alegar (no seu requerimento) que não lhe foi fornecida a referida cópia ou documento dentro do prazo de 24 horas. À míngua dessa alegação, a providência não poderá ser decretada. Mas se a alegação for feita, então a sociedade será *citada* para contestar sob a cominação de que a *contestação não será* recebida se não vier acompanhada da cópia ou do documento em falta (hipótese em que esse articulado será desentranhado dos autos). Eventualidade na qual tudo se passará como se a sociedade pura e simplesmente não haja contestado.

Por força do disposto na al. b) do nº 4 do art. 226º, há lugar à prolação de um *despacho judicial liminar*, o qual, se for de sentido positivo, deverá ordenar a citação. A providência não pode, contudo, ser decretada sem audiência *prévia da entidade requerida*, a qual é *obrigatória*, *ex-vi* do art. 381º, nºs 1 e 3.

A ordenação da citação não antecipa, porém, o sentido e os efeitos da decisão final de suspensão da deliberação. Não obstante o nº 5 do art. 366º estabelecer que «*a revelia do requerido que haja sido citado tem os efeitos previstos no processo comum de declaração*», o certo é que o feito cominatório/confessório da falta de contestação se não produz (*revelia inoperante*) «quando se trate de factos para cuja prova se exija documento escrito» (art. 568º, al. d)). Nesta hipótese, a mera *falta de contestação* não gerará *confissão ficta* ou *presumida*, devendo o decretamento ou indeferimento da providência depender do apuramento ou não dos *facta concludentia*.

Sobre o requerente impende o ónus de demonstrar a aparência de um bom direito (*fumus boni juris*), isto é, que, muito provavelmente a deli-

[652] A *ata avulsa* constitui um *princípio de prova da deliberação* e, quando assinada por apenas um sócio, não perde esse valor, nos termos do art. 63º, nº 7 do CSC – cfr. o acórdão da RP de 24-9-2018, Proc. 571/13.1TYVNG.P1, *in* www.dgsi.pt/Desª Ana Paula Amorim.

beração suspendenda enferma da concreta causa de invalidade invocada. E mais: que o prejuízo para a entidade requerida resultante da eventual suspensão sobreleve o dano que (para o requerente) poderia resultar da execução imediata da deliberação – *princípio da ponderação relativa dos interesses em jogo* (cfr. o nº 2 do art. 381º).

Apesar de aparentemente *ilegal* ou *anti-estatutária*, pode o juiz deixar de suspender a deliberação, já que a lei lhe impõe o poder-dever de sopesar comparativamente os dois tipos de danos em equação: os *danos advenientes da execução* e os *danos resultantes da suspensão*. Porque *ubi lex non distinguit nec nos distinguere debemus*, deve entender-se que a demonstração de que a *execução imediata* da deliberação se perfila como suscetível de causar *dano apreciável* se reporta, quer ao *dano que possa ser causado à sociedade*, quer *aos sócios*, *rectius* ao sócio-requerente, já que a melhor via para a plena realização do escopo da providência.

Isto em contraste com o *procedimento cautelar comum*, uma vez que este último só pode ser utilizado quando o *requerente* mostrar fundado receio de que outrem cause *lesão grave e dificilmente reparável ao "seu" (próprio) direito.*Terá/deverá, assim, o requerente de alegar e provar factos que autorizem a formulação de um juízo conclusivo, com elevada dose de verosimilhança, acerca do conceito de que *a execução da deliberação pode causar dano apreciável (que não irreparável ou de difícil reparação), seja ao sócio requerente isoladamente considerado, seja à sociedade de que é sócio.*

Face à relevância dos interesses sócio-económicos normalmente em equação, é de entender que *a exigência legal reclama a alegação de factos concretos que permitam aferir da existência dos prejuízos e da correspondente gravidade.* O tribunal deve exigir, a respeito deste requisito do *fumus boni juris*, uma *probabilidade bastante forte e séria de que a execução da deliberação poderá causar dano apreciável (significativo)*[653-654]. Não, pois, um juízo meramente assertórico, de *mera verosimilhança* ou *aparência*[652].

[653] O *dano apreciável* é o *dano significativo* que pode resultar da execução da deliberação social ilegal e que impõe a alegação de factos concretos que permitam aferir da existência dos prejuízos e da correspondente gravidade – cfr., neste sentido, o acórdão da RP de 30-6-2014 – Proc. 3231/14.2TBVFR.P1/, *in* www.dgsi.pt. / Des. MANUEL DOMINGOS FERNANDES.

[654] "O dano *apreciável* não tem de ser um *dano irreparável*; o dano apreciável é o dano visível, de aparente dignidade, estimável, por contraposição ao dano irreparável, que será o dano incompensável" – cfr. o acórdão do STJ de 25-6-98, Proc. 98B492, *in* www.dgsi. pt / Cons. LÚCIO TEIXEIRA.

O *dano apreciável* a considerar, nesta sede, é (essencialmente) *o que pode resultar da demora do processo principal (periculum in mora)*. Mas «*não todos os prejuízos* que possam decorrer das eventuais delongas na obtenção da decisão anulatória; *apenas* os que possam emergir do facto de, no decurso do respetivo processo, se adotar qualquer procedimento de caráter executivo; isto é, quaisquer atos complementares da deliberação, eventualmente necessários para que se produza o particular efeito jurídico pela mesma visado e, ainda, atos a cuja prática os administradores (ou gerentes) fiquem vinculados, logo que produzido (imediata ou mediatamente) esse especial efeito jurídico[656].

Exemplos:

– «não merece tutela preventiva a pretensão dum sócio em manter indefinida ou perpetuamente incólume a sua percentagem relativa de participação societária, quaisquer que sejam as vicissitudes por que passe o capital da sociedade, o que poderá refletir-se, muito negativamente, e ser mesmo estiolante da prossecução do respetivo escopo. O direito do acionista a manter a sua propriedade tem como consequência, não o direito potestativo à manutenção da sua posição percentual no capital social da sociedade, mas antes a possibilidade legal de – utilizando o direito de preferência e em situação de igualdade com os demais acionistas, na proporção das ações detidas à data da deliberação – conservar tal posição» (*sic*)[657];

– se dos factos alegados não for possível concluir ou, ao menos, presumir, que da execução da deliberação de renovação de um mandato de nomeação de um gerente irá resultar, em termos de probabilidade séria, qualquer dano para a sociedade, seja ele apreciável ou não, é de indeferir liminarmente o requerimento inicial, uma vez que não se mostra suficientemente alegado o "*dano apreciável*"»[658].

O requisito do *dano apreciável* respeita à possibilidade de prejuízos imputáveis à demora da ação de anulação de deliberação social, de que o processo cautelar é

[655] Cfr, neste sentido, o acórdão do STJ de 4-5-2000 – *In* Proc. 00B337/2ª Sec. – JSTJ00040783, *in* www.dgsi.pt / Cons. FERREIRA DE ALMEIDA.

[656] PINTO FURTADO, *in Deliberações de Sociedades Comerciais*, Coimbra, Almedina, 2005, p. 773, escreve: «enquanto estejam a transpor-se para a prática os efeitos da deliberação contestada, que sejam apreciavelmente danosos, e se verifiquem, no caso, os restantes requisitos legais do procedimento preventivo, será sempre de decretar a suspensão cautelar da materialização desses factos, com vista a assegurar uma tutela jurisdicional efectiva dos direitos e interesses legítimos dos sócios, quando não de terceiros» (*sic*).

[657] Cfr., neste sentido, o supra-citado acórdão do STJ de 4-5-2000 – Proc. 00B337/2ª Sec. JSTJ00040783, *in* www.dgsi.pt / Cons. FERREIRA DE ALMEIDA.

[658] Cfr. o supra-citado acórdão da RL de 27-3-2007.

dependência, e não o dano que decorre direta e imediatamente da execução da deliberação questionada. Diversamente do que sucede com o requisito da *invalidade da deliberação* impugnada, o qual se basta com um mero juízo de mera probabilidade, na apreciação do requisito do receio de produção de um dano apreciável exige-se "*a prova da certeza ou de uma probabilidade muito forte do mesmo, por efeito da execução da deliberação*". Não é, assim, subsumível ao conceito de *dano apreciável*, para efeitos de suspensão de uma deliberação social de expulsão de um associado duma associação privada sem fins lucrativos o facto de, com essa exclusão, o requerente ficar privado da qualidade de associado e de poder participar no controlo da atividade da associação, porquanto tais danos são inerentes à execução da própria deliberação[659-660].

«Na providência cautelar de suspensão *de deliberações sociais* efetuam-se dois tipos de juízos: *um juízo de simples/mera probabilidade* quanto à verificação do direito invocado pelo requerente; e um *juízo de certeza* ou, pelo menos, de probabilidade muito séria quanto ao "*periculum in mora*". A providência só faz sentido com a alegação/prova dos prejuízos que possam decorrer da execução da deliberação, pois mais do que restaurar provisoriamente a legalidade, interessa *prevenir danos futuros*. Daí que só possam ser suspensas *deliberações ainda não executadas*, embora tal deva ser entendido em termos hábeis, ou seja, não se trata de impedir os órgãos sociais da sociedade dum qualquer ato de execução instantânea da deliberação em causa, mas sim de paralisar os efeitos jurídicos – não raras vezes, duradouros, persistentes e prolongados – que a deliberação em causa é suscetível de produzir. Ao invés do que ocorre com o procedimento cautelar comum – em cujo nº 1 do art. 362º se fala

[659] Cfr., neste sentido, o acórdão da RG de 13-9-2018, Proc. 803/18.0T8BCL.G1, *in* www.dgsi.pt/Des. ALCIDES RODRIGUES.

[660] De harmonia com o nº 1 do art. 396º do CPC, a suspensão da execução de deliberações sociais depende da verificação cumulativa dos seguintes requisitos: ser o requerente *sócio* da sociedade que a tomou; ser essa *deliberação contrária à lei ou ao pacto social* e *resultar da sua execução dano apreciável*. Assim, não sendo a execução da deliberação a suspender um pressuposto necessário da procedência da providência cautelar de suspensão da deliberação social, se esta já se encontrar em execução, verifica-se uma impossibilidade de suspensão da sua eficácia. Aderindo-se à tese de que a suspensão de deliberações sociais pode ocorrer enquanto não se esgotarem todos os seus efeitos danosos, a possibilidade de suspensão tem de se verificar enquanto for viável prevenir a lesão de um direito e, nessa medida que o requerente ou a sociedade continuem a sofrer prejuízos. Se dos factos provados não for possível concluir ou, ao menos, presumir que da execução da deliberação de renovação de um mandato de nomeação de gerente irá resultar, em termos de probabilidade, qualquer dano para a sociedade, seja ele apreciável ou não, é de indeferir liminarmente o requerimento inicial, uma vez que não se mostra suficientemente alegado o "*dano apreciável*" – cfr., neste sentido, o acórdão da RL de 27-3-2017, Proc. 709/2007-1, *in* www.dgsi.pt /Desª MARIA JOSÉ SIMÕES.

"em *lesão grave e dificilmente reparável*" – considera-se desnecessário que se evidenciem danos irreparáveis ou de difícil reparação, "apenas" se impondo ao requerente o ónus de demonstrar que a suspensão da deliberação é essencial para impedir a verificação de um "*dano apreciável*". O "*dano apreciável*" – o requisito do "*periculum in mora*" – tem que ficar em concreto provado, não sendo a sua existência de presumir, porém, tal concreta prova – tal questão de facto – pode/deve resultar da apreciação que o tribunal deve fazer da globalidade dos concretos factos que estão alegados/provados»[661-662].

§7º Efeitos da citação. Suspensão da eficácia. Atos de execução subsequentes ao decretamento. Oponibilidade a terceiros de boa-fé

Uma vez operada a citação da *sociedade, não é lícito a esta executar a deliberação suspendenda até à decisão final em 1ª instância.* A *ilicitude* da execução só se verifica, porém, *até que o pedido seja julgado em 1ª instância* (art. 381º, nº 3). Isto mesmo que haja recurso do *despacho que não ordene a providência.* A menos que, entretanto, o procedimento cautelar se *extinga* ou *caduque* nos termos do art. 373º.

De resto, de harmonia com o disposto no nº 1, al. d), do art. 645°, *a apelação de despacho que não ordene a providência* sobe *imediatamente* e *nos próprios autos*, surtindo, por tal, *efeito suspensivo ex-vi* da al. d) do nº 1 do art. 647º. Suspendem-se, pois, os *efeitos da decisão* cautelar recorrida, mas não se mantêm os *efeitos da citação.*

661 Cfr., neste sentido, o acórdão da RC de 2-4-2019, Proc. 58/19.9T8FVN.C1, *in* www.dgsi.pt/Des. Arlindo Oliveira.

662 É de exigir prova concreta do "*dano apreciável*" (alegadamente) causado pela execução (imediata) da deliberação suspendenda (*periculum in mora*), não sendo a sua existência de presumir; pode/deve, porém, a mesma resultar da apreciação que o tribunal deve fazer do conjunto dos factos alegados/provados (não tendo necessariamente emergir de factos e comportamentos posteriores à data da deliberação). O "*dano apreciável*" como *dano futuro* que importa prevenir, advém, *a se*, como efeito típico de duma *deliberação de exclusão de sócio*, já que, por efeito desta, o sócio não perde apenas a sua participação social, mas também os direitos sociais correlativos, *v. g.*,o afastamento da vida societária, a inibição de participação e influenciamento das decisões (designadamente as de oposição à entrada de novos sócios), sendo que os restantes sócios passam a poder deliberar, a seu livre alvedrio, sobre o destino da sociedade. Sendo o sócio excluído de modo notoriamente irregular, «é de considerar como muito séria e forte a probabilidade de significância dos prejuízos decorrentes da perda de qualidade de sócio», ou seja, que se encontra preenchido o perigo do "*dano apreciável*» – cfr. neste sentido, o acórdão da RC de 2-4-2019, Proc. 510/18.7T8CBR.C1, *in* www.dgsi.pt/Des. Barateiro Martins.

A *ilicitude* da prática de atos de execução após a citação só ocorre até à decisão final do pedido em 1ª instância (mesmo que seja admitido recurso do despacho que não decrete a providência). Com efeito, a citação para resposta da entidade requerida não surte qualquer efeito antecipatório da decisão final decretadora da suspensão da deliberação, pelo que os atos eventualmente praticados em execução da deliberação suspendenda podem não enfermar de nulidade, anulabilidade ou ineficácia, tudo dependendo do sentido decisório que vier a ser adotado a final. *Atos ilícitos*, pois, mas *não necessariamente inválidos*[663].

Deste modo, a *execução interina da deliberação* só poderá acarretar *responsabilidade civil* dos administradores que a executem pelos danos causados, caso a ação principal venha a dar razão ao autor[664]. Já a eventual *execução da deliberação depois de decretada a sua suspensão* (*rectius*, após a citação da requerida para o procedimento cautelar e enquanto essa suspensão se mantiver) – para além da incursão em *responsabilidade civil da entidade* requerida –, gerará *nulidade dos atos executivos consequentes*, sendo, por isso, *igualmente inválidos as deliberações e/ou os negócios jurídicos subsequentes* celebrados com base na deliberação desrespeitadora da ordem de suspensão[665].

A *inibição* (*proibição*) *irrestrita* imposta pelo nº 1 do art. 381º (por mero efeito da citação), para mais sem qualquer limitação temporal – sendo conhecidas as excessivas delongas que, por vezes, este tipo de procedimentos pode conhecer até ao seu desfecho final –, pode ser fonte de graves prejuízos para as entidades citadas, pelo efeito estiolante, quiçá irreversível, do exercício da respetiva atividade. Daí que estas optem, não raras vezes, por ignorar o efeito inibitório e sujeitar-se as eventuais e inerentes consequências. Seria assim, recomendável «*de jure constituto*», que se atribuísse ao juiz o poder-dever de especificar os atos *medio tempore* abrangidos pela inibição (quiçá com imposição ao requerente do ónus da sua previa identificação no requerimento inicial), em ordem a conciliar a eficácia da providência e a necessidade de não paralisar a atividade da entidade requerida. Assim se obviaria à tentação do desencadeamento do procedimento sem qualquer expetativa séria do seu deferimento, e apenas com o intuito ínvio do impedimento da prossecução do

[663] Cfr., acerca deste tema, Rui Pinto Duarte, *A ilicitude da execução de deliberações a partir da citação para o procedimento cautelar de suspensão*, *in* Cadernos de Direito Privado, nº 5, janeiro/ /março de 2004, pp.17-18 e 23.

[664] Cfr., neste sentido, Vasco L. Xavier, *in O Conteúdo da providência de suspensão de deliberações sociais*, cit., p. 195 e *in Suspensão de Deliberações Sociais Ditas «já executadas»*, cit., p. 377.

[665] Tem-se, porém, geralmente entendido que o decretamento da providência não coloca em crise *a validade dos atos praticados pela entidade visada na esfera externa*.

escopo da entidade visada, com vista a daí retirar vantagens negociais futuras (quiçá por chantagem ou extorsão)[666]. Encontraria aqui pela aplicação, por analogia e com as necessárias adaptações, a estatuição do art. 179º do CPTA. Assim: quando julgue procedente a pretensão do requerente, *o tribunal pode especificar o conteúdo dos atos e operações a adotar para dar execução à decisão cautelar e identificar mesmo o órgão ou os órgãos sociais responsáveis pela sua adoção, fixando ainda, segundo critérios de razoabilidade, o prazo em que os referidos atos e operações devem ser praticados*; sendo caso disso, o tribunal *declara também a nulidade* dos atos desconformes com a decisão *e anula* os que mantenham, sem fundamento válido, a situação ilegal.

Os *atos de execução* são *nulos* ou apenas *anuláveis*, ou simplesmente *ineficazes*? Ou a prática de tais atos apenas acarretará a *responsabilidade civil dos membros do órgão de administração* se a decisão proferida na ação principal vier a sortir desfecho favorável ao autor? Na realidade, tanto as *deliberações anuláveis*, como as *nulas*, as *ineficazes* e mesmo as *inexistentes*, podem implicar ou gerar *atos de execução. Prima facie*, seria a prática desses *atos de execução* que se pretenderia prevenir; até se poderia pensar, neste contexto, que se a deliberação pudesse causar danos que não apenas os decorrentes da sua execução, então o que o requerente teria de fazer seria instaurar o *procedimento cautelar comum* e não o procedimento cautelar nominado de *suspensão de deliberações sociais*.

Temos, para nós, que a *providência cautelar especificada*, a decretar *no terminus* do procedimento tipificado, implica a *suspensão da eficácia* da deliberação, que não apenas a mera *suspensão da sua execução*. A deliberação alegadamente viciada (e objeto da *suspensão*) pode ter já iniciado a sua produção de efeitos, circunstância essa desconhecida pelo requerente aquando da apresentação do requerimento inicial do procedimento; não é, porém, de excluir que a mesma se não perfile como iminente (a qualquer momento). É, por isso, de todo o interesse que o *decretamento da suspensão* se estenda a todos os *efeitos jurídicos* que a deliberação já possa estar a produzir (*atualmente*) ou possa vir a produzir (*no futuro*) na pendência do processo principal. Isto porque se a lei não proíbe a impugnação de uma *deliberação simplesmente ineficaz* (como vista a garantir que o interessado possa reagir a tempo contra uma deliberação que, apesar da sua eventual ineficácia jurídica,

[666] Cfr., neste sentido, RUI PINTO DUARTE, O *Procedimento Cautelar de Suspensão de Deliberações Sociais no novo Código de Processo Civil, in "Direito das Sociedades em Revista,* ano 5, vol. 10, setembro de 2013, p. 34.

produziu já *efeitos de facto*), também é de admitir que o interessado use o meio cautelar mais adequado a obter a paralisação da ilegítima execução dessa deliberação, ou seja, o expediente processual da *suspensão de eficácia*[667].

É esta, de resto, a designação do *procedimento cautelar homólogo do contencioso administrativo* pela lei designado precisamente como de *suspensão de eficácia* (cfr. o art. 112º, nº 2, al. a) do CPTA). Diploma este que comina à entidade requerida, no nº 1 do seu art. 128º, a *proibição de iniciar ou prosseguir a execução do ato uma vez recebido o duplicado do requerimento.*

O modo adequado de *impedir a imediata execução de uma deliberação inválida* ou mesmo *inexistente* em sede cautelar não pode ser outro que não a formulação de um *pedido da suspensão de eficácia* dos eventuais efeitos que a deliberação impugnada possa produzir *medio tempore* (eficácia prospetiva da medida/providência cautelar). Só, assim, por essa via, se consegue evitar ou prevenir o desencadeamento das consequências jurídicas e materiais das deliberações suspendendas, em ordem a garantir as plenas *utilidade* ou *frutuosidade* das sentenças de provimento a serem (presumivelmente) proferidas na ação principal, garantias essas que poderiam ser postas em crise pelas naturais delongas dessa ação. Isto, sendo sabido, que a finalidade primordial da providência cautelar em causa é a de obstar ao *periculum in mora* do processo principal, ou seja, evitar os prejuízos que possam resultar da demora do processo principal (*ação constitutiva anulatória* ou *ação de simples apreciação*).

A propósito da *invalidade dos atos subsequentes*, dá Vasco L. Xavier o seguinte exemplo: se, por hipótese, em infração ao disposto no nº 2 do art. 403º do CSC, a assembleia geral de uma sociedade anónima destituir sem justa causa um administrador eleito ao abrigo das regras especiais estabelecidas no respetivo art. 392º e se, suspensa esta deliberação por decisão judicial, a sociedade não a acatar, procedendo antes à eleição de um novo administrador para a vaga do substituído, e se este, em representação da sociedade, por delegação do conselho de administração (nos termos do pacto social), alienar um imóvel a ela pertencente, tal negócio (que em princípio seria vinculante para a sociedade – art. 408º, nº 2, do CSC) enfermará de nulidade nos termos do art. 286º do CC, podendo o interessado, a todo o tempo, invocar, não só a nulidade da eleição do novo administrador, como também a nulidade do contrato de compra e venda em que aquele delegado interveio, em representação da sociedade[668].

[667] Em análise doutrinal coeva sobre o esta temática, cfr. Alexandre Soveral Martins, *Suspensão de deliberações sociais comerciais: Alguns problemas, in* BOA, ano 63 – vol. I/II – abril de 2003, pp. 1-18.

[668] Cfr. Vasco G. L. Xavier. "*Anulação de Deliberação Social e Deliberações Conexas*", 1976, pp. 106 e ss. e 284 e ss., "O *Conteúdo da Providência Cautelar da Suspensão de Deliberações Sociais*",

O dano que se pretende prevenir é o *adveniente da imediata execução da deliberação suspendenda* ou *o que emerge dos efeitos jurídicos a que tende*? Na esteira de Vasco L. Xavier «no procedimento cautelar de suspensão não está apenas em causa a eficácia executiva da deliberação social, *mas toda a sua eficácia*» (*sic*)[669-670]. Entendemos, assim, que a decretada suspensão paralisa todos os efeitos emergentes da deliberação social dela objeto (sejam eles diretos ou indiretos, laterais ou secundários ou meramente reflexos)[671-672].

Mas será a decisão que suspende a deliberação (deferimento da providência) *oponível* a terceiros de boa-fé, isto é, *a terceiros que hajam adquirido direitos com fundamento em atos praticados após a prolação dessa decisão*?

> Segundo Vasco L. Xavier, *relativamente a terceiros, a suspensão* «só será *oponível* quando se demonstre o *conhecimento efetivo* (que não meramente presumido) dos vícios de invalidade ou de ineficácia da deliberação, não bastando a prova de que a *pendência da providência* e *o teor da decisão foram publicitados pelo registo*». Relativamente às *deliberações das sociedades comerciais*, os termos em que a *decisão de suspensão é oponível a terceiros* são os definidos no nº 5 do art. 168º do CSC: «a própria decisão não será proferida enquanto a *prova do requerimento do registo* não for feita». Dá este autor a este respeito, o seguinte exemplo: «nos casos em que a decisão de *suspensão de deliberação social que designou os administradores de uma sociedade anónima* é *oponível a terceiros*, considera-se que, se a deliberação é suspensa, «a pessoa colectiva não estará devidamente representada pelos administradores através daquela nomeados»; «os actos

1978, pp. 26 e ss. e *Suspensão de Deliberações Sociais «Ditas já executadas»*, *in* RLJ, ano 123º-375 e ano 124º-10.

669 Cfr. *O conteúdo da providência de suspensão de deliberações sociais*, *in* RDES, 1975, pp. 243 e ss.

670 Acerca da qualificação da suspensão das deliberações sociais como suspensão de eficácia, cfr., também, a síntese de Alexandre Soveral Martins, *in* ob.e loc cits., pp. 2-4.

671 Acerca da distinção entre *atos complementares da deliberação* (que os administradores se encontram obrigados a praticar para que venha a produzir o efeito da deliberação e que são ainda, por isso, *efeitos colaterais ou secundários* desta) e os *atos a praticar em cumprimento ou em conformidade com a deliberação* (*efeitos reflexos* da deliberação), no período anterior ao CSC, cfr. Vasco L. Xaxier, *O Conteúdo da providência de suspensão de deliberações sociais* cit. p. 224 e ss.. No sentido de que tal distinção deve agora ter em conta os termos em que o CSC regula a distribuição de competências entre os diversos órgãos da sociedade, cfr. Pedro Maia, *Tipos de Sociedades Comerciais* e *Deliberações dos Sócios*, *in* Estudos de direito das sociedades, 4ª ed., Coimbra, Almedina, pp. 20 e ss. e 178 e ss..

672 Segundo Abrantes Geraldes, *in Temas da Reforma do Processo Civil*, IV volume, Coimbra, Almedina, 2008, p. 82, «enquanto não estiver totalmente executada ou enquanto se protraírem no tempo os respectivos efeitos, directos, laterais, secundários ou reflexos, suficientemente graves para serem causadores de dano apreciável, será viável obter a suspensão da sua execução através da específica providência criada pelo legislador» (*sic*).

de representação que esses administradores pratiquem deverão, por isso, ser considerados *ineficazes em relação à sociedade se foram praticados após a decisão de suspensão da deliberação se ter tornado oponível a terceiros*. Isto é assim «se a acção anulatória vier a ser julgada procedente», pois «tal sentença elimina *ex tunc* os efeitos da deliberação, que até aí se encontravam unicamente paralisados por virtude da *medida cautelar*». E aquilo é assim também quando seja declarada a *nulidade* da deliberação[673].

§8º Medidas de compulsão. Consequências da falta de acatamento

O não acatamento da decretada medida cautelar pode fazer incorrer as entidades relapsas e seus representantes ou prepostos, não só em *responsabilidade civil*, como também em responsabilidade criminal, ainda que se venha entendendo não pôr em causa a validade dos atos praticados na esfera externa (*rectius* nas relações extra-sociais)[674].

Em ordem ao objetivo de fazer respeitar a decisão cautelar, pode o tribunal, por *sua iniciativa* ou mediante *solicitação do respetivo requerente* (preferencialmente logo no requerimento inicial) estabelecer ou sugerir às entidades requeridas (mediante as necessárias intimações ou injunções), um dado plano mais ou menos detalhado ou concretizado de atos ou operações a realizar[675].

Se a deliberação suspensa for executada, consideram-se *responsáveis os administradores ou gerentes que praticarem os atos de execução* (*presunção de culpa* que não de *ilicitude*, que pode por isso ser ilidida por prova do contrário) – cfr. o art. 72º do CSC[676]. Isto tendo presente que o *cumprimento das injunções cautelares*, em sede de *suspensão de deliberações sociais* se traduz normalmente em *prestações de facto infungíveis*, para cuja falta de acatamento pode o juiz, também por sua inciativa ou a pedido *do requerente* da providência, sujeitar a entidade requerida a uma determinada *sanção compulsória* (arts. 365º, nº 2, do CPC e 829º-A, do CC).

673 *O Conteúdo da providência cautelar de suspensão de deliberações sociais, in* loc e op cits. pp. 262-263.

674 Cfr., neste sentido, Taveira da Fonseca, ob. cit., pp. 121-122 e A. Soveral Martins, *in Suspensão de Deliberações Sociais de sociedades comerciais: Alguns problemas, in* ROA, Ano 63-vol. I/II – Abril de 2003, pp. 370 e ss..

675 No acórdão do STJ de 12-10-2000, CJSTJ, Tomo III/2000, p. 70 / Cons. Quirino Soares, considerou-se mesmo que «num procedimento cautelar, não podem ser decretadas medidas cujo conteúdo material não seja juridicamente aferível nem coercível».

676 Cfr., neste sentido, o acórdão do STJ de 23-5-2002, 2ª Sec., Proc. 02B1117-JSTJ000, *in* www.dgsi.pt / Cons. Ferreira De Almeida.

Quanto à chamada *tutela penal do procedimento cautelar* (*garantia penal da providência*), incorre na pena do *crime de desobediência qualificada* «todo aquele que infrinja a providência cautelar decretada, sem prejuízo das medidas adequadas à sua execução coerciva» (art. 375º)[677]-[678]. Assim, as pessoas físicas (singulares) que, por delegação, em nome ou em representação da entidade relapsa (atento o mecanismo da sua representação prescrito nos arts. 25º e 26º do CPC), hajam atuado *contra decisum*, poderão incorrer nesse tipo legal de crime se verificados os pressupostos dos arts. 11º, 12º de e 348º do CP. Estatui, com efeito, o nº 1 do art. 12º do CP, que «*é punível quem age voluntariamente como titular de um órgão de pessoa coletiva, sociedade ou mera associação de facto, ou em representação legal ou voluntária de outrem*» (ainda que o preenchimento do respetivo tipo legal de crime exija os pressupostos das alíneas a) e b)).

De assinalar ainda que o montante sancionatório arbitrado, poderá, na hipótese de o pagamento não ser efetuado, ser objeto – a solicitação do próprio requerente e nos próprios autos do procedimento – de *execução para pagamento de quantia certa*, com efetivação da penhora sem citação prévia da entidade requerida (arts. 703º, nº 1, al. a) e 727º); execução, de resto, suscetível de *renovação*, a pedido do requerente, se subsistirem em dívida algumas das quantias (sancionatórias) liquidadas após a respetiva extinção (art. 850º, nº 1)[679].

§9º Registo do procedimento e da providência

Estão sujeitos a *registo obrigatório* os *procedimentos* e as *decisões cautelares* de *suspensão de deliberações sociais* (art. 9º, al. e), do CRCOM)[680]. Porém, o *registo do*

[677] Ao *crime de desobediência qualificada* cabe a aplicação de uma pena de prisão até 2 anos ou multa até 240 dias (cfr.o nº 2 do art. 384º do CP).

[678] A execução das providências decretadas em sede de procedimento cautelar comum não pode ser indeferida com fundamento na existência de garantia penal da medida cautelar. «A *garantia penal da providência* (art. 375º do CPC) não afasta a possibilidade de recurso a meios executivos por forma a dar efetividade à decisão. A natureza provisória da decisão proferida não é critério para afastar a sua exequibilidade. Provisoriedade e exequibilidade não se excluem reciprocamente» – cfr. o acórdão da RP de 9-6-2015, Proc. 963/13.6TBSJM.1.P1, *in* www.dgsi.pt / Desª Márcia Portela.

[679] Cfr. supra, nº 29.1.

[680] O registo das cooperativas, das empresas públicas, dos agrupamentos complementares de empresas e dos agrupamentos de interesse económico, bem como de outras pessoas singulares e coletivas a ele sujeitas, rege-se também pelas disposições do CRCOM.

procedimento não se torna obrigatório se já se encontrar solicitado o registo da providência cautelar requerida; assim como *não se tornará necessário* o *registo da providência* se já se encontrar requerido o *registo da ação principal* (cfr. o nº 6 do art. 15º do CRCOM, com a redação do art. 9º do Dec.-Lei nº 116/2008, de 4 de julho). Vigorando neste âmbito, o *princípio da instância*, tais registos devem ser solicitados no prazo de 2 meses a contar dos respetivos *requerimento* ou *propositura* (nº 7 do mesmo art. 15º). Após o trânsito em julgado da decisão, a secretaria comunica oficiosamente a decisão proferida ao serviço de registo (art. 107º, nº 1, do CRCOM).

31.3. Alimentos provisórios

Por *alimentos* deve entender-se tudo o que é indispensável ao *sustento, habitação* e *vestuário* do necessitado, compreendendo também a *instrução* e *educação* do alimentando no caso de este ser menor (cfr. o art. 2003º, nºs 1 e 2, do CC). Nas diversas alíneas do nº 1 do art. 2009º do mesmo diploma estabelece-se, pela respetiva ordem de precedência, o elenco das *pessoas vinculadas à prestação de alimentos.*

Através dos *alimentos provisórios,* pode o interessado requerer ao tribunal a fixação de uma *quantia pecuniária mensal*, a esse título, *enquanto não for paga* a *primeira prestação definitiva* (arts. 384º a 386º do CPC e 2003º, 2005º, 2006º e 2007º do CC). Este último preceito prevê a possibilidade genérica de, a requerimento do alimentando ou *ex-officio* (caso se trate de um menor), vir a ser fixada *pensão alimentar provisória,* as mais das vezes tendo os *menores* por beneficiários, mas podendo também ser estipulada a favor de necessitados *maiores ou emancipados*[681].

A fixação da *pensão provisória de alimentos* a *favor de menores* pode ter lugar *em qualquer estado da causa*, mormente *na pendência dos processos tutelares cíveis* a que se reportam os arts. 146º e 157º da OTM e os arts. 122º a 124º da LOSJ/2013 (competência dos "juízos de família e menores").

Pode o tribunal, não só *proceder à fixação* sempre que o entenda por conveniente[682], como também *adotar as medidas cautelares* indispensáveis à viabilização do

[681] Na *ação de alimentos* a que se reportam os arts. 7º a 9º do Dec.-Lei nº 272/2001 (havendo oposição do requerido), o filho maior não tem que demandar ambos os progenitores, por não se estar perante uma hipótese de litisconsórcio necessário passivo – cfr., neste sentido, o acórdão da RE de 13-1-2005, CJ, Tomo I/2005, p. 241/Des. Álvaro Rodrigues.

[682] Cfr. Tomé de Almeida Ramião, *Organização Tutelar de Menores, Anotada e Comentada,* 7ª ed., *Quid Juris*, 2008., p. 52.

pagamento coercivo da decisão a decretar na decisão tutelar cível definitiva (art. 157º, nº 1, da OTM), bem como *alterar provisoriamente* as *decisões já tomadas a título definitivo* (nº 2). A *pensão alimentícia provisória* fixada pode também vir a ser alterada ou extinta nos termos do nº 2 do art. 386º, do CPC. A *obrigação alimentar decorrente da responsabilidade parental* a que aludem os arts. 1878º a 1880º do CC, subsistente até o alimentado completar a maioridade ou a sua formação, não se confunde, todavia, com a *obrigação alimentar genérica,* de caráter recíproco e vitalício, existente entre pais e filhos[683].

A concessão da *medida de alimentos provisórios* depende de dois requisitos: a)- assistir ao requerente *direito* a *alimentos*; b)- *não* se *encontrar* o *mesmo* em *condições de aguardar pelos alimentos definitivos.* Constituindo uma antecipação dos alimentos definitivos, os alimentos provisórios serão fixados segundo um *critério de proporcionalidade* (*justa medida*), em função dos meios daquele que houver de prestá-los[684] e da necessidade daquele que houver de recebê-los, sem olvidar a possibilidade de o alimentando prover à sua subsistência (art. 2004º, nºs 1 e 2). O seu quantitativo será fixado segundo o *prudente arbítrio do julgador*, tendo em atenção aquele binómio possibilidade/necessidade (cfr. o nº 1 do art. 2007º) e em função do estritamente necessário para assegurar as finalidades da medida (art. 384º)[685].

Se não voluntariamente cumpridas as decisões fixadoras de *pensões alimentares devidas a menores*, podem estes (através dos seus representantes) ou as entidades referidas no nº 1 do art. 186º da OTM instaurar contra o obri-

683 Integra a previsão da al. g) do nº 1 do art. 122º da LOSJ («outras ações relativas ao estado civil das pessoas e família») todas as que, embora não assinaladas nas diversas alíneas desse nº, tenham, ainda assim, uma marcante e pertinente vinculação ao estado civil das pessoas ou à família. Não cabe, todavia, nessa previsão a providência cautelar de alimentos instaurada por um dado requerente contra os seus filhos maiores – cfr., neste sentido, o acórdão do STJ de 18-6-2015, Proc. 13857/14.9T8PRT.P1.S1, *in* www.dgsi.pt/Cons. Silva Gonçalves.

684 Sendo várias as pessoas vinculadas à prestação de alimentos, respondem todos em proporção das suas quotas como herdeiros legítimos do alimentando (art. 2010º, nº 1, do CC).

685 «Inclui-se no conceito de "*alimentos*" previsto no art. 2003º do CC a prestação de cuidados e de acompanhamento ao requerente, progenitor octogenário afetado por trombose cerebral e parcialmente incapaz de cuidar de si próprio. À prestação de tais cuidados deverá corresponder, segundo o prudente arbítrio do julgador, um determinado valor monetário. Se um dos filhos acolheu o requerente em sua casa e lhe presta pessoalmente parte de tais cuidados e serviços, o outro filho, não cuidador, deverá contribuir com uma verba em dinheiro correspondente a metade do valor atribuído à atividade de prestação de cuidados e serviços pessoais» – cfr. o acórdão da RL de 5-5-2016, Proc. 194.15.0T8MGD.L1-8, *in* www.dgsi.pt/Des. António Valente.

gado *execução especial por alimentos* (arts. 189º da OTM e 933º a 936º do CPC) e apresentar contra ele *queixa-crime* (art. 250º do CP). A efetivação do pagamento das prestações alimentícias, já vencidas e vincendas, a que se reportam os nºs 1 e 2 do art. 189º da OTM – *a ser requerida no âmbito do processo onde foi proferida a decisão que as fixou* (arts. 147º, al. f), e 153º da OTM) e a ser assegurada através dos mecanismos de coerção referidos nas alíneas a), b) e c) daquele art. 189º[686] –, consubstancia um *procedimento pré-executivo*, distinto e autónomo do da *execução especial por alimentos*.

Expedientes esses que asseguram uma maior celeridade e economia de meios (processuais e económicos), já que intentam atingir, de modo mais direto e eficaz, efeitos idênticos aos de uma ação executiva em sentido próprio. Alegado o incumprimento, ainda que o devedor venha a satisfazer as prestações alimentícias *já vencidas*, o procedimento prosseguirá com vista a conseguir o pagamento das prestações *vincendas*, salvo acordo (devidamente homologado) que salvaguarde os interesses do menor. Medidas cujo decretamento pressupõe sempre a *observância do contraditório* por parte do obrigado, relativamente à alegada falta de pagamento das prestações já vencidas. Não esquecendo, contudo, que se trata de um processo de *jurisdição voluntária* (art. 150º da OTM), em cujo desenvolvimento o tribunal goza de ampla margem de oficialidade[687], podendo dispensar as *prévias* notificação e audição do requerido, em termos algo semelhantes aos da execução especial por alimentos.

Na hipótese de não uso (opcional) ou de insucesso desse *procedimento pré-executivo*, poderá lançar-se mão da *execução especial por alimentos* prevista nos arts. 933º a 937º, sendo que as prestações exequendas (vencidas e vincendas) serão acrescidas

[686] Se *funcionário público*, dedução das respetivas quantias no vencimento mediante requisição do tribunal dirigida à entidade competente; se *empregado ou assalariado*, dedução no ordenado ou salário, mediante notificação da respetiva entidade patronal, que ficará na situação de fiel depositária; se *pessoa que receba rendas, pensões, subsídios, comissões, percentagens, emolumentos, gratificações, comparticipações ou rendimentos semelhantes*, a dedução será feita nessas prestações quando tiverem de ser pagas ou creditadas, fazendo-se para tal as requisições ou notificações necessárias e ficando os notificados na situação de fiéis depositários (art. 189º, nº 1, alíneas a) a c), da OTM).

[687] «A simples *confidencialidade de dados que se encontrem na disponibilidade de serviços administrativos* em suporte manual ou informático e que se refiram à identificação, à residência, à profissão e entidade empregadora ou que se destinem ao apuramento da situação patrimonial de alguma das partes em causa pendente, não obsta a que o juiz da causa, oficiosamente ou a requerimento de parte, possa, em despacho fundamentado, determinar a prestação de informações ao tribunal, quando as considere essenciais ao regular andamento do processo ou à justa composição da situação» – cfr. o acórdão da RP de 9-11-2006, *in* www.dgsi.pt./Des. Pinto de Abreu.

de juros de mora, calculados à taxa legal, até integral pagamento. O executado é sempre *citado após a efetivação da penhora*, não suspendendo a execução a sua eventual oposição à execução ou à penhora (nº 5 do art. 933º). Como preliminar desta execução, pode mesmo ser desencadeado procedimento cautelar de *arresto*, nos termos dos arts. 391º a 402º.

Saindo frustrados todos os meios supra-referidos, pode acorrer-se – tratando-se de alimentos devidos a menores – ao *Fundo de Garantia dos Alimentos Devidos* a Menores (FGDAM). Este Fundo foi instituído pela Lei nº 75/98, de 19 de novembro, regulamentada pelo Dec. Lei nº 164/99, de 13 de maio, sendo gerido, em conta autónoma, pelo Instituto de Gestão Financeira da Segurança Social)[688-689], o qual se substituirá ao obrigado às prestações alimentícias vincendas (que não às vencidas), desde que se verifiquem, cumulativamente, os requisitos do art. 3º desse segundo Dec.-Lei[690-691-689].

688 «O *pagamento dos alimentos a menores* pelo FGDAM assume *natureza garantística*, sendo obrigados, em via principal, os familiares previstos no art. 2009º do CC; daí que assista ao Ministério Público interesse em agir contra os avós do menor para tal fim, não obstante o menor já estar a recebê-los do FGDAM» – cfr., neste sentido, o acórdão da RC de 4-10-2005, CJ, Tomo IV/2005, p. 21/Des. Rui Barreiros.

689 «Face à *natureza garantística* e ao *caráter subsidiário da prestação* do FGDAM, não pode a obrigação ser-lhe exigida se o progenitor não houver sido previamente condenado a pagar uma qualquer prestação; o que constitui corolário do direito de subrogação do Fundo nos direitos do menor com vista ao reembolso das prestações por si satisfeitas ou da manutenção da obrigação de prestar as previamente fixadas pelo tribunal competente (arts. 5º e 7º do Dec.-Lei nº 164/99, de 13 de maio)» – cfr. o acórdão da RC de 17-10-2006, CJ, Tomo IV/2006, p. 23/Des. Freitas Neto.

690 Se a pessoa judicialmente obrigada a prestar alimentos não satisfizer as quantias em dívida pelas formas previstas no do Dec-Lei nº 314/78, de 27 de outubro, e o menor não tiver rendimento líquido superior ao salário mínimo, nem beneficiar, nessa medida, de rendimentos de outrem a cuja guarda se encontre.

691 O STJ, através do seu AC UNIF nº 12/2009, de 7 de julho de 2009/Cons. Azevedo Ramos, *in* DR, 1ª série, nº 150, de 5 de agosto de 2009, pp. 5084 e ss., partindo do princípio de que «a obrigação do Fundo é uma obrigação criada *ex-novo* pela decisão que a determina, com pressupostos legais próprios, e podendo ter um conteúdo diferente do da obrigação de alimentos do originário devedor», uniformizou jurisprudência sentido de que, «a obrigação de prestação de alimentos a menor, assegurada pelo FGADM, em substituição do devedor, nos termos previstos no Dec.-Lei nº 75/98, de 19 de novembro e 2º e 4º, nº 5, do Dec.-Lei nº 164/99, de 13 de maio, só nasce com a decisão que julgue o incidente de incumprimento do devedor originário e a respetiva exigibilidade só ocorre no mês seguinte ao da notificação da decisão do tribunal, não abrangendo quaisquer prestações anteriores».

Face ao disposto no artº 6º da Lei nº 24/2017, de 24 de maio (entrada em vigor em 24 de junho de 2017), que veio dar nova redação ao nº 2 do artº 1º da Lei nº 75/98, de 19 de novembro, em harmonização com o disposto no nº 2 do artº 1905º do CC, essa obrigação do FGADM subsiste mesmo que o *jovem haja já atingdo a maioridade*, desde que reúna os pressupostos para a sua atribuição, *rectius* a prova de que se encontra a frequentar um *processo educativo* ou um *curso de formação profissional*, e ainda que o FGDAM não lhe haja pago quaisquer alimentos durante a menoridade[693].

O Supremo Tribunal de Justiça pelo AC UNIF nº 5/2015, *in* DR, Iª Série, de 4 de maio de 2015, fixou jurisprudência no sentido de que «nos termos do disposto no art. 2º da Lei nº 75/98, de 19 de novembro e no art. 3º, nº 3, do Dec.-Lei nº 164/99, de 13 de maio, a prestação a suportar pelo FGADM não pode ser fixada em montante superior ao da prestação de alimentos a que está vinculado o devedor originário».

A sujeição do obrigado a *procedimento criminal* (sempre *dependente de queixa* por parte de quem tenha legitimidade para exigir o cumprimento da obrigação – o próprio alimentando necessitado sendo *maior* ou as pessoas ou entidades referidas no art. 186º da OTM sendo *menor*), *ex-vi* do nº 5 do art. 250º do CP, torna-o passível de aplicação de uma pena de multa até 120 dias, desde que não satisfaça (*estando em condições de o fazer*) a obrigação de alimentos «no *prazo de dois meses seguintes ao vencimento*» (nº 1 do mesmo art. 250º). Infração essa que, sendo reiterada, faz aumentar a moldura penal para pena de prisão até um ano ou multa até 120 dias» (nº 2), sendo que o nº 4, ainda do citado preceito, torna incurso na pena de prisão até dois anos ou em pena de multa até 240 dias aquele que, «com intenção de não prestar alimentos, se *colocar na impossibilidade de o fazer* e violar a obrigação a que está sujeito,

[692] A prestação a pagar pelo FGDAM tem como limite máximo o de 4 UC,s (cfr. o nº 3 do art. 3º da Lei nº 75/98, de 19 de novembro). A Lei nº 42/2016, de 28 de dezembro, *in* DR Série I, veio suspender, para o ano de 2017, atualização automática da unidade de conta processual (UC) prevista no nº 2 do art. 5º do RCP, mantendo em vigor o valor da UC, em € 102, vigente para o ano de 2016, valor que ainda se mantém para o ano de 2019.

[693] «Obrigação essa a que não obsta o facto de o jovem ter atingido a maioridade antes da entrada em vigor dessa norma; isto porque tal alteração visou proteger a situação dos jovens carecidos até aos 25 anos, envolvidos naqueles processo ou curso, através da prestação do FGADM em substituição do progenitor incumpridor ou impossibilitado de efetuar tal prestação» – cfr., neste sentido, o acórdão da RL de 22-11-2018, Proc. 3293/14.2T8FNC-F.L1-8, *in* www.dgsi.pt/Des. António Valente.

criando o perigo previsto da insatisfação dessa sua obrigação». Tutela legal essa que não visa primacialmente privar da liberdade o obrigado à prestação (definitiva ou provisória), mas antes a compeli-lo a satisfazer pontualmente a obrigação alimentar, sendo que, se a obrigação vier a ser cumprida, pode o tribunal *dispensá-lo de pena ou declarar extinta,* no todo ou em parte, a pena ainda não cumprida (cfr. o nº 6 do referida norma incriminatória). Daí que, não raramente, o arguido acabe por proceder ao pagamento voluntário da dívida alimentícia já vencida, assegurando ainda o pagamento das prestações vincendas.

No que toca aos *alimentos devidos a menores,* «nos casos de *divórcio,* separação judicial de pessoas e bens, declaração de nulidade ou anulação do casamento, os alimentos devidos ao filho (menor) e a forma de os prestar são regulados por *acordo dos pais,* sujeito a *homologação;* a homologação é recusada se o acordo não corresponder aos interesses do menor» (art. 1905º, nº 1, do CC).

A *maioridade* e a *emancipação* não determinam, por si só, e de modo automático, a cessação da obrigação de alimentos[694], ponto sendo que se mostre preenchido o condicionalismo dos arts. 1879º e 1880º do CC (período necessário à formação do filho maior ou emancipado)[695]. O nº 2 do art. 1095º do CC (redação da Lei nº 122/2015, de 1 de outubro) veio, com efeito, estatuir que, «para efeitos do art. 1880º, entende-se que se mantém para depois da maioridade, e até que o filho complete 25 anos de idade, a pensão fixada em seu benefício durante a menoridade, salvo se o respetivo processo de educação ou formação profissional estiver concluído antes daquela data, se tiver sido livremente interrompido ou ainda se, em qualquer caso, o obrigado à prestação de alimentos fizer prova da irrazoabilidade da sua exigência». O preceito veio, no fundo, estabelecer a presunção *legal juris tantum* de que, apesar de ter atingido a maioridade, o menor (agora maior) ainda não

694 «A cessação da obrigação carece de ser judicialmente decretada a requerimento do obrigado ou mediante acordo entre as partes; a partir da maioridade, o procedimento adequado a atualizar o regime de alimentos fixado para a menoridade ou para prover a nova fixação é o contemplado no art. 989º do CPC, a requerimento do ex-menor» – cfr., neste sentido, o acórdão da RC de 5-4-2005, CJ, Tomo II/2005, p. 16 / Des. Helder Roque.

695 «A circunstância de viver com um ascendente (vítima ou lesado) depois da maioridade e prosseguir os seus estudos de ensino superior, à data do acidente, não significa que o descendente possa exigir-lhe alimentos com base no disposto no art. 1880º do CC» – cfr., neste sentido, o acórdão do STJ de 16-3-99, BMJ, nº 485, p. 386/ Cons. Ferreira de Almeida.

completou a sua formação, sendo, pois, despicienda a prova (pelo beneficiário) da necessidade da prestação[696].

Também quanto aos *alimentos a filhos maiores ou emancipados,* há que aplicar, com as necessárias adaptações, o regime previsto para os menores nos arts. 1880º e 1905º do CC (art. 989º, nº 1, do CPC, na redação da citada Lei nº 122/2015). De atentar em que o *progenitor que assumir, a título principal, o encargo do pagamento da pensão alimentar aos filhos maiores* necessitados, pode *exigir ao outro progenitor* o *pagamento de uma contribuição* para as inerentes despesas, podendo o juiz decidir, ou os pais acordarem, que essa contribuição seja entregue diretamente, no todo ou em parte, aos filhos maiores ou emancipados (art. 989º, nºs 2 e 3, do CC).

O *dever de prestar alimentos* confunde-se com o *dever de assistência recíproca* (arts. 1675º, nº 1, *ex-vi* do art. 2015 do CC)[697]. Em caso de *divórcio ou de separação sem o consentimento de um dos cônjuges* ou de *separação judicial de pessoas e bens* (cfr. o art. 2016º-A, nºs 1 a 4, do CC), o cônjuge interessado pode, também, na *pendência da respetiva ação constitutiva*, requerer a fixação de *pensão provisória de alimentos,* optando pelo procedimento especial a que alude o nº 7 do art. 931º, a ser processado como *incidente*

[696] «A *prestação de alimentos*, fixada no âmbito do processo de *regulação do exercício das responsabilidades parentais durante a menoridade, mantém-se automaticamente* se, na data em que atingir a maioridade ou for emancipado, o filho menor de 25 anos de idade não houver ainda completado a sua formação profissional, na medida em que seja *razoável* exigir aos pais o seu cumprimento e pelo tempo normalmente requerido para o completamento dessa formação. Cabe ao progenitor vinculado à prestação requerer a sua cessação, tendo o ónus de alegar e provar que o processo de educação ou formação profissional do filho foi concluído antes de este perfazer os 25 anos ou foi voluntariamente interrompido por este ou, ainda, a irrazoabilidade da exigência da prestação alimentícia. A *densificação da cláusula de razoabilidade* constante do art. 1880º do CC deve atender a diversos fatores, tais como como as *possibilidades económicas do beneficiário e dos progenitores,* a duração e dificuldade relativa dos estudos que o filho maior pretenda prosseguir e/ou a *observância e respeito dos deveres do filho para com o obrigado*» – cfr., neste sentido, oacórdão da RC de 19-12-2017, Proc. 1156/15.3T8CTB.C2, *in* www.dgsi.pt /Des. Arlindo Oliveira.

[697] No que tange aos *alimentos definitivos,* «qualquer dos cônjuges tem direito a alimentos, independentemente do tipo de divórcio» (cfr. o nº 2 do art. 2016º do CC), sendo o respetivo montante fixado de harmonia com os critérios estabelecidos pelo nº 1 do art. 2016º-A, *não assistindo,* todavia, ao cônjuge credor «o *direito de exigir a manutenção do padrão de vida de que beneficiou na constância do matrimónio*» (cfr. o art. 2016º-A, nºs 1 e 2, do CC). Direito a alimentos esse que pode ser negado «por razões manifestas de equidade» (art. 2016º, nº 3, do CC). No caso de *separação de facto,* os deveres conjugais mantêm-se e, por isso, ao remeter para o art. 1675º, o art. 2015º do CC pretende significar que, nesse caso, a obrigação de alimentos possui um regime próprio, diferente do estabelecido nos arts. 2016º e ss..

da instância (arts. 292º a 294º) ou socorrendo-se (como preliminar ou na pendência da ação) do procedimento cautelar de *alimentos provisórios* regulados nos arts. 384º a 387º[698]. Tudo sem prejuízo de o tribunal dever dar prevalência a uma qualquer eventual obrigação de alimentos devidos a um *filho do cônjuge devedor* em detrimento da obrigação emergente do divórcio *em favor do ex-cônjuge* (cfr. o nº 2 do cit. art. 2016º-A)[699-700].

Constituindo como que uma *antecipação dos alimentos definitivos,* os alimentos provisórios podem ser requeridos, ou fixados pelo juiz, em qualquer altura do processo principal e por dependência deste (art. 384º, nº 1), podendo também ser requeridos como procedimento cautelar especificado *depois da sentença de divórcio* se a sua necessidade se revelar posteriormente e o requerente vier a instaurar ação (principal) autónoma para a fixação de alimentos definitivos. Na atribuição de *alimentos ao ex-cônjuge,* a regra é a de que cada membro do ex-casal deve prover à sua subsistência, sendo esses alimentos considerados de caráter excecional e subsidiário (art. 1016º do CC); pode ser deferido o pedido desde que o requerente (presumível necessitado) alegue e prove a impossibilidade de auferir rendimentos do seu trabalho ou outros que possam assegurar-lhe uma vida condigna; deferimento esse condicionado às reais possibilidades económicas do ex-cônjuge obrigado e que

[698] *Vide,* nesse sentido, entre outros, os acórdãos do STJ, de 5-11-97, BMJ, nº 479, p. 298/ Cons. Miranda Gusmão e da RL, de 12-11-2000/Des. Paixão Pires.

[699] Nos casos de *divórcio, separação judicial de pessoas e bens, declaração de nulidade ou anulação do casamento,* os alimentos devidos ao filho e a forma de os prestar serão regulados por *acordo dos pais* sujeito a *homologação judicial,* o qual será recusado se o acordo não corresponder ao interesse do menor (cfr. o art. 1905º do CC). Quanto ao *acordo sobre o exercício das responsabilidades parentais em caso de divórcio por mútuo consentimento* e o papel do Ministério Público, cfr. o art. 1776º-A do CC.

[700] «A *obrigação de prestar alimentos entre os cônjuges* compreende-se no *dever conjugal de assistência,* como decorre do disposto nos arts. 2015º, 1675º e 1672º, do CC. Essa obrigação tem a sua *ratio legis* ao nível da solidariedade humana, individualizada em termos de imputação subjetiva passiva pela existência anterior do vínculo conjugal. A Lei nº 61/2008, aditando o art. 2016º-A, do CC, veio estabelecer um novo paradigma para a obrigação de alimentos entre os ex-cônjuges, passando a dispor, expressamente, que "*o cônjuge credor não tem o direito de exigir a manutenção do padrão de vida de que beneficiou na constância do matrimónio*". A determinação do *quantum* da prestação de alimentos entre os ex-cônjuges deve ser feita com aplicação dos critérios comuns às obrigações de alimentos com outra génese, estabelecidos pelo art. 2004º, do CC, com valoração, no âmbito desses critérios, de "...todas as circunstâncias que influam sobre as necessidades do cônjuge que recebe os alimentos e as possibilidades do que os presta", entre elas, as enumeradas exemplificativamente nesse preceito, atinentes às vicissitudes do vínculo conjugal, aos efeitos que se prolongam após a sua extinção e à nova situação familiar e encargos de cada um dos cônjuges» – cfr. o acórdão da RL de 9-7-2015, Proc. 7409/12.5TBCSC.L1-7, *in* www.dgsi.pt/Des. Orlando Nascimento.

pode cessar pela superveniência de bens ou réditos (ao necessitado) que tornem a obrigação desnecessária[701].

Também os membros das *uniões de facto* – cujo direito (definitivo) às prestações por morte depende sempre de *sentença judicial que lhes reconheça o direito a alimentos* ou, na falta ou insuficiência de bens da herança, a qualidade de titular do direito a alimentos –, poderão requerer para si *alimentos provisórios* (arts. 2020º do CC e 3º do Dec.-Reg. nº 1/94, de 18 de janeiro, na redação do art. 2º do Dec.-Lei nº 153/2008, de 6 de agosto). A Lei nº 7/2001 de 11 de maio (Lei de Proteção das Uniões de Facto), com a redação da Lei nº 23/2010, de 30 de agosto, define as situações em que, embora possa haver uma situação de vivência em *união de facto*, a mesma não é juridicamente reconhecida[702].

Os alimentos provisórios são devidos *desde o primeiro dia subsequente à data da dedução do pedido* (art. 386º, nº 1). Em caso algum haverá lugar à *restituição* dos alimentos recebidos a título provisório (cfr. o nº 2 do art. 2007º do CC).

O *direito a alimentos* não pode ser *renunciado* ou *cedido* (ainda que possam deixar de ser pedidos e renunciar-se às prestações vencidas), sendo *impenhorável* o respetivo crédito (art. 2008º, nºs 1 e 2, do CC). A *obrigação de pagamento* das prestações alimentícias já vencidas, prescrevendo embora pelo decurso do prazo de 5 anos (al. f) do art. 310º do CC), não pode ser *compensada* com qualquer outro crédito

[701] «A *obrigação alimentar "definitiva"* entre os cônjuges, aproxima-se, *na separação*, do dever subrogado de contribuição para os encargos da vida familiar, não se circunscrevendo ao que seja "indispensável para o sustento, habitação e vestuário", antes compreendendo tudo o que esteja de acordo com a condição económica e social do agregado familiar antes da separação». Por isso, a medida dos alimentos conjugais é, nessa situação, diversa da dos alimentos gerais. Nada impede que no *procedimento cautelar de alimentos provisórios*, e designadamente para os efeitos de avaliação da situação económica e financeira do requerente, se tenha em consideração a natureza "comum" ou a responsabilidade exclusiva do requerente pelas dívidas a cujo pagamento aquele vem fazendo face, por si só. Tal apreciação não opera caso julgado em futura liquidação e partilha do património conjugal.» – cfr. o acórdão da RL de 21-4-2016, Proc. 1390/15.6T8TVD-A.L1-2, *in* www.dgsi.pt/Des. Esagüy Martins.

[702] «Dos arts. 2º, al. c) e 3º, al. f), da Lei nº 7/2001 decorre que só existe *união de facto juridicamente relevante* quando duas pessoas vivam em condições análogas às dos cônjuges (preenchido que seja o requisito dauração temporal de 2 anos exigido pelo art. 1º, nº 2) e desde que nenhuma delas possua o estado civil de casado ou de casado não separado judicialmente de pessoas e bens. Desde logo, porque o casamento de um dos membros da união de facto constitui uma das causas de dissolução da união de facto (art. 8º, al. c), da Lei nº 7/2001)» – cfr. o acórdão da RL de 20-4-2016, Proc. 36/13.1TTLSB.L1-4, *in* www.dgsi.pt/Des. Duro Mateus.

(art. 853º, nº 1, al. b) e 2008º, nº 2, do CC), podendo mesmo as prestações, já em dívida aquando do falecimento do obrigado, ser exigidas aos respetivos herdeiros (art. 2013º, nº 1, al. a), do CC).

31.4. Arbitramento de reparação provisória

O procedimento cautelar de *arbitramento de reparação provisória* é regulado nos arts. 388º a 390º do CPC.

Este procedimento foi (inovatoriamente) introduzido pela Reforma de 95/96 tendo em mira a *antecipação de créditos de natureza pecuniária emergentes de responsabilidade civil*, em situações de grave carência, enquanto não decidida a ação principal e abrange as situações: – em que urge reparar provisoriamente o dano decorrente da morte ou de lesão corporal; – em que a pretensão indemnizatória se funde em dano suscetível de colocar seriamente em causa o sustento ou a habitação do lesado[703].

Nesse art. 368º, em conjugação com o disposto no art. 565º do CC, faculta-se aos lesados, bem como aos titulares do direito a que se reporta o nº 3 do art. 495º do CC, requerer, como dependência da ação de indemnização fundada em morte ou lesão corporal, o arbitramento de quantia certa, sob a forma de renda mensal, como reparação provisória desse(s) dano(s)[704].

Evidencia o procedimento clara similitude com aqueloutro destinado à *fixação de pensão provisória* no âmbito dos *processos emergentes de acidentes de trabalho ou doenças profissionais* a que se reportam os arts. 121º a 125º do CPT. É-lhe, de resto, aplicável o disposto acerca do procedimento cautelar de alimentos provisórios com as necessárias adaptações (arts. 384º a 387º e 389º do CPC).

Integra-se o procedimento no grupo dos *procedimentos cautelares respeitantes a prestações pecuniárias* ou seja, dos que conduzem, se bem que a título provisório, ao pagamento periódico de uma determinada *importância em dinheiro* (à semelhança do de alimentos provisórios no processo civil comum e do de suspensão de despedimento no processo laboral)[705].

703 Cfr, a este respeito, ABRANTES GERALDES, *Temas da Reforma do Processo Civil*, vol. IV, Almedina, 2001, p. 350 e ss.. Cfr., também, a este respeito, JOÃO CURA MARIANO, *A Providência Cautelar de Arbitramento de Reparação Provisória*, 2ª ed. Rev e Aum., Almedina, 2006, p. 53.

704 Cfr., neste sentido, MARCO CARVALHO GONÇALVES, *Providências Cautelares*, 2ª ed., Almedina, 2016, pp. 301 e 302.

705 Não há lugar, *no processo penal*, ao decretamento deste tipo de providência – cfr., neste sentido, o acórdão da RP de 2-2-2005, CJ, Tomo I/2005, p. 210/Desª ÉLIA SÃO PEDRO.

Traduz-se a medida na fixação de uma *quantia certa*, sob a forma de *renda mensal*, como reparação provisória do dano, *a requerimento dos lesados*, bem como dos titulares do direito a que se refere o nº 3 do art. 495º do CC[706] (os que podiam exigir alimentos ao lesado ou aqueles a quem o lesado os prestava no cumprimento de uma obrigação natural)[707]. É também de aplicação «aos casos em que a pretensão indemnizatória se funde em *dano suscetível de pôr seriamente em causa o sustento ou habitação do lesado*» (art. 388º, nº 4).

A requerer como *dependência da ação de indemnização fundada em morte ou lesão corporal* (art. 388º, nº 1), exige a lei, para o respetivo decretamento, a prova, pelo requerente, da existência de *probabilidade séria da existência de situação de necessidade* decorrente dos danos sofridos e da *verificação da obrigação de indemnizar* a cargo do requerido (nº 2 do art. 388º)[708-709]. Prejuízos cuja factualidade indicie, com razoável dose de segurança, poderem vir a ser imputados ao lesante, seja a título de culpa efetiva ou presumida, seja com base no risco[710-711-711].

[706] No sentido de que a providência cautelar de arbitramento de *reparação provisória* não se aplica só aos casos de *morte ou lesão corporal*, abrangendo também as situações de *ilícito extracontratual* em que o lesado fique colocado em situação de dificuldade extrema de prover ao seu sustento ou habitação, *vide* o acórdão da RP, de 5-11-2007, Proc. 00040728, *in* JTRP, *in* www.dgsi.pt./Des. Paulo Brandão.

[707] O nº 3 do art. 495º do CC, pelo seu caráter excecional, deve ser interpretado no sentido de que os beneficiários do direito a alimentos apenas poderão, *in abstracto*, exigir indemnização pelos danos efetivos – que não meramente potenciais – da cessação da prestação de alimentos – cfr., neste sentido, o acórdão do STJ de 16-3-99, BMJ nº 485, p. 386/Cons. Ferreira de Almeida.

[708] Entendendo que a providência em causa "não se pode estender a pessoas coletivas", cfr. o acórdão da RP de 11-12-2003, JTRP 00036676, *in* www.dgsi.pt./Des. Pinto de Almeida.

[709] Cfr. Lopes do Rego, *Comentários ao Código de Processo Civil*, vol. I, cit., p. 371.

[710] Cfr. Abrantes Geraldes, *Temas*, vol. IV cit., p. 162.

[711] «São três os requisitos da providência de *arbitramento de reparação provisória*: a) a existência de um *direito de indemnização* pela produção de um dano; b) a situação de *necessidade económica do lesado*; c) *o nexo de causalidade entre a situação de necessidade verificada e o dano*. Impende sobre o requerente o ónus de alegar e provar os referidos requisitos, ainda que se exija apenas prova meramente indiciária/sumária dos referidos requisitos, com base em juízos de verosimilhança. A fixação do montante da indemnização obedece a *critérios de equidade*, pelo que, à míngua de outros elementos, o valor do rendimento do lesado antes do acidente serve como guia para a fixação do valor da renda, por corresponder ao normal padrão de vida do mesmo, assegurando agora, como antes do acidente, as necessidades básicas que, assim, não ficarão afetadas por via do evento danoso» – cfr. o acórdão da RL de 16-2-2016, Proc. 482/14.3T8OER-A.L2-1, *in* www.dgsi.pt/Desª M. Adelaide Domingos.

A quantia mensal a arbitrar a favor do requerente (lesado) será função do estritamente necessário para os respetivos *sustento ou habitação* (art. 388º, nº 4). A liquidação provisória, a ser imputada na liquidação definitiva do dano, será fixada pelo tribunal segundo *critérios de equidade* (art. 388º, nº 3).

Se não efetuado o pagamento da reparação provisoriamente arbitrada, a *decisão é imediatamente exequível* (independentemente de interposição de recurso), observando-se, de seguida, os termos da *execução especial por alimentos* dos arts. 933º a 937º, à semelhança do que sucede com a falta (voluntária) de pagamento de alguma prestação mensal vencida nos alimentos provisórios (art. 373º nº 2). Nesta eventualidade, a *nomeação de bens à penhora* pertence *exclusivamente ao exequente,* devendo ser feita no requerimento inicial. O *executado será citado apenas depois de efetuada a penhora* e a dedução de oposição não susta a execução. O exequente pode também requerer, desde logo, a *adjudicação das quantias, vencimentos ou pensões* que o executado esteja a receber ou a *consignação de rendimentos,* com dispensa da diligência de penhora e da convocação dos credores.

A prestação arbitrada é passível de *alteração ou cessação* no seio do mesmo processo com observância de idêntica tramitação se, após a sua fixação, deixar de subsistir a sua necessidade, mediante requerimento e produção de prova nesse sentido (arts. 386º, nº 2 e 282º, nº 2). Pode, por sua vez, a decretada providência ser *modificada* ou mesmo *cessar*, quer por alteração superveniente dos pressupostos em que assentou, quer se, em sede da respetiva execução, se vier a esgotar o montante arbitrado a título de indemnização global que previsivelmente venha a ser fixada na ação principal. Se o procedimento houver cessado por transação judicialmente homologada, tendo os termos do acordo sido temporalmente balizados, é de admitir o requerimento de novo procedimento cautelar de reparação provisória[713].

A prolação de sentença final (no processo principal) que julgue improcedente a obrigação de pagamento de renda mensal (ou que, embora procedente, venha a arbitrar montante inferior à quantia entretanto antecipada) gera a *caducidade da providência,* com a inerente condenação (do lesado) na

[712] «Para efeitos do disposto nos arts. 57º, 59º e 65º da LAT/2009, não é beneficiária legal de sinistrado falecido em acidente de trabalho quem com este vivia em condições análogas aos dos cônjuges, sendo o sinistrado casado com terceira pessoa à data da sua morte» – cfr. o acórdão da RL de 20-4-2016, Proc. 36/13.1TTLSB.L1-4, *in* www.dgsi.pt/Des. Duro Mateus.

[713] Cfr., neste sentido, o acórdão da RL de 11-1-2018, Proc. 8008/16.8T8SNT-B.L1-2, *in* www.dgsi.pt /Desª Ondina Carmo Alves.

obrigação de restituição (do indevido) ao respetivo requerente, nos termos previstos para o *enriquecimento sem causa* (arts. 373º, nº 1, al. c) e 390º, nºs 1 e 2).

Confrontando os regimes do art. 387º com o do art. 390º, detetam-se as seguintes dissemelhanças: – em caso de caducidade da providência, *nos alimentos provisórios* não há lugar, em caso algum, à sua *restituição* (art. 2007º, nº 2, do CC), enquanto *no arbitramento de reparação provisória* deve o requerente restituir (em caso da caducidade da providência) todas as prestações recebidas (art. 390º, nº 1); – *nos alimentos provisórios*, o requerente só responde pelos danos advenientes da improcedência ou caducidade da providência se tiver atuado de *má fé* (art. 387º); – *no arbitramento de reparação provisória* a decisão final proferida na ação de indemnização, quando não arbitre qualquer reparação ou atribua reparação inferior à provisoriamente estabelecida, condenará *sempre* o requerente a restituir o que for devido (art. 390º, nº 2)[714].

Não tem aplicação, nesta sede, o disposto no nº 1 do art. 374º (responsabilidade civil do requerente no caso de a providência vir a ser considerada injustificada ou caducar por facto a si imputável). É antes de aplicar à obrigação de restituição (nas demais hipóteses de caducidade a que se reporta o art. 373º) o regime do *enriquecimento sem causa* previsto nos arts. 473º e ss. do CC, devendo, por isso, ser restituído «tudo quanto se tenha obtido à custa do empobrecido» (art. 479º do CC)[715]. Direito de restituição esse a ser exercitado pelo requerido da providência (empobrecido) através da proposição de *ação específica*, já que não adregável na ação principal[716] (obrigação essa de restituição do tudo o que tiver recebido ou apenas do que houver sido recebido em excesso).

31.5. Arresto

O *arresto* traduz-se numa *apreensão judicial dos bens do devedor*, a decretar mediante solicitação do credor (provável ou aparente titular) que tenha *justo*

[714] Cfr. Lopes do Rego, *Comentários*, vol. I, cit., p. 371.

[715] Sustentando que o regime do enriquecimento sem causa apenas se aplica aos casos em que a caducidade não é imputável ao requerente, cfr. Lebre de Freitas, *Código de Processo Civil Anotado*, vol. II, p. 115, Cura Mariano, *A Providência Cautelar de Reparação Provisória*, p. 116 e Círia S. Pereira, *Arbitramento de Reparação Provisória*, p. 185.

[716] Cfr., neste sentido, Abrantes Geraldes, *Temas*, vol. IV cit., p. 170.

receio de perder a garantia patrimonial do crédito[717] (arts. 619º e 622º do CC e 364º, nº 3 e 391º a 393º do CPC).

Dado que só a título excecional o devedor pode ser privado da liberdade com o objetivo de ser compelido a cumprir ou ser punido pelo não cumprimento (caso de incumprimento de obrigações alimentícias – art. 250º do CP), o credor só através do património daquele, *v. g.* da instauração de uma ação executiva, pode ver tornado efetivo o seu direito, salvos os (não raros) casos de impraticabilidade das diligências tendentes à identificação de bens penhoráveis do executado/devedor.

Visa o arresto precisamente *garantir que os bens do devedor, uma vez apreendidos, permaneçam na sua esfera jurídica* até ao momento da realização da respetiva penhora, por cuja excussão (desses bens) o credor espera obter a satisfação do seu crédito (arts. 601º e 619º do CC). Pode também incidir *sobre o adquirente* desses bens se tiver sido judicialmente impugnada a sua transmissão através de impugnação pauliana (cfr. os arts. 610º e 619º, nº 2, do CC). Abrange, pois, tal *garantia conservatória* todos os bens ou direitos de conteúdo patrimonial suscetíveis de conversão em penhora (arts. 822º, nº 2, do CC e 735º a 739º do CPC)[718-719-717].

[717] Entendem Pires de Lima e Antunes Varela, *Código Civil Anotado*, vol. I, 4ª ed. cit., p. 471, na esteira do § 917 do CPC alemão, que "para que haja justo receio de perda de garantia patrimonial basta que, com a expectativa da alienação de determinados bens ou a sua transferência para o estrangeiro, o devedor torne consideravelmente difícil a realização coactiva do crédito, ficando o seu património apenas com bens que, pela sua natureza, dificilmente encontrem comprador numa venda judicial.". Louvam-se ainda os mesmos autores na doutrina do acórdão do STJ de 11-12-73, *in* BMJ nº 232, pp. 110 e ss., segundo a qual «basta igualmente que exista acentuada desproporção entre o montante do crédito e o valor do património do devedor, desde que este património seja facilmente ocultável».

[718] São, assim, *suscetíveis de arresto*, por ex., os *direitos de autor* (arts. 47º e 50º do Código de Direitos de Autor), as ações e quotas de sociedades (cfr. o acórdão da RP de 9-5-95, CJ, Tomo III, p. 213/Des. Gonçalves Vilar) e os passes dos jogadores de futebol (cfr. o acórdão da RC de 22-3-00, CJ, Tomo II, p. 16/Des. Coelho de Matos).

[719] Nos termos do art. 739º, são impenhoráveis as *quantias em dinheiro ou os depósitos bancários* resultantes da satisfação de créditos impenhoráveis nos termos em que o eram os créditos originários (*v. g.*, o crédito de alimentos – art. 2008º, nº 2, do CC ou os créditos provenientes do direito de indemnização por acidente de trabalho e por doenças profissionais). Ressalva, porém, e bem, Amâncio Ferreira, *Curso* cit., pp. 213-214, que tal impenhorabilidade só opera quando se puder presumir que tais quantias e depósitos se destinam ao sustento do executado e/ou de sua família; não assim quando as economias depositadas o forem a prazo superior a seis meses ou em contas-poupança, apesar de originadas em rendimentos em si penhoráveis nos termos do nº 1 do art. 738º. De salientar que, nos termos do art. 17º do Dec.-

O procedimento pode ser instaurado como *preliminar ou incidente de ação declarativa ou executiva* (relativamente às quais é instrumental) e ser requerido junto do *tribunal onde deva ser proposta a ação*, no *tribunal do lugar onde os bens se encontrem* ou, havendo bens em *várias comarcas, no tribunal de qualquer uma delas*; mas, se a ação principal já tiver sido instaurada, o procedimento correrá *por apenso* à mesma (arts. 78º, nº 1, al. a) e 364º), a menos que a ação esteja pendente de recurso, caso em que a apensação só ocorrerá quando o procedimento estiver findo ou quando os autos da ação principal baixarem à 1ª instância.

O requerente deverá, desde logo, no requerimento inicial da providência[721], alegar os factos indiciadores da *existência do crédito*, bem como dos que justificam o *receio* invocado, relacionando, desde logo, os bens que pretende ver apreendidos e fornecendo ainda as indicações necessárias à realização da diligência, devendo ainda *indicar depositário* (arts. 391º, nº 2 e 392º, nº 1)[722]. Se deduzido o arresto contra o adquirente dos bens, deve também o requerente (se tal aquisição não houver ainda sido objeto da ação pauliana – arts. 610º a 618º do CC), afirmar/deduzir os factos suscetíveis de conduzir à procedência dessa impugnação (cfr. o nº 2 do art. 392º)[723].

-Lei nº 496/80, de 20 de outubro, os *subsídios de férias* e *de Natal* são *inalienáveis* e *impenhoráveis*. Decidiu também o TC, por acórdão de 13-12-2016, não julgar inconstitucional a norma extraída do art. 78º da Lei nº 98/2009, de 4 de setembro, no sentido da absoluta *impenhorabilidade* e *impossibilidade de apreensão* para a massa insolvente dos créditos por indemnizações atribuídas ao insolvente em virtude de acidente de trabalho.

720 Quanto *ao arresto de bens comuns do casal, de depósitos bancários, de direito a bens indivisos e quotas de sociedades e de estabelecimento comercial*, cfr. os arts. 740º, 741º, 780º e 781º respetivamente.

721 Sem prejuízo de, posteriormente, efetuar indicações complementares – cfr., neste sentido, *v. g.*, o acórdão da RP, de 9-5-2005, CJ, TomoIII/2003, p. 162/Des. Cunha Barbosa.

722 O *arresto de quotas de sociedade comercial* não envolve, *ex-vi* do art. 239º do CSC, a possibilidade do arresto dos bens da própria sociedade – cfr. o acórdão da RL de 5-7-2007, CJ, Tomo III/2007, p. 108/Desª Carla Mendes.

723 «O decretamento do *arresto*, porque *providência meramente conservatória*, não implica a prova da exigibilidade imediata do crédito do requerente, nem a prova minuciosa de factos que clamem a conclusão do inexorável inadimplemento do requerido. Para a formulação do juízo sobre o justo receio da perda da garantia patrimonial é suficiente a alegação e prova de um núcleo factual que demonstre ou indicie um perigoso decréscimo da solvabilidade do devedor, a dissipação ou extravio de bens, a desproporção entre o seu ativo e passivo, a natureza ocultável do património ou a ocorrência de qualquer outra situação que aponte no sentido de que o devedor não pode solver a dívida. Comprovando-se que a requerente suportou despesas, ascendentes a vários milhares de euros que aos requeridos competiam, e que estes, construtores, têm hipotecados imóveis em montantes superiores ao seu valor, afirmaram que

Se do requerimento (do credor) não constarem factos suficientemente indiciadores do alegado receio de perda de garantia patrimonial do crédito, deve o mesmo ser objeto de *despacho de aperfeiçoamento*, que *não de indeferimento liminar*[724].

Após a produção de *prova perfunctória* (*sumária*) o arresto é decretado *sem audiência da parte contrária*, a fim de não sair gorado o êxito da providência (cfr. o nº 1 do art. 393º). Se o valor dos bens indicados para arresto ultrapassar o exigível para garantir a «segurança normal do crédito», o juiz reduzirá a garantia aos seus «justos limites» (art. 393º, nº 1). Ademais, não pode o arrestado ser privado dos rendimentos estritamente indispensáveis aos seus alimentos e de sua família, os quais «lhe serão fixados nos termos previstos para os alimentos provisórios» (art. 393º, nº 3).

A *prova do justo receio de perda da garantia patrimonial* é *dispensada* nas situações previstas nos nºs 1 (*arresto requerido pelo Ministério Público* contra tesoureiros ou quaisquer funcionários ou agentes do Estado ou de outras pessoas coletivas públicas quando encontradas em alcance) e 3 (*arresto requerido pelo credor* de bem que haja sido transmitido mediante negócio jurídico quando em dívida, no todo ou em parte, o preço da respetiva aquisição), ambos preceitos do art. 396º.

À semelhança do embargo de obra nova, poderá o tribunal, *ex-vi* do nº 2 do art. 374º, aplicável, por força do nº 2 do art. 376º, tornar o *arresto dependente da prestação de caução* destinada a garantir o ressarcimento de eventuais danos, nos termos do art. 620º do CC (*caução condicional*), decisão esta que pode ser proferida, oficiosamente ou a requerimento da parte interessada, aquando do decretamento da providência ou em momento ulterior. Também a providência, uma vez decretada, pode ser *substituída por caução* (*caução substitutiva*) desde que tal substituição se revele adequada e suficiente, em função das concretas circunstâncias do caso (arts. 376º, nº 2 e 368, nº 3º)[725]. Ademais, estando em causa *arresto de navio ou da sua carga*, a prestação de caução, com a anuência do credor ou julgada idónea pelo tribunal, obsta à realização da apreensão (art. 394º, nº 2).

pretendiam cessar a sua atividade e têm processos judiciais pendentes, no âmbito dos quais foi pedida a penhora da sua casa de habitação, mostram-se presentes os requisitos para tal decretamento» – cfr. o acórdão da RC de 6-10-2015, Proc. 17/14.0TBCBR-B.C1, *in* www.dgsi.pt/Des. Carlos Moreira.

[724] Cfr., neste sentido, o acórdão da RL de 22-3-2018, Proc. 662/18.2T8ALM-2, *in* www.dgsi.pt/Des. Pedro Martins.

[725] Cfr, a esse propósito, o acórdão da RG, de 12-7-2007, *in* www.dgsi.pt./Desª Rosa Tching.

A decisão que decrete a providência deverá ser *notificada* ao arrestado (art. 755º). Tratando-se de *bens imóveis*, o despacho de decretação é notificado ao arrestante e ao arrestado (a este na qualidade de depositário). Se arrestados *outros bens*, o despacho só será notificado ao arrestado depois de efetuado o arresto, depois de concretizada a apreensão dos móveis ou depois de notificado o devedor (art. 391º, nº 2, por reporte aos arts. 764º e 773º). Se arrestados *bens móveis*, o arrestante é (normalmente) notificado para colocar à disposição do tribunal todos os meios necessários à realização da diligência, nos termos do art. 765º (cooperação para a realização da diligência).

Cumpre à *secretaria judicial* dar cumprimento à decisão cautelar determinativa do arresto, procedendo à *efetiva apreensão* dos bens mandados arrestar, com observância das *normas próprias da efetivação da penhora* (*ex-vi* do nº 2 do art. 391º). A apreensão judicial dos bens móveis *formaliza-se através de auto de entrega a um depositário* nos termos dos arts. 755º, nº 3 e 766º, nº 1, sendo a diligência *levada a efeito por funcionário judicial*, que *não por agente de execução*, já que não se trata ainda de processo executivo propriamente dito. É, assim, lavrado um *auto de arresto*, semelhante a um auto de penhora, com menção da hora da diligência e contendo a relação dos bens (arrestados) através de verbas numeradas e respetivos valores. Caso a diligência seja efetuada em dias sucessivos ou distintos, serão apostos, até ao respetivo *terminus*, *selos* nas portas e nos locais onde se encontram os bens não relacionados e diligenciando-se por assegurar a respetiva guarda (art. 766º, nº 3). Se os *bens a arrestar forem imóveis*, o arresto é concretizado mediante *comunicação eletrónica* feita pela secretaria judicial à conservatória do registo predial competente, a qual vale como apresentação (pedido) para efeito da *inscrição no registo* ou com apresentação naquele serviço de *declaração* por ela subscrita, nos termos do nº 1 do art. 755º (cfr. os arts. 8º-B, nº 3, al. a), e 48º, nº 1, do CRPRED).

Prevê a lei (art. 771º, nº 2) o *arresto de bens do depositário* (de bens penhorados) que, notificado para os apresentar, não só o não faz, como não justifica a omissão; nessa eventualidade, deve o depositário (à semelhança do arrestado) ser notificado para recorrer ou deduzir oposição[726].

À semelhança do que sucede com os atos de disposição dos bens penhorados (art. 819º do CC), também os *atos de disposição dos bens arrestados* posteriores ao decretamento da providência de arresto são *inoponíveis* (*ineficazes*)

[726] Cfr., neste sentido, o acórdão da RG de 13-12-2007, *in* www.dgsi.pt/Des. HENRIQUE ANDRADE.

relativamente ao requerente/credor (art. 622º, nº 1, do CC). No caso de *arresto de veículo,* se após o decretamento o arrestado com ele vier a circular (tendo sido do mesmo nomeado fiel depositário), poderá o requerido incorrer em *crime de desobediência qualificada* (art. 375º). Caso o *bem arrestado seja imóvel,* a sua destruição, danificação, inutilização ou subtração poderão subsumir-se no tipo legal de *crime de descaminho ou destruição de objetos colocados sob o poder público* previsto e punido nos termos do art. 355º do CP.

São aplicáveis subsidiariamente ao procedimento do *arresto* as disposições relativas à *penhora* constantes dos arts. 821º e ss. (cfr. o nº 2 do art. 391º). Assim, uma vez decretado, pode o arresto ser ulteriormente *convertido em penhora* com eficácia retroativa à data do seu decretamento, ou no âmbito da ação executiva a instaurar ou daquela em que o procedimento cautelar correu por apenso, fazendo-se no registo predial o respetivo *averbamento* com aplicação do disposto no art. 755º (arts. 762º do CPC e 822º do CC). Isto com vista a que os bens oportunamente abrangidos pela providência possam ser coativamente *vendidos,* a fim de que, com o produto dessa venda, seja satisfeito o crédito do arrestante e dos demais credores com créditos reconhecidos na execução.

Se a providência de arresto for considerada *injustificada* ou vier a *caducar por facto imputável ao requerente,* o arrestante responderá pelos *danos* que culposamente causar ao arrestado quando não tenha agido com a prudência normal (art. 374º, nº 1).

É obrigatório o registo *para a decretada providência cautelar de arresto* incidente sobre bens imóveis ou de móveis sujeitos a registo (cfr. os arts. 2º, al. o), 3º, alíneas d) e e) e 8º-A, nº 1, al. b), ambos do CRPRED). Isto porque o arresto só produzirá efeitos depois de registado, nos termos do disposto nos arts. 622º, nº 2 e 819º do CC e 5º e 6º do CRPRED. Feita a inscrição, a conservatória do registo predial envia ao funcionário o *certificado do registo* e a *certidão dos ónus* que incidem sobre os bens arrestados, após o que o mesmo procede à afixação, na porta ou noutro local visível do imóvel arrestado, de um edital de modelo oficial (art. 755º, nºs 1, 2 e 3, aplicáveis *ex-vi* do nº 2 do art. 391º).

31.6. Embargo de obra nova

O procedimento cautelar de *embargo de obra nova* encontra-se regulado nos arts. 397º a 402º. Por via dele, pode o interessado (requerente) solicitar a suspensão de uma *obra, trabalho* ou *serviço novo* que seja ofensivo dos seus direitos de *proprietário* (singular) ou *comproprietário*, bem como de outro *direito real de gozo*[727] *ou de posse* ou ainda de qualquer outro *direito pessoal de gozo*[728] que lhe cause ou que ameaçe causar-lhe prejuízo (art. 397º, nº 1).

A finalidade da impetrada providência é a suspensão provisória de uma obra cuja suspensão definitiva ou cuja demolição possam vir a ser decretadas na ação principal.

Subjaz à providência uma obrigação (proibição) de não fazer (ou de não erigir) uma qualquer *obra ou um qualquer trabalho ou serviço novos*, isto é, que venham alterar o *statu quo ante*. A *obra* ou *serviço* a embargar têm, assim, de possuir *natureza inovatória*, que não traduzir-se em mera retocagem ou modificação não estrutural ou em simples reconstrução de obra já existente; não preenchem o requisito as obras de caráter acessório ou secundário que não passem de acabamentos ou aproveitamento de obras anteriores. Apenas poderão, assim, ser embargadas *obras consistentes em alterações substanciais* (que não tão-somente superficiais) da coisa[729-730-731].

Não podem, contudo, ser embargadas, *ex- vi* do art. 399º, as obras do *Estado*, das demais *pessoas coletivas públicas* e das *entidades concessionárias* de *obras* ou *serviços públicos* se o litígio contiver subjacente uma *relação jurídico-administrativa*, cujos inerentes direitos ou interesses lesados deverão ser defendidos através dos meios cautelares próprios do contencioso administrativo, *v. g.* da *suspensão de eficácia* ou da *intimação para a adoção ou abstenção de uma conduta* (cfr., designadamente, os arts. 1º, 2º e 112º,

[727] *V. g.* de usufruto, uso e habitação, servidão, etc..

[728] Acerca do conceito de *direitos pessoais de gozo* – os que, incidindo sobre uma coisa, conferem ao respetivo titular poderes de a usar, fruir ou transformar, sem necessidade de intermediação (colaboração) de outrem –, o que estruturalmente os distingue, quer dos direitos reais, quer dos direitos de crédito, cfr. J. Andrade Mesquita, *Direitos Pessoais de Gozo*, Coimbra, Almedina, 1999, p. 25. Para este autor, são *direitos pessoais de gozo* (no sentido de direitos não reais), *v. g.*, a locação, o comodato, o depósito ou o *leasing*.

[729] Cfr., neste sentido, Abrantes Geraldes, *Temas*, vol. IV, 3ª ed. cit., pp. 248-249.

[730] A *novidade da obra* é requisito indispensável, não podendo assim decretar-se o embargo de obra que se traduz na simples reconstrução de um edifício destruído por um incêndio – cfr., neste sentido, o acórdão da RP de 9-2-1993, CJ, Tomo I, p. 228/Des. Matos Fernandes.

[731] O *procedimento cautelar de embargo de obra nova* (*não o procedimento cautelar comum*) é o adequado para o requerimento da suspensão de obras que alegadamente pôem em risco o estado do prédio tal como era à data em que foi dado de arrendamento condicional ao requente. Mas o procedimento especificado não deve ter lugar se as obras visadas consistirem numa mera terraplanagem que não compromete a integridade do arrendatário – cfr., neste sentido, o acórdão da RL de 15-2-2018, Proc. 2204/17.8T8PDL-2, *in* www.dgsi.pt /Des. Pedro Martins.

nº 2, alíneas a) e f) a 128º do CPTA)[732-733]. Há, assim, que excluir do âmbito do procedimento a violação de qualquer outro direito, de natureza obrigacional ou de personalidade, ou de quaisquer outros *direitos subjetivos públicos*, como os inerentes à salubridade, estética ou segurança das edificações e construções[734]. Relativamente às normas dos planos urbanísticos, como as dos PDM's, a regulamentação pública da construção não concede um direito subjetivo público aos terceiros prejudicados com as respetivas decisões administrativas; na verdade, e não obstante o conceito doutrinário jurídico-urbanístico de "*relações de vizinhança*"[735] o certo é que, por ex., o PDM, concedendo embora ao terceiro vizinho ou munícipe diversas vantagens perante o poder público, não lhe concede qualquer direito pessoal de gozo, pelo que a sua eventual violação, podendo embora legitimar o recurso a diversos meios judiciais, não legitima o procedimento de embargo de obra nova[736].

[732] O *embargo de obra nova* só pode, pois, ser decretado «em situações que não encontrem fundamento em qualquer ato da autoridade pública, ou seja, um ato administrativo». Para obviar, em sede cautelar, à execução de atos administrativos (*v. g.* de licenciamento de obras), o meio contencioso administrativo próprio é o da suspensão de eficácia do ato exequendo (o qual pode, de resto, ser cumulado, nos termos gerais, com outros procedimentos e providências cautelares), nos termos dos arts. 112º, nº 1 e 120º, nº 3, do CPTA – cfr., neste sentido, Mário Aroso de Almeida/Carlos Alberto Fernandes Cadilha, *Comentário ao Código de Processo nos Tribunais Administrativos*, 3ª ed., Coimbra, Almedina, 2005, pp. 752--756.

[733] Os *tribunais comuns – não os administrativos* – são os competentes para conhecer de um procedimento cautelar de *embargo de obra nova* em que o requerente alega ter ocorrido ofensa do seu direito de propriedade na sequência da realização de uma obra pública por parte de uma entidade concessionária do Estado. Embora a ofensa ao direito de propriedade alegada pela requerente se conexione com uma relação jurídico-administrativa referente à realização de uma obra pública, o que se encontra em causa neste procedimento é uma questão de direito privado, submetida a normas de direito privado – cfr. o acórdão da RP de 10-2-2016, Proc. 702/15.7T8MCN.P1, *in* www.dgsi.pt/Des. Rodrigues Pires.

[734] A estes últimos se reporta genericamente o Regulamento Geral das Edificações Urbanas aprovado pelo Dec.-Lei nº 38.382, de 7 de agosto de 1951 (RGEU51).

[735] Acerca do conceito "*relações de vizinhança*", cfr. Gomes Canotilho, *in* RLJ, ano 124º, nº 361.

[736] Ainda que qualificável como *direito subjetivo público* (o que não é líquido) o direito pelo ordenamento urbanístico conferido aos particulares (administrados) de exigirem determinados comportamentos dos entes públicos para satisfação de interesses próprios seus (dos particulares) tutelados diretamente por normas de direito público, como não incluído entre os *direitos pessoais de gozo*, não pode o mesmo legitimar o uso dos embargos – cfr., neste sentido, Freitas do Amaral, *Direito Administrativo*, vol. II, p. 89, Gomes Canotilho, *Direito Constitucional*, p. 532 e Jorge Miranda, *Manual de Direito Constitucional*, vol. IV. p. 54. E, isto, porque, conforme esclarece Cardoso da Costa, *in A Tutela de Direitos Fundamentais*, p. 207, «a tutela dos direitos subjectivos públicos é efetuada mediante ações administrativas e não por meio das ações da jurisdição comum pois, naquelas, está em causa uma ação ou omissão

Para a *defesa do direito ao ambiente contra o ruído* prevê o Regulamento Geral Sobre o Ruído aprovado pelo Dec.-Lei nº 9/2007, de 17 de janeiro com a última alteração introduzida pelo Dec.-Lei nº 278/2007, de 1 de agosto, no respetivo art. 27º, a adoção de medidas cautelares específicas, a serem decretadas pelas próprias autoridades administrativas e policiais.

O embargo deve ser deduzido *junto do tribunal onde se situa a obra ou serviço a embargar* (art. 78º, nº 1, al. b)) no prazo de 30 dias a contar do momento em que o requerente tome conhecimento da verificação do dano (que não apenas do conhecimento do início da obra pelo titular do direito)[737-738]. Pode também ser efetuado, diretamente por *via extrajudicial*, através da *notificação verbal do dono da obra* (ou, na sua falta, do encarregado ou quem o substituir), perante duas testemunhas, para não a continuar, embargo esse que ficará, todavia, sem efeito se, dentro de 5 dias[739], não for requerida a respetiva *ratificação judicial* (art. 397º, nºs 2 e 3)[740].

O procedimento cautelar deve ser dirigido, quer contra o autor material da obra (v. g., o empreiteiro), quer contra o mandante (o dono da obra). A suspensão definitiva só pode ser obtida em ação principal intentada contra o autor material da obra. Se a ação principal não vier a ser proposta também contra o dono da obra, a sentença será ineficaz contra ele; mas, se e o procedimento não houver sido também dirigido contra o dono da obra, tal omissão não deverá ser motivo obstativo da ratificação do embargo extrajudicial[741].

imputáveis a um ente público por causa e no exercício desse quadro de poderes» – cfr. citações de Joel Timóteo Ramos Pereira, *Prontuário*, vol. II cit. p. 742 e nota 724.

737 Cfr.o acórdão da RP, de 30-10-2007, *in* www.dgsi.pt./Des. Guerra Banha.

738 Prazo esse sujeito ao regime de contagem previsto nos nºs 1 a 3 do art. 138º, tendo por *dies a quo* o do momento em que o titular do direito tenha tomado conhecimento de que a obra o prejudica – cfr., neste sentido, o acórdão da RE de 1-12-2009, CJ, Tomo V/2009, p. 231/Desª Maria Alexandra Santos.

739 *Prazo judicial* este também aplicável à ratificação judicial do *embargo de obra nova* por banda de qualquer entidade pública que de tal meio se socorra.

740 O tribunal comum é o competente para a ratificação de um embargo judicial numa situação em que as requerentes se arrogam comproprietárias da água represada numa poça e em que o município respetivo, com as obras em curso, interrompeu ou cortou as linhas de águas abastecedoras da nascente – cfr. o acórdão da RG, de 18-1-2006, CJ, Tomo I/2006, p. 274/ Des. M. Rosa Tching.

741 Cfr., neste sentido, o acórdão da RP de 28-11-2017, Proc. 1159/17.2T8PRT.P1, *in* www.dgsi.pt /Desª Ana Lucinda Amaral.

Pode, outrossim, este meio cautelar ser utilizado pelo *Estado e demais pessoas coletivas públicas* relativamente a obras, construções ou edificações *iniciadas em contravenção da lei ou regulamentos* sempre que tais entidades não disponham de competência para decretar diretamente *embargo administrativo*[742-743] (art. 398º, nº 1), utilização essa não sujeita, contudo, ao prazo de 30 dias cominado no nº 1 do art. 397º (art. 398º, nº 2)[744-745].

O decretamento do embargo pressupõe que a ofensa ao concreto direito real ou pessoal de gozo seja *atual ou potencialmente causadora de prejuízo ao*

[742] É diversa a legislação extravagante que confere ao Estado e outras pessoas coletivas de direito público (*v. g.* às autarquias) competência para decretarem *embargo administrativo de obras, construções ou edificações* iniciadas em *violação da leis ou regulamentos administrativos*. Assim, entre outros: os arts. 3º e 165º do Dec.-Lei nº 38382, de 7 de agosto de 1951 (RGEU) e 26º do Dec.-Lei nº 69/90, de 9 de fevereiro, por *desconformidade como os planos de ordenamento do território*; os arts. 165º do mesmo Dec.-Lei nº 38382, 57º do Dec.-Lei nº 445/91, de 20 de novembro, 5º do Dec.-Lei nº 19/90, de 11 de janeiro e 61º e 62º do Dec.-Lei nº 448/91, de 29 de novembro, por *execução de obras sem licença*; os arts. 57º da Lei nº 13/85, de 6 de julho e 1º do Dec.-Lei nº 349/87, de 5 de novembro, relativamente à *salvaguarda do património cultural*. Cfr. ainda os arts. 52º do Dec.-Lei nº 91/95, de 2 de setembro, 114º do Dec.-Lei nº 380/99, de 22 de setembro e 102º e ss. do Dec.-Lei nº 555/99, de 16 de dezembro (medidas de *tutela de legalidade urbanística*).

[743] Ato este decretador do *embargo administrativo*, cuja legalidade é sindicável perante os tribunais administrativos (art. 51º e ss. do CPTA).

[744] «São materialmente competentes os *tribunais administrativos* para conhecer de um procedimento cautelar comum destinado a paralisar uma obra de construção de um aterro sanitário a ser executada por uma empresa concessionária desse serviço público, bem como para suspensão da deliberação administrativa da concessão» – cfr. o acórdão do STJ de 24-1-2002, CJSTJ, Tomo I, p. 57/Cons. REIS FIGUEIRA; já são, todavia, competentes os *tribunais judiciais* para conhecer de um procedimento cautelar de ratificação judicial de obra nova requerida por um particular contra uma câmara municipal em alegada violação do seu direito de propriedade – cfr. o acórdão do STJ de 21-5-2002, Proc. 904/2002 – 1. ª Sec., *in* Sumários, 5/2002 – Ed. Anual/Cons. REIS FIGUEIRA – ou ainda do procedimento cautelar requerido pela associação ambientalista Quercus relativo a um pedido de suspensão da construção de uma via municipal em área integrada num parque natural, que alegadamente poderia pôr em perigo a nidificação e reprodução de certas espécies (art. 45º da Lei de Bases do Ambiente) – cfr. o acódão do STJ de 13-5-2004, CJSTJ, Tomo II/2004, p. 56/Cons. NORONHA NASCIMENTO.

[745] Terão assim, aquelas entidades (*v. g.* o município) que lançar mão do *procedimento cautelar de embargo de obra nova* (que não do *embargo administrativo*), designadamente no caso de obras ilegais (não urbanas) e no caso de obras ofensivas do seu direito de propriedade singular ou comum ou de qualquer outro direito real ou pessoal de gozo ou do âmbito do respetivo domínio privado.

requerente (art. 397º, nº 1)[746-747-748-749]. Em tais situações, e enquanto as obras estiverem em curso de construção (ainda, pois, não concluídas), poderão *o dono do prédio vizinho ou o dono do prédio dominante* requerer a *suspensão imediata* dessas obras ou trabalhos, mas *não a destruição* dos que já tenham sido, entretanto, realizados.

Exemplos: – ereção de edifício ou construção em contravenção ao disposto no nº 1 do art. 1360º (janelas, portas, varandas ou obras semelhantes) ou da edificação pelo dono do prédio serviente de um muro ou vedação em violação do disposto no art. 1550º, ambos do CC; – construção de instalações ou depósitos de substâncias corrosivas ou perigosas (art. 1347º), de minas, poços ou escavações (art. 1349º) e de ruína de construção (art. 1350º), todos do mesmo CC; – operações de cortes de árvores ou de extração de areias efetiva ou potencialmente lesivas do direito do requerente[750].

No procedimento, como que se verifica uma *cisão* entre a *fase da decisão* e a *fase da eliminação da inovação abusiva* da obra ou serviço. Uma vez decre-

[746] É aplicável – quanto ao *embargo de obra nova* e ao *arresto* – o disposto no nº 2 do art. 374º, podendo assim o juiz, em face das circunstâncias, e mesmo sem audiência do requerido, tornar a concessão dependente da prestação de caução adequada pelo requerente (cfr. o nº 2 do art. 376º).

[747] O nº 1 do art. 397º pressupõe que a *obra* em curso seja *ilícita*, só podendo a providência ser decretada se estiver já começada, que não ainda concluída, «não carecendo o prejuízo (para o embargante) de valoração autónoma, por se encontrar ínsito na ofensa do direito, traduzindo-se, pois, num dano jurídico». «Não se torna necessária a demonstração de lesão grave ou de difícil reparação que é exigível para o procedimento cautelar comum, face ao específico regime nele previsto. A obra deve considerar-se concluída quando, tendo-se verificado o prejuízo, este já não possa ser aumentado pela sua prossecução, nem eliminado pela sua suspensão» – cfr. o acórdão da RC de 13-1-2004, Proc. 3200/2003, *in* www.dgsi.pt./Des. Jorge Arcanjo.

[748] Cfr. ainda, no sentido de que no requerimento inicial não se torna necessária a alegação de perdas e danos (prejuízos) efetiva e concretamente sofridos pelo requerente, por se tratar de um *dano jurídico*, o acórdão da RE de 2-12-2009, CJ, Tomo V/2009, p. 231/Desª Maria Alexandra Santos.

[749] Num procedimento cautelar de *embargo de obra nova*, não alegando o requerente factos que integrem quaisquer das restrições previstas no CC à construção de obra pelo proprietário do prédio vizinho, nem outros factos integradores de outras restrições legais, a providência cautelar é manifestamente improcedente, pelo que *não há lugar ao despacho de aperfeiçoamento* previsto no nº 4 do art. 590º do CPC – cfr. o acórdão da RL de 19-1-2017, Proc. 44.16.3T8S CR. L1.6, *in* www.dgsi.pt/Desª Maria Teresa Pardal.

[750] Cfr. o acórdão do STJ de 30-5-90, *in* BMJ nº 397, p. 578.

tado o *embargo judicial* ou, tratando-se de *embargo extrajudicial*, deferida a sua ratificação, o embargo é feito ou ratificado por meio de *auto*, no qual se descreverá, com o detalhe e a minúcia possíveis, o estado da obra e a sua medição (atuais). Se efetuado diretamente por *via extrajudicial*, proceder-se-á à *notificação verbal do dono da obra* (ou do respetivo executor-diretor ou seu representante) perante duas testemunhas, para a não continuar, caso em que eficácia do embargo ficará dependente da respetiva *ratificação judicial* (art. 397º, nºs 2 e 3)[751]. Em caso de *recusa do notificando*, intervirão duas testemunhas que, nessa qualidade, assinarão o auto (art. 400º, nºs 1 e 2). Aquando da realização da diligência, podem o embargante e o embargado juntar aos autos *fotografias da obra*, facto que deverá constar do auto, com a identificação do fotógrafo e da chapa fotográfica (art. 400º, nº 3).

Lavrado e assinado o auto de embargo, deverá o embargado *suspender* a continuação da obra. Se após a notificação (e subsistindo o embargo) persistir indevidamente na sua prossecução, procederá então o tribunal a uma *averiguação sumária direta* (*inspeção ao local*) ou *indireta* (diligência levada a cabo pela secretaria e reduzida a auto ou relatório facultado pela autoridade policial) sobre se a obra, trabalho ou serviço realmente continuaram. Na hipótese afirmativa (introdução de inovações pelo dono da obra ou do seu representado), será o embargado *condenado a proceder à respetiva demolição ou destruição em prazo para o efeito arbitrado* (art. 402º, nº 2, 1º segmento). E, caso o embargado não restitua voluntariamente as coisas ao estado anterior à inovação, poderá ser promovida pelo embargante – nos próprios autos

[751] «*O tribunal comum*, que *não o administrativo*, é o *competente* para conhecer de uma providência cautelar de *ratificação de embargo extrajudicial de obra nova* efetuado diretamente por requerente que invoca ter ocorrido violação do seu direito de propriedade sobre imóvel por parte de câmara municipal no âmbito de obras que vem executando. É que, não obstante a invocada ofensa do direito de propriedade por parte do requerente da providência se conexionar com uma relação jurídico administrativa, referente à realização de uma obra pública por parte da requerida Câmara Municipal, o que importa é que não é a primeira disciplinada por normas de direito administrativo, mas antes e tão só por normas de direito privado. «Em sede de aferição do tribunal materialmente competente, o que importa é ter em atenção qual a relação jurídica que está na base do litígio e qual a natureza das normas que a disciplinam». «Assim, caso a relação jurídica em causa diga respeito a um litígio de natureza privada, a decidir por aplicação de normas de direito privado, e ainda que um dos sujeitos seja uma entidade pública, o tribunal administrativo não é o competente, antes o é o tribunal comum» – cfr. o acórdão da RG de 10-11-2014, Proc. 37/14.9TBCBC.G1, *in* www.dgsi.pt/ Des. António Santos.

do procedimento cautelar[752] – *execução para prestação do facto devido* à custa do executado/embargado, em ordem à eliminação das inovações entretanto introduzidas e à *indemnização do exequente/embargante*, fixando-se apenas o montante da indemnização quando não haja lugar à demolição (cfr. os arts. 402º, nº 2, 2ª parte e 877º, nºs 1 e 2). Se tal se revelar mais expedito e mais eficaz, pode o juiz encarregar o embargante de executar (ele próprio) a demolição, após avaliação/quantificação do seu custo, podendo seguir-se ulteriormente a *penhora dos bens* (do embargado) necessários à garantia desse custeio (cfr. os arts. 869º a 873º, aplicáveis *ex-vi* do nº 2 do art. 877º).

Há, contudo, a possibilidade de a *continuação da obra ser autorizada* nos termos do art. 401º, se tal for requerido (pelo embargado), caso o tribunal venha a convencer-se de que a sua (futura) demolição restituirá o embargante ao estado anterior à continuação ou que o *prejuízo* decorrente da *suspensão da execução* da obra se perfila como *manifestamente superior* ao que possa vir a resultar da *continuação* (ponderação relativa dos interesses em jogo)[753], em ambas as situações se for previamente prestada *caução* às despesas de demolição total – *incidente de autorização ou continuação da obra* a processar por apenso ao processo cautelar (art. 364º, nº 1).

O não acatamento do embargo pelo embargado (ou por quem o substitua), com prossecução não autorizada da construção, fará os mesmos

[752] «O embargado de obra nova, notificado do embargo, fica absolutamente impedido de continuar a construção. Se o fizer, sujeita-se a que, por requerimento do embargante, a inovação venha a ser destruída, enquanto o embargo subsistir. Se a medida do embargo ficar dependente de decisão de uma futura ação de demarcação, não se pode determinar a destruição da parte inovada» – cfr. o acórdão da RC, de 28-9-2004, *in* www.dgsi.pt./Des. Garcia Calejo.

[753] "A *autorização da continuação da obra embargada*, a requerimento do embargado, legitimada pelo 2º fundamento do art. 401º, implica uma ponderação casuística do conflito de interesses entre o dono da obra (na continuação) e o do embargante (na sua suspensão), dando a lei prevalência ao interesse mais valioso – *princípio da proporcionalidade ou da ponderação relativa*. O prejuízo resultante da paralisação da obra abrange todo e qualquer prejuízo a que fica exposto o dono da obra pelo facto de ela não continuar, não só o prejuízo que se repercute na obra em si mesma (por ex., porque a demora inutiliza os materiais ou põe em perigo a construção), como os extrínsecos à mesma, derivados da suspensão. «O prejuízo adveniente da continuação para o embargante não se reduz apenas ao "dano jurídico pressuposto do decretamento do embargo", que, por isso mesmo, não carece de valoração autónoma, pois de alguma forma já está ínsito na ofensa do direito, mas é todo aquele que se repercute na esfera jurídica do embargante por causa dessa continuação» – cfr. o acórdão da RC, de 15-11-2005, *in* www.dgsi.pt./Des. Jorge Arcanjo.

incorrer no *crime de desobediência qualificada* previsto e punido nos termos dos arts. 375º do CPC e 348º do CP[754].

A providência cautelar de embargo de obra nova e a respetiva ação principal *não estão sujeitas a registo* (cfr. arts. 2º e 3º do CRPRED).

31.7. Arrolamento

De natureza tipicamente *conservatória*, o procedimento cautelar de *arrolamento* visa a *assegurar a subsistência de determinados bens* (*móveis, imóveis* ou *documentos*) enquanto se discute a sua titularidade ou a *garantir a persistência de documentos necessários à prova da titularidade de um direito* (arts. 403º a 407º). Emprega-se, pois, se houver *justo receio de extravio, ocultação ou disposição de bens móveis ou imóveis ou de documentos*, podendo ser requerido por qualquer pessoa que tenha interesse na sua conservação[755]. E corre *por dependência* da ação relativamente à qual interesse *especificar os bens* ou *provar a titularidade dos direitos* relativos às coisas arroladas (arts. 403º a 409º)[756-757-758].

O *arresto* (apreensão judicial de bens do devedor) pressupõe uma *relação bilateral* entre credor e devedor, justificando-se quando em causa o receio de o credor perder a garantia patrimonial do seu *crédito*, visando garantir a ineficácia (em relação ao credor /requerente) de eventuais atos de disposição dos bens arrestados por banda do devedor Já o *arrolamento* depende de um justo receio de extravio, ocultação ou

[754] Sobre a continuação da obra embargada (inovação abusiva e sua verificação), cfr., *v. g.*, o acórdão da RC de 10-7-2007, *in* www.dgsi.pt/Des. Teles Pereira.

[755] Aos credores só é facultado o arrolamento nos casos em que haja lugar à arrecadação da herança (art. 404º, nº 2).

[756] Cfr., neste sentido, o acórdão da RE, de 11-06-1987, CJ, Tomo III, p. 249/Des. Cardona Ferreira *no caso de um dos cônjuges se vir impedido de aceder aos seus bens próprios ou aos bens comuns* e de 12-02-2004, CJ, Tomo I, p. 252/Des. José Feteira. *Vide* também Alberto dos Reis, *Código de Processo Cvil Anotado*, vol. III, p. 135. Seja qual for o regime de bens, é-lhe lícito recorrer à providência de arrolamento a que alude o art. 409º do CPC como preliminar ou incidente da ação de divórcio.

[757] Pode, por ex., requerer a providência de *arrolamento* aquele que se arroga proprietário de um imóvel adquirido por doação e que invoca o receio de que o requerido, titular de uma procuração com poderes para proceder à venda desse bem, utilize esses poderes em seu prejuízo – cfr. o acórdão da RL de 12-7-2007, Proc. 3659/2007-6ª Sec., *in* www.dgsi.pt./Des. Ferreira Lopes.

[758] É o *arrolamento* do boletim premiado – que não o *arresto* – o procedimento adequado a acautelar o direito do requerente à parte do prémio do totoloto, em caso de recusa do co-titular depositário do respetivo boletim em com ele partilhar esse prémio – cfr. o acórdão da RL de 20-5-2000, *in* www.dgsi.pt./Des. Palha da Silveira.

dissipação de *bens móveis ou imóveis*, podendo ser requerido por qualquer pessoa que tenha interesse na conservação dos bens, não se exigindo a subjacência de uma relação creditícia bilateral. Para a prevenção do risco de dissipação ou ocultação de *depósitos em conta bancária* e acautelar o efeito útil do processo de inventário para ulterior divisão dos bens, é adequado o *arrolamento* e não o *arresto*[759].

Destinando-se o arrolamento a manter conservados os bens, que não a garantir o pagamento das dívidas, tem o requerente que fazer prova sumária do (seu) direito relativo aos bens a arrolar, bem como dos factos em que radica o receio do seu extravio ou dissipação (art. 405º, nº 1). No respetivo despacho decretador, fixará o juiz, desde logo, a nomeação de um depositário e de um avaliador (art. 405º, nº 2, in fine).

Quanto ao exercício *do contraditório*, deve, em princípio, seguir-se a *regra geral* de que o requerido *deve ser citado para deduzir oposição antes do decretamento* da providência. Fica, todavia, ao *prudente critério do juiz* a observância ou não do contraditório prévio, em função do juízo valorativo que faça das circunstâncias concretas que se lhe deparem, mormente quanto ao risco de ineficácia ou de inutilidade da medida no caso de essa audiência se realizar (art. 366º, nº 1), sendo que a respetiva dispensa deve ser objeto de fundamentação expressa[760].

Decretada a providência (na convicção, pelo juiz, da existência do risco sério para o interesse do requerente – art. 405º, nº 2), segue-se a respetiva execução através de um *auto de arrolamento* lavrado por *funcionário judicial*.

Quanto ao *conteúdo do auto*, nele devem *descrever-se os bens existentes* ou *encontrados*, por verbas numeradas, com a indicação do respetivo valor, tal como determina o nº 2 do art. 406º. Devem ainda constar, não só a *designação do depositário*, como o *local do depósito*. O *depositário* será, em princípio (e na ausência de acordo), o *possuidor ou detentor dos bens*, a menos que, havendo justo e fundado receio de dissipação, se

[759] Cfr., neste sentido, o acórdão da RC de 27-2-2018, Proc. 131/11.1TBVVLF-B.C1, *in* www.dgsi.pt/ Des. Vitor Amaral. Porém, neste aresto, considerou-se que «havendo receio de que os interessados titulares da conta bancária ocasionem o extravio/dissipação de depósitos bancários, assim impedindo a sua entrega a quem futuramente couberem em partilha, não devem tais interessados ser nomeados *depositários*, por ocorrer manifesto inconveniente nos termos do art. 408º, nº 1, devendo antes a nomeação recair sobre a respetiva entidade bancária em ordem a impedir a movimentação da conta a débito, sem o que o procedimento não cumpriria a sua essencial função conservatória».

[760] Cfr., neste sentido, Abrantes Geraldes, *Temas*, Tomo IV cit., p. 275 e nota 525.

mostre aconselhável a nomeação de outro depositário (cfr. nº 1 do art. 408º). Pode também ser depositário o *cabeça de casal* se o arrolamento estiver dependente de processo de inventário (arts. 2079º e 2088º do CC). Deverá ainda o auto conter as *assinaturas do funcionário judicial que o lavrar, do depositário e do possuidor ou do detentor (e do respetivo mandatário judicial)* e, na falta ou recusa do detentor, por *duas testemunhas,* assim servindo para certificar a entrega dos bens a um depositário ou o destino diverso que lhes houver sido dado. Como *documento autêntico,* o auto faz *prova plena* do seu teor. A falta de nomeação do depositário integra *nulidade processual* (arts. 195º, a 201º).

Se se tratar da *imposição de selos, arrolamentos e buscas em escritórios de advogados,* há que observar o disposto no art. 75º do EOA, a fim de conciliar o auto da autoridade judicial com o dever de sigilo profissional contemplado no art. 92º do mesmo Estatuto. Se frustradas as diligências para *localização dos bens a arrolar,* procederá o tribunal à notificação do requerido para indicar essa localização, ao abrigo do *princípio da cooperação,* sob pena de condenação como *litigante de má-fé*[761].

Se estiverem em causa *objetos, papéis ou valores* de que não seja necessário fazer uso e que não sofram deterioração por estarem fechados, serão os mesmos encerrados em *caixas lacradas (com selos)* e depositadas na Caixa Geral de Depósitos (cfr. o nº 2 do art. 407º). O *sigilo bancário* não obsta ao arrolamento de *contas bancárias,* nos termos do art. 780º.

Na impossibilidade de o arrolamento ficar concluído no mesmo dia em que se iniciou, serão apostos *selos nas portas ou nos móveis* onde os bens a arrolar se encontrem e serão adotadas as medidas de segurança necessárias, continuando-se a diligência no dia que for designado (cfr. o nº 2, do art. 407º).

Constituem *arrolamentos especiais* os inerentes às *ações de separação judicial de pessoas e bens,* de *divórcio*[762] e de *declaração de nulidade ou anulação do casamento* requeridos por qualquer dos cônjuges em relação aos bens comuns ou aos bens próprios sob a administração do outro (art. 409º, nº 1). Visa o cônjuge requerente, não só *prevenir a dissipação ou extravio dos bens,* como *garantir a sua preservação* (até ao momento da realização da partilha) no estado de conservação em que se encontravam aquando da realização da

[761] Cfr. o acórdão da RE, de 25-11-2004/P. 1390/04-3ª Sec., *in* www.dgsi.pt./Desª Maria Alexandra.

[762] A providência pode ser requerida antes da propositura da ação de divórcio ou na pendência desta, mas já não após a prolação da respetiva sentença – cfr. o acórdão da RP de 2-5-2005, JTRP00038004, *in* www.dgsi.pt./Des. Sousa Lameira.

diligência[763]. Prevenindo a apropriação indevida, a ocultação ou os atos prejudiciais (ilícitos e danosos) sobre os mesmos em detrimento do cônjuge-requerente, a providência destina-se, no fundo, a *garantir uma justa e equitativa futura partilha dos bens* logo que consumados o divórcio ou a separação judicial entre ambos ou declarado nulo ou anulado ou casamento[764-765].

Nestes *arrolamentos especiais*, a lei prescinde da alegação e prova (presumindo-o) do *justo receio de extravio, ocultação ou dissipação dos bens a arrolar*, presunção que se estende também ao (requerimento do) divórcio por mútuo consentimento, tal como ressalta do nº 3 do art. 1776º do CC (cfr. o nº 3 do art. 409º reportado ao nº 1 do art. 403º)[766]. Decretado o divórcio, nem por isso impende sobre o requerente do arrolamento o *ónus* (legal) de requerer processo de *inventário* no prazo de 30 dias, sob pena de caducidade da providência, antes a *mera faculdade* de instaurar esse processo a fim de pôr termo a uma indesejada situação de comunhão (cfr. o nº 1 do art. 79º da Lei nº 23/2013, de 5 de março)[767].

763 «É admissível o decretamento do *arrolamento de depósitos bancários* em hipóteses de verificação de uma situação de perigo típica desse procedimento cautelar. Tal *arrolamento* incide sobre bens e não direitos, tornando-se, por isso, indiferente que aquela quantidade de dinheiro que se quer ver preservada até à definição do respetiva titularidade seja objeto de depósito no Banco "A" ou B", mantendo-se o seu arrolamento quando, tendo sido ordenado o arrolamento do saldo de uma conta bancária num dado banco, o mesmo foi transferido, posteriormente, para uma conta noutro banco» – cfr. o acórdão da RL de 2-7-2015, Proc. 899/14.5T2SNT.L2-2, *in* www.dgsi.pt/Desª Teresa Albuquerque.

764 Cfr., neste sentido, bem como no de que também poderão «beneficiar do *arrolamento especial* as situações de *dissolução da união de facto* decorrente da vontade de um dos seus membros, atento o disposto no art. 8º da Lei nº 7/2001, de 11 de maio, segundo o qual pode ser requerida a declaração de dissolução da união de facto de modo autónomo ou em simultâneo como o pedido de reconhecimento de direitos sobre os bens», Abrantes Geraldes, *Temas*, vol. IV cit., pp. 289-290.

765 A providência cautelar de *arrolamento como preliminar de divórcio*, nos termos do art. 409º do C.PC, só pode verificar-se em relação a bens comuns do casal ou próprios do requerente, que não também em relação a bens próprios do requerido, ainda que a execução destes seja alegada como necessária para a realização de um eventual direito de crédito do requerente – cfr. o acórdão da RP de 27-9-2016, Proc. 745/15.1T8GDM.P1, *in* www.dgsi.pt/Des. Rui Moreira.

766 Não existindo bens comuns na *união de facto*, o unido de facto que pretenda o arrolamento de bens não está dispensado de alegar e provar a factualidade concreta integradora do conceito de *periculum in mora* traduzido no justo receio de extravio, ocultação ou dissipação de bens ou de documentos, previsto no nº 1 do art. 403º do CPC – cfr., neste sentido, o acórdão da RP de 16-5-2016, Proc. 7818/15.8T8VNG-A.P1, *in* www.dgsi.pt/Des. Carlos Querido.

767 Cfr., neste sentido, Abrantes Geraldes, *Temas*, vol. IV cit., pp. 291-293.

A *união de facto* não é um casamento informal, não lhe sendo, por isso, aplicável, por analogia, o regime de bens do casamento. Não há *património comum* na *união de facto*, nem sequer um *regime específico de administração de bens*; apenas podendo haver bens em regime de compropriedade. Não é aplicável à união de facto a norma do nº 3 do artº 409º do CPC relativa aos *arrolamentos especiais*, na medida em que a sua previsão remete para o nº 1, onde se prevê a providência de arrolamento apenas de «*bens comuns ou de bens próprios que estejam sob a administração do outro*». A natureza dos bens, assim como o seu regime de administração, referidos na previsão legal em apreço, são as que expressamente dimanam das normas dos artºs 1722º e ss. e das alíneas e) e f) do artº 1678º, ambos do CC, relativas aos *efeitos patrimoniais do casamento*, como tal inaplicáveis ao estatuto da união de facto[768].

Resulta do arrolamento a *indisponibilidade jurídica* dos bens, efeito este que subsistirá até que lhes seja dado o destino devido no processo de que seja dependência. O *descaminho ou destruição* dos bens arrolados integra mesmo o crime previsto e punido pelo art. 355º, enquanto a *quebra de selos* é prevista e punida nos termos do art. 356º, ambos do CP. Não obstante o decretamento da providência, mantém-se a *faculdade de uso, gozo, utilização e fruição dos bens por parte do requerido*, já que o arrolamento preliminar à ação de divórcio não visa impedir a normal utilização dos bens arrolados, os quais não devem, por isso, ficar retidos à ordem do tribunal[769-770-768].

[768] Cfr., neste sentido, o citado acórdão da RP de 16-5-2016/Des. Carlos Querido.

[769] «A providência visa apenas apurar a existência dos bens do casal e salvaguardar a resptiva conservação. O depositário dos bens continua a ser o cônjuge que os utiliza – cfr., neste sentido, o acórdão da RP, de 31-5-2004, *in* www.dgsi.pt/Des. Sousa Lameira. O arrolamento dos bens do casal desavindo, designadamente de contas bancárias, não inviabiliza a sua eventual movimentação pelo respetivo titular, já que o objetivo da providência é o de obviar ao extravio ou dissipação dos bens, *desideratum* esse que se atinge através da sua descrição e avaliação e do seu depósito» – cfr. o acórdão da RP de 21-1-2008, *in* www.dgsi.pt/ Des. Sousa Lameira.

[770] «O *arrolamento, como preliminar da ação de divórcio*, pese embora visar prevenir o perigo de extravio ou dissipação dos bens pertencentes ao património do casal, considera-se consumado, atento o seu fim essencial, com o lavrar do auto de arrolamento donde conste a descrição dos bens existentes, se declare o seu valor e se proceda à sua entrega a um depositário. Os *depósitos bancários do casal não* necessitam de ser colocados à ordem do tribunal, pois que tal implicaria que os cônjuges ficassem impedidos de os utilizar, levantando ou movimentando as respetivas quantias. Ficarão, assim, responsáveis pelo depósito, os titulares das contas arroladas e o cônjuge ou cônjuges titulares das mesmas constantes, prestando contas da sua função de depositário (s)» – cfr. o acórdão da RP de 2-5-2005, JTRP000380006, *in* www.dgsi.pt./Des. Pinto Ferreira.

Os *procedimentos cautelares de arrolamento*, bem como as *providências* decretadas no seu seguimento, estão sujeitos a *registo* (ainda que *não obrigatório*), *ex-vi* das alíneas o do nº 1 do art. 2º e d) e e) do nº 1 do art. 3º, por reporte à al. b), do nº 1 do art. 8º-A, ambos do CRPRED. Registo esse que funciona como condição necessária da respetiva *oponibilidade* relativamente a terceiros (cfr. os art. 5º e 6º do mesmo Código) e que pode ser efetuado provisoriamente logo após o respetivo decretamento e antes da sua efetivação (art. 92º, nº 1, al. a), do ainda do mesmo diploma). O arrolamento de *quotas das sociedades comerciais* deve também ser *registado, ex-vi* dos arts. 242º-A do CSC e 3º, al. f), 9º, al. b) e 15º, nº 5, do CRCOM.

31.8. Tutela da personalidade

Esta *providência cautelar de caráter especificado* foi instituída pela Reforma de 2013, podendo ser decretada (a título provisório) no âmbito do *processo especial de tutela da personalidade* previsto e regulado pelos arts. 878º a 880º[772]. Processo especial que foi integrado no prémio do Livro V- Dos *Processos Especiais*, sucedendo ao processo especial (homólogo) de *jurisdição voluntária ex-ante regulado* nos arts. 1474º e 1475º, subordinado à epígrafe"tutela *da personalidade, do nome e da correspondência confidencial*".

No que concerne aos *pressupostos materiais* do seu acionamento, dispõe o art. 878º que «*pode ser requerido* o decretamento das providências concretamente adequadas a evitar a consumação de qualquer ameaça ilícita e

[771] «No *arrolamento-incidente da ação de divórcio*, o requerente tem de alegar e provar que é casado com o requerido e que existe a séria probabilidade de os bens a arrolar serem comuns, ou serem seus mas estarem sob a administração do outro cônjuge. Comprovado, porém, o regime de bens do casal (comunhão de adquiridos) e considerada a presunção de comunicabilidade dos bens móveis (art. 1725º, do CC), bem como a dificuldade do requerente em ter acesso às contas bancárias que não estão em seu nome, em virtude do sigilo bancário, está justificado o *fumus boni juris* que legitima o decretamento do arrolamento. No caso de *arrolamento de depósitos bancários*, os mesmos não devem ficar à ordem do tribunal, nem ser nomeada depositária a instituição bancária, a fim de se assegurar que não possam ser movimentados; poderão ser, porém, nomeados depositários, quer o requerente, quer o requerido, quer ambos na proporção em que se fixar» – cfr. o acórdão da RE, de 12-10-2006, CJ, Tomo IV/2006, p. 242/Des. Manuel Marques. Sobre o interesse relevante na obtenção de quebra do sigilo bancário, face à penhora de depósitos bancários, cfr. ainda, *v. g.*, o acórdão da RP, de 19-9-2006, CJ, Tomo IV/2006, p. 159/Des. Mário Cruz.

[772] Acerca desta providência cautelar especificada, cfr. a Consª Maria Dos Prazeres Beleza, *in O Processo especial de tutela da personalidade no Código de Processo Civil de 2013*, JURISMAT, Portimão, nº 5, 2014, pp. 63-80 e demais doutrina e jurisprudência nessa publicação citadas.

direta à *personalidade física ou moral de ser humano* ou *atenuar*, ou a *fazer cessar, os efeitos da ofensa já cometida*» (*sic*). Isto em concretização do comando constitucional do nº 5 do art. 20º da CRP (introduzido pela revisão de 1997), ao estatuir que «para defesa dos direitos, liberdades e garantias pessoais, a lei assegura aos cidadãos *procedimentos judiciais caraterizados pela celeridade e prioridade, de modo a obter tutela efetiva e em tempo útil contra a ameaças ou violação desses direitos*».

Disposição similar tinha já o CPTA/2002 adotado, no respetivo art. 109º, sob a forma intitulada de "*intimação para proteção de direitos liberdades e garantias*", a ser dirigida à Administração, pressupondo a *subjacência de uma relação jurídico-administrativa*, assim se distinguindo do processo especial regulado no art. 878º e ss. do CPC, o qual se desenvolve *entre particulares* (ou *entre particulares e entidades públicas* se despidas estas de poderes de autoridade).

Trata-se esse processo especial de um *processo definitivo e autónomo* (*de amparo legal*), de *jurisdição contenciosa*, podendo conter, tramitada no seu seio, o *procedimento cautelar* a que se reporta o respetivo nº 5), o qual desempenha uma *função preventiva*, mesmo quando apenas sejam pretendidas (requeridas) meras *atenuação* ou *cessação* da ofensa ao direito do requerente[773]. O *procedimento cautelar* (*antecipatório*) assim (nele) enxertado, de caráter *expedito*, possui *evidente similitude com os demais procedimentos cautelares*, gozando, porém, de algumas especificidades, sendo a mais relevante a de que, não pode (no seu âmbito) ser decretada a *inversão do contencioso* (nos termos dos arts. 369º e 376º, nº 4), ou seja, a transferência, para o requerido, do ónus de propositura da ação principal, sob pena de se consolidar como definitiva a medida que houver sido decretada.

Subsistem, todavia, no CPC/2013, as vias de *tutela da personalidade individual* pré-existentes, cuja utilização exige ao interessado um avaliação prévia e ponderada das respetivas vantagens e inconvenientes, face ao concretamente emergente quadro circunstancial. *Em caso de urgência*, não pretendendo o requerente senão uma das finalidades permitidas pelo nº 1 do art. 878º (e não sendo obrigatória a sua utilização), o *requerente poderá optar pelo processo especial, requerendo eventualmente a medida provisória sem contraditório prédio*, ou *antes optar pelo procedimento cautelar comum*, com a probabilidade de nele requerer a *inversão do contencioso* (art. 369º citado).

[773] Providência com evidente similitude com a chamada *tutela provisória de urgência* do direito brasileiro, na modalidade de *tutela provisória de urgência antecipada* (cfr. o art. 294º do CPCB).

O novel *processo especial* é, pois, de *utilização facultativa*, cumprindo ao requerente ponderar se a sua brevidade é ou não compatível com uma devida, cabal e justa apreciação da sua pretensão. Assiste, assim, a parte (supostamente lesada ou ameaçada) a faculdade de optar entre a propositura do *processo especial* ou de uma *ação comum*: se *optar pelo processo especial*, poderá, não só beneficiar de uma *decisão provisória irrecorrível* sujeita a posterior confirmação no próprio processo (art. 678º, nº 5, 1º segmento), como ainda, se obtiver, a final, ganho de causa, aproveitar o caso julgado assim formado e deduzir, em seguida (*autonomamente*), *ação comum de indemnização*; *se optar pela ação comum*, poderá, desde logo, *cumular* o *pedido tutelar principal*, com o correlativo *pedido indemnizatório* e com a dedução (preparatória/prévia ou coeva de uma *providência cautelar* (*comum*) *associada*, se se verificar uma situação de *urgência*[774].

Tal como deixámos dito em supra nº 27, é o *procedimento cautelar comum* (também) utilizável para o decretamento de «todo um espetro de providências que podem ser solicitadas no âmbito da defesa dos direitos fundamentais» (*sic*), como, por exemplo, o *direito à vida*, o *direito à integridade pessoal* (*moral* e *física*), bem como outros *direitos pessoais*, garantidos pelos arts. 24º a 26º da CRP, respetivamente. Direitos esses que, de resto, o art. 70º do CC já contemplava, ao estatuir que «*a lei protege os indivíduos* (*não as pessoas coletivas*) contra qualquer ofensa ilícita ou ameaça de ofensa à sua personalidade física ou moral» (nº 1) e que «*independentemente da responsabilidade civil a que haja lugar, a pessoa ameaçada ou ofendida pode requerer as providências adequadas às circunstâncias do caso, com o fim de evitar a consumação da ameaça ou atenuar os efeitos da ofensa já cometida*».

No que tange ao *pressuposto processual da legitimidade*, de realçar que «*os direitos de personalidade gozam igualmente de proteção depois da morte do respetivo*

[774] «A *tutela cível dos direitos de personalidade* abrange, nos termos do nº 2 do art. 70º do CC, as providências adequadas às circunstâncias do caso, destinadas a evitar a consumação da ameaça ou a atenuar os efeitos da ofensa já verificada. Esta *tutela* pode, assim, ser *preventiva*, em caso de ofensa não consumada destes direitos, e *atenuante*, nas situações em que já se deu a consumação da ofensa ou o início dessa consumação, destinando-se a atenuar, dentro do possível, os seus efeitos. *Estas providências podem ser cumuladas umas com as outras e com o pedido indemnizatório*, ou *ser requeridas no processo especial regulado nos arts. 878º e ss. do CPC*». «O termo «ameaça» usado na lei não tem o sentido de ato ou efeito de ameaçar, mas um significado amplo que abrange, quer a iminência de ameaça, quer a ofensa em curso, qualquer que seja a intenção do agente» – cfr. Menezes Cordeiro, *Tratado de Direito Civil Português*, I, Parte Geral, Tomo III, Pessoas, 2ª edição, 2007, p. 121».

titular» (art. 71º, nº 1, do CC), pelo que tem *legitimidade*, neste caso, para requerer as providências, «o cônjuge sobrevivo ou qualquer descendente, ascendente, irmão, sobrinho ou herdeiro do falecido» (nº 2), devendo a ação e o procedimento ser dirigidos contra o autor da ameaça ou ofensa.

No que especialmente respeita ao *procedimento cautelar nominado* de que ora curamos (previsto no nº 5 do art. 879º), à míngua de uma norma expressa para o procedimento em 1ª instância, é de entender que processamento e decretamento da(s) medida(s) (provisória(s) em apreço são de qualificar como *urgentes*, em perfeita paridade com qualquer outro procedimento cautelar, *ex-vi* do nº 1 do art. 363º, nos termos do qual *«os procedimentos cautelares revestem sempre caráter urgente*, precedendo os respetivos atos outro serviço judicial não urgente», sendo-lhes, por isso, aplicáveis as *regras de contagem* e de *duração dos prazos* dos arts. 138º, nº 1, 156º, nº 3, 162º, nº 1 e 638º, nº 1).

Despiciendo se tornaria, assim, que o nº 1 do art. 880º tivesse vindo postular que «os recursos interpostos pelas partes» no âmbito desta ação especial, «devem ser processados como *urgentes*», do que resulta a redução para 15 dias do prazo da respetiva interposição (art. 638º, nº 1, e, para a revista, o art. 677º), devendo, por isso, os respetivos atos procedimentais de interposição e subsequentes correr mesmo durante férias (arts. 137º, nº 2 e 138º, nº 1); se *o recurso é urgente*, por maioria de razão o é o procedimento em 1ª instância (argumento *a fortiori*), tendo, sem dúvida, o legislador querido acentuar que, mesmo em matéria de recursos, o regime de *urgência* deve ser também observado.

Permite-se, deste modo, que o tribunal, profira uma *decisão provisória*, se as provas oferecidas pelo requerente demonstrarem "a *possibilidade de lesão iminente e irreversível da personalidade física ou moral*" do mesmo.

A possibilidade (eventualidade) de decidir mediante *decisão provisória* pressupõe o *exame das provas oferecidas pelo requerente*, devendo, a afinal, a sentença ser sucintamente fundamentada (art. 879º, nº 5 e e arts. 295º e 607º devidamente adaptados).

Sendo a lei omissa a tal respeito, mas como a fixação do *valor da ação* deve obedecer aos critérios do art. 303º (*interesses imateriais*), e atento o disposto no art. 511º, nº 1, o *número de testemunhas* a arrolar pelo requerente não deve exceder o de 10, não devendo, porém, para a prolação da decisão provisória ser, em princípio, ultrapassado o limitado de 5, em plena igualdade com os demais procedimentos incidentais (nestes incluídos os cautelares) *ex-vi* dos arts. 294º, nº 1 e 365º, nº 3).

A decisão, proferida a título incidental («irrecorrível e sujeita a posterior alteração ou confirmação no próprio processo especial»), pode ser decretada quando o *exame das provas oferecidas pelo requerente* permitir reconhecer a possibilidade de lesão iminente e irreversível da personalidade física ou moral, e (em alternativa): a) se «*o tribunal não puder formar uma convicção segura* sobre a existência, extensão ou intensidade da ameaça ou da consumação da ofensa»; b) se «*razões justificativas de especial urgência* impuserem o decretamento da providência *sem prévia audição da parte contrária*» (art. 879º, nº 5).

Caso não haja sido ouvido antes da decisão provisória, «o réu pode contestar, no prazo de 20 dias, a contar da notificação da decisão (*defesa diferida*), devendo a contestação ser apresentada no seio do próprio processo e podendo aí ser alterada ou confirmada (art. 880º, nº 6 e 879º, nº 5), aplicando-se, com as necessárias adaptações, o disposto nos nºs 1 a 4» (art. 879º, nº 6).

«A *execução da decisão* (final) é efetuada *oficiosamente e nos próprios autos,* (sempre que a medida exequenda integre a realização da providência decretada) e é acompanhada da imediata liquidação da *sanção pecuniária compulsória*» que haja sido arbitrada (art. 880º, nº 2).

Secção IV

Procedimentos cautelares previstos em legislação avulsa

32. Procedimentos cautelares previstos em legislação avulsa. Caraterização. Execução das respetivas providências

Previstos em legislação avulsa são também especificados (*nominados*) os procedimentos cautelares para: – *apreensão de veículo automóvel* (Dec.-Lei nº 54/75, de 24 de fevereiro, alterado pelo Dec.-Lei nº 178-A/2005, de 28 de outubro); – *entrega judicial e cancelamento de registo* (Dec.-Lei nº 149/95, de 24 de junho, alterado pelos Decs.-Leis nºs 265/97, de 2 de outubro, 285/2001, de 3 de novembro e 30/2008, de 25 de fevereiro); – *nomeação de administrador judicial provisório* e *adoção de outras medidas cautelares avulsas em processo de insolvência* (art. 31º do CIRE aprovado pelo Dec.-Lei nº 53/2004, de 18 de março, cujas últimas alterações foram introduzidas pelo Dec.-Lei nº 79/2017, de 30 de junho e pela Lei nº 8/2018, de 2 de março); – *proibição provisória de cláusulas contratuais gerais* (art. 26º da LCCG aprovada pelo Dec.-Lei nº 446/85, de 25 de Outubro, com as últimas alterações introduzidas pelo Dec.-Lei nº 323/2001, de 17 de dezembro); – *proteção de direitos de autor e dos direitos conexos* (art. 210º-G do CDADC aprovado pelo Dec.-Lei nº 63/85, de 14 de março, com as últimas alterações introduzidas pelo Dec.-Lei nº 100/2017, de 23 de agosto); – relativos a *ilícitos previstos nos arts. 338º e 345º do Código de Propriedade Industrial* (CPI) aprovado pelo Dec.-Lei nº 110/2018, de 10 de dezembro; – para *preservação de meios de prova de infração ao direito da concorrência* previstos no art. 17º da Lei nº 23/2018, de 5 de junho.

32.1. Apreensão de veículo automóvel

Ao procedimento cautelar de *apreensão* (judicial) de *veículo automóvel* reportam-se os arts. 15º a 22º do Dec. Lei nº 54/75, de 24 de fevereiro, com as últimas alterações introduzidas pelo Dec. Lei nº 178-A/2005, de 28 de outubro e pela Lei nº 30/2017, de 30 de maio.

Para efeitos do diploma, são considerados *veículos automóveis* apenas os veículos como tal considerados pelo Código da Estrada que possuam matrícula atribuída pelas autoridades superintendentes da circulação viária, excetuados os ciclomotores (art. 2º, nº 1). Daí que à apreensão relativa a qualquer *outro veículo*, como por ex., máquinas agrícolas ou industriais, aeronaves ou aviões, seja de aplicar o *procedimento cautelar comum* (art. 362º).

Tendo por pressupostos (objetivos) a *falta de pagamento do crédito hipotecário* vencido ou o *incumprimento das obrigações que originaram a reserva de propriedade* (art. 15º, nº 1), visa o decretamento da providência assegurar a *preservação do veículo, evitando a sua desvalorização ou inutilização,* ou seja, proteger a *integridade do veículo e/ou do respetivo valor económico.* Isto em ordem a prevenir a infrutuosidade da eventual decisão final de sentido favorável ao *credor hipotecário* ou ao *credor com reserva de propriedade*[775-773], assim acautelando o *periculum in mora*[774].

775 Não como meio garantístico do mutuante (entidade financiadora da aquisição) não reservante nem credor hipotecário – cfr., neste sentido, o acórdão da RL de 22-5-2007, CJ, Tomo III/2007, p. 80/Des. ABRANTES GERALDES. A menos que conste expressamente do documento titulador do contrato de compra e venda do veículo a subrogação do mutuante nos direitos do credor – cfr., neste sentido, o acórdão da RP de 4-5-2009, CJ, Tomo III/2009/Des. MARIA JOSÉ SIMÕES.

A *hipoteca*, incidindo geralmente sobre *bens imóveis*, pode também incidir sobre *coisas móveis* para o efeito equiparadas; é o caso dos *veículos automóveis* (cfr. os arts. 688º do CC e 4º, nº 2, do Dec.-Lei nº 54/75). Para a constituição da hipoteca basta um simples *documento particular* (cfr. o nº 3 do art. 4º do mesmo diploma). Incidindo *sobre veículo automóvel*, exige a lei, para que surta eficácia, mesmo *inter-partes*, a sua sujeição ao *registo* (cfr. o nº 2 do citado art. 4º). Trata-se de uma garantia real que confere ao credor o direito de ser pago pelo valor da coisa hipotecada (um imóvel ou um veículo ao mesmo equiparado), pertencente ao devedor ou a terceiro, com preferência sobre os demais credores que não gozem (sobre esses bens) de privilégio especial ou de prioridade do registo (art. 686º do CC). Para o *acionamento executivo do crédito hipotecário* parece bastar-se o nº 1 do art. 15º com a verificação do simples incumprimento ou retardamento, não exigindo, pois, a conversão da simples mora em incumprimento definitivo.

Permite, por seu turno, o art. 409º do CC que o alienante reserve para si a propriedade da coisa alienada até que a contraparte cumpra total ou parcialmente as obrigações assumidas ou até à ocorrência de qualquer outro evento (*contrato de alienação com reserva de propriedade*). Isto sendo certo que nos contratos de compra e venda pode ser estipulada uma *cláusula resolutiva*, em ordem a prevenir o credor contra um eventual incumprimento por banda do devedor (falta de pagamento de parte ou da totalidade do preço) – cfr. os arts. 432º e 886º do CC. Em ambas as situações, e com a ressalva do art. 934º do CC, pode o alienante-vendedor exercitar o *direito potestativo de resolução do contrato*[778].

Afora as mesmas situações, é, pois, de aplicar o *procedimento cautelar comum*. É o que sucede, *v. g.*, com a entrega de veículo cedido em *regime de*

[776] Cfr., acerca do contrato de aluguer de longa duração (vulgo ALD) em confronto com outras figuras congéneres e afins, Paulo Duarte *"Algumas questões Sobre a ALD", Estudos de Direito do Consumidor"*, Coimbra, Almedina, pp. 301 a 327.

[777] Ao contrário do que acontece com os restantes procedimentos cautelares não especificados, *não tem o requerente que alegar ou provar a necessidade da medida para prevenir os riscos advenientes da demora no processamento da ação ou da execução principal* – cfr. Abrantes Geraldes, *Temas*, vol. IV, 3ª ed., Coimbra, Almedina, 2006, p. 302.

[778] O acórdão do TC de 4-7-2019, nº 398/2019 (CM), Proc. nº 342/2017, decidiu «*não julgar inconstitucional* a interpretação do art. 409º do CC, no sentido de que a *reserva de propriedade* poderá ser feita a *favor do mutuante não alienante*». Mas, se tal interpretação não se encontra eivada do *vício de inconstitucionalidade*, o certo é que a figura jurídica da *venda com reserva de propriedade* foi instituída para os *contratos de alienação*, conforme resulta *expressis verbis* do nº 1 desse preceito, e o *contrato de mútuo* não pode ser qualificado como *contrato de alienação*, enfermando, por tal razão, de *vício de violação de lei* a interpretação extensiva que tal contemple.

aluguer de longa duração (*ALD*), o qual pressupõe uma *utilização prolongada ou continuada* (que não uma mera *utilização ocasional ou esporádica*) de um veículo, ou a sua entrega em regime de "*contrato de aluguer sem condutor*" a que se reporta o art. 17º do Dec.-Lei nº 354/86, de 23 de outubro[779].

A *legitimidade ativa para o procedimento* assiste exclusivamente ao *titular do registo* (*credor hipotecário ou vendedor com reserva de propriedade*). No que respeita à *legitimidade passiva*, tratando-se de uma situação de *reserva de propriedade*, deve a apreensão ser requerida contra aquele que tenha celebrado o contrato (o adquirente), efetuando-se a mesma independentemente de quem seja o detentor do veículo; se tido em vista assegurar a eficácia da *execução hipotecária* e antecipar os efeitos da penhora, não têm necessariamente que coincidir as qualidades de sujeito passivo do procedimento e a de devedor na relação causal[780].

Diversamente do que acontece com os demais procedimentos cautelares, o de apreensão de veículo automóvel apenas pode ser instaurado como *preliminar da ação* e *não como incidente* dela (art. 364º, nº 1, *vis* a *vis* o nº 1 do art. 18º do Dec.-Lei nº 54/75, de 12 de fevereiro), só sendo, por isso, admissível como *preliminar da ação da resolução do contrato de compra e venda com reserva de propriedade ou ainda do processo de execução hipotecária ou do processo especial para a venda de penhor* (sendo que a venda do veículo apreendido deve ser promovida pelo credor, no prazo de 15 dias a contar da apreensão, através de uma qualquer destas formas processuais executivas).

No caso de *crédito hipotecário*, a ação será a *executiva para pagamento de quantia certa* (a providência de apreensão surge como instrumental relativamente à penhora), logo que o onerado hipotecário incorra numa situação de incumprimento, enquanto, que no caso de não cumprimento das obrigações subjacentes à venda com *reserva de propriedade*, a ação já será a *declarativa para resolução do contrato de alienação* (cfr. citado

[779] A incentivação do comércio automóvel gerou uma figura contratual *híbrida* ou *atípica* que, tendo na sua base um contrato de aluguer de longa duração (vulgo ALD), traz normalmente associado um outro contrato mediante o qual a locadora, findo o período de utilização do veículo, se compromete a vender ao locatário o veículo automóvel por um preço previamente acordado (*opção de compra*). O que permite aos contraentes aliarem vantagens similares às da locação financeira a eventuais benefícios fiscais correspondentes à dedução das prestações pagas no rendimento tributável – cfr. Abrantes Geraldes, *Temas*, vol. IV cit. pp. 302-303. Acerca da figura dos contratos indiretos, cfr. Pais de Vasconcelos, *Contratos Atípicos*, pp. 245 e 350 e, *v. g.*, o acórdão da RL de 15-3-2000, CJ, Tomo II, p. 94 (este comentado na RLJ, 132º/132 e ss.)/Des. Salazar Casanova.

[780] Cfr. Abrantes Geraldes, *Temas*, vol. IV cit., pp. 300 a 311.

art. 18º, nº 1). Do que se trata, nesta segunda situação, é de assegurar a *eficácia antecipatória* da invocação e o reconhecimento do direito (do credor) à resolução de um *contrato de compra e venda,* que não de qualquer outro contrato como o de mútuo ou de comodato – *instrumentalidade exclusivamente reportada ao contrato de alienação* (cfr. o art. 18º do Dec.-Lei cit.). Deste modo, o vendedor só pode exigir a restituição da coisa ao abrigo da reserva da propriedade se proceder à *resolução do contrato de compra e venda*[781].

A *petição* (requerimento) será *instruída* com certidões, fotocópias ou cópias, mecanograficamente reproduzidas, dos registos invocados e dos documentos que lhes serviram de base (art. 15º, nº 3).

A apreensão (*imediata*) do veículo será ordenada pelo juiz se demonstrados (normalmente por via documental, mas podendo também sê-lo por via testemunhal) a efetivação dos registos e o vencimento do *crédito hipotecário* ou, se se tratar de *reserva de propriedade,* o não cumprimento do contrato por banda do adquirente (art. 16º, nº 1, ainda do mesmo Dec.-Lei)[782]. A expressão "*imediata apreensão*" significa que a mesma será decretada *sem audiência prévia do requerido,* sendo que o diferimento da apreensão poderia comprometer seriamente o êxito da diligência[783].

Não funciona, quanto à providência a decretar, o *critério da ponderação relativa dos interesses em jogo,* isto é, a equação benefício/prejuízo prevista no nº 2 do art. 368º. E a medida de apreensão de veículo *não é substituível por caução,* já que é inaplicável, neste âmbito, o disposto no nº 3 do mesmo preceito, sendo, porém, *substituída pela penhora* sobre o veículo apreendido se a ação que se lhe seguir for a executiva[784].

781 No caso de *resolução de um contrato de aluguer sem condutor,* a restituição imediata do veículo à empresa (a ser atuada através do procedimento cautelar comum) presume-se *juris et de jure* o *periculum in mora* – cfr., neste sentido, o acórdão da RL de 25-11-2003, CJ, Tomo V/2003, p. 189/Des. Proença Fouto.

782 «O regime jurídico do *procedimento cautelar de apreensão de veículos automóveis* (arts. 15º, 16º e 18º do Dec.-Lei nº 54/75, de 12 de fevereiro) impede que o financiador da respetiva aquisição dele beneficie sob a invocação de lhe ter sido cedida pelo alienante do veículo automóvel a cláusula de reserva de propriedade. Em caso de incumprimento do contrato de mútuo, não pode quem financiou a aquisição requerer aquele procedimento cautelar, nem prevalecer-se da cláusula de reserva de propriedade» – art. 409º do CC – cfr. o acórdão do STJ de 2-10-2007, *in* www.dgsi.pt./Cons. Fonseca Ramos.

783 Cfr. Abrantes Geraldes, *Temas,* vol. IV cit., pp. 314-315.

784 Cfr. L. P. Moitinho de Almeida "*O Processo Cautelar de Apreensão de Veículos Automóveis*", 5ª ed., p. 14.

Uma vez ordenada a apreensão, será o requerido notificado para proceder à *entrega efetiva* do veículo sob a cominação do art. 375º (incursão no tipo legal de *desobediência qualificada* previsto e punido nos termos do nº 2 do art. 348º do CP)[785]. Devem ainda ser concomitantemente apreendidos *os documentos* do veículo, *v. g.*, o respetivo *certificado de matrícula* (quiçá *o documento único*) com vista, não só a possibilitar o *registo da apreensão*, como ainda a *prevenir a ulterior entrega do documento ao vendedor (em caso de resolução do contrato) ou ao adquirente*, se vier a ocorrer venda judicial do veículo em eventual processo de execução hipotecária; não sendo encontrados esses *documentos*, deve *intimar-se* o requerido para os apresentar em juízo no prazo que for fixado, sob idêntica *cominação penal* (art. 16º, nº 2, do supra-citado diploma)[786].

A apreensão está sujeita a *registo* (art. 5º, nº 1, al. f)), do Dec.-Lei nº 54/75). O processo de execução instaurado e a ação (principal) de resolução proposta não poderão ter seguimento sem que seja requerida a *apensação do procedimento de apreensão*, requerimento esse devidamente instruído *(acompanhado) com certidão comprovativa do respetivo registo ou documento* equivalente. Registo que se destina, não só a *advertir qualquer futuro interessado* sobre a real situação do veículo, como ainda a permitir o *prosseguimento daqueles meios processuais principais*[787] (cfr. o nº do art. 18º, do dip. cit.).

Para a *efetivação da apreensão do veículo*, será lavrado um *auto de ocorrência*, do qual a secretaria judicial extrairá (oficiosamente) certidão, que entregará ao requerente, com base na qual este efetuará o pedido de *registo da apreensão* junto da conservatória do registo automóvel competente. A secretaria judicial deve providenciar pela instrução do pedido de registo com os elementos necessários (art. 17º, nº 3, do cit. Dec.-Lei). A apreensão pode ser efetuada, ou *diretamente por funcionário judicial* ou, *mediante requisição, por qualquer autoridade administrativa ou policial, quiçá mesmo alfandegária ou fronteiriça* (em caso de entrada ou saída do veículo do território nacional), devendo, ato seguido, ser o veículo *recolhido em garagem* ou *aparcamento adequado* ou então entregue pelo funcionário ou entidade apreensora a um *depositário* para o efeito nomeado pelo tribunal, o qual logo ficará advertido de que fica proibida a

785 Para a hipótese de não haver motivo para oposição ou recurso – cfr., neste sentido, o acórdão da RP de 27-1-2005, *in* www.dgsi.pt./Des. Mário Fernandes.

786 Cfr. Abrantes Geraldes, *Temas*, vol. IV, 3ª ed. cit., p. 318.

787 No sentido de que o tribunal competente para o procedimento é o do domicílio do requerido (ainda que subsistente foro convencional de sentido diverso), cfr. o acórdão da RL de 24-1-2008, CJ, nº 204, Tomo I/2008, p. 82/Desª Fátima Galante.

respetiva utilização ou circulação (art. 17º, nºs 1 e 2, do mesmo diploma, por reporte ao nº 2 do art. 348º do CP)[788].

A providência caduca, ficando a apreensão sem efeito, nos seguintes casos: a)- se a *ação (principal) de resolução do contrato não for proposta no prazo de 15 dias* a contar da data da apreensão ou ocorrendo eventual *inércia ou negligência do requerente* em promover o andamento dos autos da ação proposta *por período superior a 30 dias*; b)- a *improcedência da ação principal ou a absolvição do réu da respetiva instância* (uma e outra com trânsito em julgado); c)- a prova, pelo requerido, da *superveniente exceção perentória* (*extintiva*) de pagamento da dívida exequenda (no caso de obrigação hipotecária) ou o cumprimento das obrigações a que estava vinculado (no caso de contrato de alienação com reserva de propriedade) – cfr. o art. 19º, nº 1, alíneas a), b) e c), do mesmo diploma.

Nas hipóteses de *caducidade*, com o consequente levantamento da apreensão, contempladas nas alíneas b) e c) do nº 1 do art. 19º, a providência será levantada *sem audiência prévia do requerente* (cfr. o nº 2 do art. 19º cit.).

Se *não instaurada oportunamente a ação* de resolução ou se ocorrer paragem negligente da ação proposta por mais de 30 dias, a apreensão será levantada se, ouvido o requerente da providência, este não mostrar que é inexata a afirmação do requerido (cfr. o art. 19º, nº 2, *in fine*). Em qualquer dessas três situações de caducidade/levantamento, este deve ser oficiosa e imediatamente comunicado pela secretaria judicial à conservatória do registo automóvel competente, a qual lavrará o *registo* correspondente (art. 19º, nº 3).

Ocorrendo o *levantamento*, o requerente poderá ser condenado no *pagamento de indemnização ao requerido* quando, atentas as circunstâncias específicas do caso concreto, se venha a demonstrar uma atuação sem a *diligência normal*, ou seja, com a ponderação e diligência inferiores às exigíveis face às concretas circunstâncias (art. 20º do cit. dip.). A faculdade que, em caso de caducidade, assiste ao requerido de requerer o levantamento da apreensão, não preclude o direito de proposição da ação principal.

32.2. Entrega da coisa objeto de locação financeira e cancelamento do registo

O procedimento para *entrega judicial* e *cancelamento de registo* encontra-se previsto no art. 21º do Dec. Lei nº 149/95, de 24 de julho, alterado pelos

[788] Cfr., neste sentido, Joel Timóteo R. Pereira, *Prontuário*, vol. II cit., p. 828.

Decretos-Leis nºs 265/97, de 2 de outubro, 285/2001, de 3 de novembro e 30/2008, de 25 de fevereiro[789].

Utiliza-se este meio processual em situações de incumprimento dos *contratos de locação financeira* quando o locatário, a quem foi facultada a fruição do bem locado (sem necessidade de pagar, de imediato, a totalidade do preço), deixe de pagar com regularidade as *prestações pecuniárias* a que se comprometeu[790]. Procedimento que abrange, pois, não só os *bens móveis,* mas também os *bens imóveis* independentemente da sua destinação, ainda que de âmbito especialmente concebido e circunscrito ao incumprimento de obrigações (relações jurídicas) suscetíveis de qualificação como *contratos de locação financeira* e que pode ser instaurado, como *preliminar* ou como *incidente* da ação principal, no tribunal da área onde a ação estiver pendente ou dever ser proposta (art. 78º, nº 1, al. c), do CPC)[791].

Arredados estão, pois, do âmbito de aplicação deste procedimento os contratos de *simples aluguer de veículos automóveis,* o *contrato de aluguer de longa duração* (vulgo "*ALD*"), o contrato de *compra e venda a prestações com reserva de propriedade* e, também, o chamado *sale and lease back*[792-793-793].

[789] Com o novo CPC operou-se a revogação da norma do nº 7 do art. 21º do Dec.-Lei nº 149/95, de 24 de junho (*regime jurídico do contrato de locação financeira*).

[790] No sentido da aplicação do procedimento de entrega judicial do Dec.-Lei nº 149/95 ao próprio contrato-promessa de locação financeira, cfr. o acórdão da RP de 18-10-2001, *in* www.dgsi.pt/Des. Mário Fernandes.

[791] Tal como para os procedimentos cautelares em geral (art. 78º, nº 1, alínea c)), também para procedimento para entrega judicial e cancelamento do registo é territorialmente competente o tribunal em que deva ser proposta a ação respetiva e, porque a obrigação de restituição do bem locado resulta diretamente do contrato, embora aplicável apenas aquando da sua resolução, esse tribunal é, nos termos dos arts. 71º, nº 1 e 78º, nº 1, o tribunal do domicílio do requerido – cfr. o acórdão da RL de 20-11-2007, *in* www.dgsi.pt./Des. Fonseca Ramos.

[792] O ALD não contém ínsito o direito potestativo de aquisição futura, típico no contrato de *leasing,* não acarretando *ab initio* uma verdadeira transferência de propriedade do bem locado para o obrigado (locatário), podendo contudo, e quando muito, conferir a este uma opção de compra futura. Já na *venda com reserva de propriedade* a transferência futura da propriedade fica, desde logo, definitivamente assente (negociada) *inter-partes* – cfr., neste sentido, o acórdão da RC de 29-2-2000, CJ, Tomo I, p. 39./Des. Soares Ramos. Na opção *sale and lease back* não existe qualquer terceiro fornecedor, já que quem vende o bem à sociedade de locação financeira é a mesma pessoa que, de imediato, com ela celebra, na qualidade de locatário, um *contrato de leasing* – cfr., quanto a este ponto, J. Andrade Mesquita, *Direitos Pessoais de Gozo* cit., p. 40.

[793] O denominado "*contrato de aluguer de longa duração* (ALD)" configura um contrato atípico, integrado por estipulações dos contraentes no exercício da liberdade e autonomia contra-

A *locação financeira* ("*leasing*") é um contrato pelo qual uma das partes (locador) se obriga, contra retribuição, a conceder a outra o gozo temporário de uma coisa (por si) adquirida ou construída por indicação desta (locatário) e que esta última pode adquirir, total ou parcialmente, no final do prazo convencionado no próprio contrato (cfr. noção do art. 1º do Dec.-Lei nº 171/96, de 6 de junho)[795]. Contratos esses que podem ser celebrados por *documento particular* (art. 3º, nº 1, do dip. cit., na redação do art. 1º do Dec.-Lei nº 30/2008, de 25 de fevereiro). Se reportados a *bens imóveis*, as assinaturas das partes devem ser *presencialmente reconhecidas, salvo se efetuadas na presença de funcionário dos serviços do registo* aquando da apresentação do pedido (nº 2), devendo ainda a existência de *licença de utilização* ou *de construção do imóvel* ser certificada pela entidade que efetua o reconhecimento ou verificada pelo funcionário dos serviços do registo (nº 3). Os contratos relativos a bens *imóveis ou a móveis sujeitos a registo* ficam *sujeitos a inscrição* no serviço registral competente (nº 5).

O *efeito antecipatório* subjacente à providência é, nesta sede, particularmente sublimado, em clara ultrapassagem dos princípios da instrumentalidade e da provisoriedade que informam os procedimentos cautelares em

tuais, que se carateriza pela revelação de afinidades com o contrato de locação financeira, integrando-se, sob os aspetos económico-financeiro e funcional, no campo dos contratos de crédito ao consumo ou operações similares. Só os contratos denominados de "ALD" em que exista estipulação que preveja o *direito* ou a *obrigação de compra* da coisa locada são havidos como "*contratos de crédito*" – cfr. o acórdão do STJ de 25-10-2011, Proc. 132/08.1YXLSB.L1.S1 – 1ª Sec., *in* www.dgsi.pt/Cons. Alves Velho.

794 Inexistindo um procedimento cautelar típico previsto para os casos em que o requerente pretende acautelar o efeito útil da ação quando o seu direito se funda num contrato de ALD, deve este seguir o *procedimento cautelar comum* nos termos do arts. 362º e ss. do CPC. Para o êxito deste procedimento cautelar torna-se necessário que o requerente alegue e prove factos demonstrativos de que a circunstância de a locatária ter deixado de pagar as rendas contratadas indiciava fortemente a sua incapacidade para solver, no futuro, o crédito da locadora às prestações já vencidas e/ou à indemnização correlativa. «O facto notório de um veículo automóvel ser um bem de rápida deterioração e desvalorização não dispensa o requerente da prova do "*periculum in mora*", se não estiver associado à alegação e prova da inexistência de meios para o requerido solver a dívida ou de que era seu propósito a dissipação do veículo» – cfr. o acórdão da RP de 26-01-2016, Proc. 7401/15.8T8VNG.P1, *in* www.dgsi.pt /Des. Rodrigues Pires.

795 Cfr., quanto à *natureza jurídica* deste contrato e sua distinção com figuras afins ou similares, Orlando Gomes/Antunes Varela, *Direito Económico*, Edição Saraiva, 1977, p. 285 e ss., Antunes Varela, *Das Obrigações em Geral*, vol. I, 9ª ed. p. 283, J. Andrade Mesquita, *Direitos Pessoais de Gozo* cit., pp. 38 e ss. e A. Menezes Cordeiro, *Manual de Direito Bancário*, Coimbra, Almedina, 1998, p. 554 e ss. e J. Calvão da Silva, *Estudos de Direito Comercial* (Pareceres), Almedina, 1999, pp. 10 e ss..

geral, já que (se deferida) se permite, através dela, obter antecipadamente o mesmo *efeito material* (entrega do bem) e o mesmo *efeito jurídico* (cancelamento do registo) que normalmente só seriam alcançados com a ação principal[796].

É nesta sede (tipicamente) aplicável o instituto da *inversão do contencioso*, *ex-vi* do nº 4, *in fine*, do art. 376º do CPC.

São, assim, dois os *pressupostos* – de verificação cumulativa – para que a providência possa ser decretada: a)- que o contrato de locação financeira se haja *extinguido por resolução ou o decurso do prazo* (de caducidade) sem que tenha sido exercido o direito de compra pelo locatário (art. 10º, nº 1, al. j), do Dec.-Lei nº 149/95); b)- que *o locatário não tenha procedido à restituição do bem locado* ao locador. Trata-se, pois, o seu desencadeamento, de um *direito potestativo* que assiste ao locador de, após o *pedido de cancelamento do respetivo registo* (de locação financeira) – a *efetuar por via eletrónica*, sempre que as condições técnicas o permitam –, requerer ao tribunal providência cautelar para que seja feita entrega imediata do bem locado (art. 21º, nº 1, do Dec.-Lei nº 171/96, na redação que lhe foi dada pelo art. 1º do Dec.-Lei nº 30/2008, de 25 de fevereiro).

Com o requerimento, o locador oferece *prova sumária* dos requisitos do nº 1 do art. 21º, exceto da do pedido de cancelamento do registo, já que compete ao tribunal proceder *ex-officio* à *consulta do registo*, também a efetuar, sempre que as condições técnicas o permitam, por via eletrónica (nº 2 do cit. art. 21º). Não tem o requerente que alegar e provar o *periculum in mora*, já que este é de presumir *juris et de jure*, *ex-vi* do nº 4 do art. 21º do mesmo Dec.-Lei, uma vez demonstrados aqueles dois requisitos[797-798].

796 «Deferida a providência cautelar de entrega de veículo e cancelamento do registo da locação financeira, cumpre ao tribunal proceder às diligências necessárias à concretização de tal medida. Sem prejuízo dos embargos de terceiro, caso se verifiquem os respetivos requisitos, a entrega far-se-á independentemente de quem estiver na detenção efetiva do veículo. A eventual existência de direito de retenção a favor da EMEL para garantia das despesas de parqueamento onde o veículo se encontra não impede que o tribunal diligencie pela efetivação da entrega» – cfr. o acórdão da RL, de 2-12-2004, *in* www.dgsi.pt./Desª Fernanda Isabel Pereira.

797 Cfr. neste sentido, Abrantes Geraldes, *Temas*, vol. IV, 3ª ed. cit., p. 333.

798 «Já assim não será se, em vez da providência de entrega judicial, o requerente (neste caso a locadora) impetrar a concessão de uma providência inominada de apreensão judicial de veículo; nesta hipótese, terá, não só que alegar a continuação do uso do veículo pelo locatário, com a sua crescente desvalorização, como ainda que a conduta do requerido (locatário) iria tornar impossível, ou muito difícil, o ressarcimento da requerente pelos prejuízos

Preenchidos estes[799] – não havendo nesta sede lugar ao *princípio da ponderação relativa dos interesses em jogo*, face à *primazia* (*legal*) *dos interesses do locador financeiro*[800] –, e provada a extinção do contrato, o juiz decreta a providência, ordenando a restituição do bem locado ao locador, recuperando este a plenitude dos seus poderes sobre o mesmo.

Assim, sem prejuízo da interposição de recurso pelo locatário, *pode o locador*, desde logo, *dispor do bem*, nomeadamente vendendo-o ou dando-o (ou voltando a dá-lo) em locação ou locação financeira (nº 6 do art. 21º do Dec.-Lei nº 149/95, de 24 de julho), o que pressupõe que o bem fique na sua *livre disponibilidade*.

Daí que, na sequência desse decretamento, deva a secretaria lavrar *termo de entrega da coisa ao locador*, a quem deverá igualmente fazer *entrega de certidão da respetiva decisão*, para que possa requerer o cancelamento do registo na conservatória competente[801]. Para o cancelamento do registo com fundamento na resolução do contrato por incumprimento é documento bastante a *prova da comunicação da resolução à outra parte – declaração unilateral recetícia* (art. 17º, nº 2, do Dec.-Lei nº 149/95, na redação que lhe foi dada pelo art. 1º do Dec.-Lei nº 30/2008, de 25 de fevereiro).

Se se tratar de *bem móvel não sujeito a registo*, a providência concretiza-se com a simples entrega do bem ao locador. Já se tiver por objeto (aquisição e sucessivas transmissões) *bem imóvel ou móvel sujeitos a registo* obrigatório, para além da *entrega do bem ao locador*, será ainda necessário proceder ao *cancelamento do registo* de locação financeira, nos termos do art. 2º, nº 1, al. l) do CRPRED, no caso de *imóveis*, e no do art. 5º, nºs 1, al. d) e 2 do Dec.-Lei

advenientes da demora na entrega do veículo» – cfr., neste sentido, o acórdão da RP, de 27-11-2003 – Proc. 0335609, *in* www.dgsi.pt/Des. FERNANDO BAPTISTA.

799 Para a providência cautelar de *entrega judicial e cancelamento de registo* prevista no art. 21º do Dec.-Lei nº 149/95, de 24 de junho, não é necessária a alegação e prova dos requisitos legalmente exigidos para as providências cautelares não especificadas reguladas no CPC. "O locador que tenha resolvido o contrato de locação financeira por incumprimento do locatário tem a faculdade de requerer a providência cautelar a fim de obter decisão judicial restrita ao cancelamento do registo de locação financeira quando, apesar de ter havido entrega do bem, haja oposição do locatário ao reconhecimento da resolução do contrato e/ou ao cancelamento do registo da locação financeira".

800 Cfr. ABRANTES GERALDES, *Temas*, vol. IV cit., pp. 335-336.

801 A *existência de um seguro-caução* a favor do locador não constitui obstáculo à entrega do bem, não pondo assim em causa a eficácia da medida cautelar – cfr., nste sentido, o acórdão da RL de 28-1-99, CJ, Tomo I, p. 97/Des. SANTOS BERNARDINO.

nº 54/75, de 24 de fevereiro, com as alterações introduzidas pelo Dec.-Lei nº 461/82, de 26 de novembro, relativamente a *veículos automóveis*.

Nesses casos específicos, o extrato da inscrição registral deve mencionar o prazo e a data do seu início, bem como que o cancelamento do registo se faz por averbamento à respetiva inscrição (arts. 2º, nº 1, al. l), 95º, nº 1, al. o) e 101º, nº 1, al. m), e nº 2, al. a), do CRPRED). Igual exigência é de formular se se tratar da locação financeira de *veículos automóveis* e da transmissão dos direitos dela emergentes, porque também elas sujeitas ao registo automóvel obrigatório[802].

Propicia a lei a *utilização preferencial das vias eletrónicas*, quer para a *apresentação* dos pedidos de cancelamento, quer para a *verificação* do cancelamento (em caso de ação judicial) através de consultas por tais vias, assim se dispensando o envio de *documentos e certidões em papel* pelos requerentes ou autores bem como o *suporte de papel* para a comunicação entre o tribunal e a conservatória competente.

Podendo o *cancelamento do registo* ser efetuado pelas vias administrativas normais, torna-se *desnecessária a propositura de qualquer ação judicial* (*declarativa*) para esse fim. A *audiência do locatário* só terá lugar, em princípio, após o decretamento da providência; só então o tribunal ouve as partes e *antecipa* (normalmente) *o juízo sobre a causa principal*.

Redundará quase sempre em completa inocuidade a intentação de uma ação declarativa apenas para prevenir a caducidade de decretada providência cautelar. Isto porque, nos termos do nº 2 do art. 21º, a *antecipação daquele juízo só não terá lugar quando não tenham sido trazidos* (aos autos do procedimento) *os elementos necessários à resolução definitiva do caso* (cfr. nº 7 do art. 21º do Decreto-Lei nº 149/95, na redação do art. 1º do Dec.-Lei nº 30/2008, de 25 de fevereiro). Tudo em ordem a *evitar a duplicação de ações judiciais* que adviria de um procedimento cautelar e de uma ação principal com o mesmo objeto material: a entrega do bem locado ao locador.

Caso o locatário proceda *espontaneamente à entrega do bem*, basta a instauração de procedimento cautelar para o *cancelamento judicial do respetivo registo*[803], pois que a subsistência desse registo (de locação financeira) não torna possível ao locador a comercialização do bem no mercado.

[802] Não é, contudo, admissível, no âmbito deste tipo de procedimentos, a aplicação, por analogia, do procedimento cautelar especificado de apreensão de veículo previsto no Dec.-Lei nº 54/75, de 12 de fevereiro – cfr., neste sentido, *v. g.*, o acórdão da RL de 26-5-92, *in* www.dgsi.pt/Des. Zeferino Faria.

[803] Cfr. o acórdão da RL de 28-10-2003, CJ, Tomo IV, p. 121/Des. Azadinho Loureiro.

O art. 395º do CPC (*caducidade do arresto*), porque norma de natureza especial, *não tem aplicabilidade no caso da providência de apreensão e entrega de coisa locada e cancelamento de registo*, dado estarem em causa procedimentos de escopo substancialmente diverso: – *no arresto*, o arrestante visa a apreensão de bens do devedor em ordem a garantir a realização efetiva (futura) do direito de crédito; – *na apreensão e entrega de coisa locada*, fica (de pronto) satisfeito o direito do credor, o qual, uma vez na detenção da coisa, desta poderá, de imediato, dispor a favor de terceiro, podendo assim dar-lhe um diferente destino jurídico (art. 21º, nº 6, do Dec.-Lei nº 149/95)[804].

Pode o tribunal tornar a execução da providência *dependente da prévia prestação de caução* por parte do requerente a fim de garantir a indemnização a que o requerido tenha direito (art. 368º, nº 3), caução essa que pode consistir no depósito de quantia pecuniária adequada ou numa das modalidades previstas no art. 623º do CC. Mas já não poderá a decretada providência ser *substituída por caução*[805].

A *extinção definitiva da ação principal* não implica a *extinção da decretada providência cautelar* ainda não executada, impondo-se assim que, nos autos do procedimento, se diligencie pela efetiva apreensão (por ex., do veículo) até que se demonstre a impossibilidade da sua efetivação, não se justificando, até por razões de economia processual, que o requerente seja onerado com a necessidade de instaurar ação executiva para entrega de coisa certa[806-807].

[804] Cfr. o acórdão da RL de 22-3-2007, *in* www.dgsi.pt./Des. Francisco Magueijo.

[805] Cfr. Abrantes Geraldes, *Temas*, vol. IV cit., pp. 336-337.

[806] Cfr., neste sentido, o acórdão da RL de 13-11-2007, *in* www.dgsi.pt/Des. Ana Resende. «Não ocorre, pois, inutilidade superveniente da lide no procedimento cautelar face ao trânsito em julgado da sentença, pois que tal procedimento, pela sua natureza e estrutura, dispensa a instauração de ação executiva para entrega de coisa certa, visto que a finalidade desta é assegurada pela apreensão do bem no procedimento cautelar, ou seja, a providência cautelar esgota, na sua antecipação, a execução da decisão definitiva que se revelaria um ato inútil» – cfr., neste sentido, também o acórdão da RL, de 18-9-2007, *in* www-dgsi.pt./Des. Orlando do Nascimento.

[807] Num *contrato de locação financeira* o bem locado é propriedade do locador até ao termo do prazo acordado. O locador não pode resolver o contrato de locação, após a declaração de insolvência, com base na *falta de pagamento das rendas devidas* – cfr. o acórdão da RE de 12-7-2007, *in* www.dgsi.pt./Des. Silva Rato. De resto, o bem locado (um veículo automóvel) não é suscetível de integrar a massa insolvente e a decretada providência não é uma ação executiva propriamente dita – cfr., neste sentido, o acórdão da RE de 3-5-2007, *in* www.dgsi.pt./Des. Mata Ribeiro.

Também, neste âmbito, se a providência se revelar injustificada ou vier a caducar por facto imputável ao requerente, o requerido pode ser *indemnizado* nos termos gerais – *atuação sem a prudência normal* (374º, nº 1)[808].

32.3. Nomeação de administrador provisório. Outras medidas cautelares em processo de insolvência

Por *iniciativa do juiz* ou a *solicitação do requerente* da insolvência podem ser ordenadas as *medidas cautelares* adequadas a impedir «o agravamento da situação patrimonial do devedor» no período anterior à emissão da sentença de declaração de insolvência. Isto desde que haja «justificado receio da prática de *atos de má-gestão*» por banda do devedor-requerido – cfr. o nº 1 do art. 31º do Código da Insolvência e da Recuperação de Empresas (CIRE) aprovado pelo Dec.-Lei nº 53/2004, de 18 de março, cujas últimas alterações foram introduzidas pelo Dec.-Lei nº 79/2017, de 30 de junho, e pela Lei nº 8/2018, de 2 de março.

Tais *medidas cautelares* podem traduzir-se «na nomeação de um *administrador judicial provisório* com poderes exclusivos para a administração do património do devedor ou para assistir o devedor nessa administração» – cfr. o nº 2 do citado preceito. E ser adotadas *previamente à citação do devedor*, se tal antecipação se afigurar indispensável para não pôr em risco o seu efeito útil, não podendo, contudo, o ato de citação ser dilatado por mais de 10 dias relativamente ao prazo legal e normal para a sua realização (nº 3), adoção essa que pode *preceder a própria distribuição* a pedido do requerente em caso justificado como tal reconhecido pelo juiz do processo.

A medida de nomeação do *administrador provisório* e os poderes a este conferidos assumem, pois, *caráter antecipatório*, pois que antecipa os efeitos da nomeação de um *administrador definitivo* da insolvência a decretar ulteriormente, ainda que destinada à salvaguarda do património do devedor e assim assumir contornos conservatórios. Providência que é decretada *sem audiência prévia* do devedor, em ordem a assegurar o correspondente *efeito útil* (*eficácia*).

A *escolha pertence ao juiz* do processo, devendo recair em «pessoa ou entidade inscrita em lista oficial de administradores da insolvência», eventualmente sob proposta do requerente na petição (art. 32º, nº 1 do CIRE).

[808] Porquanto a forma específica prevista no Dec.-Lei nº 149/95, de 24 de junho, foi revogada pelo Dec. Lei nº 265/97, de 2 de outubro.

As suas *funções* subsistirão até que seja proferida a sentença declaratória de insolvência (salvas as possibilidades de substituição ou remoção anteriormente a esse *dies ad quem* ou mesmo da respetiva recondução como *administrador da insolvência*) – cfr. o nº 3 do art. 32º do mesmo diploma.

Se tais funções se traduzirem *na administração do património do devedor*, o administrador «deve providenciar pela manutenção e preservação desse património e pela continuidade da exploração da empresa, salvo se considerar que a suspensão de atividade é mais vantajosa para os interesses do credor e tal medida for autorizada pelo juiz» (cfr. o art. 33º, nº 1, do CIRE). Se consistirem apenas na prestação de *assistência ao devedor na administração do seu património*, as respetivas competências e deveres serão fixados pelo juiz, o qual deverá, ou especificar os atos que não podem ser praticados pelo devedor sem aprovação do administrador provisório ou estipular, de modo genérico, a proibição de todos os atos «que envolvam a alienação ou a oneração de quaisquer bens ou a assunção de novas responsabilidades que não sejam indispensáveis à gestão corrente da empresa» (cfr. o nº 2 do mesmo art. 33º). Em ambas as modalidades funcionais assiste ao administrador «o *direito de acesso à sede e às instalações* empresariais do devedor e de proceder a quaisquer inspeções e a exames, designadamente dos elementos da sua contabilidade», ficando «o devedor obrigado a fornecer-lhe todas as informações necessárias ao desempenho das suas funções» (cfr. o nº 3 do citado art. 33º). A partir da nomeação, todos os atos praticados pelo devedor (sem a intervenção do administrador provisório quando exigível) «são *ineficazes*, respondendo a massa insolvente pela restituição do que lhe tiver sido prestado apenas segundo as regras do enriquecimento sem causa», salvo se «celebrados a título oneroso com terceiros de boa-fé anteriormente ao registo efetuado nos termos do nº 2 do art. 38º» e não forem suscetíveis de resolução incondicional nos termos do art. 121º (cfr. o nº 6, alíneas a) e b), do art. 81º), todos esses preceitos aplicáveis *ex-vi* do art. 34º do CIRE.

Encontra-se tal medida sujeita a *publicidade e registo* (art. 38º), ficando o exercício do cargo de administrador sujeito a *fiscalização pelo juiz* (art. 58º) e podendo ainda o mesmo ser *responsabilizado «pelos danos causados* ao devedor e aos credores da insolvência e da massa insolvente pela inobservância culposa dos deveres que lhe incumbem» (art. 59º, nº 1).

32.4. Proibição provisória de cláusulas contratuais gerais

A *proibição provisória de cláusulas contratuais gerais* é uma *providência de regulação* estabelecida no art. 31º do *Regime Jurídico das Cláusulas Contratuais Gerais*

– LCCG (Dec.-Lei nº 446/85, de 25 de outubro, cujas últimas alterações foram introduzidas pelo Dec.-Lei nº 323/2001, de 17 de dezembro), o qual prescreve que «quando haja *receio fundado de virem a ser incluídas em contratos singulares cláusulas gerais incompatíveis com o disposto nesse diploma*, podem as entidades referidas no (respetivo) art. 26º "*requerer provisoriamente a sua proibição*" (nº 1), seguindo a *proibição provisória, com as devidas adaptações, os termos fixados na lei processual para os procedimentos cautelares não especificados.*

Elaboradas para utilização futura, as *cláusulas contratuais gerais*, quando contrariem o disposto nos arts. 15º, 16º, 18º, 19º, 21º e 22º da LCCG, «podem ser *proibidas por decisão judicial, independentemente da sua inclusão efectiva em contratos singulares*» – *sic* (art. 25º).

Relativamente ao pressuposto processual da legitimidade *ativa*, a *ação inibitória* destinada a obter a condenação na *abstenção do uso ou da recomendação de cláusulas contratuais gerais* só pode ser intentada: por *associações de defesa do consumidor* dotadas de representatividade, no âmbito previsto na legislação respetiva; por *associações sindicais, profissionais ou de interesses económicos* legalmente constituídas, atuando no âmbito das suas atribuições; pelo *Ministério Público*, oficiosamente, por indicação do Provedor de Justiça ou quando entenda fundamentada a solicitação de qualquer interessado (nº 1, alíneas a) e b)). Entidades essas que «actuam no processo *em nome próprio*, embora *façam valer um direito alheio* pertencente, em conjunto, aos consumidores susceptíveis de virem a ser atingidos pelas cláusulas cuja proibição é solicitada» – *sic* (art. 26º) e que, de resto, gozam da legitimidade que lhes é (genericamente) conferida para a *tutela de interesses difusos ex-vi* do art. 31º do CPC. *Legitimidade ativa essa extensível ao requerimento dos correlativos procedimentos cautelares.*

Já no que respeita à *legitimidade passiva*, a *ação inibitória* pode ser intentada: *contra quem*, predispondo cláusulas contratuais gerais, proponha contratos que as incluam ou aceite propostas feitas nos seus termos; *contra quem*, independentemente da sua predisposição e utilização em concreto, as recomende a terceiros (art. 27º, nº 1); e pode «ser intentada, *em conjunto, contra várias entidades* que predisponham e utilizem ou recomendem as mesmas cláusulas contratuais gerais, ou cláusulas substancialmente idênticas», ainda que a coligação importe ofensa das regras de *competência interna e internacional* estabelecidas pelo art. 28º» (art. 27º, nº 2)).

Pressuposto esse da *legitimidade* (*ativa* e *passiva*) logicamente *extensível* aos *procedimentos cautelares conexos*, «ex-vi do citado art. 31º do CPC.

Regras segundo as quais, para a *ação inibitória* (e, outrossim para os procedimentos cautelares correlativos) «*é competente o tribunal da comarca* onde se localiza o *centro da atividade principal do demandado* ou, não se situando ele em território nacional, o da *comarca da sua residência ou sede; se estes se localizarem no estrangeiro, será competente o tribunal do lugar em que as cláusulas contratuais gerais foram propostas ou recomendadas*» (art. 28º).

As *ações inibitórias* visam a tutela dos interesses *difusos dos consumidores/aderentes*, encontrando-se genericamente previstas no art. 52º da CRP e, no âmbito do *direito do consumo*, no art. 10º, nº 1, da Lei de Defesa do Consumidor (LDC) e no art. 25º da LCCG[809].

Relativamente à *parte decisória da sentença* (a proferir na *ação principal inibitória*), «a decisão que proíba as cláusulas contratuais gerais especificará o âmbito da proibição, designadamente através da referência concreta do seu teor e a indicação do tipo de contratos a que a proibição se reporta» – *sic* (art. 30º, nº 1, da LCCG); «pode ainda o vencido, «a pedido do autor, ser condenado a dar publicidade à proibição, pelo modo e durante o tempo que o tribunal determine» (nº 2).

Subjacente à *ação inibitória*, encontra-se não o *controlo concreto* de uma certa cláusula de um determinado contrato, mas um *controlo genérico ou abstrato, em ordem a prevenir o risco de uma proliferação generalizada e não contrariada de cláusulas inválidas*. O que importa é que, por via de uma real eficácia do resultado da ação inibitória, os interesses (difusos) da generalidade dos consumidores/aderentes fiquem devidamente protegidos[810-811].

[809] Cfr. o acórdão do STJ de 14-12-2016, Proc. 20054/10.0T2SNT.L2.S1, *in* www.dgsi.pt/ Consº Fonseca Ramos.

[810] Exemplo do caráter genérico de uma sentença inibitória: nos termos do AC UNIF do STJ 2/2016, de 13-11-2015, *in* DR, nº 4, Série I, de 7-1-2016, «é *proibida*, nos termos do preceituado pelo artº 15º da LCCG, por *contrária à boa-fé*, a cláusula contratual geral que autoriza o banco predisponente a compensar o seu crédito sobre um cliente com o saldo de conta coletiva solidária, de que o mesmo cliente seja ou venha a ser contitular; é *proibida*, nos termos do preceituado pelo artº 18º al. a), da LCCG, a cláusula contratual geral que autoriza o banco predisponente a ceder total ou parcialmente a sua posição contratual para outras entidades do respectivo grupo, sediadas em Portugal ou no estrangeiro. A nulidade da cláusula de atribuição de competência territorial pode ser apreciada em ação inibitória, em função da valoração do quadro contratual padronizado e não apenas no âmbito dos contratos concretos».

[811] No sentido de que, «a *apreciação da validade das cláusulas contratuais gerais* concretas deve ser feita à luz da *boa fé*, como *princípio geral de controlo* (art. 15º da LCCG) e das *proibições específicas* enumeradas, a título exemplificativo, nos arts. 18º, 19º, 21º e 22º da LCCG (*cláusulas*

É porém, possível, a adoção de medidas de *proibição provisória* – a serem objeto (preparatório ou incidental) de um *procedimento cautelar* – «quando haja receio fundado de virem a ser incluídas, em contratos singulares, cláusulas gerais incompatíveis com o disposto no diploma», caso em que «*podem as entidades referidas no art. 26º requerer provisoriamente a sua proibição*» (art. 31º, nº 1); procedimento este que deve seguir, «com as devidas adaptações, os termos fixados na lei processual para os *procedimentos cautelares não especificados*» (nº 2).

A tal procedimento *de natureza antecipatória*, serão, pois, subsidiariamente aplicáveis, por mor da remissão do citado nº 2 do art. 31º da LCCG, as normas relativas aos *procedimentos cautelares nominados ou especificados* previstos nos arts. 377º e ss. do CPC. E, face a tal natureza, é-lhe abstratamente apli-

relativa ou absolutamente proibidas), devendo ponderar-se os valores fundamentais do direito que sejam relevantes em face da situação considerada, designadamente o do *equilíbrio das prestações* » – cfr o acórdão do STJ de 10-08-2015, Proc. 2438/10.6YXLSB.L1.S1, *in* www.dgsi.pt/Consª Fernanda Isabel Pereira.

«*Não padece de nulidade* a *cláusula contratual geral*, inserida em *contrato de adesão* destinado ao *financiamento de crédito automóvel*, em que se prevê que o mutuário se confessa devedor do capital mutuado e respectivos juros, bem como dos encargos contratualmente previstos como estando a seu cargo, remetendo-se a determinação dos respetivos montantes para o Preçário do Banco – documento facilmente acessível ao interessado e que deverá, no momento da subscrição do contrato, ser objecto de adequado esclarecimento e informação ao aderente». «É *nula*, por *afetar desproporcionalmente a posição do aderente, a cláusula que coloca a cargo do mutuário/aderente a ilimitada responsabilidade por todas e quaisquer despesas e honorários que o Banco realize, em caso de incumprimento contratual*, sem qualquer remissão para a aplicabilidade das regras processuais atinentes às *custas de parte* e sem estabelecer de qualquer critério objetivo de determinação do montante possível de tais *despesas e honorários*».

É «igualmente *nula* a cláusula que estabelece a obrigação, imposta ao mutuário/aderente, de, em reforço da tutela dos direitos do Banco no caso de alegado incumprimento, fazer entrega de uma livrança em branco, facultando-lhe, em termos claramente discricionários e incontrolados pelo cliente, o respetivo preenchimento pelas quantias que (unilateralmente) considere devidas, com base num pacto de preenchimento de conteúdo totalmente genérico e indeterminado – permitindo-se, por esta via, ao autor da cláusula contratual geral criar, para sua conveniência, um título executivo, com a natureza de título cambiário, que imediatamente pode dar à execução pelos valores que considere em dívida». É também «nula, por referência ao quadro contratual padronizado típico dos contratos de financiamento de crédito automóvel a cláusula que impõe a competência convencional do Tribunal da Comarca de Lisboa – onde se situa a sede do Banco/mutuante – para todos os litígios emergentes do contrato» – cfr. o acórdão do STJ de de 16-10-2014, Proc. 2476/10.9YXLSB.L1.S1, *in* www.dgsi.pt/ Cons. Lopes do Rego.

cável o instituto da *inversão do contencioso* previsto no art. 369º, *ex-vi* do nº 4 do art. 376º, ambos do CPC.

32.5. Procedimentos cautelares em sede de direitos autor e dos direitos conexos

O Código dos Direitos de Autor e dos Direitos Conexos aprovado pelo Dec.-Lei nº 63/85, de 14 de março, cuja 15ª e última alteração foi introduzida pelo Dec.-Lei nº 100/2017, de 23 de agosto, prevê a adoção de medidas (providências), não só de *caráter administrativo*, como também de *caráter jurisdicional* (*preventivas* e *repressivas*), em ordem a preservar a integridade e proteção dos direitos e obras por esse diploma protegidos.

Assim, e quanto às *medidas administrativas*, «*sem prejuízo das providências cautelares previstas na lei de processo*, pode o autor requerer às *autoridades policiais e administrativas* do lugar onde se verifique a violação do seu direito a *imediata suspensão de representação, recitação, execução ou qualquer outra forma de exibição de obra protegida* que se estejam realizando sem a devida autorização e, cumulativamente, *requerer a apreensão da totalidade das receitas* (art. 209º do CDADC).

Especificamente no tocante às *providências cautelares* (a decretar pelo tribunal), prevê o art. 210º-G que, «sempre que haja *violação ou fundado receio de que outrem cause lesão grave e dificilmente reparável do direito de autor ou dos direitos conexos*, possa *o tribunal*, a pedido do requerente, decretar as providências adequadas: – a *inibir qualquer violação iminente*; – a *proibir a continuação da violação*» (nº 1, alíneas a) e b)). Providências essas, de *natureza antecipatória*, que podem também ser decretadas, não só *contra o direto violador*, como também *contra qualquer intermediário* cujos serviços estejam a ser utilizados por terceiros para violar direito de autor ou direitos conexos, nos termos do art. 227º (nº 3).

Uma vez requerida a providência, «o tribunal exige que o requerente forneça os *elementos de prova* para demonstrar que é titular de direito de autor ou direitos conexos, ou que está autorizado a utilizá-los, e que se verifica ou está iminente uma violação» (art. 210º-G, nº 2). Com vista a tal *desideratum*, consagra o nº 1 do art. 210º-F a *obrigação de prestar informações*, conferindo ao titular de direito de autor ou de direitos conexos, ou ao seu representante autorizado, o direito a requerer a *prestação de informações* detalhadas sobre a origem e as redes de distribuição dos bens ou serviços em que se materializa a violação de direito de autor ou de direitos conexos, cuja ordenação, objeto e sujeito passivo os nºs 2 e 3 do mesmo preceito regulam e identificam.

No que toca à *tramitação e exercício do contraditório*, «sempre que um eventual atraso na aplicação das medidas possa causar *danos irreparáveis ao requerente*, ou sempre que exista um *risco sério de destruição ou ocultação da prova, as medidas previstas preventivas e cautelares podem ser aplicadas sem audiência prévia da parte requerida* (nº 1). Quando as *medidas de preservação da prova* sejam aplicadas *sem audiência prévia da parte requerida*, esta é imediatamente notificada (nº 2); na sequência dessa notificação, pode a mesma pedir, no prazo de 10 dias, a *revisão das medidas aplicadas*, produzindo prova e alegando factos não tidos em conta pelo tribunal aquando da prolação do despacho liminar (nº 3); ouvida a parte requerente, o tribunal pode determinar a *alteração*, a *revogação* ou a *confirmação* das medidas aplicadas (nº 4); no fundo o *exercício diferido do direito ao contraditório*.

No que respeita às *medidas (cautelares) de preservação de prova*, de *caráter conservatório*, estatui o art. 210º do CDADC que a «aplicação das *medidas de preservação de prova* pode ficar dependente da constituição, *pelo requerente*, de uma *caução* ou outra *garantia* destinada a assegurar a indemnização prevista no nº 3» (nº 1); *caução condicional* essa em cuja fixação «deve ser tida em consideração, entre outros factores relevantes, a capacidade económica do requerente» (nº 2).

Se a aplicação das *medidas de preservação da prova* «for considerada *injustificada ou deixar de produzir efeitos* por *facto imputável ao requerente*, bem como nos casos em que se verifique não ter havido violação de direito de autor ou direitos conexos, pode o tribunal ordenar ao requerente, a pedido da parte requerida, o *pagamento de uma indemnização* adequada a reparar qualquer dano causado pela aplicação das medidas» (nº 3). «Às *medidas de obtenção e de preservação de prova* são aplicáveis as *causas de extinção e caducidade* previstas no art. 373º do CPC, salvo quando elas se configurem como medidas preliminares das providências cautelares requeridas ao abrigo do disposto no art. 210º-G».

Na determinação ou eleição das providências ou medidas concretas a decretar, deve o tribunal «atender à *natureza do direito de autor ou dos direitos conexos* (em causa), salvaguardando nomeadamente a possibilidade de o titular continuar a explorar, sem qualquer restrição, os seus direitos» (art. 210º, nº 6).

Como *meio de compulsão ao acatamento das decretadas providências*, «pode o tribunal, *oficiosamente* ou a *pedido do requerente*, decretar uma *sanção pecuniária compulsória* com vista a assegurar a execução das decretadas providências (nº 4). Podem, todavia, as decretadas providências, a requerimento da parte requerida a apresentar no prazo de 10 dias, «ser *substituídas por caução*, sempre que esta, ouvido o requerente, se mostre adequada a assegurar a indemnização do titular» – *caução substitutiva* (art. 210º, nº 5).

Relativamente à possibilidade de *decretamento da providência (conservatória) de arresto*, rege o art. 210º-H que «em caso de *infracção à escala comercial, actual* ou *iminente*, e sempre que o interessado prove a existência de circunstâncias susceptíveis de comprometer a cobrança da indemnização por perdas e danos, pode o tribunal ordenar a *apreensão dos bens móveis e imóveis* do alegado infractor, incluindo os saldos das suas contas bancárias, podendo o juiz ordenar a comunicação ou o acesso aos dados e informações bancárias ou comerciais respeitantes ao infractor» (nº 1); e, outrossim, «*sempre que haja violação, actual ou iminente, de direitos de autor ou de direitos conexos*, pode o tribunal, a pedido do interessado, ordenar a *apreensão dos bens que suspeite violarem esses direitos*, bem como *dos instrumentos que sirvam essencialmente para a prática do ilícito*» (nº 2). Para tal decretamento, *deve o tribunal «exigir que o requerente forneça todos os elementos de prova razoavelmente disponíveis* para demonstrar que é titular do direito de autor ou dos direitos conexos, ou que está autorizado a utilizá-lo, e que se verifica ou está iminente uma violação (nº 3).

Sendo especificamente aplicável à providência de *arresto*, o disposto nos arts. 210º-C a 210º-E, tal «não prejudica a possibilidade de recurso (a título supletivo) ao *arresto preventivo* previsto no CPC por parte do titular de um direito de autor ou direito conexo (nºs 4 e 5).

No que concerne às *medidas inibitórias* a decretar *em sede de decisão judicial de mérito, pode o tribunal*, nos termos do art. 210º-J do CDADC, «impor ao infractor medidas destinadas a inibir a continuação da infracção verificada» (nº 1), as quais «podem compreender: a) a *interdição temporária do exercício de certas actividades ou profissões*; b) a *privação do direito de participar em feiras ou mercados*; c) *o encerramento temporário ou definitivo do estabelecimento*» (nº 2). Pode também o tribunal, *ex-officio* ou a solicitação do requerente, decretar uma *sanção pecuniária compulsória* com vista a assegurar a execução das medidas previstas neste artigo» (nº 3); medidas, também susceptíveis de aplicação «a qualquer intermediário cujos serviços estejam a ser utilizados por terceiros para violar direito de autor ou direitos conexos, nos termos do disposto do art. 227º» – *sic* (citado art. 210º-J).

Compete ao *tribunal da propriedade intelectual* (*tribunal de competência territorial alargada*) conhecer de todas as questões relativas a *ações* (*principais*, *incidentais ou cautelares) cuja causa de pedir verse sobre direitos de autor e direitos conexos*, bem como a execução das respetivas decisões (arts. 83º, nº 3, al. a) e 111º, nº 1, al. a) e k), e nº 2, da LOSJ).

32.6. Procedimentos cautelares relativos a ilícitos previstos no Código da Propriedade Industrial

O art. 3º do Dec.-Lei nº 110/2018 de 10 de dezembro, que instituiu o novo Código de Propriedade Industrial (CPI), veio dar nova redação alíneas c) e j) do nº 1 do art. 111º da LOSJ, em ordem a abranger, no âmbito da *competência material do tribunal da propriedade intelectual*, «as *ações de nulidade e de anulação de patentes, certificados complementares de proteção, modelos de utilidade e topografias de produtos semicondutores previstas no CPI* e demais legislação aplicável, bem como os *pedidos de declaração de nulidade ou de anulação de registos de desenhos ou modelos, marcas, logótipos, recompensas, denominações de origem e indicações geográficas deduzidos em reconvenção* (al. c)), bem como as «*ações em que a causa de pedir verse sobre a prática de atos de concorrência desleal ou de infração de segredos comerciais em matéria de propriedade industrial*» (*sic*).

O *tribunal competente*, nesta sede é, pois, o tribunal de *propriedade intelectual* (como *tribunal de competência territorial alargada*), *ex-vi* dos arts. 83º, nº 3, al. a) e 111, nº 1, alíneas b) e c) e j) e k), e nº 2, da LOSJ. Competência que abrange «os respetivos *incidentes* e *apensos*, bem como a execução das (respetivas) decisões», nessa abrangência se incluindo, pois, os *procedimentos cautelares* conexos, nos termos do nº 2 do mesmo art. 111º

No que tange especificamente à matéria dos *procedimentos cautelares*, estatui o nº 1 do art. 345º do CPI, de modo genérico, que «*sempre que haja violação ou fundado receio de que outrem cause lesão grave e dificilmente reparável do direito de propriedade industrial ou de segredo comercial*, pode o tribunal, a pedido do interessado, decretar as providências adequadas a: *inibir qualquer violação iminente* (al. a)) ou a «*proibir a continuação da violação*» (al. b)). Providências essas que «podem também ser decretadas *contra qualquer intermediário* cujos serviços estejam a ser utilizados por terceiros para violar direitos de propriedade industrial ou segredos comerciais» (art. 345º, nº 3).

No que se refere à *prova*, «o *tribunal exige que o requerente forneça os elementos de prova para demonstrar que é titular do direito de propriedade industrial ou do segredo comercial, ou que está autorizado a utilizá-lo, e que se verifica ou está iminente uma violação*» (art. 345º, nº 2). Tanto o art. 338º, como o art. 345º do CPI pressupõem a *existência do requisito* do *periculum in mora* quando em causa a *violação* ou o *fundado receio de lesão grave e dificilmente reparável do direito de propriedade industrial ou de segredo comercial*, tornando-se por isso, despicienda, a prova desse requisito positivo, por banda do requerente.

Na determinação (concreta) das providências (de caráter *antecipatório*) abstratamente previstas no art. 345º do CPI, deve o tribunal atender à *natureza dos direitos de propriedade industrial ou do segredo comercial* em equação, salvaguardando, nomeadamente, a possibilidade de o titular continuar a explorar, sem qualquer restrição, os seus direitos» (nº 7 do mesmo preceito). Providências antecipatórias essas a que é de aplicar o instituto da *inversão do contencioso* previsto no art. 369º, *ex-vi* do nº 4 do art. 376º, ambos do CPC.

O tribunal pode, *ex-officio* ou a pedido expresso do requerente, decretar uma *sanção pecuniária compulsória* com vista a assegurar a execução das decretadas providências (nº 4 do mesmo preceito).

A pedido da parte requerida, as providências decretadas podem ser substituídas por *caução*, sempre que esta, ouvido o requerente, se mostre adequada a assegurar a indemnização do titular (*caução substitutiva*) (nº 6).

Também e de harmonia com o disposto no art. 338º do CPI, «sempre que haja *violação ou fundado receio de que outrem cause lesão grave e dificilmente reparável do direito de propriedade industrial ou de segredo comercial*, pode o interessado requerer *medidas provisórias urgentes* e *eficazes* que se destinem a *preservar provas da alegada violação*» (nº 1). Tais *medidas* (*conservatórias*) «podem incluir a descrição pormenorizada, com ou sem recolha de amostras, ou a apreensão efetiva dos bens que se suspeite violarem direitos de propriedade industrial ou segredos comerciais e, sempre que adequado, dos materiais e instrumentos utilizados na produção ou distribuição desses bens, assim como dos documentos a eles referentes» (nº 2).

Detêm *legitimidade* para requerer as *medidas e os procedimentos cautelares* supra-referidos «todas as pessoas com *interesse direto* no seu decretamento, nomeadamente os *titulares dos direitos de propriedade industrial e de segredos comerciais* e, também, salvo estipulação em contrário, os *titulares de licenças*, nos termos previstos nos respetivos contratos» (art. 338º cit.).

Quanto à *tramitação e ao contraditório*, prescreve o art. 341º do CPI que «sempre que um eventual atraso na aplicação das medidas possa causar danos irreparáveis ao requerente, ou *sempre que exista um risco sério de destruição ou ocultação da prova, as medidas previstas no artigo anterior podem ser aplicadas sem audiência prévia da parte requerida*» (nº 1). Se as *medidas de preservação da prova* forem aplicadas *sem audiência prévia* da parte requerida, esta é imediatamente notificada (nº 2), podendo a parte requerida, na sequência dessa notificação, pedir, no prazo de 10 dias, a *revisão* das medidas aplicadas, produzindo prova e alegando factos não tidos (ainda) em conta pelo tribunal (nº 3), podendo o tribunal, na sequência dessa *audiência póstuma*, «determinar a *alteração*, a *revogação* ou a *confirmação* das medidas aplicadas» (art. 341º do CPI).

No que tange às *causas de extinção e caducidade*, «às *medidas de obtenção e de preservação da prova* são aplicáveis as *causas de extinção e de caducidade* previstas no art. 373º do CPC, «*salvo quando elas se configurem como medidas preliminares de interposição de providências cautelares*» (*sic*) nos termos do art. 345º (nº 1). Para além dessas causas de extinção, «quando esteja em causa a alegada *violação de segredo comercial*, as medidas deixam de produzir efeitos, mediante pedido da parte requerida, se deixarem de preencher os requisitos previstos no art. 313º por motivos não imputáveis àquela parte» (art. 342º do CPI).

No que toca à *responsabilidade do requerente*, «a aplicação das medidas de preservação de prova pode ficar dependente da *constituição, pelo requerente, de uma caução ou outra garantia* destinada a assegurar a indemnização prevista no nº 3 (*caução condicional*) (art. 343º, nº 1). «Na *fixação do valor da caução* deve ser tida em consideração, entre outros fatores relevantes, a capacidade económica do requerente (art. 343º, nº 2).

«Sempre que a *medida de preservação da prova* aplicada for considerada *injustificada* ou deixe de produzir efeitos por facto imputável ao requerente, bem como nos casos em que a mesma tenha sido *requerida de modo abusivo ou de má-fé*, se verifique não ter havido violação ou ser infundado o receio de que outrem *cause lesão grave e dificilmente reparável de um direito de propriedade industrial ou de segredo comercial*, pode o tribunal ordenar ao requerente, a pedido da parte requerida ou de um terceiro lesado, o *pagamento de uma indemnização adequada a reparar qualquer dano causado pela aplicação das medidas*» (art. 343º, nº 3, do CPI).

Ainda nesta sede, e quanto à *admissibilidade do procedimento cautelar de arresto*, prevê o nº 1 do art. 346º do CPI que, «em caso de *infracção à escala comercial, actual ou iminente, e sempre que o interessado prove a existência de circunstâncias susceptíveis de comprometer a cobrança da indemnização por perdas e danos*, pode o tribunal ordenar a *apreensão preventiva dos bens móveis e imóveis do alegado infractor, incluindo os saldos das suas contas bancárias*, podendo o juiz ordenar a comunicação ou o acesso aos dados e informações bancárias, financeiras ou comerciais respeitantes ao infractor». De igual modo, e «sempre que *haja violação de direitos de propriedade industrial ou de segredos comerciais,* pode o tribunal, a pedido do interessado, ordenar a *apreensão dos bens que se suspeite violarem esses direitos ou segredos, incluindo os bens importados,* a fim de prevenir a sua entrada ou circulação no mercado, ou dos instrumentos que apenas possam servir para a prática do ilícito» (nº 2).

Em ordem à execução dessas medidas coercitivas, *pode o tribunal exigir que o requerente forneça todos os elementos de prova razoavelmente disponíveis para demonstrar que é titular do direito de propriedade industrial ou do segredo comercial, ou que está autorizado a utilizá-lo, e que se verifica ou está iminente uma violação* (nº 3).

32.7. Medidas cautelares para preservação de meios de prova de infração ao direito da concorrência

A Lei nº 23/2018, de 5 de junho, veio estabelecer regras relativas a *pedidos de indemnização por infração ao direito da concorrência.*

Para além de *medidas de acesso a meios de prova* por ordem do tribunal (a pedido de qualquer das partes na ação de indemnização), cujos requisitos e tramitação os arts. 12º a 16º dessa Lei regulam, prevê o art. 17º do mesmo diploma que *«sempre que haja indícios de infração ao direito da concorrência suscetíveis de causar danos, pode o alegado lesado requerer ao tribunal medidas provisórias urgentes e eficazes que se destinem a preservar meios de prova da alegada infração,* com as limitações estabelecidas no mesmo capítulo» (nº 1).

Medidas (provisórias e urgentes essas) que não podem deixar de inserir-se no âmbito mais lato das *intimações* e *proibições,* de *caráter conservatório,* às quais são por isso de aplicar subsidiariamente as normas reguladoras do *procedimento cautelar comum.*

O *tribunal competente* para conhecer das *ações cíveis* (e por consequência, dos *procedimentos cautelares conexos*) *cuja causa de pedir se fundamente exclusivamente em infrações ao direito da concorrência* é o *tribunal da concorrência, regulação* e *supervisão*), por força do disposto no art. 112º, nºs 3 e 4, da LOSJ). Tribunal este de *competência territorial alargada,* instalado pela Portaria nº 84/2012, de 29 de março, com sede em Santarém.

Secção V
Procedimentos e processos cautelares em outros foros processuais

33. Procedimentos cautelares no foro laboral

Integrando o elenco dos direitos, liberdades e garantias dos trabalhadores – capítulo III –, o art. 53º da CRP garante aos trabalhadores a *segurança no emprego*, proibindo simultaneamente os despedimentos sem justa causa, enquanto que o nº 1 do art. 58º da mesma CRP assegura a todos *o direito ao trabalho*. E daí a instituição, pela lei ordinária, de meios expeditos suscetíveis de prevenir ou atenuar os efeitos danosos de eventuais atuações ilícitas por banda das entidades empregadoras. No fundo, o receio de lesão grave e de difícil reparação dos direitos laborais, que pode manifestar-se, quer antes da propositura, quer na pendência de uma ação já proposta.

O Código do Processo do Trabalho (CPT) consagra, nesta sede, o *princípio da subsidiariedade* consagrado (art. 1º, nº 2, alíneas a) e b)). Assim, aos procedimentos cautelares deste foro aplica-se o regime estabelecido no CPC para o *procedimento cautelar comum*», incluindo no que respeita à inversão do contencioso prevista nesse diploma, «com as especialidades das alíneas a), b) e c) desse mesmo número e as demais previstas nos respetivos nºs 2 e 3» (cfr. o nº 1 do respetivo art. 32º). E logo acrescenta, no seu art. 33º, que «o disposto no artigo anterior é aplicável aos procedimentos cautelares previstos» na Secção II do capítulo IV do mesmo diploma (nº 1).

No que respeita ao regime de *inversão do contencioso*, este «é aplicável, com as necessárias adaptações, e com as especialidades previstas no CPT, às providências cautelares reguladas na Secção III» (art. 33º, nº 1), «*não sendo aplicável à providência cautelar de suspensão de despedimento* quando for requerida a impugnação da regularidade e licitude do despedimento, nos termos do nº 4 do art. 34º e do art. 98º-C» (art. 33º, nº 2).

Para, finalmente, no art. 47º, esclarecer que «*os procedimentos cautelares especificados regulados no CPC, que forem aplicáveis ao foro laboral, seguem o regime estabelecido no CPC*». São, assim, admissíveis no *foro laboral*, a par dos *procedi-*

mentos cautelares especificados previstos nos arts. 34º e ss. do CPT, também o *procedimento cautelar comum* regulado nos arts. 362º a 376º do CPC[812].

No que tange aos *procedimentos cautelares especificados*: – por um lado, existem procedimentos regulados no CPC não aplicáveis no foro laboral; é manifestamente o caso da *restituição provisória de posse* (arts. 377º a 379º do CPC e 1279º e 1282º do CC), da *suspensão de deliberações sociais* (arts. 380º a 383º do CPC), do *embargo de obra nova* (arts. 397º a 402º do CPC) e dos *alimentos provisórios* (arts. 384º a 387º do CPC e 2003º e 2005º a 2007º do CC); – por outro, nada obstará à dedução no foro laboral dos procedimentos cautelares de *arresto* (arts. 406º a 411º), *arrolamento* (arts. 421º a 427º) e *arbitramento de reparação provisória* (arts. 388º a 390º), todos esses preceitos do CPC, cujas decretadas providências serão executadas em termos em tudo idênticos aos das suas congéneres do foro comum.

33.1. Providências cautelares laborais não especificadas

33.1.1. Enunciação exemplificativa. Processamento

As providências cautelares (*não especificadas*) a serem decretadas na sequência do procedimento cautelar laboral (comum) abrangem uma ampla panóplia de situações que contendem com os direitos do prestador de trabalho[813], tais como: – *direitos de personalidade*[814]; – *transferência ilegítima* do local de trabalho, com repercussão direta no estado de saúde do trabalhador ou na maior penosidade na prestação de assistência a familiares incapazes ou doentes; – *alteração substancial* do âmbito e das condições da sua prestação; – *aplicação da sanção disciplinar* de suspensão exorbitante do quadro sancionatório típico, acompanhada da suspensão do pagamento de salários; – *incumprimento voluntário da obrigação de pagamento do salário ou de outras*

[812] Cfr., neste sentido, Carlos Alegre, Código de Processo *do Trabalho Anotado e Actualizado*, Almedina, 2003, pp. 126 e ss..

[813] Não é hoje de acolher o entendimento de que é possível no procedimento cautelar de suspensão de despedimento individual não precedido de processo disciplinar, ou no de despedimento coletivo, decidir, ainda que com caráter provisório, questões como a natureza da relação contratual ou a causa da sua cessação, quando os trabalhadores entendem não ser real a invocada pela entidade patronal – cfr. o AC UNIF JURISP do STJ, de 1-10-2003 – 4ª Sec., DR, 1ª Série, de 12-11-2003 – tendo este aresto entendido ainda que «o trabalhador despedido (individual ou coletivamente) "pode socorrer-se do procedimento cautelar de suspensão de despedimento desde que esta seja invocada pela entidade patronal para cessação da relação laboral ou, na sua não indicação, se configure a verosimilhança de um despedimento"», *in* www.dgsi.pt./Cons. Azambuja Fonseca.

[814] Cfr. R. Capelo de Sousa, *O Direito Geral de Personalidade*, p. 100.

prestações remuneratórias que coloque o prestador perante graves dificuldades de subsistência ou ponha em causa a função alimentar da retribuição; – *grave violação das normas sobre os períodos de descanso diário ou semanal*; – *grave violação das normas sobre proteção da maternidade ou da paternidade*; – *desrespeito pelas regras sobre qualificação profissional do trabalhador*, com resultados vexatórios ou esvaziamento das tarefas adstritas ao trabalhador de permanência no local de trabalho[815].

Apresentado o requerimento – e não havendo lugar a *rejeição liminar* ou a *despacho de aperfeiçoamento* –, é, desde logo, designado dia para a audiência final. Pode o juiz *dispensar a audiência prévia* e determinar a *imediata produção da prova* (se tal se revelar conveniente para o êxito da providência a decretar); caso contrário, deverá o requerido ser *citado* para deduzir oposição e comparecer pessoalmente na audiência. Também, nesta sede, será de observar o princípio da *ponderação relativa dos interesses em jogo*, devendo o juiz pautar-se, na análise dos pressupostos de facto e de direito, por *critérios de mera verosimilhança* (art. 368º, nºs 1 e 2, do CPC).

33.1.2. Execução

Pode a *execução da decretada medida cautelar ficar condicionada à prévia prestação de caução* por banda do requerente (cfr. o nº 2 do art. 374º). Prevenindo a hipótese de não acatamento da providência por banda da entidade empregadora requerida, pode o trabalhador deduzir, logo no requerimento inicial, o pedido de condenação dessa entidade no pagamento de uma *sanção pecuniária compulsória* ao abrigo do disposto nos arts. 365º, nº 2, do CPC e 829º-A do CC. Pode ainda o empregador vir a ser punido no âmbito de *processo contraordenacional* a instaurar mediante denúncia das infrações cometidas junto das autoridades competentes, tais como a ACT e a ASAE, sendo ainda passível de aplicação de uma pena de prisão por crime de *desobediência qualificada*, nos termos do art. 375º.

[815] Caraterizando-se o *assédio moral* «pela ocorrência de comportamentos hostis, humilhantes ou vexatórios, pela reiteração de tais comportamentos e pelas consequências deles potencialmente resultantes para saúde física e mental da vítima e/ou sobre a sua relação laboral, o eventual decretamento de medidas (preventivas) de proteção da vítima em sede cautelar, não deve ser de ordem meramente genérica e abstrata, por ex., consistir em simples intimações ou advertências, sem qualquer concretização dos atos que o requerido deverá deixar de praticar e deixando as partes na incerteza sobre qual o exato alcance do julgado – cfr., neste sentido, o acórdão da RE de 12-6-2019, Proc. 3772/18.2T8FAR.E1, *in* www.dgsi.pt/Des. Mário Branco Coelho.

Tal como no processo civil comum, a providência *caducará*, com a consequente inexigibilidade do seu acatamento, caso a ação principal não seja tempestivamente instaurada, respondendo o trabalhador pelos *danos* que causar (arts. 373º, nº 1, al. a) e 374º, nº 1, do CPC). Se verificados os requisitos do nº 3 do art. 368º, pode (em abstrato) ser requerida a *substituição da decretada providência por caução*[816].

No âmbito da *execução da decisão* que decrete providência cautelar comum, observar-se-á, consoante os casos, o disposto nos arts. 89º (notificação oficiosa do credor para a nomeação de bens do devedor à penhora) ou 97º (execução baseada em título diverso do da sentença), ambos do CPT.

33.2. Providências cautelares especificadas do foro laboral

33.2.1. Enunciação. Processamento

Conforme resulta do art. 386º do CT aprovado pela Lei nº 7/2009, de 12 de fevereiro (CT), cuja última alteração introduzida pela Lei nº 14/2018, de 19 de março, o trabalhador, seja qual for o motivo que determinou o despedimento (*despedimento por facto imputável ao trabalhador, despedimento coletivo, despedimento por extinção de posto de trabalho, despedimento por inadaptação*), pode requerer a *suspensão preventiva do despedimento*, no prazo de 5 dias úteis, contados da receção da comunicação do despedimento, mediante procedimento cautelar regulado no CPT. Mas, enquanto no domínio do Dec.-Lei nº 64-A/89, de 27 de fevereiro (LCCT), havia um preceito legal específico para cada um destes quatro tipos de despedimentos (o art. 14º, nºs 1 e 2, para o *despedimento por facto imputável ao trabalhador*, o art. 25º, nºs 1 e 3, para o *despedimento por extinção de posto de trabalho*, o art. 33º para o *despedimento coletivo* e o art. 9º do Dec.-Lei nº 400/91, de 16 de outubro, para o *despedimento por inadaptação*), o CT veio unificar, naquele art. 386º, as diferentes previsões de procedimento cautelar de suspensão do despedimento, devendo atender-se, conforme os casos, aos regimes processuais constantes dos arts. 32º e 33º, 34º a 40º-A CPT.

Com as alterações introduzidas ao CPT pelo citado Dec.-Lei nº 295/2009, de 13 de outubro, o capítulo IV, relativo aos procedimentos cautelares, foi objeto de significativas alterações de fundo e de forma, *maxime* na Secção II referente aos *procedimentos especificados*. Consagrou-se *expressis verbis*, nos respetivos arts. 34º a 40º-A, a fusão dos procedimentos especificados de suspensão de despedimento (*despedimento-sanção, despedimento por inadaptação, despedimento por extinção do posto de trabalho* e *despedimento coletivo*) num único procedimento nominado – a *suspensão de despedi-*

[816] Solicitação, todavia, que só em contados casos merecerá acolhimento, face à natureza (normalmente) imaterial dos interesses em jogo.

mento. Procedimento este que comporta sempre *oposição* e no qual é *admitido qualquer meio de prova*, ao contrário do que sucedia anteriormente com a suspensão de *despedimento-sanção* precedido de processo disciplinar, o qual não admitia oposição nem qualquer meio de prova. A única prova que as partes podiam apresentar era a documental, ou seja, o processo disciplinar. Simplificou-se, pois, a tramitação processual, sem prejuízo das garantias das partes.

São as seguintes as *medidas cautelares especificadas prevista na lei laboral*: a)- *suspensão do despedimento* (arts. 351º a 358º e 386º do CT 34º a 40º-A do CPT e); b)- *suspensão de eficácia das deliberações e de outros atos de órgãos de instituições de previdência, associações sindicais, associações de empregadores ou comissões de trabalhadores – incluindo as de aprovação de estatutos e atos eleitorais* (art. 168º do CPT); c)- *fixação de pensão ou de indemnização provisória* (arts. 121º a 124º e ss. do CPT)[817-818]; d)- *proteção da segurança, higiene e saúde no trabalho* (arts. 284º do CT e 44º a 46º, do CPT).

33.2.2. Suspensão do despedimento

§1º Decretamento

A *suspensão de despedimento* é decretada a requerimento do trabalhador despedido no *prazo de 5 dias úteis* a contar do recebimento da comunicação da cessação do contrato de trabalho por parte da entidade empregadora (art. 386º do CT). «A impugnação judicial da regularidade e licitude do depoimento deve ser requerida no requerimento inicial caso não tenha ainda sido apresentado o formulário referido no art. 98º-C» do CPT, «sob pena de extinção do procedimento cautelar» (art. 34º, nº 4, do CPT).

O *requerimento*, contendo os fundamentos geradores da ilegalidade do ato de despedimento, culmina com a formulação do pedido da respetiva *suspensão da sua eficácia*, com as consequentes reintegração do trabalhador no posto de trabalho e subsistência do vínculo laboral interrompido. Nada impede, tendo em vista a efetiva coercibilidade da decisão favorável ao requerente, a formulação de um pedido acessório de aplicação de *sanção pecuniária compulsória*, nos termos do arts. 384º, nº 2, do CPC e 829º-A do CC[819].

817 Meio algo similar ao do procedimento cautelar de *arbitramento de reparação provisória* previsto e regulado nos arts. 403º e ss..

818 No âmbito do *processo para efetivação de direitos decorrentes de acidente de trabalho* (art. 121º e ss. do CPT).

819 Cfr. Abrantes Geraldes, *Temas*, vol. III, cit., pp. 172 e ss..

«Apresentado (e recebido) o requerimento inicial, o juiz ordena a citação do requerido, para se opor, querendo, e designa, no mesmo ato, data para a audiência final, que deve realizar-se no prazo de 15 dias» (art. 34º, nº 1, do CPT). «Se for invocado *despedimento precedido de processo disciplinar*, o juiz (no despacho em que ordene a citação do requerido para se opor e designar dia para a audiência final) ordena (também) a sua notificação para, no prazo da oposição, *juntar o procedimento*, o qual será depois *apensado* aos autos (art. 34º, nº 2, do CPT). A oposição é apresentada no início da audiência (art. 32º, nº 1, al. a)).

Tratando-se de *despedimento coletivo por extinção do posto de trabalho ou por inadaptação*, o juiz notifica o requerido para, no prazo da oposição, juntar aos autos os *documentos comprovativos do cumprimento das formalidades exigidas* (art. 34º, nº 3, do CPT).

Se o requerido não cumprir (*injustificadamente*), seja a notificação para a junção do procedimento disciplinar (do despedimento individual), seja a notificação para a junção dos documentos comprovativos do cumprimento das formalidades legais (no despedimento coletivo), a providência é decretada (art. 38º, nº 1, do CPT); *se o não acatamento* dessas notificações *houver sido justificado* até ao termo do prazo da oposição, o juiz decide com base nos elementos constantes dos autos e na prova que oficiosamente determinar» (artº 38º, nº 2, do CPT).

Na oposição que deduzir, poderá a entidade patronal invocar, para além, da violação dos deveres laborais justificativos do despedimento, também, e *v. g.*, o abandono do local de trabalho por parte do requerente ou, quiçá mesmo, a inexistência de qualquer vínculo jurídico-laboral. As partes podem *apresentar qualquer meio de prova*, sendo limitado a três o número de testemunhas por cada uma delas (art. 35º, nº 1, do CPT). Pode contudo o tribunal, *ex-officio* ou a requerimento fundamentado das partes, determinar a produção de quaisquer meios de prova que considere indispensáveis à decisão (art. 35º, nº 2, do CPT).

As partes são advertidas para *comparecerem pessoalmente* na audiência final ou, no caso de justificada impossibilidade, se fazerem representar por mandatário com poderes especiais para confessar, desistir ou transigir[820] (arts. 33º, nº 2 e 36º, nºs 1 e 2, do CPT). A *falta de comparência injustificada do reque-*

[820] No acórdão da RL, de 24-3-93, CJ, tomo II, p. 159/Des. Diniz Roldão, julgou-se insuficiente a representação de uma sociedade pelo seu advogado munido de documento. Já no

rente, ou de ambas as partes, determina o *indeferimento imediato* da providência (art. 37º, nº 1, do CPT). Mas, se a *falta injustificada* (no próprio ato) *for do requerido ou se este se não fizer representar por mandatário com poderes especiais*, a providência é julgada *procedente*, salvo se tiver havido cumprimento do disposto nos nºs 2 e 3 do art. 34º do CPT, caso em que o juiz decide com base nos *elementos constantes dos autos* e na *prova que oficiosamente determinar* (art. 37º, nº 2, do CPT).

Na audiência, o juiz tenta a *conciliação* e, se esta não resultar, ouve as partes e ordena a produção de prova a que houver lugar, proferindo, de seguida, a decisão» (art. 36º, nº 2); «se a complexidade da causa o justificar, a decisão pode ser proferida no prazo de 8 dias, se não tiverem decorrido mais de 30 dias a contar da data da entrada do requerimento inicial» (art. 36º, nº 3). Se no decurso da tentativa de conciliação, tiver ocorrido desistência, confissão ou transação, certificando-se o juiz da capacidade das partes e da legalidade do resultado da conciliação, *não se mostra necessária a homologação* para que o resultado seja vinculativo para ambas as partes (cfr. o nº 2 do art. 52º do CPT).

O juiz decretará a suspensão quando – após ponderação de todas as circunstâncias relevantes – concluir pela possibilidade séria de ilicitude do despedimento, designadamente: a)- pela *provável inexistência de processo disciplinar* ou pela sua provável invalidade; b)- pela *provável inexistência de justa causa de despedimento* (arts. 38º, nº 1 e 39º, nº 1, do CPT); c)- nos casos de *despedimento coletivo*, de *despedimento por extinção do posto de trabalho* ou de *despedimento por inadaptação*, pela provável verificação de qualquer dos fundamentos de ilicitude previstos no art. 381º do CT, ou ainda pela provável inobservância de qualquer formalidade prevista nas normas referidas, respetivamente, no art. 383º, no art. 384º ou no art. 385º do CT.

A *decisão é sucintamente fundamentada*, regendo-se a sua gravação e transcrição para a ata pelo disposto no art. 155º do CPC (art. 32º, nº 1, al. c), do CPT); e pode ser proferida «no prazo de 8 dias se a complexidade do processo tal justificar, desde que não hajam decorrido mais de 30 dias a contar da data da entrada do requerimento inicial» (art. 36º, nº 3, do CPT).

O decretamento da suspensão do despedimento assentará – face à prova produzida – em critérios de *séria probabilidade* de que o fundamento invo-

acórdão da RE, de 3-4-2001, CJ, Tomo II, p. 275/Des. Baptista Coelho se admitiu a representação de uma pessoa coletiva por pessoa estranha à administração.

cado pela entidade patronal para o despedimento não reveste os requisitos impostos pela lei laboral[821]. Sendo *desfavorável* ao requerente a decisão, a suspensão apenas deixará de ser decretada "se o tribunal concluir pela *existência séria de verificação da justa causa invocada* nos termos do art. 456º, nº 3, do CT e do art. 282º da Lei nº 35/04, de 29 de julho". Já se se tratar de *despedimento de trabalhadora grávida, puérpere ou lactante*, a suspensão apenas não será decretada se, para além desse requisito, o despedimento obtiver parecer favorável da entidade referida no art. 51º, nº 1, do CT (nº 6).

Da decisão final do procedimento cabe sempre recurso para a Relação (independentemente do valor da causa) – art. 40º, nº 1, do CPT.

«A *decisão que decretar a inversão do contencioso* só é recorrível em conjunto com o recurso da decisão sobre a providência requerida; a *decisão que indeferir a inversão do contencioso é irrecorrível*» (art. 40º, nº 2, do CPT). O recurso previsto nos nºs 1 e 2 do art. 40º «tem efeito meramente devolutivo», só produzindo «*efeito suspensivo a decisão que decretar a, providência*», se, «no ato de interposição, *o recorrente depositar no tribunal a quantia correspondente a 6 meses de retribuição do recorrido, acrescida das contribuições para a segurança social*» (art. 40º, nº 3).

«Enquanto *subsistir a situação de desemprego, pode o trabalhador requerer ao tribunal, por força do depósito, o pagamento da retribuição a que normalmente teria direto*» (art. 40º, nº 4).

Salvo se tiver sido decretada a inversão do contencioso, o procedimento cautelar de suspensão de despedimento extingue-se, e, quando decretada, a providência caduca nos termos do art. 40º-A, do CPT: «– *se o trabalhador não propuser ação de impugnação do despedimento individual ou coletivo da qual o procedimento depende dentro de 30 dias*, contados da data em que lhe tiver sido notificado o trânsito em julgado da decisão que o houver ordenado (nº 1, al. a)), salvo quando houver sido «requerida a impugnação da regularidade e licitude do despedimento, nos termos do nº 4 do art. 34º e do art. 98º-C (nº 2); – *nos demais casos previstos no CPC* que não sejam incompatíveis com a natureza do processo de trabalho» (nº 1, al. b)).

[821] Cfr., *v.g.*, o acórdão da RE de 23-5-00, CJ, Tomo III, p. 288/Des. Gonçalves da Rocha. Tratando-se de trabalhador que seja representante sindical, membro da comissão de trabalhadores ou representante dos trabalhadores para a segurança, higiene e saúde no trabalho, a suspensão apenas deixará de ser decretada "se o tribunal concluir pela existência de probabilidade séria de verificação da justa causa invocada nos termos do art. 456º, nº 3, do CT e do art. 282º da Lei nº 35/04, de 29 de julho".

§2º Execução

Se o procedimento for *julgada procedente*, implicará a reconstituição provisória do vínculo jurídico-laboral, com as inerentes regalias, designadamente em termos remuneratórios[822].

Quer a *suspensão do despedimento individual*, quer a *suspensão do despedimento coletivo*, visam, primordialmente, a *manutenção do vínculo laboral* nas situações a que se reportam os arts. 351º e 359º do CT. Não obstante, a decisão que decrete a suspensão do despedimento (individual ou coletivo) surte força executiva no que concerne às retribuições *em dívida*[823]. Assim, até ao último dia do mês subsequente, deve a entidade patronal comprovar nos autos o pagamento dos *salários em dívida* (*vencidos e vincendos*), sob pena de procedimento executivo nos termos dos arts. 39º, nº 2 e 89º e ss. do CPT, em ordem a produzir eficácia até à prolação da decisão final na ação principal[824]; caso o não faça, procederá *a secretaria, independentemente de despacho*, à notificação do trabalhador para *nomear à penhora* bens dessa entidade necessários ao pagamento do montante salarial em dívida, iniciando-se a

[822] «No procedimento cautelar de *suspensão de despedimento*, o tribunal não tem que se pronunciar sobre se existe ou não *justa causa* (matéria a dirimir na ação principal). O juiz só tem que verificar se os factos imputados ao trabalhador na decisão final do processo disciplinar, sob um prisma objetivo, são ou não suscetíveis de integrar justa causa de despedimento. Face ao seu caráter excecional, a suspensão de despedimento só é atendível quando a inadequação do despedimento à falta ou faltas verificadas seja evidente e possa logo concluir-se pela probabilidade séria de inexistência de justa causa. Nos termos do art. 351º, nº 2, al. g), do CT, constitui, nomeadamente, *justa causa de despedimento* a incursão em faltas não justificadas ao trabalho que determinem diretamente prejuízos ou riscos graves para a empresa ou cujo número atinja, em cada ano civil, cinco seguidas ou dez interpoladas, independentemente de prejuízo ou risco» – cfr. o acórdão da RL de 18-11-2015, Proc. 8762/15.4T8SNT. L1-4, *in* www.dgsi.pt/Des. Ferreira Marques.

[823] «O art. 386º do CT/2009 fixa o prazo de 5 dias úteis (comunicação do despedimento) o *dies a quo* para e se requerer dentro dele a medida cautelar de *suspensão de despedimento*. Inexiste norma legal que excecione ou restrinja, o julgador quanto à sua decisão nas situações em que não ocorreu ainda a cessação do contrato de trabalho à data da sua prolação, a qual, quando é afirmativa ou positiva, o é de pleno direito e em toda a extensão dos efeitos jurídicos que a lei lhe assaca. Da decisão afirmativa resulta a obrigação do pagamento da remuneração a partir da data em que cessa (segundo a comunicação da entidade empregadora) o vínculo laboral dos autos e a data até à qual deverão ser pagos os créditos laborais e a compensação, nos termos dos arts. 372º e 366º do CT/2009, assim como a reintegração provisória do trabalhador na empresa» – cfr o acórdão da RL de 18-5-2016, Proc. 898/16.0T8LSB-A. L1-4, *in* www.dgsi.pt/Des. José Eduardo Sapateiro.

[824] Cfr. o acórdão do STJ de 22-6-2005, CJSTJ, Tomo II, p. 266/Cons. Mário Pereira.

execução precisamente com essa nomeação, sendo a execução (com trato sucessivo) renovada para pagamento dos salários entretanto vencidos e não satisfeitos (art. 89º do CPT).

O *prestador* fica, porém, *vinculado a retomar o trabalho no dia imediato* ao do trânsito em julgado da decisão, sob pena de, não o fazendo, incorrer em faltas injustificadas. Por seu turno, *sobre o empregador*, para além da obrigação de pagamento dos *salários vencidos e vincendos* ao trabalhador despedido[825], impende o dever de assegurar que o trabalhador exerça efetiva e normalmente a sua atividade laboral (arts. 389º e ss. do CT). Caso a entidade patronal não proceda a essa reintegração, e porque se trata de uma *obrigação de prestação de facto infungível positivo*, haverá lugar à sua condenação no pagamento de *sanção pecuniária compulsória*, se tal for requerido pelo trabalhador (art. 384º, nº 2). Poderá, contudo, a entidade empregadora – se se tratar de uma *micro-empresa ou de trabalhador que ocupe cargo de administração ou de direção* – opor-se à reintegração, mediante justificação de que o regresso do trabalhador é gravemente prejudicial e perturbador para a prossecução da atividade empresarial (art. 392º, nº 1, do CT).

Da decisão final cabe sempre recurso de apelação para a Relação (independentemento do valor da causa), o qual surte efeito meramente devolutivo, mas ao recurso da decisão de decretar a providência é atribuído efeito suspensivo se o recorrente (entidade patronal) efetuar o *depósito* à ordem do tribunal, na Caixa Geral de Depósitos (no ato de interposição), da quantia correspondente a *seis meses de retribuição salários ou vencimentos*, acrescida das correspondentes *contribuições para a segurança social*, podendo *requerer ao tribunal, por força do depósito, o pagamento da retribuição a que normalmente teria direito* (art. 40º, nºs 1, 2 e 3)[826].

O trabalhador pode *opor-se ao despedimento individual* no prazo de 60 dias, contados da receção da comunicação do despedimento ou da data da cessação do contrato (art. 387º do CT). A *ação de impugnação de despedimento coletivo* deve, por seu

[825] Cfr. Abílio Neto, *Código de Processo de Trabalho Anotado*, 2ª ed., cit. p. 78.

[826] Nos termos do AC UNIF do STJ nº 6/2016, de 18-2-2016, «interposto recurso com efeito suspensivo para o Tribunal da Relação da decisão proferida em providência cautelar que tenha decretado a suspensão do despedimento, não são devidas ao trabalhador retribuições entre a data do despedimento e o trânsito em julgado do acórdão do Tribunal da Relação que confirme a suspensão do despedimento, sem prejuízo do disposto no nº 3 do art. 40º do CPT».

turno, ser intentada no prazo de *seis meses* contados da data da cessação do contrato (art. 388º, nº 2, do CT). Prazos esses que se não se interrompem, nem com o requerimento, nem com o decretamento da providência de reintegração provisória. Mas, uma vez decretada alguma dessas providências cautelares, devem os trabalhadores (provisoriamente reintegrados) retomar a sua situação laboral e, sob pena de *caducidade* daquelas, propor, no prazo de *30 dias*, a *ação principal* nos termos da al. a) do nº 1 do art. 389º.

Sem prejuízo da *capacidade judiciária ativa dos menores de 16 anos* e da sua *representação pelo Ministério Público quando de idade inferior* face à incúria do respetivo representante legal (art. 2º, nºs 1 e 2, do CPT), há a realçar que «as *estruturas de representação coletiva dos trabalhadores*, ainda que destituídas de personalidade jurídica, gozam de *capacidade judiciária ativa e passiva*» (cfr. o art. 2º-A do CPT, introduzido pelo art. 2º do Dec.-Lei nº 295/2009, de 13 de outubro).

O procedimento cautelar *extingue-se* e, quando decretada a providência, *caduca* se o trabalhador não propuser a ação de impugnação do despedimento coletivo (da qual a providência depende) no prazo de 30 dias, contados da data em que lhe tenha sido notificada a decisão que a tenha ordenado (art. 40º-A do CPT, introduzido pelo art. 2º do citado Dec.-Lei nº 295/2009). *Extinção* e *caducidade* essas às quais são aplicáveis, nos demais casos, as regras do CPC não incompatíveis com a natureza do processo do trabalho (cfr. o nº 2 do mesmo preceito).

33.2.3. Procedimento cautelar para proteção da segurança, higiene e saúde no trabalho

A este *procedimento cautelar nominado* a que se reportam os arts. 284º do CT e 44º a 46º do CPT, subjaz o «*perigo sério e iminente*» de «*as instalações, os locais ou os processos de trabalho* se revelarem suscetíveis de pôr em perigo a *segurança, ou a saúde dos trabalhadores, para além do risco inerente à perigosidade do trabalho a prestar*» (art. 44º, nº 1, do CPT).

Isto é, a colocação em crise das garantias dos arts. 127º, nº 1, alíneas f) e g), e 281º a 284º do CT. Tudo sendo certo que é a postergação das regras correspondentes a tais direitos que se encontra na génese da maioria dos acidentes de trabalho e das doenças profissionais. Daí que sobre as entidades empregadoras recaiam os *deveres específicos de informação, consulta e formação* contemplados no art. 282º, do CT, tendo em conta a respetiva evolução técnica com vista a obviar a tais consequências danosas (cfr. o nº 3, do mesmo preceito)[827].

Sempre que manifestado ou evidenciado tal perigo, poderão os trabalhadores (agindo a título individual ou coletivo), bem como os seus representantes, solicitar ao tribunal «a adoção as providências que, em função da gravidade da situação e das demais circunstâncias do caso, se mostrem adequadas a prevenir ou a afastar o perigo em causa» (art. 44º, nº 1, do CPT)[828-829].

Antes de decretar a providência cautelar, pode o juiz solicitar à (entidade com competência inspetiva em matéria laboral), atualmente a Autoridade para as Condições de Trabalho (ACT), a realização de *exame* (técnico) sumário às instalações, locais e processos de trabalho, com vista à deteção dos perigos alegados pelo requerente (art. 45º, nº 1, do CPT)[830]. No respetivo relatório, a ACT deverá, por seu turno (se para tal solicitada) sugerir as medidas adequadas e convenientes à prevenção ou afastamento dos perigos denunciados, o que, após produção da restante prova, será fator relevante para a decisão do procedimento (art. 46º, nº 1, do CPT).

Não sendo a providência espontaneamente acatada, poderá ainda o magistrado decisor solicitar a *colaboração das autoridades policiais e administrativas* com competência específica na matéria (ASAE, ACT e DGS)), a qual pode incluir o encerramento, parcial ou total, das instalações até à realização das obras julgadas necessárias, a retirada ou eliminação dos focos e agentes mecânicos ou industriais poluentes ou perigosos ou a aquisição ou substituição dos equipamentos inadequados à garantia de um ambiente de trabalho respeitador das normas aplicáveis.

[827] A Lei nº 102/2009, de 10 setembro, estabelece o «*regime jurídico da promoção da segurança e saúde no trabalho*».

[828] Providência inspirada pela Diretiva 89/391/CEE, do Conselho, de 12 de junho, relativa à aplicação de medidas destinadas a promover a melhoria da segurança e da saúde dos trabalhadores no teatro da prestação laboral, depois alterada pela Diretiva nº 2007/30/CE, do Conselho, de 20 de junho. Ulteriormente estabeleceu-se, no nº 1 do art. 31º da *Carta dos Direitos Fundamentais da União Europeia*, que "todos os trabalhadores têm direito a condições de trabalho saudáveis, seguras e dignas" (*sic*).

[829] Cfr. Amâncio Ferreira, *Curso*, cit., pp. 492 a 494.

[830] Compete primacialmente à *Autoridade para as Condições de Trabalho* instituída pelo Dec.-Lei nº 326-B/2007, de 28 de setembro (ACT) «promover, controlar e fiscalizar o cumprimento das disposições legais, regulamentares e convencionais respeitantes às relações e condições de trabalho» – (art. 3º, nº 2).

O decretamento deste tipo de providências não prejudica a responsabilidade civil, criminal, contravencional ou contra-ordenacional que ao caso legalmente couber (art. 46º, nº 2, do CPT).

33.2.4. Suspensão de eficácia das deliberações e de outros atos de órgãos de instituições de previdência, associações sindicais, associações de empregadores e comissões de trabalhadores

Através deste meio processual acessório previsto no art. 168º do CPT, pode solicitar-se o decretamento da providência cautelar especificada *de suspensão de eficácia*, cujo pedido deve ser *enxertado na petição inicial* das ações de impugnação de estatutos, deliberações de assembleias-gerais ou atos eleitorais a que se reportam os arts. 164º, 164º-A, e 164º-B, do CPT.

Com efeito, nos termos do artº 164º, «as *deliberações e outros atos de órgãos de instituições de previdência, associações sindicais, associações de empregadores ou comissões de trabalhadores* viciados por *violação da lei*, quer de *fundo* quer *de forma*, ou *violação dos estatutos* podem ser declarados inválidos em ação intentada por quem tenha interesse legítimo, salvo se dos mesmos couber recurso» (nº 1).

Essa *ação* (*principal*) deve ser intentada no prazo de 20 dias, a contar da data em que o interessado teve conhecimento da deliberação, mas antes de passados 5 anos sobre esta; se, porém, a ação tiver por fim a impugnação de *deliberações relativas à eleição dos corpos gerentes*, o prazo é de 15 dias «e conta-se sempre a partir da data da sessão em que tenham sido tomadas essas deliberações» (nº 2). A *petição inicial da ação impugnatória* (anulatória) deve ser acompanhada de documento comprovativo do teor da deliberação ou, não sendo possível, do oferecimento da prova que o requerente possuir a esse respeito.

Também os *estatutos das mesmas* (citadas) *entidades*, podem, nos termos do nº 1 do art. 164º-A do CPT, «ser *impugnados pelo Ministério Público, por iniciativa própria ou a requerimento de qualquer interessado*, devendo «a petição inicial ser acompanhada de cópia dos referidos estatutos» (nº 2).

Por último, nos termos do art. 164º-B, «*os atos eleitorais* para os órgãos das entidades supra-referidas» «*podem ser impugnados com fundamento na sua ilegalidade por quem tenha ficado vencido na respetiva eleição*, no prazo de 10 dias a contar dessa eleição ou do conhecimento da irregularidade, se posterior». No *despacho liminar, o juiz manda citar o réu* e ordena que este apresente os documentos relativos à situação objeto de impugnação que ainda não tenham sido juntos aos autos»; «o réu pode contestar no prazo de 10 dias e, ainda que não conteste, deve enviar ao tribunal os documentos referidos» (art. 161º, nºs 1 e 2). Com os articulados «são requeridas quaisquer diligências de prova» (artº 166º do CPT).

O *recurso da sentença* tem *efeito suspensivo* (art. 167º do CPT).

No seio dessa ação principal (constitutiva/anulatória) «se na petição inicial o autor requerer a *suspensão de eficácia dos atos ou disposições impugnados*, demonstrando que da sua execução pode resultar *dano apreciável*, o juiz pode decretar a suspensão nesse momento ou após a contestação» (art. 168º). O procedimento cautelar (de *natureza incidental da* ação principal) possui, pois, com esta um manifesto nexo de causalidade instrumental, podendo o autor, através dela, *paralisar interinamente os efeitos da deliberação ou ato (aparentemente) eivado de nulidade.*

O *critério de decisão da providência* em apreço possui evidente similitude com o consagrado no art. 380º do CPC para o procedimento cautelar especificado de suspensão de deliberações sociais (art. 380º), ao exigir, para o decretamento da suspensão, que o requerente mostre que «a execução (imediata do ato ou da deliberação) pode causar *dano apreciável*»; e também alguma afinidade com o procedimento cautelar de *suspensão de eficácia de atos e normas administrativas* dos arts. 112º, nº 2, al. a), 120º, 128º e 129º do CPTA, no que tange ao critério da *ponderação relativa dos interesses em jogo*, este também consagrado no nº 2 do art. 368º do CPC[831].

O *conceito indeterminado* de *dano apreciável* conclama uma integração com apelo ao prudente arbítrio do julgador. É de entender, porém, como exigível, o requisito do *fumus boni juris* no que concerne à existência de *fortes indícios de ilegalidade do ato ou deliberação suspendenda*. Daí que a providência assuma um caráter híbrido, de natureza simultaneamente *conservatória* (*do statu quo*) e *antecipatória*, face à ao pressuposição de que muito provavelmente o arguido vício invalidante do ato irá ser coonestado.

«Nos casos em que de ato de qualquer outro órgão gerente ou diretivo de instituição de previdência ou associação sindical não possa ser interposto recurso para outro órgão, a declaração de invalidade é pedida através de processo regulado nos arts. 164º a 168º» (art. 169º do CPT).

Nos *processos do contencioso das instituições de previdência, abono de família e associações sindicais, associações de empregadores* e *comissões de trabalhadores*, «sem

[831] Cfr. supra, nºs 28.3.2. e 31.2, §6º.

prejuízo do disposto no art. 629º do CPC e independentemente do valor da causa ou da sucumbência, é *sempre admissível recurso para a Relação*» (art. 79º, nº 1, al. c), do CPT).

33.2.5. Fixação de pensão ou de indemnização provisória no processo especial para efetivação de direitos resultantes de acidente de trabalho e de doenças profissionais

O *regime jurídico dos acidentes de trabalho e de doenças profissionais* encontra-se hoje regulado pela Lei nº 98/2009, de 4 de setembro, diploma este que veio regulamentar o *regime de reparação de acidentes de trabalho e de doenças profissionais*, incluindo a *reabilitação* e *reintegração profissionais*, nos termos do art. 284º do CT, aprovado pela Lei nº 7/2009, de 12 de fevereiro.

Este *procedimento cautelar* (de *caráter antecipatório*) de atribuição de *pensões ou indemnizações provisórias* tem lugar *no seio da fase contenciosa*, encontrando-se especificamente regulado nos termos dos arts. 121º a 125º do CPT[832].

O *processo especial* (*principal*) para *efetivação de direitos resultantes de acidentes de trabalho e doenças profissionais* é regulado nos arts. 99º a 120º do CPT e inicia-se por uma *fase conciliatória dirigida pelo Ministério Público* (art. 99º, nº 1, do CPT), à qual se segue a *fase contenciosa* (*dirigida pelo juiz*), a qual *corre nos* (*mesmos*) *autos em que se processou a fase conciliatória* (art. 117º, nº 3, do CPT). O procedimento cautelar em apreço (de *fixação de uma pensão ou indemnização provisória*), segue, contudo, tramitação própria e distinta consoante haja *acordo* ou *falta dele* entre as partes. Assim:

a)- para a hipótese de *existência de acordo*, rege o art. 121º do CPT:

«*Se houver acordo acerca da existência e caraterização do acidente como acidente de trabalho, o juiz* (se o autor o requerer ou se assim resultar diretamente da lei aplicável) *fixa provisoriamente a pensão ou indemnização que for devida pela morte ou pela incapacidade atribuída pelo exame médico*, com base na última

832 Se o sinistrado, em vez do *procedimento cautelar de arbitramento de reparação provisória*, instaurar (erroneamente) *procedimento cautelar não especificado*, se este for admitido pelo tribunal e nele tudo se tiver processado como se, de facto, haja sido instaurado aquele procedimento cautelar especificado e, no final, o tribunal arbitre uma indemnização, como reparação provisória da ITA provocada pelas lesões resultantes do acidente laboral, o erro cometido na forma de procedimento utilizada é irrelevante, devendo manter-se o processado e a providência decretada – cfr., neste sentido, o acórdão da RL de 9-6-2010, Proc. 18434/09.3T2SNT-A.L1-4, *in* www.dgsi.pt/Des. Ferreira Marques.

remuneração auferida pelo sinistrado, se outra não tiver sido reconhecida na tentativa de conciliação» (nº 1); «se o *grau de incapacidade fixado tiver caráter provisório ou temporário*, o juiz *retifica a pensão ou indemnização logo que seja conhecido o resultado final do exame médico que define a incapacidade* ou lhe reconhece natureza permanente» (nº 2); «se *houver desacordo sobre a transferência da responsabilidade*, a pensão ou indemnização fica *a cargo do segurador* cuja apólice abranja a data do acidente; se não tiver sido junta a apólice, a pensão ou indemnização é *paga pela entidade empregadora*, salvo se esta ainda não estiver determinada ou se encontrar em qualquer das situações previstas no nº 1 do art. 82º da Lei nº 98/2009, de 4 de setembro (CT), caso em que se aplica o disposto nos nºs 2 e 3 do art. 122º» (nº 3); «se não for possível determinar a última remuneração do sinistrado, *o juiz toma por base uma remuneração que não ultrapasse o mínimo que presumivelmente deva ser reconhecido como base para o cálculo da pensão ou indemnização*» (nº 4); «*se o sinistrado ainda necessitar de tratamento*, o juiz determina que este seja custeado pela entidade a cargo de quem ficar a pensão ou indemnização provisória» (nº 5);

b)- *para a hipótese de inexistência de acordo*, rege o art. 122º do CPT:

«*Quando houver desacordo sobre a existência ou a caracterização do acidente como acidente de trabalho*, o *juiz* (a requerimento da parte interessada ou se as resultar diretamente da lei aplicável) *fixa*, com base nos elementos fornecidos pelo processo, *pensão ou indemnização provisória* nos termos do art. 121º, *se considerar tais prestações necessárias ao sinistrado, ou aos beneficiários, se do acidente tiver resultado a morte ou uma incapacidade grave ou se se verificar a situação prevista na primeira parte do nº 1 do art. 102º*», isto é se «se o sinistrado ainda não estiver curado quando recebida a participação e estiver sem tratamento adequado ou sem receber a indemnização devida por incapacidade temporária» (nº 1).

«*A pensão ou indemnização provisória e os encargos com o tratamento do sinistrado são adiantados ou garantidos pelo Fundo a que se refere o nº 1 do art. 82º da Lei nº 98/2009, de 4 de setembro se não forem suportados por outra entidade*» nos termos do art. 82º do RJATDP (art. 122º, nº 2, do CPT).

Nos termos do nº 1 do art. 79º do RJATDP «*o empregador é obrigado a transferir a responsabilidade pela reparação prevista* (nessa lei) *para entidades legalmente autorizadas a realizar este seguro*». «Tal obrigação «vale igualmente em relação ao empregador que contrate trabalhadores exclusivamente para prestar trabalho noutras empresas) (nº 2); «verificando-se alguma das situações referidas no art. 18º, a seguradora do responsável satisfaz o pagamento das prestações que seriam devidas caso não houvesse atuação culposa, sem prejuízo do direito de regresso» (nº 3).

«*As prestações devem ser pagas pela entidade responsável; se não puderem ser pagas pela entidade responsável*, nomeadamente por motivo de incapacidade económica, a responsabilidade pelo pagamento «é assumida e suportada pelo *Fundo de Acidentes de Trabalho*, nos termos regulamentados em legislação especial» (art. 82º, nº 1). «*São igualmente da responsabilidade do Fundo as atualizações do valor das pensões devidas por incapacidade permanente igual ou superior a 30 % ou por morte e outras responsabilidades nos termos regulamentados em legislação especial*» (nº 2).

«Pode *o juiz condenar imediatamente na pensão ou indemnização provisória* a entidade que considerar responsável, se os autos fornecerem elementos bastantes para se convencer de que a falta de acordo na tentativa de conciliação teve por fim eximir-se à condenação provisória; se no julgamento se confirmar essa convicção, juiz condena o réu como *litigante de má fé*» (art. 122º, nº 3, do CPT). «Na *sentença final, se for condenatória*, o *juiz transfere para a entidade responsável o pagamento da pensão ou indemnização e demais encargos* e condena-a reembolsar todas as importâncias adiantadas» (art. 122º, nº 4, do CPT).

«Uma vez apurada a entidade responsável, e julgadas as questões suscitadas no processo principal, *se ainda não for possível a condenação definitiva da entidade responsável, o juiz fixa a pensão ou indemnização provisória a pagar por aquela*» (art. 123º, nº 1, do CPT). «Se a pensão ou indemnização provisória já fixada estiver a cargo de outra entidade, o juiz determina que a entidade responsável indemnize aquela que até aí suportou as pensões, indemnizações e demais encargos, com juros de mora» (art. 123º, nº 2, do CPT).

«Pode ainda o *juiz determinar, em qualquer altura do processo*, que *a entidade que anteriormente tiver custeado o tratamento do sinistrado continue a suportar esse encargo*, quando este o pedir em requerimento fundamentado e for de entender que o pedido é fundado à face dos exames, perícias e outros elementos constantes processo e diligências que repute necessárias, sem prejuízo do disposto no nº 5 do art. 121 º» (art. 125º, nº 1, do CPT). Tal «decisão não prejudica as questões por decidir» (nº 2).

De realçar que «*da decisão que fixar a pensão ou indemnização provisória* (ao contrário do que sucede com a *decisão de fixação definitiva* nos termos do art. 79º, al. b), do CPT) *não há recurso*, mas *o responsável pode reclamar com o fundamento de se não verificarem as condições da sua atribuição*» (art. 124º, nº 1, do

CPT). «Da pensão ou indemnização (provisória) *pode, igualmente, o Fundo de Acidentes de Trabalho reclamar* com fundamento em o sinistrado ou os beneficiários não terem dela necessidade» (art. 124º, nº 2, do CPT).

«A *decisão que fixe pensão ou indemnização provisória* é *imediatamente exequível*, dispensando-se a prestação de caução» (art. 124º, nº 3, do CPT).

34. Procedimentos cautelares e ordens preliminares no foro arbitral

34.1. Providências cautelares arbitrais. Enunciação. Requisitos

Salva estipulação negocial/convencional em contrário, o tribunal arbitral pode – a pedido de uma parte e ouvida a parte contrária – decretar as *providências cautelares* que considere necessárias em relação ao objeto do litígio (art. 20º, nº 1, da LAV), as quais podem traduzir-se numa ordem dirigida pelo tribunal arbitral a uma parte com vista: a)- à *manutenção ou restauração da situação anteriormente existente* enquanto o litígio não for dirimido; b)- à *prática de atos que previnam ou impeçam a prática de atos que provavelmente causem dano ou prejuízo relativamente ao processo arbitral*; c)- à *preservação de bens* sobre os quais uma sentença subsequente possa ser executada; d)- à *preservação de meios de prova* que possam ser relevantes e importantes para a resolução do litígio.

Isto tendo presente que «uma *providência cautelar* é uma medida de caráter temporário, decretada por sentença ou decisão com outra forma, em qualquer altura antes da prolação da sentença que venha a dirimir o litígio» (cfr. nº 2, da mesma norma).

O decretamento das providências cautelares requeridas ao abrigo das alíneas a), b) e c) do nº 2 do art. 20º da LAV exige como requisitos (cfr. o art. 21º): a)- a *probabilidade séria da existência* do direito invocado pelo requerente; b)- se mostre suficientemente fundado o receio da sua lesão (demonstração sumária do *fumus boni juris* e do *periculum in mora*); c)- o prejuízo resultante para o requerido do decretamento da providência não exceder consideravelmente o dano que com ela o requerente pretenda evitar (*princípio da proporcionalidade* ou da *ponderação relativa dos interesses em jogo*).

Se o pedido for feito ao abrigo da alínea d) do mesmo preceito, os requisitos estabelecidos nas alíneas a) e b) do nº 1 do art. 21º (*preservação dos meios de prova*) aplicam-se apenas na medida que o tribunal arbitral considerar adequada. «O *juízo do tribunal arbitral relativo à probabilidade séria da existência do direito invocado*» «*não afeta a liberdade de decisão do tribunal arbitral quando, posteriormente, tiver de se pronunciar sobre qualquer matéria*» (art. 21º, nº 2).

34.2. Ordens preliminares arbitrais. Requisitos

Também, salvo acordo em contrário, pode qualquer das partes solicitar ao tribunal arbitral que – *simultaneamente com o decretamento de uma providência cautelar* – dirija à outra parte uma *ordem preliminar, sem prévia audiência* dela, para que não seja frustrada a finalidade da providência cautelar solicitada (art. 22º, nº 1, da LAV). A ordem preliminar requerida será decretada desde que se «considere que a prévia revelação do pedido de providência cautelar à parte contra a qual ela se dirige cria o risco de a finalidade daquela providência ser frustrada» (nº 2 do mesmo preceito).

Os *requisitos* fixados no art. 21º da LAV são aplicáveis a qualquer ordem preliminar, considerando-se que o dano a equacionar ao abrigo da alínea b) do nº 1 desse artigo é, neste caso, o que pode resultar de a ordem preliminar ser ou não emitida (cfr. o nº 2 do art. 22º citado).

Imediatamente após a pronúncia do tribunal arbitral sobre um requerimento de ordem preliminar, deve o mesmo *informar* todas as partes sobre o pedido de providência cautelar, o requerimento de ordem preliminar, a ordem preliminar, se esta tiver sido emitida, e todas as outras comunicações, incluindo comunicações orais havidas entre qualquer parte e o tribunal arbitral a tal respeito. E, simultaneamente, «dar oportunidade à parte contra a qual a ordem preliminar haja sido decretada para apresentar a sua posição sobre aquela no mais curto prazo que for praticável e que o tribunal fixar» – princípio da *audiência contraditória* –, devendo «o tribunal arbitral decidir prontamente sobre qualquer objeção deduzida contra a ordem preliminar» (art. 23º, nºs 1, 2 e 3, da LAV). «A *ordem preliminar caduca* 20 dias após a data em que tenha sido emitida pelo tribunal arbitral. O tribunal pode, contudo, após a parte contra a qual se dirija a ordem preliminar ter sido dela notificada e ter tido oportunidade para sobre ela apresentar a sua posição, decretar uma *providência cautelar*, adotando ou modificando o conteúdo da ordem preliminar» (art. 23º, nº 4, ainda da LAV).

A ordem preliminar é *obrigatória* para as partes, mas *não é passível de execução coerciva por um tribunal estadual* (art. 23º, nº 5).

34.2.1. Regras comuns às providências cautelares e às ordens preliminares arbitrais

O tribunal arbitral pode *modificar, suspender* ou revogar uma *providência cautelar ou uma ordem preliminar* que haja sido decretada ou emitida, *a pedido* de qualquer das partes ou, em circunstâncias excecionais e após ouvi-las, *por iniciativa do próprio tribunal*» (art. 24º, nº 1, da LAV).

O tribunal arbitral *pode* (*poder discricionário*) exigir ao requerente de uma providência cautelar e *deve* (*poder vinculado*) exigir ao requerente de uma ordem preliminar a «*prestação de caução adequada*» ou seja, de uma *caução condicional* (art. 24º, nºs 2 e 3, da LAV).

Impende sobre as partes o chamado *dever de revelação* que se traduz na obrigatoriedade da pronta comunicação ao tribunal arbitral de «qualquer *alteração significativa das circunstâncias* com fundamento nas quais a *providência cautelar* foi solicitada ou decretada» (art. 25º, nº 1, da LAV). Do mesmo modo, a parte que haja requerido a emissão de uma *ordem preliminar* deve *revelar ao tribunal* «todas as circunstâncias que possam ser relevantes para a decisão sobre essa emissão ou sobre a respetiva manutenção», dever esse que subsiste em vigor até que a parte contra a qual haja sido dirigida tenha tido oportunidade de expor a sua posição, após o que se aplica o sobredito nº 1.

34.2.2. Reconhecimento ou execução coerciva de providências cautelares arbitrais. Poderes dos tribunais estaduais

Uma *providência cautelar* decretada por um tribunal arbitral é *obrigatória* para as partes e, a menos que o tribunal arbitral tenha decidido de outro modo, pode ser *coercivamente executada mediante pedido dirigido ao tribunal estadual competente*, independentemente de a arbitragem em que aquela foi decretada ter tido lugar no estrangeiro, sem prejuízo do disposto no art. 28º (art. 27º, nº 1, da LAV/2011). Trata-se de mais uma erupção do princípio do *monopólio da função jurisdicional dos tribunais estaduais em sede executiva*.

Impende, todavia, sobre a parte que haja pedido ou tenha já obtido o reconhecimento ou a execução coerciva de uma providência cautelar o *dever informar* prontamente *o tribunal estadual* da eventual revogação, suspensão ou modificação dessa providência pelo tribunal arbitral que a haja decretado (art. 27º, nº 2). «O tribunal estadual ao qual for pedido o reconhecimento ou a execução coerciva da providência pode, se o considerar conveniente, ordenar à parte requerente que preste *caução* adequada, se o tribunal arbitral não tiver já tomado uma decisão sobre essa matéria ou se tal decisão for necessária para proteger os interesses de terceiros» (art. 27º, nº 3, da LAV).

O tribunal estadual só pode *recusar o reconhecimento* ou *a execução coerciva de uma providência cautelar* se se verificarem os requisitos do nº 1 do art. 28º da LAV, sendo que «qualquer decisão tomada pelo tribunal estadual ao abrigo desse nº 1 tem *eficácia restrita ao pedido de reconhecimento ou de execução coerciva de providência cautelar decretada pelo tribunal arbitral*» e que o «*tribunal estadual* ao qual seja pedido o reconhecimento ou a execução de providência cautelar, ao pronunciar-se sobre esse pedido, *não deve fazer uma revisão do mérito da providência cautelar*».

Os tribunais estaduais têm competência própria para decretar providências cautelares na dependência de processos arbitrais, independentemente do lugar em que estes decorram, nos mesmos termos em que o podem fazer relativamente aos processos que corram perante os tribunais estaduais (art. 29º, nº 1, da LAV), devendo exercer esse poder de acordo com o *regime processual que lhes é aplicável*, tendo em consideração, se for o caso, as caraterísticas específicas da arbitragem internacional» (cfr. o nº 2 do mesmo preceito).

«A *sentença* do *tribunal arbitral* que decidir sobre uma ordem preliminar ou providência cautelar e a *sentença do tribunal estadual* que decidir sobre o reconhecimento ou execução coerciva de uma providência cautelar de um tribunal arbitral *não são suscetíveis de recurso*» (art. 27º, nº 4).

35. Procedimentos cautelares nos julgados de paz

Os *julgados de paz* (*juízos de paz*), no âmbito das ações abrangidas pela respetiva competência material balizada pelo art. 9º da LJP, podem também decretar medidas (providências cautelares).

O art. 3º da Lei nº 54/2013, de 31 de julho, veio aditar à LJP o art. 41º-A, com a seguinte redação: «nos limites do disposto no art. 9º, sempre que alguém mostre *fundado receio* de que *outrem cause lesão grave ou dificilmente reparável ao seu direito* pode requerer junto do julgado de paz competente a providência *conservatória* ou *antecipatória* concretamente adequada a assegurar a efetividade do direito ameaçado» (*sic*). E porque a lei não distingue – e *ubi lex no distinguit nec nos distinguere debemus* –, devem ser admitidos quaisquer procedimentos, com decretação, a final, de quaisquer providências homólogas das correspondentes ao procedimento cautelar comum ou aos procedimentos cautelares especificados ou nominados previstos nos capítulos I e II do título IV do Livro II do CPC. Ponto é que tal decretamento se insira na esfera de competência *ratione materiae* definida pelos nºs 1 e 2 do art. 9º da LJP, na redação da mesma Lei nº 54/2013.

36. Procedimentos e processos cautelares nos foros administrativo, tributário e penal. Breve referência

36.1. No foro administrativo

No seu título IV, capítulo I, prevê e regula o CPTA (arts. 112º e ss.), os chamados "*processos cautelares*"[833]. Estes podem ser requeridos por "quem possua legitimidade para intentar um processo junto dos tribunais administrativos", podendo, através deles, solicitar-se «a adoção da providência ou das providências cautelares, *antecipatórias* ou *conservatórias*, que se mostrem adequadas a assegurar a utilidade da sentença a proferir nesse processo» (nº 1).

E acrescenta o respetivo nº 2 que «as providências cautelares se regem pela tramitação e são adotadas segundo os critérios previstos» nesse título, podendo consistir designadamente em[834]: a)- *suspensão da eficácia de um ato administrativo ou de uma norma*; b)- *admissão provisória em concursos e exames*; c)- *atribuição provisória da disponibilidade de um bem*; d)- *autorização provisória* ao interessado para iniciar ou prosseguir uma atividade ou adotar uma conduta; e)- *regulação provisória de uma situação jurídica*, designadamente através da imposição à Administração do pagamento de uma quantia por conta de prestações alegadamente devidas ou a título de reparação provisória; f)- *arresto*; g)- *embargo de obra nova*; h)- *arrolamento*; i)- *intimação para a adoção ou abstenção de uma conduta* por parte da Administração ou de um particular por alegada violação ou fundado receio de violação do direito administrativo nacional ou do direito da União Europeia.

O procedimento cautelar segue a tramitação constante dos arts. 113º a 134º do mesmo diploma.

Tem ainda, neste domínio, plena aplicação a doutrina do nº 2 do art. 368º do CPC, em tudo equivalente à estatuição do nº 2 do art. 120º do CPTA: não obstante o preenchimento do condicionalismo do nº 1 deste segundo preceito, as providências podem ser recusadas quando, «devidamente *ponderados os interesses públicos e privados* em presença, os danos que resultariam da sua concessão se mostrem superiores àqueles que podem resultar da sua recusa, sem que possam ser evitados ou atenuados pela adoção de outras providências».

[833] O CPTA/2002, foi alterado pelo Dec.-Lei nº 214-G/2015, de 3 de outubro, ao abrigo da Lei de Autorização nº 100/2015, de 19 de agosto.

[834] *Enumeração* não taxativa, mas *meramente exemplificativa*, tal como desde logo sugere o advérbio *designadamente*.

36.2. No foro tributário

São admitidos em processo judicial tributário procedimentos cautelares avulsos, uns *a favor da administração tributária* (na qualidade de sujeito ativo ou credor), outros postos *à disposição dos contribuintes* ou demais obrigados tributários para defesa preventiva dos seus direitos.

Entre os primeiros – com enquadramento no art. 51º da Lei Geral Tributária (LGT) –, prevê o art. 135º do CPPTRIB *o arresto* (al. a)) – arts. 136º a 139º – e *o arrolamento* (al. b)) – arts. 140º a 142º[835].

Entre os segundos, contém-se no art. 147º do mesmo diploma a chamada "*intimação para um comportamento*", sendo que o disposto nesse artigo, por força do respetivo nº 6, «se aplica, com as necessárias adaptações, às providências cautelares a favor do contribuinte ou demais obrigados tributários, devendo o requerente invocar e provar *o fundado receio de uma lesão irreparável* do seu direito por mor da atuação da administração tributária» (*sic*). Ao contrário do que sucede no contencioso administrativo, não se prevê no processo judicial tributário o incidente/procedimento cautelar de *suspensão de eficácia* dos atos. Também, nesta sede, a LGT remete expressamente para o CPC como lei supletiva (art. 2º, al. e)).

36.3. No foro penal

Prevê o CPP, nos seus arts. 227º e 228º, duas medidas cautelares de natureza patrimonial: a *caução económica* e *o arresto preventivo*[836]. *O interesse em agir* subjacente a estas medidas reside no fundado receio de *perda da garantia do pagamento da pena pecuniária, das custas do processo ou de qualquer outra dívida* para com o Estado, bem como pelo *pagamento da indemnização ou de outras obrigações civis derivadas do crime.*

Providências que só podem ser decretadas pelo juiz, a *requerimento do Ministério Público ou do lesado*, a elas podendo ser sujeitos, tanto *o arguido*, como os *terceiros responsáveis*, e que subsistem até à decisão final absolutória ou até à extinção das referidas obrigações[837].

[835] Sobre o *arresto na execução fiscal*, veja-se o art. 214º do CPPT.

[836] Sobre estas medidas cautelares, cfr. Germano Marques da Silva, *Curso de Processo Penal*, II, 2ª edição, pp. 307 e ss., Simas Santos e Leal Henriques, *Código de Processo Penal Anotado*, vol. I, 2ª ed., pp. 1095 e ss., Maia Gonçalves, *Código de Processo Penal Anotado e Comentado*, 11ª ed., pp. 467 e ss. e Rita Barbosa da Cruz, *O Arresto*, *in* o Direito, ano 132º, vol. 1, pp. 171 e e ss..

[837] «A decisão decretadora de *arresto* (medida de garantia patrimonial prevista no art. 228º do CPP) sem prévia constituição como arguido do detentor de bens suspeito nos autos da

A *caução económica*, prestada a requerimento do Ministério Público, aproveita também ao lesado. O *arresto preventivo* possui *natureza subsidiária* relativamente à *caução económica*, não podendo, por isso, ser decretado se a caução económica anteriormente imposta já houver sido prestada e ficando sem efeito a partir do momento dessa prestação. O *arresto preventivo penal* é decretado nos termos da lei do processo civil, *ex-vi* do nº 1 do art. 228º do CPP, com observância, pois, do disposto nos arts. 391º e ss. do CPC[838-839].

Se *fixada* previamente *caução económica* nos termos do art. 227º do CPP (que não chegou a ser *prestada*), *o requerente* (do arresto preventivo) *fica dispensado de provar o periculum in mora,* não tendo, pois, de alegar factos que justifiquem o fundado receio da perda da garantia patrimonial, mas apenas que o requerido não prestou a caução económica[840], *ex-vi* do disposto no referido nº 1, *in fine*, do art. 228º ainda do CPP[841-842].

Também pode ser decretado o *arresto,* na totalidade ou em parte, dos *bens do arguido,* caso se mostre necessário para *desmotivar a situação de contumácia* (art. 337º, do CPP).

prática de crimes, viola o disposto nos arts. 192º, nº 1, e 58º, nº 1, al. b), ambos do CPP, consubstanciando nulidade e determinando, consequentemente, o levantamento da apreensão ordenada» – cfr. o acórdão da RL de 8-10-2015, Proc. 24/14.0TELSB-I.L1-9, *in* www.dgsi.pt/Des. Calheiros da Gama.

838 «Não pode ser arrestado – com o fim de garantir as penas pecuniárias impostas ao arguido em processo penal – um automóvel anteriormente vendido a terceiro pelo arguido e devidamente registado a favor do adquirente» – cfr. o acórdão da RE de 7-3-2002, *in* www.dgsi.pt./Des. Silveira Ventura.

839 «No *arresto preventivo em processo penal*, a remissão para as normas do processo civil, que é feita no nº 1 do art. 228º do CPP, circunscreve-se aos *pressupostos processuais* e *substantivos*, não abrangendo, por isso, as relativas ao pagamento da taxa de justiça; daí que que, face ao estatuído no art. 8º do RCP, a admissão da oposição ao arresto preventivo não está dependente do pagamento prévio da taxa de justiça» – cfr., neste sentido, o acórdão da RP, de 17-9-2014, Proc. 539/11.2PBMTS-ZY.P1,*in* www.dgsi.pt/Des. Neto de Moura.

840 Cfr., *v. g.*, o acórdão da RL de 19-10-2000/Des. Ferreira Mesquita, CJ, Tomo IV, p. 150, acerca de um arresto de um crédito resutante de um contrato-promessa.

841 Cfr. neste sentido, os acórdãos da RC de 2-11-2005, *in* CJ, Tomo V, p. e da RP de 28-6-2006, CJ, Tomo III/2006, P. 237/Des. Jorge Jacob.

842 Sufragando a *subsidiarieadade do arresto preventivo* (art. 228º do CPP) *relativamente à caução económica* (art. 227º do CPP), cfr. os acórdãos da RP de 20-11-96, CJ, Romo V, p. 239/Des. Pereira Madeira e da RL de 4-10-2006, Proc. 7317/2006 – 3ª Sec., *in* www.dgsi.pt./Des. Conceição Gomes.

Capítulo VI

Pressupostos processuais

SUMÁRIO: **37.** Pressupostos processuais. **37.1.** Noção. Pressupostos processuais e condições da ação. **37.2.** Classificação e espécies. **38.** A competência do tribunal. Jurisdição e competência. Conflitos de jurisdição e de competência. **38.1.** Jurisdição e competência. Distinção. **38.2.** Conflitos. Resolução. O Tribunal dos Conflitos. **39.** Jurisdição comum e jurisdição administrativa. **39.1.** Critérios legais delimitativos. **39.2.** Competência dos tribunais administrativos. **39.3.** Contenciosos especiais. **39.3.1.** Sector empresarial do Estado. **39.3.2.** Concorrência, regulação e supervisão.**40.** Competência internacional e competência interna. **41.** Competência internacional. **41.1.** Critérios e fatores de atribuição. **41.2.** Competência internacional exclusiva. **41.3.** Pactos de jurisdição. Princípio da consensualidade. **41.4.** Direito convencional e direito europeu com incidência na competência internacional. **41.4.1.** Princípios de direito europeu aplicáveis. **41.4.2.** Convenções de Bruxelas e Lugano e Regulamento UE nº 1215/2012, de 12 de dezembro. **41.4.3.** A regra geral do domicílio do réu ou demandado ou do «*forum rei*». **42.** Tribunais supra-nacionais. **42.1.** O Tribunal Internacional de Justiça e outras jurisdições internacionais de competência especializada. **42.2.** O Tribunal Europeu dos Direitos do Homem. **42.3.** Os tribunais da União Europeia. **42.3.1.** Tribunal de Justiça da União Europeia. **42.3.2.** Tribunal Geral da União Europeia. **42.3.3.** Tribunais Especializados da União Europeia. **42.3.4.** Tribunal da Função Pública da União Europeia. **43.** Competência interna. Modalidades. **43.1.** Competência em razão da matéria. **43.2.** Competência em razão da hierarquia. **43.3.** Competência em razão do valor. **43.4.** Competência em razão do território. Factores de conexão. **43.5.** Extensão da competência. **43.6.** Modificação da competência: competência convencional. **44.** Incompetência. Modalidades. **44.1.** Enunciação. **44.2.** Incompetência absoluta. Regime de arguição e suscitação. **44.3.** Incompetência relativa. Regime de arguição e suscitação. **44.4.** Preterição de tribunal arbitral. Suscitação e conhecimento da exceção. **44.5.** Impugnação das decisões sobre competência. **45.** Personalidade judiciária. As partes processuais. **45.1.** Noção. Princípio da equiparação à personalidade jurídica. As partes processuais. **45.2.** Falta de personalidade judiciária. Sanação. **46.** Sujeição à jurisdição portuguesa. Imunidades de jurisdição. **46.1.** Imunidades dos sujeitos de direito internacional público. **46.2.** Imunidades diplomáticas. **47.** Capacidade judiciária. **47.1.** Noção. Prin-

37. Pressupostos processuais

37.1. Noção. Pressupostos processuais e condições da ação

No exercício da sua competência (própria e exclusiva) para, como órgãos de soberania, administrarem a justiça em nome do povo (nº 1 do art. 202º da Lei Fundamental), incumbe aos tribunais proferirem despacho ou sentença sobre os pedidos e matérias pendentes (art. 152º, nº 1, do CPC).

Para que o pedido possa surtir êxito, isto é, para que o autor possa obter vencimento na sua pretensão (*procedência*), torna-se necessário o preenchimento de determinadas *condições.* E, desde logo, que a situação (de facto) controvertida, integradora da providência concretamente requerida (pelo autor) em juízo, *caiba na estatuição-previsão abstrata de uma dada norma de direito substantivo* (a menos que se trate de uma ação de simples apreciação negativa, subjacente à qual se encontrará uma mera relação de não correspondência entre o direito que o réu se arrogue contra o autor e a situação contemplada na respetiva norma de direito material). Os requisitos indispensáveis para que possa ser *concedida* (*deferida* ou julgada *procedente*) uma qualquer providência judiciária solicitada em juízo constituem as chamadas *condições da ação*[843].

[843] Cfr. Manuel de Andrade, *Noções Elementares* cit., pp. 73-74.

Mas, *para que o tribunal possa chegar a pronunciar-se sobre o mérito da causa,* concedendo ou denegando a providência requerida pelo autor ou demandante, exige-se a verificação de determinados *requisitos de ordem formal/processual,* os denominados *pressupostos processuais*[844]. A exigência legal desses requisitos ou condições destina-se a garantir a idoneidade e a utilidade da decisão da causa[845].

Na falta de qualquer desses últimos *requisitos (processuais),* terá o juiz de se abster de estatuir sobre o *mérito* (ou demérito) do pedido, ficando assim impedido, não apenas de proferir decisão final sobre o *fundo da causa,* mas também de apreciar e decidir sobre qualquer outra matéria prodrómica ou instrumental da decisão final, como, por exemplo, a produção de prova sobre os fundamentos da pretensão. Assim, se ao proferir despacho saneador e ao conhecer nele das exceções dilatórias, em princípio pela ordem contemplada no nº 1 do art. 278º (cfr. a al. a) do nº 1 do art. 595º), concluir pela falta de algum pressuposto processual e tiver, por isso, que emitir uma decisão de *absolvição da instância,* esta constituirá já um verdadeiro ato da relação jurídica processual estabelecida entre as partes e o tribunal.

37.2. Classificações e espécies

Tendo presente o critério da *correspondência* legal (quase plena) entre a falta de preenchimento de um qualquer dos *pressupostos processuais* e a ocorrência de uma *exceção dilatória,* costuma a doutrina distinguir entre pressupostos processuais relativos: – *às partes (personalidade judiciária, sujeição à jurisdição portuguesa, capacidade judiciária, legitimidade, patrocínio judiciário obrigatório* e *interesse processual* ou *interesse em agir*); – *ao tribunal (competências internacional e interna* e *inexistência de compromisso arbitral*); – ao próprio *objeto da causa (aptidão da petição inicial, verificação dos requisitos da coligação simples ou subsidiária* e *não verificação das exceções dilatórias de litispendência* e de *caso julgado)*[846-847].

844 «Na falta deles, o juiz só pode e deve declarar isso mesmo, abstendo-se de estatuir sobre o mérito» – cfr. Manuel de Andrade, *Noções Elementares* cit., p. 74.

845 Cfr., acerca desta matéria, Antunes Varela/J. M. Bezerra/Sampaio e Nora, *Manual* cit., pp. 104 (e nota 2), 105 (e nota 1).

846 Cfr. Paulo Pimenta, *Processo Civil Declarativo,* Coimbra, Almedina, 2014, p. 61 e nota 113.

847 Sobre a existência de *pressupostos processuais inominados* (como, por ex., os requisitos da formulação de um pedido genérico contemplados no art. 556º), cfr. Anselmo de Castro, *Direito Processual Civil Declaratório,* vol. II cit., p. 250.

E também entre pressupostos processuais *positivos* e *negativos*: – *positivos*, aqueles *cuja verificação é essencial para que o juiz conheça do mérito* da causa: a competência do tribunal, a personalidade judiciária, a sujeição (das partes) à jurisdição portuguesa, a capacidade judiciária, a legitimidade, o preenchimento dos requisitos do litisconsórcio subsidiário e da coligação simples ou subsidiária ativa ou passiva, o interesse processual e o patrocínio judiciário obrigatório; – *negativos*, aqueles cuja verificação obsta (isto é, não pode ocorrer) a que o juiz aprecie o mérito da causa, tais como a ineptidão da petição inicial, a litispendência, o caso julgado e a existência de compromisso arbitral.

Uma outra distinção pode fazer-se entre *pressupostos processuais gerais* (relativos a todo e qualquer processo) e *pressupostos processuais específicos* de certas atuações processuais de caráter eventual. Entre estes últimos podem incluir-se, por ex., os pressupostos relativos à *intervenção em litisconsórcio subsidiário* e à *coligação simples e subsidiária* (arts. 37º, 38º e 39º), à *dedução de pedidos reconvencionais* (art. 266º), à *formulação de pedidos cumulativos* (art. 555º), de *pedidos genéricos* (art. 556º) ou de *pedidos de prestações vincendas* (art. 557º).

Também os *pressupostos processuais gerais* (respeitantes a todo o processo) se não confundem com os *pressupostos processuais particulares* (apenas respeitantes a atos específicos, quer das partes, quer da secretaria, quer do juiz), como sejam, por ex., os relativos à comunicação dos atos (citações e notificações) e às vicissitudes da instância (por ex., a reconvenção ou a intervenção de terceiros), cuja falta ou irregularidade apenas atinge, em princípio, esses atos.

Catalogam-se ainda alguns pressupostos de *inominados* como, por ex., os da *sujeição à jurisdição portuguesa* e do *interesse processual* (ou interesse em agir), para os distinguir dos *nominados* ou *tipificados* nos arts. 278º e 577º.

A *grande maioria* dos pressupostos processuais, porque de interesse e ordem pública, é de *conhecimento oficioso* do tribunal (cfr. o art. 577º). Excetua, porém, o preceito, quer a *incompetência relativa* nos casos não abrangidos pela estatuição do art. 104º, quer a *preterição do tribunal arbitral voluntário*, cuja ocorrência só poderá ser conhecida mediante suscitação das partes[848].

[848] Estes últimos apelidados de *impedimentos processuais* pela doutrina germânica (*Prozesshindernisse*) – cfr. Manuel de Andrade, *Noções Elementares* cit., p. 74 e Antunes Varela/J. M. Bezerra/Sampaio e Nora, *Manual* cit., p. 107.

Secção I
Competência do tribunal

Subsecção I
Jurisdição e competência

38. A competência do tribunal. Jurisdição e competência. Conflitos de jurisdição e de competência

38.1. Jurisdição e competência. Distinção

Aos órgãos de soberania "tribunais" cabe, no seu conjunto, o exercício da *função jurisdicional ou jurisdição* em sentido abstrato (cit. art. 202º da CRP). Já a *competência* é a parcela ou fração de jurisdição atribuída a cada um dos órgãos que integram uma dada jurisdição. O *poder jurisdicional* ou o *poder de julgar* reparte-se e delimita-se entre os diversos tribunais ou juízos de harmonia com certos critérios, cujas normas definidoras se denominam *regras de competência*.

A *questão da competência põe-se logo aquando da decisão de instaurar ou propor uma ação* em juízo: cumpre ao autor, nesse momento e em primeira análise, indagar sobre qual o *local apropriado para tal fim*, o mesmo que é dizer, *determinar o foro próprio*, isto é, *o tribunal competente* para proferir a decisão de mérito.

Sendo um *requisito de ordem pública*, o conhecimento da questão da competência é *prioritário* relativamente ao de qualquer outra questão. Ao enunciar as questões a resolver pela sentença, o nº 1 do art. 608º impõe ao juiz que conheça, «em primeiro lugar, das *questões processuais que possam determinar a absolvição da instância, segundo a ordem imposta pela sua precedência lógica*»; ordem essa (em princípio) estabelecida pela al. a) do nº 1 do art. 278º, na qual figura precipuamente «a *exceção de incompetência absoluta do tribunal*». E cada tribunal como que detém uma *competência primária* (ou *originária*) para apreciar a sua própria competência, aceitando-a ou declinando-a, sendo, para tal, esse órgão sempre competente, segundo a consabida regra germânica da *Kompetenz-kompetenz*.

38.2. Conflitos. Resolução. O Tribunal dos Conflitos

A distinção entre *jurisdição* e *competência* releva, desde logo, quando surgem *conflitos*, os quais podem ser de *jurisdição* ou de *competência* (art. 109º, nºs 1 e 2).

O *conflito de jurisdição* (em sentido amplo) poderá surgir: – ou *entre duas autoridades pertencentes a diferentes atividades do Estado,* como entre a atividade judicial e a atividade administrativa (por ex., entre um juiz de direito e um presidente de uma câmara municipal); – ou *entre tribunais pertencentes a ordens jurisdicionais diferentes* (por ex., entre um tribunal judicial e um tribunal administrativo). Se ambas as autoridades se arrogarem o poder de conhecer de uma determinada questão, surgirá um *conflito positivo de jurisdição;* se ambas declinarem esse poder, gerar-se-á um *conflito negativo de jurisdição* (art. 109º, nº 1).

Ocorrerá um *conflito de competência* quando dois ou mais tribunais da *mesma ordem jurisdicional* se consideram competentes ou incompetentes para conhecer da mesma questão (art. 109º, nº 2): – *conflito negativo de competência* quando, por exemplo, um juízo cível e um juízo de comércio (tribunais da mesma ordem jurisdicional) se atribuírem mutuamente a competência, negando a própria, para conhecer de determinada questão; – *conflito positivo de competência* se ambos os tribunais se considerarem competentes para conhecer da mesma questão (art. 109º, nº 2)[849].

Os *conflitos de jurisdição* são resolvidos *pelo Supremo Tribunal de Justiça ou pelo Tribunal dos Conflitos,* conforme os casos: – pelo *Tribunal dos Conflitos,* se suscitados entre as autoridades e os tribunais administrativos ou entre os tribunais judiciais e qualquer deles (autoridades ou tribunais administrativos); – pelo *Supremo Tribunal de Justiça,* todos os demais conflitos de jurisdição. Os *conflitos de competência* são solucionados pelo *presidente do tribunal de menor categoria que exerça jurisdição sobre as autoridades em conflito* (art. 110º, nºs 1 e 2); serão, assim, dirimidos: – pelo *Presidente do Tribunal da Relação* do respetivo distrito judicial, o conflito suscitado entre tribunais de 1ª instância pertencentes a essa mesma circunscrição; – pelo *Presidente do Supremo Tribunal de Justiça,* se os tribunais em conflito pertencerem a diferentes distritos judiciais.

Quando o tribunal se aperceber do conflito deve (vinculadamente) suscitar a resolução do mesmo junto do presidente do tribunal competente para decidir (art. 111º, nº 1): o *presidente do tribunal da Relação* se o conflito surgir em 1ª instância (art.

[849] Não são considerados *conflitos de jurisdição,* antes *meras irregularidades de distribuição,* as divergências que se suscitem entre juízes da mesma comarca acerca da designação do juízo em que o processo há-de correr. *Divergências estas a serem resolvidas pelo presidente do tribunal da Relação,* com observância do procedimento idêntico ao estabelecido nos arts. 111º e ss. (art. 205º, nº 2).

111º, nº 1, do CPC e 76º, nº 2, da LOSJ), ou, se se tratar de uma qualquer das hipóteses previstas nas alíneas a), b), c), d) e e) do nº 3 do art. 62º da LOSJ, o *presidente do Supremo Tribunal de Justiça* (ainda que este possa delegar a competência nos respetivos vice-presidentes – cfr. os nºs 3 e 4 do cit. art. 62º).

Pode acontecer que, ainda antes de gerado o conflito de jurisdição, o Supremo Tribunal de Justiça ou o Tribunal dos Conflitos (consoante as situações) hajam fixado definitivamente o tribunal competente. Assim, se pela própria "mecânica" normal dos recursos, e em sede destes, o tribunal da Relação decidir «que um determinado tribunal *é incompetente em razão da matéria ou da hierarquia* para conhecer de certa causa, o Supremo Tribunal de Justiça, no recurso (ordinário) que para ele vier a ser interposto, *decidirá qual o tribunal competente*». Em tal hipótese (e depois de ouvido o Ministério Público), «no tribunal que for declarado competente, não pode voltar a suscitar-se a questão da competência» (art. 101º, nº 1).

Assim se obviará a que, perante uma *declaração negativa de competência absoluta* de um determinado tribunal (emitida pela Relação), o autor tenha de propor a ação no tribunal de 1ª instância designado no acórdão, o qual poderia também (por sua vez) julgar-se incompetente em razão da matéria ou da hierarquia, uma vez que o caso julgado sobre a competência seria meramente *formal*, com eficácia circunscrita ao processo em apreço. Daí que, com vista a prevenir a "eternização" da querela sobre a competência, esse preceito imponha que o Supremo se não confine a conceder ou negar provimento ao recurso, mas que *decida ainda (em definitivo) qual o tribunal competente* (ainda que tal lhe não haja sido solicitado), em ordem a que a questão da competência não possa voltar a ser suscitada. Torna-se, assim, excecionalmente extensivo o efeito do caso julgado ao tribunal declarado competente.

Se, contudo, «*a Relação tiver julgado incompetente o tribunal judicial por a causa pertencer ao âmbito da jurisdição administrativa e fiscal*, o recurso destinado a fixar o tribunal competente é interposto *diretamente* para o Tribunal dos Conflitos» (art. 101º, nº 2). Isto se a específica questão da competência em razão da matéria respeitar a dois *tribunais integrados em ordens jurisdicionais diferentes*: *tribunais judiciais versus* os *tribunais administrativos e fiscais*. Mas a resolução definitiva do conflito (bem como a prevenção de idênticos conflitos no futuro) já *não pertence ao Supremo Tribunal de Justiça*, por não estarem em causa apenas tribunais judiciais (assim lhe falecendo a hierarquia sobre *todos* eles), mas *sim ao Tribunal dos Conflitos*.

O recurso deve pois ser diretamente dirigido ao Tribunal dos Conflitos (no prazo de 15 dias por se tratar de um processo urgente – art. 638º, nº 1) e não ao Supremo Tribunal de Justiça, constituindo a decisão do Tribunal dos Conflitos igualmente *caso julgado* sobre a questão da competência[850]. Nesta situação nem existe, em bom rigor, um verdadeiro conflito negativo de jurisdição, porquanto não emitida ainda qualquer pronúncia positiva ou negativa por parte dos tribunais administrativos e fiscais sobre a sua própria competência (art. 109º, nº 1).

A Lei nº 91/2019, de 4 de setembro, veio estabelece o regime da *resolução dos conflitos de jurisdição entre os tribunais judiciais e os tribunais administrativos e fiscais*, regulando a composição, a competência, o funcionamento e o processo perante o *tribunal dos conflitos* (art. 1º).

Para efeitos dessa Lei «*há conflito de jurisdição* quando dois ou mais tribunais, integrados em ordens jurisdicionais diferentes, se arrogam ou declinam o poder de conhecer da mesma questão, dizendo-se o *conflito positivo* no primeiro caso e *negativo* no segundo» (art. 9º, nº 1); «*não há conflito de jurisdição enquanto forem suscetíveis de recurso ordinário* as decisões proferidas sobre a questão da jurisdição (nº 2).

O *Tribunal dos Conflitos* «é composto por um *presidente* e por *dois juízes*», sendo presidido, ou pelo *Presidente do Supremo Tribunal de Justiça* ou pelo *Presidente do Supremo Tribunal Administrativo*, consoante a *última das decisões* que originam o conflito ou a *decisão recorrida* tenha sido proferida, ou *a consulta* tenha sido submetida, respetivamente, por um *tribunal judicial* ou por um *tribunal da jurisdição administrativa e fiscal* (art. 2º, nºs 1 e 2, da Lei nº 91/2019).

[850] Se for indevidamente interposto (e/ou pela Relação erradamente admitido) recurso da decisão sobre competência jurisdicional para o Supremo Tribunal de Justiça, e se, face a esse erro, a parte a quem a decisão foi inicialmente desfavorável deixar (por tal razão) entretanto exaurir o prazo para a sua (correta) interposição perante o Tribunal dos Conflitos (15 dias – art. 638º, nº 1), com o consequente trânsito em julgado daquela decisão, deveria, em consequência, a (eventual) subsequente interposição para o Tribunal dos Conflitos ser rejeitada por extemporaneidade. Ao abrigo, porém, do princípio da economia processual, e se considerado desculpável o erro, entendeu já o Supremo (e continuamos nós a entender, face ao interesse público subjacente à questão dirimenda) , que, embora não conhecendo do recurso, deverá o Supremo determinar a remessa oficiosa dos autos ao Tribunal dos Conflitos, não devendo este deixar de conhecer do recurso (com tal fundamento), em homenagem ao princípio *geral do aproveitamento do processado* ou do *máximo aproveitamento dos atos praticados* – cfr., neste sentido, *v. g.*, o acórdão de 22-6-2005, Proc. 1293/05 – 4ª Sec., Sumários de Acórdãos, nº 92, pp. 143-144/Consª MARIA LAURA LEONARDO.

Nos nºs 3, 4, 5, 6 e 7 do mesmo art. 2º define-se o regime de *composição* e *substituição* dos membros do órgão julgador.

«*Compete ao Tribunal dos Conflitos* conhecer: a) dos pedidos de *resolução de conflitos de jurisdição* formulados nos termos dos arts. 9º e 10º; b) das *consultas prejudiciais* sobre *questões de jurisdição* submetidas nos termos do respetivo art. 15º; c) dos *recursos* previstos no nº 2 do art. 101º do CPC, os quais podem também ser interpostos nos casos em que um tribunal central administrativo julgue incompetente um tribunal administrativo de círculo ou um tribunal tributário por a causa pertencer ao âmbito de jurisdição dos tribunais judiciais» (art. 3º).

«O *Ministério Público* é representado junto do Tribunal dos Conflitos pelo Procurador-Geral da República, que pode fazer-se substituir por procuradores-gerais-adjuntos» adstritos aos respetivos Supremos Tribunais (art. 4º, nºs 1 e 2), os quais podem fazer-se substituir nos termos do EMP».

O *processo* perante o Tribunal dos Conflitos, assume a natureza de *urgente, correndo nos próprios autos quando o conflito for negativo* e é *isento de custas* (art. 5º, nºs 1 e 2), sendo nele *obrigatória a constituição de advogado,* sem prejuízo do disposto na alínea a) do nº 1 do art. 54º do ETAF, no nº 1 do art. 11º do CPTA, e na alínea b) do nº 1 do art. 15º do CPPTRIB. A *tramitação dos processos* «pode ser efetuada *eletronicamente,* nos termos a definir por portaria do membro do Governo responsável pela área da justiça» (art. 7º, nº 1), competindo à secretaria do Supremo Tribunal, a cujo presidente caiba a presidência do Tribunal dos Conflitos, assegurar «o expediente, a autuação e a regular tramitação dos processos» (art. 8º).

Quanto à *legitimidade,* «quando *o tribunal* se aperceber do conflito, *deve (obrigatoriamente) suscitar oficiosamente a sua resolução* junto do presidente do Supremo Tribunal a quem caiba a presidência do Tribunal dos Conflitos» (art. 10º, nº 1). «A resolução do conflito *pode igualmente ser pedida por qualquer das partes ou pelo Ministério Público,* mediante requerimento dirigido ao presidente do Supremo Tribunal respetivo (nº 2).

«Se do conflito de jurisdição puder resultar *prejuízo grave e dificilmente reparável,* o presidente do Tribunal de Conflitos designa *o tribunal que deve exercer provisoriamente a jurisdição* na prática de *atos urgentes* (art. 11º, nº 2).

«Colhido o visto do Ministério Público, o processo é concluso ao relator para *exame preliminar*» (art. 12º, nº 1). «Quando o relator entender que o *pedido é manifestamente infundado* ou que *a questão a decidir é simples,* designadamente por já ter sido apreciada de modo uniforme e reiterado, profere *decisão sumária,* que pode consistir em *simples remissão para precedentes decisões do Tribunal dos Conflitos,* de que se juntam cópias» (art. 12º, nº 2). Mas «o *Ministério Público* ou *qualquer das partes* pode requerer que sobre a matéria apreciada na decisão sumária do relator recaia um *acórdão*» (art. 12º, nº 3), sendo «a *reclamação* deduzida decidida no acórdão que julgar o conflito» (nº 4).

«Quando a natureza das questões a decidir ou a necessidade de celeridade no julgamento do conflito o aconselhem, *pode o relator*, com a concordância dos restantes juízes, *dispensar os vistos*» (art. 13º, nº 5). «Para o julgamento do conflito, é necessária a presença de, pelo menos, dois juízes, entre os quais um do Supremo Tribunal de Justiça e um do Supremo Tribunal Administrativo (art. 14º, nº 3). «A *decisão é tomada por maioria*, sendo a discussão dirigida pelo Presidente, que *desempata* quando não possa formar-se maioria» (art. 14º, nº 4). «A decisão especifica o tribunal competente, sendo imediatamente comunicada aos tribunais em conflito e ao Ministério Público e notificada às partes» (art. 14º, nº 5).

Admite a Lei 91/2019 a chamada «*consulta prejudicial*», «sempre que, na pendência de uma ação, incidente, providência ou recurso, se suscitem *fundadas dúvidas sobre a questão da jurisdição competente*», a qual *pode* ser submetida à apreciação ao Tribunal, *ex-officio* por qualquer tribunal ou mediante requerimento de uma qualquer das partes (art. 15º, nº 1), consulta essa que, todavia, «*não tem lugar em processos urgentes*» (art. 15º, nº 2), isto é, legalmente qualificados como *urgentes* no tribunal consulente. «A *decisão de submeter ou de não submeter a questão da jurisdição competente à apreciação do Tribunal dos Conflitos é irrecorrível*» (art. 15º, nº 3), devendo a tramitação da consulta observar o disposto no art. 16º do mesmo diploma[851]

Quanto aos efeitos, «*a pronúncia do Tribunal dos Conflitos*, assim como as *decisões liminares* e as *decisões sumárias* proferidas, respetivamente, ao abrigo do nº 1 do art. 15º ou do nº 2 do art. 12º, são *vinculativas para o tribunal que lhe tenha submetido a consulta e para os demais tribunais que venham a intervir na causa*, mas *não vinculam o Tribunal dos Conflitos relativamente a novas decisões ou pronúncias que sobre a mesma questão venha a emitir no futuro noutros processos*» (art. 17º).

Relativamente à *publicação dos acórdãos e demais decisões* proferidos pelo Tribunal dos Conflitos (2ª série do DR e sítio próprio na Internet) regem os nºs 1 e 2 do o art. 21º.

[851] O disposto no art. 15º, nº 1, da Lei nº 91/2019 de 4 de setembro (LTCONF) acerca da *faculdade* de submeter a *questão da jurisdição competente* à apreciação do Tribunal dos Conflitos (TCONF) (*consulta prejudicial*) enferma de manifesta incoerência lógica, quando confrontado com o do nº 1 do seu art. 10º. Lógico e coerente seria que sobre o tribunal da ação recaísse o *dever* de submissão da questão (previamente) a *consulta prejudicial* logo que se apercebesse de que a sua decisão seria suscetível de originar um *conflito de jurisdição,* não que a *obrigação* de solicitar a resolução do conflito só surja depois dele «com a sua própria decisão, o ter originado» – cfr., acerca desta e de outras incorências da Lei nº 91/2019, M. Teixeira de Sousa, Algumas observações sobre a nova LTconf, *in blog* do IPPC de 10-9-2019.

No que concerne à *aplicação no tempo*, prescreve o art. 23º que a lei se aplica «apenas: a) aos *pedidos de resolução de conflitos de jurisdição* formulados após a sua entrada em vigor (art. 23º); e b) aos *recursos para o Tribunal dos Conflitos* interpostos de decisões proferidas após a sua entrada em vigor» (4 de outubro de 2019, *ex-vi* do art. 24º).

As disposições do CPC são *subsidiariamente* aplicáveis, *com as necessárias adaptações*, «em tudo o que não estiver especialmente regulado» na citada Lei nº 91/2019 (art. 19º). Por seu turno, «as normas dessa Lei são *subsidiariamente aplicáveis, com as necessárias adaptações*, à resolução dos *conflitos de jurisdição entre o Tribunal de Contas e o Supremo Tribunal Administrativo*, nos termos do nº 3 do art. 1º da Lei nº 98/97, de 26 de Agosto» (Lei de Organização e Processo do Tribunal de Contas), na redação atual (art. 20º).

39. Jurisdição comum e jurisdição administrativa

O problema da delimitação da competência entre jurisdições possui uma raiz super-estrutural, advinda da atual separação (constitucional) das ordens jurisdicionais *comum* e *administrativa* (arts. 211º e 212º da CRP).

As duas ordens jurisdicionais distintas, instituídas pela CRP, são hierarquicamente encimadas (e em plena paridade) pelo *Supremo Tribunal de Justiça* e pelo *Supremo Tribunal Administrativo*, respetivamente, sem prejuízo da competência própria do Tribunal Constitucional (cfr. os respetivos arts. 210º, nº 1 e 212º, nº 1).

Vigora entre nós (desde 1832), tal como na generalidade dos países da Europa ocidental (e das respetivas colónias), um sistema de *administração executiva* ou de *tipo francês* dimanado do direito romano-germânico, segundo o qual a Administração se encontra subordinada a um direito substantivo especial (o *direito administrativo*) que reconhece à Administração (e aos seus órgãos) poderes de autoridade «para a prática de atos jurídicos unilaterais de caráter imperativo a quem a lei confere o chamado *privilégio da execução prévia*. Essa a raiz da instituição (e da subsistência) de uma jurisdição especial (a jurisdição administrativa ou dos tribunais administrativos), para a sindicância das relações jurídico-administrativas (regidas pelo direito público), bem como para a execução das suas próprias decisões, ou seja, de uma *dualidade de jurisdições*».

A esse sistema da administração executiva contrapõe-se o sistema da *administração judiciária* ou de *tipo britânico*, com origem na Inglaterra e hoje em vigor na generalidade dos países anglo-saxónicos (*v. g.* nos Estados Unidos da América), com erupções nos países da América latina como, *v. g.*, no Brasil), nos quais o costume é arvorado em verdadeira fonte de direito e os tribunais assumem um papel determinante na definição do direito vigente. Neste sistema, a Administração encontra-se subordinada ao direito comum (*common law of the land*), bem como aos tribunais comuns (*courts of law*), aos quais cumpre também executar as decisões administrativas, vigorando, pois, uma *unidade de jurisdições*[852].

39.1. Critérios legais delimitativos

A matéria da *delimitação do âmbito da jurisdição administrativa* é regulada pelos critérios do nº 3 do art. 212º da CRP e dos arts. 1º, nº 1, e 4º do ETAF//2002, com a redação que lhes foi dada pelo Dec.-Lei nº 214-G/2015, de 2 de outubro[853], salvas as exceções resultantes de legislação avulsa especial, atribuindo a apreciação de certos litígios, umas vezes, aos tribunais administrativos, outras, aos tribunais judiciais.

De um modo geral, pertence hoje ao *âmbito da jurisdição administrativa* a apreciação de todos os litígios que versem sobre *matéria jurídico-administrativa* e cuja apreciação não seja expressamente atribuída, por norma especial, à competência dos tribunais judiciais. O *critério aferidor decisivo* (constitucionalmente consagrado) da competência dos tribunais administrativos reside, pois, na existência (ou não) de um litígio sobre uma *relação jurídica administrativa* ou *fiscal* – entendida esta como uma relação regulada por *normas de direito público administrativo*, que atribuam *prerrogativas de autoridade* ou imponham deveres, sujeições ou limitações especiais a todos ou a alguns dos intervenientes por razões de interesse público, o que não sucede no âmbito de relações de natureza jurídico-privadas[854-855]. Neste âmbito das *relações jurídico-administrativas*, a Administração intervém numa *posição de supremacia*, na exercitação do seu *jus imperii*, enquanto que, *nas relações jurídico-*

[852] Cfr., quanto a este tema, Freitas do Amaral, *Curso de Direito Administrativo*, 4ª edição, vol. I, Almedina, 2016 e Francisco António Ferreira de Almeida, *Direito Administrativo*, Almedina, 2018, pp. 42 a 51.

[853] O Dec.-Lei nº 214-G/2015, de 2 de outubro de 2015, entrou em vigor em 1 de dezembro de 2015.

[854] São, assim, e por ex., os *tribunais comuns* os competentes em razão da matéria para a demanda de um município para reconhecimento de um direito de propriedade com pedido de indemnização por danos resultantes da respetiva violação por máquinas escavadoras e carregadoras ou de restituição especial de posse violada por decisão de caráter administrativo, que não os tribunais administrativos – cfr., *v. g.*, os acórdãos do STJ de 17-2-94 e de 17-2-97, *in* CJSTJ, Ano II, Tomo I, p. 114/Cons. Sousa Macedo e Tomo I, p. 65 e Cons. Nascimento Costa, respetivamente.

[855] Cfr. Freitas do Amaral, *Direito Administrativo*, vol. I, 3ª ed., Coimbra, Almedina, 2006, pp. 138-142.

-privadas (*v. g.* no domínio dos contratos de direito privado), age em pleno *pé de igualdade* com os particulares[856-857].

Mas nem sempre os litígios emergentes de relações jurídicas administrativas (e fiscais) são da competência exclusiva dos tribunais da jurisdição administrativa. De resto, e segundo o *princípio da delimitação negativa da jurisdição*, os tribunais judiciais – tribunais comuns em matéria cível e criminal – «exercem jurisdição em todas as áreas não atribuídas a outras ordens judiciais» (art. 211º, nº 1, da CRP)[858-859-860].

856 O *tribunal comum* é competente para conhecer de uma ação na qual se peça a condenação de um município a "reconhecer e a restituir" a plena propriedade de um imóvel na parte em que dele se apossou ilegitimamente e a demolir tudo quanto nele edificou à revelia do respetivo proprietário, bem como a repor esse imóvel no estado em que se encontrava antes da intervenção abusiva por parte daquela entidade – cfr. o acórdão do STJ de 19-9-2002 – 2ª Sec..

857 A *relação jurídico-administrativa* é aquela em que pelo menos um dos sujeitos é a Administração, estando em causa um litígio regulado por normas de direito administrativo. Os tribunais judiciais – jurisdição comum ou residual – são os competentes para conhecer de uma ação de reivindicação de um terreno privado intentada contra um município fundada em violação do direito de propriedade, já que não em causa a aplicação de qualquer norma ou princípio de direito administrativo – cfr. o acórdão do STJ de 13-3-2008, Proc. 391/2008 – 1º Sec./Cons. SEBASTIÃO PÓVOAS.

858 O exercício da função jurisdicional mostra-se reservado a favor os tribunais pelo art. 202º, nº 1 da CRP. A *Federação Portuguesa de Futebol* é uma pessoa coletiva de direito privado sem fins lucrativos, dotada de utilidade pública desportiva, por via da qual o Estado lhe atribuiu competências várias para o uso, em exclusivo, de poderes de natureza pública, entre os quais o poder regulamentar e o poder disciplinar. A decisão tomada pelo *Conselho de Justiça* daquela Federação num processo disciplinar não é uma decisão judicial suscetível de gerar caso julgado material, mas, diversamente, um *ato administrativo*. A circunstância de um pagamento, feito por uma SAD a outra SAD, ter sido realizado em cumprimento de uma pena disciplinar de reparação de danos não exclui a eventual existência de dano imputável, a título de responsabilidade civil, à segunda, por haver contribuído para o aumento de danos causados no estádio da primeira» – cfr. o acórdão do STJ de 05-07-2018, Proc. 8671/14.4T8LSB.L1.S1, *in* www.dgsi.pt/ Consª ROSA RIBEIRO COELHO.

859 As relações jurídicas estabelecidas entre a *Caixa de Previdência dos Advogados e dos Solicitadores* (CPAS) *e os seus associados*, são *relações de natureza administrativa* que cabem na competência geral mencionada na referida al o) do nº 1 do art 4º do ETAF. A remissão para «os requisitos previstos no CPPTRIB», constante do nº 5 do art. 81º do Regulamento aprovado pelo Dec.-Lei nº 119/2015 de 29 de junho, não pode deixar de implicar a expressa previsão para a utilização do *processo de execução fiscal* a que se reporta o nº 2 do art 148º do CPPTRIB para a cobrança coerciva das contribuições em dívida à CPAS» – cfr., neste sentido, o acórdão da RL de 3-9-2017, Proc. 17398/15.9T8LRS.L1-2, *in* www.dgsi.pt /Desª MARIA TERESA ALBUQUERQUE. «No âmbito dos «*sistemas de solidariedade e segurança social*», são os juízos de execução fiscal os competentes para a cobrança das contribuições respetivas, competindo ao

39.2. Competência dos tribunais administrativos

§1º Em matéria de responsabilidade contratual

Quanto à *responsabilidade contratual*, regem a al. e) do nº 1 do art. 4º, do ETAF e o art. 37º, nº 1, alínea l) do CPTA, ambos de 2002, com a redação que lhes foi dada pelo Dec.Lei nº 2014-G/2015, de 2 de outubro e com as alterações introduzidas no primeiro pela Lei nº 114/2019, de 12 de setembro.

Os *litígios atinentes às relações contratuais* poderão – como objeto da competente ação administrativa – versar sobre «questões relativas à validade de atos pré-contratuais e interpretação, validade ou execução de contratos administrativos (modificação do contrato e ou extinção do contrato ou aplicação de sanções contratuais) e, bem assim, sobre quaisquer outros contratos celebrados nos termos da legislação sobre contratação pública, por pessoas coletivas de direito público ou outras entidades adjudicantes»[861].

tribunal tributário de 1ª instância da área por onde corre a execução decidir os incidentes, de embargos e oposição, incluindo quando incida sobre os pressupostos da responsabilidade subsidiária, a graduação e a verificação de créditos e as reclamações dos atos materialmente administrativos praticados pelos órgãos de execução (artigo 5º do mencionado Decreto-Lei nº 42/2001)» – cfr., neste sentido, o acórdão da RP de 07-11-2018, Proc. 2076/17.2T8AGD.P1, *in* www. dgsi.pt/ Desª Ana Lucinda Cabral e, ainda, o acórdão da RL de 11-2-2017, Proc. 354-16.6T8LSB.L1-8, *in* www.dgsi.p /Desª Teresa Prazeres Pais.

[860] «A competência dos tribunais da jurisdição administrativa e fiscal fixa-se no momento da propositura da causa, nos termos do art. 5º, nº 1 do ETAF, aprovado pela Lei nº 13/2002, 19-02, sendo irrelevantes as modificações de facto e de direito que ocorram posteriormente. Perante uma relação contratual estabelecida entre um ente público, no caso, uma autarquia local (embargante) e uma instituição particular de solidariedade social (embargada/exequente), o enquadramento a fazer para efeitos de competência para a execução das obrigações assumidas no "Protocolo de Cooperação" dado à execução deve ser feito à luz das disposições do ETAF (art. 4º, nº 1, als. e) e f)), que disciplinam a matéria contratual. Em consequência, não merece censura o acórdão que, tendo por base o referido e ao abrigo do disposto no art. 157º, nº 4 do CPTA, defere a competência material para o prosseguimento dos autos aos tribunais administrativos» – Cfr. neste sentido, o acórdão do STJ de 26-3-2019, Proc. 2468/15.1T8CHV-A.G1.S1, *in* www.dgsi.pt/Cons. Pedro Lima Gonçalves.

[861] «É da competência material dos tribunais administrativos conhecer do pedido indemnizatório formulado contra uma sociedade privada, *concessionária de uma auto-estrada*, por danos materiais resultantes de um *acidente de viação ocorrido na via concessionada*, quando o acidente foi alegadamente provocado por ter havido omissão de deveres decorrentes do contrato de concessão celebrado com a administração, pela concessionária» – cfr., neste sentido, o acórdão da RL de 15-9-2015, Proc. 1573/12.0TCLRS.L1-1, *in* www.dgsi.pt/Desª Maria Adelaide Domingos.

Enquadra-se no âmbito daquelas citadas normas o *contencioso dos contratos* a respeito dos quais exista lei específica que submeta a respetiva celebração por certas entidades (públicas ou equiparadas) ou admita que possa ser submetida a um *procedimento pré-contratual de direito público*. Na alínea e) do nº 1 do art. 4º do ETAF, integram-se, pois, três grandes grupos: 1º- *contratos de objeto passível de ato administrativo*, isto é, cujos efeitos também poderiam ser produzidos através de ato administrativo unilateral; 2º- *contratos especificamente regulados por normas de direito público*, sujeitos, pois, a um *regime substantivo típico de direito público*, isto é, *contratos administrativos típicos* (critério estatutário)[862-863]; 3º- *contratos que as partes hajam expressamente submetido a um regime substantivo de direito público*, aqui se incluindo os *contratos administrativos atípicos*, sem objeto passível de ato administrativo (por ex., contratos de empreitada que as partes hajam submetido ao regime jurídico da empreitada de obras públicas)[864-865].

[862] O *Código dos Contratos Públicos* foi aprovado pelo Dec.-Lei nº 18/2008, de 29 de janeiro, alterado e republicado pelo Dec.-Lei nº 111/B-2017, de 31 de agosto, retificado pelas Declarações de Retificação nºs 36-A/2017, de 30 de outubro, e nº 2/2017, de 30 de novembro.

[863] «O *contrato de prestação de serviço de telecomunicações* entre uma *empresa comercial* como fornecedora e *uma autarquia* como cliente reveste a natureza de *contrato administrativo*, nos termos conjugados dos artigos 1º, nº 6, alínea a), e 450º e ss. do Código dos Contratos Públicos (CCP), estando submetido também ao regime dos procedimentos da contratação pública, nos termos dos arts. 6º, nº 1, alínea e), e 16º, nºs 1 e 2, alínea e), do mesmo Código, como tal competindo aos *tribunais administrativos* o conhecimento dos litígios emergentes desse contrato, nomeadamente em sede da sua execução, tanto ao abrigo das alíneas e) e f) do nº 1 do art. 4º do ETAF, na redação anterior às alterações introduzidas pelo Dec.-Lei nº 214-G/2015, de 2 de outubro, como na atual redação da alínea e) daquele normativo, dada por este diploma» – cfr., neste sentido, o acórdão do STJ de 13-10-2016, Proc. 30249/14.2YIPRT.G1.S1, *in* www.dgsi.pt/Cons. Tomé Gomes.

[864] Cfr. Pedro Gonçalves, *O Contrato Administrativo*, pp. 58-59.

[865] «Tendo-se demonstrado que, por via de um contrato de *factoring*, a autora adquiriu um crédito que teve origem em *empreitadas de obras públicas* precedidas de procedimentos concursais encetados pelo réu e respeitando as faturas cujo pagamento é peticionado em execução dos correspondentes contratos (os quais se regem por normas de direito público), é de concluir que a causa se insere na previsão das als. e) e f) do nº 1 do art. 4º do ETAF, carecendo, consequentemente, os tribunais judiciais de competência em razão da matéria para dirimir o litígio. Não pode cindir-se a *competência material* para conhecer do litígio consoante o devedor (aderente ou cedente), tenha ou não deduzido oposição com base nos meios de defesa que podia opor relativamente ao negócio donde emerge o direito de crédito e atribuir-se a mesma, no primeiro caso, aos *tribunais administrativos e fiscais* e, no segundo caso, aos *tribunais judiciais*» – cfr., o acórdão do STJ de de 21-01-2016, Proc 2563/07.0TBVCD.P1.S1, *in* www.dgsi.pt/Cons. Silva Gonçalves.

Na alínea b) do nº 4 do art. 4º do ETAF excluí-se do âmbito jurisdicional administrativo a apreciação dos litígios emergentes dos *contratos de trabalho* (ainda que uma das partes seja uma pessoa coletiva de direito público), com exceção «dos litígios emergentes do vínculo de emprego público». O *contrato de trabalho em funções públicas* é regulado pela *Lei Geral do Trabalho em Funções Públicas* – Lei nº 35/2014, de 20 de junho, com as últimas alterações introduzidas pelo Dec.-Lei nº 6/2019, de 14 de janeiro, sendo que, nos termos do art. 6º do respetivo Anexo «o trabalho em funções públicas pode ser prestado mediante *vínculo de emprego público* ou contrato *de prestação de serviço*»[866]. Nos termos do art. 4º do mesmo anexo, «é aplicável ao *vínculo de emprego público*, sem prejuízo do disposto na presente lei e com as necessárias adaptações, o disposto no *Código do Trabalho* e *respetiva legislação complementar*».

§2º Em matéria de responsabilidade extracontratual

Cabe também as tribunais administrativos a apreciação dos *litígios que tenham por objeto questões relativas à responsabilidade civil extracontratual das pessoas coletivas de direito público*, incluindo pelos danos resultantes do exercício das funções política, legislativa e jurisdicional, sem prejuízo das situações excluídas pela al. a) do nº 4 do mesmo art. 4º (ações de responsabilidade por erro judiciário cometido por tribunais pertencentes a outras ordens de jurisdição, assim como das correspondentes ações de regresso»).

No que tange à *responsabilidade civil extracontratual do Estado e das demais entidades públicas* (pessoas coletivas públicas, órgãos ou agentes), o nº 2 do art. 1º da Lei nº 67/2007, de 31 de dezembro, estatui que, para efeitos de apuramento da responsabilidade pelos danos resultantes do *exercício da função legislativa, jurisdicional e administrativa*, correspondem ao exercício da *função administrativa* «as ações e omissões adotadas no exercício de *prerrogativas de poder público* ou reguladas por *disposições ou princípios de direito administrativo*».

Responsabilidade civil essa decorrente do *exercício da função político-legislativa* do Estado e das Regiões Autónomas, que os nºs 1 e 3 do art. 15º dessa Lei estendem aos *danos anormais* causados aos direitos ou interesses legal-

[866] «Incumbe aos *tribunais judiciais – juízos de competência especializada das instâncias centrais dos tribunais de comarca (juízos de trabalho)* a competência para conhecer de uma ação movida contra um município em que um trabalhador pede que se declare a *existência de um contrato de trabalho* com o Réu, com início em 2006 e termo em julho de 2014 e que se condene este em várias pretensões derivadas daquele contrato e da respetiva cessação e fundamentadas no regime jurídico do contrato individual de trabalho» – cfr., neste sentido, o acórdão do STJ de 11-02-2016, Proc. 255/14.3T8AGD.P1.S1, *in* www.dgsi.pt/Cons. António Leones Dantas.

mente protegidos dos cidadãos por *atos* "praticados em desconformidade com a Constituição, o direito internacional, o direito europeu ou ato legislativo de valor reforçado" (nº 1) ou resultantes da omissão de providências legislativas necessárias para tornar exequíveis normas constitucionais, *atos* esses cujos litígios conexos pertencem à esfera de competência dos *tribunais judiciais*.

Há, nesta sede, que distinguir entre *questões* e *atos* ou *decisões*. As *questões*, incluindo as emergentes do *exercício da função jurisdicional*[867] ou *da função legislativa*[868], da responsabilidade dos titulares de órgãos, funcionários, agentes e servidores públicos ou da atuação de sujeitos de direito privado a que seja aplicável o regime específico da responsabilidade do Estado e demais pessoas coletivas de direito público, são da competência dos *tribunais administrativos* (art. 4º, nº 1, alíneas f), g) e h) do ETAF). Já a impugnação dos *atos* ou *decisões emitidos no exercício da função política e legislativa*, das *decisões proferidas pelos tribunais judiciais, das decisões jurisdicionais proferidas por tribunais não integrados na jurisdição administrativa e fiscal* e dos *atos relativos ao inquérito e instrução criminais, ao exercício da ação penal e à execução das respetivas decisões*, a competência será exclusivamente dos *tribunais judiciais* (art. 4º, nº 3, alíneas a), b) e c), do ETAF)[869].

No que tange à *responsabilidade pelo risco*, o art. 11º da Lei nº 67/2007 imputa ao Estado e às demais pessoas coletivas de direito público a *responsabilidade pelos danos decorrentes de atividades, coisas ou serviços administrativos especialmente perigosos* – caso em que a competência *ratione materiae* é manifestamente dos *tribunais administrativos*. No art. 12º da mesma Lei consagra-se

[867] É, por exemplo, o caso da apreciação da responsabilidade do Estado pela *violação do prazo razoável* para a decisão de um dado processo judicial.

[868] «A constituição em responsabilidade fundada na omissão de providências legislativas necessárias para tornar exequíveis normas constitucionais depende da prévia verificação de inconstitucionalidade por omissão pelo TC» – cfr. o nº 5 do art. 15º da Lei nº 67/2007, de 31 de dezembro.

[869] Nos casos de *dolo ou culpa grave*, «os titulares de órgãos, funcionários e agentes são responsáveis pelos danos que resultem de ações ou omissões ilícitas» por eles cometidas com diligência e zelo manifestamente inferiores àqueles a que se encontravam obrigados em razão do cargo (art. 8º, nº 1, da Lei nº 67/2007). O Estado e as demais pessoas coletivas de direito público são *responsáveis de forma solidária* com os respetivos titulares de órgãos, funcionários e agentes, se as ações ou omissões referidas no número anterior tiverem sido cometidas por estes no exercício das suas funções e por causa desse exercício (nº 2), sendo que, «quando haja pluralidade de responsáveis, é aplicável o disposto no art. 497º do CC» (art. 10º, nº 4).

também um regime específico de responsabilidade civil por danos decorrentes do *exercício da função jurisdicional*, já que determina a aplicabilidade genérica «aos danos ilicitamente causados pela *administração da justiça*, designadamente por violação do direito a uma *decisão judicial em prazo razoável*, o regime da responsabilidade por factos ilícitos cometidos no exercício da função administrativa» – competência, pois, dos *tribunais administrativos*[870-871-872].

E, no que toca às ações sobre *responsabilidade civil extracontratual por erro judiciário*, o art. 13º da Lei nº 67/2007 prescreve que, «sem prejuízo do regime especial aplicável aos casos de sentença penal condenatória injusta e de privação injustificada da liberdade, *o Estado é civilmente responsável pelos danos decorrentes de decisões jurisdicionais manifestamente inconstitucionais ou ilegais ou injustificadas por erro grosseiro na apreciação dos respetivos pressupostos de facto*» (nº 1)[873], sendo que «o pedido de indemnização deve ser fundado na *prévia revogação da decisão danosa pela jurisdição competente*» (nº 2)[874-875].

[870] Acerca da responsabilidade extracontratual do Estado pelo atraso na administração da justiça (*violação da délai raisonnable*), com a consequente obrigação de indemnizar e respetivos pressupostos – designadamente a prova do nexo causal entre o facto e o dano invocado pelo lesado, – cfr. o acórdão do STA de 17-1-2007, *in* ADSTA, nº 547, pp. 1217 e ss./Cons. Jorge de Sousa e demais jurisprudência nesse aresto mencionada.

[871] No plano interno, e a título de exemplo, o Estado Português sofreu, em 7-3-89, uma condenação em ação de indemnização movida nos tribunais administrativos a título de responsabilidade civil extracontratual por danos causados pelo facto ilícito e culposo traduzido na violação da *delai raisonnable* (sentença relativa a um julgamento de despedimento sem justa causa proferida mais de 5 anos depois desse julgamento, quando o art. 84º do CPT 63 cominava o prazo de 3 dias para que a sentença fosse lavrada ou ditada para a ata) – cfr. o acórdão do STA de 7-3-89, 1ª Sec. – 2ª Subsec./ Cons. António Samagaio, *in* AP-DR de 14-11-94, pp. 1816 e ss., *Sub-Judice*, I, p. 43 e RLJ, 123, p. 293, com. e anot. por Gomes Canotilho. Cfr. ainda o acórdão do STA 1ª Sec. de 15-10-98/Proc. 036811-1ª Sec.-1ª Subsec./Cons. Correia de Lima, *in* Cadernos de Justiça Administrativa, nº 17, p. 17, com anot. de João Caupers.

[872] O Tribunal de Conflitos, pelo seu acórdão de 29-6-2005 – Proc. 2/2005, *in* www.dgsi.pt/ Cons. Alberto Oliveira, atribuiu aos tribunais judiciais a competência para o conhecimento de uma questão relativa à violação da *delai raisonnable* imputada aos tribunais judiciais.

[873] Nos termos do art. 225º do CPP «quem tiver sofrido detenção ou prisão preventiva manifestamente ilegal pode requerer, perante o tribunal competente, indemnização pelos danos sofridos com a privação da liberdade» (nº 1); ou, não sendo a prisão preventiva ilegal, «venha a revelar-se injustificada *por erro grosseiro* na aplicação dos respetivos pressupostos de facto de que dependia». Ressalva-se o caso de o preso ter concorrido, por *dolo ou negligência*, para aquele erro».

[874] Posição defendida por J. M. Cardoso da Costa, *in* RLJ, ano 138º, pp. 156-168.

[875] Cfr., sobre este tema, Alessandra Silveira, "*Da (ir) Responsabilidade do Estado-juiz por violação do Direito da União Europeia, in* anotação ao acórdão do STJ, de 3-12-2009, *in Scientia*

O *direito da União* (*v. g.* o §3º do art. 267º do TFUE) e, em especial a jurisprudência do TJUE, decorrente do acórdão Köbler/Republik Österreich (C224/01, EU:C2003:513) do mesmo TJ, deve ser interpretado no sentido de que se opõe a um *regime nacional de responsabilidade do Estado* que condicione o direito à indemnização à prévia revogação da decisão danosa (cfr. o acórdão do TJ de 9 de setembro de 2015, C-160/14). É o caso, entre nós *da responsabilidade civil extracontratual do Estado por erro judiciário* (art. 13º, nº 2, da Lei nº 67/2007, de 31 de dezembro), o que coloca um manifesto «problema de constitucionalidade dessa norma, face à impossibilidade de impugnação das decisões que, por razões de alçada ou outra disposição especial ou porque tiverem sido proferidas pelo Supremo Tribunal de Justiça, sejam insuscetíveis de qualquer outra impugnação ordinária»[876]

Responsabilidade extracontratual esta cujo apuramento cabe aos *tribunais judiciais* (se o erro houver sido cometido por tribunal ou juiz da ordem jurisdicional comum) ou aos *tribunais administrativos* (se o erro houver sido cometido por tribunal ou juiz da ordem administrativa e fiscal) – cfr. a al. b) do nº 3 e 4º, al. a) do art. 4º do ETAF.

No que particularmente se refere à *responsabilidade dos magistrados*, o art. 14º ainda da mesma Lei 67/2007, dispõe que, «sem prejuízo da responsabilidade criminal em que possam incorrer (por ex., por suborno - art. 363º, denegação de justiça e prevaricação - art. 363º, corrupção - arts. 372º e 373º e abuso do poder - art. 382º, todos do CP), os *magistrados judiciais e do Ministério Público* não podem ser *diretamente* responsabilizados pelos danos decorrentes dos atos que pratiquem no exercício das respectivas funções, mas, quando tenham agido com *dolo ou culpa grave* (arts. 5º do EMJ 85 e 77º do EMP 86), o Estado goza de *direito de regresso* contra eles» (nº 1). A exercitação deste direito cabe ao órgão competente para o exercício do poder disciplinar, a título oficioso ou por iniciativa do Ministro da Justiça (nº 2), mediante a *ação de indemnização quanto a magistrados* prevista e regulada nos arts. 967º e ss. do CPC (aplicável subsidiariamente às ações do mesmo tipo que sejam da competência de outros tribunais) e a ser proposta na circunscrição judicial em que o magistrado exercia as suas funções ao tempo em que ocorreu o facto que serve de fundamento ao pedido (art. 968º). A competência para o julgamento pertencerá ao *tribunal da Relação* ou ao *Supremo Tribunal de Justiça* (ou equiparados da jurisdição administra-

Ivridica, Tomo LVIII, nº 230, pp. 773 e ss. e Hugo Luiz dos Santos, *A Responsabilidade Extracontratual do Juiz por violação do direito da União Europeia*: o art. 13º, nº 2, da Lei nº 67/2007 é "inconstitucional", Scientia Juridica, janeiro/abril de 2015, *in blog* do IPPC.

[876] Cfr., neste último sentido, Miguel Teixeira de Sousa, *in blog* do IPPC de 10-9-2015.

tiva) em função da categoria funcional do magistrado demandado (cfr. os arts. 55º, al. b), e 73º, al. b), da LOSJ).

«*Os juízes não podem ser responsabilizados pelas suas decisões*» (julgamentos de facto ou de direito) ou pelo seu eventual conteúdo erróneo, «salvas as exceções consignadas na lei» – arts. 216º, nº 2, da CRP e 5º, nº 2, do EMJ 85. Isto como garantia das suas *independência* e *imparcialidade*, afastando qualquer veleidade de cedência ao maior voluntarismo ou combatividade de uma qualquer das partes para se eximir a uma *révanche* de cariz indemnizatório dirigida «*ad hominem*»; por outro lado, para prevenir que as suas decisões fiquem à mercê da sindicância e controlo por banda de outros juízes seus pares fora das vias normais de recurso. O princípio é, pois, o de que ao juiz assiste o *direito ao erro* (*the right to be wrong* ou *le droit à l'erreur*), restando às partes lesadas com a decisão errada ou injusta, ainda que tenha havido *negligência grosseira* (*culpa lata*), contra as mesmas desencadear os meios de reação legalmente previstos (reforma – art. 616º, nº 2 – ou recurso – art. 627º, nº 1)[877].

Também quanto às *ações de indemnização* (a cargo do Estado e das demais pessoas coletivas de direito público) dos particulares «a quem, por razões de interesse público, se imponham encargos ou causem danos especiais e anormais» – a chamada *indemnização pelo sacrifício* a que se reporta o art. 16º da Lei nº 67/2007 –, serão elas, por emergirem da *função administrativa*, da competência dos *tribunais administrativos.*

39.3. Contenciosos especiais

39.3.1. Setor empresarial do Estado

O setor empresarial do Estado (sector público empresarial) abrange as *empresas públicas* e o *setor empresarial local* (art. 2º do Dec.-Lei nº 133/2013, de 3 de outubro). As empresas públicas podem assumir as formas de "*sociedades de responsabilidade limitada constituídas nos termos da lei comercial*" e "*entidades públicas empresariais*" (art. 13º desse diploma).

Se bem que *pessoas coletivas públicas*, as *empresas públicas* encontram-se *predominantemente sujeitas ao direito privado*, pois que desenvolvem uma *atividade de gestão privada* que não de gestão pública; e daí o primado das regras próprias do direito civil em geral e do direito comercial em especial (não

[877] Cfr., quanto a este ponto, M. Henrique Mesquita, *in Ab Uno Ad Omnes* – 75 anos da Coimbra Editora, Coimbra, 1998, pp. 1389 e respetiva nota 1, para quem «existe *negligência grosseira* sempre que a decisão enferme de um erro tão grave que um juiz normalmente consciencioso não o teria cometido» (*sic*).

por acaso, todas as empresas públicas estão sujeitas ao registo comercial, ou como sociedades ou porque a lei as submete expressamente a esse regime – cfr. o nº 4 do art. 14º do Dec.-Lei nº 133/2013, de 3 de outubro). E *direito privado*, não por aplicação mecânica ou automática, mas «*ex-vi*» do próprio direito administrativo (cfr. nº 1 do art. 7º do mesmo diploma). Mas também o *direito público* especificamente incidente sobre a atividade económica empresarial privada (direito fiscal, direito processual civil, direito processual económico e direito penal económico etc.) – cfr. o nº 5 do mesmo art. 14º.

Outrossim, face à necessidade de assegurar o concurso de pessoal qualificado, os seus recrutamento e remuneração em função dos parâmetros emergentes do mercado de trabalho, esse pessoal está submetido ao *regime jurídico do contrato individual de trabalho* (privado) que não ao regime da função pública, sendo que «a matéria relativa à contratação coletiva se rege pela lei geral» (art. 17º, nºs 1 e 2)[878].

No que respeita à vertente «*pública*», estatui o nº 1 do art. 22º desse Dec.-Lei 133/2013 que «poderão as empresas públicas exercer poderes e *prerrogativas de autoridade* de que goza o Estado, designadamente quanto a: – expropriação por utilidade pública; utilização, proteção e gestão das infraestruturas afetas ao serviço público; – licenciamento e concessão nos termos da legislação aplicável à utilização do domínio público. Sempre, porém, segundo a *regra geral da gestão privada*, face ao *caráter excecional do regime da gestão pública*, a qual só pode ser estabelecida «na medida do estritamente necessário de qualquer atividade nos terrenos, edificações e outras infraestruturas que lhe sejam afetas (alíneas a), b) e c)). Os poderes especiais ser-lhes-ão «atribuídos por diploma legal, em situações excecionais e na medida do estritamente necessário à prossecução do interesse público ou constam de contrato de concessão» (nº 2).

Quanto ao *contencioso das empresas públicas*, para efeitos de determinação da competência para o julgamento dos *litígios a que se refere o art. 22º*, essas empresas são equiparadas a entidades administrativas (art. 23º, nº 1); nos

[878] O novo regime do *Regime do Contrato de Trabalho em Funções Públicas* (RCTFP) – não aplicável às entidades públicas empresariais nem às ER's – foi aprovado pela Lei Geral do Trabalho em Funções Públicas (Lei nº 35/2014, de 20 de junho, cujas últimas alterações foram introduzidas pela Lei nº 18/2016, de 20 de junho). O contencioso relativo aos litígios surgidos no âmbito das relações jurídicas laborais relativos a essas entidades é, pois, da *competência dos juízos centrais cíveis de competência especializada* das respetivas comarcas (arts. 81º, nº 2, al. b) e 126º da LOSJ).

demais litígios, seguem-se as regras da *competência material dos tribunais judiciais* (art. 23º, nº 2).

39.3.2. Concorrência, regulação e supervisão

A instituição *do tribunal da concorrência, regulação e supervisão*, como *tribunal de competência territorial alargada*, encontra genérico respaldo na alínea b) do nº 3 e no nº 4, ambos do art. 83º da LOSJ. A criação específica dos tribunais de competência territorial alargada, incluindo o da Concorrência, Regulação e Supervisão, encontra-se prevista na alínea g) do art. 65º do Regulamento da LOSJ (Dec.-Lei nº 49/2014, de 27 de março).

Conforme decorre do Anexo III desta Lei, este Tribunal tem sede em Santarém e a sua área de competência territorial abrange todo o território nacional.

Há que considerar particularmente, neste domínio, o chamado *contencioso das entidades reguladoras* (ER's), tendo sempre em mira o *pressuposto processual da competência*. Referimo-nos à sindicância dos atos e às ações (designadamente de responsabilidade civil) respeitantes designadamente às seguintes entidades reguladoras (ER's): Banco de Portugal (BP); Comissão de Mercado de Valores Mobiliários (CMVM); Instituto dos Seguros de Portugal (ISP); Instituto Nacional de Transporte Ferroviário (INTF); Instituto Nacional de Aviação Civil (INAC); Entidade Reguladora dos Serviços Energéticos (ERSE); Instituto Regulador de Águas e Resíduos (IRAR); Autoridade Nacional de Comunicações (ICP-ANACOM); Entidade Reguladora da Saúde (ERS); Autoridade da Concorrência (AC); Entidade Reguladora para a Comunicação Social (ERCS).

Variando, assim, em função da natureza da relação jurídica subjacente, a regra é a de a que a generalidade das decisões «*autoritárias*» (atos administrativos, contratos administrativos e regulamentos administrativos) das ER's estejam submetidas ao *controlo contencioso dos tribunais administrativos*; já não as *atuações de direito privado*, submetidas, como tal, à *jurisdição comum*.

Os Estatutos e Regulamentos orgânicos das ER's remetem, na sua maioria, a *título subsidiário*, para o *regime jurídico das entidades públicas empresariais*. Assim acontece, designadamente, com o INTF, a ERSE, o IRAR, o ICP-ANACOM, a CMVM, o ISP e o BP, no domínio dos procedimentos de aquisição e alienação de bens e serviços do Banco.

No que particularmente respeita à impugnação (recurso) das decisões em *matéria da concorrência, regulação e supervisão*, é ela da competência do *tribunal da concorrência regulação e supervisão* como tribunal de *competência territorial alargada* (sendo que «podem existir tribunais judiciais de 1ª instância com competência para mais do que uma comarca ou sobre áreas especialmente referidas na lei – art. 83º da LOSJ) a que se reporta o nº 1 do art. 112º dessa mesma Lei – e aos quais compete *«conhecer das questões relativas a recurso, revisão e execução das decisões, despachos e demais medidas em processo de contraordenação legalmente suscetíveis de impugnação»*: a)- da Autoridade da Concorrência (AdC); b)- da Autoridade Nacional de Comunicações (ICP-ANACOM); c)- do Banco de Portugal (BP); d)- da Comissão do Mercado de Valores Mobiliários (CMVM); e)- da Entidade Reguladora para a Comunicação Social (ERC); f)- do Instituto de Seguros de Portugal (ISP); g)- das demais entidades administrativas independentes com funções de regulação e supervisão.

Por força do nº 2 do supra-citado art. 112º da LOSJ, «compete ainda ao *tribunal da concorrência, regulação e supervisão* conhecer das questões relativas a *recurso, revisão* e *execução*: a)- das decisões da AdC proferidas em procedimentos administrativos a que se refere o regime jurídico da concorrência, bem como da decisão ministerial prevista no art. 34º do Dec.-Lei nº 10/2003, de 18 de janeiro; b)- das demais decisões da AdC que admitam recurso, nos termos previstos no regime jurídico da concorrência. Competências que se estendem aos respetivos *incidentes* e *apensos*, bem como à *execução* das respetivas decisões (cfr. nº 3 do art. 112º da LOSJ)[879].

Nos termos do nº 2 do artigo 45º do Dec.-Lei nº 125/2014, de 18 de agosto (Estatutos da Autoridade da Concorrência), *as atividades da AdC de natureza administrativa ficam sujeitas à jurisdição administrativa*, nos termos da respetiva legislação.

40. Competência internacional e competência interna

Na *ordem jurídica interna*, a competência reparte-se pelos tribunais judiciais segundo a *matéria*, o *valor*, a *hierarquia* e o *território* (art. 37º, nº 1, da LOSJ).

«A lei do processo fixa os fatores de que depende a *competência internacional dos tribunais portugueses*» (art. 37º, nº 2, da LOSJ).

A *competência interna* consiste na repartição ou fracionamento do poder de julgar entre os diversos *tribunais portugueses* e desdobra-se em competência em razão da *matéria*, competência em razão da *hierarquia*, competência em razão do *valor* e competência em razão do *território*. A *competência*

879 Acerca do *controlo jurisdicional da concorrência*, cfr. J. L. Cruz Vilaça, *O Juiz e a Economia – a intensidade do controlo jurisdicional em matéria de concorrência na ordem jurídica da União Europeia*, *in* Revista Julgar, nº 35, maio/agosto de 2018, pp. 11-24.

internacional traduz-*se na fração do poder jurisdicional atribuída aos tribunais portugueses no seu conjunto* em face dos *tribunais estrangeiros*, relativamente às causas que tiverem um qualquer elemento de conexão (substantiva ou adjetiva) com ordens jurídicas estrangeiras.

No âmbito da *competência interna*, todos os elementos de conexão do feito introduzido em juízo o são com a ordem jurídica portuguesa (em nada contendendo com ordens jurídicas estrangeiras). O problema de *competência internacional dos tribunais portugueses* só se coloca se os tribunais da ordem jurídica portuguesa tiverem que conhecer de situações ou questões litigiosas que, apesar de possuírem (na perspetiva do ordenamento português) uma certa relação com ordens jurídicas estrangeiras, apresentam igualmente uma conexão relevante com a ordem jurídica portuguesa. Isto tendo presente que cada país pode fixar os *elementos de conexão* que considera relevantes para se atribuir a competência para o julgamento de determinados litígios.

Subsecção II
Competência internacional

41. Competência internacional
41.1. Critérios e fatores de atribuição

Os fatores de que depende a *competência internacional dos tribunais portugueses* são fixados pela lei de processo (art. 37º, nº 2, da LOSJ), sendo regulada pelos arts. 62º e 63º do CPC.

A *competência internacional* é, em princípio, de aferir em função da relação material controvertida, tal como é configurada pelo autor. Mas uma dada causa pode estar, por algum dos seus elementos, conexionada com outros diversos ordenamentos jurídicos. Dizem-se *conflitos* (*plurilocalizados*) aqueles cuja relação jurídica litigiosa se encontra em contacto com diversas ordens jurídicas nacionais, as quais como que disputam entre si a competência para a respetiva *regulação* material. Questão que interessa também à *indagação das normas processuais aplicáveis* uma vez introduzido o feito em juízo, a fim de, para a relação material subjacente, se obter uma adequada providência judiciária.

Constituem *elementos de conexão relevante* (também chamados *elementos de internacionalização*) para efeitos de seleção da jurisdição nacional competente, entre outros, a *nacionalidade* dos sujeitos de direito, o *domicílio* das partes ou de alguma delas, o *lugar da ocorrência do facto ilícito*, o *lugar da celebração do ato ou negócio jurídico* ou o *lugar do cumprimento da obrigação*, o *lugar onde foi cometida violação dos deveres conjugais* que serve de fundamento à ação de divórcio ou até para o requerimento de providência cautelar prévia ou contemporânea da ação principal. Mas, no fundo, a opção terá de ter sempre, como parâmetros referenciais, a *lei do país onde foi instaurado o pleito*, a *lei do país onde pretenda realizar-se qualquer ato processual isolado* ou as *leis dos diversos países com os quais a relação material esteja em contacto* através de algum ou de vários dos seus elementos de natureza substantiva.

A *conexão* da ação com a ordem jurídica internacional pode surgir, assim, ao nível das *partes*, do *pedido* ou da *causa de pedir*, assumindo os mesmos natureza *material ou substantiva* ou *natureza processual ou adjetiva*. É o chamado *conflito de leis (no espaço)* com sede própria no Direito Internacional Privado. Situações hoje de frequência acrescida, face ao incremento do comércio jurídico internacional e da livre circulação de pessoas, bens e capitais, quer no espaço europeu, quer no espaço internacional.

Exemplos: um contrato foi celebrado entre um português e um inglês; um contrato foi celebrado no Luxemburgo, sendo ambos os contraentes portugueses; o prédio cujo contrato de compra e venda foi celebrado em Portugal entre portugueses encontra-se situado em França; um contrato de compra e venda (de um bem móvel ou imóvel) foi celebrado na Alemanha entre dois cidadãos alemães, sendo esses bens aí situados, todavia o credor-adquirente, tendo entretanto mudado de residência para Portugal, instaura aqui uma ação a solicitar o respetivo cumprimento.

O Regulamento (CE) nº 864/2007, do Parlamento Europeu e do Conselho, de 11 de julho de 2007, *relativo às obrigações extracontratuais* (Roma II») (em vigor em todos os Estados-Membros com exceção da Dinamarca), é aplicável a situações que envolvam um *conflito de leis*, às *obrigações extracontratuais em matéria civil e comercial* (com exclusão das matérias fiscais, aduaneiras e administrativas e da responsabilidade do Estado por atos e omissões no exercício do poder público – *ata jure imperii* – (art. 1º, nº 1); do seu âmbito de aplicação são excluídas as obrigações tipificadas nas a) a g) do nº 2 do mesmo artigo. Para efeitos do Regulamento (cujos princípios diretores se traduzem no da *lex loci deliti* e no da *lex loci damni*), o *dano* abrange todas as consequências decorrentes da responsabilidade fundada em ato lícito, ilícito, ou no risco, do enriquecimento sem causa, da *negotiorum gestio* ou da *culpa in contrahendo* (art. 2º, nº 1). Sem prejuízo do disposto nos respetivos arts. 21º (validade formal) e 22º (*ónus da prova*), o Regulamento não se aplica à *prova* e ao *processo* (art. 1º, nº 3)[880].

O Regulamento (CE) nº 593/2008, do Parlamento Europeu e do Conselho, de 17 de junho de 2008, *relativo às obrigações contratuais contratuais na União Europeia* («Roma I»), estabelece as regras à escala da União Europeia (UE) para determinar qual a lei nacional aplicável às obrigações contratuais em matéria civil e comercial que envolvam mais do que um país, funcionando, a par de dois outros regulamentos, o Roma II (*obrigações extracontratuais*) e o Roma III (*divórcio e separação judicial*) para determinar a lei aplicável em diferentes tipos de matéria civil e comercial. O Regulamento é aplicável desde que as obrigações impliquem um *conflito de leis,* mas *não às matérias fiscais, aduaneiras e administrativas, nem* (sem prejuízo do disposto no art. 18º relativo ao ónus da prova) *as relativas à prova* e ao *processo,* no decurso de processos judiciais. Também não é aplicável a obrigações discriminadas nas alíneas a) a j) do nº 2 do respetivo art. 1º. Confere o Regulamento a *liberdade de escolha* (às partes num contrato) *da lei aplicável* a uma parte ou à totalidade desse contrato, podendo a lei escolhida ser alterada a qualquer momento, mediante acordo de todas as partes. Na falta de escolha, as regras variam em função do concreto tipo de contrato, de harmonia com os critérios de estabelecidos pelo Regulamento (art. 3º, nºs 1 e 2).

Mas, uma vez excluída a competência dos tribunais portugueses para o conhecimento de determinada questão (e à míngua de qualquer *pacto de jurisdição* validamente celebrado), a competência internacional exclusiva dos nossos tribunais depende da verificação (autónoma) de algum dos critérios constantes das alíneas a) a e) do nº 1 do art. 63º, devidamente conjugados com o disposto nos arts. 59º e 94º. Princípios e critérios, de resto, só de levar em conta quando nada resultar em contrário dos tratados, convenções, regulamentos europeus e leis especiais, designadamente das Convenções de Bruxelas e Lugano e dos Regulamentos (UE) nº 1215/2012, de 22 de dezembro de 2012 (competência em matéria judiciária) e nº 2201/2003, de 27 de novembro (competência em matéria matrimonial e de responsabilidade parental).

Constituem princípios diretores nesta sede os seguintes:

Princípio da coincidência (art. 62º, al. a)):

Por este princípio, os tribunais portugueses serão competentes *quando a ação possa ser proposta em Portugal segundo as regras de competência territorial*

[880] Cfr., quanto ao âmbito de aplicação deste Regulamento, J. C. Moitinho de Almeida, *O Regulamento Roma II – Lei Aplicável às Obrigações Extracontratuais*, Principia Editora, 2017.

estabelecidas na lei portuguesa constantes dos arts. 70º e ss.. Situação, pois, de *coincidência* entre a competência internacional e a competência interna territorial. Sempre que, face àquelas regras de ordem interna, a ação deva ser instaurada em Portugal, os tribunais portugueses terão *competência internacional* para o respetivo julgamento, ainda que existam elementos de conexão com qualquer ordem jurídica estrangeira, como a nacionalidade das partes ou o lugar da ocorrência da causa de pedir.

Assim, por exemplo, as *ações relativas a direitos reais sobre imóveis* devem ser propostas no tribunal da situação dos bens, por força do disposto no nº 1 do art. 70º. Mas se os bens se situarem em Portugal, os tribunais portugueses sempre terão competência (interna e internacional) por aplicação deste princípio.

Princípio da causalidade (art. 62º. al. b)):

Os tribunais portugueses serão internacionalmente competentes se «*tiver sido praticado em território português o facto que serve de causa de pedir na ação, ou algum dos factos que a integram*» (por ex., a celebração do ato ou contrato em território português)[881];

Princípio da necessidade (art. 62º, al. c)):

A competência é atribuída aos tribunais portugueses «quando o direito invocado pelo autor só possa tornar-se efetivo por meio de ação proposta em Portugal ou quando a sua propositura no estrangeiro represente apre-

[881] «Tendo sido alegado na petição inicial que o autora produz e exporta produtos para o mercado moçambicano, tendo a sua marca protegida pelo registo em Portugal e em Moçambique, e sendo igualmente alegado que o réu, aproveitando-se do prestígio da marca do autor está a vender esses produtos no mercado moçambicano, a mais baixo preço, produtos com a mesma designação dos do autor, do que tem resultado diminuição das encomendas recebidas pelo autor com vista à exportação para aquele País, mostra-se preenchido um dos requisitos para atribuição de *competência internacional aos tribunais portugueses*. Isto porque, face ao disposto na al. b) do artº 62º, consagrador do *princípio da causalidade*, basta que um dos elementos constitutivos da causa de pedir se localize em Portugal, para que essa competência esteja assegurada. Uma ação de condenação baseada em responsabilidade civil apresenta uma *causa de pedir complexa*, integrada pela conduta ilícita e culposa do réu, geradora de prejuízos para o autor; ocorrendo o prejuízo em Portugal (na hipótese *sub-judice* diminuição das encomendas e das vendas por exportação, em Portugal, onde está sediado o autor (ou a firma autora), verifica-se uma conexão objetiva que confere ao tribunal português competência internacional» – cfr. o acórdão da RL de 21-4-2016, *Proc.13/15.8YHLSB-A.L1-8*, *in* www.dgsi.pt /Des. António Valente.

ciável dificuldade para o autor». O critério da necessidade afere-se, assim, pela *exclusividade da via* para a efetivação do direito do autor. Ponto é que entre a ação a propor e o território português exista um qualquer elemento ponderoso de conexão pessoal (nacionalidade) ou real (situação dos bens). Impossibilidade ou dificuldade essas advenientes de factos excecionais ou anómalos impeditivos do normal funcionamento da jurisdição competente, como, por exemplo, o estado de guerra ou o corte de relações diplomáticas com o país cujos tribunais seriam competentes ou mesmo a recusa de concessão de vistos para deslocações ao país da competência[882-883-884-885].

[882] Ferrer Correia e Moura Ramos exemplificam a *impossibilidade de facto da demanda* com a hipótese de um país viver em estado de guerra, sem o funcionamento adequado dos seus tribunais – cfr. "*Um Caso de Competência Internacional dos Tribunais Portugueses*", Lisboa, 1991, p. 46.

[883] Cfr., quanto a este ponto, M. Teixeira de Sousa, *Estudos* cit., p. 121.

[884] «Os tribunais portugueses são *internacionalmente incompetentes* para conhecer da *ação de investigação de paternidade* quando nenhum dos factos integradores da causa de pedir tenha tido lugar em território português, nem seja de presumir que a situação jurídica invocada apenas possa ser reconhecida através de ação proposta nos tribunais nacionais ou importe para o autor dificuldade apreciável a sua propositura no estrangeiro» – cfr., neste sentido, o acórdão da RL de 25-6-2013, Proc. 789.13.7TVLSB.L1-7, *in* www.dgsi.pt/Desª Maria Rosário Morgado.

[885] «A necessidade de efetiva tutela jurídica, ao abrigo do *princípio da necessidade* contido no art. 62º, al. c), também se cumpre se as circunstâncias do caso, além de revelarem forte *conexão real* ou *pessoal* com a ordem jurídica portuguesa, evidenciarem que o direito exercendo, a não se admitir que seja atuado perante os tribunais portugueses, pode encontrar-se ameaçado na sua praticabilidade e exercício, caso em que «o *princípio da necessidade* vale como salvaguarda para tais situações funcionando como alargamento ou *extensão excecional* da competência internacional dos tribunais portugueses». Assim, se a autora, na sequência de divórcio decretado pelos tribunais espanhóis, intentou, na comarca de Lisboa, uma *ação de suprimento de deliberação de comproprietários, visando os termos em que será utilizado, por cada um dos ex-cônjuges a utilização/fruição de um imóvel*, muito embora tal ação não incida sobre matéria de direitos reais sobre imóveis e, por isso, não se inscrevendo, *qua tale*, no âmbito de aplicação do nº 1 do art. 24º do Regulamento (EU) nº 1215/2012, de 12 de Dezembro (por não se relacionar com um direito real, mas com um direito subjetivo e não se tratar de partilhar um bem que integra o património conjugal, mas antes de um processo de suprimento com o objeto antes definido), é de reconhecer a competência internacional à ordem jurídica portuguesa; não não cabe porém a competência material interna aos juízos de família e menores do tribunal da situação do imóvel» – cfr., neste sentido, o acórdão do STJ de 15-01-2019, Proc. 27881/15.0T8LSB-A.L1.A.S1, in www.dgsi.pt/Cons. Fonseca Ramos.

41.2. Competência internacional exclusiva

Nas alíneas a) a e) do art. 63º, elencam-se as matérias (ações e execuções) para cujo conhecimento os tribunais portugueses são os *exclusivamente competentes* em termos de competência internacional.

Assim: a)- em matéria de *direitos reais sobre imóveis* e de *arrendamento de imóveis situados em território português* (neste último caso salvo se os imóveis se destinarem a uso pessoal temporário por um período máximo de 6 meses, caso em que são igualmente competentes os tribunais do Estado-Membro da União Europeia onde o requerido tiver domicílio, desde que o arrendatário seja pessoa singular e o proprietário e o arrendatário possuam domicílio no Estado-Membro); b)- em matéria *de validade de constituição ou dissolução de sociedades ou de outras pessoas coletivas que tenham a sua sede em Portugal*, bem como em matéria de *validade das decisões dos seus órgãos* (sede segundo as regras de direito internacional privado do foro); c)- em matéria de *validade de inscrições em registos públicos conservados em Portugal*; d)- em matéria de *execuções sobre imóveis situados em território português*; e)- em matéria de *insolvência ou de revitalização de pessoas domiciliadas em Portugal ou de pessoas coletivas ou sociedades cuja sede esteja situada em território português.*

41.3. Pactos de jurisdição. Princípio da consensualidade

Na aferição da questão da competência internacional há, antes de mais, que apurar se existe algum *pacto privativo ou atributivo de competência internacional aos tribunais portugueses*, negociado pelas partes, que atribua ou prive os tribunais portugueses da competência internacional para conhecer de certas questões ou matérias (*princípio da consensualidade ou da vontade das partes*)[886]. De resto, o nº 1 do art. 94º permite uma tal convenção para a dirimência de litígios eventualmente decorrentes de certa relação jurídica, «contanto que a relação controvertida tenha conexão com mais de uma ordem jurídica».

O pacto é *atributivo* quando *concede* competência a um tribunal ou a vários tribunais portugueses. É *privativo* quando *retira* a competência a um ou a vários tribunais portugueses e a atribui exclusivamente a um ou a vários tribunais estrangeiros.

Presume-se que a competência atribuída aos tribunais estrangeiros é *concorrente* com a que, por lei, caiba aos tribunais portugueses (nº 2 do mesmo

[886] Cfr., *v. g.* Paulo Pimenta, *Processo Civil Declarativo* cit., pp. 87-90.

preceito). Por isso, *a atribuição de competência aos tribunais estrangeiros só tem valor como pacto privativo quando exclua a competência dos tribunais portugueses*[887].

Acordo (ou *convenção*) esse denominado de *pacto de jurisdição*, que não de *pacto de competência*, porquanto reportado à atribuição da competência aos tribunais de uma dada ordem jurídica nacional considerados no seu conjunto, que não à repartição da competência (interna) entre os tribunais portugueses. Contudo, se as partes identificarem como competente um tribunal português em concreto, *v. g.* o tribunal da comarca do Porto, estão a celebrar um *pacto de jurisdição* (atribuindo a competência ao tribunal português) e, simultaneamente, um *pacto de competência*, ao designarem o tribunal competente de entre os tribunais da ordem interna portuguesa.

> Para que o *pacto de jurisdição* (eleição do foro) seja válido, torna-se necessária a verificação cumulativa dos requisitos das diversas alíneas do nº 3 ainda do mesmo art. 94º. De realçar – para além de *não ser válido qualquer pacto de jurisdição que ponha em causa a exclusividade da competência dos tribunais portugueses* plasmada no art. 63º –, que dessa exclusividade resultará ainda que, *não aceitando a jurisdição portuguesa que a causa seja submetida à jurisdição de outro país, também não aceitará a revisão e confirmação de uma sentença estrangeira sobre a questão concretamente controvertida.* Para tal revisão e confirmação por um tribunal português (*requisito de eficácia*) exige a lei processual, entre outros requisitos, que a sentença *não verse sobre matéria da exclusiva competência dos tribunais portugueses* (art. 980º, alínea c), *in fine*).

[887] «Nos termos do artº 25º do Regulamento (EU) nº 1215/2012, do Parlamento Europeu e do Conselho, de 12-12-2012, as partes podem celebrar *pactos atributivos* e *pactos privativos de jurisdição* (cfr. o art. 94º do CPC). Tendo as partes acordado na atribuição de competência exclusiva aos tribunais espanhóis para a resolução dos litígios que pudessem decorrer do contrato de "empréstimo" (mútuo bancário) entre elas celebrado e não padecendo esse pacto de jurisdição de ineficácia ou de vício que o torne inválido, é de concluir que os tribunais portugueses são internacionalmente incompetentes para dirimir o litígio, na parte referente a esse mencionado contrato. O artº 30º daquele Regulamento não afasta essa conclusão, se a invocada conexão entre as duas "ações" ("empréstimo" e "swap"), não possuir relevância processual, mormente se insuscetível de conduzir a decisões inconciliáveis (se a causa de pedir não for a mesma e única e os pedidos não estiverem, entre si, numa relação de dependência), ou se não ocorrer pendência de ações "em tribunais de diferentes Estados-Membros» – cfr., neste sentido, o acórdão do STJ de 9-2-2017, Proc. 1387/15.6T8PRT-B.L1.P1-A, *in* www.dgsi.pt /Consº Nunes Ribeiro.

41.4. Direito convencional e direito europeu com incidência na competência internacional

41.4.1. Princípios de direito europeu aplicáveis

Como princípios fundamentais (estruturantes) subjacentes à aplicação do direito europeu, reportam-se também ao direito processual o *princípio da primazia (ou do primado) do direito europeu sobre o direito interno*, o *princípio do efeito direto* e os *princípios da interpretação conforme e uniforme do direito europeu.*

Segundo o *princípio da primazia (do primado ou da primariedade)*, a norma de direito europeu (anterior ou posterior) reguladora da mesma matéria prevalece sobre a norma interna correspondente (cfr. o art. 59º do CPC)[888]. Isto, é claro, tendo como limite o disposto no art. 277º da CRP. Solução que se funda na natureza específica deste direito e na «necessidade existencial» de «garantir a sua eficácia federadora no espaço europeu, em ordem a assegurar a realização dos objetivos da União»[889].

Por força do *princípio do efeito direto* (cfr. art. 8º, nº 4, da CRP), a norma de direito europeu como que se subjetiva (*sem qualquer outra intermediação do direito interno*) na esfera jurídica do titular cujo direito (ou interesse) se destina a proteger.

Os particulares – *pessoas físicas* ou *jurídicas* (ou os *administrados*) – podem, assim, invocar, e fazer valer, os seus direitos perante os tribunais nacionais (isto é, perante as suas administrações nacionais), os quais devem «reconhecê-los se para tal verificados os respetivos pressupostos»[890]. Invocação essa a ser feita valer tanto contra os particulares (*efeito direto horizontal*) como contra o próprio Estado (*efeito direto vertical*). O efeito direto opera relativamente a todas as normas de *direito primário ou constitutivo* (o dos Tratados) «que sejam claras, precisas e incondicionais, ao conferirem direitos aos particulares e imporem aos Estados os deveres correspondentes».

Já quanto ao *direito europeu derivado*, o efeito direto é variável em função da natureza do instrumento normativo (*regulamentos, diretivas, decisões, recomendações e pareceres*).

[888] Acerca da tese da primazia do direito internacional e europeu no direito interno português constitucional e infraconstitucional, cfr. Gomes Canotilho e Vital Moreira, *Constituição da República Portuguesa Anotada*, 4ª ed. cit., pp. 263 a 273.

[889] Cfr. Neves Ribeiro, *Processo Civil da União Europeia – Principais Aspectos* – Textos em Vigor, Vol. I, Anotados, Coimbra Editora, 2002, p. 37.

[890] Cfr. Neves Ribeiro, ob. cit., p. 37. Cfr., ainda, José Luís da Cruz Vilaça, *in A propósito dos efeitos das diretivas na ordem jurídica comunitária dos Estados-Membros", in* Cadernos de Justiça Administrativa, nº 30, novembro/dezembro de 2001.

Os *regulamentos* e as *decisões*, tendo por destinatários os particulares (e também aos Estados), possuem, por natureza, *efeito direto vertical e horizontal* (art. 288º do TFUE). As *diretivas* (sempre dirigidas aos Estados) e as *decisões* (as que forem dirigidas aos Estados, pois que podem dirigir-se também a particulares) surtirão *eficácia vertical* se, subjetivando direitos e deveres correspondentes, «forem claras, precisas e incondicionais e estiver esgotado o prazo da sua transposição». Tem-se, todavia, recusado *eficácia direta e horizontal*, em especial às *diretivas*, por representarem um modo indireto de legislar, exigindo-se para a eficácia interna desse tipo normativo um ato de intermediação da soberania legislativa dos Estados, sendo que, em Portugal, só produzem efeito na ordem jurídica interna quando transpostas por lei ou decreto-Lei (cfr. o nº 9 do art. 112º da CRP).

As *decisões são geralmente obrigatórias*, a menos que designem (identifiquem) os seus concretos destinatários, caso em que *só são vinculativas para estes*. As *recomendações* e os *pareceres não são vinculativos*.

Traduz o *princípio da interpretação conforme* ao *direito da União* uma reafirmação do primado do direito europeu sobre o direito nacional regulador da mesma *situação material* ou *processual*. Postula ele que os tribunais nacionais interpretem o seu direito interno em conformidade com a letra e com a finalidade (espírito) das normas do direito europeu anteriores ou posteriores, com ou sem efeito direto. O que assume especial relevância relativamente ao problema da eficácia das diretivas não transpostas ou cujo prazo de transposição já se encontre exaurido[891]. Para a *interpretação do direito europeu* (interpretação dos Tratados e validade e interpretação dos atos adotados pelas instituições, órgãos ou organismos da União) é competente o Tribunal de Justiça da União Europeia (art. 267º, al. a), do TJUE).

[891] A incompatibilidade do direito interno com o direito europeu não configura uma inconstitucionalidade que ao Tribunal Constitucional caiba apreciar – cfr. CARDOSO DA COSTA, «*O Tribunal de Justiça das Comunidades e o Tribunal Constitucional* – 75 Anos», Coimbra Editora, pp. 1363 a 1371 e o acórdão do TC, de 3-11-98, *in* Acórdãos Doutrinais do TC, Ano 41, 1998, p. 290. Sobre a eficácia horizontal das diretivas não transpostas e a sua revelação através da interpretação do direito nacional juslaboral conforme o direito europeu, cfr. o acórdão do ST J de 27-5-2004, Proc. 2447/4ª Sec./ Cons. VITOR MESQUITA. Ainda sobre a necessidade de uma interpretação conforme ao direito europeu, cfr. o acórdão do STJ de 14-3-2002 – 2ª Sec./Cons. MOITINHO DE ALMEIDA.

41.4.2. As Convenções de Bruxelas e de Lugano e o Regulamento UE nº 1215/2012, de 12 de dezembro

As regras da competência internacional constam, para além da lei processual portuguesa, das Convenções de Bruxelas[892] e de Lugano[893], a que Portugal aderiu[894] e do Regulamento (UE) nº 1215/20012 do Parlamento Europeu e do Conselho, de 12 de dezembro de 2012[895], relativo à *competência judiciária*, ao *reconhecimento* e à *execução de decisões em matéria cível e comercial*, que projeta para os países Membros da União Europeia o resultado dos trabalhos de revisão de ambas as Convenções. A Convenção de Lugano[896] reproduz e reitera, quase integralmente, o regime da Convenção de Bruxelas, estendendo o seu regime aos Estados-Membros da (antiga) EFTA[897].

O Regulamento UE nº 1215/2012 (não aplicável à Dinamarca) não prejudica a aplicação das disposições que, em matérias específicas, regulam a competência judiciária, o reconhecimento e execução de decisões contidas nos atos da União ou nas leis harmonizadas desses atos (cfr. o respetivo art. 67º); e substitui, entre os Estados-Membros, a Convenção de Bruxelas de 1968, exceto no que se refere aos territórios dos Estados-Membros abrangidos pelo âmbito de aplicação territorial daquela Convenção e que se encontram excluídos da aplicação do Regulamento *ex-vi* do art. 355º do TFUE (cfr. o respetivo art. 68º, nº 1).

[892] A *Convenção de Bruxelas,* relativa à competência judiciária, ao reconhecimento e à execução de decisões em matéria civil e comercial, foi celebrada em 1968 e ratificada pelo Decreto do Presidente da República nº 52/91, de 30 de outubro, a vigorar desde 1 de julho de 1992, encontrando-se publicada a sua versão consolidada (resultado de quatro sucessivas adesões) na mesma J.O.C, nº 27, de 26 de janeiro de 1998.

[893] A *Convenção de Lugano,* paralela, pelo seu conteúdo, à Convenção de Bruxelas, foi celebrada em 16 de setembro de 1988, havendo sido ratificada pelo Decreto do Presidente da República nº 51/92, de 30 de outubro, vigorando em Portugal também desde 1 de julho de 1992.

[894] Sobre a *receção automática do direito internacional convencional,* cfr. o acórdão do STJ de 9-12-2004, Proc. 3939/2004 – 7ª Sec./Cons. Custódio Montes.

[895] O Regulamento UE nº 1215/2012, de 12 de dezembro de 2012, passou a aplicar-se apenas às ações judiciais intentadas a partir de 10 de janeiro de 2015, continuando, porém, a aplicar-se o Regulamento (CE) nº 44/2001, de 22 de dezembro de 2000 às ações intentadas antes dessa data (cfr. o art. 66º, nºs 1 e 2 respetivos).

[896] A Convenção de Lugano foi publicada no DR, Iª – Série-A, nº 250, Suplemento de 30 de outubro de 1991.

[897] Todavia, na Áustria, Finlândia e Suécia, entretanto aderentes à União Europeia, passou a vigorar o Regulamento UE, nº 1215/2012, de 12 de dezembro.

Contém o Regulamento nº 1215/2012, não apenas *normas regulamentadoras da competência internacional direta*, mas também *disposições relativas ao reconhecimento e à eficácia das decisões nos Estados-Membros.*

Por força do nº 2 do art. 1º, são excluídas do seu âmbito de aplicação as matérias atinentes: a)- ao estado e a capacidade das pessoas singulares, aos regimes de bens do casamento ou de relações que, de acordo com a lei que lhes é aplicável, produzem efeitos comparáveis ao casamento; b)- às falências, concordatas e processos análogos, hoje regulada pelo Regulamento (CE) Nº 1346/2000, do Conselho, de 29 de maio de 2000[898]; c)- à segurança social; d)- à arbitragem (a regulação da arbitragem internacional e o reconhecimento de sentenças arbitrais estrangeiras é operada pela Convenção de Nova York, de 10 de junho de 1958, ratificada pelo Decreto nº 52/94, de 8 de julho, em vigor, pois, em Portugal»)[899]; e)- às obrigações de alimentos decorrentes de uma relação familiar, parentesco, casamento ou afinidade; f)- aos testamentos e sucessões, incluindo as obrigações de alimentos resultantes do óbito. De realçar, neste âmbito excludente, o Regulamento (CE) nº 2201/2003, do Conselho, de 27 de novembro de 2003, relativo à competência judiciária, reconhecimento e execução de decisões em matéria matrimonial e de responsabilidade parental[900].

As normas sobre competência internacional (dos tribunais portugueses) em matéria de responsabilidade parental que vinculam o Estado Português encontram-se previstas nos seguintes instrumentos de direito internacional: a)- Regulamento (CE) nº 2201/2003 do Conselho, de 27 de novembro de 2003, relativo à competência, ao reconhecimento e à execução de decisões em matéria matrimonial e em matéria de responsabilidade parental e que revoga o Regulamento (CE) nº 1347/2000 (aplicável em toda a União Europeia, com exceção da Dinamarca); b)- a Convenção relativa à Competência, à Lei Aplicável, ao Reconhecimento, à Execução e à Cooperação em Matéria de Responsabilidade Parental e Medidas de Proteção das Crianças, adotada na Haia em 19 de outubro de 1996 (aprovada pelo Decreto nº 52/2008, de 13 de novembro.

Para decretar as *providências tutelares cíveis*, é competente o tribunal da residência da criança no momento em que o processo foi instaurado, mas, se, neste momento, a criança não residir no país, é competente o tribunal da residência do requerente ou do requerido e, quando estes também residam no estrangeiro e o tribunal por-

[898] Publicado no J.O.C., de 30 de junho de 2000.

[899] Cfr. NEVES RIBEIRO, ob cit., p. 58.

[900] Sobre a aplicação do Regulamento nº 2201/2003, cfr. RUI MOURA RAMOS, *"Um novo regime do divórcio internacional na União Europeia"*, *in* Scientia Ivridica, maio/agosto, tomo LXII, 332, pp. 413 e ss..

tuguês for internacionalmente competente, o conhecimento da causa pertence ao juízo central de família e menores da Comarca de Lisboa (art. 9º, nºs 1, 7 e 8, do Regime Geral do Processo Tutelar Cível).

O critério determinativo de atribuição da competência nas questões relativas às responsabilidades parentais está, todavia, dependente da averiguação prévia da competência internacional do tribunal, uma vez que apenas funciona caso os tribunais portugueses sejam internacionalmente competentes para decretar a providência tutelar cível adequada, o que significa que, se isso não se verificar, esta deve ser requerida junto do tribunal do Estado considerado competente à luz das normas de direito internacional. Já a determinação da competência internacional para conhecer de matérias de responsabilidade parental de crianças que residam num Estado fora da União Europeia ou que não seja contratante da Convenção de Haia de 1966, impõe a aplicação das normas de direito internacional privado do foro.

No que concerne à *matéria de processo civil*, face à *prevalência ou primazia do direito europeu, há que afastar* a aplicação das normas processuais internas respeitantes nomeadamente: à *competência judiciária internacional* dos tribunais portugueses; – à *competência judiciária para reconhecer e executar decisões estrangeiras europeias em matéria civil, comercial e de insolvência*; – à *espécie, prazos* e *efeitos* (em certos aspetos) *dos recursos* das decisões de reconhecimento, não reconhecimento, execução ou não execução dessas decisões; – à *transmissão de atos judiciais* e à *produção de prova*. Face a tal primazia, *há que afastar* também o direito internacional regulador das mesmas matérias.

O direito europeu só não prevalece sobre o direito internacional que for mais favorável aos objetivos da integração, como é o caso do Acordo Bilateral entre Portugal e Espanha aprovado pelo Decreto nº 14/98, de 27 de maio.

O *Regulamento* (UE) nº 1215/2012, *obrigatório* em todos os seus Estados-Membros, é neles *imediata e diretamente aplicável em matéria civil e comercial* (art. 288º do TFUE). Não abrange, contudo, as matérias fiscais, aduaneiras ou administrativas, nem a responsabilidade do Estado por atos ou omissões no exercício da autoridade do Estado, os chamados *acta jure imperii* (art. 1º respetivo).

41.4.3. A regra-geral do domicílio do réu ou demandado

Nos arts. 14º a 24º, inclusive, estabelece o CC as normas de conflitos, qualificações e reenvios, assim resolvendo o conflito entre as *normas de conflitos dos diferentes Estados*, enquanto que, nos arts. 25º a 65º, fixa as normas de conflitos próprias da lei portuguesa[901]. A primeira e mais importante regra de conexão do nosso atual sistema é a do *foro do domicílio do réu* (*forum rei*) ou, havendo vários, o de algum deles: *actor sequitur forum rei*. A primazia conferida ao *critério do domicílio do réu* é hoje de aplicação quase universal.

A regra *actor sequitur forum rei* (ou simplesmente do *forum rei*) é hoje considerada como a regra geral de *competência territorial e internacional* na maioria dos Estados. Isto porque a mais consentânea com a ideia de uma boa e eficaz administração da justiça e a que melhor defende os interesses do titular do direito a ser feito valer em juízo (o autor). Este, terá indubitavelmente interesse em propor a causa ou demanda no *país onde possa razoavelmente esperar que a execução da sentença* e, por conseguinte, a realização prático-jurídica e prático-económica do seu direito, sejam mais fáceis e mais prontas e, por isso, mais eficazes. O que logo aponta – muito naturalmente – para o *país do domicílio ou da residência habitual do demandado* (*do réu*), desde logo porque é aí que, normalmente, se encontrarão situados os principais elementos do seu património (exequível).

A *maior comodidade do autor*, em termos de *logística processual*, de poder propor a ação no tribunal do seu próprio domicílio, colidiria com idêntico interesse do réu. A concessão de prevalência ao interesse do demandado justifica-se pela razão de, na fase prodrómica do desencadeamento da ação, nada estar ainda definido acerca da consistência ou do bom fundamento da pretensão deduzida pelo autor.

Exceção a essa regra é, por ex., a das ações relativas a *direitos reais ou pessoais de gozo sobre imóveis* (*v. g.*, propriedade ou arrendamento) sitos em país estrangeiro (cfr. o art. 63º, al. a), do CPC), para as quais deve ser exclusivamente competente o tribunal da situação dos imóveis (*forum rei sitae*); concorrem, neste sentido, quer o interesse da administração da justiça (o foro da situação do imóvel é também o da sede do litígio), quer o interesse do Estado.

Disposição fundamental do Regulamento nº 1215/2012, neste domínio, é a do nº 1 do respetivo art. 4º, do seguinte teor: sem prejuízo do disposto no presente Regulamento, as *pessoas domiciliadas no território de um Estado-Membro devem ser demandadas, independentemente da sua nacionalidade, nos tribunais desse Estado*». E, acrescenta o nº 2, que «as pessoas que não possuam a nacionalidade do Estado-Membro em que estão domiciliadas ficam sujeitas

[901] Cfr. Pires de Lima e Antunes Varela, *Código Civil Anotado*, vol. I, 4ª ed. cit., pp. 63 a 101.

nesse Estado-Membro às regras de competência aplicáveis aos nacionais». A *regra geral do domicílio do requerido* não depende, pois, da sua nacionalidade. Norma *de direito uniforme* que afasta a aplicação das normas internas sobre a competência internacional dos tribunais dos Estados-Membros. Regra essa também aplicável aos *não nacionais do Estado-Membro* em que estão domiciliados – critério da *residência habitual ou do domicílio* (coincidente com o do nº 1 do art. 82º do nosso CC)[902].

Para efeitos da *determinação do domicílio no território de um Estado-Membro* a cujos tribunais é submetida a questão, o juiz aplicará a sua lei interna (art. 62º, nº 1). De referir, contudo, nesta sede, que as regras gerais da *residência habitual dos cônjuges* ou da *residência habitual do requerido* fixadas pelo Regulamento (CE) nº 2201/2003 (art. 3º, nº 1, al. a)) consagram uma solução diversa da estabelecida pelo art. 72º do CPC (*forum actoris* – do domicílio ou da residência do autor) – para as relações de direito interno[903].

O *foro do domicílio do réu, demandado ou requerido* deve ser, porém, completado, face ao considerando nº 16 do Regulamento nº 1215/2012, pelos *foros alternativos* permitidos em razão do vínculo estreito entre a jurisdição e o litígio ou com vista a facilitar uma eficaz administração da justiça. Daí que a regra geral seja excecionada nos casos de *competências especiais* (art. 7º)[904], como as competências em matéria de contratos de *seguro* (arts. 10º a 16º)[905], de contratos de *consumo* (arts. 17º a

[902] Já para os direitos do Reino Unido e da Irlanda se exige uma noção de domicílio que não coincide com a noção de residência habitual.

[903] «Os tribunais portugueses são *internacionalmente competentes* para julgar uma *ação de divórcio* se o autor tiver domicílio em Portugal, ainda que não seja essa a sua residência habitual (arts. 62º a 72º do CPC). É irrelevante a *exceção de litispendência* se está pendente em tribunal estrangeiro ação de divórcio idêntica, na falta de convenção internacional em sentido diferente (art. 580º, nº 3, do CPC). A pendência de ação de divórcio idêntica em jurisdição estrangeira não é fundamento legal para se suspender a instância na ação pendente em Portugal (arts. 269º e 980º do CPC)» – cfr., neste sentido, o acórdão da RP de 21-12-2015, Proc. 8/13.1TBPVC-A.L1-1, *in* www.dgsi.pt/Des. J. Ramos de Sousa.

[904] A título de exemplo, e por força do art. 7º, uma pessoa com domicílio no território de um Estado-Membro pode ser demandada noutro Estado-Membro: em *matéria contratual*, perante o tribunal do lugar onde foi ou deva ser cumprida a obrigação (nº 1, al. a)); em *matéria de obrigação alimentar*, perante o tribunal do lugar em que o credor de alimentos possui o seu domicílio ou a sua residência habitual.

[905] O *segurador* domiciliado no território de um Estado-Membro pode ser demandado: – perante os tribunais do Estado-Membro em que tiver domicílio ou noutro Estado-Membro, em caso de ações intentadas pelo tomador de seguro, o segurado ou um beneficiário, perante o tribunal do lugar em que o requerente tiver o seu domicílio; – ou, tratando-se de *cossegu-*

19º)[906-907] e de contratos individuais de *trabalho* (arts. 20º a 23º)[908] e ainda de *competências exclusivas* (art. 24º)[909] e de *competências atributivas* (art. 25º)[910].

Sem prejuízo da regra-geral, há que atentar particularmente nas *competências especiais* estabelecidas pelo art. 7º do citado Regulamento (UE), nº 1215/2012, de harmonia com o qual uma *pessoa com domicílio no território de um Estado-Membro* pode ser *demandada noutro Estado-Membro.* Assim, e designadamente:

- em *matéria contratual,* perante o *tribunal do lugar onde foi ou deva cumprida a obrigação,* sendo que, para este efeito e salvo convenção em contrário, o lugar de cumprimento da obrigação em questão será: – no caso da *venda de bens,* o lugar num Estado-Membro onde, nos temos do contrato, *os bens tenham sido ou devam ser entregues*; – no caso da *prestação de serviços,* o lugar num Estado-Membro onde, nos termos do contrato, os *serviços foram ou devam ser prestados* (nº 1, alíneas a) e b)), sendo que, se não se for de aplicar a al. b), será aplicável a alínea a) – cfr. al. c);

rador, perante o tribunal de um Estado-Membro onde tiver sido instaurada a ação contra o segurador principal (art. 11º, nº 1, alíneas a c)).

906 O *consumidor* pode intentar uma ação contra a outra parte no contrato, quer perante os tribunais do Estado-Membro em cujo território estiver domiciliada essa parte, quer perante o tribunal do lugar onde o consumidor tiver domicílio (art. 18º, nº 1); já «a outra parte no contrato só pode intentar uma ação contra o consumidor perante os tribunais do Estado-Membro em cujo território estiver domiciliado o consumidor» (nº 2 do mesmo preceito).

907 A regra geral do direito interno em matéria de competência para o *cumprimento de obrigação contratual* decorre do art. 71º, nº 1, devendo ser proposta «no tribunal do domicílio do réu, podendo, porém, o *credor* optar pelo tribunal do lugar onde a obrigação devia ser cumprida, quando o réu seja pessoa coletiva ou quando, situando-se o domicílio do credor na área metropolitana de Lisboa ou do Porto, o réu tenha domicílio na mesma área metropolitana».

908 «Se um trabalhador celebrar um *contrato individual de trabalho* com uma entidade patronal que não tenha domicílio no território de um Estado-Membro, mas possua uma filial, agência ou outro estabelecimento num dos Estados-Membros, considera-se, para efeitos de litígios resultantes do funcionamento dessa filial, agência ou estabelecimento, que a entidade patronal tem o seu domicílio nesse Estado-Membro» (art. 20º, nº 2, do Regulamento nº UE 1251/2012 cit.).

909 Exemplo de *competência exclusiva* é a que no nº 1 do art. 24º do Regulamento UE nº 1251/2012 cit. se confere «em matéria de direitos reais sobre imóveis e de arrendamento de imóveis aos tribunais do Estado-Membro onde o imóvel se encontre situado».

910 Pacto atributivo de competência (extensão de competência).

Ainda em *matéria contratual*, uma pessoa domiciliada no território de um Estado--Membro pode também ser demandada (art. 8º, nºs 3 e 4): – no tribunal por onde penda a ação principal, «se se tratar de um *pedido reconvencional* que derive do contrato ou do facto em que se fundamenta a ação principal»; – no tribunal do Estado--Membro em cujo território se encontre sediado um dado imóvel, se a ação puder ser apensada a uma outra em matéria de direitos reais sobre imóveis dirigida contra o mesmo requerido.

– em *matéria extracontratual*, perante o *tribunal do lugar onde ocorreu ou poderá ocorrer o facto danoso* (nº 2); se se tratar de – *ação de indemnização* ou de *ação de restituição fundada fundadas numa infração*, perante o *tribunal onde foi intentada a ação pública*, na medida em que, de acordo com a lei, esse tribunal possa conhecer da ação cível (nº 4); tratando-se de um *litígio relativo à exploração de uma sucursal, de uma agência ou de qualquer outro estabelecimento*, perante o *tribunal do lugar* em que tal sucursal, agência ou estabelecimento se encontrem» (nº 5).

Para as *sociedades*, o critério (domiciliário) para a demanda é o da *sede social*, da *administração central* ou do *estabelecimento principal* (cfr., a este respeito, o nº 2 do art. 81º do CPC). Todavia, para as *questões relativas à validade, nulidade ou dissolução das sociedades ou outras pessoas coletivas ou à anulação das decisões dos seus órgãos*, a sede é determinada pelas regras do direito internacional privado do foro, conforme dispõe o nº 2 do art. 24º[911].

Relativamente às chamadas «"*medidas provisórias*", incluindo as *medidas cautelares* previstas na lei de um Estado-Membro, elas podem ser requeridas às autoridades judiciais desse Estado-Membro, mesmo que os tribunais de outro Estado-Membro sejam competentes para conhecer do mérito da causa» (art. 35º).

Finalmente, quanto ao *reconhecimento e execução de sentenças* estrangeiras, dispõe o nº 1 do art. 36º que «as decisões proferidas num Estado-Membro são reconhecidas nos outros Estados-Membros sem quaisquer formalidades», dispensando pois o respetivo *exequatur*.

[911] A propósito desta matéria e da aplicação do art. 2º da Convenção de Bruxelas, o Supremo Tribunal de Justiça considerou que essa Convenção «optou pelo princípio do *favor debitoris*, embora em matéria contratual tenha facultado ao credor acionar o réu em tribunal do Estado em que, segundo o contrato, a prestação deve ser cumprida» – cfr. o acórdão de 25-11-97, *in* BMJ nº 471, p. 339/Cons. Fernandes de Magalhães.

Da atribuição de competência internacional aos tribunais do Estado do domicílio do requerido resulta logicamente o subsequente *reenvio* para a ordem jurídica interna desse Estado da *determinação territorial concreta* (cfr., quanto a Portugal, os arts. 70º, 71º, 80º, 81º nº 2, 84º, etc., do CPC). Já, contudo, no art. 18º respetivo, se concretiza (quanto aos *conflitos de consumo*) o próprio tribunal territorial competente, afastando a norma judiciária interna correspondente, o mesmo sucedendo com as hipóteses dos nºs 2, 3 e 5 do art. 7º[912].

42. Tribunais supra-nacionais

Para além do problema da competência internacional dos tribunais portugueses, outras situações há que, ultrapassando a esfera geográfico-territorial interna, e por força dos tratados e convenções internacionais a que Portugal aderiu, são, pela sua especificidade, da *competência de instâncias judiciárias internacionais* ou *supra-nacionais.*

Assim, quer se trate de relações *jurídico-privadas,* quer de *relações jurídico-públicas* (designadamente jurídico-administrativas), a atribuição da sua apreciação ou dirimência à jurisdição dos tribunais internacionais, em particular ao Tribunal de Justiça da União Europeia (TJUE) ou ao Tribunal Geral da União Europeia (TGUE) no âmbito da aplicação do direito europeu, resulta, de forma indireta, dos nºs 3 e 4 do art. 8º da CRP. Nessa atribuição se incluindo não apenas questões submetidas a essas instâncias, *a título prejudicial* (relativas à interpretação das normas de direito europeu pelos tribunais portugueses) como também questões *a título principal* (relações diretas entre as instâncias europeias e as entidades ou empresas nacionais). De tais instâncias se fará seguidamente uma caraterização abreviada.

42.1. O Tribunal Internacional de Justiça e outras jurisdições internacionais de competência especializada

O Tribunal Internacional de Justiça (TIJ), com *sede em Haia,* é um dos *órgãos* principais (art. 7º, nº 1, da Carta das Nações Unidas) e o *principal órgão judiciário* desta Organização, sendo constituído por quinze juízes eleitos pela Assembleia Geral e pelo Conselho de Segurança de entre pessoas que satisfaçam os requisitos enunciados no art. 2º do respetivo estatuto (ETIJ). Composição que pode ainda integrar um ou dois juízes *ad hoc* que as partes

[912] Cfr. Neves Ribeiro, ob. cit., p. 61.

estão autorizadas a designar sempre que o Tribunal não inclua juízes das respetivas nacionalidades (art. 31º, nºs 2 e 3, do respectivo Estatuto (ETIJ).

O TIJ exerce uma *competência contenciosa,* no âmbito da qual profere *sentenças* ou *acórdãos,* e uma *competência consultiva* concretizada através da emissão de *pareceres consultivos* (cfr., respetivamente, os arts. 36º e 65º do ETIJ).

No que respeita à *competência contenciosa,* o TIJ está apenas aberto aos *Estados que sejam partes do ETIJ* (o caso de todos os membros da ONU), embora, sob certas condições, se permita que Estados não partes tenham igualmente acesso a esta instância judicial (a delimitação *ratione personae* da competência do TIJ consta dos arts. 34º e ss. do seu Estatuto). Também os *particulares* (*pessoas físicas*) podem ver os seus direitos contendidos pelo TIJ, mormente em matéria de *responsabilidade internacional* resultante do exercício da *proteção diplomática* por parte de alguns Estados que, por essa via, buscam tutela jurisdicional para os interesses dos seus nacionais. Tal competência é, em regra, *facultativa,* só estando submetidos à jurisdição do Tribunal determinados litígios em que os Estados convierem (art. 36º, nº 1 do ETIJ) – *princípio de consensualidade.* Isto sem prejuízo das situações de jurisdição *quase obrigatória ou compulsória,* aquelas em que a função contenciosa pode ser desencadeada independentemente de qualquer acordo *ad hoc ou ad litem,* consentimento esse, todavia, a ser dado *por antecipação,* antes da ocorrência de qualquer diferendo em concreto[913].

Quanto ao processo, e para além de uma *fase escrita* e de uma *fase oral,* há a salientar que, também nesta sede, vigora o princípio *Kompetenz-Kompetenz* (é o TIJ que dirime qualquer controvérsia sobre a sua própria *competência*) e da apreciação prioritária das *exceções preliminares* (dilatórias), bem como ainda o princípio da *publicidade das audiências* (art. 46º do ETIJ) e o dever de *fundamentação da sentença* (art. 56º, nº 1, do ETIJ). A *eficácia da decisão* encontra-se circunscrita às partes litigantes e ao caso concreto, *não funcionando, pois, a regra do precedente obrigatório* (art. 59º). Encontra-se também prevista a possibilidade de adoção de *medidas provisórias* ou *conservatórias* ou de *proteção interina* com vista a remover o *periculum in mora* da ação principal (art. 41º, nº 1). Não se confunda, porém o TIJ com o TPA (*Tribunal Permanente de Arbitragem*). Este último foi criado pela Convenção da Haia para a solução pacífica de conflitos internacionais, concluída em 1899 e revista em 1907. Não se trata de um verdadeiro tribunal dotado de um órgão de julgamento

[913] Cfr., quanto a esta matéria, Francisco António Ferreira de Almeida, *Direito Internacional Público,* 2ª ed. Coimbra Editora, 1999, pp. 305 a 309 e 364 a 369.

próprio, mas antes, de uma *lista internacional* (*permanente*) de *juízes-árbitros* integrada pelo somatório das várias listas nacionais (fornecidas pelos Estados signatários) e que fica ao dispor desses Estados, com a garantia de poderem recrutar personalidades altamente qualificadas para o julgamento de todo o tipo de litígios. Cada Estado designa, de entre os seus nacionais, por um período de seis anos, quatro membros do Tribunal.

À margem do TIJ, existem outras *jurisdições internacionais mais especializadas*, umas vezes, ligadas a organizações de âmbito regional, outras vezes, atuando no quadro de organizações de alcance universal, mas incumbidas de responderem a uma finalidade específica. São seus traços caraterísticos: – conhecerem apenas de *certo tipo de litígios*; – a eles não poder recorrer, em regra, senão um *número limitado de Estados*; – *admitirem a participação, direta ou indireta, dos particulares no processo internacional.* Alguns deles, por apreciarem litígios atinentes à *função pública internacional*, assumem a natureza de verdadeiros *tribunais administrativos*; outros curam apenas do *contencioso interestadual*, do *contencioso entre os Estados e a Organização* a que pertencem ou do *contencioso que opõe os particulares, quer ao Estado, que à Organização internacional em apreço*. Como exemplos destas jurisdições internacionais de *competência especializada* podem apontar-se, entre outros, o *Tribunal do Direito do Mar,* o *Tribunal Europeu dos Direitos do Homem,* o *Tribunal Interamericano dos Direitos do Homem,* o *Tribunal Administrativo da Organização Internacional do Trabalho e* o *Tribunal Administrativo das Nações Unidas.*

42.2. O Tribunal Europeu dos Direitos do Homem

Em 1948 foi adotada a *Declaração Universal dos Direitos do Homem* (DUDH) e, em 1966 e assinados *dois Pactos Internacionais, um sobre Direitos Económicos Sociais e Culturais e outro sobre Direitos Civis e Políticos*. No seu conjunto, estes três protocolos normativos, a que haverá que acrescentar o *Protocolo Facultativo* anexado àquele segundo Pacto, constituem a chamada *Carta Internacional dos Direitos do Homem* (CIDH). Dando, assim, continuidade à DUDH, aqueles dois Pactos, através de postulados de observância obrigatória, vieram enunciar, precisar e concretizar o conteúdo de um amplo leque de direitos do homem tornados indiscutíveis e, outrossim, fazer referência expressa ao direito dos povos à autodeterminação.

Entretanto, no seio do *Conselho da Europa,* passou a assumir especial relevo a *proteção dos direitos humanos*, considerada conatural ao património definidor da identidade europeia. Daí que o seu Estatuto estabeleça, nos arts. 3º e 4º, como requisito de aquisição da qualidade de Estado-Membro, que o requerente se submeta ao império do direito e assegure a qualquer indivíduo sob a sua jurisdição o gozo dos direitos e liberdades fundamentais inerentes à dignidade da pessoa humana.

A intensa atividade de produção normativa desenvolvida pelo Conselho da Europa veio a culminar na elaboração da *Convenção Europeia dos Direitos do Homem* (CEDH) assinada em 1950 (respeitante a direitos civis e políticos) e da Carta Social Europeia, de 1961 (concernente a direitos económicos, sociais e culturais). Na CEDH – de que Portugal é parte signatário –, bem como nos respetivos Protocolos Adicionais, são reconhecidos *diretamente* ao indivíduo, e sem distinção alguma (*v. g.*, de sexo, raça, língua, religião, convicções pessoais, etc.), os direitos e liberdades aí consagrados, os quais se podem agrupar em seis categorias: a)- proteção da *integridade física*; b)- proteção da *liberdade e tutela jurisdicional*; c)- proteção da *intimidade pessoal e familiar*; d)- proteção da *liberdade intelectual*; e)- proteção da *atividade política*; e f)- proteção do *direito de propriedade e da educação*[914].

O gradual aumento do número de Estados-Membros do Conselho da Europa, associado a um cada vez maior volume de demandas privadas, conduziu a uma reforma de todo o sistema de controlo instituído na Convenção Europeia de 1950. Tal reforma, consubstanciada no *Protocolo número 11*, de 11 de maio de 1994, gerou, do ponto de vista orgânico, o surgimento do novo *Tribunal Europeu dos Direitos do Homem* (TEDH) substitutivo do Tribunal e da Comissão anteriores, assim assumindo o sistema de controlo uma feição nitidamente judicializante. O novo TEDH começou a funcionar em 1 de novembro de 1998, data da entrada em vigor do Protocolo nº 11, e com *sede em Estrasburgo*, permitindo-se um *acesso pessoal* e *direto* ao tribunal por banda dos particulares lesados, em manifestação da *personalidade jurídica internacional do indivíduo*[915].

O Tribunal pode receber *petições individuais de qualquer pessoa singular, organização não governamental* ou *grupo de particulares* que se considerem vítimas de violação, por qualquer das Partes Contratantes, dos direitos reconhecidos na Convenção ou nos seus protocolos, sendo que as mesmas se comprometem a não criar qualquer entrave ao exercício efetivo desse direito (art. 34º da CEDH). O Tribunal só pode ser solicitado a conhecer de um determinado assunto ou questão depois de *esgotadas*

[914] Cfr. Gonzales Campos, Sánchez Rodrigues e Sáenz de Santa Maria, *apud* Francisco Ferreira de Almeida, *in* ob. cit., p. 342.

[915] Cfr. Francisco Ferreira de Almeida, *in* ob. cit., pp. 342-343.

todas as vias de recurso internas (*princípio da exaustão dos meios internos*) em conformidade com os princípios de direito internacional geralmente reconhecidos e *num prazo de seis meses* a contar da data da decisão interna definitiva (art. 35º, nº 1 da mesma CEDH).

O TEDH é composto por um número de juízes igual ao de Estados contratantes (atualmente quarenta e um), eleitos por seis anos pela Assembleia Parlamentar do Conselho da Europa, não existindo nenhuma restrição quanto ao número de juízes com a mesma nacionalidade. Os *juízes exercem as suas funções a título individual* que *não em representação dos Estados de origem.*

O processo no Tribunal é *contraditório e público.* As *audiências* são também *públicas,* salvo se a Secção/Tribunal Pleno decidir de maneira diferente em virtude de circunstâncias excecionais. É permitido o acesso do público às alegações e a outros documentos depositados no secretariado do Tribunal. Os requerentes individuais podem apresentar as suas próprias queixas, mas a *representação por advogado* é aconselhada, sendo mesmo *obrigatória,* para as *audiências* ou *depois de a queixa ser declarada admissível.* O Conselho da Europa criou um sistema de *assistência judiciária* para os queixosos sem recursos suficientes. A primeira fase do processo é normalmente *escrita. A Secção* pode, contudo, decidir-se pela realização de uma *audiência oral*; se for o caso, conhecer-se-á igualmente do mérito da causa; as *decisões da Secção* sobre a admissibilidade do processo são tomadas por maioria, fundamentadas e públicas; quando a Secção decida admitir uma queixa, pode convidar as partes a apresentarem provas suplementares e observações por escrito, incluindo, no que diz respeito ao queixoso, um eventual pedido de "*reparação razoável*", bem como a participarem numa audiência pública sobre o mérito do caso. Os acórdãos definitivos do Tribunal são *vinculativos* para os Estados requeridos.

42.3. Os Tribunais da União Europeia

42.3.1. O Tribunal de Justiça da União Europeia. O reenvio prejudicial

Funcionando como *Supremo Tribunal da União Europeia* e integrando o *Tribunal de Justiça* propriamente dito (TJUE), o *Tribunal Geral da União Europeia* (TGUE) e *Tribunais Especializados,* o *Tribunal de Justiça da União Europeia,* com *sede no Luxemburgo,* destina-se, além de outras competências específicas, a garantir o respeito do direito na *interpretação e aplicação dos tratados constitutivos* (arts. 267º a 281º do TFUE e 19º, nº 1, do Tratado de Lisboa – TUE). Com vista a tal garantia, os Estados-Membros comprometem-se a «estabelecer as vias de recurso necessárias para assegurar uma *tutela juris-*

dicional efetiva nos domínios abrangidos pelo direito da União» (cfr. mesmo nº 1, *in fine*).

É composto por um juiz por cada Estado-Membro (nº 2 do art. 19º do TUE) contando, pois, atualmente *27 juízes*, com renovação a ser parcialmente realizada de três em três anos. O *Presidente* é designado pelos seus pares por um mandato de três anos, renovável (art. 253º do *Tratado Sobre o Funcionamento da União Europeia*). Os juízes gozam de *imunidade de jurisdição*, dela continuando a beneficiar relativamente aos atos por eles praticados na sua qualidade oficial (incluindo palavras e escritos), mesmo após a cessação das respetivas funções (cfr. o art. 3º do ETJUE). Os juízes são assistidos por *oito advogados-gerais*, sendo uns e outros designados, de comum acordo, pelos governos dos Estados-Membros, por um período de seis anos (renovável), após consulta ao comité previsto no art. 255º do TFUE (cfr. o nº 2, *in fine*, do art. 19º do TUE e o art. 253º do TFUE).

O TJUE (ou TJ) decide, nos termos dos tratados (cfr. o nº 3 do citado art. 19º): a)- sobre os *recursos* interpostos por um Estado-Membro, por uma instituição ou por pessoas singulares ou coletivas; b)- *a título prejudicial*, a pedido dos órgãos jurisdicionais nacionais, sobre a interpretação do direito da União ou sobre a validade dos atos adotados pelas instituições; c)- *nos demais casos previstos pelos Tratados*. Em *caso de dúvida*, o Tribunal de Justiça decide; se, contudo, a decisão disser respeito a um membro do Tribunal Geral ou de um tribunal especializado, o Tribunal de Justiça decide após *consulta* (prévia) *ao tribunal em causa* (cfr. art. 4º do *Estatuto do Tribunal de Justiça da União Europeia* – ETJUE).

Cumpre-lhe também: – *fiscalizar* «a *legalidade dos atos legislativos* e dos *demais atos do Conselho, da Comissão* e *do Banco Central Europeu*, que não sejam recomendações ou pareceres, bem como dos atos do Parlamento Europeu e do Conselho Europeu destinados a produzir efeitos jurídicos em relação a terceiros»; – *fiscalizar* «a *legalidade dos atos dos órgãos ou organismos da União* destinados a produzir efeitos jurídicos em relação a terceiros» (art. 263º do TFUE); – «*decidir sobre todo e qualquer litígio entre a União e os seus agentes*, dentro dos limites e condições estabelecidas pelo Estatuto dos Funcionários da União e no Regime Aplicável aos Outros Agentes da União» (art. 270º do TFEU).

Nos termos do art. 16º do ETJUE, o TJUE pode reunir-se em *Secções* (de três e cinco juízes). Os *presidentes das secções de cinco juízes* são eleitos por três anos, podendo ser reeleitos uma vez (art. 16º do ETJUE).

As diversas situações em que o TJUE pode decidir *a título prejudicial* encontram-se contempladas no art. 267º do TFUE. O reenvio pode ocorrer *em qualquer fase do processo*, mesmo que já em fase de recurso, cabendo, porém, sempre ao juiz nacional a escolha do momento azado para a submissão da questão prejudicial ao TJUE. Assim, o seu despoletamento pode ter lugar (no caso português) *mesmo no seio de um recurso de revista já interposto perante o Supremo Tribunal de Justiça.*

Por força do disposto no art. 267º do TFUE, o recurso ao expediente processual do reenvio prejudicial será *facultativo* (o que logo inculca o termo *pode*) se for suscitada perante um qualquer órgão jurisdicional nacional uma qualquer questão relativa à interpretação dos tratados ou sobre a validade ou interpretação dos atos adotados pelas instituições os órgãos ou organismos da União[916]; já será, porém, *obrigatório* sempre que uma qualquer dessas questões «*seja suscitada em processo pendente perante um órgão jurisdicional nacional cujas decisões não sejam suscetíveis de recurso judicial previsto no direito interno*», «exceto quando já existir uma jurisprudência bem assente na matéria ou quando a forma correta de interpretar a regra de direito em causa não dê origem a nenhuma dúvida razoável»[917-918].

[916] O *reenvio não se torna*, pois, *obrigatório* e *automático* pelo seu simples requerimento, *importando antes um juízo de necessidade a efetuar pelo juiz nacional* – cfr. o acórdão da RC de 16-1--2008, CJ, nº 204, Tomo I/2008, p. 45/Des. Inácio Monteiro.

[917] «O art. 68º do TCE limitava a competência do TJUE aos *pedidos de reenvio prejudicial* às questões suscitadas em processo pendente perante um órgão jurisdicional nacional cujas decisões não fossem suscetíveis de recurso jurisdicional previsto no direito interno. Esta restrição não figura no TFUE» – cfr., neste sentido, J. C. Moitinho de Almeida, Princípia Editora cit., p. 16.

[918] «O *reenvio prejudicial* para o Tribunal de Justiça da União Europeia (TJUE) deve ter por objeto a interpretação ou a validade do direito da União Europeia (art. 267º do TFUE), e não das regras de direito nacional ou questões de facto suscitadas no litígio no processo principal. O TJUE não é competente para sindicar a decisão de um órgão jurisdicional de um Estado-Membro, proferida em processo pendente, nos termos da qual se declarou incompetente, em razão da matéria, para conhecer do objeto da causa, por considerar que a competência para o efeito estava legalmente atribuída a outro órgão jurisdicional desse Estado-Membro» – cfr. o acórdão da RL de 20-12-2018, Proc. 19155/16.6T8LSB.L2-6, *in* www.dgsi.pt/ Des. Manuel Rodrigues. Com efeito, e como se refere, a propósito, no acórdão da RL de 7 de junho de 2018, Proc. 18316/16.2T8LSB.L1, «quando o tribunal se declara incompetente em razão da matéria (por considerar competente um tribunal administrativo) não se encontra inviabilizado ou efetivamente obstaculizado o acesso do apelante aos tribunais para defesa dos seus alegados direitos e interesses; trata-se, tão só, de uma questão de *competência em razão da matéria do tribunal*, pressuposto processual sobre o qual o tribunal se terá de debruçar anteriormente a apreciar de fundo o litígio (e previamente, aliás, à apreciação

Pretende-se, com o expediente, obter, tanto quanto possível, uma *uniformização interpretativa das regras de direito europeu* e a sua aplicação concordante pelos vários Estados-membros, já que a decisão do TJUE, *quanto à questão prejudicial*, surte *força de caso julgado*, assumindo, *qua tale*, *força vinculativa* perante o juiz nacional.

O *reenvio prejudicial* representa, no fundo, uma causa (legal) atípica de *suspensão da instância* por ordem do tribunal (por vontade do juiz ou *jussum judicis* – art. 269º, nº 1, al. c), do CPC). Com efeito, a necessidade do (*incidente*) do reenvio surge na pendência de uma causa em curso, cabendo a sua iniciativa ou ao tribunal ou às próprias partes, mas o seu desencadeamento terá de ocorrer sempre em momento cronologicamente anterior ao da prolação da decisão final, já que o sentido decisório pode vir a ser influenciado pela posição a assumir pelo TJUE (TJ) quanto à interpretação jurídica a fazer da norma ou do ato de direito europeu de que se trate.

Nos termos do acórdão do TJ de 9 de setembro de 2015 (C-160/14) – proferido na esteira do acórdão Köbler (C224/01, EU:C2003:513) do mesmo TJ, de 30 de setembro de 2003 –, o art. 267º, 3º§ do TFUE deve ser interpretado no sentido de que um órgão jurisdicional nacional cujas decisões não são (já) suscetíveis de recurso jurisdicional na ordem interna (como, ente nós, as do Supremo Tribunal de Justiça), *o órgão judicial nacional* (mesmo o Supremo Tribunal de Justiça) *é obrigado a submeter a questão prejudicial ao Tribunal de Justiça da União Europeia* (TJ).

Compreendendo uma *fase escrita* e uma *fase oral*, o processo perante o TJUE segue a tramitação regulada nos arts. 19º a 46º do ETJUE bem, como no Regulamento aprovado pelo próprio tribunal[919].

De ter presente que, «sem prejuízo da competência atribuída ao TJUE pelos Tratados, os litígios em que a União seja parte não ficam, por esse motivo, subtraídos à competência dos órgãos jurisdicionais nacionais» (art. 274º do TFUE).

A *obrigatoriedade* do ato de reenvio (quando ocorra) faz com que a sua omissão integre uma *nulidade processual secundária*, porquanto tal preterição

de outros pressupostos processuais). O que não impede a parte de reclamar os seus direitos no tribunal materialmente competente através do processo adequado a esse fim, não lhe sendo dessa forma negado o direito a obter uma decisão de mérito, não se incorrendo *qua tale* em qualquer "ilegalidade e constitucionalidade" e não sendo violados nem o art. 2º do CPC nem o princípio da tutela jurisdicional efetiva (arts. 20º e 202º da CRP) nem mesmo o art. 47º da CDFUE».

[919] A *apresentação e a tramitação dos processos de reenvio prejudicial* perante o TJ deve obedecer às "Recomendações nºs 2016/C 439/01, *in* JO de 25-11-2016.

é manifestamente suscetível de influir no exame e discussão da causa (arts. 195º, nº 1 e 199º do CPC).

42.3.2. O Tribunal Geral da União Europeia

O Tribunal Geral da União Europeia (TGUE) encontra-se associado ao Tribunal de Justiça da União Europeia (TJUE); é um *órgão jurisdicional independente* ainda que *funcionando em apenso* ao TJUE) – art. 19º, nº 1, do Tratado de Lisboa.

O *Tribunal Geral* é constituído por 27 juízes, um por cada Estado-Membro, os quais são nomeados por um período (renovável) de seis anos de comum acordo entre os governos dos Estados-Membros. Os membros do Tribunal elegem o seu *Presidente* e os presidentes das *Secções* de cinco juízes elegem como presidente um de entre os seus pares por um período de três anos renovável. Não existem advogados gerais adstritos em permanência ao Tribunal Geral; as respetivas tarefas podem ser realizadas (em um número limitado de casos) por um juiz para o efeito designado, o qual ficará, assim impedido de participar na elaboração do acórdão (arts. 48º e 49º do ETJUE). O TGUE funciona *por Secções compostas por três ou cinco juízes.* O Regulamento do Processo pode também prever que o TGUE reúna em *Grande Secção* nos casos e condições nele previstos (art. 50º do RTJUE).

O TGUE ou TG é, no fundo, um sucessor do anterior Tribunal de 1ª Instância das Comunidades Europeias, que havia surgido em 1989 para combater o congestionamento e a morosidade crescente dos processos nesse último tribunal[920]. O TG assegura, na prática, um *duplo grau de jurisdição,* já que todos os casos por esse órgão julgados em 1ª instância podem ser objeto de *recurso para o TJUE* ainda que circunscrito a *questões de direito.* É «competente para conhecer, em primeira instância, dos recursos referidos nos arts. 263º, 265º, 268º, 270º e 272º do TFUE, com exceção dos atribuídos a um tribunal especializado criado nos termos do art. 275º e dos que o ETJUE reservar para o TJUE». O ETJUE pode, contudo, prever que o Tribunal Geral seja «competente para outras categorias de recursos» (cfr. o nº 1 do art. 256º do TFUE).

É também «competente para conhecer dos *recursos interpostos contra as decisões dos tribunais especializados*» (art. 256º, nº 2, do TFUE); e, outrossim,

[920] Cfr. a Decisão do Conselho nº 88/591/CE/CECA/EURATON, de 24-10-88, depois alterada pela Decisão 93/350, de 8-6-93.

para «conhecer das *questões prejudiciais* submetidas, por força do art. 267º, suscitadas em matérias específicas determinadas pelo Estatuto», podendo «remeter essa causa ao TJUE, para que este delibere sobre ela», quando «considerar que a causa exige uma decisão de princípio suscetível de afetar a unidade ou a coerência do direito da União» (art. 256º, nº 3).

É, todavia, da exclusiva competência do TJUE o conhecimento dos recursos previstos nos arts. 263º e 265º do TFUE interpostos por um Estado-Membro contra um ato ou abstenção de decidir do Parlamento Europeu, do Conselho ou da Comissão nos termos e com as exceções contempladas no art. 51º, e suas alíneas a) e b), do ETJUE.

Darão, pois, entrada no Tribunal Geral, entre outras: – *ações propostas por empresas ou associações* de empresas em matéria de imposições, de produção, de preços, de acordos, decisões e práticas concertadas e de concentrações; – *recursos diretos* interpostos por pessoas singulares ou coletivas em *matéria de concorrência*[921], bem como pelos Estados-Membros (principalmente o *recurso de anulação* e *as ações por omissão* e de *indemnização*), com exceção dos reservados ao *Tribunal de Justiça*.

Qualquer pessoa cujo pedido de intervenção tenha sido indeferido pelo Tribunal Geral pode *recorrer para o Tribunal de Justiça*, devendo o recurso ser interposto no prazo de duas semanas a contar da notificação da decisão de indeferimento (art. 57º do ETJUE).

O processo no Tribunal Geral rege-se pelo título III do TFUE, bem como pelos arts. 53º a 62º-B do ETJUE.

42.3.3. Tribunais Especializados da União Europeia

Nos termos do art. 257º do TFUE, o «Parlamento Europeu e o Conselho, deliberando de acordo com o processo legislativo ordinário, podem criar *tribunais especializados*, adstritos ao Tribunal Geral, encarregados de *conhecer em primeira instância de certas categorias de recursos em matérias específicas*».

O *regulamento* que crie *um tribunal especializado* fixará as regras relativas à composição *desse tribunal* e especificará o âmbito das competências que lhe forem conferidas. Os tribunais especializados estabelecem o respetivo

[921] Acerca da matéria da *concorrência*, cfr. J. L. Cruz Vilaça, *O Juiz e a Economia* – A intensidade do *controlo jurisdicional em matéria de concorrência na ordem jurídica da União Europeia, in* revista Julgar, Coimbra, Almedina, nº 35/2018, pp. 12-24.

Regulamento de processo, de comum acordo com o Tribunal de Justiça, o qual terá que ser submetido à aprovação do Conselho.

As decisões *dos tribunais especializados* podem ser objeto de recurso para o *Tribunal Geral* limitado às questões de direito ou, quando tal estiver previsto *no Regulamento que cria o tribunal especializado*, que incida também sobre as questões de facto.

Os membros *dos tribunais especializados*, escolhidos de entre pessoas que ofereçam todas as garantias de independência e possuam a capacidade requerida para o exercício de funções jurisdicionais, são nomeados pelo Conselho, deliberando por unanimidade.

Salvo disposição em contrário do Regulamento instituidor do Tribunal Especializado, *aplicam-se aos Tribunais Especializados as disposições dos Tratados relativas ao Tribunal de Justiça da União Europeia e as disposições do seu Estatuto.* O título I e o art. 64º do ETJUE aplicam-se, em todas as circunstâncias, aos tribunais especializados. As disposições relativas à competência, composição, organização e processo dos tribunais especializados instituídos ao abrigo do art. 257º do TFUE encontram-se incluídas no Anexo ao ETJUE (cfr. o art. 62º-C do mesmo Estatuto).

42.3.4. Tribunal da Função Pública da União Europeia

O *Tribunal da Função Pública da União Europeia* entrou em funcionamento no mês de fevereiro de 2005. A sua instituição encontra hoje respaldo legal no art. 270º do TFUE, nos termos do qual «o Tribunal de Justiça da União Europeia é competente para *decidir sobre todo e qualquer litígio entre a União e os seus agentes, dentro dos limites estabelecidos pelo Estatuto dos Funcionários da União e o Regime Aplicável aos Outros agentes da União.*

A sua estrutura orgânica encontra-se plasmada no Anexo I ao Tratado de Lisboa (TFUE), em cujo art. 1º se estabelece que o mesmo «exerce, em primeira instância, a competência para decidir dos litígios da União e os seus agentes», *ex-vi* do citado art. 270º, «incluindo os litígios entre qualquer órgão ou organismo e o seu pessoal, relativamente aos quais seja atribuída competência ao Tribunal de Justiça da União Europeia».

O Tribunal da Função Pública utiliza os serviços do Tribunal de Justiça e do Tribunal Geral, regendo-se o seu processo pelo título III do ETJUE com exceção dos arts. 22º e 23º (cfr. o art. 6º do Anexo).

Das decisões de indeferimento proferidas pelo Tribunal da Função Pública cabe *recurso para o Tribunal Geral* (art. 10º do Anexo).

Subsecção III
Competência interna

43. Competência interna. Modalidades

No âmbito da jurisdição civil, a competência é regulada cumulativamente pelo CPC e pela LOSJ. Na *ordem jurídica interna*, a jurisdição e a *competência* repartem-se pelos diferentes tribunais judiciais segundo a *matéria*, o *valor da causa*, a *hierarquia judiciária* e o *território*» (arts. 60º, nºs 1 e 2, do CPC e 37º, nº 1, da LOSJ))[922].

43.1. Competência em razão da matéria

A competência (*ratione materiae*) respeita à distribuição do poder jurisdicional pelas diversas espécies e ordens de tribunais consideradas no mesmo plano, isto é, *horizontalmente*, sem que entre elas exista uma qualquer relação de subordinação ou dependência hierárquica. Nos termos do nº 2 do art. 40º da LOSJ, esta Lei determina a competência em razão da matéria entre os *juízos dos tribunais de comarca*, estabelecendo as causas que competem aos *juízos de competência especializada* e aos *tribunais de competência territorial alargada*.

A delimitação dessa competência é estabelecida por lei em *função da natureza substancial do pleito, rectius* do seu objeto (matéria da causa), encarado este, pois, sob um ponto de vista qualitativo[923], sendo que, face à vastidão, complexidade e especificidade normativas dos diversos ramos de direito material, seguiram o legislador constitucional e ordinário, na fixação e determinação da competência em razão da matéria, o *princípio da especialização*.

São da *competência dos tribunais judiciais* as causas que não sejam atribuídas a outra ordem jurisdicional – arts. 64º do CPC e 40º, nº 1, da LOSJ

[922] A Lei Orgânica do Sistema Judiciário (LOSJ) foi aprovada pela Lei nº 62/2013, de 26 de agosto e depois republicada em anexo à Lei nº 40-A/2016, de 22 de dezembro com as alterações por este último diploma introduzidas. Essa Lei foi regulamentada pelo Dec.-Lei nº 49/2014, de 27 de março (RLOSJ), este último diploma, por sua vez, alterado pelo Dec.-Lei nº 86/2016, de 27 de dezembro, no que concerne ao regime aplicável à organização e funcionamento dos tribunais de 1ª instância decorrente das alterações à LOSJ introduzidas pela citada Lei nº 40-A/2016, tendo a mais recente alteração à LSJ sido introduzida pela Lei nº 19/2019, de 19 de fevereiro.

[923] Cfr. Manuel de Andrade, *Noções Elementares* cit., p. 92.

(*princípio da delimitação negativa da competência ou princípio da residualidade*). Deste modo, se uma dada causa não for atribuída por lei a alguma *jurisdição especial* – como, por exemplo, à jurisdição administrativa e fiscal (ou mesmo eclesiástica)[924] –, há que entender, por força daquele princípio, ser a mesma da competência dos tribunais judiciais.

«Os *tribunais de 1ª instância* são, em regra, os *tribunais de comarca*» (art. 79º da LOSJ). Compete-lhes «preparar e julgar os processos relativos a causas não abrangidas pela competência doutros tribunais» (art. 80º, nº 1, da LOSJ).

Os *tribunais de comarca* são de *competência genérica* e *especializada* (art. 80º, nº 2, da LOSJ). E desdobram-se em *juízos*, que podem ser de *competência especializada*, de *competência genérica* e de *proximidade* nos termos do art. 130º (art. 81º, nº 1, da LOSJ). Os *juízos* designam-se *pela competência* e pelo *nome do município* em que estão instalados (art. 81º, nº 2, da LOSJ).

Podem ser criados (nas comarcas) os seguintes *juízos de competência especializada*: a)- *central cível*; b)- *local cível*; c)- *central criminal*; d)- *local criminal*; e)- *local de pequena criminalidade*; f)- *instrução criminal*; g)- *família e menores*; h)- *trabalho*; i)- *comércio*; j)- *execução* (art. 81º, nº 3, da LOSJ). E, ainda (por simples decreto-lei) e sempre que o volume processual o justifique, *juízos de competência especializada mista* (art. 81º, nº 4, da LOSJ)[925]. Podem, porém, ser

[924] «É da *competência dos tribunais eclesiásticos* a apreciação de um pedido de indemnização contra uma ordem religiosa por um seu ex-membro que dela foi expulso, sendo o fundamento da ação essa sua expulsão – cfr. o acórdão da RC de 4-10-2005, CJ, Ano XXX, Tomo IV/2005, p. 23/Des. Ferreira de Barros. «Não cabe, assim aos tribunais judiciais indagar da idoneidade ou inidoneidade dos candidatos à filiação nesse instituto eclesial, e, muito menos, sindicar a "legalidade", ou sequer a oportunidade ou a conveniência, do ato de apreciação (positiva ou negativa) dessas candidaturas ou pedidos de filiação/admissão. E daí a incompetência dos tribunais comuns "*ratione materiae*" para a sindicância da questionada legalidade e, consequentemente, para a apreciação de providência cautelar de suspensão da decisão da mesa administrativa – órgão executivo da Misericórdia – sobre a admissão de novos irmãos» – cfr. o acórdão do STJ de 17-2-2005, Proc.116/2005 – 2ª Sec/Cons. Ferreira de Almeida. «A competência material para o julgamento de ações com *pedidos de declaração de nulidade de dissolução do casamento e dos respetivos averbamentos* pertence ao tribunal de família. Já a competência para o julgamento de ações em que são formulados pedidos de *declaração de nulidade da partilha* efetuada na sequência da dissolução do casamento, por simulação, e, subsidiariamente, da sua ineficácia, por impugnação pauliana, pertence ao tribunal cível» – cfr. o acórdão da RP de 11-4-2018, Proc. 1380/17.4T8PNF.P1, *in* www.dgsi.pt/Des Fernando Samões.

[925] O facto de o *juízo local* verificar que a questão *sub judice* (*divisão de coisa comum*) não pode ser sumariamente decidida *em processo especial*, sendo, por isso, de aplicar o *processo comum* aos

«*alteradas*, por decreto-lei, *a estrutura e a organização dos tribunais de comarca que importem a criação ou a extinção de juízos*», e, por outro lado, «pode proceder-se à *agregação de juízos* por portaria do membro do Governo responsável pela área da justiça» (art. 81º, nºs 5 e 6, da LOSJ).

As *audiências finais ou outras diligências processuais* que aí devam ter lugar segundo as leis do processo, «podem ser realizadas em qualquer juízo (ainda que de proximidade) do tribunal de comarca» por determinação «do juiz titular ou pelo magistrado do Ministério Público, ouvidas as partes» (art. 82º, nº 1, da LOSJ). Tais *audiências judiciais ou diligências* «podem ainda, quando o interesse da justiça ou outras circunstâncias ponderosas o justifiquem, ser realizadas em local diferente, na respetiva circunscrição ou fora desta» (art. 82º, nº 2, da LOSJ).

Instituiu ainda a LOSJ, no seu art. 83º, a possibilidade de existência de *tribunais judiciais de competência territorial alargada* como «*tribunais judiciais de primeira instância*, com competência para mais do que uma comarca ou sobre áreas especialmente referidas na lei» (nº 1). Tribunais esses de *competência especializada* para conhecimento «de matérias determinadas, independentemente da forma de processo aplicável (nºs 1 e 2) e cujas sede e área de competência territorial são definidas no anexo III da mesma Lei.

No nº 3 desse art. 83º, estabelece-se um elenco de tribunais de competência territorial alargada, a saber: a)- o *tribunal da propriedade intelectual*[926]; b)- o *tribunal da concorrência, regulação e supervisão*; c)- o *tribunal marítimo*; d)- o *tribunal de execução das penas*; e)- o *tribunal central de instrução criminal*. Mas com a expressão adverbial "nomeadamente" utilizada, esse preceito logo sugere tratar-se de uma enumeração meramente exemplificativa, já que, «quando as necessidades de especialização, volume, complexidade processual e natureza do serviço o justifiquem, podem ser criados por lei outros tribunais com *competência territorial alargada*» (art. 83º, nº 5, da LOSJ).

termos subsequentes à contestação, *ex-vi* do nº 3 do artº 926º), não retira aos autos a qualidade de *processo especial*. Logo, continua a ser o mesmo *juízo local* o competente para preparar e julgar as *ações de divisão de coisa comum* e não o *juízo central*. Cfr., neste sentido, o acórdão da RL de 16-2-2016, Proc. 7415/14.5T8LSB-A.L1-1, *in* www.dgsi.pt /Des. AFONSO HENRIQUE.

[926] A Lei nº 55/2019, de 5 de agosto, procedendo à oitava alteração à LOSJ, aprovada pela Lei nº 62/2013, de 26 de agosto, veio conferir *novas competências* ao *Tribunal da Propriedade Intelectual*, alterando os respetivos arts. 54º, 67º e 111º.

43.2. Competência em razão da hierarquia

Os tribunais encontram-se *hierarquizados* para efeitos de *recurso* das suas decisões (art. 42º, nº 1, da LOSJ).

A *hierarquia judiciária* não significa, contudo, que os juízes dos tribunais inferiores dependam ou devam obediência a quaisquer instruções, ordens ou diretivas dimanadas dos tribunais superiores, como sucederia se se tratasse de *hierarquia administrativa*. A hierarquia traduz-se, tão-simplesmente, no poder conferido aos tribunais superiores de, *por via de recurso*, revogarem ou alterarem as decisões dos tribunais inferiores. Nisto consiste o *princípio da independência dos juízes* e a sua sujeição exclusiva à lei, salvo o *dever de acatamento* das decisões proferidas em via de recurso pelos tribunais superiores – cfr. os arts. 203º da CRP e 4º, nº 1, da LOSJ. Porém, dentro de cada espécie, existem várias *ordens* de tribunais dispostas verticalmente, a que correspondem diversos níveis de exigência no recrutamento e seleção dos respetivos magistrados, com vista a rodear os tribunais das ordens superiores de maiores garantias de idoneidade e apetrechamento técnico para o julgamento das diversas causas, atento o seu grau de relevância social e económica, com atribuição aos respetivos juízes de poderes de apreciação, revogação e eventual reforma, em sede de recurso, das decisões dos tribunais de hierarquia inferior[927].

Os tribunais formam uma *pirâmide hierárquica* cuja base é constituída pelos *tribunais de 1ª instância*. No patamar imediatamente superior situam-se os *tribunais de 2ª instância* (*tribunais da Relação*) e, no cume da pirâmide, o *Supremo Tribunal de Justiça* (cfr. os arts. 210º da CRP e 31º da LOSJ). O *Supremo Tribunal de Justiça* é o *órgão superior da hierarquia dos tribunais judiciais*, sem prejuízo da competência própria do Tribunal Constitucional (art. 31º, nº 1, da LOSJ).

Por regra, o *Supremo Tribunal de Justiça* conhece, em recurso, das causas cujo valor excede a alçada dos *tribunais da Relação* e os *tribunais da Relação* das causas cujo valor exceda a alçada dos *tribunais judiciais de 1ª instância* (arts. 69º, nº 1, do CPC e 42º, nº 2, da LOSJ)[928]. Em matéria cível, a *alçada*

[927] O recrutamento e seleção dos juízes das Relações e do Supremo encontra-se regulada pelos arts. 46º, 47º, 48º, 52º, 66º, 67º, 68º e 69º do EMJ, na redação que lhes foi dada pela Lei nº 26/2008, de 27 de junho, com a mais recente alteração introduzida pela Lei nº 114/2017, de 29 de dezembro.

[928] Nas hipóteses contempladas nas alíneas b), c), d) e e) do art. 73º da LOSJ, as Relações funcionam como tribunais de 1ª instância.

dos tribunais da Relação é de €30.000 e a *alçada dos tribunais de 1ª instância* de €5.000 (art. 44º, nº 1, da LOSJ)[929-930].

O *Supremo Tribunal de Justiça* possui a sua sede em Lisboa (art. 46º da LOSJ) e compreende secções em *matéria cível*, em *matéria penal* e em *matéria social* (art. 47º, nº 1, da LOSJ) e ainda uma *secção para julgamento dos recursos das deliberações do Conselho Superior da Magistratura* (art. 47º, nº 2, da LOSJ). Fora dos casos previstos na Lei, o Supremo Tribunal de Justiça *apenas conhece de matéria de direito* (art. 46º da LOSJ) e funciona (sob a direção de um presidente) em *plenário*, em *pleno das secções especializadas* e *por secções* (art. 48º da LOSJ). A *competência do Supremo Tribunal de Justiça* é genericamente prevista no nº 1 art. 69º e distribui-se pelos arts. 52º a 56º da LOSJ. A ele compete conhecer dos recursos e das causas que, por lei, forem da sua competência, sendo que o conhecimento dos recursos compreende, não só os interpostos de *decisões proferidas pelas Relações*, como também, e nos casos previstos na lei, das *decisões proferidas pelos tribunais de 1ª instância* (art. 69º, nº 2)[931].

Os *tribunais de 2ª instância* denominam-se *tribunais da Relação*, sendo designados pelo nome da sede do município em que se encontrem instalados (arts. 32º, nº 1 e 67º nº 1, da LOSJ) e podem funcionar em secções especializadas (art. 32º, nº 3). Nos termos do Anexo I da LOSJ, são cinco os *tribunais de Relação* atualmente instituídos, a saber: Guimarães, Porto, Coimbra, Lisboa e Évora.

Os *tribunais da Relação* funcionam (sob a direção de um presidente) em *plenário* e *por secções* (art. 67º, nº 2, da LOSJ), sendo as suas competências as plasmadas nos arts. 72º a 74º da LOSJ. As Relações compreendem secções nas seguintes matérias: *cível*; *penal*; *social*; *família e menores*; *comércio*; *propriedade intelectual e de concorrência*; *regulação e supervisão*, sendo que «a existência das secções *social*, de *família e menores*, de *comércio*, de *propriedade intelectual* e de *concorrência, regulação e supervisão* depende do volume ou da complexidade do serviço e «são instaladas por deliberação do Conselho Superior da Magistratura, sob proposta do presidente do respetivo tribunal da Relação» (art. 67º, nºs 2 e 3, da LOSJ). As *Relações* conhecem dos *recursos* e das *causas*

[929] A admissibilidade dos recursos por efeito das alçadas é regulada pela Lei em vigor ao tempo da instauração da ação (art. 46º, nº 3, da LOSJ).

[930] Em matéria criminal não há alçada, sem prejuízo das disposições processuais relativas à admissibilidade do recurso (art. 44º, nº 3, da LOSJ).

[931] É caso da revista *per saltum* (art. 678º).

que, por lei, sejam da sua competência, competindo-lhes o conhecimento dos recursos interpostos de decisões proferidas pelos tribunais de 1ª instância (art. 68º, nºs 1 e 2).

De salientar que compete aos *tribunais de 1ª instância* «o conhecimento dos recursos das decisões dos notários, dos conservadores do registo e de outros que, nos termos da lei, para eles devam ser interpostos» (art. 67º do CPC)[932].

43.3. Competência em razão do valor

Conforme o art. 41º da LOSJ, esta Lei determina a competência em razão do valor entre os *juízos centrais* e os *juízos locais cíveis* nas *ações declarativas cíveis de processo comum*. Na respetiva sequência, o nº 1 do art. 117º da mesma LOSJ veio estatuir que *compete aos juízos centrais cíveis*: a)- a preparação e julgamento das *ações declarativas* cíveis de processo comum de valor superior a € 50.000; b)- exercer, no âmbito das *ações executivas* de natureza cível de valor superior a € 50.000, as competências previstas no Código de Processo Civil, em circunscrições não abrangidas pela competência de juízo ou tribunal[933]; c)- preparar e julgar os *procedimentos cautelares* a que correspondam ações da sua competência; d)- exercer as *demais competências conferidas por lei*».

Acrescenta o nº 2 do mesmo art. 117º da LOSJ que, nas comarcas onde não haja juízo de comércio, o disposto no número 1 é extensivo às ações que caibam a esses juízos. Finalmente, postula o nº 3 ainda da mesma norma que deverão (*ex-officio*) ser «remetidos aos juízos centrais cíveis os processos pendentes em que se verifique alteração do valor suscetível de determinar a sua competência».

Não compete, todavia, aos *juízos centrais cíveis* conhecer das causas de natureza cível a que corresponda *processo especial* ou, em regra, a que correspondam processos de *jurisdição voluntária*; mas compete-lhes, em circunscrições não abrangidas pela competência de outro juízo ou tribunal, o exercício das funções jurisdicionais previstas no CPC relativas às execuções de natureza cível de valor superior a € 50 000.

[932] É o caso dos recursos das decisões proferidas pelos *julgados de paz* em processos de valor superior a metade do valor da alçada do tribunal de 1ª instância (art. 62º da LJP).

[933] Insurgindo-se contra os "*incommoda*"desta arbitrária delimitação quantitativa, com a consequente degradação dos poderes cognitivos dos antigos juízes de comarca (hoje juízos locais) e contra o "incompreensível *atestado de menoridade* ora conferido aos juízes dos juízos locais", *vide* MIGUEL MESQUITA, *A Metamorfose do Futuro Tribunal de Comarca*, Coimbra, Almedina, 2014, pp. 65-66.

43.4. Competência em razão do território. Fatores de conexão

Dentro da mesma espécie ou categoria de tribunais, e no mesmo grau de jurisdição, *o poder jurisdicional reparte-se também em razão do território*. A competência territorial é determinada pela lei (*forum legale*) ou pela vontade das partes (*forum conventionale*).

A *competência em razão do território* (ou *competência territorial*) resulta da atribuição a cada tribunal, sediado em certa área geográfica, da competência para o julgamento das diversas causas (*competentia rationae loci*), elegendo a lei, para tal, um *elemento de conexão* que reputa de decisivo. Afere-se, portanto, em função de dois parâmetros: a *circunscrição territorial* correspondente ao tribunal e *o elemento de conexão* de cada tipo de ações com essa circunscrição. Trata-se, por isso, de «*uma competência subjetiva*, porque fixa o poder de julgar individualmente considerado».

Contra, porém, o que acontece com as regras de competência em razão da matéria, da hierarquia e do valor – as quais não podem ser afastadas por vontade das partes –, é permitido afastar por convenção expressa, a aplicação das regras de *competência em razão do território*, salvo nos casos a que se reporta o art. 104º (*competência convencional*)[934] – art. 95º, nº 1.

§1º Organização e divisão judicial do território

A *competência declarativa e executiva em razão do território* encontra-se estabelecida nas Secções IV e V do capítulo III do título IV (arts. 70º a 90º do CPC).

O *Supremo Tribunal de Justiça* tem *competência em todo o território nacional*, os *tribunais da Relação* têm regra competência nas áreas das respetivas circunscrições e os *tribunais judiciais de comarca* possuem, em regra, competência na área das respetivas comarcas (art. 43º, nºs 1, 2 e 3, da LOSJ).

As áreas de *competência territorial* dos diversos tribunais são as definidas nos mapas anexos ao Dec.-Lei nº 49/2014 de 27 de março RLOSJ), o qual procedeu à regulamentação da Lei nº 62/2013, de 26 de agosto (LOSJ). Assim: mapa I (Supremo Tribunal de Justiça); mapa II (tribunais da Relação); mapa III (tribunais judiciais de 1ª instância), mapa IV (tribunais de competência territorial alargada).

A estrutura e a organização do *Supremo Tribunal de Justiça*, dos *tribunais da Relação* e dos *tribunais judiciais de 1ª instância* constam, respetivamente, dos arts. 31º, 32º e 33º, todos da LOSJ.

[934] Por ex., nos procedimentos cautelares.

Regem, a este respeito, quanto à *organização judicial* e à *divisão judicial do território*, os arts. 2º, 3º 2 e 4º do RLOSJ. Conforme resulta dos citados mapas I a IV anexos a este diploma, os tribunais da ordem judicial abrangem, além do *Supremo Tribunal de Justiça*, *cinco tribunais da Relação* e ainda *vinte e três tribunais de comarca* e *oito tribunais de competência territorial alargada*, estas duas últimas espécies tribunais de 1ª instância.

Deste modo, no que tange aos *tribunais de 1ª instância*, o art. 3º do RLOSJ reportando-se à *divisão do território nacional*, para efeitos de administração da justiça, concretiza-a em *23 comarcas* (cujo número e designação correspondem aos antigos 23 distritos administrativos), assim desenvolvendo o disposto nos nº 2 e 3 do art. 33º da Lei nº 62/2013 (LOSJ), que remete para o respetivo Anexo II daquela Lei, no qual essas comarcas são identificadas. Os *tribunais judiciais de competência territorial alargada* (todos de 1ª instância), cuja criação é prevista no art. 83º da LOSJ, possuem a sua sede e a área de competência definidas no Anexo III à mesma LOSJ e no mapa IV anexo ao RLOSJ.

§2º Elementos de conexão relevantes

Os *fatores* (elementos) que determinam, em cada caso, o tribunal territorialmente competente, são *estabelecidos pela lei processual* (art. 43º, nº 2, da LOSJ). Na seleção e eleição desses elementos de conexão, pauta-se o CPC, ora por critérios de *justiça e razoabilidade* (arts. 72º e 80º), ora de *comodidade das partes* (arts. 70º, 71º, 74º, 75º, 76º, 78º, 79º e 85º), ora ainda por razões de interesse de uma *boa administração da justiça* (art. 71º, nº 2).

Entre esses elementos, há que referir o *foro do réu*, o *foro real* ou *da situação dos bens*, *o foro obrigacional*, o *foro do autor*, o *foro sucessório e o foro da execução*. Assim:

a) Foro do réu (*actor sequit forum rei*):

O *tribunal do domicílio do réu* constitui, a um tempo, uma *regra geral* e um *critério supletivo*, já que aplicável sempre que não exista disposição especial para a atribuição da competência territorial. Procura a lei *facilitar a defesa do réu* (*favor rei*), assim se observando, no âmbito processual, o princípio dominante no campo do direito das obrigações (*favor debitoris*) – cfr. arts. 80º e 81º[935]. Se *existir mais do que um réu na mesma causa*, devem ser todos

[935] A regra geral vigente para os *tribunais administrativos* é, porém, a de que «os processos em 1ª instância são intentados no *tribunal da residência habitual ou da sede do autor ou da maioria dos autores*» – cfr. os nºs 1 e 2 do art. 16º do CPTA.

demandados no *tribunal do domicílio do maior número*; se for igual o número nos diferentes domicílios, pode o autor escolher o de *qualquer deles* (nº 1 do art. 82º).

Trata-se de uma *exceção às regras da competência determinada pela pluralidade de réus* com domicílios em diferentes comarcas; regra essa ditada por razões de *comodidade para o réu*. Se, pois, o réu for casado, deve o casal ser considerado como um só para efeitos de demanda (desde que não separado judicialmente de pessoas e bens). Se existirem *vários réus incapazes*, deverão, para o mesmo efeito, ser considerados como um só se tiverem o mesmo representante legal. Fica assim vedado ao réu (ou aos réus) que se encontrarem na posição minoritária (ou até de igualdade) invocarem a incompetência do tribunal por este não corresponder ao do lugar do seu domicílio.

No caso de *pedidos cumulativos* (art. 555º), para cuja apreciação sejam territorialmente competentes diversos tribunais, *pode o autor escolher qualquer deles para a propositura da ação*, salvo se a competência para apreciar algum desses pedidos depender de qualquer um dos elementos de conexão que permitam o conhecimento oficioso da incompetência relativa, pois, neste caso, a ação será proposta nesse tribunal (art. 82º, nº 2).

Se o réu for o Estado será competente o tribunal do domicílio do autor (art. 81º, nº 1). *Se o réu for outra pessoa coletiva* (que não o Estado) ou uma *sociedade* será demandado no tribunal da *sede da administração principal* ou no da *sede das respetivas sucursais, agências, filiais, delegações ou representações*, conforme a ação seja dirigida contra a sede ou contra estas últimas. Mas se o autor pretender demandar uma *pessoa coletiva ou uma sociedade com sede no estrangeiro*, que possua sucursal, agência filial, delegação ou representação em Portugal, a ação pode ser proposta no tribunal do lugar da situação da *sede das últimas*, ainda que seja solicitada a *citação da administração principal* (art. 81º, nº 2).

b) Foro real ou da situação dos bens (*forum rei sitae*):

Devem ser propostas no tribunal da situação dos bens as ações: – referentes a *direitos reais ou pessoais de gozo sobre imóveis*; – de *divisão de coisa comum* (arts. 925º e ss.); – de *despejo* (resolução judicial do contrato de arrendamento) previstas nos arts. 1047º e 1084º, nº 2, do CC e a seguirem a forma de processo comum declarativo *"ex-vi"* do art. 14º da Lei nº 6/2006 de 27/2; –

de *preferência* (arts. 1458º e ss. do CC); – de *execução específica do contrato-promessa* sobre imóveis (arts. 830º e ss. do CC); – de *reforço, substituição, redução e expurgação de hipotecas*, a que se reportam os arts. 991º a 1007º do CC (cfr. o art. 70º, nº 1). Regra que assume mesmo *natureza imperativa* no que concerne às ações relativas a *direitos reais sobre imóveis sitos em território português* (cfr. art. 63º, al. a)). Nesta epígrafe se integram, pois, as ações de propriedade ou posse, tipicamente as *ações de reivindicação* (art. 1311º), *de preferência* (art. 1410º), *fundadas em direito real como a compropriedade* (art. 1403º) e, bem assim, as provenientes de uma *relação obrigacional como o arrendamento* (art. 1091º), todos esses preceitos do CC[936].

Contemplam *casos especiais do foro da situação dos bens*: – o nº 2 do art. 70º relativo às ações de *reforço, substituição, redução e expurgação de hipotecas relativas a navios e aeronaves* (a ação deve ser proposta no lugar da respetiva matrícula, ou, se a hipoteca abranger móveis matriculados em circunscrições diversas, pode o autor optar por qualquer delas); – e o nº 3 respeitante a *universalidades de facto* ou a *bens móveis e imóveis ou imóveis sitos em circunscrições diferentes*, caso em que a ação será proposta no tribunal correspondente à situação dos imóveis de maior valor, podendo (se o prédio objeto da ação estiver situado em mais do que uma circunscrição) ser proposta em qualquer das circunscrições.

c) Foro obrigacional (*forum obligationis*):

Será competente o tribunal do lugar onde deve ser cumprida a obrigação (*forum destinate solutionis*), o mesmo que é dizer ações destinadas a exigir o cumprimento de uma dada obrigação (*ex-contractu*) ou a indemnização pelo não cumprimento. Quanto ao *lugar do cumprimento da prestação*, estabelece o nº 1 do art. 772º do CC, como *critério supletivo*, que, «na falta de estipulação ou disposição especial da lei, a prestação deve ser efetuada no *lugar do domicílio do devedor*». Para a determinação do *domicílio* há que atender-se ao disposto nos arts. 82º e ss. do mesmo diploma[937].

Contudo, o nº 1 do 71º, estabelece como competente para a propositura da ação «destinada a exigir o *cumprimento de obrigações*, a *indemnização pelo não cumprimento ou*

[936] Cfr. ANTUNES VARELA/J. M. BEZERRA/SAMPAIO E NORA, *Manual* cit., p. 217.

[937] «A pessoa tem *domicílio* no lugar da sua residência habitual; se residir alternadamente em diversos lugares, tem-se por domiciliada em qualquer deles». «Na falta de *residência habitual*, considera-se domiciliada no lugar da sua *residência ocasional* ou, se esta não puder ser determinada, no lugar onde se encontrar» (art. 82º, nºs 1 e 2, do CC).

pelo cumprimento defeituoso e a resolução do contrato por falta de cumprimento» o *tribunal do domicílio do réu» (favor rei ou favor debitoris)*, podendo, porém, o credor *optar pelo tribunal do lugar em que a obrigação devia ser cumprida* quando o réu seja pessoa coletiva ou quando, situando-se o *domicílio do credor na área metropolitana* de Lisboa ou do Porto, *o réu tenha domicílio na mesma área metropolitana»*[938]. A possibilidade dessa opção visa proporcionar ao autor uma maior comodidade, funcionado aqui uma regra de *(favor actoris ou favor creditoris)*[939].

d) Foro do lugar da ocorrência do facto:

Para as ações destinadas *«a efetivar a responsabilidade civil baseada em facto ilícito ou fundada no risco, o tribunal* competente é *o correspondente ao lugar onde o facto ocorreu»* (art. 71º, nº 2). Razões de *comodidade e facilidade de acesso aos elementos probatórios* (sem pois necessitar de requisição ou solicitação a outro tribunal ou entidade) e de um consequente mais apto posicionamento para uma melhor administração da justiça estão na base da estatuição legal. Assim, por ex., as ações emergentes de acidente de viação devem ser propostas no *tribunal do lugar onde ocorreu o acidente (evento ilícito danoso)*, assim como as ações destinadas a exigir indemnização por violação de deveres gerais de abstenção relativos a *direitos absolutos* como os direitos de personalidade.

e) Foro do autor *(forum actoris)*:

O foro do lugar do *domicílio ou residência do autor* é o critério especificamente estabelecido por lei para as *ações de divórcio e de separação de pessoas e bens*, sendo para tal competente o tribunal do domicílio ou residência do autor (art. 72º). Subjacente a este critério encontra-se uma ideia de benefício ou *proteção preferencial do autor* (cônjuge ofendido ou lesado), que será

[938] A ação deve, pois, ser proposta no tribunal cuja circunscrição territorial abranja o lugar onde, por força da lei (imperativa ou supletiva) ou convenção escrita, a obrigação devia ser cumprida.

[939] Segundo Antunes Varela/J. M. Bezerra/Sampaio e Nora, *Manual* cit., p. 218, esta regra assume assinalável «interesse prático, pela enorme frequência da sua aplicação, mesmo em obrigações cujos sujeitos são cidadãos estrangeiros», dando, a propósito, o exemplo de uma ação destinada a «exigir, em acumulação, o cumprimento específico da obrigação e a indemnização pela mora».

normalmente, quem sofreu os efeitos da violação dos deveres conjugais que servem de fundamento essencial à ação[940].

f) Foro sucessório ou hereditário (*forum successionis*):

A sucessão por morte abre-se no lugar do último domicílio do *de cujus* (art. 2031º do CC). *Aberta a sucessão,* há que proceder à partilha dos bens.

«Em *matéria sucessória, é competente o tribunal do lugar da abertura da sucessão.* Se, no momento da sua morte, o autor da sucessão não tiver *residência habitual em território português,* é competente o tribunal em cuja circunscrição esse autor teve a sua *última residência habitual em território nacional*». Se não verificada qualquer dessas hipóteses, mas «*se o autor da sucessão tiver nacionalidade portuguesa* ou houver bens situados em Portugal, o tribunal competente é: *havendo imóveis,* o *tribunal da situação dos bens,* ou, situando-se os imóveis em circunscrições diferentes, o tribunal da situação do maior número; ou *não havendo imóveis,* o tribunal de Lisboa» (art.72º-A).

g) Foro da execução (*forum executionis*):

Salvo disposição legal expressa em contrário, *o tribunal competente para a execução é o do domicílio do executado* (art. 89º, nº 1).

O foro competente para a execução fundada em decisão proferida por tribunais portugueses é o *tribunal de 1ª instância onde a causa tiver sido julgada* (art. 626º, nº 1), correndo a execução (nos tribunais em que não haja tribunal com competência executiva específica) *por apenso a esse processo* (art. 85º, nºs 1 e 3), exceto se se verificarem as exceções constantes desse nº 3. *Se a decisão tiver sido proferida por árbitros* em território português, é competente para a execução o *tribunal da comarca do lugar da arbitragem,* a qual correrá, em princípio, no respetivo *traslado,* salvo se o juiz tal considerar inconveniente.

> «Na execução de decisão proferida por tribunais portugueses, o *requerimento executivo* é apresentado no processo em que aquela foi proferida, correndo a execução *nos próprios autos* e sendo tramitada de forma autónoma, exceto quando o processo tenha entretanto subido em recurso, caso em que corre *no traslado*» (art. 85º, nº 1). Quando, nos termos da lei de organização judiciária, seja competente secção especializada de execução, deve ser remetida a esta, com caráter de urgência, cópia

[940] Os fundamentos do divórcio sem o consentimento do outro cônjuge (divórcio litigioso), ou seja, os factos-índice da *rutura do casamento,* encontram-se plasmados no art. 1871º do CC.

da sentença, do requerimento que deu início à execução e dos documentos que o acompanham (nº 2). Se a decisão tiver sido proferida por árbitros em arbitragem que tenha tido lugar em território português, é competente para a execução o *tribunal da comarca do lugar da arbitragem*» (nº 3).

Se a ação tiver sido proposta (*diretamente*) *na Relação ou no Supremo*, é competente para a execução o *tribunal do domicílio do executado*, salvo o caso especial do art. 84º[941]; em qualquer caso, baixa o *traslado* ou o *processo declarativo* ao tribunal competente para a execução (art. 86º).

«A execução das decisões relativas a *multas penais* e *indemnizações* previstas na lei processual aplicável, compete ao juízo ou tribunal que as tenha proferido» (art. 131º da LOSJ, na redação dada pelo art. 2º da Lei nº 27/2019, de 28 de março); à «*cobrança coerciva das custas, multas não penais* e *outras sanções pecuniárias* fixadas em processo judicial é aplicável o processo de execução fiscal» (art. 148º, nº 2, al. c), do CPPTRIB), na redação do art. 3º da Lei nº 27/2019, de 28 de março).

«Para a *execução pelas indemnizações* referidas no art. 542º (arbitradas *por litigância de má-fé*) e preceitos análogos é competente o tribunal (ou juízo) em que haja corrido o processo no qual tenha sido proferida a acondenação» (art. 87º, nº 1, do CPC), correndo a execução «por apenso ao respetivo processo» (nº 2). «Quando a condenação em indemnização tiver sido proferida na Relação ou no Supremo Tribunal de Justiça, a execução corre no tribunal de 1ª instância em que o processo haja ocorrido» (art. 88º do CPC)[942].

Para as execuções fundadas em outros títulos que não em sentença condenatória (*v. g. títulos de crédito*) – e tratando-se de *execuções para o pagamento de quantia certa* – é competente «*o tribunal do domicílio do executado*, podendo o exequente optar pelo o *tribunal do lugar onde a obrigação deva ser cumprida* quando o executado seja pessoa coletiva ou quando, situando-se o domicílio do exequente na área metropolitana de Lisboa ou do Porto, o executado tenha domicílio na mesma área metropolitana» (cfr. o nº 1 do art. 89º).

[941] «Para as *ações em que seja parte o juiz de direito, seu cônjuge, algum seu descendente ou ascendente* ou *quem com ele conviva em economia comum*, e que devessem ser propostas na circunscrição em que o juiz exerce jurisdição, é competente o tribunal da circunscrição judicial cuja sede esteja a menor distância da sede daquela» (art. 84º, nº 1, do CPC).

[942] Os arts. 87º e 88º possuem a redação que lhes foi dada pelo art. 4º da Lei nº 27/2109, de 28 de março.

Se se tratar de obrigações para *entrega de quantia certa* ou por *dívida com garantia real*, serão (respetivamente) competentes o *tribunal do lugar onde a coisa se encontre ou o da situação dos bens onerados* (nº 2 do art. 89º.) *O tribunal da situação dos bens* é ainda competente se, devendo a execução ser *instaurada no tribunal do domicílio do executado*, este não possua domicílio em Portugal, mas aqui possua bens e se a execução houver de ser *instaurada em tribunal português* por via da al. e) do art. 63º (cfr. os nºs 3 e 4, respetivamente, do art. 89º).

Nos casos de *cumulação de execuções* para cuja apreciação sejam territorialmente competentes diversos tribunais é competente o *tribunal do domicílio do executado* (art. 89º, nº 5).

Compete aos *juízos de execução* exercer, no âmbito dos processos de execução de natureza cível, as competências previstas no CPC, com exclusão das elencadas no nº 2 (cfr. o nº 1 do art. 129º, nº 1, da LOSJ). Para a *execução das decisões proferidas pelo juízo central cível* é competente o juízo de execução que seria competente caso a causa não fosse da competência daquele juízo em razão do valor (art. 129º, nº 3, da LOSJ). Para o *processo de insolvência* «é competente o *tribunal da sede ou do domicílio do devedor ou do autor da herança à data da morte, consoante os casos*» (art. 77º, nº 1, do CIRE). «É igualmente competente *o tribunal do lugar em que o devedor tenha o centro principal dos seus interesses*, entendendo-se, por tal, aquele em que os administre de forma habitual e cognoscível por terceiros» (nº 2 do mesmo preceito). «Compete aos *juízos de comércio* preparar e julgar os *processos de insolvência* (ainda que se trate de insolvência relativa a pessoas singulares não comerciantes), bem como os *processos especiais de revitalização*» (art. 128º, nº 1, al. a), da LOSJ).

h) Ação de *honorários*:

Para a *ação de honorários* de mandatários judiciais ou técnicos e para a cobrança das quantias adiantadas ao cliente é competente «o *tribunal da causa na qual foi prestado o serviço, devendo aquela correr por apenso a esta*» (*forum conexitatis*) – cfr. o nº 1 do art. 73º.

Neste tipo de ação, o *autor* é o advogado ou o técnico (que assistiu o advogado nos termos do art. 50º)[943]. O *réu* é o cliente a quem o advogado ou o técnico presta-

[943] Tratando-se de um mandato conferido a advogado enquanto sócio de uma sociedade de advogados, é esta que detém legitimidade para instaurar contra o réu ação de honorários e não o advogado que prestou tais serviços nessa qualidade – cfr. o acórdão da RL de 1-6-2005, CJ, Ano XXX, Tomo III/2005, p. 284/Desª MARIA ROSA TCHING.

ram o serviço ou adiantaram a quantia. A *causa de pedir* diz respeito ao pagamento do serviço prestado pelo mandatário ou pelo técnico num determinado processo[944]. A *regra especial do tribunal da causa* é ditada, não propriamente por razões de distribuição de competência territorial ou em razão da matéria, mas por *razões de uma maior eficácia e funcionalidade dos tribunais*. O que melhor se conseguirá confiando o julgamento ao juiz decisor da causa principal geradora da dívida de honorários, o qual, por tal motivo, se encontrará em melhor posição para avaliar a dimensão e a qualidade do esforço ou atividade dispendidos. Por isso, a *petição da ação de honorários* não será distribuída, mas sim *averbada, correndo por apenso ao processo* donde constem todos os elementos para uma decisão justa e conscienciosa[945]. Todavia, se a causa tiver sido instaurada na Relação ou no Supremo, a ação de honorários correrá no *tribunal da comarca do domicílio do devedor*» (art. 73º, nº 2), sendo este nº 2 que justifica a inclusão do art. 73º na secção respeitante à competência territorial. O elemento de conexão relevante para a determinação da competência territorial é, pois, o do *foro do réu*.

43.5. Extensão da competência

Em contadas situações e mediante certos requisitos, a competência de um dado tribunal pode *estender-se* a outras questões nele ou à margem dele suscitadas e para cujo conhecimento não teria, em princípio, competência. São as hipóteses de *extensão e modificação da competência* contempladas nos arts. 91º a 95º.

A *extensão da competência* pode ser relativa às *questões incidentais* (art. 91º), às *questões prejudiciais* (art. 92º) e às *questões reconvencionais* (art. 93º). A *modificação da competência* é regulada pelos arts. 94º (pactos privativo e atributivo de jurisdição) e 95º (competência convencional).

Questões incidentais (ou incidentes) são as que se perfilam como *acessórias e secundárias* relativamente ao objeto da ação ou do recurso e processualmente autónomas face ao processo principal[946]. Assim, a expressão legal de "*incidentes*" utilizada no nº 1 do art. 91º deve ser tomada em *sentido amplo*, em ordem a englobar os pedidos acessórios, dependentes ou conexos com um

[944] Cfr. Alberto dos Reis, *Código de Processo Civil Anotado*, vol. I, cit., p. 216.

[945] Cfr., *v. g.*, os acórdãos da RC de 27-6-2000, CJ, ano XXV, Tomo III, p. 33./Des. Cardoso de Albuquerque e do STJ de 30-11-95, BMJ, nº 451, p. 370/Cons. Pereira da Graça.

[946] Cfr. Salvador da Costa, *Os Incidentes da Instância*, 9ª ed., Coimbra, Almedina, 2017, pp. 7 a 10.

pedido principal[947]. O princípio a ter em conta neste domínio é o de que «*o tribunal competente para a ação é também competente para conhecer dos incidentes que nela se levantem e das questões que o réu suscite como meio de defesa*» (art. 91º, nº 1)[948].

A título de exemplo, e reportando-nos especificamente aos *incidentes típicos* diretamente previstos na lei como *incidentes da instância* e mais frequentes, podem referir-se: – a *verificação do valor da causa* (arts. 296º a 310º); – a *intervenção de terceiros* (arts. 110º a 350º); – a *habilitação* (arts. 351º a 357º); – a *liquidação* (arts. 358º a 360º). Assim, por ex., se falecida uma das partes no decurso da ação, o tribunal competente para a ação sê-lo-á também para decidir o *incidente de habilitação* (se a causa correr em qualquer outro tribunal, este passará a ter, *por extensão*, competência para a habilitação). Também os *procedimentos cautelares* podem ser instaurados como incidentes da ação declarativa ou executiva (art. 364º, nº 1, *in fine*).

O tribunal competente para uma ação com fundamento em *contrato celebrado pelas partes* será também competente, *por extensão*, para conhecer da *nulidade* desse *contrato* invocada pelo réu, ainda que para o conhecimento desse vício fosse competente outro tribunal, se invocado em ação autónoma. Assim, se o autor A, residente em Coimbra, propuser, em tribunal judicial da Comarca de Lisboa, uma ação tendente à efetivação de responsabilidade contratual radicada em incumprimento (por parte de B nesta cidade residente) de uma obrigação constante de documento escrito, obrigação essa também a cumprir em Lisboa, e o réu B, na sua contestação, invocar a anulabilidade do negócio com base em dolo do autor A, requerendo por isso a sua anulação, o tribunal de Lisboa será, *por extensão*, o competente para conhecer desse alegado vício da vontade. O que já não sucederia se a ação de anulação fosse autonomamente instaurada por B, caso em que seria competente um tribunal judicial da Comarca de Coimbra, ou seja, o tribunal do domicílio do (agora) réu A (art. 80º).

Extensão de competência que sofre, contudo, uma ressalva: as decisões proferidas nesses *incidentes*, bem como *nos meios de defesa que não envolvam*

[947] Cfr., neste sentido amplo de englobamento de pedidos acessórios e dependentes deduzidos em acumulação real, o exemplo do pedido de indemnização conexo com um pedido de reivindicação, cfr. o acórdão do STJ de 13-3-2008, Proc. 391/2008 – 1ª Sec./Cons. Sebastião Póvoas.

[948] A título de exemplo, tendo a embargante-executada seguradora alegado como meio de defesa que o montante alegadamente em dívida corresponde ao que foi retido na fonte nos termos do CIRS, pode o tribunal comum conhecer dessa matéria com base na competência por extensão prevista no nº 1 do art. 91º do CPC – cfr., entre vários outros, o acórdão do STJ de 15-1-2004, Proc. 4010/2003 – 2ª Sec./Cons. Moitinho de Almeida.

diretamente o objeto da ação (questões incidentais em sentido próprio), mesmo que transitadas em julgado, surtem apenas eficácia de *caso julgado formal* (isto é, não constituem caso julgado fora do processo respetivo), «exceto se alguma das partes requerer o julgamento com essa amplitude e o tribunal for competente do ponto de vista internacional e em razão da matéria e da hierarquia» (nº 2 do art. 91º)[949]. Quer dizer: só produzem *caso julgado material* (para valer fora do processo) se alguma das partes requerer o processamento da questão incidental como se de uma ação autónoma se trate e o tribunal for absolutamente competente[950].

Se o conhecimento do objeto da ação depender da decisão de outra questão que seja da competência do *juízo criminal ou do tribunal administrativo*, pode o juiz *sobrestar* na decisão (abstendo-se provisoriamente de decidir) até que o tribunal competente se pronuncie (cfr. o nº 1 do art. 92º). Trata-se de situações em que o conhecimento do objeto (fundo ou mérito da causa) se encontra dependente da resolução prévia de uma outra questão «que faz parte do encadeamento lógico da sentença a proferir»[951]. Não se trata aqui de *estender* a competência do tribunal da causa, mas sim de atribuir ao juiz a faculdade de *suspender* (diferir) a decisão ou de *sobrestar* na decisão (final) a proferir até que o tribunal de competência especializada ou o tribunal especial se pronunciem sobre a questão prévia da sua própria competência. Sacrifica aqui a lei o interesse da celeridade processual em favor de uma maior garantia do acerto ou perfeição da decisão[952]. A suspensão ficará, todavia, «sem efeito se a *ação penal ou a ação administrativa não for exercida dentro de um mês* ou se o respetivo processo *estiver parado, por negligência das partes*, durante o mesmo prazo. Neste caso, o juiz da ação decidirá a questão prejudicial, mas a decisão não produz efeitos fora do processo em que for proferida» (art. 92º, nº 2)[953]. A decisão a proferir

[949] Se o réu requerer que a decisão de uma exceção perentória por si invocada faça caso julgado ao abrigo do disposto no nº 2 do art. 91º, como que converte essa defesa numa figura substancialmente reconvencional, que a doutrina rotula de «*reconvenção para apreciação incidental*» – cfr., neste sentido, *v. g.*, o acórdão da RE de 18-4-91, CJ, Ano de 1991, Tomo II, p. 340/Des. ABÍLIO PERES.

[950] Cfr. ANTUNES VARELA/J. M. BEZERRA/SAMPAIO E NORA, *Manual* cit., p. 221.

[951] Cfr. J. RODRIGUES BASTOS, *Notas*, vol. I cit., p. 165.

[952] Cfr., neste sentido, ANTUNES VARELA/J. M. BEZERRA/SAMPAIO E NORA, *Manual* cit., p. 222.

[953] «No *processo declarativo comum*, a regra é no sentido de que o tribunal competente para a ação também o é para as questões da competência do *tribunal administrativo* cuja apreciação se revele essencial para o conhecimento do objeto da ação, caso em que pode o juiz conhecer da *questão prejudicial* com efeitos circunscritos ao processo ou sobrestar na decisão, até que o tribunal competente – *tribunal administrativo* – se pronuncie, no prazo e termos do

pelo tribunal cível formará apenas *caso julgado formal* (força obrigatória dentro do processo), já que, ao contrário do que é permitido pelo nº 2 do art. 91º, o art. 92º não confere às partes a possibilidade de requererem que a decisão que venha a ser proferida pelo tribunal judicial sobre a questão prejudicial constitua caso julgado material. O art. 92º tem aplicação apenas quando o tribunal criminal ou administrativo detêm competência para o conhecimento de questão (prejudicial), tornado (esse tribunal) necessário para a decisão de outra questão que constitui objeto da ação proposta em tribunais (*judiciais cíveis*)[954].

Importa, porém, distinguir entre *questão jurídica prejudicial* e *causa prejudicial*. *Questão jurídica prejudicial* será aquela cuja solução constituía pressuposto *necessário* da decisão de mérito. *Causa prejudicial existirá* quando uma dada questão for (*a se*) objeto autónomo de outra ação, como tal podendo constituir fundamento de suspensão da instância por determinação do juiz, nos termos do art. 272º. «Uma causa é *prejudicial* em relação a outra quando a decisão daquela pode prejudicar a decisão desta, isto é, quando a procedência da primeira tira a razão de ser à existência da segunda»[955]. Por exemplo, a ação de *anulação de um contrato de compra e venda constitui causa prejudi-*

art. 92º, nºs 1 e 2». «Se o autor cingiu a eficácia da decisão sobre os pedidos de declaração de invalidade dos atos administrativos à ação que intentou e às questões de índole administrativa conexas que apresentam uma incindível *ligação de prejudicialidade* com o pedido impugnatório que formula, é de considerar que estamos perante *questões incidentais de natureza administrativa* para cuja apreciação *é competente o tribunal comum* (art. 91º, nº 1, do CPC), cabendo, pois, ao julgador trilhar um dos caminhos apontados pelo art. 92º para as solucionar» – cfr. o acórdão da RC 23-10-2018, Proc. 458/17.9T8GRD.C1., *in* www.dgsi.pt e demais doutrina e jurisprudência no mesmo citadas/Des. Fonte Ramos.

954 Resultando da petição que a pretensão é dirigida à obtenção de área de terreno alegadamente pertencente ao lote dos autores, ainda que para tanto seja necessária a destruição do anexo e das caixas de drenagem das águas que não se encontram implantadas nos locais indicados nos respetivos alvará e planta de loteamento, ou, em alternativa a redução do preço pago, a questão central dirimenda consubstancia uma *relação jurídica de direito privado*; daí que sendo o *tribunal judicial o competente em razão da matéria para conhecer núcleo central do pedido* (o alegado incumprimento contratual, ou melhor, no cumprimento imperfeito ou defeituoso da compra e venda de um lote de terreno, com implicações no direito de propriedade dos autores) (art. 1305º do CC) e na definição das estremas do seu lote (arts 1353º a 1355º do CC), será também ele o competente para o conhecimento das restantes questões conexas, ainda que, isoladamente consideradas, estas pudessem cair no âmbito do foro administrativo (art. 91º, nº 2)» – cfr. o acórdão do STJ de 09-11-2017, Proc. 8214/13.7TBVNG-A.P1.S1, *in* www.dsi.pt/Cons. António Joaquim Piçarra.

955 Cfr. Alberto dos Reis, *Comentário*, vol. 3º cit., p. 206.

cial em relação a uma outra *ação em que se pretende exercer o direito de preferência na respetiva aquisição*.

O tribunal da *ação* é competente para as questões deduzidas por via de *reconvenção* desde que tenha competência para elas em razão da nacionalidade, da matéria e da hierarquia (*competência absoluta*), sob pena de absolvição do autor (reconvindo) da instância» (art. 93º, nº 1). A competência do tribunal da ação (principal) estende-se assim, por força desse nº 1, às questões suscitadas na reconvenção de que não poderia conhecer segundo as regras da competência em razão do valor ou do território (*competência relativa*). Ponto é que o tribunal detenha, para tal, *competência absoluta*.

Quando, por virtude de *reconvenção*, o tribunal deixe de ser competente em razão do valor, deve o juiz oficiosamente remeter o processo para o tribunal ou juízo que for competente (art. 93º, nº 2, do CPC). Mas se, no caso de reconvenção, o pedido formulado pelo réu for distinto do deduzido pelo autor, os respetivos valores somam-se, com a correlativa alteração do valor inicial da causa, nos termos do art. 530º (cfr. o nº 2 do art. 299º) e com a eventual alteração do juízo competente (arts. 117º, nº 1 e 130º, nº 1, da LOSJ).

43.6. Modificação da competência. Competência convencional

A modificação da competência (por *convenção das partes*) é regulada pelos arts. 94º e 95º. Em qualquer dessas situações, a *competência* – que normalmente seria atribuída a um dado tribunal para dirimir um determinado litígio – pode ser *modificada por acordo* das partes.

A convenção pela qual as partes afastam as regras reguladoras da *competência internacional* dos tribunais portugueses (art. 62º) é designada por *pacto privativo* ou *atributivo de jurisdição* (art. 94º). A alteração, por convenção expressa, das regras da *competência interna* (*em razão do território*) a que se reporta o art. 95º, designa-se por *competência convencional* ou *pactícia* (*forum conventionale*).

O nº 3 do art. 95º equipara a *obrigatoriedade* (e a *força vinculativa*) da estipulação de competência de certo foro à própria determinação da competência derivada da lei[956].

[956] «A *estipulação do foro convencional* pode referir-se (à semelhança do que sucede com o compromisso arbitral e com a cláusula compromissória) tanto a um litígio já existente, como a ações puramente eventuais» – cfr. ANTUNES VARELA/J. M. BEZERRA/SAMPAIO E NORA, *Manual* cit., p. 225, nota 1.

Por *razões de ordem pública*, o nº 1 do art. 95º subtrai à livre disponibilidade das partes o afastamento das *regras de competência em razão da matéria, da hierarquia, do valor e da forma de processo.* Permite, todavia, o mesmo preceito afastar, por convenção expressa, a aplicação das *regras de competência em razão do território*, salvo nos casos a que se refere o art. 104º (isto é, nos casos em que a incompetência relativa é do conhecimento oficioso do tribunal). Esta possibilidade de as partes escolherem o tribunal territorialmente competente para conhecer de certos litígios traduz-se num verdadeiro *pacto de aforamento* ou *pacto de competência.* O tribunal convencionalmente estabelecido como competente passa a deter competência exclusiva (*forum prorogatum ou pactum de foro prorogando*), deixando, para tal, de ser competente o tribunal que, segundo a lei, deteria originariamente a competência[957]. O *acordo* deve satisfazer os *requisitos de forma* do contrato-fonte da obrigação, conquanto seja reduzido a escrito nos termos do nº 4 do art. 94º, «devendo ainda designar as questões a que se refere o *critério de determinação do tribunal que fica sendo competente*». Designação essa que pode ser feita «pela especificação do facto jurídico (ato ou contrato) suscetível de as originar», tais como a referência às questões gerais ou específicas que possam emergir da interpretação ou execução de determinado contrato (nºs 2 e 4 do art. 95º)[958].

Subsecção IV
Incompetência do tribunal

44. Incompetência. Modalidades
44.1. Enunciação

A incompetência pode ser *absoluta* (infração das regras de competência em razão da *matéria*, da *nacionalidade* e da *hierarquia*) ou *relativa* (infração às regras da divisão judicial do território, do valor da causa e da forma de processo aplicável). À *incompetência absoluta* subjaz a violação de *normas de interesse e ordem pública* traduzida na postergação do interesse público geral da boa administração da justiça, enquanto que à *incompetência relativa* subjaz

[957] Para M. Teixeira de Sousa, *Estudos* cit., p. 123, também é «um *pacto de competência* a convenção pela qual as partes definem como competente qualquer outro tribunal que não aquele que é determinado pelas regras de competência interna conjugáveis com os critérios aferidores da competência internacional».

[958] Cfr. Antunes Varela/J. M. Bezerra/Sampaio e Nora, *Manual* cit., p. 225.

uma violação de *normas de interesse e ordem particular* (tribunal da mesma espécie e situado no mesmo plano hierárquico), quiçá traduzidos num maior dispêndio pecuniário ou numa maior incomodidade para a parte. Por isso, prevê a lei para a *incompetência absoluta* um tratamento mais severo quando confrontado com o da incompetência *relativa*[959].

O *momento relevante* e decisivo a atender para efeitos da aferição de cada uma das violações às regras de competência do tribunal é o da *propositura da ação*. Uma vez fixada a competência por reporte a esse momento, serão *irrelevantes as modificações de facto ulteriormente corridas* (art. 38º, nº 1, da LOSJ).

Se, por exemplo, à data da propositura da ação, o réu residia na área da Comarca da Guarda e era no tribunal judicial do domicílio do réu que, segundo a lei então em vigor, a ação deveria ser proposta por ser o tribunal territorialmente competente, aquele tribunal mantém a sua competência mesmo que, entretanto, o réu haja transferido o seu domicílio para Coimbra.

E, ao arrepio do princípio geral da aplicação imediata das normas processuais, são igualmente *irrelevantes as modificações de direito* posteriores à data da propositura da ação, com as duas exceções constantes do nº 2 do mesmo preceito: *supressão do órgão jurisdicional* a que a causa se encontrava afeta ou *atribuição a esse mesmo órgão da competência de que inicialmente carecesse* para o conhecimento da causa. É a consagração, neste domínio, do *princípio geral da perpetuatio iurisditionis ou perpetuatio fori*[960].

44.2. Incompetência absoluta. Regime de arguição e suscitação

A violação das regras de competência em razão da *matéria* e da *hierarquia* e das *regras de competência internacional* (salvo quando haja mera violação dum pacto privativo de jurisdição ou preterição de tribunal arbitral voluntário) determina a *incompetência absoluta do tribunal ou juízo* (arts. 96º, alíneas a) e b) e 578º).

A incompetência absoluta *pode ser arguida pelas partes*[961] *e deve ser conhecida oficiosamente pelo tribunal*[962], *em qualquer estado do processo, enquanto não*

[959] Cfr. Antunes Varela/J. M. Bezerra/Sampaio e Nora, *Manual* cit., pp. 225 e ss..

[960] Cfr. Antunes Varela/J. M. Bezerra/Sampaio e Nora, *Manual* cit., p. 227.

[961] Mesmo, pois, pela própria parte que lhe houver dado causa, isto é, pelo autor.

[962] Não só *pode*, mas *deve* (poder-dever) ser suscitada *ex-officio* pelo tribunal (juiz de 1ª instância ou juízes dos tribunais de recurso).

houver sentença com trânsito em julgado sobre o fundo da causa» (art. 97º, nº 1)[963]. Tratando-se da *violação das regras da competência em razão da matéria* que *apenas respeitem aos tribunais judiciais*, só pode a mesma ser arguida, ou oficiosamente conhecida, *até ser proferido despacho saneador* ou, não havendo lugar a este, *até ao início da audiência final* (art. 97º, nº 2)[964].

Exemplo frequente de *incompetência absoluta* por *violação das regras de competência em razão da matéria* é o de a ação ter sido proposta em juízo cível de competência genérica em vez de o ter sido num juízo de família e menores (juízo de competência especializada). Como se trata de uma infração de gravidade diminuta, compreende-se que o prazo de arguição e o conhecimento da incompetência não possam ir além do momento do início da audiência final. Já se a incompetência resultar de a *ação ter sido proposta num tribunal judicial em vez de o ter sido num tribunal não judicial* (por ex. num tribunal administrativo ou fiscal) a incompetência surge eivada de maior gravidade e, por isso, a lei dilata o prazo da sua arguição pelas partes ou do seu conhecimento oficioso pelo tribunal *até ao trânsito em julgado da decisão final* sobre o fundo da causa (art. 97º, nº 1)[965].

Nos casos em que a citação depender de prévio despacho judicial (arts. 226º, nº 4), a incompetência absoluta deve ser oficiosamente apreciada no primeiro despacho judicial (*despacho liminar*), conduzindo ao *indeferimento limi-*

[963] No sentido de que «o *conhecimento da exceção de incompetência material* do tribunal não justifica, em princípio, uma prévia intervenção jurisdicional de observância do disposto no nº 3 do art. 3º do CPC» (observância do *princípio do contraditório*) – cfr. o acórdão da RP de 13-6-2018, Proc 15335/17.5T8PRT.P1,*in* www.dgsi/Des. ESTELITA DE MENDONÇA.

[964] A *competência do tribunal* em razão da matéria afere-se pela natureza da relação jurídica tal como ela é apresentada pelo autor na petição inicial, ou seja, analisando o que foi alegado como causa de pedir e confrontando-a com o pedido formulado pelo demandante. O disposto no nº 1 do art. 38º nº 1 da LOSJ não à obsta à declaração de incompetência do tribunal em razão da matéria apenas suscitada na réplica. Para *aferição da competência material* quanto à relação jurídica que envolve as chamadas *entidades de natureza pública*, demandadas com base em factos que geram responsabilidade extracontratual de conhecimento da jurisdição administrativa, há que tomar em consideração o momento processual próprio em que, pela primeira vez são expostos no processo os respetivos factos geradores de responsabilidade e deduzidos os correspondentes pedidos condenatórios – ou seja, na réplica – cfr., neste sentido, o acórdão da RL de 9-7-2015, Proc. 328/12.7TBPTS-A.L1-7, *in* www.dgsi.pt /Des. LUÍS ESPÍRITO SANTO.

[965] Depois de transitada em julgado a decisão sobre o fundo da causa, cessa a eficácia da incompetência absoluta, uma vez que ela não constitui «*a se*» fundamento para recurso extraordinário de revisão (art. 696º) nem de oposição à execução fundada em sentença (arts. 729º e 857º).

nar da petição inicial (arts. 99º, nº 1, 560º e 590º, nº 1). *Quando não houver lugar a despacho de citação*, o conhecimento oficioso da incompetência absoluta deve, por regra, ter lugar *no despacho saneador* (arts. 577º, alínea a) e 595º, nº 1, alínea a)). *Se* a incompetência for *arguida antes de ser proferido despacho saneador* (nos articulados ou em requerimento avulso), pode conhecer-se dela imediatamente ou reservar-se a apreciação para esse despacho; *se arguida posteriormente ao despacho saneador*, deve conhecer-se logo da arguição (art. 98º).

A *incompetência absoluta* do tribunal constitui *exceção dilatória* geradora da absolvição do réu da instância (cfr. os arts. 278º, nº 1, 576º, nº 2 e 577º, al. a)), obstando assim ao conhecimento do mérito do pedido e conduzindo, normalmente, à inutilização de todos os atos praticados em juízo. *Possibilita, porém, a lei – se a incompetência só for decretada depois de findos os articulados* – o aproveitamento desses atos, desde que haja *acordo* das partes nesse sentido e o *autor requeira a remessa* do processo ao tribunal competente (em que a ação deveria ter sido proposta) – art. 99º, nº 2; concordância essa, que, para além de bilateral, terá de ser expressa, não competindo, pois, ao juiz, ao arrepio do princípio da igualdade das partes, ordenar *sponte sua* qualquer aproveitamento seletivo ou fragmentado de peças já insertas no processo[966-967].

A *decisão declaratória da incompetência absoluta do tribunal* (ou juízo) produz apenas valor de *caso julgado formal*, só valendo, no respetivo processo (art. 100º), não surtindo, pois, o alcance de *caso julgado material* (cfr. arts.

[966] *Declarada a incompetência absoluta do tribunal, em razão da matéria*, e peticionada pelo autor a remessa dos autos ao tribunal competente, com *aproveitamento dos articulados*, nos termos do art. 99º nº 2, o tribunal, perante oposição justificada do réu, não pode deferir a tal remessa decidindo que a mesma se faz com aproveitamento apenas da petição inicial – cfr., neste sentido, o acórdão da RL de 15-11-2018 Proc. 266/16.4T8VIS.L1-6, *in* www.dgsi.pt/Des. Eduardo Petterson.

[967] «Declarada a incompetência material do *tribunal judicial* onde a ação foi instaurada, o autor pode requerer e remessa para o tribunal competente, nos termos do nº 2 do art. 99º. Ainda que a remessa não exija o acordo do réu, deverá ser recusada se se verificar, segundo um juízo de verosimilhança que a sua oposição é justificada, designadamente quando se verificar que não invocou meios de defesa que apenas se justificariam se acaso tivesse sido demandado no tribunal materialmente competente. Deve ser recusada a remessa quando o R. alega que, pelo facto de a ação ter sido instaurada em tribunal judicial que foi declarado materialmente incompetente, deixou de deduzir meios de defesa sustentados em normas de direito público ou do processo administrativo que suscitaria se acaso a ação tivesse sido instaurada em *tribunal administrativo*» – cfr., neste sentido, o acórdão do STJ de 15-1-2019, Proc.1021/16.7T8GRD-A.C1.S1, *in* www.dgsi.pt/Cons. Abrantes Geraldes.

619º e 620º). Solução esta destinada a preservar a liberdade de julgamento de cada juiz sobre a sua própria competência. Como única exceção, o nº 1 do art. 101º permite que o Supremo Tribunal de Justiça ou o Tribunal de Conflitos, conforme os casos, decidam (de modo impositivo e definitivo), através de recurso interposto do acórdão do tribunal da Relação, qual o tribunal competente para julgar a ação (cfr. o art. 101º).

44.3. Incompetência relativa. Regime de arguição e suscitação

Gera *incompetência relativa* do tribunal a infração das normas de competência fundadas no *valor da causa*, na *divisão judicial do território* ou decorrentes do *estipulado nas convenções* previstas nos arts. 94º e 95º (art. 102º). O seu regime é menos drástico que o da incompetência absoluta, quer quanto à forma de processamento, quer quanto aos efeitos processuais[968].

A incompetência em razão do *valor da causa é sempre do conhecimento oficioso* pelo tribunal seja qual for a ação em que se suscite (art. 104º, nº 2).

A incompetência relativa *pode ser arguida pelo réu, sendo o prazo de arguição o fixado para a contestação, oposição ou resposta ou, quando não haja lugar a estas, para outro meio de defesa que tenha a faculdade de deduzir* (art. 103º, nº 1). O seu conhecimento está, em regra, dependente da sua arguição pelo réu, sendo *processada nos próprios autos*. À arguição pode o autor responder no articulado subsequente ou, não havendo lugar a este, em articulado próprio, dentro de 10 dias após a notificação da entrega do articulado do réu (art. 103º, nº 2). Deve, contudo, a *incompetência relativa ser conhecida ex-officio pelo tribunal sempre que os autos forneçam os elementos necessários* nas diversas hipóteses contempladas nas alíneas a), b) e c) do nº 1 do art. 104º.

Quanto à *instrução e julgamento da exceção de incompetência relativa*, «produzidas as provas indispensáveis à apreciação da exceção deduzida, o juiz decide qual é o tribunal competente para a ação» (art. 105º, nº 1). *Se a exceção for julgada procedente, o processo é remetido para o juízo competente* (art. 105º, nº 3). Se a incompetência se fundar em demanda de indivíduo estranho à causa para se desviar o verdadeiro réu do juízo territorialmente competente – *tentativa ilícita de desaforamento* –, «a decisão que julgue incompetente o tribunal condenará o autor em multa e indemnização como litigante de má-fé» (art. 107º).

[968] Sendo a competência hodiernamente também determinada pelo valor da causa, tal implica que o juiz se deva, desde logo, após a distribuição, preocupar em fixar o valor da causa e que só após o trânsito da decisão é que possa/deva aferir da competência ou incompetência para o julgamento.

44.4. Preterição do tribunal arbitral. Suscitação e conhecimento da exceção

A preterição do *tribunal arbitral necessário*, bem como a violação da *convenção de arbitragem*, constituem *exceções dilatórias*, mas *só a primeira é do conhecimento oficioso* (art. 577º, al. j) e 578º, 1º segmento), *conduzindo a procedência de ambas à absolvição do réu da instância* (art. 576º, nº 2). À semelhança da incompetência relativa, a preterição do tribunal arbitral voluntário é uma exceção (em sentido próprio) que *só o réu* pode, querendo, *invocar* (art. 578º).

Ocorrerá *preterição do tribunal arbitral* quando tiver sido proposta uma ação com *violação do compromisso arbitral* previamente estabelecido entre as partes. Preterição essa que tanto pode referir-se a um *tribunal arbitral necessário* como a um *tribunal arbitral voluntário*: – *a primeira*, quando proposta num tribunal comum uma ação que, *por imposição legal*, é da competência de um tribunal arbitral (art. 1082º); – *a segunda*, quando proposta num tribunal comum uma ação que devia ter sido proposta no tribunal *convencionado pelas partes*.

Não há que confundir essa *exceção* com a *causa de extinção da instância* (contemplada nos arts. 277º, al. b), e 280º) resultante de, após a propositura da ação, as partes acordarem (mediante compromisso arbitral) em atribuir, a um ou mais árbitros da sua escolha, a decisão dessa causa pendente ou de parte dela.

44.5. Impugnação das decisões sobre competência

Independentemente do valor da causa e da sucumbência, é *sempre admissível recurso* com fundamento na violação das regras de competência *internacional, em razão da matéria* ou *da hierarquia* (art. 629º, nº 2, al. a)). Cabe também *recurso de apelação* das decisões do tribunal de 1ª instância que *apreciem a competência do tribunal* (art. 644º, nº 1, al. b)).

A decisão que vier a ser proferida sobre *incompetência absoluta*, embora transitada em julgado, *não produz valor algum fora do processo* em que for proferida (art. 100º). Porém, se o tribunal da Relação decidir, em sede de recurso, que o tribunal *a quo* é *incompetente em razão da matéria e da hierarquia, para conhecer de certa causa*, o Supremo Tribunal de Justiça, no recurso que para ele vier a ser interposto, decidirá em definitivo qual o tribunal competente, caso em que, ouvido o Ministério Público, jamais poderá, no tribunal que for declarado competente, voltar a suscitar-se a questão da competência (art. 101º, nº 1).

Mas *se a Relação tiver julgado incompetente o tribunal judicial por a causa pertencer ao âmbito da jurisdição administrativa e fiscal,* o recurso destinado a fixar o tribunal competente é interposto (*diretamente*) para o *Tribunal de Conflitos* (art. 101º, nº 2).

Já a decisão transitada em julgado acerca da *competência relativa* resolve *definitivamente a questão da competência,* mesmo que esta haja sido oficiosamente suscitada (art. 105º, nº 2).

> *Se a exceção (de incompetência relativa) for julgada improcedente,* não mais poderá voltar a ser suscitada e discutida tal questão no seio do processo. Se *for julgada procedente,* o processo é remetido para o tribunal competente[969], o qual fica, deste modo, *vinculado* à decisão do juiz remetente, isto é, o juiz do tribunal *ad quem* não poderá declarar-se, por seu turno, incompetente com idêntico fundamento[970] (art. 105º, nº 3)[971]. O que tudo significa que o julgamento proferido sobre a incompetência relativa vale, *quer no aspeto negativo, quer no aspeto positivo.*

Das *decisões proferidas em apreciação da matéria da incompetência relativa,* cabe *reclamação, com efeito suspensivo, para o presidente da Relação* respetiva, o qual decide definitivamente a questão (art. 105º, nº 4).

Secção II

Personalidade judiciária

45. Personalidade judiciária. As partes processuais

45.1. Noção. Princípio da equiparação à personalidade jurídica

A personalidade judiciária consiste na *suscetibilidade de ser parte* (art. 11º, nº 1)[972].

[969] «Salvo se a incompetência radicar na violação do pacto privativo de jurisdição, caso em que o réu será absolvido da instância» – cfr. nº 3, *in fine,* do art. 99º.

[970] Cfr. Anselmo de Castro, *Lições de Processual Civil,* vol. II, Coimbra, Almedina, 1964, p. 517 e J. Rodrigues Bastos, *Notas,* vol. I cit., p. 174.

[971] Cfr. os acórdão do STJ de 2-2-2000, BMJ nº 494, p. 251/Cons. José Mesquita e de 17-2-2005/2ª Sec./Cons. Ferreira de Almeida e demais jurisprudência neste último citada.

[972] Para Castro Mendes, *Processo Civil,* vol. II, ed. da AAFDL, 1987, p. 14: «A *personalidade judiciária* ocupa um lugar muito especial entre os pressupostos processuais»: «é o *pressuposto dos restantes pressupostos processuais subjectivos* (*relativos às partes*)». «Se falta a personalidade

Partes são as pessoas que requerem ou contra as quais é requerida – *agindo em nome próprio*, de *per si* ou através de representante – uma dada providência de tutela jurisdicional abstratamente reconhecida por lei. Pelo *lado ativo*, a parte chama-se *autor, requerente, demandante* ou *exequente*. Pelo *lado passivo*, a parte assume a designação de *réu, requerido, demandado ou executado*. Se bem que a regra seja a da *dualidade de partes* (um só demandante e um só demandado) – *bilateralidade do processo e reciprocidade das partes* –, permite ou exige, por vezes, a lei que, dado certo condicionalismo, exista uma pluralidade de pessoas de um ou de ambos os lados (ativo ou passivo) da relação processual[973].

As *partes* devem, em princípio, ser apenas as *identificadas na petição inicial* (art. 552º, nº 1, alínea a)), mas outros sujeitos de direito há que podem vir a ter intervenção no processo, quer em substituição das partes primitivas, quer ao lado ou em associação com estas. É o que acontece quando, *no decurso da causa*, ocorra a *transmissão da coisa ou direito litigioso* (arts. 263º e 351º), nos casos de *intervenção de terceiros*, espontânea ou provocada (arts. 311º e 316º) e ainda nos casos de *assistência* (art. 326º) e de *habilitação* (arts. 351º e ss.), desde que, em qualquer das situações, se mostrem reunidos os pressupostos vertidos na lei.

A personalidade judiciária é definida na lei segundo o *princípio da equiparação* ou o *critério da coincidência ou da correspondência*. De harmonia com este critério, *quem tiver personalidade jurídica* (ou seja, capacidade de gozo de direitos) *tem igualmente personalidade judiciária* (art. 11º, nº 2). Assim, e porque todo o sujeito de direitos é necessariamente *pessoa em sentido jurídico*, a personalidade jurídica corresponde exatamente à qualidade de *pessoa ou sujeito de direito*[974]. Conforme o art. 67º do CC, «as pessoas podem ser sujeitos de quaisquer relações jurídicas; nisto consiste a sua capacidade jurídica».

Deste modo, e por força desse *princípio da coincidência* ou *correspondência*, todos os indivíduos gozam de personalidade judiciária ainda que sejam

judiciária não há parte», «falta a instância, embora haja uma *aparência de instância* que chega para fundamentar os actos de processo que se pratiquem».

973 Litisconsórcio facultativo ou necessário (ativos ou passivos) ou coligação de autores ou de réus – arts. 32º a 39.

974 Cfr. Manuel de Andrade, *Teoria Geral da Relação Jurídica*, vol. I, Coimbra, Almedina, 1960, p. 30.

incapazes (menores[975] ou maiores acompanhados)[976], pois todos eles podem ser sujeitos (e titulares) de relações jurídicas. E não só as *pessoas singulares* (*pessoas físicas*); também as *pessoas jurídicas*, ou seja, as *pessoas coletivas* (associações ou fundações)[977] e as *sociedades* às quais seja reconhecida personalidade judiciária[978]. No que tange às *pessoas coletivas*, embora tenham de estar em juízo por meio dos respetivos representantes legais (face à impossibilidade decorrente de não serem pessoas físicas), as ações são instauradas em nome delas ou contra elas, pois que são elas as verdadeiras *partes*[979].

Também as *entidades reguladoras* (ER's), se estatutariamente pessoas coletivas públicas, são dotadas de *personalidade jurídica pública* que lhes advém diretamente das respetivas leis instituintes[980]; daí, que segundo o *critério da coincidência*, gozem

[975] O *Ministério Público* pode intervir como *parte acessória* nas hipóteses previstas nos arts. 5º, nº 4 e no art. 6º da Lei nº 39/86, de 5 de julho (Estatuto do Ministério Público) para defesa de interesses públicos ou de interesses privados dignos da tutela do Estado.

[976] A lei nº 49/2018, de 14 de agosto veio criar o *regime jurídico do maior acompanhado* e eliminar os institutos da interdição e da inabilitação previstos no Código Civil.

[977] As "*Fábricas*" *da Igreja Católica* são pessoas religiosas a quem é reconhecida personalidade jurídica pela Concordata entre Portugal e a Santa Sé, podendo, por isso, demandar e ser demandadas. Assim, uma vez participada a sua constituição à entidade administrativa competente, passam a ser representadas pelo Ordinário Diocesano (Bispo ou Vigário Geral) – cfr., *v. g.*, o acórdão da RC de 10-5-83, CJ, Tomo III, p. 45/Des. Baptista Lopes.

[978] Os «*consórcios*» de empresas não gozam de personalidade judiciária – cfr. o acórdão da RP de 19-2-2002, Proc. 928/01, 2ª Sec./Des. Soares de Almeida. Um *clube desportivo*, como associação desportiva devidamente reconhecida, goza de personalidade jurídica e, como tal, de personalidade judiciária ativa e passiva, mesmo que declarado em situação de insolvência – cfr. o acórdão da RP de 25-6-2002, Proc. 657/02 – 2ª Sec./Desª Teresa Montenegro. *A personalidade jurídica de uma sociedade comercial perdura durante a fase da liquidação*, mantendo-se até ao registo do encerramento desta – cfr. o acórdão do STJ de 1374/2003 – 2ª Sec./Cons. Santos Bernardino. As *comissões de trabalhadores* gozam de personalidade e de capacidade judiciárias (art. 17º da Lei nº 46/79 de 12 de setembro) – cfr. o acórdão da RL de 27-4-82, CJ, Tomo II, p. 191/Des. Leite Marreiros.

[979] No que se refere aos *processos jurisdicionais próprios do contencioso administrativo*, e para além da posição especial do Ministério Público no âmbito da ação pública contemplada no nº 2 do art. 9º, de ter presente a circunstância específica de, nas ações que correm por esse foro especial, ser atribuída *personalidade judiciária aos próprios Ministérios e órgãos da Administração Pública* (art. 8.-Aº, nº 3), preceitos esses do CPTA.

[980] Cfr. Freitas do Amaral, *Curso de Direito Administrativo*, vol. I cit., p. 310.

igualmente de *personalidade judiciária* (cfr. art. 11º, nº 2, do CPC)[981]. Podem, pois, ser partes e estar, por si, em juízo[982].

O *princípio da coincidência ou da correspondência* plasmado no nº 2 do art. 11º sofre, contudo, as exceções previstas nas diversas alíneas do art. 12º, por elas *estendendo a lei a personalidade judiciária a determinadas entidades que não possuam ou a quem não seja reconhecida personalidade jurídica*, assim as admitindo como *partes* na causa.

Exemplos das exceções contempladas na al. a) do art. 12ºdo CPC, são: – *a herança jacente* (arts. 2046º a 2049º do CC)[983-984], que, embora destituída de personalidade

[981] E daí, também, que gozem de capacidade judiciária – *legitimatio ad processum* (art. 15º do CPC).

[982] Cfr., quanto à personalidade judiciária e respetivo âmbito, Paula Costa e Silva, "*O Manto Diáfono da Personalidade Judiciária*", *in* Estudos em Honra do Professor Doutor José de Oliveira Ascensão, vol. II, Almedina, pp. 1869 e ss..

[983] «Diz-se *jacente* a herança aberta, mas ainda não aceita nem declarada vaga para o Estado» – art. 2046º do CC: «*o direito de aceitar a herança* caduca ao fim de dez anos, contados desde que o sucessível tem conhecimento de haver sido a ela chamado» – art. 2059º, nº 1, do CC». Já a *ação de petição da herança* «pode ser intentada a todo o tempo, sem prejuízo da aplicação das regras da usucapião relativamente a cada uma das coisas possuídas e do disposto no art. 2059º» (art. 2075º, nº 2, do CC).

[984] A *herança indivisa* ou não partilhada apenas goza de personalidade judiciária enquanto se mantiver na situação de *jacência*. A partir da cessação dessa situação, operada mediante a sua aceitação por parte dos sucessíveis chamados, passa a não dispor de tal prerrogativa processual, pelo que não poderá, em seu próprio nome, desempenhar o papel de parte processual em lide forense, demandar e ser demandada. Enquanto a herança permanecer na situação de indivisão, os seus herdeiros não têm qualquer direito próprio a qualquer dos bens que a integram, pelo que os direitos relativos à herança só podem ser exercidos conjuntamente por todos os herdeiros ou contra todos os herdeiros, nos termos prescritos no nº 1 do art. 2091º, do CC. Da aceitação do cargo de cabeça-de-casal não decorre aceitação da herança e os atos de administração praticados por ele também não implicam a sua aceitação tácita (art. 2056º, nº 3 do CC). Os expedientes legais (administrativos) relativos à *herança jacente* ou à *herança abandonada* (arts. 2047º e 2048º do CC e 409º, nº 2 do CPC) justificam-se pela específica situação de falta de titularidade subjetiva de certas situações de jacência, não importando a impossibilidade da existência de cabeça-de-casal em tais situações. Não existindo nos autos elementos que permitam ao julgador concluir, com certeza, que a herança foi aceite, não pode este considerá-la com falta de personalidade judiciária – cfr. o acórdão da RP de 19-10-2015, Proc. 443/14.2T8PVZ-A.P1, *in* www.dgsi.pt/Des. M. Domingos Fernandes.

jurídica, pode instaurar ações (*v. g.* de reivindicação ou cobrança de dívidas), sendo a própria herança a verdadeira *parte*, que não qualquer sucessível a ela chamado[985-986]; – *os patrimónios autónomos semelhantes* à herança jacente e as *massas patrimoniais com titular ainda indefinido*[987-988], para os quais a lei estabelece um regime jurídico de representação, a ser assegurada nos termos previstos no art. 26º, em ordem a possibilitar uma atuação válida e eficaz[989]; – *às doações e às deixas testamentárias* a nascituros já

[985] Antunes Varela/J. M. Bezerra/Sampaio e Nora, *in Manual* cit. p. 111, nota 1, entendem «por analogia (baseada no argumento *a majori ad minus*) que, estando o processo de *inventário* em curso, mas não estando ainda efetuada a *partilha*, *é em nome da herança* (ou *contra a herança*), embora carecida de personalidade jurídica, que hão-de ser instauradas as ações destinadas a defender (ou a sacrificar) interesses do acervo hereditário, sendo a herança normalmente representada, nesse caso, pelo *cabeça-de-casal* (cfr. os arts. 2088º e 2089º do CC), desde que a intervenção deste caiba nos seus poderes de administração (cfr., a propósito, o art. 1034º – exercício da preferência que caiba à herança).

[986] Uma vez aceita a herança, cessa a personalidade judiciária inerente ao estado de jacência; assim, a *herança ilíquida e indivisa* decorrente da sua aceitação (ainda que tácita) pelos sucessores legítimos do *de cujus* não goza de personalidade judiciária – cfr., *v. g.*, os acórdãos da RC de 5-7-2005, Proc. 1238/05/Des. Cardoso de Albuquerque e do STJ de 15-1-04, Proc. 4310/03 – 7ª Sec./Cons. Salvador da Costa e de 31-1-2006, Proc. 3992/05 – 6ª Sec./Cons. Azevedo Ramos.

[987] «*Património autónomo*» é «o conjunto patrimonial a que a ordem jurídica dá um tratamento especial distinto do restante património do titular sob o ponto de vista da responsabilidade por dívidas». «Para existir tal autonomia, deverá o respectivo património aparecer como totalmente separado, formando uma espécie de compartimento estanque adentro do património total da pessoa»; «para tanto, importará que o núcleo patrimonial em questão só responda e responda só por certas dívidas». «Dívidas que estejam relacionadas com a função específica desse património, com a finalidade ou *afectação especial* em vista da qual foi autonomizado (unificado, erigido em universalidade)» *sic* – cfr. Manuel de Andrade, *Teoria Geral*, vol. I cit., pp. 219-220.

[988] Nos *patrimónios autónomos* um conjunto de bens responde só por certas dívidas (aspeto positivo), não repondendo por elas quaisquer outros bens (aspeto negativo). Exemplos: a *massa insolvente*, a *herança indivisa* e o *estabelecimento individual de responsabilidade limitada* – cfr. o acórdão do STJ de 13-3-2002, Proc. 2397/01 – 4ª Sec., Sumários, nº 59. No sentido de que a enumeração constante do art. 12º não deve ser considerada taxativa, nela se devendo incluir outros patrimónios autónomos como, por exemplo, o *estabelecimento individual de responsabilidade limitada* (Dec.-Lei nº 248/86 de 25 de agosto) – cfr. o acórdão da RL, de 13-2-92, CJ, Tomo I, p. 156/Des. Martins Ramires.

[989] Prevê a lei que, em certas circunstâncias, para além do património autónomo, possam ser demandadas outras partes. Assim, pelas obrigações validamente assumidas em nome das *associações sem personalidade jurídica*, responde o fundo comum e, na sua falta ou insuficiência, o património daquele ou daqueles que as tiverem contraído ou dos restantes associados (art. 198º, nºs 1 e 2) e, pelas obrigações contraídas em nome das *comissões especiais*,

concebidos ou ainda não concebidos (arts. 952º e 2033º, nº 2, alínea a), do CC)[990]. Nas alíneas b) a f) do mesmo art. 12º, confere-se também personalidade judiciária: – às *associações sem personalidade jurídica* e às *comissões especiais* (cfr. arts. 195º e 199º do CC) – alínea b)[991]; – às *sociedades civis* (cfr. arts. 980º e 996º, nº 1, do CC) – alínea c); – às *sociedades comerciais* antes da data do registo definitivo do contrato de constituição, nos termos do art. 5º do CSC – alínea d)[992-993]; – aos *navios* (cfr. o art. 28º do Dec.-Lei nº 352/86, de 21 de outubro) – alínea f); – ao *condomínio resultante da propriedade horizontal*, relativamente às ações que se inserem no âmbito dos poderes do administrador (cfr. art. 1436º do CC) – alínea e)).

A atribuição da *personalidade judiciária ao condomínio* pelo art. 12º a, al. e) não contende, porém, com a *legitimatio ad causam* (ativa ou passiva) que o art. 1437º do CC genericamente confere ao administrador *como substituto processual do condomínio* para demandar ou ser demandado em ações relativas ao condomínio. Mas, se intentada ação pelo próprio condomínio, como pessoa judiciária, a sua representação em juízo compete ao administrador *ex-vi* do art. 26º[994-995].

respondem pessoal e solidariamente os respetivos membros (art. 200º, nº 2), ambos os preceitos do CC.

990 Nesta categoria cabem, não só os chamados *«patrimónios de destino»*, uma vez que aguardam a definição da sua titularidade» – cfr. J. Rodrigues Bastos, *Notas*, vol. I cit., p. 56 –, como ainda os *patrimónios autónomos pertencentes a entidades sem personalidade jurídica* – cfr. Antunes Varela/J. M. Bezerra/Sampaio e Nora, *Manual* cit., p. 112, nota 1.

991 Uma *fundação (de facto)* ainda não reconhecida mas que disponha de património afetado aos seus fins próprios, representada em juízo por um administrador, goza de personalidade judiciária – cfr. o acórdão do STJ de 20-10-2005, Proc. 1890/05-7ª Sec/Cons. Araújo de Barros.

992 Cfr. ainda os arts. 36º a 41º do CSC acerca do regime da sociedade antes do registo.

993 Se a sociedade ainda não estiver constituída, os sujeitos que criem a falsa aparência de que existe entre eles um contrato de sociedade respondem solidária e ilimitadamente pelas obrigações contraídas (art. 36º, nº 1, do CSC). O mesmo acontece quando for acordada a constituição de uma sociedade comercial e os sócios iniciarem a sua atividade antes da celebração da escritura pública, pois que o nº 2 desse preceito manda aplicar a essa situação as disposições sobre sociedades civis, nomeadamente o art. 997º, nº 1, do CC, que estabelece a responsabilidade pessoal e solidária dos sócios. Idêntica responsabilidade dos sócios existe no caso de sociedades já constituídas, mas ainda não registadas (arts. 38º, 39º e 40º do mesmo CSC).

994 Cfr., neste sentido, M. Teixeira de Sousa, *in blog* do IPPC de 1-3-2015.

995 Acerca da *personalidade judiciária do condomínio* nas ações de impugnação de deliberações das assembleias de condóminos, *vide* Miguel Mesquita, em anotação ao acórdão da RL de 25-6-2009, Proc. 4838/07, *in* Cadernos de Direito Privado, nº 35, julho/setembro de 2011, pp. 41 e ss..

Seguindo *um critério de afetação de facto*, o art. 13º estende ainda a personalidade judiciária às *sucursais, agências, filiais, delegações ou representações de uma pessoa coletiva* (órgãos de administração local, subordinados à administração central *sem personalidade jurídica*, a qual pertence à sociedade), desde que *a ação proceda de factos por si praticados*[996]. Mas a atribuição de personalidade judiciária a tais entidades depende do facto de a administração ter ou não sede ou domicílio em Portugal.

Assim: – *se a administração principal tiver sede ou o domicílio em país estrangeiro*, podem essas entidades (locais, subalternas ou periféricas) «demandar e ser demandadas, ainda que a ação derive de facto praticado pela administração principal, quando a *obrigação tenha sido contraída com um português* ou *com um estrangeiro domiciliado em Portugal*», reconhecimento, pois, da personalidade judiciária, não só em relação aos factos por si praticados, mas também aos que forem praticados pela administração central (art. 13º, nº 2); – *se a administração principal tiver sede ou domicílio em território nacional*, só terão personalidade judiciária tais entidades quando o objeto da ação disser respeito a factos por elas praticados; esta atribuição da personalidade judiciária não contende com a *personalidade* «originária» da *pessoa coletiva*, já que é ela o verdadeiro sujeito da relação jurídica, assim conservando (através da administração principal) o poder de demandar e ser demandada[997]; a atribuição da personalidade judiciária aos órgãos da sua «administração local ou regional» apenas quer significar deterem esses órgãos «periféricos» o poder de representar a sociedade ou pessoa coletiva em juízo (por força da lei) «enquanto a sociedade ou pessoa coletiva se lhes não substituir na ação»[998].

45.2. Falta de personalidade judiciária. Sanação

Quando a *falta* de personalidade judiciária resultar de a ação ter sido proposta pelo representante de pessoa falecida ou contra pessoa falecida, pode pôr-se-lhe termo mediante a *habilitação dos sucessores* prevista no art. 351º ou

[996] Segundo M. Teixeira de Sousa, *Estudos* cit., p. 139 «a filial de uma cadeia de supermercados possui personalidade judiciária para instaurar uma ação de pagamento de bens fornecidos a um cliente ou para ser demandada pelos prejuízos causados pela sua não entrega».

[997] Para Castro Mendes, o autor poderá, «no mesmo processo, acionar simultaneamente a sociedade e a agência como litisconsortes», podendo depois escolher «a entidade a executar». E mais: embora com dúvidas, acaba por responder afirmativamente à interrogação sobre se, obtida a condenação da agência, o autor-credor pode mover execução contra a sociedade-sede e vice-versa – cfr. *Direito Processual Civil*, vol. II, cit., p. 14, nota 10.

[998] Cfr. Antunes Varela/J. M. Bezerra/Sampaio e Nora, *Manual* cit., p. 113, nota 1.

pela *determinação dos titulares da herança jacente* (art. 12º, al. a)), sem embargo de a administração da herança até à sua liquidação e partilha pertencer ao cabeça-de-casal (art. 2079º do CC).

Se a *ação foi indevidamente intentada contra a sucursal, agência, filial, delegação ou representação*, a falta de personalidade judiciária pode ser *sanada* mediante a *intervenção no processo* da administração principal acompanhada de *ratificação* ou *repetição do processado* (atos já praticados por aquelas entidades – art. 14º)[999]. Se for *sanável, o tribunal*, antes de proferir despacho de absolvição da instância, *deve providenciar para que a administração principal proceda a essa sanação* (arts. 6º, nº 2, 590º, nº 3 e 411º)[1000].

Se a citação depender de prévio despacho judicial (art. 226º, nº 4) e se a exceção não for sanável nos termos do disposto no art. 14º, a falta deste pressuposto processual justifica o *indeferimento liminar da petição inicial* (arts. 569º, 590º e 629º). *Se for reconhecida no despacho saneador* (é este o momento normal nos termos da al. a) do nº 1 do art. 595º), a falta de personalidade judiciária determina a *absolvição do réu da instância* (cfr. as supra-citadas disposições conjugadas dos arts. 278º, nº 1, al. c), 576º, nº 2 e 577º, alínea c)).

Se a falta de personalidade judiciária *não for sanada* (podendo sê-lo), ocorre uma *exceção dilatória de conhecimento oficioso*, cuja consequência é a *absolvição do réu da instância* (arts. 576º, nº 2, (art. 577º, alínea c)) e 578º)[1001].

999 A este respeito, entende M. Teixeira de Sousa, *Estudos* cit., p. 139, que «por aplicação analógica do art. 14º, talvez se possa defender que, sendo demandado um organismo do Estado sem personalidade judiciária, esta falta pode ser sanada com a intervenção do Estado e a ratificação do processado». Entendimento este de estender, por analogia, e por razões de economia processual, à demanda de outros órgãos das pessoas coletivas públicas, desde que a ratificação seja operada através dos mecanismos legais de representação. Cfr., a este respeito e do mesmo autor "*Personalidade judiciária: breve plaidoyer a favor da autonomia do processo civil*", em anotação ao acórdão do STJ de 1-10-2015, Proc. 0056/15, *in blog* do IPPC de 16-1-2017.

1000 Cfr. M. Teixeira de Sousa, *Estudos* cit., p. 140.

1001 O *condomínio* não dispõe de personalidade jurídica, não podendo por isso ser titular de direitos. Ao atribuir personalidade judiciária ao condomínio, o legislador confere-lhe a possibilidade de ser parte em juízo, mas apenas nas ações que se integrem no âmbito das funções e dos poderes do administrador do condomínio e só nestas, como decorre do artº 1437º do CC. Sendo o pedido formulado no sentido do reconhecimento do direito de propriedade do condomínio, adquirido por usucapião, sobre parte de prédio confinante usado como estacionamento pelos condóminos e atenta a limitação do artº 12º, al. c), do CPC, a sanação da falta de personalidade judiciária não se torna possível – cfr., neste sentido, o acórdão da RP de 25-10-2018, Proc. 78/17.8T8VGS.P1, *in* www.dgsi.pt./ Desª Inês Moura.

Secção III
Sujeição à jurisdição portuguesa

46. Sujeição à jurisdição portuguesa. Imunidades de jurisdição

46.1. Imunidades dos sujeitos de direito internacional público

Todos os sujeitos de direito – pessoas singulares ou coletivas –, sejam nacionais ou estrangeiros, possuam ou não domicílio ou sede em Portugal, se consideram, em princípio, submetidos à jurisdição portuguesa. E isto porque em Portugal nunca vigorou um qualquer *regime de extraterritorialidade* – não sujeição de uma certa classe de estrangeiros às autoridades judiciárias (nacionais) normais. Deste modo, qualquer cidadão (português ou estrangeiro) pode demandar perante um tribunal português (internamente competente) um cidadão estrangeiro domiciliado no estrangeiro, o qual poderá assim ser condenado e, se possuir património em Portugal, ver aqui excutido esse património.

Há, todavia, entidades que, por gozarem de *imunidade*, não podem, sem seu consentimento, ser sujeitas à jurisdição portuguesa. É o caso dos *sujeitos* de direito internacional público, *maxime* dos *Estados estrangeiros* e dos *órgãos* com estatuto de direito internacional público como as *organizações internacionais*[1002]. E também os chamados *agentes diplomáticos*, enquanto ao *serviço* (*oficial*) de um Estado estrangeiro. Sendo incontroversa a submissão do Estado português à jurisdição dos seus próprios tribunais, já é discutível se um Estado (soberano) estrangeiro não deverá ser tratado no mesmo em pé de igualdade. Ora, pode considerar-se *norma consuetudinária de direito internacional público* gozar um *Estado estrangeiro* de uma certa medid*a de imunidade de jurisdição civil, pelo menos quanto aos seus atos de soberania*[1003].

A *imunidade jurisdicional dos Estados estrangeiros* dimana do *princípio da igualdade soberana* que lhes é internacionalmente reconhecida. A doutrina e a jurisprudência

[1002] O problema da *imunidade de jurisdição* põe-se também *quanto a coisas* com estatuto de direito internacional público, tais como navios e aeronaves de guerra e de Estado afetos ao serviço público – cfr. Barbosa de Magalhães, "*Estudos sobre o Novo Código de Processo Civil*", II. – *Da Competência Internacional*", p. 30.

[1003] Cfr., neste sentido, e com referência aos litígios laborais de trabalhadores com funções de direção, autoridade ou representação, o acórdão do STJ de 28-1-2004, CJSTJ, Tomo I/2004, p. 261/Cons. Salreta Pereira.

(e certos diplomas específicos), distinguindo, a este respeito, entre atos de gestão pública (*jure imperii*) e atos de gestão privada (*jus gestionis*), e tendendo embora a circunscrever a imunidade apenas aos primeiros, têm vindo a adotar como critério dominante o da *natureza (material) do ato*, ou seja, da *relação jurídica controvertida*.[1004]

A *extensão do princípio da imunidade de jurisdição* dos Estados soberanos não possui contornos precisos e imutáveis evoluindo de acordo com a prática, designadamente jurisprudencial, dos diversos Estados integrantes da comunidade internacional. Suscita-se esta questão sempre que um Estado é demandado no tribunal de um outro Estado por atos neste praticados, mormente no que tange à chamada *imunidade de execução* quando se pretende adotar contra um Estado distinto do Estado do foro uma medida coativa contra os seus bens situados no território deste último.

«Enquanto que, no que concerne à *imunidade de jurisdição* tende hoje a prevalecer uma *conceção restrita*, a *imunidade de execução* é generalizadamente aceite com uma latitude maior, entendendo-se a mesma como uma prerrogativa institucional de caráter mais abrangente. Da Convenção de Viena sobre Relações Diplomáticas de 1961, diretamente aplicável ao Estado português, decorre que não existe uma impossibilidade absoluta de se proceder à aplicação de medidas de execução a uma Embaixada, pois que tal impossibilidade apenas se verifica quando estamos perante bens afetos à finalidades da missão diplomática. Também a Convenção das Nações Unidas sobre Imunidades dos Estados, de 2 de dezembro de 2004, admite que a execução possa atingir o património de um Estado estrangeiro sito no Estado do foro, ainda que apenas nos casos e dentro dos limites estabelecidos no próprio instrumento internacional. Em resultado do teor dos textos convencionais que sucessivamente foram sendo publicados e da jurisprudência que foi sendo emitida nos diversos Estados, a imunidade de execução foi-se relativizando, admitindo-se a possibilidade de execução da sentença condenatória do Estado que não salde esponta-

[1004] A imunidade de jurisdição, restringe-se aos atos praticados *jure imperii*, excluindo-se da imunidade os atos praticados *jure gestionis*. Numa ação de *impugnação de despedimento* intentada por uma cidadã estrangeira contratada pela embaixada do seu país em Portugal para exercer funções de cozinheira, em que o fundamento da ação é a comunicação pela embaixada à autora da cessação do seu contrato de trabalho (situação em que a parte agiu como qualquer empregador privado), essa embaixada apenas gozaria de imunidade de jurisdição se tivesse sido formulado pedido de reintegração da autora e outros que tivessem essa reintegração como pressuposto. Em caso negativo, os tribunais portugueses têm competência internacional para conhecer dos pedidos formulados pela autora nessa ação – pagamento de retribuições que deveria auferir entre o despedimento e a sentença, de retribuições de férias e subsídios de férias e de Natal decorrentes do despedimento ilícito e indemnização em substituição da reintegração – cfr., neste sentido, o acórdão da RL de 15-1-2014, Proc. 2075/12.0TTLSB.L1-4, *in* www.dgsi.pt/Desª Isabel Tapadinhas.

neamente a sua dívida, ainda que a execução apenas possa prosseguir quanto a um certo tipo de bens. Embora as denominadas convenções internacionais de Basileia e das Nações Unidas sobre "Imunidades Jurisdicionais dos Estados e dos seus Bens" não estejam em vigor na ordem jurídica portuguesa, deve conferir-se relevância ao seu conteúdo, revelador do dos contornos da evolução da regra costumeira da imunidade de execução, na medida em que o costume internacional é fonte formal de direito».

«Se no *requerimento executivo* o exequente não tiver nomeado à penhora bens da Embaixada, o tribunal da 1ª instância não possui quaisquer elementos para afirmar que os eventuais bens que vierem a ser penhorados no futuro se enquadram nas hipóteses de imunidade de execução reconhecidas pelo direito internacional, *v. g.* que os mesmos se destinem a ser utilizados para as finalidades da missão, e não é possível afirmar a incompetência internacional dos tribunais portugueses para tramitar a execução da sentença que, em ação declarativa, condenou aquela Embaixada no pagamento ao trabalhador exequente de créditos indemnizatórios e retributivos»[1005].

A propósito de um litígio atinente à *cessação de uma relação jurídica de emprego*, o Supremo Tribunal de Justiça colocou o acento tónico nas funções exercidas pelo trabalhador, fazendo a distinção entre funções subalternas e funções de direção, de autoridade ou de representação na organização do serviço público do Estado demandado[1006]. Daí que – exercendo a autora (demandante) as funções de simples secretariado numa delegação comercial de uma embaixada estrangeira, sob as ordens do respetivo conselheiro comercial – aquela entidade, ao comunicar-lhe a cessação do respetivo contrato de trabalho, agiu na sua veste de *empregador privado*, praticando um *ato de gestão* e *não um ato de soberania*, pelo que não beneficia, quanto a esse ato, da imunidade judiciária[1007]. Imunidade que já não é de estender «às *pessoas coletivas estrangeiras de direito público*, como províncias, comunidades (incluindo as eclesiásticas), universidades e fundações de direito público», ainda que tais pessoas jurídicas atuem no desempenho de atribuições de direito público. Contudo, se tais entidades *agirem em nome de um determinado Estado*, já lhes deve ser reconhecida imunidade de jurisdição, não como *imunidades próprias dessas pessoas coletivas*, mas como *imunidades próprias desse Estado*[1008].

1005 Cfr., neste âmbito, o acórdão da RL de 16-1-2019, Proc. 12515/16.4T8LSB.2.L1-4, *in* www.dgsi.pt/Desª Maria José Costa Pinto.

1006 Assim, por ex., o acórdão do STJ de 13-11-2002, Proc. nº 2172/01-4ª Sec., *in* www.dgsi.pt./Cons. Mário Torres.

1007 Cfr., neste sentido, o acórdão da RL de 22-6-2005, Proc. 2014/2005-4ª Sec., *in* www.dgsi.pt./Desª Maria João Romba.

1008 Cfr. Riezler, "*Internationales Zivilprozessrecht*", p. 404, *apud* Castro Mendes, *in Direito Processual Civil*, vol. II cit., p. 28, nota 34.

Isto salva a estipulação de cláusulas de *renúncia à imunidade* – de resto prática usual no âmbito do direito contratual –, renúncia essa que pode, todavia, ser *tácita*, como por ex., a propositura por um Estado estrangeiro (como autor) de uma ação nos tribunais de outro Estado. Já quando o Estado estrangeiro for *réu*, haverá que distinguir entre *atos de soberania ou de império* (*jure imperii*) e *atos de mera gestão* (*jure gestionis*). Pelos primeiros, não se pode demandar um Estado estrangeiro (a não ser que este a tal se submeta). Já, pelos segundos (por ex., a aquisição de bens ou serviços no estrangeiro), será (mesmo sem renúncia à imunidade) sujeito à jurisdição (normal) como qualquer outra pessoa coletiva[1009].

Exemplo: funcionando, face à ordem jurídica portuguesa, como estabelecimento de ensino particular e reconhecendo-se-lhe a natureza de «pessoa coletiva regular» sob a forma de «fundação», o Instituto Espanhol adquiriu *personalidade jurídica* face ao art. 158º, nº 2, do CC e *personalidade* e *capacidade judiciárias* face aos arts. 11º e 15º do CPC. Tornou-se, assim, uma entidade distinta – e com autonomia – do Estado espanhol, podendo, como, tal ser demandado perante os tribunais portugueses[1010].

46.2. Imunidades diplomáticas

Também certos *órgãos* e *representantes de Estados estrangeiros*, tais como os Chefes de Estado em visita, os agentes diplomáticos e consulares, etc., gozam de *imunidade de jurisdição* (*civil* e *criminal*), sendo que a *imunidade de jurisdição* (embora também renunciável) faz igualmente parte das chamadas *imunidades diplomáticas*. Por força do chamado *jus legationis*, «uma vez obtido o *agrément* para os agentes diplomáticos ou consulares e apresentados o passaporte diplomático e a credencial, soi dizer-se ficarem esses órgãos «*acreditados*» junto dos governos de acolhimento.

A forma mais frequente de relações diplomáticas é a das «*missões permanentes*, vulgarmente designadas por *embaixadas* ou *legações*»[1011]. Estabelecidas as relações, «*o chefe de missão e os membros do restante pessoal da legação* e, bem assim, sob determinadas condições, os respetivos familiares, gozam de uma certa gama de privilégios e imunidades, *v. g.*, de inviolabilidade pessoal, liberdade de circulação no território do

1009 Cfr. Barbosa de Magalhães, *Da Competência Internacional*" cit., p. 220.

1010 Cfr. o acórdão do STJ, de 17-6-87, *in* BMJ, nº 368, p. 513/Cons. Lima Cluny.

1011 Cfr., quanto ao *jus legationis*, Francisco António Ferreira de Almeida, *Direito Internacional Público*, 2ª ed., Coimbra Editora, 2003, pp. 224-225.

Estado acreditador e *imunidade de jurisdição* – plena em matéria penal e circunscrita em matéria civil[1012-1013].

Já os *cônsules*, contra o que sucede com os agentes diplomáticos propriamente ditos, *não são representantes políticos do Estado estrangeiro*, antes desempenham uma função meramente administrativa, após *prévia obtenção de uma autorização formal* concedida ao chefe da repartição consular pelo Estado de residência (ou de receção), que se denomina «*exequatur*». Beneficiando embora de *inviolabilidade pessoal*, podem (por ex.) ser presos pela prática de um crime grave, gozando, quanto ao mais e à semelhança dos agentes diplomáticos, de *imunidade de jurisdição* – «conquanto apenas no que toca a atos praticados no exercício de funções oficiais» – e de «isenções fiscais».

Por força do art. 31º da *Convenção de Viena*, de 18 de abril de 1961 (aprovada internamente pelo Dec.-Lei nº 48.295 de 27 de março de 1968)[1014], o agente diplomático, para além de gozar de *imunidade de jurisdição penal no* Estado acreditador, goza também de *imunidade de jurisdição civil e administrativa*, salvo se se tratar de: a)- *ação real sobre imóvel privado* situado no território do Estado acreditador, a menos que o possua por conta do Estado acreditante para os fins da missão; b)- *ação sucessória* na qual o agente diplomático figure, a título privado e não em nome do Estado, como executor testamentário, administrador, herdeiro ou legatário; c)- *ação referente a qualquer atividade profissional ou comercial* exercida pelo agente diplomático no Estado acreditador fora das suas funções oficiais (nº 1). Para além disso, *não é obrigado a prestar depoimento como testemunha* (nº 2) e não está sujeito a nenhuma medida de execução a não ser nos casos previstos nas alíneas a), b) e c) do § 1º desse artigo e desde que a execução possa realizar-se sem afetar a inviolabilidade da sua pessoa (nº 3) e a sua *imunidade de jurisdição no Estado acreditador o não isentar da jurisdição no Estado acreditante* (nº 4).

O art. 32º da Convenção prevê que o Estado acreditante possa *renunciar à imunidade de jurisdição* dos seus agentes diplomáticos e das pessoas que gozem de imunidade nos termos do art. 37º, renúncia essa que terá sempre que ser *expressa* (nº 2). Porém, tal renúncia, no tocante às *ações cíveis ou admi-*

[1012] Bem como a isenção do pagamento de certos tributos fiscais e aduaneiros sobre bens destinados ao uso ou consumo oficial da missão, etc.

[1013] Sobre a citação ou notificação dos agentes diplomáticos, cfr. o art. 222º do CPC.

[1014] Cfr. Francisco António Ferreira de Almeida, *ob. cit.*, pp. 224-225.

nistrativas, não implica renúncia à imunidade quanto às *medidas de execução da sentença*, para as quais *nova renúncia* é necessária (nº 4)[1015].

No que respeita à *reconvenção*, se o agente diplomático ou a pessoa que goze de imunidade de jurisdição iniciar (como autor) uma ação judicial, não lhe será permitido invocar a imunidade de jurisdição (como reconvindo) no tocante a uma reconvenção diretamente ligada à ação principal» (art. 32º, nº 3)[1016-1017].

A plena regularidade do processo ante os tribunais portugueses exige que *ambas as partes sejam sujeitas à jurisdição portuguesa*. Pressuposto este cuja falta gera uma *exceção dilatória* (*inominada*) conducente à *absolvição do réu da instância* (art. 577º, corpo do artigo)[1018-1019].

Secção IV
Capacidade judiciária

47. Capacidade judiciária

47.1. Noção. Princípio da equivalência

Se a *personalidade judiciária* se traduz na *suscetibilidade de ser parte em juízo* (art. 11º), a *capacidade judiciária* consiste na *suscetibilidade de estar, por si, em juízo* (art. 15º, nº 1). A *capacidade judiciária equivale e decorre da capacidade de exercício de direitos* definida pelo art. 67º do CC, estabelecendo o legislador, à semelhança do que fez para a personalidade judiciária/personalidade jurídica, um *princípio da coincidência, equivalência* ou *equiparação*. Capacidade judiciária é, assim, «a *suscetibilidade de a parte estar pessoal e livremente em*

[1015] O art. 37º desta Convenção alarga a imunidade de jurisdição «aos membros da família de um agente diplomático que com ele vivam (desde que não sejam nacionais do Estado acreditador), membros do pessoal de missão, empregados ou serviçais», etc.

[1016] O princípio segundo o qual contra o agente que aciona se pode deduzir *reconvenção* constava já das Ordenações Manuelinas e Filipinas (III.24.4 e III.33.5, respetivamente).

[1017] Paralelamente, entende-se que o agente réu que queira reconvir tem de aceitar a jurisdição para a demanda do autor.

[1018] Cfr., quanto a este pressuposto autonomamente considerado, Castro Mendes, *Processo Civil*, vol. II, cit., pp. 27 a 33.

[1019] São *dilatórias*, entre outras, as exceções tipificadas na *enumeração não taxativa* constante das alíneas a) a j) do art. 577º.

juízo ou de (nele) *se fazer representar por representante voluntário*»[1020], tendo, pois, «por base e por medida a capacidade de exercício de direitos» (nº 2 do art. 15º)[1021].

Poder estar, por si só, em juízo, implica, assim e também, a *livre escolha dos seus representantes* na causa (que aos *legal* e *judiciariamente incapazes* os representantes lhes são *impostos* por lei). Se carecida de *capacidade processual*, a parte exercitará os seus direitos adjetivos através ou com a (inter)mediação de terceiros, os quais, uma vez legalmente investidos, passam a deter *legitimidade formal* para agir no processo em nome e no interesse da parte representada.

Na esteira de ANSELMO DE CASTRO[1022], «trata-se de uma qualidade intrínseca, natural da pessoa, que se traduz, no plano jurídico-processual, na possibilidade de exercitar validamente, por si próprio, os direitos processuais respetivos». Tal capacidade, tradicionalmente apelidada pela doutrina de *legitimidade formal* (*legitimatio ad processum*), não deve confundir-se com a *legitimatio ad causam*, isto é, com a legitimidade para agir (demandar ou ser demandado) do titular do interesse diretamente relevante em determinada e concreta causa (*legitimidade propriamente dita*), tal como o pressuposto é definido pelo art. 30º.

A incapacidade de exercício pode ser *total ou limitada*, gradação esta que a lei processual harmonizou com os preceitos da lei substantiva[1023]. Assim por ex., *quanto aos menores*, as exceções à sua incapacidade são as constantes do art. 127º do CC; *quanto aos maiores acompanhados*, a sua incapacidade judiciária circunscreve-se aos atos especificados na sentença (cfr. os arts. 139º, nº 2, e 145 º do CC), agindo o acompanhado sob orientação e representação do acompanhante nos termos dos arts. 138º do CC e16º e 19º do CPC.

47.2. Suprimento da incapacidade judiciária

«Os menores e os maiores acompanhados sujeitos a representação só podem estar em juízo por intermédio dos seus representantes ou autorizados

[1020] Cfr. M. TEIXEIRA DE SOUSA, *Estudos* cit., p. 140.

[1021] Em princípio, *a capacidade judiciária é de aferir pela lei pessoal dos respetivos sujeitos*, ou seja, a lei da respetiva nacionalidade, salvas as restrições contempladas na lei (cfr. os arts. 25º a 39º do CC).

[1022] Cfr. *Direito Processual Civil Declaratório*, vol. II, cit. p. 111.

[1023] Excetuam-se do âmbito da incapacidade judiciária os atos que o incapaz pode (excecionalmente) praticar pessoal e livremente – cfr. art. 16, nº 1, *in fine*.

pelo seu curador, exceto quanto aos atos que possam exercer pessoal e livremente» (art. 16º, nº 1).

Em substituição do incapaz, agirá, pois, o seu representante legal – *instituto da representação* – ou agirá o próprio incapaz com o consentimento de certa pessoa ou entidade (curador) – *instituto da assistência* (art. 16º, nº 1). Na eventualidade de o incapaz estar por si em juízo (só o podendo estar por intermédio do seu representante legal ou do seu curador), verifica-se uma *exceção dilatória* que, se não sanada, conduz à absolvição do réu da instância (arts. 278º, nº 1, al. c), 576º, nº 2 e 577º, nº 1).

Quanto ao *regime de suprimento da incapacidade judiciária,* há que encarar separadamente os casos dos menores e dos maiores acompanhados. Assim:

§1º Suprimento da incapacidade dos menores

Carecendo os *menores* de capacidade para o exercício de direitos (art. 123º do CC, com as exceções do art. 127º do mesmo diploma), a sua representação legal compete aos respetivos *progenitores* ou, subsidiariamente, ao *tutor* ou ao *administrador de bens* (arts. 124º, 1877º, 1921º e 1922º do CC)[1024].

Como representantes dos filhos, não podem, porém, os pais praticar, sem autorização do tribunal, os atos contemplados nos arts. 1889º e 1990º do CC[1025]. A incapacidade dos menores[1026] é, pois, suprida pelos *progenitores* e, subsidiariamente, *pelo tutor* (art. 124º do CC). Na constância do matrimónio, as responsabilidades parentais são exercidas por *ambos os progenitores,* devendo ser exercidas *de comum acordo* (art. 1901º do CC). Se ambos os pais houverem sido excluídos, inibidos ou suspensos da administração dos bens do menor, será instituído ao menor um regime de *administração de bens* (art. 1922º do CC). A *tutela* dos menores é *obrigatória* se os pais forem incógnitos, tiverem falecido ou estiverem impossibilitados (de facto) de exercer a regência da pessoa dos filhos nos termos do art. 1921º, nº 1, alíneas a) a d)

[1024] Sobre a *competência exclusiva do Ministério Público* para a prolação das decisões relativas a pedidos de *autorização para a prática de atos pelo representante legal do incapaz* quando legalmente exigida e respetivo procedimento, cfr. os arts. 2º a 4º do Dec.-Lei nº 272/2001, de 13 de outubro, cujas últimas alterações foram introduzidas pelo Dec.-Lei nº 122/2013, de 26 de agosto.

[1025] Cfr., acerca da *competência do tribunal tutelar cível* em matéria de autorização do representante legal dos menores a praticar certos atos, a confirmar os que tenham sido praticados e a providenciar acerca da aceitação de liberalidades, a al. g) do art. 146º da OTM.

[1026] É menor quem não tiver ainda completado 18 anos idade (art. 122º do CC).

do CC). O *tutor* tem os mesmos direitos e obrigações dos pais, com as modificações e restrições constantes da lei (art. 1935º, nº 1, e ss. do CC). No âmbito da sua administração, o *administrador de bens* (instituído nas hipóteses previstas no art. 1922º) tem os direitos e deveres do tutor (art. 1971º do CC), pelo que carece de autorização judicial nas mesmas situações em que dela necessita o tutor (art. 1938º, nº 1, alíneas a) e e), do CC).

Exige, contudo, a lei o *acordo de ambos os progenitores para a propositura de ações* (art. 16º, nº 2). Em caso de *desacordo* dos pais sobre a conveniência de *intentar* uma ação, o conflito será judicialmente resolvido a requerimento de qualquer deles (art. 18º, nº 1). Mas, se o desacordo surgir apenas na *pendência da causa*, acerca da orientação desta, pode qualquer dos progenitores, no prazo de realização do primeiro ato afetado pelo desacordo, requerer ao juiz da causa que providencie por essa representação, suspendendo-se a instância e nomeando-se, entretanto, um *curador provisório* (art. 18º, nº 2). Ouvido o progenitor não requerente e o Ministério Público, o juiz decide de harmonia com os interesses do menor, atribuindo a *representação a um dos pais ou ao Ministério Público* ou designando *curador especial* (art. 18º, nº 3). Se houver *necessidade de fazer intervir um menor em causa pendente*, não havendo acordo entre os pais para o efeito, pode qualquer deles requerer a *suspensão da instância* até resolução do desacordo pelo tribunal da causa, que decidirá no prazo de 30 dias (art. 18º, nº 5).

Nas *ações propostas contra um menor sujeito a responsabilidades parentais*, ambos os progenitores devem ser citados para a ação (art. 16º, nº 3).

§2º Suprimento da incapacidade dos maiores acompanhados

«O *maior impossibilitado*, por *razões de saúde*, *deficiência*, ou *pelo seu comportamento*, de exercer, plena e conscientemente, os seus direitos ou de, nos mesmos termos, cumprir os seus deveres, beneficia das medidas de acompanhamento previstas» no art. 145º do CC..

Os *maiores acompanhados só podem estar em juízo por intermédio dos seus representantes*, exceto quanto aos atos que podem exercer ou praticar livremente, entre estes últimos se situando «o exercício de direitos pessoais e os negócios da vida corrente», salvo disposição de lei ou decisão judicial em contrário (arts. 147º, nºs 1 e 2, do CC e 16º, nº 1, do CPC).

O acompanhamento contempla, assim, as situações em que o maior se encontra dotada de uma *capacidade reduzida* ou *limitada* que lhe não permite administrar, por si e de modo conveniente, o seu património.

«A intervenção em juízo do maior acompanhado quanto a atos sujeitos a autorização fica subordinada à orientação do acompanhante, a qual prevalece, em caso de divergência» (art. 19º, nº 2).

«As pessoas que, por anomalia psíquica ou outro motivo grave, estejam impossibilitadas de receber a citação para a causa são representadas por um *curador especial*» (art. 20º, nº 1). «A representação do curador especial cessa quando for julgada desnecessária, ou quando se juntar (aos autos) documento que mostre ter sido concedido benefício de acompanhamento e nomeado representante ao acompanhado» (art. 20º, nº 2).

«Os *maiores acompanhados* que não esteja sujeitos a representação podem intervir em todas as ações em que sejam partes e devem ser *citados* quando tiverem a posição de réus, sob pena de se verificar a nulidade correspondente à falta de citação, ainda que tenha sido citado o acompanhante» (art. 19º, nº 1). Também o «representante nomeado no processo de proteção através de acompanhamento é *citado* para o processo» (art. 20º, nº 4).

De realçar que «se o incapaz não tiver representante geral deve requerer-se a nomeação dele ao tribunal competente, sem prejuízo da imediata designação de um *curador provisório* pelo juiz da causa, em caso de urgência» (art. 17º, nº 1). Quando o maior acompanhado deva ser representado por um curador especial, a sua nomeação incumbirá ao juiz da causa (art. 17º, nº 2).

É, designadamente, necessário nomear um *curador provisório* sempre que os interesses do incapaz estejam em oposição com os do representante legal. Assim, por exemplo, nas ações de *impugnação de paternidade* (art. 1846º, nº 3, do CC) e nos casos de *conflitos de interesses* aludidos nos arts. 1881º, nº 2 e 1956º, al. c) do mesmo diploma.

São, porém, representados por *curador especial* nomeado pelo tribunal: «os *menores*, os *maiores acompanhados* e os *ausentes*, quando os seus representantes legais concorram com eles à herança ou a esta concorram vários incapazes representados pelo mesmo representante; os *ausentes em parte incerta*, sempre que não esteja instituída a curadoria (art. 1086º, nº 1). «Os bens adjudicados ao ausente que careçam de administração são entregues ao *curador especial* nomeado, que fica, em relação aos bens entregues, com os direitos e deveres do *curador provisório* até que seja deferida a curadoria (art. 1086º, nº 2).

§ 3º Sanação dos vícios de incapacidade, da irregularidade de representação e da falta de autorização ou deliberação

Agrupa a lei processual, no âmbito da "*incapacidade judiciária*" *lato sensu* (arts. 27º a 28º), três espécies de vícios: *incapacidade judiciária stricto sensu*, *irregularidade de representação* e *falta de autorização, deliberação ou consentimento exigido por lei*[1027]. A incapacidade judiciária *stricto sensu* encontra-se, *qua tale*, contemplada nos arts. 27º, nº 1 e 577º, al. c), a irregularidade de representação nos arts. 27º, nº 1, e 278º, nº 1, al. c) , e a falta de autorização ou deliberação nos arts. 29º, nº 1, 278º, nº 1, al. c) e 577º, al. d), todos do CPC.

A *incapacidade judiciária* e a *irregularidade de representação* são *sanadas mediante a intervenção ou a citação do seu representante legítimo* (art. 27º, nº 1).

Equipara o art. 27º os *regimes de suprimento da incapacidade judiciária e da irregularidade de representação.* Ambas podem ser *sanadas* (a todo o tempo) *mediante a intervenção ou citação do representante legítimo ou do curador do incapaz* (nº 1). «Se estes *ratificarem* os atos anteriormente praticados – *ratificação que pode ser feita por simples requerimento* –, o processo segue como se o vício não existisse; *no caso contrário,* fica *sem efeito todo o processado posterior ao momento em que a falta se deu ou a irregularidade foi cometida,* correndo novamente os prazos para a prática dos atos não ratificados, que podem ser renovados» (nº 2).

Consistindo a *irregularidade na preterição de um dos pais, tem-se como ratificado o processado anterior* quando o preterido, devidamente notificado, nada disser dentro do prazo fixado; *havendo desacordo* dos pais acerca da repetição da ação ou da renovação dos atos, esse desacordo será decidido em conformidade com o disposto no art. 18º (art. 27º, nº 3)[1028].

Logo que o *juiz* se aperceba de qualquer um desses vícios, incumbe-lhe, *oficiosamente* e *a todo o tempo*, «providenciar pela regularização da instância (arts. 28º, nº 6, 411º e 590º, nº 3)». Com vista à *sanação*, há que considerar duas situações (art. 28º, nº 2): – *se o vício ocorrer pelo lado passivo*, o tribunal deve ordenar a citação do réu em quem o deva representar para que este *ratifique* ou *renove* o processado anteriormente; – *se o vício respeitar à parte ativa*, o tribunal deve ordenar, para esse mesmo efeito, a notificação de quem a deva representar para, no prazo fixado, *ratificar*, querendo, no todo

[1027] Acerca deste tema, *vide* Castro Mendes, *Processo Civil*, vol. II cit., pp. 89 e ss..

[1028] Prevê o art. 1889º do CC uma série de atos que os pais, como representantes dos filhos, não podem praticar sem *autorização do tribunal sob pena de invalidade.*

ou em parte, o processado anterior, *suspendendo-se entretanto (ope legis) a instância* (art. 27º, nº 2).

Na *falta de ratificação* ou *de renovação* dos atos, as consequências são também distintas consoante o vício afete a *parte ativa* ou a *parte passiva*. Assim: – *se o representante do autor não sanar a incapacidade*, o processo não pode continuar quando o vício afetar a própria petição inicial, a qual fica sem efeito, caso em que relevará a falta de um *pressuposto processual* e o réu deve ser absolvido da instância (arts. 278º, nº 1, al. c)), 576º, nº 2 e 577º, al. c)); – *se for o representante do réu a não sanar a incapacidade*, então falta apenas um *pressuposto de um ato processual* e a contestação e os demais atos praticados pelo incapaz ficam sem efeito, aplicando-se assim ao incapaz, se ele não tiver mandatário judicial constituído, o regime da sub-representação do nº 1 do art. 21º[1029].

Se, contudo, *a parte estiver devidamente representada, mas lhe faltar alguma autorização ou ou deliberação exigida por lei* (por ex. uma deliberação social para que a sociedade possa instaurar ação de responsabilidade contra os sócios ou os gerentes – arts. 75º, nº 1 e 246º, nº 1, al. g), do CSC), designar-se-á o prazo dentro do qual o representante deve obter a respetiva autorização ou deliberação, suspendendo-se, entretanto, os termos da causa, *ope legis* (art. 29º, nº 1). O vício ocorrerá quando o representante legal ou o curador (devidos) do incapaz não as tiverem obtido previamente à propositura da ação ou à prática do ato[1030].

Uma vez detetado o vício, o tribunal deve fixar oficiosamente o prazo dentro do qual o representante deve obter a autorização ou deliberação, *suspendendo-se entretanto a instância* – arts. 29º, nº 1, 6º, nº 2 e 411º (cfr., quanto às relações tutor/pupilo os arts. 1938º, nº 1, al. e), 1939º e 1940º, nº 3, do CC). *Não sendo a falta sanada dentro do prazo*, o réu é absolvido da instância quando a autorização devesse ser obtida pelo *representante do autor*; se era ao *representante do réu* que incumbia prover pela sanação, o processo segue como se o réu não deduzisse oposição (art. 29º, nº 2). Esta última situação equivale à da incursão do réu em *revelia*, embora daí não resulte o efeito cominatório (confessório) dos factos articulados pelo autor, nem a condenação imediata no pedido – *revelia inoperante* (cfr. os arts. 567º, nº 1 e 568º, al. b)).

1029 Defesa pelo Ministério Público.

1030 M. Teixeira de Sousa, *in Estudos* cit., p. 151, exemplifica com o caso do representante da sociedade requerer, sem a necessária deliberação social, uma determinada providência cautelar.

Na eventualidade do *falecimento ou impossibilitação do representante do incapaz* (do exercício da representação) a *instância suspende*-se até que a parte contrária tome conhecimento da designação de outro representante (arts. 269º, nº 1, al. b) – 2ª parte e 276º, nº 1, al. b)). Se o incapaz for *o autor* e o processo houver sido totalmente anulado (*ab initio*), os prazos de prescrição ou de caducidade, quer os já exauridos, quer os que expirem nos dois meses subsequentes à anulação, não se consideram completados antes de findo esse prazo de dois meses (art. 27º, nº 4) – cfr. os arts. 327º, nº 3, e 332º, nº 1, do CC.

48. Representação judiciária

Em íntima associação com o pressuposto da *capacidade judiciária*, fala-se de *representação judiciária* a propósito da representação em juízo, não só *dos incapazes, ausentes* ou *incertos*, como também de *certas entidades ou de entes públicos* submetidos a uma específica forma de *representação orgânico-estatutária ou através do Ministério Público.*

48.1. Representação de incapazes, incertos e ausentes em parte incerta

No que respeita à *representação dos incapazes e ausentes*, a sua *representação é assegurada pelo Ministério Público* em todas as ações que se mostrem necessárias à tutela dos seus direitos e interesses (arts. 21º, nº 1, do CPC e 9º, nº 1, al. c), do EMP)[1031]. Representação essa (*por dever de ofício*) que cessará logo que constituído mandatário judicial do incapaz ou ausente ou se – tendo o respetivo representante legal deduzido oposição a essa representação – o juiz, ponderado o interesse do representado, a considerar procedente (arts. 23º, nº 2, do CPC e 9º, nº 3, do EMP).

Nas *ações propostas contra incertos* (por o autor não ter a possibilidade de identificar os interessados diretos em contradizer) serão os mesmos (*réus incertos*) representados pelo Ministério Público (arts. 22º, nº 1, do CPC e 9º, nº 1, al. c), do EMP). Porém, *se este representar o autor*, será nomeado um *defensor oficioso* para servir como agente especial do Ministério Público em tal representação (art. 22º, nº 2, do CPC), a qual cessará igualmente quando os citados como incertos se apresentarem a intervir como réus e a sua legitimidade se encontrar reconhecida (art. 22º, nº 3, do CPC), não havendo, porém, necessidade de tal representação (cessando mesmo) se o incapaz já tiver *ex-ante* mandatário judicial constituído (art. 21º, nº 3).

[1031] O *Estatuto do Ministério Público* foi aprovado pela Lei nº 68/2109, de 27 de agosto.

Se o *ausente* ou *incapaz* ou os seus *representantes não deduzirem oposição*, cabe ao *Ministério Público* assegurar a respetiva defesa, para o que será citado (preferencialmente por transmissão eletrónica de dados), correndo novamente o prazo para a contestação, ficando assim *interrompido o primitivo prazo para a defesa* (art. 21º, nºs 1 e 3).

48.2. Representação das pessoas coletivas e das sociedades

Quanto à *representação das pessoas coletivas e sociedades*, há que distinguir entre as ações dessas entidades com terceiros e as causas entre elas e o seu representante:

- nas *ações com terceiros*, essas entidades são representadas por quem a lei, os estatutos ou o pacto social designarem (art. 25º, nº 1), por ex., por uma comissão liquidatária ou, na falta de disposição estatutária, pela administração ou por quem por ela for designado (art. 163º, nº 1, do CC); – as sociedades em nome coletivo e as sociedades por quotas são representadas pelos gerentes (arts. 192º, nº 1 e 252º, nº 1);
- as sociedades anónimas pelo conselho de administração (art. 405º, nº 1); – e as sociedades em comandita pelos sócios comanditados gerentes (arts. 470º, nº 1 e 478º), todos estes preceitos do CSC;
- nas *ações entre a pessoa coletiva ou sociedade* (que não tenham quem as represente) e o seu representante (isto é, conflitos de interesses entre a ré e o seu representante ou conflitos intra-sociais), essas entidades serão representadas por um *representante especial* designado pelo juiz da causa (*curador ad litem*), cujas funções cessam logo que a representação seja assumida por quem de direito (art. 25º, nºs 2 e 3).

As *pessoas judiciárias* (entidades que só possuem personalidade judiciária), são representadas: – a *herança jacente*, por um curador (arts. 26º do CPC e 2048º, nº 1, do CC); – *as associações sem personalidade jurídica*, pelo órgão da administração (arts. 26º do CPC e 195º nº 1, do CC); – as *comissões especiais*, pelos administradores (arts. 26º do CPC e 200º do CC); – as *sociedades civis*, pelos administradores (arts. 26º do CPC e 996º, nº 1, do CC; – as *sociedades comerciais não registadas*, pelas pessoas a quem as cláusulas do contrato atribuam a representação (art. 62º do CPC); – o *condomínio*, pelo administrador (arts. 26º do CPC e 1437º, nº 2, do CC[1032]; – as *sucursais* ou *equivalentes*, pelos diretores, gerentes ou administradores (art. 26º do CPC).

[1032] No acórdão do STJ de 18-1-83, *in* BMJ nº 323, p. 393, considerou-se que «o administrador tem legitimidade para requerer em juízo procedimento cautelar conservatório por

48.3. Representação do Estado

A *representação do Estado* é assegurada pelo *Ministério Público*, sem prejuízo dos casos de permissão legal de representação por *mandatário judicial próprio* ou em que as entidades autónomas possam constituir advogado que intervenha no processo conjuntamente com o Ministério Público (cfr. os arts. 3º da LOSJ e 24º, nºs 1 e 2, do CPC)[1033]. Os arts. 4º, nº 1, al. b), 9º, nº 1, al. a) e 68 e ss. do EMP regulam o *modus* dessa representação, a qual varia, do ponto de vista orgânico-institucional, em função do patamar hierárquico do órgão jurisdicional a que a causa se encontre afeta e dos interesses que lhe cumpra defender.

A representação pelo Ministério Público não abrange, todavia, a chamada *administração indireta do Estado*, isto é, as pessoas coletivas que, embora realizando tarefas administrativas, agem com autonomia administrativa e financeira, tais como os *institutos públicos*, as *empresas públicas*, as *associações públicas* e as *entidades reguladoras*[1034].

Quanto aos *tribunais administrativos*, e «sem prejuízo da representação do Estado pelo *Ministério Público* nos processos que tenham por objeto relações contratuais e de responsabilidade, as pessoas coletivas de direito público ou os ministérios podem ser representados em juízo por *licenciado em direito com funções de apoio jurídico*, expressamente designado para o efeito, cuja atuação no âmbito do processo fica vinculada à observância dos mesmos deveres deontológicos, designadamente de sigilo, que obrigam o mandatário da parte contrária» (cfr. os nºs 1 e 2 do art. 11º do CPTA). Nos *tribunais tributários*, a Fazenda Pública defende os seus interesses, não através do Ministério Público, mas através de representantes (seus) próprios (arts. 53º a 55º do ETAF).

violação de direitos dominiais da compropriedade e, consequentemente, para ratificação do embargo extrajudicial de obra alegadamente levada a efeito em parte comum do edifício, aresto este citado por Aragão Seia, *in Propriedade Horizontal, Condóminos e Condomínios*, 2ª ed., p. 208.

[1033] O *Estado-Administração* pode ser *parte* em *ações propostas nos julgados de paz*, quer na sua veste de titular de direito privado, quer como ente público, quer como demandante quer como demandado. Todavia, o Ministério Público não representa o Estado nos julgados de paz, já que tal competência (para representar o Estado) se reporta, nos termos do art. 219º da CRP e dos arts. 1º e 3º, nº 1, al. a), do EMP, aos tribunais, *rectius* aos tribunais judiciais e aos tribunais administrativos e fiscais – cfr. Parecer da PGR, de 21-4-2005, DR, IIª série, nº 169, de 2-9-2005, p. 12840.

[1034] Sobre os organismos encarregados da administração indireta do Estado, cfr. Freitas do Amaral, *Curso de Direito Administrativo*, vol. I, Coimbra, Almedina, 3ª ed., 2006, pp. 347 e ss..

Secção V
Legitimidade das partes

49. Legitimidade das partes

49.1. Noção. Critério aferidor. O interesse relevante

A lei processual qualifica a *ilegitimidade das partes* como *exceção dilatória de conhecimento oficioso* (arts. 576º, nº 2, 577º, al. e) e 578º). Quando considere ilegítima alguma das partes, o juiz abster-se-á de conhecer do mérito do pedido, absolvendo, em consequência, o réu da instância (art. 278º, nº 1, al. d)). Daí a sua natureza de *pressuposto processual*.

Mas, se a *personalidade e a capacidade judiciárias* representam uma *qualidade das partes relativamente à generalidade dos processos ou a uma certa gama deles*, a *legitimidade* prende-se com *a posição da parte relativamente a uma determinada e concreta ação*. «Traduz-se (a *legitimatio ad causam*) em ser o demandante (*legitimação ativa*) o titular do direito e o demandado (*legitimação passiva*) o sujeito da obrigação, suposto que o direito e a obrigação na realidade existam»[1035]. Não constitui, assim, uma qualidade pessoal para ser parte em juízo (como a capacidade), mas antes *uma posição perante a matéria controvertida no litígio, ou seja, perante o objeto do processo.*

Elegendo como *critério aferidor do conceito da legitimidade* o do *interesse relevante*, o nº 1 do art. 30º considera que «o autor é parte legítima quando tem *interesse direto em demandar*; o réu é parte legítima quando tem *interesse direto em contradizer*»[1036]. A lei exige um *interesse, não apenas juridicamente protegido, mas pessoal e direto.*

Assim, por exemplo, numa *ação de reivindicação*, o *interesse direto do autor* reside no reconhecimento da sua propriedade sobre a coisa reivindicada, com a consequente condenação do réu a fazer-lhe entrega dessa coisa; a esse interesse corresponde o *interesse direto do réu* em opor-se a um tal reconhecimento e entrega, uma vez que uma sua eventual condenação se repercutirá negativamente na sua esfera jurídico-patrimonial. Não basta, assim, um qualquer *interesse, meramente indireto ou reflexo*,

[1035] Cfr. Manuel de Andrade, *Noções Elementares* cit., p. 83.

[1036] A exigência legal do interesse direto não prejudica a chamada *legitimidade por substituição* que assiste às associações representativas dos senhorios ou dos inquilinos para assegurarem a defesa judicial dos interesses dos respetivos associados em questões relativas ao arrendamento, desde que para o efeito autorizadas por escrito pelas partes seus membros ou associados – cfr. o art. 13º do NRAU.

quiçá de natureza afetiva, parental ou moral na procedência ou improcedência da ação (por ex., o interesse afetivo do progenitor em relação ao filho parte na ação).

O nº 2 do art. 30º define como expressão do *interesse em demandar* a *utilidade derivada da procedência da ação* e, do *interesse em contradizer, o prejuízo que dessa procedência advenha.* E, como critério supletivo para casos de dúvida, o seu nº 3 estatui que «na falta de indicação da lei em contrário, são considerados titulares do interesse relevante para efeitos de legitimidade os sujeitos da relação controvertida *tal como é configurada pelo autor*».

Pôs-se assim termo a uma antiga querela sobre se a relação jurídica controvertida a atender deveria ser *a realmente constituída ou estabelecida entre as partes* – tese de Alberto dos Reis[1037] – ou antes *a relação jurídica tal como o autor a apresenta ou configura na petição inicial* – tese de Barbosa de Magalhães –, tendo-se optado pela deste último ilustre processualista. A polémica foi desencadeada por um caso julgado pela Relação de Lisboa em 1918. Tratava-se de um contrato de compra e venda de 60 toneladas de chumbo que o vendedor não cumpriu integralmente. O autor demandou um comerciante português como sendo ele o vendedor, alegando o réu que se limitara a ser um mero intermediário de uma sociedade espanhola, sendo esta a verdadeira vendedora. Na tese defendida por Barbosa de Magalhães, as partes eram *legítimas*, pelo que o tribunal devia conhecer do mérito da causa e *absolver o réu do pedido*. Para Alberto dos Reis, o réu era parte *ilegítima*, devendo, por isso, o juiz abster-se de conhecer do mérito da causa e *absolver o réu da instância*, porquanto o réu não tinha sido o vendedor, sendo assim alheio à questão de fundo da causa[1038].

Não relevando, como critério aferidor da legitimidade a (*verdadeira*) *relação jurídica substantiva* tal como ela na realidade se constituiu ou formou, o tribunal já não terá *previamente* de indagar do efetivo estabelecimento (*inter-partes*) dessa relação (de direito material) submetida à sua apreciação. *O réu será sempre parte legítima se for sujeito da relação controvertida tal como a configurou o autor*, o que restringe drasticamente as hipóteses de *ilegitimidade singular*. Estas apenas se levantarão naqueles restritos casos de divergência

[1037] Cfr. *Código de Processo Civil Anotado*, vol. I, 3ª ed., pp. 73 a 85.

[1038] Em Espanha, segundo o art. 10º da LEC, «*seran considerados partes legítimas quienes comparezcan y actuem en juicio como titulares de la relación jurídica u objecto litigioso*». Preceito que a doutrina vem interpretando no sentido de que a legitimidade não é propriamente um pressuposto processual mas uma questão de fundo, já que a sua existência ou inexistência só pode conhecer-se com inteira certeza aquando do julgamento *de meritis*.

entre as pessoas identificadas pelo autor e as que realmente foram chamadas a juízo (erro de identificação), uma vez que só nessa eventualidade as pessoas citadas não coincidirão com os sujeitos da relação controvertida tal como delineada pelo autor. Bastará, assim, uma *legitimidade simplesmente aparente* para que se torne possível conhecer do mérito do pedido: uma nítida concretização da almejada prevalência das *decisões de fundo* sobre as *decisões de mera forma*.

O conceito prende-se hoje mais com a *legitimidade singular e direta*, que com a chamada *legitimação extraordinária*, consubstanciada esta na *exigência de litisconsórcio* ou na *atribuição da legitimidade indireta* (*representação* ou *substituição processual*).

O *administrador de um prédio em propriedade horizontal* detém *legitimidade para agir em juízo* relativamente às *ações que se inserem no seu âmbito funcional* e, quanto *àquelas para as quais foi especificamente autorizado e mandatado pela assembleia*, enquanto órgão executivo da administração das partes comuns do edifício e das deliberações da assembleia de condóminos. Mas já não pode – por expressa determinação legal (art. 1437º, nº 3, do CC) – representar os condóminos nas ações relativas a questões de propriedade ou posse de bens comuns, salvo se a assembleia expressamente lhe atribuir, para o efeito, poderes especiais ou se estes poderes constarem do título constitutivo da propriedade horizontal[1039]. Pode, contudo, ser demandado nas ações respeitantes às partes comuns do edifício (nº 2 da mesma disposição).

Nas situações dos nºs 1 e 2 do art. 1437º do CC «*é o próprio administrador que demanda ou é demandado*, atuando como *parte* (legítima) e não *como mero representante do condomínio*», ou seja, prevêem tais incisos normativos «uma hipótese de *substituição processual* (falta de coincidência entre a parte demandante ou demandada – o administrador) e o titular do direito defendido em juízo (o condomínio); substituição processual essa que no nº 1, in fine e no nº 3, assume caráter voluntário»[1040].

Também nas *ações de cobrança de dívida do condomínio*, apenas *deve ser demandado o condomínio* (*representado pelo administrador*) e não também os condóminos, já que estes carecem de legitimidade passiva[1041].

[1039] Cfr., neste sentido, Aragão Seia, *in "Propriedade Horizontal" – Condóminos e Condomínios*, Almedina, 2001, p. 207, citado no acórdão do STJ de 18-10-01, Proc. nº 2718 – 2ª Sec./Cons. Ferreira de Almeida.

[1040] Cfr., quanto a este ponto, M. Teixeira de Sousa, *in blog* do IPPC de 1-3-2015.

[1041] Cfr., neste sentido, o acórdão da RP de 12-9-2017, Proc. 3324/16.1T8MTS.P1, *in* www.dgsi.pt/Des. Rodrigues Pires.

Em termos de *contencioso administrativo*, «*o autor* é considerado parte legítima quando alegue ser parte na relação material controvertida» (*legitimidade ativa*) – art. 9º, nº 1, do CPTA. Já, quanto à *legitimidade passiva*, a ação deve ser proposta contra a sua contraparte na mesma relação e, se for o caso, também contra as pessoas ou entidades detentoras de interesses contrapostos aos do autor, os chamados *contra-interessados* (nº 1 do art. 10º do mesmo diploma). Deste modo, se «a ação tiver «por objeto a ação ou omissão de uma entidade pública, a parte demandada é a pessoa coletiva de direito público ou, no caso do Estado, o ministério a cujos órgãos seja imputável o ato jurídico impugnado ou sobre cujos órgãos recaia o dever de praticar atos jurídicos ou observar os comportamentos pretendidos» (nº 2 do mesmo preceito).

49.2. Legitimidade singular e legitimidade plural

Na maioria das situações, a lide é esgrimida por dois sujeitos ou entidades *uti singuli*. É o caso das relações jurídicas *simétricas*, nas quais à *posição ativa* do autor ou demandante corresponde uma *posição passiva* do réu ou demandado (o credor demanda o seu único devedor, o lesado aciona o respetivo lesante, o proprietário reivindica a coisa ilegitimamente possuída ou detida pelo proprietário vizinho, o portador da letra reclama o pagamento do respetivo obrigado cambiário, o proprietário-locador pretende fazer cessar o contrato de arrendamento com o seu inquilino)[1042].

Não raro, porém, surgem a intentar a ação vários autores contra um ou vários réus (comproprietários, consócios, co-herdeiros, co-obrigados etc.), a qual, assim, se desenrola com *pluralidade de partes processuais* (*cumulação subjetiva*).

Trata-se das chamadas *relações jurídicas polissimétricas ou poligonais* (*complexas* ou *multipolares*), as quais se estabelecem entre «mais de dois sujeitos em conjuntos interligados de posições ativas e passivas»[1043]. Pluralidade que será, pois, *ativa*, *passiva* ou *mista* se verificada do lado dos autores, dos réus ou se proposta conjuntamente por vários autores contra vários réus, respetivamente; ocorre, assim, *ilegitimidade*

[1042] O *arrendamento de um imóvel ou de uma sua fração por prazo não superior a 6 anos* consubstancia um *ato de administração ordinária* (art. 1024º, nº 1, do CC). Assim, tendo qualquer um dos comproprietários poderes para administrar o imóvel arrendado (art. 1407º, nº 1, com referência ao art. 985º, ambos do CC), pode também, *uti singuli*, instaurar a competente ação de despejo para resolução do contrato – cfr. Aragão Seia, *Arrendamento Urbano*, 7ª ed. Rev e Act., Coimbra, Almedina, 2003, p. 355.

[1043] Cfr., quanto a esta noção, J. C. Vieira de Andrade, *A Justiça Administrativa* (Lições), 8ª ed., p. 67 e 14ª ed. (2015) p. 59.

quando não se associarem do lado ativo ou do lado passivo todas as partes que a lei, a natureza da relação (ou uma eventual convenção) exijam.

Quando uma *diversidade de partes principais, unidas por um determinado interesse juridicamente relevante,* se juntam ou associam para discutir no seio de um mesmo processo uma mesma relação material controvertida, gera-se uma situação de *litisconsórcio. Pluralidade de partes* essa «coincidente, em princípio, com a *pluralidade de titulares do objeto do processo*»[1044]. A *ilegitimidade plural* só pode, assim, ocorrer no caso de *litisconsórcio necessário ou obrigatório,* caso não figurem do lado ativo ou do lado passivo todas as partes que a *lei,* a *convenção das partes* ou a *natureza da relação jurídica* reclamem.

Pluralidade que pode ser *inicial* ou *sucessiva*: *inicial,* se surgida logo, de modo espontâneo, aquando da instauração da ação; *sucessiva,* se sobrevier após essa propositura, através do *incidente de intervenção de terceiros* (arts. 311º e ss.).

49.3. Litisconsórcio voluntário

O termo *litisconsórcio* traduz a ideia de uma atuação conjunta, concertada ou comum, no seio de uma mesma ação civil, em ordem a adregar uma decisão favorável da lide às partes assim «consorciadas»[1045]. Se tal atuação associada for *meramente facultativa* (por, em princípio, ser permitida a intervenção de apenas uma única parte no processo), tratar-se-á de um *litisconsórcio voluntário. Se imposta por lei ou exigida pela própria natureza da relação litigada ou por convenção das partes,* deparar-se-á uma situação de *litisconsórcio necessário.*

A regra é a do *litisconsórcio voluntário ou facultativo* para a generalidade das relações jurídicas com titularidade plurisubjetiva: a ação *pode* ser intentada conjuntamente *por todos* os interessados ou contra todos eles e o autor *pode* propor a ação *contra vários réus,* assistindo, porém, quer ao autor, quer ao réu, a possibilidade de provocarem a intervenção de outras partes (terceiros).

1044 Cfr. M. Teixeira de Sousa, *Estudos* cit., p. 151.

1045 *Litisconsórcio,* etimologicamente, significa comparticipação na *lide* (*lis – litis,* ou seja, a lide+*consortium,* isto é, comunidade, participação). Esta figura processual era já admitida no direito romano desde o processo das *leges actiones,* ainda que com maior profusão no processo *agere per formulas* e, sobretudo, na *cognitio extraordinem,* com predomínio do litisconsórcio voluntário sobre o necessário – cfr., neste sentido, A. Santos Justo, *Direito Privado Romano* I cit., pp. 281-282.

Assim, *em caso de litisconsórcio voluntário*, a falta de alguma das partes não surte qualquer influência sobre a legitimidade daquela ou daquelas que já estão no processo, *confinando-se o juiz, em tal eventualidade, a conhecer da quota-parte do interesse que aquela ou aquelas detenham na relação material* (art. 32º, nº 1)[1046]. No *litisconsórcio necessário* há uma *única ação* com pluralidade de sujeitos, enquanto que ao *litisconsórcio voluntário* subjaz uma simples *acumulação de ações*, conservando cada litigante uma posição de independência em relação aos seus compartes (art. 35º). Diferentemente do que sucede *no litisconsórcio necessário*, em que a cumulação subjetiva é imposta por lei ou exigida por prévia determinação dos interessados ou ainda pela própria natureza da relação jurídica, *no litisconsórcio voluntário* essa cumulação *depende exclusivamente da vontade das partes.*

Se se tratar de *obrigações solidárias*, o credor *pode* demandar apenas um dos condevedores solidários; só que a eventual decisão condenatória, assim obtida, *não é oponível aos demais condevedores solidários*, ainda que o pedido abranja a totalidade da dívida (cfr. o nº 2 do atº 32º)[1047]. Daí que, em vez de propor a ação apenas contra um, possa demandar conjuntamente os (restantes) devedores (art. 517º, nº 1, do CC); se o fizer e obtiver êxito na ação, ficará desde logo *habilitado com um título executivo* (sentença condenatória) contra todos eles. Deste modo, nos casos de *solidariedade entre os devedores* e de *solidariedade entre os credores* (art. 517º do CC), o eventual litisconsórcio ativo ou passivo (respetivamente) assume caráter *facultativo*, tendo por objetivo que o caso julgado formado a favor do devedor ou do credor solidário surta eficácia (isto é, seja *oponível*) aos demais condevedores ou concredores (assim revertendo a inoponibilidade consagrada pelos arts. 522º e 531º do CC, respetivamente, quanto a uma demanda exclusivamente singular).

[1046] «O art. 496º, nº 2, do CC, ao prever que *a indemnização devida pela morte de alguém* é atribuída, "*em conjunto*", aos familiares do falecido identificados em tal preceito, *não implica uma situação de litisconsórcio necessário* e é compatível com a atuação de cada um dos interessados, ainda que restrita à respetiva quota-parte nessa indemnização. Ao filho da falecida vítima é reconhecida *legitimidade ativa* para a propositura da ação de indemnização em que, para além da invocação de danos próprios decorrentes da morte do seu progenitor, de natureza patrimonial e não patrimonial, invoca também o seu *direito à indemnização devida pela morte do progenitor* e *pelos danos morais* que este sofreu antes do óbito». Cfr., neste sentido, o acórdão do STJ de 7-12-2016, Proc. 366/13.2TNLSB.L1.S1, in www.dgsi.pt/Cons. Abrantes Geraldes.

[1047] Na previsão do nº 1 do art. 32º enquadram-se as situações emergentes das *obrigações conjuntas*, enquanto que no nº 2 se reconduz o campo das *obrigações solidárias* (art. 512º e ss. do CC). Nos termos do art. 518º do CC, «ao devedor solidário não é lícito opor o benefício da divisão; e, ainda que chame os outros devedores à demanda, nem por isso se libera da obrigação de efetuar a prestação por inteiro».

No campo das *obrigações acessórias* ou *subsidiárias* como, por ex., a estabelecida entre o devedor principal e o respetivo fiador (art. 627º, nºs 1 e 2, do CC), o eventual *litisconsórcio passivo* é de *natureza facultativa ou voluntária* e terá em vista obter uma *conformidade* ou *coerência de julgados* entre a condenação do devedor e a do fiador; isto porque, face ao nº 2 do art. 635º do CC, *o caso julgado* favorável ao fiador aproveita ao devedor. Não tendo que estar em juízo conjuntamente o fiador e o devedor principal, é, todavia, desejável que tal aconteça, já que a decisão que vier a ser emitida terá de ser *uniforme* e *unitária* para ambos. Ponderação de relevância mais prático-jurídica ou prático-económica que meramente jurídico-processual, porquanto, optando o credor (da obrigação solidária) por demandar apenas um dos condevedores pela totalidade do crédito, não poderá obter uma decisão válida relativamente a todos os demais condevedores (art. 522º, por reporte aos arts. 512º, nº 1 e 518º, todos do CC), sendo que, mesmo que demandado apenas um dos co-devedores solidários, não deixa de estar assegurada a legitimidade passiva (art. 32º, nº 2).

No âmbito dos *direitos reais*, «o proprietário pode exigir judicialmente de qualquer possuidor ou detentor da coisa o *reconhecimento do seu direito de propriedade* e a consequente *restituição do que lhe pertence*» (art. 1311º, nº 1, do CC). Trata-se da exercitação da *ação de reinvindicação*, mais propriamnete do *jus reivindicandi* subjacente a essa típica *ação petitória*, cujo pedido normalmente se desdobra em dois segmentos intimamente associados: o *reconhecimento do direito de propriedade* (*pronuntiatio*), por um lado, e a *restituição da coisa* (*condemnatio*) por outro. Têm a doutrina e a jurisprudência entendido que, se o autor se limita a pedir a restituição da coisa sem formular expressamente o pedido de reconhecimento do seu direito de propriedade, este último se deve considerar *implícito* no primeiro. Pode porém, o autor (se verificados os requsitos do nº 1 do art. 555º), (eventualmente) *cumular o pedido principal com o pedido de indemnização pelos danos causados* na coisa pelo réu ou pelo valor do uso que este dela fez[1048]. Ora, quanto à *legitimidade*, estabelece o nº 2 do art. 1405º do CC que «*cada consorte pode reivindicar de terceiro a coisa comum, sem que a este lhe seja lícito opor-lhe que ela lhe não pertence por inteiro*»; ou seja, «consagra essa norma a legitimidade de cada comproprietário para a acção de reivindicação, numa situação manifesta de *litisconsórcio voluntário ativo*, pelo que cada um dos proprietários (mesmo que desacompanhados dos demais), é parte legítima» (arts. 30º e 32º, nº 2, ambos do CPC)[1049].

[1048] Cfr., neste sentido, Pires de Lima/Antunes Varela, *Código Civil Anotado*, vol. III, 2ª edição, p. 113.

[1049] Cfr., ainda, neste sentido, o acórdão do STJ de 11-4-2019, Proc. 204/13.6TBAMT.P1.S1, *in* www.dgsi.pt/Cons. António Joaquim Piçarra.

No domínio dos *direitos sucessórios*, outra hipótese típica de *litisconsórcio voluntário ativo* é a prevista no nº 1 do art. 2078º do CC (relativo à *petição da herança*), nos termos do qual, «sendo vários os herdeiros, qualquer deles tem legimidade para pedir separadamente a totalidade dos bens em poder do demandado, sem que este possa opor-lhe que tais bens lhe não pertencem por inteiro».

Incontroverso é que, *no domínio das obrigações conjuntas*, se proposta a ação apenas contra um dos devedores, a decisão se circunscreverá à respetiva quota-parte na dívida (cfr. o art. 32º, nº 1, 2ª parte). Daí a conveniência da demanda conjunta dos demais co-obrigados, o que releva para efeitos executivos. É o caso das *dívidas comunicáveis dos cônjuges* já que, sem a demanda conjunta de ambos, o credor não poderá obter a satisfação da totalidade do seu crédito nem poderá executar os bens próprios do cônjuge não demandado (arts. 1691º, nº 1, al. b) e 1695º, nº 2, ambos do CC)[1050]. Por isso, se fala, neste conspecto, de um *litisconsórcio conveniente*, com vista a adregar uma determinada vantagem ou um certo resultado proveitoso.

Fala-se também, a este propósito, em *litisconsórcio unitário*. Assim, na relação de *compropriedade*, assistindo a cada consorte o direito de reinvindicar de terceiro a coisa comum (art. 1045º, nº 2, do CC), uma eventual associação dos restantes consortes pelo lado ativo configura uma situação de *litisconsórcio facultativo*[1051]. Mas trata-se simultaneamente de um *litisconsórcio unitário* já que a decisão (condenatória ou absolutória) final tem de ser uniforme relativamente a todos os reivindicantes, não podendo proceder quanto a um dos co-autores e improceder contra os restantes. Também quanto às *ações de anulação de deliberação social*, passíveis de intentação autónoma por qualquer dos sócios de per si (art. 59º, nº 1, do CSC), podem todos eles litisconsorciar-se para a propositura dessa ação impugnatória em *litisconsórcio volun-*

[1050] Cfr. M. Teixeira de Sousa, *Estudos* cit., pp. 155-156.

[1051] Têm, em princípio, *legitimidade para a ação de despejo* os sujeitos (titulares) da relação jurídica de arrendamento, ou seja, aqueles que, segundo o respetivo contrato, ocupam as posições de senhorio (proprietário ou mero usufrutuário) e de arrendatário (pessoa singular ou coletiva). Se, por convenção, a administração pertence a todos os consócios ou comproprietários ou apenas a alguns deles, qualquer dos administradores tem o direito de se opor à ação de despejo que outro pretenda intentar, cabendo à maioria decidir sobre o mérito da oposição; se o contrato conferir a administração a todos ou a vários sócios ou comproprietários em conjunto, entende-se, em caso de dúvida, que a deliberação para a propositura da ação de despejo pode ser tomada por maioria, o que significa que deve reunir o sufrágio de mais de metade dos administradores – nºs 1, 2, 3 e 4 do art. 985º, *ex-vi* do nº 1 do art. 1407º, ambos do CC.

tário, o qual será *unitário*, porque tendente a obter uma decisão uniforme acerca da legalidade da deliberação anulanda[1052-1053].

A *falta de citação de um qualquer dos réus* (que devam intervir em litisconsórcio voluntário) *não gera anulação do processado ulterior* a essa falta, tendo apenas a consequência contemplada na al. b) do art. 190º (ter o autor que requerer tal citação)[1054]. Ademais, a *confissão*, a *desistência* ou a *transação* individuais limitar-se-ão ao interesse do respetivo autor ou agente (art. 288º, nº 1) e o *recurso* interposto por uma das partes só aproveita aos seus compartes nas hipóteses previstas no nº 2 do art. 634º.

49.4. Litisconsórcio necessário

O litisconsórcio diz-se *necessário, obrigatório ou forçoso* quando a lei, a própria natureza da relação jurídica controvertida ou o negócio jurídico exigirem a *intervenção de todos os interessados* na relação jurídica processual (*litisconsórcio necessário legal, natural ou convencional*). Todos os interessados devem demandar ou ser demandados, em termos de a falta de qualquer deles constituir fundamento de ilegitimidade dos efetivamente intervenientes na ação enquanto desacompanhados dos restantes (art. 33º, nº 1).

E daí que: – a *falta de citação de qualquer dos réus* (que devessem tê-lo sido) acarrete a anulação de tudo o que se haja processado depois das citações (art. 190º, al. a)); – a *confissão ou desistência ou transação* de algum dos litisconsortes só produza efeito quanto a *custas* nos termos do nº 2 do art. 528º (art. 288º, nº 2); – a *contestação* de um os litisconsortes aproveite aos demais (art. 568º, al. a)); – o *recurso* interposto por uma das partes aproveite aos demais compartes (art. 634º, nº 1).

Hipótese típica de *litisconsórcio voluntário* é a relativa ao *processo especial de inventário*. Assim, nos termos do art. 1085º, «têm *legitimidade* para requerer que se proceda a inventário e para nele intervirem, como *partes principais*, em todos os atos e termos

[1052] Cfr., neste sentido, e a propósito da figura do *litisconsórcio unitário*, M. Teixeira de Sousa, *Estudos* cit., p. 164-165, louvado, para tal, em Barbosa Moreira.

[1053] De resto, «havendo várias ações de invalidade da mesma deliberação, devem elas ser apensadas, observando-se a regra do nº 2 do art. 267º do CPC (*apensação de ações*)» – cfr. o nº 2 do art. 60º do CSC.

[1054] Assim, não tendo ainda sido designado dia para a audiência final, pode o autor requerer a citação do réu; se o fizer, a discussão não pode ser iniciada sem que o citado seja admitido a exercer no processo a atividade de que foi privado por falta da sua (oportuna) citação.

do processo: – os *interessados diretos na partilha* e *o cônjuge meeiro* ou, no caso da alínea b) do art. 1082º, os *interessados na elaboração da relação dos bens*; – o *Ministério Público, quando a herança seja deferida a menores, maiores acompanhados ou ausentes em parte incerta*» (art. 1085º).

É admitida, em qualquer altura do processo, a *intervenção principal espontânea ou provocada* relativamente a qualquer interessado direto na partilha. Podem ainda intervir num processo de inventário pendente» (*intervenção principal*): – quando haja herdeiros legitimários, os *legatários e os donatários*, nos atos, termos e diligências suscetíveis de influir no cálculo ou determinação da legítima e de implicar eventual redução das respetivas liberalidades; – os *credores da herança* e os *legatários*, nas questões relativas à verificação e satisfação dos seus direitos; – o *Ministério Público*, para o exercício das competências que lhe estão atribuídas na lei».

A distinção (de princípio), operada pelo art. 35º, entre *litisconsórcio necessário* (*uma única ação* com pluralidade de sujeitos) e *litisconsórcio voluntário* (*simples acumulação de ações*) tem de ser encarada *cum grano salis*. Conforme bem demonstra M. Teixeira de Sousa[1055] –, situações há em que o litisconsórcio é *necessário* mas a decisão a proferir não tem de ser a mesma para todos os litisconsortes, a par de outras em que o litisconsórcio é *voluntário* (*ex-vi legis*) mas em que essa decisão tem de ser a mesma (*unitária*) para todos os litisconsortes (tendo de haver, pois, uma única ação). Ou seja: em que a decisão (apesar da *facultatividade do litisconsórcio*) só surtirá a sua *eficácia útil normal* (evitando decisões entre si contraditórias) se estiverem na lide todos os interessados (exemplos: ações de declaração de nulidade ou de anulação ou de deliberação social – arts. 57º, nº 2 e 59º, nº 1, do CSC – e de investigação de paternidade – art. 1819º, nº 2, do CC). Daí que a estatuição dos arts. 288º, nº 2, 634º, nº 1 e 635º, nº 1, do CPC, bem como a do nº 2 do art. 353º do CC (embora reportados ao *litisconcórcio necessário*) só não se perfile como incontroversa nas situações em que o CPC impõe um *litisconsórcio necessário natural* (art. 33º, nºs 2 e 3, do CPC), já que, nesta espécie de litisconsórcio, tem de existir sempre uma *decisão unitária* (uniforme) para todos os interessados. O que permite concluir que tais preceitos, mais que a um *litisconsórcio necessário*, pressupõem, na realidade, um *litisconsórcio unitário* (quer ele seja qualificado, *in abstracto*, como *necessário* ou como *voluntário*).

[1055] Cfr., quanto a este tema, e em confronto com o direito comparado, M. Teixeira de Sousa, Os equívocos do regime do litisconsórcio no CPC (e também no CC), *in blog* do IPPC, de 25-11-2018.

49.4.1. Litisconsórcio necessário legal

§1º Ativo

Prevê a lei civil casos de *litisconsórcio necessário ativo* de que são exemplos os arts. 419º (direito de preferência com pluralidade de titulares), 1819º e 1873º (ações de investigação de maternidade e de paternidade), 1831º, nº 3 (renascimento da presunção de paternidade) e 2091º, nº 1 (exercício de direitos relativos à herança), todos esses preceitos do CC. Em todos estes casos, a instituição (legal) do litisconsórcio funda-se no objetivo de assegurar uma *uniformidade decisória* relativamente a todos os interessados numa relação jurídica controvertida de caráter indivisível (e daí a sua qualificação como *litisconsórcio unitário*).

O *exercício dos direitos por e contra a herança* (com exceção do disposto no nº 1 do art. 2078º – revindicação, por qualquer dos herdeiros de bens da herança em poder de terceiro), representa, por força do nº 1 do art. 2091º, ambos do CC, uma forma de *litisconsórcio necessário legal simultanemente ativo e passivo*, já que se reporta ao conjunto dos herdeiros «enquanto co-titulares de um património autónomo de afetação especial que é a herança»: a ação tem, pois, de ser proposta por todos eles sob pena de *ilegitimidade ativa* e contra todos eles sob pena de *ilegitimidade passiva.*

Exemplo típico de *litisconsórcio necessário legal* é o das ações que têm de ser propostas *por ambos* ou *contra ambos* os cônjuges (cfr. o art. 34º, que distingue, a este propósito, entre *legitimidade ativa* e *legitimidade passiva* nos seus nºs 1 e 3 respetivamente).

Assim, «devem ser propostas *por ambos os cônjuges* (ou por um deles com o consentimento do outro) as ações de que possam resultar a perda ou oneração de bens que só por ambos possam se alienados ou a perda de direitos que só por ambos possam ser *exercidos, incluindo as que tenham por objeto a casa de morada da família*[1056], mesmo, pois, quanto a esta última, que vigore entre os cônjuges o regime da separação de bens (art. 34, nº 1)[1057]. Na *ausência de acordo dos cônjuges* quanto a tal propo-

1056 *Casa de morada de família* é sinónimo de *residência permanente*. Sobre esta noção e acerca da possibilidade da existência simultânea de mais que uma casa de morada de família, cfr. Nuno Salter Cid, "*A Protecção da Casa de Morada de Família no Direito Português*", p. 39.

1057 Nestas situações, intervindo em regra como autor o próprio cônjuge titular da coisa ou direito, nada obsta a que assuma a intervenção ativa o cônjuge consorte (devidamente consentido), *v. g.*, na reivindicação de um imóvel ou de um estabelecimento comercial ao outro pertencente, casos em que, agindo embora como representante do outro, atuará ele na veste de verdadeira parte processual, como portador do interesse próprio consubstanciado na sua

situra, *poderá o consentimento do cônjuge discordante ser suprido* pelo tribunal tendo em consideração o interesse da família, aplicando-se, com as necessárias adaptações, o disposto no art. 29º e precedendo o *processo especial de jurisdição voluntária* regulado nos arts. 1000º e ss. (nº 2). É, assim, de exigir o *consentimento de ambos os cônjuges* para a *ação de reivindicação* (art. 1311º do CC) de um imóvel pertencente a um deles apenas, desde que casados em regime de comunhão (de adquiridos ou de comunhão geral), visto a ação envolver o risco de perda duma coisa que só por ambos pode ser alienada (art. 1682º-A, nº 1, al. a), do CC). Mas já *não será necessário o consentimento* do cônjuge não proprietário para as ações em que estejam em causa *atos de mera administração ordinária* como, por exemplo, o despejo do prédio arrendado ou a cobrança de frutos ou rendas, visto nenhuma delas envolver o risco da perda do imóvel ou de direitos que só por ambos possam ser exercidos.

§2º Passivo

A lei substantiva prevê, outrossim, situações de *litisconsórcio necessário passivo* de que constituem exemplos os dos arts. 500º, nº 1 (responsabilidade do comitente e do comissário), 535º (obrigações indivisíveis com pluralidade de devedores), 611º (devedor e terceiro adquirente na impugnação pauliana), 1822º, nº 1 (ação de investigação de filho nascido ou concebido na constância do matrimónio), 1824º, nºs 1 e 2 (estabelecimento da paternidade a pedido da mãe), 1846º, nº 1 (impugnação de paternidade) e 2091º, nº 1 (exercício de direitos da herança), todos esses preceitos do CC.

Também a ação tendente a obter o reconhecimento judicial do direito a alimentos, como condição da atribuição de pensão por morte ao *unido de facto sobrevivo*, deve ser dirigida, não só contra a herança do falecido *unido de facto pré-falecido*, como também contra a instituição de segurança social competente para a atribuição dessa pensão (cfr. o art. 3º do Dec.-Reg. nº 1/94, de 18 de janeiro, na redação do art. 2º do Dec.-Lei nº 153/2008, de 6 de agosto, por reporte ao art. 2020º do CC).

Hipótese típica de *litisconsórcio necessário legal passivo* é o das *ações destinadas à efetivação da responsabilidade civil decorrente de acidente de viação quando o responsável seja conhecido e não beneficie de seguro válido e eficaz»*, as quais deverão ser «propostas contra o *Fundo de Garantia Automóvel* (FGA) e o *responsável civil*, sob pena de ilegitimidade» (cfr. os arts. 51º, nº 2, 62º, nº 1 e 63º,

qualidade de membro da sociedade conjugal – cfr., a este propósito, ANTUNES VARELA/J. M. BEZERRA/SAMPAIO E NORA, *Manual* cit. p 174, nota 1.

nºs 1, 2 e 3 do Dec.-Lei nº 291/2007, de 21 de agosto)[1058-1059]. Isto sem embargo de, nas ações referidas na alínea a) desse preceito, poder a empresa de seguros, se assim o entender, fazer intervir o *tomador do seguro* (art. 64º, nºs 1 e 2 do mesmo diploma)[1060]. Quando o *responsável civil por acidente de viação for desconhecido,* o lesado demanda diretamente o FGA (nº 2).

Outra hipótese de *litisconsórcio necessário legal passivo* é o das ações (quer em processo civil, quer em processo penal) destinadas à efetivação da responsabilidade civil decorrente de acidente de viação quando, em caso de existência de seguro, o pedido formulado ultrapassar o *capital mínimo* (obrigatório) do *seguro,* as quais devem ser deduzidas contra a empresa de seguros e contra o civilmente responsável (art. 64º, nº 1, al. b), do citado Dec.-Lei nº 291/2007).

A ação será, contudo, apenas dirigida (e diretamente) contra a empresa de seguros (podendo esta, se assim o entender, fazer intervir o tomador do seguro), quando o pedido formulado se contiver dentro do capital mínimo obrigatório do seguro obrigatório (cfr. a al. b) citada). Quando, por facto não imputável ao lesado, se tornar impossível determinar qual a empresa seguradora do veículo do lesante, assiste ao lesado a faculdade de demandar diretamente esse civilmente responsável, o qual será oficiosamente notificado pelo tribunal para indicar ou apresentar documento que identifique a empresa de seguros do veículo interveniente no acidente. Se o demandado vier a provar ser outro o possuidor ou detentor do veículo e o identificar, ficará exonerado da obrigação de identificação da seguradora, sendo então notificado para os mesmos efeitos o indicado possuidor ou detentor e sendo o primitivo demandado absolvido da instância (cfr. os nºs 3 e 4 da mesma norma).

[1058] São protegidos, nos termos do respetivo título deste diploma, os *lesados residentes em Portugal* com direito a indemnização por dano sofrido em resultado de acidente causado pela circulação de veículo terrestre a motor *habitualmente estacionado e segurado num Estado-Membro* e ocorrido, ou em *Estado-Membro* que não *Portugal* ou, sem prejuízo do estabelecido no nº 1 do art. 71º, em país terceiro aderente ao Sistema da Carta Verde (art. 65º, nº 1, do Dec.-Lei nº 291/2007, de 21 de agosto).

[1059] Nas ações referidas no nº 1 do art. 64º do Dec.-Lei nº 291/2007, de 21 de agosto, que sejam exercidas em processo civil, é permitida a *reconvenção* contra o autor e a sua empresa de seguros.

[1060] «O contrato de seguro pode prever o direito de o lesado demandar *diretamente o segurador*, isoladamente ou em conjunto com o segurado» (art. 140º, nº 2); mas, nos casos de *seguro obrigatório*, «o lesado tem o direito de exigir o pagamento da indemnização diretamente ao segurador» (art. 146º, nº 1), ambas as disposições do "*Regime Jurídico do Contrato de Seguro*" constante do anexo ao Dec.-Lei nº 72/2008, de 16 de abril.

Devem, por seu turno, ser propostas *contra marido e mulher* as mesmas citadas ações, bem como as «emergentes de facto praticado por ambos os cônjuges ou de facto praticado por um deles apenas mas em que pretenda obter-se decisão suscetível de ser executada sobre bens próprios do outro» (art. 34º, nº 3). Verificar-se-á, portanto, a situação de *litisconsórcio necessário (legal) passivo* quando a ação disser respeito a um *facto praticado por ambos os cônjuges*, quando respeita a *dívidas comunicáveis* (cfr. os arts. 1691º e 1695º do CC), quando da ação puder resultar a *perda ou oneração de bens que só por ambos possam ser alienados* ou a *perda de direitos que só por ambos possam ser exercidos*, incluindo os relativos a ações que digam respeito à *casa de morada da família*[1061].

A lei civil determina, em função do regime de bens do casamento, *quais os bens e direitos que só podem ser alienados ou exercidos por ambos os cônjuges* (cfr. os arts. 1717º do CC) devendo, qualquer que seja o regime de bens, atentar-se no disposto nos arts. 1678º a 1682º-A do CC (quanto à *casa de morada da família*, cfr. ainda os arts. 1682º-B e 1793º do CC)[1062]. *No que tange à responsabilidade obrigacional*, há sempre que atentar nos poderes de administração e disposição conferidos aos cônjuges (arts. 1678º e ss. do CC)[1063]. Ora, conforme dispõe o nº 1 do art. 1690º do CC, «tanto o marido como a mulher têm *legitimidade para contrair dívidas* sem o consentimento do outro cônjuge». As dívidas contraídas apenas por um dos cônjuges são, em princípio, da sua exclusiva responsabilidade (art. 1692º do CC), respondendo por elas os bens próprios do cônjuge devedor e só subsidiariamente a sua meação nos bens comuns (art. 1696º do CC). Considera, contudo, a lei que, atentas as realidades sociais e os interesses normalmente subjacentes à sociedade familiar, certas dívidas, embora contraídas apenas por um só qualquer dos cônjuges, devem ser da *responsabilidade de ambos: designadamente as que forem contraídas para ocorrer aos normais encargos da vida*

1061 "O *litisconsórcio necessário passivo entre os cônjuges* é, por conseguinte, aferido pela responsabilidade patrimonial por dívidas e pela disponibilidade substantiva sobre a natureza dos bens em causa" – cfr., neste sentido, M. Teixeira de Sousa, *Estudos* cit., p. 169.

1062 Relativamente à *casa de morada de família* e face ao regime de comunicabilidade do direito ao arrendamento (habitacional ou não habitacional) ora consagrado no art. 1068º do CC (art. 3º da Lei nº 6/2006 de 27 de fevereiro), em caso de divórcio ou de separação judicial de pessoas e bens, o seu destino será decidido por acordo dos cônjuges, podendo estes optar pela transmissão ou pela concentração a favor de um deles. Na falta de acordo, compete ao tribunal decidir (com intervenção de ambos os cônjuges) tendo em conta as necessidades de cada um, os interesses dos filhos e outros fatores relevantes (nº 2 do art. 1105º do CC).

1063 Já o proprietário de prédio arrendado tem legitimidade para propor ação de despejo, mesmo que desacompanhado do seu cônjuge – cfr. o acórdão da RP de 29-10-2002, CJ, Tomo IV, p. 190. Quanto à disposição do direito ao arrendamento da casa de morada de família e à necessidade do consentimento de ambos os cônjuges, *vide* o art. 1682º-B do CC.

familiar ou em proveito comum do casal (art. 1691º, nº 1, alíneas b) a e), do CC), entre estas «as dívidas contraídas por qualquer dos cônjuges no exercício do seu comércio[1064], salvo se se provar que não foram contraídas em proveito comum do casal[1065] ou se vigorar entre os cônjuges o regime de separação de bens». Assim, a *ação de despejo* tendo por objeto a *casa de morada de família*, terá sempre de ser dirigida contra ambos os cônjuges, ainda que entre eles vigore o regime de separação; mas, mesmo que casados segundo o regime da comunhão (geral) de bens ou de comunhão de adquiridos, será também necessária a intervenção conjunta de ambos cônjuges pelo lado passivo ainda que o arrendamento haja sido celebrado por um só dos cônjuges, face ao referido regime da comunicabilidade do direito do arrendatário instituído pelo art. 1068º do CC. Diz-se de tais dívidas que são *comunicáveis* e daí que se trate de um caso de *litisconsórcio necessário passivo, ex-vi* do nº 3 do art. 34º. No caso das ações destinadas a obter o cumprimento de obrigações contraídas por ambos os cônjuges, a sentença obtida apenas contra um deles não seria exequível relativamente ao outro, não produzindo, por isso, o seu *efeito útil normal*, porquanto, se ulteriormente demandado o outro cônjuge, correr-se-ia o risco de uma decisão contraditória relativamente à primitiva[1066-1067-1068].

1064 Há quem entenda que na alínea d) do art. 1691º do CC se contém uma *dupla presunção de comunicabilidade*: a de que as dívidas comerciais de qualquer dos cônjuges, desde que comerciantes, são contraídas no exercício do comércio do devedor (art. 15º do CCOM); e a de que essas dívidas comerciais (presuntivamente contraídas no exercício do comércio) foram contraídas em proveito comum do casal. Bastaria, assim, ao credor do comerciante, por dívidas comerciais, fazer a prova de que a dívida é comercial para a mesma ser da responsabilidade de ambos os cônjuges. Em sentido contrário, cfr. M. Teixeira de Sousa, *Estudos* cit., p. 159 e J. Rodrigues Bastos, *Notas*, Tomo I, cit., p. 80.

1065 O *proveito comum do casal* não se presume em geral, mas apenas nos casos em que a lei expressamente o declarar (nº 3 do art. 1691º do CC).

1066 Sendo um imóvel tomado de arrendamento por um arrendatário casado segundo o regime de comunhão de bens ou de comunhão de adquiridos, o direito ao arrendamento comunica-se ao respetivo cônjuge, pelo que o contrato passa automaticamente a possuir dois arrendatários – cfr. o art. 1068º do CC repristinado com nova redação dada pelo art. 3º da Lei nº 6/2006, de 27 de fevereiro que aprovou o NRAU, regra que vale tanto para os arrendamentos habitacionais como para os não habitacionais. Daí que a ação de despejo tenha que ser intentada *contra ambos os cônjuges* (*litisconsórcio necessário*) para assegurar a legitimidade passiva.

1067 O comproprietário pode, contudo, *intentar sozinho* ação de despejo do contrato de arrendamento urbano, face ao que dispõem os arts. 1404º e 1405º do CC, situação pois de litisconsórcio voluntário – cfr., neste sentido, o acórdão do STJ de 3-4-2003, Proc. 811/2003 – 7ª Sec..

1068 Se por determinada divida forem responsáveis os bens comuns ou bens próprios do cônjuge não contratante (art. 1695º do CC), devem ser demandados ambos os cônjuges, pois que, em caso de incumprimento do julgado condenatório, a execução pode ser dirigida

Também *quanto à responsabilidade civil extracontratual* por facto ilícito e culposo (meramente civil), *v. g.* por acidente de viação, só se se provar que o evento danoso ocorreu numa *situação de proveito comum do casal* pode fazer-se responder o outro cônjuge (art. 1692º, al. b), do CC); já haverá, todavia, responsabilidade conjunta se uma *obra mandada erigir ou implantar pelo cônjuge em prédio de ambos* causar danos indemnizáveis em prédio vizinho (cfr., *v. g.*, ruína de edifício ou obra construída ou escavações para fundações de obra a construir – arts. 492º e 1348º, nº 2, do CC).

49.4.2. Litisconsórcio necessário convencional

O litisconsórcio pode também ser necessário por *exigência do negócio jurídico*[1069]. Podem, com efeito, as partes *convencionar* a intervenção dos vários interessados na relação controvertida, pelo que a ausência em juízo de qualquer deles é motivo de ilegitimidade (art. 33º, nº 1). Hipótese que a doutrina apelida de *litisconsórcio necessário convencional,* que tanto pode ser *ativo* como *passivo.*

Para a determinação do âmbito desta figura litisconsorcial, há, desde logo, que atentar no regime das obrigações *divisíveis*[1070] e *indivisíveis*[1071]:

- *se a obrigação for divisível,* o *litisconsórcio* é, em princípio, *voluntário,* porquanto, se não estiverem presentes na lide todos os interessados ativos ou passivos, o tribunal conhece apenas da *quota-parte do interesse ou da responsabilidade* dos sujeitos presentes em juízo (art. 32º, nº 1, 2ª parte); o litisconsórcio só será *necessário* se as partes estipularam que o seu cumprimento apenas é exigível por todos os credores ou a todos os devedores;

também contra esses bens. Demanda conjunta essa também a ser operada quando um determinado bem ou direito integra o acervo patrimonial comum; assim, na *ação de preferência* intentada ao abrigo do disposto nos arts. 1380º e 1410º do CC, devem ser demandados, para além do adquirente, também o respetivo cônjuge, ainda que não outorgante da respetiva escritura, a menos, pois, que ambos sejam casados segundo o regime de separação de bens.

1069 Anselmo de Castro designava esta modalidade como *litisconsórcio imposto por contrato* – cfr. *Direito Processual Civil Declaratório,* vol. II cit., p. 202.

1070 A obrigação diz-se *divisível* quando a prestação comporte fracionamento sem prejuízo do seu valor económico; diz-se *indivisível* na hipótese inversa – cfr., quanto a esta distinção, Antunes Varela, *Das Obrigações em Geral,* vol. I, 9ª ed. p. 834 e ss. e M. J. Almeida Costa, *Direito das Obrigações,* 12ª ed., Coimbra, Almedina, 2009, pp. 716 e ss..

1071 Cfr. M. Teixeira de Sousa, *Estudos* cit., p. 160.

– *se a obrigação for indivisível* – (por natureza, estipulação legal ou convenção das partes), há que distinguir entre a *pluralidade de devedores* e *pluralidade de credores*: *se forem vários os devedores*, porque a indivisibilidade da prestação não conduz à solidariedade passiva (não podendo, pois, o credor exigir a cada um dos devedores a totalidade da prestação), mas também porque, face à indivisibilidade, não pode exigir de cada um apenas a sua parte, exige a lei a demanda simultânea de todos os devedores (art. 535º, nº 1, do CC); do mesmo modo, quando ao primitivo devedor da prestação indivisível sucedam vários herdeiros, também só de todos eles tem o credor a possibilidade de exigir a prestação (art. 535º, nºs 1 e 2, do CC); *se houver uma pluralidade de credores* (de uma prestação indivisível), qualquer deles pode exigir a prestação por inteiro (art. 538º, nº 1, do CC), pelo que, à míngua de estipulação em contrário, o eventual litisconsórcio dos vários credores será *meramente voluntário*; *o litisconsórcio necessário convencional ativo* só terá lugar se acordado que o cumprimento apenas pode ser exigido por todos os credores em conjunto.

Exemplos:
– dois ou mais depositantes de uma dada coisa convencionarem que a mesma só por todos os titulares em conjunto pode ser levantada; por mor dessa cláusula, deve ser proposta por todos os sujeitos titulares do depósito a ação de restituição da coisa depositada, sendo a falta de qualquer dos interessados geradora da ilegitimidade dos restantes; mas, se a coisa depositada, inicialmente indivisível, perecer por culpa do depositário, já cada um dos depositantes-credores só poderá exigir a sua quota-parte no crédito indemnizatório sucedâneo;

– no âmbito do *contrato de locação financeira* (*leasing*) para aquisição de uma fração habitacional em propriedade horizontal, impende sobre o locatário a obrigação (primária) de suportar as despesas necessárias à fruição das partes comuns do edifício e dos serviços de interesse comum; mas, nas relações (internas) entre o locatário e o condomínio, em caso de incumprimento por banda do locatário, tal ónus recai (*subsidiaria* ou *secundariamente*) sobre o locador financeiro enquanto proprietário da fração autónoma e condómino de harmonia com o disposto no artº 1424º do CC. Daí que, em caso de demanda por relapsidão, na «dúvida fundada sobre o sujeito da relação controvertida», deva a administração do condomínio, e em ordem a *prevenir a ilegitimidade singular*, dirigir a ação simultaneamente contra o locador e o locatário financeiros em *litisconsórcio subsidiário*[1072].

[1072] Cfr., neste sentido, o Cons. Urbano Dias, *in* Breve nota crítica ao acórdão da RG de 10-5-2018, Proc. 501/15.T8PTL.G1, *in* www.dgsi.pt/Desª Raquel Tavares, nota crítica essa

49.4.3. Litisconsórcio necessário natural

Afora os casos de litisconsórcio necessário imposto por lei ou pré-convencionado pelas partes, «é igualmente necessária a intervenção de todos os interessados *quando, pela própria natureza da relação jurídica, ela seja necessária para que a decisão a obter produza o seu efeito útil normal*» (art. 33º, nº 2). Em tais situações, a intervenção (*necessária*) de todos os interessados na lide é reclamada e exigida *pela própria natureza da relação jurídica arvorada em objeto do processo*, a fim de que a decisão de mérito a proferir surta uma eficácia dotada de utilidade e normalidade.

Daí a designação desta figura como *litisconsórcio necessário natural*. O que sucederá, «*ex-vi*» da 2ª parte do mesmo preceito, quando a decisão a proferir, não sendo vinculativa para os restantes interessados, possa, contudo, regular definitivamente a situação concreta das partes relativamente à pretensão. O que, em derradeira análise, visa a obtenção de uma *solução unitária* ou *uniforme* do conflito de interesses atenta a natureza da relação (plural) controvertida, ainda que sem a extensão da força e autoridade do caso julgado relativamente aos interessados não intervenientes.

Exemplo típico é o da *ação de divisão da coisa comum* (arts. 1412º a 1414º do CC e 925º a 930º do CPC): pertencendo a coisa em compropriedade a A, B, C e D, é, por hipótese, instaurada por A apenas contra B e C. Se a lei não exigisse o chamamento obrigatório de D, «a decisão que viesse a ser proferida concretizando os quinhões dos litigantes (A, B e C) não surtiria nenhum efeito útil definitivo porquanto, na ação que D viesse posteriormente a propor contra A, B e C para demarcação das suas quotas individuais, nenhum dever haveria de respeitar a concretização anteriormente feita entre A, B e C»[1073-1074].

Outro exemplo será o de A celebrar com B, C, D e E um contrato e pretender anulá-lo com fundamento em erro, dolo ou coação que imputa a B. Se propusesse a ação só contra B e tivesse êxito, o caso julgado que se formasse deixaria o negó-

ínsita no *blog* do IPPC, de junho de 2018, e demais doutrina e jurisprudência citadas nesse douto comentário.

[1073] Cfr. ANTUNES VARELA, RLJ, ano 117º, p. 381.

[1074] M. TEIXEIRA DE SOUSA, *in Estudos* cit., p. 161, estende a figura do *litisconsórcio natural* (na esteira da jurisprudência qua cita) às situações em que «a repartição dos interessados por ações distintas possa obstar a uma *solução uniforme* entre todos os interessados», mencionado, a título de exemplo, a ação de anulação de um testamento, cujo efeito útil normal só poderá adregar-se com a intervenção de todos os interessados na partilha, pois que só essa participação assegurará uma decisão uniforme entre eles.

cio nulo face a B e válido perante os restantes contraentes. Daí que deva propor a ação contra todos eles em *litisconsórcio necessário natural* (*passivo*)[1075]. Também a *ação de anulação de um contrato de compra e venda* intentada por terceiro tem de ser proposta simultaneamente contra o alienante e contra o adquirente, dado que a anulação não pode (naturalmente) ser decretada apenas em relação a uma das partes intervenientes no contrato.

Uma outra hipótese jurisprudencialmente consagrada de litisconsórcio necessário natural (*passivo*) é a de dever ser proposta também contra o progenitor que tenha a seu cargo a guarda do menor a *ação intentada pelo Ministério Público para nova regulação do exercício da responsabilidade parental* para a alteração da pensão de alimentos devida ao menor pelo outro progenitor, sob pena de ilegitimidade[1076].

Daí que reclamem *litisconsórcio necessário natural* as *relações jurídicas indivisíveis por natureza*, as quais têm de ser dirimidas de modo *unitário* para todos os interessados, a fim de que a decisão a proferir (com a presença de todos os interessados na causa) surta a sua *eficácia normal*. Pretende-se, no fundo, prevenir a prolação de decisões que venham a ser, na prática, inutilizadas por outras (de sentido contrário ou diverso) proferidas em face dos restantes interessados[1077]. O que sucederia se, tendo intervindo na ação apenas alguns interessados, os vencedores pudessem vir a ser chamados a uma segunda ação, arcando com o risco de verem alterada a decisão anterior de sentido favorável.

Outros casos típicos de *litisconsórcio necessário natural* são: – o previsto no art. 525º – *obrigações indivisíveis com pluralidade de devedores*[1078]; – o *exercício do*

[1075] Cfr. Catro Mendes, *Direito Processual Civil*, vol. II, 1987 cit., pp. 194-195.

[1076] Cfr. o Assento do STJ de 4-7-95, *in* BMJ nº 449, p. 25/Cons. Sá Couto, hoje com o valor de acórdão para uniformização de jurisprudência, proferido ao abrigo do disposto nos arts. 686º e 687º, *ex-vi* do preceituado no nº 2 do art. 17º do Dec.-Lei nº 329-A/95, de 12 de dezembro.

[1077] A decisão proferida em ação instaurada por um (só) dos titulares do direito de preferência produz o seu efeito útil normal, na medida em que regula definitivamente a situação entre ele e o réu. De resto, da lei não resulta o dever (para o titular do direito de preferência) que pretenda exercitá-lo através de uma ação de preferência, de requerer a notificação dos outros preferentes, contrariamente ao que dispunha o art. 2309º do CC de 1866 – cfr., neste sentido, o acórdão do STJ de 1-7-2004, Proc. 2078/2004 – 2ª Sec./Cons. Moitinho de Almeida.

[1078] A «obrigação é *naturalmente indivisível* quando a sua prestação não pode ser fraccionada ou repartida sem prejuízo da sua substância ou do seu valor (*v. g.*, a obrigação de entregar

direito de preferência (arts. 1380º e 1410º)[1079]; – o *exercício de direitos da e contra a herança* previstos no art. 2091º, nº 1, todos do CC[1080].

49.5. Litisconsórcio eventual ou subsidiário

Admite a lei a chamada *pluralidade subjetiva subsidiária*, no caso de dúvida fundada sobre o sujeito da relação controvertida, como forma de prevenir a ilegitimidade singular (art. 39º).

A dúvida sobre a responsabilidade passiva pode resultar da *ignorância, incerteza ou dúvida*, quanto à qualidade em que o sujeito a demandar interveio na relação material controvertida. Nessa eventualidade, o autor poderá deduzir um *pedido principal* contra quem considera ser o provável obrigado (ou devedor) e *um pedido subsidiário* contra o presuntivo ou hipotético sujeito passivo, pedido este último para apenas ser tomado em consideração em caso de insubsistência do primeiro[1081]. E, com efeito, «diz-se *subsidiário* o pedido que é apresentado ao tribunal para ser tomado em consideração somente no caso de não proceder um pedido anterior» (art. 554º, nº 1).

Como exemplo de *litisconsórcio subsidiário passivo* pode dar-se o de um acidente de viação provocado por colisão de veículos. *Se o autor tiver dúvidas* sobre qual dos

um automóvel, um livro, uma jóia, um serviço de louça ou uma obra literária ou científica)» – cfr., Antunes Varela, *Das Obrigações em Geral*, vol. I, 9ª ed. cit., pp. 834 e ss..

1079 Assentando a *ação de preferência* num facto ilícito do alienante (falta de comunicação ao preferente), gerador da obrigação de indemnizar os prejuízos causados, deve o mesmo intervir na ação de preferência juntamente com o adquirente em *litisconsórcio necessário passivo*, sendo mesmo que as custas da ação devem ser pagas por ele por ter dado causa ao processo – cfr., neste sentido, Antunes Varela, *in* RLJ, ano 126º nºs 365 e 373, Aragão Seia, *in* "*Arrendamento Urbano*", 7ª edição, Almedina, pp. 329/331 e, ainda, entre vários outros, os acórdãos do STJ de 16-5-02, Proc.1129/02 – 7ª Sec./Cons. Oliveira Barros e de 18-3-03, Proc. 4477/02 – 1ª Sec./Cons. Pinto Monteiro. Já, porém, quanto *ao litisconsórcio necessário ativo*, o mesmo apenas se impõe no caso de o direito de preferência pertencer a vários titulares – cfr., neste sentido, *v. g.*, os acórdãos do STJ de 9-5-95, CJSTJ, Tomo III, p. 118/Cons. Pereira Cardigos, de 3-2-2004, Proc. 4351/2003-1ª Sec./Cons. Ribeiro de Almeida e de 19-2-2004, Proc. 4373/2003 – 6ª Sec./Cons. Azevedo Ramos.

1080 J. Rodrigues Bastos, *in Notas*, vol. I, cit., fornece os seguintes demais exemplos jurisprudenciais de *litisconsórcio necessário natural*: ações de anulação de testamento ou de cláusula testamentária, reivindicação de fração autónoma de imóvel em propriedade horizontal apropriada por um dos condóminos, declaração de nulidade de uma compra e venda, existência de vários lesados em acidente de viação com limitação contratual da responsabilidade da seguradora e responsabilidade com base no risco.

1081 Cfr. J. Rodrigues Bastos, *Notas*, vol. I cit., p. 86.

diversos veículos intervenientes foi o responsável pelo evento danoso, pode propor a ação de indemnização contra a companhia seguradora de um dos veículos *a título principal* e contra a seguradora de outro condutor *a título eventual*. Nesta específica situação, as respetivas posições jurídico-substantivas serão naturalmente conflituantes, pelo que se poderá falar em *litisconsórcio recíproco*[1082].

Prevê também a lei a figura do *litisconsórcio subsidiário relativamente à parte ativa da relação processual*, permitindo que a ação possa ser proposta por dois autores, *um a título efetivo ou principal* e *outro a título eventual ou residual*, para o caso de soçobrar o pedido do primeiro[1083].

Dá M. Teixeira de Sousa, como exemplo de um caso de *litisconsórcio subsidiário ativo*, o de duas sociedades pertencentes ao mesmo grupo económico (*holding*) que tenham dúvidas sobre qual das duas é a verdadeira titular de um crédito, podendo ambas propor a correspondente ação de dívida, arrogando-se uma a posição de credora principal e outra a de credora subsidiária[1084]. Se o tribunal não vier a considerar verificada a posição de credora principal, passará a apreciar o direito de credora subsidiária, pois que, relativamente à discussão sobre a titularidade do crédito controvertido, qualquer delas dispõe de *legitimidade ad causam*.

Como exemplo de *litisconsórcio subsidiário passivo*, pode dar-se o seguinte: no âmbito do contrato de locação financeira que tenha por objeto fração autónoma, em propriedade horizontal, recai sobre o locatário a obrigação de pagar as despesas necessárias à fruição das partes comuns do prédio e dos serviços de interesse comum; porém (no caso de pré-convenção entre locador e locatário), se este não cumprir a obrigação, essa responsabilidade recai sobre o locador financeiro enquanto proprietário da fração e condómino (art. 1424º do CC), já que se trata de uma obrigação real ambulatória; se, porém, nenhum desses sujeitos tiver honrado a obrigação, e se o administrador, ao instaurar a demanda, tiver dúvidas sobre qual os dois é o real sujeito passivo da obrigação, deve, para assegurar a legitimidade e a plena eficácia dessa demanda, acionar (*ad cautelam*) simultaneamente o locatário (como devedor principal) e o locador (como devedor subsidiário) nos termos permitidos pelo art. 39º do CPC[1085].

1082 Cfr. M.Teixeira de Sousa, *Estudos* cit., p. 167.

1083 Criticando a solução legal, cfr. J. Rodrigues Bastos, *Notas*, vol. I cit., p. 86.

1084 Cfr. *Estudos* cit., pp. 166-167.

1085 Cfr., neste sentido, o Cons. Urbano Dias, em O Direito, ano 141, 2009, Almedina, e em Breve nota crítica ao acórdão da RG de 10-5-2018, Proc. 501/15.T8PTL.G1, *in blog.* do IPPC, de junho de 2018, e demais jurisprudência e doutrina nessa local citadas. Em sentido con-

49.6. Sanação da ilegitimidade

Há que distinguir, em sede de *sanação da falta de legitimidade*, entre *ilegitimidade singular* e *ilegitimidade plural*.

§1º Ilegitimidade singular

Ocorrendo *ilegitimidade singular* (*ativa* ou *passiva*) – porque o identificado (na petição inicial) sujeito da *relação jurídica processual* não é titular de qualquer dos interesses subjacentes à configurada *relação material controvertida* –, é inadmissível a intervenção principal provocada (chamamento à lide) do real titular do interesse direto em demandar ou contradizer. Uma vez detetado o vício, não há lugar ao uso dos poderes de regularização formal, sanação ou aperfeiçoamento contemplados nos arts. 6º e 590º, nºs 2 e 3. Integrando a falta desse pressuposto processual nominado *exceção dilatória* por natureza insanável (insuprível), ainda que subsequentemente venha a intervir no processo a verdadeira *parte,* não pode o juiz deixar de, mesmo *ex-officio,* absolver o réu da instância (arts. 278º, nº 1, al. d) e 577º, al. e))[1086].

Se a *exceção dilatória* subsistir, e porque não há lugar a qualquer modificação subjetiva da instância pela intervenção de novas partes (nºs 1 e 2 do art. 261º), o vício só poderá ser corrigido através de *nova ação* a intentar dentro de 30 dias (*terminus ad quem*) a contar do trânsito em julgado da sentença absolutória da instância, com manutenção dos efeitos civis (*v. g.*, os relativos à usucapião ou caducidade) derivados da propositura da primeira causa (cfr. o art. 279º, nºs 1 e 2). Não, pois, mediante a simples substituição da petição inicial por outra em que se identifiquem corretamente os interessados diretos na demanda.

§2º Ilegitimidade plural

Situação diversa é da *ilegitimidade plural.* Ocorrerá *ilegitimidade* (plural) quando a parte – *ativa* ou *passiva* – estiver em juízo *desacompanhada dos restantes interessados* na relação jurídica controvertida e cuja intervenção processual a lei, a natureza da relação litigada ou o negócio jurídico o exijam (art. 33º, nº 1). *Situação que só poderá verificar-se nos casos de litisconsórcio necessário legal, natural ou convencional.* Não assim – reitera-se – nos casos de *litisconsórcio voluntário* pois que, com o recurso a essa intervenção plural, a parte

trário, *vide* Gravato Morais, *in* anotação crítica ao acórdão da RP de 14 de março de 2006, Cadernos de Direito Privado, nº 20, p. 50 e ss..

[1086] Cfr. Anselmo de Castro, *in Direito Processual Civil Declaratório*, vol. II cit., p. 216.

apenas pretende beneficiar do alargamento dos efeitos do caso julgado a um mais amplo leque de sujeitos processuais.

Tratando-se de *litisconsórcio necessário*, a falta de alguma das partes – pelo lado ativo ou pelo lado passivo – é sanável mediante a *intervenção, espontânea ou provocada,* da parte cuja falta gera a ilegitimidade (cfr. o art. 261º) e cujos procedimentos incidentais se encontram regulados nos arts. 311º e ss. e 316º e ss., respetivamente.

A intervenção principal provocada visa permitir a intervenção de um terceiro que é titular (ativo ou passivo) de uma *situação subjetiva própria*, mas *paralela* à alegada pelo autor ou pelo réu (cfr. o art. 312º). Com a dedução do incidente de intervenção principal provocada previsto no nº 1 do art. 316º, o que se visa é o *suprimento de uma ilegitimidade processual plural*, chamando à lide qualquer interessado em intervir na causa, como *associado* da parte originária e não como seu *substituto* e, por outro lado, que a parte originária, porque possuidora, ela própria, de legitimidade processual, deva, por isso, permanecer em juízo.

A *modificação subjetiva da instância pela intervenção de novas partes* pode ter lugar, quer antes, quer depois, do trânsito em julgado da decisão (*de absolvição da instância*) que julgue ilegítima alguma das partes por não estar em juízo determinada pessoa. Assim[1087]: – *até ao trânsito em julgado dessa decisão,* pode o autor (ou o réu-reconvinte) chamar essa pessoa a intervir nos termos dos arts. 316º e ss. (cfr. art. 261º, nº 2) e, se o chamamento for admitido, a instância não chega a extinguir-se, como que se reanimando; – *se essa específica decisão houver posto termo ao processo,* o chamamento ainda poderá ter lugar *nos 30 dias subsequentes ao respetivo trânsito em julgado* e, se admitido, a instância (já extinta) renova-se e revive[1088].

No caso de *litisconsórcio necessário entre os cônjuges:*

a) a *sanação da ilegitimidade ativa* é feita, seja pelo *consentimento espontâneo do outro cônjuge*, seja pelo respetivo *suprimento judicial* através do processo próprio regulado no art. 1000º (cfr. art. 34º nº 2, por reporte ao art. 29º);

O *consentimento conjugal* (nos casos de *litisconsórcio necessário ativo* – art. 34º, nº 1, do CPC), quando não obtido por acordo *previamente à propositura da ação,* poderá ser

[1087] Cfr. J. Rodrigues Bastos, *Notas ao Código de Processo Civil*, vol. II cit., pp. 22-23.

[1088] Porque a *instância renovada* não é de considerar como *uma nova instância* mas a *mesma instância*, mantêm-se os efeitos da propositura da ação a que se reporta o art. 259º.

prestado *na pendência da causa*, a instâncias do cônjuge-autor, por atuação espontânea da pessoa cuja falta origina o vício, a requerimento da contraparte ou por determinação oficiosa do juiz (arts. 6º, nº 2 e 590º, nº 2, alíneas e c)), ficando a falta do pressuposto sanada com a junção do *documento autorizativo*, no qual o cônjuge-subscritor declare ainda *ratificar* todo o processado. *Na falta de acordo entre os cônjuges* (*injusta recusa* ou *impossibilidade*, por qualquer causa, da sua prestação – art. 1684º, nº 3, do CC), oportunamente comunicada ao tribunal da causa, *o consentimento pode ser judicialmente suprido* «tendo em consideração os interesses da família», devendo o juiz "designar o prazo" dentro do qual a autorização deve ser obtida «*suspendendo-se entretanto os termos da causa*» (art. 29º, nº 1, aplicável *ex-vi* do nº 2 do art. 34º). *Suprimento esse* cujos pressupostos serão apreciados através do *processo especial* (de *jurisdição voluntária*) regulado no art. 1000º do CPC. Se *não sanada* a falta dentro do prazo, é o réu *absolvido da instância* (arts. 29º, nº 2, 1º segmento, 278º, alínea d) e 577º, al. e)).

b) a sanação da *ilegitimidade passiva* é feita mediante a *intervenção principal provocada do outro cônjuge* (não inicialmente acionado) a operar no prazo e pela forma reguladas nos arts. 261º, nºs 1 e 2 e 316º, nº 1; na ausência de sanação, opera a exceção dilatória de *ilegitimidade passiva*, igualmente geradora da absolvição do cônjuge (réu primitivo) da instância (arts. 278º, al. d) e 577º, al. e)).

50. Legitimidade para a tutela de interesses difusos. A Ação popular

O art. 31º da Lei nº 83/95, de 31 de agosto, confere ao *Ministério Publico, às associações e fundações e até ao próprio cidadão no gozo dos seus direitos civis e políticos* «legitimidade para propor e intervir nas *ações* e *procedimentos cautelares* destinados, designadamente, à defesa da saúde pública, do ambiente, da qualidade de vida, do património cultural e do domínio público, bem como à proteção do consumo de bens e serviços». *Compete* mesmo, especialmente, *ao Ministério Público* «assumir, nos casos previstos na lei, *a defesa dos interesses coletivos e difusos*» (art. 4º, nº 1, al. h), do EMJ) e intervir como *parte principal* nas respetivas ações (art. 9º, nº 1, al. f) do EMJ).

Também nestas específicas situações se surpreende a utilidade que sempre deverá subjazer à *legitimidade* necessária para o exercício do *direito de ação*.

O pressuposto dimana praticamente da previsão do exercício do *direito de petição e ação popular* (art. 53º, nºs 1 a 3, alíneas a) e b)), da LF). Preceito esse consagrador da chamada *tutela de interesses difusos*, entre estes alguns dos incluídos no elenco dos *direitos e deveres sociais*, como por exemplo o direito à saúde (art. 64º), o direito à habitação e ao controlo público do espaço imobiliário e dos solos (art. 65º), o direito ao ambiente e qualidade de vida (art. 66º) e à fruição e criação cultural (art. 78º), todos esses preceitos da CRP. E *difusos* porque «refração em cada indivíduo de interesses unitários da comunidade, global e complexivamente considerada», respeitando, assim, a *sujeitos de direito não individualmente determinados.* A legitimidade é detida, não só por *qualquer cidadão a título singular ou individual*, como por *qualquer das associações especialmente instituídas e vocacionadas para a defesa e preservação desses valores e interesse gerais* e comuns a toda a coletividade. Ponto é que – para que se possa dar como adquirida a *legitimatio ad processum e ad causam* de tais entidades ou associações – as mesmas tenham por escopo e objeto (institucional ou estatutário) a defesa desses mencionados interesses, os quais são, assim, *«configurados como direitos fundamentais judicialmente acionáveis por todos individual ou coletivamente»*[1089].

A ação regulada pela Lei nº 83/95, de 31 de agosto, representa a concretização e tradução práticas, no campo processual, do *direito de petição e do direito de ação popular*, neste incluído o de requerer para o lesado ou lesados as correspondentes indemnizações e ainda o de cessação ou a perseguição judicial das infrações contra os bens e interesses discriminados no citado preceito constitucional. Ação essa que pode ser *administrativa*[1090] ou *civil*, sendo que esta última pode revestir qualquer das formas previstas no CPC (art. 12º, nºs 1 e 2).

Como *especialidades*, e para além da regulação do *direito de participação procedimental* (arts. 4º a 11º), da *representação processual* (arts. 13º e 14º) e dos *poderes fiscalizadores e representativos do Ministério Público* (art. 16º), contempla essa Lei um *regime especial de indeferimento da petição inicial* (art. 13º), a *atribuição ao juiz de poderes* para, no âmbito das questões fundamentais definidas pelas partes e, por iniciativa própria, *recolher provas sem vinculação à iniciativa das partes* (art. 17º), bem como *regimes especiais quanto aos efeitos do caso julgado e ao regime especial de preparos, custas e procuradoria* (arts. 19º e 21º).

A Lei nº 23/2018, de 5 de junho, veio estabelecer regras relativas a *pedidos de indemnização por infração ao direito da concorrência.*

Nos termos do nº 2 do art. 19º dessa Lei, subordinado à epígrafe "Ação popular" «*têm legitimidade para intentar ações de indemnização* por infração ao direito da concorrência ao abrigo da Lei nº 83/95, de 31 de agosto, na sua

[1089] Cfr. Gomes Canotilho e Vital Moreira, *Constituição da República Portuguesa Anotada*, 4ª ed. cit., pp. 697-698.

[1090] A *ação popular administrativa* possui enquadamento nos arts. 9º, nº 2, 55º, nº 1, al. f) e 68º, nº 1, al. f), do CPTA.

redação atual, para além das entidades nela referidas: a) *as associações e fundações que tenham por fim a defesa dos consumidores*; e b) as *associações de empresas* cujos associados sejam lesados pela infração ao direito da concorrência em causa, ainda que os respetivos objetivos estatutários não incluam a defesa da concorrência».

51. Coligação ou conjunção de partes

51.1. Caraterização. Modalidades. Requisitos

Esta *forma de pluralidade subjetiva* encontra-se prevista nos arts. 36º e 37º, enquanto que o *litisconsórcio stricto sensu* é regulado pelos arts. 32º a 33º. Ao contrário do que acontece com o litisconsórcio, em que existe uma pluralidade de partes e uma unidade de pedidos, na *coligação ou conjunção* há uma *pluralidade de partes* e uma *pluralidade de pedidos*. À *unicidade da relação material controvertida* (do *litisconsórcio*) corresponde (na *coligação*) uma *pluralidade de relações materiais litigadas ou controvertidas*. A coligação é, assim, permitida «em virtude da *unicidade da fonte dessas relações*, da *dependência entre os pedidos* ou da *conexão substancial* entre os fundamentos destes»[1091].

Sendo da sua essência a *formulação discriminada*, por ou contra várias partes, de *pedidos distintos ou diferentes*[1092], a *coligação* – também apelidada pela doutrina (*maxime* quanto à parte passiva) de *conjunção* – traduz-se, em princípio, numa *mera faculdade*, que não numa obrigação ou imposição[1093]. Situações há, contudo, de *coligação necessária* de autores e de conjunção de réus, seja por determinação da lei ou pela natureza do negócio jurídico, seja pela conexão entre as diversas causas de pedir, dos pedidos deduzidos ou dos respetivos fundamentos[1094-1095].

[1091] Cfr. Antunes Varela/J. M. Bezerra/Sampaio e Nora, *Manual* cit., p. 161.

[1092] Segundo Alberto dos Reis, *Comentário ao Código de Processo Civil*, vol. 1º cit., 2ª ed., p. 45, «a *coligação* tem de comum *com a cumulação* a circunstância de os pedidos serem múltiplos e, com *a pluralidade*, a circunstância de os autores e os réus serem mais do que um».

[1093] *Coligar* (do latim *colligare*) significa «ligar através de associação», «unir para uma finalidade comum» – cfr *Dic. Língua Portuguesa, Ed. da Academia das Ciências* – Editorial Verbo, vol. I, p. 867.

[1094] Cfr. Antunes Varela/J. M. Bezerra/Sampaio e Nora, *Manual* cit., p. 170.

[1095] Se «intentada no tribunal cível uma única ação pelo alegado credor contra os ex-cônjuges para obter a *declaração de nulidade da dissolução do casamento e da subsequente partilha* do único bem que integrava o património comum, por simulação, e, subsidiariamente, a *declaração da sua ineficácia*, relativamente ao autor, por *impugnação pauliana*, estamos perante uma *coligação passiva*» – cfr., neste sentido, o acórdão da RP de 11-4-2018, Proc. 1380/17.4T8PNF.P1, *in* www.dgsi.pt/Des Fernando Samões.

Como exemplo típico de *coligação necessária legal*, referem ANTUNES VARELA/J. M. BEZERRA/SAMPAIO E NORA a convocação dos credores e do cônjuge do executado para efeitos de concurso (art. 753º, nº 1, 786º e 856º). Como exemplo de *coligação necessária para conferir efeito útil à decisão*, citam os mesmos autores o da querela sobre se os diversos condóminos de frações habitacionais em *propriedade horizontal* adquiriram, por força dos respetivos contratos (de modelo padronizado), direitos autónomos a lugares determinados ou apenas a contitularidade do direito de propriedade sobre toda a área comum de uma garagem coletiva, caso em que se impõe a coligação necessária (ativa) desses adquirentes *contra o réu-vendedor comum*[1096].

Torna-se, todavia, necessária a verificação cumulativa de dois requisitos materiais (ou *condições*) para que seja admissível a coligação, seja a de *diversos autores* contra *um* ou *vários réus*, seja a da *demanda conjunta de vários réus*, por *pedidos diferentes*: ser a *causa de pedir a mesma e única* ou *estarem os pedidos entre si numa relação de prejudicialidade ou de dependência* (art. 36º, nº 1)[1097]. Não é suficiente tratar-se de uma causa de pedir *análoga*, tornando-se mister que ela seja a *mesma e única*[1098].

Exemplo de *causa de pedir única* será de A e B donos de duas habitações geminadas, ambas construídas por C (causa de pedir única: contrato de empreitada por A, B, e C conjuntamente celebrado), se coligarem entre si (*coligação de autores*) demandando C para eliminação dos defeitos, construção de uma nova obra, redução dos respetivos preços ou obtenção de indemnização sucedânea por alegados defeitos de construção por ambas as obras apresentadas, defeitos esses por A e B oportunamente denunciados a C, mas por ele não eliminados (cfr. os arts. 1218º a 1225º do CC).

Dois outros exemplos: alguns dos sócios para impugnar a validade de uma deliberação social de uma sociedade anónima (*coligação ativa*); diversos empregados alvo de despedimento coletivo ilegal para demanda conjunta da entidade patronal e da seguradora desta em ação de anulação do despedimento/indemnização (*coligação ativa e passiva*).

Mas, sendo *embora distintas as causas de pedir*, é permitida a coligação se entre os diferentes pedidos ocorrer uma *relação de prejudicialidade*. O que

[1096] Cfr. Manual cit., p. 170.

[1097] Cfr., quanto à *coligação em sede de processo executivo*, o nº 3 do art. 56º, por reporte aos nºs 1, 2, 3 e 4 do art. 709º.

[1098] Cfr. J. RODRIGUES BASTOS, *Notas*, vol. I cit., p. 81.

sucederá sempre que a decisão de um dos pedidos puder influenciar decisivamente a apreciação e a decisão de um outro pedido.

Exemplo: o *pedido de anulação de um contrato de compra e venda* por vício da vontade (por erro, dolo ou coação, etc.) é *prejudicial* relativamente ao pedido do *reconhecimento do direito de preferência* nessa mesma compra[1099]; assim, se A, induzido por B a adquirir-lhe uma determinada quota de um prédio rústico fazendo-lhe crer que nesse prédio existia uma nascente de água (o que veio a revelar-se falso), pretender anular o contrato por dolo (arts. 253º, nº 1, do CC), pode coligar-se com C (*coligação de autores*), o qual, na sua qualidade de comproprietário, pretende sobre a mesma venda exercitar contra o alienante B o seu direito de preferência (ao abrigo do disposto no art. 1410º do CC); a eventual nulidade do negócio prejudica o conhecimento e a eventual procedência do pedido de reconhecimento do direito de preferência com base na sua validade pretendido exercitar.

Existe *relação de dependência* se o conhecimento de um dos pedidos só puder ter lugar em caso de procedência do outro.

Exemplos de *coligação ativa e passiva*: – diversos credores do obrigado deduzem contra este e contra os adquirentes (iniciais e subsequentes de má-fé) *impugnação pauliana*, pedindo especificadamente contra um e outros (*coligação ativa e passiva*) a declaração de ineficácia dos diversos atos que envolvam diminuição da garantia patrimonial do devedor (arts. 610º e ss. do CC); – a *locadora financeira* de um bem, em caso de incumprimento de um contrato de *leasing*, pode demandar, em coligação passiva, uma das rés co-obrigadas para obter a resolução do contrato (pedido dominante) e outra para acionamento da seguradora pelo seguro-caução prestado à locadora (pedido dependente)[1100]; – o credor pode *demandar o devedor principal* para ver declarada a validade do contrato de mútuo e o respetivo incumprimento pelo réu mutuário, e *também o fiador* (em coligação passiva) para acionamento da garantia.

É igualmente lícita a coligação quando, sendo embora diferente a causa de pedir, a procedência dos pedidos principais dependa essencialmente: da *apreciação dos mesmos factos*; da *interpretação e aplicação das mesmas regras de*

[1099] Alberto dos Reis, na esteira de Manuel de Andrade, cita ainda, como os exemplos de *prejudicialidade*, o pedido de anulação do casamento relativamente ao pedido de divórcio ou de separação e o pedido de anulação do testamento *versus* a petição da herança deduzida por herdeiro testamentário – cfr. *Comentário*, vol. 3º cit., p. 269.

[1100] Exemplo extraído do acórdão do STJ de 23-10-2001, Proc. nº 2614/01- 2ª Sec..

direito; da *interpretação ou aplicação de cláusulas de contratos perfeitamente análogas* (art. 36º, nº 2)[1101].

Exemplo da primeira situação (*apreciação dos mesmos factos*): as circunstâncias em que decorreu a derrocada de um edifício erigido em terreno contíguo, que relevam, quer para o apuramento da responsabilidade extracontratual do proprietário ou possuidor do edifício pelos danos causados a terceiro (presunção de culpa do art. 492º do CC), quer para o apuramento da responsabilidade civil contratual do empreiteiro para com o dono da obra ou para com terceiro adquirente (art. 1225º, nº 2, do CC); nesta hipótese, o lesado e o dono da obra podem coligar-se entre si contra o empreiteiro, sendo contudo *diferentes as causas de pedir* (facto ilícito no primeiro caso, contrato de empreitada no segundo caso). Será também o caso se diversos lesados se coligarem entre si (a cada lesado corresponde uma relação material controvertida) contra diversos condutores (ou contra as respetivas seguradoras), em caso de colisão de veículos, para ressarcimento dos danos dessa colisão advenientes (*coligação ativa e passiva*).

Exemplo da segunda situação (*interpretação e aplicação das mesmas regras de direito*): o dono de uma obra em contrato de empreitada de imóvel de longa duração e o adquirente ao (mesmo) empreiteiro-vendedor de uma dada fração habitacional que, por vício de construção e de execução dos trabalhos apresentem defeitos relevantes, podem coligar-se entre si para exigirem do empreiteiro construtor-vendedor o pagamento do que tiverem gasto, através de terceiros, na reparação desses defeitos; isto porque, se se tratar de reparação urgente e o réu-empreiteiro não tiver procedido à eliminação dos defeitos oportunamente denunciados, a eventual *procedência de ambos os pedidos autónomos indemnizatórios* dependerá da solução jurídica (interpretativa) que se vier a dar à questão de saber se, no caso concreto, os autores coligados podem ou não ultrapassar a sequência procedimental prevista nos arts. 1122º e 1123º ao abrigo do disposto no nº 1 do art. 1125º, todos do CC[1102].

Exemplo da última situação (*interpretação ou aplicação de cláusulas contratuais perfeitamente análogas*) será a de dois lesados, um por acidente de viação outro por um incêndio provocados pelo mesmo segurado, demandarem coligados (*coligação ativa*) a respetiva seguradora que se recusa a pagar as correspondentes indemnizações com

[1101] O Código Civil permite, *ex-professo*, a *coligação ativa* nas ações de investigação de maternidade (art. 1820º) e de paternidade (art. 1872º).

[1102] No sentido de que, em tais casos, é de ultrapassar tal *iter procedimental* e exercitar um pedido autónomo de indemnização, cfr., *v. g.*, os acórdãos do STJ de 8-3-2001, CJSTJ, Tomo I, p. 160/Cons. Noronha Nascimento e de 28-5-2004, Proc. nº 1296/2004 – 2ª Sec./Cons. Ferreira Girão.

base numa interpretação *sui generis* de uma dada cláusula contratual geral em tudo idêntica, constante das respetivas apólices.

É também admitida a coligação quando os pedidos deduzidos contra os vários réus se baseiam na invocação de uma *obrigação cartular*, quanto a uns, e da respetiva *relação subjacente*, quanto a outros (art. 36º, nº 3). É, assim, legal a coligação de réus (*coligação passiva*) quando uns são demandados como subscritores de um título de crédito (letra ou livrança) – obrigados cambiários – e outro ou outros como obrigados/devedores na relação obrigacional subjacente àquele título.

O art. 37º prevê os vários *obstáculos* (processuais) à admissibilidade da coligação: ofensa das regras de *competência internacional* (art. 62º), *em razão da matéria* (arts. 64º e ss.) ou *da hierarquia* (arts. 67º a 69º) e aos pedidos corresponderem formas de processo diferentes, a menos que essa diversidade não resulte unicamente do valor[1103]. O primeiro desses dois obstáculos é insuperável ou irremovível face à incompetência absoluta do tribunal para tal remoção; já se aos pedidos corresponderem formas de processo entre si diversas (especiais ou comum e especiais), desde que não manifestamente incompatíveis, pode o juiz *autorizar* (*casuisticamente*) *a cumulação* quando «a apreciação conjunta das pretensões seja indispensável para a justa composição do litígio», adaptando «o processo à cumulação autorizada» (cfr. os nºs 2 e 3 do art. 37º).

De resto, se verificados os pressupostos da admissibilidade da coligação (ações que possam ser reunidas num só processo), será ordenada a *junção* (*apensação*) delas, a requerimento de parte com *interesse atendível* na junção, a não ser que o grau de adiantamento do processo o torne inconveniente (arts. 6º e 411º).

Pode, por seu turno, o tribunal (oficiosamente ou a requerimento de algum dos réus), não obstante a verificação dos requisitos formais da coligação, se detetar *inconveniente grave na instrução, discussão e julgamento conjunto das diversas causas cumuladas*, determinar, em despacho fundamentado, a notificação do autor para indicar qual ou quais os pedidos que pretende continuem a ser apreciados no processo, *sob pena de, nada fazendo no prazo para o efeito arbitrado, o réu ser absolvido da instância quanto a todos eles* – cfr. o nº 4 do mesmo art. 37º; se o autor (ou autores) fizer (em)

[1103] A *cumulação de pedidos*, com o seu consequente reflexo no valor da ação, pode tornar competente o juízo central cível se ultrapasar o valor global de €50.000 (arts. 297º, nº 2, do CPC e 117º, nº 1, al. b), da LOSJ).

essa escolha (princípio dispositivo) o processo prosseguirá para apreciação do pedido (ou pedidos) escolhido (s), sendo as restantes ações *desapensadas* para tramitação independente; idêntica notificação cominatória deverá o juiz fazer ao autor (ou autores) se ocorrer coligação ativa sem que entre os pedidos exista a conexão exigida pelo art. 36º (cfr. os nºs 1, 2 e 3 do art. 38º); configurando a coligação uma acumulação, no mesmo processo, de pedidos que poderiam ser deduzidos em ações separadas, a menos que o autor se oponha, a verificação de um obstáculo à coligação (como a incompetência em razão da matéria) deve determinar apenas a paralisação do pedido para cuja apreciação o tribunal é incompetente, prosseguindo o processo quanto aos demais[1104].

A ilegal coligação de autores ou de réus, quando entre os pedidos não exista a *conexão* exigida pelo art. 36º (se não oportunamente sanada), integra *exceção dilatória* de *conhecimento oficioso*, como tal geradora da *absolvição do réu da instância* (arts. 278º, nºs 1, al. e) e 3, 576º, nº 2, 577º, al. f), 578º e 608º, nº 1).

51.2. Coligação eventual ou subsidiária

À semelhança do que acontece com a dedução de pedidos subsidiários em geral, é também admitida a *dedução de pedidos subsidiários*, quer entre as mesmas partes (art. 554º) quer entre partes distintas, atuando *em coligação* (art. 39º).

Este último preceito admite essa *pluralidade subjetiva subsidiária*, permitindo, não só a *dedução subsidiária do mesmo* pedido, como também a *dedução de pedido subsidiário* por autor ou contra réu diverso do que demanda ou é demandado a título principal, ponto sendo que exista *dúvida fundada acerca do sujeito da relação jurídica material controvertida*. Se o *mesmo pedido* é deduzido por ou contra parte diversa da que demanda ou é demandada a título principal, estamos perante um *litisconsórcio voluntário*; se é deduzido *pedido diverso* por ou contra *parte diversa* da que é demanda ou é demandada a título principal, estamos perante a figura da *coligação*.

Não tem que existir um *nexo de precedência ou prevalência lógico-substantiva* entre o pedido principal e o pedido subsidiário; a dedução subsidiária pode ter por base ou um *estado de dúvida ou incerteza* do demandante relativamente ao direito por si pretendido fazer valer em juízo ou a consideração

[1104] Cfr., neste sentido, o acórdão da RP de 11-4-2018, Proc. 1380/17.4T8PNF.P1, *in* www.dgsi.pt/Des. Fernando Samões.

de que o tribunal, ao decidir, possa vir a ter *dúvidas sobre esse direito*, assistindo, pois, ao demandante inteira liberdade para hierarquizar os pedidos deduzidos[1105].

Mas, para que a dedução cumulativa ou em subsidiariedade se torne admissível, impõem os arts. 37º, nº 1, 554º, nº 2 e 555º, nº 1, devidamente conjugados, que não se verifique qualquer dos seguintes *requisitos negativos*: incompetência absoluta do tribunal e correspondência aos pedidos de formas de processo especial diversas. Isto é (*a contrario*): *o tribunal tem de ser competente em razão da matéria, da nacionalidade e da hierarquia e aos pedidos terá de corresponder a mesma forma de processo especial.*

Secção VI
O interesse processual

52. O Interesse processual
52.1. Conceito e relevância

O conceito de *"interesse processual"* ou *"interesse em agir"* – expressões que reputamos de equivalentes ou sinónimas, quer no seu significado teórico, quer na respetiva utilização pela *praxis forensis* e que, por isso, usaremos indistintamente – não se confunde com o de *legitimidade*.

O *interesse direto em demandar e em contradizer* subjacente à *legitimidade* das partes (art. 30º, nºs 1 e 2) reporta-se ao objeto da causa, ao conteúdo material da pretensão, representando uma qualidade "posicional" face ao objecto do litígio[1106]. Já o *interesse processual* se prende com a *necessidade de recurso à via judicial*, isto é, com a «inevitabilidade» da solicitação de «tutela» judiciária, a fim de pôr termo a «uma situação objetiva de carência em que o litigante se encontra»[1107].

[1105] Lebre de Freitas, *Introdução* cit., p. 209, nota 11, dá, a este respeito, os seguintes exemplos: impugnação pauliana, *a título principal*/declaração de nulidade (ineficácia) do negócio por simulação, *a título subsidiário*, ou vice-versa; declaração de nulidade do negócio e restituição da coisa prestada, *a título principal*/condenação do réu no cumprimento do mesmo contrato, ou vice-versa, *a título subsidiário*.

[1106] Cfr. A. Montavão Machado/Paulo Pimenta, *ob. cit.*, p. 81.

[1107] Cfr. Antunes Varela/J. M. Bezerra/Sampaio e Nora, *Manual* cit., p. 181.

Adotam a designação de "*interesse processual*" Manuel de Andrade[1108] e Calamandrei[1109]. Em Itália, Invrea utiliza o termo "*causa legítima da ação*" (ou motivo justificado dela) sendo aí, todavia, mais corrente o de "*interesse em agir*". Na Alemanha, utiliza-se geralmente a locução "*necessidade de tutela jurídica*" (*Rechtsschutzbedurfniss*)[1110], a qual, entre nós, Anselmo de Castro[1111] e Antunes Varela/J. M. Bezerra/Sampaio e Nora[1112] consideram a mais adequada e própria, ainda que perfilhando, o primeiro, a nomenclatura de "*interesse em agir*" e, os segundos, a de "*interesse processual*". Empregando também a expressão "*interesse em agir*", A. Montalvão Machado/Paulo Pimenta[1113] consideram consistir ele «na *indispensabilidade de o autor recorrer a juízo para a satisfação da sua pretensão*». O que só sucederá em caso de indisponibilidade de quaisquer outros expedientes (extrajudiciais) de realização da tutela judiciária pretendida, seja porque tais meios, na realidade, não existem, seja porque, existindo, se encontram já exauridos.

Exemplo: se A for credor de B, e este, apesar de interpelado, não cumpre a sua prestação, é manifesto o interesse de A em recorrer ao tribunal e daí o seu interesse em agir. Mas se C, proprietário da coisa X, demanda, sem base séria e justificada, uma pessoa (D) que jamais questionou esse seu direito real, movendo contra ele uma ação de simples apreciação, torna-se óbvio que o direito de C não está carecido de tutela judiciária, faltando, assim, a C interesse em agir ou interesse processual; uma tal ação revelar-se-á, assim, como totalmente inútil.

Nas alíneas b), c), d) e e) do nº 2 do art. 535º contemplam-se «*ex-professo*» hipóteses de ações que se revelam desnecessárias ou inúteis, a saber: – ação de condenação numa obrigação cujo vencimento ocorre apenas com a citação (é o caso das chamadas "obrigações puras" – cfr. o nº 1 do art. 805º do CC)[1114]; – opção do autor pelo processo comum de declaração quando possa propor ação declarativa especial para cumprimento de obrigações pecuniárias emergentes de contrato ou recorrer

[1108] Cfr. *Noções Elementares* cit., pp. 78 e ss..

[1109] Cfr. *Istutizioni di diritto processuale civile.*

[1110] Segundo Schonke, *Lehrbuch*, §1, VII, este requisito vale, não só para a ação, mas para todos os atos processuais em geral.

[1111] Cfr. *Direito Processual Civil Declaratório*, vol. II cit., p. 251, nota 1.

[1112] Cfr. *Manual* cit., pp. 179-180 e ss..

[1113] Cfr. *O Novo Processo Civil*, 8ª ed. cit., pp. 80-81.

[1114] Estas obrigações só se vencem com a *interpelação do devedor*. A interpelação pode realizar-se judicial ou extrajudicialmente. A interpelação *extrajudicial* faz-se por qualquer meio. A *judicial*, através de *notificação avulsa* (cfr. os arts. 256º e 257º) ou de *citação para contestar* a ação respetiva. Se o credor propôs a ação sem previamente ter promovido a interpelação do devedor, a obrigação vence-se apenas com a citação e só nesse momento o devedor fica constituído em mora.

a processo de injunção ou a outros análogos previstos por lei; – a ação declarativa instaurada (desnecessariamente) pelo autor, estando reunidas as condições necessárias para a interposição imediata do recurso de revisão (arts. 627º, nº 2 e 696º). Nessas situações, o réu (ou o executado) não deu causa à ação e daí a inutilidade da respetiva introdução em juízo, pelo que recairá sobre o autor o encargo de pagar as custas (art. 535º, nºs 1 e 2), salvo se o demandado contestar, impugnando as suas obrigações, hipótese em que se aplica a regra geral em matéria de custas prevista no art. 527º.

É precisamente o intuito de *obviar* a *ações inúteis* que tem levado a doutrina a arvorar o *interesse em agir* em *pressuposto processual*, pois que, se a lei proíbe expressamente a prática de *atos inúteis* (*princípio da limitação dos* atos constante do art. 130º), por maioria de razão terá que proibir *ações inúteis*.

Manuel de Andrade, definindo o *interesse processual* como «o *interesse em utilizar a arma judiciária* – em *recorrer ao processo*», reconhece que lhe falta referência expressa na lei como pressuposto processual. Por tal motivo, considera que, «em bom rigor, parece tratar-se não de um simples *pressuposto processual* mas de uma *condição da ação*, pois a falta do interesse processual significa não ter o demandante razão para solicitar e conseguir a tutela judicial pretendida» (*sic*)[1115]. Por isso admitiu mesmo a hipótese de esse "*requisito*" ser incluído na previsão do art. 30º atinente ao pressuposto da "*legitimidade*". Mas não deixou de considerar as "necessidades" do mesmo por duas razões essenciais: – por um lado, a instauração de uma ação inútil sempre causa prejuízos e incómodos, desde logo pela imposição à contraparte (o réu) da «perturbação e do gravame inerentes à posição de demandado», com o consequente ónus de dedução da respetiva defesa, sob pena de preclusão e admissão; – por outro, a justiça é um serviço estadual custeado pelo erário público, pelo que os particulares (administrados) só devem recorrer a ele, pondo a máquina em movimento, quando os seus direitos se encontrem «realmente carecidos de tutela judiciária».

Por seu turno, Anselmo de Castro[1116], tomando partido nesta querela, designou este pressuposto processual por *inominado* – incluindo-o mesmo na epígrafe "*interesse em agir e outros pressupostos processuais inominados*" –, baseando-se, para tal qualificação, justamente na expressão "entre outras" (*exceções dilatórias*) constantes do elenco do nº 1 do art. 577º. Tudo porque tal interesse surge «da necessidade em

[1115] Cfr. *Noções Elementares* cit., pp. 79 e 82.

[1116] Cfr. *Direito Processual Civil Declaratório*, vol. II cit., pp. 253-254, qualificação também adotada no acórdão do STJ de 10-12-85, BMJ nº 352, p. 235.

obter do processo a proteção do interesse substancial, o que supõe a lesão desse interesse e a idoneidade da providência requerida para a sua reintegração ou, tanto quanto possível, integral satisfação»[1117] (*sic*). Com essa posição, critica ANSELMO DE CASTRO a perfilhada por CASTRO MENDES[1118], para quem «a utilidade da ação e o interesse em agir não são pressupostos processuais (e muito menos condições da ação), restringindo-se a sua eficácia ao âmbito das custas processuais. Isto porque os (atuais) arts. 535º, nº 2 e 610º, nºs 2 e 3, fazem impender sobre o autor o encargo do pagamento das custas nos casos em que o réu não deu causa à ação e de julgamento em caso de inexegibilidade da obrigação, respetivamente.

Por nós, entendemos que, traduzindo-se o "*interesse processual*" (ou intereesse em agir) no desencadeamento inútil dos meios processuais, há que qualificar esse "*interesse processual*" ou "*interesse em agir*" como *pressuposto processual*, ainda que não conste do respetivo elenco legal, portanto de *caráter inominado, de conhecimento oficioso*[1119-1120]. E que varia, nos seus contornos, em função do meio processual de que se trate. Assim:

– nas *ações de condenação e nas executivas*, o interesse resulta da inadimplência ou relapsidão do demandado e do executado (não sendo obrigatório o recurso prévio à via extrajudicial); nas *ações condenatórias*, pode mesmo prescindir-se da atualidade da violação do direito – bastando-se a lei com a ameaça ou a simples previsão dessa violação –, uma vez que é possível formular um pedido de *prestações vincendas* (tratando-

[1117] Distingue este autor o *interesse substancial* do *interesse em agir*. Este último é «um interesse processual, secundário e instrumental em relação ao interesse substancial primário, tendo por objeto a providência solicitada ao tribunal, através da qual se procura ver satisfeito aquele interesse primário lesado pelo comportamento da contraparte ou, mais genericamente, pela situação de facto objetivamente existente» – ob. cit., p. 252.

[1118] Cfr. *Processo Civil*, vol. II, ed. da AAFDL, 1987, pp. 160-161.

[1119] O art. 577º considera como *dilatórias, entre outras*, as contempladas nas suas alíneas a) a j), o que logo sugere uma enumeração meramente exemplificativa.

[1120] «O *interesse em agir* surge da necessidade do demandante obter a proteção de um *interesse substancial*, pressupondo a lesão desse interesse e a idoneidade da pretensão requerida tendo em vista a sua reintegração, destinando-se a assegurar a utilidade da decisão proferida. É de reconhecer o interesse em agir como *pressuposto processual autónomo inominado* referente às partes, cuja falta consubstancia exceção dilatória inominada, de conhecimento oficioso. Tem interesse na instauração de ação de anulação de deliberação tomada pela assembleia-geral de cooperativa o cooperante que vê ser contra si instaurado procedimento disciplinar em cumprimento dessa mesma deliberação» – cfr. o acórdão da RE de 2-5-2019, Proc. 6452/17.2T8STB.E1, *in* www.dgsi.pt/Desª MARIA DOMINGAS.

-se de prestações periódicas) ou de *prestações futuras* nos termos dos nºs 1 e 2 do art. 557º e solicitar uma condenação (*in futurum*), mesmo em caso de não inexigibilidade da obrigação no momento em que a ação foi proposta, observado que seja o condicionalismo do art. 610º;

- nas *ações constitutivas* (*v. g.*, nas ações de divórcio ou de separação litigiosa, de alimentos ou de preferência), o interesse processual radica na circunstância de o *direito potestativo correspondente não ser* (na generalidade dos casos) *exercitável por simples manifestação unilateral de vontade do seu titular*, necessitando, por isso, do recurso às vias judiciais; pelo que, uma vez formulado o pedido, o interesse processual surge como incontroverso; ou, mesmo que não obrigatoriamente exercitável por via judicial (*v. g.*, a constituição de uma servidão legal de passagem), o recurso direto à via litigiosa possa revelar-se justificável por razões relevantes e plausíveis de natureza casuística[1121];
- nas *ações de simples apreciação*, o interesse processual do demandante surge quando ocorre um *estado de incerteza objetiva, séria e grave* – resultante de um facto exterior (que não de uma mera dúvida subjetiva sua) – sobre a existência ou inexistência do seu direito, assim o desvalorizando ou diminuindo em termos de fruição ou de consistência prático-económica (*v. g.* um prejuízo para o bom nome, honra ou dignidade pessoal ou para o crédito junto de instituições financeiras ou dificultação de atos de disposição de bens)[1122]; a gravidade da dúvida deve, pois, aferir-se pelo prejuízo ou desvantagem, de ordem material ou moral, que a situação de incerteza possa acarretar para o autor ou demandante[1123];
- nos *procedimentos cautelares*, o interesse processual consubstancia-se no chamado *periculum in mora*, cuja existência e demonstração em *summaria cognitio* constituirá, aqui sim, uma verdadeira *condição da ação*[1124].

Embora normalmente associado o pressuposto à carência de tutela judicial por parte do demandante (*a parte auctoris*), também pode falar-se de interesse processual *por banda do demandado* (*a parte defensoris*). Este tem, sem dúvida, *interesse processual*, desde logo na obtenção de um *dictat jurisdicional* de sentido oposto ao im-

1121 Cfr. ANTUNES VARELA/J. M. BEZERRA/SAMPAIO E NORA, *Manual* cit., p. 185.

1122 Cfr. MANUEL DE ANDRADE, *Noções Elementares* cit., pp. 80-81.

1123 Cfr. ANTUNES VARELA/J. M. BEZERRA/SAMPAIO E NORA, *Manual* cit., p. 187.

1124 Cfr. ANTUNES VARELA/J. M. BEZERRA/SAMPAIO E NORA, *Manual* cit., p. 189.

petrado pelo demandante (na generalidade dos casos uma declaração negatória do direito por este arrogado); como terá interesse processual na dedução de pedidos reconvencionais contra o autor se verificados os pressupostos do art. 266º. Ademais – e também dentro de uma ideia de proteção do interesse processual do réu, – o nº 1 do art. 286º faz depender a eventual desistência da instância por parte do autor (se requerida depois da oferecimento da contestação) da aceitação do réu-contestante.

52.2. Falta do interesse processual

Se o juiz se aperceber da falta do interesse processual, deve abster-se de conhecer do mérito da causa, *absolvendo o réu da instância* (arts. 278º, nº 1, al. e) e 577º – corpo do artigo). Exceção dilatória essa de caráter *inominado*, cuja *apreciação oficiosa* terá normalmente lugar no *despacho saneador* (cfr. art. 595º, nº 1, al. a))[1125].

Nos casos, porém, em que a citação depende de prévio despacho judicial, v. g., nos *procedimentos cautelares* e nos casos de *citação urgente* que deva preceder a distribuição (art. 226º, nº 4), se dos próprios termos em que a pretensão é deduzida se evidenciar, de forma patente, a falta de interesse em agir, e que por isso a ação não conduziria a qualquer resultado útil, deverá o juiz *indeferir liminarmente a petição inicial* (*despacho liminar negativo*). Decisão em que confluem, não só a *falta de interesse em agir*, como também o *princípio da economia processual* – ocorrência evidente de exceções dilatórias insupríveis e de conhecimento oficioso (arts. 577º e 578º).

Se só no momento da prolação da sentença (*depois da instrução e discussão da causa*) *o juiz se certificar de que afinal a obrigação não é exigível*[1126], isso não o impedirá de proferir sentença condenatória, embora com eficácia diferida para o momento em que a obrigação se vença (se não se houver vencido no decurso da causa) – art. 610º, nº 1. Neste caso, a única sanção para a *falta de interesse processual* "*inicial*" (desde que não haja contestação da existência da obrigação) traduzir-se-á na *condenação do vencedor nas custas*, por se entender que o réu não deu causa à ação (art. 535º, nº 2, alínea

[1125] Na sequência do Despacho da Ministra da Justiça de 25 de maio de 2018, o "Grupo de Trabalho" pelo mesmo criado, propôs, com data de 23 de novembro de 2018, uma nova redação para a al. d) do art. 577º, em ordem a nele ser incluído o *interesse processual* como *exceção dilatória nominada*, a par da falta de personalidade ou da capacidade judiciária de alguma das partes, proposta essa que não chegou a ser acolhida.

[1126] O facto de não ser exigível aquando da propositura não é impeditivo do conhecimento do mérito, desde que o réu conteste a ação (art. 609º, nº 1).

b)). *Nos casos de inexigibilidade inicial da obrigação*, mas em que, mesmo não existindo litígio, haja lugar a julgamento (alíneas a) e b) do nº 2 do art. 610º), «o autor será condenado nas custas e a satisfazer os honorários do advogado do réu» (cfr. nº 3 da mesmo preceito).

Quando a *ação constitutiva* possuir subjacente um *direito potestativo suscetível de exercitação unilateral*, o tribunal deve abster-se de conhecer do pedido por falta do interesse processual. Exs: revogação ou renúncia de procuração, resolução do contrato e compensação (cfr. arts. 1170º, nº 1, 1179º, 436º e 848º, nº 1, todos do CC). *Nas restantes ações* (constitutivas e de simples apreciação), a ausência (*ab initio*) do interesse processual, como falta de um pressuposto processual que é, surte a consequência normal da abstenção do conhecimento do mérito da causa, com a consequente *absolvição do réu da instância*, nos termos sobreditos. *Se a lide só se tornar inútil por causa superveniente* (*v. g.*, nulidade do casamento decretada na pendência da ação de divórcio ou perecimento ou destruição da coisa reivindicada), *a instância será declarada extinta* por força do disposto no art. 277º, al. e).

Secção VII
Patrocínio judiciário

53. Patrocínio judiciário

53.1. Noção. Função. Casos de obrigatoriedade

O (direito de) *acesso ao direito e aos tribunais* para defesa dos direitos e interesses juridicamente protegidos, plasmado no art. 20º da CRP, compreende também os *direitos à informação e consulta jurídica e ao patrocínio judiciário*.

A prática dos atos processuais, mormente os de maior responsabilidade, pode exigir conhecimentos técnicos especializados que as partes normalmente não possuem, o que reclama a intervenção dos seus representantes profissionais, ou seja, dos seus *patronos*. A lei processual exige mesmo que, em determinados tipos de ações e procedimentos, e atenta a relevância dos interesses em jogo, o *patrocínio judiciário* seja *obrigatório*, assumindo o requisito, em tais situações, a dimensão de *pressuposto processual*. Só pode, pois, falar-se de *patrocínio judiciário* como *pressuposto processual* quando o mesmo seja *obrigatório*, isto é, *imposto por lei*, sendo que esta prevê a existência de causas em que as partes podem litigar por si próprias[1127].

O patrocínio judiciário (*jus postulandi*) significa, assim, *assistência técnica* prestada às partes *por profissionais do foro* e justifica-se por duas ordens de razões: por um lado, é do *interesse público* que a administração da justiça seja conduzida e protagonizada de modo competente e proficiente por profissionais dotados de adequadas formação deontológica e habilitação técnico-jurídica; por outro, é do *interesse dos próprios litigantes*, geralmente leigos em matéria jurídica, que a condução da lide seja assegurada por quem, para além do necessário apetrechamento técnico, possua a circunspeção e o distanciamento pessoal necessários e desapaixonados para uma correta defesa dos seus interesses (particulares)[1128].

Mas *mesmo nos casos em que é obrigatória a constituição de advogado*, podem as partes (tal como os advogados estagiários e os solicitadores) praticar validamente, por si sós, atos processuais que não envolvam *questões de direito* (art. 40º, nº 2).

Assim, por ex., a apresentação do rol de testemunhas ou a junção aos autos de documentos ou informações ou mesmo o pedido de prorrogação de um prazo dilatório[1129]. Também nos *inventários*, seja qual for a sua natureza e valor (superior ou inferior à alçada), só é obrigatória a intervenção de advogado se forem suscitadas ou discutidas «*questões de direito*» ou *em caso de recurso* de decisões proferidas no seu seio (arts. 13º, nºs 1 e 2, da Lei nº 23/2013, de 5 de março e 1090º do CPC)[1130].

A LOSJ, no seu art. 12º, reconhece os *advogados* como partícipes na administração da justiça com competência exclusiva (salvas as exceções previstas

[1127] Nas causas e nos atos não incluídos na estatuição-previsão do art. 40º, podem as partes pleitear por si ou serem representadas por advogados ou por solicitadores. A única limitação imposta por lei à atividade processual das partes respeita às *alegações orais* na audiência final, as quais só por advogado podem ser produzidas (arts. 50º, nº 4, e 604º, al. e)).

[1128] Cfr. Manuel de Andrade, *Noções Elementares* cit., p. 85.

[1129] Para Anselmo de Castro, *Direito Processual Civil Declaratório* vol. III cit., p. 138, a expressão *questões de direito* a que se reporta o nº 2 do art. 40º tem de ser interpretada em termos hábeis, devendo entender-se que apenas pretende significar «aquelas que envolverem *indagação jurídica especializada*. De contrário, dado que qualquer atuação no processo envolve, mais ou menos remotamente, questões de direito, teríamos que aquele comando legal resultaria praticamente sem aplicação».

[1130] Entre essas *questões de direito* há que entender por incluídas aquelas que requerem *intervenção judicial* nos termos do art. 6º da Lei nº 29/2009, de 29 de junho.

na lei) para o *patrocínio das partes*. Mas o próprio advogado poderá fazer-se assistir, durante a produção da prova e a discussão da causa, se no processo se suscitarem questões de natureza técnica para as quais não possua a adequada preparação (art. 50º do CPC)[1131]. *Assistência* essa, que se não confunde, por isso, com o *patrocínio judiciário* da parte por ele representada[1132].

Tendo subjacentes uma ideia de importância relativa, face aos interesses materiais em jogo e à natureza das questões processuais a dirimir, impõe-se, no nº 1 do art. 40º, a *obrigatoriedade da constituição de advogado*: a)- *nas causas de competência de tribunais com alçada em que seja admissível recurso ordinário*[1133]; b)- *nas causas em que seja sempre admissível recurso independentemente do valor;* c)- *nos recursos*[1134]; d)- *nas causas propostas nos tribunais superiores.*

Há, a este respeito, e desde logo, que compaginar o disposto no nº 1 do art. 40º com o preceituado no nº 1 do art. 629º acerca da *admissibilidade do recurso*. Para se aquilatar da obrigatoriedade do patrocínio (al. a) do art. 40º), há que conjugar o valor da causa, não só com o da *alçada do tribunal recorrido* (tem de ser superior a essa alçada), como ainda com a *medida da sucumbência* (a decisão impugnada tem de ser desfavorável ao recorrente em valor superior a metade dessa alçada, atendendo-se somente ao valor da causa em caso de fundada dúvida acerca do valor da sucumbência). Isto salvas as situações em que, nos termos do nº 2 (alíneas a) a c)) e nº 3 (alíneas a) e b)) do art. 629º, o *recurso é sempre admissível* independentemente do valor da causa e da sucumbência[1135]. Exemplos de *ações a propor diretamente nos tribunais superiores*, para efeitos da al. c) do art. 40º, são as de *indemnização contra magistrados* (arts. 967º e ss.) – da Relação ou do Supremo – e a *revisão de sentença estrangeira* (arts. 978º e ss.) – Relação.

[1131] Também o tribunal pode fazer-se assistir de técnicos especialistas, quer na inspeção judicial (art. 492º) quer na audiência final (art. 601º).

[1132] O *assistente técnico não pode fazer alegações orais nem alegações escritas*, já que a sua intervenção se circunscreve ao *mero esclarecimento de questões de facto sujeitas ao veredito do tribunal*, desempenhando, por isso, funções idênticas às dos peritos.

[1133] As alçadas em matéria cível encontram-se estabelecidas no art. 44º da LOSJ.

[1134] Cabe *recurso para a Relação do despacho confirmatório do não recebimento* (pela secretaria) da petição inicial, ainda que o valor da causa não ultrapasse a alçada dos tribunais de 1ª instância (art. 559º, nº 2). É também admitido *recurso até à Relação do despacho que haja indeferido liminarmente a petição de ação ou de procedimento cautelar*, ainda que o respetivo valor se contenha na alçada dos tribunais de 1ª instância (arts. 569º e 590º). E ainda, independentemente do valor da causa e da sucumbência, é sempre admitido recurso em um grau da decisão que condene a parte como *litigante de má-fé* (art. 542º, nº 3).

[1135] Independentemente do valor da causa ou da sucumbência, é sempre admissível recurso para a Relação nas hipóteses contempladas nos nºs 2 e 3 do art. 629º.

Nas ações executivas só se torna obrigatória a constituição de advogado «nas execuções de valor superior à alçada da Relação (€30.000) e nas de valor inferior a esta quantia, mas excedente à alçada de 1ª instância (€5.000), quando tenha lugar algum procedimento que siga os termos do processo declarativo» (art. 58º, nº 1).

Neste último segmento se incluem a dedução de *oposição à execução*, a qual corre por apenso ao processo executivo (art. 732º, nºs 1 e 2), o *processo preliminar de liquidação* (arts. 716º, nº 4 e 360º, nº 3) e a *oposição mediante embargos de terceiro* (art. 348º, nº 1). No apenso de *verificação de créditos* o patrocínio por advogado só se torna necessário quando haja sido reclamado algum crédito «de valor superior à alçada do tribunal de comarca e apenas para a apreciação dele» (art. 58, nº 2); nesta última hipótese, o patrocínio apenas se torna obrigatório para a *impugnação* (art. 789º), para a *resposta à impugnação* (art. 790º) e para os ulteriores termos, que não para a *reclamação* propriamente dita (art. 788º). Têm, todavia, as partes que se fazer representar por advogado, advogado estagiário ou solicitador «nas *execuções de valor superior à alçada do tribunal de 1ª instância não abrangidas pelos números anteriores*». É também de considerar como obrigatória a constituição de advogado para os *recursos* (art. 40º, nº 1, al. c)).

Nos julgados de paz, as partes são obrigadas a comparecer pessoalmente, *podendo*, todavia, *fazer-se acompanhar por advogado, advogado estagiário* ou *solicitador*, assistência esta que «é, no entanto obrigatória quando a parte seja cega, surda, muda, analfabeta, desconhecedora da língua portuguesa ou se, por qualquer outro motivo, se encontrar numa posição de manifesta inferioridade» (nºs 1 e 2 do art. 38º da Lei nº 78/2001, de 13 de julho). É também *obrigatória* a constituição de advogado *na fase de recurso*, se a ela houver lugar (cfr. o nº 3 do mesmo preceito)[1136].

Finalmente, também nos *processos da competência dos tribunais administrativos* é sempre obrigatória a constituição de advogado (cfr. o nº 1 do art. 11º do CPTA).

[1136] As *sentenças proferidas nos julgados de paz* – nos *processos cujo valor exceda metade do valor da alçada do tribunal de 1ª instância* (€ 2.500) – podem ser impugnadas mediante *recurso* com efeito meramente devolutivo a interpor para o tribunal de comarca ou para o tribunal de competência específica que for competente, em cuja esfera de jurisdição esteja sediado o julgado de paz (art. 62º, nºs 1 e 2, da LJP, com a redação que lhe foi dada pela Lei nº 54/2013, de 31 de julho).

Permite, entretanto, a lei, por razões de caráter económico-estatutário – certamente considerando, nas respetivas situações, como inexistentes os pressupostos da necessidade da hetero-representação técnico-profissional (assim presumindo a habilitação técnica e deontologia adequadas) –, que *certos profissionais forenses se auto-representem nas causas cíveis em que sejam partes ou representem familiares próximos*, assim os dispensando de constituir mandatário judicial, mesmo nos casos de patrocínio obrigatório. É o caso dos *magistrados judiciais e do Ministério Público*, os quais podem «advogar em causa própria, do seu cônjuge ou de descendente» (arts. 19º do EMJ e 93º do EMP, respetivamente).

Sem embargo de, na al.) do nº 3 do seu art. 14º, o Pacto Internacional para os Direitos Civis e Políticos, em vigor em Portugal desde 15 de setembro de 1978 (Lei nº 29/78, de 12 de junho), permitir a «*qualquer pessoa acusada de uma infração penal* ter direito, em plena igualdade» a «estar presente no processo e a *defender-se a si própria* e ter assistência a um defensor de sua escolha», o Conselho Geral da Ordem dos Advogados, no seu Parecer nº E-21/97, de 4 de maio de 1999, veio concluir que que «*o direito reconhecido aos advogados e advogados estagiários, bem como aos magistrados, de litigar em causa própria, não é válido em processo crime* e impede a cumulação das qualidades de arguido e de seu defensor numa só pessoa, o que não viola qualquer regra legal internacional ou nacional, fundamental ou geral» (*sic*). O STJ, pelo AC UNIF nº 15/2016, de 27-12-2016, Proc. 5241/11.2TDLSB-A.S1, veio, por seu turno, considerar que «nos termos do art. 70º, nº 1, do CP, *o ofendido que seja advogado e pretenda constituir-se assistente em processo penal, tem de estar representado nos autos por outro advogado*».

53.2. Mandato e procuração forenses. Exercício da advocacia

O patrocínio judiciário só pode ser exercido, a título pleno, por *advogados*[1137] *inscritos na respetiva Ordem*[1138], admitindo, contudo, a lei que o mesmo, em causas de menor relevo económico ou jurídico-substantivo, possa ser assegurado por advogados estagiários e por solicitadores (art. 42º).

O Estatuto da Ordem dos Advogados (EOA) contempla, porém, a possibilidade de inscrição e do consequente exercício da advocacia por *estrangeiros diplomados por universidades portuguesas* em *regime de reciprocidade* e por *advogados brasileiros diplomados*

[1137] O termo *advogado* provém do latim *advocatus*, que significa *chamado*, pois que os romanos costumavam chamar em seu auxílio, nos negócios que exigiam aprofundado conhecimento das leis, os estudiosos da ciência do direito. Eram também designados por *patronos*, *defensores* ou *oradores* – cfr. Pereira de Sousa, *Primeiras Linhas*, Tomo I, p. 36.

[1138] O *Estatuto da Ordem dos Advogados* atualmente em vigor foi aprovado pela Lei nº 145/2015, de 9 de setembro.

por qualquer faculdade de direito do Brasil ou de Portugal, igualmente em *regime de reciprocidade* (art. 201º). São ainda reconhecidos em Portugal, na qualidade de advogados e, como tal, autorizados a exercer em Portugal a profissão, *as pessoas que, nos países da União Europeia, estejam autorizadas a exercer as respetivas atividades profissionais*, quer a título permanente quer a título ocasional, observados, quanto aos advogados da União Europeia, os demais requisitos do art. 203º.

53.3. Poderes e responsabilidade civil e disciplinar do mandatário

Os poderes de representação em juízo são conferidos ao advogado (*mandatário*)[1139] pela parte por si representada (*constituinte ou mandante*) por meio de um *contrato de mandato judicial* [1140], a ser formalizado através de *instrumento público* ou *particular*, nos termos do Código do Notariado e de legislação especial (art. 35º, alínea a)) ou ainda por *simples declaração verbal* da parte no auto de qualquer diligência que se pratique no processo (art. 43º, alíneas a) e b), do CPC)[1141-1142].

Quanto ao *conteúdo e alcance do mandato*, incluem-se no seu âmbito os poderes de representação do mandante em todos os atos e termos do processo principal e respetivos incidentes, mesmo perante tribunais supe-

[1139] Vem sendo geralmente entendido que a outorga de procuração a uma *sociedade de advogados*, devidamente constituída e registada, permite que qualquer dos advogados, que dela seja sócio, exerça, de *per si*, o mandato forense e, assim, represente o mandante em juízo – cfr., entre outros, os acórdãos da RP de 1-7-98, BMJ, nº 479, p. 716/Des. Costa Mortágua, da RL, de 9-7-98, CJ, Tomo IV, ano XXIII, p. 97/Des. Gonçalves Rodrigues, e de 12-1-2000, CJ, Tomo I, Ano 2000, p. 232/Des. Clemente Lima.

[1140] O mandato é conferido ou por *contrato* entre a parte e o seu patrono (*negócio jurídico bilateral*) ou por *procuração* (*negócio jurídico unilateral*) realizado pela parte – cfr. Pires de Lima e Antunes Varela, *Código Civil Anotado*, vol. I, 4ª ed. cit., p. 438.

[1141] O art. único do Decreto-Lei nº 267/92, de 28 de novembro, passou a *dispensar a intervenção notarial nas procurações passadas a advogados*, quer concedam simples poderes forenses gerais, quer poderes especiais para que o advogado possa desistir do pedido ou da instância, confessar o pedido ou transigir.

[1142] «No *exercício do mandato forense* (art. 1157º do CC) está em causa uma *obrigação de meios* que *não de resultado*, pelo que a omissão da diligência postulada por essa obrigação traduzida na chamada *perda de chance* (perpetiva de vitória na ação) se deve colocar mais no campo da causalidade que não do dano, devendo ponderar-se se a omissão do procedimento postulado pelas *leges artis* inerentes foi determinante para a *perda dessa* (alegada) *chance*, devendo esta ser *real e séria* e *não uma mera eventualidade, suposição ou desejo*, capaz de proporcionar a vantagem que o lesado prosseguia» – cfr, neste sentido, o acórdão do STJ de19-12-2018, Proc. 1337/12.1TVPRT.P1.S1, *in* www.dgsi.pt/ Fonseca Ramos.

riores, sem prejuízo das disposições que exijam a outorga de *poderes especiais* por parte do mandante (art. 44º, nº 1). Este preceito deve ser interpretado, quanto ao seu alcance, em função na noção de *mandato forense* constante do disposto no art. 67º do EOA[1143].

Presume-se conferido ao mandatário – através de *procuração* – o de *substabelecer* o mandato (art. 44º, nº 2), *substabelecimento* esse que consiste na transferência total ou parcial (pelo mandatário constituído), para outro advogado, dos poderes que lhe foram conferidos pelo seu constituinte, o qual deve obedecer à *mesma forma da procuração*. O substabelecimento pode ser feito com reserva ou sem reserva de poderes: – se *sem reserva*, implica a exclusão do anterior mandatário e a sua substituição por novo mandatário, o que pressupõe a prévia autorização do mandante; – se *com reserva*, a cada momento poderá o mandatário primitivamente constituído reassumir pessoalmente os seus poderes de representação e patrocínio (art. 44º, nº 3)[1144].

Face ao disposto no nº 4 do art. 44º, «a *eficácia do mandato* depende de *aceitação*, a qual pode ser manifestada no próprio instrumento público ou em documento particular ou resultar de comportamento concludente do mandatário». A aceitação pode, pois, ser *expressa* ou *tácita*, à semelhança de qualquer outra declaração negocial (art. 217º, nº 1, do CC).

Quanto à natureza dos poderes conferidos a mandatários, há que distinguir entre *poderes forenses gerais* e *poderes especiais*, sendo que os primeiros terão sempre caráter residual, porquanto extensíveis a todo e qualquer ato que não requeira poderes específicos para a respetiva prática. Assim acontece, «*ex-vi*» do nº 1 do art. 45º, «quando a parte declarar na procuração que dá (confere ou concede) poderes forenses ou para ser representada em qualquer ação». Mas já para que possam *confessar a ação, transigir sobre o seu objeto e desistir do pedido ou da instância*, os mandatários judiciais terão que estar munidos de *procuração com poderes especiais* que os autorize expressamente a praticar qualquer desses atos em nome do representado (art. 45º, nº 2, por referência ao nº 1, "*in fine*", do art. 44º). Trata-se de atos que, por se traduzirem num poder de disposição sobre direitos alheios, devem, em princípio, ser pra-

[1143] Nos termos do art. 67º, nº 1, do EOA, considera-se, além do mais, *mandato forense*, e sem prejuízo do disposto na Lei nº 49/2004, de 24 de agosto, «o mandato judicial para ser exercido em qualquer tribunal, incluindo os tribunais ou comissões arbitrais e os julgados de paz».

[1144] No caso de *substabelecimento com reserva*, as notificações podem ser feitas em qualquer dos advogados constituídos (substituinte e substabelecido) – interpretação esta que não enferma de inconstitucionalidade (cfr. o acórdão do TC nº 357/2008, *in* DR, nº 154, IIª Série).

ticados pela própria parte e só através de mandatário se munido este de procuração com individualização expressa dos poderes conferidos (art. 291º, nº 3)[1145].

O nº 5 do art. 632º permite ao *recorrente desistir livremente do recurso interposto por simples requerimento.* Degradaram-se, assim, para mero requerimento as formas contempladas no nº 1 do art. 290º para a desistência do pedido ou da instância – *documento autêntico ou particular* (sem prejuízo das exigências de forma da lei substantiva) ou *termo no processo.* Já, porém, *quanto ao mandatário,* o preceito é omisso, sendo, por isso, de recorrer à analogia com o que dispõe o nº 2 do art. 45º, ao exigir ao mandatário procuração com *poderes especiais* para a desistência da instância (art. 10º, nºs 1 e 2 do CC).

Com efeito, a *desistência do recurso* interposto pela parte sucumbente em 1ª instância pode acarretar, de modo inelutável, a "disposição" do "direito material" controvertido, que não a mera renúncia a um meio impugnatório da decisão sobre tal direito já proferida. No aditamento daquele nº 5 estiveram apenas razões de facilitação da desistência numa altura em que os autos pendem já num tribunal superior. Daí que, para a desistência de um recurso já interposto, seja igualmente de exigir ao mandatário (desistente em representação da parte) procuração com *poderes especiais;* se munido de *procuração com meros poderes forenses gerais,* o *suprimento da nulidade* da desistência deverá fazer-se nos termos do nº 3 do art. 291º[1146].

O advogado tem o *dever (estatutário) genérico* «de não advogar contra direito, não usar de meios ou expedientes ilegais, nem promover diligências reconhecidamente dilatórias, inúteis ou prejudiciais para a correta apreciação da lei ou a descoberta da verdade» (art. 90º, nº 2, al. a), do EOA). A violação dolosa ou culposa deste dever constitui infração disciplinar (art. 115º, nº 1, do mesmo Estatuto). No exercício do seu múnus representativo, «os advogados gozam de *discricionariedade técnica*», com vinculação circunscrita

[1145] Quando a *nulidade da confissão, desistência ou transação* provenha unicamente da falta de poderes do mandatário judicial ou da irregularidade do mandato, a sentença homologatória é notificada pessoalmente ao mandante com a cominação de, nada dizendo, o ato ser havido como ratificado e a nulidade suprida; se declarar que não ratifica o ato, este não produzirá quanto a si qualquer efeito – art. 291º, nº 3 (cfr. art. 1163º do CC).

[1146] Cfr., neste sentido, M. Teixeira de Sousa, *Estudos* cit., p. 384. Contra esta orientação, cfr. J. Rodrigues Bastos, *Notas,* vol. I cit., p. 91, Amâncio Ferreira, *Manual dos Recursos* cit., p. 128 e J. O. Cardona Ferreira, *Guia dos Recursos em Processo Civil,* 3ª ed., p. 58.

«a *critérios de legalidade e às regras deontológicas da profissão*» (nº 3, do art. 12º da LOSJ).

Sempre que o mandatário exorbite dos poderes em que se encontra investido pelo mandante através de procuração junta aos autos –, para além das consequências a que se reporta o nº 2 do art. 48º (ficar sem efeito tudo o que tiver sido praticado pelo mandatário, devendo este ser condenado nas custas respetivas e, se tiver agido culposamente, na *indemnização dos prejuízos* a que tenha dado causa) –, incorre o mesmo em vício de «*excesso de mandato*», devendo o tribunal participar *ex-officio* a ocorrência ao respetivo conselho distrital da Ordem (nº 3 do mesmo preceito).

No que tange à *litigância de má-fé*, não obstante a condenação ser pessoalmente dirigida à parte, «quando se reconheça que o mandatário da parte teve responsabilidade pessoal e direta nos atos pelos quais se revelou a má fé na causa, dar-se-á *conhecimento do facto à Ordem dos Advogados* (ou à *Ordem dos Solicitadores*) para que estas possam *aplicar* as sanções respetivas e *condenar* o mandatário na quota-parte das custas, multa e indemnização que lhes parecer justa», não sendo, pois, ao juiz ou ao tribunal que cabe censurar a conduta do advogado (art. 545º)[1147].

53.4. Revogação do mandato. Renúncia do mandato

O mandato judicial relativo a *processos pendentes* pode ser *revogado* pela parte concedente dos poderes, mas pode também o advogado *renunciar* ao mandato recebido. A *revogação e a renúncia do mandato* têm lugar no próprio processo e são *notificadas* tanto ao mandatário ou ao mandante, como à parte contrária (art. 47º, nº 1), sendo a partir da notificação que se produzem os respetivos efeitos (nº 2)[1148-1149].

Nos casos de *patrocínio obrigatório*, se a parte, depois de notificada da renúncia, não constituir novo mandatário no prazo de 20 dias, *suspende-se a instância*, se a falta for do autor; se for do réu, *o processo segue os seus termos*,

[1147] Cfr., neste sentido, entre muitos outros, o acórdão do STJ de 12-10-99, CJSTJ, Tomo III, Ano de 1999, p. 52/Cons. Silva Paixão.

[1148] A *revogação* e a *renúncia* respeitantes a qualquer outro mandado (não relativo a processos pendentes) serão operadas através da notificação (e correlativo formalismo) a que se reporta o art. 258º.

[1149] Não é aplicável à revogação do mandato judicial em processo pendente o disposto no art. 1171º do CC (revogação por simples substituição do mandatário), «tornando-se sempre necessária, para a eficácia da revogação, a notificação expressa do mandatário primeiramente constituído e da parte contrária, já que não basta o simples conhecimento avulso do acto revogatório» – cfr., neste sentido, J. Rodrigues Bastos, *Notas*, vol. I cit., p. 94.

aproveitando-se os atos anteriormente praticados pelo advogado (art. 47º, nº 3). Se o réu ou reconvindo não puderem ser notificados, o juiz solicita ao conselho distrital da Ordem dos Advogados a *nomeação oficiosa de mandatário*, a realizar em 10 dias, findos os quais a instância prossegue, aplicando-se, com as necessárias adaptações, o disposto nos arts. 51º e 52º (cfr. o nº 4 do art. 47º). No caso de o autor-mandante não ser encontrado (quiçá por mudança de residência ou por desconhecimento do seu paradeiro), a carta regularmente registada remetida para o domicílio ou sede do mandante-constituinte não deixa de produzir os seus efeitos pelo facto de o expediente ser devolvido, desde que a remessa haja sido feita para os destinos escolhidos para a receção[1150].

53.5. Patrocínio a título de gestão de negócios

Em caso de *urgência* – que deve ser alegada pelo «*gestor*», a menos que evidenciada pelas próprias circunstâncias do respetivo exercício –, o patrocínio judiciário pode ser exercido a título de *gestão de negócios* (art. 49º, nº 1)[1151]. Esta ocorre sempre que «uma pessoa assume a direção de negócio alheio no interesse e por conta do respetivo dono, sem para tal estar autorizada» (art. 464º do CC). Tal intervenção não autorizada pressupõe a falta de *procuração ou de mandato*, equiparando-se, por isso, à *nulidade da procuração ou mandato ou ao seu excesso*, sujeitando ainda o *gestor* a responsabilidade civil pelos danos culposamente causados ao *gerido* no exercício da gestão (art. 466º do CC).

Não há, todavia, que confundir *gestão de negócios* com *falta de procuração* (pode existir já um contrato de mandato sem procuração passada), possuindo, pois, desde então, o mandatário autorização para intervir.

O juiz fixará, por despacho, um *prazo para ratificação da gestão*, o qual será *pessoalmente notificado à parte cujo patrocínio o gestor assumiu* (art. 49º, nº 3), porquanto diretamente interessada na ratificação. Se a parte (*gerida*) *ratificar* a gestão no prazo assinalado pelo juiz, a intervenção do *gestor* ficará devi-

[1150] Cfr., neste sentido, Paulo Ramos de Faria e Ana Luísa Loureiro, *in Primeiras Notas ao Novo Código de Processo Civil*, vol. I, 2ª ed. Coimbra, Almedina, 2014, pp. 89-90.

[1151] Cfr., quanto ao exercício do patrocínio a título de gestão de negócios, M. Teixeira de Sousa, em comentário crítico ao acórdão do STJ de 2-4-2019, Proc. 1772/06.4TVLSB.TVLSB.L2.S1, *in blog* do IPPC de 29-4-2019, no sentido de que basta a simples menção do exercício a esse título em caso de propositura da ação com pedido de citação urgente, para salvaguardar a asseguração do pressuposto, face ao seu caráter sanável.

damente convalidada. Se *não ratificar*, será o *gestor* condenado nas custas que provocou e na indemnização do dano causado à parte contrária ou à parte cuja gestão assumiu, ficando ainda sem efeito os atos por si praticados, *idênticas consequências se produzindo se o gestor for advogado* (art. 49º, nº 2).

53.6. Falta do patrocínio. Falta, insuficiência ou irregularidade do mandato ou da procuração. Consequências. Sanação

A *falta de patrocínio judiciário*, quando obrigatório, surte as mesmas consequências que a falta de qualquer outro pressuposto processual: abstenção de conhecimento do mérito da causa com a consequente *absolvição do réu da instância* (arts. 41º, 278º, nº 1 e sua al. e), 576º, nº 2 e 577º, al. h)).

Antes, porém, de proferir essa drástica decisão sancionatória, deve o juiz, oficiosamente ou a requerimento da parte contrária, fazer *notificar a parte respetiva para constituir advogado dentro de certo prazo*, sob a cominação de o réu ser absolvido da instância, de não ter seguimento o recurso ou de ficar sem efeito a defesa (art. 41º)[1152]. E então uma de duas alternativas se perfilam para a hipótese de o vício não ser sanado dentro do prazo fixado: – *se a falta for do autor*, o juiz proferirá despacho de absolvição do réu da instância (arts. 576º, nº 2 e 577º, al. h)); – *se a falta for do réu*, será este considerado revel, ficando sem efeito a defesa que tiver apresentado (arts. 577º, al h)); – se a falta de advogado constituído se verificar *na fase de recurso*, este não terá seguimento (art. 41º, *in fine*).

Já quanto à *falta de procuração*[1153] *ou à sua insuficiência ou irregularidade* – a qual pode, *em qualquer altura*[1154], ser arguida pela parte contrária ou suscitada oficiosamente pelo tribunal –, *o juiz fixará prazo dentro do qual deve ser suprida a falta (ou corrigido o vício) e ratificado o processado* (art. 48º, nºs 1 e 2). Findo esse prazo sem que a situação haja sido regularizada, *ficará sem efeito tudo o que tiver sido praticado pelo mandatário*, devendo este ser condenado nas *custas* respetivas e, se tiver agido culposamente, na *indemnização* dos prejuízos a que tenha dado causa (nº 2 citado).

[1152] Se o advogado constituído *suspender*, entretanto, a sua *inscrição* na Ordem dos Advogados ou for disciplinarmente suspenso da sua atividade, tudo se passa como se a parte não tenha mandatário, pelo que há que aplicar as regras plasmadas nos arts. 41º e 42º.

[1153] O advogado intervém em juízo com mandato da parte mas sem exibir a respetiva procuração.

[1154] Enquanto, pois, não houver decisão final com trânsito em julgado.

54. Direito à proteção jurídica

54.1. Âmbito da proteção jurídica

O art. 20º da CRP assegura universalmente o *direito de acesso ao direito* e *aos tribunais*. Esse direito, integrando também o *direito à informação e consulta jurídicas e ao patrocínio judiciário*, perfila-se frequentemente como condição lógica da exercitação do segundo. Na verdade, a obtenção, por via judicial, de uma decisão dirimente de uma qualquer querela juridicamente relevante (*direito de acesso aos tribunais ou direito à proteção jurídica através dos tribunais*) reclama uma correta perceção dos direitos e deveres por parte dos respetivos titulares (*direito de acesso ao direito*).

Em concretização prática do citado dispositivo constitucional, veio a ser publicada, encontrando-se atualmente em vigor, a Lei nº 34/2004, de 29 de Julho (Lei de Acesso ao Direito e aos Tribunais – LADT).

O regime dessa Lei nº 34/2004 (LADT) foi ulteriormente completado e desenvolvido pelo Dec.-Lei nº 71/2005, de 17 de março (acesso à justiça nos litígios transfronteiriços entre países da União Europeia), o qual – concluindo o processo de transposição da Diretiva nº 2003/8/CE do Conselho, de 27 de janeiro –, passou a regular os aspetos dos regimes substantivo e procedimental específicos do acesso à justiça, aplicando-se, no mais, o disposto na referida lei[1155]. A Lei nº 47/2007, de 28 de agosto, veio, entretanto, dar nova redação a diversos preceitos da Lei nº 34/2004, republicando em anexo o texto modificado desta última Lei, cuja 4ª e última versão foi introduzida pelo Dec.-Lei nº 120/2018, de 27 de dezembro[1156].

1155 A Lei nº 34/2004, de 29 de julho, posteriormente complementada pela Lei nº 47/2007, de 28 de agosto, veio introduzir melhorias no acesso à justiça nos litígios transfronteiriços, através do estabelecimento de regras mínimas comuns relativas ao *apoio judiciário* no âmbito dos litígios. A Portaria nº 10/2008, DR, 1ª Série, nº 2, de 3 de janeiro de 2008, veio, por seu turno, proceder à regulamentação da Lei nº 34/2004, de 29 de julho, com a redação dada pela Lei nº 47/2007, de 28 de agosto, nomeadamente quanto à fixação do valor da taxa de justiça devida pela prestação de consulta jurídica, à definição das estruturas de resolução alternativa de litígios às quais se aplica o regime de apoio judiciário, à definição do valor dos encargos para efeitos do disposto no nº 2 do art. 36º da lei referida, à regulamentação da admissão dos profissionais forenses no sistema de acesso ao direito, à nomeação de patrono e de defensor e ao pagamento da respetiva compensação.

1156 O acórdão do TC de 9-11-2016, Proc. 951/2106, decidiu julgar *inconstitucional*, por violação do art. 20º, nº 1, da CRP, a norma do nº 3 do art. 7º da Lei nº 34/2004, de 29 de julho, na redação dada pela Lei nº 47/2007, de 28 de agosto, *na parte em que recusa proteção jurídica a pessoas coletivas com fins lucrativos, sem consideração pela concreta situação económica das mesmas.*

O *sistema de acesso ao direito e aos tribunais* destina-se a «assegurar que a ninguém seja dificultado ou impedido em razão da sua condição social ou cultural, ou por insuficiência de meios económicos, o conhecimento, o exercício ou a defesa dos seus direitos» (art. 1º nº 1, da LADT), objetivos de concretização a ser desenvolvidos por «ações e mecanismos sistematizados de informação jurídica e de proteção».

No *acesso ao direito* compreendem-se a *informação jurídica* e a *proteção jurídica*» (nº 2 do art. 1º)). No que se refere à *informação jurídica*, encontram-se cometidas ao Estado as tarefas e as ações de publicação e de divulgação do direito e do ordenamento legal (art. 4º), mormente através da criação de serviços de acolhimento nos tribunais e serviços judiciários, sendo a *prestação da informação jurídica*, no âmbito da *proteção jurídica*, cometida à Ordem dos Advogados em colaboração com o Ministério da Justiça (art. 5º, nºs 1 e 2).

A *proteção jurídica* (*consulta jurídica* e *patrocínio judiciário*) «é concedida para questões ou causas judiciais concretas ou suscetíveis de concretização em que o utente tenha um interesse próprio e que versem sobre direitos diretamente lesados ou ameaçados de lesão» (cfr. o art. 6º, nºs 1 e 2). Em caso de *litígio transfronteiriço*, para cuja solução sejam competentes tribunais pertencentes a um outro Estado da União Europeia, a proteção jurídica abrange o *apoio pré-contencioso*, bem como os *encargos específicos decorrentes do caráter internacional* do mesmo, em termos a definir por lei (art. 6, nº 4). O *direito à consulta jurídica* (modalidade do *direito à proteção jurídica*) contempla a apreciação preliminar da inexistência de fundamento legal da pretensão para efeitos de *nomeação de patrono oficioso* (art. 14º, nº 1)[1157]. Nomeação esta que pressupõe um *fundamento sério* para a dedução da pretensão, um verdadeiro *fumus boni juris*, como reclamam os princípios da economia e da boa-fé processuais.

Quanto ao *âmbito pessoal*, o direito a proteção jurídica é conferido, não só aos «*cidadãos nacionais e da União Europeia*, como também aos *estrangeiros e aos apátridas com título de residência válido num Estado da União Europeia* que demonstrem estar em situação de insuficiência económica» (art. 7º, nº 1). Fora dessa proteção deixou o nº 3 da mesma norma «as *pessoas coletivas com fins lucrativos* e os *estabelecimentos individuais de responsabilidade limitada*» e também «as *pessoas coletivas sem fins lucrativos*», as quais gozam apenas direito à proteção jurídica, na modalidade de *apoio judiciário*», desde que feita a *prova da insuficiência económica* a ser feita de harmonia com o disposto no art. 8º-B da mesma LADT (cfr. o nº 4 do mesmo preceito).

[1157] Constitui ato próprio de advogado o exercício de consulta jurídica, nos termos definidos pela Lei nº 49/2004, de 14 de agosto (cfr. o art. 68º do EOA).

Relativamente à *proteção jurídica*, nas modalidades de *consulta jurídica* e *apoio judiciário* (art. 6º, nº 1, da LADT), estabelece o nº 1 do art. 8º dessa Lei – como *critério aferidor da situação de insuficiência económica* – que se encontra nessa situação «aquele (*cidadão individual*) que, em função de fatores de natureza económica e da respetiva capacidade contributiva, não tem condições objetivas para suportar pontualmente os custos de um processo». Critério igualmente válido «para as *pessoas coletivas sem fins lucrativos* «com as necessárias adaptações» (nº 2).

O *cálculo do rendimento relevante para efeitos de proteção jurídica* é feito de harmonia com os *critérios e fórmulas* plasmados no Anexo à LADT.

Uma vez concedida, *a proteção jurídica pode ser retirada*, total ou parcialmente, nos casos previstos no art. 10º. O beneficiário deve, em caso de *superveniência de meios suficientes*, declarar desde logo essa nova situação determinativa da dispensa total ou parcial do benefício, sob pena de ficar sujeito às sanções previstas para a litigância de má fé (art. 10º, nº 2). E *caducará* se ocorrida qualquer das circunstâncias previstas no art. 11º, *v. g.*, se decorrido o prazo de *um ano* após a sua concessão sem a prestação de consulta ou sem instauração da ação em juízo por razões imputáveis ao requerente (nº 1, al. b). Para prevenir esta situação, a decisão jurídica é notificada ao requerente (art. 26º) e, quando se tratar de nomeação de patrono, é o requerente notificado de que deve prestar a sua colaboração ao patrono nomeado, sob pena de o apoio judiciário lhe ser retirado (art. 31º, nº 2).

A proteção pode ser requerida: a)- pelo *interessado* na sua concessão; b)- pelo *Ministério Público* em representação do interessado; c)- por *advogado, advogado estagiário* ou *solicitador* em representação do interessado, bastando, para comprovar essa representação, as assinaturas conjuntas do interessado e do patrono (cfr. o art. 19º da LADT). Os *requerimentos, certidões* e *quaisquer outros documentos pedidos* para fim de proteção jurídica estão *isentos de impostos, emolumentos e taxas* (art. 9º).

Nos termos do art. 37º da Lei nº 34/2004, de 29 de julho, «são aplicáveis ao procedimento de concessão de proteção jurídica as disposições do *Código do Procedimento Administrativo* em tudo o que não esteja especialmente regulado».

As decisões (*desfavoráveis*) relativas ao *cancelamento* ou à *caducidade* da proteção jurídica são passíveis de impugnação nos termos dos arts. 27º e 28º (art. 12º). Verificando-se que o requerente possuía, à data do pedido, meios económicos suficientes ou que os adquiriu posteriormente, será contra ele instaurada ação para *cobrança* das respetivas importâncias pelo Ministério Público ou por qualquer outro interessado (art. 13º).

54.2. Apoio judiciário. Processamento do pedido. Deferimento tácito

O *apoio judiciário* – outra distinta vertente da proteção jurídica – compreende as seguintes modalidades: a)- *dispensa total ou parcial de taxas de justiça e demais encargos* com o processo; b)- *nomeação e pagamento de honorários de patrono*; c)- *pagamento da remuneração do agente de execução designado*; d)- *pagamento faseado de taxa de justiça e demais encargos* com o processo (cfr. o nº 1 do art. 16º da LADT).

> O *regime de apoio judiciário* aplica-se em todos os *tribunais* e nos *julgados de paz* qualquer que seja a forma de processo» (nº 1) e ainda, «com as devidas adaptações, aos processos de *contraordenações* e aos processos de *divórcio por mútuo consentimento* cujos termos corram nas conservatórias do registo civil» (nº 2), ambos esses números do art. 17º da mesma Lei. E «é concedido independentemente da posição que o requerente ocupe na causa e do facto de ter sido já concedido à parte contrária» (art. 18º, nº 1).

O apoio *deve ser requerido antes da primeira intervenção processual*, «salvo se a situação de insuficiência económica for superveniente ou se, em virtude do decurso do processo, ocorrer um encargo excecional», casos em «que se suspende o prazo para pagamento da taxa de justiça e demais encargos com o processo até à decisão do pedido de apoio judiciário» (art. 18º, nº 2, da LADT). O benefício *mantém-se para efeitos de recurso*, «qualquer que seja a decisão sobre a causa e *é extensivo a todos os processos que sigam por apenso* àquele em que essa concessão se verificar, sendo-o também ao processo principal quando concedido em qualquer apenso» (nº 4)[1158]. E *subsistirá igualmente na eventualidade da declaração da incompetência do tribunal e também no caso de o processo ter sido desapensado*, efetuando-se a prova da sua concessão através da junção de certidão da decisão (nºs 6 e 7).

O *requerimento é apresentado em qualquer serviço de atendimento ao público* dos *serviços de segurança social* (art. 22º, nº 1), competindo a *decisão* «sobre a concessão da proteção jurídica ao *dirigente máximo dos serviços de segurança social*

[1158] Deste modo, se concedido num *procedimento* cautelar requerida como preliminar de uma dada ação, essa concessão manter-se-á para essa *ação* de que é instrumental e dependente.

da área residência ou sede do requerente». Pode, porém, o pedido ser remetido para a comissão prevista no nº 2 do art. 20º da mesma Lei.

O *procedimento* (com a correspondente decisão) sobre o pedido de proteção jurídica deve estar concluído em 30 dias, *prazo este de caráter contínuo* e não se suspendendo durante as férias judiciais e, se terminar em dia em que os serviços da segurança social estejam encerrados, transfere-se o seu *terminus ad quem* para o 1º dia útil seguinte» (art. 25º, nº 1, da LADT). Decorrido este prazo, «sem que tenha sido proferida uma decisão, considera-se o pedido como *tacitamente deferido»* (nº 2); caso em que se torna suficiente a menção em tribunal da formação de *ato tácito* e, se estiver em causa um pedido de nomeação de patrono, a respetiva nomeação é requerida à Ordem dos Advogados *pelo tribunal* (se o pedido houver sido apresentado na pendência de ação judicial) ou *pelo próprio interessado* mediante exibição de documento comprovativo de apresentação (há mais de 30 dias) do requerimento de proteção jurídica, nos casos em que o pedido não tiver apresentado na pendência de ação judicial (nº 3).

54.3. Nomeação de patrono oficioso para propositura de ação. Pedido de escusa. Prazos

A *nomeação de patrono oficioso* (pela Ordem), destinada à *propositura de uma ação*, depende de juízo sobre a *existência de fundamento legal da pretensão* feito em sede de consulta jurídica (cfr. o art. 21º e, também, o já citado nº 1 do art. 14º). Decisão essa «suscetível de *impugnação para o conselho distrital da Ordem dos Advogados* territorialmente competente» (art. 26º, nº 3).

O *pedido, a formular em modelo a fornecer gratuitamente*, é apresentado por qualquer das vias previstas no art. 22º, devendo especificar a modalidade de proteção jurídica pretendida e, sendo caso disso, as modalidades a cumular. Se, porém, feito por uma *sociedade, estabelecimento individual responsabilidade limitada* ou *comerciante em nome individual* e a causa for o exercício do comércio, deve ser apresentado em *duplicado* para que um dos exemplares seja remetido ao Ministério Público, a fim de poder instaurar processo de insolvência ou de recuperação de empresa, se verificados os pressupostos legais. A *audiência prévia do requerente de proteção jurídica* tem obrigatoriamente lugar nos casos em que está proposta uma decisão de indeferimento do pedido formulado (art. 23º, ainda da LADT).

Se concedido o apoio judiciário na modalidade de nomeação de patrono, *compete à Ordem dos Advogados a escolha e nomeação de advogado* «de harmonia com os respetivos estatutos, regras processuais e regulamentos internos». A nomeação pode também recair em *solicitador* nos moldes convencionados entre a respetiva Ordem e a Ordem dos Advogados (cfr. o art. 30º, nºs 1 a 3, da LADT).

A *nomeação de patrono* – que deve, em regra, *recair em advogado com escritório na comarca por onde o processo corre termos* (art. 30º, nº 2, da LADT) – é notificada ao requerente e ao patrono nomeado. A notificação é feita com a menção expressa do nome e escritório do patrono nomeado, bem como do dever de lhe dar colaboração, sob pena de o apoio judiciário lhe ser retirado (art. 31º, nºs 1 e 2, da LADT).

O patrono nomeado não pode auferir remuneração diversa daquela a que tiver direito nos termos do disposto no art. 3º. *O patrono nomeado para a propositura da ação deverá intentá-la nos 30 dias seguintes à notificação da nomeação,* apresentando justificação à Ordem dos Advogados ou à Ordem dos Solicitadores caso o não faça ou não possa fazer dentro de tal prazo. É, contudo, admissível a *prorrogação do prazo* mediante apresentação de *pedido justificativo* fundamentado perante as mesmas entidades (art. 33º, nºs 1 e 2, da LADT). *A ação considera-se proposta na data em que for apresentado o pedido de nomeação de patrono* (art. 33º, nº 4). A decisão que conclua pela inexistência de fundamento legal da pretensão é passível de *reclamação* para o conselho distrital da Ordem dos Advogados (art. 14º, nº 3).

O patrono nomeado pode requerer *escusa* ao presidente do conselho distrital da Ordem dos Advogados ou ao presidente da secção da Ordem dos Solicitadores alegando os motivos da escusa, os quais podem consistir precisamente na inexistência de fundamento legal (art. 34º, nº 1). (cfr. o nº 5 do art. 34º).

A *substituição* do patrono nomeado pode ser feita por motivo fundamentado nos termos do nº 1 do art. 32º. O *pedido de escusa* apresentado na pendência do processo *interrompe o prazo que estiver em curso* (art. 34º, nº 2). Se *concedida* a escusa, a Ordem dos Advogados procede à nomeação e designação de novo patrono, salva a inexistência de fundamento legal da pretensão, caso em que pode ser recusada nova nomeação para o mesmo fim (art. 34º, nº 5). O patrono nomeado pode *substabelecer, com reserva,* para diligência determinada, indicando logo o seu substituto ou pedindo à Ordem dos Advogados que proceda à nomeação de substituto (art. 35º, nº 1), todos esses preceitos da LADT.

54.4. Impugnação judicial do indeferimento

A decisão de *indeferimento expresso* sobre o pedido de proteção jurídica é notificada ao requerente e, no caso de nomeação de patrono, também à Ordem dos Advogados (art. 26º, nº 1, da LADT). Tal decisão *não admite reclamação nem recurso hierárquico ou tutelar*, sendo porém suscetível de *impugnação judicial* nos termos dos arts. 27º e 28º. A *impugnação judicial* pode ser intentada *diretamente pelo interessado* (não é obrigatória para tal a constituição de advogado) e deve dar entrada no serviço de segurança social que apreciou o pedido de proteção jurídica ou no conselho distrital da Ordem dos Advogados que negou a nomeação de patrono, no prazo de 15 dias após o conhecimento da decisão (art. 27º, nº 1). O *pedido de impugnação deve ser escrito,* não carecendo porém, de ser articulado, tendo como *única prova admissível* a *documental,* a qual poderá ser requerida através do tribunal (art. 27º, nºs 1 e 2). O serviço de segurança social ou o conselho distrital da Ordem dos Advogados, conforme o caso (arts. 14º e 20º), dispõem de 10 dias para *revogar* a decisão ou, mantendo-a, *enviar o recurso* para o tribunal competente (art. 27º, nº 3), a ser decidido pelo *tribunal judicial da comarca* em que se encontra sediado o serviço de segurança social que apreciou o pedido de proteção jurídica ou o tribunal em que esta se encontra pendente (art. 28º, nº 1), todos esses citados preceitos da LADT.

Capítulo VII
Atos processuais

Secção I

Os atos processuais em geral

55. Atos processuais. Conceito. Natureza. Espécies

São *atos processuais* todos os *atos jurídicos* praticados pelas *partes* – por si ou através dos respetivos mandatários –, bem como pela *secretaria* ou pelos *magistrados*, destinados a produzir efeitos no seio de um processo em curso (ainda que deles possam concomitantemente advir consequências reflexas de direito substantivo). Porque relativos a um processo (ação em sentido formal), constituem os elos de uma cadeia sequencial preordenada à iniciação, conservação e desenvolvimento da concreta relação jurídica em que se integram[1159].

Os *atos processuais* traduzem-se em declarações ou manifestações do pensamento produzidas, de modo voluntário, por um qualquer dos sujeitos processuais; a sua relevância e eficácia são predeterminadas pela lei, não dependendo a sua validade da coincidência dos seus efeitos com o objetivo querido pelos seus autores. Distinguem-se dos restantes atos jurídicos precisamente pelo seu nexo ou pertença a um dado *processo ou procedimento*[1160]. Abstratamente enquadráveis nas diversas categorias previstas na lei adjetiva, surtem «eficácia constitutiva, modificativa ou extintiva na correspondente relação processual[1161].

Na classificação dos atos quanto à *origem* (*autoria*), a nomenclatura legal inclui apenas os atos *das partes* (arts. 144º a 148º), os atos *dos magistrados* (arts. 150º a 156º) e os atos *da secretaria* (arts. 157º a 171º), afora, pois, os atos de terceiros (como, por ex., os dos peritos, das testemunhas e dos intérpretes), de manifesta relevância na vida da relação processual. Incompletude esta de que se dava já conta, face ao Código de 39, o Prof. ALBERTO DOS REIS[1162]. Este ilustre Mestre sistematizava funcionalmente os atos processuais, *quanto à lide e seus momentos* (de *introdução*, de *instrução*, de *discussão* e de *decisão*) e, *quanto ao processo e sua disciplina,* (de *impulso*, de *formação*, de *governo* e de *resolução*)[1163].

[1159] Cfr. J. RODRIGUES BASTOS, *Notas*, vol. I cit., p. 205.

[1160] Cfr. ENRICO TULLIO LIEBMAN, *Manuale di Diritto Processuale Civile*, Principi, 6ª ed., Giuffrè, Milano, 2002, p. 201.

[1161] Cfr. ENRICO TULLIO LIEBMAN, *Manuale* cit., p. 202.

[1162] Cfr. *Comentário*, vol. 2º cit., p. 7.

[1163] Cfr. *Comentário*, vol. 2º cit., p. 8.

55.1. Forma. Princípio da instrumentalidade

Consagra a lei, nos arts. 130º e 131º, nº 1, os *princípios da liberdade de forma e da economia formal*. «Os atos processuais têm a *forma* que, nos termos mais simples, melhor corresponda ao fim que visam atingir» – erupção do *princípio da instrumentalidade da forma* (art. 131º, nº 1).

Não é lícito realizar no processo *atos inúteis* (art. 130º). A este postulado proibitivo – integrador ele próprio do mais lato *princípio da economia processual* – dá a lei a designação de *princípio da limitação dos atos*, a observar, quer pelo juiz, quer pelas partes, visando obstar à perturbação da tramitação *normal* do processo e conseguir que, pela via mais simples e mais eficaz, ele chegue com celeridade ao seu termo. A prática de atos inúteis pode, de resto, tipificar a situação de *litigância de má-fé* abstratamente prevista na al. d) do nº 2 do art. 542º – *uso manifestamente reprovável do processo ou dos meios processuais*.

A obediência dos atos processuais a modelos padronizados aprovados pela entidade competente só é obrigatória, salvo disposição legal em contrário, para os *atos da secretaria* (art. 131º, nº 2). Pode, contudo, o juiz adaptar a tramitação abstratamente prevista na lei às especificidades do caso concreto, sempre que a forma indicada pelo autor na petição inicial se não se mostrar a mais adequada para o escopo pretendido – art. 547º (*princípio da adequação formal*).

Nos atos judiciais utilizar-se-á a *língua portuguesa* (art. 133º, nº 1). Os estrangeiros que não conheçam a língua portuguesa poderão exprimir-se em língua diferente, devendo nomear-se um *intérprete* quando necessário (133º, nº 2).

Com a instituição obrigatória do uso de *meios informáticos no tratamento e execução de quaisquer atos ou peças processuais*, a *tramitação* dos processos, por regra (com as exceções previstas na lei), feita por *meios eletrónicos*, *ex-vi* dos nºs 1, 2 e 3 do art. 132º, nos termos definidos pela Portaria do Ministro da Justiça nº 280/2013, de 26 de agosto, com as alterações introduzidas pelas Portarias nºs 170/2017, de 25 de maio, e 267/2108, de 20 de setembro (nº 1)[1164].

[1164] Portaria aplicável, não só «às *ações declarativas cíveis*, procedimentos cautelares e notificações judiciais avulsas (com exceção dos pedidos de indemnização cível ou dos processos de execução de natureza cível deduzidos no âmbito de um processo penal), como também às *ações executivas cíveis* (incluindo a apresentação eletrónica do requerimento executivo e a notificação eletrónica do agente de execução) – cfr. o art. 2º da mesma Portaria.

55.2. Tempo e lugar

Os *atos processuais* não se praticam nos dias em que os tribunais estiverem encerrados, nem durante as férias judiciais[1165], com exceção das citações, notificações e dos atos que se destinem a evitar danos irreparáveis (art. 137º, nºs 1 e 2). Os *atos das partes* podem ser praticados (*por via eletrónica*) ou *através de telecópia* em qualquer dia, independentemente da hora da abertura e do encerramento dos tribunais (art. 137º, nº 3). Os *atos das partes* praticados (*por forma presencial*) junto do tribunal, nomeadamente a entrega de quaisquer articulados, requerimentos ou documentos, devem ser praticados *durante as horas de expediente* dos serviços (art. 137º, nº 4).

A *regra geral* é a de que os atos judiciais se realizem no lugar que assegure a sua maior eficácia, isto é, *nas instalações do próprio tribunal por onde corre o processo*, podendo, porém, praticar-se *em lugar diferente por motivos de deferência*, comodidade ou de justo impedimento (arts. 143º, nºs 1 e 2).

Assim, razões de um melhor aproveitamento e a própria natureza do ato podem determinar que o mesmo se pratique em local diverso: por ex., a *inquirição das testemunhas no teatro da questão*, por iniciativa do tribunal ou a requerimento de alguma das partes (art. 501º), a realização de uma *perícia* (arts. 388º do CC e 467º e ss. do CPC) ou de uma *inspeção ao local* (arts. 390º do CC e 490º do CPC); a *inquirição* pode ainda ser feita por *teleconferência* na própria audiência, mas a partir do tribunal da comarca da área da residência da testemunha, se reunidos os pressupostos do art. 502º. Também, por razões estatutárias ou outras congéneres de deferência pessoal, em razão da relevância sócio-política dos cargos exercidos – como, por ex., a inquirição de certas testemunhas (*prerrogativas de inquirição* de magistrados dos tribunais superiores ou de altas entidades públicas civis, militares e religiosas) –, pode o ato ser praticado ou primeiro por escrito ou em residência particular, o mesmo sucedendo com situações de *justo impedimento* (conf. os arts. 503º a 507º, 457º, nº 2, 518º e 520º).

[1165] As férias judiciais decorrem de 22 de dezembro a 3 de janeiro, do domingo de Ramos à segunda-feira de Páscoa e de 15 de julho a 31 de agosto – cfr. o art. 28º da LOSJ.

Secção II
Atos das partes

56. Atos das partes. Apresentação a juízo. Suporte digital. Taxa de justiça. Prazo supletivo

Os atos processuais das partes têm como função e objetivo *impulsionar, conservar, desenvolver, modificar* ou *extinguir* a lide, revestindo-se de uma natureza algo paralela à das declarações negociais de direito privado. O que logo coloca um problema de aplicação da lei processual *versus* a lei substantiva a cada ato de per si considerado, como, por ex., a propósito da admissibilidade de institutos da invalidação dos atos por vícios da vontade (arts. 240º a 257º do CC) ou da admissibilidade ou inadmissibilidade da aposição de um *termo* ou *condição* (arts. 270º a 279º do CC). Assim, aos atos com um fim exclusiva ou predominantemente processual (praticados em função de um dado processo, mas antes e fora dele) dever-lhes-ão ser oponíveis os *vícios do consentimento* como garantia da respetiva conformidade com a vontade real dos seus autores[1166-1167].

São inquestionavelmente *atos processuais*, por ex., as declarações de *confissão* (confessórias) de *desistência* do pedido ou de *transação* judicial, porquanto apenas praticáveis no âmbito de um concreto processo judicial (arts. 283º a 286º)[1168]. Já, porém, se praticados antes ou fora de um dado processo, só poderão ser qualificados como processuais os atos cujos efeitos principais se produzam na esfera intraprocessual (por ex., a outorga de uma procuração com poderes forenses ou a subscrição de um pacto de "*foro prorogando*")[1169]. Mas o ato de fixação negocial do lugar do cumprimento de uma obrigação produz essencialmente *efeitos substantivos* e só indireta ou reflexamente efeitos processuais (na eventualidade de superveniência de

[1166] Cfr. Anselmo de Castro, *Direito Processo Civil Declaratório*, vol. III cit., pp. 13 a 18.

[1167] Sobre a interpretação dos atos das partes, *vide* Paula Costa e Silva, *Acto e Processo – o dogma da irrelevância na interpretação e nos vícios do acto postulativo*, Coimbra Editora, 2003, pp. 56 e ss..

[1168] A *confissão, desistência e transação,* bem como outros atos de natureza idêntica, podem, contudo, ser declaradas nulas ou anuladas, mesmo depois do trânsito em julgado da respetiva sentença homologatória, *ex-vi* dos nºs 1, 2 e 3 do art. 291º.

[1169] Sobre este ponto, cfr. Anselmo de Castro, *Direito Processual Civil Declaratório*, vol. III, cit., p. 15.

um litígio), designadamente para efeitos de aferição do pressuposto processual da competência territorial.

O *processo tem natureza eletrónica*, sendo constituído por informação estruturada constante do sistema de informação de suporte à atividade dos tribunais e por documentos eletrónicos (art. 132º, nº 1). «A *tramitação dos processos*, incluindo a *prática de atos escritos*, é efetuada (nesse sistema de informação) nos termos definidos por portaria do membro do Governo responsável pela área da justiça (nº 2). «Em caso de indisponibilidade do sistema», «*os atos dos magistrados podem excecionalmente ser praticados em papel, procedendo a secretaria à sua digitalização e inserção naquele sistema*» (art. 132º, nº 3).

Assim, os atos processuais que devam ser praticados *por escrito* (*v. g.*, os articulados, as alegações e as contra-alegações de recurso) *devem ser introduzidos em juízo por via eletrónica* nos termos da Portaria nº 280/2013, de 26 de agosto e subsequentes alterações, *valendo como data da prática do ato processual o da respetiva expedição.*

«Os *autos, termos* e *demais atos elaborados pelos funcionários judiciais*, mesmo que em coautoria, dispensam a sua assinatura, sendo a autoria dos mesmos certificada pelos mecanismos de autenticação do sistema de informação de suporte à atividade dos tribunais (art. 160º, nº 1); mas, *os atos nos quais intervenha o juiz só são válidos desde que estejam assinados por este*» (nº 2).

«Nos casos em que o funcionário judicial elabore *citação, notificação* ou *outro ato que deva ser remetido por via postal*, a sua *assinatura pode ser substituída por indicação do código identificador* da comunicação, bem como do *endereço do sítio eletrónico do Ministério da Justiça* no qual, através da inserção do código, é possível confirmar a autenticidade da comunicação» (art. 160º, nº 7).

De atentar em que o «processo pode ter *um suporte físico*, a constituir nos termos definidos pelo membro do Governo responsável pela área da justiça, com o objetivo de apoiar a respetiva tramitação» (art. 132º, nº 6).

Deve a parte apresentar, por idêntica via, os *documentos* que a devam acompanhar, ficando dispensada de remeter os respetivos originais (nº 2 do art. 144º). Tal forma de apresentação documental não terá, porém, lugar (devendo pois, ser feita a entrega em *suporte físico*) quando o seu formato ou a dimensão dos ficheiros a enviar não o permitirem (cfr. os nºs 1 a 5 do art. 5º do art. 10º da citada Portaria nº 280/2013, com as últimas alterações introduzidas pela Portaria nº 267/2018, de 20 de setembro). O que não prejudica, porém, o *dever de exibição* das peças processuais em suporte de papel e dos respetivos originais sempre que o juiz o determine (art. 144º, nº 8, do CPC e 3º, nº 2, da mesma Portaria).

56.1. Taxa de justiça

Se a lei exigir, para a prática de um ato processual, o pagamento de *taxa de justiça* nos termos do RCP[1170], deve ser junto o *documento comprovativo* do seu *(prévio) pagamento* ou da *concessão do benefício do apoio judiciário*, salvo se, neste último caso, essa concessão já se encontrar comprovada nos autos (art. 145º, nº 1). Sem prejuízo do regime aplicável à *petição inicial* (art. 552º, nº 3), a *falta de junção* desse documento não implica a *recusa* da peça processual, devendo a parte proceder à sua junção nos *10 dias subsequentes* à prática do ato, sob pena de aplicação das cominações previstas nos arts. 570º e 642º (art. 145, nº 3).

Sendo o ato processual praticado por *viao eletrónica* (o que é de regra), o prévio pagamento da taxa de justiça, bem como o pedido ou a concessão do benefício do apoio judiciário são comprovados nos termos definidos pelo art. 9º da Portaria nº 280/2013, de 26 de agosto (cfr. nº 1 do art. 132 e 145, nº 4). Igual regime se aplica à apresentação da *petição inicial* por via eletrónica (cfr. art. 552º). O disposto nos nº 7 e 8 do art. 552º (junção, pelo autor, do documento comprovativo desse pagamento) é também aplicável à *contestação* apresentada pelo réu, *ex-vi* do nº 1 do art. 570º.

56.2. Prazo supletivo

O art. 149º contempla a *regra geral sobre o prazo*, como tal sempre aplicável na ausência de previsão legal de prazo diverso. Assim, «*na falta de disposição especial, é de 10 dias*[1171] o prazo para as partes requererem qualquer ato ou diligência, arguirem nulidades, deduzirem incidentes ou exercerem qualquer outro poder processual; *é também de 10 dias* o prazo para a parte responder ao que for deduzido pela parte contrária» (nº 1), contando-se sempre o prazo para qualquer resposta da notificação do ato a que se responde (nº 2).

Trata-se de um *preceito integrador da lei* (por isso *de natureza supletiva ou subsidiária*): sempre que esta permita ou ordene a prática de um ato processual sem cominar o respetivo prazo, computar-se-á este em 10 dias. Norma

[1170] Acerca do pagamento das custas e multas processuais por via eletrónica, cfr. a Portaria nº 1433-A/2006, de 29 de Dezembro, e os arts. 32º e ss. do RCP.

[1171] Na *jurisdição administrativa*, o prazo geral supletivo para os atos processuais das partes é igualmente de 10 dias (cfr. art. 29º, nº 1, do CPTA).

que não é, contudo, aplicável aos prazos a arbitrar pelo juiz no uso dos seus poderes discricionários, os quais podem ser fixados aquém ou além de 10 dias.

56.3. Retificação de erros materiais

Os atos processuais/judiciais podem eventualmente enfermar de *lapsos de escrita ou de cálculo*. Em tal circunstância, entendia a jurisprudência ser de aplicar a estatuição do art. 249º do CC, concebida, em primeira linha, para o *erro de cálculo ou de escrita da declaração negocial*. Assim, esse erro, se «revelado no próprio texto da declaração ou através das circunstâncias em que a declaração é feita, apenas dá direito à retificação desta». Tratava-se, no fundo, de uma situação análoga à da possibilidade da retificação do chamado *erro-obstáculo* (que não do erro-vício, gerador este da anulabilidade do ato, satisfeitos que fossem requisitos específicos), ou seja, uma modalidade especial de *erro na declaração* contemplada no art. 247º do CC.

Atualmente, o art. 146º veio consagrar genericamente (quanto aos *erros de cálculo* ou *de escrita*) a admissibilidade da sua retificação, desde que os mesmos sejam revelados no contexto da peça processual apresentada (nº 1). «Deve ainda o juiz, admitir, a *requerimento da parte*, o *suprimento* ou a *correção* de vícios ou omissões puramente formais dos atos praticados, desde que a falta não deva imputar-se a dolo ou culpa grave e o suprimento ou a correção não impliquem prejuízo relevante para o regular andamento da causa». A possibilidade do deferimento desses suprimentos ou correções terá, pois, de obedecer aos seguintes requisitos; – partir da *iniciativa da parte*; – tratar-se de *vícios de forma* que não de conteúdo; – *não* ter a sua comissão *sido intencional*; – *não implicarem* o suprimento ou correção *prejuízo relevante para o regular andamento da causa.*

Secção III
Atos dos magistrados

57. Decisões judiciais. Espécies. Dever de fundamentação

57.1. Despachos, sentenças e acórdãos. Dever de acatamento

Cumpre ao juiz, no exercício do seu múnus funcional de administrador da justiça, proferir *despacho* ou *sentença* sobre as matérias pendentes, bem como acatar, nos termos da lei, as decisões dos tribunais superiores (art. 152º, nº 1, do CPC). O *dever de acatamento* (pelos juízes dos tribunais inferiores) das decisões proferidas, em via de recurso, pelos tribunais superiores encontra-se consagrado no nº 1 do art. 4º da LOSJ. A infração de tal dever por parte do tribunal recorrido constitui mesmo *nulidade insuprível*, a conhecer «*ex-officio*», independentemente pois de reclamação pelos interessados, podendo ainda fazer incorrer o magistrado incumpridor em *responsabilidade disciplinar*.

«Os *magistrados judiciais* em exercício de funções jurisdicionais *são titulares do órgão de soberania Tribunal* e formam um *corpo único* que se rege por um só Estatuto» (art. 1º, nº 1, do EMJ aprovado pela Lei nº 21/85, de 30 de julho, com a redação que lhe foi dada pelo art. 2º da Lei nº 67/2019, de 27 de agosto), sendo o *Conselho Superior da Magistratura* «o órgão superior de gestão e disciplina da magistratura judicial» (art. 136º do EMJ).

«É *função da magistratura judicial administrar a justiça em nome do povo*, de acordo com as fontes de direito a que deva recorrer nos termos da Constituição e da lei e *fazer executar as suas decisões*» (art. 3º, nº 1, do EMJ).

«Os *magistrados judiciais* do Supremo Tribunal de Justiça têm o título de *conselheiros*, os dos tribunais da Relação o de *desembargador* e os dos tribunais judiciais de 1ª instância o de *juiz de direito*» (art. 16º, nº 1, do EMJ).

Diz-se *sentença* o ato pelo qual o juiz decide a causa principal ou algum incidente que apresente a estrutura de uma causa (art. 152º, nº 2). As decisões dos *tribunais colegiais* ou funcionando *em coletivo* (por ex., nos tribunais superiores), têm a denominação de *acórdãos* (art. 152º, nº 3). Qualquer outra decisão assume a natureza e a designação de *despacho*.

Os *despachos* podem ser *finais* – se puserem termo ao processo por razões de fundo ou de mera forma – ou simplesmente *avulsos* ou *interlocutórios*, isto é, se proferidos para decisão de alguma questão de ordem intermédia ou incidental, sem precludir o subsequente andamento do processo. Assim, por exemplo, e por força do nº 3 do art. 595º, o despacho saneador que conheça de alguma exceção dilatória ou nulidade processual (art. 595º, nº 1, al. a)) constitui, logo que transitado em julgado, *caso julgado formal*, mas *só quanto à questão ou questões concretamente apreciadas* (art. 595º, nº 3) e, se conhecer imediatamente do pedido (art. 595º, nº 1, al. b)), fica tendo, para todos os efeitos, o valor de sentença (se conhecer do mérito ou do fundo da causa assume a designação de *despacho saneador-sentença*)[1172].

Os *despachos de mero expediente* destinam-se a prover ao andamento regular do processo sem interferir no conflito de interesses entre as partes; consideram-se proferidos *no uso legal de um poder discricionário* os despachos que decidam matérias confiadas ao prudente arbítrio do julgador (nº 4 do art. 152º)[1173].

Como *requisitos externos* das sentenças e dos despachos, de referir que «as decisões judiciais serão *datadas* e *assinadas* (ainda que por simples abreviatura) pelo juiz ou relator; estes devem ainda *rubricar* as folhas não manuscritas e proceder às *ressalvas* necessárias; os *acórdãos* serão também assinados pelos restantes juízes que hajam intervindo na decisão, salvo se não estiverem presentes, do que se fará menção no lugar destinado a essa assinatura (art. 153º, nºs 1 e 2).

A *sentença* compõe-se estruturalmente de *relatório, fundamentação* (de facto e de direito) e *decisão* (art. 607º). Os *despachos* caraterizam-se pela suas maiores informalidade e abreviação, a menos que dirimam qualquer controvérsia ou alguma dúvida suscitada no seio do processo, casos em que devem compreender – tal como as sentenças – os *fundamentos da decisão* (art. 154º).

No que tange às *decisões avulsas de mero expediente* ou dos *procedimentos cautelares* cuja tramitação se processe *sem a audiência prévia do requerido*, ou com uma audiência meramente precária ou rudimentar, porque lhes falece a estrutura de uma verdadeira causa, melhor se coaduna ao respetivo ato

[1172] A *sentença* e o *despacho saneador* que julguem da procedência ou improcedência de alguma *exceção perentória* decidem do mérito da causa (arts. 595º, nº 1, al. b) e 644º, nº 1, al. b)).

[1173] «Não admitem recurso os *despachos de mero expediente* nem os *proferidos no uso legal de um poder discricionário*» – cfr. o art. 630º (nº 1) «salvo se contenderem com os princípios da igualdade ou do contraditório, com a aquisição processual de factos ou com a admissibilidade de meios probatórios» (art. 630º, nº 2).

decisório (incidental) a designação de *despacho*[1174]. É assim, por simples *despacho*, que o juiz decide: – os *procedimentos cautelares comuns, quando o requerido não tiver sido (por imperativo legal ou por decisão discricionária do juiz) ouvido antes do decretamento da providência* (art. 366º, nº 1); – o *embargo de obra nova* decretado sem audiência prévia do embargado (art. 397º); – a *restituição provisória da posse* (art. 378º); – o *arresto* (arts. 393º, nº 1, do CPC e 1279º do CC.); – *o arrolamento* decretado sem audiência prévia do requerido (art. 405º, nº 2); – a *apreensão de veículo automóvel* (procedimento cautelar não especificado) – arts. 15º e 16º, nº 1, do Dec.-Lei nº 54/75, de 12 de fevereiro.

O ato pelo qual o juiz decide qualquer um dos *procedimentos cautelares* só assumirá o caráter de *sentença* quando estiver em causa um *incidente* (*preliminar* ou *subsequente* – art. 364º, nºs 1 e 3) que assuma a configuração de uma verdadeira *causa*[1175]. É assim *por sentença* que o juiz decide: – os *procedimentos cautelares comuns,* sempre que ouvir previamente o requerido, nos termos dos arts. 32º, nº 5, da CRP e 366º, nºs 1 a 7 e 3º, nº 1, *in fine*; – o *pedido de suspensão de deliberações sociais* (arts. 380º a 383º); – os *alimentos provisórios* (arts. 384º a 387º); – o *arbitramento de reparação provisória* (arts. 388º e 389º); – o *embargo de obra nova ou a ratificação dos embargos extrajudiciais,* após audiência do requerido (arts. 397º, nºs 1 e 2 e 400º a 402º).

Há, contudo, *procedimentos de caráter incidental* que são, *ex-vi legis,* decididos por *sentença.* Assim, e de entre os *incidentes da instância* a que se reportam os arts. 292º a 295º, a *oposição mediante embargos de terceiro* (arts. 342º a 349º), a *habilitação* e a *liquidação* (arts. 351 e ss e 358º e ss); e, no que tange aos *incidentes relativos à prova,* o *incidente de impugnação da genuinidade e elisão da autenticidade e da força probatória de documentos* (arts. 444º e ss e 446º e ss) e *o incidente de falsidade dos atos judiciais* (art. 451º, nº 3).

Os *atos processuais de magistrados judiciais* (como, também, os dos *magistrados do Ministério Público*) «são (obrigatoriamente) praticados (por *inserção*) *no sistema informático* de suporte à atividade dos tribunais com aposição de *assinatura eletrónica qualificada ou avançada*», a qual «substitui e dispensa, para todos os efeitos, a assinatura autógrafa em suporte de papel dos atos processuais»; obrigatoriedade, todavia, «*não vinculante para os atos praticados por juízes-conselheiros nos processos no Supremo Tribunal de Justiça*» (art. 19º, nºs 1 a 3, da Portaria nº 280/2013, de 26 de agosto, na redação da

[1174] Cfr. Alberto dos Reis, *Comentário,* vol. 2º cit., p. 157. Cfr. ainda L. P. Moitinho de Almeida, *O Processo Cautelar de Apreensão de Veículos Automóveis,* 5ª ed. cit., Coimbra Editora, 1999, p. 50.

[1175] Cfr. Alberto dos Reis, *Comentário,* vol. 2º cit., p. 157.

Portaria nº 267/2018, de 20 de setembro). Se (por qualquer razão) o ato houver sido praticado no sistema informático, «compete à secretaria proceder à sua digitalização e inserção nesse sistema» (nº 4 do mesmo art.). *Os meios de assinatura eletrónica* a utilizar são apenas os previstos no art. 3º da mesma Portaria.

Em caso de *indisponibilidade do sistema informático*, «os *atos dos magistrados* podem excecionalmente ser praticados em papel, procedendo *a secretaria* à sua *digitalização* e *inserção* naquele sistema» (art. 132º, nº 3).

A *elaboração das decisões judiciais*, bem como *o registo das sentença e acórdão finais*, deve obedecer aos formalismo regulado pelo art. 153º, nºs 1, 3, 4 e 5, na redação dada pelo Dec.-Lei nº 97/2019, de 26 de julho.

57.2. Prazos

Na falta de disposição especial, os *despachos judiciais* e as *promoções do Ministério Público* são proferidos ou exarados no prazo de *10 dias* (art. 156º, nº 1). Os *despachos ou promoções de mero expediente*, bem como os considerados *urgentes*, devem ser proferidos no prazo máximo de *2 dias* (nº 2). O *prazo para a prolação das sentenças* é de *30 dias* (arts. 607º, nº 1). É também de *30 dias* o *prazo para o relator elaborar o projeto de acórdão* depois de corridos os vistos em recurso de apelação e de revista (arts. 657º, nº 1 e 679º)[1176].

Com a Reforma de 2103, foram introduzidas, no atual art. 156º, as *normas de caráter aceleratório* (no seu binómio pontualidade/assiduidade), dos respetivos nºs 1 e 2. Assim: «*decorridos 3 meses* sobre o termo do prazo fixado para a prática de ato próprio do juiz sem que o mesmo tenha sido praticado, *deve o juiz consignar* (no processo) a *concreta razão da inobservância do prazo*» (nº 1); *a secretaria deve remeter mensalmente ao presidente do tribunal informação discriminada dos casos em que se mostrem decorridos 3 meses sobre o termo do prazo fixado para a prática de ato próprio do juiz*, ainda que o ato haja sido entretanto praticado, incumbindo ao presidente do tribunal, no prazo de 10 dias contado da data de receção dessa informação, remeter o expediente à entidade com competência disciplinar» (nº 2).

57.3. Dever de fundamentação

As *decisões* proferidas sobre qualquer pedido controvertido ou sobre alguma dúvida suscitada no processo são sempre fundamentadas (art. 154º, nº 1).

A *justificação* ou *fundamentação* (*motivação*) das decisões em geral tem, em princípio, de ser *expressa, não podendo consistir na simples adesão* aos funda-

[1176] Se não se verificar a situação do art. 656º (*decisão liminar do objeto do recurso* pelo relator).

mentos alegados no requerimento ou na oposição (nº 2). A justificação (exposição ou exteriorização dos motivos, fundamentos ou razões) da decisão não pode limitar-se ao simples acolhimento ou absorção dos fundamentos invocados no requerimento ou na oposição (simples fundamentação *per relationem* ou per *remissionem*), salva disposição em contrário[1177]. É a concretização na lei ordinária do ditame plasmado no nº 1 do art. 205º da CRP, segundo o qual *«as decisões dos tribunais que não sejam de mero expediente são fundamentadas na forma prevista na lei»*. Já os *despachos de mero expediente* se esgotam numa simples ordem (determinação) necessária ao prosseguimento do processo[1178].

A necessidade de *fundamentação* e de *externação dos motivos* prende-se com razões *endo* e *extra-processuais*. *Endo ou intra-processuais*: assegurar o auto-controlo, a serenidade e a reflexão decisórias por parte do julgador e habilitar as partes destinatárias a exercitar tempestiva e conscientemente os competentes meios legais de reação (reclamação ou recurso); *exa ou extraprocessuais*: assegurar a transparência, o conhecimento pelos interessados e pelo público em geral (publicidade) e o escrutínio democrático-popular das decisões dos tribunais como órgãos de soberania.

A *fundamentação* é, todavia, um *conceito eminentemente relativo*, variável em função do tipo legal de decisão de que se trate. Daí o maior ou menor grau de densidade da retórica argumentativa exigível.

57.4. Manutenção da ordem nos atos processuais

Cabe ao magistrado judicial manter e *assegurar* a *ordem nos atos processuais*, adotando as providências necessárias contra quem perturbar a sua realização. Designadamente (e consoante a gravidade da infração), *advertindo* com urbanidade o infrator, *retirando-lhe a palavra*, quando se afaste do respeito devido ao tribunal ou às instituições vigentes, *condenando-o em multa* ou *fazendo-o sair do local*, fazendo consignar em ata os atos determinativos da providência, sem prejuízo do procedimento criminal ou disciplinar que no caso couber (art. 150º, nºs 1 e 3). Não é, porém, considerado ilícito o uso das *expressões e imputações indispensáveis à defesa* da causa (art. 150º, nº 2).

Das *decisões que retirem a palavra, ordenem a expulsão do local* em que o ato se realiza ou *condenem em multa* cabe *recurso com efeito suspensivo* da decisão (art.

[1177] Excecionalmente, basta-se a lei com uma *fundamentação meramente sumária* (cfr. art. 567º, nº 2, no caso de revelia) ou por *mera remissão* (art. 657º, nº 3 – manifesta simplicidade).

[1178] Cfr. J. Rodrigues Bastos, *Notas*, vol. I cit., p. 227.

150º, nº 5). O *recurso* dessas decisões de retirada da palavra ao mandatário judicial ou de ordenação da sua saída do local do ato ou diligência possui também *efeito suspensivo do processo*, o qual deve ser processado como *urgente* (art. 150º, nº 6).

Sempre que seja retirada a palavra a *advogado, advogado estagiário* ou ao *magistrado do Ministério Público* é, consoante os casos, dado *conhecimento circunstanciado* do facto à *Ordem dos Advogados* para *efeitos disciplinares*[1179] ou ao respetivo *superior hierárquico* (art. 150º, nº 4)[1180]. Das condutas abstratamente censuráveis imputadas a *magistrados judiciais* dar-se-á conhecimento ao *Conselho Superior da Magistratura* para efeitos do disposto no art. 149º, al. a), do EMJ 85 (ação disciplinar).

Com vista a assegurar a manutenção da ordem nos atos processuais, pode o tribunal *requisitar,* sempre que necessário, o *auxílio da força pública,* a qual fica submetida, para o efeito, ao poder de direção do juiz que presidir ao ato (art. 150º, nº 7).

57.5. Marcação e adiamento de diligências

Em ordem a *obviar ao risco de sobreposição de datas de diligências* – a que devam comparecer os mandatários judiciais –, deve o juiz providenciar pela marcação do dia e hora da sua realização mediante *prévio acordo* com aqueles, podendo encarregar a secretaria de realizar, por forma expedita, os contactos prévios necessários (art. 151º, nº 1). Se tal não for possível, devem os mandatários impedidos em consequência de outro serviço judicial já marcado *comunicar o facto ao tribunal no prazo de cinco dias,* propondo datas alternativas após contacto com os restantes mandatários interessados (art. 151º, nº 2). O juiz, ponderadas as razões aduzidas, poderá alterar a data inicialmente fixada, apenas se procedendo à notificação dos demais intervenientes no ato após o decurso do aludido prazo de 5 dias (art. 151º, nº 3).

Se por *motivo imprevisto* se vier a revelar inviável a realização do ato no dia e hora designados, deve o tribunal dar imediato conhecimento do facto aos intervenientes processuais, providenciando por que as pessoas convocadas sejam prontamente *notificadas do adiamento* (art. 151º, nº 4), assim se evitando deslocações inúteis ao tribunal. Também *os mandatários judiciais*

[1179] Cfr. os arts. 110º, 114º, 121º e 123º do Estatuto da Ordem dos Advogados aprovado pela Lei nº 145/2015, de 9 de setembro.

[1180] Sobre a competência do *Conselho Superior do Ministério Público* em matéria disciplinar, cfr. o art. 27º, al. a), do Estatuto do Ministério Público.

devem comunicar prontamente ao tribunal quaisquer circunstâncias impeditivas da sua presença que determinem o adiamento de diligência marcada (nº 5 do mesmo preceito).

57.6. Documentação dos atos presididos pelo juiz. A ata

A realização e o conteúdo dos *atos processuais presididos pelo juiz* são documentados em *ata,* na qual são recolhidas as declarações, requerimentos, promoções e atos decisórios orais que tiverem ocorrido (art. 155º, nº 1), *incumbindo a redação da ata ao funcionário judicial sob a direção do juiz* (nº 2).

A ata é um *documento autêntico* cuja força probatória lhe advém diretamente dos arts. 370º e 371º do CC. A sua eventual falsidade (tal como a de qualquer outro ato judicial) pode ser arguida no prazo e com observância do formalismo dos arts. 451º e 446º a 450º.

Em caso de alegada desconformidade entre o teor do que foi ditado e ocorrido, *são feitas consignar as declarações relativas à discrepância,* com indicação das *retificações* a efetuar[1181], após o que o juiz profere, ouvidas as partes presentes, *decisão definitiva* sustentando ou modificando a redação inicial (art. 144º, nº 3).

As *sentenças* e os *acórdãos finais* são registados em livro especial (art. 153º, nº 4, do CPC).

57.7. Retificação de erros materiais

No que tange especialmente aos *atos do juiz,* o art. 614º – relativo à possibilidade de *retificação de erros materiais da sentença ou despacho* – constitui, quando se trate de um simples lapso de escrita (*lapsus calami*), uma particularização da norma do art. 249º do CC, ainda que permita uma mais lata correção, abrangendo, designadamente, as omissões que refere e «quaisquer inexatidões devidas a outra omissão ou lapso manifesto», as quais podem ser *corrigidas por simples despacho* a requerimento de qualquer das partes ou até por iniciativa do próprio juiz ou relator[1182].

Sempre que se proceda a qualquer *retificação,* salvo se operada por despacho expresso do juiz, há que lançar nos autos a respetiva *cota* referencial.

[1181] Por aplicação do disposto no art. 249º do CC.

[1182] Cfr. o acórdão do STJ de 24-4-02, Proc. 685/02 - 7ª Sec., Sumários, nº 4/2002/Cons. Oliveira Barros.

Secção IV
Atos da secretaria

58. Atos da secretaria

58.1. Deveres dos funcionários

As secretarias judiciais asseguram o *expediente, autuação* e regular *tramitação* dos processos pendentes, nos termos estabelecidos na respetiva Lei Orgânica, em conformidade com a lei do processo e na dependência funcional do magistrado competente (art. 157º, nº 1)[1183]. Incumbe especificamente à secretaria a *execução* (cumprimento) *dos despachos judiciais* e o cumprimento das orientações de serviço emitidas pelo juiz, bem como a prática dos atos que lhe sejam por este delegados no âmbito dos processos de que é titular e nos termos da lei, cumprindo-lhe realizar oficiosamente as diligências necessárias para que o fim daqueles possa ser prontamente alcançado (art. 157º, nº 2).

Os *oficiais de justiça* regem-se por um *estatuto próprio* (art. 19º da LOSJ)[1184]. Cumpre-lhes exercer funções específicas em conformidade com esse estatuto, devendo «*assegurar* nas secretarias dos tribunais e nos serviços do Ministério Público o respetivo *expediente* e a *regular tramitação dos processos*, em conformidade com a lei» – art. 18º, nº 2, da LOSJ.

Nas suas relações com os mandatários judiciais devem os funcionários agir com especial *correção* e *urbanidade* (art. 157º, nº 3).

Os *atos* ou as suas *omissões* praticados pela secretaria judicial não podem, em qualquer caso, prejudicar as partes (art. 157º, nº 5). Dos atos dos funcionários da secretaria judicial é sempre admissível *reclamação para o juiz* de que aquela depende funcionalmente (art. 157º, nº 4).

Isto a menos que os *atos sejam praticados por meios eletrónicos* e os funcionários se limitem a proceder a uma comunicação interna ou a remeter o processo para o juiz, Ministério Público ou outra secretaria ou sec-

[1183] A *composição e as competências das secretarias judiciais* encontram-se estabelecidas no capítulo III (arts. 34º a 63º) do *Regime da Organização e Funcionamento dos Tribunais Judiciais* aprovado pelo Dec.-Lei nº 49/2014, de 27 de março (ROFTJ).

[1184] O *Estatuto dos Funcionários da Justiça* (EFJ) foi aprovado pelo Dec.-Lei nº 343/99, de 26 de agosto, tendo como últimas alterações as operadas pelo Dec.-Lei nº 73/2016, de 8 de novembro.

ção do mesmo tribunal, caso em que não carecem de qualquer tipo de assinatura para serem válidos, nem devem ser impressos, valendo apenas, para todos os efeitos legais, a sua *versão eletrónica* (art. 21º, nºs 1 e 2, 22º, nºs 1 e 2, e 23º da Portaria nº 280/2013, de 26 de agosto, com as alterações introduzidas pelas Portarias nºs 170/2017, de 25 de maio e 267/2018, de 20 de setembro)[1185]. Quando seja *necessária a assinatura da parte* e esta não possa, não queira ou não saiba assinar, o auto ou termo será assinado por *duas testemunhas* que a reconheçam (art. 164º, nº 5).

O *funcionário da secretaria* encarregado do processo é *obrigado* a *rubricar as folhas* que não contenham a sua assinatura; e os *juízes* rubricarão também as folhas relativas aos atos em que intervenham, excetuadas aquelas em que assinarem (art. 161º, nº 1), assistindo também às partes e seus mandatários ou às testemunhas o *direito* de rubricar quaisquer folhas do processo (art. 161º, nº 2). Quando não for possível apor a *assinatura eletrónica* nos autos ou termos que, de harmonia com os nºs 1 e 2 do art. 161º do CPC, devem ser assinados pelas partes, seus representantes ou testemunhas, estes são impressos e é-lhes aposta *assinatura autógrafa*, devendo a secretaria arquivar e conservar os originais do processo correspondente (art. 23º da Portaria nº 280/2013). Formalidades que serão dispensadas quanto aos *atos praticados por meios eletrónicos*, nos termos definidos na mesma Portaria (art. 161º, nº 3).

No prazo de *5 dias*, salvos os casos de urgência, deve a secretaria fazer os processos *conclusos*, continuá-los com *vista* ou facultá-los para *exame*, passar os mandados e praticar os outros atos de expediente (art. 162º, nº 1). Diz-se *conclusão* o termo de apresentação ou submissão dos autos a despacho do juiz do processo, enquanto que a *vista* é o termo de apresentação dos autos para promoção ou requerimento do magistrado do Ministério Público[1186].

No *próprio dia*, sendo possível, deve a secretaria *submeter a despacho*, de forma avulsa, os requerimentos não conexionados com o andamento de processos pendentes, *juntar* a estes os requerimentos, respostas, articulados e alegações aos mesmos respeitantes ou, se forem apresentados fora do prazo ou houver dúvidas sobre a legalidade da junção, submetê-los a *despacho do juiz*, para este a ordenar ou recusar

1185 Se não for possível apor a *assinatura eletrónica* nos autos e termos que, de harmonia com os nºs 1 e 2 do art. 160º, devam ser assinados pelas partes, seus representantes ou testemunhas, serão os mesmos *impressos*, sendo neles aposta *assinatura autógrafa* e devendo a secretaria *arquivar e conservar os originais* no processo correspondente – cfr. o art. 28, nºs 1 e 2, da Portaria nº 280/2013, de 26 de agosto.

1186 Os antigos *termos de continuidade* (*juntadas, cotas, recebimentos, informações, remessas, vistas* e *conclusões*) podem agora ser praticados em *suporte informático*, através do sistema para o efeito disponibilizado (cfr. o art. 28º, nº 1, da Portaria nº 280/2013, de 26 de agosto).

(art. 162º, nº 2)[1187]. O *prazo para conclusão* do processo a que se junte qualquer requerimento conta-se da *apresentação* deste ou da *ordem de junção* (art. 162º, nº 3).

Com vista a *combater a morosidade processual e reforçar o princípio da celeridade*, impõe agora o nº 4 do art. 162º à secretaria, «se *decorridos 10 dias sobre o termo do prazo fixado para a prática de ato próprio da secretaria* sem que o mesmo haja sido praticado», o dever de abrir conclusão ao juiz «com indicação da concreta razão da inobservância do prazo». Deve ainda a secretaria remeter mensalmente ao presidente do tribunal informação discriminada dos casos em que se mostre exaurido o prazo de 10 dias sobre o termo do prazo para a prática de ato próprio dos respetivos funcionários, ainda que o ato haja sido entretanto praticado, incumbindo ao presidente do tribunal, no prazo de 10 dias contado da data da receção, remeter o expediente à entidade com competência disciplinar (art. 162º, nº 5).

58.2. Passagem de certidões

«*O processo civil é público*, salvas as restrições previstas na lei» (art. 163º, nº 1)[1188]. A *publicidade do processo*, para além do *direito a exame e consulta dos autos* na secretaria, contempla também a *obtenção de cópias ou certidões* de quaisquer peças incorporadas nos autos (art. 163º, nºs 1 e 2).

A secretaria deve, *sem precedência de despacho*, passar as *certidões* de todos os termos e atos processuais que lhe sejam requeridas (oralmente ou por escrito) pelas partes no processo, por quem possa exercer o mandato judicial ou por quem revele *interesse atendível* (art. 170º, nº 1). Mas, se existirem as *limitações à publicidade* do processo contempladas no art. 164º, nenhuma certidão pode ser passada sem *prévio despacho* (do juiz) sobre a justificação, em requerimento escrito, da sua necessidade, devendo o despacho fixar os limites da certidão (art. 170º, nº 2).

As certidões são passadas dentro do *prazo de 5 dias*, salvo nos casos de *urgência* ou de *manifesta impossibilidade*, em que se consignará o dia em que devem ser levantadas (art. 171º, nº 1). Se a secretaria *recusar* a passagem da certidão, aplica-se o disposto no nº 2 do art. 168º, sem prejuízo das providências disciplinares a que a falta dê lugar (art. 171º, nº 2). Se a secretaria *retardar* a passagem de qualquer certidão, a parte pode requerer ao *juiz* que

[1187] O *processo em papel* deixa de conter informação e documentos repetidos ou irrelevantes para a decisão material da causa – cfr. os art. 28º, nºs 1 e 2, da Portaria nº 280/2013, de 26 de agosto.

[1188] Sobre as limitações à publicidade do processo, cfr. supra nº 19.4.

a mande passar ou fixe prazo para ser passada, sendo o requerimento submetido a *despacho* com *informação escrita* do funcionário (art. 171º, nº 3).

A *passagem de certidões de termos e atos* prevista no nº 1 do art. 171º, quando tenha por fim a sua junção a processo judicial pendente, é *efetuada eletronicamente*, devendo a secretaria enviar *ex-officio* a certidão para o tribunal onde o processo em causa foi distribuído (cfr. os nºs 1 e 2 do art. 29º da Portaria nº 280/2013, com as últimas alterações introduzidas pela Portaria nº 267/2018, de 20 de setembro)[1189].

58.3. Confiança do suporte físico do processo

«Os *mandatários judiciais* constituídos pelas partes, os *magistrados do Ministério Público* e *os que exerçam o patrocínio por nomeação oficiosa* podem solicitar, por escrito ou verbalmente, que os *suportes físicos de processos pendentes* que contenham atas e documentos que não tenham representação eletrónica lhes sejam *confiados para exame fora da secretaria do tribunal*» (art. 165º, nº 1). *Se já findos os processos,* a *confiança* pode ser requerida por qualquer pessoa capaz de exercer o mandato judicial a quem seja lícito examiná-los na secretaria» (art. 165º, nº 2).

Trata-se de mais uma concretização do direito de acesso aos tribunais (*direito ao processo*). Direito que se estende *ao conhecimento dos dados processuais*[1190] (*direito à vista do processo*) «o que implica, sob o ponto de vista jurídico-constitucional a possibilidade de consulta domiciliária dos autos (pelas partes e respetivos mandatários), direito esse que só em casos muito contados pode ser restringido»[1191].

Confiança a facultar pela secretaria, pelo prazo de *5 dias*, o qual pode ser reduzido se causar embaraço grave ao andamento da causa (art. 165º, nº 3). A *recusa da confiança* deve ser fundamentada e comunicada por escrito, dela cabendo *reclamação para o juiz* (art. 165º, nº 4). Em *caso de dúvida* sobre o direito de acesso ao processo, a secretaria submeterá, por escrito, a questão à apreciação do juiz (art. 168º, nº 1). Se recusado o acesso ao processo ou se

[1189] A Portaria nº 209/2017, de 13 de julho, veio regulamentar «o regime do *requerimento*, da *emissão*, da *disponibilização* e da *consulta eletrónica* no âmbito dos processos dos *tribunais judiciais*, dos *tribunais administrativos e fiscais* e da *competência do Ministério Público*.

[1190] Cfr. Gomes Canotilho e Vital Moreira, *Constituição da República Portuguesa Anotada*, 4ª ed. Revista, vol. I, Coimbra Editora, 2007, p. 416.

[1191] Cfr. Gomes Canotilho e Vital Moreira, *Constituição da República Portuguesa Anotada*, 3ª ed., p. 163.

requerida a prorrogação do prazo de consulta, a secretaria faz o processo concluso imediatamente ao juiz juntamente com a sua informação (art. 168º, nº 2).

O mandatário judicial que não restitua o suporte físico do processo dentro do prazo que lhe tiver sido fixado é notificado para, em *2 dias, justificar o seu procedimento* (art. 166º, nº 1). Caso *não apresente justificação* ou esta não constitua facto do conhecimento pessoal do juiz ou justo impedimento nos termos do art. 40º, é condenado (nos termos do art. 27º do RCP) no *máximo de multa*; esta é elevada para o *dobro* se, notificado da sua aplicação, não entregar o suporte físico do processo no prazo de 5 dias (art. 166º, nº 2). E se, decorrido esse prazo cominatório de 5 dias ainda não tiver feito entrega do processo, o Ministério Público, ao qual é dado conhecimento do facto, promove contra ele procedimento pelo *crime de desobediência* e faz apreender o suporte físico do processo (art. 166º, nº 3).

«A *entrega do suporte físico* do processo e a *posterior restituição* são *registadas no sistema* de informação de suporte à atividade dos tribunais» (art. 169º, nº 1).

58.4. Acesso ao processo. Dever de informação

O *exame* e a *consulta* (*eletrónica*) dos processos têm também lugar por meio de *página informática de acesso público* do Ministério da Justiça, nos termos definidos no art. 22º e 27º da Portaria nº 280/2013, de 26 de agosto, e suas subsequentes alterações (art. 163º, nº 3).

A *consulta de processos por parte de advogados e solicitadores* é efetuada: a)- relativamente às *peças e documentos existentes em suporte eletrónico, através do sistema informático* de suporte à atividade dos tribunais, com base no número identificador do processo; b)- *junto da secretaria* (art. 27º, nº 1, da Portaria nº 280/2013). O *acesso ao sistema informático* de suporte à atividade dos tribunais requer o *registo prévio dos advogados e solicitadores* nos termos da Portaria nº 280/2013 (*ex-vi* do nº 2 do art. 27º do mesmo diploma). À consulta eletrónica de processos por advogados e solicitadores aplicam-se as restrições de acesso e consulta inerentes ao segredo de justiça, bem como as previstas no art. 164º do CPC (art. 27º, nº 3, da citada Portaria).

Incumbe às secretarias judiciais *prestar informação* precisa às partes (seus representantes ou mandatários judiciais, ou aos funcionários destes devidamente credenciados), *acerca do estado dos processos pendentes* em que sejam interessados (art. 163º, nº 4).

Em caso de *dúvida sobre o direito de acesso ao processo*, a secretaria submete, por escrito, a questão à *apreciação do juiz* (art. 168º, nº 1).

No caso de *recusa do acesso* ou se for requerida a prorrogação do prazo de consulta, a secretaria faz o processo imediatamente concluso ao juiz com a informação que tiver por conveniente a fim de que por ele seja proferida decisão (art. 168º, nº 2).

Secção V
Atos especiais

59. Distribuição

Estão sujeitos a *distribuição* nos tribunais de 1ª instância *os atos processuais que importem começo da causa*, como por exemplo a petição inicial (salvo se esta for dependência de outra já distribuída), bem como *os que venham de outro tribunal*, com exceção das cartas precatórias, mandados, ofícios ou telegramas, para simples citação, notificação ou afixação de editais (art. 206º, nº 1, alíneas a) e b)). «As causas que, por lei ou por despacho, devam considerar-se *dependentes* de outras são *apensadas* àquelas de que dependam» (nº 2).

Ato que tem em vista, conforme o art. 203º, a *repartição* dos atos pelas diversas secções e juízos do tribunal (se no tribunal houver mais do que uma ou um), em ordem a, por um lado, *equiparar o serviço judicial*, igualando o número de processos entre cada um desses órgãos (assim repartindo o serviço entre juízes e funcionários) e, por outro, *evitar a intervenção de uma qualquer vontade pessoal na determinação do juiz a quem vai ficar afeto o processo* (em violação do *princípio do juiz natural*). Conforme o art. 203º, «é pela distribuição que, a fim de repartir com igualdade o serviço judicial, se designa a secção, a instância e o tribunal em que corre o processo ou o juiz que há-de exercer as funções de relator».

Com vista a tais objetivos, estipula o nº 1 do art. 204º que «as operações de *distribuição e registo* sejam «*integralmente realizadas por meios eletrónicos*, os quais devem garantir *aleatoriedade* no resultado e *igualdade* na distribuição do serviço», sendo que «as listagem produzidas eletronicamente possuem o mesmo valor que os livros, pautas e listas» (art. 204º, nº 2).

Nenhum ato processual é admitido à distribuição sem que contenha todos os *requisitos externos* exigidos por lei (art. 207º, nº 1), *conformidade* e *regularidade* essas a serem aferidas através de *meios eletrónicos* nos termos dos arts. 16º e 17º da Portaria nº 280/2013 (*ex-vi* do nº 2 do art. 207º).

Quanto à *periodicidade*, da distribuição, o sistema informático assegura a distribuição automática duas vezes por dia às 9 e às 16 h (art. 16º, nº 2, da Portaria nº 280/2013). Essa distribuição «através do sistema informático não obsta a que se proceda a uma *classificação manual prévia* dos processos quando tal classificação não seja efetuada de forma automática» (art. 16º, nº 3, da Portaria nº 280/2013).

A distribuição em 1ª instância é feita *por espécies* segundo a enumeração taxativa das espécies correspondentes aos números 1ª a 10ª do art. 212º.

Também *nas Relações* e *no Supremo*, a distribuição é efetuada *diariamente* e de *forma automática* por meios eletrónicos, em função das espécies classificadas nos arts. 214º e 215º, respetivamente (cfr. os arts. 204º e 216º)). O respetivo presidente designa, porém, por turno, *em cada mês, o juiz que há-de intervir na distribuição* e resolver verbalmente as dúvidas acerca da classificação de algum ato processual quando esta tenha de ser feita pelo funcionário, nos termos definidos pelo nº 3 do art. 16º citada Portaria (cfr. o nº 2 do art. 213º). Pode haver lugar a uma *segunda distribuição* nas situações previstas no art. 217º.

Se o tribunal da *Relação* anular ou revogar a decisão do tribunal de 1ª instância ou se o *Supremo Tribunal de Justiça* tiver usado dos poderes conferidos pelo nº 3 do art. 682º e, em consequência, tiver de ser proferida nova decisão no *tribunal a quo* e dela tiver sido interposta e admitida *nova apelação ou nova revista*, o recurso é, sempre que possível, *distribuído ao mesmo relator* (art. 218º).

Uma vez concluída a distribuição, procede-se à *publicação* do resultado por meio de *pauta disponibilizada automaticamente e por meios eletrónicos* em *página informática de acesso público* do Ministério da Justiça (arts. 219º, nº 2, do CPC e 16º da citada Portaria).

Pode também a distribuição por meios eletrónicos ser *recusada* pela secção de processos após proceder às verificações a que se reportam as alíneas f) e h) do art. 558º; se houver fundamento para a recusa, deve a secção de processos efetuar a notificação da mesma por via eletrónica (art. 17º, nº 2, da supra-citada Portaria nº 280/2013).

Do *ato de recusa* de distribuição cabe *reclamação para o juiz* no prazo de 10 dias (art. 559º, nº 1); *do despacho que confirme o não recebimento cabe sempre recurso até à Relação independentemente do valor da causa*, a interpor no prazo de 15 dias (arts. 629º, nº 3, al. c), 638, nº 1, 641º e 644º, nº 2, alínea d)). Nesta eventualidade, e sem prejuízo do *benefício concedido ao autor nos termos do art. 560º* (apresentação de nova petição ou junção do documento em falta, considerando-se a ação proposta na data em que primeira petição foi apresentada em juízo), desentranha-se o ato processual decorrido que seja o prazo para a reclamação da recusa ou, havendo reclamação, após o trânsito em julgado da decisão que confirme o não recebimento (art. 17º, nº 3, da mesma Portaria).

Os *erros na distribuição* são *retificados* nos termos do art. 210º, alíneas a) e b) e 211º para a 1ª instância e 213º, nº 3, para os tribunais superiores[1192].

Feita a distribuição, procede-se à *autuação* do processo, nele se entranhando a petição inicial e os documentos que a acompanharam. Este ato é levado a cabo pela secção ou juízo aos quais tiver cabido *em sorteio*.

60. Citações e notificações

A *citação* é o ato ou peça processual pelo qual se dá conhecimento ao réu de que foi proposta contra ele determinada ação e se chama ao processo para se defender. Utiliza-se ainda para chamar, pela *primeira vez,* ao processo alguma pessoa interessada (art. 219º, nº 1). Através dela convoca-se o réu a exercitar o seu direito ao contraditório (e, eventualmente, a deduzir pedidos contra o autor), assim se constituído o réu ou demandado como *parte*[1193]. Com a citação dá-se início a uma *relação jurídica triangular* (ou trialógica) entre a parte ativa (autor), a parte passiva (o réu) e o juiz a quem a causa foi distribuída.

A *notificação* emprega-se para, em *quaisquer outros casos,* chamar alguém a juízo ou dar conhecimento de um facto (art. 219º, nº 2).

Qualquer desses atos pode realizar-se *onde quer que seja encontrado o respetivo destinatário* e, designadamente, quando se trate de pessoas singulares, na sua residência ou local de trabalho (art. 224º, nº 1).

[1192] A Lei nº 55/2019, de 5 de agosto, tendo vindo conferir novas competências ao *Tribunal da Propriedade Intelectual,* veio *prover* a *novas regras de distribuição* das causas referidas nos arts. 111º, 112º, 113º e 128º da LOSJ pelas secções cíveis, ao proceder, pelo seu art. 2º, à alteração dos arts. 54º, 67º e 111º dessa Lei, em ordem, designadamente, a que as causas referidas nos respetivos arts. 111º, 112º e 113º passassem «sempre a ser distribuídas à mesma secção cível» e a que as causas referidas no seu art. 128º, passassem «sempre a ser distribuídas a uma outra distinta mesma secção cível».

[1193] Quanto à noção, função, oportunidade, lugar, e efeitos processuais e substantivos da citação, cfr. o nosso *Direito Processual Civil,* vol. II, 2ª edição, Almedina, 2019, pp. 111-125.

Às *citações* reportam-se os arts. 225º a 245º, enquanto que às *notificações* se referem os arts. 247º a 258º.

As citações e as *notificações* devem, por princípio, ser efetuadas de *forma automática*, por *via eletrónica* pelo sistema de informação de suporte à atividade dos tribunais, nos termos definidos pela Portaria prevista no nº 2 do art. 132º (art. 220º, nº 1).

Também as *citações* e *notificações* dirigidas a *pessoas coletivas* podem ser efetuadas por *via eletrónica* nos termos das alíneas a) e b) do nº 4 do art. 219º (art. 219º, nº 5).

60.1. Citação. Modalidades. Regra da oficiosidade

Rege, quanto a este ponto, o art. 225º: «A *citação das pessoas singulares* é *pessoal* ou *edital*» (nº 1). «A *citação pessoal* é feita mediante (nº 2): a)- *transmissão eletrónica de dados*, nos termos definidos na Portaria prevista no nº 1 do art. 132º (atualmente a Portaria nº 280/2013, de 26 de agosto, com as últimas alterações introduzidas pela Portaria nº 267/2018, de 20 de setembro); b)- entrega ao citando de *carta registada com aviso de receção*, seu depósito nos termos do nº 5 do art. 229º ou *certificação da recusa* de recebimento, nos termos do nº 3 do mesmo artigo; c)- *contacto pessoal* do agente de execução ou do funcionário judicial com o citando.

Cumpre à secretaria promover oficiosamente, *sem necessidade de despacho prévio*, as diligências necessárias à efetivação da regular citação pessoal do réu, bem como a célere remoção das dificuldades inerentes (arts. 234º, nº 1 e 479º) – *regra da oficiosidade das diligências destinadas à citação.*

No nº 4 do art. 226º faz-se, porém, depender a citação de prévio despacho judicial[1194]: a)- nos *casos especialmente previstos* na lei; b)- nos *procedimentos cautelares* e em todos os casos em que incumba ao juiz decidir da prévia audiência do requerido; c)- nos casos em que a *propositura da ação deva ser anunciada*, nos termos lei; d)- quando se trate de *citar terceiros* chamados a intervir em causa pendente; e)- *no processo executivo*, nos termos dos nºs 6 e 7 do art. 726º; f)- quando se trate de *citação urgente* (art. 561º)[1195].

[1194] Não cabe recurso do *despacho positivo* que mande citar os réus ou requeridos, não se considerando precludidas as questões que podiam ter sido motivo de indeferimento liminar (cfr. art. 226º, nº 5).

[1195] As razões da "*urgência*" são, por ex., a conveniência de assegurar a citação pessoal do réu (ausência prolongada ou doença) e a produção de algum dos efeitos previstos no art. 561º. O *despacho de admissão* é de *caráter discricionário*, não sendo, como tal, passível de recurso – cfr., neste sentido, J. Rodrigues Bastos, *Notas*, vol. III cit., p. 28.

Nos casos expressamente previstos na lei, é *equiparada à citação pessoal* a efetuada *em pessoa diversa do citando*, se essa pessoa houver sido encarregada de lhe transmitir o conteúdo do ato, presumindo-se, salvo prova em contrário, que o citando dela teve oportuno conhecimento» (art. 225º, nº 4).

Admite-se, também, a *citação promovida por mandatário judicial* nos termos dos arts. 237º e 238º (art. 225º, nº 3).

A citação pode ainda efetuar-se *na pessoa do mandatário constituído* pelo citando «com *poderes especiais* para a receber mediante procuração passada há menos de quatro anos» (art. 225º, nº 5).

Pode, finalmente, ter lugar a *citação edital* «quando o citando se encontrar *ausente em parte incerta*, nos termos dos arts. 236º e 240º ou, quando sejam incertas as pessoas a citar, ao abrigo do art. 243º» (art. 225º, nº 6). O *anúncio* relativo à citação edital previsto no art. 240º é publicado no sítio da *Internet* de acesso público com o endereço eletrónico: *http//www.citius.mj.pt* (art. 24º da Portaria nº 280/2013, por último alterada pela Portaria nº 267/2018, de 20 de setembro).

«À citação das pessoas *coletivas* aplica-se o mesmo ritualismo formal das diversas modalidades de citação das pessoas singulares, com as necessárias adaptações» (art. 246º, nº 1). A *carta registada* (com *aviso de receção*) a que se reporta o nº 1 do art. 228º «é endereçada para a sede da citanda inscrita no ficheiro central de pessoas coletivas do Registo Nacional das Pessoas Coletivas» (RNPC) – art. 246º, nº 2.

60.2. Notificações em processos pendentes

As notificações relativas a processos pendentes devem considerar-se consequência necessária do *despacho que designa dia para a prática de qualquer ato em que devam comparecer determinadas pessoas* ou a que as partes tenham o direito de assistir; são também oficiosamente operadas pela secretaria (sem necessidade de despacho expresso) as *sentenças* e os *despachos* que a lei mande notificar e todos os *atos que possam causar prejuízo às partes* (art. 220º, nº 1).

Tais *notificações* são feitas pela secretaria *na pessoa dos mandatários judiciais* das partes, seja a título oficioso, seja por determinação do juiz (art. 247º, nº 1). Se a *notificação* se destinar a chamar a parte para a *prática de ato pessoal*, além de ser *notificado o mandatário*, será também *notificada a própria parte* pela *via eletrónica* ou pela *expedição pelo correio de um aviso registado* (dirigido à própria parte), indicando a data, o local e o fim da comparência (art. 247º, nº 2).

Se a parte estiver simultaneamente representada por *advogado* ou *advogado estagiário* e por *solicitador*, as notificações que devam ser feitas na pessoa do mandatário judicial sê-lo-ão também sempre na do solicitador (art. 247º, nº 3).

As notificações aos mandatários são efetuadas eletronicamente nos termos definidos no art. 25º, nº 1, da aludida Portaria nº 280/2013, «devendo o sistema informático certificar a data da elaboração da notificação, *presumindo-se esta feita no 3º dia posterior ao da elaboração ou no 1º dia útil quando o não seja*» (art. 248º). *Se a parte não tiver constituído mandatário*, as notificações são efetuadas nos termos do nº 5 do art. 219º, quando aplicável, ou por *carta registada* dirigida para a sua residência ou sede ou para o domicílio escolhido para o efeito, *presumindo-se feita no 3º dia posterior ao do registo ou no 1º dia útil quando o não seja*» (art. 249º, nº 1).

A notificação às partes que não tenham constituído mandatário (quiçá por desnecessidade legal) «a notificação não deixa de produzir efeito pelo facto de o expediente ser devolvido, desde que a remessa tenha sido feita para a residência ou a sede da parte ou para o domicílio escolhido para o efeito de a receber; nesse caso, ou no de a carta não ter sido entregue por ausência do destinatário, juntar-se-à o sobrescrito, presumindo-se a notificação feita nos termos do nº 1 do art. 249º (cfr. o nº 2 do mesmo preceito). Excetua-se desta previsão encontrar-se o réu em situação *de revelia absoluta*, o qual passa apenas a ser notificado após ter praticado qualquer ato de intervenção no processo (art. 249º, nº 3). Na hipótese de *revelia absoluta*, «as decisões têm-se por notificadas no dia seguinte àquele em que os autos houverem dado entrada na secretaria ou em que ocorrer o facto determinante da notificação oficiosa» (art. 249º, nº 1).

«*As notificações finais* são sempre notificadas desde que a residência ou sede da parte seja conhecida no processo» (art. 249º, nº 5).

Para além dos casos especialmente previstos, aplicam-se as disposições relativas à realização da *citação pessoal* às *notificações* a que aludem os nºs 4 do art. 18º, 3 do art. 27º e 2 do art. 28º (art. 250º).

As *notificações entre os mandatários judiciais* das partes são realizadas pelos meios dos nºs 1 a 5 do art. 26º da Portaria nº 280/2013 (art. 255º). O sistema informático deve certificar a data da elaboração da notificação, *presumindo-se esta feita no 3º dia posterior ao da elaboração ou no 1º dia útil seguinte a esse quando o não seja* (art. 255º, *in fine*). «O sistema informático de suporte à atividade dos tribunais assegura, mediante indicação do mandatário notificante, a notificação por transmissão eletrónica de dados automaticamente após a apresentação de qualquer peça processual ou documentos através daquele» (nº 1 do art. 26º da citada Portaria).

O chamamento ao tribunal de *intervenientes acidentais* na causa (*v. g.*, testemunhas ou peritos ou outros) é feito por meio de *aviso expedido pelo correio, sob registo,* indicando-se a data, o local e o fim da comparência (art. 251º, nº 1). A secretaria entregará, todavia, à parte os *avisos* relativos às pessoas que ela se haja comprometido a apresentar, quando a entrega for solicitada, mesmo verbalmente (art. 251º, nº 2). *Presume-se efetuada* a notificação mesmo que o destinatário *se recuse* a receber o expediente, devendo o distribuidor do serviço postal lavrar *nota da ocorrência* (art. 251º, nº 3).

Não carecem de autorização hierárquica os *agentes administrativos ou funcionários públicos* notificados para comparecerem em juízo, devendo, porém, informar imediatamente da notificação o superior e apresentar-lhe documento comprovativo da comparência (art. 251º, nº 4).

60.3. Notificação das decisões judiciais. Legibilidade. Notificações em ato judicial

Cumpre à secretaria notificar ao *Ministério Público* e *às partes* – pessoas singulares ou coletivas – (através dos respetivos mandatários ou diretamente às próprias partes conforme for o caso) todas as decisões (sentenças ou despachos) proferidas no seio do processo, em ordem a que os seus destinatários possam (eventualmente) bem utilizar os competentes meios legais de reação (arts. 247º a 254º). Notificações essas em que, por mor do *princípio* instituído pelo art. 9º-A, deve ser utilizada *preferencialmente linguagem simples* e *clara*[1196].

Serão sempre oficiosamente *notificadas ao Ministério Público,* «para além das *decisões finais* proferidas em quaisquer causas», as decisões, ainda que interlocutórias, *que possam suscitar a interposição de recursos obrigatórios por força da lei*» (art. 252º).

Quando se notifiquem despachos, sentenças ou acórdãos, deve entregar-se ou disponibilizar-se ao notificado «*cópia ou fotocópia legível* da decisão e dos fundamentos» (art. 253º).

A avaliação da "*legibilidade*" do documento deve ser feita na ótica e *na perspetiva da parte* (*ou do seu mandatário*) ou do respetivo destinatário. Com efeito, o TC[1197],

[1196] Cfr. supra, p. 131, nº 20.3.

[1197] Cfr. o acórdão nº 444/91 do TC, de 20-11-1991, DR, nº 78- 2ª Série, de 2-4-92 e BMJ nº 411, p. 155/Cons. Mário de Brito.

tendo-se já pronunciado sobre este tema, entendeu inconstitucional a norma do art. 253º (atual art. 247º), na interpretação segundo a qual competiria ao juiz avaliar e decidir sobre a legibilidade ou ilegibilidade das cópias ou fotocópias dos textos, despachos, sentenças ou acórdãos por si manuscritos, enviados ou entregues às partes juntamente com a notificação, por violação do art. 20º, nº 1, da CRP (*direito de acesso aos tribunais*)[1198]. Na mesma senda vêm seguindo os tribunais ordinários, ao deferirem aos destinatários daqueles documentos o critério da avaliação, alegada que seja a *impossibilidade* (ou a *simples dificuldade*) da sua *leitura*[1199]. Indeferimento liminar da passagem de cópia legível, com a possível consequência da exaustão do prazo de reação, só em casos de *manobra dilatória* ostensiva, o que acontecerá, por ex., se a peça notificada se apresentar elaborada por meios dactilográficos ou informáticos por norma dotados de total legibilidade. No mais, *em caso de dúvida, deve deferir-se* o pedido de expedição de cópia ou fotocópia legível.

Valem como notificações as *convocatórias* e *comunicações* feitas aos interessados presentes em ato processual por determinação da entidade que a ele preside, desde que documentadas no respectivo auto ou ata (art. 254º); o que não dispensa a entrega de cópia ou de fotocópia legível da decisão e seus fundamentos, se houver sido proferida (art. 253º)[1200].

61. Notificações judiciais avulsas

61.1. Caraterização

Enquanto que nos arts. 247º a 254º é regulada a *notificação relativa a processos pendentes*, nos arts. 256º a 258º são reguladas as chamadas *notificações avulsas*, não respeitantes, pois, a qualquer processo em curso.

As *notificações avulsas* só podem ser efetuadas mediante *prévio despacho judicial* ordenador e são executadas, ou *pelo agente de execução* para o efeito designado pelo requerente, ou *pela secretaria* ou *por funcionário de justiça*[1201]

[1198] Se as cópias enviadas contiverem irregularidades que contendam com a inteligibilidade do documento copiado, não pode a notificação ter-se por operada – cfr. o acórdão do STJ de 9-3-2000, Proc. 40/2000-2ª Sec., Sumários, nº 39, p. 27/Cons. Roger Lopes.

[1199] No acórdão da RP de 11-11-96, BMJ, nº 461, p. 521/Des. Brazão de Carvalho, entendeu-se que, mesmo no caso de se levantarem suspeitas acerca do caráter dilatório do expediente, se deve deferir o requerido, tanto mais que um hipotético indeferimento, com os meios de reação disponíveis, poderia redundar ainda em maior dilação.

[1200] Cfr., neste sentido, o acórdão da RP de 8-3-99, BMJ nº 485, p. 487/Des. Azevedo Ramos, com referência ao art. 26º do CPC/61, correspondente ao atual art. 254.

[1201] Se o requerente pretender que a *notificação judicial avulsa* seja efetuada por *funcionário judicial*, deve expressamente declará-lo no requerimento, sob pena de o ato ser praticado (por este último nos termos do nº 8 do art. 231º). E são feitas «*na própria pessoa do notificando*, à vista do requerimento, com entrega ao notificando do duplicado e cópia dos documentos que o acompanhem» (art. 256º, nº 1).

«Quando apresentados por uma das formas previstas nas alíneas a) e b) do nº 7 do art. 144º, os *requerimentos e documentos para as notificações avulsas* são apresentados em *duplicado* e, tendo de ser notificada mais de uma pessoa, apresentam-se tantos duplicados quantos os necessários para a realização, pela secretaria, de *notificações por via que não seja eletrónica*» (art. 256º, nº 4).

Na terminologia de Alberto dos Reis[1202], a *notificação* ou é um *ato-meio*, se relativa a um processo pendente de que é instrumental (notificação das partes, das testemunhas dos advogados), ou é um *ato-fim*, quando toda a atividade exercida for a conducente à notificação *a se*. Consistindo as notificações avulsas na comunicação que, por via oficial (solene), uma pessoa faz a outra, representam elas um *ato-fim* que se consome na sua realização, constituindo, pois, «o próprio objecto do processo que se esgota com elas»[1203]. Através delas não advém ao requerente qualquer direito novo, nem emerge qualquer obrigação que não impenda já sobre o notificado; destinam-se, tão-somente, a *certificar* que a comunicação foi operada, sendo desta que poderão advir direitos e as correspondentes obrigações.

Tudo nos termos de um procedimento integrado por uma sucessão de atos jurídicos praticados em juízo, constituindo como que um *aviso* ou *interpelação* (que uma parte faz a outra por intermédio do tribunal). A intervenção/intermediação do tribunal através do oficial público executor assegura, através da *certidão de notificação*, a prova de que a comunicação foi feita, conferindo ao *auto* a necessária chancela de autoridade (com *força probatória de documento autêntico*) para a obtenção de efeitos jurídicos diversificados.

Entre os *fins mais típicos da notificação judicial avulsa* encontram-se os seguintes: – interrupção da prescrição ou do prazo para usucapião[1204]; – denúncia do contrato de arrendamento de prédio urbano para o termo do prazo nos contratos com prazo certo ou com duração indeterminada (arts. 1097º, 1098º, 1101º e 1103º,

por *agente de execução* (arts. 256º, nº 1 e 231º, nº 8). O *agente de execução* ou o funcionário devem proceder à notificação *pessoal* do requerido (com deslocação e entrega direta do expediente), devendo ainda lavrar *certidão do ato* que é assinada pelo notificado (art. 256º, nº 2).

1202 Cfr. *Comentário*, vol. 1º cit., p. 238.

1203 Cfr. *Comentário*, vol. 2º cit., p. 587.

1204 Pretendendo-se a *notificação judicial avulsa de um ou vários herdeiros*, relativamente a bens pertencentes a uma *herança indivisa*, deve a mesma ser requerida contra o cabeça de casal.

nº 1)[1205]; – comunicação ao senhorio para cessação do contrato de arrendamento de prédio urbano por resolução, nos termos do nº 1 do art. 1084º do CC (cfr. nº 7 do art. 9º do NRAU); – denúncia de um contrato de arrendamento rural para o termo da renovação ou para exploração direta pelo senhorio (art. 17º 19º do Dec.-Lei nº 294/2009 de 13 de outubro (LAR)[1206-1207]; – fixação de um prazo[1208]; – declaração de perda do interesse do credor na subsistência do contrato[1209].

Relativamente à *interrupção da prescrição* pela citação ou notificação judicial de qualquer ato «que exprima, direta ou indiretamente, a intenção de exercer o direito, seja qual for o processo a que o ato pertence e ainda que o tribunal seja incompetente» (*ex-vi* do nº 1 do art. 323º do CC), deve entender-se, no que particularmente se refere à prescrição promovida pelo titular do direito prescribendo, que a notificação judicial avulsa se encontra abrangida pela expressão «seja qual for o processo» utilizada nesse preceito legal. Nesta orientação seguiu o AC UNIF JURISP, nº 3/98, de 26 de março de 1998[1210]. Na esteira deste aresto, esta providência encontra respaldo legal no nº 2 do art. 2º, sendo «integrada por uma sucessão de atos jurídicos praticados em juízo para realização desse negócio jurídico unilateral que é a interrupção da prescrição».

1205 A lei não impõe qualquer formalidade especial para o locatário tomar conhecimento da oposição do locador à renovação do contrato, podendo sê-lo por meio de citação para ação judicial, por notificação judicial avulsa ou por qualquer outro meio extrajudicial – cfr. o acórdão da RE de 2-10-97, BMJ nº 470, p. 706/Des. Fernando Bento.

1206 Cfr. o acórdão da RE de 27-11-97, BMJ, nº 471, p. 476/Des. Gomes da Silva.

1207 «A *notificação judicial avulsa* promovida pelo senhorio de *contrato de arrendamento* rural visando a *denúncia do contrato*, não tendo sido objeto de oposição pelo arrendatário, constitui *título executivo* para poder ser requerido o despejo e a entrega do prédio» – cfr. o acórdão da RP de 5-2-2007, Proc. 02050657346/Des. Sousa Lameira.

1208 Na falta de estipulação de prazo para a *realização da escritura em contrato-promessa* de compra e venda, é suficiente a interpelação por meio de *notificação judicial avulsa* para fixação do dia para cumprimento – cfr. o acórdão da RE de 15-5-97, BMJ, nº 467, p. 649/Des. Fernando Bento. «A interpelação admonitória ou cominatória do promitente-vendedor em mora para cumprir dentro de certo prazo terá de ser feita em termos claros e perentórios, *v. g.*, por carta registada com aviso de receção ou por *notificação judicial avulsa*, em ordem a que o interpelado fique bem ciente do sentido e alcance dessa declaração. Cfr. ainda o acórdão do STJ de 17-6-98, Proc. 501/98 – 7ª Sec./Cons. Nascimento Costa.

1209 Cfr. o art. 808º, nºs 1 e 2, do CC.

1210 *In* DR-Iª-A, Série de 12-5-98.

Atento o nº 2 desse art. 323º do CC, a notificação judicial avulsa que vise a *interrupção do prazo prescricional* deve ser apresentada em data anterior ao período de 5 dias em que tal prazo se consuma; assim, por ex., o prazo de 3 anos para a prescrição do direito à restituição por enriquecimento sem causa previsto no art. 482º ou do direito à indemnização contemplado no nº 1 do art. 498º, ambos do CC, não se interrompe com a notificação judicial avulsa (do obrigado ou do lesante respetivamente) se o prazo de 3 anos se consumar dentro dos 5 dias de que o tribunal dispõe para fazer a notificação após ter sido requerida e não a faz; ter-se-á, porém, por interrompida logo que decorrido esse prazo, se não operada a notificação (por causa não imputável ao requerente) dentro dos 5 dias subsequentes ao seu requerimento, mas a causa da não notificação só não será de imputar ao requerente se a notificação se fizer para além desse prazo por razões de índole estritamente processual ou judiciária[1211].

Interrompida a prescrição por notificação judicial avulsa, começa logo a correr novo e igual prazo, *insuscetível de interrupção com nova e sucessiva notificação judicial avulsa* (art. 326º, nº 1, do CC)[1212-1213]. Se, por hipótese, no momento em que expira o prazo da prescrição por responsabilidade extracontratual, ainda não for conhecida a pessoa do responsável sem culpa do lesado, a prescrição *suspende-se* (cfr. nº 1 do art. 321º do mesmo diploma)[1214].

No que tange à chamada "*notificação para preferência*", é de entender (atento o processo especialmente previsto nos arts. 1028º a 1038º) como inadmissível a utilização do procedimento de notificação judicial avulsa para efeitos do *exercício do direito de preferência*, sob pena de incursão em erro na forma de processo[1215-1216].

1211 Cfr., neste sentido, *v. g.*, o acórdão do STJ de 10-1-2006, Proc 3298/05, *in* www.dgsi.pt/Cons. Nuno Cameira.

1212 Cfr. o acórdão da RP de 7-11-2002, Proc. 0231393/Des. Telles de Meneses.

1213 Há que distinguir ente *interrupção da prescrição* e *suspensão da prescrição.* «A *interrupção* inutiliza para a prescrição todo o tempo decorrido anteriormente, começando a correr novo prazo a partir do facto interruptivo», sem prejuízo do disposto nos nºs 1 e 3 do art. 327º – cfr. art. 326º, nº 1, ambos do CC. A *suspensão* inutiliza apenas o tempo intermédio, não correndo o prazo prescricional enquanto subsistir a causa suspensiva de entre as elencadas nos arts. 318º a 322º do CC.

1214 Cfr. o acórdão da RP de 8-1-2002, Proc. 121824/Des. Afonso Correia.

1215 Cfr., *v. g.*, o acórdão do STJ de 2-10-97, Proc. 725/96 – 2ª Sec./Cons. Lúcio Teixeira. No mesmo sentido, cfr. J. Rodrigues Bastos, *Notas*, vol. I cit., p. 312.

1216 Em sentido contrário, *vide* Alberto dos Reis, *Código de Processo Civil Anotado*, vol. I, p. 64 e *Comentário*, vol. 1º cit., pp. 237 e ss.

61.2. Procedimento. Execução

O procedimento inicia-se a *requerimento da parte* endereçado ao tribunal competente, ou seja, ao tribunal em cuja área resida a pessoa a notificar (art. 79º), sendo todos os requerimentos e documentos apresentados em *duplicado*, mas, se tiver de ser notificada mais de uma pessoa, apresentar-se-ão tantos duplicados quantas forem as que vivam em *economia separada*» (art. 256º, nº 4).

Seguem-se o ato de apresentação (pela secretaria) do *requerimento ao juiz* e um *despacho* deste a deferir ou indeferir o requerido, devendo a decisão, *maxime* a de indeferimento, ser *fundamentada* (nº 1 do art. 256º).

Nesse *despacho prévio*, o juiz apenas examinará (liminarmente) da admissibilidade formal e material da notificação, aferindo, designadamente, e para além da inteligibilidade do pedido, quer da verificação dos pressupostos processuais da *competência* (em qualquer das suas vertentes), quer da *legitimidade* do requerente e do requerido e do interesse em agir do recorrente (utilidade da diligência), sendo que o pedido não pode violar normas imperativas de conhecimento oficioso nem os princípios da boa fé e dos bons costumes, tudo com vista a evitar o exercício de pretensões ilegais[1217]. O juiz apenas cura de saber se o direito invocado existe *abstratamente* na lei. Não tem, por isso, que analisar o cerne substantivo da alegação do requerente, nem de saber se a este assiste realmente o direito cuja titularidade concreta se arroga[1218].

Não é legalmente admissível *oposição* às notificações avulsas. Os direitos respetivos só podem fazer-se valer nas ações competentes» (art. 257º, nº 1), porquanto tal admissão equivaleria a transformá-la em meio de apreciação de direitos numa verdadeira ação judicial[1219]. Como *ato judicial* que é pode, contudo, padecer dos vícios inerentes, eventualidade em que será legítimo arguí-los, sem que tal represente uma *oposição* mas antes uma *reclamação* contra tais irregularidades ou invalidades. Assim, mesmo em caso de deferimento, o notificado pode arguir a nulidade da notificação, mormente por inobservância das formalidades legais na sua execução[1220].

[1217] Cfr. o acórdão da RC, de 4-12-2002, Proc. 1130/2002 – 2ª Sec./Des. SILVA RATO.

[1218] Cfr. o acórdão da RL, de 12-10-95, Proc. 7006/Des. ALMEIDA VALADAS.

[1219] Porque de um *ato-fim* se trata, toda a atividade que pelo seu desencadeamento se exerce «é conducente à notificação» – cfr. ALBERTO DOS REIS, *Comentário*, vol. 1º cit., 2ª ed., p. 238.

[1220] Cfr. ALBERTO DOS REIS, *Comentário*, vol. 2º cit., p. 743.

Não sendo atribuído qualquer *valor* ao procedimento, do *despacho de indeferimento há sempre recurso até à Relação*, não havendo contudo recurso se o despacho for de *deferimento* (art. 257º, nº 2). Sempre salva, todavia, a possibilidade de o acórdão do tribunal *ad quem* poder ser objeto de *arguição de nulidades* nos termos gerais (art. 666º).

Obtida decisão definitiva a ordenar a notificação requerida, encerra-se a *fase declarativa* do procedimento, seguindo-se a *fase executiva*, traduzida esta na notificação propriamente dita submetida ao ritualismo legal. Será lavrada *certidão do ato de notificação* pelo agente ou funcionário de execução, a qual é assinada pelo notificado» (art. 256º nº 2), sendo, depois, o requerimento e a certidão «entregues a quem tiver requerido a diligência» (art. 256º, nº 3). Se o notificando se *recusar* a assinar a certidão ou a receber o duplicado, dar-se-lhe-á conhecimento de que o mesmo fica à sua disposição na secretaria judicial, com menção de tais ocorrências na certidão do ato (art. 231º, nº 4). Depois da notificação, segue-se prazo para o notificado arguir nulidades.

As custas devidas são da responsabilidade do requerente (art. 539º, nº 3).

61.3. Notificação para revogação de mandato ou procuração

Se a *notificação judicial avulsa* tiver por fim a revogação de mandato (em geral) ou procuração, será *feita ao mandatário ou procurador* e *também à pessoa com quem ele devia contratar* caso o mandato tenha sido conferido para tratar com certa pessoa» (art. 258º, nº 1). Não sendo este o caso, a revogação deve ser *anunciada num jornal da localidade* onde resida o mandatário ou o procurador e, se aí não houver jornal, «o anúncio será publicado num dos jornais mais lidos nessa localidade» (art. 258º, nº 2).

A *procuração* é *livremente revogável*, não obstante convenção em contrário ou renúncia ao direito de revogação. Mas, se conferida também no interesse do procurador ou de terceiro, não pode ser revogada sem acordo do interessado, salvo ocorrendo justa causa. A revogação deve ser levada ao *conhecimento de terceiros* por meios idóneos, sob pena de lhes não ser oponível, senão quando se mostre que dela tinham conhecimento no momento da conclusão do negócio (arts. 265º, nºs 2 e 3 e 266º, nº 1, do CC).

Se se tratar da *revogação do mandato judicial*, há que observar o disposto nos arts. 1170º a 1173º do CC[1221].

[1221] Cfr. J. Rodrigues Bastos, *Notas*, vol. I cit., pp. 313-314.

62. Requisição e comunicação dos atos por e entre tribunais

Se a prática de um ato processual exigir intervenção dos serviços judiciários, pode ser solicitada a outros tribunais ou autoridades por *carta precatória ou rogatória*, empregando-se a *carta precatória* quando a realização do ato seja solicitada a um tribunal ou a um cônsul português e a *carta rogatória* quando o seja a autoridade estrangeira» (art. 172º, nº 1).

Através do *mandado*, que deve ser assinado pelo juiz, o tribunal ordena a execução de ato processual a entidade que lhe esteja funcionalmente subordinada (art. 172º, nº 2). As *citações ou notificações por via postal* são enviadas diretamente para o interessado a que se destinam, seja qual for a circunscrição em que se encontre (art. 172º, nº 3). A *solicitação de informações*, de envio de documentos ou da realização de atos que não exijam, pela sua natureza, intervenção dos serviços judiciários é feita diretamente às entidades públicas ou privadas, para tal instadas por ofício remetido por via postal ou outro meio de comunicação (art. 172º, nº 4).

Na *transmissão de quaisquer mensagens e na expedição ou devolução de cartas precatórias,* devem os serviços judiciais utilizar o *sistema de informação* de suporte à atividade dos tribunais ou, quando tal não seja possível, a *via postal*, a *telecópia* ou o *correio eletrónico*, nos termos previstos na Portaria a que se reporta o nº 2 do art. 132º; tratando-se *de atos urgentes*, pode ainda ser utilizado o telegrama, a comunicação telefónica ou outro meio análogo de telecomunicações» (art. 172º, nº 5). «A *comunicação telefónica* é sempre *documentada* nos autos e seguida de confirmação por qualquer *meio escrito*; mas, relativamente às partes, apenas é lícita como forma de transmissão de uma convocação ou desconvocação para atos processuais» (art. 172º, nº 6).

62.1. Cartas precatórias

As *cartas precatórias* (a serem expedidas pela secretaria) são dirigidas ao juízo em cuja área jurisdicional o ato deve ser praticado (art. 173º, nº 1). Reconhecido, porém, que o ato deve ser praticado em lugar diverso do indicado na carta, deve esta ser cumprida pelo tribunal desse lugar, devendo para tanto o tribunal ao qual a carta for dirigida remetê-la ao que haja de a cumprir, comunicando o facto ao tribunal deprecante (art. 173º, nº 4). Quanto ao *conteúdo* (art. 174º), as cartas são assinadas pelo juiz ou relator e apenas contêm o que seja estritamente necessário para a realização da diligência (art. 174º, nº 1). As *cartas para afixação de editais* são acompanhadas destes e da respetiva cópia para nela ser lançada a certidão da afixação (art. 174º, nº 2).

O *tribunal deprecado só pode deixar de cumprir a carta* quando se verifique algum dos casos seguintes: a)- se não tiver *competência* para o ato requisitado, sem prejuízo do disposto no nº 1, al. a), do art. 179º; b)- se a requisição for para *ato que a lei proíba* absolutamente (art. 179º, nº 1, al. b)). Quando tenha *dúvidas sobre a autenticidade da carta*, o tribunal pedirá ao juiz deprecante as informações de que careça, suspendendo o respetivo cumprimento até as obter (art. 179º, nº 2).

62.2. Cartas rogatórias

As *cartas rogatórias*, seja qual for o ato a que se destinem, são expedidas pela secretaria e endereçadas diretamente à autoridade ou tribunal estrangeiro, salvo tratado ou convenção em contrário. A sua expedição faz-se pela *via diplomática ou consular* quando dirigida a Estado que só por essa via receba cartas, devendo, na hipótese negativa, a rogatória ser entregue ao interessado. Quando deva ser expedida por via diplomática ou consular, a *carta é entregue ao Ministério Público* para que a remeta pelas vias competentes.

As razões para a recusa legítima de *cumprimento das cartas rogatórias*, nas situações contempladas no nº 1 do art. 179º e nas diversas alíneas do art. 180º, são ditadas por razões de falta de legalização da carta, de revisão e confirmação judicial do ato exequendo ou de ordem pública ou de soberania. O Ministério Público pode interpor *recurso de apelação* com efeito suspensivo do despacho de cumprimento, seja qual for o valor da causa (cfr. o nº 3 do art. 181º).

Secção VI
Tramitação da ação declarativa comum

63. Atos-trâmite da ação declarativa comum

63.1. Fases da ação declarativa. Tramitação

O *processo comum declarativo* (regulado nos arts. 552º a 612º) tem o seu *iter procedimental completo* (também apelidado de *tramitação* ou *marcha*) distribuído por *cinco fases*, períodos, etapas ou ciclos, distintivos e sucessivos, a saber: – fase dos *articulados* (arts. 552º a 587º); – fase da *gestão inicial do processo e da audiência prévia* (arts. 590º a 598º); – fase da *instrução* (arts. 410º a 526º); – fase da *audiência final* (arts. 599º a 606º); – fase da *sentença* (arts. 607º a 626º)[1222].

O que não significa uma plena estanquicidade entre elas, já que, não raro, surgem de forma interligada e interpenetrada, prevendo a lei que atos próprios de certa fase sejam praticados em outras e diferentes fases.

Assim, por ex. e paradigmaticamente, a *fase da instrução* distribui-se por atos e procedimentos probatórios distintos e autónomos, alguns deles a poderem ter lugar em fases anteriores ou mesmo subsequentes; desde logo, *na fase dos articulados*, através da junção de documentos (art. 423º, nº 1), podendo também realizar-se, *no seio da própria audiência (final)*, não só a discussão da matéria de facto, como também a instrução do processo através da produção das *provas constituendas* (cfr. ainda os arts. 420º, quanto à *produção antecipada de prova*, 423º quanto à *junção de documentos* e 604º, nº 1 quanto à *discussão da matéria de facto*).

Os *articulados supervenientes* (arts. 588º 589º) pertencerão (logicamente) à fase dos articulados e a prova documental com os mesmos apresentada pertencerá (também logicamente) à *fase da instrução*.

Também o *julgamento de fundo ou do mérito da causa* pode ser efetuado *na fase da audiência prévia* (mais propriamente no despacho saneador), desde que o estado do processo o permita e o juiz se sinta para tanto habilitado (cfr. os arts. 591º, nº 1, al. d) e 595º, nº 1, al. b)). O processo pode, aliás, findar com esse despacho, não só por *condenação total ou parcial no pedido*, como por improcedência da ação (*absolvição do pedido*) ou por *absolvição da instância*.

Pode também *pôr-se termo à ação*, a todo o tempo, através de *confissão* ou de *desistência* de uma das partes ou por *transação* entre elas celebradas (arts. 283º e ss.). E, outrossim (por *despacho de indeferimento liminar* nos casos em que a ele há lugar – art. 226º, nº 4), o processo extinguir-se antes de finda a fase dos articulados ou mesmo por *despacho avulso* reconhecendo, por exemplo, a incompetência absoluta do tribunal (art. 99º, nº 1).

Em caso de *revelia operante*, não terão lugar as fases da gestão inicial do processo e da audiência prévia, da instrução e da audiência final (art. 567º, nº 1).

[1222] Para uma análise mais detalhada e desenvolvida das fases e tramitação da ação declarativa, cfr. o nosso *Direito Processual Civil*, vol. II, 2ª edição, Almedina, 2019, nº 5, pp. 64 a 433.

Na *fase da gestão inicial do processo e da audiência prévia* (mais propriamente no seio da audiência prévia propriamente dita), pode ser facultada às partes a discussão da causa (de facto de direito) nos casos em que ao juiz cumpra apreciar exceções dilatórias ou quando o juiz se proponha conhecer imediatamente, no todo ou em parte, do mérito da causa (art. 591º, nº 1, al. b)).

Todavia, e por uma questão de arrumação conceitual e sistémica, há que integrar determinadas matérias na fase categorial em que logicamente se inserem, ainda que nela se não pratiquem todos os seus *atos típicos*.

De ter presente que a *instância declarativa* pode ainda – face ao *princípio da unicidade da instância* – (eventualmente) prosseguir em consequência da abertura de uma fase de natureza impugnatória/recursal, esta também por natureza de caráter eventual. Assim, terminado o processo em 1ª instância – para além dos requerimentos (pós-decisórios) para *retificação de erros materiais* (art. 614º), *arguição de nulidades da sentença* (art. 615º) ou para *reforma da sentença* (arts. 616º e 617º), pode, nos prazos (de 15 ou 30 dias) previstos no nº 1 do art. 638º, e se reunidos os pressupostos do art. 629º, vir a ser interposto *recurso ordinário* dirigido à Relação (de *apelação* – arts. 644º a 670º) ou de *revista* para o Supremo Tribunal de Justiça conforme couber (art. 678º)[1223].

63.1.1. Articulados

Na definição legal, *articulados* são as *peças escritas* em que as partes expõem os fundamentos da ação e da defesa e formulam os pedidos correspondentes (art. 147º, nº 1). No âmbito do *processo comum*, e salva dispensa legal em contrário, havendo mandatário constituído, *a regra* é a da *obrigatoriedade da dedução por artigos* dos factos que interessem à fundamentação do pedido ou da defesa, seja nas *ações*, seja nos *incidentes*, seja nos *procedimentos cautelares* (art. 147º, nº 2).

Segundo uma classificação tripartida (de caráter doutrinal), os *articulados* podem classificar-se em: *normais* ou *necessários* (a petição e a contestação), *eventual* (a réplica) *e extraordinários* (estes também de natureza eventual).

Articulados normais: – na *petição inicial*, o autor enuncia a *causa de pedir* e deduz o *pedido ou pedidos* (que, segundo a lei processual, podem ser *simples, alternativos, subsidiários, cumulativos, genéricos* ou ilíquidos ou de *prestações vincendas* – arts. 552º a 557º.), cumprindo o *ónus da afirmação, alegação* ou

[1223] Cfr., quanto à matéria dos *efeitos da sentença*, à *impugnação das decisões judiciais* e aos *recursos ordinários* e *extraordinários*, o nosso *Direito Processual Civil*, vol. II, 2ª edição, Almedina, 2019, pp. 446 a 674.

dedução (art. 5º); – na *contestação* (a qual deve ser apresentada no prazo de 30 dias – art. 569º, nº 1), o réu *opõe-se* à pretensão e *defende-se* (por *impugnação* ou por exceção dilatória ou perentória), cumprindo os *ónus da contestação* e *da impugnação*, nesse articulado satisfazendo igualmente o *ónus da concentração da defesa*; pode ainda nela deduzir (enxertar) um *pedido autónomo* (*reconvencional*) contra o autor (arts. 266º e 569º e ss.).

Articulado eventual típico é a *réplica*, na qual o autor (uma vez notificado da apresentação da contestação – art. 575º, nº 1) *responde* (no prazo de 30 dias – art. 585º) à *matéria da reconvenção* ou, tratando-se de *ações de simples apreciação negativa*, impugna os factos que o réu haja alegado e alega os factos impeditivos ou extintivos do direito invocado pelo réu na contestação (art. 584º, nºs 1 e 2).

Articulados extraordinários: nesta classificação englobam-se (sendo todos eles também de caráter eventual) os *articulados supervenientes* (arts. 588º e 589º), os *articulados judicialmente induzidos ou estimulados pelo juiz* (arts. 590º, nºs 4 e 5 e 591º, nº 1, al. c)) e os *articulados de resposta* (*contraditório*) *às exceções deduzidas com o último articulado admissível* (art. 3º, nº 4).

Não se designam normalmente por *articulados*, mas por *requerimentos*, os *documentos avulsos* apresentados pelas partes (espontaneamente ou por convite do juiz) para correção das irregularidades (*formais*) dos articulados (art. 590º, nºs 2 e 3).

Apresentada a petição inicial, é esta objeto de *distribuição* (art. 203º), ato esse através do qual se adstringe e afeta – por via eletrónica – uma dada causa a um determinado juízo e secção de processos.

Cumpre, *prima facie*, à *secretaria judicial* o *controlo formal externo*, quer da *petição inicial* quer da *contestação*, isto é, a apreciação preliminar dos vícios resultantes da falta de observância de certos requisitos (*vícios meramente formais*) – art. 558º. Tal controlo é (também) aferido *aquando da distribuição eletrónica diária dos processos* e demais requerimentos entrados em juízo (arts. 204º e 207º).

A *secretaria recusará* o recebimento, indicando (*por escrito*) o fundamento da rejeição de entre os *taxativamente elencados* nas alíneas a) a i) do art. 558º), sem prejuízo do direito a reclamação e/ou de recurso do ato de não recebimento para o juiz da causa (arts. 559º e 560º). Isto sem embargo de "*dever*" também o *juiz*, no *despacho pré-saneador* (*poder-dever de caráter vinculado*) *convidar a suprir* as "*irregularidades dos articulados*", ordenando o respetivo suprimento em prazo que para tal arbitrará; poderes, pois, de *controlo formal externo* que podem conduzir ao *não recebimento* (ou *indeferimento*) *da petição irregular* (art. 590º, nºs 2, al. b) e 3)[1224].

No e com o *ato-requerimento* de apresentação da petição inicial, *deve o autor* observar os requisitos constantes das alíneas a) a g) do nº 1 do art. 552º, assim como *deve o réu* com o *ato-requerimento* de apresentação da contestação dar cumprimento ao disposto nas alíneas a) a d) do art. 572º.

Ato ou peça processual de relevo nesta 1ª fase é o ato de *citação*. Isto porque é através da citação que se convoca o réu a *exercitar o seu direito ao contraditório* e, eventualmente, a *deduzir pedidos contra o autor*, sendo, pois, o *ato pelo qual se dá conhecimento ao réu de que foi proposta contra ele determinada ação e se chama ao processo para se defender*[1225] (art. 219º, nº 1).

Trata-se (a citação) de um ato essencial de «comunicação entre o tribunal e o réu com a tripla função de: – *transmissão do conhecimento da instauração* da ação; – *convite para apresentar a sua defesa*: – *constituição como parte*»[1226].

[1224] A nova redação dada ao art. 560º pelo Dec.-Lei nº 97/2019, de 26 de julho, é aplicável, quer à *rejeição da petição inicial* (ou de qualquer requerimento inicial) *pela secretaria*, quer (face à remissão do art. 590º, nº 1 para o art. 560º), ao *indeferimento liminar da petição inicial pelo juiz*. Nos contados casos em que tal despacho negativo pode ocorrer, só pode (agora) ser apresentada uma nova petição ou requerimento (com *retroação dos efeitos civis à data da apresentação inicial*) *se esta o não tiver sido por mandatário judicial* (*qual tale não enviada por via eletrónica*) passando, pois, a *discriminar negativamente* a parte que haja visto rejeitada ou indeferida liminarmente *a petição subscrita por mandatário judicial* (*e enviada por via eletrónica*). E passa também – quanto à sanação do vício gerador da rejeição ou o indeferimento – a discriminar entre os autores e os réus (representados por mandatários) quanto às consequências da falta de comprovação do pagamento da taxa de justiça, *não permitindo ao autor* (representado por advogado) a *sanação* da omissão, mas *permitindo-a ao réu*, quanto a este (sem qualquer distinção entre litigância em nome próprio ou através de advogado constituído), já que o nº 3 do art. 570º impõe (sempre) à secretaria o dever de notificar o réu para efetuar o pagamento omitido com acréscimo da correspondente multa (disparidade que se torna mais patente em caso de *rejeição liminar de pedido reconvencional*). Perfila-se, assim, tal norma (com a atual redação) como *duplamente violadora do princípio da igualdade das partes* consagrado no art. 4º do CPC, *qua tale* passível de arguição do *vício de inconstitucionalidade ex-vi* do art. 13º da CRP (*vinculação da legislação e da jurisdição pelo princípio da igualdade*), e, outrossim, face à consequência preclusiva que introduz, do *princípio da proporcionalidade*, na vertente da *proibição do excesso*, sendo, de resto, atentatória do *direito a uma tutela jurisdicional efetiva* – cfr., quanto a este tema, M. Teixeira de Sousa, "A (muito estranha) nova redação do art. 560º do CPC" *in blog* do IPPC de 2-9-2019.

[1225] "*Pessoa interessada*" significa aquela que tem «*interesse direto em contradizer*» – pressuposto processual da legitimidade passiva (art. 30º, nº 1).

[1226] Cfr. Lebre de Freitas, *A Ação Declarativa* cit., p. 63.

Através dela, constitui-se, concretiza-se e desencadeia-se uma *relação jurídica processual de caráter triangular* (autor, réu e juiz), assim se dando cumprimento ao *princípio do contraditório* (cfr. o art. 3º), permitindo-se à pessoa contra quem foi proposta a ação vir a juízo pronunciar-se sobre a pretensão, apresentando, para o efeito, a sua *defesa* (cfr. o art. 563º). De resto (e salva disposição em contrário), "só a partir do momento da citação «o ato de proposição da ação produz efeitos» em relação ao réu" (art. 259º, nº 2).

No *ato da citação* devem ser *disponibilizados* (*obrigatoriamente*) ao réu o *duplicado da petição inicial* e as *cópias dos documentos que a hajam acompanhado.* Além disso, deve o demandado ser *informado dos elementos identificativos da ação* para a qual é citado (comarca, tribunal, juízo, secção e número de processo), do *prazo de que dispõe para apresentar a sua defesa* e da *necessidade de constituir advogado.* Finalmente, deve ser advertido das *cominações* (*perenções*) em que incorre se não contestar, designadamente no caso de *revelia* (cfr. o art. 227º, nºs 1 e 2).

Por *via de regra*, e de harmonia com o preceituado no art. 226º, cumpre à *secretaria* promover *oficiosamente* (sem, pois, necessidade de despacho judicial prévio) «as diligências que se mostrem adequadas à efetivação da regular citação pessoal do réu e à rápida remoção das dificuldades que obstem à realização do ato» – *regra da oficiosidade das diligências destinadas à citação* (arts. 226º, nºs 1 a 3 e 562º).

Exceções à regra da oficiosidade são as contempladas no nº 4 do art. 226º, as quais – para além das dos casos de *citação por agente de execução* ou da *citação promovida por mandatário judicial* previstas no respetivo nº 1 – tornam a citação dependente de *prévio despacho judicial*, o que obriga à *conclusão do processo ao juiz* (por iniciativa da secção ou por determinação do próprio juiz) logo após a apresentação da petição inicial em juízo (hipóteses típicas, entre outras, são a dos *procedimentos cautelares*) e em *todos os casos em que incumba ao juiz decidir da prévia audiência* do requerido (*v. g.*, nos processos de insolvência – arts. (art. 366º do CPC 12º do CIRE) e nos *de citação urgente* que deva preceder a distribuição (arts. 226º, nº 4, e 561º)[1227].

[1227] Só nos casos em que não houver lugar a *citação edital*. As razões da "*urgência*" são, por ex., a conveniência de assegurar a citação pessoal do réu (ausência prolongada ou doença) e a produção de algum dos efeitos previstos no art. 564º. O *despacho de admissão* é de *caráter discricionário*, não sendo, como tal, passível de recurso – cfr., neste sentido, J. RODRIGUES BASTOS, *Notas*, vol. III cit., p. 28.

Às *citações* e diversas *espécies* e *modalidades* reportam-se os arts. 219º a 224º e 225º a 246º.

63.1.2. Gestão inicial do processo e audiência prévia

Distribui-se esta fase pelos arts. 590º a 598º. É nessa fase que se inserem os atos e as operações tradicionalmente nominadas de *saneamento e condensação* do processo.

Face aos poderes oficiosos conferidos à secretaria nesta fase preliminar do processo, o primeiro despacho judicial tem agora o seu momento normal no fim dos articulados – o chamado *despacho de gestão inicial do processo,* vulgo *despacho pré-saneador* (cfr. o art. 590, nº 1º). Isto sem embargo dos *poderes de gestão processual* e de *gestão inicial do processo* expressamente consagrados nos arts. 6º e 590º, nº 1, respetivamente.

§1º Despacho pré-saneador

Inicia-se esta 2ª fase com a prolação do *despacho pré-saneador* e respetiva execução pelas partes e pela secretaria (art. 590º, nº 2), seguindo-se depois a *audiência prévia propriamente dita* (salvo se a ela não houver lugar *ex-lege* ou houver sido *dispensada* – arts. 592º a 596º), a qual se desdobra em diversos atos com a participação ativa das partes, na estrita observância dos *princípios da cooperação e do contraditório.*

Nas hipóteses em que, por expressa *exigência legal* ou por *determinação do juiz,* a petição haja de ser objeto de *despacho liminar,* poderá haver lugar a *indeferimento liminar da petição inicial,* não só quando o pedido se perfile como "manifestamente improcedente" (*inviabilidade substantiva*), como quando "ocorram, de forma evidente, exceções dilatórias insupríveis e de que o juiz deva conhecer" *ex-officio,* com aplicação do preceituado no art. 560º (benefício concedido ao autor de apresentação de nova petição no prazo de 10 dias com retroação dos efeitos à data da apresentação da primitiva petição – arts. 226º, nº 4 e 590º, nº 1). Excluídos, porém, os casos de *despacho liminar obrigatório* (é, por ex., o caso dos procedimentos cautelares – art. 366º, nºs 1 e 2), é este o momento em que o juiz toma pela primeira vez contacto com o processo.

Afora esse condicionalismo especial, é (normalmente) *finda a fase dos articulados* (com a apresentação do último legalmente permitido ou findo o prazo para a respetiva apresentação) que a secretaria faz o *processo concluso ao juiz* para que (se se justificar) profira *despacho pré-saneador* visando *quatro finalidades essenciais* ou *principais* (art. 590º, nº 2): a)- *providenciar* pelo *suprimento (sanação) da falta de pressupostos processuais (exceções dilatórias)*, nos termos do nº 2 do art. 6º[1228] (art. 590º, nº 2, al. a)); b)- aperfeiçoamento/*correção das irregularidades formais* (requisitos legais) *dos articulados* (art. 590º, nºs 2, al. b), e 3); c)- *junção de documentos* com vista a permitir a apreciação de exceções dilatórias ou o conhecimento, no todo ou em parte, do mérito da causa no despacho saneador (art. 590º, nº 2, al. c)); d)- *completamento/suprimento das insuficiências ou imprecisões na exposição ou concretização da matéria de facto alegada* (art. 590º, nºs 2, al. b), e 4).

A designação doutrinal de "*despacho pré-saneador*" deve-se ao seu escopo de *ato regularizador da instância* (suprimento de irregularidades ou deficiências dos articulados) em oportunidade precedente à do despacho saneador, que se destina preparar).

A expressão «*requisitos legais*» utilizada pelo nº 3 do art. 590º, 1º segmento, reporta-se à *omissão dos requisitos externos,* quer da petição inicial quer de qualquer outro articulado. No que especialmente se refere à *formulação do pedido,* ainda que a petição inicial seja apta (não enfermando, assim, de qualquer dos vícios geradores de *nulidade de todo o processo* constantes do art. 186º), pode o mesmo apresentar alguns *defeitos pontuais de inteligibilidade,* mormente se respeitantes à dedução de *pedidos genéricos ou ilíquidos,* caso em que competirá igualmente ao juiz dirigir ao autor (ou ao réu reconvinte) um convite à respetiva concretização[1229].

Cumpre ao juiz *convidar* qualquer das partes ao suprimento de *insuficiências ou imprecisões na exposição ou concretização da matéria de facto, ou seja, a um correto cumprimento do ónus da alegação, afirmação ou dedução da matéria de facto* (art. 590º, nº 4). O *despacho de aperfeiçoamento* pode pois ter lugar, quer *em face do autor* (para *completar ou retificar a causa de pedir*), quer *em face do réu*

[1228] O preceito aplica-se, não só ao suprimento das *exceções dilatórias imputáveis ao autor,* como também aos *vícios geradores da nulidade da contestação ou de outros atos imputáveis ao réu,* por ex., por falta de um pressuposto específico desses atos. Assim: a falta de autorização ou deliberação que o réu deva obter (art. 577º, *a contrario*); a falta de constituição de advogado pelo réu (sendo o patrocínio obrigatório); a falta, insuficiência ou irregularidade de procuração a favor de mandatário que por ele contestou ou em nome dele interveio no processo (art. 577º, al. h), *a contrário*) – cfr., neste sentido, A. Montalvão Machado/Paulo Pimenta, *O Novo Processo Civil* cit., pp. 207-211.

[1229] Cfr., acerca deste ponto, Abrantes Geraldes, *Temas da Reforma do Processo Civil,* 2ª ed. Rev. e Amp., vol. II cit., pp. 78-79.

(para *completar ou retificar uma exceção* ou *um pedido reconvencional*), considerado o conjunto dos articulados por cada um deles apresentado. Constitui um *remédio* no sentido da *clarificação* dos factos alegados por autor ou réu (destinados a substanciar a causa de pedir ou as exceções).

Tal *convite ao aperfeiçoamento*, devendo ser feito, em regra, no *despacho pré-saneador* (art. 590º, nº 3), poderá sê-lo também na *audiência prévia* (art. 591, nº 1, al. c)). *Na primeira hipótese*, é fixado *prazo* à parte para apresentação, *por escrito*, do *articulado de aperfeiçoamento* (art. 590, nº 3). *Na segunda*, o aperfeiçoamento é feito *verbalmente* e *ditado para a ata*, já que *a audiência prévia é* (sempre que possível) *gravada* (cfr. arts. 155º, nºs 1 a 8 e 591º, nº 4)[1230]. Isto sem prejuízo de poder ser decretada a *suspensão da audiência*, a fim de o articulado ser apresentado *por escrito* (em paralelismo com o que expressamente dispõe o nº 2 do art. 595º para o despacho saneador).

A *prolação do despacho de convite ao suprimento de irregularidades, insuficiências ou imprecisões dos articulados* em qualquer das modalidades em que se desdobra, seja, pois, na modalidade de *convite ao suprimento das irregularidades ou vícios formais*, seja na modalidade de *suprimento de insuficiências ou imprecisões na alegação/concretização da matéria de facto*, face à sua *natureza provisória e interlocutória, não é passível de recurso* (art. 590º, nº 7).

§2º Audiência prévia

Uma vez executado o *despacho pré-saneador* (ou seja, uma vez concluídas as diligências resultantes do preceituado no nº 3 do art. 590º – correção das irregularidades formais dos articulados) ou, não tendo a ele havido lugar, o juiz, logo que o processo lhe seja feito concluso (*após a fase dos articulados*), e observado o preceituado no art. 151º, nºs 1 e ss., designa dia para a *audiência prévia, indicando o seu objeto e finalidade* de entre os constantes do nº 1 do art. 591º, a realizar num dos 30 dias subsequentes, salvo se ocorrer alguma das hipóteses previstas nos art. 592º (em que a mesma *não pode ex-lege* realizar--se) ou no art. 593º (em que o juiz a entenda *dispensável*).

A *audiência prévia* é, por princípio, *obrigatória*, porquanto só não se realizará: – *nas ações não contestadas que tenham prosseguido em regime de revelia inoperante;* – *nas ações que devam findar no despacho saneador pela procedência de uma*

[1230] «A *gravação* é efetuada em *sistema vídeo* ou *sonoro*, *sem prejuízo de outros meios audiovisuais ou de outros processos técnicos semelhantes* de que o tribunal possa dispor, devendo os intervenientes no ato ser informados da sua realização» (art. 155º, nº 2).

exceção dilatória, desde que esta tenha sido debatida nos articulados» (*sic*). E obviamente que também se não realizará no caso de *revelia absoluta* (*operante*) do réu, hipótese em que haverá lugar ao *julgamento abreviado* previsto no art. 567º, por reporte ao art. 566º.

A *designação da audiência prévia* (*com indicação do seu objeto e finalidade*) *não forma caso julgado formal,* não precludindo, pois, a possibilidade de o juiz conhecer imediatamente do mérito da causa no despacho saneador (art. 591º, nº 2). Para ela são sempre *notificados,* não só *os mandatários* como *as próprias partes* (estas a poderem fazer-se representar por mandatário judicial com *poderes especiais para confessar, desistir ou transigir*), quando: a)- o *objeto da causa se contiver no âmbito da disponibilidade dos direitos* (art. 45º, nº 2); b)- a *tentativa de* conciliação constituir um dos fins para os quais a audiência for expressamente convocada (art. 591º, nº 1, al. a); c)- *se verifique ocondicionalismo do nº 2 do art. 594º.*

"Não constitui *motivo de adiamento* da audiência prévia a falta das partes ou dos seus mandatários" (art. 591º, nº 3).

Como *ato processual presidido pelo juiz,* "a sua realização e o seu conteúdo são documentados em *ata,* na qual são recolhidas as declarações, requerimentos, promoções e atos decisórios orais que tiverem ocorrido" – realização, pois, toda ela dominada pelos *princípios da oralidade* e do *contraditório* (art. 155º, nº 7).

São *objetivos primordiais* (ou *principais*) *da audiência prévia* nos termos do nº 1 do art. 591º: a)- a *tentativa de pôr termo ao litígio por autocomposição das partes* e de *delimitação dos termos da causa, nos termos do art. 594º*; b)- *facultação às partes da discussão de facto e de direito nos casos em que ao juiz cumpra apreciar exceções dilatórias ou quando tencione conhecer imediatamente, no todo ou em parte, do mérito da causa*; c)- *discutir as posições das partes com vista à delimitação dos termos do litígio e suprir as insuficiências ou imprecisões dos articulados* na exposição ou concretização da matéria de facto que ainda subsistam ou se tornem patentes na sequência do debate adrede realizado; d)- *proferir,* desde logo, *despacho saneador* ou seja, *decisão de forma* ou mesmo *de meritis,* se para tanto o processo estiver em condições de ser decidido conscienciosamente face aos elementos disponíveis; e)- determinar, após debate, a *adequação formal,* a *simplificação* ou a *agilização processual* nos termos previstos no nº 1 do art. 6º e no art. 547º; f)- *proferir,* após debate, o *despacho previsto no nº 1 do art. 596º* (*identificação do objeto do litígio e enunciação dos temas de prova*) e *decidir as reclamações* deduzidas pelas partes; g)- *programar,* após audição dos mandatários, *os atos a realizar na audiência final,* estabelecer o número de sessões e a sua provável duração e designar as respetivas datas.

§3º Despacho saneador

Este despacho encontra-se regulado no art. 595º.

Uma das finalidades principais da audiência prévia é a prolação do *despacho saneador* (logo *ditado* para a ata) ou a ser proferido *por escrito* (arts. 591º, nº 1, al. d) e 595º, nº 2) depois de suspensa a audiência para o efeito, nos termos e com as finalidades do nº 1 do art. 591º. Não havendo lugar a ela por ser *inadmissível* (art. 592º) ou se houver sido *dispensada* (art. 593º), será proferido (no prazo de 20 dias) *despacho saneador autónomo* (art. 593, nº 2, al. a)), seguido, caso a ação nele não finde, *do despacho de identificação das matérias controvertidas e enunciação dos temas da prova* (art. 596º, nº 1) e do *despacho destinado a programar (após audiência dos mandatários) os atos a realizar na audiência final, a estabelecer o número (previsível) de sessões* (da mesma) *e a sua (provável)* duração *e a designar as respetivas datas* (art. 591º, nº 1, al. g)).

Tem o despacho saneador uma *tripla função:* a)- *verificação da regularidade da instância* (*conhecimento* da falta de pressupostos processuais ou da existência de exceções dilatórias); b)- *apreciação de nulidade processuais;* c)- *conhecimento imediato do mérito* da causa (art. 595º, nº 1, alíneas a) e b)). As *duas primeiras – conhecimento de exceções dilatórias* ou de *nulidades processuais* suscitadas pelas partes ou que sejam de conhecimento oficioso face aos elementos constantes dos autos (art. 595º, nº 1, al. a)) – constituem suas *funções normais* e a razão de ser da sua própria designação; a *terceira* assume caráter *eventual* e destina-se a permitir (ao juiz) a *prolação imediata da decisão de mérito* (na totalidade ou em parte) – acerca do ou de algum dos *pedidos* deduzidos ou de alguma *exceção perentória* –, sempre que para tal se encontre desde logo habilitado sem necessidade de qualquer prova adicional (art. 595º, nº 1, al. b)).

Certificando-se o juiz de que *o processo fornece já os elementos suficientes para que o litígio possa, com segurança, ser decidido* (total ou parcialmente) *de fundo* ou que ocorre a *falta de um pressuposto insuscetível de sanação,* o juiz julga imediatamente a causa (*julgamento antecipado da lide por razões de fundo ou de forma*), hipótese em que a fase da audiência prévia – através do *despacho-saneador* – acaba por absorver, sob *forma simplificada,* a fase da audiência final (art. 599º e ss.).

Se *não reunidos os pressupostos para o julgamento imediato* ou *se se houver frustrado a conciliação das partes sobre o objeto do litígio* – e segundo um padrão de normalidade –, destina-se a audiência prévia (essencialmente) à *fixação dos termos essenciais da causa* (*delimitação/identificação dos termos* ou *objeto do litígio*) *e à enunciação dos temas da prova* relativos aos factos controvertidos (cfr. o art.

596º), naturalmente mediante um adequado funcionamento do *princípio da cooperação* (entre o juiz e os mandatários das partes).

§4º Despacho de identificação do objeto do litígio e de enunciação dos temas da prova

Este despacho encontra-se regulado no art. 596º.

Na fixação das matérias (temas da prova) controvertidas, o juiz procura *selecionar* (*circunscrever*) os *temas ou questões de facto* (real e efetivamente) relevantes para a uma boa e justa decisão da causa, ou seja, as *questões temáticas centrais de facto* sobre as quais vai incidir a *prova constituenda* (pois que a *prova pré-constituída* já se encontrará, nessa fase, e em condições de normalidade, processualmente adquirida), não deixando de atentar, com vista a tal *desideratum, nas várias soluções plausíveis da questão de direito* (tal como postulava a sugestiva e antiga terminologia do nº 1 do antigo art. 511º). De realçar que *as partes podem reclamar* do despacho do art. 596º, sendo que o despacho que decidir tais reclamações apenas pode ser *impugnado no recurso interposto da decisão final* (art. 596º, nºs 2 e 3).

> Como *finalidades eventuais ou secundárias da audiência prévia*, pode ainda, no seio dela (eventualmente), haver lugar (serem praticados) aos seguintes atos: a)- *alteração dos requerimentos probatórios* (art. 598º, nº 1); b)- *apresentação de articulados supervenientes* (art. 588º, nº 3, al. a)); c)- *prestação de depoimentos de parte* (art. 456º, nº 3)[1231]; d)- *prestação de declarações de parte* (art. 466º, nºs 1 e 2). Objetivos cuja ordenação dependerá, quer da iniciativa oficiosa do juiz, quer de requerimento expresso da parte interessada, sujeito este ao controlo das respetivas legalidade e necessidade/oportunidade/conveniência pelo magistrado da causa.

A realização da audiência prévia surte *efeito preclusivo* relativamente a uma eventual pretensão de renovação ou repetição dos atos que nela hajam tido já lugar e para os quais foi expressamente convocada, *v. g.*, a eventuais *novas tentativas de conciliação* ao arrepio do disposto no nº 1 do art. 594º, à apresentação de subsequentes (novas) *reclamações* contra o despacho do art. 596º ou à dedução de (*ulteriores*) *articulados supervenientes* de factos cujas superveniência objetiva e subjetiva sejam anteriores ou coevas da (data da) realização da audiência.

[1231] Acerca das situações em que se justifica a prestação de *depoimento de parte* na audiência prévia, cfr. Lebre de Freitas, *A Ação Declarativa* cit., pp. 177-178.

Quanto à *força vinculativa do despacho saneador*, há a distinguir: – se nele forem julgadas *questões processuais* (*exceções dilatórias e/ou nulidades*), a decisão assume força vinculativa apenas no âmbito do processo – *caso julgado formal* (art. 620º), o qual se confina, porém, às questões que hajam sido nele «*concretamente apreciadas*» (cfr. o nº 3, por reporte à al. b) do nº 1, ambos do art. 595º); o que não impede, por tal razão, que *a questão formal não expressamente decidida não possa ser apreciada e conhecida numa outra e distinta ação com o mesmo objeto e entre as mesmas partes*; – se houver incidido sobre *questões de direito material ou substantivo* (*conhecimento de mérito ou do fundo da causa*, neste incluído o conhecimento das *exceções perentórias*), produz ele, em perfeita similitude com a sentença final de mérito, *caso julgado material* (arts. 619º, 621º e 628º), sendo, por isso, designado por *despacho saneador-sentença* ou simplesmente por *saneador-sentença*.

O *despacho que marque audiência prévia* e se destine a indicar o seu objeto e finalidade não *forma caso julgado sobre a possibilidade de apreciação imediata do mérito da causa no despacho saneador*, a ser proferido no seu seio ou fora dele (art. 591º, nº 3). *Não cabe também recurso* da decisão do juiz que (no saneador) – invocando "*falta de elementos*" – *relegue para final* (isto é, para a sentença) "a decisão sobre a matéria que lhe cumpra conhecer" (cfr. o nº 4 do art. 595º).

61.1.3. Instrução

A *instrução* do processo tem por base e objeto *os temas da prova pré-enunciados* (no despacho a que se reporta o art. 596º) ou, quando não tenha de haver lugar a esta enunciação, os factos (*relevantes/controvertidos*) carecidos ou necessitados de prova» (cfr. o art. 410º).

A *fase da instrução* reparte-se por *atos de produção de cada meio de prova*, *tendencialmente concentrados na audiência final* (arts. 604º, nº 3, alíneas a) a d) e 607º, nº 11), mas que podem ter lugar ainda antes da sua realização quando a natureza do meio de prova assim o imponha ou aconselhe, como pode ser o da típica situação da realização da *prova pericial* ou outras circunstâncias (*v. g.*, a *urgência* na realização de qualquer diligência, a *impossibilidade da comparência* de uma dada testemunha ou de uma ou ambas as partes em juízo), a *qualidade* (prerrogativa ou especialidade de inquirição) *da testemunha*, a conveniência em *realizar a inspeção judicial* antes da audiência final (cfr. os arts. 419º, 420º, 456º, 457º, 490º, 491º e 503º a 506º).

Destina-se a *atividade instrutória* – se o processo não tiver terminado na fase da audiência prévia – à produção das provas destinadas à formação da convicção do tribunal quanto aos factos alegados que interessam à decisão e hajam sido impugnados. Isto é, a «fornecer ao juiz os dados ou elementos necessários ao *«controlo da veracidade das correspondentes afirmações das partes»*[1232], ou seja, à prova da *matéria de facto essencial ao julgamento da causa*[1233]. Através dela, são exercitados no processo (pondo à disposição do julgador) os diversos *meios de prova,* tendo por referência o objeto definido pelo citado art. 410º (*o elenco dos factos enunciados como temas da prova*) ou os *factos alegados pelo autor na petição em caso de revelia inoperante decorrente do disposto na al. a) do art. 568º* (*ex-vi* do nº 3 do art. 567º).

«As provas têm por função a demonstração da realidade dos factos» (art. 341º do CC).

O termo *prova* pode servir para significar uma tríplice realidade: o de *meio, elemento, instrumento ou fonte* de apuramento (controlo) da realidade ou verosimilhança de uma dada afirmação de facto (*elemento probatório* ou *evidence*); o de resultado da atividade probatória e aquisição de um dado meio de prova e da sua valoração pelo juiz (*resultado probatório* ou *proof*); o de *procedimento* através do qual se adquirem para o processo os dados informativos que servem para formular a decisão, (*v. g., assunção da prova* e *instrução probatória*)[1234].

O *direito probatório* contempla e admite diversos *tipos ou espécies de provas quanto à sua natureza.* Assim: – *prova por presunções* (art. 349º a 351º do CC); – *prova por confissão* e por *declarações das partes* (arts. 352º a 361º do CC e 452º a 466º do CPC); – *prova documental* (arts. 362º a 387º do CC e 423º a 451º do CPC); – *prova pericial* (arts. 388º e 389º do CC e 467º a 489º do CPC); – *prova por inspeção e por verificação não judicial qualificada* (arts. 390º e 391º do CC e 490º a 494º do CPC); – *prova testemunhal* (arts. 392º a 396º do CC e 498º a 526º do CPC). Cfr., ainda, a *prova por apresentação de coisas móveis ou imóveis* (art. 416º do CPC).

A prova deve ser, desde logo (*obrigatoriamente*), *oferecida* (*proposta* ou *requerida*) *com os articulados* – cfr. o nº 2 do art. 552º para a *petição inicial* e a al. d) do 572º para a *contestação.* Neles devem (podem) ser requeridos todos os meios probatórios em direito permitidos. Deve, designada (e excecional-

[1232] Cfr. Manuel de Andrade, *Noções Elementares* cit., p. 177.

[1233] Cfr. Antunes Varela/J. M. Bezerra/Sampaio e Nora, *Manual* cit., p. 240.

[1234] Cfr., quanto aos *conceitos e definições doutrinais associadas à prova,* Michele Taruffo, *La Prova nel Processo Civile, Trattato di Diritto Civile e Commerciale,* 2012, pp. 55-56 e Manuel de Andrade, *Noções Elementares* cit., pp. 177-178.

mente), ser oferecida *com os articulados/requerimentos respetivos* – para além da relativa a factos para os quais seja apresentada *prova documental* – a generalidade das provas nos *incidentes da instância* (art. 293º, nº 1); hipóteses em que incumbirá à contraparte, no articulado de resposta, impugnar esses factos instrumentais e invocar as eventuais exceções probatórias contra as provas apresentadas pela outra parte (cfr., *v. g.*, quanto à *prova documental*, os arts. 444º, nºs 1 e 2 e 446º, nºs 1 e 2, do CPC e 372º, 374º, 375º, nº 2, 378º e 379º do CC).

Possuem também normalmente lugar nesta fase os atos de *assunção ou receção nos autos* (*incorporação* ou *ingresso*) da *prova constituenda produzida fora dos autos* (*v. g.*, a junção de documentos ou de uma *carta precatória* cumprida por outro tribunal nacional ou contendo depoimentos por essa via recolhidos ou também de uma *carta rogatória* cumprida pela competente entidade estrangeira).

Se a *iniciativa da prova partir do juiz* ao abrigo dos seus *poderes instrutórios* (*princípio do inquisitório* – art. 411º) – cfr., *v. g.*, os art. 452º (prova por *depoimento de parte*), 467º (*prova pericial*) e 490º (*prova por inspeção judicial*) –, deve ele pronunciar-se, desde logo, sobre a sua necessidade (*admissão*), seguindo-se os atos especificamente respeitantes ao meio determinado a realizar em contraditório (art. 415º)[1235-1236].

No que especificamente toca à *prova documental* ou *monumental*, deve ela ser apresentada, em princípio, *com os articulados* ou, com sujeição a *multa*, *até 20 dias antes da data em que se realize a audiência final*, a menos que a parte prove que os não pôde apresentar com o articulado respetivo (arts. 423º, nºs 1 a 3). Após esse limite temporal, apenas serão de admitir os documentos cuja apresentação não tenha sido possível até àquele momento final (data da audiência), bem como «aqueles cuja apresentação se tenha tornado necessária em virtude de ocorrência posterior» (art. 423º, nº 3). Após o encerramento da audiência final, só são admitidos, *no caso de recurso*, os documentos cuja apresentação não tenha sido possível até àquele momento (art. 425º)[1237].

Pode, porém, o juiz, por sua iniciativa oficiosa ou *a requerimento de parte*, no qual se identifiquem os fatos a provar por seu intermédio (arts. 417º, nº 2,

[1235] Cfr., quanto a esta matéria, Lebre de Freitas, *A Ação Declarativa* cit., pp. 191-192.

[1236] Cfr., quanto aos *poderes inquisitórios* e *instrutórios* do juiz, supra nº 10.2.2.

[1237] Cfr., acerca deste tema, João Espírito Santo, *O Documento supervenientes para efeito de recurso ordinário ou extraordinário*, Almedina, 2001.

429º, nº 1, 434º, 436º e 437º), ordenar que *as partes ou terceiros* (particulares ou organismos oficiais) sejam notificados para *juntar ao processo documentos relevantes* para a decisão da causa que se encontrem em seu poder, sob a cominação de incursão em *multa*, sem prejuízo do uso de meios legais coercitivos (arts. 417º, nº 2, do CPC, 829º-A, do CC e 27º do RCP)[1238] e mesmo da *apreensão do documento* através de ordem judicial.

Posteriormente ao encerramento da audiência final (em 1ª instância) são ainda admitidos, para o *efeito de recurso*, os documentos cuja apresentação não tenha sido possível até esse momento (art. 425º).

Os *pareceres* não estão sujeitos a qualquer *prazo cominatório* podendo ser juntos, *em qualquer estado do processo*, os subscritos por advogados, professores ou técnicos. A secretaria juntá-los-á ao processo independentemente de despacho, a não ser que sejam manifestamente extemporâneos; nesse caso, a secretaria faz os autos conclusos e o juiz decide sobre a junção» (arts. 426º e 442, nº 1).

Não olvidar, neste *conspectu*, que, do ponto de vista da *forma de conservação* ou *armazenamento* dos respetivos conteúdos, os *documentos* podem ser *analógicos* (se em *suporte* físico) ou *eletrónicos* (guardados em *códigos binários*). A *prova documental eletrónica* assume hodiernamente uma relevância expansiva crescente, com a correlativa secundarização da prova em suporte físico, pondendo servir, como *objeto de prova*, como *meio de prova* ou, a um tempo, ambas essas finalidades. «Pode ser *objeto de prova* se se curar da prova de um facto eletrónico, *v. g.*, o envio de um correio eletrónico, ou *meio de prova* «quando, por exemplo, o remetente de um correio eletrónico reconhece o pagamento de uma fatura, caso em que se prova eletronicamente um determinado facto». E pode servir concomitantemente de *objeto* e *meio de prova* «quando, por exemplo, se cuida de apurar a celebração de um contrato a partir de correios eletrónicos trocados a partir de dois computadores. Nesta última eventualidade, ocorre a *prova eletrónica* de um *facto eletrónico*» (*sic*)[1239].

O Dec.-Lei nº 290-D/99, de 2 de agosto, republicado em anexo ao Dec.-Lei nº 62/2003, de 3 de abril, e cujas últimas alterações foram introduzidas pelo Dec.-Lei nº 28/2009, de 9 de abril, instituiu o *regime jurídico do documento eletrónico e da assinatura digital* (RJDEAD). Por seu turno, o Regulamento (UE) nº 910/2014, de

[1238] O art. 437º estende à *requisição de documentos* a possibilidade de cominação de *sanção pecuniária compulsória* do art. 829º-A, do CC para cumprimento de *obrigação de prestação de facto de caráter infungível* (nº 1) e de *obrigação pecuniária após a condenação do devedor* (nº 4).

[1239] Cfr., quanto a este ponto, L. Filipe Pires de Sousa, *O Valor probatório do Documento Eletrónico no Processo Civil*, 2ª edição, Almedina, 2017, pp. 22-32.

23 de julho de 2014, publicado no JO da EU de 28 de agosto de 2014, entrado em vigor em 1 de julho de 2016, veio instituir o chamado *Mercado Único Digital*, sendo que, por mor *do princípio da receção automática* (*efeito direto*), as respetivas normas são *diretamente aplicáveis em todos os Estados-Membros* (arts. 288º do Tratado de Lisboa e 8º, nº 4, da CRP).

Nos termos do art. 3º, nº 35 desse Regulamento, o *documento eletrónico* é definido como «*qualquer conteúdo armazenado em formato eletrónico, nomedamente texto ou gravação sonora, visual ou audiovisual*». Por sua vez, o art. 4º do RJDEAD, dispõe que «*as cópias de documentos eletrónicos*, sobre idêntico ou diferente tipo de suporte, são *válidas e eficazes nos termos gerais de direito e têm a força probatória atribuída às cópias fotográficas pelo nº 2 do art. 387º do Código Civil e pelo art. 168º do Código de Processo Penal*»[1240].

Quanto à *prova testemunhal*, deve o respetivo *rol* ser junto *com os articulados* respetivos (arts. 552º, nº 2 – petição inicial – e 572º, al. d) – contestação): assim, quanto à *petição inicial*, deve o autor apresentar o seu *rol* na parte final desse articulado; caso o réu *conteste* e *reconvenha*, é o autor admitido a alterar o requerimento probatório inicialmente apresentado, podendo fazê-lo *na réplica* caso haja lugar a esta, ou no prazo de 10 dias a contar da notificação da contestação/reconvenção (art. 552º, nº 2); o *rol de testemunhas* pode, todavia, ser *alterado ou aditado até 20 dias antes da data em que se realize a audiência final*, sendo a parte contrária notificada para usar, querendo, de igual faculdade no prazo de 5 dias», sendo que *incumbe às partes oferecentes apresentar* (sem pois, qualquer notificação oficial) *pessoalmente as testemunhas indicadas em consequência do adicionamento ou alteração do rol* (art. 598º, nºs 1 e 2).

Relativamente à *antecipação* da *produção da prova constituenda* (depoimentos das partes e depoimentos testemunhais, verificação de certos factos por perícia ou inspeção[1241]) pode ser *excecionalmente antecipada* (relativamente ao seu momento próprio e normal e mesmo antes da propositura da ação) desde que haja *justo receio* de tal produção vir a tornar-se *impossível ou muito difícil* (arts. 419º e 420º); daí que se rotule esta diligência de *asseguração de*

1240 Acerca da produção em juízo e da força probatória da prova documental eletrónica, cfr. Calvão da Silva, *Bolsa, Banca e Seguros*, 4ª edição, nºs 36º e ss. Teixeira de Sousa, *O Valor Probatório dos Documentos Eletrónicos*, *in* Direito da Sociedade da informação, 2º vol., 1999, p. 184. e L. Filipe Pires de Sousa, *O Valor Probatório do Documento Eletrónico no Processo Civil*, 2ª edição, Almedina, 2017. Cfr., ainda, o nosso *Direito Processual Civil*, vol. II, 2ª edição, Almedina, 2019, nº 33, pp. 316 e ss..

1241 *V.g.*, exames e vistorias ou avaliação.

provas e as provas assim obtidas ou produzidas de *provas para memória futura* ou «*ad perpetuam rei memoriam*».

É o que tipicamente acontece quando a alguém, prestes a intentar contra outrem uma dada ação, chega o conhecimento de que uma dada testemunha relevante para a prova de um facto principal se prepara para emigrar ou foi acometido de doença letal; ou que os vestígios do local do evento danoso podem desaparecer com uma obra nova a iniciar a curto prazo, o que gerará a necessidade/conveniência de uma *verificação judicial* ou *por inspeção in loco* dos indícios relevantes, casos em que o ato de produção pode mesmo ter lugar antes da instauração da ação (art. 419º)[1242].

Por se tratar de um *procedimento urgente*, a *produção antecipada de prova* por ser requerida e realizada mesmo em *férias judiciais* (art. 137º, nº 2), sendo para tal competente o tribunal em que haja de efetuar-se (art. 78º, al. d)). As decisões proferidas no seio desse procedimento são suscetíveis de *transitar em julgado*; e, uma vez transitadas, podem ser objeto de *recurso de revisão* nos termos previstos no art. 696º.

Em princípio, não serão admitidas nem produzidas em juízo quaisquer provas *sem audiência da parte* contra a qual hajam de ser opostas (art. 415º, nº 1) – *princípio da contraditoriedade na produção da prova*. No fundo, uma relevante *concretização do princípio geral do contraditório* consagrado no nº 3 do art. 3º. Regra que só deve ser postergada nas *situações especiais de urgência* na realização da concreta diligência probatória ou de «*risco da sua inutilização*». A violação do princípio inquina a *admissão*, a *produção* e a *assunção da prova* respetiva em juízo de um *vício de forma* gerador da respetiva *anulabilidade* (*ilicitude*) nos termos e com os efeitos do art. 195º.

Os *depoimentos* das *partes*, bem como das *testemunhas* ou de *quaisquer outras pessoas* que devam prestá-los no processo (*provas constituendas*), são sempre gravados *quando prestados antecipadamente ou por carta* (art. 422º, nº 1). «Revelando-se *impossível* a gravação, o depoimento é *reduzido a escrito*, com a *redação ditada pelo juiz*, podendo as partes ou os seus mandatários fazer as reclamações que entendam oportunas e cabendo ao depoente, depois de lido o texto do seu depoimento, confirmá-lo ou pedir as retificações necessárias» (art. 422º, nº 2). *Gravação* e *redução a escrito* essas que têm por base o justo receio de vir a tornar-se impossível ou muito difícil a sua obtenção em termos futuros, havendo, por isso, a necessidade de *salvaguardar a incolu-*

[1242] Cfr. Antunes Varela/J. M. Bezerra/Sampaio e Nora, *Manual* cit., pp. 483-484.

midade e a integridade da prova. Isto, em ordem a: – *habilitar o tribunal a quo a reconstituir o conteúdo dos atos de produção da prova* aquando prolação da sentença; – *permitir às partes a fundamentação do recurso da decisão sobre matéria de facto perante a Relação*; – *proporcionar ao tribunal da Relação um mais perfeito controlo e a uma mais fácil sindicância dessa matéria* nos casos em que a lei prevê a sua modificabilidade (art. 662º).

63.1.4. Audiência final

A *data da audiência final* é designada *na audiência prévia* (art. 591º, nº 1, al. g)) ou, quando a esta não haja lugar ou houver sido dispensada, *no despacho a que se reporta a al. d) do nº 2 do art. o art. 593º*; em ambos os casos, em função "da *programação dos atos a realizar nela e da sua provável duração, com designação, desde logo, das respetivas datas*".

Caso especial é o da designação da audiência *nas ações de indemnização fundadas em responsabilidade civil,* cuja data pode ser designada – a *requerimento do autor* – se a demora (previsível) da realização do *exame para a determinação dos danos* (de que se considera lesado) se *prolongar por mais de três meses,* o que não prejudicará a realização desse exame, a cujo relatório se atenderá em subsequente *liquidação* (art. 600º, nºs 1 e 2). A audiência realizar-se-á, assim, sem prejuízo do disposto no nº 2 do art. 609º (*condenação no que vier a ser liquidado, sem prejuízo da condenação imediata na parte do pedido que já seja líquida*).

Uma vez feita a *chamada das pessoas para o ato convocadas, o juiz declara aberta* a audiência, a qual passará a realizar-se, a menos que se verifique uma qualquer das situações de *adiamento* taxativamente contempladas no art. 603º – *princípio da inadiabilidade da audiência final.*

Presidem à realização da audiência os princípios da *publicidade,* com as exceções previstas na lei (arts. 606º, nº 1, do CPC e 25º da LOSJ/2013) e *da continuidade,* sendo que a mesma só pode ser *suspensa ou interrompida* por motivos de *força maior,* por *absoluta necessidade* ou *nos casos taxativamente previstos na lei* (arts. 605º e 606º)[1243].

Por força do *princípio da continuidade,* «todos os atos de produção da prova deverão ter lugar (preferencialmente e de modo concentrado) numa *mesma sessão de audiência* e que esta deve ser *contínua*». Isto sendo sabido

[1243] Acerca dos princípios da *publicidade, concentração* e *continuidade da audiência,* cfr. supra nºs 19.1 e 19.4.

que, não raras vezes, se não torna possível concluir num só dia a instrução e a discussão da causa. A exigência da continuidade da audiência decorre logicamente do *sistema da oralidade* que a ela preside, em consonância, de resto, com os princípios da *imediação*, da *livre apreciação da prova* e da *plenitude da assistência do juiz*.

As *irregulares interrupções da audiência e as marcações da sua continuação para além do dia imediato àquele em que não for possível a sua conclusão* são atos suscetíveis de integrar *nulidade processual secundária* por poderem *influir no exame e discussão da causa* cuja verificação é determinante da anulação do processado posterior à respetiva comissão, a arguir dentro do prazo e nos termos dos arts. 149º, 195º, nºs 1 a 3 e 199º.

Podem, porém, determinar a *suspensão incidental da audiência final*, quer a *apresentação de documento superveniente* (se verificado o condicionalismo dos arts. 423º, nº 3 e 424º), quer a *determinação oficiosa de inquirição de testemunha relevante* (não arrolada), ao abrigo do disposto do nº 1 do art. 526º (se apresentado *requerimento dilatório* por qualquer das partes nos termos do nº 2 do mesmo preceito).

A *audiência final* desenrola-se e decorre perante *juiz singular*, determinado de harmonia com as leis de organização judiciária (art. 599º), ao qual compete *presidir aos atos de instrução e discussão que têm lugar no seu seio em função dos temas da prova já ex-ante fixados* e, também, *proferir a sentença* final; deste modo, a *direção da audiência e a prolação da sentença final incumbem ao mesmo juiz*, ou seja, *ao juiz da causa*. O *princípio da identidade do juiz* encontra-se intimamente associado ao *princípio da livre apreciação da prova* e é também apelidado de "*princípio da plena participação dos juízes*" ou da "*plenitude da assistência dos juízes*".

Em observância do *princípio da plenitude da assistência do juiz*, há que assegurar que só possa intervir na decisão o juiz que tenha assistido à produção da prova (a todos os atos de instrução e discussão) na audiência final. Princípio que constitui corolário ou postulado do *regime da oralidade* sob cuja égide se desenrola a audiência, bem como dos *princípios da imediação* e *da livre apreciação da prova*. O mesmo juiz preside à produção da prova, aprecia-a e analisa-a criticamente e profere a decisão final. A infração a estas regras é também potencialmente geradora de *nulidade processual secundária* face à suscetibilidade de a irregularidade cometida poder influir no exame ou discussão da causa, a arguir igualmente dentro do prazo e nos termos dos arts. 149º, nº 1, 195º, nºs 1 a 3 e 199º.

O juiz goza de todos os poderes necessários para tornar útil e breve a discussão e para assegurar a justa decisão da causa, competindo-lhe especialmente (art. 602º, nº 1): a)- *dirigir os trabalhos* e assegurar que estes decorram de acordo com a programação definida; b)- *manter a ordem* e fazer respeitar as instituições vigentes, as leis e o tribunal; c)- *tomar as providências necessárias para que a causa se discuta com elevação e serenidade*; d)- *exortar os advogados e o Ministério Público a abreviarem os seus requerimentos, inquirições, instâncias e alegações,* quando sejam manifestamente excessivos ou impertinentes, e a cingirem-se à matéria relevante para o julgamento da causa e *retirar-lhes a palavra* quando não sejam atendidas as suas exortações»; e)- *significar aos advogados e ao Ministério Público a necessidade de esclarecerem os pontos obscuros ou duvidosos*» (art. 602º, nº 2).

Quando a matéria de facto suscite *dificuldades de natureza técnica* cuja solução dependa de conhecimentos especiais que o tribunal não possua, *pode o juiz: – designar pessoa competente* que assista à audiência final e aí preste os esclarecimentos necessários; – em qualquer estado da causa, *requisitar os pareceres técnicos* indispensáveis ao apuramento da verdade dos factos» (art. 601º, nº 1); técnico esse a que «podem ser opostos os *impedimentos* e *recusas* que é possível opor aos peritos» (art. 601º, nº 2). Tais *designação* ou *requisição* têm lugar, em regra, no despacho que marcar o dia para a audiência, «sendo pagas ao técnico, *adiantadamente,* as *despesas de deslocação*» (arts. 601º, nº 3, do CPC e 17º, nº 1, al. a)-ii e Anexo IV do RCP).

A audiência final (seja ela relativa a ações ou a incidentes e procedimentos cautelares) é sempre *gravada,* apenas devendo ser *assinalados* (*autenticados*) *na ata* "o início e o termo de cada depoimento, informação, esclarecimento, requerimento e respetiva resposta, despacho, decisão e alegações orais" (art. 155º, nº 1).

Antes de qualquer outro ato, o juiz realiza uma *tentativa de conciliação* entre as partes, visando a *autocomposição do litígio,* se a causa se contiver no âmbito dos seus (das partes) poderes de disposição (art. 604º, nº 2).

A menos que as oferecidas *provas constituendas* hajam já sido, todas elas, produzidas *antes da sua realização ou mesmo antes de proposta a ação* (art. 419º) ou *por carta precatória ou rogatória, tendo, por isso, já sido necessariamente gravadas ou reduzidas a escrito* (art. 422º) – pois que, em tal eventualidade, a audiência terá como única finalidade a discussão oral da causa –, *têm ou podem ter lugar na audiência final* os atos discriminados nas diversas alíneas do nº 3 do art. 604º, sendo que os das alíneas a) a d) se reportam à produção da prova (realização de *atos instrutórios*) e que o da alínea e) respeita às *alegações orais* com incidência simultânea na matéria de facto e na matéria de direito.

Contempla a lei processual a possibilidade de *aditamento de (novos) temas da prova* em complemento dos já enunciados aquando da prolação do despacho a que se reporta o art. 596º, *mesmo no seio da audiência final*, tendo por base as seguintes causas; – *dedução de articulado superveniente* (art. 588º, nºs 3, al. c), e 6); – *dedução do incidente de liquidação* (art. 360º, nº 2); – *dedução de exceção probatória documental* (art. 449º, nº 2). Por se tratar de atos a praticar oralmente, ficam *consignados em ata*: – a *dedução de factos supervenientes*; – o *despacho de admissão ou rejeição de novo articulado* depois da marcação da audiência final; – o *despacho que enuncie o tema da prova* (quando qualquer dos atos tenha lugar depois de aberta a audiência final), sendo que esta «só se interrompe se a parte contrária não prescindir do prazo de 10 dias para a resposta e apresentação das provas e houver inconveniente na imediata produção das provas relativas à restante matéria em discussão» (art. 589º, nº 2).

É a seguinte a *ordem legal dos atos instrutórios* a praticar no seio da audiência (art. 604º, nº 3): a)- prestação dos *depoimentos de parte*; b)- *exibição de reproduções cinematográficas ou de registos fonográficos*, podendo o juiz determinar que ela se faça apenas com assistência das partes, dos seus advogados e das pessoas cuja presença se mostre conveniente; c)- *esclarecimentos (complementares) verbais dos peritos* cuja comparência tenha sido oficiosamente determinada ou requerida pelas partes; d)- *inquirição de testemunhas*; e)- *alegações orais* dos advogados das partes.

Pode, contudo, o juiz: – *alterar essa ordem de produção da prova* quando tal considere necessário; – *determinar a audição em simultâneo de testemunhas de ambas as partes sobre determinados factos*, se tal considerar pertinente para a descoberta da verdade (art. 604º, nº 8). Se algum depoimento «houver de ser *prestado fora do tribunal, a audiência será interrompida antes das alegações*, deslocando-se o juiz e os advogados ao local indicado, *imediatamente* ou *no dia e hora que o juiz designar* para a respetiva toma, *continuando depois a audiência no tribunal* uma vez prestado o depoimento» (art. 604º, nº 4). Às pessoas já ouvidas é vedado *ausentarem-se* sem autorização do juiz, que a não concederá quando haja oposição de qualquer das partes, atenta a eventual necessidade de prestação de qualquer esclarecimento complementar (art. 606º, nº 5).

As *alegações orais têm lugar logo que concluída a produção das provas constituendas.* Pressupõem a discussão a *apresentação prévia* de todas as *provas pré-constituídas* cuja relevância como factor probatório não seja imediata (*v. g.*, os *documentos não escritos* a que se reporta a al. b) do nº 3 do art. 604º). Não também dos *documentos escritos* (art. 423º, nº 2)[1244] e dos *monumentos móveis* suscetíveis de depósito na secretaria do tribunal (art. 416º, nº 1), já que uns e outros podem ser ainda apresentados *até ao encerramento da discussão,* ou mesmo *em momento posterior* dentro do condicionalismo do art. 425º (impossibilidade de apresentação anterior).

Nas *alegações orais,* os advogados expõem as conclusões, de facto e de direito, que hajam extraído da prova produzida, podendo cada um deles *replicar uma vez*; com elas procurando fixar – procedendo à *análise crítica da prova produzida* – os factos que devem considerar-se *provados* e aqueles que devem considerar-se como *não provados,* de entre os que integram os *temas de prova previamente fixados* e se revelem de *utilidade decisiva para o julgamento de mérito.*

As alegações não podem exceder, para cada um dos advogados, *uma hora e as réplicas trinta minutos*; o juiz pode, porém, permitir que continue no uso da palavra o advogado que, esgotado o máximo do tempo legalmente previsto, fundadamente o requeira com base na complexidade da causa»; «nas *ações de valor não superior à alçada do tribunal de primeira instância* (€5.000) os períodos de tempo previstos para as alegações e as réplicas são reduzidos para metade» (art. 604º, nº 5). O advogado pode ser *interrompido* pelo juiz ou pelo advogado da parte contrária mas, neste caso, só com o seu *consentimento e o do juiz,* devendo a interrupção ter sempre por fim o esclarecimento ou retificação de qualquer afirmação» anteriormente produzida (art. 604º, nº 6).

Pode ainda o juiz «em qualquer momento, *antes, durante ou depois de findas as alegações orais, ouvir o técnico designado*» (art. 604º, nº 7).

63.1.5. Sentença

Compete ao juiz, como membro do órgão de soberania "tribunais" «administrar a justiça em nome do povo», sendo que a função jurisdicional é exercida pelos tribunais (cfr. os arts. 202º, nº 1, da CRP e 2º, nºs 1 e 2, da LOSJ/2013).

[1244] Do documento escrito pode ainda resultar prova por confissão (art. 358º, nº 2, do CC).

A *sentença cível* é um *ato processual* a ser praticado exclusivamente por um *juiz* (no uso de um múnus soberano, portanto de caráter jurídico-público) no âmbito de uma causa principal ou de um incidente que apresente a estrutura de uma causa. Traduz-se no *ato jurisdicional* por excelência, a ser, pois, proferido por *magistrados judiciais*, titulares do órgão de soberania "tribunais", aos quais cabe o exercício da *função jurisdicional* (arts. 205º da CRP e 2º da LOSJ). Isto sem embargo de o nosso ordenamento designar também por *sentença*, quer as *decisões arbitrais* (arts. 39º a 43º da Lei nº 63/2011, de 14 de dezembro – LAV), quer as decisões finais proferidas pelos *juízes de paz* (art. 60º da Lei nº 78/2001, de 13 de julho, com as alterações introduzidas pela Lei nº 54/2013, de 31 de julho – LJP)[1245].

O juiz *a quem cabe proferir a sentença* é o próprio *juiz da causa* (perante o qual se desenrolaram as fases anteriores, designadamente a audiência prévia, a instrução e a audiência final para produção das provas *constituendas* sobre os temas de prova – juiz esse a ser determinado pelas leis da organização judiciária (arts. 599º do CPC e 1º da LOSJ/2013) – ainda que haja entretanto sido transferido ou promovido (art. 605º, nº 4). À previsão, no art. 607º, da emissão da *sentença* (com a estrutura, função e limites constantes dos arts. 608º e ss.), como um ato que deve seguir-se à discussão oral dos aspetos fáctico-jurídicos, subjaz uma conceção de sentença como *ato final* de todo um *iter procedimental de natureza contenciosa*[1246]. O concreto *dictat* jurisdicional nela ínsito pressupõe, pois, o curso ordenado de toda uma série de atos, etapas ou fases (intermédios ou instrumentais) subsequentes ao *ato inicial* de introdução do feito em juízo e que conhecem o seu epílogo com o julgamento (de facto e de direito) da causa. *Ciclos* esses que se desenrolam sob uma *forma dialética ou polémica*, com estrita observância do *princípio do contraditório*, e nas quais a relação jurídica processual assume a sua plena dinâmica, através da intervenção ativa e efetiva das partes em confronto ou oposição.

Em *sentido material*, e em correspondência com a *tipologia das ações declarativas* (espécies de ações consoante o fim), as sentenças podem ser de *mera de declaração* (simples apreciação), de *condenação* e *constitutivas* (art. 10º). Podem, ainda, as sentenças ser de *fundo* (ou de *substância*) se tiverem apre-

[1245] Cfr., a este respeito, Abrantes Geraldes, a "*Sentença Cível*", texto-base da intervenção nas "Jornadas de Processo Civil", organizadas pelo CEJ em 23 e 24 de janeiro de 2014 e em apenso a *Recursos em Processo Civil* 4ª ed., p. 537 e ss..

[1246] Cfr. Alberto dos Reis, *Comentário*, vol. 2º cit., p. 154.

ciado o mérito da causa ou de *forma* (*processuais*) se, por motivos meramente processuais/formais, se limitarem a absolver (o réu ou o autor-reconvindo) da instância[1247].

A sentença deve, em processo comum, ser proferida no *prazo de 30 dias* após a conclusão do processo ao juiz para tal efeito (*prazo meramente ordenador, disciplinar ou administrativo, sem, pois, quaisquer consequências preclusivas*); conclusão que é feita logo que "*encerrada a audiência final*" (art. 607º, nº 1). De ter presente, porém, as consequências da ultrapassagem do prazo ora cominadas no nº 5 do art. 156º.

A sentença desdobra-se em três partes distintas, ainda que entre si funcionalmente dependentes: *relatório, fundamentação* e *decisão* (art. 607º). Distingue-se geralmente entre *parte expositiva* e *parte dispositiva ou conclusiva* da sentença[1248]. Na *parte expositiva*, integram-se o *relatório* (*identificação* das partes e *narração* das sua posições perante o objeto do processo), bem como a *fundamentação* de facto e de direito (*parte motivatória*). Na *parte dispositiva ou conclusiva*, emite-se a correspondente estatuição autoritária (*decisão final*), a qual pode ser de *mera forma* ou de *fundo* ou *mérito*.

No relatório, o juiz começa por identificar as partes e o objeto do litígio, fixando e delimitando, de seguida, as *questões essenciais* submetidas à *apreciação/resolução* do tribunal, estas últimas através da enunciação dos pedidos deduzidos e das exceções suscitadas pelas partes ou de que ao tribunal cumpra oficiosamente conhecer (art. 607º, nº 2). *Na fundamentação* – na qual tem de observar o disposto no art. 607º, nºs 3 e 4 –, *deve* o juiz discriminar os factos que considera (julga) *provados* e quais os que considera (julga) *não provados, analisando criticamente as provas,* de harmonia com a sua *livre convicção* (*princípio da liberdade de julgamento* – art. 607º, nº 5). A enunciação/declaração dos factos relevantes (total ou parcialmente provados ou não provados) deve ser imediatamente seguida da *análise crítica das provas, através da dedução das presunções judiciais* (*ilações*) *dos factos instrumentais* e da *especificação dos demais fundamentos que foram decisivos para a formação dessa sua convicção* (art. 607º, nº 4, 1º segmento), isto é, *das razões* consideradas decisivas para a formação da sua íntima convicção. *Na decisão* (*parte dispositiva* ou *conclusiva*) o juiz, consoante os casos, *absolve* o réu da instância ou *conhece* do(s) pedido(s) deduzido(s) pelo autor (ou pelo réu-reconvinte), nele(s) *condenando* o réu (ou o autor reconvindo) ou dele(s) o *absolvendo* (art. 608º, nºs 1 e 2).

[1247] Cfr., sobre este tema, ANSELMO DE CASTRO, *Direito Processual Civil Declaratório*, vol. III cit., pp. 94-95.

[1248] Cfr. MANUEL DE ANDRADE, *Noções Elementares* cit., pp. 272-273.

Não havendo lugar à *absolvição da instância* (arts. 278º e 608º, nº 1), deve seguir-se a *apreciação do mérito da causa*, sendo que não estabelece também a lei, quanto ao conhecimento das questões de fundo ou de substância, uma qualquer *ordem ou critério de precedência; deve contudo, o juiz conhecer prioritariamente daquelas que confiram ao vencedor da lide uma mais eficaz tutela do seu direito*[1249].

Cumpre, assim, ao juiz *dirimir* (*resolver*) todas as questões (de natureza *processual* ou *substantiva*) que as partes hajam submetido à sua apreciação, designadamente as *questões de fundo que possam interessar à solução do mérito da causa*; com exceção daquelas cuja decisão se encontre *prejudicada* pela solução já dada a outras (*questões prejudiciais*). Mas com a drástica limitação de apenas poder conhecer das *questões expressamente suscitadas pelas partes*, salvo aquelas que a lei lhe permitir ou impuser conhecer *a título oficioso* (art. 608º, nº 2). E também no respeito pelo *princípio do pedido*[1250].

Quanto aos *poderes de cognição* do juiz, de destacar que este *só pode servir-se dos factos articulados pelas partes* (integradores da causa de pedir ou em que se baseiam as exceções), só podendo, pois, fundar a decisão nos *factos essenciais* (*principais*) alegados pelas partes, sem prejuízo dos poderes de cognição oficiosa (e consideração) dos *factos complementares* e *instrumentais* que lhe são conferidos pelo nº 2 do art. 5º.

O juiz deve considerar na sentença todos os factos (*constitutivos, modificativos* ou *extintivos* do direito) que se produzam posteriormente à proposição da ação, em ordem a que a decisão corresponda à situação existente no momento do encerramento da discussão (art. 611º, nº 1, *in fine*); isto *desde que tais factos hajam sido alegados e provados* (pelas partes interessadas) ou *oficiosamente carreados ou introduzidos no processo* ao abrigo do disposto nos arts. 411º a 413º.

São, assim, de atender na sentença, tal como determina o nº 4 do art. 607º – em *compatibilização de toda a matéria de facto processualmente adquirida e mediante a extração* (*dos factos apurados*) *das presunções impostas pela lei ou pelas regras da experiência* (art. 607º, nº 4) – os seguintes factos: a)- os *factos cuja prova resulte diretamente da aplicação da lei*, isto é, da assunção dum meio de prova com força probatória *pleníssima, plena* ou *bastante*, ou seja: os factos *admitidos por acordo, provados por documento* (autêntico

[1249] Tendo, por exemplo, sido suscitadas uma exceção perentória de *caducidade* ou de *prescrição* (uma e outra exceções *extintivas*) e uma exceção perentória *modificativa* (alteração subsequente dos termos ou do programa do contrato causa de pedir), o conhecimento prioritário da primeira, se procedente, confere uma mais eficaz tutela ao réu-excipiente.

[1250] Cfr., todavia, a este respeito, Miguel Mesquita, *A flexibilização do princípio do pedido à luz do moderno Processo Civil*, mormente nos seus pontos "4. A mitigação do princípio do pedido em prol da efetividade do processo" e 5. "A gestão processual e o pedido", *in* RLJ, ano 143º, novembro-dezembro de 2013, nº 3983, pp. 129-151.

ou particular) e por *confissão* (escrita ou reduzida a escrito) – art. 607º, nº 4 – 2º segmento; e ainda, a título oficioso: b)- os *factos instrumentais* que resultem da instrução da causa (art. 5º, nº 2, al a)); c)- os *factos complementares ou concretizadores* dos factos essenciais que as partes hajam alegado (com relevância para à procedência das pretensões formuladas ou das exceções deduzidas resultantes da instrução da causa), desde que sobre eles as partes hajam tido ensejo de se pronunciar – exercício do contraditório (art. 5º, nº 2, al. b)); d)- os *factos notórios*[1251] *ou de conhecimento geral* (arts. 5º, nº 2, al. c) e 412º, nº 1); e)- os *factos de que o tribunal haja tomado conhecimento por virtude do exercício das suas funções* supondo haver sido oportunamente junto ao processo o respetivo documento comprovativo (arts. 5º, nº 2, al. c) e 412º, nº 2); f)- os *factos que sirvam para configurar e qualificar o (eventual) uso normal do processo* (art. 612º) e/ou a (eventual) *litigância de má-fé* (art. 542º).

O *juízo subsuntivo* a emitir ou a *operação de subsunção* a produzir na sentença (relativamente a esses factos) tem, assim, como *limite temporal/referencial*, o momento do encerramento da discussão, devendo a sentença, *ex-officio*, assegurar que a decisão corresponda à situação existente nesse momento – *princípio da atendibilidade dos factos jurídicos supervenientes* (art. 611º, nº 1). Atendibilidade esta, todavia, restrita aos factos que, "segundo o direito material/substantivo aplicável, surtam influência sobre o conteúdo da relação controvertida" (art. 611º, nº 2)[1252].

A *exigência legal* da realização pelo juiz da *análise crítica das provas* – com enunciação das presunções judiciais deduzidas ou extraídas dos *factos essenciais, complementares e instrumentais* (resultantes da instrução da causa) e com *especificação dos demais fundamentos que foram decisivos para a convicção formada* (*isto é para o julgamento fáctico*), ou seja, *das razões* que o levaram à decisão tomada (*motivação da decisão* sobre a matéria de facto pé-elencada na enunciação nos temas de prova como controvertida), tudo nos termos do art. 607º, nºs 3 e 4) – insere-se no *dever geral de fundamentação das decisões judiciais* plasmado no nº 1 do art. 205º da CRP e nos nºs 1 e 2 do art. 154º do CPC; daí que compreenda (e se estenda), não só aos factos *provados* (*positivos*) como também os *não provados* (*negativos*). Não satisfaz, assim, o requisito legal a mera *afirmação genérica* de que a "decisão tomada" ou a "convicção gerada" "resultou da prova produzida".

[1251] Sobre os *factos notórios* e os *poderes de cognição do juiz*, cfr. MARIA JOSÉ CAPELO, *Os factos notórios e a prova dos danos, in* RLJ, ano 143º, nº 3985, março/abril de 2014.

[1252] Cfr. MANUEL DE ANDRADE, *Noções Elementares* cit., pp. 273-274.

A estatuição do citado nº 4 do art. 607º impõe ao juiz a evidenciação do *itinerário cognoscitivo e valorativo* percorrido na apreciação da realidade ou irrealidade dos factos submetidos ao seu escrutínio.

O facto de a produção de prova ter sido inteiramente *gravada* não dispensa o *dever de fundamentação*, sendo que a sua análise crítica pode revelar-se da maior utilidade para a compreensão do conteúdo material da gravação. Através da *imediação* (contato imediato com a prova), pode o juiz aperceber-se (e apreender, *factis vel actis*) da espontaneidade e genuinidade (ou da sua falta), *v. g.*, de um qualquer depoimento de parte ou testemunhal[1253].

Ao *exame crítico* das provas (imposto ao juiz pelo nº 4, *in fine*, do art. 607º) segue-se a *fundamentação de direito* da sentença: não se trata já de fazer operar a *convicção* formada pelos diversos meios de prova produzidos no decurso da causa, mas de verificar se se mostram preenchidos os *pressupostos* de aplicação das *normas de direito material* (direito civil ou comercial). Tal como a fundamentação de facto – em obediência ao *imperativo constitucional da fundamentação das decisões judiciais* consagrado no nº 1 do art. 205º da CRP (cfr. também o art. 154º, nºs 1 e 2, do CPC), na *fundamentação* (ou *motivação*) *de direito* deve o juiz enunciar, interpretar e aplicar as normas jurídicas que ao caso caibam em *função das regras distributivas do ónus da prova e das regras de julgamento que a lei lhe impõe no caso de dúvida sobre a realidade das afirmações de facto produzidas pelas partes* (arts. 342º e ss. do CC e 411º a 414º do CPC).

Aos factos por si dados por assentes o juiz *aplica o direito*, campo em que goza de *inteira liberdade*, já que, nesse domínio, se não encontra sujeito às alegações e posições das partes (art. 5º, nº 3), ainda que, se estiver em causa uma relevante divergência de qualificação jurídica (*v. g.*, de natureza contratual), haja que ouvir previamente as partes ao abrigo do nº 3 do art. 3º (prevenção das *decisões-surpresa*).

O *julgamento de fundo* é o mesmo que *julgamento de mérito* ou de *substância*. Julgamento que se prende, já não com meras *questões processuais* ou de *simples forma*, mas com a chamada *substância normativa da decisão*, relativamente à qual o juiz emite uma estatuição autoritária com *eficácia erga omnes, uma vez transitada em julgado* (*força vinculativa das decisões judiciais* –

[1253] A respeito da *apreciação da prova*, cfr. a anotação de M. Teixeira de Sousa, em comentário crítico ao acórdão da RL de 8-2-2018, *in blog* do IPPC de 2108 (jurisprudência jur.43).

arts. 208º, nº 2, da CRP e 24º, nº 2, da LOSJ/2013). E o juiz conhece do mérito da causa *sempre que aprecia total ou parcialmente o pedido* (ou os diversos pedidos) deduzido(s) por qualquer das partes ou *sempre que emite pronúncia sobre uma qualquer exceção perentória* (impeditiva, modificativa ou extintiva) – cfr. o art. 595º, nº 1, al. b).

Na parte final da sentença, «deve o juiz condenar os responsáveis pelas *custas processuais*, indicando a *proporção da respetiva responsabilidade*» (art. 607º, nº 6). Para efeitos da condenação em custas – atentas as disposições pertinentes do CPC e do RCP (republicado em anexo à Lei nº 7/2012, de 13 de fevereiro) – considera-se como *processo autónomo* para efeitos de sujeição a custas «cada ação, incidente, procedimento cautelar ou recurso, corram ou não por apenso, desde que o mesmo possa dar origem a uma tributação própria» (art. 1º, nº 2, do RCP). Constitui *regra geral em matéria de custas* a de que «deve a sentença (que julgue a ação ou algum dos seus incidentes) conter acessoriamente a condenação em *custas* da «*parte que a elas houver dado causa* ou, não havendo vencimento da ação, quem do processo tiver tirado proveito» (art. 527º, nº 1). *Entende-se que dá causa às custas do processo a parte vencida*, na proporção em que o for (art. 527º, nº 2). Tratando-se de *condenação por obrigação solidária*, a solidariedade estende-se também às custas (art. 527º, nº 3).

Presidem à condenação em custas, como regras diretoras, os princípios da *causalidade* e da *sucumbência*. Princípios esses caldeados *ex-vi legis* pelo *princípio da proporcionalidade*, nas suas vertentes de *proibição do excesso* e da *justa medida*, sempre que se trate de graduar as condenações entre um máximo e um mínimo (cfr., *v. g.*, quanto às *multas*, o disposto no art. 27º, nº 4, do RCP e, quanto à *taxa de justiça* nos casos de especial complexidade e nas lides manifestamente improcedentes ou temerárias, o disposto nos arts. 529º, nº 2, 530º, nº 7 e 531º (este contemplando *uma taxa sancionatória excecional*), todos do CPC e 6º, nº 5, do RCP. De ter presente que o RCP se aplica, não só «aos processos que correm nos *tribunais judiciais*», como também aos que correm «nos *tribunais administrativos e fiscais* e no *Balcão Nacional de Injunções*» (cfr. o art. 2º do RCP).

63.2. Termos posteriores aos articulados nas ações de valor não superior a metade da alçada da Relação

Consagra o art. 597º uma forma *mais abreviada* e *simplificada* para as ações declarativas cujo valor não ultrapasse €15.000 (metade da alçada da Relação, que é de €30.000, *ex-vi* do nº 1 do art. 44º da LOSJ).

Assim, *findos os articulados*, e sem prejuízo do nº 2 do art. 590º (proferimento de *despacho pré-saneador*), o juiz, «*consoante a necessidade e a adequação do ato ao fim do processo*»: a)- assegura o exercício do contraditório quanto a exceções não debatidas nos articulados; b)- convoca audiência prévia; c)- profere despacho saneador, nos termos do nº 1 do art. 595º; d)- determina, após audição das partes, a adequação formal, a simplificação ou a agilização processual, nos termos do nº 1 do art. 6º e do art. 547º; e)- profere despacho previsto no nº 1 do art. 596º; f)- profere despacho destinado a programar os atos a realizar na audiência final, a estabelecer o número de sessões e a sua provável duração e a designar as respetivas datas; g)- designa dia para a audiência final, observando o disposto no art. 151º (prévia concertação para evitar o risco de sobreposição de datas).

Secção VII
Os atos processuais na ação executiva

64. Atos do juiz, do agente de execução e da secretaria

A *instância executiva* inicia-se (sendo esse o seu *ato-impulso* gerador) com a apresentação do *requerimento executivo* no tribunal competente.

Os *requisitos* de tal requerimento, bem como os subsequentes *atos-trâmite* do processo executivo, variam consoante a espécie de execução de que se trate: arts. 724º a 858º (execução para pagamento de quantia certa), 85º, nº 1 e 859º a 867º (execução para entrega de coisa certa) e 868º a 877º execução para prestação de facto). A prática, a comunicação e a consulta dos atos praticados pelos respetivos agentes ou interventores processuais, devem, contudo, obedecer às normas da *transmissão eletrónica de processos judiciais* constantes da Portaria nº 280/2013, de 26 de agosto, com as alterações introduzidas pela Portaria nº 16/2017, de 25 de maio, esta objeto da retificação nº 16/2017, de 6 de junho.

Também «as *comunicações entre tribunais ou agentes de execução* e *entidades públicas e outras pessoas coletivas* que auxiliem os tribunais, *no âmbito dos processos judiciais*, podem ser efetuadas por *via eletrónica*», «nos termos previstos em portaria dos membros do Governo responsáveis pela área da justiça e pela entidade pública em causa» (art. 132º, nº 5).

§1º Atos do juiz

Cabem exclusivamente ao *juiz* – para além dos poderes de controlo geral do processo executivo[1254], em cujo âmbito lhe cumpre decidir as reclamações (hierárquicas) dos atos e as impugnações das decisões do agente de execução e aplicar as correspondentes sanções (art. 723º, nº sl, al. c) e 2) –, «a prática dos atos processuais sujeitos ao *princípio da reserva* do (poder jurisdicional) ou que possam eventualmente colidir com direitos fundamentais das partes ou de terceiros», designadamente os de *julgar os incidentes declarativos de natureza contenciosa* (art. 723º, nº 1, al. b)), *rectius* os de *comunicabilidade da dívida ao cônjuge do executado* (arts. 726º, nº 7, 741º e 742º), *oposição à execução*(arts. 728º a 734º e 856º), *oposição à penhora* (arts. 784º, 785º e 856º) e *reclamação e graduação de créditos* (arts. 788º a 791º).

E ainda os previstos nos arts. 715º, nº 3, 722º, nº 1, alíneas c) e d), 723º, nº1, al. a), 726º, nº 1, 734º, nº 1, 724º, nº 5, 725º, nº 2, 726º, nº 4 e 734º nº 1, 726º, nºs 6 e 7, 727º, 704º, nº 4, 733º, nº 5 e 785º, nº 4, 733º, nº 1, alíneas b) e c), 751º, nº 5, 755º, nº 4, 760º, nº 2, 764º, nº 3, 771º, nº 2, 800º, nº 3, 820º, nº 1, 804º, nº 4, 812º, nº 7, 816º, nº 3, 817º, nº 1, 825º, nº 1, al c), 829º, nº 2, 832º al. c), 833º, nº 2, 835º, nº 1, 838º, nº 2, 863º, nº 5, 864º, nº 2, 876º, 877º, 723º, nº 1, al. d), 855º, nº 2, al. b), 738º, nº 6, 744º, nº 3, 759º, nº 1, 773º, nº 6, 728º, nºs 2 e 3, 814º, nº 1 e 871º, nº 1[1255].

§2º Atos do agente de execução

A Reforma de 2003, embora tenha mantido ao juiz o controlo e a supervisão da ação executiva, introduziu nesta a figura do *agente de execução*, inspirada no *huissier de justice* do direito francês e no *Gerichtsvollziehr* do direito alemão (misto de profissional liberal e de funcionário público), libertando o juiz de tarefas (atos e diligências) rotineiras, de caráter burocrático e

[1254] No sentido de que (mesmo após as sucessivas reformas da ação executiva), apesar dos amplos poderes conferidos ao agente de execução, ao juiz não deixou de caber o poder de *controlo geral do processo de execução*, cfr. o acórdão da RL de 9-10-2012, Proc. 3591/09.7TBCSC-A.L1-1, *in* www.dgsi.pt/Desª Conceição Saavedra e, ainda, Lebre de Freitas, "*A Acção Executiva – Depois da Reforma*", 4ª ed., pp. 24 a 28, Mariana França Gouveia, A *Novíssima acção executiva. Análise das mais importantes alterações*, *in* ROA, ano 69º, vol. III/IV, julho/dezembro, 2009, p. 571 e Marco Carvalho Gonçalves, *Lições de Processo Executivo*, 2ª Edição, Revista e Aumentada, Coimbra, Almedina, 2018, p. 34.

[1255] Acerca da *repartição de poderes* entre o *juiz de execução* e o *agente de execução* após a entrada em vigor do CPC 2013, cfr. Marco Carvalho Gonçalves, *Lições de Processo Executivo*, 2ª ed. cit., pp. 42-46.

ordenador/administrativo (não contencioso), numa ostensiva política de "*desjudicialização do procedimento executivo*", tendo em vista uma maior agilização do curso normal da ação executiva, pretendidas assegurar por uma colaboração e interação mais ativas (entre as partes e o agente de execução) e, assim, propiciar a consecução das almejadas celeridade e eficácia da tramitação do processo executivo.

Do *ponto de vista substantivo*, e quanto à sua *natureza jurídica*, os atos praticados pelo agente de execução podem ser qualificados como estatuições autoritárias destinadas a produzir efeitos jurídicos na esfera jurídica das partes processuais sendo, por isso, tais atos de qualificar como *atos jurídicos*, ainda que com eficácia circunscrita ao âmbito intraprocessual. Revestem-se tais atos de uma natureza *sui generis* (híbrida), face à indiscutível parcela de *auctoritas publica* em que os agentes de execução se encontram investidos para os específicos fins da ação executiva.

Segundo a definição do nº 1 do art. 162º do (*Estatuto dos Solicitadores e Agentes de Execução* (ESAE), «o agente de execução é o *auxiliar da justiça* que, na prossecução do interesse público, exerce *poderes de autoridade* pública no cumprimento das diligências que realiza nos processos de execução, nas notificações, nas citações, nas apreensões, nas vendas e nas publicações no âmbito de processos judiciais, ou em atos de natureza similar que, ainda que não tenham natureza judicial, a estes podem ser equiparados ou ser dos mesmos instrutórios».

Não olvidar, a este respeito, que «*o agente de execução é designado pelo exequente* de entre os registados em lista oficial, devendo tal designação ser feita *no requerimento executivo* (arts. 720º, nº 1e 724º, nº 1, al. c)) e que só se tal designação não for feita ou ficar sem efeito por recusa do indigitado e se o exequente não indicar um substituto no prazo de 5 dias, é que «é designado *pela secretaria* segundo a escala constante da lista oficial, através de meios eletrónicos que garantam aleatoriedade no resultado e a igualdade na distribuição» (art. 720º, nºs 2 e 3)[1256]. De qualquer modo, «o agente de execução, ainda que nomeado por uma das partes processuais, não é mandatário desta nem a representa» (art. 162º, nº 3 do ESAE).

«As *competências específicas do agente de execução* e as demais funções que lhe forem atribuídas são exercidas nos termos do respetivo Estatuto e da

[1256] Cfr., contudo, quanto à independência e à imparcialidade do agente de execução relativamente ao e exequente, M. Teixeira de Sousa, *A Refoma da Acção Executiva*, Lisboa, Lex Editora, 2004, p. 17.

lei» (art. 162º, nº 2 do ESAE). Ao agente de execução passou, com efeito, a ser cometida uma *competência de natureza subsidiária ou supletiva*, na medida em que lhe passou a caber «efetuar todas as diligências do processo executivo (não atribuídas à secretaria ou da competência do juiz), incluindo, nomeadamente, *citações, notificações, publicações, consultas de bases de dados, penhoras* e seus *registos, liquidações* e *pagamentos*» (art. 719º, nº 1), competindo-lhe ainda *extinção da ação executiva*, bem como «a *comunicação, por via eletrónica*, da *extinção da execução ao tribunal*» (art. 849º, nº 3)[1257]. E, mesmo *após a extinção da instância executiva*, mantém a competência para assegurar a "realização dos atos emergentes do processo que careçam da sua intervenção" (art. 719º, nº 2), designadamente o *levantamento* e/ou *cancelamento dos registos de penhora* (art. 763º) e, em caso de acordo celebrado entre o exequente e o executado quanto ao pagamento das prestações da dívida exequenda, a *comunicação à conservatória competente da conversão da penhora em hipoteca*, bem como a *extinção desse acordo* (art. 807º, nº 4)[1258-1259].

Face a um tão amplo leque de competências, «pode afirmar-se que o agente de execução é fundamentalmente, "*um auxiliar da justiça*", ao qual é legalmente atribuído um certo "*poder de direção do processo*"»[1260]. Os atos por ele praticados no uso poderes públicos em si delegados integram uma atuação que podemos qualificar de *para-jurisdicional*, sabido que a *função jurisdicional* propriamente dita só por juízes togados pode ser constitucionalmente exercida (art. 202º, nºs 1 e 2, da CRP).

1257 Sobre a competência (atos executivos e não executivos) e decisões do agente de execução, vide Rui Pinto, *A Ação Executiva*, 2018, AAFDL, pp.105 e ss..

1258 Cfr., quanto a este tema, Marco Carvalho Gonçalves, *Lições de Processo Civil Executivo*, 2ª ed. Rev. e Aum., Almedina, 2018, pp. 33 a 36

1259 No sentido de que «não havendo atribuição da competência para o efeito, quer ao juiz do processo, quer à secretaria, *cabe ao agente de execução*, nos termos do art. 719º, nº 1 do CPC, decidir em primeira linha da *deserção da instância em processo executivo*», cfr. os acórdãos da RE de 10-9-2015, Proc. 1169/05. 3TBBJA.EI/Des. Silva Rato e da RL de 20-6-2017, Proc. 34/12.2TBFC-A.L1-1/Des. Pedro Brighton, ambos *in* www.dgsi.pt. Porém, no sentido de o agente de execução não ter competência para extinguir a execução nos casos previstos no art. 723º, nº 1, alíneas c) e d), pertencendo, antes, essa competência ao juiz de execução, *vide* o acórdão da RG de 15-5-2014, Proc. 5523/13.9TBBRG.GI., *in* www.dgsi.pt /Des. A. Figueiredo de Almeida.

1260 Cfr. Rui Pinto, *Notas Breves sobre a Reforma do Processo Civil em matéria executiva*, p. 72, *in* ROA, ano 73, vol. I, jan/março de 2013, pp, 63-86.

Nos termos do respetivo estatuto, «o agente de execução é um profissional sujeito a formação própria, bem como a um estatuto deontológico e disciplinar específico», a quem são atribuídos poderes públicos no (restrito) âmbito da ação executiva. Daí que as suas condutas anómalas ou estatutariamente censuráveis fiquem sujeitas ao foro disciplinar do competente órgão, pelo qual lhe pode ser imposta a respetiva *destituição*. Afora esta medida de destituição, o agente de execução pode ser *substituído, de forma fundamentada, pelo exequente*, substituição essa que cuja eficácia opera na data da respetiva comunicação ao agente substituído. A exigência de fundamentação ora exigida pelo nº 4 do art. 720º, significa que, como detentor que é de uma relevante parcela de *poderes públicos de autoridade* (que reclamam as máximas imparcialidade e independência), a destituição não poderá ficar dependente de um direito potestativo de caráter arbitrário a ser exercido ao livre alvedrio do exequente[1261].

Sem embargo da sua vinculação orgânico-estatutária e da panóplia de poderes de autoridade em que se encontra investido o agente de execução, não deixa de prevalecer no seu estatuto a vertente liberal (privatística), pelo que, em termos de *responsabilidade civil por quaisquer atos seus eivados de ilicitude*, essa responsabilidade não pode ser-lhe imputada objetivamente, não sendo tais atos passíveis de aplicação *do regime de responsabilidade* previsto na Lei nº 67/2007, de 31 de dezembro (Regime da Responsabilidade Civil Extracontratual do Estado e demais Entidades Públicas). Atuando no *campo privatístico*, à sua responsabilidade responsabilidade civil extracontatual por atos ilícitos, serão aplicáveis as normas constantes dos arts 483º e ss. do CC, impendendo, assim, sobre o lesado o ónus da prova dos respetivos pressupostos[1262].

§3º Atos do oficial de justiça

De realçar que, «para além do que se encontre previsto noutras disposições legais, *incumbe ao oficial de justiça a realização das diligências próprias do agente*

[1261] A *destituição do solicitador* (*agente de execução*) no âmbito de processo de execução pressupõe uma *atuação processual dolosa ou negligente* e de *violação grave de dever imposto pelo respetivo estatuto* concretamente verificadas no respetivo processo, o que não se verifica quando estamos perante situações que aí não se enquadram, quando não ocorrem no seu âmbito e não se demonstra que o afetem – cfr., neste sentido, o acórdão da RP de 16-11-2017, *in* www.dgsi.pt /Des. CORREIA PINTO.

[1262] Cfr., neste sentido, o acórdão da RL de 16-11-2017, Proc. 12597/15.6T8LSB.L1.S1, *in* www.dgsi pt. /Desª CRISTINA NEVES.

de execução», designadamente «nas *execuções em que o Estado seja o próprio exequente*», «nas execuções em que o *Ministério Público represente o exequente*» ou «*quando o juiz o determine*» e *em outras situações tipificadas na lei* (cfr. o artº 722º, nº 1, alíneas a) a f)), sem que, em tais circunstâncias, se aplique ao oficial de justiça, o estatuto de agente de execução (art. 722º, nº 2)[1263].

Quanto à *repartição de funções entre os agentes de execução e as secretarias judiciais*, compete a estas assegurar «o expediente, autuação e regular tramitação dos processos (executivos) pendentes» (art. 157º, nº 1), «na fase liminar e nos procedimentos ou incidentes de natureza declarativa, salvo no que respeita à citação» (art. 719º, nº 3), incumbindo-lhes ainda «notificar, oficiosamente, o agente de execução da pendência de procedimentos ou incidentes de natureza declarativa deduzidos na execução e dos atos praticados que possam ter influência na instância executiva» (art. 719º, nº 4).

Nas situações – «quando seja requerida ou decorra da lei a prática de ato da competência da secretaria ou do juiz e até à prática do mesmo» «o processo de execução corre em tribunal» (art. 551º, nº 5).

§4º Atos das partes. Prazos

Os atos (*v. g. requerimentos* ou *respostas*) dirigidos pelas partes ao agente de execução, não deixam de assumir a qualificação de *atos processuais* cuja prática se encontra sujeita a *prazos processuais*.

Exorbita, todavia, da esfera de competências do agente de execução a fixação de tais prazos (às partes ou aos respetivos mandatários), já que os mesmos apenas podem ser estabelecidos por *lei* ou fixados por *despacho do juiz* (art. 138º, nº 1, 1º segmento). Na falta desses estabelecimento ou fixação, há que aplicar sempre o *prazo supletivo de 10 dias* previsto no nº 1 do art. 149º na tramitação dos requerimentos ou incidentes suscitados pelas partes (no seio da ação executiva) *perante o agente de execução* ou com origem em atos por ele próprio praticados.

O procedimento executivo possui natureza unitária, sendo tramitado na plataforma informática CITIUS (art. 2º, al. b), e art. 3º da Portaria nº 280/2013, de 26 de agosto, com as alterações pela Portaria nº 267/2018, de 20 de setembro. Em caso

[1263] Isto é: ao *oficial de justiça*, continua aplicar-se o *Estatuto dos Funcionários da Justiça* aprovado pelo De.-Lei nº 343/99, de 26 de agosto, com a 7ª e última alteração introduzida pelo Dec.-Lei nº 73/2016, de 8 de novembro, enquanto que aos *agentes de execução* será aplicável o *Estatuto dos Solicitadores e Agentes de Execução* aprovado pela Lei nº 154/2015, de 14 de setembro.

de dúvida quanto à *tempestividade do ato*, deverá o agente de execução submeter a questão à apreciação e decisão do juiz, no prazo de 5 dias (cfr. a al. d) do nº 1 do art. 723º).

À contagem desses prazos é aplicável *o prazo de condescendência* a que se reporta no nº 5 do art. 139º, «ainda que o requerimento não seja apresentado através da plataforma informática CITIUS, mas antes através do sistema informático de suporte à atividade dos agentes de execução». Não se mostrando autoliquidada a multa relativa a ato praticado no decurso do prazo de complacência, *deverá o agente de execução dirigir o requerimento da parte à secretaria do tribunal* para que esta dê observância ao disposto nos nºs 6, 7 e 8 do citado art. 139º.

§5º Reclamações e impugnação jurisdicional

Para além da possibilidade de *reclamação dos atos* e de *impugnação das decisões do agente de execução* perante o juiz de execução (no prazo de 10 dias), o qual decidirá também em 10 dias *sem possibilidade de recurso* (art. 723º, nº 1, al. c)), o nº 1 do art. 27º, nº 1, da Lei nº 32/2014, de 30 de maio, confere a qualquer interessado o *direito de reclamar para os órgãos de fiscalização e disciplina da a atividade dos agentes de execução* dos atos por este praticados *no âmbito do procedimento extrajudicial pré-executivo*, no prazo de 30 dias a contar da data em que teve conhecimento da prática dos mesmos.

Se se tratar, porém, da *sindicância da legalidade* desses atos deverá a respetiva impugnação ser apresentada junto dos *tribunais judiciais* com competência para exercer, no âmbito dos processos de execução de natureza cível, as competências previstas s no CPC. Por seu turno, e *ex-vi* do nº 2, do mesmo preceito, os *atos dos órgãos estatutários* da OSAE podem ser impugnados, igualmente no prazo de 30 dias contados da data da sua notificação aos interessados, mas junto dos *tribunais administrativos*.

Secção VIII
Nulidades processuais

65. Nulidades processuais. Caraterização. Espécies

Entre as matérias de que o juiz não só pode, mas deve[1264], em princípio, conhecer no despacho saneador[1265], ao lado das exceções dilatórias, situam-se as *nulidades do processo* ou *nulidades processuais.*

Importa distinguir entre as *nulidades substantivas* (dos negócios jurídicos) e as *nulidades judiciais* (dos atos processuais). As *nulidades judiciais* podem ainda ser *da sentença* (arts. 615º e 666º) e *do processo* (de outros atos processuais).

As *nulidades do processo* constituem, assim, uma figura dogmática essencialmente distinta da das invalidades (em geral) e *das nulidades do ato jurídico.* As *nulidades,* tal como as invalidades em geral (*do negócio jurídico*) radicam sempre num *vício de caráter intrínseco* de qualquer dos elementos essenciais do concreto negócio, que seja anterior ou contemporâneo da celebração deste. Consistem sempre tais invalidades num *vício de caráter formal* traduzido num dos três seguintes tipos: a)- prática de um *ato proibido por lei*; b)- *omissão* de um ato prescrito na lei; c)- realização de ato imposto ou permitido por lei, mas *sem as formalidades requeridas* (art. 195º, nº 1).

Não há também que confundir "*nulidades da sentença*" com "*nulidades processuais*". Aquelas só ocorrerão, como causa invalidante típica, nas diversas hipóteses taxativamente contempladas no nº 1 do art. 615º, sendo que as mencionadas nas alíneas b) a e) desse inciso normativo só podem ser arguidas perante o tribunal que proferiu a sentença se esta não admitir recurso ordinário e, se o admitir, o recurso (de *apelação*) poderá ter como fundamento qualquer dessas nulidades (cfr. o nº 3 desse art. 615º). No próprio recurso de *revista* pode ainda ter lugar a invocação acessória de alguma das nulidades previstas nos arts. 615º e 666º (cfr. o art. 674º, nº 1, al. c))[1266].

[1264] Cfr. Manuel de Andrade, *Noções Elementares,* ed. de 1979, p. 184.

[1265] *Não havendo despacho saneador,* o juiz pode conhecer delas até à sentença final, a menos que hajam, entretanto, sido sanadas (art. 200º, nº 1, *in fine*). Acerca do conhecimento das nulidades processuais no despacho saneador, cfr. o nosso *Direito Processual Civil,* vol. II, 2ª edição cit., pp. 225-228.

[1266] Cfr. o acórdão do STJ de 26-9-02, Proc. 2281/02 – 2ª Sec/Cons. Ferreira de Almeida.

Na definição de MANUEL DE ANDRADE[1267], as *nulidades processuais* traduzem-se sempre em *desvios* ao formalismo processual prescrito na lei «e a que esta faça corresponder – embora não de modo expresso – uma invalidação mais ou menos extensa de actos processuais» já praticados[1268].

ALBERTO DOS REIS distinguia entre *nulidades de primeiro grau* e *nulidades de segundo grau*[1269]. As *primeiras,* as de maior gravidade, de conhecimento oficioso pelo tribunal; as *segundas,* de menor gravidade, só cognoscíveis, em princípio, mediante arguição ou reclamação dos interessados, ainda que, em casos especiais, sendo admitido por lei o seu conhecimento *ex-officio.* Modalidades ou variantes ainda hoje subsistentes: *nulidades principais* (típicas ou nominadas), como tal especialmente previstas na lei, e *nulidades secundárias,* genericamente abrangidas pela fórmula geral vertida no nº 1 do art. 195º.

Vale, nesta sede, o *princípio do aproveitamento do ato irregular* (art. 195º, nº 2), só em casos muito particulares o efeito anulatório se devendo estender a todo o processo (cfr., *v. g.*, o art. 186º). Só quando a substância do direito possa perigar pela inobservância da forma deve a nulidade relevar, o mesmo que é dizer que «a violação da forma só deve produzir nulidade quando haja prejuízo para a parte»[1270-1271].

As *nulidades processuais* propriamente ditas e respetivos regimes, efeitos e prazos de arguição, encontram-se regulados nos arts. 186º e ss. e 195º e ss.. A imposição legal do conhecimento no despacho saneador, quer das nulidades *principais* quer das nulidades *secundárias,* radica na circunstância de o formalismo efetivamente seguido emergir normalmente dos próprios autos (cfr. art. 198º, nºs 1 e 2). Já, porém, se o *iter* formal não constar dos autos ou houver sido falseado, a nulidade, ainda que cometida antes, pode vir a revelar-se em momento ulterior, eventualmente só depois do despacho saneador, a ser, em tal caso, objeto de *despacho avulso subsequente*[1272].

Não pode, porém, arguir/suscitar a nulidade a parte que lhe houver dado causa (proibição do *venire contra factum proprium*), tão pouco a parte

[1267] Cfr. *Noções Elementares* cit., p. 164.

[1268] Cfr. *Noções Elementares* cit., p. 164, também citado por ANTUNES VARELA/J.M. BEZERRA/ /SAMPAIO E NORA, *Manual* cit., p. 387.

[1269] Cfr. *Código de Processo Civil Anotado,* vol. I, 3ª ed., pp. 318-319.

[1270] Cfr. MORTARA, *Commentário,* vol. II, p. 806, *apud* ALBERTO DOS REIS, *in Comentário,* vol. 2º cit., p. 347.

[1271] Cfr., ainda, MANUEL DE ANDRADE, *Noções Elementares* cit., p. 359.

[1272] Cfr. ANTUNES VARELA/J. M. BEZERRA/SAMPAIO E NORA, *Manual* cit., p. 388.

que haja renunciado, mesmo que só tacitamente, à respetiva arguição (art. 197º, nºs 1 e 2).

65.1. Nulidades principais

As *nulidades principais* são aquelas a que expressamente se refere o art. 196º: – a *ineptidão da petição inicial*; – a *falta de citação*, seja do réu seja do Ministério Público quando deva intervir como parte principal; – o *erro na forma de processo*; – a *falta de vista ou de exame ao Ministério Público* quando deva intervir como parte acessória. Pode ainda integrar-se neste elenco a nulidade resultante do *uso anormal do processo* (art. 612º). Configuram, assim, estas (*nulidades*) vícios ou irregularidades de que *o tribunal deve conhecer*, a não ser que hajam sido sanadas as suscetíveis de sanação.

As *nulidades principais* são de *apreciação oficiosa* (art. 196º), podendo, todavia, ser objeto de *reclamação pelos interessados* (art. 196º).

Quanto ao *prazo ad quem* da arguição, algumas das nulidades processuais – as *principais, típicas ou nominadas*, especificamente reguladas nos arts. 186º a 194º e 196º a 198º e a que se reportam os arts. 186º a 193º – só podem ser arguidas *até à contestação* ou *na própria contestação*, enquanto que as previstas nos arts. 187º e 194º *podem ser suscitadas em qualquer estado do processo*, enquanto não devam considerar-se sanadas (art. 198º).

65.1.1. Ineptidão da petição inicial

§1º Conceito. Causas de ineptidão

O art. 186º fornece-nos, no seu nº 1, o conceito[1273-1274] de *ineptidão da petição inicial*, indicando os casos em que ocorre tal vício e definindo simultaneamente o respetivo *efeito*. São quatro as causas de ineptidão[1275]:

a) *Quando falte ou seja ininteligível a indicação do pedido*:

Isto é: não poder saber-se, pela petição inicial, qual o pedido (pretensão) do autor, qual a providência jurisdicional que se propõe obter por meio da ação ou qual o efeito jurídico pretendido: ou porque nenhum pedido chegou a ser deduzido ou porque o pedido se acha formulado de forma *obscura e ininteligível*, *v. g.*, em termos dúbios, ambíguos ou equívocos.

[1273] Cfr. Alberto dos Reis, *Código de Processo Civil Anotado*, vol. I, p. 309.

[1274] Cfr. Alberto dos Reis, *Comentário*, vol. 2º cit., pp. 359 a 395.

[1275] Acerca dos *vícios da ineptidão da petição inicial*, cfr. o nosso *Direito Processual Civil* vol. II, 2ª ed. cit., pp. 104-109.

A falta de formulação do pedido (bem como da enunciação da causa de pedir) equivale a uma verdadeira falta do objeto do processo, e daí o drástico regime de invalidade absoluta; regime extensível aos casos em que, embora aparentemente existente, o *pedido* é enunciado de modo tão *obscuro* que não possa descortinar-se qual seja ou «em que a *causa de pedir* é referida em termos de tal modo *vagos ou genéricos* que não consubstancia uma alegação minimamente densificada de factos concretos dela integradores (art. 186º, nºs 1 e 2, al. a))»[1276].

O *pedido* traduz – é sabido – o meio de tutela jurisdicional pretendida pelo autor (por ex.: o reconhecimento judicial do seu direito de propriedade sobre determinado bem, a entrega ou restituição de uma coisa, a condenação do réu numa determinada prestação, a anulação de um dado negócio jurídico, etc.); deve, por isso, ser claramente deduzido na *conclusão* da petição, não bastando que apareça acidental ou avulsamente referenciado na respetiva *narração*. O autor deve, no final do seu arrazoado, esclarecer com precisão o que pretende do tribunal, que *concreto efeito jurídico* pretende obter com a ação.

A ininteligibilidade tanto pode residir na *formulação* (não se saber o que o autor pretende) como na *fundamentação* do pedido (falta insuperável de nexo entre o pedido – em si mesmo inteligível – e a causa de pedir ou a norma legal invocada)[1277-1278];

b) *Quando falte ou seja ininteligível a indicação da causa de pedir;*

Ocorre este vício nos casos de *falta, omissão, ambiguidade* ou *obscuridade* (*ininteligibilidade*) na indicação da causa de pedir; quando não possa saber-se qual a verdadeira causa de pedir, isto é, qual o ato ou facto jurídico em que o autor se baseia para enunciar o seu pedido.

A causa de pedir (*causa petendi* ou *origo petitionis*) é, com efeito, o facto concreto que serve de fundamento ao efeito jurídico pretendido, ou seja, a origem ou a fonte da petição: «nas *ações reais* a causa de pedir é o fato jurí-

[1276] Cfr. Lebre de Freitas, *A Ação Declarativa Comum* cit., p. 41.

[1277] Cfr. Castro Mendes, *Direito Processual Civil*, vol. III cit., p. 4.

[1278] Por ex., *na impugnação pauliana*, a *causa de pedir* consubstancia-se nos factos integradores dos requisitos contemplados nos arts. 610º, alíneas a) e b), e 612º do CC, enquanto que o *pedido* é o da declaração (judicial) da ineficácia do ato (jurídico) dispositivo que se pretende impugnar e que permitirá ao autor-vencedor vir executar o bem transmitido na exata medida do necessário para a satisfação do seu interesse patrimonial – cfr. o acórdão da RC de 14-3-2006, Proc. 307/06/Des. Isaías Pádua.

dico de que deriva o direito real; nas *ações constitutivas* e *de anulação* é o facto concreto ou a nulidade específica que se invoca para obter o efeito pretendido» (cfr. o nº 4 do art. 581º). Deste modo, se o autor não mencionar o facto jurídico concreto (ato, facto ou contrato) em que radica a pretensão, a petição será *inepta*.

Importa não confundir «*falta de causa de pedir*» com «*insuficiência da causa de pedir*»: a verificação daquela gera *ineptidão*, enquanto que a da segunda apenas pode dar lugar ao *convite* (de resto um poder/dever do juiz) ao respetivo *aperfeiçoamento* (art. 590º, nºs 2, 3 e 4)[1279-1280]. Pode, por vezes, a causa de pedir ser *complexa* e o autor apenas referir, em concreto, algum ou alguns dos factos que a integram[1281-1282].

Sobre o demandante impende o ónus de alegar factos, devidamente discriminados e qualificados, suscetíveis de permitir ao tribunal um correto juízo de subsunção ou qualificação – *ónus* da alegação, afirmação ou dedução (*substanciação da causa de pedir*)[1283] – mas não supre a falta de observância

1279 Cfr. o acórdão da RC, de 19-4-2005, Proc. nº 811/05/Des. Virgílio Mateus. No AC UNIF do STJ nº 3/2001, Proc. 994/98-2ª Sec./Cons. Moura Cruz, decidiu-se que «tendo o autor, em ação de impugnação pauliana, pedido a *declaração de nulidade ou a anulação do negócio* pretendido (art. 616º, nº 1, do CC), deve o juiz corrigir oficiosamente tal erro de qualificação e declarar a *ineficácia do negócio*».

1280 «Quando *falta a causa de pedir* não pode ser proferido o *despacho de aperfeiçoamento* previsto nos nºs 3 e 4 do art. 590º, pois que nem a nulidade decorrente da ineptidão é suprível nem a petição inepta é suscetível de ser aperfeiçoada» – cfr. o acórdão da RP de 23-2-2006, Proc. 30377/06/Relª Desª Deolinda Varão.

1281 Por ex., «na *ação para denúncia de arrendamento urbano para habitação do senhorio*, a *causa de pedir* é *complexa*, sendo constituída pelos factos referentes à necessidade da casa arrendada para habitação do senhorio ou de seu descendente e ainda pelos factos integradores das restantes condições de procedência da ação» – cfr. o acórdão da RP de 5-2-2001, Proc. 1718/5ª Sec./Des. Narciso Machado.

1282 Assim, por ex., numa ação de condenação no pagamento de quantia resultante da utilização de um cartão de crédito, impende sobre o autor-credor o ónus de explicitar/discriminar os bens e serviços adquiridos mediante a utilização desse cartão, em ordem a que o réu fique em condições de tomar posição individualizada sobre os factos, tanto na vertente da efetiva realização das aquisições, como na da eventual extinção da dívida mediante pagamento anterior. A omissão da concretização/discriminação dessa *causa de pedir complexa* gera a ineptidão da petição inicial por falta de causa de pedir – cfr. o acórdão da RL de 8-6-2004, Proc. 2614/03 – 7ª Sec./Desª Rosa Ribeiro Coelho.

1283 Cfr., porém, quanto ao relaxamento do *dever de substanciação* em detrimento do *dever de individualização aperfeiçoada* da causa de pedir, o nosso *Direito Processual Civil*, vol. II, 2ª edição cit., pp. 79-81.

desse ónus a simples remissão para o conteúdo de documentos avulsos juntos aos autos, já que não cabe ao tribunal (em substituição da parte) a tarefa de pesquisa e indagação oficiosa dos factos constitutivos do direito do autor[1284]. Nas próprias *ações de mera declaração negativa*, o autor deve/tem de mencionar a causa de pedir, *rectius* o facto concreto que serve de base à sua pretensão[1285];

c) *Quando o pedido esteja em contradição com a causa de pedir*;

Tal como num verdadeiro silogismo, o pedido deduzido pelo autor como "*conclusão*" deve ser emanação ou a consequência lógica (resultado) das respetivas *premissas* (fundamentos da sua pretensão), o mesmo que é dizer, da causa de pedir. Pode, com efeito, o pedido ter sido claramente deduzido e a causa de pedir claramente enunciada mas entre esses elementos individualizadores da lide existir manifesta contradição ou oposição; a nulidade principal decorrerá da subjacência dessa *relação contraditória recíproca* (não de ordem jurídica, mas de ordem lógica); quando, pois, sendo inteligível a indicação do pedido e da causa de pedir, haja «*contradição intrínseca ou substancial e insanável*» entre um e outra»[1286]. A petição será *inepta* se a pretensão for colidente com esses fundamentos juridicamente relevantes.

Não confundir *ineptidão* com *inconcludência jurídica*[1287], situação em que é invocada uma causa de pedir insuscetível de subsunção abstrata numa qualquer previsão normativa produtora do efeito jurídico pretendido, o que inexoravelmente conduzirá à *improcedência da ação*, com a consequente absolvição do réu do pedido. *Na ineptidão*, ocorre falta de factos essenciais; na *inconcludência* verifica-se a falta de factos complementars e/ou concretizadores.

Como exemplos ilustrativos do vício de ineptidão por contradição entre o pedido e a causa de pedir, podem enunciar-se os seguintes: – o autor afirma estar na plena posse dum prédio, mas vem pedir a sua restituição; – o autor argui a nulidade do contrato, mas conclui pedindo a condenação do réu numa das prestações emer-

[1284] Cfr. o acórdão do STJ de 18-3-2004, Proc. 572/04 - 2ª Sec./Cons. Ferreira de Almeida.

[1285] Sobre a real composição da causa de pedir neste tipo de ações, que pressupõem um estado criado *ab externo* de incerteza objetiva, cfr. A. Varela/J. M. Bezerra/Sampaio e Nora, *Manual* cit., p. 245, nota 3.

[1286] Cfr. J. Rodrigues Bastos, *Notas*, vol. I cit., p. 255.

[1287] Cfr. Lebre de Freitas, *A Ação Declarativa Comum* cit., p. 41.

gentes do negócio anulando; – o autor/lesado invoca factos caraterizadores do enriquecimento sem causa, mas conclui pedindo o reconhecimento do direito de propriedade sobre determinados bens do devedor da indemnização[1288];

d) *Quando se cumulem causas de pedir ou pedidos entre si substancialmente incompatíveis*;

A ineptidão resulta, neste caso, *não da contradição* (lógica) *entre o pedido e a causa de pedir, mas da oposição entre as causas de pedir invocadas ou entre os próprios pedidos* concretamente deduzidos. O que se não confunde com as hipóteses de dedução de diversos pedidos alternativos e complexos ou da concorrência de um pedido principal com pedidos subsidiários.

A cumulação simultânea de pedidos contra o mesmo réu só é permitida se: a)- os pedidos forem, entre si, substancialmente compatíveis; b)- não se verificarem as circunstâncias que, nos termos do art. 37º, obstam à coligação (art. 555º, nº 1). O preceito da alínea c) do art. 186º deve, pois, correlacionar-se com o disposto no art. 555º. Se os pedidos, em vez de se cumularem, estiverem deduzidos sob a *forma alternativa* (art. 553º) ou sob a *forma subsidiária* (art. 554º), o facto de serem incompatíveis não conduz à ineptidão da petição.

Pode também o autor fundar o mesmo pedido, também cumulativamente[1289-1290], em *causas de pedir entre si diversas e inconciliáveis*. Se as causas de pedir (concretamente invocadas) se contradisserem ou anularem entre si encontra-se insanavelmente inquinado o raciocínio lógico em que assenta a demanda; a petição inicial deixa de ser apta ou hábil para que o procedimento possa conduzir ao seu fim último normal[1291]. A *incompatibilidade mate-*

[1288] Cfr. J. Rodrigues Bastos, *Notas*, vol. I cit., pp. 254-255.

[1289] Diversamente, se as várias causas de pedir forem invocadas em *relação de subsidiariedade* (arts. 554º e 39º) para serem, cada uma de per si, apreciadas apenas no caso de as anteriores não virem a ser julgadas verificadas pelo tribunal – cfr. o acórdão da RP de 23-5-2002, Proc.132040/01/Des. Mário Fernandes.

[1290] Tendo o autor deduzido vários pedidos em *regime de subsidiariedade* com base em causas de pedir individualizadas, também elas deduzidas a título subsidiário relativamente a cada um desses pedidos (usucapião, mandato sem representação, gestão de negócio alheio, nulidade de mútuos por vício de forma), improcede a arguição de ineptidão – cfr. o acórdão do STJ de 20-3-2003, Proc. 4563/02 – 2ª Sec./Cons. Ferreira Girão.

[1291] «A contradição entre as causas de pedir, como fundamento da ineptidão da petição inicial, pressupõe que as duas causas de pedir sejam formuladas *a título principal*, nada impe-

rial ou *substantiva* entre esses pedidos ou entre essas causas de pedir impedirá a identificação do objeto do processo (art.186º, nºs 1 e 2, al. c))[1292].

No caso de formulação cumulativa de dois pedidos substancialmente incompatíveis (art. 186º, nºs 1 e 2, al. c)), se só para conhecer de um deles o tribunal carecer de competência em razão da matéria, nem por isso desaparecerá a causa invalidante em termos de o tribunal conhecer do pedido "restante" para que fosse competente (cfr. art. 186º, nº 4); é que, face à impossibilidade de determinação da efetiva pretensão do autor, se torna indiferente que ambos subsistam ou que o conhecimento de um deles fique arredado pela existência de obstáculo legal[1293].

Exemplos de *ineptidão por incompatibilidade de pedidos*: – o autor pede, ao mesmo tempo, a condenação do réu na realização da prestação e na omissão de a realizar; – o credor pede, simultaneamente, a confirmação da resolução de um contrato e a condenação do réu devedor no seu integral cumprimento[1294]; – o preferente pede, a um tempo, que o contrato de compra e venda seja declarado de nenhum efeito e que lhe seja reconhecido o direito de preferir na compra da coisa transmitida por esse contrato[1295]; – o autor argui a nulidade ou a anulabilidade do contrato por vício da vontade e solicita concomitantemente a condenação do réu na principal prestação nascida do contrato (como se este permanecesse válido); – o autor pede cumulativamente a confirmação da declaração de resolução de um contrato-promessa de cessão de exploração de estabelecimento comercial e a condenação do réu no pagamento da quantia correspondente ao preço convencionado[1296]; – o autor solicita, a título simultâneo, a confirmação da declaração de resolução de um contrato de empreitada e a indemnização por todos os prejuízos sofridos como se tivesse optado pelo cumprimento do contrato»[1297]; – numa ação real de preferência, o autor pede o

dindo a formulação de causas de pedir contraditórias, mas *a título subsidiário*» – cfr. o acórdão da RP de 5-2-2001, Proc. 1718/5ª Sec./Des. Narciso Machado.

1292 Cfr. Lebre de Freitas, *A Ação Declarativa Comum* cit., p. 42.

1293 Cfr. J. Rodrigues Bastos, *Notas*, vol. I cit., p. 256.

1294 «Embora, face à lei substantiva, seja inconciliável o *pedido de juros* da quantia mutuada com o da *resolução do mútuo* por falta do seu pagamento, a petição não é inepta se dela resultar que o autor quis fundamentalmente a resolução, entendendo-se, porém, que tal não o impossibilita de pedir também os juros convencionados» – cfr. Anselmo de Castro, *Direito Processual Civil Declaratório*, vol. II cit., pp. 226-228, citado por Lebre de Freitas, *in A Ação Declarativa Comum* cit., p. 43, nota 31.

1295 Cfr. J. Rodrigues Bastos, *Notas*, vol. I cit., p. 255.

1296 Cfr. o acórdão da RL de 30-11-2004, Proc. 8382/2004- 7ª Sec./Des. Abrantes Geraldes.

1297 Cfr. o acórdão do STJ de 30-9-2004, Proc. 2461/2004- 2ª Sec./Cons. Luís Fonseca.

reconhecimento do direito de opção e, concomitantemente, a anulação ou declaração de nulidade da venda[1298].

Exemplo de ineptidão por *incompatibilidade de causas de pedir*: – o autor pede a condenação do réu a reconhecer o seu direito de propriedade sobre a coisa que cumulativamente alega ter adquirido por compra e venda, por transmissão sucessória e por usucapião[1299]. Mas já não haverá ineptidão (pois que não há inconciliabilidade estes dois pedidos) se, por exemplo, o autor requerer a declaração de nulidade da cláusula relativa ao preço de determinada venda por simulação (relativa) e o reconhecimento do seu direito de preferência em relação ao preço real[1300].

§2º Controlo, oportunidade deconhecimento e efeitos da ineptidão

O vício de ineptidão é *próprio e específico da petição inicial*, não podendo, pois, dele enfermar qualquer outro articulado. Nos casos em que a *citação depende de despacho inicial* (art. 226º, nº 4, alíneas a) a e)) e naqueles em que *determina a apresentação do processo ab initio* ao abrigo do disposto no art. 6º, o juiz, em vez de ordenar a citação, pode nele *indeferir liminarmente* a *petição* com esse fundamento (arts. 569º e 590º, nº 1)[1301]; se vier a conhecer do vício em fase posterior *declarará nulo todo o processo.*

A nulidade por ineptidão da petição inicial só pode ser arguida *até à contestação ou neste articulado* (arts. 204º, nº 1, 487º, nº 2 e 494º, al. b)). O *controlo da ineptidão*, como vício de substância ou de conteúdo que é, *cabe sempre*, e de modo exclusivo, *ao juiz*[1302]. Essa nulidade, é contudo, *sanável* se verificada a (única) hipótese prevista no nº 3 do art. 186º, ou seja se – apesar de arguir a ineptidão com fundamento na falta ou na ininteligibilidade da indicação do pedido ou da causa de pedir (al. a) do nº 2 do art. 186º) – o réu contestar a ação e se se verificar, após a audição do autor, que (ele réu) interpretou

[1298] Cfr. o acórdão da RC de 19-11-2002, Proc. 3191/2002/Des. Ferreira Ramos.

[1299] Sem prejuízo de outro dever ser o tratamento dos casos em que o autor, querendo fundamentalmente um dos pedidos ou uma das causas de pedir que explicita, erradamente fundamente a possibilidade da cumulação» – cfr. Lebre de Freitas, *A Ação Declarativa Comum* cit., pp. 49 e 50.

[1300] Cfr. J. Rodrigues Bastos, *Notas*, vol. I, cit., pp. 255-256.

[1301] *É sempre admitido recurso até à Relação*, com subida nos próprios autos, do *despacho que haja indeferido liminarmente a petição da ação ou o requerimento de providência cautelar* (art. 629º, nº 3, al. c)).

[1302] Não assim também o *controlo formal externo* da petição, o qual compete *prima facie* à secretaria e, em caso de inércia desta, ao juiz que preside à distribuição (arts. 558º e 207º, nº 2).

convenientemente a petição inicial[1303]. Assim o reclamam os *princípios da cooperação*, da *boa-fé* e da *economia processuais*, tendo sempre presente a necessidade de assegurar a exercitação eficaz do *princípio do contraditório*.

Fora destes casos, a ineptidão da petição inicial constitui *nulidade insanável*, cuja ocorrência cabe ao juiz verificar *oficiosamente no despacho saneador, absolvendo o réu da instância* (arts. 196º, 200º, nº 2, 278º, nº 1, al. b) e 595º, nº 1, al. a))[1304]. Isto porque qualquer dos defeitos essenciais enunciados nas alíneas a), b) e c) do nº 2 do art. 186º acarreta a falta de aptidão, com a consequente inutilização dessa peça básica da ação, provocando naturalmente a *invalidação de todo o processo*, sendo, por isso, considerada como uma *exceção dilatória* (arts. 577º, nº 1, al. a) e 278º, nº 1, al. b)). A exeção dilatória de *ineptidão da petição inicial*, sendo embora de conhecimento oficioso (art. 196º) *só pode ser apreciada e conhecida* (julgada) *até ao despacho saneador*; não havendo lugar a este, só pode ser apreciada e decidida até à decisão final em 1ª instância (art. 200º, nº 2); se o tribunal da Relação (porventura) dela vier a conhecer em sede de recurso, absolvendo, com esse fundamento, o réu da instância e se abstiver de conhecer do mérito da ação, incorre na nulidade prevista na al. d), *in fine*, do nº 1 do artº 661º[1305].

Algo idêntico é o efeito da *não adesão do autor ao convite ao completamento ou correção da petição* carecida dos requisitos legais ou desacompanhada dos documentos necessários (despacho de aperfeiçoamento – art. 590º) até ao termo do prazo estabelecido (*nulidade total ou parcial do articulado irregular* a decretar no despacho saneador)[1306].

1303 Escrevia, a este respeito, ALBERTO DOS REIS, *in Comentário*, vol. 2º cit., pp. 364-365: «*Petição inepta* é uma coisa, *petição incorrecta* é outra. Ou melhor, nem toda a incorrecção, nem toda a imperfeição do requerimento inicial conduz à ineptidão. O autor exprimiu o seu pensamento em termos adequados, serviu-se de linguagem tecnicamente defeituosa, mas deu a conhecer suficientemente qual o efeito jurídico que pretendia obter? A petição será uma peça desajeitada e infeliz, mas não pode qualificar-se de inepta» (*sic*).

1304 O *despacho liminar*, nos casos em que a lei o prevê (arts. 226º, 569º e 590º) tem lugar antes de ordenada a citação do réu, ou seja, antes da contestação, pelo que a ineptidão da petição inicial tem, nesse momento, também no caso de ininteligibilidade, o tratamento de nulidade insanável» – cfr. LEBRE DE FREITAS, *A Ação Declarativa Comum* cit., p. 50, nota 33.

1305 Cfr., neste sentido, os comentários críticos do Cons. URBANO DIAS aos acórdãos da RG de 5-4-2018, Proc.75/15.8TETMC.G1/Des. MOREIRA DIAS e da RP de 10-1-2019, Proc. 4187/17.5T8AVR.P1/Des. ARAÚJO DE BARROS, *in blog* do IPPC de 2-5-2018 e 27-4-2019, respetivamente.

1306 Cfr., quanto às consequências do *não acatamento do despacho de aperfeiçoamento* em geral, LEBRE DE FREITAS, *A Ação Declarativa Comum* cit., pp. 164-65.

65.1.2. Falta de citação

A segunda das nulidades principais ocorre *quando não hajam sido citados*, logo no início do processo, quer o *réu*, quer o *Ministério Público*, nos casos em que este deva intervir como *parte principal* (arts. 187º, alíneas a) e b), do CPC e 9º, nº 1, do EMP)[1307].

Sendo a citação o ato pelo qual se dá conhecimento ao réu de que contra si foi proposta uma determinada ação e se insta o mesmo a vir ao processo assumir a sua defesa (art. 219º), a omissão total desse ato de chamamento acarreta naturalmente a *anulação de tudo o que for processado posteriormente à petição*[1308].

> O *Ministério Público* pode intervir nos processos cíveis, quer como *parte principal*, quer como *parte acessória*. Intervém *como parte principal* nas situações contempladas nas alíneas a) a g) do nº 1 do art. 9º do EMP: – quando representa o Estado, as regiões autónomas e as autarquias locais; – quando representa os incapazes, incertos ou ausentes em parte incerta; – quando exerce o patrocínio oficioso dos trabalhadores e suas famílias na defesa dos seus direitos de caráter social; – quando representa interesses coletivos ou difusos; – nos demais casos em que a lei lhe atribua competência nessa qualidade. Intervém como *parte acessória* quando, não se verificando nenhum destes casos, sejam interessados na causa as regiões autónomas, as autarquias locais, outras pessoas coletivas públicas, pessoas coletivas de utilidade pública, incapazes ou ausentes ou quando a ação, proposta por qualquer interessado, vise a realização de interesses coletivos ou difusos (art. 10º do EMP).

[1307] A Lei Orgânica do Ministério Público foi aprovada pela Lei nº 47/86, de 15 de 0utubro (LOMP 86), tendo passado a adotar a designação de Estatuto do Ministério Público (EMP) pela Lei nº 60/98, de 27 de agosto. O atual *Estatuto do Ministério Público* foi aprovado pela Lei nº 68/2019, de 27 de agosto.

[1308] Sendo a citação o ato recetício pelo qual se dá conhecimento ao réu de que contra si foi proposta uma determinada ação e se insta o mesmo a vir ao processo assumir a sua defesa, a falta desse ato de chamamento impede que o mesmo exerça o seu direito de defesa e, por isso, quando verificada, acarreta, de harmonia com o preceituado no art. 187º alínea a), mercê de tão grave violação do princípio do contraditório, a anulação de tudo o que for processado posteriormente à petição, salvando-se apenas esta. A *falta de citação* configura *nulidade principal*, que pode ser arguida em qualquer estado do processo, enquanto não deva considerar-se sanada (art. 198º, nº 2), sendo que mesmo que a parte haja arguido a nulidade decorrente da invocada falta de citação, logo que teve intervenção no processo, a mesma não pode considerar-se sanada, conforme decorre *a contrario* do disposto no artigo 189º – cfr. neste sentido, o acórdão da RE de 13-9-2018, Proc. 845/17.2T8ENT-A.E1, *in* www.dgsi.pt/ Desª Albertina Pedroso.

A *nulidade principal* traduzida na não citação "*ab initio*", quer do *réu*, quer do *Ministério Público*, nos casos em que deva intervir como parte principal, determinando embora a anulação de todo o processado com aproveitamento apenas da petição inicial, considera-se, todavia, *sanada* se se verificar a hipótese do art. 189º: intervirem o réu ou o Ministério Público no processo sem terem arguido imediatamente a sua falta da sua citação.

Há *falta de citação* nas diversas hipóteses contempladas nas alíneas a) a e) do nº 1 do art. 188º. Assim: – quando não exista qualquer aparência de citação, por *omissão completa do ato* ou o ato se tenha realizado em pessoa diferente do réu por *erro de identidade do citado* (alíneas a) e b)); – quando se haja *utilizado indevidamente a citação edital*, por ex., dando o réu como ausente em parte incerta quando era certa e conhecida a sua morada (al. c)); – quando a *citação houver sido efetuada depois da morte do citando*[1309] *ou da extinção deste* tratando-se de pessoa coletiva ou sociedade (al. d)); – quando se demonstre que *o destinatário da citação pessoal não chegou a ter conhecimento do ato* por facto que não lhe seja imputável (al. e))[1310-1311]. A situação da alínea b) reporta-se, não a um caso de *errada ou incorreta identificação do réu* na petição inicial, mas da citação de pessoa diferente da que o autor identificou como tal na petição inicial (*erro de identidade*), o que pode redundar, caso a pessoa efetivamente citada intervenha no processo, numa situação algo similar à da ilegitimidade (singular) do réu.

[1309] É o caso de o mandatário com poderes para receber a citação ter sido citado em momento posterior ao decesso do mandante.

[1310] Para a *ilisão da presunção de conhecimento do ato de envio de carta registada* para a morada do citando seja ilidida, não bastam a mera alegação e prova do *desconhecimento*, tornando-se também necessária a demonstração de que esse desconhecimento ocorreu por *facto não imputável* ao citando, conforme expressamente exige o último segmento da alínea e) do nº 1 do art. 188º. Assim, por exemplo, tendo-se provado que o notificando (em *processo de injunção*) passou a residir em localidade diversa, sem ter alterado a morada constante de todos os seus documentos oficiais e processualmente adquirida, não é legítimo concluir, *em termos de causalidade objetiva*, que essa (sua) conduta omissiva em nada tenha contribuído (sendo, *qua tale indiferente*) para que o ato de notificação da injunção (para os efeitos do nº 1 do art. 12º do RPCOP) não haja chegado oportunamente ao seu conhecimento, não podendo, por isso, ter-se por verificado o vício de *falta de citação* – cfr., neste sentido, o acórdão da RE de 13-9--2018, Proc. 845/17.2T8ENT-A.E1, *in* www.dgsi.pt/Desª Albertina Pedroso.

[1311] Nos termos do nº 2 do art. 188º «quando a carta para citação haja sido enviada para o domicílio convencionado, a prova da *falta de conhecimento do ato* deve ser acompanhada da *prova da mudança de domicílio* em data posterior àquela em que o destinatário alegue terem-se extinto as relações emergentes do contrato; a nulidade da citação decretada ficará sem efeito se, a final, não se provar o facto extintivo invocado.

Na hipótese da alínea d), sendo a citação um *ato recetício*, que pressupõe a personalidade daquele a quem é dirigida, a falta de citação é *absoluta*. De resto, o falecimento do réu ou a extinção da pessoa coletiva demandada são causas de suspensão imediata da instância (art. 270º).

As causas invalidantes das alíneas c) e e) justificam-se: – *no primeiro caso*, pela *elevada probabilidade de o réu desconhecer a propositura da ação*; associando-se à citação edital uma *presunção juris et de jure* do conhecimento da ação por banda da parte demandada, com o inerente risco da preclusão do direito de defesa (*v. g.*, a citação do réu como ausente em parte incerta não obstante existir no processo indicação do seu paradeiro, sem se haver procedido à indagação que o nº 1 do art. 236º impõe), torna-se compreensível que o *emprego indevido ou prematuro da citação edital* assuma caráter de nulidade principal do processo; – *no segundo caso*, pela certeza de que, sem culpa sua, o réu não chegou a ter conhecimento da citação por esta não lhe ter sido transmitida pelo recetor ou por não ter podido ter acesso à "nota de citação" afixada nem dela se ter apercebido (cfr. os arts. 232º e 233º)[1312].

Em conformidade com a regra geral do art. 195º, a anulação dum ato processual implica a *anulação dos atos subsequentes* que dele dependam absolutamente (*atos consequentes*). Porém, para a eventualidade da ocorrência de uma qualquer das situações contempladas nas suas alíneas a) e b), dispõe o art. 187º que "*é nulo tudo o que se processe depois da petição inicial, salvando-se apenas esta*". À falta de citação corresponde, assim, a sanção da *nulidade*, não só do *próprio ato de citação*, mas também de *tudo o que ulteriormente houver sido processado* (com ressalva, pois, dos atos anteriores à citação, designadamente a distribuição e o pagamento da taxa de justiça).

Envolvendo o vício da falta de citação uma violação drástica do princípio do contraditório, não surpreende que a lei o haja incluído entre os fundamentos do *recurso extraordinário de revisão* (art. 696º, al. e)), bem como entre as causas legítimas de *oposição à execução* (por *embargos*) baseada em *sentença* ou em *requerimento de injunção* (arts. 729º e 857º). Representa, assim, a falta de citação uma irregularidade particularmente qualificada do ato de citação, afora a total inexistência material da mesma contemplada na al. a) do art. 188º[1313].

1312 Cfr. Lebre de Freitas, *A Ação Declarativa Comum* cit., p. 66.

1313 «Para que a presunção de conhecimento do ato decorrente do envio da carta registada para a morada da ora executada seja ilidida, e se conclua pela falta de citação/notificação do destinatário, nos termos do art. 195º nº 1 al. e), não basta a prova pela embargante de que

O efeito anulatório da falta de citação pode resultar ou de *arguição expressa pelo réu* ou do *conhecimento oficioso* pelo juiz (art. 196º). O vício considerar-se-á, porém, sanado se o réu intervier no processo sem logo proceder à sua arguição (art. 189º). *Se tal acontecer*, a partir desse momento ficarão definitivamente vedados o seu conhecimento pelo juiz (art. 196º) e a sua arguição pelo réu (art. 198º, nº 2); *se a sanação não houver entretanto ocorrido*, quer o seu conhecimento oficioso pelo juiz (logo que dela se aperceba), quer a sua arguição pela parte, podem ter lugar a todo o tempo (arts. 206º, nº 1 e 204º, nº 2).

Quanto aos efeitos da *falta de citação do réu no caso de pluralidade demandados*, há que atender ao disposto no art. 190º, preceito este que abrangerá os casos de *falta de citação de executado na ação executiva*.

65.1.2.1. Nulidade da citação

A citação é nula (não confundir com os casos da *falta de citação* previstos no art. 188º) quando não hajam sido observadas, na sua realização, «as *formalidades prescritas na lei*» (art. 191º, nº 1). Isto é, quando nela houver sido postergado um qualquer elemento substancial ou formal dos requeridos pelo art. 227º ou próprios da modalidade que houver sido utilizada.

Prevê o art. 191º as seguintes três ordens de situações de *nulidade da citação*: – a de haver sido indicado *prazo para a defesa superior ao que a lei concede* (nº 3); – a de ser a *citação edital* ou tiver sido *omitida a indicação do prazo* para a defesa (nº 2); – *todas as restantes* em geral (nº 1). Distingue, pois, a lei entre *nulidade* da citação (operada com preterição de qualquer formalidade não reputada de *essencial* mas cuja falta possa prejudicar a defesa do citado (nº 3) e *irregularidade* da citação, se efetuada com preterição de formalidade *não essencial* em termos de não prejudicar a defesa do citado (nº 4).

não teve conhecimento do mesmo, sendo ainda necessário que esta demonstre que a falta de conhecimento da notificação ocorreu por facto que não lhe seja imputável, conforme expressamente exige o segmento final da referida alínea e) do nº 1 do art. 188º. Tendo-se provado que a embargante passou a residir em Lisboa sem ter alterado a morada constante de todos os seus documentos oficiais, não é de concluir, *em termos de causalidade objetiva*, que a conduta da requerente em nada tenha contribuído, em termos adjetivos, para que o ato de notificação da injunção não tenha chegado oportunamente ao seu conhecimento. Assim, não é possível ter-se por preenchida a previsão da alínea e) do nº 1 do art. 195º relativa à falta de citação da embargante, por facto que não lhe seja imputável» – cfr. o acórdão da RE de 13-9-2018, Proc. 845/17.2T8ENT-A.E1, *in* www.dgsi.pt/Desª Albertina Pedroso, remetendo para o nosso *Direito Processual Civil*, vol. I, 2ª edição,2017, p. 595.

Integra, deste jeito, o conceito de *nulidade da citação* a preterição das seguintes formalidades: – a *falta de entrega*, no respetivo ato, *do duplicado* da petição inicial ou dos documentos que a hajam acompanhado (fora os casos de recusa dos nºs 4 e 5 do art. 231º, de afixação da nota a que se reporta o nº 3 do art. 232º e de citação edital, hipóteses em que esses elementos ficam à disposição do réu na secretaria do tribunal); – a *falta de indicação do juízo* em que corre o processo ou da cominação decorrente da revelia; – a *falta de assinatura do aviso de receção* imposta pelo nº 2 do art. art. 228º; – a *falta da nota* (certidão) exigida pelo art. 231º, nºs 1 e 2 ou de envio da carta registada imposta pelos arts. 239º, nº 5 ou 233º; – a *falta de indicação*, nos editais e anúncios, *do pedido do autor*, conforme exige nº 1 do art. 241º[1314].

Pode o réu arguir a nulidade: ou *dentro do prazo que lhe houver sido assinalado para a contestação* (art. 191º, nº 2, 1ª parte); ou, sendo a citação edital ou não tendo sido indicado qualquer prazo para a defesa, *aquando da sua primeira intervenção no processo* (nº 2, 2ª parte, do mesmo art. 191º). Em qualquer destas duas situações, pode o juiz *conhecer oficiosamente da nulidade* logo que da mesma se aperceba, podendo mesmo suscitá-la em qualquer estado do processo enquanto não deva considerar-se sanada (arts. 196º e 200º, nº 1).

Se a irregularidade se houver traduzido em o oficial de justiça ter *indicado* ao réu, para a sua defesa, um *prazo superior ao que a lei concede*, deve ser facultado ao réu apresentar a sua defesa até ao *terminus ad quem* do prazo indicado, a não ser que o autor, uma vez conhecedor do facto, tenha promovido a sua citação em termos corretos ou regulares (art. 191º, nº 3); mas, se houver sido indicado prazo inferior ao legal, é a este último que deve atender-se.

Os *restantes vícios* (*irregularidades*) não são oficiosamente cognoscíveis (art. 196º, *in fine* e 200º, nº 3), devendo ser apreciados logo que reclamados pelos interessados. De qualquer modo, a arguição só será atendida se a falta cometida puder prejudicar a defesa do citado (art. 191º, nº 4), norma esta última em sintonia com o preceito geral vertido no nº 1 do art. 195º. *Se atendida a arguição*, há que renovar ou repetir o ato com observância das formalidades prescritas na lei, a menos que tal repetição se revele inútil (art. 130º); será este o caso se o réu haver, entretanto, ficado, por si e/ou através de mandatário, perfeitamente ciente dos termos da ação contra ele proposta bem como do prazo para a contestação e respetiva cominação.

[1314] Cfr. Lebre de Freitas, A *Ação Declarativa Comum* cit., p. 241.

Em caso de dúvida, e no silêncio da lei, «deve entender-se que *a efetivação duma citação regular não é dispensável*»[1315].

Podem detetar-se pontos comuns nos regimes legais da *falta* e da *nulidade* da citação. Assim: se o réu *não contestar* nem de outro modo intervier no processo no prazo da contestação, pode o juiz, ato contínuo, e *sponte sua*, verificar a ocorrência de qualquer irregularidade geradora de falta ou nulidade da citação, mandando repeti-la (art. 566º); é admitido o *recurso de revisão* (da sentença que venha a ser proferida) por parte do réu que no processo não haja intervindo, com fundamento, quer na *falta*, quer na *nulidade* da citação (art. 729º, al. e)); a falta ou nulidade da citação para a ação declarativa (quando o réu não haja intervindo no processo) é fundamento de *oposição à execução* baseada em sentença (art. 729º, al. d)).

Também, na *ação executiva*, o regime da *falta* e da *nulidade* da citação se assemelham, porquanto, se a execução correr à revelia do executado e este não tiver sido citado quando o deva ser ou houver fundamento para declarar nula a citação, pode o executado requerer a todo o tempo (no próprio processo de execução) que o ato seja anulado (art. 851º, nº 1).

Dada a similitude de regimes entre a *falta* e a *nulidade* da citação, há quem sustente – e com inteiro a propósito – que seria preferível suprimir a respetiva diferenciação legal, com a ressalva apenas de a omissão cometida só dever ser atendida quando prejudicasse ou fosse suscetível de prejudicar a defesa do réu[1316].

65.1.2.2. Falsidade da citação

A citação por *via postal* comprova-se, por um lado, pelo *aviso de receção* assinado por quem a recebe, completado pela nota elaborada pelo distribuidor do serviço postal em conformidade com o nº 3 do art. 228º e, por outro, pelo lançamento de uma *cota do processo* em que o funcionário de justiça faz referência aos elementos por ele remetidos ao réu[1317].

A citação *por contato pessoal* do agente de execução ou por funcionário de justiça prova-se através da *certidão do ato* por ele elaborada (art. 228º, nº 3), bem como, sendo caso disso, pela *cota* no processo em que se dá conta

[1315] Cfr. Lebre de Freitas, A *Ação Declarativa Comum* cit., p. 69 e nota 44.

[1316] Cfr. Lebre de Freitas, *Introdução* cit., pp. 23-24.

[1317] «As *cotas,* como simples registos no processo, representam *notas,* dando conta da execução de actos de expediente da secretaria, pelo que o seu valor probatório corresponderá ao de um *documento particular* sujeito à livre apreciação do tribunal. É à parte que afirme a não correspondência da cota com a realidade dos factos cotados que cabe o ónus da prova» – cfr. o acórdão do STJ de 10-2-94, CJSTJ, Tomo I, p. 98 e BMJ nº 434, p. 574/Cons. Sousa Macedo.

do envio da carta registada imposta pelo art. 233º. A citação promovida *pelo mandatário judicial* prova-se por documento elaborado pelo mandatário e assinado pelo réu, com observância do estatuído no nº 1 do art. 238º, por reporte aos nºs 1 e 2 do art. 227º. A *citação edital* prova-se pela cópia do edital aliada à declaração do funcionário relativa à data e aos locais da respetiva afixação, bem como pelos recortes dos jornais anunciantes (art. 244º).

Os documentos elaborados e certificados pelo oficial de justiça competente surtem a *eficácia probatória de documento autêntico*, sendo os demais considerados *documentos particulares* (arts. 363º, nº 2, e 369º, nº 1, ambos do CC). Se atestado, em algum desses documentos autênticos, facto na realidade não verificado, a citação diz-se *falsa* (art. 451º, nº 1), se bem que, em sentido técnico, falso seja só o respetivo documento comprovativo (cfr. art. 372º, nº 2, do CC).

O *prazo* para a arguição da falsidade da citação é o de *10 dias* a contar da intervenção do réu no processo» – art. 451º, nº 1. «Ao incidente de falsidade de ato judicial é aplicável, com as necessárias adaptações, o disposto nos arts. 446º a 450º» relativos à ilisão da autenticidade ou da força probatória de documento (art. 451º, nº 3). Se o vício do ato de citação for suscetível de prejudicar a defesa do réu, *a causa suspende-se* logo que o juiz admita a arguição, depois de ouvido o autor, até que essa arguição seja definitivamente julgada. Mas se o autor requerer a repetição da citação, ficará logo sem efeito a primitivamente efetuada (arts. 448º, nº 3 e 451º, nº 4).

No caso de *documento elaborado pelo mandatário judicial* no qual se refira ter sido assinado pelo réu, sem que este, na realidade, o haja assinado, o regime a observar é o dos arts. 374º a 376º do CC para os documentos particulares: se impugnada pelo réu a sua assinatura (assim pondo em causa a sua genuinidade)[1318], passa a recair sobre o autor o ónus de provar que a assinatura é do réu (art. 374º, nº 2, do CC)[1319-1320]. Sendo também documento

[1318] A *impugnação da genuinidade de documento particular* junto com articulado que não seja o último, ou com a alegação do recorrente nos termos do art. 444º, nº 2, não deve ser processada como incidente autónomo mas deduzida no articulado subsequente ou dentro do prazo facultado para a alegação do recorrido, extinguindo-se o direito de praticar o ato se exaurida essa oportunidade – cfr. o acórdão do STJ de 24-2-2000, Proc. 886/99- 2ª Sec./Cons. Abílio Vasconcelos.

[1319] Cfr. Lebre de Freitas, *A Ação Declarativa Comum* cit., pp. 79-82.

[1320] Subjacente à arguição de falsidade de um documento particular está a não impugnação pela parte contrária das suas letra e assinatura, assim ficando reconhecido o seu valor probatório – cfr Lebre de Freitas, *A Ação Declarativa Comum* cit., p. 84 e nota 48.

particular, a *nota elaborada pelo distribuidor do serviço postal* provará apenas, de modo pleno, a declaração de quem a fez e assinou (art. 376º, nº 1, do CC); não serão, todavia, abrangidos pela respetiva força probatória os factos objeto da declaração, pelo que a sua *valoração* é *livremente feita pelo juiz*, podendo ser-lhes oposta qualquer contraprova (art. 346º do CC)[1321].

Se decorrido o prazo do art. 451º sem que a falsidade da citação seja arguida, funciona a cominação ínsita nesse preceito, ou seja, ficará reconhecida a genuinidade e a veracidade do ato, bem como a inerente força probatória.

65.1.3. Erro na forma de processo

A terceira nulidade (principal) prevista no art. 193º é a de *erro na forma de processo,* a qual ocorrerá quando o autor indique para a ação uma *forma processual inadequada* ou desconforme aos critérios da lei, lançando mão: – de uma forma de processo comum em vez da forma especial: – de uma forma de processo especial em vez da forma comum; – de uma forma de processo especial em vez de outra forma de processo especial.

São exemplos os casos seguintes: – o autor pretende consignar em depósito uma coisa para cumprimento de uma dada obrigação, mas, em vez de usar o *processo especial* dos arts. 916º e ss., utiliza o *processo comum de declaração*[1322]; – o arrendatário pretende proceder ao depósito da renda, mas, em vez do *processo especial de consignação em depósito* regulado nos arts. 17º a 23º da Lei nº 6/2006 de 27 de Fevereiro (NRAU), utiliza o *processo especial de consignação em depósito* regulado nos arts. 916º a 924º do CPC; – o exequente utiliza a *forma sumária de execução para pagamento de quantia certa* quando deveria ter usado a *forma de processo ordinário* (art. 550º); – o executado, para se opor à penhora de determinados bens, emprega, em vez do *incidente da oposição à penhora* regulado nos arts. 784º e 785º, o *processo de oposição à execução* regulado nos arts. 728º a 734º; – pretendendo notificar o titular de um direito de preferência, o requerente utiliza a forma de *notificação judicial avulsa* contemplada nos arts. 256º e 257º e não a forma de *notificação especial* prevista no art. 1028º e ss..

É em *função da providência jurisdicional concretamente solicitada pelo autor* em juízo que o juiz deve aferir da propriedade e da adequação do meio

Cfr. J. Rodrigues Bastos, *Notas*, vol. I cit., p. 261.
Cfr., o supra-citado acórdão do STJ de 24-2-2000.
1321 Cfr. Lebre de Freitas, *A Ação Declarativa Comum* cit., p. 84 e nota 48.
1322 Cfr. J. Rodrigues Bastos, *Notas*, vol. I cit., p. 261.

processual por aquele eleito[1323], ou seja, «da correspondência ou conformidade da forma de processo a que recorreu com os critérios abstratos da lei»[1324], o que nada tem a ver com razões de procedência ou improcedência da ação.

Apesar da infração cometida, não se anula todo o processo. Uma vez detetado, o erro na forma de processo importa *unicamente a anulação dos atos que não possam ser aproveitados*. O juiz deve adaptar o processo à tramitação que diretamente lhe competia, praticando ou ordenando a prática dos atos de ajustamento necessários, mas *sem diminuição de garantias* para o réu (art. 193º, nºs 1 e 2)[1325-1326]. Se dessa atuação puder resultar uma diminuição de garantias, deve o juiz proceder à anulação de todo o processo, com a consequente absolvição do réu da instância, assim assumindo o vício a plena natureza de *exceção dilatória* (cfr. arts. 278º, nº 1, al. b) e 577º, al. b)).

Devem, pois, apenas praticar-se os atos que forem estritamente necessários para que o processo se aproxime, quanto possível, da forma estabelecida pela lei» (art. 193º, nº 1), «sem prejuízo de poder (o juiz) mandar adequar também a tramitação futura, se tal for o caso» (cfr. o art. 547º)[1327]. Tudo em homenagem aos já enunciados princípios do *máximo aproveitamento dos atos*, inserido no princípio geral da *economia processual* em geral e da *limitação dos atos* em particular (art. 130º) – condensados na fórmula latina *utile per inutile non vitiatur* –, bem como ao *princípio da adequação formal* consagrado no citado art. 547º.

O vício traduzido no erro na forma de processo só pode ser *arguido até à contestação ou neste articulado* (art. 198º, nº 1), mas pode e deve ser *oficiosamente conhecido*, enquanto não dever considerar-se sanado, *no despacho saneador* ou, não havendo lugar a este despacho, *até à sentença final* (cfr. os arts. 196º e 200º, nº 2).

1323 Cfr., neste sentido, *v. g.*, o acórdão da RE de 17-6-97, CJ, 1997, Tomo III, p. 220/Des. Afonso Correia.

1324 Cfr. o acórdão da RE de 12-11-98, CJ, 1998, Tomo V, p. 256/Des. Fernando Bento.

1325 Cfr. Antunes Varela/J. M. Bezerra/Sampaio e Nora, *Manual* cit., p. 390.

1326 Por exemplo: se foi concedido ao réu o prazo de 20 dias para contestar, quando o prazo legal de que dispõe é o de 30 dias (art. 559º, nº 1), houve manifesta diminuição de garantias de defesa para o contestante, pelo que deve ser repetida a citação ou conceder-se ao réu o prazo adicional em falta.

1327 Cfr. Lebre de Freitas, *A Ação Declarativa Comum* cit., pp. 52-53.

65.1.4. Falta de vista ou de exame ao Ministério Público como parte acessória

A quarta *nulidade principal* consiste na falta de vista ou de exame ao *Ministério Público* quando ele deva intervir, não como parte principal, mas *como parte acessória* (arts. 194º, nºs 1 e 2, do CPC e 5º, nºs 2 a 4 e 6º do EMP).

Se a parte que devia ser assistida pelo Ministério Público *tiver constituído mandatário*, a falta de vista ou de exame ao representante daquela magistratura é considerada irrelevante (art. 194º nº 1). Se *não houver constituído mandatário*, o processo é anulado (*ex-officio*) a partir do momento em que deveria ter sido dada vista ou facultado o exame ao Ministério Público (art. 194º, nº 2)[1328].

65.2. Nulidades secundárias. Caraterização. Regime

As restantes nulidades – ou seja, as *secundárias, atípicas ou inominadas* – genericamente contempladas no nº 1 do art. 195º, possuem o respetivo regime de arguição regulado no art. 199º do mesmo diploma, a saber: – *se a parte estiver presente*, por si ou por mandatário, no momento em que forem cometidas, podem ser arguidas enquanto o ato não terminar, isto é, até ao termo desse ato; – *se a parte não estiver presente ou representada*, o prazo (de 10 dias – art. 149º, nº 1) para a arguição conta-se do dia em que, depois de cometida a nulidade, a parte intervier em algum ato praticado no processo ou for notificada para qualquer termo dele, mas, neste último caso, só quando deva presumir-se que então tomou conhecimento da nulidade ou quando dela pudesse ter conhecido se agindo com a devida diligência; esse prazo de 10 dias só se conta, pois, a partir do momento em que ela tomou, podia ou devia ter tomado conhecimento da falta, nos termos descritos no nº 1 do art. 199º. Integram-se nesta rubrica *todas as irregularidades* ou *desvios ao formalismo processual* quando relevantes nos termos daquele art. 195º, nº 1.

As *nulidades* – para cuja apreciação é competente o tribunal onde o processo se encontre ao tempo da reclamação (cfr. arts. 199º, nº 3 e 198º, nº 2) – serão *julgadas logo que apresentada a reclamação* (art. 200º, nº 2). Se, entretanto, o ato afetado de nulidade for coberto por qualquer decisão judicial, o meio próprio de o impugnar deixará de ser a reclamação (para o próprio juiz) e passará a ser o *recurso da decisão* a interpor no prazo de

[1328] Cfr. Alberto dos Reis, *Comentário*, vol. 2º cit., p. 483.

30 dias cominado no nº 1 do art. 638º. É a doutrina tradicional condensada na velha máxima: «*dos despachos recorre-se; contra as nulidades reclama-se*»[1329].

Fornece Alberto dos Reis[1330] os seguintes os *exemplos de nulidades secundárias*: – «*prática* de um acto que a lei não admita, por ex., a audiência prévia do esbulhador na restituição provisória de posse; – *omissão* de um acto que a lei prescreva, por ex., a falta de notificação ao recorrido do despacho de admissão do recurso; – *preterição* de uma formalidade que a lei exija, por ex., a inquirição de uma testemunha sem prévia prestação de juramento legal».

Além desses exemplos, podem mencionar-se mais os seguintes[1331]: – falta de notificação da apresentação da contestação e da réplica; – falta da notificação da junção de documentos; – convocação das partes, pela segunda vez, para o fim exclusivo da tentativa da sua conciliação; – falta ou deficiência de gravação dos depoimentos prestados na audiência final devida a causas não imputáveis a qualquer das partes[1332]; – a realização da audiência final tendo entrado no tribunal, na véspera da data aprazada, um pedido de justificação (legal) da falta pelo mandatário ou um pedido de escusa regularmente apresentado; – não reapreciação da matéria de facto pela Relação no uso dos poderes conferidos pelo art. 662º se cumpridos os requisitos formais por banda do requerente; – *violação do princípio do contraditório* ou dos *princípios da identidade do juiz e da plenitude da assistência do juiz* (arts. 3º e 4º).

Quantos aos *efeitos*, há que seguir a doutrina geral vertida nos arts. 195º, nºs 2 e 3 e 202º: será *anulado o respetivo ato, bem como os termos ulteriores, mas só os que dependam absolutamente do ato ou omissão cometida*. De notar, entretanto, que a renovação do ato anulado ou a prática do ato omitido (bem como a renovação dos termos ulteriores) só podem ter lugar se ainda não estiver

[1329] Cfr. Alberto dos Reis, *Comentário*, vol. 2º cit., p. 507.

[1330] Cfr. *Comentário*, vol. 2º cit., pp. 483-484. Para este autor, «perante a prática de um acto não previsto na lei, a atitude da ordem jurídica pode ser de *indiferença* e portanto de tolerância ou de *hostilidade*». No 1º caso, não pode dizer-se que a prática do acto importa violação da lei; no 2º caso é que, praticando-se o acto, se comete uma infracção». «Se a lei proíbe a prática do acto, não há dúvida de que a atitude é de hostilidade. Se a lei nem proíbe nem ordena o acto, há que atender ao art. 130º; a atitude pode ser de tolerância ou de reprovação conforme o acto for simplesmente dispensável ou inútil. Se o acto, posto que *dispensável*, pode ter alguma utilidade, deve entender-se que a lei não se opõe terminantemente a que seja praticado; se o acto for *inútil* o art. 130º condena à prática dele» (*sic*).

[1331] Cfr., quanto a alguns destes exemplos extraídos da doutrina e da jurisprudência, Antunes Varela/J. M. Bezerra/Sampaio e Nora, *Manual* cit., p. 391, nota 3.

[1332] Por exemplo, devida a deficiências ou inoperacionalidade do material de gravação – cfr. o acordão do STJ de 5-6-2003, Proc. 1242/2003 – 2ª Sec./Cons. Santos Bernardino.

exaurido o prazo legal para a sua realização, salvo se a renovação ou o suprimento da omissão aproveitarem a quem não tenha responsabilidade na nulidade cometida (art. 202º)[1333-1334].

Como informadores das regras gerais estabelecidas no art. 195º, temos, pois, quanto às *nulidades secundárias*, para além do princípio *utile per inutile non vitiatur*[1335], também os princípios gerais da *economia processual*[1336] (máximo aproveitamento dos atos e economia de atos e formalidades), da *limitação dos atos* (art. 130º) e da *adequação formal* (art. 547º). Assim, e servindo-nos de um exemplo doutrinal reportado ao princípio da economia processual, numa prova pericial, tendo havido irregularidade insanável na nomeação de um dos peritos, anular-se-ão, tão-somente, o ato de nomeação desse perito, a prestação do seu juramento e a elaboração e entrega da sua resposta, mas não a nomeação dos outros peritos nem as correspondentes respostas aos quesitos[1337].

Se o ato for *nulo apenas num dos seus segmentos* e tenha, por essa razão, de ser anulado, anular-se-ão também os termos subsequentes que dele dependam absolutamente, não prejudicando assim os outros segmentos (não inquinados) que dele sejam independentes (art. 195º, nº 2, 2ª parte). De igual modo, se por hipótese, na réplica, o autor ultrapassar os limites do nº 1 do art. 584º, a nulidade que afeta a parte (excrescente) desse articulado não prejudica a parte relativa à resposta às exceções ou a defesa contra a reconvenção. Também, se o vício do ato apenas impedir a produção de determinado efeito, não serão afetados os restantes efeitos para que o acto seja apto (art. 195º, nº 3). Se, porventura, arguida ou notada qualquer irregularidade durante a prática de ato a que o juiz presida, a ele cumprirá adotar as providências prescritas na na lei.

As *restantes infrações são irrelevantes*, por exemplo, a narração da petição inicial, da contestação ou da reconvenção por forma não articulada (se de tais irregularidades não resultar prejudicada a clarividência da respetiva

1333 Cfr. Alberto dos Reis, *Comentário*, vol. 2º cit., p. 483.

1334 Cfr. Alberto dos Reis, *Comentário*, vol. 2º cit., pp. 345 e ss..

1335 A fórmula *utile per inutile non vitiatur* significa que a preterição de uma dada formalidade prevista na lei não gerará nulidade se, apesar dela, se mostrar atingido o objetivo pela mesma visado. Princípio este subjacente à teoria da redução do negócio jurídico em casos de nulidade parcial do mesmo (art. 292º do CC).

1336 Se embora inidóneo para a produção de determinado efeito, tal não prejudicará os efeitos para cuja produção o ato se revele adequado.

1337 Cfr. Antunes Varela/J. M. Bezerra/Sampaio e Nora, *Manual* cit., p. 391.

peça, ainda que o juiz deva sempre usar do convite ao suprimento da falta de obervância do requisito legal); – e também, de um modo geral, quando a formalidade preterida não tiver impedido a consecução da finalidade do ato (art. 195º, nº 3). Tudo corolário do *princípio da instrumentalidade da forma*, segundo o qual a eventual preterição de uma formalidade de um ato não gera, ipso facto, nulidade, ficando a decretação desta dependente do alcance prático do respetivo escopo[1338-1339].

Em conclusão: fora dos casos previstos nos arts. 186º a 194º, vale a regra geral do nº 1 do art. 195º, ou seja: *quaisquer irregularidades ou desvios ao formalismo processual* (prática de um ato que a lei não admita ou a omissão de um ato ou de uma formalidade que a lei prescreva) *só integram nulidade quando a lei o declare ou quando a irregularidade cometida possa influir no exame (instrução e discussão) ou na decisão da causa*, isto é, quando possam surtir reflexos de ordem substancial. Não assim quando a lei proveja diferentemente, como no caso do art. 566º[1340].

De realçar que, face ao disposto no nº 2 do art. 630º, «*não é admissível recurso das decisões interlocutórias sobre as nulidades previstas no nº 1 do art. 195º*, salvo se contenderem com os *princípios da igualdade ou do contraditório, a aquisição processual de factos e a admissibilidade de meios probatórios*».

As nulidades secundárias – e estas serão todas as outras não qualificadas por lei como principais – só podem ser conhecidas mediante suscitação ou a requerimento dos interessados (art. 196º, 2º segmento), salvo se a lei permitir o seu conhecimento oficioso. Isto afora a *nulidade da citação* no caso de não comparência do réu e de não constituição de mandatário (revelia absoluta – art. 566º) e as nulidades cometidas durante a prática de atos a que presida o juiz (art. 199º, nº 2).

As *nulidades secundárias* não podem, pois, em princípio, ser conhecidas *ex officio*. Quanto ao *modus faciendi* dessa arguição, basta um *simples requerimento* a que se dá o nome de *reclamação* a deduzir no prazo geral de 10 dias (arts. 149º e 196º). A arguição pode ser desde logo *indeferida* pelo tribunal *sem*

[1338] Cfr., neste sentido, Anselmo de Castro, *Direito Processual Civil Declaratório*, vol. III, Coimbra, Almedina, 1982, pp. 103-112.

[1339] Vigoram, neste domínio os princípios da *instrumentalidade da forma* (*la forme n'importe le fond*) (nº 1) e do *máximo aproveitamento dos atos* eivados de vícios formais geradores da respetiva nulidade (art. 195º, nº 1): *nullité sans grief n'opére rien* (nº 2) – Cfr. Manuel de Andrade, *Noções Elementares* cit., p. 359.

[1340] Nos termos do art. 566º (*revelia absoluta do réu*) o tribunal verificará se a citação foi feita com as formalidades legais e mandá-la-á repetir quando encontre irregularidades.

audiência prévia da parte contrária, uma vez que o art. 201º apenas impõe tal audiência em caso de *deferimento* e, mesmo assim, só em caso de manifesta necessidade.

A *legitimidade* para a arguição/suscitação das nulidades processuais, afora as hipóteses de conhecimento oficioso previstas no art. 196º, apenas assiste ao «*interessado na observância da formalidade* ou na repetição do ato» (art. 197º, nº 1), não a detendo a «parte que lhe houver dado causa», ou que «haja renunciado a essa arguição/suscitação – *proibição de venire contra factum proprium* (art. 197º, nº 2).

Capítulo VIII
Vicissitudes da instância

SUMÁRIO: **66.** A relação jurídica processual ou instância. Facto gerador. **66.1.** O objeto do processo. **66.2.** Facto gerador da instância. Entrada da petição inicial em juízo. **66.3.** Princípio da estabilidade da instância. Causas modificativas. **66.3.1.** Modificações subjetivas. **66.3.2.** Modificações objetivas. **66.3.2.1.** Alteração do pedido e/ou da causa de pedir. **66.3.2.2.** Reconvenção. **66.3.2.2.1.** Noção. **66.3.2.2.2.** Dedução e admissibilidade. Requisitos. **67.** Apensação de ações. Admissibilidade. Pressupostos. Iniciativa. **67.1.** Admissibilidade. Pressupostos. Iniciativa. **67.2.** Atendibilidade do interesse. Poderes do juiz. **68.** Suspensão da instância. Causas. Regime. Efeitos. **68.1.** Suspensão por falecimento de alguma das partes ou por extinção de pessoa coletiva. **68.2.** Suspensão por falecimento ou impossibilitação absoluta do mandatário ou do representante. **68.3.** Suspensão por ordem (vontade) do juiz. **68.4.** Suspensão por determinação especial da lei. **68.5.** Suspensão por acordo das partes. **69.** Regime e efeitos da suspensão. **70.** Incidentes da instância. **70.1.** Noção. Caraterização. Natureza jurídica. **70.2.** Incidentes típicos e anómalos. **70.3.** Processamento. Regras gerais e especiais. **71.** Incidentes relativos às garantias de imparcialidade. **71.1.** Impedimentos. **71.1.1.** Impedimentos do juiz de 1ª instância. **71.1.2.** Impedimentos dos juízes de tribunais coletivos e de tribunais superiores. **711.3.** Impedimentos do Ministério Público e dos funcionários da secretaria. **71.2.** Suspeições. **71.2.1.** Suspeição do juiz. Pedido de escusa. **71.2.2.** Suspeição oposta pelas partes aos juízes. **71.2.3.** Suspeição oposta pelas partes aos funcionários da secretaria. **72.** Verificação do valor da causa. **72.1.** Valor das ações. **72.2.** Valor dos incidentes e dos procedimentos cautelares. **73.** Intervenção de terceiro. **73.1.** Intervenção principal. **73.1.1.** Intervenção principal espontânea. **73.1.2.** Intervenção principal provocada. **73.2.** Intervenção acessória. **73.2.1.** Intervenção acessória provocada. **73.2.2.** Intervenção acessória do Ministério Público. **73.2.3.** Assistência. **73.3.** Oposição. **73.3.1.** Oposição espontânea. **77.3.2.** Oposição provocada. **73.3.3.** Oposição mediante embargos de terceiro. **73.3.3.1.** Âmbito do incidente. **73.3.3.2.** Embargos de terceiro pelos cônjuges. **73.3.3.3.** Noção de terceiros para efeitos de registo predial. **73.3.3.4.** Trâmites pro-

Secção I

Início e desenvolvimento da instância

66. A relação jurídica processual ou instância. Facto gerador

66.1. O objeto do processo

O *objeto do processo* é a matéria sobre que o mesmo versa[1341], traduzindo-se essencialmente num *litígio ou controvérsia*, isto é, num *conflito de interesses* que a ação pressupõe e por via da qual se solicita que ele seja composto ou dirimido com justiça e de harmonia com os cânones legais. Assim, e *sob um prisma objetivo*, objeto do processo é a pretensão de que seja solucionado em certo sentido ou de certa forma um dado litígio e, d*e um ponto de vista subjetivo*, será um *litígio entre duas partes em confronto* ou entre si conflituantes, face a um determinado direito ou situação juridicamente protegidos.

Objecto remoto do processo é o litígio surgido a montante, e em certo momento, entre diferentes sujeitos de direito. *Objeto próximo* é a pretensão concreta deduzida pelo autor em juízo e que o tribunal terá que dirimir em determinado sentido. Já o *objeto da relação jurídica processual*, possuindo subjacente um *jus exigendi*, se consubstancia, afinal, no *pedido*, este, por seu turno, desdobrado em *pretensão material* por um lado e em *pretensão processual* por outro. O direito de agir (*jus agendi*) precede o *jus exigendi*, devendo a providência judicial solicitada adequar-se ao pedido concretamente formulado.

Com a *pretensão material*, o autor ou demandante solicita ao tribunal que certo conflito de interesses seja dirimido com prevalência (relevância jurídica) do direito cuja titularidade se arroga (portanto a seu favor),

[1341] Sobre este tema, *vide* Castro Mendes, *Direito Procesual Civil*, ed. de 1969, vol. I cit., pp. 201 a 207.

sendo que a questão da procedência ou improcedência (êxito ou inêxito) do pedido deduzido consubstancia o chamado *fundo ou mérito da causa*. Através da *pretensão processual ou formal*, o autor ou demandante – para além do simples reconhecimento genérico da relevância jurídica do interesse invocado – solicita complementarmente ao tribunal a emissão de um *dictat* (*pronúncia*) que decrete uma providência específica e concreta de tutela judicial (*v. g.*, de condenação, de absolvição, de execução, de injunção ou de imposição cautelar), isto é, que emita uma decisão final favorável à sua esfera jurídica, reportada e confinada aos limites da causa de pedir e do pedido.

Na expressão de Castro Mendes[1342], o *objeto remoto* do processo (litígio) e o *objeto próximo* do processo (o pedido ou pretensão deduzida em juízo) integram o chamado *objeto imediato material do processo*. Já por *objeto mediato* do processo se entende «o bem ou bens sobre que incidem os interesses em litígio»[1343], podendo descortinar-se duas erupções deste segundo conceito nos arts. 556º, nº 1, al. a) – possibilidade de dedução de *pedidos genéricos* quando o objeto mediato da ação seja uma universalidade de facto ou de direito – e 735º – *sujeição à execução de todos os bens do devedor suscetíveis de penhora* e relativamente aos quais o exequente (credor) possui garantia substantiva. Já a *controvérsia* é o prisma sob que se apresentam em juízo o litígio e a respetiva pretensão, assim constituindo o *objeto formal do processo*. Por vezes, o termo "objeto" é utilizado (pela lei) a propósito de fases processuais específicas que autonomamente regula, como por ex. o "objeto do recurso" (arts. 635º e 655º) – *objeto particular* do processo.

66.2. Facto gerador da instância. Entrada da petição inicial em juízo

A entrada da petição inicial em juízo (entrega material ou entrada virtual na secretaria do tribunal) marca o momento exato da *propositura da acção* (art. 259º, nº 1), o mesmo que é dizer o começo ou início, o *facto gerador da instância*. A instância inicia-se pela *proposição da ação* e esta considera-se *proposta*, *intentada*, *instaurada* ou *pendente* logo que enviada ou recebida na secretaria a respetiva petição inicial (art. 259º, nº 1). Momento aquele que releva, desde logo, para o *impedimento do prazo de caducidade*, bem como para a chamada *pendência da causa*[1344-1339].

[1342] Cfr. *Direito Processual Civil*, ed. da AAFDL, 1969, Vol. I, pp. 201 a 207.

[1343] É o caso das *universalidades de facto e de direito* – cfr. *Direito Processual Civil*, vol. I cit., p. 206.

[1344] A instância considerar-se-á, porém, iniciada em relação o réu, mesmo antes da citação deste, no caso de a ação ter sido precedida de procedimento cautelar no qual se haja procedido à citação do requerido (art. 366º, nº 2).

A propositura e o desenvolvimento subsequente da ação, com todos os atos inerentes, configuram uma relação jurídica (*relação processual triangular ou trialógica*) entre as partes e o Estado (por intermédio do tribunal) – na qual este intervém com a sua autoridade soberana –, cuja natureza se não confunde, pois, com as meras relações de direito privado (inter-subjetivas)[1346]. A resolução do conflito de interesses pressupõe uma solicitação expressa de uma das partes em tal sentido[1347] – *princípio do pedido* (nº 1 do art. 3º). Qualquer processo ou procedimento só se desencadeia ou inicia sob *impulso da parte interessada* (autor, requerente, exequente) mediante o respetivo pedido, que não sob a iniciativa do próprio juiz (*nemo judex sine actore; ne judex procedat ex-officio*). A dedução do *pedido* e a apresentação da correspondente *oposição* encontram-se pois umbilicalmente associadas ao *princípio dispositivo* consagrado no nº 1 do art. 3º e no art. 5º.

Mas a liberdade de iniciativa (das partes), ínsita no princípio dispositivo, não se confina à instauração do processo (*disponibilidade do início do processo*)[1348], estendendo-se também ao seu poder de conformação do objeto e das partes na causa (*disponibilidade do objeto do processo*) e sobre o termo do processo (*disponibilidade do termo do processo*)[1349]; tudo salvas as restrições consagradas na lei. Por isso, aquando da exercitação do *impulso processual inicial* (através da petição ou requerimento inicial), deve o autor alegar os factos integradores do direito que pretende ver reconhecido em juízo (*ónus da alegação, afirmação ou dedução*).

A *relação processual* estabelece-se entre as partes e o Estado – nela intervindo este na sua veste soberana (*auctoritas* ou *jus imperii*) – sendo inconfundível com qualquer outro tipo de relação inter-subjetiva[1350]. Sob um outro prisma, pode encarar-se a relação processual – gerada embora no momento da proposição da causa – como essencialmente complexa, que se desdobra em duas sub-relações distintas e autónomas: a *relação jurídica da ação*, estabelecida, através da petição, entre o autor e o juiz; e a *relação jurídica da*

[1345] Em relação ao réu, os efeitos decorrentes da pendência da causa só se produzem, em regra, após a sua citação (art. 259º, nº 2). Exceção a esta regra é a do nº 6 do art. 366º (decretamento da providência sem audiência prévia do requerido).

[1346] Cfr. Manuel de Andrade, *Noções Elementares* cit., pp. 13-14.

[1347] Ao que se seguirá a notificação da contraparte para deduzir oposição.

[1348] Cfr. Castro Mendes, *Direito Processual Civil*, vol. I, ed. de 1969, p. 83.

[1349] Cfr. Lebre de Freitas, *Introdução* cit., pp. 155-156.

[1350] Cfr. Manuel de Andrade, *Noções Elementares* cit., pp. 13-14.

contradição, estabelecida, mediante a contestação, entre o réu e o juiz[1351]. A *instância* é precisamente a relação jurídica processual em movimento, isto é, *in itinere*[1352].

O termo *instância* é utilizado para significar, não só os *graus de jurisdição* previstos na hierarquia judiciária (tribunais de 1ª instância ou de 2ª instância), como também a própria *relação jurídica processual*, o mesmo que é dizer, a *ação* em desenvolvimento, «assim se confundindo, por vezes com o *processo*, que é a sua exteriorização material». Este último o sentido com que é utilizado, *v. g.*, nos arts. 6º, 259º, 260º, 261º, 262º, 269º, 277º, 278º a 291º[1353].

66.3. Princípio da estabilidade da instância. Causas modificativas

Os elementos essenciais da causa são os *sujeitos* (partes) e o *objeto* (pedido e causa de pedir). É com a *citação* que os três elementos individualizadores da ação (sujeitos, pedido e causa de pedir) se consolidam e se tornam estáveis, assim devendo doravante manter-se, tal como postula o art. 260º – *princípio da estabilidade da instância*. O que não significa imutabilidade ou inalterabilidade, já que essa norma, para além de reafirmar o princípio vertido na al. b) do art. 564º – de que a identificação dos elementos essenciais da causa se faz através desses triplos elementos individualizadores –, logo ressalva as possibilidades de *modificação previstas na lei*[1354].

São *modificações subjetivas*: a)- a *intervenção principal provocada* de novas partes para obviar à decretação da ilegitimidade de qualquer delas (arts. 261º e 316º e ss.); b)- a *substituição do transmitente pelo adquirente* no caso de transmissão, quer por *sucessão*, quer por *ato inter vivos*, da coisa ou direito litigioso (art. 263º); c)- a *intervenção principal espontânea* de quem, em relação ao objeto da causa, possua um interesse igual ao do autor ou do réu, nos termos dos arts. 32º e 33º, ou daquele que, nos termos dos art. 36º, pudesse coligar-se com o autor, sem prejuízo do disposto no art. 37º (art. 311º e ss.).

São *modificações objetivas*: a)- a *alteração do pedido e da causa de pedir por acordo* (art. 264º); b)- a *alteração do pedido e da causa de pedir na falta de acordo* (art. 265º); c)- a *dedução* pelo réu (na contestação) de *pedidos* (*reconvencionais*) contra o autor, em ampliação do objeto do processo (art. 266º).

[1351] Cfr. Alberto dos Reis, *Comentário*, vol. 3º cit., p. 646.
[1352] Cfr. Antunes Varela/J. M. Bezerra/Sampaio e Nora, *Manual* cit., p. 252.
[1353] Cfr. J. Rodrigues Bastos, *Notas*, vol. II cit., pp. 11-12.
[1354] Cfr. J. Rodrigues Bastos, *Notas*, vol. II cit., pp. 21 e 22.

66.3.1. Modificações subjetivas

Entre as modificações subjetivas típicas incluem-se as resultantes dos incidentes da *intervenção de terceiros* e da *transmissão, por sucessão mortis causa ou por ato inter-vivos, da relação substantiva em litígio* (arts. 262º e 263º)[1355].

O nº 1 do art. 316º reconhece a qualquer das partes a faculdade de provocar a participação na ação dos interessados com direito a nela intervirem espontaneamente, a seu lado ou ao lado da parte contrária. Em termos paralelos, e por idênticas razões de *economia processual*, permite o nº 2 do art. 260º que o autor, até ao 30º dia subsequente à data do trânsito em julgado do despacho saneador que julgue ilegítima alguma das partes por não estar em juízo determinada pessoa, chame essa pessoa a intervir, quer como seu associado, quer como associado da contraparte. O chamamento para a intervenção de novo interessado só pode ser requerido, em *articulado* da causa ou em *requerimento autónomo* (avulso), até ao momento em que podia deduzir-se a intervenção espontânea em articulado próprio, sem prejuízo do disposto no art. 261º, no nº 1 do art. 316º, no art. 317º e no nº 2 do art. 792º (cfr. o nº 1 do art. 318º).

A instância é também suscetível de modificação em consequência de *sucessão*, a qual pode determinar a substituição de alguma das partes primitivas pelo herdeiro ou legatário (art. 262º, al. a)). Substituição essa a ser operada mediante a observância do procedimento previsto nos arts. 269º, nº 1, 270º e 276º, nº 1, al. a) – (*suspensão da instância*, que cessará quando for notificada a decisão que considere habilitado o sucessor da parte falecida ou extinta mediante o *incidente da habilitação* a que se reporta o art. 351º e ss.).

Aquela segunda modalidade de modificação subjetiva, a que se reporta o art. 263º, resulta da transmissão *inter vivos* da coisa ou direito litigioso, isto é, da coisa ou direito que é objeto da controvérsia. Efetuada a transmissão, o transmitente (por ex., o alienante, o doador, o cedente, o permutante ou o transacionante) continua a deter *legitimidade* para a lide, enquanto o adquirente ou cessionário não for admitido a substituí-lo através de *habilitação* (art. 263º, nº 1)[1356]. Com efeito, a substituição dos sujeitos (partes) da

[1355] Acerca desta temática, cfr. Paula Costa e Silva, *in "Repensando a Transmissão da Coisa ou Direito em Litígio"*, Coimbra Editora, 2009.

[1356] Sem embargo do caráter puramente obrigacional da *relação locatícia*, por força do estatuído no art. 1057º do CC, transmitido o direito de propriedade ou de usufruto (do locador), por ato *inter vivos*, no decurso da ação despejo, o senhorio-transmitente continua a ter legitimidade para a causa enquanto o senhorio-adquirente não for, por meio de habilitação,

relação jurídica substantiva não produz, de forma automática ou necessária, a modificação subjetiva da instância ou *relação jurídica processual*, não sendo, pois, causa autónoma de suspensão da instância, já que a parte primitiva conserva a sua legitimidade (processual) originária (anterior ao ato de transmissão)[1357].

A intervenção ou introdução do adquirente ou cessionário no processo, em substituição do transmitente, cedente ou alienante, faz-se por meio de *habilitação*, a *requerimento*, seja do próprio transmitente ou cedente, seja do adquirente ou cessionário (art. 356º, nº 2), já que não pode ser ordenada *ex-officio* pelo juiz. Tendo, contudo, presente que a *substituição processual* é apenas *permitida* (que não imposta) por lei, pressupondo sempre o *acordo da parte contrária*. Mas, na falta deste, só deve ser recusada se os autos indiciarem, de forma inequívoca, que o ato translativo teve como único propósito tornar mais difícil ou onerosa a posição da parte contrária, ou seja, que as partes tenham agido com *fraude processual* (cfr. o nº 2 do mesmo preceito).

Não operada a *substituição processual*, prosseguindo assim a instância com as partes primitivas, a sentença que vier a ser proferida surte eficácia contra o (terceiro) adquirente ou cessionário, a menos que, havendo lugar a *registo da ação* (nos termos dos arts. 2º e 3º do CRPRED), este só haja sido efetuado após o *registo da transmissão*[1358-1359]. Deste modo, o adquirente

admitido a substituí-lo; o mesmo sucede com o *arrendatário* autorizado pelo senhorio a *subarrendar* totalmente o prédio arrendado ou a ceder a sua posição contratual, nos casos em que estes atos são válidos formalmente e eficazes – cfr. o nº 1 do art. 263º do CPC.

1357 Ao contrário do que sucede com a suspensão por falecimento de parte ou por extinção de pessoa coletiva (art. 270º).

1358 Assim, por ex., «*a omissão do registo de uma ação de preferência* (o direito de preferência como direito potestativo de aquisição com eficácia *erga omnes* não está sujeito a registo obrigatório *a se*, estando-o, porém, a ação de preferência destinado a reconhecê-lo), implica que a sentença que venha a reconhecer o direito de preferência não produza efeitos (de caso julgado) quanto ao posterior adquirente do prédio se este registar a seu favor a transmissão antes do registo daquela ação» – cfr., neste sentido, o acórdão do STJ de 9-11-2004, CJSTJ, Tomo III/2004, p. 110/Cons. Alves Velho. Do mesmo passo, e *mutatis mutandis*, «os adquirentes de um prédio objeto de ação judicial de preferência não podem ser habilitados como sucessores do réu transmitente se a respetiva transmissão houver ocorrido antes da propositura daquela ação» – cfr. o acórdão da RP de 25-5-2004, CJ, Tomo III/2004, p. 182/Des. Pinto de Almeida.

1359 Segundo Alberto dos Reis, «a consequência natural e lógica de o ato de propositura da ação não produzir efeito relativamente ao adquirente, desde que não seja (tal ato) registado antes do registo da transmissão, é não poder executar-se contra o adquirente a sentença favorável que o autor obtiver – cfr. *Comentário*, vol. 1º, p. 97.

ou cessionário não interveniente na lide pode assumir, relativamente ao respetivo objeto, ou a posição de *terceiro* se a ação *se encontrar sujeita a registo* ou a posição de verdadeira *parte se a ação se não encontrar sujeita a registo.* Nesta última hipótese, tudo se passa como se o mesmo haja sido representado ou substituído na causa pelo transmitente ou cedente[1360-1361].

A *habilitação dos sucessores da parte falecida* na pendência da causa é operada por decisão judicial através do *incidente regulado* nos arts. 351º a 355º.

66.3.2. Modificações objetivas

66.3.2.1. Alteração do pedido e/ou da causa de pedir

Distingue a lei, quanto à modificação objetiva da instância, por alteração do pedido ou da causa de pedir, as hipóteses de haver ou não acordo das partes quanto a essa alteração (arts. 264º e 265º).

Havendo acordo das partes, tanto o pedido como a causa de pedir podem ser alterados ou ampliados *livremente em qualquer altura,* em 1ª ou 2ª instância, salvo se da alteração ou ampliação resultar perturbação inconveniente da instrução, discussão e julgamento do pleito» (art. 264º). Exemplos de *alteração qualitativa:* substituição do pedido de anulação do contrato pelo pedido do respetivo cumprimento[1362]; substituição do pedido de indemnização por interesse contratual positivo pelo de indemnização pelo interesse contratual negativo; ex. de *ampliação* (*alteração quantitativa*): o autor solicitava na petição uma indemnização de €20.000, aumentando na réplica (perante uma eventual reconvenção deduzida pelo réu na sua contestação), ou findos os articulados, o pedido para €40.000[1363].

Na falta de acordo, a causa de pedir só pode ser alterada em consequência de confissão de factos feita pelo réu e aceite pelo autor, devendo a alteração ou ampliação ser feita no prazo de 10 dias a contar da aceitação (art. 265º, nº 1).

[1360] Conforme assinala ALBERTO DOS REIS, «na substituição, a qualidade de sujeito da relação material recai no substituído e a de sujeito da relação jurídica processual no substituto» – cfr. *Comentário,* vol. 3º, p. 84, nota 1.

[1361] Sobre as implicações processuais (quanto à legitimidade) na hipótese de, independentemente, de qualquer transmissão do litigante originário para terceiro, este (terceiro) vir a encontrar-se colocado na posição jurídica que ocupava o litigante, cfr. ALBERTO DOS REIS, *Comentário,* vol. 3º cit., pp. 84 a 87.

[1362] Cfr. ALBERTO DOS REIS, *Comentário,* vol. 3º cit. p. 90.

[1363] Cfr. ANTUNES VARELA/J. M. BEZERRA/SAMPAIO E NORA, *Manual* cit., p. 356.

Pode, porém, o autor, em qualquer momento, *reduzir* livremente o pedido ou *ampliá-lo* até ao encerramento da discussão em 1ª instância, mas, neste último caso, só se a ampliação for o desenvolvimento ou a consequência do pedido primitivo (art. 265º, nº 2). Se a modificação do pedido for feita na *audiência final*, fica a constar da *ata* respetiva (art. 265º, nº 3).

Se se tratar de *redução*, a modificação do pedido é *livre*, seja na réplica (se a esta houver lugar, ou findos os articulados), seja em qualquer outra altura do processo; isto porque sendo uma tal iniciativa do autor favorável ao réu, nenhuma restrição logicamente se coloca, não podendo o autor vir exigir (em nova ação) a parte do pedido correspondente à redução, o que equivale à *desistência parcial* (tácita) do *pedido*, com a consequente extinção parcial do direito arrogado em juízo (cfr. o nº 1 art. 285º)[1364].

O *pedido de sanção pecuniária compulsória*, formulado ao abrigo do disposto no nº 1 do art. 829º-A do CC, pode ser deduzido nos termos do supracitado nº 2 do art. 265º, ou seja, deduzido, reduzido ou ampliado até ao encerramento da discussão em 1ª instância (a ampliação só se for desenvolvimento ou consequência do pedido primitivo – 2º segmento desse nº 2) – cfr. nº 4 deste preceito[1365]. A *ratio essendi* da dedução de um tal pedido reside no propósito de *assegurar prontidão no cumprimento das decisões judiciais*, em termos semelhantes aos da *adstreinte* do direito francês, desde que em causa o cumprimento de *prestações de facto infungíveis*.

É ainda permitida (por razões de economia processual) a *modificação simultânea do pedido e da causa de pedir* desde que tal não implique a convolação para relação jurídica diversa da controvertida (art. 265º, nº 6). Esta a hipótese de se pretender exercer um direito novo e diferente do inicial com base na *mesma relação jurídica* mas com convolação para outra e *diferente relação material*.

ANTUNES VARELA/J. M. BEZERRA/SAMPAIO E NORA[1366] dão como exemplos: – da *ampliação/desenvolvimento* o de, numa ação de reivindicação, apesar de haver alegado a má-fé do possuidor, o autor se limita a solicitar a restituição do imóvel, nada obstando assim a que, mesmo depois da réplica e até ao encerramento da discussão,

[1364] Cfr. ANTUNES VARELA/J. M. BEZERRA/SAMPAIO E NORA, *Manual* cit., p. 356.

[1365] A possibilidade de requerer a *aplicação de uma sanção pecuniária* tem lugar mesmo em sede de *ação executiva*.

[1366] Cfr. *Manual* cit., pp. 356-357.

venha pedir a entrega dos frutos percebidos e percipiendos[1367]; – da *ampliação/ consequência*, o de, numa ação de simples apreciação negativa, o autor se haver confinado a pedir a declaração da inexistência do facto ofensivo ou desonroso para a sua pessoa (art. 70º do CC) e vir, já depois da réplica e até ao encerramento da discussão em 1ª instância, solicitar ao tribunal a publicação da sentença, a expensas do réu, em um dos dois periódicos mais lidos no meio.

Nas *ações de indemnização fundadas em responsabilidade civil extracontratual, v. g.* de responsabilidade extracontratual baseada em acidente de viação ou em lesão ilícita, e perante a natureza continuada dos danos sofridos (morte ou lesão corporal), pode o autor-lesado requerer, até ao *terminus* da audiência final (em 1ª instância) e ao abrigo do disposto no nº 4 do art. 265º, a condenação do réu-lesante em *indemnização em renda vitalícia ou temporária* (nº 1 do art. 567º do CC), mesmo que inicialmente tenha solicitado a condenação daquele em quantia certa (art. 265º, nº 5). É o caso de o processo vir a revelar danos superiores aos inicialmente previstos (cfr. o art. 569º do CC). O autor pede, por exemplo, a quantia correspondente ao valor dos danos conhecidos no momento da propositura da ação e, mais tarde, antes de encerrada a discussão em 1ª instância, tendo tomado conhecimento da verificação de novos ou de mais onerosos prejuízos, vem aumentar, em correspondência, o montante da indemnização.

Permite ainda a lei (em homenagem ao princípio da economia processual) a *modificação simultânea do pedido e da causa de pedir* «desde que tal não implique convolação para relação jurídica diversa da controvertida» ou seja, uma *total substituição* da relação material litigada ou controvertida (nº 6 do art. 265º).

Exemplo de *convolação para uma relação inteiramente distinta* resultante da invocação de um facto constitutivo de um novo direito é o dado por ANTUNES VARELA/ J. M. BEZERRA/SAMPAIO E NORA[1368]: «proposta uma acção de condenação para cumprimento baseado em responsabilidade negocial, e tendo o réu vindo, na contestação, alegar factos integradores dos vícios da nulidade ou anulabilidade do contrato, o autor vir, na réplica, pedir a restituição da contra-prestação efetuada, eventualmente acrescida de uma indemnização». Isto por «o direito à restituição, bem como

[1367] ALBERTO DOS REIS, *in Comentário* cit., vol. 3º cit., p. 93, dá ainda o exemplo de se ter pedido inicialmente a mera restituição de posse, ampliando-se depois o pedido para a indemnização pelos danos causados pelo esbulho.

[1368] Cfr. *Manual* cit., p. 282, reiterado por Lebre de Freitas, *in Introdução* cit. p. 213, nota 23.

o direito à indemnização, integrarem relações jurídicas distintas, embora conexas, com as que, a ser válido o contrato, dele resultariam». Entende, a este respeito, LEBRE DE FREITAS[1369] que «só quando for invocado um qualquer facto constitutivo de um *novo direito* do autor» se deve concluir pela «convolação para uma relação jurídica diversa» da (originariamente) controvertida, em termos de a modificação dever ter-se por excluída. Será, assim, de admitir a modificação simultânea da instância «não só, quando alguns dos factos que integram a *nova causa de pedir* coincidam com factos que integram a *causa de pedir originária* (ou a *causa de pedir reconvencional*) ou fundamentem exceções deduzidas, mas também quando, pelo menos, o novo pedido se reporte a uma relação material dependente ou sucedânea da primeira»[1370].

66.3.2.2. Reconvenção

66.3.2.2.1. Noção. Autonomia do pedido reconvencional

Uma outra muito relevante hipótese de *modificação objetiva da instância* reside na *reconvenção*, instituto mediante o qual a lei faculta ao réu (demandado) aproveitar o articulado da contestação para nele formular pedidos contra o autor, assim *ampliando o objeto do processo*[1371].

Relativamente ao pedido assim deduzido, o réu assume (pelo lado ativo) a designação de *reconvinte* e o autor da ação (pelo lado passivo) a de *reconvindo*. Pela reconvenção, o réu faz valer, no seio de uma ação já introduzida em juízo, uma (sua) pretensão autónoma, assim se invertendo as posições das partes, num autêntico «cruzamento de acções»[1372]. Através dela, exercita o réu um verdadeiro *direito de ação* (que não um simples direito de defesa ou de contraditório), dirigindo contra o demandante um novo e distinto pedido, verificadas que sejam certas conexões com a ação contra ele (réu) movida, assim assumindo a relação processual, por mor da reconvenção, «um conteúdo novo»[1373]. A ela subjaz uma contra-pretensão (*Gegenanspruch*), um contra-ataque desferido pelo reconvinte contra o reconvindo, ou seja, uma

[1369] Cfr. *Introdução* cit., pp. 210-211.

[1370] Cfr. *Introdução* cit. p. 213 e nota 24.

[1371] Corresponde ao instituto romanístico das *mutuae actiones*, depois absorvido pelos direitos germânico (*Gegenanspruch*) e canónico e pelo antigo direito português. PEREIRA E SOUSA definiu a reconvenção como «a acção proposta pelo réu contra o autor perante o mesmo juízo em que é demandado» (cfr. *Primeiras Linhas* §135); porém, a sua atual configuração é tributária da doutrina francesa – cfr. J. RODRIGUES BASTOS, *Notas*, vol. II cit., p. 29, nota 1.

[1372] Cfr. ALBERTO DOS REIS, *Comentário*, vol. 3º cit., p. 96.

[1373] Cfr. J. RODRIGUES BASTOS, *Notas*, vol. II cit., p. 29.

nova ação dentro do mesmo processo, pois que «transcende a simples improcedência da pretensão do autor»[1374].

Correspondendo a esse contra-pedido uma ação própria, sempre poderá o réu optar entre fazê-lo valer por via da reconvenção ou em ação proposta em separado, já que a reconvenção não é obrigatória, mas, por regra, *meramente facultativa*[1375-1376]. O que não significa que, em casos muito contados, a *reconvenção* se perfile como *necessária* sob pena de preclusão do direito[1377] (cfr. as situações previstas nos arts. 921º, 1551º, nº 1 e 1792º, nº 2, do CC), ou que, na hipótese prevista no nº 3 do art. 860º, a dedução da reconvenção não deixe de ser *conveniente*[1378]-.

Como nada impede que o réu-reconvinte requeira (em procedimento próprio e por apenso à respetiva ação), antes mesmo da apreciação/decisão da contestação-reconvenção, a adoção de uma qualquer *medida cautelar*, assim prevenindo os riscos das previsíveis delongas no reconhecimento do direito que se propõe alegar e deduzir no âmbito reconvencional[1379-1380].

Face ao referido caráter autónomo e facultativo, *o réu pode deduzir reconvenção, ainda que se não defenda por contestação-defesa* do pedido do autor. Por seu turno, a improcedência da ação, com a consequente absolvição do réu do pedido, bem como a absolvição do réu da instância «não obstam à apreciação do pedido reconvencional regularmente deduzido», salvo quando este seja dependente do formulado pelo autor» (art. 266º, nº 6). Se o autor-reconvindo *não contestar* os factos articulados em sede de reconvenção, e uma vez que esta consubstancia uma ação cruzada, *devem ter-se por confessados os factos alegados pelo réu* (agora na veste de autor) na reconvenção (efeito

[1374] Cfr. Antunes Varela/J. M. Bezerra/Sampaio e Nora, *Manual* cit., p. 323.

[1375] Cfr. J. Rodrigues Bastos, *Notas*, vol. II cit., p. 31.

[1376] Sobre o «fenómeno da transmutação da *faculdade de reconvir* em *ónus de reconvir*», a «aplicação prática do caso julgado às hipóteses previstas no art. 266º, nº 2» e a chamada «*reconvenção necessária*», cfr. Miguel Mesquita, *Reconvenção e Excepção no Processo Civil*, Coimbra, Almedina, 2009, pp. 439 a 460 e 476 a 484.

[1377] A regra da *natureza facultativa da reconvenção* sofre exceções, casos havendo em que a dedução de pedido reconvencional constitui um ónus (*reconvenção necessária*) – «ato que o réu terá de exercer, sob pena de a respetiva pretensão ficar abrangida pelo caso julgado, não podendo ser mais tarde deduzida em ação autónoma» – cfr., neste sentido, o acórdão da RL de 30-4-2019, Proc. 2883/18.9T8OER-A.L1-7, in www.dgsi.pt/Desª Higina Castelo.

[1378] Cfr., a este respeito, Miguel Mesquita, *Reconvenção e Excepção no Processo Civil*, cit., pp. 493-460 e 476-484 e o nosso *Direito Processual Civil*, vol. II, 2ª ed. cit., pp. 164-170.

[1379] Cfr. o acórdão da RC de 16-9-97, BMJ nº 469, p. 665/Des. Serra Baptista.

[1380] Cfr. o acórdão da RL de 21-2-2002, Proc. 128038/Desª Catarina Manso.

da *revelia operante* cominado no nº 1 do art. 567º), com as exceções previstas nas alíneas a), b), c) e d) do art. 568º (*revelia inoperante*).

O efeito jurídico pretendido pelo réu pode ser materialmente incompatível ou compatível com o pretendido pelo autor ou ser dependente deste.

Lebre de Freitas[1381] dá, como exemplo de pedidos *incompatíveis*, os de reconhecimento do direito de propriedade sobre a mesma coisa e *compatíveis* os de anulação de contrato, de divórcio ou de condenação em prestações recíprocas. E de *pedidos dependentes* o pedido reconvencional de compensação (só se o crédito do autor existir) ou de benfeitorias (só se a entrega da coisa for devida), «verificando-se então a *subsidiariedade* da reconvenção relativamente à defesa (por impugnação ou por exceção) que o réu porventura deduza contra o pedido do autor». Assim, «o pedido reconvencional que não dependa, por sua natureza ou por vontade do réu, da procedência do pedido do autor ou da improcedência duma exceção é apreciado autonomamente, mas já não o é aquele que esteja em qualquer das duas indicadas relações de dependência». No fundo, e como bem observa J. Rodrigues Bastos[1382], *o pedido reconvencional é dependente do pedido do autor* quando só possa ser conhecido na eventualidade deste último proceder.

66.3.2.2.2. Dedução e admissibilidade. Requisitos

Não deve confundir-se *reconvenção* com mera *defesa por exceção*; nesta última, o réu visa apenas neutralizar o pedido do autor mediante a invocação de um qualquer facto impeditivo, modificativo ou extintivo do direito por aquele arrogado em juízo (na respetiva petição), visando, pois, a improcedência da ação; com o pedido reconvencional (que contém sempre um *majus* ou um *quid* de cariz inovatório), o réu pretende a condenação do autor num novo pedido, visando a condenação do autor nesse contra-pedido[1383].

A dedução da reconvenção está sujeita à observância de determinados *requisitos de ordem formal/processual*, por um lado (já que se trata de uma nova ação (pedido autónomo) enxertada na contestação apresentada pelo réu na ação originária ou inicial e *objetivo/material/substativa por outro*, estes últimos plasmados no art. 266º do CPC. No que concerne aos *requisitos formais, processuais* ou *adjetivos*, eles reconduzem-se, *per summa capita*, aos requisitos correspondentes aos da apresentação de uma petição inicial em juízo (arts.

[1381] Cfr. *A Ação Declarativa Comum* cit. p. 121 e ss..

[1382] Cfr. *Notas*, vol. II cit. p. 72, nota 2.

[1383] Cfr., por todos, e quanto a este este tema, Miguel Mesquita, *in* "*Reconvenção e Excepção no Processo Civil*, Almedina, 2009 e o nosso *Direito Processual Civil*, vol. II, 2ª ed. cit., pp. 164-182.

144º, nºs 1 a 8 e 552º, nº 1, do CPC e Portaria nº 280/2013, de 26 de agosto, alterada pela Portaria nº 267/2018, de 20 de setembro).

Quanto aos *requisitos objetivo/material/substantivos*, são eles *os* taxativamente previstos no art. 266º, a saber: a)- quando o pedido do réu *emerge do facto jurídico que serve de fundamento à ação ou à defesa*; b)- quando *o réu se propõe tornar efetivo o direito a benfeitorias ou despesas* relativas à coisa cuja entrega lhe é pedida; c)- quando o réu pretende o reconhecimento de um crédito, seja para obter a *compensação*, seja para obter o pagamento do valor em que o crédito invocado excede o do autor; d)- quando *o pedido do réu tende a conseguir, em seu benefício, o mesmo efeito jurídico que o autor se propõe obter*[1384].

Secção II
Apensação de ações

67. Apensação de ações. Admissibilidade. Pressupostos

67.1. Admissibilidade. Pressupostos. Iniciativa

Permite a lei (art. 267º, nº 1) – no caso de propositura separada de ações que, por se verificarem os pressupostos de admissibilidade do *litisconsórcio* (art. 32º e 33º), da *coligação* (arts. 36º e 37º), *da oposição* (art. 333º) ou da *reconvenção* (art. 266º), pudessem ser (*ab initio*) reunidas num único processo – seja ordenada a *junção* (apensação) delas, a requerimento de qualquer das partes com *interesse atendível* nessa junção, ainda que pendentes em tribunais diferentes, a não ser que o estado do processo ou outra razão especial torne inconveniente a *apensação. Demandas diversas* pois, ainda que com *pluralidade de partes* e *diversidade de relações jurídicas materiais* subjacentes a dirimir.

A *apensação ou junção* será feita *àquele* dos *processos que houver sido instaurado em primeiro lugar*, salvo se os pedidos forem dependentes uns dos outros, caso em que a apensação é feita segundo a *ordem da dependência*, ou, se alguma das causas pender em juízo central, a ela se apensando as que corram em juízo local (art. 267º, nº 2). E *deve ser requerida no tribunal perante o qual penda o processo* ao qual o outro ou os outros hajam de ser apensados, mas,

[1384] Cfr., acerca esta matéria, o nosso *Direito Processual Civil*, vol. II, 2ª ed. cit., pp. 164-182.

se se tratar de *processos pendentes perante o mesmo juiz*, pode este determinar, mesmo *ex-officio*, e depois de ouvidas as partes, essa apensação (art. 267º, nºs 3 e 4).

No que toca ao processo executivo, no caso de haverem sido penhorados, em execuções distintas, quinhões do mesmo património autónomo ou direitos relativos ao mesmo bem indiviso, pode o juiz, *ex-officio* ou a requerimento de parte, ordenar a apensação ao processo em que haja sido realizada a primeira penhora, desde que não ocorra nenhuma das circunstâncias do nº 1 do art. 709º (art. 267º, nº 5).

Idêntico regime vale para os processos em *fase de recurso* (pendentes nas Relações ou no Supremo) e correndo perante o mesmo relator, caso em que os diversos recursos serão apensados ao que tiver sido interposto em primeiro lugar; com a especialidade de, nesses tribunais (superiores), a apensação pode ser *oficiosamente ordenada pelos presidentes das Relações e pelo presidente do Supremo Tribunal de Justiça* (cfr. o art. 268º, nºs 1 a 4).

Não existe qualquer *data-limite* para a oportunidade do requerimento da apensação, pelo que deve entender-se a mesma como admissível *a todo o tempo*. Atenta, porém, a finalidade própria do instituto, manifestamente ditada por razões de *economia processual* proporcionada por uma instrução e apreciação conjuntas, impõe-se que em nenhum dos processos haja ainda decisão final; *encontrando-se as causas apensandas em fases processuais diferentes*, a oportunidade da apensação depende do prudente *critério do juiz*, em obediência ao princípio informador da norma. Tal faculdade pode, pois, ser exercitada *logo aquando da propositura*, em separado, de uma das ações apensandas ou, posteriormente, por qualquer das partes, *até à decisão final*, ponto sendo que o respetivo requerente nisso mostre *interesse atendível*. O momento mais adequado para a ordenação da apensação de ações que hajam sido propostas em separado será o *final dos articulados*.

67.2. Atendibilidade do interesse. Poderes do juiz

Para aquilatar do *interesse atendível* e da respetiva titularidade, não basta ser parte principal no processo para cuja apensação se pretende demonstrar a existência de conexão entre as ações apensandas[1385], já que sempre impenderá sobre o requerente o ónus de demonstrar que a apensação se destina, em concreto, a propiciar um mais correto «*desenvolvimento da relação jurídi-*

[1385] Cfr. ALBERTO DOS REIS, *Código de Processo Civil Anotado*, vol. I, 2ª ed., p. 227.

ca processual»[1386]. Isto tendo em vista que à apensação de ações subjazem razões, não só de *economia processual,* como também de interesse na *uniformidade de julgados*[1387], quer todas as demandas atinjam a fase da audiência final, quer devam todas ser apreciadas e julgadas no despacho saneador.

Só, pois, se preenchidos os requisitos legais do nº 1 do art. 267º (existência da conexão e não inconveniência da junção), a apensação de processos pode ser admitida[1388-1389].

O primeiro *segmento* do nº 1 do art. 267º parece apontar para um *poder vinculado,* ao adotar a expressão imperativa "*é ordenada a junção*", preenchidos que se encontrem os respetivos requisitos; contudo, o *segundo segmento* sugere claramente o exercício de um *poder essencialmente discricionário* por parte do juiz, ao permitir-lhe indeferir o pedido sempre que «o estado do processo ou outra razão especial torne inconveniente a apensação» (juízo de oportunidade e conveniência). É esta *natureza mista ou híbrida* que certamente tem levado a jurisprudência a considerar o despacho em causa como suscetível de recurso (controlo da legalidade dos respetivos pressupostos), já que, se se tratasse de uma pura decisão discricionária, o recurso não poderia ser admitido, face ao caráter taxativo do art. 630º[1390]. Deste modo, só esse mero juízo sobre a *conveniência/inconveniência* da apensação é que é insindicável em sede de recurso. Se estiver em causa uma *controlo de legalidade* do despacho que ordena a apensação, pode este despacho, como qualquer outro despacho de caráter jurisdicional (cfr. o nº 1 do art. 631º), ser impugnado nos termos gerais, surtindo força obrigatória dentro do processo em que foi proferido, na ausência de oportuna impugnação (*caso julgado formal* - art. 620º).

1386 Cfr. J. Rodrigues Bastos, *Notas ao Código de Processo Civil,* vol. II cit., p. 37.

1387 Cfr., *v. g.*, o acórdão da RL de 23-6-99, Proc. 2474/99/Des. Pereira Rodrigues.

1388 Não pode, assim, e por exemplo, ser "requisitado para apensação", em ação de responsabilidade civil por acidente de viação, o processo de *inquérito preliminar* arquivado por amnistia – cfr. o acórdão da RL de 29-2-84, BMJ nº 342, p. 431/Des. Gomes de Noronha.

1389 Podem/devem ser apensadas, por ex., duas ações originadas pelo mesmo acidente de viação – cfr., neste sentido, o acórdão da RP de 24-1-2000, Proc. 9951529/Des. Azevedo Ramos.

1390 Em todo o caso, no acórdão da RL de 23-6-99, atrás citado, obtempera-se que «deve deixar-se ao prudente arbítrio do julgador a apreciação das suas vantagens ou inconvenientes no caso concreto. Não deverá ordenar-se a apensação de cinco processos que estão em fases processuais muito distintas, um com decisão final já proferida ainda que não transitada, tornando a instrução, discussão e julgamento muito complexos ou morosos».

Secção III
Suspensão da instância

68. Suspensão da instância. Causas

São *causas de suspensão da instância* as seguintes (art. 269º, nº 1, alíneas a) a d)): a)- o *falecimento* ou *extinção* de alguma das partes[1391], sem prejuízo do disposto no art. 162º do CSC[1392-1393]; b)- nos processos em que é obrigatória a constituição de *advogado*, o *falecimento* deste ou a sua *absoluta impossibilitação* para o exercício do mandato ou, nos restantes processos, o *falecimento* ou a *impossibilitação* do representante legal do incapaz, salvo se houver mandatário judicial constituído; c)- a ordem do tribunal – *jussum judicis*; d)- a determinação especial da lei – *ope legis*; e)- a vontade das partes – *voluntate partium* mediante acordo na suspensão por um prazo não superior a 3 meses, desde que dela não resulte o adiamento da audiência final (art. 272º, nº 4).

A *falta de demonstração pelo interessado do cumprimento de quaisquer obrigações de natureza tributária*, sobre si abstratamente impendentes, não constitui hoje obstáculo ao recebimento ou prosseguimento das ações, incidentes ou procedimentos cautelares que corram perante os tribunais judiciais, salvo nos casos em que se trate de *transmissão de direitos* operada no próprio processo e dependente do pagamento do *imposto de transmissão*[1394] (art. 274º, nº 1)[1395]. Também a inobservância de quaisquer *obrigações tributárias* não impede que os documentos a elas sujeitos sejam valorados como meio de prova nas ações pendentes nos tribunais judiciais, sem prejuízo da *participação* (*às autoridades fiscais*) «das *infrações* que o tribunal constate» (nº 2). Tratando-se, com efeito, de ações fundadas em atos provenientes do exercício de atividades passíveis de tributação, se o interessado não houver demonstrado o cum-

[1391] A al. a) apenas se reporta às *partes principais*. Só estas são os sujeitos da relação jurídica processual; e daí que só o seu desaparecimento por morte (pessoas singulares) ou por extinção (pessoas coletivas) justifiquem a sustação temporária da cadência processual.

[1392] A morte ou extinção de alguma das partes darão lugar, não à suspensão, mas à extinção da instância quando tornem impossível ou inútil a continuação da lide.

[1393] As ações em que seja parte a sociedade prosseguem após a respetiva extinção, pois que a sociedade se ficciona substituída pela generalidade dos sócios, representados pelos liquidatários, nos termos dos arts. 163º, nºs 2, 4 e 5 e 164º, nºs 2 e 5 do CSC (cfr. o art. 162º do do mesmo diploma); a instância não se suspende nem é necessária a habilitação (cfr. nº 2).

[1394] Cfr. o CMITI aprovado pelo Dec.-Lei nº 287/2003, de 12 de novembro.

[1395] Cfr., *v. g.*, o nº 1 do art. 900º.

primento de qualquer dever fiscal que lhe incumba, a *secretaria deve comunicar a pendência da causa e o seu objeto à administração fiscal*, preferencialmente por via eletrónica, sem que (todavia) o andamento regular do processo seja suspenso (nº 3). Preceitos estes ditados por uma ideia de eliminação de todas as peias e obstáculos injustificados à obtenção de uma decisão de fundo, e com vista a uma justa, célere e definitiva composição do litígio, em evidente *prevalência*, também neste âmbito, *da decisão de fundo sobre a decisão de forma*.

68.1. Suspensão por falecimento de alguma das partes ou por extinção de pessoa coletiva

Constitui fundamento determinante da suspensão da instância, por força da al. a) do nº 1 do art. 269º,«o *falecimento* ou *extinção* de alguma das partes, sem prejuízo do disposto no artigo 162º do CSC». Alínea essa que se correlaciona diretamente com o disposto nos arts. 270º e 271º.

Assim: – *provado documentalmente* nos autos o falecimento ou a extinção de qualquer das partes, suspende-se imediatamente a instância, *salvo se já tiver começado a audiência* final *ou se o processo já estiver inscrito em tabela* para julgamento (em tribunal superior), casos em que a instância só se suspende depois de proferida a sentença ou o acórdão (art. 270º, nº 1); – *impende sobre a parte sobreviva*, a quem tal conhecimento haja chegado, o *dever* de tornar conhecido no processo o facto da *morte ou da extinção* do seu comparte ou da parte contrária, providenciando pela *junção do documento comprovativo* (nº 2).

Apesar de a suspensão só operar (*de jure*) a partir da junção do documento, o processo continua a correr a sua tramitação normal, mesmo depois de noticiado o facto em juízo por qualquer outro meio, sendo, porém, *nulos* os atos entretanto praticados quando em relação a eles fosse admissível o exercício do contraditório pela parte falecida ou extinta, salva a *sanação* dessa nulidade por *ratificação* pelos respetivos sucessores (art. 270º, nºs 3 e 4).

A *regra da suspensão imediata* comporta, porém, algumas *exceções*: – não se poder produzir esse efeito por expressa determinação da lei[1396] ou pela própria natureza da relação jurídica material controvertida; – ter a ação atingido uma fase processual adiantada quando tornados certos o falecimento ou a extinção da parte. Em *1ª instância*, se a certificação do facto ocorrer quando já iniciada a audiência final, a suspensão só se verifica após a prolação da sentença; nos *tribunais de recurso*, se o facto se comprovar já depois

[1396] Cfr. os arts. 162º do CSC e 904º do CPC.

da inscrição do processo em tabela para julgamento, a suspensão só ocorre depois de proferido o acórdão[1397].

Casos há, contudo, em que, para além de outro motivo plausível, o direito material controvertido se perfila como pessoal e intransmissível, o que torna a *lide impossível*. Exemplo clássico destas situações é o *decesso de um dos cônjuges na pendência da respetiva ação de divórcio*: destinando-se a ação de divórcio a obter a dissolução do vínculo conjugal, a morte de um dos cônjuges opera de direito (*ipso jure*) esse efeito, deixando sem conteúdo a ação, conduzindo à extinção da instância por impossibilidade superveniente da lide (cfr. o nº 3 do art. 269º, por reporte à alínea e) do art. 277º), exceto se se verificar a hipótese contemplada no nº 3 do art. 1785º do CC.

Também se as *pessoas coletivas* houverem sido, entretanto, objeto de *transformação ou fusão*, a instância não se suspende, pois que falece, neste caso, a *ratio suspendendi* contida na alínea a) do nº 1 do art. 276º: a incerteza sobre a legítima titularidade da relação jurídica processual respetiva; nesta eventualidade, a personalidade jurídica (social) não se extingue, sofrendo, apenas uma modificação que deixa intacto o acervo de poderes e deveres jurídicos que lhe correspondem. O que pode é pôr-se o problema da respetiva representação face ao disposto no art. 25º, com possível reflexo no patrocínio judiciário (cfr. a este respeito, os arts. 270º, 275º, nº 2 e 276º, nº 1, alínea c)).

68.2. Suspensão por falecimento ou impossibilitação absoluta do mandatário ou do representante

Nos processos em que é obrigatória a constituição de *advogado* (art. 40º para a *ação declarativa* e 58º para a *ação executiva*), o *falecimento* deste ou a sua *absoluta impossibilitação* para o exercício do mandato ou, nos restantes processos, o *falecimento* ou a *impossibilitação* do representante legal do incapaz (salvo se houver mandatário judicial constituído), constituem factos geradores de suspensão da instância (cfr. a al. b) do nº 1 do art. 269º).

A 1ª parte dessa alínea b), contemplando como causa da suspensão da instância a *morte* ou a *impossibilidade absoluta do advogado* da parte exercer o mandato, nas causas com obrigatoriedade de patrocínio, é também aplicável ao *solicitador* quando este intervenha nos termos do nº 4 do art. 40º. Uma vez feita no processo a prova do facto, *suspender-se-á imediatamente*

[1397] Cfr. J. Rodrigues Bastos, *Notas*, vol. II cit., p. 41.

a instância; mas, se o processo estiver concluso para *sentença* ou em condições de o ser, a suspensão só se verificará depois da respetiva prolação (art. 271º). Ressalva que, por similitude de razões, deve operar quando o processo (em recurso) estiver *já inscrito em tabela para julgamento* ou em condições de o ser, suspendendo-se, porém, a instância logo que publicado o *acórdão* (art. 270º, nº 1)[1398]. A suspensão cessa logo que observado o condicionalismo do art. 276º, nºs 1, al. b), e 3 e 4.

A 2ª parte da al. b) do nº 1 do art. 269º contempla a hipótese de o *representante do incapaz (parte na causa) morrer ou se impossibilitar de modo absoluto.* Nesta ventualidade, *suspender-se-á a instância não havendo mandatário* judicial constituído; *prosseguirá a instância se houver sido constituído mandatário*. Proceder-se-á, pois, sempre à substituição do representante, apesar de o incapaz ficar no processo representado (*assistido*) pelo seu mandatário judicial (art. 16º, nº 1); só que será nomeado outro representante (*substituto*) nos termos do disposto no art. 17º.

68.3. Suspensão por vontade do juiz

O *tribunal* pode (por vontade ou ordem do juiz – *jussum judicis*) ordenar a suspensão quando a decisão da *causa estiver dependente do julgamento de outra já proposta* ou quando *ocorrer outro motivo justificado* (art. 272º, nº 1). A menos que – e não obstante a pendência de *causa prejudicial* – haja fundadas razões para crer que aquela foi intentada unicamente para se obter a suspensão ou se a causa dependente estiver tão adiantada que os prejuízos da suspensão superem as respetivas vantagens (nº 2). Quando a suspensão não tenha por fundamento a pendência de *causa prejudicial*, fixar-se-á no despacho o *prazo* durante o qual ficará suspensa a instância (nº 3).

O termo "*tribunal*" utilizado por aquele nº 1 logo inculca que o poder legal de decretar ou determinar a suspensão da instância pode ser exercitado *tanto em 1ª instância como nos tribunais de recurso* e que o termo verbal «*pode*» logo sugere tratar-se de um *poder não vinculado*, mas em todo o caso de um *poder-dever* ao qual devem subjazer preocupações de *economia e celeridade processuais* e de *eficácia das decisões*. Do que resulta a irrecorribilidade dessas decisões nos termos gerais.

A lei dá ao juiz a *faculdade*, mas lhe *não impõe a obrigação*, de suspender a instância quando haja pendência de *causa prejudicial*[1399]. Poder esse balizado

[1398] Cfr. J. Rodrigues Bastos, *Notas*, vol. II cit., p. 42.

[1399] Cfr. o acórdão do STJ de 25-1-2000, 6ª Sec., Sumários, nº 37/Cons. Pais de Sousa.

pelo condicionalismo imposto no preceito: a existência de *causa prejudicial* (quando não se verifique o caso do nº 2) ou a ocorrência de *motivo justificativo*. A suspensão pode, em tais circunstâncias, ser ordenada *ex-officio* (logo que o juiz se aperceba do facto gerador da suspensão) ou *a requerimento* das partes. Quando o evento ocorra na fase dos articulados, ou nela seja suscitada a questão, relegar-se-á normalmente para o respetivo *terminus* uma decisão mais conscienciosa.

Vem, a este propósito, assinalar que os nºs 1 e 2 do art. 272º se reportam a *toda e qualquer questão prejudicial*, enquanto que o art. 92º se refere apenas à *dependência da decisão da causa subordinada relativamente a uma decisão da competência do foro criminal ou administrativo*.

O critério aferidor decisivo dessa relação ou «*nexo de dependência*» reside em vir *controvertida na causa prejudicial uma questão cuja resolução possa modificar uma situação jurídica relevante para a decisão de outro pleito*.

Na expressão de Alberto dos Reis[1400], «uma causa é *prejudicial* em relação a outra quando a decisão da primeira pode destruir o fundamento ou a razão de ser da segunda», apontando como exemplos de *nexo de prejudicialidade* os seguintes: a ação de anulação de casamento em relação à ação de divórcio; a ação de anulação de um contrato de arrendamento relativamente à ação de despejo; a ação de anulação de testamento em relação à ação de entrega de legado ou da ação de petição de herança fundadas no mesmo testamento; a ação de anulação de contrato em relação à ação destinada a exigir o seu cumprimento.

Segundo aquele ilustre Mestre[1401], as duas causas não se reúnem nem apensam: «*suspende-se o julgamento da causa subordinada até que se decida a causa prejudicial*». «*No caso da coligação* (art. 36º, nº 1), a dependência reveste o carácter de *acessoriedade* (há um pedido principal e um pedido acessório, dependendo o êxito deste da procedência daquele); *no caso do art. 272º*, a dependência pertence ao *tipo prejudicial*, há uma acção prejudicial que, se for julgada procedente, inutiliza a ação subordinada». «Isto sem embargo das *hipóteses* em que a questão pendente na causa prejudicial não pode discutir-se na causa subordinada, bem como de *outras* em que essa questão pode discutir-se nesta, mas somente a título incidental. Na primeira hipótese,

1400 Cfr. *Comentário*, vol. 3º cit., pp. 268 a 270.

1401 Cfr. *Comentário*, vol. 3º cit., pp. 205-207.

o *nexo de prejudicialidade* é mais intenso (*dependência necessária*) na segunda, mais ténue (*dependência meramente facultativa ou de pura conveniência*)».

Obtempera, entretanto, o Prof. Manuel de Andrade[1402], que «*verdadeira prejudicialidade e dependência* só existirá (existirão) quando, na primeira causa, se discuta, *em via principal*, uma questão que é essencial para a decisão da segunda e que não pode resolver-se nesta última por via incidental, como teria de o ser, desde que a segunda causa não é reprodução, pura e simples, da primeira». «Mas nada impede que se alargue a noção de prejudicialidade, em ordem a abranger outros casos. Assim, será prejudicial em relação a outra (em que se discute a *título incidental* uma dada questão) a causa em que a mesma questão é discutida a *título principal*».

Existe, por exemplo, *nexo de dependência* entre uma demanda cível contra os proprietários das viaturas causadoras do acidente e respetivas seguradoras e a ação penal (quiçá com enxerto cível) que corre contra os condutores lesantes. Exemplos de *dependência necessária*: ação de anulação de casamento e ação de divórcio ou de separação; ação de anulação de testamento e ação de petição de herança proposta pelo herdeiro testamentário. Exemplos de *dependência facultativa*: ação de anulação de contrato e ação a exigir o respetivo cumprimento; ação de dívida e ação pauliana proposta pelo autor daquela[1403].

Exemplos de *inexistência de nexo de dependência*[1404]: entre duas ações de separação de pessoas e bens propostas por cada um dos cônjuges em separado; entre uma ação em que se pede a dissolução de uma sociedade e outra ação (posterior) em que se solicita a declaração de nulidade da venda de um imóvel à mesma pertencente. Fora de causa estará também o decretamento da suspensão da instância com fundamento em dependência enquanto a ação (principal), que se diz gerá-la, não estiver ainda proposta.

Exemplos de nexo de *prejudicialidade*: ação de anulação de deliberações sociais e ação de anulação do testamento de cuja validade depende a qualidade de sócio do autor; processo de reversão relativo a bens sobre os quais está a correr nova expropriação; anulação de um contrato de compra e venda e ação para exercício do direito de preferência na respetiva aquisição.

Exemplo de *suspensão facultativa, útil e conveniente*: se o crédito dos réus em relação à autora depender de ação pendente, a decisão desta é essencial para a decisão da exceção de compensação deduzida[1405].

1402 Cfr. *Lições*, pp. 491 e 492.

1403 Cfr. Alberto dos Reis, *Comentário*, vol. 3º cit., pp. 269-270.

1404 Exemplos jurisprudenciais colhidos por J. Rodrigues Bastos, *Notas*, vol. II cit., p. 44.

1405 Cfr. J. Rodrigues Bastos, *Notas*, vol. II cit., pp. 43-44.

A simples perspetiva de vir a ocorrer uma *contradição substancial de julgados* pode justificar a suspensão da instância.

Não obstante a *norma geral do art. 272º* sobre a suspensão da instância não distinguir entre *ação declarativa* e *ação executiva*, pela letra da 1ª parte do seu nº 1 é de *excluir a sua aplicação ao processo executivo*. Desde logo, porque neste não há que proferir decisão sobre o fundo da causa, uma vez que o direito que se pretende efetivar já se encontra pré-declarado. Neste sentido decidiu o Supremo Tribunal de Justiça, em relação ao art. 284º do Código anterior, pelo seu Assento de 24 de maio de 1960[1406]. Restrição que já não tem razão de ser, quanto ao primeiro segmento, relativamente às fases declarativas que, por vezes, se enxertam no processo executivo, nem, quanto à segunda parte, em relação a todo o processo de execução[1407-1408]. É assim, e por ex., de admitir a suspensão da instância em sede de *oposição à execução* quando a decisão desta depender do julgamento de uma impugnação pauliana instaurada pelo executado[1409].

Pode, também, o *juiz, em qualquer estado da causa*, e *sempre que o entenda por conveniente, determinar a remessa do processo para mediação, suspendendo a instância*, salvo quando alguma das partes expressamente se opuser a tal remessa (art. 273, nº 1). Podem as partes acordar, em conjunto, na suspensão, se tiverem optado pela resolução do litígio por mediação, suspensão essa que não pode, todavia, ser superior a três meses (arts. 273º, nº 2 e 272º, nº 4).

O *reenvio prejudicial* para os tribunais da União Europeia representa, no fundo, uma *causa legal atípica de suspensão da instância* por ordem do tribunal. Com efeito, a necessidade do (incidente) do reenvio surge na pendência de uma causa em curso, cabendo a sua *iniciativa*, ou ao *tribunal*, ou às *próprias partes*, ficando a instância (obrigatoriamente suspensa) no tribunal nacional reenviante.

1406 Cfr. o ASSENTO do STJ de 10-11-72, hoje com simples valor de AC UNIF JURISP, *in* BMJ nº 221, p. 155/Cons. LUDOVICO COSTA.

1407 O STJ entendeu, porém, no acórdão de 10-4-2003, Proc. 724/2003 – 2ª Sec./Cons. MOITINHO DE ALMEIDA, que, «embora a suspensão da instância prevista na 1ª parte do art. 272º seja, em princípio, inaplicável ao processo executivo, pode ocorrer motivo justificado para a suspensão, por ex. o de evitar julgados contraditórios, e ainda razões de segurança jurídica e prestígio na administração da justiça». No sentido de que, neste caso, pode ser invocada a 2ª parte do nº 1 do art. 272º (ocorrência de motivo justificado), cfr. o acórdão do STJ de 8-2-2001, Proc. 3485/2000 – 6ª Sec./Cons. AZEVEDO RAMOS.

1408 Cfr. J. RODRIGUES BASTOS, *Notas*, vol. II cit., p. 45.

1409 Cfr. o acórdão do STJ de 18-6-96, CJSTJ, Tomo II, p. 149/Cons. ARAGÃO SEIA.

68.4. Suspensão por determinação especial da lei

Não raras vezes, é *a própria lei* que expressamente determina a suspensão da instância (art. 269º, nº 1, al. d)). Entre essas situações especiais de suspensão *ope legis* podem citar-se, designadamente, as seguintes: – *desacordo dos pais* na representação do menor (art. 18º, nº 2); – *necessidade de intervenção de um menor* em causa pendente (art. 18º, nº 5); – *suprimento da incapacidade judiciária ou da irregularidade da representação judiciária* por iniciativa do juiz (art. 28º, nº 2); – *falta de autorização ou deliberação* (art. 29º, nº 1); – *falta de constituição de novo mandatário* no prazo legal em caso de revogação ou renúncia ao mandato inicial (art. 47º, nº 3, al. a)); – *suspensão dos termos do processo* decorrente do *recebimento dos embargos de terceiro* quanto aos bens a que dizem respeito, bem como quanto à restituição provisória de posse (art. 347º); – *suspensão dos termos da causa* quando pendente o *incidente da ilisão da autenticidade ou da força probatória de documento* (art. 449º, nº 3); – *arguição da falta de autenticidade ou da força probatória de documento em processo pendente de recurso* (art. 450º, nº 3); – *arguição da falsidade do ato de citação* (art. 451 nº 4); – intentação pelo tutor de alguma *ação em contravenção ao disposto na al. e) do nº 1 do art. 1938º do CC* (art. 1940º, nº 3, do mesmo diploma); – *reenvio prejudicial para o TJUE nos casos em que é obrigatório* (art. 267º do TFUE).

Em todas essas situações, a suspensão opera *ope legis*, portanto de forma automática, verificado que seja um qualquer dos citados pressupostos.

Especificamente para a *pendência de processo de inventário*, deve o juiz («sem prejuízo do disposto nas regras gerais sobre *suspensão da instância*»), nas quatro situações discriminadas no art. 1092º, determinar a *suspensão da instância*, devendo, porém, «se forem suscitadas *questões prejudiciais de que dependa a admissibilidade do processo ou a definição de direitos de interessados diretos na partilha* que, atenta a sua natureza ou a complexidade da matéria de facto que lhes está subjacente, não devam ser incidentalmente decididas», «remeter as partes para os meios comuns, logo que se mostrem relacionados os bens».

Com a publicação do Dec.-Lei nº 116/2008, de 4 de julho, e consequente eliminação do nº 2 do art. 3º do CRPRED e do nº 5 do art. 15º do CCRCOM, deixou de haver lugar a *suspensão da instância* (*ope legis*), findos os articulados, por falta de registo das ações relativas a *imóveis* e a atos sujeitos a *registo comercial*, ainda que subsistindo a obrigatoriedade desses registos. Estes passaram a ser promovidos *oficiosamente* pelos próprios tribunais por onde pende causa, pelos agentes de execução e pelos administradores da insolvência (cfr. o art. 8º-B, nº 3, al. a) do citado Dec.-Lei).

E tal registo é *obrigatório*, não só para os factos a que se reporta o art. 2º do mesmo CRPRED (com as exceções das alíneas i), ii) e iii)), como ainda para as ações, decisões e providências referidas no art. 1º, salvas as ações de impugnação pauliana e as ações, decisões e providências a que se reporta a al. d) do nº 1 do mesmo art. 3º, ou seja, os procedimentos que tenham por fim o decretamento do arresto e do arrolamento, bem como de quaisquer outras providências que afetem a livre disposição dos bens (art. 8º-A do mesmo Dec.-Lei)[1410]. Estão igualmente sujeitas a *registo obrigatório* as ações, decisões, procedimentos e providências cautelares previstas no art. 9º» (cfr. o nº 5 do art. 3º, com a redação do art. 9º do Dec.-Lei nº 116/2008).

No *registo comercial*, mesmo nas situações de registo obrigatório, continua a subsistir o *princípio da instância* (iniciativa ou requerimento da parte interessada), nos termos do art. 15º, nºs 7 e 8, do CRCOM, na redação do Dec.-Lei nº 292/2009, de 13 de outubro.

68.5. Suspensão por acordo das partes

As partes podem acordar na suspensão da instância por *prazo não superior a 3 meses* (art. 272º, nº 4). É a chamada suspensão *voluntate partium*.

A *ratio legis* foi, sem dúvida, a *propiciação da conciliação extrajudicial dos litígios*[1411]. Daí que as partes não tenham que revelar as razões determinantes desse acordo, por via de regra ligado a negociações tendentes a pôr termo à lide por transação ou a permitir ao réu a obtenção de meios financeiros indispensáveis à satisfação do crédito do autor, não podendo, nessa eventualidade, o tribunal opor-se à suspensão.

Podem, assim, as *partes requerer a suspensão da instância* até ao citado limite *ad quem*. E, segundo J. Rodrigues Bastos[1412], já parecia nada obstar a que a *faculdade* pudesse ser *exercida mais que uma vez*, conquanto que a suspensão, no seu conjunto, não ultrapassasse os 3 meses.

1410 O *registo das ações* «destina-se a dar conhecimento a terceiros de que determinada coisa está a ser objeto de litígio e a adverti-los de que devem abster-se de adquirir sobre ela direitos incompatíveis com o invocado pelo autor, sob pena de terem de suportar os efeitos da decisão que, a tal respeito, venha a ser proferida, mesmo que não intervenham no processo» – cfr. Antunes Varela, RLJ, ano 103º-484». «A consequência principal e lógica de o ato de proposição da ação não produzir efeito relativamente ao adquirente (do direito ou da coisa litigiosa), desde que não registado antes do registo de transmissão, é não poder executar-se contra o adquirente a sentença favorável que o autor obtiver» – cfr. Alberto dos Reis, *Comentário*, vol. 1º, p. 97.

1411 Cfr. M. Teixeira de Sousa, *Estudos* cit., p. 259.

1412 Cfr. *Notas*, vol. II, cit., p. 45, nota 3.

Conforme atrás dito, a *suspensão* pode também ser acordada pelas partes por *prazo não superior a 3 meses* se (em conjunto) tiverem *optado por resolver o litígio por mediação* (cfr. o nº 4 do art. 272º, aplicável *ex-vi* do nº 2 do art. 273). Suspensão esta que operará «*automaticamente* e *sem necessidade de despacho judicial*, com a *comunicação por qualquer das partes* do recurso a sistemas de mediação» (art. 273, nº 3).

69. Regime e efeitos da suspensão

Sendo o processo uma série ordenada e sucessiva de atos, com o decretamento da suspensão da instância *paralisa a tramitação normal da lide*, só podendo praticar-se validamente (enquanto subsistir a causa suspensiva) os atos urgentes destinados a *evitar dano irreparável*. A parte impedida de assistir a estes atos é *representada pelo Ministério Público ou por advogado nomeado pelo juiz* (art. 275º, nº 1).

A *simples suspensão* não obsta a que a instância se extinga por desistência, confissão ou transação, contanto que estas não contrariem a razão justificativa da suspensão (art. 278º, nº 3). Mas, durante a *suspensão motivada pelo falecimento ou extinção da parte*, não pode ser celebrada qualquer transação e, após o falecimento do representante legal, será inválida a transação celebrada pelo incapaz (art. 269º, nº 1, al. b)). O nº 3 do art. 270º, por reporte aos nºs 1 e 2 do art. 3º), eiva de *nulidade* os atos praticados no processo em relação aos quais fosse admissível o exercício do contraditório pela parte falecida extinta, salva a hipótese de *ratificação-sanação* por banda dos respetivos sucessores.

Os *prazos judiciais não correm* enquanto durar a suspensão, como que operando a suspensão um *interregno dos prazos* em curso (art. 275º, nº 2), os quais só continuarão a correr depois de a mesma cessar (art. 276º). *A fortiori*, não pode, durante o período da suspensão, *iniciar-se* o curso de qualquer prazo judicial.

Quanto ao *aproveitamento* ou não *da parte do prazo já decorrido*, há que distinguir, nos termos das alíneas a) e b) do nº 1 do art. 269º e «*ex-vi*» do nº 2 do art. 275º: – se a suspensão é determinada pelo *falecimento ou extinção de alguma das partes* ou pelo *falecimento ou impossibilitação absoluta do advogado* (nos casos em que é obrigatória a sua constituição), nada se aproveita do prazo, iniciando-se, pois, *nova contagem* a partir do momento em que cessar a suspensão, pois não seria curial nem razoável facultar à nova parte (ou ao novo mandatário), ainda desconhecedores do processo, um prazo incompleto, ou quase totalmente exaurido, para a defesa dos respetivos direitos (assim, *se falecer o advogado da parte no 7º dia do prazo de 30 dias em curso para a interposição do recurso*, suspende-se a instância, mas, aquando da sua reabertura, o novo advogado do réu disporá, para recorrer, não o prazo adicional de 23 dias, mas sim um novo prazo de 30 dias, assim se inutilizando a parte do prazo que tiver decorrido anteriormente); – *em todas as outras hipóteses*, aproveita-se a parte do prazo já decorrido anteriormente à suspensão; o facto gerador da suspensão e a sua remoção subsequente não são de molde a obstar a uma eficaz intervenção processual das partes em presença[1413].

Deste modo, e em princípio – e salvas as aludidas exceções –, *suspende-se o curso dos prazos*, os quais só voltarão a correr quando cessar a suspensão, não se inutilizando, porém, o período temporal já decorrido. Assim, por ex., e o réu foi citado para contestar no prazo de 30 dias, e se passados 10 dias sobre a data da citação se suspender a instância, restar-lhe-á o prazo de 20 dias para contestar logo que cesse a causa suspensiva, sob pena de rejeição do respetivo articulado.

A al. c) do nº 1 do art. 276º prevê o *modus* da cessação da suspensão da instância ordenada pelo tribunal: – se a suspensão se baseia na *pendência de causa prejudicial*, ela cessa quando essa causa deixar de estar pendente, ou porque houve julgamento com trânsito em julgado (quer do mérito, quer da instância) ou porque a instância se extinguiu; – *se a decisão da causa prejudicial fizer desaparecer o fundamento* ou a razão de ser (de fundo) da causa suspensa, julga-se esta improcedente, isto é, absolve-se o réu do pedido (cfr. nº 2 da mesma disposição)[1414].

Se na mediação (determinada por iniciativa do juiz) se verificar a *impossibilidade de acordo*, o *mediador dá conhecimento ao tribunal desse facto, preferencialmente por via eletrónica*, cessando também de forma automática (e sem necessidade de qualquer ato do juiz ou da secretaria) a suspensão da instância (art. 273º, nº 4). *Tendo-se alcançado acordo na mediação*, «o mesmo é remetido a tribunal, *preferencialmente por via eletrónica*, seguindo-se os termos definidos na lei para a transação» (nº 5).

[1413] Cfr. J. Rodrigues Bastos, *Notas*, vol. II cit., p. 47, nota 1.

[1414] Sobre as dificuldades de aplicação deste preceito, cfr. J. Rodrigues Bastos, *Notas*, vol. II cit., p. 50.

Secção IV
Incidentes da instância

70. Incidentes da instância
70.1. Noção. Caraterização. Natureza jurídica

Os atuais *incidentes da instância* (no antigo direito, *artigos*) designavam-se por *incidentes* quando surgidos antes da contestação e por *emergentes* se ocorridos depois dela. As sentenças ou decisões interlocutórias eram qualificadas de *simples* e *mistas*, as primeiras, com o objeto circunscrito ao artigo respetivo e, as segundas, de natureza prejudicial relativamente ao conhecimento da questão principal objeto do processo[1415]. Sem dúvida pela sua potencialidade perturbadora da marcha normal do processo, os incidentes mais comuns, que implicavam a suspensão dos feitos pendentes, eram, muito significativamente, designados por *atentados*[1416].

O conceito de *incidente* passou paulatinamente a estender-se a *toda e qualquer questão incidental surgida na tramitação da lide*, distinta, pois, da do objeto principal da causa, mas com ela intimamente relacionada, face à repercussão (positiva ou negativa) que a respetiva resolução pudesse surtir, quer na relação jurídica processual, quer na própria relação jurídica substantiva ou material. Houve assim que "autonomizar" a regulamentação das "questões incidentais", em ordem a prevenir a proliferação de tais convulsões processuais, as mais das vezes de manifesta desnecessidade.

Incidente ou *questão incidental* é, assim, qualquer ocorrência ou controvérsia estranha, anormal, extraordinária, surgida na pendência de uma dada causa, a cujo objeto (principal) se encontra ligada por um certo grau de conexão, de *natureza contenciosa*, e por isso com tramitação própria e autónoma e que, por sua natureza, exige uma *decisão prévia* e *especial*, e portanto *independente*, relativamente à da decisão final do litígio[1417].

O conceito de incidente processual pressupõe a existência de uma causa. Representa um *enxerto* ou *incrustação* num processo em curso (ação princi-

[1415] Cfr. Salvador da Costa, *Incidentes da Instância*, 9ª ed., Coimbra, Almedina, 2017, pp. 7 a 10, e J. Rodrigues Bastos, *Notas*, vol. II cit., p. 81.

[1416] Cfr. Sousa Lobão, *in* "*Tratado Prático Compendiário de Todas as Acções Summárias, Sua Índole e Natureza em Geral e em Especial; Das Summárias, Sumaríssimas, Preparatórias, Provisionais, Incidentes, Preceitos Cominatórios*", Lisboa, 1886, pp. 214 a 230.

[1417] Cfr. Salvador da Costa, *Os Incidentes* cit., pp. 8 a 10.

pal ou recurso) de uma *questão acessória e secundária* com processado próprio e autónomo. À míngua de autonomia contenciosa/procedimental não são, por ex., de considerar como incidentes, mas como atividade processual normal em relação ao processo da ação ou do recurso, as *reclamações* contra o *despacho de identificação do objeto do litígio e de enunciação dos temas da prova* (art. 596º, nºs 1 e 2) ou *contra as conclusões do relatório pericial* (art. 485º, nºs 2 e 3).

A própria terminologia legal peca por vezes por heterodoxia técnica, ao qualificar como "*incidentes*" (mesmo como incidentes típicos) outras ocorrências a respeito das quais se não mostram preenchidos todos os citados pressupostos. Assim, por ex., o *incidente de liquidação* (arts. 358º a 361º), não se perfila propriamente como uma "questão acessória ou secundária" relativamente à da causa principal, porquanto consequência lógica do facto de o autor ou (o réu reconvinte) haverem deduzido um pedido genérico ou ilíquido. Também o *incidente* de *verificação do valor* da causa não configura tecnicamente uma "questão anormal" do processo em que é deduzido, já que o respetivo apuramento assume importância decisiva, quer para a qualificação do objeto do processo, quer para a determinação da competência do tribunal, quer para efeitos de alçada[1418].

Assume, ainda, o conceito de incidente particular relevância para efeitos da decisão da sua sujeição ou não a *custas* (cfr. os arts. 527º do CPC e 1º, nº 2 e 7º, nº 3, do RCP).

70.2. Incidentes típicos e anómalos

Podendo embora ser classificados segundo os critérios da *oportunidade* do seu processamento, dos *efeitos* que produzem, da sua *denominação* e da *matéria* sobre que versam, importa distinguir entre incidentes *anteriores* ou *posteriores* à sentença final, incidentes *suspensivos* e não *suspensivos* da marcha do processo principal, incidentes *nominados* ou *inominados* e incidentes *civis, laborais* ou *penais*[1419].

Excecionalmente, o incidente não se enxerta na causa principal, antes sendo processado por *apenso* a ela, como por ex., o de *habilitação não documental dos sucessores* da parte falecida na pendência da causa (cfr. os arts. 351º, nº 1 e 352º, nº 2) e o *incidente de suspeição* do juiz ou dos funcionários da secretaria (arts. 122º, nº 1 e 129º). Também não corre no decurso da causa,

1418 Cfr. SALVADOR DA COSTA, *Os Incidentes* cit., p. 9.

1419 Cfr. PABLO SAAVEDRA GALLO, "*Estudo, Reflexiones Sobre Los Incidentes En El Proceso Declartivo Civil*", pp. 191 e 192, citado por SALVADOR DA COSTA, *Os Incidentes* cit., p. 9.

mas depois dela finda, o incidente da *reclamação da conta de custas* regulado no art. 31º do RCP e o incidente pós-decisório de *fixação da indemnização por litigância de má-fé* (art. 543º, nº 3).

Os chamados incidentes *típicos* ou *nominados* encontram-se previstos e regulados no Título III do Livro II do CPC (arts. 296º a 361). Tipifica a lei, entre eles, apenas os de *verificação do valor da causa*, de *intervenção de terceiros*, de *habilitação* e de *liquidação*. Entre os incidentes de intervenção de terceiros, inclui a lei os de *intervenção principal* (espontânea e provocada), de *intervenção acessória provocada e do Ministério Público e assistência* e de *oposição* (*espontânea, provocada e mediante embargos de terceiro*).

A par dos expressamente incluídos na nomenclatura legal, muitos outros são *previstos em normas processuais avulsas*, suscetíveis de enxertação na tramitação normal de uma causa. Constituem exemplos destes últimos os de *incompetência relativa* (arts. 102º a 108º), os conflitos de *competência ou de jurisdição* (arts. 109º a 112º, 113º e 114º) e os de *suspeição do juiz ou dos oficiais de justiça* (arts. 119º a 126º), relativamente aos quais, por contenderem diretamente com a matéria da competência do tribunal, foi considerada inconveniente a sua inserção sistemática no elenco dos incidentes da instância, antes tida por mais plausível na parte do CPC relativa a essa matéria[1420]. Também os incidentes de *impugnação de genuinidade de documento* (arts. 444º e 445º) e de *ilisão da autenticidade ou da força probatória de documento* (arts. 446º a 451º) se não encontram regulados sob a epígrafe própria dos incidentes da instância, mas sim integrados na fase de instrução do processo, pois que diretamente conexionados com o meio de prova documental. O incidente de *falsidade de ato judicial*, neste incluída a citação (art. 451º) corre no seio da causa principal, não figurando no elenco dos incidentes típicos, porquanto integrador da epígrafe "prova documental".

Isto para além de todo um leque de ocorrências não previstas em qualquer norma específica, os vulgarmente designados *incidentes anómalos, atípicos* ou *não especificados*, categoria que, assim, aparece como meramente residual: lá onde a lei não preveja um *incidente típico* para a regulação de uma determinada questão incidental surgida no decurso da ação, *há que considerar esse incidente como atípico, anómalo ou inominado*. Trata-se das *ocorrências estranhas ao desenvolvimento normal da lide* e desencadeadas na pendência da instância e mesmo depois da respetiva extinção. A sua dedução, se de caráter espúrio e impertinente, releva para a apreciação, quer da *conduta processual*

[1420] Cfr., neste sentido, SALVADOR DA COSTA, *Os Incidentes* cit., pp. 9-10.

das partes intervenientes, quer da conexa *responsabilidade tributária* (custas e multas processuais). Assim, no que tange aos atos e *incidentes inúteis ou supérfluos*, o encargo das custas recai, não sobre a parte vencida, mas sobre aquela que (escusadamente) os requereu (art. 534º, nº 1). E «devem reputar-se *supérfluos* os atos e incidentes desnecessários para a declaração ou defesa do direito» (art. 534º, nº 2).

As *custas* dos atos supérfluos a que se refere o nº 1 (diligências e atos que devam repetir-se por culpa de algum funcionário judicial), sendo que o funcionário ou agente de execução que der causa à anulação de qualquer ato processual responde pelo prejuízo resultante dessa anulação no termos fixados para a responsabilidade civil extracontratual do Estado (art. 534º, nº 3), não ficam a cargo do vencido.

E, quanto à *conduta processual*, se a sua utilização revelar um uso (doloso ou gravemente negligente) do processo (ou dos meios processuais) manifestamente reprovável, visando conseguir objetivo ilegais, impedir a descoberta da verdade, entorpecer a ação da justiça ou protelar sem fundamento sério o trânsito em julgado da decisão, a respetiva dedução pode integrar a previsão abstrata da al. d) do nº 2 do art. 542º (*condenação por litigância de má-fé*)[1421].

70.3. Processamento. Regras gerais e especiais

Em quaisquer incidentes inseridos na tramitação de uma causa, observar-se-á, na falta de regulamentação específica, o disposto nos arts. 292º a 294º, sendo, pois, de aplicar, a qualquer tipo de incidente, as regras gerais relativas ao *oferecimento das provas* e à respetiva *oposição*, ao limite do *número de testemunhas* e ao *registo de depoimentos*.

Prevê a lei, em geral, para os incidentes, apenas *dois articulados*: o *requerimento inicial* e a *oposição*. Neles devem o requerente e o requerido, desde logo, oferecer o rol de testemunhas e requerer outros meios de prova[1422]. *A oposição deve ser deduzida no prazo de 10 dias,* determinando a sua falta (quanto à matéria do incidente) o «efeito cominatório que vigore na causa em que o incidente se insere» (art. 293º, nºs 1, 2 e 3).

[1421] Cfr., neste conspecto, os incidentes da *contradita* (arts. 521º e 522º) e da *acareação* (arts. 523º e 524º).

[1422] Também, nesta sede, e na falta de disposição especial, é de 10 dias o prazo para as partes deduzirem incidentes – cfr. o art. 149º.

Não pode a parte produzir mais de 5 testemunhas sobre cada facto (art. 294º, nº 1). Se prestados *antecipadamente ou por carta*, os depoimentos são *gravados* ou *registados* nos termos do art. 422º. Mas, *se prestados no tribunal da causa*, os depoimentos «produzidos em incidentes que não devam ser instruídos e julgados conjuntamente com a matéria daquela são *gravados* se, comportando a decisão a proferir no incidente recurso ordinário, alguma das partes tiver requerido a gravação», requerimento este «que é apresentado conjuntamente com o requerimento ou com a oposição a que se reportam os arts. 292º e 293º» (art. 294º, nºs 2, 3 e 4).

Subsecção I
Incidentes relativos às garantias de imparcialidade

71. Incidentes relativos às garantias de imparcialidade

No capítulo VI, do Livro I – Título IV (arts. 115º a 129º), regula a lei processual as chamadas *garantias da imparcialidade*, asseguradas através dos sistemas dos *impedimentos* e das *suspeições*. Tais sistemas são geradores de verdadeiros *incidentes*, os quais, porém, e tradicionalmente, eram versados conjuntamente com a matéria da competência do tribunal sob a epígrafe "Da competência e das garantias da imparcialidade".

Os tribunais são *independentes* e *apenas estão sujeitos à lei* (arts. 203º da CRP, 4º do EMJ e 22º da LOSJ). Para além dessas garantias constitucionalmente consagradas, a lei ordinária plasma diversas *garantias de imparcialidade* aos diferentes intervenientes processuais. O direito a um *processo justo* e *equitativo* encontra-se consagrado no nº 4 do art. 20º da CRP. Também a DHDH, a CEDH e o PIDCP – cujas normas foram absorvidas pelo direito *interno ex-vi* do nº 2 do art. 8º da CRP – postulam a necessidade de que os tribunais, para além de terem de ser criados por lei, sejam *independentes* e *imparciais*. Outrossim, a CDFUE (Carta dos Direitos Fundamentais da União Europeia), no respetivo art. 47º, consagra «o direito à ação e julgamento por um tribunal competente e imparcial pré-estabelecido por lei (*princípio do juiz natural* ou do *juiz legal*), impondo que, «no julgamento da causa, se proceda de forma equitativa e dentro de um prazo razoável».

Com vista a um tal *desideratum*, procurou a lei ordinária rodear a atuação dos diversos agentes ou intervenientes judiciários, no exercício da função jurisdicional (magistrados judiciais e do Ministério Público e os funcionários judiciais), de determinadas *cautelas garantísticas*, em ordem a assegurar a *transparência* e a eliminar ou reduzir a opacidade e factores geradores de desconfiança na administração da justiça. E, simultaneamente, propiciadoras do auto-controlo, serenidade e reflexão decisória ou interventiva desses diversos agentes. Garantias que emergem, desde logo, do elevado grau de exigência dos sistemas e regras de recrutamento e admissão ou ingresso nas respetivas carreiras, previstas na lei geral e nos respetivos diplomas orgânico-estatutários em especial. Face à disparidade de conteúdo da atividade própria de cada um desses múnus funcionais, é natural que a exigência de imparcialidade não seja idêntica e que a lei reflita a diversidade garantística em relação aos juízes, aos magistrados do Ministério Público e aos oficiais de justiça.

No que tange aos *juízes*, estes julgam apenas segundo a Constituição e a lei (art. 5º, nº 1, do EMJ). Em matéria de *impedimentos estatutário-funcionais*, é, designadamente, vedado aos magistrados judiciais «exercer funções em juízo em que sirvam juízes de direito, magistrados do Ministério Público ou funcionários de justiça, a que estejam ligados por casamento ou união de facto, parentesco ou afinidade em qualquer grau da linha reta ou até ao segundo grau na linha colateral», e «servir em tribunal pertencente a comarca judicial em que, nos últimos cinco anos tenham desempenhado funções de Ministério Público ou que pertençam à comarca judicial em que, em igual período, tenham tido escritório de advogado» (art. 7º, alíneas a e b)) do EMJ). A atuação com independência e imparcialidade é naturalmente imposta em maior grau ao juiz, na sua veste de *diretor* e *julgador* do processo, ao qual se reclama seja exercida com isenção, imparcialidade, idoneidade, objetividade, distanciamento e equidistância em relação aos intervenientes e ao objeto da causa ou procedimento *sub-judice*. Em suma: importa assegurar que a conduta processual do julgador não seja inquinada pela existência de um qualquer *motivo sério* e *grave*.

Idênticas restrições funcionais são impostas por lei aos *magistrados do Ministério Público* (art. 83º do EMP) e aos *oficiais de justiça* (art. 67º do EFJ)[1423-1424].

[1423] Os *oficiais de justiça* regem-se por estatuto próprio (art. 19º da LOSJ), sendo o seu sistema de recrutamento regulado por lei, na circunstância o art. 67º, al. a), do EFJ, preceito esse que estabelece que aos mesmos é aplicável o *regime* de *incompatibilidades da função pública*.

[1424] O art. 8º da Lei nº 117/2019, de 13 de setembro, veio dar nova redação ao art. 3º do *regime jurídico do processo de inventário* aprovado em anexo à Lei nº 23/2013, de 5 de março, em ordem

As *garantias de imparcialidade* previstas na nossa lei processual civil são os *impedimentos* (estes dotados de maior grau de gravidade e de cariz mais *objetivista*) e as *suspeições*, bem como as *escusas* e as *incompatibilidades* (estas de menor grau de gravidade e de ponderação mais *subjetivista*). Distingue, a este propósito, *a doutrina* entre a *incapacidade absoluta* e a *relativa para o exercício da função*, derivando da primeira a *privação desse exercício* e, da segunda, a *obrigação do seu não exercício*. Não estabelece, contudo, a lei um regime de *incapacidade absoluta*, mas apenas *relativa*, já que o visado não fica privado do poder de exercer a sua função em termos absolutos, apenas a não podendo exercer *no concreto processo*, se a incapacidade nele for suscitada, seja por sua própria iniciativa seja por iniciativa de alguma das partes[1425].

Entende maioritariamente a doutrina que a circunstância de o visado intervir ou ter intervindo no processo em termos de afetação abstrata da sua imparcialidade não constitui *vício de forma* ou alguma *nulidade processual* derivada de prática ilegal de atos, antes devendo consubstanciar uma infração contra o *iter processualis* legalmente previsto, sendo, pois e apenas, passível de *censura disciplinar*. Os atos *ex-ante* praticados são válidos até ao momento em que a ilegal intervenção do juiz seu autor seja relevantemente suscitada[1426]. A *declaração de impedimento ou suspeição* só opera, portanto, *ex-nunc*. A lei processual não contempla, com efeito, uma tal causa de nulidade mesmo secundária prevista no art. 195º, sendo que os atos praticados são normalmente admitidos e até mesmo impostos por lei[1427]. A não ser assim, estaria encontrado o meio ínvio para a reiteração dos incidentes de *impedimento* ou *suspeição* por banda de uma qualquer das partes interessada no protelamento do curso normal do processo.

71.1. Impedimentos

71.1.1. Impedimentos do juiz de 1ª instância

O art. 115º enumera (*enumeração taxativa*), nas alíneas a) a i) do seu nº 1, os *causas de impedimento do juiz* para exercer as suas funções, *em jurisdição conten-*

a prever que «*são aplicáveis ao notário*, com as necessárias adaptações, as *garantias de imparcialidade* dispostas no CPC».

1425 Cfr. Salvador da Costa, *Os Incidentes* cit., p. 306.

1426 Cfr., neste sentido, Alberto dos Reis, *Código de Processo Civil Anotado*, vol. 1, p. 92 e Salvador da Costa, *Os Incidentes* cit., pp. 306 e 321-322.

1427 Cfr., neste sentido, J. Rodrigues Bastos, *Notas*, vol. I, p. 191.

ciosa ou *voluntária*, que se consubstanciam, designadamente, em elementos e parâmetros de *natureza familiar, conjugal* ou *parental*, de *afinidade, de convivência em economia comum*, de *julgamento anterior*, de *conflito, comunhão, promiscuidade ou conflito de interesses*, de *anterior pronúncia ou parecer sobre o objeto da causa* ou em *testemunho desfavorável etc.*[1428]. Assim:

«a)- Quando seja parte na causa, por si ou como representante de outra pessoa, ou quando nela tenha um interesse que lhe permitisse ser parte principal; b)- quando seja parte da causa, por si ou como representante de outra pessoa, o seu cônjuge e ou algum seu parente ou afim, ou em linha reta ou no 2º grau da linha colateral, ou quando alguma destas pessoas tenha na causa um interesse que lhe permita figurar nela como parte principal; c)- quando tenha intervindo na causa como mandatário ou perito ou quando haja que decidir questão sobre que tenha dado parecer ou se tenha pronunciado, ainda que oralmente; d)- quando tenha intervindo na causa como mandatário judicial o seu cônjuge ou seu parente ou afim na linha reta ou no 2º grau da linha colateral; e)- quando se trate de recurso interposto em processo no qual tenha tido intervenção corno juiz de outro tribunal, quer proferindo a decisão recorrida quer tomando de outro modo posição sobre questões suscitadas no recurso; f)- quando se trate de recurso de decisão proferida por algum seu parente ou afim, em linha reta ou no 2º grau da linha colateral, ou de decisão que se tenha pronunciado sobre a proferida por algum seu parente ou afim nessas condições; g)- quando seja parte na causa pessoa que contra ele propôs ação civil para indemnização de danos, ou que contra ele deduziu acusação penal, em consequência de factos praticados no exercício das suas funções ou por causa delas, ou quando seja parte o cônjuge dessa pessoa ou um parente dela ou afim, em linha reta ou no 2º grau da linha colateral, desde que a ação ou a acusação já tenha sido admitida; h)- quando haja deposto ou tenha de depor como testemunha; i)- quando esteja em situação prevista nas alíneas anteriores pessoa que com o juiz viva em economia comum».

Quanto ao impedimento da al. a), este só se verifica quando o *mandatário* já tenha começado a exercer o mandato na altura em que o juiz foi colocado respetivo juízo; na hipótese inversa, é o mandatário que está inibido de exercer o patrocínio (art. 115º, nº 2).

Nos juízos em que haja mais de um juiz ou perante os tribunais superiores não pode ser admitido como mandatário judicial o cônjuge, parente ou afim em linha reta ou no

[1428] Acerca do sentido e alcance de cada uma destas causas impedientes, cfr. Salvador da Costa, *Os Incidentes* cit., pp. 306 a 317.

2º grau da linha colateral do juiz, bem como a pessoa que com ele viva em economia comum, que, por virtude da distribuição, haja de intervir no julgamento causa; mas, se essa pessoa já tiver requerido ou alegado no processo na altura da distribuição, é *o juiz que fica impedido* (art. 115º, nº 3).

Quando se verifique alguma das causas previstas no art. 115º, o *juiz deve declarar-se impedido (por despacho* a lançar nos autos), *podendo as partes requerer a declaração do impedimento até à sentença* (art. 116º, nº 1). *Declarado o impedimento, a causa passa ao juiz substituto,* com exceção do caso previsto no nº 2 do art. 84º (remessa para a circunscrição mais próxima) – art. 116º, nº 3. «A *declaração de impedimento pelo juiz é oficiosa.* Uma vez verificada a causa legal, o juiz deixa de poder despachar no processo, *salva a declaração de impedimento que deve ser feita de imediato.* O juiz tem de *justificar (fundamentar)* a sua declaração, afirmando os factos constitutivos do impedimento e o direito aplicável, mas sem a obrigação de oferecer prova da sua existência.

Pode, também qualquer das *partes,* mesmo aquela que presumivelmente seria beneficiada pela causa do impedimento, *requerer* aquela declaração *até à prolação da sentença* (art. 116º, nº 1) e, se do processo não emergir, com evidência, essa causa, deve oferecer no requerimento a prova documental e testemunhal necessárias, nos termos dos arts. 293º, nº 1 e 294º (requerimento esse que deve ser acompanhado do documento comprovativo do pagamento da taxa de justiça, salvo se a parte arguente beneficiar do apoio judiciário na pertinente modalidade – arts. 145º, n. 1, do CPC e 7º, nº 4, do RCP).

Apresentado o requerimento, é aberta conclusão ao juiz que, ou reconhece o bem fundado da pretensão do requerente e profere *despacho de deferimento,* declarando-se *impedido*; ou *não reconhece o impedimento* e ordena a notificação da parte contrária a fim de se pronunciar, em 10 dias, sobre a pretensão do requerente (art. 293º, nº 2). Com a resposta, deve parte respondente juntar documento comprovativo da taxa de justiça ou da respetiva isenção.

É *sempre admissível recurso da decisão de indeferimento do impedimento do juiz para o tribunal imediatamente superior* (art. 116º, nº 5).

O *incidente* de impedimento requerido pela parte *é processado* (por enxerto) *nos próprios autos.*

71.1.2. Impedimentos dos juízes de tribunais coletivos e de tribunais superiores

Relativamente aos *tribunais coletivos* (apenas nos tribunais superiores)[1429], estabelece o art. 117º, como causa específica de impedimento, a *intervenção simultânea no julgamento* (em tribunal coletivo) de juízes que sejam cônjuges, parentes ou afins em linha reta ou no 2º grau da linha colateral (nº 1).

De notar, porém, que *no âmbito do processo laboral*, prevê o nº 3 do art. 68º do CPT que «a instrução, a discussão e o julgamento da causa incumbem ao tribunal coletivo nas causas de valor superior à alçada da Relação, desde que ambas as partes o requeiram e nenhum tenha requerido a gravação da audiência».

Se se verificar a situação (intervenção de juízes ligados por casamento, parentesco ou afinidade a que se refere o número 1), deixa de intervir o *juiz com menor antiguidade de serviço*, salvo se lhe competir a elaboração do acórdão, caso em que não intervém aquele que o antecede em antiguidade.

É, nesta hipótese, igualmente aplicável o disposto na alínea i) do nº 1 do art. 115º, ou seja, existe *impedimento* quando o juiz seja *convivente em economia comum* com pessoa abrangida por qualquer das previsões das alíneas a) a h) do nº 1 do art. 115º.

Nos tribunais superiores observa-se o disposto no nº 1 do artigo 217º (*segunda distribuição*), se o *impedimento respeitar ao relator*, ou a causa passa ao juiz imediato, *se o impedimento respeitar a qualquer dos adjuntos* (art. 116º, nº 4).

Do *despacho proferido sobre o impedimento* de algum dos juízes da Relação ou do Supremo Tribunal de Justiça pode *reclamar-se para a conferência*, que decide com todos os juízes que devam intervir, exceto aquele a quem o impedimento respeitar (116º, nº 2).

71.1.3. Impedimentos do Ministério Público e dos funcionários da secretaria

No que respeita aos *impedimentos do Ministério Público* ou *da secretaria*, rege o art. 118º. Assim: – *aos representantes do Ministério Público* são aplicáveis as causas de impedimento relativas aos juízes constantes das alíneas a), b), g) e i) do nº 1 do art. 115º, estando «*também impedidos de intervir quando tenham intervindo na causa como mandatários ou peritos,* constituídos ou designados

[1429] Em *processo penal*, os incidentes de impedimentos, recusas e escusas são regulados pelos arts. 39º a 54º do CPP.

pela parte contrária àquela que teriam de representar ou a quem teriam de prestar assistência» (nº 1); – *aos funcionários da secretaria* é aplicável o disposto nas alíneas a), b) e i) do nº 1 do mesmo art. 115º: também «não pode intervir quando tenham intervindo na causa como *mandatários* ou *peritos* de qualquer das partes».

O *representante do Ministério Público ou o funcionário da secretaria abrangidos por qualquer impedimento devem declará-lo imediatamente no processo;* se o não fizerem, *o juiz do processo,* enquanto a pessoa impedida houver de intervir na causa, *conhece do impedimento, ex-officio* ou *a requerimento de qualquer das partes,* observando-se o disposto no art. 129º (*ex-vi* do nº 3 do art. 118º). Mas, *enquanto não houver decisão sobre o impedimento, nem o funcionário, nem o Ministério Público podem continuar a intervir no processo* (art. 129º, al. b)).

Se a suscitação do *impedimento do magistrado do Ministério Público ou do funcionário da secretaria* for da iniciativa da parte, deve esta simultaneamente afirmar (no requerimento), com precisão, os respetivos fundamentos e indicar as pertinentes provas. *Autuado o requerimento por apenso,* o processo é facultado ao visado, por 10 dias, a fim de poder responder, sem que a contraparte na causa intervenha no incidente (arts. 118º, nº 3, 121º, nº 1, 122º, 129º e 293º, nº 1). O requerimento deve ser acompanhado do *documento comprovativo do pagamento da taxa de justiça devida,* se a parte requerente não beneficiar do apoio judiciário que a abranja (arts. 145º, nº 1 e 7º, nº 4, do RCP).

A procedência do *impedimento do funcionário da secretaria,* ainda que por este declarado, é sempre *apreciada pelo juiz* da causa (art. 118º, nº 4). Produzida a prova pertinente e necessária para o efeito, o juiz decide a questão do impedimento, *sem possibilidade de recurso* (art. 129º, alínea c)).

O *incidente* está sujeito a *custas,* nos termos dos nºs 1 e 2 do art. 527º.

71.2. Suspeições

71.2.1. Suspeição do juiz. Pedido de escusa

O *juiz não pode declarar-se voluntariamente suspeito,* mas *pode apresentar pedido de escusa,* ou seja, pode *pedir que seja dispensado de intervir na causa* quando se verifique alguma das hipótese contempladas no art. 120º e, além disso, quando, por outras circunstâncias ponderosas, entenda que pode suspeitar-se da sua imparcialidade (art. 119º, nº 1).

O *pedido (de escusa)* deve ser apresentado *antes de proferido o primeiro despacho ou antes da primeira intervenção no processo,* se esta for anterior a qualquer despacho (*circunstâncias preexistentes*); quando forem *supervenientes os factos que justificam o pedido* ou o conhecimento deles pelo juiz (*circunstâncias supervenientes*), *a escusa é solicitada antes do primeiro despacho ou intervenção no processo* posterior a esse conhecimento (art. 119º, nº 2).

O *pedido* contém a *indicação precisa dos factos* que o justificam e deve *ser dirigido ao Presidente da Relação respetiva ou ao Presidente do Supremo Tribunal de Justiça*, se o juiz pertencer a este Supremo Tribunal (art. 119º, nº 3). O presidente do tribunal superior pode colher quaisquer informações e, quando o pedido tiver por fundamento alguma das causas especificadas no art. 120º, ouve (por 10 dias), se o entender conveniente, a parte que poderia opor a suspeição, fazendo-lhe entrega de cópia da exposição do juiz (art. 119º, nº 4).

Concluídas as diligências referidas no número anterior, ou não havendo lugar a elas, *o presidente decide sem recurso* (art. 119º, nº 5).

É aplicável ao pedido de escusa o disposto no art.125º acerca da influência da arguição na marcha do processo (art. 119º, nº 6).

71.2.2. Suspeição oposta pelas partes aos juízes de 1ª instância ou dos tribunais superiores

As partes podem opor *suspeição ao juiz* quando ocorrer *motivo, sério* e *grave*, adequado a gerar desconfiança sobre a sua imparcialidade (art. 120º, nº 1). A *enumeração dos fundamentos de suspeição* constante desse nº 1 é meramente *exemplificativa*, que *não taxativa*, o que logo ressalta do advérbio *nomeadamente* da respetiva formulação.

São os seguintes os *fundamentos da suspeição* enumeradas no nº 1 do art. 120º: a)- se existir parentesco ou afinidade não compreendidos no art. 115º, em linha reta ou até ao 4º grau da linha colateral, entre o juiz ou o seu cônjuge e alguma das partes ou pessoa que tenha, em relação ao objeto da causa, interesse que lhe permitisse ser nela parte principal; b)- se houver causa em que seja parte o juiz ou o seu cônjuge ou unido de facto ou algum parente ou afim de qualquer deles em linha reta e alguma das partes for juiz nessa causa; c)- se houver, ou tiver havido, nos três anos antecedentes, qualquer causa, não compreendida na alínea g) do nº 1 do artigo 115º, entre alguma das partes ou o seu cônjuge e o juiz ou seu cônjuge ou algum parente ou afim de qualquer deles em linha reta; d)- se o juiz ou o seu cônjuge, ou algum parente ou afim de qualquer deles em linha reta, for credor ou devedor de alguma das partes, ou tiver interesse jurídico em que a decisão do pleito seja favorável a uma das partes; e)- se o juiz for protutor, herdeiro presumido, donatário ou patrão de alguma das partes, ou membro da direção ou administração de qualquer pessoa coletiva parte na causa; f)- se o juiz tiver recebido dádivas antes ou depois de instaurado o processo e por causa dele, ou se tiver fornecido meios para as despesas do processo; g)- se houver inimizade grave ou grande intimidade entre o juiz e alguma das partes ou seus mandatários».

O disposto na alínea c) do número anterior abrange as *causas criminais* quando as pessoas aí designadas sejam ou tenham sido ofendidas, participantes ou arguidas (art. 120º, nº 2).

Nas hipóteses das alíneas c) e d) do nº 1, é julgada improcedente a suspeição quando as circunstâncias de facto convençam de que a ação foi proposta ou o crédito foi adquirido para se obter motivo de recusa do juiz – proibição de *venire contra factum proprium* (art. 120º, nº 3).

Os conceitos de *gravidade* e *seriedade* exigidos pelo nº 1 do art. 120º, porque *vagos* e *indeterminados*, têm que ser integrados pela entidade com competência decisória de forma casuística (com apelo ao prudente arbítrio do julgador), face às conceções sociais dominantes e atentos os parâmetros referenciais enunciados no preceito, em si redutores do respetivo grau de indeterminação.

O *prazo para a dedução da suspeição* corre (*para a parte*) desde o dia em que, depois de o juiz ter despachado ou intervindo no processo, nos termos do nº 2 do art. 119º, a parte for citada ou notificada para qualquer termo ou intervier em algum ato do processo; o réu citado para a causa *pode deduzir a suspeição* no mesmo prazo que lhe é concedido para a defesa (art. 121º, nº 1). *Se o fundamento da suspeição já existir* (for anterior) aquando da 1ª intervenção do juiz no processo, a parte pode denunciá-lo ao juiz antes dessa 1ª intervenção se consumar; nesse caso, o juiz, se não quiser apresentar pedido de escusa nos termos do art. 119º, declara-o logo em despacho no processo, suspendendo-se os termos deste até decorrer o prazo para a dedução da suspeição, contado a partir da notificação daquele despacho (art. 121º, nº 2)». Se o *fundamento da suspeição ou o seu conhecimento for superveniente*, a parte denuncia o facto ao juiz logo que tenha conhecimento dele, sob pena de não poder mais tarde arguir a suspeição. Observa-se, neste caso, o disposto no número anterior (art. 121º, nº 3).

Tendo o juiz apresentado pedido de escusa, mas o seu *pedido não houver sido atendido pelo presidente do tribunal superior*, *a suspeição deduzida pela parte* «*só pode ser oposta por fundamento diferente do que ele tiver invocado* e o prazo para a dedução corre desde a primeira notificação ou intervenção da parte no processo, posterior ao indeferimento do pedido de escusa do juiz» (art. 121º, nº 4).

Quando ao *processamento*, rege o art. 122º e seus nºs 1, 2, 3 e 4: – o recusante indica com precisão os fundamentos da suspeição e, *autuado o requerimento por apenso*, é este *concluso ao juiz recusado para responder*, sendo que *a falta de resposta ou de impugnação dos factos alegados importa confissão* destes (nº 1); – *não havendo diligências instrutórias a efetuar, o juiz manda logo desapensar o processo do incidente e remetê-lo ao presidente do tribunal da Relação*; no caso contrário, *o processo é concluso ao juiz substituto, que ordena a produção das provas oferecidas* e, finda esta, a remessa do processo; não são admitidas diligências por carta» (nº 2).

É aplicável a este caso o disposto nos artigos 292º a 295º (*disposições gerais relativas aos incidentes da instância*) quanto a indicação de provas e oposição, limite de testemunhas e registo de depoimentos (art. 122º, nº 3), sendo que a *parte contrária* à parte recusante pode intervir no incidente como *assistente* (art. 122º, nº 4).

No que toca ao *julgamento do incidente de suspeição*: – uma vez «recebido o processo, o *presidente do tribunal da Relação* pode requisitar das partes ou do juiz recusado os esclarecimentos que julgue necessários; a requisição é feita por *ofício dirigido ao juiz recusado* ou *ao substituto* quando os esclarecimentos devam ser fornecidos pelas partes» (art. 123º, nº 1); – «se os documentos destinados a fazer prova dos fundamentos da suspeição ou da resposta não puderem ser logo oferecidos, o presidente admite-os posteriormente, quando julgue justificada a demora» (art. 123º, nº 2); – «concluídas as diligências que se mostrem necessárias, *o presidente decide sem recurso*; *quando julgar improcedente a suspeição, apreciará se o recusante procedeu de má-fé*» (art. 123º nº 4).

Se o *despacho de indeferimento* for proferido pelo presidente do tribunal da Relação e contiver um *segmento condenatório do requerente como litigante de má-fé*, é, tal *decisão*, nessa parte, passível de *recurso de apelação* para o Supremo Trinunal de Justiça. Isto porque «independentemente do valor da causa ou da sucumbência, é *sempre admitido recurso, em um grau*, da *decisão* (assuma ela a natureza de *sentença*, *acórdão* ou de simples *despacho* – art. 152º) que condene em litigância de má-fé» (art. 542º, nº 3). Com efeito, em tal eventualidade, o presidente do tribunal da Relação funciona como um verdadeiro juiz de 1ª instância[1430] e a condenação em litigância de má-fé assenta, sempre, em *pressupostos de facto e de direito*, cuja apreciação é, *qua tale*,

[1430] O tribunal da Relação funciona como tribunal de 1ª instância, em matéria cível, designadamente nas situações previstas nas alíneas b), c) e d) do art. 73º da LOSJ.

sindicável perante o Supremo Tribunal de Justiça, o qual deve ser distribuído no Supremo na espécie 4ª ("apelações") que não na espécie 1ª ("revistas") do art. 215º[1431].

Prevê o nº 3 do art. 123º para a o período subsequente à conclusão das diligências probatórias necessárias, por um lado, que o presidente da Relação deve proferir decisão no incidente e que, se for de improcedência, lhe incumbe *apreciar e decidir se o recusante procedeu ou não de má-fé*.

Tais apreciação e decisão, a deverem ser de sentido positivo, terão que pressupor uma *conduta dolosa* ou com *negligência grave* por parte do recusante (em paralelismo com o disposto no nº 2 do art. 542º para a *litigância de má-fé*), sendo que a simples decisão de improcedência da arguição da suspeição não implica necessariamente a condenação do arguente como litigante de má fé. E se verificada uma atuação assim qualificada, deve o presidente da Relação condená-lo-á em *multa*, bem como em *indemnização* se o juiz recusado a pedir (art. 542º, nºs 1 e 2).

A *suspeição oposta a juiz da Relação* ou *do Supremo Tribunal de Justiça* é julgada pelo presidente do respetivo tribunal, observando-se, na parte aplicável, o disposto nos arts. 119º a 123º, sendo, porém, as *testemunhas inquiridas pelo próprio presidente* (art. 124º).

A *dedução da suspeição não suspende a marcha do processo* (causa principal); os termos subsequentes são processados em 1ª instância pelo juiz substituto; mas «*nem o despacho saneador nem a decisão final são proferidos enquanto não estiver julgada a suspeição*» (art. 125º, nº 1); se a suspeição for deduzida nas Relações ou no Supremo Tribunal de Justiça (*suspeição oposta ao relator*), serve de relator o primeiro adjunto e o processo vai com vista ao juiz imediato ao último adjunto; mas não se conhece do objeto do feito nem se profere decisão que possa prejudicar o conhecimento da causa enquanto não for julgada a suspeição» (art. 125º, nº 2).

[1431] Assim, e salvo o devido respeito, permitimo-nos discordar do sentido decisório adotado, a respeito desta tema, nos acórdãos do STJ de de 3-10-2013, Proc. nº 5/11.6TCGMR-B.G1.S1/Cons. Nuno Cameira e de 12-7-2016, Proc. 4751/04.2TVLSB.L1-B.S1/Cons. Olindo Geraldes, ambos *in* www.dgsi.pt.. E, outrossim, da do acórdão do TC de 5-4-2018, Proc. 318/2017 que tal orientação coonestou, já que o cerne da questão (não admissão do recurso para o Supremo da decisão condenatória em má-fé do Presidente da Relação) não colocava um real problema de constitucionalidade merecedor de um juízo positivo ou negativo por parte do TC, mas tão singelamente do cumprimento/aplicação concreta de uma norma legal expressa.

Se julgada *procedente a escusa* ou a *suspeição,* continua a intervir no processo o juiz que fora chamado em substituição, nos termos do art. 125º (art. 126º, nº 1). Se a escusa ou a suspeição for *desatendida* (*julgada improcedente*), intervém na decisão da causa o juiz que se escusou ou que foi averbado de suspeito, ainda que o processo tenha já os vistos necessários para o julgamento» (art. 126º, nº 2).

Independentemente da verificação ou não da dedução de má fé da suspeição, o arguente/recusante deve ser condenado no *pagamento das custas do incidente*, nos termos do art. 527º, nºs 1 e 2.

No que tange à *recusa de árbitros em sede de arbitragem voluntária*, estatui o nº 3 do art. 14º da LAV que «se a destituição do árbitro recusado não puder ser obtida segundo o processo convencionado pelas partes ou nos termos do disposto no nº 2 do art. 14º, a parte que recusa o árbitro pode, no *prazo de 15 dias* após lhe ter sido comunicada a decisão sobre a recusa, pedir *ao tribunal estadual competente* (o tribunal da Relação respetiva) que tome uma decisão sobre a recusa, sendo aquela insuscetível de recurso», sendo que, «na pendência do pedido, o tribunal arbitral pode prosseguir o processo arbitral e proferir sentença» (*sic*).

É *inadmissível recurso* contencioso das decisões de indeferimento do *incidente de suspeição relativas aos instrutores no âmbito de processos disciplinares.*

71.2.3. Suspeição oposta pelas partes aos funcionários da secretaria

«Podem também as partes opor *suspeição aos funcionários da secretaria* com os fundamentos enunciados nas várias alíneas do nº 1 do art. 120º, excetuada a alínea b)». Mas os factos designados nas alíneas c) e d) desse preceito só podem ser invocados como fundamento de suspeição quando se verifiquem entre o funcionário ou seu cônjuge e qualquer das partes processuais (art. 127º, nº 1).

O *prazo para o autor deduzir a suspeição* conta-se da data do recebimento da petição inicial na secretaria ou da distribuição, se desta depender a intervenção do funcionário» (art. 128º, nº 1). O *prazo para o réu deduzir suspeição* é coincidente com o prazo que dispõe para apresentar a defesa (art. 128º, nº 2). Se a *causa da suspeição for supervenientemente conhecida,* o prazo conta-se desde o dia em que o facto tenha chegado ao conhecimento do recusante(art. 128º, nº 3).

O requerimento do incidente é processado nos termos do art. 122º (*autuado por apenso* aos autos principais), com as modificações seguintes: «a) ao recusado é facultado o *exame do processo* para *responder*, não tendo a parte contrária ao recusante intervenção no incidente; b) *enquanto não for julgada a suspeição, o funcionário não pode intervir no processo*; c) *o juiz da causa* provê a todos os termos e atos do incidente e *decide, sem recurso*, a suspeição» (art. 129º).

Subsecção II
Outros incidentes típicos

72. Verificação do valor da causa
72.1. Valor das ações

Este incidente encontra-se regulado nos arts. 296º a 310º.

Prescreve o nº 1 do art. 296º que «a toda a causa deve ser atribuído um *valor certo, expresso em moeda legal*, o qual representa a *utilidade económica imediata do pedido*». A expressão *causa* é utilizada, nesse preceito, em sentido amplo, abrangendo, não só o conceito de *ação*, litígio ou demanda, como também a *reconvenção*, os *procedimentos cautelares* e os próprios *incidentes*[1432].

Estabelece o CPC, a par de *critérios gerais* (art. 297º), *critérios especiais* (art. 298º) para a fixação do valor, e também *critérios específicos* para as ações que tenham por objeto prestações vincendas ou periódicas (art. 300º), um ato jurídico negocial (art. 301º), um direito real (art. 302º) ou o estado das pessoas e interesses imateriais ou difusos (art. 303º)[1433].

Porque seu elemento essencial, o valor da causa não reveste, em bom rigor, a natureza de uma *questão anormal* ou estranha em relação ao processo da ação. Mas, prevenindo a hipótese de se revelar controverso ou ser posto em crise, procedeu a lei à regulação específica do respetivo apuramento através do incidente típico em apreço. Até porque essa indagação revela fundamentalmente para a determinação da *competência* do tribunal, *da forma de processo comum, da forma de processo especial para cumprimento de obrigações*

[1432] Cfr. Salvador da Costa, *Os Incidentes* cit., pp. 18 e ss. e J. Rodrigues Bastos, *Notas*, vol. II cit., p. 84.

[1433] A fim de permitir o recurso até ao Supremo Tribunal de Justiça, o nº 1 do art. 303º, estatui que «as *ações sobre o estado das pessoas ou sempre interesses imateriais* consideram-se sempre de valor equivalente à alçada da Relação mais €0,01».

pecuniárias emergentes de contratos, do processo de execução comum[1434], da relação da causa com a *alçada* do tribunal para efeitos de *recurso* (art. 629º) e da obrigatoriedade de *patrocínio judiciário* (art. 40º)[1435].

O que se não confunde com o *valor da causa para efeitos de tributação* (incidência ou isenção) em *custas* (taxa de justiça, encargos e custas de parte), o qual é calculado de harmonia com as regras vertidas no CPC e no RCP (cfr. o nº 3 do art. 296º). Há, assim, a considerar para cada causa um *valor processual* – a determinar exclusivamente pelas regras do CPC – e um *valor fiscal ou tributário* oficiosamente encontrado pelas regras simultaneamente do CPC e do RCP –, sendo que o valor que a parte tem o ónus de indicar na petição inicial (art. 552º, nº 1, al. f)) é sempre e apenas o *valor processual*.

«O réu pode (na contestação) *impugnar o valor indicado pelo autor* na petição inicial, conquanto ofereça outro em substituição; nos articulados subsequentes podem as partes acordar em qualquer valor (art. 305º, nº 1). Mas se o processo admitir apenas dois articulados, tem o autor a faculdade de vir declarar que aceita o valor oferecido pelo réu» (art. 305º, nº 2).

Caso a petição inicial não contenha a indicação do valor e, apesar disso, houver sido recebida, deve o autor ser instado, logo que a falta seja detetada, e, sob a cominação de a instância se extinguir, a declarar o valor; nessa eventualidade, dá-se conhecimento ao réu da declaração feita pelo autor e, se já tiverem findos os articulados, pode o réu impugnar o valor declarado pelo autor» (art. 305º, nº 3). A *falta de impugnação* por banda do réu importa «*aceitação tácita* do valor atribuído à causa pelo autor» (art. 305º, nº 4).

O *momento atendível para a determinação do valor da causa* é o da *propositura da ação*, salva a subsequente dedução de *pedido reconvencional* ou de *intervenção principal* (art. 299º, nº 1). Mas *o valor do (novo) pedido* formulado pelo réu ou pelo interveniente só é *adicionado* ao pedido formulado pelo autor quando os pedidos sejam *distintos* nos termos do nº 3 do artº 530º (art. 299º, nº 2), soma essa, todavia, que só surte eficácia «quanto aos atos e termos posteriores à *reconvenção* ou *intervenção*» (art. 299º, nº 3). Porém, «*não se considera distinto* o pedido (designadamente) quando a parte (réu-reconvinte

[1434] A *competência para conhecer do processo de execução* é dos juízos de execução como tribunais de competência especializada dos juízos centrais, seja dos juízos de competência genérica mista ou de juízos desdobrados (arts. 81º, nº 2, al. g), 117º, nº 1, e 130º, nº 1, al. c) da LOSJ).

[1435] *Admitem sempre recurso as decisões respeitantes ao valor da causa, dos incidentes ou dos procedimentos cautelares*, com o fundamento de que o seu valor excede a alçada do tribunal de que se recorrer – cfr. a al. b) do nº 2 e a al. b) do nº 3, ambos do art. 629º.

ou interveniente) pretenda conseguir, em seu benefício, o *mesmo efeito jurídico* que o autor se propõe obter (caso, por, exemplo, de pedido recíproco de divórcio sem consentimento do outro cônjuge) ou quando a parte pretenda obter a *mera compensação de créditos* (art. 530º, nº 3).

Se o réu *apenas* pretender a *extinção total* ou *parcial do crédito* invocado pelo autor, pode limitar-se a deduzir (defendendo-se) *exceção perentória* (total ou parcialmente extintiva) e a pedir, em conformidade, a *sua absolvição* (total ou parcial) do pedido, caso em que o *valor da ação* é o do valor do crédito do autor; mas, se o contracrédito do réu exceder o valor do crédito do autor, e o réu pretender obter (no mesmo processo) a condenação do autor a pagar-lhe o *excesso*, deverá deduzir contra o autor *pedido autónomo reconvencional* ao abrigo do disposto no art. 266º, nº 2, al. c)), já que, em tal eventualidade, se não depara uma *mera compensação de créditos*. Nesta 2ª hipótese, o *valor da ação* será o da soma do valor do crédito do autor, com o valor do excesso, objeto do pedido reconvencional.

Assim, por exemplo, A pede a condenação de B a pagar-lhe uma dívida de €25.000; B limita-se a alegar a extinção total ou parcial desse crédito, invocando, para tal um contracrédito de valor igual ou inferior a 25.000; o valor da ação será, nesse caso, o de €25.000; mas, se o contracrédito do réu for de €50.000, e o réu pretenda (no mesmo processo) obter do autor a diferença, fá-lo-á por via reconvencional, sendo então o valor da ação o de €50.000 (€25.000+€25.000). *Este último valor permanecerá inalterado*, quaisquer que sejam as vicissitudes e o desfecho da ação no seu conjunto, mesmo, pois, que alguma das partes, após a contestação-reconvenção, venha interpor qualquer *recurso*, seja ele de *apelação* ou de *revista*, sendo, por tal, com referência a esse valor cumulado, que devem ser aferidos os requisitos de admissibilidade do recurso exigidos pelo nº 1 do art. 629º[1436].

Nos arts. 297º a 307º enunciam-se os *critérios gerais* e especiais a que deve atender-se para a fixação desse valor processual, enquanto que nos arts. 304º a 310º se regula a respetiva *tramitação* procedimental.

Compete ao *juiz fixar definitivamente o valor* (processual) da causa, sem prejuízo do dever de indicação que impende sobre as partes (art. 297º, nº 1). O valor (*processual*) da causa pode, pois, ser encontrado, quer por *decisão do juiz*, quer *por acordo* (expresso ou tácito) das partes (coonestado pelo

[1436] Cfr., neste sentido, Alberto dos Reis, *Código de Processo Civil Anotado*, vol. III, Coimbra Editora, 1946, p. 655 e o acórdão da RE de 25-1-2018, Proc. 349/17.3T8ORM-A.E1, *in* www.dgsi.pt/Des. Mata Ribeiro.

juiz – art. 308, nº 1), quer mesmo (residualmente) por meio de *arbitramento* por um único perito nomeado pelo juiz (arts. 305º a 309º). Tal fixação terá lugar, *ex-vi* do nº 2 do art. 306º, *no despacho saneador* (salvo nos processos de liquidação ou análogos) ou, não havendo lugar a esse despacho, *na sentença final* (art. 297º, nº 2.

Quando as partes não tenham chegado a acordo ou o juiz não aceite o acordo expressa ou tacitamente firmado, a *determinação do valor da causa faz-se em função dos elementos processualmente adquiridos* ou, revelando-se estes insuficientes, mediante as *diligências indispensáveis* que as partes adrede requererem ou juiz ordenar (art. 308º, nº 1). Impende, pois, sobre o juiz o poder-dever de ajuizar sobre a objetividade do acordo a que partes chegaram. Se se tornar necessário proceder a *arbitramento*, é este feito por um único perito, não havendo lugar a um segundo arbitramento (art. 309º).

«Afora os casos de litígio sobre *interesses imateriais ou difusos* (art. 303º), o *valor do processo* é determinado *objetivamente* segundo as regras e critérios previstos nos arts. 296º e ss. do CPC. Se o autor formula um pedido de indemnização e alega que o valor a receber do réu poderá se reduzido em função de um *evento futuro e incerto* relacionado com o resultado que venha a ser obtido noutro processo judicial (com outros sujeitos), o *valor do processo* não se determina pelo do nº 4 do art. 299º do CPC, mas segundo o critério previsto no art. 297º. Se formulado *pedido genérico*, designadamente em *ações de responsabilidade civil*, o *valor do processo* (indicado pelo autor ou fixado pelo juiz) assume *caráter provisório*, podendo ser modificado em função de novos elementos eventual e subsequentemente adquiridos; porém, mesmo nesses casos, a sua determinação não segue em nenhum momento um critério arbitrário ou de mera conveniência das partes, devendo ser o reflexo dos *elementos objetivos* que o processo forneça no momento em que é indicado pela parte ou em que (em termos provisórios ou definitivos) é fixado pelo juiz (art. 299º, nº 3, do CPC).

O *valor do processo* também *não é determinado pelo valor da taxa de justiça ou dos efeitos que o pagamento desta pode projetar no exercício do direito de acesso aos tribunais*; efeitos que, além de poderem relevar para obtenção de apoio judiciário, são regulados pelas normas do RCP, no qual se estabelece uma *limitação do quantitativo máximo da taxa de justiça* a pagar, com eventual *dispensa ou redução de pagamento do valor remanescente* (art. 6º, nº 7) e se prevê ainda o *diferimento do pagamento da taxa de justiça remanescente* (art. 14º, nº 9)»[1437].

[1437] Cfr. o acórdão do STJ de 7-3-2019, Proc. 21112/16.3T8LSB-A.L1.S1, *in* www.dgsi.pt/ Cons. ABRANTES GERALDES.

Nos processos em que a *utilidade económica do pedido* apenas se define a sequência da ação, como é o caso dos *processos de liquidação e análogos*, o valor inicialmente aceite é corrigido logo que o processo forneça os elementos necessários», devendo o juiz fixar o valor processual da causa logo que eles contenham os necessários elementos fácticos, sem aguardar pelo momento da prolação da sentença (art. 299º, nº 4)[1438-1439].

Haja ou não impugnação do valor da causa pelo réu nos termos do nº 1 do art. 305º, certo é que, em qualquer caso, as partes se pronunciaram sobre o valor da causa ao inscrevê-lo na petição ou requerimento inicial ou no articulado de oposição. Por isso, no caso de o juiz, fora do quadro da referida impugnação, fixar oficiosamente o valor da causa, não se lhe impõe, porque redundante, a audição prévia das partes a que se reporta o nº 3 do art. 3º, não sendo, pois, de aplicar o regime de arguição das nulidades processuais secundárias a que se reportam os arts. 195º e 199º[1440].

Pode suceder que o *juiz da causa* (em 1ª instância) *omita a fixação do valor da causa* sem que alguma das partes suscite o respetivo suprimento e haja sido, entretanto, interposto recurso da decisão final. Se interposto recurso antes da fixação do valor da causa pelo juiz, deve este fixá-lo *no despacho de apreciação liminar do requerimento de interposição do recurso* a que se reporta o art. 641º (*ex-vi* do nº 3 do art. 306º). Não podendo o juiz deixar de fixar o valor da causa, pelo menos no *despacho de recebimento ou rejeição da interposição do recurso* (arts. 306º, nº 3 e 641º), ainda que tenha de ordenar a realização de diligências necessárias, designadamente perícia ou requisição de documentos, caso o recurso suba à Relação sem que tal valor haja sido fixado, o relator, usando dos poderes que lhe são conferidos pelas alíneas b) e d) do nº 1 do art. 652º, deve *ordenar a devolução do processo ao tribunal a quo a fim de aquele suprir a omissão.*

Como consequências da decisão (definitiva) do incidente do valor, temos que: – se se apurar que o *tribunal* é *incompetente*, são os autos oficiosa-

[1438] No acórdão do STJ de 2-6-2015, *in* Proc. nº 189/13.9/BCCH-B.El.Sl/Cons. FONSECA RAMOS, decidiu-se que se o requerente da insolvência atribuiu à ação o valor de € 7.000, não alterado na 1ª instância na fase posterior do processo, é ele que releva para efeito de admissibilidade de recurso.

[1439] Cfr. as hipóteses contempladas nos arts. 609º, nº 2, do CPC (*limites da condenação*), 564º (*cálculo da indemnização de danos futuros previsíveis) e 565º (arbitramento de indemnização provisória*), ambos do CC, às quais subjaz a necessidade de uma ulterior liquidação.

[1440] Cfr., neste sentido, SALVADOR DA COSTA, *Os Incidentes* cit., p. 61.

mente remetidos ao juízo que for competente (art. 310º, nº 1); – se da fixação do valor resultar ser *outra forma de processo* correspondente à ação (mantendo-se, porém, a competência do tribunal), será *mandada seguir a forma apropriada*, mas sem anulação do processado anterior, corrigindo-se apenas, se for caso disso, a distribuição efetuada (art. 310º, nº 2). O tribunal mantém, porém, sempre a competência quando seja *ex-officio* fixado à causa um valor inferior ao indicado pelo autor.

A *incompetência em razão do valor da causa* é sempre de *conhecimento oficioso* pelo tribunal, seja qual for a ação em que se suscite (art. 104º, nº 2). A decisão do *incidente do valor* é *definitiva* quando haja transitado em julgado, isto é, quando já não seja suscetível de reclamação ou de recurso ordinário (art. 628º).

A verificação de que o tribunal é incompetente só é suscetível de ocorrer no caso de ações ou de procedimentos instaurados *nos juízos locais,* designadamente nos *juízos de competência genérica mista* ou nos *juízos cíveis* em que os juízos de competência genérica se desdobrem. O *juízo de competência cível* torna-se *incompetente em razão do valor* no caso de a competência para conhecer da causa se inscrever, por virtude do valor resultante da decisão definitiva do respetivo incidente, por exemplo, no *juízo cível do juízo central do tribunal de comarca,* que não no *juízo de competência cível do juízo local em que a ação foi instaurada;* isto é, se estiver pendente uma ação cível num *juízo local cível* e ocorrer, no âmbito do incidente de verificação do valor, a alteração do respetivo valor processual, em termos da atribuição da competência para deles conhecer ao *juízo central cível,* por força do disposto no art. 117º, nº 1, al. b), da LOSJ. A ressalva da parte final do nº 3 do art. 310º visa circunscrever a consequência do resultado da decisão sobre o valor da causa, designadamente a da remessa para os *juízos locais cíveis* de ações instauradas nos *juízos centrais cíveis.*

O nº 2 do art. 310º reporta-se à situação em que da fixação definitiva do valor *processual* da causa resulta ser outra *a forma de processo* correspondente à ação (incluída na competência do tribunal), impondo a norma ao juiz o dever de, por um lado, mandar seguir a forma de processo apropriada, sem anulação do processado anterior e, por outro, corrigir, se for caso disso, a distribuição efetuada nos termos do art. 212º. Já o nº 3 do msmo art. 310º, conexionado com o disposto no seu nº 1, prevê *a fixação oficiosa de valor inferior ao indicado pelo autor,* determinado que, em tal hipótese, o tribunal mantenha a sua competência. Subjaz ao preceito a distinção entre *as situações em que alguma das partes impugnou o valor da causa atribuído pela outra* e *aqueloutras em que o juiz o fixou oficiosamente* nos termos do nº 1 do art. 306º. Nesta última hipótese, se o autor atribuiu à causa determinado valor, por exemplo o de € 50.001, com base no qual a ação foi afetada a um *juízo central cível,* e o juiz, *ex-officio,* fixar o seu valor processual no montante € 45.001, correspondente à competência de um *juízo de competência especializada mista* ou de *competência específica de um juízo local*, a competência para conhecer da ação mantém-se no primeiro dos referidos juízos, não havendo, consequentemente, lugar à remessa prevista no nº 1 desse artigo[1441].

72.2. Valor dos incidentes e dos procedimentos cautelares

O *valor dos incidentes* é o da causa a que respeitam, salvo se o incidente tiver realmente valor diverso do da causa, porque neste caso o valor é determinado nos termos gerais prescritos nos arts. 296º a 303º (art. 304º, nº 1), sendo que o *valor do incidente de caução* é determinado pelo valor da importância a caucionar (art. 304º, nº 2).

Rege especificamente, neste conspecto, o art. 307º. Assim: *se a parte não indicar o respetivo valor*, entende-se que aceita o valor dado à causa principal; a parte contrária pode, porém, impugnar o valor com fundamento em que o incidente tem valor diverso do da causa, observando-se com as necessárias adaptações, o disposto nos arts. 306º, 308º e 309º (art. 307º, nº 1); a impugnação é igualmente admitida *quando se haja indicado para o incidente valor diverso do da causa* e a parte contrária se não conforme com esse valor (art. 307º, nº 2). O *incidente de verificação do valor processual dos incidentes* tem lugar, pois, não só quando o valor indicado pelo requerente é impugnado pela parte contrária, como também quando o valor processual do incidente decorrente do acordo tácito ou presumido estiver em manifesta desconformidade com o resultado dos critérios legais

Preceito aquele do nº 1 do art. 304º aplicável, não só aos *incidentes que corram termos nos autos da causa principal* (como é de regra), como também àqueles cujo processado *corra por apenso*, e não só aos *incidentes da instância*, isto é, os como tal *tipificados* no CPC, como também a qualquer outro tipo de *incidente atípico ou anómalo*.

Não é, pois, obrigatória a indicação do valor do incidente no requerimento inicial, face à presunção (ilidível por prova do contrário) de que a omissão significa ser aceite, por paridade, o valor já dado à causa principal. Daí que, ao invés do que sucede no procedimento principal, não haja lugar a convite ao omitente para indicar o valor processual do incidente.

O *valor dos procedimentos cautelares* (especificados e não especificados) é determinado nos termos das alíneas a), b), c), d), e) e f) do nº 2 do art. 304º.

[1441] Cfr, a este respeito, Salvador da Costa, *Os Incidentes* cit., pp. 67-70.

Em última análise, há sempre que seguir o critério geral plasmado no nº 1 do art. 306º, nos termos do qual «*compete ao juiz fixar o valor*», «sem prejuízo do dever de indicação que impende sobre as partes».

73. Intervenção de terceiros

A instância pode ser subjetivamente modificada, quer por *sucessão* nas posições jurídicas das partes iniciais, quer através dos *incidentes de intervenção de terceiros* (art. 262º, alíneas a) e b)). Através dessa modificação, opera-se a substituição de alguma das partes, chamando a juízo outros sujeitos da relação jurídica processual. A *intervenção de terceiros* constitui, pois, uma *exceção ao princípio da estabilidade da instância* (art. 260º) na sua vertente subjetiva (art. 262º, al. b)). A esses incidentes reportam-se os arts. 311º a 350º.

São quatro as causas determinantes da substituição das partes primitivas: – o *falecimento* de alguma delas; – a sua *extinção* (sendo pessoa coletiva); – um ato de *transmissão inter-vivos* (em que o transmitente seja um dos titulares da relação jurídica processual); – a *aquisição por um terceiro da titularidade da posição jurídica* em que se encontrava investida uma das partes iniciais[1442]. Ocorrido o ato translativo antes da propositura da ação, o autor ou requerente alegam (na petição ou no requerimento inicial), como fundamento da pretensão, esse facto jurídico – *habilitação legitimidade* –, o que logo afasta a necessidade de qualquer modificação ulterior da instância, pois que essa surge já, *ab initio*, com tal configuração subjetiva[1443].

Dos citados arts. 311º a 350º extrai-se que a intervenção de terceiros pode assumir as formas de *intervenção principal* (espontânea ou provocada), de *intervenção acessória* (provocada, do Ministério Público e assistência) e de *oposição* (espontânea, provocada e mediante embargos de terceiro) – arts. 321º e ss., 326º e ss., 333º e ss. respetivamente.

73.1. Intervenção principal

À *intervenção principal* reporta-se o art. 311º. Pendendo uma causa entre duas ou mais pessoas, pode nela intervir como parte principal: – quem, em relação ao seu objeto tiver um *interesse igual* (ou *paralelo*) ao do autor ou do réu, nos termos dos arts. 32º, 33º e 34º (*litisconsórcio facultativo* e *necessário* – al.

[1442] Em caso de falecimento ou extinção de alguma das partes, é de observar o disposto nos arts. 276º, nº 1, 277º e 284º, nº 1 al. a) e, no caso de transmissão da coisa ou direito litigioso, o preceituado art. 271º.

[1443] Cfr. J. Rodrigues Bastos, *Notas*, vol. II cit., pp. 22-23.

a) do art. 311º)[1444]; – aquele que, nos termos do art. 36º, pudesse ter-se coligado com o autor aquando da propositura da ação, sem prejuízo do art. 37º (*coligação ativa* – al. b) do art. 311º)[1445-1446].

Representa, assim, o incidente, uma *forma sucessiva de litisconsórcio ou de coligação de autores.*

Diz-se *espontânea* a intervenção principal se deduzida por iniciativa do interveniente e *provocada* se resultante da iniciativa de alguma das partes primitivas da ação. A intervenção pode operar-se, quer pelo *lado ativo*, quer pelo *lado passivo* da relação jurídica processual, assumindo o interveniente a posição de co-autor ou de co-réu respetivamente.

73.1.1. Intervenção principal espontânea

Pressupõe a forma de *intervenção principal espontânea* a pendência de uma causa entre dois ou mais sujeitos de direito, podendo nela intervir subsequentemente, como parte principal, aquele que, em relação ao seu objeto (causa de pedir e pedido) possuir um interesse igual ao do autor ou do réu nos termos dos arts. 32º, 33º e 34º (art. 311º).

Quanto à *oportunidade da intervenção principal espontânea,* ela pode ser ocorrer: – se realizada mediante *adesão* aos articulados de quem se associa (a qual é feita por *simples requerimento*), é *admissível a todo o tempo,* enquanto não estiver definitivamente julgada a causa (arts. 313º, nº 1 e 313º nº 2); – se efetuada mediante *articulado próprio, só é admissível até ao termo da fase dos articulados,* formulando o interveniente a sua *própria petição,* se a intervenção for *ativa ou* contestando a pretensão do autor se for *passiva* (art. 314º).

O interveniente espontâneo aceita a causa no estado em que se encontrar, sendo considerado *revel* quanto aos atos e termos anteriores, gozando, porém, do *estatuto de parte,* isto é, de todos os direitos de parte principal a partir do momento da sua intervenção (art. 313º, nº 3). Pode, pois, desde logo, e por ex., passar a recorrer das decisões desfavoráveis (art. 626º, nº 1)

[1444] A *massa insolvente* do réu demandado numa acção de *impugnação pauliana* carece de legitimidade para requerer a sua intervenção principal (espontânea) na qualidade de associado do autor – cfr. o acórdão do STJ de 12-10-2006, Proc. 3026/06 – 7ª Sec./Cons. Custódio Montes.

[1445] Cfr. J. Rodrigues Bastos, *Notas,* vol. II cit., p. 107, nota 4.

[1446] Acerca da admissibilidade de intervenção de terceiro nos casos de *pluralidade subjetiva passiva superveniente,* cfr. Salvador da Costa, *Os Incidentes* cit., p. 88.

e, ainda, confessar, desistir ou transigir, *uti singuli* ou com a parte com que se associou, nos termos e com os efeitos dos arts. 283º a 291º.

A intervenção não será, porém, admissível quando a parte contrária alegar fundadamente que o estado do processo já não lhe permite fazer valer defesa pessoal que tenha contra o interveniente (art. 313º, nº 4).

J. RODRIGUES BASTOS[1447] dá os seguintes exemplos de *intervenção principal espontânea*: 1º-: A e B são conjuntamente credores de C. Se A intenta ação para haver de C a quota-parte que lhe pertence receber, pode B intervir como parte principal para ver declarado o seu direito ao crédito da parte correspondente. A conexão faz-se em atenção ao objeto da causa (o crédito de ambos em relação a C – (alínea a) do art. 311º – *litisconsórcio facultativo*); 2º-: A e B, filhos de pai incógnito, têm por mãe C; A propõe ação de investigação de paternidade contra D; B, que também atribui a sua paternidade a D, pode vir coligar-se com o irmão, desde que não haja obstáculo à coligação nos termos do art. 37º (alínea b) do art. 311º – *coligação ativa*).

Também a entidade seguradora do sinistrado em acidente de viação (simultaneamente acidente de trabalho) pode, na ação proposta contra a seguradora do lesante, requerer a sua *intervenção principal espontânea*[1448]. Numa ação em que se pretende obter a anulação de deliberação social em que foram aprovadas propostas de trespasse do estabelecimento e da venda do imóvel onde o mesmo se situava, é de admitir o chamamento para *intervenção principal* (*provocada*) da sociedade trespassária, e, bem assim, da que adquiriu o imóvel[1449].

Quanto ao *processamento subsequente*, uma vez requerida a intervenção, e se não houver motivo para rejeição liminar, o juiz ordena a *notificação das*

1447 Cfr. *Notas*, Vol. II cit., p. 106.

1448 Cfr, *v. g.*, o acórdão da RC de 13-3-2007, CJ, Tomo I/2007, p. 11/Des. ARLINDO DE OLIVEIRA; isto, desde logo porque o nº 1 do art. 31º da Lei nº 100/97, de 13 de setembro, concede à entidade patronal e à respetiva seguradora o direiro de intervir no processo em que o sinistrado exija aos responsáveis civis a indemnização por acidente de que foi vítima (consagra-se, no nº 4 desse preceito, o *direito de regresso* da seguradora que tiver pago a indemnização por acidente de trabalho contra os responsáveis civis, ainda que se trate, mais propriamente, de uma verdadeira *sub-rogação*, conforme se decidiu no AC UNIF de 14-1-97, *in* DR, 1ªA-Série, de 27 de março). Cfr. ainda, no mesmo sentido, os acórdãos da RC de 2-3-99, Proc. 1821/98 e da RG de 11-2-2004, CJ, Tomo I/2004, pp. 287-289, sendo que, nos termos desse último aresto, «como a intervenção da seguradora laboral se funda na sub-rogação dos direitos do lesado, que não propriamente no acidente laboral, o tribunal materialmente competente será o comum». Cfr., também, atualmente, os arts. 26º e 27º do Dec.-Lei nº 291/2007, de 21 de agosto quanto ao *seguro de responsabilidade civil obrigatório*.

1449 Cfr., o acórdão da RP de 13-7-2000, JTRP00028654/*in* www.dgsi.pt/Des. VIRIATO BERNARDO.

partes primitivas para apresentarem a sua resposta, decidindo logo da admissibilidade do incidente (art. 315º, nº 1). Na eventualidade de a intervenção se operada em articulado próprio, uma vez admitida, seguem-se os demais articulados, contando-se o prazo para a sua apresentação da notificação do despacho que a tenha aceite (art. 315º, nº 2).

73.1.2. Intervenção principal provocada

Neste quadro da *modificação subjetiva* da instância pela intervenção novas partes, prescreve o nº 1 do art. 261º que até ao trânsito em julgado da decisão que julgue ilegítima alguma das partes por não estar em juízo determinada pessoa (*litisconsórcio necessário*) pode o autor ou o réu reconvinte chamar essa pessoa a intervir, nos termos dos arts. 316º e ss. (*intervenção principal provocada*).

Chamamento, pois, com vista a *sanar a ilegitimidade plural*, o qual pode ocorrer mesmo após a absolvição do réu da instância. Com efeito, conforme dispõe o nº 2 do art. 261º, na hipótese de a *ilegitimidade ad causam* haver determinado o termo do processo por decisão de absolvição da instância, o chamamento ainda pode ocorrer nos 30 dias subsequentes ao trânsito em julgado da decisão respetiva, caso em que, uma vez admitido, *renasce a instância já extinta*. Não pode, todavia, o autor utilizar este expediente processual para proceder à substituição do réu contra quem, por lapso, dirigiu a ação, tendo, por isso de instaurar uma nova ação contra o verdadeiro réu[1450].

Não olvidar que o nº 2 do art. 6º impõe ao juiz, ao abrigo do *dever de gestão processual*, providenciar «oficiosamente pelo suprimento da falta de pressupostos processuais suscetíveis de sanação, não só determinando *sponte sua* a realização dos atos necessários à regularização da instância, ou *quando a sanação dependa de ato que deva ser praticado pelas partes, convidando estas a praticá-lo*. Um tal convite, no que concerne à ilegitimidade plural – *situação em que legitimidade é pressuposto processual típico* – deve ser normalmente endereçado, findos os articulados, *no despacho pré-saneador* (art. 590º, nº 2, al. a)).

O *interveniente principal* faz valer um *direito próprio*, paralelo ao do autor ou do réu, *apresentando o seu próprio articulado* ou *aderindo aos já apresentados* pela parte com quem se associa (art. 312º).

Relativamente à *oportunidade* da dedução do chamamento para *intervenção principal provocada*, o chamamento só pode ser requerido (art. 318º):

[1450] Cfr., neste sentido, Salvador da Costa, *Os Incidentes* cit., p. 87.

a)- no caso de ocorrer *preterição de litisconsórcio necessário, até ao termos da fase dos articulados*, sem prejuízo do disposto no art. 261º; b)- nas situações previstas no nº 2 do art. 316º (*chamamento, até ao termo da fase dos articulados*); c)- nos casos previstos no nº 3 do art. 316º e no art. 317º (*chamamento por iniciativa do réu, para efetivação do direito de regresso*), *na contestação* ou, não pretendendo o réu contestar, em requerimento apresentado no prazo de que dispõe para o efeito.

Exemplo: em *ação destinada à efetivação de responsabilidade civil emergente de acidente de viação no âmbito do seguro obrigatório*, pode a seguradora do réu, ao abrigo do disposto no nº 6 do art. 64º do Dec.-Lei nº 291/2007, de 21 de agosto (requerida que seja a intervenção principal da seguradora do autor), deduzir pedido reconvencional apenas contra esta[1451]. «No caso de *pluralidade de lesados* e limitação do capital objeto do contrato de seguro, pode a seguradora fazer intervir, ao lado do autor ou autores, os lesados não acionantes»[1452]. Pode, por seu lado, a seguradora (acionada isoladamente) requerer a *intervenção principal do seu segurado*, mas não com o objetivo de ele deduzir pedido reconvencional, embora, no quadro da intervenção, e se for caso disso, essa faculdade lhe não seja vedada.

Cabem tipicamente no âmbito do incidente todas as situações de existência de uma *pluralidade de devedores* (obrigados) ou de *garantes da obrigação objeto da causa principal*. Isto desde que se mostre interesse atendível, quer numa atuação defensional conjunta, quer no acautelamento de um eventual *direito de regresso* ou de *sub-rogação* que lhes assista[1453].

O *incidente* de intervenção principal é processado por *incorporação no processo da causa principal*, ou seja, na causa em que o réu deduzir a sua defesa[1454]. O interessado é chamado por meio de *citação*, podendo oferecer articulado próprio ou declarar que faz seus os articulados do autor ou do réu (art. 319º, nºs 1 e 3).

Quanto ao *valor da sentença* relativamente ao chamado, rege o art. 320º: «a sentença que vier a ser proferida sobre o mérito da causa aprecia a relação jurídica de que seja titular o chamado a intervir, constituindo quanto a ele *caso julgado*».

1451 Cfr., *v. g.*, o acórdão da RP de 14-3-95, CJ, Ano XX, Tomo II, p. 193/Des. Matos Fernandes.

1452 Cfr. o acórdão da RL de 18-3-93, BMJ nº 425, p. 614/Des. Lopes Pinto.

1453 Cfr. Salvador da Costa, *Os Incidentes*, cit. pp. 110-111.

1454 Cfr. Salvador da Costa, *Os incidentes* cit., p. 110.

O *incidente de intervenção principal não é admissível na ação executiva*, face ao escopo próprio desta e às regras de legitimidade que lhe são aplicáveis. Assim, por ex., *não é de admitir, em incidente de liquidação e pagamento de indemnização por danos resultantes de acidente de viação, o chamamento da seguradora do executado*, se ela não figurar no título executivo[1455-1456]. É também *de excluir* nos procedimentos de injunção e *ações declarativas conexas* e nos *procedimentos cautelares*[1457].

73.2. Intervenção acessória

A intervenção acessória pode assumir três modalidades: – *provocada* (arts. 321º a 324º); – *do Ministério Público* (art. 325º); – *assistência* (art. 236º a 332º).

73.2.1. Intervenção acessória provocada

Pela primeira (antigo chamamento à autoria, com origem no instituto romanístico da *litis denuntiatio*), concede-se ao réu que tenha *ação de regresso* contra terceiro para ser indemnizado pelo prejuízo que lhe cause a perda da demanda poder chamá-lo a intervir como *assistente* para o auxiliar da defesa sempre que esse terceiro careça de legitimidade para intervir como parte principal. O terceiro é, nesta sede, chamado a colaborar (*a título auxiliar*) na defesa do réu que o chamou (*intervenção acessória*) para com ele conjuntamente se defender (art. 321º, nº 1).

A intervenção contemplada no nº 1 do art. 321º é *meramente facultativa*, não acarretando qualquer desvantagem para o réu a omissão do chamamento.

Dada a *ratio essendi* do incidente de intervenção acessória provocada, é o mesmo incompatível com a dedução, pelo chamado (na sequência do chamamento) de *pedido reconvencional*; como incompatível é com a *ação executiva para pagamento de quantia certa*, mesmo em sede de oposição à execução, desde logo porque a execução não comporta decisão condenatória, pressuposto essencial do incidente[1458].

[1455] Cfr., *v. g.*, o acórdão da RC de 2-5-95, CJ, Ano XX, Tomo III, p. 21/Des. Faria Antunes.

[1456] O incidente da intervenção principal provocada não é de admitir *na ação executiva* face ao específico objeto e às regras da legitimidade desta – cfr. Salvador da Costa, *Os Incidentes* cit., p. 112. M. Teixeira de Sousa é, todavia, de opinião de que, na ação executiva para entrega de coisa certa de imóvel, o executado-opoente pode chamar a intervir o respetivo cônjuge, nos termos da do art. 320º (atual art. 311º) – cfr. "*Ação Executiva Singular*", Lisboa, 1998, p. 182.

[1457] Cfr. Salvador da Costa, *Os Incidentes* cit., p. 72.

[1458] Cfr. Salvador da Costa, *Os Incidentes* cit., p. 102.

Não deve confundir-se «*ação de regresso*, pressuposto do chamamento para intervenção acessória provocada», com o «*direito de regresso*» conferido pelos arts. 497º, nº 2, 521º, nº 1 e 524º do CC[1459]. É que o *prejuízo* relevante que subjaz à ação de regresso é apenas o «*derivado da perda da demanda*», isto é, da procedência da ação pelo autor desencadeada contra o réu[1460]. O cerne da (futura) ação de regresso contra o chamado reside no «*direito de restituição ou de indemnização* do réu» pelo quantitativo no qual (ele réu chamante) venha a ser condenado a pagar ao autor, direitos esses que podem advir «da lei, de negócio jurídico, de facto gerador de responsabilidade civil e de enriquecimento sem causa determinantes da obrigação de restituir»[1461-1462]. Assim, o interesse do chamado na improcedência do pedido do autor é simplesmente *reflexo* ou *indireto*, porque emergente de um *direito conexo* (*de regresso*) com a relação material controvertida a *título principal* no seio da concreta causa relativamente à qual o chamado deve responder pelo *dano resultante da sucumbência para o chamante*[1463-1464].

Exemplos de *ações de regresso* serão: – o de, num contrato de empreitada, o dono da obra (autor) acionar o empreiteiro (réu) em virtude de defeitos da obra e este, por seu turno, acionar o sub-empreiteiro com quem contratou a realização da atividade em causa[1465-1466]; – o do chamamento à ação do condutor (tomador do seguro ou segurado circulando com uma taxa de alcoolemia superior à legalmente admi-

1459 Cfr. SALVADOR DA COSTA, *Os Incidentes* cit., pp. 107-108.

1460 Cfr. C. LOPES DO REGO, "*Os Incidentes de Intervenção de Terceiros em Processo Civil, Chamamento à Autoria*", *Revista do Ministério Público,* Ano 4º, vol. 14º, pp. 80 a 83.

1461 Cfr. SALVADOR DA COSTA, *Os Incidentes* cit., p. 107.

1462 No acórdão da RG de 29-3-2006, CJ, Tomo II, p. 273/Des. VIEIRA E CUNHA, considerou-se ser possível o chamamento como interveniente acessório de um *concedente comercial* em ação de indemnização instaurada contra o réu vendedor (*concessionário*) de um *veículo automóvel*, com fundamento em que a privação do uso desse veículo por falta de entrega dos respetivos documentos era de imputar à empresa concedente.

1463 Cfr. o acórdão do STJ de 31-3-93, BMJ nº 425, p. 473/Cons. ROGER LOPES.

1464 Sobre as diversas hipóteses em que assiste à empresa de seguros direito de regresso, uma vez satisfeita por si a indemnização ao lesado, cfr. o nº 1 do art. 27º do Dec.-Lei nº 291/2007, de 21 de agosto.

1465 Cfr. o acórdão da RE, de 20-10-94, CJ, Ano XIX, Tomo 4, p. 278/Des. RIBEIRO LUÍS.

1466 Sem embargo do disposto no art. 1212º do CC, que faz com que o *empreiteiro* seja como que o dono da obra face ao *sub-empreiteiro*, a simetria entre o contrato de empreitada e o de sub-empreitada não é total. O sub-empreiteiro é um mero auxiliar do empreiteiro, não sendo a sua autonomia completa, já que o empreiteiro mantém o poder de direção e controlo que caraterizam o dever de guarda e vigilância. Assim, tendo o empreiteiro a guarda da coisa nos termos do nº 1 do art. 493º do CC e não tendo ilidido a presunção de culpa aí prevista, é responsável pelos danos que a realização da obra causou – cfr. o acórdão do STJ, de 14-4-2005, Proc. 3741/04 – 2ª Sec./Cons. BETTENCOURT DE FARIA.

tida ou acusando consumo de estupefacientes ou outras drogas ou produtos tóxicos) pela empresa de seguros que tenha pago a indemnização ao sinistrado (art. 27º, nº 1, al. c), do Dec.-Lei nº 291/2007, de 21 de agosto)[1467]; – o de uma sociedade comercial demandada por um seu credor provocar a intervenção acessória de um seu gerente que alegadamente tenha exorbitado dos seus poderes representativos[1468]; – o do chamamento (pela empresa de seguros que haja satisfeito a indemnização ao lesado) do condutor (do veículo causador do acidente) não legalmente habilitado ou quando houver abandonado o sinistrado (art. 27º, nº 1, al. d), do mesmo Dec.-Lei); – o, de numa ação intentada por um comprador de um imóvel contra o respetivo vendedor, este (não o podendo fazer a título principal) fazer intervir como parte acessória o empreiteiro com o qual contratou a respetiva construção[1469].

O lesado pode optar entre a *indemnização por acidente de trabalho* ou em serviço *e por acidente de circulação*. Caso opte pela indemnização por acidente de trabalho, pode beneficiar ainda da indemnização por acidente de circulação relativamente a certos danos que aquela não repare (danos não patrimoniais e certos danos patrimoniais)[1470]. O responsável por acidente de trabalho tem *direito de regresso* contra o responsável por acidente de circulação (cfr. os arts. 31º, nº 4, da Lei nº 100/97, de 13 de setembro e 26º, nº 1, do Dec.-Lei nº 291/2007, de 21 de agosto). O Fundo de Garantia Automóvel (FGA) só repara, contudo, os danos que a legislação laboral ou relativa a acidentes em serviço não considere ressarcíveis (cfr. o nº 1 do art. art. 51º do citado Dec.-Lei nº 291/2007)[1471-1472].

[1467] Para a exercitação com êxito do seu direito de regresso, basta agora à seguradora (se se houver apurado que o segurado foi causador ou concausador do acidente) que o condutor seguia com uma taxa de alcoolemia superior à legalmente permitida.

[1468] Cfr. o acórdão da RL de 19-11-87, CJ, Tomo V, p. 119/Des. Ricardo Velha.

[1469] Cfr. o acórdão da RP de 30-1-2003, JTRP00035432/, *in* www.dgsi.pt/Des. Oliveira Vasconcelos.

[1470] Cfr. Arnaldo Oliveira, *Seguro Obrigatório de Responsabilidade Civil Automóvel*, p. 88, nº 93.

[1471] Cfr., acerca da temática do contrato de seguro face à legislação nacional e europeia, J. C. Moitinho de Almeida, *Contrato de Seguro – Estudos*, Coimbra Editora, 2009.

[1472] «Agindo o FGA na qualidade de credor sub-rogado nos direitos do lesado que por essa entidade tenham sido satisfeitos, o reembolso apenas pode ser exigido daquele relativamente ao qual se constituiu na esfera do lesado o direito de indemnização que tenha sido satisfeito pelo FGA. A mera qualidade de proprietário do veículo interveniente no acidente de viação e que um terceiro colocou em circulação, sem a sua autorização ou conhecimento, não torna aquela "responsável civil" pelos danos causados aos passageiros que nesse veículo eram transportados, já que, para efeitos do art. 503º, nº 1, do CC, não detinha a sua direção efetiva. Embora o proprietário do veículo não tenha cumprido anteriormente a obrigação legal de celebração de contrato de seguro de responsabilidade civil automóvel, não a torna responsável perante o FGA pelo reembolso da indemnização que este pagou aos terceiros

Sobre a *oportunidade* da dedução do *chamamento para intervenção principal acessória*, audição da parte contrária e decisão sobre a sua admissibilidade ou inadmissibilidade, rege o art. 322º. O *chamamento é deduzido pelo réu na contestação*, ou, não pretendendo contestar, *em requerimento apresentado* no prazo de que dispõe para o efeito, justificando o interesse que legitima o incidente» (nº 1). E na contestação porque se trata de um *incidente processado nos próprios autos da causa principal* e que não admite produção de prova, só o podendo ser *em requerimento autónomo* caso a mesma não haja sido apresentada. O *terminus a quo* do prazo de dedução do chamamento coincide com o momento da citação do réu, tendo por *terminus ad quem* o da expiração do prazo para contestar.

Ouvida a parte contrária, o juiz (em *decisão irrecorrível*) formula um *juízo de viabilidade* (abstrata ou de prognose póstuma) da ação de regresso e da respetiva conexão com a causa principal (art. 322º, nº 2), juízo esse ao qual se seguirá (se for positivo) o *chamamento* e a *citação* do chamado para contestar[1473].

O chamado é *citado*, beneficiando de um *novo prazo para contestar*, passando a usufruir do *estatuto processual de assistente*, após o que se segue a tramitação a que se reportam os arts. 328º e ss. (cfr. o nº 1 do art. 323º). O incidente é dado por findo se o juiz se convencer da inviabilidade da citação pessoal do chamado (art. 323º, nº 2). Os chamados podem, por seu turno, provocar o *chamamento sucessivo de terceiros* (seus devedores em via de regresso – art. 323º, nº 3).

A *sentença de mérito* a proferir a final constituirá *caso julgado* quanto ao chamado, nos termos do art. 332º, porquanto relativa a questões «de que dependa o direito de regresso do autor do chamamento, por este invocável em ulterior ação de indemnização» (art. 323º, nº 4)[1474].

lesados no acidente de viação, uma vez que, na esfera jurídica destes, não se constituiu (contra tal proprietário) qualquer direito de indemnização que, pela via da sub-rogação, se tenha transmitido para o FGA» Cfr. o acórdão do STJ de 8-11-2018, Proc. 770/12.3TBSXL.L1.S1, *in* www.dgsi.pt/Cons. Abrantes Geraldes.

1473 Se o autor se houver oposto, sem êxito, ao incidente, será condenado em custas, nos termos do nº 1 do art. 527º do CPC e 7º, nº 3, do RCP.

1474 «O *interveniente acessório*, para além da situação especial prevista no art. 329º (quando o assistido for revel), só tem *legitimidade para interpor recurso* quando demonstre que a decisão o prejudicou direta e efetivamente, situação que não se verifica quando pretenda apenas interpor da decisão final em que o chamante, como réu, é condenado no pedido indemnizatório formulado pelo autor». «Isto porque a intervenção acessória visa apenas impor ao

Pode, entretanto, o autor, decorridos que sejam 60 dias sobre a data da dedução (inicial) do incidente sem que se hajam efetuado todas as citações tornadas exigíveis, requerer o *prosseguimento da causa principal*, prazo esse a contar da data da expiração do prazo para a contestação de que os réus já efetivamente citados beneficiaram para contestar (art. 324º).

73.2.2. Intervenção acessória do Ministério Público

Esta modalidade de intervenção pode ter lugar nas situações contempladas no art. 5º, nº 4, do EMP. O Ministério Público intervém como *parte acessória* quando (não tendo de intervir como parte principal nos termos das alíneas a) a g) do nº 1 do desse art. 5º) «sejam partes na causa as Regiões Autónomas, as autarquias locais, outras pessoas coletivas públicas, pessoas coletivas de utilidade pública, incapazes ou ausentes, ou a ação vise a realização de interesses coletivos ou difusos», bem como nos demais casos expressamente previstos na lei (cfr. o nº 4, alíneas a) e b), do mesmo art. 5º).

É-lhe, para tal, *«oficiosamente notificada a pendência da ação*, logo que a instância se considere iniciada» (art. 325º, nº 1). Será também notificado para todos os *atos e diligências*, bem como *de todas as decisões* proferidas no processo, em similitude com as partes principais na causa, «tendo *legitimidade para recorrer* quando o considere necessário à defesa do interesse público ou dos interesses da parte assistida» (nº 3). Isto para que possa «zelar pelos interesses que lhe estão confiados», podendo, designadamente (sem prejuízo das preclusões legais) *produzir alegações orais ou escritas* em defesa dos interesses da parte ou entidade assistida» (nº 4 do mesmo preceito).

O que significa que o Ministério Público intervém, nesta sede, por *dever de ofício* no exercício dos seus *poderes* (deveres) *orgânico-estatutários*. A eventual omissão de notificação da pendência da ação ao Ministério Público é geradora de *nulidade* (*nulidade principal*) nos termos dos nºs 1 e 2 do art. 194º, a qual pode ser arguida em qualquer estado da causa e será de conhecimento oficioso enquanto não dever considerar-se sanada (arts. 198º, nº 2 e 200º, nº 1). Daí que, se o processo correr à *revelia da parte passiva*

chamado os efeitos do caso julgado da acção, de modo a que não seja possível (nem necessário), que na subsequente *ação de regresso* que vier a ser proposta pelo réu contra o chamado se voltem a discutir as questões já decididas no anterior processo enquanto elemento condicionante ou prejudicial da existência do direito de regresso ou indemnização, ou seja, os pressupostos concernentes à existência e ao conteúdo do direito à indemnização da titularidade do autor» – cfr. neste sentido, o acórdão da RP de 22-5-2019, Proc. 1152/15.0T8VFR.P1, *in* www.dgsi.pt/Des. Manuel Domingos Fernandes.

(que devesse ser assistida pelo Ministério Público), deve ser *anulado* todo o processado «a partir do momento em que deveria ser dada vista ou facultado o exame» (art. 194º, nº 2).

73.2.3. Assistência

Regem o *incidente da assistência* os arts. 326º a 332º. A intervenção como assistente (numa causa pendente entre duas ou mais pessoas), em auxílio de qualquer das partes, é permitido a quem tiver *interesse jurídico* «em que a decisão do pleito seja favorável a essa parte» (nº 1 do art. 326º). Trata-se, pois, de uma *intervenção espontânea* e, em todo caso *facultativa,* por banda do interventor (assistente), legitimada pela *titularidade* de «*uma relação jurídica cuja consistência prática ou económica dependa da pretensão do assistido*» (art. 326º, nº 2).

Que deve entender-se por *interesse jurídico*? Tem ele que emergir de «uma relação jurídica em que figure como parte o candidato à assistência», relação essa que «seja *conexa com a relação jurídica litigiosa*»[1475]. O terceiro, para legitimar a sua intervenção, invoca, como pressuposto necessário, essa conexidade, a qual se traduz na suscetibilidade de a *relação principal* poder vir a ser afetada (na sua consistência) pela solução dada à relação conexa. *Não se torna, todavia, necessária uma qualquer relação de prejudicialidade ou de dependência entre essas duas relações,* bastando-se a lei com que *a decisão* a proferir sobre o pedido (causa) principal, sem se repercutir diretamente no direito do terceiro, *possa vir a comprometer a sua realização prático-económica*[1476]. Daí que deva ser admitido como assistente qualquer credor que (embora estranho ao litígio) possa ver o património do (seu) devedor afetado positiva ou negativamente, quanto à satisfação do seu crédito, pela decisão de mérito (favorável ou desfavorável) do pleito.

Têm, assim, e a título de exemplo, interesse jurídico na intervenção como assistentes: – o *fiador* (em auxílio do devedor afiançado), em demanda contra este instaurada pelo credor de uma dívida; – o *arrendatário* (em auxílio do senhorio), em ação de reivindicação do prédio arrendado; – o *sub-arrendatário* (em auxílio do arrendatário), em ação de resolução do contrato de arrendamento contra este movida pelo senhorio; – o *proprietário do prédio hipotecado* (em auxílio do devedor mutuário), que alega nulidade do mútuo por cujo cumprimento foi acionado pelo mutuante; – o *comproprietário não locador*, com interesse na prorrogação do contrato de arrendamento, (em auxílio do arrendatário), em ação de resolução desse contrato proposta

[1475] Cfr. Alberto dos Reis, *Código de Processo Civil Anotado*, vol. I, cit., p. 467.
[1476] Cfr. J. Rodrigues Bastos, *Notas*, vol. II cit., p. 122.

por outro comproprietário[1477-1478]; – a *mãe de um menor*, na ação oficiosa de investigação de paternidade intentada pelo Ministério Público contra o presumível progenitor (arts. 1865º, nº 5 e 1869º do CC), «por do seu êxito lhe poder advir a vantagem económica de poder partilhar com o investigado o sustento do filho»[1479].

Exige-se, pois, a instauração prévia ou a pendência de uma dada *causa* (art. 326º), o que logo arreda a possibilidade da dedução do incidente em sede de *procedimentos cautelares*, porque *meramente instrumentais* em relação a uma concreta causa.

Poderá o incidente da assistência ter lugar *na ação executiva*? Salvador da Costa é de opinião negativa, dado que o mesmo se «não se coaduna» com «a estrutura e ao fim da ação executiva»[1480-1481]. Embora primacialmente concebido para ação declarativa, entendemos, porém, que nada obsta a que o *incidente da assistência* possa também ter lugar no âmbito do processo de execução, relativamente aos *procedimentos enxertados no seio da execução* propriamente dita, *v. g.*: – o *reforço* ou *substituição dos bens penhorados* (art. 751º, nº 4); – a *impugnação da penhora* ou *da execução*; – a *apreciação de direitos de preferência e de remição* nela eventualmente exercitados (arts. 819º a 825º e 842º a 845º); – a eventual sindicância dos *pressupostos da venda por*

[1477] Cfr. Salvador da Costa, *Os Incidentes* cit., p. 122.

[1478] No acórdão da RP de 3-5-2001, Proc. 0130390/Des. Moreira Alves, considerou-se mesmo ser permitido ao assistente proceder ao depósito de rendas em dívida, acrescido da indemnização legal, a fim de fazer caducar o direito dos autores-senhorios.

[1479] Cfr. os acórdãos do STJ de 11-10-74/Cons. João Moura e de 29-4-75/Cons. Bruto da Costa, BMJ nºs 240º, p. 240 e 246º, p. 122, respetivamente.

[1480] Cfr. *Os Incidentes* cit., p. 122.

[1481] No sentido de que é de admitir o incidente *em sede de oposição à execução*, não só por esta se traduzir numa ação declarativa enxertada na execução, como ainda porque os incidentes da instância se encontram previstos e regulados nas «Disposições Gerais» (Título I) do Livro III do CPC, aplicáveis a qualquer processo, cfr. o acórdão do STJ de 30-6-1998, BMJ, nº 478º, p. 303/Cons. Garcia Marques, cujo sumário é o seguinte: «Numa ação executiva com base em letra de câmbio movida contra uma sociedade por quotas e um seu avalista, que era também dela sócio, este pode – se a executada for revel (e apesar de o exequente ter desistido da ação relativa ao avalista) – vir deduzir embargos de executado, como assistente – visto, por um lado, ser titular enquanto avalista, de relação jurídica distinta da concernente ao aceite da letra e, por outro, ter interesse jurídico nessa intervenção, dado que, na qualidade de sócio, teria de compartilhar os lucros e perdas da sociedade executada». «Se o assistido for revel, o assistente passa a figurar como seu *gestor de negócios* (hoje *substituto processual*). Consequentemente, se, numa ação executiva, o executado for revel, o assistente pode, ele próprio, deduzir embargos de executado, desde que ainda se não tenha esgotado o prazo para deduzir oposição» (*sic*).

negociação particular (art. 832º) ou a arguição de irregularidades ou a *invalidação da venda* (arts. 835º e 838º); – quiçá mesmo para interposição de *recurso* (art. 631º, nº 2). Como também em relação aos *procedimentos autónomos* (de cariz essencialmente declarativo/contencioso) *a correr por apenso* (como, por ex., a *oposição à execução* e/ou à *penhora* – arts. 717º, nº 3 e 728º/856º e ss.), a *impugnação dos créditos reclamados* (art. 789º e 790º) ou *a verificação e graduação de créditos* (art. 791º e 792º). E, desde logo, não tanto pela inserção sistemática das respetivas disposições ou da regra da subsidiariedade do processo comum de declaração contemplada no art. 551º, nº 1, como sobretudo, pela *ratio essendi* do instituto: a intervenção em auxílio de qualquer das partes (exequente ou executado) por quem tiver interesse jurídico em que o desfecho da ação seja o mais favorável possível à parte assistida[1482].

A pretensão do assistente carece de autonomia própria, já que o objetivo por ele perseguido é o de assegurar o sucesso da tese do assistido (*interventio ad adjuvandum*)[1483]. Daí que lhe incumba o encargo de demonstrar (para que possa ser admitido a intervir) a existência (pela sua parte) de um interesse (juridicamente tutelado) no desfecho favorável do pleito à parte que se propõe coadjuvar[1484]. O assistente assume a *posição* (*secundária*) de *auxiliar de uma das partes principais* (autor ou réu/requerente ou requerido) – art. 328º, nº 1 –, visando, com a adução de factos e provas complementares ou instrumentais, reforçar a posição jurídico-processual e jurídico-substantiva de alguma ou algumas das partes principais, em ordem a conseguir que as mesmas obtenham ganho de causa.

«A intervenção do assistente, normalmente de caráter meramente assistencial (interesses paralelos aos das partes iniciais), pode também ser *opo-*

[1482] Cfr., neste pendor, ALBERTO DOS REIS, *Processo de Execução*, vol. 1º, 2ª ed., Reimp., 1982, p. 204, nota 1, MANUEL DE ANDRADE, *Lições*, pp. 464-465, ANSELMO DE CASTRO, *A Acção Executiva Singular, Comum e Especial*, 3ª edição, 1977, p. 83, LEBRE DE FREITAS, *A Acção Executiva à Luz do Código Revisto*, 2ª ed., 1997, p. 115 e JORGE BARATA/M. LARANJO PEREIRA, *Direito Processual Civil* II – Parte I, 1976/1977, ed. da FDL, p. 150. Cfr. ainda, neste sentido, o acórdão da RC de 11-5-2004, Proc. nº 970/04/Des. ARTUR DIAS, versando um caso em que os candidatos à assistência se propunham intervir no processo executivo *em auxílio dos executados para levantamento de uma penhora incidente sobre o prédio de que eram comproprietários.*

[1483] Cfr. J. RODRIGUES BASTOS, *Notas*, vol. II, cit., p. 121.

[1484] O *adquirente de um prédio*, que entretanto lhe não foi entregue, tem interesse jurídico para intervir, na qualidade de assistente, na *ação de reivindicação* que o tenha por objeto, intentada por outrem contra o vendedor, pois que, em caso de procedência, se torna ineficaz o respetivo contrato de compra e venda – cfr. SALVADOR DA COSTA, *Os Incidentes* cit., p. 122.

sitória por assumir posição contrária à do autor ou à do réu, caso em que o interessado assumirá o papel de *opoente*»[1485].

O que *pressupõe que o assistido haja intervindo no processo* (isto é, que não haja incorrido em revelia absoluta), porquanto o assistente não se propõe fazer valer diretamente nele um interesse próprio (mas um *interesse alheio*), não acarretando a sua intervenção uma qualquer modificação do objeto material da causa mas, tão-somente, da vertente subjetiva da instância.

A intervenção pode ter lugar *a todo o tempo* (sob condição de aceitação do processo no estado em que se encontrar – *in statu et terminus*), isto é, *até ao trânsito em julgado da decisão final* (mesmo, pois, nas ações ou recursos pendentes nos tribunais superiores), devendo o pedido ser deduzido em *articulado próprio* e autónomo (requerimento especial avulso) ou em *alegação* que o assistido esteja ainda a tempo de oferecer (art. 327º, nºs 1 e 2).

O assistente goza de um *estatuto processual equiparado* em direitos e deveres *ao do assistido*, ainda que a respetiva *atividade* esteja *subordinada* à do assistido (art. 328º, nºs 1 a 3). Pode, mesmo requerer-se a *intervenção do assistente como parte* (art. 328º, nº 3).

A intervenção do assistente cessa se a causa principal se extinguir por *confissão, desistência* ou *transação* em relação ao pedido ou por desistência da instância por banda do assistido, não podendo ele próprio produzir uma qualquer declaração confessória ou qualquer outra de natureza auto-compositiva relevante (art. 331º). Também a prática de qualquer ato processual seu só se tornará possível se ainda não exaurido o prazo respetivo para o assistido (*v. g.*, contestação, réplica ou alegação de recurso); inviabilidade que ocorrerá igualmente em caso deste ser revel, apesar de o assistente ser, em tal caso, considerado como seu *substituto processual* (cfr. o art. 329º). Não poderá, assim, o assistente contestar em vez do (réu) assistido ou invocar factos integrantes da causa de pedir (do autor) ou de qualquer exceção pelo (réu) pelo assistido não invocadas[1486].

Não pode também o assistente *recorrer* de decisões com que o assistido se haja conformado, podendo, contudo, fazê-lo relativamente a situações de *prejuízo pessoal e direto* como, por ex., a rejeição de algum articulado ou alegação de recurso por si apresentados (cfr. o nº 2 do art. 631º). Cfr. ainda, quanto à *admissibilidade e regime dos recursos* contra as decisões de indefe-

[1485] Cfr., Manuel de Andrade, *Noções Elementares* cit., p. 77.

[1486] Cfr. Salvador da Costa, *Os Incidentes* cit., p. 130.

rimento e de admissão do incidente, os arts. 647º, nºs 1, 3 e 4, 638º/644º e 645º, nº 2).

A *sentença* que vier a ser proferida na causa constitui *caso julgado* em relação ao assistente, tendo assim o mesmo que aceitar, em qualquer causa posterior, «os factos e o direito que a decisão judicial tenha estabelecido» (art. 332º), exceto se ocorrer qualquer das situações previstas nas alíneas a) e b) desse preceito.

O incidente é *processado nos próprios autos da causa principal*, devendo ser observados os requisitos gerais (formais) exigidos pelos arts. 148º, nºs 1 e 2 e 7 e 552º, nº 3, do CPC e 6º, nº 6, do RCP.

73.3. Oposição

A oposição representa uma das modalidades que pode assumir a *intervenção de um terceiro numa causa já pendente entre duas ou mais pessoas.*

A admissibilidade da oposição, propiciando a apreciação, numa única ação, de pretensões opostas sobre a titularidade do bem ou direito litigado, possui igualmente, na sua raiz, razões de *economia processual.* Assim se evita que o terceiro, preenchidos que sejam os requisitos legais (arts. 333º a 350º), tenha de aguardar o desfecho da causa para propor uma nova demanda destinada a declarar (ou a reconhecer) o seu direito.

Trata-se (a oposição) de uma «verdadeira *nova ação* que se enxerta na anterior»[1487], podendo ser *espontânea* ou *voluntária* e *provocada* ou *forçada.* Nesta última incluída a *oposição mediante embargos de terceiro,* designadamente por parte dos cônjuges (arts. 342º a 350º).

73.3.1. Oposição espontânea

Através da *oposição espontânea,* pode um terceiro ser admitido como opoente numa causa já pendente entre duas ou mais pessoas (*ação própria em processo alheio*) «para fazer valer, no confronto de ambas as partes, um *direito próprio* (de natureza real, obrigacional ou outra) total ou parcialmente *incompatível* com a pretensão deduzida» *pelo autor ou pelo réu-reconvinte* na causa principal (art. 333º, nº 1).

O *terceiro* (*opoente*) arroga-se, pois, a qualidade de sujeito (titular) de uma relação jurídica cujo reconhecimento importe a averiguação e a con-

[1487] Cfr. J. Rodrigues Bastos, *Notas,* vol. II cit., p. 128.

clusão de que a coisa ou o direito litigiosos não pertencem a nenhuma das partes primitivas no pleito[1488].

J. Rodrigues Bastos[1489] dá a este respeito, três exemplos: – numa *ação de divisão de coisa comum* entre A, B e C, intervém D como opoente, alegando ser *exclusivo titular da coisa dividenda*; – numa *ação de dívida*, intervém um terceiro arrogando-se a *titularidade única do crédito*; – numa *ação constitutiva de servidão de passagem* intervém um terceiro declarando-se *proprietário único do prédio serviente*. No primeiro exemplo, visa o opoente a exclusão de ambas as partes, no segundo, só a do autor e, no terceiro, só a do réu.

Como *exemplos jurisprudenciais* podem referir-se: – o de, «numa *ação declarativa de nulidade por simulação* de contrato de cessão de quotas sociais proposta pelo "cedente" contra o "cessionário" (na qual este confessou o pedido como se fosse o exclusivo titular dessas quotas), o ex-cônjuge do réu intervir como opoente sob invocação da sua contitularidade nas mesmas quotas pertencentes ao património conjugal ainda por partilhar»[1490]; se, porém, tiver por fundamento a titularidade de quota ideal de um direito real ou de crédito, a oposição só será viável se o autor (ou o réu-reconvinte) tiver invocado a titularidade global e exclusiva do direito em causa, porquanto «diversa situação só é suscetível de ser enquadrada, verificados os respetivos pressupostos, no incidente de intervenção principal»[1491]; – e ainda o do *credor hipotecário*, com garantia sobre o prédio vendido acordada com o comprador, com legitimidade para intervir, na posição de opoente, na ação em que o vendedor pede a *confirmação judicial da resolução do contrato de compra e venda* com base na verificação da condição resolutiva[1492].

Para efeitos de intervenção processual, a *incompatibilidade* (*total* ou *parcial*) entre o *direito do terceiro* (opoente) e o *direito litigado* (entre as partes principais) pode dar-se independentemente da natureza real, obrigacional ou outra da relação material controvertida.

Assim, por ex., no *âmbito dos direitos reais*, a *oposição* é *total* se o opoente intervier para invocar – na ação já pendente – a (sua) aquisição, por usucapião, da proprie-

1488 Cfr. Salvador da Costa, *Os Incidentes* cit., pp. 136-137.

1489 Cfr. *Notas*, vol. II cit., p. 128.

1490 Cfr. o acórdão do STJ de 4-11-93, CJSTJ, Ano I, Tomo III, p. 92/Cons. José de Magalhães.

1491 Cfr. o citado acórdão do STJ, de 4-11-93 e ainda o acórdão do mesmo Supremo Tribunal de 15-4-97, CJSTJ, Ano V, Tomo 2, p. 45/Cons. Aragão Seia.

1492 Cfr. o acórdão da RE de 20-3-80, CJ, Tomo II, p. 90/Des. Fidalgo de Matos.

dade sobre dois imóveis que o autor reivindica com base na mera presunção registral e ocupação sem título (e que o réu se recusa a entregar-lhe sob a alegação de os haver adquirido por usucapião), solicitando o opoente, com base nessa posse formal, a declaração a seu favor desse seu (alegado) direito de propriedade, com a consequente condenação do réu a entregar-lhos e correlativo cancelamento do registo; será *parcial* se o opoente cingir a sua oposição à aquisição de apenas um desses prédios por usucapião[1493].

Já *não é de admitir o incidente de oposição* no quadro da questão de *alienação de partcipações sociais,* face à natureza e ao escopo do *processo especial de insolvência.*

A oposição espontânea só pode ser oferecida *até à data da prolação do despacho designativo da audiência* final em 1ª instância (que não o da conclusão para o efeito ou o da sua notificação) ou, se a ela não houver lugar, enquanto não tiver sido proferida a sentença (nº 2 do art. 333º). O *despacho* a considerar é o *primitivo* e não o subsequente eventualmente resultante do adiamento da audiência final[1494].

Também o *momento relevante quanto à prolação da sentença é aquele em que esta foi escrita ou registada em ata* e *não o da data de abertura de conclusão* para esse efeito nem o da data da respetiva notificação. Assim, *em sede recursal,* é inadmissível o incidente de oposição, embora possa ser deduzido, se for caso disso, *nas ações da competência dos tribunais da Relação ou do Supremo Tribunal de Justiça funcionando como tribunais de 1ª instância.*

Não admite a lei a dedução de *sucessivos incidentes de oposição,* pois que, por um lado, a intervenção de terceiros numa causa pendente é excecional e, por outro, a letra da lei não sugere uma tal possibilidade, ao contrário do que ocorre com o incidente de intervenção acessória provocada, nos termos do nº 3 do art. 323º[1495-1496].

Sobre o *meio processual* de dedução do pedido de admissão como opoente, rege o art. 334º: se a oposição não for liminarmente rejeitada, seguir-se-ão os termos dos arts. 335º a 337º.

[1493] Cfr. SALVADOR DA COSTA, *Os Incidentes* cit., pp. 137-138.

[1494] Cfr. SALVADOR DA COSTA, *Os Incidentes* cit., pp. 140-141.

[1495] Há, porém, quem entenda que as razões que levaram a lei a admitir esta forma de intervenção valem para as *oposições posteriores,* porventura determinadas pela pretensão deduzida pelo opoente – cfr. J. RODRIGUES BASTOS, *Notas,* vol. II cit., p. 157.

[1496] Cfr. SALVADOR DA COSTA, *Os Incidentes* cit., p. 141.

A oposição é apresentada por meio de *petição*, à qual serão subsidiariamente aplicáveis, para além das disposições próprias dos incidentes da instância (arts. 292º a 294º), as relativas à *petição inicial*, inclusive, no que respeita a *custas* (cfr. os arts. 132º, 147º, nº 2, 148º, nºs 1, 2, 7 e 8 e 552º, nº 3, do CPC, 6º, nº 6, do RCP e 4º, e ss. da supra-citada Portaria nº 280/2103, de 26 de agosto). Não sendo a oposição liminarmente rejeitada, o opoente assume no processo a qualidade de *parte principal*, com os direitos e responsabilidades inerentes, sendo ordenada a notificação das partes primitivas para contestarem o seu pedido (*deduzido em oposição)*, seguindo-se os articulados e as demais fases do processo declarativo cabível (cfr. o art. 335º, nºs 1 e 2).

A menos que alguma das partes da causa principal venha reconhecer o direito do opoente (hipótese em que o processo seguirá apenas entre a outra parte e o opoente), toma o opoente a posição de autor ou de réu conforme o seu adversário for o réu ou o autor da causa principal, o que representará uma *modificação subjetiva da instância* que se traduz na substituição, pelo opoente, da parte que lhe reconheceu o direito de oposição (art. 337º, nº 1).

Se ambas as partes (o autor e o réu ou o réu-reconvinte e o autor-reconvindo) *impugnarem o direito do opoente*, o processo prosseguirá entre as *três partes*, passando a correr no mesmo processo *duas causas conexas*, uma entre as partes primitivas e outra entre o opoente e as partes primitivas, assim acrescendo uma nova parte às partes principais e um novo objeto ao objeto inicial do litígio, o que consubstancia uma *modificação subjetiva e objetiva da relação jurídica processual* (art. 337º, nº 2).

Regime este que é aplicável na eventualidade de dedução de *oposição ao direito invocado pelo réu-reconvinte*, caso em que, fazendo o opoente valer um direito totalmente incompatível com o do reconvinte, e só este reconhecer o direito do opoente, a causa principal seguirá apenas entre o opoente e o reconvindo.

73.3.2. Oposição provocada

Estabelece o art. 338º os pressupostos da oposição provocada. Esta pode ser *provocada pelo réu* da causa principal quando, estando pronto a satisfazer a prestação, mas tendo conhecimento de que um terceiro se arroga ou pode arrogar-se direito incompatível com o do autor, vem (ele réu) requerer, *dentro do prazo fixado para a contestação*, que esse terceiro seja citado para vir ao processo deduzir a sua pretensão.

Esta *modificação subjetiva* (*provocada* ou *forçada*) da instância depende, assim, dos seguintes três requisitos: – só pode ser desencadeada por *iniciativa do réu* dentro do prazo para contestar; – em ação que verse sobre *prestação de coisas*; – e desde que *o réu reconheça a qualidade de sujeito passivo* da obrigação reclamada em juízo. Arredada, pois, se encontra a admissão do incidente se o réu contestar a ação[1497]. O réu requer, pois, que o terceiro seja citado para deduzir, querendo, a sua pretensão «desde que o demandado proceda simultaneamente à consignação em depósito da quantia ou coisa devida» (art. 338º, 2º segmento)[1498].

Exemplos: – dois ou mais credores arrogam-se o direito exclusivo à prestação de uma coisa (obrigação de *dare* ou *prestare*); o terceiro obrigado (devedor) está disposto a cumprir, mas em relação a quem for (realmente) o credor; se só um dos alegados credores move a ação, o réu-demandado tem evidente interesse na intervenção do outro credor não demandante[1499]; desde logo, para evitar colocar-se na situação de ter de pagar duas vezes[1500]; – o credor falece deixando dois herdeiros; apenas um deles (alegando ter sucedido no crédito do *de cujus*) propõe ação de condenação contra o devedor; este está disposto a satisfazer a prestação, mas tem dúvidas sobre a titularidade do crédito, uma vez que o outro herdeiro já o havia interpelado extrajudicialmente para solver a dívida; daí que, para evitar ter de repetir o pagamento do mesmo débito (em dupla condenação), provoque a intervenção do herdeiro não demandado[1501].

Não pode, assim, o réu-chamante contestar o pedido contra si deduzido pelo autor e simultaneamente provocar a intervenção do terceiro como opoente; *se deduzir contestação,* fica precludida possibilidade de provocar a intervenção de quem cogite ser titular ou co-titular do direito arrogado pelo autor. Daí que no seu requerimento para intervenção de terceiro deva, desde logo, o requerente *reconhecer o direito de crédito* pretendido fazer valer, para além de ter de alegar os factos donde se deduza que o terceiro (a chamar) se arroga ou possa arrogar na titularidade desse direito. Deve ainda o

1497 Cfr. J. Rodrigues Bastos, *Notas,* vol. II cit., pp. 131-132.

1498 O depósito será lançado na conta do Instituto de Gestão Financeira e de Infra-Estruturas da Justiça, IP.

1499 Cfr. Salvador da Costa, *Os Incidentes* cit., pp. 149-150.

1500 Cfr. J. Rodrigues Bastos, *Notas,* vol. II cit., p. 133.

1501 Cfr. o acórdão do STJ de 19-6-62, RT, 80º, p. 309/Cons. José da Fonseca.

requerimento obedecer aos demais *requisitos legais de ordem formal* idênticos aos da apresentação eletrónica da petição inicial.

Apresentado o requerimento pelo réu e citado o terceiro (art. 338º) na sua própria pessoa e não se verificando nenhuma das exceções ao efeito cominatório da revelia, segue-se, em caso de *inércia do citado quanto à dedução da sua pretensão*, a consequência do art. 340º: condenação do réu a satisfazer a prestação (nº 1), surtindo a sentença força de *caso julgado relativamente ao terceiro citado* (nº 2). É logo proferida *sentença* a declarar extinta a obrigação em consequência do depósito (art. 340º, nº 1).

Se o terceiro não intervier (não deduzindo a sua pretensão autónoma) mas houver circunstâncias obstativas daquele efeito cominatório (exigência de documento escrito, situar-se a causa no âmbito da incapacidade do chamado ou citação edital no caso de revelia absoluta), a ação segue os seus termos para que se decida sobre a titularidade do direito (art. 340º, nº 3). Nessa última situação, «a sentença proferida não obsta, nem a que o terceiro exija do autor o que este haja recebido indevidamente, nem a que reclame do réu a prestação devida, se mostrar que este omitiu, intencionalmente ou com culpa grave, factos essenciais à boa decisão da causa» (art. 340º, nº 4). Se o terceiro não deduzir a sua pretensão nem dever considerar-se como citado pessoalmente, deve a ação prosseguir para que o autor tenha ensejo de fazer a prova dos factos integradores da alegada titularidade sobre o direito por si invocado.

Se o terceiro deduzir a sua pretensão (oposição) aplica-se, com as necessárias adaptações, o disposto no nº 3 do art. 922º (isto é, aplica-se a solução legal dada no caso ser duvidoso o direito do autor), pelo que, «se dentro do prazo de 30 dias, não for deduzida qualquer oposição ou pretensão, observar-se-á o disposto no art. 918º, atribuindo-se aos credores citados direito ao depósito em partes iguais, quando o juiz não decida diversamente, nos termos do nº 2 do mesmo preceito – art. 341º

73.3.3. Oposição mediante embargos de terceiro

73.3.3.1. Âmbito do incidente

Os embargos de terceiro[1502] surgem hodiernamente, não como meio possessório autónomo, mas antes como um *incidente da instância*[1503], numa «ver-

[1502] Cfr., quanto a esta matéria, especialmente, SALVADOR DA COSTA, *Os Incidentes* cit. pp. 152 a 156, AMÂNCIO FERREIRA, *Curso de Processo de Execução*, 13ª ed., Coimbra, Almedina,

dadeira subespécie da oposição espontânea» sob a designação de «*oposição mediante embargos de terceiro*»[1504]. Trata-se de um meio de *reação contra qualquer ato judicialmente ordenado de apreensão ou entrega de bens que ofenda a posse* ou *qualquer direito* – de que seja titular quem não é parte na causa – incompatível com a realização ou o âmbito da diligência e cujos pressupostos e tramitação são regulados pelos arts. 342º a 350º (art. 340º, nº 1).

§1º Incompatibilidade do direito com a diligência judicial lesiva

O conceito de "*terceiro*" não se confunde com o conceito de "*parte*" ou de "*representante da parte*". Em princípio, deve considerar-se como *terceiro* quem «não interveio no processo ou ato jurídico de que emana a diligência judicial, nem representa quem foi condenado ou quem nele se obrigou». O *direito* ofendido há-de, contudo, *preexistir* ao ato (diligência) judicial ofensivo (penhora, arresto, arrolamento ou venda judicial).

"Assim, se a diligência ofensiva, «representar a execução de uma *sentença condenatória* (por ex. uma *penhora* ou o *despejo* em execução de sentença), o embargante será *terceiro* se não tiver sido parte no processo em que a sentença foi proferida nem representar a parte que nesse processo foi condenada». Não constituindo a sentença, quanto a ele, caso julgado, devendo, pois, em relação a ele, a mesma considerar-se *res inter alios acta*, poderá *embargar de terceiro*. Se o *título executivo for diverso de uma sentença* (por ex. uma escritura pública, um auto de conciliação, uma letra, uma livrança ou um cheque), se o sujeito atingido pela diligência judicial (por ex. de penhora) não se obrigou, por qualquer forma, pelo ato jurídico constitutivo do título que serve de base à execução, isto é, se não constituiu em obrigação pelo ato jurídico que está na origem e na base da diligência, terá a qualidade de *terceiro*, podendo, nessa qualidade, *embargar de terceiro*[1505].

Para M. Teixeira de Sousa, os *direitos incompatíveis* são "aqueles que impedem que os bens penhorados possam ser incluídos naqueles que, por não pertencerem ao património do executado, devem responder pela dívida exequenda".

pp. 293 a 311 e Miguel Mesquita, *Apreensão de Bens em Processo Executivo e Oposição de Terceiro*, 2ª ed., Rev. e Aum. Coimbra, Almedina, pp. 149 e ss..

1503 Cfr., quanto ao *incidente de embargos de terceiro em execução fiscal*, os arts. 166º, nº 1 e 237º, nºs 1 e 2, do CPPTRIB.

1504 Cfr. Amâncio Ferreira, *Curso* cit., pp. 293-294.

1505 Cfr., neste sentido, e quanto a este tema, Alberto dos Reis, *Processos Especiais*, vol. I (Reimp.), Coimbra, 1982, pp. 411-413.

E acrescenta: "são *incompatíveis* com a realização ou âmbito da penhora os direitos de terceiro sobre bens penhorados que não se devam extinguir com a venda executiva"[1506]. De igual modo, Lebre de Freitas entende que o *direito incompatível* será "todo o direito de terceiro, ainda que derivado do executado, cuja existência, tido em conta o âmbito em que é feita, impediria a realização desta função", isto é, a transmissão forçada do objeto apreendido"[1507]. Ou seja: o *direito incompatível com a penhora* é aquele que, nos termos do nº 1 do art. 840º, é um *direito incompatível com a transmissão*, como tal, podendo fundar um protesto pela reivindicação da coisa.

Com efeito, "*a venda em execução transfere para o adquirente os direitos do executado sobre a coisa vendida*" (art. 824º, nº 1, do CC); «os bens são transmitidos livres dos direitos de garantia que os oneram, bem como dos demais direitos reais que não tenham registo anterior ao de qualquer arresto, penhora ou garantia (com exceção dos constituídos em data anterior), *produzam efeitos em relação a terceiros independentemente de registo*[1508] (art. 824º, nº 2, do CC), sendo que "sem prejuízo das regras do registo, *são inoponíveis à execução os atos de disposição, oneração ou arrendamento dos bens penhorados*» (art. 819º do CPC).

Deste modo, *será sempre incompatível com a penhora o direito de propriedade plena* porquanto sempre impeditiva da concretização da *venda executiva* sobre a coisa penhorada; incompatibilidade esta diretamente relacionada com a venda que eventualmente venha a ocorrer: sendo o bem penhorado pertença de outrem que não do executado (o terceiro embargante), não pode o tribunal proceder à sua *venda* e, se o fizer, tal venda, porque de coisa alheia, será *nula* (art. 892º do CC). Tendo a *penhora* por finalidade última a realização coativa da prestação do executado (devida ao credor exequente), *é incompatível com a penhora todo o direito que não permita a transmissão ulterior, em sede de venda executiva.*

Na *execução para entrega de coisa certa* não há concurso de credores, pelo que, quer o *credor pignoratício*, quer o *retentor*, podem nela embargar de terceiro (seja ou não o executado o dono da coisa), o que «impedirá o empossamento efetivo do exequente» (arts. 670º, alínea a), 758º e 759º nº 3, do CC). E ambos podem, de seguida, promover a venda executiva da coisa empenhada ou retida, com observância da tramitação da execução para pagamento de quantia certa (arts. 675º, 758º e 759º do CC), começando a penhora pelo bem sobre que incidir a garantia (art. 752º, nº 1, do CPC).

[1506] A *Acção Executiva*, Ed. Lex, p. 303.

[1507] A *Ação Executiva*, 2ª ed., Coimbra Editora, 1997, pp. 233-2367.

[1508] É o caso de um *usufruto sobre móveis*, constituído ante do arresto, penhora ou outra garantia, uma vez que não está sujeito a registo.

Não tem lugar o incidente relativamente a uma *execução* cujo título contenha, não uma obrigação de *dare,* mas uma obrigação de *facere,* nem relativamente à *apreensão de bens realizada no processo de insolvência* (arts. 342º, nº 2).

Entre os atos ou diligências judiciais de caráter lesivo suscetíveis de justificar a dedução do incidente encontram-se, não só a *penhora*[1509], como também o *arresto,* o *arrolamento* e a *entrega da coisa* ao exequente em ação executiva para pagamento de quantia certa ou para entrega de coisa certa.

Se deduzidos depois de requerida ou ordenada a penhora ou outra diligência judicial ofensiva, designam-se por *embargos preventivos* (art. 350º); se depois de já consumado o ato judicial lesivo, *embargos repressivos* ou *de restituição* (art. 342º). O terceiro que deduz os embargos designa-se por *embargante,* aquele contra quem são deduzidos por *embargado* (art. 348º, nº 1).

A *posse* relevante para efeitos de oposição por embargos de terceiro é, em regra, a que é exercida pelo *possuidor em nome próprio* (art. 1285º do CC), já que este goza da presunção da titularidade do direito correspondente, salva a existência, a favor de outrem, de uma qualquer presunção fundada em registo anterior ao início da posse (art. 1268º, nº 1, do CC). Mas já não assistirá, em princípio, o direito de embargar de terceiro ao *mero detentor ou possuidor precário* (art. 1253º do CC).

O *direito potestativo* subjacente à previsão do nº 1 do art. 341º abrange hoje, contudo, não só a defesa da *posse,* como também do *direito de propriedade* sobre as coisas indevidamente objeto da diligência judicial. E não apenas do direito de *propriedade plena,* mas também de «*direitos reais menores de gozo,* como, por exemplo, o direito de *usufruto* ou o direito de *nua propriedade*» que (indevidamente) hajam sido atingidos pelo ato de penhora, perante a

[1509] A *penhora* confere ao exequente um *direito real de garantia* sobre os bens dela objeto e o *direito de ser pago com preferência* relativamente a qualquer outro credor que não possua *garantia real anterior* (art. 822º, nº 1). Todavia, esta garantia real anterior, se se tratar de *hipoteca* ou de *consignação de rendimentos,* precisa de estar *registada* para ser oponível à preferência resultante da penhora (art. 2º, al. h) do CPRED). A anterioridade da penhora reporta-se à data do *arresto,* caso os bens do executado hajam sido previamente arrestados (art. 822º, nº 2, do CPC). A preferência resultante da penhora (tal como a de hipoteca judicial) cessa se sobrevier a insolvência do executado, por não poder vir a ser atendida na graduação de créditos (art. 140º, nº 3, do CIRE) – cfr., quanto a este ponto, Miguel Lucas Pires, *in Dos Privilégio Creditórios: Regime jurídico e sua Influência no Concurso de Credores,* Coimbra, Almedina, 2004, p. 166.

sua incompatibilidade com o âmbito da diligência efetuada[1510]. Excecionalmente, porém, *certos possuidores em nome alheio* que tenham a posição de terceiros, como é o caso do *locatário*[1511-1512-1513], do *parceiro pensador*, do *comodatário* e do *depositário*, a que se reportam os arts. 1037º, nº 2, 1125º, nº 2, 1133º, nº 2 e 1188º, nº 2, respetivamente, todos do CC – cujos direitos se integram na categoria dos *direitos pessoais de gozo*[1514] (arts. 407º e 1682º-A do CC) –, podem deduzir embargos de terceiro contra atos judiciais ofensivos[1515].

Pode, assim, e por exemplo, qualquer dos *comproprietários de bens indivisos* deduzir embargos de terceiro, em ordem ao levantamento da penhora em execução movida apenas contra algum ou alguns dos contitulares, se houverem sido penhorados bens compreendidos no património comum, uma fração de qualquer deles ou uma parte especificada desse bem (art. 743º)[1516].

[1510] Cfr. Salvador da Costa, *Os Incidentes* cit., pp. 160 e ss..

[1511] Atento o disposto no nº 1 do art. 333º, se, por hipótese, a *penhora* (numa ação executiva instaurada contra o senhorio) viesse turbar a posse ou «desapossar» o *arrendatário*, este poderia embargar de terceiro com o objetivo de manter incólume o seu direito de detenção sobre o arrendado, ainda que não podendo lograr a retirada da execução da coisa (detida) penhorada – cfr. Miguel Mesquita, *Apreensão de Bens em Processo Executivo e Oposição de Terceiro* cit., p. 189.

[1512] O *promitente-trespassário*, como mero detentor, não beneficia do regime do nº 2 do art. 1037º e ss. do CC, não podendo, por isso, embargar de terceiro ao abrigo do disposto no art. 1285º do mesmo diploma – cfr. o acórdão do STJ de 9-10-2006, Proc. 2868/06 – 1ª Sec./ Cons. Sebastião Póvoas.

[1513] «A *relação locatícia* estabelecida após constituição de hipoteca sobre o imóvel objeto do contrato, por aplicação do art.824º, nº 2, do CC, caduca automaticamente com a venda do imóvel arrendado no processo executivo, inviabilizando, por isso, a dedução dos embargos por parte do arrendatário, de harmonia com o disposto no art. 344º, nº 2, 2ª parte do CPC» – cfr., neste sentido, o acórdão do STJ de 18-10-2018, Proc. 12/14.7TBEPS-A.G1.S2, *in* www.dgsi.pt/ Rosa Tching.

[1514] Os *direitos pessoais de gozo* não revestem natureza *real*, mas também não assumem natureza meramente *creditícia*, constituindo como que um *tertium genus*, que se carateriza essencialmente pelo facto de os respetivos titulares poderem satisfazer o seu interesse agindo direta e autonomamente sobre a coisa que constitui objeto do direito e defendendo-o contra todas as agressões ilícitas, sem necessidade de recurso à outra parte, caraterística esta, a da imediação, «imanente a todos os direitos de gozo (reais ou pessoais)» – cfr. M. Henrique Mesquita, *Obrigações Reais e Ónus Reais*, Coimbra, Almedina, 1990, p. 51 e J. Andrade Mesquita, *Direitos Pessoais de Gozo*, Coimbra, Almedina, 1999, p. 13 e 134 e ss..

[1515] Cfr., neste sentido, Amâncio Ferreira, *Curso* cit., pp. 297-299, M. Teixeira de Sousa, *Estudos* cit., p. 187 e o acórdão do STJ, de 27-11-97, BMJ, nº 471, p. 343/Cons. Almeida e Silva. Cfr. ainda o acórdão da RP de 4-2-99,CJ, Ano XXIV, Tomo 1, p. 213/Des. João Vaz.

[1516] Cfr. J. Rodrigues Bastos, *Notas*, vol. II cit., pp. 137-138.

Poderão também socorrer-se dos embargos de terceiro: – o *alienante,* se a coisa for penhorada em execução requerida contra o comprador, «quer com fundamento na posse, quer com fundamento no direito de propriedade»[1517]; – os *titulares de depósitos bancários* afetados por um ato de penhora; com efeito, existindo pluralidade de titulares de uma conta bancária conjunta, solidária ou mista, a penhora incide sobre a *quota-parte do executado na conta comum,* presumindo-se iguais essas quotas, face ao disposto no nº 2 do art. 1403º do CC, aplicável *ex-vi* do do art. 1404º do mesmo diploma (art. 780, nº 2); assim, sendo dois os titulares, deve o banco cativar apenas metade do saldo da conta, ficando salva ao outro contitular a possibilidade de reclamar, através de embargos de terceiro, uma quota-parte superior se a ela tiver direito (daí que o contitular alheio à execução deva ser notificado da penhora efetuada no saldo da conta comum e da respetiva proporção)[1518].

As *universalidades jurídicas,* como, por exemplo, o estabelecimento comercial (*a se* uma coisa incorpórea ou imaterial, mas integrando também um acervo de coisas corpóreas) são, como tais, *suscetíveis de posse,* assim podendo o terceiro, face a uma penhora ilegal, deduzir embargos de terceiro, seja com fundamento na posse, seja com base no direito (de fundo) incompatível com a execução, impendendo sobre o embargante o ónus de dedução dos atos tradutores do exercício dessa posse sobre o todo[1519], ainda que não seja exigível ao comerciante (dele desapossado) a alegação e a prova da sua posse sobre cada uma das coisas que o integram[1520].

O *credor pignoratício* pode também, através dos embargos de terceiro, obter a restituição da coisa empenhada (*se o dono desta não for o executado*) em defesa do seu *direito de retenção,* caso a penhora o prive dele (al. a) do art. 670º do CC). *Se o dono da coisa empenhada for o executado* (a penhora do seu crédito implica a apreensão do objeto do penhor, nos termos do nº 6 do art. 773º), poderá o credor fazer valer *no processo de execução* a sua garantia real (art. 604º, nº 2, do CC) de harmonia com o disposto nos arts. 752º, e 753º, nºs 2 e 3.

Também o *arresto de imóvel* é insuscetível de ofender qualquer direito do promitente-comprador tradiciário, pelo que, se este optou pela execução específica do

[1517] Cfr. Miguel Mesquita, *Apreensão de Bens em Processo Executivo e Oposição de Terceiro* cit., p. 213.

[1518] Cfr. Amâncio Ferreira, Curso cit., p. 266-270 e os acórdãos da RC de 13-5-99, CJ, ano XXIV, Tomo III, p. 65/Des. Silva Freitas e da RP de 13-11-2000, CJ, ano XXV, Tomo V, p. 188/Des. Fernandes do Vale.

[1519] Cfr. Miguel Mesquita, *Apreensão de Bens* cit., pp. 246-247. O STJ entendeu já que mesmo as quotas sociais são coisas suscetíveis de posse e que, por isso, é admissível a dedução de embargos de terceiro contra o ato da respetiva penhora – cfr. o acórdão de 6-5-98, CJSTJ, Ano VI, Tomo 2, p. 71/Cons. Fernandes Magalhães.

[1520] Cfr. Miguel Mesquita, *Apreensão de Bens* cit., pp. 246-247.

contrato-promessa, não pode, por falta de direito de crédito, invocar o direito de retenção em embargos de terceiro[1521].

§2º Inadmissibilidade do incidente por existência de outros meios defensórios

É vedado, contudo, lançar mão deste incidente de oposição todos aqueles a quem a lei confere a faculdade de fazerem valer os seus direitos, por *via específica.*

Assim, e designadamente: – o *titular de um direito de preferência legal e o titular de um direito real de aquisição ou de preferência convencional com eficácia real*, uma vez que tais direitos podem ser exercitados no âmbito da ação executiva, através da notificação para preferência (art. 819º, nº 1)[1522]; – os *titulares de direitos reais de garantia*, por exemplo de um direito de *penhor* ou de um *direito de retenção* (nem mesmo para se manter a incolumidade da posse da coisa até ao termo da ação executiva), por a respetiva pretensão poder ser satisfeita, através de *reclamação*, no seio da execução pendente por via do concurso de credores[1523] (arts. 786º e 788º, nº 1)[1524-1525]; – o terceiro credor no *processo especial de insolvência porquanto* neste, pode socorrer-se da reclamação a que se reportam os arts. 128º a 143º do CIRE, *ex-vi* do art. 141º, nº 1 do mesmo Código e, se já exaurido o respetivo prazo (no caso de bens apreendidos tardiamente), exercitar ação para restituição ou separação de bens por meio de requerimento apenso ao processo principal, a ser proposta contra os credores, o devedor e o administrador da insolvência (art. 144º, nºs 1 e 2, do mesmo diploma).

A *apreensão, no âmbito do processo penal*, de coisas que sejam instrumento, produto ou objeto de crime, não é suscetível do *incidente típico de embargos de terceiro* regulado no CPC, por incompatibilidade com os princípios e fins da lei processual penal[1526]. Poderão, contudo, os titulares dos direitos sobre as

[1521] Cfr. o acórdão do STJ de 19-9-2002, Proc. 1839/2002 – 2ª Sec./Cons. Duarte Soares.

[1522] Cfr. Salvador da Costa, *Os Incidentes* cit., pp. 162-165.

[1523] Cfr. os acórdãos do do STA, de 23-3-94, BMJ, nº 435, p. 588/Cons. Castro Martins, do STJ, de 29-6-95, BMJ, nº 448, p. 314/Cons. Joaquim de Matos, de 23-1-96, CJSTJ, Ano IV, Tomo 1, p. 70/Cons. Pais de Sousa e de 22-9-2005, Proc. 1488/2005 – 7ª Sec./Cons. Oliveira Barros.

[1524] Cfr. Amâncio Ferreira, *Curso* cit., p. 301.

[1525] Cfr. Salvador da Costa, *Os Incidentes* cit., p. 161 e o acórdão do STJ de 26-6-2001, CJSTJ, ano IX, tomo II, p. 135/Cons. Ferreira Ramos.

[1526] Cfr. o acórdão da RC, de 16-2-93, CJ, Ano XVIII, Tomo I, p. 45/Des. Nuno Cameira.

coisas apreendidas em violação do disposto nos arts. 110º, nº 1, do CP e 178º do CPP, deduzir, na ação penal, o *incidente atípico* tendente ao levantamento da apreensão ilegalmente ordenada. Já, contudo, *no âmbito da ação executiva instaurada por apenso à ação penal*, podem ser deduzidos embargos de terceiro nos termos gerais, reunidos que sejam os respetivos pressupostos[1527].

§3º A posição jurídica do promitente-comprador

Será a posição jurídica do *promitente-comprador* incompatível com a realização da penhora? Não constituirá essa posição obstáculo a uma futura venda, no caso de a coisa objeto do contrato haver sido penhorada?.

Há que fazer uma distinção: -a) *se o promitente-comprador tiver direito à execução específica* (o que pressupõe que o contrato ainda vigora) e apenas se verifica uma situação de *mora, por parte do promitente-vendedor*, mesmo que não tenha havido *traditio*, e o contrato haja sido celebrado com *eficácia real*, pode embargar de terceiro; isto porque a realização (concretização) da penhora é incompatível com o direito do promitente-comprador; -b) *se o contrato-promessa tiver eficácia meramente obrigacional*, a posição do promitente-comprador que tenha direito à execução específica só lhe permite embargar de terceiro no caso de *registo da ação* ser anterior ao *registo da penhora*; haverá, neste caso, que aguardar pelo trânsito em julgado da ação de execução específica, e caso o promitente-comprador obtenha ganho de causa, tornar-se-á a penhora inoponível ao seu direito.

Faculta, com efeito, a lei às partes a atribuição de *eficácia real* à promessa de transmissão de direitos reais sobre bens imóveis, ou de móveis sujeitos a registo (art. 413º do CC); mas para que tal atribuição possa ocorrer, com a consequente produção de efeitos relativamente a terceiros (eficácia absoluta ou *erga omnes*, com a consequente *oponibilidade a terceiros*, torna-se necessária, para além de uma *declaração expressa* em tal sentido, a *observância da forma legal* para o concreto negócio e a *inscrição no respetivo registo* (art. 406º, nº 2); à míngua de algum desses requisitos, o contrato-promessa surtirá eficácia meramente obrigacional ou seja *inter-partes*, se para tanto for hábil[1528].

[1527] Quanto ao *procedimento cautelar de apreensão de veículos* ao abrigo do disposto no art. 16º do Dec.-Lei nº 54/75, de 24 de fevereiro – decretado sem audiência prévia – os *meios de defesa* a utilizar são os contemplados no art. 372º do CPC.

[1528] «Na perspetiva de eventual *venda executiva, esses direitos apenas caducam se o seu titular for citado*, pois só assim aquela lhes pode ser validamente oposta. Justamente, a lei contempla essa citação para a *preferência real* no art. 819º e, para o *direito à execução específica*, no art. 831º.

Ainda que, normalmente, ao *corpus* possessório não corresponda o *animus possidendi*, já se tem admitido, em *casos excecionais*, o exercício, por banda do promitente-comprador, de uma *posse* equivalente a um direito real de propriedade[1529], legitimadora da dedução de embargos de terceiro: assim, por ex., se o promitente passou, em consequência da *traditio*, a ser (de facto e na prática) o verdadeiro possuidor de uma fração predial que lhe foi entregue e que passou a utilizar como se sua própria fosse, pagou a quase totalidade do preço e requisitou, em seu nome, a ligação da água, a energia elétrica e o gás de cidade, agindo na veste de verdadeiro *dominus*[1530]. O êxito dos referidos embargos sempre ficaria, no entanto, condicionado ao facto de o embargado não haver pedido o reconhecimento do direito de propriedade ao abrigo do nº 2 do art. 348º ou de tal pedido haver, entretanto, soçobrado.

A posse de terceiro (com *traditio*) baseada em *direito de retenção*, não confere, em geral, de *per se*, o direito de deduzir embargos de terceiro contra a penhora do objeto possuído, na medida em que aquele direito real de garantia se destina apenas a garantir o *crédito* do promitente-comprador a uma indemnização por (eventual) incumprimento do contrato, que não para lhe proporcionar o uso ou *gozo da coisa* prometida[1531]. De resto, tal crédito, se não oportunamente reclamado, caduca com a venda executiva[1532].

A falta dessa citação importa *ação de preferência* (cfr. artigo 819º, conjugado com o artigo 1410º do CC) ou *ação específica*, ainda que depois da transmissão a terceiro» – cfr., neste sentido, Calvão da Silva, *Sinal e Contrato-Promessa*, 14ª edição Revista e Aumentada, Almedina, 2018, pp. 158-161. Perfilha entendimento diferente, Rui Pinto, *in A Ação Executiva*, 2018, AAFDL, pp. 722-723.

1529 Cfr. o acórdão do STJ de 10-1-02, Proc 3295/20001 – 2ª Sec./Cons. Moitinho de Almeida. Cfr. ainda Pires de Lima e Antunes Varela, *Código Civil Anotado*, vol. III cit., p. 6.

1530 Cfr., *v. g.*, o acórdão do STJ, de 19-11-96, CJSTJ, Ano IV, Tomo 3, p. 109/Cons. Fernando Fabião.

1531 Cfr., neste sentido, Miguel Mesquita, *Apreensão de Bens* cit., pp. 175-176 e acórdãos do STJ de 26-5-94, CJSTJ, Tomo II, p. 119/Cons. Sousa Macedo, de 11-3-99, CSTJ, Tomo I, p. 137/Cons. Dionísio Correia e de 25-11-99, CJSTJ, Tomo III, p. 118/Cons. Herculano Namora.

1532 No âmbito da *graduação de créditos em insolvência* só o *consumidor promitente-comprador* em contrato, ainda que com eficácia meramente obrigacional, com *traditio*, devidamente sinalizado, que não obteve o cumprimento do negócio por parte do administrador da insolvência, goza do *direito de retenção* nos termos do estatuído no art. 755º nº 1 alínea f), do CC – cfr. o AC UNIF do STJ, nº 4/2014, de 20-3-2014 *in* DR, 1ª série de 19-5-2014/Cons. Távora Vitor.

O *promitente-comprador* (mesmo tradiciário) não detém, em princípio, a *posse* sobre a coisa objeto do contrato. A regra é a de que da *traditio rei* resulta, para o promitente-comprador, um *mero direito pessoal de gozo* que não comporta o *animus dominii*, não sendo, pois, o promitente um *verdadeiro possuidor*. Daí que, faltando-lhe o "*animus*" ou intenção de exercer sobre a coisa possuída os poderes de facto correspondentes ao direito de propriedade ou de outro direito real (art. 1251º do CC), não deveria, em princípio, poder embargar de terceiro. Isto salvo se a ação do promitente-comprador em relação à coisa revelar *inversão do título de posse*, nos termos do art. 1265º do CC[1533].

Vimos já supra que a lei substantiva faculta os *meios possessórios* a outras situações (que não apenas as possessórias), nas quais o embargante surge como meramente detentor, sem *animus possidendi* (possuidores precários): o locatário, o parceiro pensador, o comodatário e o depositário (artigo 1037º, nº 2, 1125º, nº 2, 1133º, nº 2 e 1188º, nº 2, respetivamente). Situações estas que *não encontram justificação no instituto da posse*, mas *antes na necessidade de acautelar diretamente interesses de terceiro* que, logicamente, sejam diversos dos do executado e em que, por isso, cabe ao respetivo embargante o ónus de alegar (e, subsequentemente, provar) que possui a coisa em nome de outrem (*alheio*) que não no do próprio executado, devendo, para lograr êxito da sua pretensão, invocar o título que legitima a específica situação, ou seja, deve identificar o sujeito concreto em nome da qual possui.

Situação semelhante é a do *promitente-comprador com possibilidade de intentar ação de execução específica* ao abrigo do disposto no art. 830º do CC e que legitima a interrogação sobre se pode este promitente-comprador embargar de terceiro. Ora, de harmonia com o preceituado no art. 755º, nº 1, alínea f), do CC, "o beneficiário de *promessa de transmissão ou constituição de direito real que obteve tradição da coisa* (*tradiciário*) a que se refere o contrato prometido, goza sobre essa coisa, «pelo crédito resultante do não cumprimento imputável à outra parte», do *direito de retenção* (art. 442º do CC). Porém, *o direito de retenção não dá ao promitente-comprador o direito a embargar de terceiro, mas apenas o de reclamar o respetivo crédito em sede de reclamações de créditos.*

A *traditio*, por si só, não não confere ao *promitente-comprador* o direito a embargar de terceiro, mas se a *traditio*, tiver *invertido o título de posse* (nos termos do art. 1265º do CC) ou seja, se o *possuidor precário* passar a comportar-se em relação à casa (objeto do contrato-promessa) como sendo sua, então já poderá exercitar o seu direi-

1533 Cfr. J. Calvão da Silva, *Sinal e Contrato-Promessa*, 10ª ed., p. 219, nota 55, citado ainda por Miguel Mesquita, *in Apreensão de Bens* cit., p. 179.

to de oposição mediante embargos de terceiro; a *inversão do título de posse* (*interversio possessionis*) significa precisamente que uma situação de posse precária (em nome de outrem) se converte, *factis vel actis*, numa posse em nome próprio, ou seja, numa posse em sentido técnico-jurídico em termos de requisitos e consequências legais. É o caso de o *contrato definitivo* não haver sido celebrado por as partes entenderam que bastaria o *contrato-promessa* (tendo havido *traditio* e até pagamento do imposto devido), passando os promitentes-compradores a comportar-se, relativamente ao prédio ou fração, objeto do contrato-promessa, como verdadeiros proprietários, por ex., opondo-se ao pagamento das rendas ao senhorio com o fundamento de que "o prédio é seu".

Todavia, nos termos do art. 1265º do CC, a *inversão* pode dar-se por oposição do detentor do direito contra aquele em cujo nome possuía, devendo a inversão resultar de um ato capaz de transferir a posse. Por exemplo, «se o arrendatário comprar o prédio, não ao seu senhorio mas a um terceiro, ele passa a gozar de um título que lhe confere a posse em nome próprio; «o ato de aquisição, capaz de transferir a posse, inverte, pois, o título precário de arrendamento, desde que o arrendatário passe a comportar-se como (real e efetivo) possuidor, deixando, designadamente de pagar a renda o senhorio»[1534].

§4º A posição jurídica do adquirente com reserva de propriedade e do tomador de leasing

Casos singulares são os respeitantes à *titularidade de direitos de gozo sujeitos a condição suspensiva ou resolutiva*, como são tipicamente os de *venda com reserva de propriedade*, também chamada de *compra financiada* (art. 934º do CC) e de cessão do gozo em regime de *locação financeira* (Dec.-Lei nº 149/95, de 24 de junho, cujas últimas alterações foram introduzidas pelo Dec.-Lei nº 30/2008, de 25 de fevereiro), sendo que ambas as figuras desempenham uma função económica muito semelhante.

a)- No que concerne à *venda com reserva de propriedade*, entendemos, na esteira de Ana Maria Peralta, que «na *venda com reserva de propriedade*, "a posição jurídica das partes é regida e qualificada tendo por quadro geral as regras legais sobre a *condição suspensiva*; assim, a qualificação jurídica a atribuir à posição do vendedor até à realização do evento é a de (se

[1534] Cfr. Pires de Lima/Antunes Varela, *Código Civil Anotado*, vol. III, 2ª Ed., Coimbra Editora, 1987, pp. 31-32.

manter) *proprietário* da coisa alienada; é este um «*direito efectivo* apesar de não ser *pleno*»; «o outro contraente (beneficiário da produção da condição), não é ainda titular de «direito a cuja transmissão o contrato se dirige, mas a ordem jurídica dispensa-lhe já alguma *protecção*»[1535].

De harmonia com o disposto no art. 1253º do CC, «o comprador não pode ser considerado como *possuidor*» em sentido técnico-jurídico; mas, «se o comprador não possui como proprietário, possuirá «em termos da *expectativa jurídica de aquisição do bem*»; «não se fundando na propriedade (que ainda não detém), o gozo da coisa pelo comprador deriva da sua *posse em nome próprio*, resultante da *entrega do bem* (que lhe foi feita) em *execução do contrato*»[1536]. "Não prevendo o CPC a *penhora da mera expectativa*, ter-se-á de encontrar o seu regime através das regras de *penhora de outros direitos*, procurando as que melhor se adequem ao caso. «Diferindo as normas de *penhoras de direitos* sobretudo pelas notificações através das quais as mesmas se efectuam», é de aplicar «à *penhora da expectativa* o disposto no art. 773º: *notificação ao vendedor sob reserva, que deverá declarar ao tribunal da execução o montante da dívida e o prazo previsto para o seu integral pagamento*» (*sic*)[1537].

Deverá, pois, assistir ao adquirente com reserva de propriedade (pelo menos no que respeita à venda de *coisa imóvel* ou de *coisa móvel sujeita a registo*, cuja cláusula, constante do registo, é sempre *oponível a terceiros, ex-vi* do nº 2 do art. 409º do CC), *legitimidade para efeitos de dedução de embargos de terceiro*, nos termos do art. 340º, nº 1, do CC[1538].

b)- No que se refere à *locação financeira*, vulgo *leasing*, «o *concedente de leasing* obriga-se a facultar o *uso* ou *gozo* da coisa, mas não a transferir o *domínio* desta, na primeira fase da relação contratual». Por seu turno, «o *tomador do leasing* não se obriga a pagar um preço, que é o valor da coisa expresso em moeda corrente»; paga uma *prestação periódica* destinada a remunerar o uso e fruição da coisa; por isso, à falta de pagamento de qualquer das prestações não é aplicável o princípio do vencimento imediato ou antecipado da dívida, como sucede com a falta de pagamento de uma das prestações em que o preço haja sido dividido na *venda com reserva de propriedade* (art. 934º

[1535] *In A Posição Jurídica do Comprador na Compra e Venda com Reserva de propriedade*, Almedina, 1990, p. 14.

[1536] Cfr. a mesma autora, *in* ob cit., pp. 75-77.

[1537] Cfr., ainda, a mesma autora, *in* ob cit., pp. 103-104.

[1538] Revertemos, assim, após melhor ponderação, a nossa anterior posição sobre este específico tema.

do CC). Na *venda com reserva de propriedade, há transferência imediata do domínio;* no *leasing não há transferência de domínio sobre a coisa*, na primeira fase da relação (apesar da entrega dela ao tomador). Se o tomador entrar em insolvência, *o concedente de leasing* terá o direito de exigir que os bens abrangidos pelo contrato sejam separados da massa insolvente»[1539].

Celebrado o *contrato de locação financeira*, o locador financia a operação (através da intervenção no contrato de uma entidade seguradora), pelo pagamento do preço da compra. Mas não se pode conceder o *gozo da coisa* sem a *entrega da mesma ao locatário*, para que este a possa usar e fruir pelo prazo do contrato; entrega que, tanto pode ser direta como (como é *praxis* comercial), como através da cooperacão do fornecedor, efetuando este a entrega direta ao locatário, atuando, neste caso, como um *auxiliar do locador no cumprimento da obrigação de entrega* (art. 800º do CC).

Para Calvão da Silva, «o locador deve entregar a coisa locada para conceder o gozo da mesma ao locatário pelo prazo do contrato»; «mas nada impede o locador de cumprir a obrigação de entrega da coisa estipulando com o fornecedor a sua entrega directa ao locatário e com este que a receba directamente daquele». «Nestes casos, o *locatário* recebe a coisa *em nome próprio* e em *nome da sociedade locadora*: *em nome próprio*, porque esse direito lhe advém directamente do contrato; *em nome da sociedade locadora* porque esta, tendo direito à entrega da coisa por força do contrato de aquisição ao fornecedor, este a mandatou para esse efeito» (*sic*)[1540]. Mas «*a propriedade do bem locado continua a pertencer à sociedade locadora* (por mor da sua aquisição ao fabricante/fornecedor); *a locadora só é obrigada a vender a coisa ao locatário caso este o deseje finda a locação*, por força da *opção de compra* estipulada no con-

[1539] Não obstante o contrato de *leasing* ser estruturalmente distinto do de *locação*, o termo designativo de "*locação*" advém do facto de «o *leasing* se traduzir aparentemente num locação a médio ou a longo prazo, completada por uma faculdade (ou opção) de compra, na qual se tomam em conta as rendas já pagas pelo comprador» (adquirente final). Em direito comparado, o instituto assume designações várias, todas colocando o acento tónico da operação negocial na figura da locação». Assim: *leasing* (no direito norte-americano), *hire-purchase* (no direito inglês), *crédit-bail* (no direito francês), *locazione finanziaria* (no direito italiano) e *arrendamento mercantil* (no direito brasileiro). Acerca da natureza jurídica do *contrato de leasing* e da sua distinção com figuras próximas como as de *venda a prestações, venda com reserva de propriedade, locação* e *venda a retro*, cfr. Orlando Gomes/Antunes Varela, *Direito Económico*, São Paulo, Edição Saraiva, 1977, pp. 269 e ss..

[1540] *In Estudos de Direito Comercial* (Pareceres), Almedina, 1999, pp. 19-23.

trato de *leasing* propriamente dito; por este (no *terminus* deste), concluir-se-á *um novo contrato de compra e venda da coisa pelo preço residual*.

O locador financeiro não concede, assim, um mero *crédito* ao locatário para que este compre a coisa e a integre no seu próprio património (não se trata, pois, de um *contrato de crédito*); adquire para si a coisa e esta fica no seu património, servindo a sua propriedade de garantia do financiamento com a seguradora. É esta função de financiamento que permite distinguir o *leasing* da tradicional *locação* (esta o contrato típico regulado nos arts. 1022 e ss. do CC). Assim, o *leasing* constitui, no fundo, um *sucedâneo ou substituto funcional da compra*: o locatário adquire a "*leadership not ownership*" ou seja, a "*propriedade económica*" ou a "*propriedade substancial*", mas não a "*propriedade jurídica*" ou "*propriedade formal*" da coisa, sem entrar com o capital ("*pay as you earn*") (igualmente *sic*).

A *locação financeira de bens imóveis ou de móveis sujeitos a registo* encontra-se sujeita a *registo obrigatório* (nº 5 do art. 3º do Dec.-Lei nº 149/95, de 24 de junho). Assim, se houver incumprimento por banda do tomador, assiste a este o direito, não só de resolver o contrato, como o de exigir os consequentes *cancelamentos do registo* e *entrega* (*devolução*) da coisa locada. «Para o *cancelamento do registo de locação financeira com fundamento na resolução do contrato* é documento bastante a prova da comunicação da resolução à outra parte nos termos gerais» (art. 17º, nº 2, do mesmo diploma). Se *findo o contrato por resolução* ou *pelo decurso do prazo sem que o locatário haja exercido o direito de compra* e sem proceder à restituição do bem ao locador, pode o locador, ao abrigo do disposto no nº 2 do art. 21º, após o pedido de cancelamento do registo (a efetuar por via eletrónica sempre que as condições técnicas o permitam), *requerer ao tribunal providência cautelar consistente na sua entrega imediata ao requerente*[1541].

Mas poderão o *reservatário* e o *tomador* do *leasing embargar de terceiro* se verificados os pressupostos do arts. 342º e ss.?

Entende, a este respeito Rui Pinto[1542] que, nestas situações, o objeto da penhora tanto pode ser a *propriedade do alienante-reservante* ou a *pro-*

[1541] "A *obrigação de segurar* impende sobre o proprietário do veículo, excepcionando-se os casos de usufruto, venda com reserva de propriedade e regime de locação financeira, em que a obrigação recai, respetivamente, sobre o usufrutuário, adquirente ou locatário» (art. 6º, nº 1, do Dec.-Lei nº 291/2007, de 21 de agosto.

[1542] *In A Ação Executiva*, edição da AAFDL, 2018, pp. 724 e 742.

priedade locador financeiro como a *expetativa real de aquisição incorporada na posição jurídica do adquirente reservatário ou locatário* (esta nos termos do art. 778º); *propriedade* ou *expetativa* de terceiro essas que devem (naturalmente) ser anteriores à penhora, por força do art. 819º do CC, sob pena de improcedência.

Se houve *traditio* da coisa (art. 778º, nº 2), o *terceiro embargante* pode ser tanto o *vendedor com reserva de propriedade* como o *concedente de leasing* (*nos casos em que o executado é o adquirente da coisa ou tomador do leasing*), como o *adquirente/reservatário* ou o *tomador do leasing* (*na hipótese de serem* executados ou o *alienante/reservante* ou o *concedente do leasing*); nesta última hipótese, porque não restam dúvidas de que o direito de uso e fruição da coisa pelo *comprador-reservatário* ou pelo *tomador do leasing* é incompatível com qualquer ato lesivo/ofensivo produzido por ato judicial em execução à qual é de todo alheio (como tal oponível a tal lesão face à sua natureza real), daí a sua legitimidade para embargar de terceiro.

Mas uma coisa é a qualidade de terceiro para efeitos de *legitimidade para a dedução dos embargos contra o ato lesivo*, outra são as *condições da procedência do incidente*.

Tanto Teixeira de Sousa como Lebre de Freitas[1543], como alguma jurisprudência, entendem que o proprietário com reserva de propriedade pode embargar de terceiro[1544].

Quanto à legitimidade, dada a qualidade de titular qualificado de um direito de gozo, que só pode ser interrompido por ato próprio do próprio embargante, não subsistem dúvidas de que assiste legitimidade tanto ao adquirente/reservatário, como ao tomador/locatário. Trata-se, num e noutro casos, de uma *posse titulada* e *registada*, traduzida *numa prática efetiva, reiterada e protraída no tempo de atos materiais* de posse com verdadeiro *animus sibi habendi*, em tudo similar ao de um verdadeiro direito real de propriedade.

Se os embargos houverem sido deduzidos pelo vendedor com reserva ou pelo concedente do leasing, para que possam proceder, terão de se apoiar na alegação e demonstração da ofensa do direito de propriedade; se ocorreu uma verdadeira e rigorosa *penhora da expetativa da aquisição*, nos termos do art. 778º, então o proprietário ou concedente não vêem o seu direito ofendido; e não

[1543] Cfr., quanto a este tema, Miguel Teixeira de Sousa, *A Acção Executiva Singular*, Editora Lex, 1998 e José Lebre de Freitas, *A Ação Executiva à Luz do Código de Processo Civil de 2013*, 6ª edição, Coimbra Editora, p. 329, pp. 329 e 330.

[1544] Em sentido contrário, cfr. Miguel Mesquita, *Apreensão* cit., pp. 212-213.

existindo esta ofensa, a entidade locadora não pode, com fundamento no direito de propriedade, embargar de terceiro; já haverá ofensa (haja o bem já sido entregue ao executado ou não) sempre que o âmbito subjetivo da penhora for maior que o âmbito legalmente admissível; isto é, *se for registada a penhora sobre a propriedade do terceiro e não sobre a expetativa do executado*, ou sempre que, apesar de o bem ainda estar na posse do vendedor, este foi desapossado em favor do depositário judicial.

Se os embargos houverem sido deduzidos pelo adquirente reservatário ou pelo *tomador do leasing* (sendo executados o vendedor/reservante ou o tomador do *leasing*), entende Teixeira de Sousa que o comprador (adquirente) pode sempre embargar para, opondo a expetativa de aquisição, salvaguardar a sua subsistência (evitando a sua caducidade) após a venda. Lebre de Freitas segue no mesmo sentido, colocando o acento tónico na *posse de valor reforçado* pelos mesmos exercida; o terceiro embargante *será (nesta hipótese) titular de um direito (de gozo) incompatível (com o ato judicial lesivo), dada a natureza real da expetativa de aquisição* definitiva do bem. Torna-se, contudo, necessário que a penhora efetuada haja produzido uma real *ofensa à expetativa* para que o embargante possa sair vitorioso nos embargos de terceiro; e a ofensa poderá advir precisamente da realização da penhora, caso o terceiro ainda detenha a coisa consigo, ou também do âmbito da mesma, ainda que haja já feito entrega do ao bem executado.

Em qualquer circunstância, a *expetativa* não caducará com a venda, porquanto fora do âmbito válido de penhora: nem a *expetativa* integra a esfera jurídica do executado (pois que objeto da transmissão), nem o direito de terceiro (de garantia ou de aquisição), caduca se a penhora não for válida, podendo, porém, embargar de terceiro.

Em suma: volvendo ao âmbito do conceito de *direito incompatível*, sendo sabido que a *penhora* se destina a possibilitar uma ulterior venda executiva, é com *ela incompatível* todo o direito de terceiro (ainda que derivado do executado) cuja existência, tido em conta o âmbito em que é feita, impediria a transmissão forçada do objeto apreendido.

73.3.3.2. Embargos de terceiro pelos cônjuges

Em geral, sempre que *o cônjuge que tenha em relação à execução a posição de terceiro*, pode defender, por via de embargos de terceiro, os direitos relativos aos bens próprios e aos bens comuns atingidos pelo acto de penhora (arts. 739º a 743º 825º).

Na esteira de ANSELMO DE CASTRO, nesta espécie de embargos, não é a posse dos bens que está em causa «mas a indagação da natureza dos bens como próprios do cônjuge embargante ou comuns, ou da comercialidade ou não comercialidade da dívida»[1545].

Nos *regimes de separação,* os *bens comuns do casal* são objeto duma relação de *compropriedade.* Nos *regimes de comunhão,* esses bens constituem um *património coletivo de afetação especial,* face à sua titularidade conjunta por marido e mulher e à sua adstrição à satisfação das necessidades da sociedade conjugal. Os *bens comuns* respondem, assim, pelas *dívidas de ambos* os *cônjuges,* pelas quais responderão, também, na falta ou insuficiência daqueles bens, solidaria (ou conjuntamente, se o regime for o da separação de bens) os *bens próprios* de qualquer dos cônjuges, mesmo estando em causa dívida da responsabilidade de ambos os cônjuges (arts. 1695, nºs 1 e 2 e 1696º, nº 1, do CC).

Ora, o *cônjuge do executado,* que tenha em relação à execução a posição de *terceiro,* pode socorrer-se (mesmo sem autorização do outro cônjuge) dos embargos de terceiro, para *defender* os *bens próprios* e os *bens comuns* sobre que haja incidido a diligência ofensiva executória (art. 343º). No caso dos *bens próprios,* invocando não ser parte na ação executiva; e, no caso dos *bens comuns,* por não ter sido citado ou notificado para declarar se aceita a comunicabilidade da dívida ou para requerer a separação de bens.

Destarte, movida uma ação executiva apenas contra um dos cônjuges para pagamento de dívida própria, na qual sejam *penhorados bens comuns,* pode o outro (cujo pedido de citação a que se reporta o nº 1 do artigo 740º haja sido omitido pelo exequente) deduzir embargos de terceiro, a fim de defender o seu *direito à meação* sobre eles. Se, penhorados *bens próprios do cônjuge não executado* em *execução movida apenas contra um dos cônjuges,* pode aquele embargar de terceiro para defesa do seu *direito de propriedade* ou de posse sobre esses bens[1546].

A hipótese prevista no art. 740º é a de a *execução ser movida apenas contra um dos cônjuges* (não sendo o título uma sentença) e terem sido penhorados bens comuns. Neste caso, o cônjuge não executado é obrigatoriamente citado para, querendo, requerer a separação de bens, no prazo de 20 dias, sob pena de a execução prosseguir sobre os bens comuns. Depois de citado, o

[1545] Cfr. *A Acção Executiva, Singular, Comum e Especial,* 2ª ed., Coimbra Editora, 1973, p. 350.

[1546] Cfr. quanto a esta temática, MARIA JOSÉ CAPELO, *Pressupostos Gerais na Acção Executiva, A legitimidade e as regras de penhorabilidade,* Themis, nº 7, pp. 79-104.

cônjuge não executado só pode defender os bens próprios por meio do expediente de oposição à penhora (arts. 787º e 784º).

O art. 343º do CPC (à semelhança do art. 352º do CPC de 1961, após a Reforma de 1995/96) permite ao cônjuge a dedução de *embargos de terceiro* para defesa dos seus direitos relativamente aos *bens próprios*, bem como dos relativos aos *bens comuns* que hajam sido indevidamente atingidos pela penhora. Neste caso, o cônjuge pretende defender não a *posse dos bens penhorados*, mas a *qualidade* dos mesmos, como sendo sua pertença exclusiva (*bens próprios*) ou que, sendo a dívida da responsabilidade exclusiva do outro cônjuge, a penhora recaiu *sobre bens comuns*.

Porém o *cônjuge do executado* só é *terceiro* (*alheio à execução*) enquanto não é *citado*; uma vez citado nos termos da al. a) do nº 1 do art. 786º, passa a ser *parte* na ação executiva, deixando *qua tale* de possuir a qualidade de *terceiro* e passando a assumir o estatuto de *cônjuge do executado*, com os (inerentes) direitos que lhe são conferidos pelo art. 787º, entre os quais o de «*deduzir, no prazo de 20 dias, oposição à penhora*», bem como a «exercer, nas fases da execução posteriores à sua citação, todos os direitos que a lei processual confere ao executado, podendo *cumular eventuais fundamentos de oposição à execução* (art. 787º, nº 1). Adquirindo o *status* de parte e deixando de ser terceiro, *deixa de poder embargar de terceiro para defender os bens próprios e os bens comuns*. Assiste-lhe, todavia, nos termos do art. 740º, *ex vi* da al. a) do nº 1 do art. 786º (quando na execução movida contra o seu co-cônjuge, parte primitiva, forem *penhorados bens comuns do casal*), o *direito de requerer a separação de bens* (para divisão de patrimónios), «*sob pena de a execução prosseguir* (também) *sobre os bens comuns*» (art. 740º, nº 1).

Não olvidar, neste conspecto, o *incidente de comunicabilidade da dívida* que se traduz na *faculdade* concedida ao exequente – *em execução movida apenas contra um dos cônjuges* – de alegar (fundamentadamente) que a *dívida, constante de título diverso de sentença, é comum*; requerimento esse que pode ter lugar, ou *no próprio requerimento executivo*, ou em *requerimento autónomo autuado por apenso*, a ser deduzido, nos termos dos arts. 293º a 295º, até ao início das diligências para venda ou adjudicação (art. 741º, nº 1). Se usar dessa faculdade, é o cônjuge do executado citado para, em 20 dias, declarar se aceita a alegada comunicabilidade, sob a cominação de, se nada disser, a dívida ser considerada comum, *sem prejuízo da oposição que contra ela deduza* (art. 741º, nº 2). Se a dívida for considerada comum, a execução prossegue também contra o cônjuge não executado, podendo os seus bens próprios ser nela subsidiariamente penhorados e, se antes da penhora dos bens comuns, tiverem sido penhorados bens próprios do executado inicial, pode este requerer a respetiva substituição (art. 741º, nº 5).

Já quanto aos *rendimentos do trabalho* (e aos *direitos de autor*) de cada um dos cônjuges (devedores) casados em regime de comunhão de bens, embora constituam *bem comum* do casal, destinam-se os mesmos a satisfazer as *obrigações próprias do cônjuge devedor*, pelas quais respondem nos mesmos termos em que *respondem os seus bens próprios* (arts. 1696º, nº 2, al. b), 1724º, al. a) e 1732º do CC). Daí que, em *ação executiva apenas intentada contra o cônjuge devedor*, possa o exequente fazer penhorar os respetivos salários ou vencimentos, independentemente de requerer a citação do outro cônjuge, ao qual não assiste o direito a embargar de terceiro.

Controvertida é a questão de saber se, em *ação de despejo* apenas intentada contra o *cônjuge-locatário*, poderá o *cônjuge do arrendatário* não acionado (sob a invocação do seu *direito à casa de morada de família*) deduzir embargos de terceiro. SALVADOR DA COSTA[1547] faz, a este respeito, uma cisão entre *arrendamentos de pretérito* e *arrendamentos posteriores* a 28 de junho de 2006 (data da entrada em vigor do NRAU), para só relativamente aos segundos encarar positivamente a dedução de embargos de terceiro por banda do cônjuge (não acionado) do arrendatário. Já AMÂNCIO FERREIRA[1548] vai no sentido da aplicação (temporalmente indiscriminada) da comunicabilidade do arrendamento da casa de morada de família e da consequente admissibilidade irrestrita dos embargos de terceiro em tal situação; o que se «torna mais evidente se o regime de bens for o de comunhão, por então o direito do arrendatário se comunicar ao seu cônjuge, passando o contrato a ter dois arrendatários» (*sic*). Mas já no domínio anterior ao atual NRAU se vinha sustentando, em parte da doutrina e da jurisprudência, a *tese ampliativa*, ainda que com preenchimento da aventada lacuna de regulamentação com apelo ao disposto no nº 3 do art. 10º do CC ou à interpretação extensiva do art. 343º do CPC[1549]. E, na verdade, o *espírito do sistema* parece apontar para esta última tese.

Relativamente aos *arrendamentos a que seja aplicável o NRAU* (celebrados posteriormente à data da sua entrada em vigor), será inquestionavelmente

1547 Os *Incidentes* cit., pp. 178 a 181.

1548 *Curso* cit., pp. 295-296.

1549 Cfr. os dois autores citados e as referências jurisprudenciais e doutrinais pelos mesmos citadas e, especialmente, o acórdão do STJ de 27-4-2004, Proc. nº 992/04- 6ª Sec., CJSTJ, nº 176, Ano XII, Tomo II-2004, p. 52/Cons. AZEVEDO RAMOS, no qual se considerou que «em execução para entrega de casa de morada de família, o cônjuge (não arrendatário), não demandado na ação declarativa na qual foi decretada a resolução do contrato de arrendamento habitacional, e ordenado o despejo, pode usar de embargos de terceiro contra tal execução».

de aplicar o *regime geral dos embargos de terceiro* contra atos ofensivos da *propriedade* ou da *posse* dos bens próprios ou comuns do embargante.

No que tange aos arrendamentos para *fim não habitacional* (*v. g.*, para o *exercício do comércio, indústria, profissão liberal ou agricultura*) celebrados por cônjuges casados num dos regimes de comunhão de bens, são os mesmos *comunicáveis* nos termos gerais do art. 1068º do CC. Poderá, assim, o cônjuge (não arrendatário) do réu (não acionado na ação de despejo intentada pelo senhorio nem vinculado por qualquer título executivo de formação extrajudicial) defender (*v. g.*, reagindo contra a entrega do locado), por via de *embargos de terceiro*, os seus direitos ao arrendamento comercial postos em crise pelo mandado de despejo[1550-1551].

Assiste também o direito de embargar de terceiro: – à *pessoa convivente em economia comum há mais de 2 anos* com a pessoa proprietária da *casa de morada comum*, em caso de morte desta, já que titular de um *direito real de habitação* sobre a mesma pelo prazo de 5 anos nos termos do nº 1 do art. 5º da Lei nº 6/2001, de 11 de maio; – *ao membro sobrevivo da união de facto*, como titular de um *direito real de habitação e de direito do uso ao recheio* pelo período de 5 anos (ou mesmo superior), nos termos dos nºs 1 e 2 do art. 5º, da Lei nº 7/2001, de 11 de maio, «em caso de *morte do membro da união de facto proprietário* da casa de morada de família e do respetivo recheio».

A *casa de morada de família* goza de um *especial regime substantivo*, que emerge, além do mais, dos arts. 1682º, nº 2, 1682º-B, 1775º, nºs 2 e 3, 1778º, 1793º, 2103º-A e 2103º-C, todos do CC, em concretização, na lei ordinária, do postulado constitucionalmente consagrado no nº 1 do art. 65º e no nº 1 do art. 67º da CRP de defesa da família, a qual, «como elemento fundamental da sociedade, tem direito à proteção da sociedade e do Estado e à efetivação de todas as condições que permitam a realização pessoal dos seus membros». O que explica que, relativamente a ela, careçam de *consentimento de ambos os cônjuges a resolução ou a denúncia do contrato de arrendamento pelo arrendatário, a revogação do arrendamento por mútuo consentimento, a cessão da posição de arrendatário e o subarrendamento ou o empréstimo total ou parcial da coisa* (art. 1682º-B do CC). De realçar que, por força do disposto no art. 1068º do CC, o direito ao arren-

[1550] Cfr. Salvador da Costa, *Os Incidentes* cit., pp. 170-171.

[1551] Sobre a *comunicabilidade do direito ao arrendamento para comércio ou indústria* nos regimes de comunhão geral de bens ou de separação com comunhão de adquiridos, cfr., *v. g.*, o acórdão do STJ de 3-7-2003, Proc. nº 1462/2003 – 6ª Sec. e demais doutrina e jurisprudência nele mencionadas, *in* www.dgsi.pt/Cons. Azevedo Ramos.

datário se comunica ao seu cônjuge, nos termos gerais e de harmonia com o regime de bens vigente.

Disposições que possuem o seu desenvolvimento lógico no âmbito do direito processual. Devem, assim, ser *propostas* (por e) *contra marido* e *mulher* as *ações que tenham direta ou indiretamente por objeto a casa de morada de família* (art. 34º, nºs 1 e 3), pelo que o cônjuge do arrendatário (ainda que entre os cônjuges vigore o regime de separação) tem de ser conjuntamente acionado na ação de resolução do contrato de arrendamento habitacional, sob pena de *ilegitimidade ad causam* do cônjuge isoladamente demandado (litisconsórcio necessário passivo). Pode, de resto, o cônjuge não demandado, *sponte sua*, deduzir na ação o *incidente de intervenção principal espontânea* ou *interpor recurso ordinário* ou, mesmo, ocorrendo simulação do litígio entre senhorio e arrendatário, interpor *recurso extraordinário de revisão* (arts. 342º, al. b), 344º, 345º, 354º, 631º, nº 2 e 696º, nº 1, al. g)).

Também «*se o bem penhorado for a casa de habitação do embargante, o juiz pode, a requerimento daquele, determinar que a venda aguarde* a decisão proferida em 1ª instância sobre os embargos, quando tal venda seja suscetível de *causar prejuízo grave ou dificilmente reparável*» (art. 733º, nº 3).

Relativamente aos arrendamentos a que seja aplicável o NRAU (celebrados posteriormente à data da sua entrada em vigor), será inquestionavelmente de aplicar o regime geral dos embargos de terceiro contra atos ofensivos da propriedade ou da posse dos bens próprios ou comuns do embargante. No que tange aos *arrendamentos para fim não habitacional* celebrados por *cônjuges casados num dos regimes de comunhão de bens*, são os mesmos comunicáveis nos termos gerais do art. 1068º do CC. Poderá, assim, o cônjuge (não arrendatário) do réu (não acionado na ação de despejo intentada pelo senhorio nem vinculado por qualquer título executivo de formação extrajudicial) defender (*v. g.*, reagindo contra a entrega do locado), por via de embargos de terceiro, os seus direitos ao arrendamento comercial postos em crise pelo mandado de despejo[1552]. Assiste também o direito de embargar de terceiro: – à *pessoa convivente em economia comum* há mais de 2 anos com a pessoa proprietária da casa de morada comum, em caso de morte desta, já que titular de um *direito real de habitação* sobre a mesma pelo prazo de 5 anos nos termos do nº 1 do art. 5º da Lei nº 6/2001, de 11 de maio; – ao *membro sobrevivo da união de facto*, como titular de um *direito real de habitação* e de *direito do uso ao recheio* pelo período de 5 anos (ou mesmo superior), nos termos dos nºs 1 e 2 do art. 5º, da Lei nº 7/2001, de 11 de maio, «em caso de morte do membro da união de facto proprietário da casa de morada de família».

[1552] Cfr. SALVADOR DA COSTA, *Os Incidentes* cit., pp. 170-171.

73.3.3.3. Noção de terceiros para efeitos de registo predial

Entende-se, em princípio, por *terceiro* o *titular* (do direito ofendido ou lesado incompatível com a realização da diligência) que não seja parte na causa, isto é, que não haja intervindo no processo ou no ato jurídico de que emana a diligência judicial[1553], quer como autor ou como réu em ação declarativa, quer como exequente ou executado em ação executiva (cfr. art. 351º, *in fine*).

Em princípio, pois, e por ex., o proprietário de um prédio (que veio a ser penhorado em execução a que é totalmente alheio) poderá deduzir embargos de terceiro. Mas se não *registou* a aquisição do seu direito (de propriedade) antes do registo da penhora?

O Supremo Tribunal de Justiça, no seu AC UNIF de JURISP nº 15/97, de 20 de maio[1554], adotando um *conceito amplo de terceiros para efeitos de registo predial*, considerou como detendo essa qualidade todos aqueles que «tendo obtido registo de um direito sobre determinado prédio, veriam esse direito arredado por facto jurídico anterior não registado, ou registado posteriormente».

Assim, por ex., o exequente adquiriria através da penhora um direito de garantia oponível ao terceiro proprietário que não houvesse registado (a seu favor e com anterioridade) o direito de propriedade sobre a coisa penhorada – o que, de resto se encontrava de harmonia com o disposto no nº 1 do art. 5º do CRPRED, na redação ao tempo em vigor. Deste modo, o penhorante (exequente-titular da penhora) e o titular do direito de propriedade não poderiam deixar de considerar-se (entre si) como terceiros para efeitos de registo, pelo que, se o proprietário deduzisse embargos de terceiro contra essa penhora, o respetivo incidente estaria votado ao malogro, ou seja, à improcedência.

Sucede, porém, que o Supremo, cerca de dois anos volvidos sobre esse primeiro acórdão, decidiu adotar o *conceito restrito de terceiros para efeitos de registo predial*, passando a considerar como tais apenas «os adquirentes de boa-

[1553] O *dies a quo* relevante para a dedução de embargos é o da ocorrência da diligência judicial ofensiva, devendo, por isso, ser considerado terceiro quem foi parte na ação mas dela foi excluído, por exemplo em razão de desistência da instância.

[1554] Cfr. DR, Iª Série-A, de 4 de julho de 1997 e *in* BMJ nº 467, pp. 88 e ss./Cons. Tomé de Carvalho.

-fé, de um mesmo transmitente comum, de direitos incompatíveis sobre a mesma coisa» – cfr. o AC UNIF de JURISP nº 3/99, de 18 de maio de 1999[1555].

A hipótese considerada no segundo aresto citado foi a seguinte: A e B, marido e mulher, haviam adquirido uma fração imobiliária por escritura pública datada de junho de 1987, apenas registando a aquisição em setembro de 1996. Esse bem foi, entretanto, penhorado em março de 1995, tendo a penhora sido provisoriamente registada alguns dias depois dessa última data, registo depois convertido em definitivo em julho de 1996. Deduziram A e B oportunamente embargos de terceiro contra essa penhora, os quais foram julgados improcedentes pelo tribunal de 1ª instância, com a consequente subsistência da penhora, com o fundamento de que o exequente-embargado-penhorante era terceiro para efeitos de registo predial (art. 5º do CRPRED.), pelo que o direito (de propriedade) dos embargantes (não registado com prioridade relativamente ao registo da penhora) lhe não seria oponível. Subido o processo, em recurso *per saltum*, ao Supremo e reconhecida a necessidade de julgamento ampliado de revista, o Plenário das Secções Cíveis – pelo citado AC UNIF nº 3/99 – concedeu a revista e, acolhendo o conceito restrito de terceiros, julgou procedentes os embargos de terceiro e ordenou o levantamento da penhora.

Em nosso entender, a melhor solução seria a consagrada pelo AC UNIF JURISP nº 15/97, de 20 de maio de 1997, no sentido da consideração do *conceito amplo ou abrangente de terceiros para efeitos de registo predial*[1556]. Sendo embora certo possuir o registo entre nós uma eficácia meramente publicitária, que não constitutiva (exceto quanto à garantia de hipoteca – art. 2º, nº 1, al. h) do CRPRED)), não podendo assim fornecer uma absoluta e efetiva garantia da existência do direito na titularidade do registrante, deve, pelo menos, assegurar a qualquer interessado com legitimidade para inscrever atos no registo (nos quais haja ou não intervindo o titular inscrito) que, a ter existido esse direito, ele ainda se conserva integrado na respetiva esfera jurídica, isto é, que não foi ainda transmitido a outrem[1557].

1555 Cfr. o AC UNIF DE JURISP, nº 3/99 de 18-5-99 – DR, 1ª Série-A, nº 159, de 10-7-99/ Cons. PEREIRA DA GRAÇA.

1556 Cfr. o voto de vencido do Cons. FERREIRA DE ALMEIDA emitido nesse aresto, BMJ nº 487, pp. 42 a 44.

1557 Cfr. MANUEL DE ANDRADE, *Teoria Geral da Relação Jurídica*, vol. II, Coimbra, Almedina, 1960, pp. 18 e ss..

Na esteira de ANTUNES VARELA e M. HENRIQUE MESQUITA[1558], cuja retórica argumentativa em geral subscrevemos –, «não se vislumbram razões plausíveis para discriminar negativamente (para efeitos da regra do art. 5º, nº 1, do CRPRED de 1984) todos aqueles que, confiando na situação publicitada através do registo e exercendo uma faculdade que a lei lhes atribui (de unilateralmente inscreverem direitos a seu favor, *v. g.*, o registo de uma penhora, de um arresto, de um arrendamento ou de uma venda ou hipoteca judiciais, sem a vontade ou sem colaboração do titular inscrito), daqueles que, sobre os bens inscritos no registo, adquiram direitos com o assentimento do titular inscrito, *v. g.*, através de negócios de aquisição derivada com ele realizados». Deveriam assim ser considerados como «terceiros», relativamente a determinado negócio translativo, não só aqueles que "adquiram do mesmo *tradens* direitos incompatíveis", mas, outrossim, aqueles cujos direitos hajam sido adquiridos ao abrigo daqueles atos jurídicos unilaterais da autoridade judicial (penhora, arresto, arrolamento, venda judicial) e tenham esse transmitente como sujeito passivo. A tese que fez vencimento é assim postergadora dos princípios do registo predial e da certeza, segurança e comodidade ao mesmo intimamente associados – proteção daqueles que confiaram na aparência criada pelo registo. E vai ao arrepio das soluções adotadas em termos de direito europeu comparado (designadamente nos sistemas de raiz latino-mediterrânica), das quais se fizeram adequado eco os citados ilustres mestres coimbrãos (cfr., *v. g.*, os arts. 2644º do Código Civil Italiano e 3º, nº 1, do Decreto de 4 de janeiro de 1955, este último no direito francês)[1559].

Temos para nós que as soluções *de jure condendo*, neste domínio, caminharão no sentido do alargamento da eficácia do registo, mormente perante a chamada «globalização» económica em curso, que não no da sua restrição ou limitação fazendo apelo a ancestrais hábitos de oralidade, indocumentação e alergia ao registo no âmbito dos direitos reais, o que reclamará uma nova alteração da redação do actual nº 4 do art. 5º do CRPRED; assim se eliminaria uma poderosa causa estiolante da atividade económica, mormente no setor imobiliário habitacional.

No atual estádio legal e jurisprudencial (cfr. o nº 3 do art. 8º do CC) pode, pois, e em princípio, deduzir embargos de terceiro o proprietário (do prédio penhorado) totalmente estranho à execução em que foi efetuado o ato de penhora, mesmo que não haja registado a aquisição do seu direito

[1558] *In* RLJ, ano 126º, pp. 374 a 384, e ano 127º, pp. 19 a 32.

[1559] Cfr., no sentido da orientação propugnada, L. A. CARVALHO FERNANDES, *Lições de Direitos Reais*, 5ª ed., *Quid Iuris*, 2007, pp. 133 e ss..

antes do registo do ato da penhora e, assim, através dos embargos, obter o levantamento dessa penhora, ao abrigo da doutrina do citado AC UNIF nº 3/99, depois reafirmada pelo nº 4 do art. 5º do CRPRED[1560] – em manifesto arredio do valor, função e eficácia do registo[1561-1562-1563-1564].

Também o *credor-autor-registrante de ação pauliana* (tendo por objeto determinado bem imóvel) deveria poder embargar de terceiro caso o registo da ação fosse anterior ao do registo da penhora do imóvel transmitido, face à *eficácia retroativa do registo da sentença* (que julgar a ação procedente) à data do registo da ação (arts. 3º, nº 1, alíneas a) e c), 6º, nº 3 e 92º, nº 1, al. a) e

[1560] O nº 4 foi introduzido pelo Dec.-Lei nº 533/99, de 11 de dezembro.

[1561] A nova doutrina «*legal*» *teve* que ser seguida posteriormente pelo STJ, em observância do disposto no nº 3 do art. 8º do CC – cfr., entre vários outros, os acórdãos de 13-1-2000, Proc. nº 933/99 – 7ª Sec./Cons. Sousa Inês, 8-2-2000, Proc. 1107/99- 6ª Sec./Cons. Martins da Costa, 17-2-2000, Proc. 1061/99- 2ª Sec./Cons. Roger Lopes, 29-2-2001, Proc. 3751/2000 – 2ª Sec/Cons. Ferreira de Almeida e de 25-1-2001, Proc.299/2000 – 7ª Sec./Cons. Araújo de Barros.

[1562] O direito de terceiro baseado na posse ou na propriedade sobre um bem imóvel (impeditivo da sua venda em processo de execução) é incompatível com o ato (ofensivo) emergente da respetiva penhora nesse processo, que não com o ato de registo provisório ou definitivo da mesma – cfr. o acórdão do STJ de 30-11-2006, Proc 4244/06 – 7ª Sec./Cons. Salvador da Costa.

[1563] No acórdão do STJ de 9-1-2007, CJSTJ, nº 198, Tomo I/2007, pp. 5 a 22/Cons. Sousa Leite, reiterou-se (ainda que com divisão de votos), a noção restrita de terceiros para efeitos de registo predial, ao decidir-se que «o aquirente em venda voluntária não registada e o adquirente posterior do mesmo prédio em venda executiva registada não são terceiros para efeitos de registo», podendo aquele opor a este o direito de propriedade anteriormente adquirido. Isto com o fundamento de que, na venda executiva, o juiz vende no exercício de um ato de direito público e não como representante do executado. No acórdão do STJ de 16-10-2008, Proc. 4396/2007-7ª Sec., *in* www.dgsi.pt /Cons. Pires da Rosa entendeu-se, porém, que «recebem *direitos* (*de propriedade incompatíveis* de um mesmo autor comum quem adquire essse direito por *compra e venda* de uma determinada pessoa e quem o *adquire em execução* contra essa mesma pessoa (como executada), pelo que estes dois adquirentes (por *contrato* e por *venda judicial*) *são terceiros entre si para efeitos do registo; isto porque,* qualquer que seja a natureza da venda judicial, é do titular executado que provém o direito do adquirente; coisa diferente se passa em relação a um simples arresto, penhora ou hipoteca judicial, já que não *direitos reais de aquisição*, mas simples *direitos de garantia*» (*sic*).

[1564] No sentido de que «não há razões para excluir da noção de terceiro o *requisito da boa-fé* daquele que, tendo adquirido em segundo lugar, registou primeiro, não obstante, nesse particular, a atual versão do nº 4 do art. 5º do CRPRED não ter acompanhado o decidido no AC UNIF nº 3/99» – cfr. Cons. Quirino Soares, *Cadernos de Direito Privado*, nº 9, janeiro/ /março de 2005, pp. 3 a 11.

3 do CRPRED)[1565]. Embargos, todavia, a operar, apenas até à quota-parte do bem necessária à satisfação dos interesses do credor (art. 616º, nº 1, do CC) e caso este não tenha anteriormente requerido arresto sobre o bem em causa, circunstância em que deverá o seu crédito ser reclamado no próprio processo executivo, face à garantia real que o exorna (art. 788º, nº 1). O Supremo Tribunal de Justiça, através do AC UNIF JURISP nº 6/2004, de 27 de maio de 2003 – Proc. nº 1174/2002 – 6ª Sec.[1566] – veio, contudo, entender que *«a ação pauliana individual não está sujeita a registo predial», mesmo que tendo por objeto bens imóveis*[1567].

É certo que o credor impugnante sempre poderá lançar mão, como *preliminar ou como incidente da ação pauliana, do procedimento cautelar de arresto*, a converter depois em penhora, «com a consequente apreensão judicial dos bens e a correlativa ineficácia dos atos de disposição relativamente ao requerente do arresto (arts. 391º, nº 2, do CPC e 622º do CC); porém, para os sub-adquirentes do transmissário e respetivos credores, isto é, para a segurança do tráfico jurídico em geral, revelar-se-ia de manifesto interesse garantístico o registo da ação»[1568]. Em todo o caso, deve entender-se que o registo é meramente *facultativo*, para efeitos do nº 2 do art. 3º do CRPRED, surtindo toda a sua eficácia sempre que efetuado, o que, de resto, vem sendo acolhido pela *praxis* registral e forense. Facultatividade que resulta, aliás (*a contrario*), do atual art. 8º-A do CRPRED, introduzido pelo Dec.-Lei nº 116/2008, de 4 de julho, ao afastar a obrigatoriedade do registo da ação (impugnação) pauliana.

E poderá o *terceiro promitente-comprador com direito à execução específica* (art. 830º do CC), independentemente de ter havido ou não *traditio* ou direito de retenção, deduzir embargos de terceiro contra o ato de penhora (da coisa prometida alienar) operado em ação executiva instaurada por quem não disponha de garantia real?[1569]. Em bom rigor, deveria ser incompatível com

1565 Cfr., neste sentido, ABRANTES GERALDES, louvado na doutrina do acórdão do STJ de 3-10-95, CJSTJ, Tomo III, p. 39/Cons. RAMIRO VIDIGAL, para quem «tratando-se de uma ação constitutiva, que vai interferir na eficácia do ato de transmissão, na medida em que afeta a garantia patrimonial do credor, tem este utilidade manifesta em proceder ao registo imediato da ação, a fim de se acautelar contra atos de alienação a favor de um terceiro de boa-fé, nos termos e com os efeitos previstos no art. 613º do CC».

1566 Cfr. DR, 1ª Série, nº 164, de 14 de julho de 2004, pp. 4261 a 4266.

1567 Cfr. voto de vencido do Cons. FERREIRA DE ALMEIDA, *in* loc. cit. pp. 4264 a 4265.

1568 Cfr., mesmo voto de vencido, *in* loc. cit. p. 4265.

1569 Responde afirmativamente ELISEU FIGUEIRA, "*Contrato-Promessa de Compra e Venda – Função Inovadora dos Embargos de Terceiro no Código de Processo Civil Revisto de 1996*", CJ, Ano V, Tomo II, pp. 5 a 10.

a *adjudicação* ou a *venda executiva* a *execução específica* do terceiro promitente comprador quando à promessa de transmissão tenha sido atribuída *eficácia real* (art. 413º do CC)[1570] ou quando, tendo esta promessa eficácia meramente obrigacional, a ação de execução específica tenha sido registada antes da penhora (arts. 3º, nº 1, alínea a) e 5º, nº 1, do CRPRED)[1571]. Porém, o STJ, através do AC UNIF de JURISP nº 4/98, de 5, de novembro de 1998[1572] –, considerando ser inconcebível que se pudesse executar especificamente um contrato cuja impossibilidade de cumprimento já ocorrera em momento anterior – decidiu que a execução específica do *contrato-promessa sem eficácia real* não é admitida no caso de impossibilidade de cumprimento por o promitente vendedor haver transmitido o seu direito real sobre a coisa objeto do contrato prometido antes do registo da ação de execução específica, ainda que o terceiro adquirente não haja obtido o registo da ação. *Conferiu, assim, o Supremo proteção prevalecente ao adquirente não registrante em detrimento do autor da ação de execução específica devidamente registada.*

O AC UNIF de JURISP nº 1/2017, de 22 de fevereiro, uniformizou jurisprudência nos seguintes termos: «verificando-se uma *dupla descrição, total ou parcial, do mesmo prédio*, nenhum dos titulares registais poderá invocar a seu favor a presunção que resulta do art. 7º do Código de Registo Predial, devendo o conflito ser resolvido com a aplicação exclusiva dos princípios e das regras de direito substantivo, a não ser que se demonstre a fraude de quem invoca uma das presunções». Em crítica a este aresto, considerando (e demonstrando) assertivamente que o mesmo adota uma orientação ainda mais restritiva que a perfilhada no AC UNIF de JURISP nº 3/99, de 18 de maio, depois consagrada no nº 4 do art. 5º do CRPRED, conclui M. Teixeira De Sousa[1573] que, segundo a uniformização ora operada, «só é protegido o terceiro que, numa situação de dupla alienação do mesmo bem por um autor comum, tenha registado a sua aquisição e, ainda assim, apenas até haver uma nova descrição num novo registo a favor de um outro adquirente. O que conduz a que «de restrição em restrição quanto à oponibilidade do registo, se diminui a sua relevância e se afeta a confiança que terceiros podem ter no registo» (*sic*).

[1570] Cfr., neste sentido, Miguel Mesquita, *Apreensão de Bens* cit., pp. 187 e ss.. Em sentido diverso, M. Teixeira de Sousa, *in "Acção Executiva"*, pp. 309 e ss., entende que a promessa com eficácia real não confere ao promitente-comprador o direito de deduzir embargos de terceiro, mas apenas a faculdade de adquirir o bem através da venda executiva, nos termos do art. 831º (venda direta).

[1571] Cfr. Miguel Mesquita, *Aprensão de Bens* cit. pp. 166 e ss..

[1572] *In* DR, I Série-A, de 18-12-98 e BMJ, nº 481, p. 112.

[1573] *In* Cadernos de Direito Privado, nº 59, pp. 27 e ss..

Num caso de *aquisição derivada de venda executiva*, bem decidiu a Relação do Porto ao concluir que, «tendo o embargante adquirido o imóvel ao executado, não tem de alegar nem provar factos integradores da *aquisição originária* do direito de propriedade, bastando-lhe alegar e provar o ato translativo do direito de propriedade da esfera jurídica do executado para a sua (*aquisição derivada*), considerando que o exequente não pode pôr em causa o direito de propriedade do executado após ter promovido a penhora do bem, porque, ao fazê-lo, reconheceu a existência daquele direito na esfera jurídica do executado, restando-lhe, como meio de defesa, infirmar a transmissão ou o respetivo título, alegando factos integradores da sua invalidade ou ineficácia». E mais que «provando-se a *aquisição derivada da propriedade,* transferida e consolidada no património do adquirente/embargante por mero efeito do contrato (arts. 408º e 879º, al. a), do CC), e a prática de atos integradores da posse na sequência dessa aquisição, sem que o exequente tenha alegado factos suscetíveis de pôr em causa a validade do negócio, a propriedade, apesar de registada em momento ulterior, prevalece sobre a penhora, por esta ser incompatível com o direito do embargante» (*sic*)[1574].

73.3.3.4. Trâmites processuais

No *processo de embargos de terceiro* – que corre *por apenso* à causa em que haja sido ordenada a diligência ofensiva (art. 344º, nº 1) – distinguem-se as seguintes fases: – *petição* de embargos (art. 344º nºs 1 e 2); – *despacho liminar* (art. 345º, 1º segmento); – produção de *prova perfunctória* (art. 345º, 2º segmento); – *despacho de recebimento ou de rejeição* (arts. 346º e 347º); – *contestação* (art. 348º); – *termos subsequentes do processo declaratório.*

Tramitação esta naturalmente também a ser seguida no *processo de embargos de terceiro deduzidos pelos cônjuges.*

A petição do embargante (sujeita aos requisitos fiscais dos arts. 14º, nº 1 do RCP e 552º, nº 3, do CPC) tem de dar entrada em juízo nos 30 dias subsequentes àquele em que a diligência ofensiva foi efetuada ou em que o mesmo dele tomou conhecimento, «mas nunca depois de os respe-

[1574] Cfr. o acórdão de 11-7-2018, Proc. 5246/04.0TVPRT-B.P1, *in* www.dgsi.pt/Des. Carlos Querido, com o comentário favorável de M. Teixeira de Sousa, *in blog* do IPPC de 28-11-2018 (Jurisprudência 2018 (124) do seguinte teor: «uma boa decisão jurisprudencial, sobre um mau regime legal. A pergunta que se continua a fazer é esta: se a propriedade do terceiro embargante, por não ter registo anterior ao da penhora, caducaria com a venda executiva (art. 824º, nº 2, do CC) isto é, se não é oponível à execução, como é que se pode entender que a mesma pode fundamentar embargos de terceiro, ou seja, que é, afinal, oponível à execução?» (*sic*).

tivos bens terem sido judicialmente vendidos ou adjudicados» (art. 344º, nº 2). Se tiver havido *arresto,* depois convertido em penhora, o aludido prazo de 30 dias conta-se a partir da data da notificação do arresto, tendo-se em atenção que, face ao disposto no nº 2 do art. 343º do CC, impende sobre o embargado (como excecionante) a alegação e prova da extemporaneidade dos embargos[1575].

A *causa de pedir* deve ser substanciada com os factos integradores do direito alegadamente ofendido (posse, propriedade, direito real menor, etc.) pela diligência judicial em apreço (penhora, arresto, arrolamento, decretada venda etc.).

Na fase introdutória, de forte pendor oficioso, o juiz indagará, após *prova sumária ou perfunctória,* da *qualidade de terceiro* invocada pelo embargante e da *probabilidade séria da existência do direito* pelo mesmo invocado. Destina-se, pois, essa fase à formulação de um *juízo sério sobre a viabilidade do incidente,* findo o qual o juiz profere *despacho liminar de admissão ou de rejeição.*

Porque se trata de uma fase prodrómica da *fase contenciosa ou contraditória propriamente dita,* corre a mesma *sem audiência prévia do embargado* (exceção contemplada nos nºs 1, 3 e 4 do art. 3º).

O *despacho de rejeição não constitui caso julgado* relativamente ao direito em causa, uma vez que, em tal eventualidade, o interessado pode propor ação em que «peça a declaração da titularidade do direito» (cfr. o art. 346º). O despacho liminar de recebimento dos embargos não garante, por seu turno, a sua procedência a final; apenas assegura o prosseguimento dos autos, determinando o respetivo despacho a *suspensão dos termos do processo* em que se inserem quanto aos bens a que dizem respeito, bem como a *restituição provisória da posse,* se o embargante a houver requerido, podendo, todavia, o juiz condicioná-la à prestação de caução pelo requerente (art. 347º), sendo essa *prestação provocada* regulada nos arts. 906º e ss.. O processo prossegue, contudo, quanto aos bens não compreendidos nos embargos, orde-

1575 O prazo de 30 dias para a dedução dos embargos de terceiro com *função repressiva* cominado no 1º segmento do nº 2 do artº 344º não é aplicável à dedução de embargos de terceiro com *função preventiva.* Para estes, não existe qualquer prazo, mas limites processuais consistentes na sua dedução após a emissão da ordem judicial de realização da diligência, mas antes de efetuada a mesma. É, todavia, aplicável aos embargos preventivos a limitação da parte final do nº 2 do art. 344º que veda a dedução dos embargos de terceiro com finalidade repressiva após a venda ou adjudicação judiciais dos bens visados – cfr., neste sentido, o acórdão da RL de12-6-2017, Proc. 23387-10.2T2SNT-A.L1-6, *in* www.dgsi.pt/Des. Carlos Marinho.

nando-se a restituição provisória da posse em caso de esbulho violento (art. 1279º do CC).

Se recebidos os embargos, são *notificadas para contestar as partes primitivas*, seguindo-se os demais termos do processo comum (art. 348º, nº 1).

Na *sentença de mérito* emitida a final, se favorável ao requerente, ordenar-se-á o levantamento ou a cessação da eficácia do ato lesivo (levantamento da penhora e cancelamento do registo). A decisão constituirá *caso julgado material* (art. 619º) quanto à existência e titularidade do direito invocado pelo embargante ou por algum dos embargados, quando requerido o julgamento com tal extensão nos termos do nº 2 do art. 348º (cfr. o art. 349º).

Os embargos de terceiro podem, contudo, ser deduzidos a título *preventivo antes de realizada, mas depois de ordenada,* a penhora ou qualquer ato judicialmente ordenado de apreensão ou entrega de bens ofensivo da posse ou de qualquer direito incompatível com a realização ou o âmbito da diligência (art. 350º, por reporte ao art. 342º).

74. Habilitação

O *incidente da habilitação* representa uma modificação subjetiva da instância traduzida na *substituição de uma das partes* na relação processual pelos respetivos sucessores (art. 262º, al. a))[1576]. Trata-se de uma *exceção ao princípio da estabilidade da instância* plasmado no art. 260º. Destinando-se fundamentalmente a comprovar a aquisição, por sucessão ou transmissão, da titularidade de um direito ou de um complexo de direitos ou de situações jurídicas, pode ser feita por *via notarial* ou por *via judicial,* isto é, através de escritura pública (*habilitação notarial*) ou no âmbito de um processo judicial (*habilitação judicial*).

Entre as modalidades da habilitação, distinguia já Alberto dos Reis[1577] a *habilitação-incidente* – surgida como incidente de uma dada ação (ou de outro incidente) já pendente, face ao óbito ou à extinção de uma das partes, geradora da suspensão da instância (arts. 269º, nº 1, al. a), 270º e 276º, nº 1, al. a)), em ordem a colocar os respetivos sucessores na mesma posição que o falecido ou a entidade extinta ocupavam no processo, com eles prosseguindo a lide, – da *habilitação-ação* e da *habilitação-legitimidade.*

A *habilitação-incidente* prende-se diretamente com os institutos da legitimidade das partes e da suspensão da instância (arts. 30º e 269º), sendo

[1576] Cfr. J. Rodrigues Bastos, *Notas,* vol. II cit., p. 142.
[1577] Cfr. *Código de Processo Civil Anotado,* vol. 1º cit., pp. 573 a 575.

regulada, quanto aos respetivos processamento e função, pelos arts. 351º a 355º. Isto tendo presente a existência de dois tipos de habilitação incidental: uma – por *sucessão mortis causa* –, de *caráter obrigatório*, regulada nos arts. 351º a 355º, face à *suspensão ex-lege* da causa desde o falecimento ou extinção de uma das suas partes originárias (arts. 269º, nº 1, al. a) e 276º, nº 1, al. a)); outra – por *sucessão inter-vivos* – de *natureza facultativa*, a que se reporta o art. 356º (habilitação de adquirente ou de cessionário da coisa ou direito em litígio), *não gerando ipso jure a suspensão da instância*, uma vez que o transmitente ou cedente continua a deter legitimidade para a causa até à habilitação do adquirente ou cessionário (art. 263º, nº 1)[1578-1579]. «A *habilitação do adquirente ou do cessionário da coisa ou direito em litígio* para com ele seguir a causa faz-se por *termo de cessão* lavrado no processo ou por *requerimento de habilitação*» (nº 1 do art. 356º), ambas as modalidades a seguir o *iter procedimental* regulado no nº 2 do mesmo preceito.

Na *habilitação-ação*, o autor propõe-se justificar a sua qualidade (*status*) de herdeiro duma pessoa falecida para fins gerais, sem qualquer conexão ou atinência com uma qualquer causa pendente, solicitando ao tribunal que, *por sentença*, reconheça essa qualidade. Por isso, a *habilitação-ação* é também designada por *habilitação-principal* ou *habilitação autónoma*, porquanto a habilitação é o objeto/fim próprio e único da ação proposta. Trata-se de uma habilitação dotada de inteira independência, a ser processada em ação declarativa de condenação, com processo comum, assim adjetivando o exercício (pelo autor da ação) dos direitos de herdeiro ao abrigo do preceituado nos arts. 2075º a 2078º do CC (petição da herança), solicitando, a um tempo, a declaração da sua qualidade de herdeiro de determinada pessoa e a correlativa condenação do réu a restituir-lhe os bens da herança de que se arroga titular.

A *habilitação-legitimidade* (requisito de legitimidade ativa ou passiva) tem lugar sempre que *na petição inicial* de uma ação ou no *requerimento executivo* se alega que o autor ou o réu (ou o exequente ou o executado) já sucedeu (*ex-ante*) na titularidade da relação ou posição jurídica controvertida (*v. g.*, de um crédito ou de uma obrigação) pertença de outrem, assim justificando a sua legitimidade *ad causam* para a ação ou execução (em apreço)

[1578] Cfr. Salvador da Costa, *Os Incidentes* cit., pp. 220-222.

[1579] Nessa última situação, a sentença produzirá, todavia, efeitos em relação ao adquirente, ainda que este não haja intervindo no processo, exceto no caso de a ação estar sujeita a registo e o adquirente registar a transmissão antes de efetuado o registo da ação.

através da invocação, além do mais, dos factos consubstanciadores da sucessão e da respetiva prova. Como requisito que é da legitimidade da parte, não possui autonomia processual, *enxertando-se*, por isso, *nos próprios autos da ação* e, se surgir em ação executiva, deverá o exequente, *no próprio requerimento executivo*, dar cumprimento ao disposto no nº 1 do art. 54º, transformando-se depois em *incidente* caso haja contestação ou oposição (art. 354º, nº 1).

No conceito de sucessão vertido na alínea a) do art. 262º – a propósito das *modificações subjetivas da instância – cabe, não só a sucessão mortis causa* (arts. 269º, nº 1, alínea a) e 354º, nº 3), como também a resultante da *extinção de uma pessoa coletiva ou de uma sociedade* (causa legal de suspensão da instância). Já no caso de *transformação* ou *fusão* de uma pessoa coletiva ou de uma sociedade que seja parte na causa não há, conforme decorre do disposto no nº 2 do art. 269º, fundamento legal para a suspensão[1580].

Se se tratar de *causas autónomas*, pode ter lugar, em cada uma delas, o incidente de habilitação e, conforme resulta do disposto no art. 353º, o reconhecimento da qualidade de herdeiro em ação especialmente proposta para esse fim não dispensa o reconhecido sucessor de *deduzir a sua habilitação em cada uma das causas pendentes*. A *causa de pedir* deverá substanciar facticamente a qualidade, por banda dos requeridos, de *únicos sucessores da parte falecida* e, se for caso disso, que aceitaram a herança e estão na posse dela; não basta a simples invocação da *qualidade de herdeiro* da parte falecida para que proceda o pedido de habilitação, tornando-se indispensável a demonstração de que, segundo o direito substantivo, o habilitando *sucedeu efetivamente* na relação jurídica em litígio[1581].

Apenas pode habilitar-se quem seja *sucessor* da parte falecida *ao tempo do falecimento* desta, que não também o sucessor de pessoa que antes do decesso haja sido definitivamente excluída da causa por ilegitimidade ou por qualquer outro motivo. O *facto de o falecido não haver deixado bens, mas apenas dívidas, não obsta à respetiva habilitação.*

Nem sempre, conforme resulta do disposto no nº 3 do art. 269º, a morte ou a extinção de uma das partes implica a habilitação dos respetivos sucessores; é o que sucede na hipótese de ocorrência de factos geradores da *extinção da instância por inutilidade ou impossibilidade de continuação da lide*, por

[1580] Sobre esta matéria cfr. SALVADOR DA COSTA, *Os Incidentes* cit., pp. 212-214.

[1581] Acerca da *habilitação no processo de inventário*, cfr. agora os arts. 15º e 77º, nº 1, al. b), da Lei nº 29/2009, de 29 de junho.

exemplo, o falecimento do cônjuge na pendência da ação de divórcio, salvo o disposto no nº 3 do art. 1785º do CC.

À luz do *princípio da cooperação* previsto no art. 7º, não pode ser indeferido o pedido do autor no sentido da notificação do réu, a fim de este informar sobre os elementos necessários à dedução do incidente de habilitação resultante do óbito do co-réu. A *suspensão da instância* por óbito da parte que tenha transmitido a coisa ou o direito litigioso não obsta a que o adquirente ou o cessionário requeiram a sua habilitação *qua tale*.

À *habilitação dos sucessores da parte falecida na pendência da causa* reporta-se o art. 351º, regulando-se no art. 352º as regras comuns do processamento do incidente, enquanto que nos arts. 353º e 354º se determina o processo a seguir no caso de a *legitimidade já estar conhecida* em documento ou noutro processo ou *ainda não estar reconhecida* e, nos arts. 355º, 356º e 357º, se regulam, respetivamente, a habilitação em caso de *incerteza das pessoas*, a *habilitação do adquirente e do cessionário* e a *habilitação perante os tribunais superiores.*

75. Liquidação

Trata-se, este meio processual, de um *processo incidental* previsto nos arts. 358º a 360º, destinado à regulação dos termos em que (*numa ação declarativa*) o *pedido genérico* – referente a uma *universalidade* ou as *consequências de um facto ilícito* – pode ser convertido em pedido específico[1582]. O *incidente* encontra-se diretamente conexionado com o estatuído nos arts. 556º, nº 2, 609º, nº 2 e 704º, nº 6.

Acerca do *ónus de dedução do incidente de liquidação* e respetiva oportunidade, rege o art. 358º. Assim: «antes de começar a discussão da causa, o autor deduz, sendo possível, o incidente de liquidação para tornar líquido o pedido genérico, quando este se refira a uma *universalidade* ou *às consequências de um facto ilícito*» (nº 1); «*o incidente de liquidação pode ser deduzido depois de proferida a sentença de condenação genérica* nos termos do nº 2 do art. 609º, e, caso seja admitido, a instância considera-se renovada» (nº 2).

A formulação de *pedidos genéricos* é permitida nas três hipóteses contempladas nas alíneas a), b) e c) do nº 1 do art. 556º, ou seja, quando: – o objeto mediato da ação seja uma *universalidade de facto ou de direito*; – não seja ainda possível determinar, de modo definitivo, as *consequências do facto ilícito* (ou o lesado pretenda usar da faculdade que lhe confere o art. 569º do CC); – a

[1582] Cfr. J. Rodrigues Bastos, *Notas*, vol. II cit., p. 255.

fixação do quantitativo esteja dependente de *prestação de contas* ou de outro *ato que deva ser praticado pelo réu.*

Conjugando os preceitos do nº 2 do art. 358º com o dos arts. 556º, nºs 1, alínea b) e 2, conclui-se, «por um lado, que este *incidente de liquidação de pedidos genéricos* relativos às *consequências de factos ilícitos* deve ser deduzido, sempre que possível, *antes de começar a audiência final* e, por outro, que o deve ser dentro do mesmo circunstancialismo inerente aos *pedidos genéricos relativos a universalidades,* desde que o autor ou o réu-reconvinte disponham de elementos que permitam a concretização[1583].

A dedução deste expediente processual não é obrigatória, mas *meramente facultativa.* Se não for oportunamente operada em *sede declarativa,* sempre assistirá ao autor ou o reconvinte a possibilidade de obter a liquidação em *sede executiva,* nos termos dos arts. 609º, nº 2, 716º e 720º, nº 1, al. g). Privilegia, contudo, a lei a tentativa de deixar encerrada a operação de liquidação logo em sede declarativa, facultando o nº 2 do citado art. 358º essa dedução mesmo *depois da prolação da sentença condenatória em montante ilíquido,* com a consequente *renovação da instância* (entretanto já *extinta*), nos termos do nº 2 do art. 610º, caso seja admitida (nº 2 do art. 358º).

Daí o entendimento de que a atividade liquidatária se reveste de uma natureza mais declarativa que executiva, pelo que, não raro, a liquidação em sede executiva não passa de uma repetição da fase declarativa. O que põe algum freio a uma certa ligeireza dos tribunais em *relegar a liquidação para ulterior ou posterior liquidação* (art. 609º, nº 2), sob a corrente alegação de "carência de elementos" para fixação do objeto ou quantidade, para o que se conferem agora ao autor ou reconvinte poderes de iniciativa (ainda em sede declarativa), em ordem a reservar-se essa relegação apenas para os casos de *manifesta necessidade*[1584].

Devendo o título executivo certificar ou constituir uma obrigação *certa, líquida* e *exigível* (arts. 713º, 724º, nº 1, al. h), 725º, nº 1, al. c) e 728º, al. c)), na falta do requi-

[1583] Cfr., neste sentido, Salvador da Costa, *Os Incidentes* cit., pp. 239-245.

[1584] «O tribunal de 1ª instância não deve condenar "*no que se vier a liquidar em execução de sentença*" (formulação do nº 2 do art. 661º), mas antes "*no que vier a ser liquidado em incidente de liquidação*", a deduzir ao abrigo do disposto nos arts. 359º e ss.. Tendo a execução sido instaurada na vigência do CPC/2013, e tendo havido uma condenação genérica, ao abrigo do disposto no nº 2 do artº 609º, a sentença só constitui título executivo após liquidação no processo declarativo, sem prejuízo da imediata exequibilidade da parte que seja líquida (art. 706º nº 6)» – Cfr. neste sentido, o acórdão da RL de 13-9-2018, Proc. 20838/13.8YYLSB.L1-8, *in* www.dgsi.pt/ Des. Amélia Ameixoeira.

sito da *liquidez*, há que lançar mão do instituto da *liquidação*, podendo esta *depender ou não de simples cálculo aritmético*; na 1ª hipótese, será uma *liquidação não incidental*, na 2ª será uma *liquidação incidental*.

A *liquidação da quantia exequenda* só poderá efetivar-se por *simples cálculo aritmético* se se basear em *dados factuais diretamente emergentes do título* (documento) executivo ou *oficiosamente conhecidos* e *recolhidos ex-post*, por se tratar de *factos notórios* ou do *conhecimento funcional* do *tribunal* e/ou do *agente de execução* (cfr., entre outros, os arts. 5º, nº 2, al. c) e 412º). Se *não depender de simples cálculo aritmético*, nem se tratar de factos *notórios* ou do *conhecimento oficioso*, não se torna possível conferir aos elementos factuais conducentes ao seu apuramento quantitativo o mesmo nível de segurança, sendo, como tal, «passíveis de controversão», o que determina o recurso à *via incidental declarativa*[1585].

De realçar que «*quando o incidente seja deduzido depois de proferida a sentença* e o réu conteste, ou, não contestando, a revelia deva considerar-se inoperante (por se verificar alguma das exceções do art. 568º), *se seguem os termos do processo comum declarativo*» (art. 360º, nº 3).

A *dedução do incidente* é feita mediante *requerimento* no qual o autor, conforme os casos, *relaciona os objetos compreendidos na universalidade*, com as indicações necessárias para se identificarem, ou *especifica os danos derivados do facto ilícito e conclui pedindo quantia certa* (art. 359º, nº 1). O requerimento deve ser apresentado *em duplicado* se a liquidação houver sido deduzida mediante requerimento apresentado por uma das vias previstas nas alíneas a) e b) do nº 7 do art. 144º (art. 359º, nº 2). Nesta última hipótese, também a *oposição à liquidação* deve ser formulada *em duplicado*» (art. 360º, nº 1). Os *termos subsequentes*, seguem as fases e os atos-trâmite previstos nos arts. 359º e 360º, sendo de realçar que, com vista a assegurar a eficácia do incidente deduzido após a emissão da sentença condenatória ao abrigo do supra-citado nº 2 do art. 358º, prevê o art. 361º, no seu nº 1, que essa *liquidação* seja feita *por árbitros* «nos casos em que a lei o determine ou as partes o convencionem».

Este *incidente da ação declarativa* encontra a sua *ratio essendi* no facto de a liquidação não ter sido requerida pelo autor na petição inicial ou pelo reconvinte na contestação. É uma situação de *liquidação incidental*, diversa da *liquidação principal*, realizada nos articulados da causa em que o autor (ou o

1585 Cfr, a este respeito, Rui Pinto, *A Ação Executiva*, AAFDL, Lisboa, 2018, pp: 229 ss. e 244 e ss..

réu reconvinte) procede à liquidação da obrigação genérica e conclui pela formulação de um pedido líquido.

A expressão *"sendo possível"* utilizada no texto do nº 1 do art. 358º, e sem a cominação de qualquer sanção, significa *"sem obrigatoriedade"* ou *"facultativamente"*, o que sem dúvida redundará numa parca utilização deste meio processual em sede declarativa, não evitando, assim, a proliferação de condenações genéricas, não obstante a sobredita possibilidade de liquidação da condenação genérica nos próprios autos da ação declarativa, depois de proferida a sentença.

Não estabelece a lei o *terminus a quo* da dedução do incidente, mas esta só se justifica quando o autor ou o réu-reconvinte já não dispuserem da faculdade de apresentação de articulado com a virtualidade de liquidação do pedido genérico, altura em que se inicia o prazo de dedução do incidente. A possibilidade a que a lei se reporta tem a ver com a disponibilidade de elementos para o efeito por quem carece de requerer a liquidação e não com a possibilidade de dedução do incidente depois do início da audiência final.

Quanto ao *terminus ad quem*, deverá o incidente – ónus que impende sobre o *autor* ou sobre o *réu-reconvinte* – ser deduzido *antes do primeiro ato integrado na audiência final*, ou seja, logo que ela seja declarada aberta pelo juiz e imediatamente antes da tentativa de conciliação das partes *até ao momento do início da audiência final na causa principal*, a que se reporta o art. 604º, ou seja, mesmo depois da sua designação e antes do seu início (arts. 358º, nº 1 e 604º, nº 2).

A possibilidade de o autor apresentar *articulado superveniente* com factos constitutivos supervenientes até ao encerramento da audiência final, nos termos do art. 588º, nº 3, alínea c), não significa que a expressão *antes de começar a discussão da causa* que consta do normativo em análise deva ser interpretada com o sentido de "até ao encerramento da discussão"[1586]

O incidente previsto no nº 2 do art. 358º (dedução subsequente à sentença condenatória) possui como limite o valor máximo do pedido específico formulado pelo autor na ação principal, sendo que, como é a prolação da sentença de condenação genérica que gera a renovação da instância, é

[1586] No sentido de que a referida expressão deve ser interpretada como a instauração do incidente possa ocorrer até ao início da discussão propriamente dita, isto é, até aos debates entre os advogados, vejam-se José Lebre de Freitas e Isabel Alexandre, *Código de Processo Civil Anotado*, vol. 1º, 3ª ed., Coimbra Editora, 2014, p. 698.

de concluir que a liquidação depende, nesta hipótese, do *trânsito em julgado da sentença*[1587].

O nº 2 do art. 609º, para o qual o normativo em análise remete, expressa que *se não houver elementos* (face ao resultado probatório adquirido) para fixar o objeto ou a quantidade, designadamente por via de cálculo aritmético, o tribunal condena no que vier a ser liquidado, sem prejuízo de condenação imediata na parte que já seja líquida. Assim, se constituir objeto da lide uma *situação de responsabilidade civil*, para que possa haver lugar a incidente de liquidação, torna-se *necessário que hajam ficado provados na ação principal os factos relativos ao dano ou prejuízo sofrido pelo autor ou pelo réu reconvinte*, ou seja, que hajam sido dados como assentes na sentença elementos fácticos relativos ao dano e à incerteza da sua dimensão quantitativa, cuja concretização não pode exceder o pedido adrede formulado nos articulados dessa ação. A previsão do nº 2 do art. 609º não abarca, assim, situações de formulação de pedidos genéricos diversos dos previstos no nº 1 do art. 556º.

Apresentado o requerimento do incidente, o juiz deve proferir *despacho liminar* de *admissão* ou *rejeição*, renovando-se, na primeira hipótese, a instância já extinta, isto é, a instância que teve como epílogo a decisão judicial carecida de quantificação[1588].

Qual o momento relevante para a *contagem de juros*? O da *citação para a ação* ou o da *notificação do requerido para o incidente de liquidação*? Postula o nº 3 do art. 805º do CC, no que tange à obrigação de pagamento de juros de mora nas ações de indemnização por facto ilícito ou pelo risco, serem os juros contados *desde a data da citação* do réu para a ação[1589]; isto em ordem a prevenir o atraso no pagamento da indemnização pelo dano por causa imputável ao devedor. Situação algo distinta é a do incidente *sub-specie*, pelo

[1587] No sentido de ser admissível que a liquidação seja pedida antes do trânsito em julgado da sentença objeto de recurso, podem ver-se, Lebre de Freitas e Isabel Alexandre, ob. cit., pp. 698 e 699.

[1588] Salvador da Costa, *Os Incidentes* cit., pp. 238-239, refere que, sem embargo da renovação da instância da ação declarativa, mas dada a relativa autonomia do incidente e da matéria que ele envolve, propende a considerar que à notificação do requerido devem aplicar-se as regras concernentes à citação (art. 219º, nº 1).

[1589] Sem embargo do disposto na 2ª parte do nº 3 do art. 805º do CC (juros de mora devidos, em princípio, desde a citação para a *ação principal declarativa*) se o autor, *no incidente de liquidação*, pediu a condenação da Ré a pagar-lhe juros de mora sobre a quantia que liquidou, apenas a partir da notificação da Ré no incidente, não pode o tribunal condenar além do pedido – cfr. o acórdão do STJ de 14-07-2009, Proc. 630-A/1996.Sl/Cons. Fonseca Ramos.

que hemos de considerar que os juros de mora só são devidos *desde a data da notificação do requerido para os termos do incidente de liquidação*[1590].

Nos termos do nº 2 do art. 360º, «se o incidente for deduzido antes de começar a discussão da causa, a matéria da liquidação é considerada nos *temas da prova* enunciados ou a enunciar nos termos do nº 1 do art. 596º, as provas são oferecidas e produzidas, sendo possível, com as da restante matéria da ação e da defesa e a liquidação é discutida e julgada com a causa principal». A oposição ao pedido de liquidação é igualmente formulado em duplicado, salvo quando apresentado por transmissão eletrónica de dados (art. 360º, nº 1).

Os articulados formulados pelo requerente e pelo requerido devem observar os requisitos dos incidentes em geral, designadamente no que concerne à articulação dos factos, aos duplicados e cópias e ao pagamento prévio da taxa de justiça. Uma vez seguido o *processo comum de declaração*, poderá haver lugar a despacho de gestão inicial, audiência prévia, dispensa desta, despacho identificativo do objeto do litígio e enunciativo dos temas da prova, diligência de conciliação, alteração do rol de testemunhas e audiência final, conforme os casos (arts. 590º, 591º, 593º, 594º e 597º a 599º).

No caso de o requerido, na oposição, invocar defesa por exceção, o requerente pode exercer o contraditório, na audiência final (art. 3º, nº 4).

Quando a prova produzida pelos litigantes for insuficiente para fixar a quantia devida, incumbe ao juiz completá-la mediante indagação oficiosa, ordenando, designadamente, a produção de prova pericial (art. 360º, nº 4).

Na sentença final da causa principal devem ser considerados os factos provados, não só os relativos ao pedido principal como também ao incidente (pedido) de liquidação, sem prejuízo da factualidade relativa ao incidente só relevar no caso de a ação e ou a reconvenção serem julgadas procedentes. Se, por ausência de contestação ou de impugnação, os *factos* relativos ao incidente deverem ser *considerados assentes* (por confissão ou admissão), *a decisão correspondente só tem lugar na sentença da causa principal*. O juiz aplicará, então, aos factos confessados ou admitidos, o pertinente direito, *declarando liquidado ou não o pedido* genérico na quantia ou nos objetos afirmados pelo requerente, consoante as situações em apreço.

1590 Cfr., neste sentido, o acórdão do STJ, de 11-12-2012, *in* CJ, Ano XX, Tomo 3, p. 269/Cons. Helder Roque.

O incidente de liquidação da *fase declarativa* não se confunde com as operações de liquidação que devem ter lugar em *sede executiva* e a que se reporta o art. 716º, nºs 1 a 9[1591].

Nos termos do nº 1 do art. 716º, *se for ilíquida a quantia exequenda*, deve o exequente «especificar os valores que considera compreendidos na prestação devida e concluir o requerimento executivo com um pedido líquido». A liquidação dos *juros vincendos* e das *importâncias devidas a título de sanção pecuniária compulsória* compete ao *agente de execução* (art. 716º, nºs 2, 3 e 4). Quando a execução se funde em *título extrajudicial* (*v. g.*, em títulos de crédito) e *a liquidação não dependa de simples cálculo aritmético*, é o executado citado para contestar, em oposição à execução, mediante embargos, com a advertência de que, na falta de contestação, a obrigação se considera fixada nos termos do requerimento executivo, salvo se se tratar de revelia inoperante nos termos do art. 568º; se houver contestação, ou sendo a revelia inoperante, seguem-se os termos do *processo comum declarativo* (tal como acontece no acidente no incidente de liquidação pós-decisório – nº 3 do art. 360º) e, se a prova produzida pelos litigantes for insuficiente para a fixação da quantia devida, incumbe ao juiz completá-la mediante indagação oficiosa, ordenando designadamente, a produção de prova pericial (art. 360º, nº 4), preceitos estes aplicáveis *ex-vi* do nº 4 do art. 716º. Este último preceito é também «aplicável às *execuções de decisões judiciais ou equiparadas*, quando não vigore o ónus (previsto no art. 358º) de proceder à *liquidação no âmbito do processo de declaração*, bem como às *execuções de decisões arbitrais*» (art. 716º, nº 5).

A *liquidação por árbitros* em execução fundada em título diverso do da sentença realiza-se nos termos do art. 361º, *antes de apresentado o requerimento executivo* (art. 716º, nº 6).

Quando a iliquidez da obrigação resulte de esta ter por objeto uma *universalidade* (de facto ou de direito) e o autor não possa concretizar os elementos que a compõem, a liquidação tem lugar em *momento imediatamente anterior à apreensão*, precedendo a entrega ao exequente» (art. 716º, nº 7).

Cumpre ao exequente, no requerimento executivo «liquidar a obrigação e escolher a prestação, quando tal lhe caiba» (art. 724º, nº 1, al. h)).

[1591] «Se na sentença condenatória se considera que de uma dada prestação apenas é devida em parte de capital e que se ignora qual o valor desta e que, por isso, ela tem de ser liquidada posteriormente, essa liquidação tem de ser efetuada no processo declarativo e não no requerimento executivo, uma vez que não depende de simples cálculo aritmético (artºs704º, nº 6 e 716º, nºs 4 e 5).Um eventual plano financeiro que discrimine as várias parcelas da prestação, surgido posteriormente à sentença, não é um elemento que dela conste, e possa ser impugnado, pelo que pode ser objeto da instaurada execução» – cfr., neste sentido, o acórdão da RL de 6-12-208, Proc. 19092/16 4T8LSB-2, *in* www.dgsi.pt/Des Pedro Martins.

O incidente em causa é inadmissível na *ação cível enxertada no processo penal*, por se não conformar com a estrutura própria daquele processo. Daí que o nº 1 do art. 82º do CPP estatua que «se o tribunal criminal não dispuser de elementos bastantes para fixar a indemnização, condena no que se liquidar em execução de sentença, correndo a execução perante o tribunal cível, servindo a sentença penal de título executivo» (*sic*).

Secção V
Absolvição da instância

76. Absolvição da instância. Causas. Efeitos

Há que distinguir entre *decisão de mérito* e *decisão de absolvição da instância*. Quando o juiz decide do *fundo ou da substância da causa*, condenando ou absolvendo o réu do pedido – atentas as normas do direito substantivo ou material aplicáveis –, diz-se que decidiu *de mérito* (*de meritis*); quando não chega a conhecer do mérito, por para tanto não estarem reunidos os requisitos legais (*rectius* os pressupostos processuais), diz-se que proferiu uma decisão *de mera forma*.

Temos, assim, uma *decisão de mérito substantivo* quando o juiz emita uma pronúncia sobre a *razão de fundo* (ou a falta dela) por parte do autor ou do reconvinte; teremos uma *decisão meramente processual ou formal* quando, *na ação declarativa, o tribunal não chega a proferir uma sentença de mérito* ou, na *ação executiva*, não chega a proferir *sentença de fundo* nos incidentes correlativos, *v. g., nos embargos de executado ou nos embargos de terceiro.*

76.1. Causas. Ordem de conhecimento

Para que o tribunal possa emitir uma *decisão de mérito*, torna-se necessário o preenchimento de determinadas condições ou requisitos – os chamados *pressupostos processuais* – sendo que, se faltar ou não se verificar algum deles, ocorre uma *exceção dilatória*. O juiz deve abster-se de conhecer do pedido e absolver o réu da instância (art. 278º, nº 1) quando: a)- julgue procedente a exceção de *incompetência absoluta* do tribunal; b)- *anule todo o processo*; c)- entenda que *alguma das partes é destituída de personalidade judiciária* ou que, sendo incapaz, *não está devidamente representada ou autorizada*; d)- considere *ilegítima* alguma das partes; e)- quando julgue procedente alguma *outra exceção dilatória*.

Mas «as exceções dilatórias só subsistem enquanto a respetiva falta ou irregularidade não for *sanada*, nos termos do nº 2 do art. 6º» Não há, pois, lugar a decisão absolutória da instância, não só «quando o processo haja de ser remetido para outro tribunal», como «quando a falta ou irregularidade haja sido sanada» (art. 278º, nº 2). E, ainda que subsistam, *não surtirão efeito absolutório da instância* se, destinando-se a tutelar o interesse de uma das partes, nenhum outro obstáculo exista, no momento da respetiva apreciação, «a que se conheça do mérito da causa e a decisão deva ser integralmente favorável a essa parte» (nº 3 do art. 278º).

Deve ser, pois, proferida decisão de absolvição da instância nos casos de *anulação de todo o processo* (cfr., *v. g.*, em caso de ineptidão da petição inicial ou de erro na forma de processo, nesta última hipótese só se não puder aproveitar-se nenhum ato – art. 180º, nºs 1 e 2 e 193º) e de *procedência de qualquer exceção dilatória*, com exceção da *incompetência relativa*, cuja procedência apenas dá lugar ao reenvio ou remessa do processo para o tribunal competente (arts. 105º, nº 3)[1592]. Não há, assim, lugar à absolvição da instância quando o processo haja de ser *remetido para outro tribunal*[1593] e quando a falta ou *irregularidade* haja sido *sanada* (nº 2 do art. 278º).

A referência (sucessiva) expressa no art. 278º às exceções dilatórias da incompetência absoluta do tribunal, à personalidade judiciária, à incapacidade judiciária, à representação irregular do incapaz e à legitimidade (alíneas a), c) e d) do nº 1) – porque redundante relativamente ao elenco do art. 577º – teve como propósito, não só a indicação de uma certa *ordem de precedência* pela qual o juiz deve conhecer das questões processuais/prejudiciais (em conjugação com o disposto no nº 1 do art. 608º), como também dar o *devido destaque* às mais relevantes de entre elas[1594]. Deve, porém, considerar-se tal ordem como *meramente indicativa*, que não perentória, já que pode existir entre as diversas exceções dilatórias um nexo de precedência lógica ou de manifesta prejudicialidade; assim, e face ao seu caráter preclusivo, é

[1592] Salvo se a incompetência radicar na *incompetência relativa*, o processo é remetido *ex-officio* para o tribunal competente (art. 105º, nº 3).

[1593] Também na *incompetência absoluta* poderá haver lugar à remessa do processo ao tribunal onde a ação deveria ser proposta se a incompetência só for decretada depois de findos os articulados e, estando as partes de acordo com o respetivo aproveitamento, o autor requeira essa remessa – cfr. o nº 2 do art. 99º.

[1594] Cfr. neste sentido, J. Rodrigues Bastos, *Notas*, vol. II cit., p. 57, nota 1.

manifestamente prioritário (porque de ordem pública) o conhecimento da questão da competência do tribunal, logo seguido do das exceções de litispendência ou de caso julgado, como inquestionável é a precedência lógica da questão da personalidade judiciária relativamente à da incapacidade judiciária e da legitimidade[1595].

O conhecimento destas exceções tem o seu momento normal *no despacho saneador* (art. 595º, nº 1, al. a)), podendo, porém, ter ainda lugar *na sentença final* (cit. nº 1 do art. 608º). Isto salvos os casos em que haja lugar a *despacho liminar* (art. 226º, nº 4), no qual, por ocorrência de exceções dilatórias insupríveis, pode ser proferido *despacho de indeferimento liminar* (arts. 569º e 590º)[1596], que não de *absolvição da instância.*

Na al. e) do art. 278º contemplam-se ainda quaisquer outras *exceções dilatórias inominadas,* como, por exemplo, os pressupostos processuais da *sujeição à jurisdição portuguesa* e do *interesse processual ou interesse em agir* (cfr. o elenco meramente exemplificativo do art. 494º). É ainda o caso da *fraude* e da *simulação processual* (*uso anormal do processo*) se detetada antes da sentença final (art. 612º)[1597].

76.2. Alcance. Efeitos

A decisão de absolvição do réu da instância não produz efeito de *caso julgado material,* porquanto não contém uma pronúncia jurisdicional sobre uma relação material controvertida (art. 619º). Trata-se de uma *pronúncia de sentido negativo* sobre o fundo da causa, unicamente incidente sobre a *relação processual,* pelo que apenas surte efeito de *caso julgado formal* (art. 672º)[1598].

O seu decretamento não significa o fim inelutável do processo, podendo o respetivo objeto imediato ser ainda atingido. Pode, com efeito, haver lugar à *repetição da causa* entre as mesmas partes e com os mesmos pedido e causa de pedir (cfr. o nº 1 do art. 581º), em ordem a adregar a mesma (pretendida) decisão de mérito ou a realização das mesmas providências

[1595] Cfr., acerca deste tema, M. Teixeira de Sousa, *Estudos* cit., pp. 359-360.

[1596] Na hipótese de indeferimento liminar, assiste ao autor o benefício concedido pelo art. 560º.

[1597] Cfr., quanto à matéria das exceções dilatórias, o nosso *Direito Processual Civil,* vol. II, 2ª ed. cit., pp. 151-154.

[1598] Conforme observa Lebre de Freitas, «na ação executiva não se forma nunca caso julgado material, sem prejuízo da possibilidade da sua formação nas ações declarativas que correm por apenso à ação executiva» – cfr. *Introdução* cit., p. 50, nota 60.

(coercitivas) não adotadas na primitiva causa. Na realidade, «a absolvição da instância não obsta a que se proponha outra ação sobre o mesmo objeto» (art. 279º, nº 1).

Salvos os *efeitos civilísticos relativos à prescrição e à caducidade dos direitos*, os *efeitos* (*civis*) derivados da proposição da primeira causa e da citação do réu mantêm-se (se possível) «se a nova ação for intentada ou o réu for citado para ela dentro de 30 dias[1599] a contar do trânsito em julgado da sentença de absolvição da instância (art. 279º nº 2) – cfr. arts. 327º, nºs 2 e 3, e 332º do CC.

A propósito do significado da expressão «*quando seja possível*» vertida no nº 2 do art. 279º, interroga-se a doutrina sobre se não será «sempre possível» manter os efeitos civis a que o preceito se reporta, bem como sobre se não exigirá a lei que na nova ação se respeite o *princípio da tríplice identidade*. Confrontando as teses de ALBERTO DOS REIS e BARBOSA DE MAGALHÃES, J. RODRIGUES BASTOS[1600], optando pela do primeiro, sustenta que a intenção do legislador foi a de a nova ação poder ter como partes pessoas que não intervieram na anterior ação. A que efeitos civis se reporta, pois, o preceito?

Se a nova ação possuir o *mesmo objeto* e correr entre as *mesmas partes*, dúvidas não podem existir sobre a incolumidade dos efeitos civis, quer da propositura, quer da citação do réu da primeira ação. Se a nova ação tiver um *autor diferente*, nunca quaisquer desses efeitos se poderão manter. Se a segunda ação for dirigida, pelo *mesmo autor*, contra um *réu diferente*, haverá que distinguir entre os efeitos civis derivados da propositura por um lado, e da citação por outro: – *os primeiros*, manter-se-ão desde que a nova ação seja intentada no prazo de 30 dias a contar do trânsito em julgado da decisão absolutória da instância; – *os segundos*, subsistirão, não só se a nova ação for proposta dentro daquele prazo de 30 dias, como também se a citação do réu for operada dentro desse mesmo prazo[1601].

Assim, se absolvido o réu da instância no saneador por ilegitimidade passiva, pode o mesmo requerer, no prazo de 30 dias a contar do trânsito em julgado desse despacho, a intervenção principal das pessoas que assegurarão a legitimidade passiva; daí resultará a possibilidade do aproveitamento do ato de propositura da ação na

[1599] Segundo VAZ SERRA, o prazo de 30 dias do nº 2 do art. 279º é de natureza substantiva – cfr. RLJ, ano 102º, p. 63.

[1600] Cfr. *Notas*, vol. II cit., p. 59.

[1601] Cfr. ALBERTO DOS REIS, *Comentário*, vol. 3º cit., p. 421.

data da apresentação da petição inicial, mantendo-se os efeitos civis dessa propositura, designadamente em matéria de prescrição e caducidade (art. 279º, nº 2)[1602].

Um exemplo de *subsistência dos efeitos civis versus o prazo de caducidade do direito de ação*: se uma *ação* de *impugnação de paternidade* foi proposta no último dia dos prazos cominados no art. 1842º do CC, ficará assegurada a sua tempestividade, a tal não obstando a circunstância de a citação se consumar já depois de expirado esse prazo substantivo; mas se, seguindo o processo os seus regulares termos, o réu vier a ser absolvido (*v. g.*, por ilegitimidade passiva) no despacho saneador, com a consequente absolvição da instância, e se o autor propuser nova ação dentro do prazo de 30 dias, o efeito civil derivado da propositura da primeira ação dentro do prazo mantém-se, ainda que a segunda ação seja intentada em data muito posterior à da exaustão dos prazos daquele art. 1842º e ainda que o réu não venha a ser citado para a nova ação dentro desse prazo mas já depois do seu decurso.

Um exemplo de *subsistência/insubsistência dos efeitos civis face à prescrição de direitos*: instaurou-se uma *ação de honorários* por serviços de arquitetura sujeita ao prazo de prescrição de dois anos (art. 317º, al. c), do CC), prescrição essa que se interrompe pela citação, que não pela simples propositura da ação (art. 323º, nº 1, do CC); assim, se o réu foi citado antes de consumado o prazo de dois anos, ficou *ipso facto* interrompido esse prazo prescricional, ainda que o réu haja vindo depois (normalmente no saneador) a ser, por qualquer dos motivos dos arts. 278º e 577º, absolvido da instância; o que significa que numa nova ação de honorários intentada no prazo de 30 dias fixado no nº 2 do art. 279º, se o autor fizer citar o réu dentro desse prazo, o efeito civil derivado da citação feita na primitiva ação se mantém na segunda, não podendo, pois, o réu, no segundo processo, deduzir a exceção de prescrição.

Em suma: o ato que tem de ser praticado dentro do considerado prazo de 30 dias depende do efeito civil de que se pretende extrair benefício: – se a ação estiver sujeita a *prazo de caducidade* e o autor desejar aproveitar do benefício de ter sido proposta em tempo a primeira ação, o ato que tem de praticar é o da apresentação da petição inicial da nova ação em juízo dentro desse prazo; – se o autor pretende aproveitar, na nova ação, algum dos *benefícios produzidos pela citação* do réu para a primeira ação (art. 564º), o ato que tem de obter é a citação do réu para a segunda ação dentro do aludido prazo de 30 dias[1603].

1602 Cfr. o acórdão da RC de 4-2-92, *in* BMJ nº 414, p. 640/Des. Costa Mesquita e da RP de 1-7-96, CJ, Tomo IV, p. 192/Des. Abílio Vasconcelos.

1603 Cfr. Alberto dos Reis, *Comentário* cit., vol. 3º cit., p. 423.

Contempla o nº 3 do art. 279º o *aproveitamento das provas* produzidas, conferindo ainda eficácia às decisões proferidas na primeira ação, se a decisão absolutória da instância resultar da procedência de *exceção dilatória compreendida na alínea e) do nº 1 do art. 278º*. Mas, se houver *alteração das partes processuais* entre a primeira e a segunda ações, nada se aproveita. Só se *as partes forem as mesmas* é que, não só poderão – ao alvedrio das mesmas – aproveitar-se as provas já produzidas, como deverão acatar-se as decisões interlocutórias *ex-ante* proferidas no seio da primeira ação[1604].

De salientar que, nos termos do nº 3 do art. 278º, «as *exceções dilatórias só subsistem enquanto a respetiva falta ou irregularidade não for sanada*, nos termos do nº 2 do art. 6º; ainda que subsistam, *não tem lugar a absolvição da instância* quando, destinando-se a tutelar o interesse de uma das partes, nenhum outro motivo obste, no momento da apreciação da exceção, a que se conheça do mérito da causa e a decisão deva ser integralmente favorável a essa parte» (*sic*).

Secção VI
Extinção da instância

77. Extinção da instância. Causas. Efeitos

As causas de extinção da instância vêm tipificadas nas alíneas a) a e) do art. 277º, a saber: o *julgamento*; o *compromisso arbitral*; a *deserção*; a *desistência*, *confissão* ou *transação*; a *impossibilidade* ou *inutilidade superveniente* da lide[1605].

Ao contrário da *suspensão* – que se reconduz a uma *paralisação interina* ou *transitória* da instância, a qual prosseguirá logo que arredado o obstáculo impeditivo do seu curso normal –, a *extinção* determina o seu *desaparecimento definitivo*, pelo que só instaurando uma nova ação o autor poderá vir a ver reconhecido, pela via judicial, o (seu) direito material posto em crise pelo réu[1606]. Com a extinção da instância *cessam todos os efeitos processuais e substan-*

[1604] Cfr. J. Rodrigues Bastos, *Notas*, vol. II cit., p. 60, nota 4.

[1605] Sobre outras causas de *extinção da instância*, cfr. os arts. 37º, nº 4, 48º, nº 2, 266º, nº 5 e 305º, nº 3. Sobre a *extinção do pedido reconvencional*, cfr., também, o art. 583º, nº 3.

[1606] Cfr. J. Rodrigues Bastos, *Notas*, vol. II cit., p. 51.

tivos da pendência da ação (cfr., *v. g.*, os arts. 564º do CPC e 323º, nºs 1 e 2, 805º, nº 1 e 1292º do CC).

A *desistência, absolvição* e *deserção da instância,* bem como a *caducidade do compromisso arbitral* (cfr. o art. 4º da LAV), implicam que o *prazo prescricional* – cujo decurso fora interrompido pela citação do réu (art. 323º, nº 1, do CC) ou passados 5 dias depois de esta ter sido requerida (art. 323º, nº 2, do CC) – começe a *correr de novo* (e desde o início) a partir desse ato interruptivo (arts. 323º, nº 2 e 326º, nº 1, do CC).

O julgamento (decretamento) de absolvição da instância, determinativo da respetiva extinção não obsta – repete-se – a que se proponha uma outra sobre o mesmo objeto (*caso julgado meramente formal*).

77.1. Julgamento

O *julgamento* pode ser de *fundo* ou *substância* ou de *mera forma,* sendo que ambas as modalidades de decisão conduzem à *extinção da instância.* Assim, o julgamento pode decorrer ou de uma *sentença de mérito* ou de uma *decisão de absolvição da instância,* esta última nos sobreditos casos previstos no art. 278º e com os efeitos plasmados no art. 279º.

A sentença final sobre o fundo da causa, devidamente transitada em julgado, produz necessariamente a *extinção da instância,* tendo presente que esta, em caso de recurso, se compartimenta entre os graus de jurisdição concretamente percorridos. Por isso soi dizer-se que o *meio normal* de extinção da instância na ação declarativa é o *julgamento.* Uma vez proposta a ação, a instância cessa, por norma, pela prolação da *sentença final que conheça do fundo ou da substância da causa.*

O art. 277º, ao reportar-se à extinção da instância pelo julgamento, quer referir-se não ao primeiro julgamento, mas ao julgamento final e definitivo que produz efeito de caso julgado[1607].

Mas a *extinção da instância* pode também ser determinada por qualquer *ocorrência anómala,* surgida após a instauração do pleito, que impeça o juiz de se pronunciar sobre o respetivo mérito (arts. 277º, 278º e 279º e 608º, nº 1). A extinção da instância é, nesta eventualidade, consequência de um *facto anormal* ou de uma *causa extraordinária* que impede a marcha (normal) da relação jurídica processual até à decisão final do litígio e diversa da da pronúncia judicial sobre o mérito. O facto gerador da cessação (extinção)

[1607] Cfr. Alberto dos Reis, *Código de Processo Civil Anotado,* vol. V, p. 383.

da instância ocorre *depois da propositura da ação* mas *antes da emissão do juízo jurídico-substantivo final*, de que constitui, de resto, circunstância impeditiva. Por isso se apelidam tais causas de *exceções dilatórias*. Daí que, uma vez ocorrida uma dessas causas, deva o juiz bastar-se em decretar a correspondente absolvição do réu da instância ao abrigo do disposto nos arts. 278º, 576º, nº 2 e 577º.

A *extinção* da instância – que pode ser apenas *parcial, v. g.*, no caso em que só uma das partes seja considerada ilegítima devendo a instância prosseguir entre as demais –, será a consequência natural, *ope legis*, da emissão dessa decisão meramente formal. Mas nada impede que o juiz, no despacho em que *absolver o réu da instância*, que proferir após a verificação/declaração da respetiva causa, «*declare*» em consequência, *extinta a instância* ao abrigo do disposto na al. a) do art. 277º, aplicando, no mais, as regras da condenação em custas.

Quanto à *extinção da execução* (ação executiva) são suas causas determinantes as contempladas nas alíneas a) a f) do nº 1 do art. 849º. Extingue-se também a instância executiva logo que decorrido o prazo de 30 dias após a notificação do exequente para pagamento das quantias em dívida ao agente de execução a título de honorários e despesas sem que o pagamento haja sido efetuado, caso em que é de aplicar o disposto no nº 3 do art. 849º – «*comunicação por via eletrónica ao tribunal, sendo assegurado pelo sistema informático o arquivo automático do processo, sem necessidade de intervenção judicial ou da secretaria*» (art. 721º, nºs 2 e 3).

77.2. Compromisso arbitral

A arbitragem voluntária é hoje fundamentalmente regida pela Lei nº 63/2011, de 14 de dezembro (LAV)[1608].

Podem as partes atribuir (por *convenção*) a decisão de qualquer controvérsia a árbitros. Se a convenção se referir a *litígios eventuais* (*futuros*) emergentes de uma dada relação jurídica contratual ou extracontratual, é designada por *cláusula compromissória*; quando tiver por objeto um litígio atual, ainda que adstrito a tribunal judicial, designa-se por *compromisso arbitral*. O acordo pode ter lugar em qualquer estado de uma causa pendente, isto é, até ao trânsito da decisão que ponha termo à instância (arts. 280º, nºs 1 e 2, do CPC e 1º, nºs 1 e 2, da LAV).

[1608] Os arts. 1082º a 1085º do CPC referem-se apenas à arbitragem necessária.

O compromisso tem de ser celebrado por escrito *no processo* (por termo) ou fora dele por *documento particular* assinado pelas partes (arts. 2º da citada Lei e 280º, nº 2, do CPC). E deve individualizar com clareza – sob pena de nulidade – os seus elementos formais ou seja, o objeto (total ou parcial) da causa a dirimir pelo tribunal arbitral (*res petita*), os respetivos sujeitos e a causa de pedir (*causa petendi*), devendo ainda identificar o árbitro ou árbitros a quem é confiada a decisão[1609].

Se celebrado o compromisso, uma vez lavrado o *termo*, ou junto o respetivo *documento*, o juiz aquilatará da sua validade, em função do respetivo objeto e da qualidade dos sujeitos intervenientes; em caso afirmativo, dará a instância por finda e *remeterá as partes para o tribunal arbitral*, condenando cada uma delas em metade das custas, salvo acordo expresso em contrário (art. 280º, nº 2). Nessa apreciação incluir-se-á a existência de qualquer irregularidade ou vício que afete a validade da convenção, por exemplo a caducidade do compromisso (cfr. art. 4º da citada Lei). Torna-se, assim, evidente a similitude da fórmula usada no nº 2 do art. 280º com a do no nº 3 do art. 290º (esta para o exame da legalidade da confissão, desistência e transação), certamente determinada pela semelhança entre o compromisso arbitral e a «*autocomposição transacional*»[1610].

O compromisso arbitral, quando julgado válido, é, pois, causa de extinção da instância, não só "*ex-vi*" do nº 2 do art. 280º, como também – de forma algo redundante – por força do expressamente disposto na alínea b) do art. 277º. Deve, assim, o juiz, *no próprio despacho* que julgue válido o compromisso, *declarar*, em consequência, *extinta a instância*.

77.3. Deserção da instância e dos recursos

Sob a epígrafe "*Deserção da instância e dos recursos*", o art. 281º, no seu nº 1, estatui que se «considera deserta a *instância* quando, por negligência das partes, o processo se encontre a aguardar impulso processual há mais de 6 meses»[1611]. E não só as ações, mas também, os *recursos* são *julgados desertos*

[1609] Cfr. J. Rodrigues Bastos, *Notas*, vol. II cit., p. 61.

[1610] Cfr. J. Rodrigues Bastos, *Notas*, vol. II cit., p. 62.

[1611] O acórdão do TC nº 604/2018, Proc. 1137/2015, decidiu não julgar inconstitucional os arts. 281º, nº 1 e 351º, nº 1, na interpretação de que «caso se mostre ultrapassado o prazo de seis meses sem que seja promovido *o incidente de habilitação de herdeiros*, o falecimento de um dos autores coligados impõe que o juiz decrete a *extinção da instância* (por *deserção*) quando, «por negligência do recorrente, estejam a aguardar impulso processual há mais de 6 meses» (art. 281º, nº 2).

Consideram-se igualmente desertos a *instância* ou o *recurso* se, tendo surgido algum *incidente com efeito suspensivo*, esse incidente se encontre a aguardar impulso processual por mais de 6 meses por causa imputável a negligência das partes (art. 281º, nº 3). Subjaz, pois, à deserção da instância (seja em 1ª instância, seja nos tribunais superiores) uma *conduta processual inerte*, omissiva ou negligente não imputável a facto de terceiro (estranho à parte) ou a força maior que impeça a parte a praticar o ato[1612].

Só é decretar a *extinção da instância por deserção* (art. 277º, al. c)) quando preenchidos os dois requisitos do nº 1 do art. 281º: *inércia superior a 6 meses no impulso processual* legalmente exigível e dever-se a inação impulsória a *negligência das partes*. O juízo acerca da deserção como causa extintiva da instância depende da valoração que o juiz faça sobre a inércia da parte no desencadeamento do impulso processual subsequente; a conduta omissiva da parte não deve operar de modo automático o decretamento da deserção, já que dependente de um juízo prévio de imputação da mesma a título de negligência e da sua subsistência (perduração) no tempo para além do prazo tido por razoável. Campo de eleição para que o juiz exercite os seus poderes-deveres de *gestão processual* (art. 6º) e de *direção ou condução processual* (art. 7º), determinando ou eliminando *ex-officio* a prática de atos que impeçam o desenvolvimento normal da lide. Daí que o princípio *pro actione* conduza a que a decretação da extinção da instância por deserção apenas deva funcionar nas situações-limite de comprovado e definitivo alheamento das partes relativamente à sorte da instância[1613-1614].

quanto a todos os pedidos e não unicamente quanto ao pedido formulado pelo autor falecido».

1612 «Só é de decretar a *extinção da instância*, por *deserção* (277º, al. c), do CPC), deixando-se, assim, o direito arrogado sem tutela, quando se apure inequivocamente o *alheamento* das partes face à tramitação da lide e a omissão do dever de *impulso processual*; sem prejuízo do acionamento pelo juiz dos seus deveres de *gestão processual* tendente ao cumprimento de um determinado despacho cominativo proferido nos autos» – cfr. o acórdão da RL de 29-11-2016, Proc. 37/10.6TBPDL-A.L1-7, *in* www.dgsi.pt/Desª Carla Câmara.

1613 Cfr., neste sentido, o acórdão da RL de 16-11-2017, Proc. 267/12.1TBVFX.L1-2, *in* www dgsi.pt/Des. Arlindo Crua.

1614 O acórdão do TC, de 14-11-2018, Proc. nº 604/2018, decidiu «*não julgar inconstitucional a interpretação conjugada dos arts. 281º, nº 1 e 351º, nº 1*, ambos do CPC, no sentido de que, caso se mostre ultrapassado o prazo de seis meses sem que seja promovido o *incidente de habilitação de herdeiros*, o falecimento de um dos autores coligados impõe que o juiz decrete a extinção

Não, pois – e a título de exemplo, logo que, uma vez exaurido o prazo dilatório (suspensivo) pré-fixado para propiciar a celebração de uma transação, as partes não hajam comunicado nos autos o desfecho positivo ou negativo das aventadas negociações. Tão-pouco, a prolação de um segundo despacho (tabelar) nos termos do qual os autos fiquem a "aguardar que as partes venham alegar o que tiverem por conveniente, dando conta das negociações encetadas ou pedindo a marcação do julgamento, sem prejuízo do disposto no art. 281º do CPC", faz impender sobre elas qualquer ónus cujo incumprimento seja gerador de imediata deserção. Num tal quadro, a suspensão da instância só se considera finda após o transcurso do prazo judicial de suspensão ou o da sua prorrogação, nos termos do art. 276º, nº 1, al. c), devendo, em tal eventualidade, ser ordenado *ex-officio* o prosseguimento da ação[1615].

A deserção é julgada (decretada) no próprio tribunal onde se verifique a falta por *simples despacho do juiz* ou *do relator* (art. 281º, nº 4). No processo de execução considera-se *deserta a instância executiva, independentemente de qualquer decisão judicial*, quando, por negligência das partes, o processo se encontre a aguardar impulso processual há mais de 6 meses (art. 281º, nº 5). Temos, pois, que, *em sede declarativa*, a lei exige *despacho expresso* do juiz (em 1ª instância) ou do relator (em 2ª instância) a conhecer e a declarar a deserção, enquanto que, *em sede executiva*, o decretamento da deserção é da *competência do agente de execução.*

Quanto aos *efeitos* da deserção, são eles distintos consoante verificada em 1ª instância ou em fase de recurso. *Em 1ª instância*, a deserção determina a *extinção da instância* – alínea c) do art. 277º; *na fase de recurso*, com o abandono deste, *transitará em julgado* a decisão recorrida. Se a deserção houver ocorrido depois de o *Supremo haver anulado o acórdão da Relação e ordenado a baixa do processo* para se proceder à respetiva reforma (nº 2 do art. 684º), subsiste incólume o acórdão anulatório do Supremo, já transitado. Assim, se operada a deserção antes de ser conhecido pela primeira vez o recurso (da 1ª para a 2ª instância), a decisão que subsiste será a da 1ª instância[1616].

da instância quanto a todos os pedidos e não unicamente quanto ao pedido formulado pelo autor falecido».

1615 Cfr., neste sentido, o acórdão do STJ de 7-5-2018, Proc., 105415/12.2YIPRT.P1.S1, *in* www.dgsi.pt /Cons. Abrantes Geraldes.

1616 Cfr. J. Rodrigues Bastos, *Notas*, vol. II cit., pp. 66-67.

O autor ou o recorrente suportam o encargo das custas da deserção (art. 527º, nº 1).

O *despacho declarativo da deserção* surte *efeito meramente declarativo* que não constitutivo. Após a ocorrência da deserção (inércia de seis meses e um dia) e antes de a mesma ser judicialmente reconhecida, os atos espontaneamente praticados no processo pela parte já anteriormente incursa em situação de relapsidão perfilam-se como inidóneos a precludir a declaração da deserção. Destarte, deve o juiz advertir previamente (por *despacho admonitório/cominatório* expresso) a parte relapsa de que a omissão da prática do ato devido para efeitos de impulso processual subsequente será, oportunamente, sancionada nos termos do nº 1 do art. 281º. Nesse despacho, deverão, inclusivamente, identificar-se os *terminus a quo* e *ad quem* do prazo de seis meses e um dia a que se reporta o preceito em apreço, em ordem a que a parte potencialmente prejudicada possa emitir pronúncia sobre a respetiva forma de contagem e prevenir assim uma *decisão-surpresa.* A omissão de tal despacho integra *nulidade processual secundária* (arts. 3º, nº 3 e 195º), a qual deve ser arguida pela parte prejudicada, sob pena de não ser, posteriormente, passível de recurso por inexistência de despacho a sancionar a nulidade (*das nulidades reclama-se, dos despachos recorre-se*)[1617]. Saber se a imposição de ónus processuais e das correspondentes sanções é ou não colidente com o direito de acesso aos tribunais e à tutela jurisdicional efetiva (art. 20º da CRP e 2º do CPC), importa a formulação um *juízo de ponderação de natureza casuística* em função da justificação legal do impulso em falta, do grau de onerosidade da sua observância por banda do interessado e da gravidade das repercussões processuais inerentes ao incumprimento do concreto ónus[1618].

77.4. Desistência. Confissão. Transação

77.4.1. Âmbito e enquadramento

Consagra a lei processual a *liberdade de desistência, confissão e transacção*, atos estes (eles próprios) *causas extintivas da instância* (art. 277º, al. d)). Pode, com efeito, o autor, em qualquer altura, *desistir* de todo o pedido ou de parte dele e pode o réu *confessar* todo ou parte do pedido (art. 283º, nº 1),

[1617] Daí que, *em sede de recurso de apelação,* deva ser anulada pela Relação a decisão decretadora da deserção da instância proferida pelo tribunal *a quo,* em caso de inobervância do dever de cooperação (deveres de consulta e prevenção) cominado no art. 7º – cfr., neste sentido, o acórdão da RL de 22-5-2018, Proc. 3368/06.1TVLSB.L1.S1, *in* www.dgsi.pt/Des. Henrique Araújo.

[1618] Cfr., neste sentido, o acórdão da RL de 20-12-2016, *in* Proc 3422/15.9T8LSB.L1-7/Des. L. F. Pires de Sousa.

isto é, «*em qualquer estado da causa*, enquanto não houver sentença com trânsito que ponha termo à instância». É também lícito às partes, em qualquer estado da instância, *transigir* sobre o objeto da causa (art. 283º, nº 2), acordando em concessões mútuas em ordem a porem termo à lide (arts. 1248º, nº 1, do CC).

A *desistência* pode ser *do pedido* ou *da instância* (art. 285º): a desistência *do pedido* extingue o direito (substantivo) que se pretendia fazer valer em juízo, como que renunciando o autor à pretensão deduzida (nº 1); a desistência *da instância* apenas faz cessar o processo instaurado, como que renunciando o autor ao meio processual utilizado (nº 2)[1619]. A *desistência da instância* depende, porém, da *aceitação do réu* desde que requerida após o oferecimento da contestação (art. 286º, nº 1). A *desistência do pedido é livre*, não prejudicando, porém, a reconvenção, a menos que o pedido reconvencional seja dependente do formulado pelo autor (art. 286º, nº 2).

Tais atos (de confissão, de desistência do pedido e de transação) são também qualificados como atos ou negócios de *autocomposição do litígio*, para significar que se inserem no âmbito da *autonomia privada*, por isso que, relativamente ao respetivo exercício, se verificam as limitações previstas na lei substantiva (disponibilidade, capacidade e representação). O que logo afasta a sua natureza de mera manifestação da disponibilidade do termo do processo do puro domínio processual/dispositivo[1620].

Uma coisa é, porém, a *confissão do pedido* traduzida no reconhecimento (feito pelo réu) do direito que o autor pretende fazer valer por meio da ação – causa de extinção da instância prevista na al. d) do art. 277º do CPC –, outra é a chamada *confissão-meio de prova* prevista no art. 352º do CC – «reconhecimento que a parte faz da realidade de um facto que lhe é desfavorável e favorece a parte contrária», a qual «pode incidir tanto sobre factos alegados pela parte contrária, como sobre factos não alegados»[1621].

A *desistência do pedido* (pelo autor) e *a confissão do pedido* (pelo réu) são de qualificar como *atos jurídicos unilaterais*. Já a *desistência da instância*, se

1619 Cfr. J. Rodrigues Bastos, *Notas*, vol. II cit., p. 69.

1620 Cfr. Lebre de Freitas, *Introdução* cit., p. 43.

1621 A *confissão meio de prova* deve, em princípio ser *expressa*, podendo, porém, ser *tácita* (ficta ou presumida) nos casos contemplados na lei (arts. 314º do CC e 567º, nº 1 e 574º, nº 2, do CPC) – cfr. Pires de Lima e Antunes Varela, *Código Civil Anotado*, vol. I, 4ª ed. cit., p. 313, nota 1.

requerida depois do oferecimento da contestação, assume a natureza de *negócio jurídico bilateral* (art. 286º, nº 1)[1622]. A *transação* é mesmo definida no CC como «o *contrato* pelo qual as partes previnem ou terminam um litígio mediante recíprocas concessões» (art. 1248º, nº 1).

No que respeita aos *limites objetivos* da *confissão, desistência* e *transação,* o direito (liberdade) de desistência (do pedido) e de confissão e transação sobre o objeto da causa (art. 283º, nºs 1 e 2) não valerá por inteiro se importar afirmação de vontade relativamente a *direitos indisponíveis* – com exceção das ações de divórcio ou de separação de pessoas e bens, em que a desistência é livre (nº 2 do mesmo art. 299º), sendo que mesmo esta dependerá de aceitação do réu se requerida depois do oferecimento da contestação (art. 286º, nº 1). Essas relações jurídicas subtraídas ao domínio da vontade das partes podem sê-lo, ou por *expressa determinação da lei* substantiva ou *por sua própria natureza. De entre essa primeira categoria,* são exemplos os previstos nos arts. 182º (extinção de associações), 1103º (denúncia do contrato de arrendamento para habitação do senhorio), 1556º (constituição de servidões de passagem para aproveitamento de águas), 1564º (regulação do exercício das servidões) e 2042º (representação na sucessão legal), todos do CC; *de entre a segunda categoria* (as que afetam o estado civil das pessoas), são exemplo típico as *ações de estado* atinentes ao divórcio sem consentimento do outro cônjuge (art. 1779º), a investigação de maternidade (art. 1814º) e a investigação de paternidade (art. 1869º), todos do CC. A *ratio legis* reside na incongruência que representaria permitir às partes obter por via processual (pela via indireta da desistência do pedido, da confissão ou da transação judicial) um resultado que lhes seria proibido alcançar segundo a lei material.

É, por princípio, inadmissível a *desistência do pedido* nas *ações relativas a direitos indisponíveis.* O que não exclui logicamente a admissibilidade da *desistência da instância*, ou mesmo do pedido, se circunscrita aos efeitos meramente patrimoniais, porquanto de caráter disponível. Já quanto à *confissão* (nas ações de investigação de paternidade) importa distinguir: – sendo a *ação exclusivamente movida contra o pretenso pai* (presumível progenitor-investigado), uma vez que este pode, em qualquer momento, efetuar o reconhecimento extrajudicial do autor – investigante através da perfilhação (arts. 1847º, 1849º e 1853º do CC), nenhum obstáculo se depara à admissão da confissão do pedido; a via judicial não se perfila, nesta situação, como meio

[1622] Cfr. J. Rodrigues Bastos, *Notas,* vol. II cit., p. 69, nota 1.

ínvio para a obtenção de um resultado impossível de obter por simples declaração unilateral de vontade; – mas se a ação pendente houver sido *dirigida contra os herdeiros ou representantes do presuntivo pai*, como a esses não é permitido o reconhecimento extrajudicial da filiação (*v. g.*, através da perfilhação), também lhes não deve ser permitido confessar o pedido.

No que tange ao direito à *desistência dos recursos*, o mesmo pode ser exercitado mesmo depois de proferido acórdão pelo tribunal superior, conquanto o mesmo não haja ainda transitado em julgado[1623-1624].

No que se refere à *viabilidade da desistência, confissão e transação em sede executiva*, correspondendo a oposição à execução (arts. 728º a 734º) a um *enxerto na instância executiva de uma outra instância de caráter declarativo*, aplicar-se-lhe-ão, por isso, *mutatis mutandis*, os mesmos institutos relativos à incerteza e indefinição dos direitos.

E sobre a *extensibilidade daqueles atos jurídico-processuais de natureza autocompositiva e de eficácia extintiva à ação executiva*? Pode, em sede executiva, o credor-exequente *desistir (renunciar) livremente* ao meio processual usado (da *instância*) ou à pretensão (*pedido*); a desistência do exequente constitui mesmo causa da extinção da execução (art. 848º, nº 1). Se o desistente não esclarecer se a desistência é relativa à *instância* ou ao *pedido*, deve ser instado a esclarecer a sua pretensão, devendo, em caso de dúvida, entender-se que a desistência se circunscreve à *instância*; a extinção deve ser *declarada pelo agente de execução*, a menos que hajam sido deduzidos embargos de executado, caso em que a desistência deve ser submetida ao controlo do juiz da execução. Se estiverem pendentes embargos de executado, a desistência da instância (da oposição) dependerá da *aceitação do embargado-opoente* (art. 848º, nº 2).

E o que especificamente se refere à *confissão do pedido* e a *transação judicial*? No que toca à *confissão*, afora a hipótese de oposição por embargos, o reconhecimento (pelo executado) da existência do direito exequendo é totalmente inócuo, pois que estribado no título (executivo) em que se fundamenta. Quanto à *transação judicial*, passou o CPC 2013 a permitir o *pagamento em prestações por acordo entre o exequente e o executado* (com subsequente comunicação ao agente de execução), com a correlativa *eficácia extintiva da execução* (art. 806º, nºs 1 e 2), bem como um *acordo global sobre um plano de pagamentos a ser celebrado pelo exequente, pelo executado e pelos credores reclamantes* –, o qual tanto pode consistir numa simples moratória, como num

[1623] Cfr., neste sentido, *v. g.*, o acórdão do STJ de 4-7-96, CJSTJ, Tomo III, p. 7/Cons. Fernando Fabião.

[1624] Sobre a perda do direito de recorrer, a renúncia e a desistência do recurso, cfr. o art. 632º do CPC.

perdão total ou parcial de crédito ou na substiuição total ou parcial de garantais ou mesmo na constituição de novas garantais (art. 810º, nº 1) –, acordo global esse a que é de aplicar o disposto no art. 806º e no nº 1 do art. 807º, *ex-vi* do nº 2 do art. 810º (*extinção da execução*), sendo assim de concluir que tais acordos configuram tecnicamente uma *transação* para os efeitos do art. 277º, al. d)[1625].

77.4.2. Sentença homologatória. Custas

Quanto ao *modus operandi* da confissão, desistência ou transação, rege o art. 290º: – *fora do processo, por documento autêntico ou particular* sem prejuízo das exigências de forma da lei substantiva e notarial; – *dentro do processo, por termo* nele elaborado, com observância do preceituado nos arts. 159º e 160º ou *em ata*, em resultado de conciliação obtida pelo juiz.

A *desistência do recurso* já interposto pode, porém, ser operada mediante *simples requerimento* subscrito pelo recorrente (cfr. o nº 5 do art. 632º), ou mesmo pelo seu mandatário, mas, se este não se encontrar munido de *procuração com poderes especiais*, é de aplicar, por analogia, o regime prescrito nos arts. 283º, 290º 291º para a desistência da instância.

O *termo* é tomado pela secretaria a simples pedido verbal dos interessados (confitente, desistente ou transacionante) - art. 290º, nº 2. Uma vez lavrado o termo ou junto o documento, *o juiz examina* se, pelo seu *objeto* e pela *qualidade das pessoas* que nelas intervieram, a confissão, desistência ou transação são válidos (ou enfermam de algum *vício de invalidade*); se válidos, tal será declarado por sentença, a qual condenará ou absolverá as partes nos precisos termos constantes desses documentos ou instrumentos (nº 3). A validade *em relação ao objeto* de qualquer dos atos em apreço, reclamada pelo nº 3 do art. 290º, reporta-se à inexistência de infração ao respeito pela indisponibilidade dos direitos; já *em relação à qualidade das pessoas*, prende-se a mesma com a (respetiva) titularidade dos direitos em presença e, designadamente, com a capacidade de exercício, com a devida representação e com as necessárias autorizações (legais) para a prática do ato.

A *validade da confissão, desistência* ou *transação* é, assim, chancelada por uma decisão (despacho) com força e autoridade de caso julgado (de mérito) - a *sentença homologatória* - cujo *dictat* condenatório ou absolutório tem de ser plenamente conforme à vontade expressa (declarada) pelas

[1625] Cfr., no sentido da *admissibilidade da transação em processo executivo*, *v. g.*, M. Teixeira de Sousa, *Estudos* cit., p. 414 e J. P. Remédio Marques, *Curso de Processo Executivo Comum à Face do Código Revisto*, p. 426.

partes no termo ou no documento habilitante, que não em função do direito material (objetivo) que, em princípio, se aplicaria aos factos provados. Repercute-se pois, diretamente na esfera jurídico-substantiva das partes intervenientes, surtindo ainda influência decisiva no desenvolvimento subsequente da relação processual[1626].

Sendo a *transação* feita *em ata*, em resultado de conciliação obtida pelo juiz (*v. g.*, na audiência prévia ou na audiência final – arts. 590º, nº 1, al. a) e 604º, nº 2), este limitar-se-á a homologá-la por *sentença ditada imediatamente para a ata* (*da audiência*) ou *para o auto da diligência* em cujo decurso venha eventualmente a ocorrer (*v. g.*, um arbitramento ou uma inspeção ao local – arts. 419º e 493º). *Só ao juiz*, que não à secretaria ou ao funcionário que tomar o termo, *cabe pronunciar-se sobre a validade do ato*, apenas incumbindo ao funcionário tomador o acautelamento da observância dos requisitos formais[1627].

Se a causa terminar *por desistência ou confissão total*, arcará com as custas o desistente ou confitente, mas, se se tratar de uma *desistência ou confissão meramente parcial*, a responsabilidade tributária será proporcional à parte de que se desistiu ou se confessou (art. 537º, nº 1). Se terminar *por transação*, o encargo de custas será repartido em partes iguais (salvo acordo em contrário), a menos que o acordo se faça entre uma parte isenta (ou dispensada do pagamento de custas) e outra não isenta ou dispensada, caso em que o juiz, ouvido o Ministério Público, fixará a proporção em que as custas deverão ser pagas (art. 537º, nº 2).

77.4.3. Efeitos

A confissão e a transação operam a modificação do pedido ou fazem cessar a causa (instância) nos precisos termos em que se efetuem (art. 284º). Se judicialmente *homologadas*, passam a possuir a força e eficácia de *caso julgado* quanto ao conteúdo do acordado ou confessado, tal como uma qualquer decisão judicial sobre o mérito do litígio[1628].

[1626] No sentido, porém, de que a sentença incidente sobre a transação não conhece do mérito da causa, tendo antes uma função fiscalizadora da regularidade e da validade do acordo, e que, por isso, «não faz sentido falar-se de caso julgado» ou de «exceção de caso julgado», mas antes de uma *exceção inominada de transação homologada por sentença*» – cfr. o acórdão da RL de 1-11-2018, Proc.8008/16.8T8SNT-B.L1.2, *in* www.dgsi.pt /Desª Ondina Carmo Alves.

[1627] Cfr. J. Rodrigues Bastos, *Notas*, vol. II cit., p. 78.

[1628] Cfr. J. Rodrigues Bastos, *Notas*, vol. II cit., pp. 70-71.

Assiste, em regra, aos *titulares do direito de ação* inteira *liberdade para desistir, confessar ou transigir*, atentos porém os limites legais cuja latitude depende da respetiva capacidade jurídica negocial. Assim, os *representantes das pessoas coletivas e dos incapazes* (que sejam partes principais no processo) só são admitidos a praticar tais atos nos precisos limites das suas atribuições ou precedendo a concessão da necessária autorização (art. 287º). Não pode, por ex., o tutor, sem autorização do tribunal, transigir relativamente aos atos referidos nas alíneas a) a i) do nº 1 do art. 1889º do CC, *ex-vi* do art. 1938º, nº 1, al. a), do mesmo diploma.

Tratando-se de *litisconsórcio voluntário,* é livre a confissão, desistência e transação individual, embora limitada ao interesse de cada um na causa (art. 288º, nº 1). Já no caso de *litisconsórcio necessário*, a confissão, desistência ou transação de algum dos litisconsortes só produz efeitos quanto a custas (art. 288º, nº 2). Na verdade, subjazendo ao *litisconsórcio voluntário* uma *mera acumulação de ações*, a posição jurídico-processual de cada um dos litigantes permanece independente relativamente aos demais compartes, pelo que o acordo celebrado com a contraparte apenas respeita à ação que separadamente poderia ter proposto, acarretando sempre qualquer desses atos uma redução no objeto da causa. *Ex-adversum*, no *litisconsórcio necessário*, havendo uma *única ação com pluralidade de sujeitos*, já os mesmos atos não poderão produzir quaisquer efeitos, quer sobre a relação jurídica material, quer mesmo quanto à subsistência da relação processual, para além de o desistente, transigente ou confitente deixarem de arcar com qualquer responsabilidade tributária subsequente[1629].

77.4.4. Nulidade e anulabilidade

A confissão judicial, a desistência e a transação podem ser *declaradas nulas* ou *anuladas* por *falta ou vícios da vontade*, tal como os restantes atos jurídicos da mesma natureza (art. 291º, nº 1), sendo que «o erro, desde que essencial, não tem de satisfazer aos requisitos para a anulação dos negócios jurídicos» (cfr. nº 2 do art. 359º do CC).

A declaração de nulidade ou o decretamento da anulação de qualquer desses atos é emitida pelo juiz do processo por *simples despacho*, com força de sentença. O respetivo trânsito não obsta a que se intente a *ação destinada à declaração de nulidade ou à anulação* de qualquer deles, nos termos dos arts.

[1629] Cfr. J. Rodrigues Bastos, *Notas*, vol. II cit., pp. 73-74.

285º a 295º do CC, sem prejuízo da caducidade do direito a esta última (art. 291º, nº 2). A decisão anulatória, uma vez transitada, serve de base ao recurso de revisão, nos termos da alínea d) do art. 696º.

Quando, porém, o fundamento da nulidade resida exclusivamente na *falta de poderes do mandatário judicial ou da irregularidade do respetivo mandato*, proceder-se-á à notificação pessoal da sentença homologatória ao mandante, sob a cominação de, no *seu silêncio*, o ato se haver por *ratificado* e a *nulidade suprida*; se declarar expressamente que não ratifica o ato do mandatário, «este não produzirá quanto a si qualquer efeito» (art. 291º, nº 3)[1630].

Há, contudo, que destrinçar: – se a validade da confissão, desistência ou transação se encontrar inquinada por qualquer dos *vícios geradores da nulidade ou da anulação dos negócios jurídicos*, a respetiva nulidade (ou anulação) tem de ser declarada por meio de *ação* e, só depois de obtida a sentença, com trânsito, é que se pode, com base nela, requerer a revisão da decisão transitada em julgado (art ºs 291º, nº 1 e 696º, alínea d)); – se a nulidade desses atos resultar da inobservância do disposto nos arts. 45º (*falta de poderes especiais do mandatário judicial*) e 287º (*falta de poderes do representante da parte*), o meio próprio para obter a anulação é a interposição direta do *recurso de revisão*, sendo que a nulidade resultante da falta ou irregularidade do mandato (art. 45º) se considera suprida quando, notificada ao mandante a sentença homologatória, este nada vier dizer (art. 291º, nº 3)[1631].

77.5. Impossibilidade e inutilidade superveniente da lide

Contempla o art. 277º, de entre as causas de extinção anormal da instância, a *impossibilidade* e a *inutilidade superveniente da lide* (al. e)). Se a lide vier a tornar-se inútil ou impossível, depois de instaurada, a instância terá forçosamente que ser declarada extinta.

O que releva, além do mais, para efeitos de *repartição do ónus do pagamento de custas*. Assim, e afora os casos de alteração superveniente das circunstâncias (não imputáveis às partes) tipificadas nos nºs 1 e 2 do art. 536º, em

[1630] A *transação judicial* efetuada por mandatário sem poderes especiais para transigir não está, assim, ferida de *nulidade*, mas de simples *ineficácia relativa*, pois que se tornará eficaz (ratificada) se, notificado pessoalmente o ato (acordo) ao mandante, este ao mesmo se não opuser (art. 291º, nº 3) – cfr., *v. g.*, o acórdão da RP de 10-1-2008, CJ, nº 204, Tomo I/2008, p. 164/Des. Telles de Menezes.

[1631] Cfr. J. Rodrigues Bastos, *Notas*, vol. II cit., pp. 79-80.

que o encargo de custas é repartido em *partes iguais*, nos restantes casos de extinção da instância por impossibilidade ou inutilidade superveniente da lide a responsabilidade ficará *a cargo* do *autor ou requerente*, salvo se imputáveis essas causas ao *réu ou requerido*, caso em que será este último o responsável pela totalidade das custas (cfr. o nº 3). Para este efeito, considera-se (entre outras situações) que a inutilidade superveniente da lide é *imputável ao réu*, requerido ou demandado quando a mesma decorra da satisfação voluntária (por parte daquele) da pretensão do autor, salvo se as partes outra forma de repartição acordarem (na hipótese de ter havido acordo) – cfr. o nº 4 do mesmo preceito.

77.5.1. Impossibilidade superveniente

Relativamente à impossibilidade superveniente da lide, Alberto dos Reis, louvado em Carnelutti, estabelecia um paralelismo entre a *impossibilidade da lide* e a *impossibilidade da relação jurídica substancial*. Esta última cessaria quando desaparecesse (se extinguisse) um dos seus elementos essenciais, de todo insubstituível por outro. E assim teríamos[1632]:

- *impossibilidade subjetiva*: tratando-se de relações jurídicas de natureza pessoal que se extinguem com a morte do sujeito necessário da relação, não sendo admissível o fenómeno da sucessão, porquanto *relações subjetivamente infungíveis*; exemplos de lides estritamente pessoais são as ações de divórcio e de separação de pessoas e bens (arts. 1779º e 1794º do CC) e as ações de alimentos (*ex-vi*, por ex., dos arts. 1880º do CC e 989º, nº 1, do CPC), sendo que, se na pendência da causa falecer um dos cônjuges ou se morrer o alimentando, respetivamente, a prossecução da lide se torna, pela própria natureza das coisas, impossível[1633]; a esta forma de impossibilidade da lide deve equiparar-se a da impossibilidade do efeito jurídico pretendido constituir, o que sucede nas ações de acompanhamento (art. 138º do CC) com

[1632] Nomenclatura de Alberto dos Reis, *Comentário*, vol. 3º cit., pp. 368 a 373.

[1633] A *impossibilidade superveniente da lide* ocorre quando, por facto ocorrido na pendência da instância, a pretensão do autor não possa subsistir por motivos atinentes ao sujeito, ao objeto do processo e à causa de pedir. Na *substituição processual*, não havendo coincidência entre o sujeito da relação processual e o da relação substantiva, o substituto, agindo em nome próprio, litiga em direito alheio, e, por isso, é parte no processo, com direito de ação e de defesa – cfr. o acórdão da RC de 15-12-2016 Proc. 6906/15.5T8VIS.C1, *in* www.dgsi.pt/Des. Jorge Arcanjo.

a morte do acompanhando e nas ações de inibição do exercício do poder paternal (art. 1915º do CC) com o decesso do progenitor requerido;

- *impossibilidade objetiva*: perecimento da coisa objeto da relação jurídica (por exemplo, da coisa dada em comodato – art. 1129º do CC), devendo, porém, «tratar-se de *coisa infungível, de species*, pois que *genus numquam perit*», ou seja, de *relações objetivamente infungíveis*[1634-1635], nas quais a coisa não pode ser substituída por outra e em que o facto não pode ser prestado por outrem; deste modo, a morte ou incapacitação do obrigado à restituição da coisa ou à execução do contrato (*v. g.*, num contrato de empreitada celebrado em razão das qualidades pessoais do empreiteiro) acarretarão a impossibilidade da prestação por causa não imputável a qualquer das partes (arts. 791º, 817º e 828º do CC e 868º do CPC)[1636];
- *impossibilidade causal*: extinção de um dos interesses em conflito na causa; exemplo clássico é o da *confusão* que ocorre quando o devedor suceder no crédito ou o credor suceder numa certa dívida, assim se reunindo na mesma pessoa as qualidades de credor e de devedor da mesma obrigação, com a consequente extinção do crédito e da dívida (art. 868º do CC); outro exemplo será o de, na pendência de uma ação de reconhecimento de servidão, o prédio dominante e o prédio serviente vierem a ser reunidos no domínio da mesma pessoa (art. 1569º, al. a), do CC).

77.5.2. Inutilidade superveniente

A instância tornar-se-á *inútil* quando se evidencie que, por qualquer causa processual ou extraprocessual, *o efeito jurídico pretendido através do meio concretamente utilizado foi já plenamente alcançado*, isto é, quando a atividade processual subsequente redunde em puro desperdício para as partes processuais envolvidas. A lide, em tal caso, será teoricamente possível, mas, na prática, e face ao seu objeto imediato, *praticamente desnecessária*. Daí que o juiz possa e

1634 Cfr. Alberto dos Reis, *Comentário*, vol. 3º cit., p. 368.

1635 A regra é, contudo, a da fungibilidade da prestação – cfr. os arts. 207º e 767º, nº 1, do CC.

1636 Cfr., acerca da distinção de regimes de fungibilidade/infungibiidade, Antunes Varela, *Das Obrigações em Geral*, vol. I, 9ª ed., pp. 99 a 102.

deva decretar a respetiva *extinção* por inutilidade, *despacho* esse que produz apenas eficácia de *caso julgado formal*[1637].

Exemplos: – assumindo a *providência cautelar caráter provisório*, pois que resultante de uma apreciação meramente sumária e perfunctória do subjacente conflito de interesses inter-subjetivos, a sua subsistência ficará posta em crise (cfr. o art. 373º) uma vez alcançada no processo principal (de que é instrumento) a tutela jurídica definitiva desses interesses[1638]; – se A instaurou ação declarativa contra B na qual pedia a condenação do réu a solver-lhe determinado crédito, tendo o autor depois vindo reclamar esse mesmo crédito no *processo de insolvência* do devedor, deve, com base na existência daquela reclamação, e atento o disposto nos arts. 277º, al. e), do CPC e 128º do CIRE, julgar-se extinta a instância por inutilidade superveniente da lide[1639]; – a *ação do Ministério Público para dissolução da sociedade comercial* por insuficiência de capital social extingue-se por inutilidade se, na pendência da ação, se provar que o aumento devido já foi efetuado[1640]; – a *desistência do pedido executivo* importa a inutilidade superveniente do incidente de embargos de terceiro contra a penhora naquele efetuada[1641]; – a *ação de despejo* torna-se inútil se o arrendatário adquirir, na pendência da mesma (ao autor) a propriedade do prédio dela objeto[1642]; – a *extinção de uma execução* por pagamento voluntário efetuado por um co-executado determina a extinção dos embargos à execução por inutilidade superveniente da lide, os quais poderão todavia, prosseguir caso se renove a instância executiva já extinta nos termos do art. 850º[1643]; – «transitada em julgado a sentença que declara a insolvência, fica impossibilitada de alcançar o seu efeito útil normal a ação declarativa proposta pelo credor contra o devedor, destinada a obter o reconhecimento do crédito peticionado, pelo que cumpre decretar a extinção da instância por inutilidade superveninte da lide, nos termos da alínea e) do art. 287º do CPC»[1644-1645-1646].

[1637] Cfr. os acórdãos do STJ de 5-11-92, BMJ nº 421, p. 338/Cons. Baltazar Coelho e de 11-5-2006, Proc. 709/2006-2ª Sec./Cons. Pereira da Silva.

[1638] Cfr. o acórdão do STJ de 20-10-99, Proc. 808/99-2ª Sec./Cons. Ferreira de Almeida.

[1639] Cfr. o acórdão do STJ de 20-5-93-6ª Sec./Cons. Nuno Cameira.

[1640] Cfr. o acórdão da RL de 4-5-95, CJ, 1995, Tomo III, p. 92/Des. Nascimento Gomes.

[1641] Cfr. o acórdão do STJ de 26-4-2001, Proc. 72/2000-7ª Sec./Cons. Oliveira Barros.

[1642] Cfr. o acórdão da RC de 15-5-90, BMJ, nº 397, p. 571/Des. Silva Graça.

[1643] Cfr. os acórdãos do STJ de 7-10-99, BMJ nº 490, p. 215/Cons. Ferreira de Almeida e da RP de 10-1-2008, CJ, nº 204, Tomo I/2008/Des. Telles de Menezes.

[1644] Cfr. o AC UNIF do STJ nº 1/2014, de 8-5-2013, *in* DR nº 39, Série I, de 25-2-2014.

[1645] Tendo sido julgada *extinta* por *deserção* a *ação executiva*, essa decisão não faz caso julgado material, nem torna supervenientemente inútil a ação declarativa em que a Autora, ali exequente, move aos aqui RR., lá executados como avalistas – cfr. o acórdão do STJ de 20-3-2014, Proc. 364/04.2 TBMTA.L1.S1, *in* www.dgsi.pt/Cons. Fonseca Ramos.

Em processo de *alteração de regulação das responsabilidades parentais,* no qual se deduza pedido de *alteração da pensão de alimentos,* a maioridade do necessitado não conduz à extinção da instância por inutilidade superveniente da lide, antes se justificando o prosseguimento desta com vista à apreciação da impetrada alteração, uma vez que a (futura) sentença de alteração retroagirá os seus efeitos a partir do momento da formulação do pedido; o eventual silêncio das partes, ainda que previamente advertidas de que o mesmo acarretaria o arquivamento dos autos, não constitui fundamento de extinção da instância[1647].

A execução *extingue-se (automaticamente) por inutilidade superveniente da lide* nas situações previstas no nº 3 do art. 748º, no nº 2 do art. 750º, no nº 6 do art. 799º e no nº 4 do art. 855º (al. c)) do nº 1), com observância dos nºs 2 e 3 do art. 849º (comunicação da extinção, pelo agente de execução, ao tribunal, a efetuar por via eletrónica, com asseguração do arquivo automático pelo sistema informático).

[1646] Em sentido manifestamente oposto ao adotado no AC UNIF nº 1/2014, tirado pelo Pleno das Secções Cíveis e Social, no AC UNIF nº 5/2018, *in* DR, Iª Série, de 30-12-2018, tirado em Plenário das Secções Criminais, veio a decidir-se que «a insolvência do lesante não determina a inutilidade superveniente da lide do pedido de indemnização cível deduzido em processo penal». Doutrina esta última que, salvo o devido respeito, vai ao arrepio da estatuição do nº 1 do art. 128º do CIRE, nos termos do qual «devem» os credores «reclamar (no processo de insolvência do devedor) a verificação dos seus créditos», através de requerimento a apresentar «dentro do prazo fixado para o efeito na sentença declaratória da insolvência». De resto, o nº 3 do mesmo preceito prescreve *ex-professo* que «a verificação tem por objeto todos os créditos sobre a insolvência, qualquer que seja a sua natureza e fundamento, e, mesmo que o credor tenha (já) o seu crédito reconhecido por decisão definitiva, não está dispensado de o reclamar no processo de insolvência, se nele quiser obter o pagamenrto». Ademais, as listas de créditos já *ex-ante* reconhecidos e até então ainda não reconhecidos pelo administrador da insolvência, as impugnações e as respostas «são autuadas por um único apenso» ao processo de insolvência (art. 132º do CIRE). Cfr., neste sentido, o Consº Urbano Dias, *in blog* do IPPC de 12-11-2018.

[1647] Cfr., neste sentido, com remissão expressa para o conceito de inutilidade que perfilhamos no texto, o acórdão da RL de 8-6-2017, Proc. 1389.14.0T8CSC-I.L1-2/Des. Maria José Mouro.

ÍNDICE GERAL